DANTE

Das neue Leben
Die Göttliche Komödie

Italienisch – Deutsch

DANTE

LA VITA NUOVA

LA DIVINA COMMEDIA

WELTBILD VERLAG

DANTE

DAS NEUE LEBEN

DIE GÖTTLICHE KOMÖDIE

WELTBILD VERLAG

Herausgegeben von Dr. Erwin Laaths
Übersetzung der »Vita nuova«: Karl Federn
Übersetzung der »Divina commedia«: Richard Zoozmann

LA VITA NUOVA

DAS NEUE LEBEN

In quella parte del libro de la mia memoria dinanzi a la quale poco si potrebbe leggere, si trova una rubrica la quale dice: *Incipit vita nova*. Sotto la quale rubrica io trovo scritte le parole le quali è mio intendimento d'assemplare in questo libello; e se non tutte, almeno la loro sentenzia.

Nove fiate già appresso lo mio nascimento era tornato lo cielo de la luce quasi a uno medesimo punto, quanto a la sua propria girazione, quando a li miei occhi apparve prima la gloriosa donna de la mia mente, la quale fu chiamata da molti Beatrice, li quali non sapeano che si chiamare. Ella era in questa vita già stata tanto, che ne lo suo tempo lo cielo stellato era mosso verso la parte d'oriente de le dodici parti l'una d'un grado, sì che quasi dal principio del suo anno nono apparve a me, ed io la vidi quasi da la fine del mio nono. Apparve vestita di nobilissimo colore, umile e onesto, sanguigno, cinta e ornata a la guisa che a la sua giovanissima etade si convenia. In quello punto dico veracemente che lo spirito de la vita, lo quale dimora ne la secretissima camera de lo cuore, cominciò a tremare sì fortemente, che appariva ne li menimi polsi orribilmente; e tremando disse queste parole: *Ecce deus fortior me, qui veniens dominabitur mihi*. In quello punto lo spirito animale, lo quale dimora ne l'alta camera, ne la quale tutti li spiriti sensitivi portano le loro percezioni, si cominciò a maravigliare molto, e parlando spezialmente a li spiriti del viso, sì disse queste parole: *Apparuit iam beatitudo vestra*. In quello punto lo spirito naturale, lo quale dimora in quella parte ove si ministra lo nutrimento nostro, cominciò a piangere, e piangendo disse queste parole: *Heu miser, quia frequenter impeditus ero deinceps!* D'allora innanzi dico che Amore segnoreggiò la mia anima, la quale fu sì tosto a lui disponsata, e cominciò a prendere sopra me tanta sicurtade e tanta signoria per la vertù che li dava la mia imaginazione, che me convenia fare tutti li suoi piaceri compiutamente. Elli mi comandava molte volte che io

In jenem Teile des Buches meiner Erinnerung, vor welchem nur wenig zu lesen ist, findet sich eine Überschrift, die da lautet: *Incipit vita nova*. Und unter dieser Überschrift finde ich Worte, welche ich in diesem Büchlein nachzuzeichnen gedenke, und wenn nicht alle Worte, so doch wenigstens ihren Sinn und Inhalt.

Schon zum neunten Mal war seit meiner Geburt der Himmel des Lichtes beinahe zu demselben Punkte wiedergekehrt, und zwar in seinem eigenen Kreislauf, als mir zum erstenmal die verklärte Herrin meines Geistes erschien, die von vielen, die nicht wußten, wie sie sie nennen sollten, Beatrice genannt wurde. Sie war damals schon so lange in diesem Leben gewesen, daß während ihrer Zeit der Sternenhimmel sich um den zwölften Teil eines Grades gen Osten bewegt hatte, so daß sie ungefähr im Beginn ihres neunten Lebensjahres mir erschien und ich sie ungefähr zu Ende meines neunten Jahres sah. Sie erschien mir, in ein Gewand von der edelsten Farbe gekleidet, blutrot, bescheiden und ehrbar, gegürtet und geschmückt nach der Weise, die ihrem allerjugendlichsten Alter geziemte. In diesem Augenblick, das kann ich wahrhaftig sagen, begann der Geist des Lebens, der in der geheimsten Kammer des Herzens wohnt, so heftig zu zittern, daß er mir in den leisesten Pulsen furchtbar erschien; und zitternd sagte er die folgenden Worte: *Ecce deus fortior me, qui veniens dominabitur mihi*. In diesem Augenblick begann der animalische Geist, der in jener hohen Kammer wohnt, zu welcher alle Geister der Empfindung ihre Wahrnehmungen hinauftragen, sich sehr zu wundern, und indem er insbesondere zu den Geistern des Gesichtes sprach, sagte er diese Worte: *Apparuit iam beatitudo vestra*. In diesem Augenblick begann der natürliche Geist, der in jenem Teile wohnt, in welchem sich unsere Ernährung vollzieht, zu weinen, und weinend sprach er die Worte: *Heu miser! quia frequenter impeditus ero deinceps*. Von da an, sage ich, beherrschte die Liebe meine Seele, die ihr so rasch angetraut war, und sie begann eine solche Sicherheit und solche Herrschaft über mich zu gewinnen, durch die Kraft, welche

4

LA VITA NUOVA

cercasse per vedere questa angiola giovanissima; onde io ne la mia puerizia molte volte l'andai cercando, e vedeala di sì nobili e laudabili portamenti, che certo di lei si potea dire quella parola del poeta Omero: «Ella non parea figliuola d'uomo mortale, ma di deo». E avvegna che la sua imagine, la quale continuatamente meco stava, fosse baldanza d'Amore a segnoreggiare me, tuttavia era di sì nobilissima vertù, che nulla volta sofferse che Amore mi reggesse sanza lo fedele consiglio de la ragione in quelle cose ove cotale consiglio fosse utile a udire. E però che soprastare a le passioni e atti di tanta gioventudine pare alcuno parlare fabuloso, mi partirò da esse; e trapassando molte cose le quali si potrebbero trarre de l'essemplo onde nascono queste, verrò a quelle parole le quali sono scritte ne la mia memoria sotto maggiori paragrafi.

Poi che fuoro passati tanti die, che appunto erano compiuti li nove anni appresso l'apparimento soprascritto di questa gentilissima, ne l'ultimo di questi die avvenne che questa mirabile donna apparve a me vestita di colore bianchissimo, in mezzo a due gentili donne, le quali erano di più lunga etade; e passando per una via, volse li occhi verso quella parte ov' io era molto pauroso, e per la sua ineffabile cortesia, la quale è oggi meritata nel grande secolo, mi salutoe molto virtuosamente, tanto che me parve allora vedere tutti li termini de la beatitudine. L'ora che lo suo dolcissimo salutare mi giunse, era fermamente nona di quello giorno; e però che quella fu la prima volta che le sue parole si mossero per venire a li miei odecchi, presi tanta dolcezza, che come inebriato mi partio a le genti, e ricorsi a lo solingo luogo d'una mia camera, e puosimi a pensare di questa cortesissima. E pensando di lei, mi sopragiunse uno soave sonno, ne lo quale m'apparve una maravigliosa visione: che me parea vedere ne la mia camera una nebula di colore di fuoco, dentro a la quale io discernea una figura d'uno segnore di pauroso aspetto a chi la guardasse; e pareami con tanta letizia, quanto a sè, che mirabile cosa era; e ne le sue parole dicea molte cose, le

DAS NEUE LEBEN

meine Phantasie ihr gab, daß ich vollkommen nach ihrem Gefallen zu tun genötigt ward. Sie befahl mir zu vielen Malen, daß ich trachten sollte, jenes jugendliche Englein zu schauen, und daher ging ich in meiner Knabenzeit gar oftmals aus, um sie zu suchen; und ich sah sie auch und sah an ihr ein so edles und preiswürdiges Betragen, daß von ihr sicherlich jenes Wort des Poeten Homeros gesagt werden konnte: ›Sie scheinet nicht die Tochter eines sterblichen Menschen, sondern die eines Gottes zu sein.‹ Und mag auch ihr Bild, das mich niemals verließ, nur ein Übermut der Liebe gewesen sein, um mich dadurch zu beherrschen, so war es doch nur so edler Natur, daß es niemals zuließ, daß die Liebe mich leitete ohne den treuen Rat der Vernunft in allen jenen Dingen, in denen solchen Rat zu vernehmen nützlich sein mochte. Und da das Verweilen bei diesen Leidenschaften und Handlungen einer so frühen Jugend manchen als Fabelei erscheinen muß, so will ich davon ablassen, und in dem ich viele Dinge übergehe, die ich aus derselben Quelle schöpfen könnte, aus welcher diese stammen, komme ich zu jenen Worten, die in meinem Gedächtnis unter höheren Paragraphen verzeichnet stehen.

Als so viele Tage vorübergegangen waren, daß gerade neun Jahre seit der oben beschriebenen Erscheinung jener Lieblichsten verflossen waren, da geschah es am letzten jener Tage, daß jenes wunderbare Mägdlein mir erschien, in das allerweißeste Kleid gehüllt und inmitten zweier edler Frauen von älteren Jahren. Und da sie durch eine Straße ging, wendete sie ihre Augen nach der Stelle, wo ich furchtsam und schüchtern stand, und in ihrer unaussprechlichen Holdseligkeit, die nun bereits in dem Reiche der Ewigkeit ihren Lohn gefunden hat, grüßte sie mich sehr tugendlich, daß ich das Endziel aller Seligkeit zu schauen meinte. Die Stunde, in welcher ihr süßer Gruß mich erreichte, war bestimmt die neunte jenes Tages, und da dieses das erste Mal war, daß ihre Worte sich bewegt hatten, um an mein Ohr zu dringen, fühlte ich solche Wonne, daß ich wie trunken aus der Menge eilte. Und in die Einsamkeit eines Zimmers entflohen, begann ich an jene Liebenswürdige zu denken, und wie ich so an sie dachte, überkam mich ein sanfter Schlummer. In diesem erschien mir ein wundersames Gesicht; denn es war mir, als sähe ich in meinem Zimmer einen feuerfarbenen Nebel, in welchem ich deutlich die Gestalt eines Gebieters von furchtbarem Anblick für jeden, der ihn schaute, sah: und zwar schien er mir selbst von solcher Freude erfüllt, daß es ganz

LA VITA NUOVA

quali io non intendea se non poche; tra le quali intendea
queste: *Ego dominus tuus*. Ne le sue braccia mi parea vedere
una persona dormire nuda, salvo che involta mi parea in
uno drappo sanguigno leggeramente; la quale io riguar-
dando molto intentivamente, conobbi ch'era la donna de
la salute, la quale m'avea lo giorno dinanzi degnato di sa-
lutare. E ne l'una de le mani mi parea che questi tenesse
una cosa la quale ardesse tutta, e pareami che mi dicesse
queste parole: *Vide cor tuum*. E quando elli era stato al-
quanto, pareami che disvegliasse questa che dormia; e
tanto si sforzava per suo ingegno, che le facea mangiare
questa cosa che in mano li ardea, la quale ella mangiava
dubitosamente. Appresso ciò poco dimorava che la sua
letizia si convertia in amarissimo pianto; e così piangendo,
si ricogliea questa donna ne le sue braccia, e con essa mi
parea che si ne gisse verso lo cielo; onde io sostenea sì
grande angoscia, che lo mio deboletto sonno non poteo
sostenere, anzi si ruppe e fui disvegliato. E mantenente
cominciai a pensare, e trovai che l'ora ne la quale m'era
questa visione apparita, era la quarta de la notte stata; sì
che appare manifestamente ch'ella fue la prima ora de le
nove ultime ore de la notte. Pensando io a ciò che m'era
apparuto, propuosi di farlo sentire a molti li quali erano
famosi trovatori in quello tempo: e con ciò fosse cosa che
io avesse già veduto per me medesimo l'arte del dire pa-
role per rima, propuosi di fare uno sonetto, ne lo quale io
salutasse tutti li fedeli d'Amore; e pregandoli che giudi-
cassero la mia visione, scrissi a loro ciò che io avea nel
mio sonno veduto. E cominciai allora questo sonetto, lo
quale comincia: *A ciascun'alma presa*.

A ciascun'alma presa e gentil core
  nel cui cospetto ven lo dir presente,
  in ciò che mi rescrivan suo parvente,
salute in lor segnor, cioè Amore.
Già eran quasi che atterzate l'ore
  del tempo che onne stella n' è lucente,
  quando m'apparve Amor subitamente,
cui essenza membrar mi dà orrore.

DAS NEUE LEBEN

wunderbar war, und in seinen Worten sagte er vieles, was ich
nicht verstand, außer gar wenigen Worten; und unter diesen
verstand ich deutlich: *Ego dominus tuus*. In seinen Armen
aber schien mir ein nacktes Weib zu schlafen, das nur ganz
leicht in ein blutrotes Tuch gehüllt war; und als ich diese mit
vieler Aufmerksamkeit betrachtete, erkannte ich, daß es die
Herrin des Grußes war, welche mich am anderen Tage ihres
Grußes gewürdigt hatte. Und in der einen seiner Hände schien
mir ein Ding zu halten, das völlig glühte, und es war mir,
als spräche er die Worte: *Vide cor tuum*. Und als er so einige
Zeit verblieben war, schien es mir, daß er jene Schlafende auf-
weckte; und er gab sich viele Mühe, sie durch die Kraft seines
Geistes dazu zu bewegen, daß sie jenes Ding, das in seinen
Händen glühte, äße, und sie aß es zuletzt mit Zögern. Danach
aber währte es nicht lange, und seine Fröhlichkeit verwandelte
sich in das bitterste Weinen; und so weinend nahm er jenes
Weib wieder in seine Arme, und mit ihr entschwebte er, wie es
mir vorkam, gegen den Himmel. Davon aber empfand ich eine
so heftige Angst und Beklemmung, daß der leise Schlaf, in dem
ich befangen war, nicht anhalten konnte, sondern plötzlich ver-
ging, und ich erwachte. Und alsbald begann ich nachzudenken,
und ich fand, daß die Stunde, in welcher mir jenes Gesicht er-
schienen war, die vierte der Nacht gewesen, so daß sich deut-
lich ergibt, daß es die erste der neun letzten Stunden der Nacht
gewesen war. Und indem ich über die Erscheinung nachsann,
die ich gehabt, nahm ich mir vor, es viele wissen zu lassen, die
berühmte Liebessänger jener Zeit waren. Und da ich nun da-
mals schon von selbst die Kunst, Worte in Reimen zu sagen,
erkannt hatte, so nahm ich mir vor, ein Sonett zu machen, in
welchem ich alle Getreuen der Liebe grüßen und mit der Bitte,
daß sie mich wissen lassen möchten, was sie über mein Gesicht
dächten, ihnen schreiben wollte, was ich in meinem Schlafe
gesehen; und da begann ich das Sonett: ›Jede verliebte Seele‹.

Jede verliebte Seele, jedes Herz, das rein,
Vor deren Anblick diese Verse kamen,
Grüß' ich in ihres Herrn, in Amors Namen,
Und ihre Meinung möcht' ich gern vernehmen:
Es mochte um die vierte Stunde sein
Der Zeit, in welcher alle Sterne glühn,
Als unvermutet Amor mir erschien;
Noch, denk' ich dran, will mich ein Schauer lähmen!

LA VITA NUOVA

Allegro mi sembrava Amor tenendo
meo core in mano, e ne le braccia avea
madonna involta in un drappo dormendo.
Poi la svegliava, e d'esto core ardendo
lei paventosa umilmente pascea:
appresso gir lo ne vedea piangendo.

Questo sonetto si divide in due parti; che ne la prima
parte saluto e domando risponsione, ne la seconda signi-
fico a che si dee rispondere. La seconda parte comincia
quivi: *Già eran*.

A questo sonetto fue risposto da molti e di diverse sen-
tenzie; tra li quali fue risponditore quelli cui io chiamo
primo de li miei amici, e disse allora uno sonetto, lo quale
comincia: *Vedeste, al mio parere, onne valore*. E questo fue
quasi lo principio de l'amistà tra lui e me, quando elli seppe
che io era quelli che li avea ciò mandato. Lo verace giudicio
del detto sogno non fue veduto allora per alcuno, ma ora
è manifestissimo a li più semplici.

Da questa visione innanzi cominciò lo mio spirito na-
turale ad essere impedito ne la sua operazione, però che
l'anima era tutta data nel pensare di questa gentilissima;
onde io divenni in picciolo tempo poi di sì fraile e debole
condizione, che a molti amici pesava de la mia vista; e
molti pieni d'invidia già si procacciavano di sapere di me
quello che io volea del tutto celare ad altrui. Ed io, accor-
gendomi del malvagio domandare che mi faceano, per la
volontade d'Amore, lo quale mi comandava secondo lo
consiglio de la ragione, rispondea loro che Amore era quelli
che così m'avea governato. Dicea d'Amore, però che io
portava nel viso tante de le sue insegne, che questo non si
potea ricovrire. E quando mi domandavano «Per cui t' ha
così distrutto questo Amore?», ed io sorridendo li guar-
dava, e nulla dicea loro.

Uno giorno avvenne che questa gentilissima sedea in
parte ove s'udiano parole de la regina de la gloria, ed io era
in luogo dal quale vedea la mia beatitudine; e nel mezzo di
lei e di me per la retta linea sedea una gentile donna di
molto piacevole aspetto, la quale mi mirava spesse volte,
maravigliandosi del mio sguardare, che parea che sopra lei
terminasse. Onde molti s'accorsero de lo suo mirare; e in

DAS NEUE LEBEN

Fröhlich schien Amor mir, in Händen hielt
Mein Herz er, und in seinen Armen lag
Die Herrin, schlafend, in ein Tuch gehüllt.
Dann weckte er sie auf, und sie, mit Beben,
Aß still mein glühend Herz. Fern schien der Tag,
Und weinend sah ich ihn von dannen schweben.

Dieses Sonett ist eingeteilt in zwei Teile: im ersten Teile
grüße ich und begehre Erwiderung; im zweiten erkläre ich,
worauf erwidert werden soll. Der zweite Teil beginnt bei: ›Es
mochte‹.

Auf dieses Sonett wurde von vielen und in verschiedenem
Sinne geantwortet, und unter den Antwortenden war auch der-
jenige, den ich den ersten meiner Freunde nenne; und er schrieb
mir damals ein Sonett, das mit den Worten begann: ›Mich
dünkt, du durftest allen Wert erkunden.‹ Und dies war auch
eigentlich der Anfang der Freundschaft zwischen ihm und mir,
als er erfuhr, daß ich derjenige war, der ihm dies gesandt hatte.
Die wahre Deutung des besagten Traumes wurde damals von
keinem erkannt; aber heute ist sie auch den Einfältigsten offenbar.

Seit jenem Gesichte fing mein natürlicher Geist an, sehr in
seiner Tätigkeit behindert zu sein, weil meine Seele ganz und
gar den Gedanken an jene Holdseligste hingegeben war. Und
davon ward ich in kurzer Zeit so hinfällig und schwach, daß
vielen Freunden mein Anblick leid tat; und viele, die voll
Neides waren, bemühten sich auf alle Weise, von mir zu er-
fahren, was ich vor den anderen durchaus geheimhalten wollte.
Und ich, der ich die Bosheit der Fragen, die sie mir stellten,
durchschaute, antwortete ihnen auf das Geheiß der Liebe, die
mir gemäß dem Rate der Klugheit gebot, daß die Liebe es sei,
die mich so weit gebracht hatte. Ich sagte ›Aus Liebe‹, weil ich
in meinem Antlitz so sehr ihre Zeichen trug, daß dies sich nicht
verbergen ließ. Und als sie mich weiter fragten: ›Um wen hat
diese Liebe dich so verzehrt?‹, da sah ich sie nur lächelnd an und
sagte nichts.

Eines Tages geschah es, daß jene Allerlieblichste in einem
Raume saß, in welchem Lieder zum Preise der Himmelskönigin
zu hören waren; und ich befand mich an einem Orte, von dem
aus ich meine Wonne sehen konnte. Und in der Mitte zwischen
ihr und mir, in der geraden Linie, saß eine edle Dame von gar
holdseligem Angesicht. Die sah mich oftmals an und verwun-
derte sich über mein Schauen, das bei ihr zu enden schien; und

LA VITA NUOVA

tanto vi fue posto mente, che, partendomi da questo luogo, mi sentio dicere appresso di me: «Vedi come cotale donna distrugge la persona di costui»; e nominandola, io intesi che dicea di colei che mezzo era stata ne la linea retta che movea da la gentilissima Beatrice e terminava ne li occhi miei. Allora mi confortai molto, assicurandomi che lo mio secreto non era comunicato lo giorno altrui per mia vista. E mantenente pensai di fare di questa gentile donna schermo de la veritade; e tanto ne mostrai in poco tempo, che lo mio secreto fue creduto sapere da le più persone che di me ragionavano. Con questa donna mi celai alquanti anni e mesi; e per più fare credente altrui, feci per lei certe cosette per rima, le quali non è mio intendimento di scrivere qui, se non in quanto facesse a trattare di quella gentilissima Beatrice; e però le lascerò tutte, salvo che alcuna cosa ne scriverò che pare che sia loda di lei.

Dico che in questo tempo che questa donna era schermo di tanto amore, quanto da la mia parte, sì mi venne una volontade di volere ricordare lo nome di quella gentilissima ed accompagnarlo di molti nomi di donne, e spezialmente del nome di questa gentile donna. E presi li nomi di sessanta le più belle donne de la cittade ove la mia donna fue posta da l'altissimo sire, e compuosi una pistola sotto forma di serventese, la quale io non scriverò: e non n'avrei fatto mezione, se non per dire quello che, componendola, maravigliosamente addivenne, cioè che in alcuno altro numero non sofferse lo nome de la mia donna stare, se non in su lo nove, tra li nomi di queste donne.

La donna co la quale io avea tanto tempo celata la mia volontade, convenne che si partisse de la sopradetta cittade e andasse in paese molto lontano; per che io, quasi sbigottito de la bella difesa che m'era venuta meno, assai me ne disconfortai, più che io medesimo non avrei creduto dinanzi. E pensando che se de la sua partita io non parlasse alquanto dolorosamente, le persone sarebbero accorte più tosto de lo mio nascondere, propuosi di farne alcuna la-

DAS NEUE LEBEN

da bemerkten wieder viele ihre Blicke. Und so sehr wurde darauf acht gegeben, daß, als ich jenen Ort verließ, ich hinter mir sagen hörte: ›Sieh nur, wie der sich um jene Frau verzehrt.‹ Und da sie ihren Namen nannten, erkannte ich, daß sie von jener sprachen, die sich inmitten der geraden Linie befunden hatte, die von der holdseligsten Beatrice ausging und in meinen Augen endigte. Da freute ich mich gar sehr, da ich nun gewiß war, daß mein Geheimnis sich nicht an diesem Tage durch mein Schauen den anderen verraten hatte. Und sogleich gedachte ich, jene liebliche Frau zum Verbergen der Wahrheit zu benützen, und in kurzer Zeit stellte ich das so gut an, daß die meisten Personen, die sich um mich kümmerten, mein Geheimnis zu kennen glaubten. Und durch diese Frau verbarg ich es einige Monate und Jahre; und um die anderen noch gläubiger zu machen, verfaßte ich für sie einige Sächlein in Reimen, die hier aufzuschreiben nicht in meiner Absicht liegt, es wäre denn, insoweit sie sich auf jene lieblichste Beatrice beziehen; und darum werde ich sie alle lassen, nur daß ich einiges weniges davon niederschreiben werde, das als ihr Preis erscheinen muß.

Ich sage, daß in jener Zeit, in welcher diese Dame der Schirm so großer Liebe war – wenigstens von meiner Seite –, mich eines Tages die Lust anwandelte, den Namen jener Holdseligen preisend zu erwähnen und mit ihr die Namen vieler anderer Frauen und vor allem auch den Namen dieser edlen Dame; und so wählte ich die Namen von sechzig der schönsten der Stadt, in welcher meine Herrin nach dem Willen des höchsten Gottes das Licht erblickt hatte, und verfaßte eine Epistel in der Form einer Serventese, welche ich hier nicht niederschreiben werde. Und ich hätte ihrer gar nicht Erwähnung getan, wenn ich nicht hätte sagen wollen, daß, als ich sie verfaßte, es wunderbarerweise geschah, daß der Name meiner Herrin sich in keine andere Versstelle fügen wollte als an die neunte Stelle unter den Namen jener Frauen.

Die Dame, durch welche ich meine Neigung so lange verborgen hatte, mußte die erwähnte Stadt verlassen und in ein fernes Land ziehen; wovon ich denn, ganz erschrocken, daß ein so schöner Schutz mir verlorengegangen, weit betrübter ward, als ich selbst vorher geglaubt hätte. Und da ich bedachte, daß, wenn ich von ihrer Abreise nicht mit vielem Schmerze spräche, die Leute mein Versteckenspiel zu rasch durchschauen würden, so beschloß ich, in einem Sonett darüber zu

8

LA VITA NUOVA

mentanza in uno sonetto; lo quale io scriverò, acciò che la mia donna fue immediata cagione di certe parole che ne lo sonetto sono, sì come appare a chi lo intende. E allora dissi questo sonetto, che comincia: *O voi che per la via*.

O voi che per la via d'Amor passate,
attendete e guardate
s'elli è dolore alcun, quanto 'l mio, grave;
e prego sol ch'audir mi sofferiate,
e poi imaginate
s' io son d'ogni tormento ostale e chiave.
Amor, non già per mia poca bontate,
ma per sua nobiltate,
mi pose in vita sì dolce e soave,
ch' io mi sentia dir dietro spesse fiate:
«Deo, per qual dignitate
così leggiadro questi lo core have?»

Or ho perduta tutta mia baldanza,
che si movea d'amoroso tesoro:
ond' io pover dimoro,
in guisa che di dir mi ven dottanza.
Sì che volendo far come coloro
che per vergogna celan lor mancanza,
di fuor mostro allegranza,
e dentro da lo core struggo e ploro.

Questo sonetto ha due parti principali; che ne la prima intendo chiamare li fedeli d'Amore per quelle parole di Geremia profeta che dicono: *O vos omnes qui transitis per viam, attendite et videte si est dolor sicut dolor meus*, e pregare che mi sofferino d'audire; ne la seconda narro là ove Amore m'avea posto, con altro intendimento che l'estreme parti del sonetto non mostrano, e dico che io hoe ciò perduto. La seconda parte comincia quivi: *Amor, non già*.

Appresso lo partire di questa gentile donna fue piacere del segnore de li angeli di chiamare a la sua gloria una donna giovane e di gentile aspetto molto, la quale fue assai graziosa in questa sopradetta cittade; lo cui corpo io vidi giacere sanza l'anima in mezzo di molte donne, le quali piangeano assai pietosamente. Allora, ricordandomi che già

klagen, das ich hier aufschreiben werde, weil meine Herrin der unmittelbare Anlaß zu gewissen Worten war, die sich im Sonett finden, wie es jedem, der es versteht, klarwerden wird, und so verfaßte ich dieses Sonett, das beginnt: ›O ihr, die ihr den Weg.‹

> O ihr, die ihr den Weg der Liebe gehet,
> Haltet still und sehet,
> Ob wohl ein Schmerz dem meinen gleich zu nennen.
> Gebt mir Gehör, ich bitt' euch drum von Herzen,
> Denn dann könnt ihr erkennen,
> Wie sehr ich bin das Schloß und Tor der Schmerzen.
> Die Liebe hat, – nicht, daß ich würdig ward, –
> Nein, nur aus edler Art,
> Verlieh'n mir ein so wunderselig Leben,
> Daß hinter mir ich oftmals fragen hörte:
> Was hat denn der Betörte
> So froh das Herz? was ward ihm denn gegeben?
>
> Nun hab' ich all den frohen Mut verloren,
> Der meinem Liebesschatz entstammt, dem reichen,
> Und arm, wie ich geboren,
> Bleib' ich zurück und wag's kaum zu gestehen,
> Und jenen muß ich gleichen,
> Die aus Scham, was ihnen fehlt, verhehlen,
> Und die fröhlich durch die Menge gehen,
> Während Leid und Not ihr Herze quälen.

Dieses Sonett hat zwei Hauptteile: und im ersten rufe ich die Getreuen der Liebe mit jenen Worten des Propheten Jeremias an: *O vos omnes, qui transitis per viam, attendite et videte, si est dolor, sicut dolor meus,* und bitte sie, daß sie die Geduld haben mögen, mich anzuhören. Im zweiten Teil erzähle ich, in welche Lage die Liebe mich versetzt, doch in anderem Sinne, als die letzten Teile des Sonetts besagen; sage auch, was ich verloren habe. Der zweite Teil beginnt bei: ›Die Liebe hat‹.

Nach der Abreise jener edlen Dame gefiel es dem Herrn der Engel, eine Jungfrau von holdseligem Anblick zu seiner Herrlichkeit zu berufen, welche in jener früher erwähnten Stadt gar anmutig und bei allen beliebt gewesen war; und ich sah ihren entseelten Leib liegen, und um ihn viele Frauen, die gar mitleidsvoll weinten; und da ich mich erinnerte, daß ich sie

9

LA VITA NUOVA

l'avea veduta fare compagnia a quella gentilissima, non poteo sostenere alquante lagrime; anzi piangendo mi propuosi di dicere alquante parole de la sua morte, in guiderdone di ciò che alcuna fiata l'avea veduta con la mia donna. E di ciò toccai alcuna cosa ne l'ultima parte de le parole che io ne dissi, sì come appare manifestamente a chi lo intende. E dissi allora questi due sonetti, li quali comincia lo primo: *Piangete, amanti,* e lo secondo: *Morte villana.*

Piangete, amanti, poi che piange Amore,
udendo qual cagion lui fa plorare.
Amor sente a Pietà donne chiamare,
mostrando amaro duol per li occhi fore,
perchè villana Morte in gentil core
ha miso il suo crudele adoperare,
guastando ciò che al mondo è da laudare
in gentil donna sovra de l'onore.

Audite quanto Amor le fece orranza,
ch' io 'l vidi lamentare in forma vera
sovra la morta imagine avvenente;
e riguardava ver lo ciel sovente,
ove l'alma gentil già locata era,
che donna fu di sì gaia sembianza.

Questo primo sonetto si divide in tre parti: ne la prima chiamo e sollicito li fedeli d'Amore a piangere e dico che lo segnore loro piange, e dico, «udendo la cagione per che piange», acciò che s'acconcino più ad ascoltarmi; ne la seconda narro la cagione; ne la terza parlo d'alcuno onore che Amore fece a questa donna. La seconda parte comincia quivi: *Amor sente*; la terza quivi: *Audite.*

Morte villana, di pietà nemica,
di dolor madre antica,
giudicio incontastabile gravoso,
poi che hai data matera al cor doglioso
ond' io vado pensoso,
di te blasmar la lingua s'affatica.
E s' io di grazia di vòi far mendica,

DAS NEUE LEBEN

bereits in Gesellschaft jener Lieblichsten gesehen hatte, konnte auch ich einige Tränen nicht unterdrücken; und weinend nahm ich mir auch vor, einige Worte über ihren Tod zu sagen, zum Lohne dafür, daß ich sie einmal zugleich mit meiner Herrin gesehen hatte. Und darauf spielte ich auch im letzten Teil der Verse, die ich darüber dichtete, an, wie es dem, der es versteht, offenbar werden wird; und so dichtete ich nun die folgenden zwei Sonette, von denen das erste mit den Worten: ›Weint, Liebende‹, und das zweite mit den Worten: ›O wilder Tod‹ beginnt:

> Weint, Liebende, da Amors Tränen flossen,
> Und höret, was ihn treibt zu solcher Klage:
> Er hörte Frauen weinen früh am Tage,
> Die bittre Tränen tiefen Leids vergossen:
> Es hat der Grausame, den keiner richtet,
> Der wilde Tod, ein liebes Herz zerstöret,
> Und was die Welt an einem Mägdlein ehret, –
> Nur ihre Ehre nicht! – hat er vernichtet.
>
> Hört, welche Ehre Amor ihr erwiesen,
> Denn klagen sah ich ihn um sie in Wahrheit:
> Bald beugt' er zum entseelten Bild sich nieder,
> Bald blickt' er hoch empor zum Himmel wieder,
> Wo schon die Seele schwebt' in lichter Klarheit:
> Des Mägdleins helles Antlitz sei gepriesen!

Dieses erste Sonett ist in drei Teile eingeteilt: im ersten rufe ich die Getreuen der Liebe und heiße sie weinen; und sage, daß ihr Herr weint, und daß, nachdem sie den Grund vernommen, weshalb er weinet, sie sich bereiten mögen, noch mehr von mir zu hören; im zweiten berichte ich jenen Grund; im dritten rede ich von einer Ehre, die Amor jener Dame erwies. Der zweite Teil beginnt bei: ›Er hörte‹, der dritte bei: ›Hört‹.

> O wilder Tod, erbarmungsloser Fluch,
> Grauser Vater aller Schmerzen,
> Peinlicher, unveränderlicher Spruch,
> Du gabst solch Weh dem leidgequälten Herzen,
> Daß ich nun geh' gedankenvoll
> Nachsinnend drob, wie ich dich schmähen soll!
> Wenn man, wie du, so kein Erbarmen kennt,

LA VITA NUOVA

convenesi ch'eo dica
lo tuo fallar d'onni torto tortoso,
non però ch'a la gente sia nascoso,
ma per farne cruccioso
chi d'amor per innanzi si notrica.

Dal secolo hai partita cortesia
e ciò ch' è in donna da pregiar vertute:
in gaia gioventute
distrutta hai l'amorosa leggiadria.

Più non voi discovrir qual donna sia
che per le propietà sue canosciute.
Chi non merta salute
non speri mai d'aver sua compagnia.

Questo sonetto si divide in quattro parti: ne la prima
parte chiamo la Morte per certi suoi nomi propri; ne la se-
conda, parlando a lei, dico la cagione per che io mi muovo
a blasimarla; ne la terza la vitupero; ne la quarta mi volgo
a parlare a indiffinita persona, avvegna che quanto a lo mio
intendimento sia diffinita. La seconda comincia quivi: *poi
che hai data*; la terza quivi: *E s' io di grazia*; la quarta quivi:
Chi non merta salute.

Appresso la morte di questa donna alquanti die avvenne
cosa per la quale me convenne partire de la sopradetta cit-
tade e ire verso quelle parti dov'era la gentile donna ch'era
stata mia difesa, avvegna che non tanto fosse lontano lo ter-
mine de lo mio andare quanto ella era. E tutto ch' io fosse
a la compagnia di molti quanto a la vista, l'andare mi dis-
piacea sì, che quasi li sospiri non poteano disfogare l'an-
goscia che lo cuore sentia, però ch' io mi dilungava de la
mia beatitudine. E però lo dolcissimo segnore, lo quale mi
segnoreggiava per la vertù de la gentilissima donna, ne la
mia imaginazione apparve come peregrino leggeramente
vestito e di vili drappi. Elli mi parea disbigottito, e guar-
dava la terra, salvo che talora li suoi occhi mi parea che si
volgessero ad uno fiume bello e corrente e chiarissimo, lo
quale sen gìa lungo questo cammino là ov' io era. A me
parve che Amore mi chiamasse, e dicessemi queste parole:
«Io vegno da quella donna la quale è stata tua lunga difesa,
e so che lo suo rivenire non sarà a gran tempi; e però quello
cuore che io ti facea avere a lei, io l' ho meco, e portolo a

DAS NEUE LEBEN

So darf ich jedem klagen
Das bittre Unrecht, das im Herzen brennt,
Das du getan, und jedem will ich's sagen,
Schmerz soll und Leiden wühlen
In allen Seelen, die da Liebe fühlen!

Du hast die Liebenswürdigkeit
Der Welt entrissen, und preiswürd'ge Tugend,
Und hast in heitrer Jugend
Zerstört die liebliche Holdseligkeit.

Nicht sag ich, wer das Mägdlein, das gestorben,
Ich nenne nur, was sie geziert auf Erden.
Nur wer das Heil erworben,
Darf hoffen, je mit ihr vereint zu werden!

Dieses Sonett ist in vier Teile eingeteilt: im ersten nenne ich
den Tod bei einigen Namen, die ihm zukommen; im zweiten
rede ich ihn selbst an und sage den Grund, aus dem ich mich
anschicke, ihn zu tadeln; im dritten schmähe ich ihn; im vierten
wende ich mich an eine unbestimmte Person, ob sie schon mei-
nem Sinn nach eine bestimmte ist. Der zweite Teil beginnt bei:
›Du gabst‹, der dritte bei: ›Wenn man‹, der vierte bei: ›Nur
wer‹.

Einige Tage nach dem Tode jenes Mägdleins trug sich etwas
zu, was mich nötigte, aus der erwähnten Stadt zu verreisen und
mich in der Richtung nach jener Gegend von ihr zu entfernen,
in der sich die liebliche Frau befand, die mein Schutz gewesen
war; obschon das Ziel meines Weges nicht ganz so weit ent-
fernt lag, als sie es war. Und obgleich ich, soviel man sehen
konnte, mich in der Gesellschaft vieler befand, mißfiel mir die
Reise doch so sehr, daß auch die Seufzer nicht die trübe Be-
klemmung erleichtern konnten, die das Herz empfand, weil ich
mich von meiner Wonne entfernen mußte. Und da erschien
mir im Geiste der süßeste Gebieter, der mich durch das hold-
selige Weib beherrschte, gleich einem Pilger leicht und in ärm-
liche Gewande gekleidet. Er schien mir bekümmert und sah
zur Erde, nur dann und wann schien es mir, als ob seine Augen
sich zu einem schönen, rasch dahinströmenden Flusse von herr-
licher Klarheit wendeten, der dem Wege, auf dem ich mich be-
fand, entlang floß. Mir schien es, als ob Amor mir riefe und
mir folgende Worte sagte: ›Ich komme von jener Dame, welche
lange Zeit dein Schutz gewesen ist, und ich weiß, daß sie nicht

11

LA VITA NUOVA

donna la quale sarà tua difensione, come questa era». E nominollami per nome, sì che io la conobbi bene. «Ma tuttavia, di queste parole ch' io t' ho ragionate se alcuna cosa ne dicessi, dille nel modo che per loro non si discernesse lo simulato amore che tu hai mostrato a questa e che ti converrà mostrare ad altri». E dette queste parole, disparve questa mia imaginazione tutta subitamente per la grandissima parte che mi parve che Amore mi desse di sè; e, quasi cambiato ne la vista mia, cavalcai quel giorno pensoso molto e accompagnato da molti sospiri. Appresso lo giorno cominciai di ciò questo sonetto, lo quale comincia: *Cavalcando.*

Cavalcando l'altr' ier per un cammino,
pensoso de l'andar che mi sgradia,
trovai Amore in mezzo de la via
in abito leggier di peregrino.
Ne la sembianza mi parea meschino,
come avesse perduto segnoria:
e sospirando pensoso venia.
per non veder la gente, a capo chino.

Quando mi vide, mi chiamò per nome,
e disse: «Io vegno di lontana parte,
ov'era lo tuo cor per mio volere;
e recolo a servir novo piacere».
Allora presi di lui sì gran parte,
ch'elli disparve, e non m'accorsi come.

Questo sonetto ha tre parti: ne la prima parte dico sì com' io trovai Amore, e quale mi parea: ne la seconda dico quello ch'elli mi disse, avvegna che non compiutamente per tema ch'avea di discovrire lo mio secreto; ne la terza dico com'elli mi disparve. La seconda comincia quivi: *Quando mi vide*; la terza: *Allora presi.*

Appresso la mia ritornata mi misi a cercare di questa donna che lo mio segnore m'avea nominata ne lo cammino de li sospiri; e acciò che lo mio parlare sia più brieve, dico che in poco tempo la feci mia difesa tanto, che troppa gente

DAS NEUE LEBEN

wiederkehren wird, und darum habe ich dies Herz, das du auf
mein Geheiß bei ihr haben mußtest, bei mir und bringe es zu
einer Frau, die dein Schutz sein wird, wie jene es gewesen (und
er nannte sie mir, und ich kannte sie recht gut). Allerwege je-
doch, wenn du von diesen Worten, welche ich mit dir geredet,
einige aussprechen wolltest, so tu es in einer Weise, daß sich
aus ihnen nicht die vorgespiegelte Liebe, die du für jene ge-
zeigt, und welche du nun für eine andere wirst zeigen müssen,
erkennen lasse.‹ Und als er diese Worte gesprochen hatte, war
das ganze Traumgebilde sogleich verschwunden, infolge der
übergroßen Erregung, die Amor in mir wachgerufen hatte.
Mein Angesicht war völlig verändert, und so ritt ich an jenem
Tage gar nachdenklich und im Geleite von vielen Seufzern.
Und am Tage darauf begann ich das Sonett, das da beginnt:
›Ich ritt‹.

> Ich ritt des andern Tags auf einer Heide,
> In tiefem Sinnen, wie ich manchmal pflege,
> Da fand ich Amor mitten auf dem Wege,
> Den Liebesgott in leichtem Pilgerkleide.
> Sein Antlitz schien gedrückt, muß ich gestehen,
> Als wäre seine Herrschaft ihm genommen,
> So sah ich seufzend ihn und sinnend kommen,
> Gebeugten Haupts, um niemanden zu sehen.
>
> Als er mich sah, rief er mich an und sprach:
> ›Ich komme jetzt aus einem fernen Land,
> Wo sich auf mein Geheiß dein Herz befand,
> Zurück zu neuem Spiel bring ich's gemach.‹
> Dies hörend, sann so tief ich drüber nach,
> Daß, ohne daß ich's merkte, er verschwand.

Dieses Sonett hat drei Teile: im ersten sage ich, wie ich
Amor traf und wie er mir erschien; im zweiten sage ich, was er
mir gesagt, wenn auch nicht vollständig, aus Furcht, mein Ge-
heimnis zu verraten: im dritten sage ich, wie er verschwand.
Der zweite Teil beginnt bei: ›Als er mich sah‹, der dritte bei:
›Dies hörend, sann‹.

Sogleich nach meiner Rückkehr ging ich daran, nach jener
Dame zu fragen, die mein Gebieter mir auf dem Weg der
Seufzer genannt hatte, und um es in Kürze zu berichten, sag'
ich, daß ich sie in wenig Zeit so sehr zu meinem Schirme

LA VITA NUOVA

ne ragionava oltre li termini de la cortesia; onde molte fiate mi pesava duramente. E per questa cagione, cioè di questa soverchievole voce che parea che m' infamasse viziosamente, quella gentilissima, la quale fue distruggitrice di tutti li vizi e regina de le virtudi, passando per alcuna parte, mi negò lo suo dolcissimo salutare, ne lo quale stava tutta la mia beatitudine. E uscendo alquanto del proposito presente, voglio dare a intendere quello che lo suo salutare in me vertuosamente operava.

Dico che quando ella apparia da parte alcuna, per la speranza de la mirabile salute nullo nemico mi rimanea, anzi mi giugnea una fiamma di caritade, la quale mi facea perdonare a chiunque m'avesse offeso; e chi allora m'avesse domandato di cosa alcuna, la mia risponsione sarebbe stata solamente «Amore», con viso vestito d'umilitade. E quando ella fosse alquanto propinqua al salutare, uno spirito d'amore, distruggendo tutti li altri spiriti sensitivi, pingea fuori li deboletti spiriti del viso, e dicea loro: «Andate a onorare la donna vostra»; ed elli si rimanea nel luogo loro. E chi avesse voluto conoscere Amore, fare lo potea mirando lo tremare de li occhi miei. E quando questa gentilissima salute salutava, non che Amore fosse tal mezzo che potesse obumbrare a me la intollerabile beatitudine, ma elli quasi per soverchio di dolcezza divenia tale, che lo mio corpo, lo quale era tutto allora sotto lo suo reggimento, molte volte si movea come cosa grave inanimata. Sì che appare manifestamente che ne le sue salute abitava la mia beatitudine, la quale molte volte passava e redundava la mia capacitade.

Ora, tornando al proposito, dico che poi che la mia beatitudine mi fue negata, mi giunse tanto dolore, che, partito me da le genti, in solinga parte andai a bagnare la terra d'amarissime lagrime. E poi che alquanto mi fue sollenato questo lagrimare, misimi ne la mia camera, là ov' io potea lamentarmi sanza essere udito; e quivi, chiamando misericordia a la donna de la cortesia, e dicendo «Amore, aiuta lo tuo fedele», m'addormentai come un pargoletto battuto lagrimando. Avvenne quasi nel mezzo de lo mio dormire che me parve vedere ne la mia camera lungo me sedere uno giovane vestito di bianchissime vestimenta, e pensando molto quanto a la vista sua, mi riguardava là ov' io giacea; e

DAS NEUE LEBEN

machte, daß allzuviel Leute über die Grenzen des Geziemenden hinaus davon sprachen, was mir oftmals gar schwer aufs Herz fiel. Und aus diesem Grunde, das heißt, wegen dieses ungehörigen Geredes, das mich böslicherweise in üblen Ruf zu bringen schien, weigerte mir jene Allerlieblichste, welche die Zerstörerin aller Laster und die Königin der Tugenden war, als sie an mir irgendwo vorüberging, ihren süßesten Gruß, in welchem all meine Wonne bestand. Und indem ich ein wenig von dem vorliegenden Gegenstande abschweife, will ich zu verstehen geben, was ihr Gruß in tugendreicher Weise in mir bewirkte.

Ich sage, daß, wenn sie mir an irgendeiner Stelle erschien und ich auf ihren wundersamen Gruß hoffen durfte, da blieb mir kein Feind, ja es erfaßte mich eine Flamme der Liebe, die mich allen Menschen zu verzeihen trieb, und wer immer mich da um irgend etwas gebeten hätte, ich hätte nur mit demütigem Antlitz das eine Wort ›Liebe‹ als einzige Antwort gewußt. Und wenn sie eben nahe am Grüßen war, da vernichtete ein Geist der Liebe alle anderen Geister der Empfindung und drängte die matten Geister des Gesichtes vorwärts und sagte zu ihnen: ›Gehet und ehret eure Herrin!‹ und er selbst verblieb an ihrer Stelle. Und wer da hätte die Liebe sehen wollen, der hätte es können, wenn er auf das Zittern meiner Augen geachtet hätte. Und wenn das allerlieblichste Weib grüßte, da stand die Liebe nicht etwa im Wege, so daß sie die schier unerträgliche Seligkeit verfinstert hätte, sondern gleichsam durch ein Übermaß der Wonne wuchs sie so, daß mein Leib, der ganz ihren Geboten unterworfen war, sich oft nur wie etwas Schweres und Lebloses bewegte. So daß ganz offenbar wurde, daß in ihrem Gruß meine Seligkeit lag, die gar viele Male über das Maß meiner Kräfte hinausging und mich völlig überwältigte.

Nun kehre ich zu meinem Gegenstande zurück und sage, daß, als meine Seligkeit mir verweigert ward, mich solcher Schmerz erfaßte, daß ich die Menschen mied, in einsame Gegend entwich und die Erde mit den bittersten Tränen netzte; und nachdem dieses Weinen mich ein wenig erleichtert hatte, begab ich mich in meine Kammer, wo ich klagen konnte, ohne gehört zu werden. Und hier rief ich die Herrin der Güte um Mitleid an, und mit den Worten: ›O Liebe, hilf doch deinem Getreuen!‹ schlief ich ein, wie ein Kindlein, das Schläge bekommen und weinend einschläft. Es mochte etwa die Hälfte meines Schlafes vorüber gewesen sein, als ich neben mir in meinem Zimmer einen Jüngling sitzen zu sehen meinte, der in die

LA VITA NUOVA

quando m'avea guardato alquanto, pareami che sospirando mi chiamasse, e diceami queste parole: *Fili mi, tempus est ut praetermittantur simulacra nostra.* Allora mi parea che io lo conoscesse, però che mi chiamava così come assai fiate ne li miei sonni m'avea già chiamato: e riguardandolo, parvemi che piangesse pietosamente, e parea che attendesse da me alcuna parola; ond' io, assicurandomi, cominciai a parlare così con esso: «Segnore de la nobiltade, e perchè piangi tu?». E quelli mi dicea queste parole: *Ego tamquam centrum circuli, cui simili modo se habent circumferentiae partes; tu autem non sic.* Allora, pensando a le sue parole, mi parea che m'avesse parlato molto oscuramente; sì ch' io mi sforzava di parlare, e diceali queste parole: «Che è ciò, segnore, che mi parli con tanta oscuritade?». E quelli mi dicea in parole volgari: «Non dimandare più che utile ti sia». E però cominciai allora con lui a ragionare de la salute la quale mi fue negata, e domandailo de la cagione; onde in questa guisa da lui mi fue risposto: «Quella nostra Beatrice udio da certe persone di te ragionando, che la donna la quale io ti nominai nel cammino de li sospiri, ricevea da te alcuna noia; e però questa gentilissima, la quale è contraria di tutte le noie, non degnò salutare la tua persona, temendo non fosse noiosa. Onde con ciò sia cosa che veracemente sia conosciuto per lei alquanto lo tuo secreto per lunga consuetudine, voglio che tu dichi certe parole per rima, ne le quali tu comprendi la forza che io tegno sopra te per lei, e come tu fosti suo tostamente da la tua puerizia. E di ciò chiama testimonio colui che lo sa, e come tu prieghi lui che li le dica; ed io, che son quelli, volentieri le ne ragionerò; e per questo sentirà ella la tua volontade, la quale sentendo, conoscerà le parole de li ingannati. Queste parole fa che siano quasi un mezzo, sì che tu non parli a lei immediatamente, che non è degno; e no le mandare in parte, sanza me, ove potessero essere intese da lei, ma falle adornare di soave armonia, ne la quale io sarò tutte le volte che farà mestiere». E dette queste parole, sì disparve, e lo mio sonno fue rotto. Onde io ricordandomi, trovai che questa visione m'era apparita ne la nona ora del die; e anzi ch' io uscisse di questa camera, propuosi di fare una ballata, ne la quale io seguitasse ciò che lo mio segnore m'avea imposto; e feci poi questa ballata, che comincia: *Ballata, i' vòi.*

allerweißesten Gewande gehüllt war, und der mich mit gar nachdenklichem Gesichte betrachtete, wie ich dalag. Und als er mich eine Zeitlang angesehen hatte, war mir's, als ob er mich seufzend beim Namen riefe und mir die Worte sagte: *Fili mi, tempus est ut praetermittantur simulacra nostra.* Und da glaubte ich ihn wohl zu kennen, weil er mich so anrief, wie er mich schon so manches Mal in meinen Träumen gerufen hatte. Und wie ich ihn ansah, da schien er mir gar mitleidig zu weinen und er schien auch einige Worte von mir zu erwarten. Daher faßte ich Mut und begann in folgender Weise mit ihm zu sprechen: ,O edelster Herr, warum weinest du?‹ Und er erwiderte mir die folgenden Worte: *Ego tamquam centrum circuli, cui simili modo se habent circumferentiae partes, tu autem non sic.* Wie ich über diese Worte nachdachte, schien mir's, daß er gar dunkel zu mir geredet hätte, so daß ich mich zu sprechen zwang und sagte: ›Was bedeutet das, o Herr, daß du so dunkel zu mir redest?‹ Und jener erwiderte in gewöhnlicher Sprache: ›Frage du nicht mehr, als dir gut ist.‹ Und daher begann ich mit ihm über den Gruß zu sprechen, der mir verweigert worden, und fragte ihn nach dem Grunde. Und in folgender Weise wurde mir von ihm erwidert: ›Unsere Beatrice hörte von gewissen Leuten, die über dich sprachen, daß die Dame, die ich dir auf dem Seufzerwege genannt, durch dich Verdruß gehabt hätte. Und darum würdigte jene Lieblichste, welche eine Feindin alles Verdrusses und Schadens ist, dich nicht ihres Grußes, aus Furcht, daß du ein Schädlicher sein könntest. Und darum will ich, ob ihr gleich infolge der langen Gewohnheit dein Geheimnis wahrhaftig nicht mehr völlig verborgen ist, daß du einige Worte in Reime fassest, in welchen du die Gewalt, welche ich durch sie über dich habe, erwähnest und wie du schon als Knabe so rasch ihr eigen geworden. Und zum Zeugnis dessen rufe den auf, der dies weiß, und bitte ihn gleichsam, daß er es ihr sage; und ich, der ich jener bin, werde gern mit ihr davon sprechen; und hiedurch wird sie deine Gesinnung erkennen und, wenn sie diese einmal erkannt, die Worte der Getäuschten verstehen. Sorge auch, daß diese Worte gleichsam Zwischenträger seien zwischen ihr und dir, so daß du nicht geradewegs sie anredest, weil sich das nicht ziemen würde. Und sende sie nirgend hin ohne mich, wo sie sie vernehmen könnte, aber siehe zu, daß du sie mit süßem Wohllaut schmückest, in welchem ich sein werde, so oft es not tun wird.‹ Und als er diese Worte gesprochen, verschwand er, und mein Schlaf war vorüber. Und in der Erinnerung fand ich, daß

LA VITA NUOVA

Ballata, i' vòi che tu ritrovi Amore,
e con lui vade a madonna davante,
sì che la scusa mia, la qual tu cante,
ragioni poi con lei lo mio segnore.

Tu vai, ballata, sì cortesemente,
che sanza compagnia
dovresti avere in tutte parti ardire;
ma se tu vuoli andar sicuramente,
retrova l'Amor pria,
chè forse non è bon sanza lui gire;
però che quella che ti dee audire,
sì com' io credo, è ver di me adirata:
se tu di lui non fossi accompagnata,
leggeramente ti faria disnore.

Con dolze sono, quando se' con lui,
comincia este parole,
appresso che averai chesta pietate:
«Madonna, quelli che mi manda a vui,
quando vi piaccia, vole,
sed elli ha scusa, che la m'intendiate.
Amore è qui, che per vostra bieltate
lo face, come vol, vista cangiare:
dunque perchè li fece altra guardare
pensatel voi, da che non mutò 'l core».

Dille: «Madonna, lo suo core è stato
con sì fermata fede,
che 'n voi servir l' ha 'mpronto onne pensero:
tosto fu vostro, e mai non s' è smagato».
Sed ella non ti crede,
dì che domandi Amor, che sa lo vero:
ed a la fine falle umil preghero,

DAS NEUE LEBEN

dieses Gesicht mir in der neunten Stunde des Tages erschienen war, und noch bevor ich jenes Zimmer verließ, beschloß ich, eine Ballade zu verfassen, in welcher ich alles befolgen wollte, was mein Herr mit geboten, und so machte ich denn diese Ballade, die beginnt: ›Du sollst, mein Lied‹.

Du sollst, mein Lied, den Gott der Liebe finden,
Und sollst mit ihm zu meiner Herrin gehen,
Daß deine Worte neu mich ihr verbinden
Und meines Fehls Rechtfertigung ihr künden,
Dazu mag er dann, mein Gebieter, sehen.
Zu ihm nimm deinen Lauf!

Du gehst, mein Lied, in so sittsamer Weise,
Daß du wohl auch allein
Kühn dürftest wagen deine Liebesreise;
Doch willst du deines Ziels ganz sicher sein,
Dann such erst Amor auf!
Wer weiß, ob's gut ist, ohne ihn zu gehen.
Denn jene, welche dich empfangen soll,
Hegt gegen mich, so muß ich fürchten, Groll,
Und kämst du ohne ihn zu ihr gegangen,
Sie könnte leicht unlieblich dich empfangen.

Mit süßem Ton, wenn du vor sie getreten,
Beginn in solcher Art,
Nachdem zuerst um Mitleid du gebeten:
›O Herrin, der, von dem gesandt ich ward,
Er wagt's, Euch anzuflehen,
Was ihn entschuldigt, möget Ihr verstehen,
Verstehen, daß Lieb' und Eure Schönheit nur
Zu wandeln ihn bewog auf fremder Spur,
Warum er's tat, das könnt Ihr leicht erkennen, –
Nie hat von Euch das Herz er wenden können!

›O Herrin‹, sag, ›sein Herz war hingegeben
Euch in so steter Treue,
Daß all sein Denken nur in Euch mag leben,
Früh ward er Euer und blieb es ohne Reue.‹
Und glaubt sie es dir nicht,
Sei Amor Zeuge mir für ihr Gericht.
Doch kannst du mir Verzeihung nicht erwerben,

LA VITA NUOVA

lo perdonare se le fosse a noia,
che mi comandi per messo ch'eo moia,
e vedrassi ubbidir ben servidore.

E dì a colui ch' è d'ogni pietà chiave,
avante che sdonnei,
che le saprà contar mia ragion bona:
«Per grazia de la mia nota soave
reman tu qui con lei,
e del tuo servo ciò che vuoi ragiona;
e s'ella per tuo prego li perdona,
fa che li annunzi un bel sembiante pace».
Gentil ballata mia, quando ti piace,
movi in quel punto che tu n'aggie onore.

Questa ballata in tre parti si divide: ne la prima dico a
lei ov'ella vada, e confortola però che vada più sicura, e
dico ne la cui compagnia si metta, se vuole sicuramente an-
dare e senza pericolo alcuno; ne la seconda dico quello che
lei si pertiene di fare intendere; ne la terza la licenzio del
gire quando vuole, raccomandando la suo movimento ne le
braccia de la fortuna. La seconda parte comincia quivi: *Con
dolze sono*; la terza quivi: *Gentil ballata*.

Potrebbe già l'uomo opporre contra me e dicere che
non sapesse a cui fosse lo mio parlare in seconda persona,
però che la ballata non è altro che queste parole ched io
parlo: e però dico che questo dubbio io lo intendo solvere
e dichiarare in questo libello ancora in parte più dubbiosa;
e allora intenda qui chi qui dubita, o chi qui volesse op-
porre in questo modo.

Appresso di questa soprascritta visione, avendo già
dette le parole che Amore m'avea imposte a dire, mi comin-
ciaro molti e diversi pensamenti a combattere e a tentare,
ciascuno quasi indefensibilemente; tra li quali pensamenti
quattro mi parea che ingombrassero più lo riposo de la
vita. L'uno de li quali era questo: buona è la signoria
d'Amore, però che trae lo intendimento del suo fedele da
tutte le vili cose. L'altro era questo: non buona è la signoria
d'Amore, però che quanto lo suo fedele più fede li porta,
tanto più gravi e dolorosi punti li conviene passare. L'altro

DAS NEUE LEBEN

Dann möge sie gebieten mir zu sterben.
Mit dem Befehl magst du dann von ihr gehen
Und ihres Knechts Gehorsam wird sie sehen.

Doch ihm, dem des Erbarmens Schlüssel kund,
Sag, eh' verhallt dein Klang,
Daß er ihr schildre meinen guten Grund
Zum Lohn für meinen lieblichen Gesang.
Sag ihm: ›O bleib noch hier
Und sprich, mein Herr, von deinem Knecht mit ihr.
Und wird durch dich ihm der Verzeihung Glück,
Verkünde Frieden ihm mit hellem Blick.‹
Und nun, wenn's dir gefällt, mein lieblich Lied,
Komm heim, wie einer, der in Ehren schied!

Diese Ballade ist in drei Teile geteilt: im ersten sage ich ihr,
wo sie hingehen möge, und spreche ihr Mut zu, damit sie si-
cherer dahingehe; und sage ihr auch, in welche Gesellschaft sie
sich begeben solle, wenn sie in Sicherheit ihres Weges ziehen
will und ohne alle Gefahr; im zweiten sage ich, was ihr zu ver-
künden obliegt; im dritten gebe ich ihr Urlaub, zu gehen wann
sie will, indem ich ihren Gang dem guten Glücke empfehle.
Der zweite Teil beginnt bei: ›Mit süßem Ton‹; der dritte bei:
›Und nun‹.

Hier könnte wohl einer gegen mich auftreten und sagen,
daß er nicht wisse, wem mein Sprechen in der zweiten Person
gelte, weil ja die Ballade nichts anderes ist, als eben die Worte,
die ich rede. Und darum sage ich über diesen Zweifel, daß ich
ihn an einer anderen Stelle in diesem Büchlein zu lösen und
aufzuklären gedenke, die noch zweifelhafter ist, und dann
wird, wer hier zweifelt oder hier Widerspruch erheben wollte,
erkennen, wie ich es meine.

Alsbald nach jener oben geschilderten Vision, nachdem ich
die Worte bereits in Reime gefaßt, die Amor mir zu sagen be-
fohlen hatte, begannen viele und widerstreitende Gedanken
mich zu bestürmen und zu versuchen, und zwar fast jeder so,
daß ich mich seiner nicht erwehren konnte; und unter diesen
Gedanken waren vier, die mir die Ruhe des Lebens am meisten
verstörten. Und der erste davon war dieser: ›Gut ist die Herr-
schaft der Liebe, da sie den Sinn ihres Getreuen von allem
Niedrigen abhält.‹ Der zweite war der: ›Nicht gut ist die Herr-
schaft der Liebe, denn je mehr Treue ihr Getreuer für sie im

LA VITA NUOVA

era questo: lo nome d'Amore è sì dolce a udire, che impossibile mi pare che la sua propria operazione sia ne le più cose altro che dolce, con ciò sia cosa che li nomi seguitino le nominate cose, sì come è scritto: *Nomina sunt consequentia rerum*. Lo quarto era questo: la donna per cui Amore ti stringe così, non è come l'altre donne, che leggeramente si muova del suo cuore. E ciascuno mi combattea tanto, che mi facea stare quasi come colui che non sa per qual via pigli lo suo cammino, e che vuole andare e non sa onde se ne vada; e se io pensava di volere cercare una comune via di costoro, cioè là ove tutti s'accordassero, questa era via molto inimica verso me, cioè di chiamare e di mettermi ne le braccia de la Pietà. E in questo stato dimorando, mi giunse volontade di scriverne parole rimate; e dissine allora questo sonetto, lo quale comincia: *Tutti li miei penser*.

Tutti li miei penser parlan d'Amore;
e hanno in lor sì gran varietate,
ch'altro mi fa voler sua potestate,
altro folle ragiona il suo valore,
altro sperando m'apporta dolzore,
altro pianger mi fa spesse fiate;
e sol s'accordano in cherer pietate,
tremando di paura che è nel core.

Ond' io non so da qual matera prenda;
e vorrei dire, e non so ch' io mi dica:
cosi mi trovo in amorosa erranza!
E se con tutti vòi fare accordanza,
convenemi chiamar la mia nemica,
madonna la Pietà, che mi difenda.

Questo sonetto in quattro parti si può dividere: ne la prima dico e soppongo che tutti li miei pensieri sono d'Amore; ne la seconda dico che sono diversi, e narro la loro diversitade; ne la terza dico in che tutti pare che s'accordino; ne la quarta dico che volendo dire d'Amore, non so da qual parte pigli matera, e se la voglio pigliare da tutti.

DAS NEUE LEBEN

Herzen trägt, desto schwererem und schmerzlicherem Leide muß er begegnen.‹ Wieder ein anderer war: ›Der Name der Liebe ist so süß zu hören, daß es mir unmöglich dünket, daß sein Wirken in den meisten Wesen und Dingen anders denn wonnig sein könnte, da ja die Namen und Worte sich nach den Dingen richten, welche sie benennen, wie geschrieben steht: *Nomina sunt consequentia rerum.*‹ Der vierte aber war der: ›Das Weib, um welches die Liebe dich so bedränget, ist nicht wie andere Frauen, daß ihr Herz sich leichtlich bewegen ließe.‹ Und all diese Gedanken bestürmten mich dermaßen, daß ich dastand, wie einer, der nicht weiß, welchen Weg er einschlagen soll, der gehen will, und nicht weiß, welchen Weges zu wandeln. Und dachte ich daran, einen Weg zu suchen, welcher allen gemeinsam wäre, einen Weg, auf dem alle sich einen könnten, so blieb nur einer, der mir gar feindselig war, nämlich die Gnade anzurufen und mich ihr in die Arme zu werfen. Und da ich in diesem Zustand verblieb, wandelte mich die Lust an, in gereimten Worten darüber zu sprechen, und daher verfaßte ich das Sonett, das beginnt: ›Meine Gedanken‹.

> Meine Gedanken reden nur von Liebe,
> Doch unter sich sind sie gar sehr verschieden,
> Der eine preiset ihre hohen Triebe,
> Der andre sehnet zweifelnd sich nach Frieden.
> Der eine bringt der Hoffnung süßes Beben,
> Ein andrer manchen Strom von bittern Tränen, –
> Im Herzen zittert Furcht, Eins ist ihr Streben
> Darin, daß alle sich nach Gnade sehnen.
>
> Ich aber steh' inmitten zweifelsvoll,
> Will reden, weiß nicht, was ich reden soll,
> Und finde mich in liebevoller Irrung.
> Und will ich lösen jegliche Verwirrung,
> So kann es nur geschehn, wenn ich Frau Gnade,
> Die meine Feindin, zur Entscheidung lade.

Dieses Sonett kann man in vier Teile einteilen: im ersten Teile sage ich und schicke voraus, daß alle meine Gedanken Liebesgedanken sind; im zweiten sage ich, daß sie von verschiedener Art sind, und erkläre ihre Verschiedenheit; im dritten sage ich, worin alle übereinzustimmen scheinen; im vierten sage ich, daß ich, wenn ich von der Liebe reden will,

LA VITA NUOVA

convene che io chiami la mia inimica, madonna la Pietade;
e dico «madonna» quasi per disdegnoso modo di parlare.
La seconda parte comincia quivi: *e hanno in lor*; la terza
quivi: *e sol s'accordano*; la quarta quivi: *Ond' io non so*.

Appresso la battaglia de li diversi pensieri avvenne che
questa gentilissima venne in parte ove molte donne gentili
erano adunate; a la qual parte io fui condotto per amica
persona, credendosi fare a me grande piacere, in quanto mi
menava là ove tante donne mostravano le loro bellezze.
Onde io, quasi non sappiendo a che io fossi menato, e
fidandomi ne la persona la quale uno suo amico a l'estre-
midade de la vita condotto avea, dissi a lui: «Perchè semo
noi venuti a queste donne?». Allora quelli mi disse: «Per
fare sì ch'elle siano degnamente servite». E lo vero è che
adunate quivi erano a la compagnia d'una gentile donna
che disposata era lo giorno; e però, secondo l'usanza de la
sopradetta cittade, convenia che le facessero compagnia nel
primo sedere a la mensa che facea ne la magione del suo
novello sposo. Sì che io, credendomi fare piacere di questo
amico, propuosi di stare al servigio de le donne ne la sua
compagnia. E nel fine del mio proponimento mi parve sen-
tire uno mirabile tremore incominciare nel mio petto da la
sinistra parte e distendersi di subito per tutte le parti del mio
corpo. Allora dico che io poggiai la mia persona simulata-
mente ad una pintura la quale circundava questa magione;
e temendo non altri si fosse accorto del mio tremare, levai
li occhi, e mirando le donne, vidi tra loro la gentilissima
Beatrice. Allora fuoro sì distrutti li miei spiriti per la forza
che Amore prese veggendosi in tanta propinquitade a la
gentilissima donna, che non ne rimasero in vita più che li
spiriti del viso; e ancora questi rimasero fuori de li loro
instrumenti, però che Amore volea stare nel loro nobilis-
simo luogo per vedere la mirabile donna. E avvegna che io
fossi altro che prima, molto mi dolea di questi spiritelli, che
si lamentavano forte e diceano: «Se questi non ci infolgo-
rasse così fuori del nostro luogo, noi potremmo stare a
vedere la maraviglia di questa donna così come stanno li
altri nostri pari». Io dico che molte di queste donne, accor-
gendosi de la mia trasfigurazione, si cominciaro a mara-

DAS NEUE LEBEN

nicht weiß, welche Gedanken ich zu meinem Stoffe nehmen soll, und daß, wenn ich sie alle nehmen will, ich meine Feindin, Frau Gnade, zu Hilfe rufen muß. Und wenn ich sie hier ›Frau‹ Gnade nenne, so geschieht es gleichsam in trotziger und spöttischer Redeweise. Der zweite Teil beginnt bei: ›Doch unter sich‹, der dritte bei: ›Eins ist ihr Streben‹, der vierte bei: ›Ich aber‹.

Nach dem Kampfe der verschiedenen Gedanken geschah es, daß jene Allerlieblichste an einen Ort kam, wo viele liebliche Frauen versammelt waren; und an denselben Ort ward auch ich von einer befreundeten Person geführt, die mir einen großen Gefallen zu tun glaubte, da sie mich dorthin führte, wo so viele Frauen ihre Schönheit zeigten. Ich, der ich nicht recht wußte, wozu ich geführt wurde, und mich auf jene Person, die einer ihrer Freunde an den Rand des Verderbens geführt hatte, verließ, sagte: ›Warum sind wir zu diesen Frauen gekommen?‹ Darauf sagte mir jener: ›Um zu sorgen, daß sie würdig bedient werden.‹ Und die Wahrheit war, daß sie dort versammelt waren zum Ehrengeleite einer vornehmen Dame, welche sich an jenem Tage vermählt hatte; denn es ziemte sich nach der Sitte jener Stadt, daß sie ihr Gesellschaft leisteten, wenn sie zum erstenmal im Hause ihres jungen Gatten am Tische saß. So gedachte auch ich, indem ich jenem Freunde gefällig zu sein glaubte, zum Dienste jener Frauen, die in ihrer Gesellschaft waren, zu bleiben. Und kaum hatte ich mir dies vorgenommen, da war mir, als fühlte ich ein seltsames Zittern in meiner Brust an der linken Seite, das sogleich durch alle Teile meines Körpers sich verbreitete. Und nun, sage ich, lehnte ich mich heimlich an ein Gemälde, welches das ganze Gemach umgab, und da ich in der Furcht, ob ein anderer mein Zittern bemerkt hätte, die Augen erhob und nach den Frauen schaute, sah ich unter ihnen die holdseligste Beatrice. Da wurden meine Geister so heftig verstört durch die Gewalt der Liebe, da sie sich in solcher Nähe des lieblichsten Weibes sah, daß nichts in mir das Leben bewahrte außer den Geistern des Gesichtes, und auch die mußten aus ihren Werkstätten fliehen, da Amor an ihrem edlen Sitz weilen wollte, um das wunderbare Weib zu schauen. Und obgleich ich ganz ein anderer war, als ich vorher gewesen, so tat es mir doch gar leid um jene Geisterchen, die sich heftig beklagten und sagten: ›Wenn uns jener nicht mit seinem Blitzstrahl so aus unserem Platze geschleudert hätte, so könnten wir dort sein, um jenes Wunder von einem Weibe

18

LA VITA NUOVA

vigliare, e ragionando si gabbavano di me con questa gentilissima; onde lo ingannato amico di buona fede mi prese per la mano, e traendomi fuori de la veduta di queste donne, sì mi domandò che io avesse. Allora io, riposato alquanto, es resurressiti li morti spiriti miei, e li discacciati rivenuti a le loro possessioni, dissi a questo mio amico queste parole: «Io tenni li piedi in quella parte de la vita di là da la quale non si puote ire più per intendimento di ritornare». E partitomi da lui, mi ritornai ne la camera de le lagrime; ne la quale, piangendo e vergognandomi, fra me stesso dicea: «Se questa donna sapesse la mia condizione, io non credo che così gabbasse la mia persona, anzi credo che molta pietade le ne verrebbe». E in questo pianto stando, propuosi di dire parole, ne le quali, parlando a lei, significasse la cagione del mio trasfiguramento, e dicesse che io so bene ch'ella non è saputa, e che se fosse saputa, io credo che pietà ne giugnerebbe altrui; e propuosile di dire desiderando che venissero per avventura ne la sua audienza. E allora dissi questo sonetto, lo quale comincia: *Con l'altre donne*

Con l'altre donne mia vista gabbate,
e non pensate, donna, onde si mova
ch' io vi rassembri sì figura nova
quando riguardo la vostra beltate.
Se lo saveste, non poria Pietate
tener più contra me l'usata prova,
che Amor, quando sì presso a voi mi trova,
prende baldanza e tanta securtate,

che fère tra' miei spiriti paurosi,
e quale ancide, e qual pinge di fore,
sì che solo remane a veder vui:
ond' io mi cangio in figura d'altrui,
ma non sì ch' io non senta bene allore
li guai de li scacciati tormentosi.

zu sehen, so wie die anderen unseresgleichen tun.‹ Und ich
muß sagen, daß viele Frauen meine Transfiguration bemerkten
und sich zu wundern begannen und davon redeten und über
mich mit jener Lieblichsten scherzten. Aber mein betrogener
Freund nahm mich in gutem Glauben bei der Hand, entzog
mich den Blicken jener Frauen und fragte mich, was ich denn
hätte. Und als ich eine Weile geruht und meine erstorbenen
Lebensgeister wieder auferstanden und die vertriebenen wie-
der an ihre Stelle zurückgekehrt waren, da sagte ich zu jenem
Freunde die Worte: ›Ich habe den Fuß an jene Stelle des Le-
bens gesetzt, über welche keiner hinausgehen kann, der die
Absicht hat, wiederzukehren‹. Darauf trennte ich mich von
ihm und kehrte in die Kammer der Tränen zurück, in welcher
ich beschämt und weinend zu mir selbst sagte: ›Wenn jene
Frauen meinen Zustand kennten, glaube ich nicht, daß sie mich
so verlachen würden, ja ich glaube, daß viel Mitleid mit mir
sie ergreifen würde‹. Und wie ich noch so weinte, beschloß ich,
Worte in Versen zu sagen, in welchen ich ihr, an sie redend,
den Grund meiner völligen Verwandlung kundgeben wollte
und ihr sagen wollte, wie gut ich wüßte, daß derselbe unbe-
kannt sei, und daß, wenn er bekannt wäre, Mitleid die anderen
ergreifen würde; und ich beschloß dies mit dem sehnsüchtigen
Wunsche, daß sie durch Zufall ihr zu Gehör kommen möchten;
und so verfaßte ich das Sonett, das mit den Worten beginnt:
›Ihr scherzet‹.

Ihr scherzet über mich mit andern Frauen
Und denkt nicht, Herrin, wie es kommen mag,
Daß ich verändert Euch erschien am Tag,
An dem ich Eure Schönheit durfte schauen.
Wenn Ihr es wüßtet, darauf will ich bauen,
Zum Mitleid würde Euer stolzer Sinn,
Da Amor mich, sobald bei Euch ich bin,
Beherrscht mit übermütigem Vertrauen.

Mit mächt'gem Schlag ins zitternde Empfinden
Verjagt er meine bangen Lebensgeister,
Und er nur bleibt in mir, um Euch zu schauen.
So müßt Ihr mich wohl einen andern finden,
Und doch blieb ich genug der Seele Meister,
Zu fühlen der Vertriebnen schmerzlich Grauen.

LA VITA NUOVA

Questo sonetto non divido in parti, però che la divisione non si fa se non per aprire la sentenzia de la cosa divisa; onde con ciò sia cosa che per la sua ragionata cagione assai sia manifesto, non ha mestiere di divisione. Vero è che tra le parole dove si manifesta la cagione di questo sonetto, si scrivono dubbiose parole, cioè quando dico che Amore uccide tutti li miei spiriti, e li visivi rimangono in vita, salvo che fuori de li strumenti loro. E questo dubbio è impossibile a solvere a chi non fosse in simile grado fedele d'Amore; e a coloro che vi sono è manifesto ciò che solverebbe le dubitose parole: e però non è bene a me di dichiarare cotale dubitazione, acciò che lo mio parlare dichiarando sarebbe indarno, o vero di soperchio.

Appresso la nuova trasfigurazione mi giunse uno pensamento forte, lo quale poco si partia da me, anzi continuamente mi riprendea, ed era di cotale ragionamento meco: «Poscia che tu pervieni a così dischernevole vista quando tu se' presso di questa donna, perchè pur cerchi di vedere lei? Ecco che tu fossi domandato da lei: che avrestù da rispondere, ponendo che tu avessi libera ciascuna tua vertude in quanto tu le rispondessi?». E a costui rispondea un altro, umile, pensero, e dicea: «S'io non perdessi le mie vertudi, e fossi libero tanto che io le potessi rispondere, io le direi, che sì tosto com'io imagino la sua mirabile bellezza, sì tosto mi giugne uno desiderio di vederla, lo quale è di tanta vertude, che uccide e distrugge ne la mia memoria ciò che contra lui si potesse levare; e però non mi ritraggono le passate passioni da cercare la veduta di costei». Onde io, mosso da cotali pensamenti, propuosi di dire certe parole, ne le quali, escusandomi a lei da cotale riprensione, ponesse anche di quello che mi diviene presso di lei; e dissi questo sonetto, lo quale comincia: *Ciò che m'incontra.*

Ciò che m'incontra ne la mente more,
quand' i' vegno a veder voi, bella gioia;
e quand' io vi son presso, i' sento Amore
che dice: «Fuggi, se 'l perir t'è noia».

DAS NEUE LEBEN

Dieses Sonett teile ich nicht in Teile ein, weil eine Einteilung nur dazu dient, den Sinn der eingeteilten Sache besser kundzutun. Da nun dies Sonett aus dem, was oben über seinen Grund gesagt worden, offenbar genug ist, so bedarf es keiner Einteilung. Es ist wahr, daß unter den Worten, in welchen die Veranlassung zu diesem Sonett dargelegt ist, sich einige Worte von zweifelhaftem Sinn finden: nämlich dort, wo ich sage, daß Amor alle meine Lebensgeister tötet, und daß die des Gesichtes am Leben bleiben, jedoch außerhalb ihrer Werkstätten. Aber dieser Zweifel ist unmöglich für den zu lösen, der nicht in gleichem Grade ein Getreuer der Liebe ist; und denen, die solche sind, ist das, was den Zweifel jener Worte lösen könnte, ohnedies offenbar; und darum wäre es nicht gut für mich, solchen Zweifel aufzuklären, da ja mein Reden doch vergeblich oder aber von Überfluß wäre.

Nach dieser neuen Transfiguration kam mir ein heftiger Gedanke, der mich nur wenig verließ, mich vielmehr beständig wieder ergriff, und mir folgendes vorhielt: ›Da du einen so verlachenswerten Anblick bietest, wenn du in der Nähe jenes Weibes bist, warum suchst du dennoch sie zu sehen? Sieh, wenn sie dich darum fragen würde, was hättest du ihr zu erwidern, gesetzt, daß all deines Geistes Kräfte frei bleiben, wenn du ihr antwortest?‹ Und hierauf antwortete ein anderer bescheidener Gedanke und sprach: ›Wenn ich die Kräfte meines Geistes nicht verlieren würde und unbefangen genug bliebe, um ihr antworten zu können, dann würde ich ihr sagen, daß, sobald ich ihre wundersame Schönheit mir nur im Bilde meines Geistes vorstelle, sobald ergreift mich auch eine so mächtige Sehnsucht, sie wirklich zu schauen, daß sie alles zerstört und tötet, was sich in meinem Gedächtnisse gegen sie erheben könnte; und darum halten mich die vergangenen Leiden nicht ab, ihren Anblick zu suchen.‹ Und so, bewegt von solchen Gedanken, beschloß ich gewisse Worte in Versen zu sagen, in welchen ich mich von solchem Tadel vor ihr rechtfertigen wollte, und in welche ich zugleich auch bringen wollte, was in ihrer Nähe sich mit mir ereignete, und ich verfaßte das Sonett, das beginnt: ›Was meinen Sinn‹.

> Was meinen Sinn erfüllt, das muß ersterben,
> Sobald ich Euch erblicke, schöne Freude,
> Wenn ich Euch nahe, meine Augenweide,
> Raunt Amor: ›Flieh! du gehst in dein Verderben!‹

LA VITA NUOVA

Lo viso mostra lo color del core,
che, tramortendo, ovunque pò s'appoia;
e per la ebrietà del gran tremore
le pietre par che gridin: «Moia, moia».

Peccato face chi allora mi vide,
se l'alma sbigottita non conforta,
sol dimostrando che di me li doglia,
per la pietà, che 'l vostro gabbo ancide,
la qual si cria ne la vista morta
de li occhi, c' hanno di lor morte voglia.

Questo sonetto si divide in due parti: ne la prima dico la
cagione per che non mi tengo di gire presso di questa
donna; ne la seconda dico quello che mi diviene per an-
dare presso di lei; e comincia questa parte quivi: *e quand' io
vi son presso*. E anche si divide questa seconda parte in cin-
que, secondo cinque diverse narrazioni: che ne la prima
dico quello che Amore, consigliato da la ragione, mi dice
quando le sono presso; ne la seconda manifesto lo stato del
cuore per essemplo del viso; ne la terza dico sì come onne
sicurtade mi viene meno; ne la quarta dico che pecca quelli
che non mostra pietà di me, acciò che mi sarebbe alcuno
conforto; ne l'ultima dico perchè altri doverebbe avere
pietà, e ciò è per la pietosa vista che ne li occhi mi giugne;
la quale vista pietosa è distrutta, cioè non pare altrui, per
lo gabbare di questa donna, la quale trae a sua simile opera-
zione coloro che forse vederebbono questa pietà. La se-
conda parte comincia quivi: *Lo viso mostra*; la terza quivi:
e per la ebrietà; la quarta: *Peccato face;* la quinta: *per la pietà.*

Appresso ciò, che io dissi questo sonetto, mi mosse una
volontade di dire anche parole, ne le quali io dicesse quattro
cose ancora sopra lo mio stato, le quali non mi parea che
fossero manifestate ancora per me. La prima delle quali si
è che molte volte io mi dolea, quando la mia memoria mo-
vesse la fantasia ad imaginare quale Amore mi facea. La se-
conda si è che Amore spesse volte di subito m'assalia sì
forte, che 'n me non rimanea altro di vita se non un pensero
che parlava di questa donna. La terza si è che quando questa

DAS NEUE LEBEN

Bleich wird mein Antlitz von des Herzens Beben,
Ersterbend muß ich an die Wand mich halten,
Und wie ein Trunkner hör' ich noch der kalten
Steinwände Donnerruf: ›Du kannst nicht leben!‹

Der sündigt wahrlich, der in solchem Bangen
Durch einen einzigen Blick des Mitleids nicht
Aufrichtet mein verstört und zitternd Herz –
Allein das Mitleid tötet Euer Scherz,
Das Mitleid, welches sonst mein blaß Gesicht
Erregte und der Augen Todverlangen.

Dieses Sonett ist in zwei Teile eingeteilt: im ersten sage ich
den Grund, weshalb ich nicht davon lasse, mich in die Nähe
jenes Weibes zu begeben; im zweiten sage ich, was mir begeg-
net, wenn ich in ihre Nähe komme; und es beginnt dieser Teil
bei: ›Wenn ich Euch nahe‹. Und dieser zweite Teil ist wieder
in fünf geteilt, und fünffach verschiedentlichem Berichte ge-
mäß: denn im ersten sage ich, was Amor, von der Vernunft
beraten, mir sagt, wenn ich ihr nahe bin; im zweiten mache
ich den Zustand des Herzens durch den des Gesichtes kund; im
dritten sage ich, wie mich jede Sicherheit verläßt; im vierten
sage ich, daß der sündigt, der nicht Mitleid mit mir zeigt, um
mir einigen Trost zu geben; im letzten sage ich, weshalb man
mit mir Mitleid haben sollte, nämlich um des mitleidswürdigen
Ausdrucks willen, der in meinen Augen liegt; und daß dieser
mitleidswürdige Ausdruck vernichtet wird, das heißt andere
nicht ergreifen kann, infolge des Scherzens jener Frau, die
auch jene zu gleichem Tun verführt, die sonst vielleicht dies
Elend gewahr würden. Der zweite Teil beginnt bei: ›Bleich
wird mein Antlitz‹; der dritte bei: ›Und wie ein Trunkener‹;
der vierte bei: ›Der sündigt‹; der fünfte bei: ›Allein das
Mitleid‹.
Als ich dieses Sonett verfaßt hatte, ergriff mich die Lust,
noch andere Verse zu verfassen, in welchen ich viererlei Dinge
über meinen Zustand sagen wollte, die ich bis dahin noch nicht
ausgesprochen zu haben glaubte. Das erste von diesen ist: daß
ich mir gar vielmals leid tat, wenn meine Erinnerung meine
Phantasie dazu bewog, sich vorzustellen, was die Liebe aus mir
machte. Das zweite ist, daß Amor mich oft und plötzlich so
gewaltig überfiel, daß nichts anderes in mir lebendig blieb,
denn ein einziger Gedanke, der von meiner Herrin sprach. Das

LA VITA NUOVA

battaglia d'Amore mi pugnava così, io mi movea quasi discolorito tutto per vedere questa donna, credendo che mi difendesse la sua veduta da questa battaglia, dimenticando quello che per appropinquare a tanta gentilezza m'addivenia. La quarta si è come cotale veduta non solamente non mi difendea, ma finalmente disconfiggea la mia poca vita. E però dissi questo sonetto, lo quale comincia: *Spesse fiate*.

Spesse fiate vegnonmi a la mente
le oscure qualità ch'Amor mi dona,
e vènmene pietà, sì che sovente
io dico: «Lasso!, avviene elli a persona?»;
ch'Amor m'assale subitanamente,
sì che la vita quasi m'abbandona:
campami un spirto vivo solamente,
e que' riman, perchè di voi ragiona.

Poscia mi sforzo, chè mi voglio atare;
e così smorto, d'onne valor voto,
vegno a vedervi, credendo guerire:
e se io levo li occhi per guardare,
nel cor mi si comincia uno tremoto,
che fa de' polsi l'anima partire.

Questo sonetto si divide in quattro parti, secondo che quattro cose sono in esso narrate; e però che sono di sopra ragionate, non m'intrametto se non di distinguere le parti per li loro cominciamenti: onde dico che la seconda parte comincia quivi: *ch'Amor*; la terza quivi: *Poscia mi sforzo*; la quarta quivi: *e se io levo*.

Poi che dissi questi tre sonetti, ne li quali parlai a questa donna, però che fuoro narratori di tutto quasi lo mio stato, credendomi tacere e non dire più, però che mi parea di me assai avere manifestato, avvegna che sempre poi tacesse di dire a lei, a me convenne ripigliare matera nuova e più nobile che la passata. E però che la cagione de la nuova matera è dilettevole a udire, la dicerò, quanto potrò più brievemente.

DAS NEUE LEBEN

dritte ist, daß, wenn solch ein Liebeswogen mich bestürmte, ich mit völlig entfärbtem Gesichte mich aufmachte, um jene Herrin zu sehen, in der Meinung, daß ihr Anblick mich vor diesem Sturme schirmen werde, und vergessend, wie mir ward, wenn ich solcher Lieblichkeit mich näherte. Das vierte ist, wie dann dieser Anblick mich nicht nur nicht beschirmte, sondern das geringe Leben, das noch in mir war, völlig vernichtete; und darum schrieb ich das Sonett, das beginnt: ›Schon oftmals‹.

> Schon oftmals ist mir in den Sinn gekommen,
> Wie dunkel Amor mein Gemüt gemacht,
> Und Mitleid faßt mich, so daß ich beklommen
> Mich frage: Hat er jedem dies gebracht?
> Denn oftmals überfällt er mich mit Macht,
> Daß fast der ganze Odem mir benommen –
> Ein Geist nur, der von Euch mir redet sacht,
> Ist in dem tödlich wilden Sturm entkommen.
>
> Dann zwing' ich mich, um neu mich zu beleben,
> Und totenblaß und jeder Kraft beraubt,
> Komm' ich zu Euch und hoffe zu gesunden.
> Doch so wie meine Blicke Euch gefunden,
> Fährt mir ein Zittern jäh durch Herz und Haupt,
> Und aus dem Busen will die Seele schweben.

Dieses Sonett ist in vier Teile geteilt, vier Dingen gemäß, die darin berichtet werden; da sie schon oben erörtert sind, so halte ich mich hier nicht weiter damit auf und will nur die einzelnen Teile nach ihren Anfängen unterscheiden. Und darum sage ich, daß der zweite Teil bei: ›Denn oftmals‹ beginnt; der dritte bei: ›Dann zwing' ich mich‹; der vierte bei: ›Doch so wie‹ usw.

Nachdem ich diese drei Sonette verfaßt, in welchen ich zu dieser Frau gesprochen, und da selbe ihr fast völlig enthüllen mußten, wie es um mich stand, so gedachte ich nun fürder zu schweigen, da es mir schien, daß ich bereits genug von mir offenbart hatte. Aber, wie dem nun sein mochte, so oft ich davon ablassen wollte, zu ihr im Gedichte zu sprechen, mußte ich immer neuen und immer edleren Stoff finden als vorher. Und da die Veranlassung zu dem neuen Stoffe ergötzlich zu hören ist, werde ich sie so kurz, als ich kann, mitteilen.

LA VITA NUOVA

Con ciò sia cosa che per la vista mia molte persone avessero compreso lo secreto del mio cuore, certe donne, le quali adunate s'erano dilettandosi l'una ne la compagnia de l'altra, sapeano bene lo mio cuore, però che ciascuna di loro era stata a molte mie sconfitte; e io passando appresso di loro, sì come da la fortuna menato, fui chiamato da una di queste gentili donne. La donna che m'avea chiamato era donna di molto leggiadro parlare; sì che quand' io fui giunto dinanzi da loro, e vidi bene che la mia gentilissima donna non era con esse, rassicurandomi le salutai, e domandai che piacesse loro. Le donne erano molte, tra le quali n'avea certe che si rideano tra loro. Altre v'erano che mi guardavano, aspettando che io dovessi dire. Altre v'erano che parlavano tra loro. De le quali una, volgendo li suoi occhi verso me e chiamandomi per nome, disse queste parole: «A che fine ami tu questa tua donna, poi che tu non puoi sostenere la sua presenza? Dilloci, chè certo lo fine di cotale amore conviene che sia novissimo». E poi che m'ebbe dette queste parole, non solamente ella, ma tutte l'altre cominciaro ad attendere in vista la mia risponsione. Allora dissi queste parole loro: «Madonne, lo fine del mio amore fue già lo saluto di questa donna, forse di cui voi intendete, e in quello dimorava la beatitudine, chè era fine di tutti li miei desiderii. Ma poi che le piacque di negarlo a me, lo mio segnore Amore, la sua merzede, ha posto tutta la mia beatitudine in quello che non mi puote venire meno». Allora queste donne cominciaro a parlare tra loro; e sì come talora vedemo cadere l'acqua mischiata di bella neve, così mi parea udire le loro parole uscire mischiate di sospiri. E poi che alquanto ebbero parlato tra loro, anche mi disse questa donna che m'avea prima parlato, queste parole: «Noi ti preghiamo che tu ne dichi ove sta questa tua beatitudine». Ed io, rispondendo lei, dissi cotanto: «In quelle parole che lodano la donna mia». Allora mi rispuose questa che mi parlava: «Se tu ne dicessi vero, quelle parole che tu, n'hai dette in notificando la tua condizione, avrestù operate con altro intendimento». Onde io, pensando a queste parole, quasi vergognoso mi partio da loro, e venia dicendo fra me medesimo: «Poi che è tanta beatitudine in quelle parole che lodano la mia donna, perchè altro parlare è stato lo mio?». E però propuosi di prendere per matera de lo mio parlare sempre mai quello che fosse loda di questa genti-

DAS NEUE LEBEN

Es hatten indessen aus meinem Anblick viele Personen das Geheimnis meines Herzens erraten, und so waren einstmals gewisse Frauen versammelt, die sich miteinander gar freundlich unterhielten und die alle mein Herz recht gut kannten, da jede von ihnen bei vielen meiner Niederlagen gegenwärtig gewesen war. Und ich, wie vom Glücke geführt, kam an ihnen vorübergegangen, und da wurde ich von einer der lieblichen Frauen angerufen, und die, welche mich gerufen hatte, war ein Weib, das gar anmutig zu reden wußte. Als ich vor ihnen stand und wohl sah, daß meine allerlieblichste Herrin nicht unter ihnen war, da ward ich sicherer und grüßte sie, und fragte nach ihrem Gefallen. Es waren aber der Frauen viele und einige darunter, die heimlich untereinander lachten. Andere waren da, welche mich ansahen und darauf warteten, was ich sagen würde. Andere wieder redeten untereinander, und von diesen richtete eine die Augen auf mich und rief mich beim Namen und sagte mir die folgenden Worte: ›Zu welchem Ende liebst du jenes Weib, da du ihre Gegenwart doch nicht ertragen kannst? Sag uns dies, denn sicherlich, das Ziel solch einer Liebe muß ganz ein neues sein.‹ Und als sie diese Worte zu mir gesprochen, da begannen auch all die anderen Frauen mich anzusehen, so wie sie, und lauschten auf meine Antwort. Darauf sprach ich zu ihnen: ›Edle Frauen, das Ziel meiner Liebe war bereits der Gruß jener Frau, an welche ihr vielleicht denket, und in ihm lag meine Seligkeit, die das Ziel all meiner Wünsche war. Aber nachdem es ihr gefallen hat, ihn mir zu verweigern, hat mein Herr und Gebieter Amor durch seine Gnade all meine Seligkeit in das gelegt, was mir nie geschmälert werden kann.‹ Nun begannen jene Frauen untereinander zu sprechen, und so wie wir manchmal Regen fallen sehen, mit schönem Schnee vermischt, so schien es mir, als sähe ich ihre Worte vermischt mit Seufzern fallen. Und als sie eine Weile untereinander geredet, sagte mir wieder jene Frau, die zuerst zu mir gesprochen hatte: ›Wir bitten dich, daß du uns sagen mögest, worin diese deine Seligkeit lieget.‹ Und ich sagte ihnen zur Antwort soviel: ›In jenen Worten, welche meine Herrin preisen.‹ Und sie antwortete: ›Wenn dies wahr wäre, dann müßtest du jene Verse, in welchen du deinen Zustand geschildert, in anderer Absicht verfaßt haben.‹ Und wie ich über diese Worte sann, da fühlte ich mich fast beschämt und beurlaubte mich von ihnen, und im Gehen sprach ich zu mir selbst: ›Wenn solch eine Seligkeit in den Worten liegt, die meine Herrin preisen, warum habe ich

23

LA VITA NUOVA

lissima; e pensando molto a ciò, pareami avere impresa
troppo alta matera quanto a me, sì che non ardia di comin-
ciare; e così dimorai alquanti dì con disiderio di dire e con
paura di cominciare.

Avvenne poi che passando per uno cammino, lungo lo
quale sen gìa uno rivo chiaro molto, a me giunse tanta vo-
lontade di dire, che io cominciai a pensare lo modo ch' io
tenesse; e pensai che parlare di lei non si convenia che io fa-
cesse, se io non parlasse a donne in seconda persona, e non
ad ogni donna, ma solamente a coloro che sono gentili e che
non sono pure femmine. Allora dico che la mia lingua
parlò quasi come per se stessa mossa, e disse: *Donne ch'avete
intelletto d'amore*. Queste parole io ripuosi ne la mente con
grande letizia, pensando di prenderle per mio comincia-
mento; onde poi, ritornato a la sopradetta cittade, pen-
sando alquanti die, cominciai una canzone con questo co-
minciamento, ordinata nel modo che si vedrà di sotto ne la
sua divisione. La canzone comincia: *Donne ch'avete*.

Donne ch'avete intelletto d'amore,
i' vo' con voi de la mia donna dire,
non perch' io creda sua laude finire,
ma ragionar per isfogar la mente.
Io dico che pensando il suo valore,
Amor sì dolce mi si fa sentire,
che s' io allora non perdessi ardire,
farei parlando innamorar la gente.
E io non vo' parlar sì altamente,
ch' io divenisse per temenza vile;
ma tratterò del suo stato gentile
a respetto di lei leggeramente,
donne e donzelle amorose, con vui,
chè non è cosa da parlarne altrui.

Angelo clama in divino intelletto
e dice: «Sire, nel mondo si vede

DAS NEUE LEBEN

von anderem geredet?‹ Und darum nahm ich mir vor, zum Stoffe meiner Worte immer nur das zu nehmen, was zum Preise jener Lieblichsten gehörte; doch als ich mehr darüber dachte, da schien mir, als hätte ich mir eine zu hohe Aufgabe gestellt, so daß ich nicht daran zu gehen wagte. Und so verweilte ich mehrere Tage mit dem Wunsche zu sprechen und der Furcht zu beginnen.

Da geschah es, daß ich auf einem Pfade ging, dem ein Bach mit gar klaren Wellen entlang floß, und da ergriff mich solch eine Lust, das auszusprechen, was ich empfand, daß ich darüber zu sinnen begann, welche Weise ich dabei halten sollte; und ich dachte, daß es sich nicht wohl geziemen möchte, von ihr zu sprechen, es wäre denn, daß ich meine Worte an Frauen und in der zweiten Person richtete; und auch das nicht an jede Frau, sondern nur an diejenigen, welche edler Art sind und nicht nur Weiber sind. Und da kann ich sagen, daß meine Zunge wie von selbst bewegt zu sprechen begann und sagte: ›O Frauen, die ihr wißt, was Liebe sei!‹ Und diese Worte bewahrte ich in meinem Geiste mit großer Freude und gedachte sie als Anfang meines Gedichtes zu verwenden. Und als ich dann zurück in die erwähnte Stadt gekommen war und einige Tage lang nachgedacht hatte, begann ich eine Canzone mit jenem Anfang, die in solcher Weise angeordnet ist, wie man unten bei ihrer Einteilung sehen wird. Die Canzone beginnt: ›O Frauen, die ihr wißt‹.

O Frauen, die ihr wißt, was Liebe sei,
Ich will mit euch von meiner Frauen sprechen,
Nicht daß ich würdig sie zu loben wüßte,
Ich singe nur, der Seele Bann zu brechen.
Allein, sobald ich an sie denken soll,
Wird meine Brust so süßer Liebe voll,
Daß, wäre nicht sogleich mein Mut vorbei,
Ich alle Welt für sie entflammen müßte.
Drum soll nicht allzu laut mein Sang erklingen, –
Ihr lachtet sonst, wenn ich verstummt aus Scheu –
Nur leis' und leicht will ich und ehrfurchtsvoll
Vor euch von ihrem süßen Wesen singen,
Euch liebeskund'gen Mädchen will und Frauen,
Was andre nicht bekümmert, ich vertrauen.

Ein Engel ruft im höchsten Geist der Sphären:
›O Herr, es wandelt unten auf der Erde

LA VITA NUOVA

maraviglia ne l'atto che procede
d'un'anima che 'nfin qua su risplende».
Lo cielo, che non have altro difetto
che d'aver lei, al suo segnor la chiede,
e ciascun santo ne grida merzede.
Sola Pietà nostra parte difende,
chè parla Dio che di madonna intende:
«Diletti miei, or sofferite in pace
che vostra spene sia quanto me piace
là 'v' è alcun che perder lei s'attende,
e che dirà ne lo inferno: – O mal nati,
io vidi la speranza de' beati –».

Madonna è disiata in sommo cielo:
or vòi di sua virtù farvi savere.
Dico, qual vuol gentil donna parere
vada con lei, che quando va per via,
gitta nei cor villani Amore un gelo,
per che onne lor pensero agghiaccia e pere;
e qual soffrisse di starla a vedere
diverria nobil cosa, o si morria.
E quando trova alcun che degno sia
di veder lei, quei prova sua vertute,
chè li avvien, ciò che li dona, in salute,
e sì l'umilia, ch'ogni offesa oblia.
Ancor l'ha Dio per maggior grazia dato
che non pò mal finir chi l'ha parlato.

Dice di lei Amor: «Cosa mortale
come esser pò sì adorna e sì pura?»
Poi la reguarda, e fra se stesso giura
che Dio ne 'ntenda di far cosa nova.
Color di perle ha quasi, in forma quale
convene a donna aver, non for misura:
ella è quanto de ben pò far natura;
per essemplo di lei bieltà si prova.
De li occhi suoi, come ch'ella li mova,
escono spirti d'amore inflammati,
che feron li occhi a qual che allor la guati,
e passan sì che 'l cor ciascun retrova:
voi le vedete Amor pinto nel viso,
la 've non pote alcun mirarla fiso.

DAS NEUE LEBEN

Ein Wunder von so lieblicher Gebärde,
Von solchem Glanz der allerreinsten Seele,
Daß sie den Himmel selber muß verklären.
Es hat das Paradies nicht andre Fehle.‹
Da fordern alle Heil'gen sie im Rund,
Und nur die Gnade spricht für uns hienieden.
Und Gott spricht selbst und tut den Himmeln kund:
›Geliebte, duldet eine Zeit in Frieden,
Daß eure Hoffnung wandl' in Erdentagen,
Da einer bangend lebt, der einst wird sagen
Zu den Verdammten in der Hölle Grauen,
Daß er der Sel'gen Hoffnung durfte schauen.‹

Ja, man verlangt sie in den sel'gen Reichen,
Nun will ich euch von ihrer Tugend sagen.
Ich sage, die da lieblich will erscheinen,
Die geh' mit ihr und suche ihr zu gleichen;
Denn wo sie wandelt, fährt ein Liebeswehen,
Und jedes sünd'ge Herz muß sich versteinen;
Doch wer's vermöchte, ihrem Blick zu stehen,
Wird edel oder stirbt in sel'gem Grauen.
Und trifft sie einen, würdig sie zu schauen,
Der fühlet ihres Wesens Wunderkraft,
Ihm widerfährt, was ew'ges Heil ihm schafft:
Voll Demut weiß er keines Leids zu klagen.
Doch größte Gnade hat ihr Gott gegeben:
Wer zu ihr sprach, kann nicht in Sünden leben.

Die Liebe selber sagt: Wie mag's geschehen?
Ein sterblich Wesen, das so schön und rein?
Sie sieht nach ihr und muß sich selbst gestehen:
Es ließ uns Gott hier völlig Neues sehen.
Die Farbe gleicht der Perle sanftem Schein,
So wie es Frauen schmückt, nicht allzusehr;
Schön schuf Natur sie, so wie keine mehr,
An ihr bewährt sich Schönheit im Vergleiche;
Aus ihren Augen, blickt sie nach uns her,
Entfliegen Liebesgeister, flammengleiche,
Die blitzend ringsum alle Augen zünden,
Und jeder weiß das tiefste Herz zu finden;
Die Liebe weilt im Lächeln meiner Frauen,
Darum kann keiner ihr ins Antlitz schauen.

LA VITA NUOVA

Canzone, io so che tu girai parlando
a donne assai, quand' io t'avrò avanzata.
Or t'ammonisco, perch' io t' ho allevata
per figliuola d'Amor giovane e piana,
che là 've giugni tu dichi pregando:
«Insegnatemi gir, ch' io son mandata
a quella di cui laude so' adornata».
E se non vuoli andar sì come vana,
non restare ove sia gente villana:
ingegnati, se puoi, d'esser palese
solo con donne o con omo cortese,
che ti merranno là per via tostana.
Tu troverai Amor con esso lei;
raccomandami a lui come tu dèi.

Questa canzone, acciò che sia meglio intesa, la dividerò
più artificiosamente che l'altre cose di sopra. E però prima
ne fo tre parti: la prima parte è proemio de le seguenti parole; la seconda è lo intento trattato; la terza è quasi una
serviziale de le precedenti parole. La seconda comincia
quivi: *Angelo clama*; la terza quivi: *Canzone, io so che*. La
prima parte si divide in quattro: ne la prima dico a cu' io
dicer voglio de la mia donna, e perchè io voglio dire; ne la
seconda dico quale me pare avere a me stesso quand' io
penso lo suo valore, e com' io direi s' io non perdessi
l'ardimento; ne la terza dico come credo dire di lei, acciò
ch' io non sia impedito da viltà; ne la quarta, ridicendo
anche a cui ne intenda dire, dico la cagione per che dico a
loro. La seconda comincia quivi: *Io dico*; la terza quivi:
E io non vo' parlar; la quarta: *donne e donzelle*. Poscia quando
dico: *Angelo clama*, comincio a trattare di questa donna. E
dividesi questa parte in due: ne la prima dico che di lei si
comprende in cielo; ne la seconda dico che di lei si comprende in terra, quivi: *Madonna è disiata*. Questa seconda
parte si divide in due; che ne la prima dico di lei quanto da
la parte de la nobilitade de la sua anima, narrando alquanto
de le sue vertudi effettive che de la sua anima procedeano:
ne la seconda dico di lei quanto da la parte de la nobilitade
del suo corpo, narrando alquanto de le sue bellezze, quivi:
Dice di lei Amor. Questa seconda parte si divide in due; che
ne la prima dico d'alquante bellezze che sono secondo tutta
la persona; ne la seconda dico d'alquante bellezze che sono

DAS NEUE LEBEN

Ich weiß, mein Lied, es tönet deine Weise
Vor Fraun genug, wenn du von mir geflogen;
Nun mahn' ich dich, nachdem ich dich erzogen
Als Amors anmutreiches Töchterlein:
Wohin du auch gelangst, dort bitte fein:
›O weiset mir den Weg, ich bin geschickt
Zu jener, deren Preis mich so geschmückt.‹
Und soll nicht eitel werden deine Reise,
Dann bleib du nicht beim Volke, das gemein,
Nein, sieh vielmehr, daß dich nicht andre schauen,
Denn edle Herrn und liebenswürd'ge Frauen;
Dort findest du wohl, wer den Weg dir weise,
Auch Amor wird bei solchen nicht leicht fehlen,
Und allen sollst du zierlich mich empfehlen.

Diese Canzone werde ich, damit sie besser verstanden werde, kunstreicher einteilen als die andern Sächlein vorher, und darum mache ich drei Teile daraus. Der erste Teil ist ein Prooemium für die folgenden Worte; der zweite ist der behandelte Gegenstand; der dritte ist gleichsam eine Dienerin für die vorhergehenden Worte. Der zweite beginnt bei: ›Ein Engel ruft‹; der dritte bei: ›Ich weiß, mein Lied‹. Der erste Teil ist in vier Teile geteilt: im ersten sage ich, zu wem ich von meiner Frauen sprechen will und warum ich es will; im zweiten sage ich, wie es mir selber vorkommt, wenn ich an ihren Wert denke, und wie ich reden würde, wenn ich nicht den Mut verlöre; im dritten sage ich, wie ich von ihr zu sprechen gedenke, um nicht aus Feigheit verstummen zu müssen; im vierten sage ich nochmals, zu wem ich zu reden gedenke, und auch den Grund, warum ich zu ihnen rede. Der zweite beginnt bei: ›Allein sobald ich‹; der dritte bei: ›Drum soll nicht allzu laut‹; der vierte bei: ›Euch liebeskund'gen Mädchen‹. Dann, wenn ich sage: ›Ein Engel ruft‹, beginne ich von jenem Weibe zu reden, und es zerfällt dieser Teil in zwei. Im ersten sage ich, was im Himmel von ihr gedacht wird, im zweiten, was auf Erden von ihr gedacht wird, bei der Stelle: ›Ja, man verlangt sie‹. Dieser zweite Teil zerfällt wieder in zwei: und im ersten spreche ich von ihr mit Bezug auf den Adel ihrer Seele, indem ich einige wundersame Wirkungen aufzähle, die von ihrer Seele ausgehen; im zweiten spreche ich von ihr mit Bezug auf den Adel ihres Leibes, indem ich einige ihrer Schönheiten aufzähle, bei der Stelle: ›Die Liebe selber sagt‹. Dieser

26

LA VITA NUOVA

secondo diterminata parte de la persona, quivi: *De li occhi
suoi*. Questa seconda parte si divide in due; che ne l'una dico
degli occhi, li quali sono principio d'amore; ne la seconda
dico de la bocca, la quale è fine d'amore. E acciò che quinci
si lievi ogni vizioso pensiero, ricordisi chi ci legge, che di
sopra è scritto che lo saluto di questa donna, lo quale era
de le operazioni de la bocca sua, fue fine de li miei desiderii
mentre ch' io lo potei ricevere. Poscia quando dico: *Can-
zone, io so che tu*, aggiungo una stanza quasi come ancella de
l'altre, ne la quale dico quello che di questa mia canzone
desidero; e però che questa ultima parte è lieve a intendere,
non mi travaglio di più divisioni. Dico bene che, a più
aprire lo intendimento di questa canzone, si converrebbe
usare di più minute divisioni; ma tuttavia chi non è di tanto
ingegno che per queste che sono fatte la possa intendere, a
me non dispiace se la mi lascia stare, chè certo io temo
d'avere a troppi comunicato lo suo intendimento pur per
queste divisioni che fatte sono, s'elli avvenisse che molti le
potessero audire.

Appresso che questa canzone fue alquanto divolgata tra
le genti, con ciò fosse cosa che alcuno amico l'udisse, vo-
lontade lo mosse a pregare me che io li dovesse dire che è
Amore, avendo forse per l'udite parole speranza di me oltre
che degna. Onde io, pensando che appresso di cotale tratta-
to bello era trattare alquanto d'Amore, e pensando che
l'amico era da servire, propuosi di dire parole ne le quali
io trattassi d'Amore; e allora dissi questo sonetto, lo qual
comincia: *Amore e 'l cor gentil*.

Amore e 'l cor gentil sono una cosa,
sì come il saggio in suo dittare pone,
e così esser l'un sanza l'altro osa
com'alma razional sanza ragione.
Falli natura quand' è amorosa,
Amor per sire e 'l cor per sua magione,
dentro la qual dormendo si riposa
tal volta poca e tal lunga stagione.

DAS NEUE LEBEN

zweite Teil zerfällt in zwei, denn im ersten spreche ich von einigen Schönheiten, die der ganzen Gestalt angehören, in dem zweiten spreche ich von einigen Schönheiten, die einem bestimmten Teile der Gestalt angehören, bei der Stelle: ›Aus ihren Augen‹. Dieser zweite Teil zerfällt in zwei: denn in dem einen spreche ich von den Augen, die der Ursprung der Liebe sind, in dem zweiten spreche ich vom Munde, der das Endziel der Liebe ist. Und damit hier jeder lasterhafte Gedanke sich hebe, erinnere sich der Leser an das, was oben über den Gruß jenes Weibes gesagt ist, der die Wirkung ihres Mundes und das Ziel meiner Wünsche war, solange ich ihn erhalten konnte. Dann, wenn ich sage: ›Ich weiß, mein Lied‹, füge ich eine Strophe gleichsam als Magd der anderen hinzu, in welcher ich sage, was ich von dieser meiner Canzone begehre. Und weil dieser letzte Teil leicht zu verstehen ist, mühe ich mich nicht mit weiteren Einteilungen. Ich sage wohl, daß, um das Verständnis dieser Canzone noch mehr zu eröffnen, man noch feinere Einteilungen gebrauchen könnte, aber immerhin, wenn einer nicht so viel Geist besitzt, daß er sie durch die, die hier angegeben sind, verstehen kann, so ist es mir nicht unlieb, wenn er mir sie ganz stehen läßt: denn, sicherlich, ich fürchte, schon durch die angegebenen Einteilungen allzu vielen ihren Sinn mitgeteilt zu haben, wenn es möglich wäre, daß viele sie vernehmen könnten.

Als diese Canzone einigermaßen bekannt geworden war, da kam auch einer meiner Freunde, der sie gehört haben mochte, und bat mich, daß ich ihm sagen sollte, was denn die Liebe sei, da er aus den Worten, die er gehört, vielleicht mehr von mir erwarten mochte, als ich verdiente. Und ich, der ich dachte, daß, nachdem ich jenen Stoff behandelt, es ganz schön sein könnte, ein wenig über die Liebe zu sprechen, und auch bedachte, daß ich dem Freunde gern zu Diensten wäre, beschloß Worte zu dichten, in welchen ich von der Liebe redete, und darauf verfaßte ich dies Sonett, das beginnt: ›Lieb' und ein edles Herz‹.

> Lieb' und ein edles Herz sind Eines ganz.
> Es sagt's der Weise, wie ich es erzähle,
> So wenig wie ein Mensch ist ohne Seele,
> So kann nicht eins ohne das andre sein.
> Es legt Natur in solcher Herzen Schrein
> Amor als Herrn, der darin schlafend ruht,
> Bald kurze Zeit, bald lang' in stiller Glut,
> Bis ihn erweckt der Frauenschönheit Glanz.

LA VITA NUOVA

Bieltate appare in saggia donna pui,
che piace a gli occhi sì, che dentro al core
nasce un disio de la cosa piacente;
e tanto dura talora in costui,
che fa svegliar lo spirito d'Amore.
E simil face in donna omo valente.

Questo sonetto si divide in due parti: ne la prima dico di
lui in quanto è in potenzia; ne la seconda dico di lui in
quanto di potenzia si riduce in atto. La seconda comincia
quivi: *Bieltate appare.* La prima si divide in due: ne la prima
dico in che suggetto sia questa potenzia; ne la seconda dico
sì come questo suggetto e questa potenzia siano produtti in
essere, e come l'uno guarda l'altro come forma materia. La
seconda comincia quivi: *Falli natura.* Poscia quando dico:
Bieltate appare, dico come questa potenzia si riduce in atto;
e prima come si riduce in uomo, poi come si riduce in don-
na, quivi: *E simil face in donna.*

Poscia che trattai d'Amore ne la soprascritta rima, ven-
nemi volontade di volere dire anche, in loda di questa gen-
tilissima, parole, per le quali io mostrasse come per lei si
sveglia questo Amore, e come non solamente si sveglia là
ove dorme, ma là ove non è in potenzia, ella, mirabilemente
operando, lo fa venire. E allora dissi questo sonetto, lo
quale comincia: *Ne li occhi porta.*

Ne li occhi porta la mia donna Amore,
per che si fa gentil ciò ch'ella mira;
ov'ella passa, ogn'om ver lei si gira,
e cui saluta fa tremar lo core,
sì che, bassando il viso, tutto smore,
e d'ogni suo difetto allor sospira:
fugge dinanzi a lei superbia ed ira.
Aiutatemi, donne, farle onore.

Ogne dolcezza, ogne pensero umile
nasce nel core a chi parlar la sente,
ond' è laudato chi prima la vide.
Quel ch'ella par quando un poco sorride,

Wenn wir ein schön und züchtig Weib erschauen,
Und edle Reize unsern Augen lachen,
Da wird ein süßer Wunsch im Herzen rege,
Verdoppelt pochen seine raschen Schläge,
Und aus dem Schlafe muß die Lieb' erwachen.
Und so wirkt wohl ein tüchtiger Mann bei Frauen.

Dieses Sonett ist in zwei Teile geteilt. Im ersten spreche ich von der Liebe, insofern sie dem Vermögen nach besteht; im zweiten spreche ich von ihr, insofern sie vom Vermögen zur Wirksamkeit übergeht. Der zweite Teil beginnt bei: ›Wenn wir ein.‹ Der erste Teil zerfällt wieder in zwei: im ersten sage ich, bei welchem Gegenstande sich solches Vermögen befinde; im zweiten sage ich, wie dieser Gegenstand und dieses Vermögen zusammen zum Dasein gebracht werden, und daß das eine sich zum andern verhält wie die Form zum Stoffe. Der zweite Teil beginnt bei: ›Es legt Natur‹. Dann, wenn ich sage: ›Wenn wir ein‹, dann sage ich, wie dieses Vermögen in Wirkung tritt, und zwar zuerst, wie dies beim Manne geschieht, und dann, wie es bei einem Weibe geschieht, und zwar bei: ›Und so wirkt‹.

Nachdem ich in solchen Versen von der Liebe gesprochen, da faßte mich die Lust, auch zum Lobe jener Lieblichsten einige Worte zu sagen, in welchen ich zeigen wollte, wie diese Liebe durch sie erweckt wird, und wie sie dieselbe nicht nur dort erweckt, wo sie schlummert, sondern auch dort, wo die Anlage dazu gar nicht vorhanden ist, durch wundersame Wirkung sie dennoch entstehen macht. Und so schrieb ich dies Sonett, das beginnt: ›Die Liebe wohnt‹.

Die Liebe wohnt im Auge meiner Frauen,
Und lieblich wird, was immer sie erblickt,
Es neigen sich vor ihr all, die sie schauen,
Und wen sie grüßt, steht zitternd und beglückt.
Er senkt das Haupt, sein Antlitz muß erbleichen,
Nur Fehler wird er seufzend an sich finden,
Vor ihr muß aller Zorn und Hochmut weichen,
O helft mir, Frauen, ihr den Kranz zu winden!

Wer ihrer Rede lauschet, dem erglüht
Das Herz in Wonne und in froher Demut,
Glückselig, wer zum erstenmal sie sieht!
Doch lächelt sie in Frohsinn oder Wehmut,

LA VITA NUOVA

non si pò dicer nè tenere a mente,
sì è novo miracolo e gentile.

Questo sonetto si ha tre parti: ne la prima dico sì come
questa donna riduce questa potenzia in atto secondo la no-
bilissima parte de li suoi occhi; e ne la terza dico questo me-
desimo secondo la nobilissima parte de la sua bocca; e intra
queste due parti è una particella, ch' è quasi domandatrice
d'aiuto a la precedente parte e a la sequente, e comincia
quivi: *Aiutatemi, donne*. La terza comincia quivi: *Ogne dol-
cezza*. La prima si divide in tre: che ne la prima parte dico
sì come virtuosamente fae gentile tutto ciò che vede, e
questo è tanto a dire quanto inducere Amore in potenzia
là ove non è; ne la seconda dico come reduce in atto Amore
ne li cuori di tutti coloro cui vede; ne la terza dico quello
che poi virtuosamente adopera ne' loro cuori. La seconda
comincia quivi: *ov'ella passa*; la terza quivi: *e cui saluta*. Po-
scia quando dico: *Aiutatemi, donne*, do a intendere a cui
la mia intenzione è di parlare, chiamando le donne che
m'aiutino onorare costei. Poscia quando dico: *Ogne dolcezza*,
dico quello medesimo che detto è ne la prima parte, se-
condo due atti de la sua bocca; l'uno de li quali è lo suo
dolcissimo parlare, e l'altro lo suo mirabile riso; salvo che
non dico di questo ultimo come adopera ne li cuori altrui,
però che la memoria non puote ritenere lui nè sua opera-
zione.

Appresso ciò non molti dì passati, sì come piacque al
glorioso sire lo quale non negoe la morte a sè, colui che era
stato genitore di tanta meraviglia quanta si vedea ch'era
questa nobilissima Beatrice, di questa vita uscendo, a la glo-
ria etternale se ne gio veracemente. Onde con ciò sia cosa
che cotale partire sia doloroso a coloro che rimangono e
sono stati amici di colui che se ne va; e nulla sia sì intima
amistade come da buon padre a buon figliuolo e da buon
figliuolo a buon padre; e questa donna fosse in altissimo
grado di bontade, e lo suo padre, sì come da molti si crede
e vero è, fosse bono in alto grado; manifesto è che questa
donna fue amarissimamente piena di dolore. E con ciò sia
cosa che, secondo l'usanza de la sopradetta cittad, donne
con donne e uomini con uomini s'adunino a cotale tristizia,

DAS NEUE LEBEN

Das läßt sich schildern nicht und nicht vergleichen,
Es ist ein neu und lieblich Wunderzeichen!

Dieses Sonett hat drei Teile. Im ersten Teile sage ich, wie
diese Dame dies Vermögen zur Wirksamkeit bringt durch
jenen edelsten Teil ihrer Person, der ihre Augen sind; und im
dritten sage ich das gleiche, wie sie es durch jenen andern
edelsten Teil, ihren Mund, bewirkt. Und zwischen diesen bei-
den Teilen liegt ein Teilchen, das gleichsam den vorausge-
henden Teil sowie den folgenden um Hilfe anfleht, und das bei:
›O helft mir‹ beginnt. Der dritte Teil beginnt bei: ›Wer ihrer
Rede‹. Der erste Teil zerfällt in drei; und zwar sage ich im
ersten, wie sie tugendsamerweise alles lieblich macht, was sie
erblickt; und das heißt so viel sagen, als daß sie die Liebe dem
Vermögen nach dorthin bringt, wo sie nicht war. Im zweiten
sage ich, wie sie die Liebe im Herzen aller wirken macht, die sie
erblickt. Im dritten sage ich, was sie dann tugendsamerweise in
ihren Herzen wirkt. Der zweite beginnt bei: ›Es neigen sich‹;
der dritte bei: ›Und wen sie grüßt‹. Wenn ich nachher sage:
›O helft mir, Frauen‹, gebe ich zu verstehen, zu wem zu spre-
chen meine Absicht ist, da ich die Frauen anrufe, daß sie mir
helfen mögen, jene zu ehren. Dann, wenn ich sage: ›Wer ihrer
Rede‹, dann sage ich das gleiche, was schon im ersten Teile
gesagt ist, jedoch gemäß zweien Wirkungen ihres Mundes;
von denen die eine ihre süßeste Rede ist und die andere ihr
wunderbares Lächeln; nur daß ich nicht sage, wie dieses
letztere in den Herzen der anderen wirkt, weil die Erinnerung
weder dies Lächeln selbst, noch seine Wirkungen behalten kann.
Es waren noch nicht viele Tage hiernach verflossen, als,
nach dem Willen des hochgelobten Herrn, der auch sich selber
den Tod nicht ersparte, derjenige, der der Erzeuger solchen
Wunders war, als das diese herrlichste Beatrice sich erwies, aus
diesem Leben scheiden mußte und wahrhaftig zur ewigen
Seligkeit einging. Und wie nun schon ein solches Scheiden
schmerzlich für diejenigen ist, die hier zurückbleiben und dem
Dahingegangenen befreundet waren, und da es keine andere
so nahe Freundschaft gibt, wie jene, die einen guten Vater mit
einem guten Kinde und ein gutes Kind mit einem guten Vater
verbindet, und da so wie meine Herrin im höchsten Maße, so
auch ihr Vater, wie es wenigstens viele glauben und es auch
wahr ist, in hohem Grade gut war, so muß allen begreiflich sein,
daß dieses Weib vom bittersten Schmerze erfüllt war. Und da

LA VITA NUOVA

molte donne s'adunaro colà dove questa Beatrice piangea
pietosamente: onde io veggendo ritornare alquante donne
da lei, udio dicere loro parole di questa gentilissima, com'
ella si lamentava; tra le quali parole udio che diceano:
«Certo ella piange sì, che quale la mirasse doverebbe mo-
rire di pietade». Allora trapassaro queste donne; e io ri-
masi in tanta tristizia, che alcuna lagrima talora bagnava
la mia faccia, onde io mi ricopria con porre le mani spesso
a li miei occhi; e se non fosse ch' io attendea audire anche di
lei, però ch' io era in luogo onde se ne giano la maggiore
parte di quelle donne che da lei si partiano, io mi sarei
nascoso incontanente che le lagrime m'aveano assalito. E
però dimorando ancora nel medesimo luogo, donne anche
passaro presso di me, le quali andavano ragionando tra loro
queste parole: «Chi dee mai essere lieta di noi, che avemo
udita parlare questa donna così pietosamente?». Appresso
costoro passaro altre donne, che veniano dicendo: «Questi
ch' è qui piange nè più nè meno come se l'avesse veduta,
come noi avemo». Altre dipoi diceano di me: «Vedi questi
che non pare esso, tal è divenuto!». E così passando queste
donne, udio parole di lei e di me in questo modo che detto
è. Onde io poi, pensando, proposi di dire parole, acciò
che degnamente avea cagione di dire, ne le quali parole io
conchiudesse tutto ciò che inteso avea da queste donne; e
però che volentieri l'averei domandate, se non mi fosse
stata riprensione, presi tanta matera di dire come s' io
l'avesse domandate ed elle m'avessero risposto. E feci due
sonetti; che nel primo domando in quello modo che voglia
mi giunse di domandare; ne l'altro dico la loro risponsione,
pigliando ciò ch' io udio da loro sì come lo mi avessero
detto rispondendo. E comincia lo primo: *Voi che portate la
sembianza umile*, e l'altro: *Se' tu colui c' hai trattato sovente.*

Voi che portate la sembianza umile,
con li occhi bassi, mostrando dolore,
onde venite che 'l vostro colore

DAS NEUE LEBEN

nach dem Gebrauch der obengenannten Stadt zu solcher Trauer
sich Frauen mit Frauen und Männer mit Männern vereinen, so
versammelten sich gar viele Frauen dort, wo jene Beatrice so
bitterlich und liebend weinte. Und ich sah einige dieser Frauen
von ihr zurückkommen und hörte sie von jener Lieblichsten
und von ihrer Wehklage manches Wort sprechen. Und da ver-
nahm ich, wie sie sagten: ›Gewiß, sie weinet so sehr, daß, wer
sie sähe, vor Mitleid sterben zu müssen glaubte.‹ Damit gingen
die Frauen vorüber, und ich blieb in solchem Leide zurück,
daß manche Träne meine Wange netzte, so daß ich mich ver-
barg, indem ich öfters die Hand vor die Augen hielt. Und
wenn ich nicht noch mehr von ihr zu hören erwartet hätte –
denn ich befand mich an einer Stelle, an welcher der größte
Teil der Frauen, die von ihr fortgingen, vorüberkommen
mußte –, hätte ich mich sogleich verborgen, da die Tränen
mich überwältigt hatten. Daher blieb ich an dem gleichen Ort,
und es kamen auch noch mehr Frauen an mir vorbei, und sie
redeten, da sie vorübergingen, und unter anderm sagten sie
auch folgende Worte: ›Wer von uns soll je wieder froh werden,
nachdem wir jenes Weib so erbarmenswürdig reden gehört?‹
Und nach diesen kamen andere vorüber und sprachen: ›Der,
der da steht, weint nicht mehr noch weniger, als wenn er sie
gesehen hätte, wie wir sie sahen.‹ Andere wieder sagten von
mir: ›Sieh doch den an, der scheint gar nicht er selbst zu sein,
so sieht er aus!‹ Und so hörte ich, da die Frauen vorüber-
gingen, Worte über sie und über mich in der Weise, wie es
erzählt ist. Und später, als ich dies überdachte, nahm ich mir
vor, Verse zu verfassen, da ich ja wohl würdigen Grund dazu
hatte, in denen all das enthalten sein sollte, was ich von den
Frauen gehört. Und da ich sie gern befragt hätte, wenn ich
mich nicht vor Tadel gescheut hätte, so faßte ich den Stoff so,
als ob ich sie befragt und sie mir erwidert hätten. Und ich ver-
faßte zwei Sonette; in dem ersten derselben frage ich in der
Weise, wie ich gerne hätte fragen wollen, im zweiten sage ich
ihre Antwort, indem ich das, was ich von ihnen gehört, so ver-
wendete, als ob sie es mir zur Antwort gesagt hätten. Und ich
begann das erste mit den Worten: ›Ihr, die ihr mit‹, und das
zweite: ›Bist du auch‹.

> Ihr, die ihr mit gebeugtem Antlitz gehet,
> Aus bitterm Schmerz die Augen niederschlaget,
> Wo kommt ihr her, daß, trauervolle Schönen,

LA VITA NUOVA

par divenuto de pietà simìle?
Vedeste voi nostra donna gentile
bagnar nel viso suo di pianto Amore?
Ditelmi, donne, che 'l mi dice il core,
perch' io vi veggio andar sanz'atto vile.

E se venite da tanta pietate,
piacciavi di restar qui meco alquanto,
e qual che sia di lei, nol mi celate.
Io veggio li occhi vostri c'hanno pianto,
e veggiovi tornar sì sfigurate,
che 'l cor mi triema di vederne tanto.

Questo sonetto si divide in due parti: ne la prima chiamo
e domando queste donne se vegnono da lei, dicendo loro
che io lo credo, però che tornano quasi ingentilite; ne la
seconda le prego che mi dicano di lei. La seconda comincia
quivi: *E se venite.*

Qui appresso è l'altro sonetto, sì come dinanzi avemo
narrato.

Se' tu colui c' hai trattato sovente
di nostra donna, sol parlando a nui?
Tu risomigli a la voce ben lui,
ma la figura ne par d'altra gente.
E perchè piangi tu sì coralmente,
che fai di te pietà venire altrui?
Vedestù pianger lei, che tu non pui
punto celar la dolorosa mente?

Lascia piangere noi e triste andare
(e fa peccato chi mai ne conforta),
che nel suo pianto l'udimm parlare.
Ell' ha nel viso la pietà sì scorta,
che qual l'avesse voluta mirare
sarebbe innanzi lei piangendo morta.

Questo sonetto ha quattro parti, secondo che quattro
modi di parlare ebbero in loro le donne per cui rispondo;
e però che sono di sopra assai manifesti, non m'intrametto
di narrare la sentenzia de le parti, e però le distinguo sola-

DAS NEUE LEBEN

Des Mitleids Farbe euch im Antlitz stehet?
Habt unsre teure Herrin ihr gesehen,
Die Amor badet in dem Naß der Tränen?
Sagt mir's, ihr Frauen, da's mein Herz mir saget,
Seh' ich euch in so ernster Weise gehen.

Und wenn ihr wirklich kommt von solchem Wehe,
O dann verweilet noch und stillt mein Sehnen,
Verhehlet mir nicht, wie es ihr ergehe.
Denn eure Augen schimmern wie von Tränen,
Und so verstört und blaß seh' ich euch gehen,
Daß mir das Herz erzittert, es zu sehen.

Dieses Sonett teilt sich in zwei Teile. Im ersten rufe ich jene
Frauen an und frage sie, ob sie von ihr kommen, und sage
ihnen, daß ich es wohl glaube, weil sie gleichsam lieblicher ge-
worden zurückkehren. Im zweiten bitte ich sie, daß sie mir
von ihr sprechen mögen; und der zweite Teil beginnt bei:
›Und wenn ihr wirklich‹.

Hier folgt das andere Sonett, wie wir vorher berichtet
haben.

Bist du auch der, der schon so oft gesungen
Von unsrer Freundin, uns von ihr erzählte?
Wohl ist die Stimme seiner gleich geklungen,
Doch das Gesicht will uns ein fremdes scheinen!
O, warum mußt denn du so bitter weinen,
Daß andere von Mitleid drob bezwungen?
Sahst du sie selber weinen, die Gequälte,
Daß dir dein Leid zu bergen nicht gelungen?

Laß uns das Weinen, uns laß traurig gehen,
Du hilfst uns nimmer unsern Kummer tragen.
Wir haben ja sie selber hören klagen,
Wir mußten ihr ins blasse Antlitz sehen!
Ach, die in ihren Zügen konnte lesen,
Die wär' am liebsten selber tot gewesen!

Dieses Sonett hat vier Teile, demgemäß, daß die Frauen,
für die ich antworte, vierfache Weise zu reden hatten. Und
weil diese oben hinreichend klargelegt sind, so verweile ich
nicht dabei, den Sinn der einzelnen Teile zu berichten, son-

LA VITA NUOVA

mente. La seconda comincia quivi: *E perchè piangi*; la terza: *Lascia pianger noi*; la quarta: *Ell' ha nel viso*.

Appresso ciò per pochi dì avvenne che in alcuna parte de la mia persona mi giunse una dolorosa infermitade, onde io continuamente soffersi per nove dì amarissima pena; la quale mi condusse a tanta debolezza, che me convenia stare come coloro li quali non si possono muovere. Io dico che ne lo nono giorno, sentendome dolere quasi intollerabilemente, a me giunse uno pensero lo quale era de la mia donna. E quando èi pensato alquanto di lei, ed io ritornai pensando a la mia debilitata vita; e veggendo come leggiero era lo suo durare, ancora che sana fosse, sì cominciai a piangere fra me stesso di tanta miseria. Onde, sospirando forte, dicea fra me medesimo: «Di necessitade convene che la gentilissima Beatrice alcuna volta si muoia». E però mi giunse uno sì forte smarrimento, che chiusi li occhi e cominciai a travagliare sì come farnetica persona ed a imaginare in questo modo: che ne lo incominciamento de lo errare che fece la mia fantasia, apparvero a me certi visi di donne scapigliate, che mi diceano: «Tu pur morrai». E poi, dopo queste donne, m'apparvero certi visi diversi e orribili a vedere, li quali mi diceano: «Tu se' morto». Così cominciando ad errare la mia fantasia, venni a quello ch' io non sapea ove io mi fosse; e vedere mi parea donne andare scapigliate piangendo per via, maravigliosamente triste; e pareami vedere lo sole oscurare, sì che le stelle si mostravano di colore ch'elle mi faceano giudicare che piangessero; e pareami che li uccelli volando per l'aria cadessero morti, e che fossero grandissimi terremuoti. E maravigliandomi in cotale fantasia, e paventando assai, imaginai alcuno amico che mi venisse a dire: «Or non sai? la tua mirabile donna è partita di questo secolo». Allora cominciai a piangere molto pietosamente; e non solamente piangea ne la imaginazione, ma piangea con li occhi, bagnandoli di vere lagrime. Io imaginava di guardare verso lo cielo, e pareami vedere moltitudine d'angeli li quali tornassero in suso, ed aveano dinanzi da loro una nebuletta bianchissima. A me parea che questi angeli cantassero gloriosamente, e le parole del loro canto mi parea udire che fossero queste: *Osanna in excelsis*; e altro non mi parea udire. Allora mi perea che lo cuore, ove era tanto amore, mi di-

DAS NEUE LEBEN

dern will sie nur unterscheiden. Der zweite Teil beginnt bei: ›O warum mußt‹; der dritte: ›Laß uns das Weinen‹; der vierte: ›Wir mußten ihr‹.

Wenige Tage hiernach geschah es, daß mich in einem Teile meiner Person eine schmerzliche Krankheit befiel, von der ich durch viele Tage gar bittere Pein erdulden mußte, und die mich zu solcher Schwäche brachte, daß ich mich gleich denen befand, welche sich nicht bewegen können. Ich sage nun, daß ich am neunten Tage, als ich ganz unerträgliche Schmerzen fühlte, plötzlich an meine Herrin denken mußte. Und als ich eine Weile an sie gedacht, da kehrten meine Gedanken wieder zu meinem ärmlichen Lebensrestchen zurück, und da ich sah, von wie ungewisser Dauer das Leben sei, selbst wenn ich gesund gewesen wäre, da begann ich bei mir selber über soviel Elend zu weinen. Und schwer seufzend sprach ich zu mir selber: ›Es ist ja ganz unvermeidlich, daß auch die holdseligste Beatrice einmal sterben muß‹. Und da ergriff mich eine so heftige Wirrnis, daß ich die Augen schloß und es in mir zu toben begann, wie wohl ein Mensch im Fieberwahnsinn tut, und daß ich Wahnbilder schaute, in der Art, daß mir zunächst, da meine Phantasie in die Irre zu schweifen anfing, Gesichter von Frauen mit verwirrtem Haar erschienen, die also zu mir sprachen: ›Auch du wirst sterben!‹ Und dann, nach diesen Frauen erschienen mir andere Gesichter, gar seltsam und schauerlich anzusehen, die zu mir sprachen: ›Du bist tot‹. Und wie meine Phantasie so ins Irre zu schweifen begann, kam es so weit, daß ich nicht mehr wußte, wo ich mich befand, und es schien mir, als sähe ich weinende Frauen des Weges kommen, mit verwirrtem Haar und in solcher Trauer, daß es ganz wundersam war. Und es schien mir, als sähe ich die Sonne sich verfinstern, so daß die Sterne erschienen und in einer Farbe, aus der ich schloß, daß sie weinten, und es war mir, als ob die Vögel im Fluge tot zur Erde fielen und gewaltige Erdbeben wären. Und da ich mich in solchen Phantasien verwunderte und heftig bebte, da wähnte ich einen Freund zu sehen, der auf mich zukam und sagte: ›Ja, weißt du denn nicht? Deine wunderbare Herrin ist aus diesem Leben geschieden!‹ Da begann ich gar schmerzlich zu weinen, und zwar weinte ich nicht nur in meiner Einbildung, sondern ich weinte wirklich mit den Augen und badete sie mit wahren Tränen. Und ich wähnte in meinem Fiebertraum zum Himmel emporzuschauen, und mir war, als sähe ich eine große Menge von Engeln, die empor-

32

LA VITA NUOVA

cesse: «Vero è che morta giace la nostra donna». E per questo mi parea andare per vedere lo corpo ne lo quale era stata quella nobilissima e beata anima; e fue sì forte la erronea fantasia, che mi mostrò questa donna morta: e pareami che donne la covrissero, cioè la sua testa, con uno bianco velo; e pareami che la sua faccia avesse tanto aspetto d'umilitade, che parea che dicesse: «Io sono a vedere lo principio de la pace». In questa imaginazione mi giunse tanta umilitade per vedere lei, che io chiamava la Morte, e dicea: «Dolcissima Morte, vieni a me, e non m'essere villana, però che tu dei essere gentile, in tal parte se' stata! Or vieni a me, chè molto ti desidero; e tu lo vedi, chè io porto già lo tuo colore». E quando io avea veduto compiere tutti li dolorosi mestieri che a le corpora de li morti s'usano di fare, mi parea tornare ne la mia camera, e quivi mi parea guardare verso lo cielo; e sì forte era la mia imaginazione, che piangendo incominciai a dire con verace voce: «Oi anima bellissima, come è beato colui che ti vede!». E dicendo io queste parole con doloroso singulto di pianto, e chiamando la Morte che venisse a me, una donna giovane e gentile, la quale era lungo lo mio letto, credendo che lo mio piangere e le mie parole fossero solamente per lo dolore de la mia infermitade, con grande paura cominciò a piangere. Onde altre donne che per la camera erano, s'accorsero di me, che io piangea, per lo pianto che vedeano fare a questa; onde faccendo lei partire da me, la quale era meco di propinquissima sanguinitade congiunta, elle si trassero verso me per isvegliarmi, credendo che io sognasse, e diceanmi: «Non dormire più», e «Non ti sconfortare». E parlandomi così, sì mi cessò la forte fantasia entro in quello punto ch' io volea dire: «O Beatrice, benedetta sie tu»; e già detto avea «O Beatrice», quando riscotendomi apersi li occhi, e vidi che io era ingannato. E con tutto che io chiamasse questo nome, la mia voce era sì rotta dal singulto del piangere, che queste donne non mi pottero intendere, secondo il mio parere; e avvegna che io vergognasse molto, tuttavia per alcuno ammonimento d'Amore mi rivolsi a loro. E quando mi videro, cominciaro a dire: «Questi pare morto», e a dire tra loro: «Proccuriamo di confortarlo»; onde molte parole mi diceano da confortarmi, e talora mi domandavano di che io avesse avuto paura. Onde io, essendo alquanto riconfor-

DAS NEUE LEBEN

flogen und denen ein glänzendweißes Nebelwölkchen voran-
schwebte. Und es war mir, als ob diese Engel gar herrlich sän-
gen, und die Worte ihres Gesanges schienen mir zu sein:
Osanna in excelsis, und anderes vermochte ich nicht zu hören.
Da war mir, als ob das Herz, in dem soviel Liebe war, zu mir
spräche: ›Es ist wahr, unsere Herrin liegt tot.‹ Und darauf, so
schien mir, ging ich aus, um den Leib zu sehen, der jene hohe
und gepriesene Seele beherbergt hatte. Und so stark war die
trügerische Phantasie, daß sie mir wirklich die Herrin tot
zeigte, und es schien mir, als ob Frauen ihr das Haupt mit
einem weißen Schleier bedeckten, und ihr Antlitz schien einen
Ausdruck solch demütiger Ergebung zu tragen, daß es zu
sagen schien: ›Ich gehe in das Reich des Friedens ein.‹ Da
etgriff mich im Traume solch ein Demutverlangen, sie zu
schauen, daß ich den Tod rief und sagte: ›O süßester Tod,
komm zu mir und sei nicht grausam gegen mich, du mußt ja
jetzt hold sein, da du von solchem Wesen kommst! Nun
komm zu mir, du siehst, daß ich schon deine Farbe trage.‹ Und
als ich all die traurigen Pflichten vollenden gesehen, die man
an den Leibern der Toten vorzunehmen pflegt, glaubte ich
in meine Kammer zurückzukehren, und hier meinte ich zum
Himmel emporzusehen, und so heftig war meine Einbildung,
daß ich weinend mit wirklicher Stimme zu sagen begann:
›O schöne Seele, wie selig ist, wer dich schaut!‹ Und da ich
diese Worte mit schmerzlichem Schluchzen und Weinen aus-
sprach und den Tod rief, daß er doch zu mir komme, da
glaubte ein junges und liebliches Weib, das an meinem Bette
saß, daß mein Weinen und meine Worte Wehklage seien, die
mir der Schmerz meiner Krankheit erpreßte, und sie begann
gar erschrocken zu weinen. Und davon bemerkten auch andere
Frauen, die im Zimmer waren, daß ich weinte, da sie die
andere weinen sahen. Da hießen sie jene, die durch die aller-
nächsten Bande des Blutes mit mir verwandt war, von mir
gehen und kamen auf mich zu, um mich zu erwecken, denn sie
glaubten, daß ich träumte, und sagten zu mir: ›Schlafe nicht
mehr und verliere nicht so den Mut!‹ Und da sie so zu mir
sprachen, hörte das heftige Phantasieren auf, gerade in dem
Augenblicke, da ich sagen wollte: ›O Beatrice, gesegnet seist
du!‹ Und ich hatte schon gesagt: ›O Beatrice . . .‹, als ich mich
schüttelte, die Augen aufschlug und sah, daß das Ganze ein
Trugbild gewesen, und obgleich ich jenen Namen ausgerufen
hatte, war meine Stimme doch vom Weinen so gebrochen ge-

LA VITA NUOVA

tato, e conosciuto lo fallace imaginare, rispuosi a loro: «Io vi diroe quello ch' i' hoe avuto». Allora, cominciandomi dal principio infino a la fine, dissi loro quello che veduto avea, tacendo lo nome di questa gentilissima. Onde poi, sanato di questa infermitade, propuosi di dire parole di questo che m'era addivenuto, però che mi parea che fosse amorosa cosa da udire; e però ne dissi questa canzone: *Donna pietosa e di novella etate*, ordinata sì come manifesta la infrascritta divisione.

> Donna pietosa e di novella etate,
> adorna assai di gentilezze umane,
> ch'era là 'v' io chiamava spesso Morte,
> veggendo li occhi miei pien di pietate,
> e ascoltando le parole vane,
> si mosse con paura a pianger forte.
> E altre donne, che si fuoro accorte
> di me per quella che meco piangia,
> fecer lei partir via,
> e appressârsi per farmi sentire.
> Qual dicea: «Non dormire»,
> e qual dicea: «Perchè sì ti sconforte?».
> Allor lassai la nova fantasia,
> chiamando il nome de la donna mia.

> Era la voce mia sì dolorosa
> e rotta sì da l'angoscia del pianto,
> ch' io solo intesi il nome nel mio core;
> e con tutta la vista vergognosa
> ch'era nel viso mio giunta cotanto,
> mi fece verso lor volgere Amore.
> Elli era tale a veder mio colore,
> che facea ragionar di morte altrui:

DAS NEUE LEBEN

wesen, daß jene Frauen mich nicht hatten verstehen können. Und obgleich ich mich sehr schämte, wandte ich mich doch infolge irgendeiner Eingebung der Liebe zu ihnen. Und als sie mich sahen, begannen sie zu sprechen: ›Der sieht aus wie tot!‹ und sie redeten untereinander: ›Versuchen wir doch, ihn zu trösten.‹ Nun sagten sie mir gar viel, um mich zu trösten, und fragten mich auch wohl, wovor ich denn solche Angst empfunden hätte. Und ich, da ich mich indessen ein wenig erholt und die trügerische Einbildung erkannt hatte, erwiderte ihnen: ›Ich werde euch sagen, was mir war.‹ Und nun begann ich von Anfang an und erzählte ihnen bis zum Ende, was ich geschaut, nur den Namen jener Allerlieblichsten verschwieg ich. Und nachher, als ich von der Krankheit genesen, beschloß ich, in Verse zu fassen, was mir geschehen, denn es schien mir ein Gegenstand der Liebe zu sagen und zu hören, und so verfaßte ich davon die Canzone, die beginnt: ›Ein Mägdlein jugendlich und mitleidsvoll‹ und angeordnet ist, wie die unten folgende Einteilung klarmacht.

Ein Mägdlein jugendlich und mitleidsvoll,
Mit manchem Reiz der Lieblichkeit geschmückt,
Saß dort, wo oft ich nach dem Tod verlangte.
Sie sah, wie mir im Aug' die Träne schwoll,
Und meine Worte klangen sinnverrückt,
Da weinte sie gar heftig, weil ihr bangte;
Und andre Frauen, die, vom Angesicht
Der Weinenden erschreckt, nach mir gesehen,
Hießen sie von dannen gehen
Und kamen auf mich zu, um mich zu wecken.
Die eine sagte: ›Schlafe nicht!‹
Die andre: ›Was versetzt dich so in Schrecken?‹
Da wich von mir der Wahngebilde Grauen,
Grad als ich rief den Namen meiner Frauen.

Doch meine Stimme war so leiderfüllt,
Von Angst und Tränen war sie so gebrochen,
Daß kaum ich selbst den Namen konnte hören;
Und das Gesicht von heißer Scham umhüllt,
Und unter meines Herzens wildem Pochen
Hieß mich die Liebe, mich zu ihnen kehren.
Mir war der Wangen Farbe so erblichen;
Sie alle mußten sich zu Tod erbarmen:

LA VITA NUOVA

«Deh, consoliam costui»
pregava l'una l'altra umilemente;
e dicevan sovente:
«Che vedestù, che tu non hai valore?».
E quando un poco confortato fui,
io dissi :«Donne, dicerollo a vui.»

Mentr' io pensava la mia frale vita,
e vedea 'l suo durar com' è leggiero,
piansemi Amor nel core, ove dimora;
per che l'anima mia fu sì smarrita,
che sospirando dicea nel pensero:
– Ben converrà che la mia donna mora. –
Io presi tanto smarrimento allora,
ch' io chiusi li occhi vilmente gravati,
e furon sì smagati
li spirti miei, che ciascun giva errando;
e poscia imaginando,
di caunoscenza e di verità fora,
visi di donne m'apparver crucciati,
che mi dicean pur: – Morra'ti, morra'ti. –

Poi vidi cose dubitose molto,
nel vano imaginare ov' io entrai;
ed esser mi parea non so in qual loco,
e veder donne andar per via disciolte,
qual lagrimando, e qual traendo guai,
che di tristizia saettavan foco.
Poi mi parve vedere a poco a poco
turbar lo sole e apparir la stella,
e pianger elli ed ella;
cader li augelli volando per l'âre,
e la terra tremare;
ed omo apparve scolorito e fioco,
dicendomi: – Che fai? non sai novella?
morta è la donna tua, ch'era sì bella. –

Levava li occhi miei bagnati in pianti,
e vedea, che parean pioggia di manna,
li angeli che tornavan suso in cielo,
e una nuvoletta avean davanti,
dopo la qual gridavan tutti: *Osanna*;

DAS NEUE LEBEN

›Ach, trösten wir den Armen!‹
So hört' ich eine zu der andern sagen;
Und alle täten fragen:
›Was sahst du, daß dir alle Kraft entwichen?‹
Und als erholt ich von des Fiebers Jagen,
Da sprach ich: ›Nun, ihr Fraun, ich will's euch sagen.‹

Ich lag und dachte unter bittern Schmerzen,
Wie ungewiß das Leben sei dem Kranken,
Da weinte Amor tief in meinem Herzen,
Und meine Seele war so gramzerrissen,
Daß ich mir seufzend sagte in Gedanken:
Wohl wird auch meine Herrin sterben müssen.
Da fiel ich in so bange heft'ge Wirren,
Und meine Augen schlossen sich mir schwer,
In seltsamen Gefilden
All meine Sinne fingen an zu irren.
Ich sah in Wahngebilden
Viel leiderfüllte Frauen um mich her;
Der Frauen Züge täten sich entfärben,
Sie sagten mir: ›Auch du, auch du wirst sterben!‹

Und ungewisse Dinge mußt' ich schauen
In diesem Fieberwahn, der mich umfangen,
Durch unbekannte Strecken hingegangen
Mit aufgelösten Haaren sah ich Frauen:
Die eine weinte, andere klagten wild,
Daß jede Brust ward heißen Wehs erfüllt.
Und mählich sah die Sonn' ich finster werden,
Die Sterne zogen auf mit blassem Scheinen,
Und alle sah ich weinen,
Im Flug die Vögel fielen tot zur Erden,
Das Land begann zu beben,
Und einen sah ich blaß das Antlitz heben,
Der heiser sprach: ›Kam dir noch nicht zu wissen,
Daß deine Herrin dir der Tod entrissen?

Als die verweinten Augen ich erhoben,
Da sah ich, wie des Himmelsregens Manna,
Die Engel fliegen und ein Wölklein tragen,
Mit dem sie schwebten still zum Blau hoch oben,
Und auf zur Wolke riefen sie *Osanna!*

LA VITA NUOVA

e s'altro avesser detto, a voi dire'lo.
Allor diceva Amor: – Più nol ti celo;
vieni a veder nostra donna che giace. –
Lo imaginar fallace
mi condusse a veder madonna morta;
e quand' io l'avea scorta,
vedea che donne la covrian d'un velo;
ed avea seco umilità verace,
che parea che dicesse: – Io sono in pace. –

Io divenia nel dolor sì umìle,
veggendo in lei tanta umiltà formata,
ch' io dicea: – Morte, assai dolce ti tegno;
tu dei omai esser cosa gentile,
poi che tu se' ne la mia donna stata,
e dei aver pietate e non disdegno.
Vedi che sì desideroso vegno
d'esser de' tuoi, ch' io ti somiglio in fede.
Vieni, chè 'l cor te chiede. –
Poi mi partia, consumato ogne duolo;
e quand' io era solo,
dicea, guardando verso l'alto regno:
– Beato, anima bella, chi te vede! –
Voi mi chiamaste allor, vostra merzede».

Questa canzone ha due parti: ne la prima dico, parlando a indiffinita persona, come io fui levato d'una vana fantasia da certe donne, e come promisi loro di dirla; ne la seconda dico come io dissi a loro. La seconda comincia quivi: *Mentr' io pensava.* La prima parte si divide in due: ne la prima dico quello che certe donne, e che una sola, dissero e fecero per la mia fantasia quanto è dinanzi che io fossi tornato in verace condizione; ne la seconda dico quello che queste donne mi dissero poi che io lasciai questo farneticare; e comincia questa parte quivi: *Era la voce mia.* Poscia quando dico: *Mentr' io pensava,* dico come io dissi loro questa mia imaginazione. Ed intorno a ciò foe due parti: ne la prima dico per ordine questa imaginazione; ne la seconda, dicendo a che ora mi chiamaro, le ringrazio chiusamente; e comincia quivi questa parte: *Voi mi chiamaste.*

36

DAS NEUE LEBEN

Wenn andres sie gesagt, ich würd's euch sagen.
Und Amor sprach: ›Nun muß ich dir's gestehen,
Die Herrin starb, komm mit mir, sie zu schauen.‹
Und ich vom Wahn entrückt,
Ging hin, die süße Tote anzusehen.
Und als ich sie erblickt,
Da deckten mit dem Schleier sie die Frauen.
So süße Demut lag auf ihr hienieden,
Daß sie zu sagen schien: ›Ich bin in Frieden.‹

In Demut wandelte sich da mein Schmerz,
Als ich sie selbst geschaut in solcher Demut.
›Wie süß bist du, o Tod‹, rief ich voll Wehmut,
›Du mußt von nun gar hold und lieblich sein,
Da du gewesen bei der Herrin mein,
Und mitleidsvoll, nicht hart ist wohl dein Herz!
Du siehst, so sehnsuchtsvoll begehr' ich dein,
Daß meine Farbe dir bereits vertraut,
Komm, dein verlangt mein Herz!‹
Dann ging ich fort, verschwunden war mein Schmerz.
Und so wie ich allein:
›O schöne Seele, selig wer dich schaut!‹
Rief ich empor mit bebendem Gemüte,
Da habt ihr mich geweckt – dank eurer Güte!

Diese Canzone hat zwei Teile: im ersten sage ich, indem
ich zu keiner bestimmten Person spreche, wie ich von gewissen
Frauen aus einem leeren Wahnbilde erweckt wurde, und wie
ich ihnen versprach, dasselbige ihnen zu erzählen; im zweiten
sage ich, wie ich ihnen nun solches erzählte. Der zweite be-
ginnt bei: ›Ich lag und dachte‹. Der erste Teil ist in zweie ge-
teilt: Im ersten sage ich, was gewisse Frauen und was eine von
ihnen infolge meiner Trugerscheinung sagte und tat, und
zwar bevor ich zur wahren Erkenntnis zurückgekehrt war;
im zweiten sage ich, was diese Frauen zu mir sagten, nachdem
mich diese Wirrnis verlassen, und der beginnt bei: ›Doch
meine Stimme‹. Dann, wenn ich sage: ›Ich lag und dachte‹,
sage ich, wie ich ihnen diese meine Einbildung berichtete; und
dessen mache ich zwei Teile. Im ersten erzähle ich ihnen jene
Einbildung der Reihe nach, wie sie gewesen war; im zweiten
sage ich, zu welcher Stunde sie mich riefen, und zum Schlusse

LA VITA NUOVA

Appresso questa vana imaginazione, avvenne uno die
che, sedendo io pensoso in alcuna parte, ed io mi sentio
cominciare un tremuoto nel cuore, così come se io fosse
stato presente a questa donna. Allora dico che mi giunse
una imaginazione d'Amore; che mi parve vederlo venire
da quella parte ove la mia donna stava, e pareami che lieta-
mente mi dicesse nel cor mio: «Pensa di benedicere lo dì
che io ti presi, però che tu lo dei fare». E certo me parea
avere lo cuore sì lieto, che me non parea che fosse lo mio
cuore, per la sua nuova condizione. E poco dopo queste
parole, che lo cuore mi disse con la lingua d'Amore, io
vidi venire verso me una gentile donna, la quale era di fa-
mosa bieltade, e fue già molto donna di questo primo mio
amico. E lo nome di questa donna era Giovanna, salvo che
per la sua bieltade, secondo che altri crede, imposto l'era
nome Primavera; e così era chiamata. E appresso lei,
guardando, vidi venire la mirabile Beatrice. Queste donne
andaro presso di me così l'una appresso l'altra, e parve che
Amore mi parlasse nel cuore, e dicesse: «Quella prima è
nominata Primavera solo per questa venuta d'oggi; chè io
mossi lo imponitore del nome a chiamarla così Privera,
cioè prima verrà lo die che Beatrice si mosterrà dopo la
imaginazione del suo fedele. E se anche vogli considerare
lo primo nome suo, tanto è quanto dire ‹prima verrà›,
però che lo suo nome Giovanna è da quello Giovanni lo
quale precedette la verace luce, dicendo: *Ego vox claman-
tis in deserto: parate viam Domini.*» Ed anche mi parve che
mi dicesse, dopo, queste parole: «E chi volesse sottilmente
considerare, quella Beatrice chiamerebbe Amore, per molta
simiglianza che ha meco». Onde io poi, ripensando, pro-
puosi di scrivere per rima a lo mio primo amico (tacen-
domi certe parole le quali pareano da tacere), credendo io
che ancor lo suo cuore mirasse la bieltade di questa Prima-
vera gentile; e dissi questo sonetto, lo quale comincia: *Io
mi senti' svegliar.*

37

DAS NEUE LEBEN

danke ich ihnen; und dieser Teil beginnt bei: ›Da habt ihr mich‹.

Nach dieser Trugerscheinung geschah es eines Tages, daß ich nachdenklich irgendwo saß und plötzlich ein Zittern im Herzen anheben fühlte, als ob ich vor jenem Weibe stünde. Und da, sage ich, schaute ich Amor in meinem Geiste, und zwar schien mir, als sähe ich ihn aus jener Richtung kommen, in welcher meine Herrin sich befand, und es war mir, als ob er fröhlich zu mir spräche in meinem Herzen: ›Denke daran, den Tag zu segnen, an dem ich dich ergriffen, denn das geziemt dir zu tun.‹ Und sicherlich wurde mir so fröhlich ums Herz, daß mir schien, als wäre es nicht mein eigenes Herz, so neu war sein Zustand. Und bald nach diesen Worten, die mir mein Herz in der Sprache der Liebe sagte, sah ich ein gar liebliches Weib auf mich zukommen, das von berühmter Schönheit und schon seit langem die Herrin jenes ersten meiner Freunde war. Und der Name jenes Weibes war Giovanna, nur daß infolge ihrer Schönheit – wie einer da glaubet – ihr der Name ›Frühling‹ war gegeben worden, und so wurde sie auch genannt. Und nach ihr sah ich, ausschauend, die wunderbare Beatrice kommen. So kamen diese Frauen auf mich zugegangen, die eine nach der anderen, und es schien mir, als ob die Liebe wieder in meinem Herzen spräche und sagte: ›Die erste heißt nur darum Frühling, weil sie heute hierhergekommen; ich bewog den, der ihr den Namen gab, sie Frühling zu nennen, weil sie wie der Frühling vor dem Sommer kommen wird am Tage, an dem Beatrice zum erstenmal sich zeigen wird, nach dem Wahnbild, das ihr Getreuer schaute. Und wenn du genauer betrachten willst, so bedeutet auch ihr erster Name nichts anderes als Frühling, weil ihr Name Giovanna von jenem Johannes herkommt, der dem wahren Lichte vorausgegangen und gesagt: *Ego vox clamantis in deserto: parate viam Domini.*‹ Und es war mir auch, als ob er mir nach diesen noch andere Worte sagte, und zwar: ›Wer ganz genau zusehen wollte, der würde jene Beatrice Liebe nennen, wegen der vielen Ähnlichkeit, die sie mit mir hat.‹ Und als ich später über all dies sann, da gedachte ich in Reimen an den ersten meiner Freunde zu schreiben (wobei ich jedoch gewisse Worte verschweigen wollte, die zu verschweigen mir nötig deuchte), insbesondere da ich glaubte, daß sein Herz noch von der Schönheit jenes lieblichen Frühlings erfüllt sei. Und ich verfaßte das Sonett, das beginnt: ›In meinem Herzen‹.

LA VITA NUOVA

Io mi senti' svegliar dentro a lo core
un spirito amoroso che dormia:
e poi vidi venir da lungi Amore
allegro sì, che appena il conoscia,
dicendo: «Or pensa pur di farmi onore»
e 'n ciascuna parola sua ridia.
E poco stando meco il mio segnore,
guardando in quella parte onde venia,

io vidi monna Vanna e monna Bice
venire inver lo loco là 'v' io era,
l'una appresso de l'altra maraviglia;
e sì come la mente mi ridice,
Amor mi disse: «Quell' è Primavera,
e quell' ha nome Amor, sì mi somiglia».

Questo sonetto ha molte parti: la prima delle quali dice come io mi senti' svegliare lo tremore usato nel cuore, e come parve che Amore m'apparisse allegro nel mio cuore da lunga parte; la seconda dice come me parea che Amore mi dicesse nel mio cuore, e quale mi parea; la terza dice come, poi che questi fue alquanto stato meco cotale, io vidi e udio certe cose. La seconda parte comincia quivi: *dicendo*: *Or pensa*; la terza quivi: *E poco stando*. La terza parte si divide in due: ne la prima dico quello che io vidi; ne la seconda dico quello che io udio. La seconda comincia quivi: *Amor mi disse*.

Potrebbe qui dubitare persona degna da dichiararle onne dubitazione, e dubitare potrebbe di ciò, che io dico d'Amore come se fosse una cosa per sè, e non solamente sustanzia intelligente, ma sì come fosse sustanzia corporale: la quale cosa, secondo la veritate, è falsa; chè Amore non è per sè sì come sustanzia, ma è uno accidente in sustanzia. E che io dica di lui come se fosse corpo, ancora sì come se fosse uomo, appare per tre cose che dico di lui. Dico che lo vidi venire; onde, con ciò sia cosa che venire dica moto locale, e localmente mobile per sè, secondo lo Filosofo, sia solamente corpo, appare che io ponga Amore essere corpo. Dico anche di lui che ridea, e anche che parlava; le quali cose paiono essere proprie de l'uomo, e spezialmente essere risibile; e però appare ch'io ponga lui essere uomo. A cotale cosa dichiarare, secondo che è buono a presente, prima

DAS NEUE LEBEN

In meinem Herzen fühlte ich erwachen
Ein Liebesgeisterchen, das drin geruht,
Und Amor selber sah ich nahn und lachen,
Kaum kannt' ich ihn, er schien so frohgemut.
Er sprach zu mir: ›Du sollst mir Ehre machen.‹
Und jedes Wort von ihm war heitre Glut.
Er war nur kurz bei mir, da naht' ein Nachen,
Den ich heranziehn sah mit sel'gem Mut.

Und Vanna sah ich drin und Bice kommen,
Zwei holde Wunder schienen mir die hehren,
Und beide hatten mich gar bald erreicht;
Und wenn mir die Erinnrung nicht benommen,
Sprach Amor: ›Sieh den Frühling: Primaveren;
Und die heißt Liebe, weil sie mir so gleicht!‹

Dieses Sonett umschließt viele Teile, von denen der erste
besagt, wie ich in meinem Herzen das gewohnte Zittern er-
wachen fühlte, und wie es mir deuchte, daß der Liebesgott mir
fröhlich in meinem Herzen aus weiter Ferne erschiene; der
zweite sagt, was er im Herzen zu mir zu sprechen schien, und
wie er mir erschien; der dritte sagt, wie, nachdem jener solcher-
gestalt eine Weile bei mir gewesen, ich gewisse Dinge sah und
hörte. Der zweite Teil beginnt bei: ›Er sprach zu mir‹; der
dritte bei: ›Er war nur‹. Der dritte Teil zerfällt in zwei: im
ersten sage ich, was ich sah; und im zweiten sage ich, was ich
hörte, und er beginnt bei: ›Sprach Amor‹.
Hier könnte wohl der oder jener Bedenken hegen, der wür-
dig wäre, daß man ihm jedes Bedenken aufkläre; und zwar
könnte er darüber Bedenken hegen, daß ich von der Liebe
spreche, als ob sie eine Sache für sich wäre, und zwar nicht nur
eine geistige Substanz, sondern als wäre sie Substanz. Was, der
Wahrheit nach, sicherlich falsch ist. Denn die Liebe besteht
nicht als eine selbständige Substanz, sondern ist nur ein Akzi-
dens einer Substanz. Und daß ich von ihr spreche, als ob sie
Substanz wäre, ja sogar, als ob sie ein Mensch wäre, das zeigt
sich aus drei Dingen, die ich von ihr sage. Ich sage, daß ich sie
von ferne kommen sah, woraus, da nun ja doch Kommen eine
örtliche Bewegung bedeutet (und im Raume beweglich nach
des Philosophen Lehre nur ein Körper ist), hervorzugehen
scheint, daß ich die Liebe als körperlich annehme. Ich sage
weiter von ihr, daß sie lachte, und weiter, daß sie sprach;

38

LA VITA NUOVA

è da intendere che anticamente non erano dicitori d'amore
in lingua volgare, anzi erano dicitori d'amore certi poete in
lingua latina; tra noi, dico, avvegna forse che tra altra gente
addivenisse, e addivegna ancora, sì come in Grecia, non
volgari ma litterati poete queste cose trattavano. E non è
molto numero d'anni passati, che appariro prima questi
poete volgari; chè dire per rima in volgare tanto è quanto
dire per versi in latino, secondo alcuna proporzione. E
segno che sia picciolo tempo, è che se volemo cercare in
lingua d'*oco* e in quella di *sì*, noi non troviamo cose dette
anzi lo presente tempo per cento e cinquanta anni. E la
cagione per che alquanti grossi ebbero fama di sapere dire,
è che quasi fuoro li primi che dissero in lingua di *sì*. E lo
primo che cominciò a dire sì come poeta volgare, si mosse
però che volle fare intendere le sue parole a donna, a la
quale era malagevole d'intendere li versi latini. E questo è
contra coloro che rimano sopra altra matera che amorosa,
con ciò sia cosa che cotale modo di parlare fosse dal prin-
cipio trovato per dire d'amore. Onde, con ciò sia cosa che
a li poete sia conceduta maggiore licenza di parlare che a li
prosaici dittatori, e questi dicitori per rima non siano altro
che poete volgari, degno e ragionevole è che a loro sia
maggiore licenzia largita di parlare che a li altri parlatori
volgari: onde, se alcuna figura o colore rettorico è conce-
duto a li poete, conceduto è a li rimatori. Dunque, se noi
vedemo che li poete hanno parlato a le cose inanimate, sì
come se avessero senso e ragione, e fattele parlare insieme;
e non solamente cose vere, ma cose non vere, cioè che detto
hanno, di cose le quali non sono, che parlano, e detto che
molti accidenti parlano, sì come se fossero sustanzie e
uomini; degno è lo dicitore per rima di fare lo somigliante,
ma non sanza ragione alcuna, ma con ragione la quale poi
sia possibile d'aprire per prosa. Che li poete abbiano così
parlato come detto è, appare per Virgilio; lo quale dice che
Iuno, cioè una dea nemica de li Troiani, parloe ad Eolo,
segnore de li venti, quivi nel primo de lo Eneida: *Aeole,
namque tibi*, e che questo segnore le rispuose, quivi: *Tuus,
o regina, quid optes explorare labor*; *mihi iussa capessere fas est*.
Per questo medesimo poeta parla la cosa che non è animata
a le cose animate, nel terzo de lo Eneida, quivi: *Dardanide
duri*. Per Lucano parla la cosa animata a la cosa inanimata,
quivi: *Multum, Roma, tamen debes civilibus armis*. Per Orazio

DAS NEUE LEBEN

welche Dinge nur dem Menschen eigentümlich scheinen, insbesondere das Lachenkönnen; und daher scheint es, als ob ich sie als menschliches Wesen annähme. Um solches aufzuklären, soweit es für den Augenblick gut ist, wäre zunächst in Betracht zu ziehen, daß es in alter Zeit keine Liebesdichter in der Sprache des Volkes gab, sondern Dichter, die von Liebe sangen, waren gewisse Poeten in lateinischer Sprache: bei uns, sage ich; obwohl es vielleicht bei anderem Volke mag vorgekommen sein und noch jetzt vorkommen mag, daß wie in Griechenland nicht Volksdichter, sondern gelehrte Poeten diese Dinge behandelten. Und es ist noch keine große Zahl von Jahren vergangen, seitdem diese Poeten der Volkssprache zuerst erschienen, denn in der Volkssprache in Reimen zu dichten bedeutet genau soviel, als im Lateinischen nach irgendeinem Maße in Versen zu dichten. Und zum Zeichen, da es erst kurze Zeit her ist, diene, daß wenn wir in der Sprache von Oc nachforschen wollten und in der Sprache von Si, wir nichts fänden, was mehr als hundertundfünfzig Jahre vor unserer Zeit gedichtet worden. Und der Grund, aus dem einige Stümper den Ruf erwarben, sich auf die Dichtkunst zu verstehen, liegt darin, daß sie so ziemlich die ersten waren, die in der Sprache von Si gedichtet. Und der erste, der als ein Poet in der Volkssprache zu dichten begann, der ging daran, weil er seine Worte einem Weibe verständlich machen wollte, dem es schwer gewesen wäre, die lateinischen Verse zu verstehen. Und dies spricht gegen jene, welche über andere Stoffe reimen als über das, was die Liebe angeht; da nun einmal diese Weise zu dichten von Anfang an dafür erfunden worden, um von der Liebe zu singen. Und da nun den Poeten eine größere Freiheit der Rede gestattet ist als denen, die in Prosa schreiben, und da jene, die in Reimen dichten, nichts anderes sind als Poeten der Volkssprache, so ist es recht und vernünftig, daß auch ihnen eine größere Freiheit der Rede gegönnt werde als den anderen, die sich in der Volkssprache ausdrücken. Wenn daher irgendeine Figur der Rede oder ein rhetorischer Schmuck den Poeten gestattet ist, so sind sie auch den Reimdichtern gestattet. Und wenn wir also sehen, daß die Poeten von den unbeseelten Dingen gesprochen haben, als ob sie Sinn und Vernunft hätten, daß sie sie untereinander sprechen lassen; und nicht nur wahre Dinge, sondern selbst unwahre Dinge, wie sie denn von Dingen, die gar nicht sind, gesagt haben, daß sie sprächen, gesagt, daß viele Akzidenzien sprächen, als ob sie Substanzen und

LA VITA NUOVA

parla l'uomo a la scienzia medesima sì come ad altra persona; e non solamente sono parole d'Orazio, ma dicele quasi recitando lo modo del buono Omero, quivi ne la sua Poetria: *Dic mihi, Musa, virum.* Per Ovidio parla Amore, sì come se fosse persona umana, ne lo principio de lo libro c'ha nome Libro di Remedio d'Amore, quivi: *Bella mihi, video, bella parantur, ait.* E per questo puote essere manifesto a chi dubita in alcuna parte di questo mio libello. E acciò che non ne pigli alcuna baldanza persona grossa, dico che nè li poete parlavano così sanza ragione, nè quelli che rimano deono parlare così, non avendo alcuno ragionamento in loro di quello che dicono; però che grande vergogna sarebbe a colui che rimasse cose sotto vesta di figura o di colore rettorico, e poscia, domandato, non sapesse denudare le sue parole da cotale vesta, in guisa che avessero verace intendimento. E questo mio primo amico e io ne sapemo bene di quelli che così rimano stoltamente.

Questa gentilissima donna, di cui ragionato è ne le precedenti parole, venne in tanta grazia de le genti, che quando passava per via, le persone corrëano per vedere lei; onde mirabile letizia me ne giungea. E quando ella fosse presso d'alcuno, tanta onestade giungea nel cuore di quello, che non ardia di levare li occhi, nè di rispondere a lo suo saluto; e di questo molti, sì come esperti, mi potrebbero

DAS NEUE LEBEN

Menschen wären, so ist es auch recht, daß der Dichter, der in
Reimen dichtet, das gleiche tue, jedoch nicht ohne Sinn und
Zweck, sondern mit irgendeinem Gedanken, den er nachher in
Prosa zu enthüllen imstande wäre. Daß die Poeten in der
Weise gesprochen, wie eben geschildert worden, das ergibt sich
aus Vergil, der da sagt, daß Juno, also eine Göttin, die den
Trojanern feindselig war, zu Äolus, dem Beherrscher der
Winde, sprach an der Stelle im ersten Buche der Äneide, die
lautet: *Aeole, namque tibi,* und daß dieser Herrscher ihr
an derselben Stelle erwiderte: *Tuus, o regina, quid optes.* Bei
demselben Dichter spricht auch die unbeseelte Sache zur
beseelten im dritten Buche der Äneis an der Stelle: *Darda-
nidae duri.* Bei Lucanus spricht die beseelte Sache zur unbe-
seelten an der Stelle, die lautet: *Multum, Roma, tamen debes
civilibus armis.* Bei Horatius spricht der Mensch zu seiner
eigenen Wissenschaft, gleichsam wie zu einer zweiten Person,
und zwar sind es nicht nur des Horatius Worte, sondern er sagt
sie gewissermaßen vermittelst des guten Homeros, an der
Stelle in seiner Poetika: *Dic mih Musa, virum.* Bei Ovidius
spricht die Liebe, als ob sie ein menschliches Wesen wäre, zu
Anfang des Buches, das den Namen ›Buch vom Heilmittel
wider die Liebe‹ führt, an der Stelle: *Bella mihi, video, bella
parantur, ait.* Und aus alledem kann zur Klarheit kommen,
wer hie und da an diesem meinen Büchlein Bedenken nähme.
Damit aber kein Stümper aus alledem Verwegenheit schöpfe,
sage ich, daß weder die Poeten ohne Sinn und Grund so reden,
noch jene, die in Reimen dichten, so reden sollen, wenn sie
nicht eines vernünftigen Sinnes und Grundes für das, was sie
derart aussprechen, in sich bewußt sind; denn große Schande
wäre es für den, der so im Gewande einer Redefigur oder eines
rhetorischen Schmucks gereimt hätte und dann, darüber be-
fragt, seine Worte von solchen Gewanden nicht zu entblößen
wüßte, derart, daß alle ihren wahrhaften Sinn erkennen müß-
ten. Denn jener, der der erste meiner Freunde ist, und ich, wir
wissen gar manchen, der so töricht reimet.

Jenes allerlieblichste Weib, von welchem in den vorher-
gehenden Worten gesprochen ward, fand solches Wohlgefallen
vor allen Menschen, daß, wenn sie durch eine Straße kam, die
Leute zusammenliefen, um sie zu sehen; worüber mich eine
ganz wundersame Freude und Wonne erfüllte. Und wenn sie
einem nahe war, da durchdrang das Herz des Betreffenden
solche Ehrbarkeit und Zucht, daß er es nicht wagte, die Augen

40

LA VITA NUOVA

testimoniare a chi non lo credesse. Ella coronata e vestita d'umilitade s'andava, nulla gloria mostrando di ciò ch'ella vedea e udia. Diceano molti, poi che passata era: «Questa non è femmina, anzi è uno de li bellissimi angeli del cielo». E altri diceano: «Questa è una maraviglia; che benedetto sia lo Segnore, che sì mirabilemente sae adoperare!». Io dico ch'ella si mostrava sì gentile e sì piena di tutti li piaceri, che quelli che la miravano comprendeano in loro una dolcezza onesta e soave, tanto che ridicere non lo sapeano; nè alcuno era lo quale potesse mirare lei, che nel principio nol convenisse sospirare. Queste e più mirabili cose da lei procedeano virtuosamente; onde io pensando a ciò, volendo ripigliare lo stile de la sua loda, propuosi di dicere parole, ne le quali io dessi ad intendere de le sue mirabili ed eccellenti operazioni; acciò che non pur coloro che la poteano sensibilemente vedere, ma li altri sappiano di lei quello che le parole ne possono fare intendere. Allora dissi questo sonetto, lo quale comincia: *Tanto gentile*.

Tanto gentile e tanto onesta pare
la donna mia quand'ella altrui saluta,
ch'ogne lingua deven tremando muta,
e li occhi no l'ardiscon di guardare.
Ella si va, sentendosi laudare,
benignamente d'umiltà vestuta;
e par che sia una cosa venuta
da cielo in terra e miracol mostrare.

Mostrasi sì piacente a chi la mira,
che dà per li occhi una dolcezza al core,
che 'ntender no la può chi no la prova:
e par che de la sua labbia si mova
un spirito soave pien d'amore,
che va dicendo a l'anima: Sospira.

Questo sonetto è sì piano ad intendere, per quello che narrato è dinanzi, che non abbisogna d'alcuna divisione; e però lassando lui, dico che questa mia donna venne in tanta grazia, che non solamente ella era onorata e laudata,

DAS NEUE LEBEN

zu erheben, noch ihren Gruß zu erwidern, und dies könnten mir viele bezeugen, die es erfuhren, wenn einer es nicht glauben würde. Sie aber ging mit Demut gekrönt und bekleidet und zeigte keinerlei Hoffart über das, was sie sehen und hören mußte. Da sagten viele, wenn sie vorüber war: ›Das ist kein Weib, das ist wahrhaftig einer der schönsten Engel vom Himmel!‹ Und andere sagten: ›Ein Wunder ist sie; und gepriesen sei der Herr, der so wunderbar zu walten weiß!‹ Ich sage, daß sie sich so lieblich und so voll der entzückendsten Anmut zeigte, daß jene, die sie sahen, in sich eine so sittsame und sanfte Wonne fühlten, daß sie sie nicht zu schildern wußten; noch gab es einen, der sie hätte ansehen können, ohne daß er sogleich hätte tief aufseufzen müssen. Dies und noch viel Wunderbareres ging von ihr in wunderbarer und tugendlicher Weise aus. Und ich, der darüber des Sinnens voll war und den Stil ihres Lobes wieder aufnehmen wollte, beschloß, Verse zu dichten, in welchen ich ihren wundersamen und herrlichen Einfluß begreiflich machen wollte, damit nicht nur diejenigen, die sie mit Augen sehen konnten, sondern auch die anderen von ihr wüßten, soviel Worte von ihr sagen können. Und da verfaßte ich das Sonett, das beginnt: ›So lieblich‹.

> So lieblich und so wundersittsam zeigt
> Sich meine Herrin, wenn sie lieblich grüßet,
> Daß jede rasche Zunge zitternd schweigt,
> Daß jedes Auge sich befangen schließet.
> Sie hört ihr Lob und ist, das Haupt geneigt,
> In holder Demut weiter still gegangen,
> Als hätt' ein Wunderbild sich licht gezeigt,
> Das hoch vom Himmel diese Erd' empfangen.
>
> So hold erscheint sie dem, der sie erblickt,
> Daß sel'ge Wonne ihm das Herz entzückt;
> Wer sie noch nicht erfahren, faßt sie nicht.
> Von ihren Lippen aber hebt sich leise
> Ein Geisterhauch in sanfter Liebesweise,
> Der zu der Seele ›Seufze! seufze!‹ spricht!

Dieses Sonett ist durch alles, was vorher berichtet worden, so klar zu verstehen, daß es einer Einteilung nicht bedarf; und darum lasse ich es und sage, daß diese meine Herrin allen so herrlich gefiel, daß nicht nur sie selbst geehrt und gepriesen

LA VITA NUOVA

ma per lei erano onorate e laudate molte. Ond' io, veggendo ciò e volendo manifestare a chi ciò non vedea, propuosi anche di dire parole, ne le quali ciò fosse significato; e dissi allora questo altro sonetto, che comincia: *Vede perfettamente onne salute*, lo quale narra di lei come la sua vertude adoperava ne l'altre, sì come appare ne la sua divisione.

Vede perfettamente onne salute
chi la mia donna tra le donne vede;
quelle che vanno con lei son tenute
di bella grazia a Dio render merzede.
E sua bieltate è di tanta vertute,
che nulla invidia a l'altre ne procede,
anzi le face andar seco vestute
di gentilezza, d'amore e di fede.

La vista sua fa onne cosa umìle;
e non fa sola sè parer piacente,
ma ciascuna per lei riceve onore.
Ed è ne li atti suoi tanto gentile,
che nessun la si può recare a mente,
che non sospiri in dolcezza d'amore.

Questo sonetto ha tre parti: ne la prima dico tra che gente questa donna più mirabile parea; ne la seconda dico sì come era graziosa la sua compagnia; ne la terza dico di quelle cose che vertuosamente operava in altrui. La seconda parte comincia quivi: *quelle che vanno*; la terza quivi: *E sua bieltate*. Questa ultima parte si divide in tre: ne la prima dico quello che operava ne le donne, cioè per loro medesime; ne la seconda dico quello che operava in loro per altrui; ne la terza dico come non solamente ne le donne, ma in tutte le persone, e non solamente ne la sua presenzia, ma ricordandosi di lei, mirabilmente operava. La seconda comincia quivi: *La vista sua*; la terza quivi: *Ed è ne li atti*.

Appresso ciò, cominciai a pensare uno giorno sopra quello che detto avea de la mia donna, cioè in questi due sonetti precedenti; e veggendo nel mio pensero che io non avea detto di quello che al presente tempo adoperava in me, pareami defettivamente avere parlato. E però pro-

DAS NEUE LEBEN

ward, sondern um ihretwillen auch vielen anderen Preis und
Ehre zuteil ward. Und da ich dies sah und es denen offenbar
machen wollte, die dies nicht sahen, beschloß ich, auch ein
Gedicht zu verfassen, in dem es zur Kenntnis gebracht würde,
und ich verfaßte jenes andere Sonett, das beginnt: ›Der hat
wohl völlig alles Heil gesehen‹, und das von ihr erzählt, wie
ihr wundersames Wesen auf die anderen wirkte.

Der hat wohl völlig alles Heil gesehen,
Der meine Herrin sah im Frauenkreise.
Das rat’ ich wohl, daß die darf mit ihr gehen,
Den Herrn für solche schöne Gnade preise!
Denn ihre Schönheit wirkt in solcher Weise,
Daß ihr die andern Fraun sie nimmer neiden,
Und ihre Macht vermag die andern leise
Mit süßem Reiz, mit Lieb’ und Treu zu kleiden.

Es macht ihr Anblick jeglich Ding bescheiden;
Nicht nur sie selbst ist lieblich, sondern allen
Gewährt sie lieblich Licht, so wie die Sonne.
In der Erinnrung kann sich keiner weiden
An ihres Wesens süßem Wohlgefallen,
Der nicht aufseufzen müßt’ in Liebeswonne.

Dieses Sonett hat drei Teile: im ersten sage ich, unter wel-
chen Leuten jene Herrin am wunderbarsten erschien; im zwei-
ten sage ich, wie gnadenreich ihre Gesellschaft war; im dritten
sage ich, was sie tugendsam in den anderen bewirkte. Der
zweite beginnt bei: ›Das rat’ ich wohl‹; der dritte bei: ›Denn
ihre Schönheit‹. Dieser letzte Teil zerfällt in drei: Im ersten
sage ich, was sie in den Frauen bewirkte, und zwar in ihnen
selber. Im zweiten sage ich, was sie in ihnen bewirkte, das
andere betraf; im dritten sage ich, wie sie nicht nur in Frauen
wirkte, sondern in allen, und wie sie nicht nur durch ihre Ge-
genwart, sondern auch, wenn man sich ihrer nur erinnerte,
wundersam wirkte. Der zweite beginnt bei: ›Es macht ihr
Anblick‹; der dritte bei: ›In der Erinnrung‹.
Bald nachher begann ich eines Tages über das nachzudenken,
was ich von meiner Herrin gesagt hatte, das heißt in diesen
zwei Sonetten, die ich soeben niedergeschrieben; und da ich in
meinen Gedanken sah, daß ich von dem nicht gesprochen, was
sie zur Zeit in mir selbst bewirkte, so schien es mir, daß ich

42

LA VITA NUOVA

puosi di dire parole, ne le quali io dicesse come me parea
essere disposto a la sua operazione, e come operava in me
la sua vertude; e non credendo potere ciò narrare in bre-
vitade di sonetto, cominciai allora una canzone, la quale
comincia: *Si lungiamente*.

> Sì lungiamente m' ha tenuto Amore
> e costumato a la sua segnoria,
> che sì com'elli m'era forte in pria,
> così mi sta soave ora nel core.
> Però quando mi tolle sì 'l valore,
> che li spiriti par che fuggan via,
> allor sente la frale anima mia
> tanta dolcezza, che 'l viso ne smore,
> poi prende Amore in me tanta vertute,
> che fa li miei spiriti gir parlando,
> ed escon for chiamando
> la donna mia, per darmi più salute.
> Questo m'avvene ovunque ella mi vede,
> e sì è cosa umìl, che nol si crede.

*Quomodo sedet sola civitas plena populo! Facta est quasi vidua
domina gentium.* Io era nel proponimento ancora di questa
canzone, e compiuta n'avea questa soprascritta stanzia,
quando lo segnore de la giustizia chiamoe questa genti-
lissima a gloriare sotto la insegna di quella regina benedetta
virgo Maria, lo cui nome fue in grandissima reverenzia ne le
parole di questa Beatrice beata. E avvegna che forse
piacerebbe a presente trattare alquanto de la sua partita
da noi, non è lo mio intendimento di trattarne qui per tre
ragioni: la prima è che ciò non è del presente proposito, se
volemo guardare nel proemio che precede questo libello;
la seconda si è che, posto che fosse del presente proposito,
ancora non sarebbe sufficiente la mia lingua a trattare come
si converrebbe di ciò; la terza si è che, posto che fosse
l'uno e l'altro, non è convenevole a me trattare di ciò, per
quello che, trattando, converrebbe essere me laudatore di
me medesimo, la qual cosa è al postutto biasimevole a chi
lo fae; e però lascio cotale trattato ad altro chiosatore.
Tuttavia, però che molte volte lo numero del nove ha preso
luogo tra le parole dinanzi, onde pare che sia non sanza ra-

mich mangelhaft ausgedrückt hätte. Und darum beschloß ich, Reime zu verfassen, in welchen ich sagen wollte, wie ich mich damals auf ihren Einfluß zu verhalten schien, und wie ihre herrliche Kraft auf mich wirkte. Und da ich nicht glaubte, dies in der Kürze eines Sonetts mitteilen zu können, so begann ich damals eine Canzone, die folgendermaßen beginnt:

> So lang' schon hält die Liebe mich gefangen,
> Hat so an ihre Herrschaft mich gewöhnet,
> Daß, während schwer sich einst die Ketten schlangen
> Mir um das Herz, es nun ihr süß versöhnet.
> Ja, wenn sie mich der Kraft beraubt, mich höhnet,
> Daß alle Lebensgeister mir entweichen,
> Fühlt meine arme Seele süßes Bangen,
> Und mein Antlitz muß erbleichen;
> Es herrscht die Lieb' in mir, mit Macht umkrönet,
> Daß meine Stimme laut in Seufzern tönet,
> Die nach der Herrin mein verlangen,
> Von der allein ich könnte Heil empfangen.
> Und dies geschieht mir, wo sie mich erblickt –
> Und niemand glaubt, wie wonnig sie geschmückt!

Quomodo sedet sola civitas plena populo! Facta est quasi vidua domina gentium!
Ich war noch mit dieser Canzone beschäftigt und hatte erst die oben niedergeschriebene Strophe davon vollendet, als der Herr der Gerechtigkeit jene Lieblichste zur Herrlichkeit einberief unter die Fahne der hochgelobten Königin Maria, deren Name von jener seligen Beatrice gar oft mit der größten Ehrfurcht genannt worden war. Und ob es gleich hier vielleicht gefiele, ein wenig davon zu erzählen, wie sie uns verließ, so ist es doch aus drei Gründen nicht meine Absicht, davon zu sprechen: der erste ist, daß dies nicht in meinen gegenwärtigen Plan gehört, wie sich klar ergibt, sobald wir die Vorrede ansehen, die diesem Büchlein vorangeht; der zweite ist, daß, gesetzt auch, es gehörte zum gegenwärtigen Plan, meine Feder doch nicht vermögend wäre, es so zu behandeln, wie es sich gebührte; der dritte ist, daß, gesetzt auch, es wäre das eine der Fall wie das andere, es sich dennoch für mich nicht geziemen würde, davon zu sprechen, weil ich durch den Gegenstand gezwungen wäre, mein eigener Lober zu sein (eine Sache, die ganz und gar tadelhaft ist an dem, der sie tut), und

LA VITA NUOVA

gione, e ne la sua partita cotale numero pare che avesse molto luogo, convenesi di dire quindi alcuna cosa, acciò che pare al proposito convenirsi. Onde prima dicerò come ebbe luogo ne la sua partita, e poi n'assegnerò alcuna ragione, per che questo numero fue a lei cotanto amico.

Io dico che, secondo l'usanza d'Arabia, l'anima sua nobilissima si partio ne la prima ora del nono giorno del messe; e secondo l'usanza di Siria, ella si partio nel nono mese de l'anno, però che lo primo mese è ivi Tisirin primo, lo quale a noi è Ottobre; e secondo l'usanza nostra, ella si partio in quello anno de la nostra indizione, cioè de li anni Domini, in cui lo perfetto numero nove volte era compiuto in quello centinaio nel quale in questo mondo ella fue posta, ed ella fue de li cristiani del terzodecimo centinaio. Perchè questo numero fosse in tanto amico di lei, questa potrebbe essere una ragione: con ciò sia cosa che, secondo Tolomeo e secondo la cristiana veritade, nove siano li cieli che si muovono, e, secondo comune oppinione astrologa, li detti cieli adoperino qua giuso secondo la loro abitudine insieme, questo numero fue amico di lei per dare ad intendere che ne la sua generazione tutti e nove li mobili cieli perfettissimamente s'aveano insieme. Questa è una ragione di ciò; ma più sottilmente pensando, e secondo la infallibile veritade, questo numero fue ella medesima; per similitudine dico, e ciò intendo così. Lo numero del tre è la radice del nove, però che, sanza numero altro alcuno, per sè medesimo fa nove, sì come vedemo manifestamente che tre via tre fa nove. Dunque se lo tre è fattore per se medesimo del nove, e lo fattore per se medesimo de li miracoli è tre, cioè Padre e Figlio e Spirito Santo, li quali sono tre e uno, questa donna fue accompagnata da questo numero del nove a dare ad intendere ch'ella era uno nove, cioè uno miracolo, la cui radice, cioè del miracolo, è solamente la mirabile Trinitade. Forse ancora per più sottile persona si vederebbe in ciò più sottile ragione; ma questa è quella ch'io ne veggio, e che più mi piace.

DAS NEUE LEBEN

darum überlasse ich solche Aufgabe einem anderen Glossator. Immerhin jedoch, da die Zahl Neun in den vorhergehenden Kapiteln gar oft eine Stelle gefunden, so daß dies wohl nicht ohne Grund geschehen zu sein scheint, und die besagte Zahl auch bei ihrem Scheiden viel Platz zu verdienen scheint, ziemt es sich, hier etwas zu erwähnen, weil es zum Gegenstand gehörig erscheint. Und darum werde ich zuerst sagen, wie die Zahl bei ihrem Scheiden bedeutsam ward, und dann werde ich einigen Grund dafür angeben, warum diese Zahl ihr so sehr befreundet war.

Ich sage, daß nach der Kalenderrechnung Arabias ihre adelige Seele in der ersten Stunde des neunten Tags des Monats von uns schied; und nach der Rechnung, die in Syria üblich, schied sie im neunten Monat des Jahres; denn der erste Monat ist daselbst der Tisrin, der für uns der Oktober ist. Und nach unserer Zählung ging sie in jenem Jahre unserer Zeitrechnung, das heißt in jenem Jahre des Herrn von hinnen, mit welchem die vollkommene Zahl neunmal in dem Jahrhundert vollendet ward, in welchem sie in diese Welt gesandt worden; und sie war von den Christen des dreizehnten Jahrhunderts. Warum aber diese Zahl ihr so wert war, davon könnte folgendes der eine Grund sein: da nach Ptolemäus sowie nach dem, was die Christen lehren, es gewißlich wahr ist, daß der Himmel neun sind, die sich bewegen, und nach der gemeinsamen Ansicht der Astrologen die besagten neun Himmel ihren Einfluß hienieden ausüben, je nach der Weise, in der sie zueinander im Einklang stehen, so soll damit, daß diese Zahl ihr wert und vertraut war, zu verstehen gegeben werden, daß bei ihrer Geburt all die neun beweglichen Himmel in dem vollkommensten Einklang standen. Dies ist der eine Grund davon; aber wenn man es tiefer bedenken will und der unaussprechlichen Wahrheit gemäß, so war sie selbst diese Zahl: ich meine nämlich im Gleichnis, und ich verstehe es so: die Zahl Drei ist die Wurzel der Neun, weil sie ohne Hilfe einer anderen Zahl mit sich selbst vervielfacht neun gibt, wie wir es ja ganz offenbar sehen, denn dreimal drei ist neun. Wenn daher die Drei für sich selbst der Faktor, das heißt der Schöpfer der Neun ist, und so auch der Schöpfer der Wunder an sich die Drei ist, nämlich der Vater, der Sohn und der Heilige Geist, die da Drei und Eins sind, so ward dieses Weib von der Zahl Neun begleitet, auf daß verstanden werde, daß sie eine Neun, das heißt ein Wunder war, dessen Wurzel lediglich die wundertätige Drei-

LA VITA NUOVA

Poi che fue partita da questo secolo, rimase tutta la sopradetta cittade quasi vedova dispogliata da ogni dignitade; onde io, ancora lagrimando in questa desolata cittade, scrissi a li principi de la terra alquanto de la sua condizione, pigliando quello cominciamento di Geremia profeta che dice: *Quomodo sedet sola civitas.* E questo dico, acciò che altri non si meravigli perchè io l'abbia allegato di sopra, quasi come entrata de la nuova materia che appresso vene. E se alcuno volesse me riprendere di ciò, ch' io non scrivo qui le parole che seguitano a quelle allegate, escusomene, però che lo intendimento mio non fue dal principio di scrivere altro che per volgare; onde, con ciò sia cosa che le parole che seguitano a quelle che sono allegate, siano tutte latine, sarebbe fuori del mio intendimento se le scrivessi. E simile intenzione so ch'ebbe questo mio primo amico a cui io ciò scrivo, cioè ch' io li scrivessi solamente volgare.

Poi che li miei occhi ebbero per alquanto tempo lagrimato, e tanto affaticati erano che non poteano disfogare la mia tristizia, pensai di volere disfogarla con alquante parole dolorose; e però propuosi di fare una canzone, ne la quale piangendo ragionassi di lei per cui tanto dolore era fatto distruggitore de l'anima mia; e cominciai allora una canzone, la qual comincia: *Li occhi dolenti per pietà del core.* E acciò che questa canzone paia rimanere più vedova dopo lo suo fine, la dividerò prima che io la scriva; e cotale modo terrò da qui innanzi.

Io dico che questa cattivella canzone ha tre parti: la prima è proemio; na la seconda ragiono di lei; ne la terza parlo a la canzone pietosamente. La seconda parte comincia quivi: *Ita n' è Beatrice;* la terza quivi: *Pietosa mia canzone.* La prima parte si divide in tre: ne la prima dico perchè io mi muovo a dire; ne la seconda dico a cui io voglio dire; ne la terza dico di cui io voglio dire. La seconda comincia quivi: *E perchè me ricorda;* la terza quivi: *e dicerò.* Poscia quando dico: *Ita n' è Beatrice,* ragiono di lei; e intorno a

45

einigkeit sein kann. Vielleicht würde eine noch tiefsinnigere Person einen noch tieferen Grund in alledem finden, aber dieser ist der, den ich darin finde und der mir am besten gefallen will.

Nachdem die allerlieblichste Herrin aus dieser Welt geschieden war, da war die ganze früher erwähnte Stadt wie verwitwet und aller Ehren beraubt, und darum schrieb ich, selbst noch weinend in dieser veröderten Stadt, an die Ersten des Landes über ihren Zustand, wobei ich jene Worte des Jeremias zum Eingang benutzte: *Quomodo sedet sola civitas!* Und dies erwähne ich, damit sich keiner verwundere, daß ich dieselben Worte vorhin zitierte, gleichsam als Eingang für den neuen Stoff, der nun folgt. Und wenn mich jemand dafür tadeln wollte, daß ich hier nicht die Worte niederschreibe, welche auf die angeführten folgen, so entschuldige ich mich damit, daß meine Absicht von Anfang an war, nicht anders denn in der Sprache des Volkes zu schreiben. Darum würde es, da die Worte, welche auf die angeführten folgen, alle lateinisch sind, meinem Plane nicht entsprechen, wenn ich sie hier niederschriebe; und die gleiche Ansicht hatte, wie ich weiß, auch jener meiner Freunde, für den ich dies schreibe, nämlich die, daß ich nur in der Volkssprache ihm schreiben sollte.

Nachdem meine Augen längere Zeit hindurch Tränen vergossen hatten und so ermüdet waren, daß ich meine Trauer auf diese Weise nicht mehr erleichtern konnte, da gedachte ich ihr durch einige Worte des Schmerzes und der Klage Luft zu machen. Und darum beschloß ich, eine Canzone zu verfassen, in welcher ich weinend von ihr reden wollte, um derentwillen solcher Schmerz zum Zerstörer meiner Seele geworden war, und ich begann daher: ›Die Augen klagend‹ usw. Damit diese Canzone noch verlassener gleich einer Witwe an ihrem Schlusse bleibe, werde ich sie einteilen, bevor ich sie schreibe; und solcherweise werde ich es hinfort halten.

Ich sage also, daß diese elende kleine Canzone drei Teile hat: der erste ist das Proszenium; im zweiten spreche ich von ihr; im dritten rede ich klagend zur Canzone. Der zweite beginnt bei: ›Ja, Beatrice schied‹; der dritte bei: ›Mein schmerzensvolles Lied‹. Der erste Teil ist in drei geteilt: im ersten sage ich, was mich zu reden bewegt; im zweiten sage ich, zu wem ich reden will; im dritten sage ich, von wem ich reden will. Der zweite beginnt bei ›Und weil ich mich entsinne‹; der dritte bei: ›Daß plötzlich sie‹. Nachher, wenn ich sage: ›Ja, Beatrice

LA VITA NUOVA

ciò foe due parti: prima dico la cagione per che tolta ne fue; appresso dico come altri si piange de la sua partita, e comincia questa parte quivi: *Partissi de la sua*. Questa parte si divide in tre: ne la prima dico chi non la piange; ne la seconda dico chi la piange; ne la terza dico de la mia condizione. La seconda comincia quivi: *ma ven tristizia e voglia*; la terza quivi: *Dannomi angoscia*. Poscia quando dico: *Pietosa mia canzone*, parlo a questa canzone, disignandole a quali donne se ne vada, e steasi con loro.

Li occhi dolenti per pietà del core
hanno di lagrimar sofferta pena,
sì che per vinti son remasi omai.
Ora, s' i' voglio sfogar lo dolore,
che a poco a poco a la morte mi mena,
convenemi parlar traendo guai.
E perchè me ricorda ch' io parlai
de la mia donna, mentre che vivia,
donne gentili, volentier con vui,
non vòi parlare altrui,
se non a cor gentil che in donna sia;
e dicerò di lei piangendo, pui
che si n' è gita in ciel subitamente,
e ha lasciato Amor meco dolente.

Ita n' è Beatrice in l'alto cielo,
nel reame ove li angeli hanno pace,
e sta con loro, e voi, donne, ha lassate:
no la ci tolse qualità di gelo
nè di calore, come l'altra face,
ma solo fue sua gran benignitate;
chè luce de la sua umilitate
passò li cieli con tanta vertute,
che fè maravigliar l'etterno sire,
sì che dolce disire
lo giunse di chiamar tanta salute;
e fella di qua giù a sè venire,
perchè vedea ch'esta vita noiosa
non era degna di sì gentil cosa.

DAS NEUE LEBEN

schied‹, spreche ich von ihr, und dessen mache ich zwei Teile. Zuerst sage ich den Grund, weshalb sie von uns genommen wurde; darauf sage ich, wie andere über ihr Scheiden weinen, und zwar beginnt dieser Teil bei: ›Von ihrem schönen Leibe.‹ Dieser Teil zerfällt in drei: im ersten sage ich, wer sie nicht beweint; im zweiten sage ich, wer weinet; im dritten schildere ich meine Lage. Der zweite beginnt bei: ›Doch dem wird‹; der dritte bei: ›Mit Angst beklemmen mich‹. Nachher, wenn ich sage: ›Mein schmerzenvolles Lied‹, spreche ich zu dieser meiner Canzone, indem ich ihr bedeute, zu welchen Frauen sie gehen und mit ihnen bleiben möge.

Die Augen klagend um des Herzens Wehe,
Sie haben durch die Tränen Leid erlitten,
Daß sie erschöpft des Weinens Spuren tragen.
Und wenn ich meinen Schmerz zu lindern gehe,
Der mich zum Tode führt mit sachten Schritten,
So kann mein Leid ich nur in Worten klagen.
Und weil ich mich entsinne, daß in Tagen,
Da meine Herrin lebte, ich mit euch,
Liebreiche Fraun, so gern von ihr gesprochen,
So will auch heut in Schmerzen
Ich nur zu mitleidsvoller Frauen Herzen
Das weinend sagen, was es mir gebrochen:
Daß plötzlich sie zum Himmel ist geschieden, –
Die Lieb', und mich ließ klagend sie hienieden.

Ja, Beatrice schied zum sel'gen Reiche,
Den Höhen, wo die Engel friedlich wohnen,
Und weilet dort, – euch, Fraun, ließ sie allein!
Es raubte nicht die Kälte sie, die bleiche,
Noch Fieberhitze; zu der Sel'gen Thronen
Ging sie durch ihrer Seele Güte ein.
Denn ihrer süßen Demut lichter Schein
Drang zu des Himmels Höhn mit solcher Macht,
Daß in des höchsten Herrn erhabnem Sein
Ein Sehnen süß erwacht,
Solch lieblich Heil in seinem Reich zu sehen, –
Und so hieß er sie denn von hinnen gehen,
Weil er wohl sah, daß dieses öde Leben
Nicht würdig solcher Lieblichkeit gegeben!

46

LA VITA NUOVA

Partissi de la sua bella persona
piena di grazia l'anima gentile,
ed èssi gloriosa in loco degno,
Chi no la piange, quando ne ragiona,
core ha di pietra sì malvagio e vile,
ch'entrar no i puote spirito benegno.
Non è di cor villan sì alto ingegno,
che possa imaginar di lei alquanto,
e però no li ven di pianger doglia:
ma ven tristizia e voglia
di sospirare e di morir di pianto,
e d'onne consolar l'anima spoglia
chi vede nel pensero alcuna volta
quale ella fue, e com'ella n' è tolta.

Dannomi angoscia li sospiri forte,
quando 'l pensero ne la mente grave
mi reca quella che m' ha 'l cor diviso:
e spesse fiate pensando a la morte,
venemene un disio tanto soave,
che mi tramuta lo color nel viso.
E quando 'l maginar mi ven ben fiso,
giugnemi tanta pena d'ogne parte,
ch' io mi riscuoto per dolor ch' i' sento:
e sì fatto divento,
che da le genti vergogna mi parte.
Poscia piangendo, sol nel mio lamento
chiamo Beatrice, e dico: «Or se' tu morta?»:
e mentre ch' io la chiamo, me conforta.

Pianger di doglia e sospirar d'angoscia
mi strugge 'l core ovunque sol mi trovo,
sì che ne 'ncrescerebbe a chi m'audesse:
e quale è stata la mia vita, poscia
che la mia donna andò nel secol novo,
lingua non è che dicer lo sapesse:
e però, donne mie, pur ch' io volesse,
non vi saprei io dir ben quel ch' io sono,
sì mi fa travagliar l'acerba vita:
la quale è sì 'nvilita,
che ogn'om par che mi dica: «Io t'abbandono»,
veggendo la mia labbia tramortita.

DAS NEUE LEBEN

Von ihrem schönen Leibe ward geschieden
Die gnadenreiche, liebenswerte Seele
Und ging in Licht zur ew'gen Glorie ein.
Wer da nicht weinen muß um sie hienieden,
Des Herz ist Stein, ist so voll Sünd' und Fehle,
Daß nie ein guter Geist darin trat ein –
Ein böslich Herz kann so begabt nicht sein,
Daß es ihr Wesen könnte je verstehen,
Und darum fühlt es nicht der Tränen Drang.
Doch dem wird schmerzlich bang,
Der seufzt und möchte wohl vor Weinen sterben,
Der möcht' in wildem Wehe ja verderben,
Der sie im Geiste noch vermag zu sehen,
So wie sie war und mußte doch vergehen!

Mit Angst beklemmen mich die Seufzer schwer,
Wenn der Gedanke mir im düstern Geist
Die Herrin zeigt, um die mein Herz zerrissen,
Dann denk' ich oft des Todes; – mehr und mehr
Wächst süß die Sehnsucht, die das Grab mir weist,
Und alle Farbe muß mein Antlitz missen.
Und seh' ich deutlich erst vor mir ihr Bild,
Dann stürmt's von allen Seiten auf mich ein,
Daß ich mich schüttre, ganz von Qual erfüllt;
So weh wird mir und wild,
Daß ich aus Scham der Menschen Anblick meide,
Dann weine ich allein mit meinem Leide –
›Beatrice‹, ruf ich, ›weh mir! du bist tot?!‹
So klag' ich – und sie lindert meine Not.

Schmerzliches Weinen, angsterfülltes Stöhnen
Zerreißt das Herz mir überall, so bleich
Bin ich, daß jeder Mitleid fühlen müßte.
Und wie mein Leben war, seitdem der schönen
Geliebten Herrin ward das neue Reich, –
Wo ist die Zunge, die's zu schildern wüßte?
Und darum, liebe Fraun, auch wenn ich wollte,
Ich wüßte nicht, wie ich's euch sagen sollte,
Was ich jetzt bin; so bitter ward mein Leben,
So wertlos alles Streben,
Mir ist, als müßten alle mich verlassen,
Die meine Lippen sehn, die todesblassen.

LA VITA NUOVA

Ma qual ch' io sia la mia donna il si vede,
e io ne spero ancor da lei merzede.

Pietosa mia canzone, or va piangendo;
e ritruova le donne e le donzelle
a cui le tue sorelle
erano usate di portar letizia;
e tu, che se' figliuola di tristizia,
vatten disconsolata a star con elle.

Poi che detta fue questa canzone, sì venne a me uno, lo
quale, secondo li gradi de l'amistade, è amico a me imme-
diatamente dopo lo primo; e questi fue tanto distretto di
sanguinitade con questa gloriosa, che nullo più presso
l'era. E poi che fue meco a ragionare, mi pregoe ch' io li
dovessi dire alcuna cosa per una donna che s'era morta; e
simulava sue parole, acciò che paresse che dicesse d'un'
altra, la quale morta era certamente: onde io, accorgendo-
mi che questi dicea solamente per questa benedetta, sì li
dissi di fare ciò che mi domandava lo suo prego. Onde poi,
pensando a ciò, propuosi di fare uno sonetto, nel quale mi
lamentasse alquanto, e di darlo a questo mio amico, acciò
che paresse che per lui l'avessi fatto; e dissi allora questo
sonetto, che comincia: *Venite a intender li sospiri miei*. Lo
quale ha due parti: ne la prima chiamo li fedeli d'Amore
che m'intendano; ne la seconda narro de la mia misera
condizione. La seconda comincia quivi: *li quai disconsolati*.

Venite a intender li sospiri miei,
oi cor gentili, chè pietà 'l disia:
li quai disconsolati vanno via,
e s'e' non fosser, di dolor morrei;
però che gli occhi mi sarebber rei,
molte fiate più ch' io non vorria,
lasso!, di pianger sì la donna mia,
che sfogasser lo cor, piangendo lei.

Voi udirete lor chiamar sovente
la mia donna gentil, che si n' è gita

DAS NEUE LEBEN

Doch, wie ich bin, es sieht's die Herrin mein,
Bei ihr, so hoff' ich, wird mein Lohn einst sein!

Mein schmerzenvolles Lied – nun geh' in Tränen,
Such nur die Frauen und die Mägdelein,
Denen die Schwestern dein
So oft einst brachten Freude!
Doch du, mein Töchterchen, im tiefen Leide,
Magst trostlos weinend nun mit ihnen sein!

Nachdem diese Canzone gedichtet war, kam einer zu mir,
der nach den Graden der Freundschaft mir unmittelbar nach
dem ersten befreundet war: und dieser war durch die Bande der
Blutsverwandtschaft so enge mit jener Verklärten verbunden,
daß niemand es mehr sein konnte. Und da er mit mir redete,
bat er mich, daß ich ihm doch irgend etwas verfassen möchte,
auf ein Weib, das gestorben war; und zwar verstellte er seine
Worte, damit es scheinen sollte, als spräche er von einer an-
deren, die kürzlich vorher verstorben war. Und da ich be-
merkte, daß er dies nur um jener Benedeiten willen sprach, so
sagte ich ihm zu, daß ich tun würde, was seine Bitte von mir
begehrte. Und als ich später darüber dachte, beschloß ich, ein
Sonett zu dichten, in welchem ich selber manche Klage aus-
sprechen wollte, und es dann jenem Freunde zu geben, damit
es schiene, als hätte ich es für ihn gemacht. Und ich begann
daher: ›O kommt und höret‹ usw. Dieses Sonett hat zwei
Teile: im ersten rufe ich den Getreuen der Liebe, daß sie mich
hören mögen; im zweiten berichte ich von meinem elenden
Zustand. Der zweite beginnt bei: ›Hört auf die Klagen, die
verzweifelt tönen‹.

O kommt und höret auf mein bittres Stöhnen,
Ich bitt' euch drum, ihr mitleidsvollen Herzen,
Hört auf die Klagen, die verzweifelt tönen,
Und ohne die ich sterben müßt in Schmerzen!
Denn meine armen Augen, ach, sie scheinen
Nicht zu ertragen mehr der Tränen Bürde,
Schon bin ich müd', die Herrin zu beweinen,
Der weinend ich mein Herz erleichtern würde.

So hört denn meine Worte, sie verlangen
Nach meiner süßen Herrin, die zum Licht

48

LA VITA NUOVA

al secol degno de la sua vertute:
e dispregiar talora questa vita
in persona de l'anima dolente
abbandonata de la sua salute.

Poi che detto èi questo sonetto, pensandomi chi questi
era a cui lo intendea dare quasi come per lui fatto, vidi che
povero mi parea lo servigio e nudo a così distretta persona
di questa gloriosa. E però anzi ch' io li dessi questo soprascritto
sonetto, sì dissi due stanzie d'una canzone, l'una per
costui veracemente, e l'altra per me, avvegna che paia
l'una e l'altra per una persona detta, a chi non guarda
sottilmente; ma chi sottilmente le mira vede bene che diverse
persone parlano, acciò che l'una non chiama sua donna
costei, e l'altra sì, come appare manifestamente. Questa
canzone e questo soprascritto sonetto li diedi, dicendo io
lui che per lui solo fatto l'avea.

La canzone comincia: *Quantunque volte*, e ha due parti:
ne l'una, cioè ne la prima stanzia, si lamenta questo mio caro
e distretto a lei; ne la seconda mi lamento io, cioè ne
l'altra stanzia, che comincia: *E' si raccoglie ne li miei*. E così
appare che in questa canzone si lamentano due persone,
l'una de le quali si lamenta come frate, l'altra come servo.

Quantunque volte, lasso!, mi rimembra
ch' io non debbo già mai
veder la donna ond' io vo sì dolente,
tanto dolore intorno 'l cor m'assembra
la dolorosa mente,
ch' io dico: «Anima mia, chè non ten vai?
chè li tormenti che tu porterai
nel secol, che t' è già tanto noioso,
mi fan pensoso di paura forte».
Ond' io chiamo la Morte,
come soave e dolce mio riposo;
e dico «Vieni a me» con tanto amore,
che sono astioso di chiunque more.

DAS NEUE LEBEN

Des Himmels, der sie rief, dahingegangen.
Und dieses Leben müssen sie wohl hassen,
Wenn meine Seele klagend durch sie spricht,
Die so von ihrem Heile ward verlassen.

Als ich dieses Sonett verfaßt hatte, da bedachte ich, wer der war, dem ich es geben wollte, als ob es für ihn gemacht worden wäre, und da fand ich, daß der Dienst, den ich ihm damit erwies, mir doch recht ärmlich und bloß erscheinen wollte, da es sich um eine Person handelte, die jener Verklärten so nahe stand. Und daher verfaßte ich, anstatt ihm dieses Sonett zu geben, zwei Strophen einer Canzone, die eine wirklich für ihn, die andere für mich, obgleich dem, der nicht scharf darauf achtet, die eine wie die andere für ein und dieselbe Person gesprochen scheinen dürfte. Wer aber schärfer zusieht, der sieht wohl, daß da verschiedene Personen reden, indem die eine jene Gepriesene nicht *ihre* Herrin nennt, die andere aber wohl, wie es ganz deutlich zu erkennen ist. Diese Canzone und das Sonett gab ich ihm und sagte, daß ich beide für ihn allein verfaßt hätte.

Die Canzone beginnt: ›So oft ich‹ und zerfällt in zwei Teile: in dem einen, das ist in der ersten Strophe, klagt jener, mein teurer Freund und ihr Verwandter; in dem zweiten klage ich selbst, in der zweiten Strophe, die mit den Worten: ›Es tönt durch‹ beginnt. Und so zeigt sich, daß in dieser Canzone zwei Personen klagen, von denen die eine als Bruder, die andere als Liebender klagt.

So oft ich – wehe mir! – daran muß denken,
Daß ich nie wieder soll
Die Herrin sehn, um die ich so mich quäle,
Dann wächst mein Weh, dann sprech' ich tränenvoll
Zur schmerzzerrißnen Seele:
›O meine Seele, kannst du denn nicht scheiden?
Es werden dich noch viele Qualen kränken
Im Leben, dessen du schon jetzt so müde,
Die füllen mich schon heut' mit schwerem Bangen.‹
Und nach dem Tod muß ich verlangen,
Im Tode nur ist lieblich süßer Friede.
Ich rufe: ›Komm, o Tod – sieh all mein Leiden –
Sieh! jeden, der da stirbt, muß ich beneiden!‹

49

LA VITA NUOVA

E' si raccoglie ne li miei sospiri
un sono di pietate,
che va chiamando Morte tuttavia:
a lei si volser tutti i miei disiri,
quando la donna mia
fu giunta da la sua crudelitate;
perchè 'l piacere de la sua bieltate,
partendo sè de la nostra veduta,
divenne spirital bellezza grande,
che per lo cielo spande
luce d'amor, che li angeli saluta,
e lo intelletto loro alto, sottile
face maravigliar, sì v' è gentile.

In quello giorno nel quale si compiea l'anno che questa
donna era fatta de li cittadini di vita eterna, io mi sedea in
parte ne la quale, ricordandomi di lei, disegnava uno an-
gelo sopra certe tavolette; e mentre io lo disegnava volsi
li occhi, e vidi lungo me uomini a li quali si convenia di
fare onore. E' riguardavano quello che io facea; e secondo
che me fu detto poi, elli erano stati già alquanto anzi che io me
ne accorgesse. Quando li vidi, mi levai, e salutando loro
dissi: «Altri era testé meco, però pensava». Onde partiti
costoro, ritornaimi a la mia opera, cioè del disegnare figure
d'angeli: e faccendo ciò, mi venne uno pensero di dire
parole, quasi per annovale, e scrivere a costoro li quali
erano venuti a me; e dissi allora questo sonetto, lo quale
comincia: *Era venuta*; lo quale ha due cominciamenti, e
però lo dividerò secondo l'uno e secondo l'altro.

Dico che secondo lo primo questo sonetto ha tre parti:
ne la prima dico che questa donna era già ne la mia me-
moria; ne la seconda dico quello che Amore però mi facea;
ne la terza dico de gli effetti d'Amore. La seconda comin-
cia quivi: *Amor, che*; la terza quivi: *Piangendo uscivan for*.
Questa parte si divide in due: ne l'una dico che tutti li miei
sospiri uscivano parlando; ne la seconda dico che alquanti
diceano certe parole diverse da gli altri. La seconda comin-
cia quivi: *Ma quei*. Per questo medesimo modo si divide

DAS NEUE LEBEN

Es tönt durch meiner Seufzer herben Schall
Ein Wehelaut der Klage,
Der nach dem Tode ruft allein,
Zum Tode kehrten sich an jenem Tage,
An dem die Herrin mein
Grausam das Schicksal traf, die Wünsche all.
Denn ihre wonnesame Schönheit ward,
Nachdem sie schied aus unserem Verein,
Verklärt zu geist'ger Schönheit hoher Art,
Die durch die Himmel gießet
Ein Liebeslicht, das alle Engel grüßet
Und jener hohen Geister Seligkeit
Erstaunen macht ob solcher Lieblichkeit.

Am Tage, an welchem sich gerade ein Jahr vollendete, seit-
dem die Herrin unter die Bürger des ewigen Lebens aufge-
nommen worden war, saß ich an einer Stelle, an der ich, ihrer
gedenkend, auf einem Täfelchen einen Engel zeichnete. Und
während ich so zeichnete, wandte ich meinen Blick und sah
neben mir Männer, die zu ehren sich geziemte. Und es be-
trachteten jene, was ich tat, und wie mir nachher gesagt wurde,
waren sie schon eine Weile da gewesen, ehe ich es bemerkt
hatte. Als ich sie aber sah, erhob ich mich und sagte, indem ich
sie begrüßte: ›Jemand anderer war soeben mit mir, und darum
war ich in Sinnen.‹ Als jene aber fort waren, kehrte ich zu
meiner Arbeit zurück, das heißt, ich ging wieder daran, Engel-
gestalten zu zeichnen. Und während ich das tat, kam mir ein
Gedanke, Verse zu verfassen, gleichsam zur Jahresfeier ihres
Gedächtnisses, und sie denen zu schreiben, die zu mir gekom-
men waren; und ich verfaßte das Sonett, das mit den Worten:
›In meinen Geist‹ beginnt. Dasselbe hat zweierlei Anfänge;
und darum werde ich es sowohl gemäß dem einen wie gemäß
dem andern einteilen.

Ich sage, daß, gemäß dem ersten Anfang, dieses Sonett
drei Teile hat. Im ersten Teil sage ich, daß jene Herrin bereits
in meiner Erinnerung war; im zweiten sage ich, was die Liebe
mir darob antat; im dritten künde ich von den Wirkungen der
Liebe. Der zweite Teil beginnt bei: ›Die Liebe, die‹; der dritte
bei: ›Sie zogen weinend‹. Dieser Teil zerfällt in zwei: in dem
einen sage ich, daß alle meine Seufzer redend hervorbrachen;
im anderen, wie einige von ihnen gewisse Worte sprachen, die
von denen der anderen verschieden waren. Der zweite beginnt

50

LA VITA NUOVA

secondo l'altro cominciamento, salvo che ne la prima parte dico quando questa donna era così venuta ne la mia memoria, e ciò non dico ne l'altro.

Primo cominciamento

Era venuta ne la mente mia
la gentil donna che per suo valore
fu posta da l'altissimo signore
nel ciel de l'umiltate, ov' è Maria.

Secondo cominciamento

Era venuta ne la mente mia
quella donna gentil cui piange Amore,
entro 'n quel punto che lo suo valore
vi trasse a riguardar quel ch'eo facia.
Amor, che ne la mente la sentia,
s'era svegliato nel destrutto core,
e diceva a' sospiri: «Andate fore»;
per che ciascun dolente si partia.

Piangendo uscivan for de lo mio petto
con una voce che sovente mena
le lagrime dogliose a li occhi tristi.
Ma quei che n'uscian for con maggior pena,
venian dicendo: «Oi nobile intelletto,
oggi fa l'anno che nel ciel salisti».

Poi per alquanto tempo, con ciò fosse cosa che io fosse in parte ne la quale mi ricordava del passato tempo, molto stava pensoso, e con dolorosi pensamenti, tanto che mi faceano parere de fore una vista di terribile sbigottimento. Onde io, accorgendomi del mio travagliare, levai li occhi per vedere se altri mi vedesse. Allora vidi una gentile donna giovane e bella molto, la quale da una finestra mi riguardava sì pietosamente, quanto a la vista, che tutta la pietà parea in lei accolta. Onde, con ciò sia cosa che quando li miseri veggiono di loro compassione altrui, più tosto si muovono a lagrimare, quasi come di se stessi avendo pietade, io senti' allora cominciare li miei occhi a

DAS NEUE LEBEN

bei: ›Doch die‹. Auf diese selbe Weise wird es auch gemäß dem anderen Anfang eingeteilt, nur daß ich im ersten Teile sage, wann jene Herrin mir solcherart in den Geist gekommen war, und dies sage ich im anderen nicht.

Erster Anfang

In meinen Geist war leise eingetreten
Das holde Weib, das durch des Höchsten Macht
Ob ihres Werts zum Himmel ward gebracht
Der Demut, wo Maria sie erbeten.

Zweiter Anfang

In meinen Geist war leise eingetreten
Das holde Weib, um das die Liebe klagt,
In jenem Augenblick, wo ihr betreten,
Von ihr ergriffen, saht, was ich gemacht,
Die Liebe, die im Geist ihr Nahn erbeten,
War im verstörten Herzen auferwacht.
Zu meinen Seufzern hat sie ›Geht!‹ gesprochen,
Und klagend sind sie alle aufgebrochen.

Sie zogen weinend aus der Brust und klangen
In einem Wehelaut, der ja wohl meist
Schmerzliche Tränen lockt auf meine Wangen;
Doch die, die leidvollst aus dem Busen kamen,
Die sagten stöhnend: ›O du hoher Geist,
Heut ist's ein Jahr, daß dich die Himmel nahmen!‹

Einige Zeit nachher, da ich mich an einer Stelle befand, an der ich der vergangenen Zeit gedachte, stand ich tief in Sinnen und war so sehr in schmerzliche Gedanken versunken, daß ich wohl auch äußerlich den Anblick entsetzlicher Verzagtheit bot. Da ich meines qualvollen Ringens gewahr ward, erhob ich die Augen, um zu sehen, ob nicht etwa jemand anderer mich gesehen hätte, und sah ein liebliches Weib, das gar jung und schön war und mich von einem Fenster aus gar mitleidsvoll beobachtete, so daß wirklich alles Mitleid in ihr vereint schien. Und da die Unglücklichen, wenn sie in anderen Mitleid gewahr werden, sich noch mehr zum Weinen bewegt fühlen, gleichsam als ob sie nun mit sich selber Mitleid hätten, so fühlte auch ich

LA VITA NUOVA

volere piangere; e però, temendo di non mostrare la mia vile vita, mi partio dinanzi da li occhi di questa gentile; e dicea poi fra me medesimo: «E' non puote essere che con quella pietosa donna non sia nobilissimo amore». E però propuosi di dire uno sonetto, ne lo quale io parlasse a lei, e conchiudesse in esso tutto ciò che narrato è in questa ragione. E però che per questa ragione è assai manifesto, sì nollo dividerò. Lo sonetto comincia: *Videro li occhi miei.*

Videro li occhi miei quanta pietate
era apparita in la vostra figura,
quando guardaste li atti e la statura
ch' io faccio per dolor molte fiate.
Allor m'accorsi che voi pensavate
la qualità de la mia vita oscura,
sì che mi giunse ne lo cor paura
di dimostrar con li occhi mia viltate.

E tolsimi dinanzi a voi, sentendo
che si movean le lagrime dal core,
ch'era sommosso da la vostra vista.
Io dicea poscia ne l'anima trista:
«Ben è con quella donna quello Amore
lo qual mi face andar così piangendo».

Avvenne poi che là ovunque questa donna mi vedea, sì si facea d'una vista pietosa e d'un colore palido quasi come d'amore; onde molte fiate mi ricordava de la mia nobilissima donna, che di simile colore si mostrava tuttavia. E certo molte volte non potendo lagrimare nè disfogare la mia tristizia, io andava per vedere questa pietosa donna, la quale parea che tirasse le lagrime fuori de li miei occhi per la sua vista. E però mi venne volontade di dire anche parole, parlando a lei, e dissi questo sonetto, lo quale comincia: *Color d'amore*; ed è piano sanza dividerlo, per la sua precedente ragione.

Color d'amore e di pietà sembianti
non preser mai così mirabilmente
viso di donna, per veder sovente

52

DAS NEUE LEBEN

damals, daß meine Augen zu weinen beginnen wollten, und da mich die Furcht ergriff, daß ich meine Erbärmlichkeit verraten könnte, entfloh ich aus den Augen jener Holdseligen; dann aber sprach ich bei mir selbst: ›Es kann wohl nicht anders sein, als daß in jenem mitleidsvollen Weibe die edelste Liebe wohnet.‹ Und darum nahm ich mir vor, ein Sonett zu verfassen, in dem ich von ihr reden und all das einschließen wollte, was in diesem Berichte enthalten ist; und darum, weil dieser Bericht offenbar genug ist, so werde ich es nicht einteilen. Das Sonett beginnt: ›O glaubet nicht‹.

O glaubet nicht, daß meinem Aug' entgangen,
Wieviel des Mitleids Euer Antlitz zeigte,
Als es vom Fenster sich mir sinnend neigte,
Der ich in tiefem Leide saß befangen.
Ich sah recht wohl, daß es Euch nah gegangen,
Ihr merktet meines Lebens düstre Art,
So daß mein Herz von Furcht ergriffen ward,
Daß meine Augen, meine blassen Wangen

Verraten könnten meine ganze Schwäche:
Da floh ich Euern Blick, und Tränenbäche
Entströmten meiner Brust, die Ihr erregt,
Und in der Seele sprach ich schmerzbewegt:
Der Frau ist gleiche Liebe wohl gegeben,
Wie die mich zwingt, in solcher Qual zu leben.

Es geschah nun, daß, wo immer diese Frau mich erblickte, sie ein mitleidiges Antlitz und eine so bleiche Farbe zeigte, als wäre Liebe die Ursache davon. Und zu vielen Malen mußte ich meiner adeligsten Herrin gedenken, an der ich die gleiche Farbe des Angesichts wahrgenommen hatte. Und sicherlich ging ich zu vielen Malen, wenn ich nicht weinen konnte, noch meiner Trauer Luft machen, jene mitleidsvolle Frau zu schauen, die durch ihren Anblick meinen Augen die Tränen zu entlocken schien; und darum wandelte mich der Wunsch an, Verse von ihr zu verfassen, und ich verfaßte jenes Sonett, das beginnt: ›Der Liebe Farbe‹ und aus dem Vorhergesagten klar zu verstehen ist, auch ohne Einteilung.

Der Liebe Farbe und des Mitleids Zeichen,
Sie machten nie so wundersam bewegt
Das Antlitz einer schönen Frau erbleichen,

LA VITA NUOVA

occhi gentili o dolorosi pianti,
come lo vostro, qualora davanti
vedetevi la mia labbia dolente;
sì che per voi mi ven cosa a la mente,
ch' io temo forte non lo cor si schianti.

Eo non posso tener li occhi distrutti
che non reguardin voi spesse fiate,
per desiderio di pianger ch'elli hanno:
e voi crescete sì lor volontate,
che de la voglia si consuman tutti;
ma lagrimar dinanzi a voi non sanno.

Io venni a tanto per la vista di questa donna, che li miei occhi si cominciaro a dilettare troppo di vederla; onde molte volte me ne crucciava nel mio cuore ed aveamene per vile assai. Onde più volte bestemmiava la vanitade de li occhi miei, e dicea loro nel mio pensero: «Or voi solavate fare piangere chi vedea la vostra dolorosa condizione, e ora pare che vogliate dimenticarlo per questa donna che vi mira; che non mira voi, se non in quanto le pesa de la gloriosa donna di cui piangere solete; ma quanto potete fate, chè io la vi pur rimembrerò molto spesso, maladetti occhi, chè mai, se non dopo la morte, non dovrebbero le vostre lagrime avere restate». E quando così avea detto fra me medesimo a li miei occhi, e li sospiri m'assalivano grandissimi e angosciosi. E acciò che questa battaglia che io avea meco non rimanesse saputa pur dal misero che la sentia, propuosi di fare un sonetto, e di comprendere in ello questa orribile condizione. E dissi questo sonetto, lo quale comincia: *L'amaro lagrimar*. Ed hae due parti: ne la prima parlo a li occhi miei sì come parlava lo mio cuore in me medesimo; ne la seconda rimuovo alcuna dubitazione, manifestando chi è che così parla; e comincia questa parte quivi: *Così dice*. Potrebbe bene ancora ricevere più divisioni, ma sariano indarno, però che è manifesto per la precedente ragione.

«L'amaro lagrimar che voi faceste,
oi occhi miei, così lunga stagione,
facea lagrimar l'altre persone

DAS NEUE LEBEN

Von eines andern Klage tief erregt,
So wie das Eure, als Ihr meine bleichen
Lippen gesehen und mein schmerzlich Leiden;
Ich fühl' ein Etwas meinen Geist beschleichen,
Ich fürchte sehr, es wird mein Herz zerschneiden.

Ich kann nicht die verstörten Augen zwingen,
Daß sie Euch nicht gar oft und lang betrachten,
Obgleich sie voll Verlangen sind nach Tränen,
Ihr aber mehret so ihr schmerzlich Sehnen,
Daß sie in ihrer bangen Qual verschmachten,
Denn vor Euch will das Weinen nicht gelingen.

Ich kam so weit durch den Anblick jener Frau, daß meine
Augen sich zu sehr daran zu ergötzen begannen, wenn sie sie
erblickten. Da züchtigte ich mich selbst darum zu vielen Malen
und hielt mich für recht erbärmlich, und zu öfteren Malen ver-
wünschte ich meine Augen und sprach zu ihnen in meinen Ge-
danken: ›Jawohl, ihr pfleget die weinen zu machen, die euren
betrübten Zustand sahen, und jetzt scheint es, daß ihr dies ver-
gessen wollt, um dieser Frau willen, die euch beachtet und dies
aus keinem anderen Grunde tut, denn weil es ihr um die herr-
liche Herrin leid tut, die ihr zu beweinen pfleget. Aber tut
immerhin, was ihr könnt, denn ich werde sie euch oft und oft
in Erinnerung rufen, verfluchte Augen, denn niemals, es wäre
denn nach dem Tode, dürfen eure Tränen versiegt sein.‹ Und
als ich in meiner Seele so zu meinen Augen gesprochen hatte,
da befielen mich auch die heftigsten und angstvollsten Seufzer.
Und damit dieser Kampf, den ich mit mir selber kämpfte, nicht
nur von dem Elenden gekannt bliebe, der ihn fühlte, beschloß
ich, ein Sonett zu verfassen und in ihm diesen schrecklichen
Zustand darzustellen; und ich verfaßte jenes Sonett, das mit
den Worten: ›Die bittern Tränen‹ beginnt. Das Sonett hat zwei
Teile: im ersten spreche ich zu meinen Augen, wie mein Herz
in mir selbst sprach; im zweiten entferne ich etwelche Zweifel,
indem ich bedeute, wer es ist, der so spricht: und dieser Teil
beginnt bei: ›So spricht‹. Es könnte wohl noch mehr Einteilun-
gen erhalten, aber dies wäre nutzlos, weil es durch den vorher-
gehenden Bericht offenbar genug ist.

Die bittern Tränen, welche ihr vergossen,
O meine Augen, durch so lange Zeit,
Erregten andern solches Herzeleid,

LA VITA NUOVA

de la pietate, come voi vedeste.
Ora mi par che voi l'obliereste,
s' io fosse dal mio lato sì fellone,
ch' i' non ven disturbasse ogne cagione,
membrandovi colei cui voi piangeste.

    La vostra vanità mi fa pensare,
e spaventami sì, ch' io temo forte
del viso d'una donna che vi mira.
Voi non dovreste mai, se non per morte,
la vostra donna, ch' è morta, obliare».
Così dice 'l meo core, e poi sospira.

Ricovrai la vista di quella donna in sì nuova condizione, che molte volte ne pensava sì come di persona che troppo mi piacesse; e pensava di lei così: «Questa è una donna gentile, bella, giovane e savia, e apparita forse per volontade d'Amore, acciò che la mia vita si riposi». E molte volte pensava più amorosamente, tanto che lo cuore consentiva in lui, cioè nel suo ragionare. E quando io avea consentito ciò, e io mi ripensava sì come da la ragione mosso, e dicea fra me medesimo: «Deo, che pensero è questo, che in così vile modo vuole consolare me e non mi lascia quasi altro pensare?». Poi si rilevava un altro pensero, e diceame: «Or tu se' stato in tanta tribulazione, perchè non vuoli tu ritrarre te da tanta amaritudine? Tu vedi che questo è uno spiramento d'Amore, che ne reca li disiri d'amore dinanzi, ed è mosso da così gentil parte com' è quella de li occhi de la donna che tanto pietosa ci s' hae mostrata». Onde io, avendo così più volte combattuto in me medesimo, ancora ne volli dire alquante parole; e però che la battaglia de' pensieri vinceano coloro che per lei parlavano, mi parve che si convenisse di parlare a lei; e dissi questo sonetto, lo quale comincia: *Gentil pensero*; e dico «gentile» in quanto ragionava di gentile donna, chè per altro era vilissimo.

In questo sonetto fo due parti di me, secondo che li miei pensieri erano divisi. L'una parte chiamo cuore, cioè l'appetito; l'altra chiamo anima, cioè la ragione; e dico come

DAS NEUE LEBEN

Daß auch aus ihren Augen Tränen flossen.
Nun wollt ihr dran vergessen, wie mir scheinet!
Ihr meint doch nicht, daß ich so treulos wäre?!
Gebt acht, ob ich euch nicht die Freude störe,
Und euch erinnere, wen ihr beweinet!

O, eure Eitelkeit gibt mir zu denken,
Ja füllet mich mit Schrecken: allzusehr
Seh' ich den Blick auf eine Frau euch lenken.
Nein, nein, ihr dürftet nie auf dieser Erden
Der Herrin, die gestorben, treulos werden. –
So spricht mein Herz und seufzet bang und schwer.

Es brachte mich der Anblick dieser Frau in einen so neuen
Zustand, daß ich zu vielen Malen an sie dachte und mit allzu
großem Wohlgefallen; und zwar dachte ich über sie in folgen-
der Art: ›Dies ist ein liebliches junges Weib, edel und schön
und klug, und ist vielleicht durch den Willen der Liebe mir
erschienen, auf daß mein Leben wieder zur Ruhe käme.‹ Und
oftmals dachte ich noch mehr mit Liebesgedanken an sie, bis
mein Herz endlich sich völlig damit einverstanden zeigte, näm-
lich mit meinem Gedankengange. Und wenn es sich in dieser
Weise einverstanden hatte, da dachte ich wieder von neuem,
wie von der Vernunft getrieben, und sagte zu mir selber: ›O,
welch ein Gedanke ist dies, der mich in so erbärmlicher Weise
trösten will und mich fast nichts anderes denken läßt!‹ Darauf
erhob sich ein anderer Gedanke und sprach: ›Nun, da du in
solcher Liebesqual gewesen, warum willst du nicht dich solcher
Bitternis entziehen? Du siehst doch wohl, daß dies ein Geistes-
hauch ist, der die Wünsche der Liebe vor dich bringt, und der
von so lieblicher Stelle ausgeht, wie es die Augen jener Frau
sind, die sich dir so mitleidsvoll gezeigt hat.‹ Und nachdem ich
so gar oftmals in mir selbst gekämpft hatte, wollte ich auch da-
von einige Worte sagen, und weil im Kampfe der Gedanken
jene siegten, die für sie sprachen, schien es mir geziemend, die
Worte an sie zu richten; und ich verfaßte das folgende Sonett,
das mit den Worten: ›Süßer Gedanke‹ beginnt, und ich nannte
ihn ›süß‹, insofern er zu einer süßen Frau sprach – denn sonst
war er erbärmlich genug.
In diesem Sonett mache ich zwei aus mir, wie ja auch meine
Gedanken zwiegeteilt waren. Den einen Teil nenne ich ›Herz‹,
das heißt die Begierde; den anderen ›Seele‹, das heißt die Ver-

LA VITA NUOVA

l'uno dice con l'altro. E che degno sia di chiamare l'appetito cuore, e la ragione anima, assai è manifesto a coloro a cui mi piace che ciò sia aperto. Vero è che nel precedente sonetto io fo la parte del cuore contra quella de li occhi, e ciò pare contrario di quello che io dico nel presente; e però dico che ivi lo cuore anche intendo per lo appetito, però che maggiore desiderio era lo mio ancora di ricordarmi de la gentilissima donna mia, che di vedere costei, avvegna che alcuno appetito n'avessi già, ma leggiero parea: onde appare che l'uno detto non è contrario a l'altro.

Questo sonetto ha tre parti: ne la prima comincio a dire a questa donna come lo mio desiderio si volge tutto verso lei; ne la seconda dico come l'anima, cioè la ragione, dice al cuore, cioè a lo appetito; ne la terza dico com' e' le risponde. La seconda parte comincia quivi: *L'anima dice*; la terza quivi: *Ei le risponde*.

> Gentil pensero che parla di vui
> sen vene a dimorar meco sovente,
> e ragiona d'amor sì dolcemente,
> che face consentir lo core in lui.
> L'anima dice al cor: «Chi è costui,
> che vene a consolar la nostra mente,
> ed è la sua vertù tanto possente,
> ch'altro penser non lascia star con nui?».

> Ei le risponde: «Oi anima pensosa,
> questi è uno spiritel novo d'amore,
> che reca innanzi me li suoi desiri;
> e la sua vita, e tutto 'l suo valore,
> mosse de li occhi di quella pietosa
> che si turbava de' nostri martiri».

Contra questo avversario de la ragione si levoe un die, quasi ne l'ora de la nona, una forte imaginazione in me, che mi parve vedere questa gloriosa Beatrice con quelle vestimenta sanguigne co le quali apparve prima a li occhi miei; e pareami giovane in simile etade in quale io prima la vidi. Allora cominciai a pensare di lei; e ricordandomi

DAS NEUE LEBEN

nunft; und ich berichte, wie eins zum andern spricht. Und daß
man mit Recht die Begierde Herz nennen mag und die Ver-
nunft Seele, das ist denen offenbar genug, denen dies mitzu-
teilen mir wohlgefällt. Es ist wahr, daß ich im vorhergehenden
Sonett die Partei des Herzens wider die der Augen nehme, und
dies scheint dem entgegengesetzt, was ich im gegenwärtigen
Sonett sage. Und darum sage ich, daß ich auch dort mit dem
Worte ›Herz‹ die Begierde meine, denn immer noch war die
Sehnsucht, mich an meine holdseligste Herrin zu erinnern, in
mir größer als der Wunsch, jene zu schauen, obschon auch
einige Begierde danach mich ergriffen hatte, die jedoch unbe-
deutend erschien. Daraus ergibt sich klar, daß das eine dem
anderen nicht widerspricht.

Dieses Sonett hat drei Teile: im ersten beginne ich dieser
Frau zu sagen, wie meine ganze Sehnsucht sich ihr zuwendet;
im zweiten sage ich, wie die Seele, das heißt die Vernunft, zum
Herzen, das heißt zur Begierde, spricht; im dritten sage ich,
wie es ihr antwortet. Der zweite beginnt bei: ›Zum Herzen
spricht‹; der dritte bei: ›Und es erwidert‹.

> Süßer Gedanke, der von Euch mir spricht,
> Er kommt, mit mir zu weilen oft und lang,
> Und spricht so süß von Liebe und so bang,
> Es widerstrebt das Herz ihm fürder nicht.
> Zum Herzen spricht die Seele: ›Wer ist dies,
> Der unsern Sinn so bald zu trösten kam?
> Ist seine Macht so groß, daß ohne Scham
> Er uns kein andres Denken möglich ließ?‹
>
> Und es erwidert der Gedankenvollen:
> ›Dies ist ein neues Geisterchen der Liebe,
> Und zu mir bringt es ihre süßen Triebe,
> Und all sein Leben, alle seine Macht
> Kommt aus den Augen jener Mitleidsvollen,
> Der meine Qual Betrübnis hat gebracht.‹

Gegen diesen Widersacher meines Geistes erhob sich eines
Tages etwa um die neunte Stunde eine neue und mächtige
Vision in mir: denn es war mir, als sähe ich die herrliche
Beatrice mit jenen blutroten Gewanden angetan, in welchen
sie meinen Augen zum erstenmal erschienen war, und sie er-
schien mir gar jugendlich in dem gleichen Alter, in dem ich sie

LA VITA NUOVA

di lei secondo l'ordine del tempo passato, lo mio cuore cominciò dolorosamente a pentere de lo desiderio a cui sì vilmente s'avea lasciato possedere alquanti die contra la constanzia de la ragione: e discacciato questo cotale malvagio desiderio, sì si rivolsero tutti li miei pensamenti a la loro gentilissima Beatrice. E dico che d'allora innanzi cominciai a pensare di lei sì con tutto lo vergognoso cuore, che li sospiri manifestavano ciò molte volte; però che tutti quasi diceano nel loro uscire quello che nel cuore si ragionava, cioè lo nome di quella gentilissima, e come si partio da noi. E molte volte avvenia che tanto dolore avea in sè alcuno pensero, ch'io dimenticava lui e là dov'io era. Per questo raccendimento de' sospiri si raccese lo sollenato lagrimare in guisa che li miei occhi pareano due cose che disiderassero pur di piangere; e spesso avvenia che per lo lungo continuare del pianto, dintorno loro si facea uno colore purpureo, lo quale suole apparire per alcuno martirio che altri riceva. Onde appare che de la loro vanitade fuoro degnamente guiderdonati; sì che d'allora innanzi non potero mirare persona che li guardasse sì che loro potesse trarre a simile intendimento. Onde io, volendo che cotale desiderio malvagio e vana tentazione paresse distrutto, sì che alcuno dubbio non potessero inducere le rimate parole ch'io avea dette innanzi, proposi di fare uno sonetto ne lo quale io comprendesse la sentenzia di questa ragione. E dissi allora: *Lasso! per forza di molti sospiri*; e dissi «lasso» in quanto mi vergognava di ciò, che li miei occhi aveano così vaneggiato.

Questo sonetto non divido, però che assai lo manifesta la sua ragione.

> Lasso! per forza di molti sospiri,
> che nascon de' penser che son nel core,
> li occhi son vinti, e non hanno valore
> di riguardar persona che li miri.
> E fatti son che paion due disiri
> di lagrimare e di mostrar dolore,

DAS NEUE LEBEN

zum erstenmal gesehen. Da begann ich ihrer zu denken, und ich entsann mich der vergangenen Zeit in ihrer Folge, und da begann mein Herz gar schmerzlich die Wünsche zu bereuen, von denen es sich wider die Standhaftigkeit der Seele durch eine Reihe von Tagen so schmachvoll hatte beherrschen lassen, und nachdem diese argen Wünsche auf solche Weise vertrieben waren, wandten sich all meine Gedanken wieder ihrer allerholdseligsten Beatrice zu. Und ich sage, daß ich von da an ihrer mit meinem ganzen beschämten Herzen gedachte, so daß meine Seufzer dies viele Male verrieten, weil fast alle beim Entströmen das sagten, was das Herz erfüllte, nämlich den Namen jener Holdseligsten, und wie sie von uns geschieden war. Und mehrmals geschah es, daß einer dieser Gedanken solchen Schmerz in sich trug, daß ich ihn vergaß und auch, wo ich mich befand. Durch dieses Wiederentfachen der Seufzer ward auch das schon unterdrückte Weinen wieder angefacht, so daß meine Augen zwei Dinge schienen, die nur zu weinen und nichts als zu weinen begehrten: und oft geschah es, daß infolge des langen und fortgesetzten Weinens sich ein purpurfarbener Ring um sie bildete, wie er wohl durch das Martyrium zu erscheinen pflegt, das einer erduldet. Daraus erhellt, daß sie für ihre Eitelkeit den gebührenden Lohn erhielten, so daß sie von nun an niemandem mehr ins Auge schauen konnten, der sie ansah, und niemand mehr sie zu ähnlichem Trachten hätte verleiten können. Und da ich wollte, daß jene argen Wünsche und eitle Versuchung völlig zerstört erscheinen sollten, daß auch die Reime, die ich vorher verfaßt, keinen Zweifel aufkommen lassen mochten, beschloß ich, ein Sonett zu machen, in welchem ich den Sinn und Inhalt dieses Kapitels zusammenfassen wollte. Und ich dichtete nun: ›Ach! durch die Macht der Seufzer‹. Und ich begann mit dem Worte: ›Ach‹, weil ich mich des schämte, daß meine Augen sich so leichtfertig benommen hatten.

Dieses Sonett teile ich nicht ein, darum, weil das dazu Gesagte es offenbar genug macht.

> Ach! durch die Macht der Seufzer, die entsprangen
> Aus den Gedanken, die das Herz bewegen,
> Sind nun besiegt die Augen, sie vermögen
> Die nicht mehr anzusehen, die sie erblickt.
> Zwei Brünnlein, die nach Tränen nur verlangen,
> Sie kennen fürder keine andern Triebe

LA VITA NUOVA

e spesse volte piangon sì, ch'Amore
li 'ncerchia di corona di martìri.

Questi penseri, e li sospir ch'eo gitto,
diventan ne lor cor sì angosciosi,
ch'Amor vi tramortisce, sì lien dole;
però ch'elli hanno in lor li dolorosi
quel dolce nome di madonna scritto,
e de la morte sua molte parole.

Dopo questa tribulazione avvenne, in quello tempo che
molta gente va per vedere quella imagine benedetta, la
quale Iesu Cristo lasciò a noi per essemplo de la sua bel-
lissima figura, la quale vede la mia donna gloriosamente,
che alquanti peregrini passavano per una via la quale è
quasi mezzo de la cittade ove nacque e vivette e morio la
gentilissima donna. Li quali peregrini andavano, secondo
che mi parve, molto pensosi; ond' io, pensando a loro,
dissi fra me medesimo: «Questi peregrini mi paiono di
lontana parte, e non credo che anche udissero parlare di
questa donna, e non ne sanno neente; anzi li loro penseri
sono d'altre cose che di queste qui, chè forse pensano de li
loro amici lontani, li quali noi non conoscemo». Poi dicea
fra me medesimo: «Io so che s'elli fossero di propinquo
paese, in alcuna vista parrebbero turbati passando per lo
mezzo de la dolorosa cittade». Poi dicea fra me medesimo:
«Se io li potesse tenere alquanto, io li pur farei piangere
anzi ch'elli uscissero di questa cittade, però che io direi
parole le quali farebbero piangere chiunque le intendesse».
Onde, passati costoro da la mia veduta, propuosi di fare
uno sonetto, ne lo quale io manifestasse ciò che io avea
detto fra me medesimo; e acciò che più paresse pietoso,
propuosi di dire come se io avesse parlato a loro; e dissi
questo sonetto, lo quale comincia: *Deh peregrini che pensosi
andate*. E dissi «peregrini» secondo la larga significazione
del vocabulo; chè peregrini si possono intendere in due
modi, in uno largo e in uno stretto: in largo, in quanto è
peregrino chiunque è fuori de la sua patria; in modo stretto
non s' intende peregrino se non chi va verso la casa di sa'
Iacopo o riede. E però è da sapere che in tre modi si
chiamano propriamente le genti che vanno al servigio de
l'Altissimo: chiamansi palmieri in quanto vanno oltremare,

Und weinen oft so heftig, daß die Liebe
Mit der Märtyrerkrone sie geschmückt.

Der Seufzer Herren, die Gedanken, blieben
Im Herzen mir, dem trauervollsten Ort;
Die Liebe selbst vor Mitleid muß erbleichen;
Denn in sich tragen all die Schmerzensreichen
Der Herrin süßen Namen eingeschrieben
Und auch von ihrem Tode manches Wort.

Nach dieser Seelenqual geschah es zu jener Zeit, in der viel
Volk jenes benedeite Bild zu schauen geht, welches uns Jesus
Christus hinterlassen hat als ein Abbild seines herrlichsten
Antlitzes, das meine Herrin in ihrer Verklärung schaut, daß
einige Pilger durch eine Straße kamen, die fast in der Mitte der
Stadt liegt, in der die holdseligste Herrin geboren ward, lebte
und starb. Und sie gingen, wie mir wenigstens schien, gar
gedankenvoll einher. Da mußte ich über sie denken und sprach
zu mir selbst: ›Diese Pilger scheinen mir aus gar fernen Lan-
den, und ich glaube nicht, daß sie von diesem Weibe auch nur
reden gehört, sie wissen gar nichts von ihr, und ihre Gedanken
sind wohl bei anderen Dingen als bei dieser hier; denn sie den-
ken vielleicht an ihre fernen Freunde, die wir nicht kennen.‹
Dann sagte ich zu mir selbst: ›Ich weiß, wenn die aus einem
Lande in der Nähe wären, so würden sie durch irgend etwas in
ihrem Aussehen ihre Betrübnis zeigen, wenn sie mitten durch
die leidvolle Stadt gehen.‹ Dann sagte ich zu mir selber: ›Wenn
ich sie nur ein wenig anhalten könnte, ich würde sie sicherlich
weinen machen, ehe sie diese Stadt verließen, denn ich würde
ihnen Dinge sagen, die wohl keiner, ohne zu weinen, hören
könnte.‹ Als jene hierauf mir aus dem Gesichte geschwunden
waren, beschloß ich, ein Sonett zu verfassen, in welchem ich
das kundtun wollte, was ich zu mir selbst gesprochen hatte,
und damit es wehmütiger erscheinen möchte, beschloß ich,
es so einzurichten, als ob ich zu ihnen gesprochen hätte, und
ich verfaßte das Sonett, das mit den Worten: ›Ihr Pilger‹ be-
ginnt. Ich sagte ›Pilger‹ nach dem weiten Sinne des Wortes;
denn das Wort ›Pilger‹ läßt sich in zwiefacher Weise verstehen,
in einer weiteren und in einer engen. Im weiten Sinne, inso-
fern jeder ein Pilger ist, der sich außerhalb seines Vaterlandes
befindet; im engen meinet man unter einem Pilger nur den, der
zum Hause von St. Jacob zieht oder davon wiederkehrt. Es ist

LA VITA NUOVA

là onde molte volte recano la palma; chiamansi peregrini in quanto vanno a la casa di Galizia, però che la sepultura di sa' Iacopo fue più lontana de la sua patria che d'alcuno altro apostolo; chiamansi romei in quanto vanno a Roma, là ove questi cu' io chiamo peregrini andavano.

Questo sonetto non divido, però che assai lo manifesta la sua ragione.

> Deh peregrini che pensosi andate,
> forse di cosa che non v' è presente,
> venite voi da sì lontana gente,
> com'a la vista voi ne dimostrate,
> che non piangete quando voi passate
> per lo suo mezzo la città dolente,
> come quelle persone che neente
> par che 'ntendesser la sua gravitate?
>
> Se voi restate per volerlo audire,
> certo lo cor de' sospiri mi dice
> che lagrimando n'uscirete pui.
> Ell' ha perduta la sua Beatrice;
> e le parole ch'om di lei pò dire
> hanno vertù di far piangere altrui.

Poi mandaro due donne gentili a me pregando che io mandasse loro di queste mie parole rimate; onde io, pensando la loro nobilitade, propuosi di mandare loro e di fare una cosa nuova, la quale io mandasse a loro con esse, acciò che più onorevolemente adempiesse li loro prieghi. E dissi allora uno sonetto, lo quale narra del mio stato, e manda'lo a loro co lo precedente sonetto accompagnato, e con un altro che comincia: *Venite a intender*.

Lo sonetto lo quale io feci allora, comincia: *Oltre la spera*; lo quale ha in sè cinque parti. Ne la prima dico ove va lo mio pensero, nominandolo per lo nome d'alcuno suo effetto. Ne la seconda dico per che va là suso, cioè chi lo fa

DAS NEUE LEBEN

nämlich zu wissen, daß die Leute, die im Dienste des Höchsten wallen, in dreierlei Weise gehörig benannt werden: man nennt sie ›Palmfahrer‹, wenn sie übers Meer ziehen, dahin, von wo viele den Palmzweig mitbringen; man nennt sie ›Pilger‹, wenn sie zum Gotteshause in Galizia ziehen, da das Grab St. Jacobs weiter entfernt war von seinem Vaterlande als das irgendeines anderen Apostels; man nennt sie ›Rompilger‹, wenn sie nach Rom ziehen, wohin auch diese, die ich Pilger nenne, zogen.

Dieses Sonett wird nicht eingeteilt, darum, weil das dazu Gesagte es offenbar genug macht.

> Ihr Pilger, die ihr geht in tiefem Sinnen,
> Vielleicht um Dinge, die uns nicht bekannt,
> Liegt eure Heimat wohl so weit von hinnen?
> Euer Aussehn zeigt, ihr seid aus fremdem Land.
> Wie kommt es, daß ihr schreitet und nicht weinet
> Inmitten dieser trauervollen Stadt?
> Ihr habt wohl nichts vernommen, wie mir scheinet,
> Vom Unheil, welches sie betroffen hat.
>
> Wollt ihr nicht stehen bleiben und es hören?
> Ach, wohl in Seufzern sagt es mir das Herz:
> Ihr werdet weinend dann von hinnen kehren!
> Um ihre Beatrice muß sie klagen,
> Die sie verlor: o höret von ihr sagen,
> Dann zieht auch ihr in Tränen und in Schmerz!

Darauf sandten zwei edle Frauen zu mir und ließen mich bitten, daß ich ihnen etwelche von diesen meinen Gedichten senden möchte. Und da ich ihren adeligen Stand bedachte, beschloß ich, sie ihnen zu senden und auch etwas Neues zu machen, was ich mit denselben schicken könnte, damit ich ihre Bitten in einer noch ehrenvolleren Weise erfüllte. Und ich verfaßte darauf ein Sonett, das meinen Zustand schilderte, und sandte es ihnen mitsamt dem vorhergehenden Sonett und mit einem anderen, das mit den Worten: ›O kommt und höret‹ beginnt.

Das Sonett, welches ich damals verfaßte, beginnt: ›Empor zur Sphäre‹. Dieses umschließet fünf Teile: im ersten sage ich, wohin mein Gedanke geht, und zwar bezeichne ich ihn durch eine seiner Wirkungen; im zweiten sage ich, wieso er dort

LA VITA NUOVA

così andare. Ne la terza dico quello che vide, cioè una
donna onorata là suso; e chiamolo allora «spirito pere-
grino», acciò che spiritualmente va là suso, e sì come pere-
grino lo quale è fuori de la sua patria, vi stae. Ne la quarta
dico come elli la vede tale, cioè in tale qualitade, che io no
lo posso intendere, cioè a dire che lo mio pensero sale ne
la qualitade di costei in grado che lo mio intelletto no lo
puote comprendere; con ciò sia cosa che lo nostro intelletto
s'abbia a quelle benedette anime sì come l'occhio debole a
lo sole: e ciò dice lo Filosofo nel secondo de la Metafisica.
Ne la quinta dico che, avvegna che io non possa intendere
là ove lo pensero mi trae, cioè a la sua mirabile qualitade,
almeno intendo questo, cioè che tutto è lo cotale pensare
de la mia donna, però ch' io sento lo suo nome spesso nel
mio pensero: e nel fine di questa quinta parte dico «donne
mie care», a dare ad intendere che sono donne coloro a cui
io parlo. La seconda parte comincia quivi: *intelligenza nova*;
la terza quivi: *Quand'elli è giunto*; la quarta quivi: *Vedela tal*;
la quinta quivi: *So io che parla*. Potrebbesi più sottilmente
ancora dividere, e più sottilmente fare intendere; ma puo-
tesi passare con questa divisa, e però non m'intrametto di
più dividerlo.

Oltre la spera che più larga gira
passa 'l sospiro ch'esce del mio core:
intelligenza nova, che l'Amore
piangendo mette in lui, pur su lo tira.
Quand'elli è giunto là dove disira,
vede una donna, che riceve onore,
e luce sì, che per lo suo splendore
lo peregrino spirito la mira.

Vedela tal, che quando 'l mi ridice,
io no lo intendo, sì parla sottile
al cor dolente, che lo fa parlare.
So io che parla di quella gentile,

hinaufgeht, und wer ihn so gehen heißt; im dritten sage ich, was er siehet, nämlich eine ehrenreiche Frau dort oben. Und ich nenne ihn hier einen pilgernden Geist, weil er geistig dort hinauf gelangt, und wie ein Pilger dort weilet, der sich außerhalb seines Vaterlandes befindet; im vierten Teile sage ich, daß er sie so sieht, das heißt so beschaffen, daß ich es nicht verstehen kann; das will sagen, daß mein Gedanke sich bei ihres Wesens Beschaffenheit zu einer Höhe erhebt, die mein Verstand nicht mehr fassen kann. Denn unser Verstand verhält sich zu jenen seligen Geistern, wie unser schwaches Auge sich zur Sonne verhält; und dies sagt der Philosoph im zweiten Buche der Metaphysik. Im fünften sage ich, daß, obgleich ich dort nichts mehr zu schauen imstande bin, wohin mein Gedanke mich reißt, nämlich bis zu ihrer wundersamen Wesensbeschaffenheit, ich doch wenigstens das verstehe, daß dies ein Gedanke an meine Herrin ist, weil ich ihren Namen darin oft vernehme; und am Schluß dieses fünften Teiles sage ich ›ihr lieben Frauen‹, um zu verstehen zu geben, daß diejenigen Frauen sind, zu denen ich spreche. Der zweite Teil beginnt bei den Worten: ›Wundersame Kraft‹, der dritte bei: ›Und angelangt‹, der vierte bei: ›In solchen Strahlen‹, der fünfte bei: ›Doch weiß ich wohl‹. Man könnte das Gedicht noch subtiler einteilen und noch verständlicher machen, aber es genügt wohl auch diese Einteilung, und darum gedenke ich nicht, es noch schärfer einzuteilen.

> Empor zur Sphäre, die am größten kreiset,
> Und über sie hinaus noch ist gedrungen
> Des Herzens Seufzer: – wundersame Kraft,
> Welche die Liebe weinend ihm verschafft,
> Ist's, die den Pfad ihm durch den Himmel weiset,
> Durch die er sich so hoch hinaufgeschwungen.
> Und angelangt in jenen sel'gen Auen
> Sah er ein Weib im hellen Sternenkranze,
> Die so viel Ehr' und so viel Licht empfangen,
> Daß sie bewundernd schaut in ihrem Glanze
> Der Geist, der pilgernd konnt' emporgelangen.

> In solchen Strahlen durfte er sie schauen,
> Daß, wenn ihn Herz und Liebe reden hießen,
> Ich nicht sein wundersames Wort verstand;
> Doch weiß ich wohl, er spricht von jener Süßen,

LA VITA NUOVA

però che spesso ricorda Beatrice,
sì ch' io lo 'ntendo ben, donne mie care.

Appresso questo sonetto apparve a me una mirabile visione, ne la quale io vidi cose che mi fecero proporre di non dire più di questa benedetta infino a tanto che io potesse più degnamente trattare di lei. E di venire a ciò io studio quanto posso, sì com'ella sae veracemente. Sì che, se piacere sarà di colui a cui tutte le cose vivono, che la mia vita duri per alquanti anni, io spero di dicer di lei quello che mai non fue detto d'alcuna. E poi piaccia a colui che è sire de la cortesia, che la mia anima se ne possa gire a vedere la gloria de la sua donna, cioè di quella benedetta Beatrice, la quale gloriosamente mira ne la faccia di colui *qui est per omnia saecula benedictus*.

DAS NEUE LEBEN

Denn oft hat Beatricen er genannt,
Und so versteh ich's gut, ihr lieben Frauen.

Nach diesem Sonett erschien mir eine wunderbare Vision, in welcher ich Dinge sah, die mich zu dem Entschlusse bewogen, nun nichts weiter von dieser Benedeiten zu sagen, bis ich nicht in würdigerer Weise über sie sprechen könnte. Und dahin zu gelangen, strebe ich, soviel ich kann, wie sie es auch wahrhaftig weiß. Und so, wenn es Dem, durch Den alle Dinge leben, gefallen wird, daß mein Leben noch durch einige Jahre andauere, hoffe ich, von ihr in einer Weise zu sprechen, wie noch von keiner je gesprochen worden. Und dann möge es Dem, der da Herr aller Huld und Gnade ist, gefallen, daß meine Seele dahingehen könne, die Herrlichkeit ihrer Herrin zu schauen, jener benedeiten Beatrice, die da verklärt das Antlitz Dessen schaut: *qui est per omnia saecula benedictus.*

LA DIVINA COMMEDIA

DIE GÖTTLICHE KOMÖDIE

INFERNO

DIE HÖLLE

CANTO PRIMO

Nel mezzo del cammin di nostra vita
mi ritrovai per una selva oscura,
chè la diritta via era smarrita.   1

E quanto a dir qual era è cosa dura
esta selva selvaggia e aspra e forte
che nel pensier rinnova la paura!   4

Tant' è amara, che poco è più morte;
ma per trattar del ben ch'io vi trovai,
dirò dell'altre cose ch'io v'ho scorte.   7

I' non so ben ridir com' io v'entrai,
tanto era pien di sonno in su quel punto
che la verace via abbandonai;   10

ma poi ch'io fui al piè d'un colle giunto,
là dove terminava quella valle
che m'avea di paura il cor compunto,   13

guardai in alto, e vidi le sue spalle
vestite già de' raggi del pianeta
che mena dritto altrui per ogni calle.   16

Allor fu la paura un poco queta
che nel lago del cor m'era durata
la notte ch'io passai con tanta pièta.   19

E come quei che con lena affannata
uscito fuor del pelago alla riva,
si volge all'acqua perigliosa e guata;   22

così l'animo mio, ch'ancor fuggiva,
si volse a retro a rimirar lo passo
che non lasciò giammai persona viva.   25

Poi ch'èi posato un poco il corpo lasso,
ripresi via per la piaggia diserta,
sì che 'l piè fermo sempre era il più basso.   28

Ed ecco, quasi al cominciar dell'erta,
una lonza leggiera e presta molto,
che di pel maculato era coverta;   31

e non mi si partìa d'innanzi al volto,
anzi impediva tanto il mio cammino,
ch'io fui per ritornar più volte vòlto.   34

63

ERSTER GESANG

Ich fand mich, grad in unseres Lebens Mitte,
In einem finstern Wald zurück, verschlagen,
Weil ich vom rechten Pfad gelenkt die Schritte.

Ha! wie er ausgesehn ist hart zu sagen,
Der wüste Wald mit wildverwachsenen Strecken,
Daß in Gedanken sich erneut mein Zagen.

So herb ists, herber kann der Tod nicht schmecken.
Doch um vom Heile, das ich dort gefunden,
Zu melden, muß ich anderes erst entdecken.

Wie ich hineinkam, kann ich nicht bekunden,
So tief war ich zur Zeit vom Schlaf benommen,
Als meinem Blick der wahre Weg entschwunden.

Doch nun an eines Hügels Fuß gekommen,
Wo dieses Tal zu seinem Ende gleitet,
Das mir mit Bangen hielt das Herz beklommen,

Blickt ich empor und sah schon hingebreitet
Auf Bergesschultern *den* Planeten prangen,
Der uns auf jedem Wege richtig leitet.

Da war ein wenig gleich die Furcht vergangen,
Die auf des Herzens See mir angedauert
Die Nacht, die ich durchlebt in solchem Bangen.

Und wie, wer atemlos und angstdurchschauert
Dem Meer entrann und nun zurückgebogen
Vom Strande späht zur Flut, die tückisch lauert:

So wandte auch, noch immer fluchtbewogen,
Mein Geist sich rückwärts, auf den Engpaß blickend,
Draus nie ein Wesen lebend heimgezogen.

Nach kurzer Rast, dem müden Leib erquickend,
Erstieg ich neu den Weg am öden Hange,
Zum tiefern Fuß die Last des Leibes schickend.

Und sieh, wo steil beginnt die Felsenwange,
Ein Pardelluchs, mit buntem Fell die Glieder
Bedeckt, geschmeidig und behend im Gange:

Der wich vor meinem Angesicht nicht wieder,
Nein, sperrte mir sogar den Weg nach oben,
Daß mehrmals ich auf Umkehr sann talnieder.

INFERNO · CANTO I

Tempo era dal principio del mattino,
e 'l sol montava in su con quelle stelle
ch'eran con lui quando l'amor divino

mosse di prima quelle cose belle;
sì ch'a bene sperar m'era cagione
di quella fera alla gaietta pelle

l'ora del tempo e la dolce stagione,
ma non sì, che paura non mi desse
la vista che mi apparve d'un leone.

Questi parea che contra me venesse
con la test'alta e con rabbiosa fame,
sì che parea che l'aere ne temesse.

Ed una lupa, che di tutte brame
sembiava carca nella sua magrezza,
e molte genti fe' già viver grame;

questa mi porse tanto di gravezza
con la paura ch'uscìa di sua vista,
ch'io perdei la speranza dell'altezza.

E qual è quei che volentieri acquista,
e giugne il tempo che perder lo face,
che in tutti i suoi pensier piange e s'attrista;

Tal mi fece la bestia senza pace,
che, venendomi incontro, a poco a poco
mi ripingeva là dove il sol tace.

Mentre ch'io ruinava in basso loco,
dinanzi agli occhi mi si fu offerto
chi per lungo silenzio parea fioco.

Quando vidi costui nel gran diserto,
«Miserere di me» gridai a lui,
«qual che tu sii, od ombra od uomo certo!»

Rispuosemi: «Non uomo, uomo già fui;
e li parenti miei furon lombardi
Mantovani per patria ambedui.

Nacqui *sub Julio*, ancor che fosse tardi,
e vissi a Roma sotto il buon Augusto,
al tempo degli dei falsi e bugiardi.

Poeta fui, e cantai di quel giusto
figliuol d'Anchise che venne da Troia,
poi che'l superbo Iliòn fu combusto.

Ma tu perchè ritorni a tanta noia?
perchè non sali il dilettoso monte
ch'è principio e cagion di tutta gioia?»

37

40

43

46

49

52

55

58

61

64

67

70

73

76

DIE HÖLLE · I. GESANG

Die Zeit wars, als der Morgen sich erhoben.   *37*
Die Sonne stieg, vom gleichen Sternenbilde
Umkränzt, als erstmals Gottesliebe droben

Die Welten umschwang durch des Alls Gefilde,   *40*
Sodaß mit neuer Hoffnung mich belebten
Auf Rettung vor dem buntgefleckten Wilde

Frühlicht und Frühling, die mich hold umwebten,   *43*
Doch so nicht, daß die Sinne mir im neuen
Schreckanblick eines Löwen nicht erbebten.

Er schien erhobenen Hauptes mir zu dräuen   *46*
Und sich voll Hungers wider mich zu rüsten,
Daß selbst die Luft sich schien vor ihm zu scheuen.

Und eine Wölfin, die von allen Lüsten   *49*
Mir trächtig schien trotz ihren dürren Weichen,
Alsob durch sie schon viel sich grämen müßten,

Die machte also meinen Mut erbleichen   *52*
Durch ihren Blick, drob ich vor Furcht erschauert,
Daß ich die Höh nicht hoffte zu erreichen.

Und jenem gleich, der gern Gewinn erlauert   *55*
Und, kommt die Zeit, wo sich Verluste zeigen,
Was auch sein Denken ist, er weint und trauert:

So schuf das Tier mich, dem kein Friede eigen,   *58*
Indem sichs schrittweis nähernd mich im Grimme
Zurücktrieb, wo die Sonnenstrahlen schweigen.

Indes ich fliehend noch bergabwärts klimme,   *61*
Auftauchte da vor meinem Blicke einer,
Der vor Erschöpfung scheinbar ohne Stimme.

»Wer du auch seist«, begann ich, als ich seiner   *64*
Ansichtig ward in solcher wüsten Heide,
»Ob Schatten oder Mensch, erbarm dich meiner!« –

»Nicht Mensch; Mensch war ich«, gab er zum Bescheide,   *67*
»Und meine Eltern einst Lombarden waren,
Denn Mantua war Heimatstadt für beide.

Gezeugt, zwar spät, sub Julio dem Cäsaren,   *70*
Lebt ich in Rom zur Zeit Augusts des Guten,
Als Lügengötter Ehrfurcht noch erfahren.

Ich war Poet und sang den frommgemuten   *73*
Anchisessohn, der Troja mußte meiden,
Als Ilions Pracht versank in Staub und Gluten.

Doch warum kehrst du um zu solchen Leiden?   *76*
Warum nicht willst du auf dem Berg der Wonnen,
Der Heimstatt aller Seligkeit, dich weiden?« –

INFERNO · CANTO I

«Or se' tu quel Virgilio e quella fonte   79
che spandi di parlar sì largo fiume?»
rispuos' io lui con vergognosa fronte.

«O degli altri poeti onore e lume,   82
vagliami il lungo studio e 'l grande amore
che m' ha fatto cercar lo tuo volume.

Tu se' lo mio maestro e il mio autore;   85
tu se' solo colui da cui io tolsi
lo bello stilo che m'ha fatto onore.

Vedi la bestia per cui io mi volsi: 88
aiutami da lei, famoso saggio,
ch'ella mi fa tremar le vene e i polsi.»

«A te convien tenere altro viaggio»   91
rispuose poi che lagrimar mi vide,
«se vuoi campar d' esto loco selvaggio;

chè questa bestia, per la qual tu gride,   94
non lascia altrui passar per la sua via,
ma tanto lo impedisce che l' uccide,

e ha natura sì malvagia e ria,   97
che mai non empie la bramosa voglia,
e dopo il pasto ha più fame che pria.

Molti son gli animali a cui si ammoglia,   100
e più saranno ancora, infin che il Veltro
verrà, che la farà morir con doglia.

Questi non ciberà terra nè peltro,   103
ma sapienza, amore e virtute,
e sua nazion sarà tra Feltro e Feltro.

Di quell' umile Italia fia salute,   106
per cui morì la vergine Cammilla,
Eurialo e Turno e Niso di ferute.

Questi la caccerà per ogni villa,   109
fin che l'avrà rimessa nello Inferno,
là onde invidia prima dipartilla.

Ond' io per lo tuo me' penso e discerno   112
che tu mi segui, ed io sarò tua guida,
e trarrotti di qui per loco eterno;

ove udirai le disperate strida,   115
vedrai gli antichi spiriti dolenti,
che la seconda morte ciascun grida;

e vederai color che son contenti   118
nel fuoco, perchè speran di venire
quando che sia alle beate genti.

DIE HÖLLE · I. GESANG

»So bist du denn Vergil, bist jener Bronnen,   *79*
Dem reich des Wohllauts voller Strom entflossen?«
Sprach ich zu ihm, die Stirn von Scham umronnen.

»Du Licht und Ehre der Apollgenossen,   *82*
Gib, daß mir zur Empfehlung nun gedeihe
Inbrunst und Fleiß, die mir dein Werk erschlossen.

Vorbild und Meister, dank ich deiner Weihe   *85*
Doch nur den schönen Stil, der mir verliehen,
Drob man ein wenig Ruhm mir prophezeie.

Sieh dort das Tier, davor ich im Entfliehen.   *88*
Hilf mir, ruhmvoller Weiser, ihm entrinnen;
Durch Puls und Adern läßt mirs Schauder ziehen.« –

»Auf einem andern Weg mußt du vonhinnen«,   *91*
Sprach er zu mir, den Tränen ganz bezwungen,
»Um aus der Wüste Rettung zu gewinnen.

Denn dieses Tier, das dich mit Furcht durchdrungen,   *94*
Läßt keinen fahrlos wandeln seine Straße,
Nein, hemmt solang ihn, bis es ihn verschlungen.

Voll Trug und Tücke steckts in solchem Maße,   *97*
Daß seine Lüste unersättigt bleiben,
Und stärker hungerts nach als vor dem Fraße.

Viel Tiere sinds, die sich mit ihm beweiben,   *100*
Und mehr noch folgen, und solang wirds währen
Bis es der Jagdhund wird zum Qualtod treiben.

Der wird sich nicht von Erz noch Erde nähren,   *103*
Doch Weisheit, Liebe, Tugend wird ihm munden;
Ein Zelt aus schlichtem Filz wird ihn gebären.

Italien wird durch ihn der Schmach entbunden,   *106*
Drob Turnus und Kamilla einst erlagen,
Euryalus und Nisus ihren Wunden.

Er wird das Tier durch alle Städte jagen   *109*
Bis ers zurückscheucht in die Höllenschlünde,
Daraus der Urneid es ans Licht getragen.

Drum denk ich, daß es besser um dich stünde,   *112*
Wenn du mir folgst, daß ich dir Rettung leihe,
Von hier dich führend durch die ewigen Gründe.

Dort wirst du hören der Verzweiflung Schreie,   *115*
Der Vorwelt Geister schauen, die jammernd flehen,
Daß sie ein zweiter Tod von Schmerz befreie.

Wirst andre dann in Feuersgluten sehen   *118*
Und dennoch froh, weil sie der Hoffnung leben,
Wie spät es sei, zur Seligkeit zu gehen.

INFERNO · CANTO I

Alle qua' poi se tu vorrai salire,   121
anima fia a ciò più di me degna:
con lei ti lascerò nel mio partire;

chè quello imperador che lassù regna,   124
perch'io fui ribellante alla sua legge,
non vuol che 'n sua città per me si vegna.

In tutte parti impera e quivi regge;   127
quivi è la sua città e l' alto seggio:
oh felice colui cui ivi elegge!»

Ed io a lui: «Poeta, io ti richeggio   130
per quello Dio che tu non conoscesti,
acciò ch'io fugga questo male e peggio,

che tu mi meni là dov' or dicesti,   133
sì ch'io veggia la porta di san Pietro,
e color che tu fai cotanto mesti.»

Allor si mosse, ed io gli tenni retro.   136

DIE HÖLLE · I. GESANG

Willst du zu diesen dich alsdann erheben,   *121*
Kommt eine Seele, würdiger im Preise;
Der werd ich dich beim Abschied übergeben.

Denn der als Kaiser herrscht im Himmelskreise   *124*
Will nicht, weil widerstrebt ich seinen Worten,
Daß irgendwen zu seiner Stadt ich weise.

Er herrscht im Weltall, doch regiert nur dorten,   *127*
Wo über seiner Stadt sein Thron zu sehen:
O selig, dem sich auftun ihre Pforten!«

Und ich zu ihm: »Poet, laß dich erflehen   *130*
Bei jenem Gotte, dem du fremd verbliebest.
Um diesem Weh und Schlimmerem zu entgehen,

Bring mich, wie du zu sagen jetzt beliebest,   *133*
Hin wo Sanktpeters Pforten mir erscheinen
Und sie, die als so traurig du beschriebest.«

Drauf ging er und mein Fuß folgte dem seinen.   *136*

CANTO SECONDO

Lo giorno se n'andava e l'aere bruno   *1*
toglieva gli animai che sono in terra
dalle fatiche loro; ed io sol uno

m'apparecchiava a sostener la guerra   *4*
sì del cammino e sì della pietate,
che ritrarrà la mente che non erra.

O Muse, o alto ingegno, or m'aiutate;   *7*
o mente che scrivesti ciò ch'io cidi,
qui si parrà la tua nobilitate.

Io cominciai: «Poeta che mi guidi,   *10*
guarda la mia virtù s'ella è possente,
prima ch' all' alto passo tu mi fidi.

Tu dici che di Silvio il parente   *13*
corruttibile ancora ad immortale
secolo andò, e fu sensibilmente.

Però se l'avversario d'ogni male   *16*
cortese i fu, pensando l' alto effetto
ch' uscir dovea di lui e il chi e il quale,

non pare indegno ad uomo d'intelletto;   *19*
ch' ei fu dell' alma Roma e di suo impero
nell' empireo ciel per padre eletto:

la quale e il quale, a voler dir lo vero,   *22*
fur stabiliti per lo loco santo
u' siede il successor del maggior Piero.

Per quest' andata onde gli dai tu vanto,   *25*
intese cose che furon cagione
di sua vittoria e del papale ammanto.

Andovvi poi lo *Vas* d' elezïone,   *28*
per recarne conforto a quella fede
ch' è principio alla via di salvazione,

Ma io, per che venirvi? o chi 'l concede?   *31*
Io non Enea, io non Paulo sono:
me degno a ciò nè io nè altri crede.

Per che, se del venire io m' abbandono,   *34*
temo che la venuta non sia folle:
se' savio; intendi me' ch' i' non ragiono.»

E quale è quei che disvuol ciò che volle   *37*
e per nuovi pensier cangia proposta,
sì che dal cominciar tutto si tolle,

67

ZWEITER GESANG

Der Tag entwich, und Nacht mit dunkelm Scheine
Nahm ab den Wesen, die auf Erden leben,
All ihre Mühsal; und ich ganz alleine
 Hielt mich bereit, den Wettkampf anzuheben,
Um Wegesmüh und Mitleid zu erproben,
Davon Erinnerung treues Bild soll geben.
 O Musen, helft, und hoher Geist dortoben!
Gedächtnis, das du schriebst, was ich gesehen,
Hier zeige, wie dein Adelsinn zu loben!
 Und so begann ich: »Dichter, eh wir gehen,
Prüf meine Kraft, ob sie dazu wird langen,
Wenn du mich lässest schweren Weg bestehen.
 Du sagst, des Silvius Vater sei gegangen,
Obwohl er noch hinfällig Fleisch gewesen,
Zur ewigen Welt hinab, vom Leib umfangen.
 Doch ließ des Bösen Feind ihn des genesen
In Gnaden, eingedenk der hohen Taten,
Dazu nach Art und Wirkung er erlesen,
 So billigts jeder, den Vernunft beraten:
Sein Anspruch darf sich auf den Himmel gründen
Als Vater Roms und Stifter seiner Staaten.
 Denn beides war doch, will man Wahrheit künden,
Vorausbestimmt zum Heilsort, daß die Throne
Dort für des größeren Petri Erben stünden.
 Ihm gab die Wandrung, die du rühmst, zum Lohne
Erkenntnis hoher Dinge; *sie* errangen
Den Sieg ihm und nachher die Papsteskrone.
 Auch durfte das Gefäß dahingelangen,
Das auserwählt zur Stärkung für den Glauben,
Aus dem von je der Heilsweg angefangen.
 Doch ich, warum denn ich? Wer wirds erlauben?
Ich bin Äneas nicht noch Paulus; keiner,
Ich gar nicht, darf so hoch den Anspruch schrauben.
 Und wag ichs dennoch, fürcht ich, daß man meiner
Törichten Wandrung lache; dieses Bangen
Verstehst du Weiser eher, als sonst einer.«
 Und jenem gleich, der aufgibt sein Verlangen
Und neuem Plan zulieb verfällt ins Schwanken,
Bis gänzlich er verzichtet anzufangen:

INFERNO · CANTO II

tal mi fec' io in quella oscura costa; 40
perchè, pensando, consumai la impresa
che fu nel cominciar cotanto tosta.

«Se io ho ben la tua parola intesa» 43
rispuose del magnanimo quell' ombra,
«l' anima tua è da viltate offesa,

la qual molte fïate l' uomo ingombra, 46
sì che d' onrata impresa lo rivolve,
come falso veder bestia quand' ombra.

Da questa tema acciò che tu ti solve, 49
dirotti perch' io venni e quel che intesi
nel primo punto che di te mi dolve.

Io era tra color che son sospesi, 52
e donna mi chiamò beata e bella,
tal che di comandar io la richiesi.

Lucevan gli occhi suoi più che la stella; 55
e cominciommi a dir soave e piana,
con angelica voce, in sua favella:

‹O anima cortese mantovana, 58
di cui la fama ancor nel mondo dura,
e durerà quanto il mondo lontana,

l'amico mio, e non della ventura, 61
nella diserta piaggia è impedito
sì nel cammin, che volto è per paura;

e temo che non sia già sì smarrito, 64
ch' io mi sia tardi al soccorso levata,
per quel ch' i' ho di lui nel cielo udito.

Or muovi, e con la tua parola ornata, 67
e con ciò ch' ha mestieri al suo campare,
l' aiuta sì ch'io ne sia consolata.

Io son Beatrice che ti faccio andare: 70
vegno del loco ove tornar disio:
amor mi mosse, che mi fa parlare.

Quando sarò dinanzi al Signor mio, 73
di te mi loderò sovente a lui.›
Tacette allora, e poi comincia' io:

‹O donna di virtù, sola per cui 76
l' umana spezie eccede ogni contento
da quel ciel che ha minor li cerchi sui,

tanto m'aggrada il tuo comandamento, 79
che l' ubbidir, se già fosse, m' è tardi;
più non t' è uo' ch'aprirmi il tuo talento.

DIE HÖLLE · II. GESANG

So ich. Grübelnd verzehrten die Gedanken   40
Im dunkeln Tal den Plan, der erst mich freute,
Den ich ergriff im Anfang ohne Wanken.

»Wenn ich mir deine Worte richtig deute«,   43
Ließ des Erhabenen Schatten sich vernehmen,
»Ist deine Seele jener Feigheit Beute,

Der oft sich schwache Menschen anbequemen,   46
Bis sie sie schreckt vom ehrenvollsten Wege,
Alsob ein Tier sich scheut vor einem Schemen.

Vernimm, damit sich diese Furcht dir lege,   49
Warum ich kam und was ich hörte eben,
Als Mitleid mir mit dir zuerst ward rege.

Bei denen war ich, die im Zweifel schweben,   52
Da rief ein selig Weib mich, schön zu schauen,
Daß ich sie bat, Befehle mir zu geben.

Ihr Auge schien ein Stern in Himmelsauen,   55
Und sie begann zu reden sanft und leise,
Wie man es hört von Engelslippen tauen:

›O Mantuanergeist, zu dessen Preise   58
Der Ruhm auf Erden niemals Schweigen kannte,
Noch schweigen wird, solang die Welt nur kreise,

Mein Freund, den nie Fortuna Freund benannte,   61
An wüster Felswand irrt der Furchtverstörte
Vom Wege ab, weil er sich rückwärtswandte.

Auch fürcht ich, ging so irr schon der Betörte,   64
Daß ich zu spät erschien im Helferdrange
Nach dem, was ich im Himmel von ihm hörte.

Nun eile, und mit deiner Worte Klange   67
Und allem, was ihn sicher läßt entrinnen,
Sei ihm solch Helfer, daß ich Trost erlange!

Ich, Beatrice, sende dich vonhinnen,   70
Ich komm daher, wohin ich wieder strebe:
Aus mir spricht Liebe, sie lenkt mein Beginnen.

Wenn ich vor meinem Herrn erst wieder schwebe,   73
Will ich dich oft ihm nennen, dir zum Preise.‹
Sie schwieg nunmehr, worauf ich Antwort gebe:

›O Weib, an Tugend reich, die einzigerweise   76
Die Menschheit läßt ob allem Inhalt ragen
Des Himmels, der sich dreht im engsten Kreise,

Es schafft mir dein Befehl soviel Behagen,   79
Daß Raschgehorchen Säumnis noch zu nennen.
Du brauchst den Wunsch nicht dringlicher zu sagen.

INFERNO · CANTO II

Ma dimmi la cagion che non ti guardi   82
dello scender quaggiuso in questo centro
dall' ampio loco ove tornar tu ardi.›
    ‹Da che tu vuoi saper cotanto addentro,   85
dirotti brevemente› mi rispuose,
‹perch'io non temo di venir qua entro.
    Temer si dee di sole quelle cose   88
c'hanno potenza di fare altrui male;
dell' altre no, che non son paurose.
    Io son fatta da Dio, sua mercè, tale,   91
che la vostra miseria non mi tange,
nè fiamma d' esto incendio non m' assale.
    Donna è gentil nel ciel, che si compiange   94
di questo impedimento ov' io ti mando,
sì che duro giudicio lassù frange.›
    Questa chiese Lucia in suo dimando   97
e disse: «Or ha bisogno il tuo fedele
di te, ed io a te lo raccomando.»
    Lucia, nimica di ciascun crudele,   100
si mosse, e venne al loco dov' io era,
che mi sedea con l' antica Rachele.
    Disse: «Beatrice, loda di Dio vera,   103
chè non soccorri quei che t' amò tanto,
ch' uscìo per te della volgare schiera?
    Non odi tu la pièta del suo pianto?   106
non vedi tu la morte che il combatte
su la fiumana ove il mar non ha vanto?»
    Al mondo non fur mai persone ratte   109
a far lor pro nè a fuggir lor danno,
com' io dopo cotai parole fatte:
    «venni quaggiù del mio beato scanno,   112
fidandomi nel tuo parlare onesto,
che onora te e quei che udito l' hanno,
    Poscia che m' ebbe ragionato questo,   115
gli occhi lucenti lagrimando volse;
per che mi fece del venir più presto;
    e venni a te così com' ella volse;   118
d'innanzi a quella fiera ti levai
che del bel monte il corto andar ti tolse.
    Dunque che è? perchè, perchè ristai?   121
perchè tanta viltà nel core allette?
perchè ardire e franchezza non hai,

69

DIE HÖLLE · II. GESANG

Doch warum scheinst du keine Furcht zu kennen   82
Und bist hierher zum Mittelpunkt gestiegen,
Wenn Heimweh dich schon wieder ließ entbrennen?‹ –
›Weil gar soviel dir scheint daran zu liegen‹,   85
Sprach sie, ›vernimm in Kürze denn, weswegen
Der Herweg mir nicht ließ den Mut versiegen.

Furcht soll man nur vor solchen Dingen hegen,   88
Die mit der Macht begabt sind, uns zu schaden;
Vor andern nicht, weil Furcht sie nicht erregen.

Geartet bin ich so von Gottes Gnaden,   91
Daß eure Erdennot mich nie beschleiche,
Noch mich verletze dieser Brand und Schwaden.

Es klagt ein edles Weib im Himmelreiche   94
Der Hemmung halb, dahin ich dich nun schicke,
Daß droben sie den harten Spruch erweiche.

Die rief Lucien an im Augenblicke: 97
»Soll ferner noch dein Treuer auf dich halten,
Nimm sein dich an, daß Rettung ihn erquicke.«

Lucia, feindlich allem rauhen Walten,   100
Erhob sich schnell, daß sie am Ort erscheine,
Allwo ich neben Rahel saß, der alten,

Sprach: »Beatrice, Gottgelobte, Reine,   103
Was hilfst du diesem nicht, der dir zuliebe
Den Schwarm des Pöbels mied und das Gemeine,

Also dein Ohr taub seinem Wehruf bliebe?   106
Sahst du nicht, wie er mit dem Tod gerungen
In Wogen, wie kein Meer sie wilder triebe?«

Nie schneller ist ein Erdenmensch gesprungen,   109
Mag Glück ihm oder Flucht vor Unheil frommen,
Als ich – da mir ans Ohr solch Wort geklungen –

Herab von meinem seligen Sitz gekommen,   112
Vertrauend deiner edeln Rede gerne,
Die dich und jeden ehrt, der sie vernommen.‹

Sie sprachs, worauf sie ihrer Augen Sterne,   115
In Tränen schimmernd, wieder von mir kehrte,
Daß michs nur schneller hertrieb aus der Ferne.

Und so kam ich zu dir, wie sie begehrte,   118
Entriß dem Untier dich, das dir zum Hügel,
Dem herrlichen, den kurzen Weg verwehrte.

Und nun? Warum, warum hält dich ein Zügel?   121
Warum im Herzen nährst du feiges Grauen?
Warum sinkt dir gelähmt der Tatkraft Flügel,

69

INFERNO · CANTO II

poscia che tai tre donne benedette 124
curan di te nella corte del cielo,
e il mio parlar tanto ben t'impromette?»

Quali i fioretti, dal notturno gelo 127
chinati e chiusi, poi che il sol gl' imbianca,
si drizzan tutti aperti in loro stelo,

tal mi fec' io di mia virtute stanca; 130
e tanto buono ardire al cor mi corse,
ch'io cominciai come persona franca:

«Oh pietosa colei che mi soccorse! 133
e te cortese che ubbidisti tosto
alle vere parole che ti porse!

Tu m'hai con desiderio il cor disposto 136
sì al venir con le parole tue,
ch'io son tornato nel primo proposto.

Or va, che un sol volere è d' ambedue: 139
tu duca, tu signore e tu maestro.»
Così gli dissi; e poi che mosso fue,

entrai per lo cammino alto e silvestro. 142

DIE HÖLLE · II. GESANG

Wo doch drei hochgebenedeite Frauen   124
Im Hof des Himmels Sorge für dich zeigen,
Und solch ein Heil mein Wort dich läßt erschauen?«
  Wie sich die Blümlein schließen und sich neigen   127
Im Nachtfrost, aber scheint die Sonne heiter,
Am Stengel offenen Kelches lichtwärts steigen,
  So hob mein welker Mut sich tat-bereiter,   130
Und so in Eifers Glut mein Herz entbrannte,
Daß ich begann wie ein Albdruckbefreiter:
  »O wie voll Mitleid sie, die Hilfe sandte!   133
Und huldreich du, der eilig nachgekommen
Den Wahrheitsworten, die an dich sie wandte!
  Es fühlt mein Herz, von deinem Wort entglommen,   136
Nach diesem Gange Sehnsucht, frei von Bangen,
Daß ich den ersten Plan neu aufgenommen.
  Nun geh, uns beide spornt ein gleich Verlangen: 139
Du Meister, du Gebieter und du Leiter.«
So sprach ich; und als er dann vorgegangen,
  Ging ich auch auf dem tiefen Waldweg weiter.   142

CANTO TERZO

Per me si va nella città dolente,   *1*
per me si va nell' eterno dolore,
per me si va tra la perduta gente.

Giustizia mosse il mio alto fattore: *4*
fecemi la divina potestate,
la somma sapienza e il primo amore.

Dinanzi a me non fur cose create   *7*
se non eterne, ed io eterno duro:
lasciate ogni speranza, voi ch' entrate.

Queste parole di colore oscuro   *10*
vid' io scritte al sommo d' una porta;
per ch'io: «Maestro, il senso lor m' è duro».

Ed egli a me, come persona accorta: *13*
«Qui si convien lasciare ogni sospetto;
ogni viltà convien che qui sia morta.

Noi siam venuti al luogo ov' io t' ho detto   *16*
che tu vedrai le genti dolorose
c' hanno perduto il ben dello intelletto.»

E poi che la sua mano alla mia pose   *19*
con lieto volto, ond' io mi confortai,
mi mise dentro alle segrete cose.

Quivi sospiri, pianti ed alti guai   *22*
risonavan per l' aere sanza stelle;
Per ch' io al cominciar ne lagrimai.

Diverse lingue, orribili favelle,   *25*
parole di dolore, accenti d' ira,
voci alte e fioche e suon di man con elle

facevano un tumulto, il qual s' aggira   *28*
sempre in quell' aria senza tempo tinta,
come la rena quando turbo spira.

Ed io, ch' avea d' orror la testa cinta,   *31*
dissi: «Maestro, che è quel ch' i' odo?
e che gent' è che par nel duol sì vinta?»

Ed egli a me: «Questo misero modo   *34*
tengon l' anime triste di coloro
che visser sanza infamia e sanza lode.

Mischiate sono a quel cattivo coro   *37*
degli angeli che non furon ribelli
nè fur fedeli a Dio, ma per sè fuoro.

DRITTER GESANG

Durch mich gehts ein zur Stadt der Schmerzerkornen,　　　　*1*
Durch mich gehts ein zur Qual für Ewigkeiten,
Durch mich gehts ein zum Volke der Verlornen.

Den hohen Schöpfer trieb, mich zu bereiten,　　　　*4*
Gerechtigkeit, Allmacht zu offenbaren,
Allweisheit und Urliebe allerzeiten.

Vor mir war nichts Erschaffenes zu gewahren　　　　*7*
Als Ewiges, und auch ich bin ewiger Dauer.
Laßt, die ihr eingeht, alle Hoffnung fahren!

Die Inschrift zeigte sich an einer Mauer　　　　*10*
Mit dunkler Farbe über einer Pforte.
Drum ich: »O Herr, der Sinn erweckt mir Schauer.«

Da sprach der Wohlerfahrene diese Worte:　　　　*13*
»Hier können Zweifelängste nichtmehr frommen
Und jede Zagheit sterbe gleich am Orte.

Wie ichs verhieß, sind wir zum Ziel gekommen,　　　　*16*
Wo du das schmerzgequälte Volk siehst ringen,
Dem der Erkenntnis höchstes Heil genommen.«

Dann fühlt ich *seine* meine Hand umschlingen.　　　　*19*
Mit heiterm Antlitz, drob ich ganz ihm traute,
Führt er mich ein zu den geheimen Dingen.

Geseufze, Weinen hier und Wehelaute　　　　*22*
Hört ich die sternenlose Luft durchzischen,
Daß drob mein Auge sich zuerst betaute.

Verschiedene Sprachen, grausiges Wortvermischen,　　　　*25*
Des Zornes Schreie, schmerzliches Gestöhne,
Stimmen, kreischend und dumpf, Faustschlag dazwischen,

Schufen ringsum ein ewiges Getöne　　　　*28*
In dieser Luft zeitloser Dämmerungen,
Als tanzte kreiselnd lockerer Sand im Föhne.

Und ich, dem Grausen hielt das Haupt umschlungen,　　　　*31*
Sprach: »Meister, welch ein Lärm wird hier erhoben?
Und wer sind diese, so von Pein bezwungen?«

Und er: »Nach diesen Chören, schmerzgewoben,　　　　*34*
Ziehn hier die trüben Seelen ihren Reigen,
Die ohne Schmach und Ehre lebten droben.

Gesellt sind sie der Rotte jener Feigen,　　　　*37*
Der Engel, die sich weder für noch gegen
Den Herrgott, nein, parteilos wollten zeigen.

INFERNO · CANTO III

Cacciârli i ciel per non esser men belli;   40
nè lo profondo Inferno li riceve,
chè alcuna gloria i rei avrebber d' elli.»

E io: «Maestro, che è tanto greve   43
a lor, che lamentar li fa sì forte?»
Rispuose: «Dicerolti molto breve.

Questi non hanno speranza di morte,   46
e la lor cieca vita è tanto bassa,
che invidiosi son d' ogni altra sorte.

Fama di loro il mondo esser non lassa;   49
misericordia e giustizia li sdegna:
non ragioniam di lor, ma guarda e passa!»

E io, che riguardai, vidi una insegna   52
che girando correva tanto ratta,
che d' ogni posa mi pareva indegna:

e dietro le venìa sì lunga tratta   55
di gente, ch' io non avrei mai creduto
che morte tanta n' avesse disfatta.

Poscia ch' io v' ebbi alcun riconosciuto,   58
vidi e conobbi l' ombra di colui
che fece per viltate il gran rifiuto.

Incontanente intesi, e certo fui,   61
che questa era la setta de' cattivi,
a Dio spiacenti ed a' nemici sui.

Questi sciaurati, che mai non fur vivi,   64
erano ignudi e stimolati molto
da mosconi e da vespe ch' eran ivi.

Elle rigavan lor di sangue il volto,   67
che, mischiato di lagrime, a' lor piedi
da fastidiosi vermi era ricolto.

E poi che a riguardare oltre mi diedi,   70
vidi gente alla riva d' un gran fiume;
per ch' io dissi: «Maestro, or mi concedi

ch' io sappia quali sono e qual costume   73
le fa di trapassar parer sì pronte,
com' io discerno per lo fioco lume.»

Ed egli a me: «Le cose ti fien conte   76
quando noi fermerem li nostri passi
su la trista riviera d' Acheronte.»

Allor con gli occhi vergognosi e bassi,   79
temendo no 'l mio dir gli fosse grave,
infino al fiume di parlar mi trassi.

DIE HÖLLE · III. GESANG

Der Himmel, ungetrübten Glanz zu hegen,　　　　*40*
Trieb sie hinaus, doch nicht zum Höllenschlunde,
Daß sich nicht Sünder brüsten ihretwegen.«

Und ich: »Was, Meister, liegt der Pein zugrunde,　　*43*
Die so sie drückt zu heftigem Schmerzgewimmer?«
Er sprach: »Ich geb mit kurzem Wort dir Kunde.

Des Todes Hoffnung tagt den Bösen nimmer.　　　*46*
Ihr Wandel hier ist solch ein lichtlos-trüber,
Daß ihren Neid kein ander Los dünkt schlimmer.

Nichts dringt von ihrem Ruhm zur Welt hinüber,　*49*
Vergebens Recht und Mitleid sie erflehen.
Kein Wort von ihnen, schau und geh vorüber!«

Und, spähend, konnt ich eine Fahne sehen,　　　*52*
Bereit, sich immerwirbelnd umzuschwingen,
Alsob es sie verdrieße, stillzustehen.

Und so gewaltige Mengen Volkes gingen　　　　*55*
Ihr nach, wie ich vordem es nimmer glaubte,
Daß je der Tod soviele mocht verschlingen.

Als erst der Blick Bekannte mir erlaubte　　　　*58*
Zu sehn, sah ich auch den, der durch Entsagen
Aus Feigheit großen Gutes sich beraubte.

Da ward mirs deutlich, ohne noch zu fragen,　　*61*
Daß hier des Weges jene Memmen strebten,
Die Gott und seinen Feinden mißbehagen.

Die Elenden, die nie in Wahrheit lebten,　　　*64*
Sie waren nackt und peinigend umflogen
Von Mücken- und Wespenschwärmen, die dort webten.

Ihr Antlitz war mit Streifen Bluts durchzogen,　*67*
Die abwärtstropften, untermengt mit Zähren,
Von scheußlichem Geschmeiß dann aufgesogen.

Und als dem Blick ich Umschau ließ gewähren,　*70*
Sah ich an einem großen Strom sich scharen
Viel Volk, und bat: »Herr, wolle mir erklären,

Wer diese sind, die zum Hinüberfahren　　　　*73*
Aus unbekanntem Antrieb so entbrennen,
Soweit ich das im Zwielicht kann gewahren.«

Er gab mir Antwort: »Alles lernst du kennen,　*76*
Wenn uns der Fuß zum düstern Rand getragen
Des Flusses, den sie Acheron benennen.«

Da ließ mich Scham die Augen niederschlagen.　*79*
Befürchtend, daß ihn weiteres Reden störte,
Enthielt ich bis zum Flusse mich der Fragen.

72

INFERNO · CANTO III

Ed ecco verso noi venir per nave
un vecchio, bianco per antico pelo,
gridando: «Guai a voi, anime prave!

Non isperate mai veder lo cielo:
i' vegno per menarvi all' altra riva
nelle tenebre eterne, in caldo e in gelo.

E tu che se' costì, anima viva,
pàrtiti da cotesti che son morti!»
Ma poi ch'ei vide ch'io non mi partiva,

disse: «Per altra via, per altri porti
verrai a piaggia, non qui, per passare;
più lieve legno convien che ti porti.»

E il duca a lui: «Caron, non ti crucciare:
vuolsi così colà dove si puote
ciò che si vuole, e più non dimandare».

Quinci fur quete le lanose gote
al nocchier della livida palude,
che intorno agli occhi avea di fiamme rote.

Ma quell' anime, ch' eran lasse e nude,
cangiâr colore e dibattero i denti,
ratto che inteser le parole crude.

Bestemmiavano Iddio e i lor parenti,
l' umana spezie, il luogo, il tempo e il seme
di lor semenza e di lor nascimenti.

Poi si ritrasser tutte quante insieme,
forte piangendo, alla riva malvagia
che attende ciascun uom che Dio non teme.

Caron dimonio, con occhi di bragia
loro accennando, tutte le raccoglie;
batte col remo qualunque s' adagia.

Come d' autunno si levan le foglie
l' una appresso dell' altra, infin che il ramo
vede alla terra tutte le sue spoglie;

similemente il mal seme d'Adamo:
gittansi di quel lito ad una ad una
per cenni, come augel per suo richiamo.

Così sen vanno su per l' onda bruna;
ed avanti che sian di là discese,
anche di qua nuova schiera s'aduna.

«Figliuol mio» disse il maestro cortese,
«quelli che muoion nell' ira di Dio,
tutti convegnon qui d' ogni paese;

82

85

88

91

94

97

100

103

106

109

112

115

118

121

DIE HÖLLE · III. GESANG

Und da! zum Strand ein Boot ich plätschern hörte,　　*82*
Gelenkt von einem altersbleichen Greise:
»Weh euch, verworfene Seelen und betörte,

Hofft niemals zu erschauen des Himmels Kreise!　　*85*
Ich führe euch«, er riefs aus rauher Kehle,
»Zur ewigen Finsternis, zu Glut und Eise!

Und du, die dort verweilt, lebendige Seele,　　*88*
Laß diese, deren Lebenslicht verglommen!«
Doch als er sah, ich trotze dem Befehle,

Rief er: »Hier gibt es kein Hinüberkommen!　　*91*
Daß dichs zu anderm Strand und Hafen trage,
Muß dir dereinst ein leichteres Fahrzeug frommen.«

Der Führer drauf: »Charon, dem Zorn entsage!　　*94*
Wo eins ist das Vollbringen und Verlangen,
Dort will mans also! und nicht weiter frage.«

Da wurden glatter die behaarten Wangen　　*97*
Dem Steuermanne auf dem fahlen Sumpfe,
Dem sich ums Auge Flammenräder schlangen.

Doch jene Seelenschar, die nackte stumpfe,　　*100*
Erblaßte zähneklappernd voll Verzagen,
Als Charons Wort erscholl, das grausigdumpfe.

Gott und der Menschheit galt ihr lästernd Klagen.　　*103*
Sie fluchten Eltern, Ort und Zeit und Samen,
Draus sie dem Schoß verpflanzt, der sie getragen,

Worauf sie alle weinend näherkamen　　*106*
Zum vielverhaßten Strand, wo bangverzagend
Die Gottverächter stets ein Ende nahmen.

Charon, der Dämon, treibt sie alle jagend　　*109*
Mit sprühendem Blick zusammen; die da säumen,
Ermuntert er, sie mit dem Ruder schlagend.

Und wie der Herbst die Blätter von den Bäumen　　*112*
Eins nach dem andern rupft, und zwingt die Zweige,
All ihren Schmuck der Erde einzuräumen,

So Adams böse Brut beim Fingerzeige　　*115*
Zum Strande einzeln lief, als wenn betrogen
Vom Lockruf Vögel ziehen zum Dohnensteige.

So fahren sie dahin auf dunkeln Wogen,　　*118*
Und eh sie landen dort am Uferwalle,
Sind diesseits neue schon herangezogen.

»Mein Sohn«, der Meister gütig sprach, »sie alle,　　*121*
Die unter Gottes Zorn dahingegangen,
Sammeln sich hier vom ganzen Erdenballe

INFERNO · CANTO III

e pronti sono a trapassar lo rio,   124
chè la divina giustizia li sprona,
sì che la tema si volge in disìo.

Quinci non passa mai anima buona;   127
e però, se Caron di te si lagna,
ben puoi saper omai che il suo dir suona.»

Finito questo, la buia campagna   130
tremò si forte, che dello spavento
la mente di sudore ancor mi bagna.

La terra lagrimosa diede vento,   133
che balenò una luce vermiglia
la qual mi vinse ciascun sentimento;

e caddi come l' uom cui sonno piglia.   136

DIE HÖLLE · III. GESANG

Und eilen, fluthinüber zu gelangen;   *124*
Denn Allgerechtigkeit macht sie sich sputen,
Sodaß sich in Begierde kehrt ihr Bangen.

Kein guter Geist fuhr je durch diese Fluten;   *127*
Drum, führte Charon über dich Beschwerde,
So kannst du seiner Worte Sinn vermuten.«

Als er so schloß, begann die düstere Erde   *130*
So stark zu beben, daß ich noch vor Grausen,
Denk ich daran, in Schweiß gebadet werde.

Vom Tränenland hob sich ein Sturmwindsausen,   *133*
Durchzüngelt von der Blitze roten Schlangen,
Daß jeder Sinn mir unterging im Brausen.

Und niederfiel ich wie von Schlaf befangen.   *136*

CANTO QUARTO

Ruppemi l'alto sonno nella testa   *1*
un greve tuono, sì ch' io mi riscossi
come persona ch' è per forza desta;
   e l' occhio riposato intorno mossi,   *4*
dritto levato, e fiso riguardai
per conoscer lo loco dov' io fossi.
   Vero è che in su la proda mi trovai   *7*
della valle d' abisso dolorosa,
che tuono accoglie d' infiniti guai.
   Oscura, profonda era e nebulosa,   *10*
tanto che, per ficcar lo viso al fondo,
io non vi discerneva alcuna cosa.
   «Or discendiam quaggiù nel cieco mondo» *13*
cominciò il poeta tutto smorto:
«io sarò primo e tu sarai secondo.»
   E io, che del color mi fui accorto,   *16*
dissi: «Come verrò, se tu paventi,
che suoli al mio dubbiare esser conforto?»
   Ed egli a me: «L'angoscia delle genti   *19*
che son quaggiù, nel viso mi dipigne
quella pietà che tu per tema senti.
   Andiam, chè la via lunga ne sospigne!»   *22*
Così si mise e così mi fe' entrare
nel primo cerchio che l' abisso cigne.
   Quivi, secondo che per ascoltare,   *25*
non avea pianto ma' che di sospiri,
che l' aura eterna facevan tremare.
   Ciò avvenìa di duol senza martìri   *28*
ch' avean le turbe, ch' eran molte e grandi,
d' infanti e di femmine e di viri.
   Lo buon maestro a me: «Tu non dimandi   *31*
che spiriti son questi che tu vedi?
Or vo' che sappi, innanzi che più andi,
   ch' ei non peccaro; e s' elli hanno mercedi, *34*
non basta, perchè non ebber battesmo,
ch' è parte della fede che tu credi;
   e se furon dinanzi al cristianesmo,   *37*
non adorâr debitamente a Dio;
e di questi cotai son io medesmo.

VIERTER GESANG

Den tiefen Schlaf zersprengte mir im Haupte   *1*
Ein Donnerkrach, daß ich zusammenschreckte
Gleich einem, den Gewalt des Schlafs beraubte.

Ich spähte ausgeruhten Auges und reckte   *4*
Mich auf, daß ich von meinem Aufenthalte
Geschärften Blicks Genaueres entdeckte:

Und wirklich fand ich mich am Uferspalte,   *7*
Der abwärtsführt zum schmerzensreichen Schlunde,
Draus endlos Jammer donnernd widerhallte.

Ob ich den Blick auch schickte tief zum Grunde,   *10*
So schwarz blieb der, so neblig allerseiten,
Daß ich nichts unterschied in weiter Runde.

»Laß uns zur blinden Welt nun abwärtsgleiten«,   *13*
Begann der Dichter mit ganz blassen Wangen,
»Ich geh zuerst und du wirst *nach* mir schreiten.«

Drauf ich, dem seine Blässe nicht entgangen: *16*
»Wie komm ich hin, wenn *du* des Schreckens Beute,
Wo sonst von dir ich Zager Mut empfangen?«

Und er zu mir: »Der Jammer dieser Leute,   *19*
Die drunten sind, bemalt mir nur die Wange
Mit solchem Mitleid; nicht als Furcht dies deute.

Wohlauf drum, weil der Weg uns treibt, der lange!« –   *22*
So schritt er zu und so ließ er mich dringen
Zu dieses Abgrunds erstem Kreisumfange.

Doch nach den Lauten, die ich hörte klingen,   *25*
Gabs lautes Weinen nicht; nur seufzend Klagen
Ließ hier die ewige Luft erzitternd schwingen.

Und dies entstand von Leiden ohne Plagen,   *28*
Die all die großen und zahllosen Scharen
Der Kinder, Frauen, Männer hier ertragen.

Der Meister sprach: »Willst du denn nicht erfahren,   *31*
Was hier für Geister dir der Ort bescherte?
So laß mich, eh du gehst, dir offenbaren,

Daß sie nicht sündig; doch mit eigenem Werte   *34*
War nichts getan: sie mangelten der Taufe,
Die jenes Glaubens Tür, den man dich lehrte.

Lebten sie auch vor Christi Zeitenlaufe,   *37*
Sie ehrten doch nicht Gott wie sichs gebührte;
So zählt mich zu den Seinen dieser Haufe.

INFERNO · CANTO IV

Per tai difetti, e non per altro rio,   40
semo perduti, e sol di tanto offesi,
che senza speme vivemo in dislo.»

Gran duol mi prese al cor, quando lo intensi,   43
però che gente di molto valore
conobbi che in quel Limbo eran sospesi.

«Dimmi, maestro mio, dimmi, signore»   46
comincia' io per voler esser certo
di quella fede che vince ogni errore:

«Uscicci mai alcuno, o per suo merto   49
o per altrui, che poi fosse beato?»
E quei, che intese il mio parlar coperto,

rispuose: «Io era nuovo in questo stato,   52
quando ci vidi venire un possente,
con segno di vittoria coronato.

Trasseci l' ombra del primo parente,   55
d' Abel suo figlio, e quella di Noè,
Di Moisè legista e obbediente;

Abraàm patriarca e David re,   58
Israèl con lo padre e co' suoi nati
e con Rachele, per cui tanto fe',

ed altri molti; e feceli beati: 61
e vo' che sappi che, dinanzi ad essi,
spiriti umani non eran salvati.»

Non lasciavam l' andar perch' ei dicessi,   64
ma passavam la selva tuttavia,
la selva, dico, di spiriti spessi.

Non era lunga ancor la nostra via   67
di qua dal sonno, quand' io vidi un foco
ch' emisperio di tenebre vincìa.

Di lungi v' eravamo ancora un poco,   70
ma non sì, ch' io non discernessi in parte
che orrevol gente possedea que loco.

«O tu che onori e scïenza ed arte,   73
questi chi son, c'hanno cotanta onranza,
che dal modo degli altri li diparte?»

E quegli a me: «L' onrata nominanza   76
che di lor suona su nella tua vita,
grazia acquista nel ciel, che sì gli avanza.»

Intanto voce fu per me udita: 79
«Onorate l' altissimo poeta:
l' ombra sua torna ch' era dipartita».

DIE HÖLLE · IV. GESANG

Nur dieser Mangel, keine Schuld sonst führte   40
Zu den Verlorenen uns; hier schmerzt uns eben
Die Sehnsucht nur, die hoffnungslos geschürte.«

Dies Wort ließ schmerzlich sehr mein Herz erbeben,   43
Weil ich bemerkte Männer, hoch an Ehren,
Erwartungsbang in diesem Vorhof schweben.

»Mein Herr und Meister, wolle mich belehren«,   46
Begann ich, um Gewißheit zu gewinnen
Des Glaubens, der den Irrtum kann bekehren,

»Half keinem eigenes Verdienst vonhinnen   49
Noch fremdes, um zur Seligkeit zu steigen?«
Und er, durchschauend mein verhehltes Sinnen,

Begann: »Ich war noch Neuling hier im Reigen,   52
Da sah ich den gewaltigen Herrscher kommen,
Gekrönt mit seines Sieges Lorbeerzweigen.

Des ersten Vaters Geist hat er entnommen,   55
Abel, den Sohn, und Noa, diesem Bann,
Auch Moses, der Gesetze gab den Frommen.

Erzvater Abram, König David dann,   58
Israel mit dem Vater und den Söhnen
Und Rahel auch, die er so schwer gewann,

Und viele sah ich noch mit Heil ihn krönen.   61
Doch merk: zuvor hats nie sich zugetragen,
Daß sein Erlösungsruf hier mochte tönen.« –

Stets-wandernd, ob wir auch Gespräches pflagen,   64
Wir unterdessen durch das Dickicht stiegen
(Das Dickicht dicht von Geistern: will ich sagen).

Erst wenig ließen wir des Weges liegen   67
Vom Gipfel an, da sah ich Feuershelle
Im Halbrund rings die Finsternis besiegen.

Ziemlich entfernt noch waren wir der Stelle,   70
Doch schon so nah, um etwas zu erkennen,
Daß ehrenwertes Volk sich hier geselle.

»O du, den Kunst und Wissen rühmend nennen,   73
Sag an, warum solch Vorrecht *die* genießen,
Daß sie vom Los der übrigen sich trennen?«

Und er: »Sich von der Menge auszuschließen,   76
Gewährte Gott, weil sie in deinem Leben
Den ehrenvollsten Namen hinterließen.«

Da hört ich eine Stimme sich erheben: 79
»Dem hohen Dichter laßt uns Ehre zeigen!
Heimkehr sein Schatten, der sich wegbegeben.«

76

INFERNO · CANTO IV

Poi che la voce fu restata e queta,　　　　　　　　　82
vidi quattro grand' ombre a noi venire,
sembianza avevan nè trista nè lieta.

Lo buon maestro cominciò a dire:　　　　　　　　85
«Mira colui con quella spada in mano
che vien dinanzi a' tre sì come sire.

Quegli è Omero, poeta sovrano;　　　　　　　　88
l'altro è Orazio, satiro, che viene;
Ovidio è il terzo. e l' ultimo è Lucano.

Però che ciascun meco si conviene　　　　　　　91
nel nome che sonò la voce sola,
fannomi onore; e di ciò fanno bene.»

Così vidi adunar la bella scuola　　　　　　　　94
di quei signor dell' altissimo canto
che sovra gli altri com' aquila vola.

Da ch' ebber ragionato insieme alquanto,　　　　97
volsersi a me con salutevol cenno;
e il mio maestro sorrise di tanto:

e più d' onore ancora assai mi fenno,　　　　　100
che sì mi fecer della loro schiera,
sì ch' io fui sesto fra cotanto senno.

Così n' andammo infino alla lumiera,　　　　　103
parlando cose che il tacere è bello,
sì com' era il parlar colà dov' era.

Venimmo al piè d'un nobile castello,　　　　　106
sette volte cerchiato d' alte mura,
difeso intorno d' un bel fiumicello.

Questo passammo come terra dura;　　　　　　109
per sette porte entrai con questi savi;
giugnemmo in prato di fresca verdura.

Genti v' eran con occhi tardi e gravi,　　　　　112
di grande autorità ne' lor sembianti;
parlavan rado, con voci soavi.

Traemmoci così dall' un de' canti　　　　　　　115
in loco aperto, luminoso ed alto,
sì che veder si potean tutti quanti.

Colà diritto sopra il verde smalto　　　　　　118
mi fur mostrati gli spiriti magni,
che del vedere in me stesso n' esalto.

Io vidi Elettra con molti compagni,　　　　　　121
tra' quai conobbi Ettore ed Enea,
Cesare armato con gli occhi grifagni.

DIE HÖLLE · IV. GESANG

Als diese Stimme drauf erstarb im Schweigen,   *82*
Sah ich heran vier hohe Schatten wallen;
Dem Blick war Trauer nicht noch Frohsinn eigen.

Der gute Meister sprach: »Schau den, der allen,   *85*
Die Herrscherhand bewehrt mit einem Schwerte,
Vorangeht wie ein König den Vasallen:

Homer ists, der als Dichterfürst Geehrte.   *88*
Ihm folgt Horaz, der Meister in Satiren,
Ovid sodann, zuletzt Lukan, der werte.

Und weil uns alle gleiche Titel zieren,   *91*
Womit den Einen du mich hörtest loben,
So ehren sie mich schicklich als den Ihren.«

Die schöne Schule sah ich so verwoben   *94*
Mit jenem Meister höchster Sangesweise,
Der ob den andern schwebt als Adler droben.

Nach kurzem Zwiegespräch in ihrem Kreise,   *97*
Hold mich zu grüßen sie herab sich ließen –
Und darob lächelte mein Meister leise.

Doch größern Vorzug sollt ich noch genießen: *100*
Sie luden mich als Sechsten in die Mitte,
Mich solchen Geistesriesen anzuschließen.

So lenkten wir zum Lichtschein hin die Schritte,   *103*
Von Dingen sprechend, schön an ihrer Stelle
Zu reden, wo sich hier nur Schweigen litte.

Nun gings zu eines stolzen Schlosses Schwelle,   *106*
Umschirmt von sieben hohen Mauerringen,
Beschützt von eines schönen Baches Welle,

Durch den wir wie auf trockenem Lande gingen;   *109*
Trat mit den Weisen dann durch sieben Pforten,
Wo grüne Wiesenmatten uns empfingen.

Wir trafen Leute stillen Blickes dorten,   *112*
Von Haltung würdevoll und ernst an Mienen,
Redselig nicht, doch sanft in ihren Worten.

Wir zogen nunmehr seitwärts hin von ihnen   *115*
Zu einer ringsum-offenen, lichten Stelle,
Wo unserm Blick sie insgesamt erschienen.

Dort grad vor mir auf grüner Wiesenhelle   *118*
Sah ich die hohen Geister: sie gewährten
Durch ihren Anblick eine Freudenquelle

Bis heute mir! – Im Kreise der Gefährten   *121*
Sah ich Elektren, Hektorn und Äneen,
Dann Cäsar, den mit Falkenblick verklärten.

INFERNO · CANTO IV

Vidi Cammilla e la Pentesilea   *124*
dall' altra parte, e vidi il re Latino
che con Lavina sua figlia sedea.

Vidi quel Bruto che cacciò Tarquino,   *127*
Lucrezia, Julia, Marzia e Corniglia,
e solo in parte vidi il Saladino.

Poi che inalzai un poco più le ciglia,   *130*
vidi il maestro di color che sanno
seder tra filosofica famiglia.

Tutti lo miran, tutti onor gli fanno: *133*
quivi vid' io Socrate e Platone,
che innanzi agli altri più presso gli stanno;

Democrito; che il mondo a caso pone,   *136*
Dïogenès; Anassagora e Tale,
Empedoclès, Eraclito e Zenone;

e vidi il buon accoglitor del ‹quale›,   *139*
Dïoscoride dico; e vidi Orfeo,
Tullio e Lino e Seneca morale,

Euclide geomètra e Tolommeo,   *142*
Ippocrate, Avicenna e Galïeno,
Averroìs, che il gran commento feo.

Io non posso ritrar di tutti appieno,   *145*
però che sì mi caccia il lungo tema,
che molte volte al fatto il dir vien meno.

La sesta compagnia in due si scema: *148*
per altra via mi mena il savio duca,
fuor della queta, nell' aura che trema;

e vengo in parte ove non è che luca.   *151*

78

DIE HÖLLE · IV. GESANG

Sah auch Kamilla und Penthesileen 124
Zur andern Seite; konnte bei Latinen
Lavinia, seine Tochter sitzen sehen.

Sah jenen Brutus, der vertrieb Tarquinen; 127
Lukretia, Julia, Martia durft ich schauen,
Kornelia auch und abseits Saladinen.

Dann, als ich etwas höherhob die Brauen, 130
Bemerkt ich auch den Meister aller Weisen
Im Kreis der Jünger, die auf Weisheit bauen:

Sie einen sich, bewundernd ihn zu preisen. 133
Zunächst ihm konnten meinem Blick sich bieten
Sokrates, Plato; sah auch – der das Kreisen

Der Welt dem Zufall zuschreibt – Demokriten, 136
Thales, Diogenes, Anaxagoren,
Empedokles, Zeno und Herakliten,

Tullius, Linus, Orpheus, und der geboren 139
Zum Arzt, Dioskorid. – Die Runde zierte
Auch Seneka, der die Moral erkoren,

Galen, Euklid, der Form und Raum studierte. 142
Sah Hippokrat, Ptolmäus, Avicennen,
Averroës, der sorgsam kommentierte.

Eingehend kann ich sie nicht alle nennen, 145
Weil nicht der Reim des Stoffes Fülle bindet,
Daß sich Gesichte und Berichte trennen.

Der Bund der Sechs auf zwei nun wieder schwindet. 148
Auf anderem Pfad führt mich der weise Leiter
Aus stillem Luftraum, wo es zitternd windet,

Und komme dahin, wo nichts leuchtet weiter. 151

CANTO QUINTO

Così discesi dal cerchio primaio   *1*
giù nel secondo, che men loco cinghia
e tanto più dolor, che pugne a guaio.

Stavvi Minòs orribilmente e ringhia;   *4*
esamina le colpe nell' entrata,
giudica e manda, secondo che avvinghia.

Dico che quando l' anima mal nata   *7*
gli vien dinanzi, tutta si confessa;
e quel conoscitor delle peccata

vede qual loco d' inferno è da essa: *10*
cignesi con la coda tante volte,
quantunque gradi vuol che giù sia messa.

Sempre dinanzi a lui ne stanno molte: *13*
vanno a vicenda ciascuna al giudizio;
dicono e odono e poi son giù volte.

«O tu che vieni al doloroso ospizio»   *16*
disse Minos a me quando mi vide,
lasciando l' atto di cotanto uffizio;

«guarda com' entri e di cui tu ti fide: *19*
non t' inganni l' ampiezza dell' entrare!»
E il duca mio a lui: «Perchè pur gride?

Non impedir lo suo fatale andare: *22*
vuolsi così colà, dove si puote
ciò che si vuole, e più non dimandare.»

Ora incomincian le dolenti note   *25*
a farmisi sentire; or son venuto
là dove molto pianto mi percote.

Io venni in loco d' ogni luce muto,   *28*
che mugghia come fa mar per tempesta,
se da contrari venti è combattuto.

La bufera infernal, che mai non resta,   *31*
mena gli spirti con la sua rapina;
voltando e percotendo li molesta.

Quando giungon davanti alla ruina,   *34*
quivi le strida, il compianto e il lamento;
bestemmian quivi la virtù divina.

Intesi che a così fatto tormento   *37*
enno dannati i peccator carnali,
che la ragion sommettono al talento.

FÜNFTER GESANG

So gings vom ersten Kreis zum zweiten nieder;   *1*
Und bildet der auch eine kleinere Schleife,
Hallt er doch mehr vom Schmerzgeheule wider.

Am Tor grinst Minos wild, forscht, zwingt zur Reife   *4*
Die Schuld ans Licht und schickt als Urteilskünder
So tief als er es anzeigt mit dem Schweife.

Ich meine: ohne Rückhalt muß der Sünder,   *7*
Der vor ihn tritt, gestehn der Frevel Masse.
Und er, ein unerbittlicher Ergründer,

Erwägt, welch Höllenort die Seele fasse: *10*
Er peitscht sich mit dem Schweif sovielemale,
Als man sie Stufen niedersinken lasse.

Hier drängt sich stets das Volk, das schreckensfahle,   *13*
Tritt einzeln her zum Spruch, ob ihm auch grause:
Sie beichten, hören, stürzen dann zutale!

»O du, der eintritt zu dem Schmerzenshause«,   *16*
Rief Minos laut, als er mich wahrgenommen,
Im hohen Amte machend eine Pause,

»Wem traust du? wie bist du hereingekommen?   *19*
Nicht täusche dich das Tor, wie weit es rage!«
Mein Führer drauf: »Was soll dein Schreien frommen?

Nicht seinen Schicksalsgang zu hemmen wage: *22*
Wo eins ist das Vollbringen und Verlangen,
Dort will mans also! und nicht weiter frage.« –

Jetzt wars, wo Schmerzenslaute angefangen   *25*
Mein Ohr zu treffen; jetzt war ich gestiegen
Hinab, wo endlos Klagen mich durchdrangen.

Ich kam zum Ort, wo alle Lichter schwiegen,   *28*
Der gleich dem Meere brüllt, wenn es gewittert
Und feindlich sich die Winde drauf bekriegen.

Ruhlose Höllenwindsbraut packt erbittert   *31*
Und reißt mit sich dahin die Geisterheere,
Dreht, schleudert sie, daß Glied für Glied erzittert.

Sobald sie nun ergreift des Anpralls Schwere,   *34*
Bricht los ein Weherufen, Ächzen, Klagen,
Da lästern sie dann des Allmächtigen Ehre.

Ich hörte, daß verdammt zu solchen Plagen   *37*
Die wären, die – verlockt vom Sinnentruge –
In Wollust frönend der Vernunft entsagen.

INFERNO · CANTO V

E come gli stornei ne portan l' ali   40
nel freddo tempo, a schiera larga e piena,
così quel fiato gli spiriti mali:
    di qua, di là, di giù, di su li mena;   43
nulla speranza li conforta mai,
non che di posa, ma di minor pena.
    E come i gru van cantando lor lai,   46
facendo in aere di sè lunga riga;
così vid' io venir, traendo guai,
    ombre portate dalla detta briga;   49
per ch' io dissi: «Maestro, chi son quelle
genti che l' aura nera sì gastiga?»
    «La prima di color di cui novelle   52
tu vuoi saper» mi disse quegli allotta,
«fu imperatrice di molte favelle.
    A vizio di lussuria fu sì rotta,   55
che libito fe' licito in sua legge
per tôrre il biasmo in che era condotta.
    Ell' è Semiramìs di cui si legge   58
che succedette a Nino e fu sua sposa;
tenne la terra che il Soldan corregge.
    L' altra è colei che s' ancise amorosa,   61
e ruppe fede al cener di Sicheo;
poi è Cleopatràs lussurïosa.»
    Elena vedi, per cui tanto reo   64
tempo si volse, e vedi il grande Achille,
che con amore al fine combatteo.
    Vedi Parìs, Tristano; e più di mille   67
ombre mostrommi, e nominòlle, a dito,
che amor di nostra vita dipartille.
    Poscia ch' io ebbi il mio dottore udito   70
nomar le donne antiche e i cavalieri,
pietà mi giunse e fui quasi smarrito.
    Io cominciai: «Poeta, volentieri   73
parlerei a que' due che insieme vanno,
e paion sì al vento esser leggieri».
    Ed egli a me: «Vedrai quando saranno   76
più presso a noi; e tu allor li prega
per quell' amor che i mena, e quei verranno».
    Sì tosto come il vento a noi li piega,   79
mossi la voce: «O anime affannate,
venite a noi parlar, s' altri nol niega!»

DIE HÖLLE · V. GESANG

Und wie die Stare fliegen, dicht im Zuge   *40*
Gedrängt, daß sie des Winters Frost entrönnen,
So treibt der Wind die Sünder hier zum Fluge
  Und auf und nieder ohne Rast zu gönnen.   *43*
Mit Trost kann keine Hoffnung sie versöhnen,
Daß mindere Pein noch Ruhe sie gewönnen.

  Und wie die Kraniche mit Klagetönen   *46*
Die Lüfte rasch durchziehen in langen Fahnen,
So sah ich kommen unter lautem Stöhnen
  Die Schatten auf des wütigen Windes Bahnen.   *49*
»Meister«, sprach ich, »welch Volk wird in die Runde
Hier so gepeitscht von schwärzlichen Orkanen?« –

  »Die erste dieser hier, davon du Kunde   *52*
Begehrest«, jener mich darauf belehrte,
»War Kaiserin vielsprachigem Völkerbunde.
  Die Wollust war es, die sie so verzehrte,   *55*
Daß »Schuld hieß Huld« nach ihrer Satzung Thesen,
Die Schmach zu tilgen, die sie selbst entehrte.

  Es ist Semiramis, von der zu lesen,   *58*
Daß sie dem Ninus folgte, ihrem Gatten;
Was heut des Sultans ist ihr Land gewesen.

  Die andre, untreu des Sichäus Schatten,   *61*
Ließ Liebesnot zum Tod freiwillig schreiten;
Sie schwebt voran der nie an Wollust satten
  Kleopatra. – Die Ursach schlimmer Zeiten,   *64*
Helenen sieh! Achill, ein Held vor allen,
Den noch zuletzt die Liebe zwang zum Streiten.

  Sieh Paris hier und Tristan näherwallen.«   *67*
Wohl mehr als tausend er mir wies und nannte,
Die Liebe straucheln und hierher ließ fallen.

  Als ich aus meines Lehrers Mund erkannte   *70*
Die Frauen und Ritter aus der Vorwelt Tagen,
Empfand ich, daß mich Mitleid übermannte.

  Und ich begann: »Poet, gern möcht ich sagen   *73*
Ein Wort den zweien, die umschlungen gehen,
Scheinbar als Windesspielball hingetragen.«

  Und er: »Wenn nur, sobald sie näherwehen,   *76*
Dein Mund bei jener Liebe sie beschwöre,
Die sie umherjagt, bleiben sie wohl stehen.«

  Und als das Paar so nahe, daß michs höre,   *79*
Ruf ich: »O weilt, ihr Seelen voller Plagen,
Und sprecht mit uns, falls euch kein andrer störe!«

80

INFERNO · CANTO V

Quali colombe dal disìo chiamate, 82
con l' ali alzate e ferme, al dolce nido
vengon per l' aere dal voler portate;
    cotali uscìr dalla schiera ov' è Dido, 85
a noi venendo per l' aere maligno,
sì forte fu l' affettuoso grido.
    «O animal grazioso e benigno, 88
che visitando vai per l' aere perso
noi che tingemmo il mondo di sanguigno;
    se fosse amico il re dell' universo, 91
noi pregheremmo lui per la tua pace,
poi che hai pietà del nostro mal perverso.
    Di quel che udire e che parlar ti piace, 94
noi udiremo e parleremo a vui,
mentre che il vento, come fa, ci tace.
    Siede la terra dove nata fui, 97
su la marina dove il Po discende
per aver pace co' seguaci sui.
    Amor, che al cor gentil ratto s' apprende, 100
prese costui della bella persona
che mi fu tolta; e il modo ancor m' offende.
    Amor, che a nullo amato amar perdona, 103
mi prese del costui piacer sì forte,
che, come vedi, ancor non m' abbandona.
    Amor condusse noi ad una morte: 106
Caina attende chi vita ci spense.»
Queste parole da lor ci fur porte.
    Da che io intesi quelle anime offense, 109
chinai il viso, e tanto il tenni basso,
fin che il poeta mi disse: «Che pense?»
    Quando risposi, cominciai: «Oh lasso, 112
quanti dolci pensier, quanto disìo
menò costoro al doloroso passo!»
    Poi mi rivolsi a loro e parla' io, 115
e cominciai: «Francesca, i tuoi martìri
a lagrimar mi fanno tristo e pio.
    Ma dimmi: al tempo de' dolci sospiri, 118
a che e come concedette Amore
che conosceste i dubbiosi disiri?»
    Ed ella a me: «Nessun maggior dolore 121
che ricordarsi del tempo felice
nella miseria; e ciò sa il tuo dottore.

DIE HÖLLE · V. GESANG

Wie Tauben weit und fest die Flügel schlagen,   *82*
Zum holden Nest gelockt vom Sehnsuchtsharme,
Und eigenen Wunsches durch die Luft getragen,
   So diese aus der Dido dichtem Schwarme   *85*
Zu uns her durch der Luft Beschwerde flogen:
So stark mein Anruf war, der liebeswarme.
   »O freundlich Wesen du, das holdgewogen   *88*
Uns aufsucht hier in purpurdunkler Sphäre,
Uns, deren Blut die Erde aufgesogen,
   Wenn uns geneigt des Weltalls König wäre,   *91*
Wir bäten ihn, dir Frieden zu erzeigen,
Weil unserer Qual du zollst des Mitleids Zähre.
   Magst du zum Sprechen oder Hören neigen,   *94*
Wir reden gern und leihen euch die Ohren,
Will nur, wie jetzt, der Wind indessen schweigen.
   Am Strande liegt die Stadt, die mich geboren,   *97*
Dort wo der Po die Meerflut weiß zu finden,
Drin er und sein Gefolg sich bald verloren.
   Liebe, die edle Herzen schnell kann binden,   *100*
Mit Macht für meine Schönheit ihn entzückte,
Die mir geraubt; wie! kann ich nie verwinden.
   Liebe, die Gegenliebe stets beglückte,   *103*
Hielt für den Freund so heftig mich verblendet,
Daß ichs, du siehst es, noch nicht unterdrückte.
   Liebe hat uns vereint ins Grab gesendet;   *106*
Kaïna harrt auf ihn, der uns erschlagen.«
So sprachen diese zwei zu uns gewendet.
   Als ich die Seelen also hörte klagen,   *109*
Senkt ich und hielt gesenkt den Blick solange
Bis ich Vergil »Was sinnst du?« hörte fragen.
   »Weh!« sprach ich, »welch ein Sehnen ängstlichbange *112*
Und wieviel süßes Träumen zog hernieder
Die beiden zu so schwerem Schmerzensgange!«
   Drauf kehrt ich mich zu jenen beiden wieder   *115*
Und sagte: »Sieh, Franzeska, wie dein Leiden
Mit frommer Trauer mir benetzt die Lider.
   Doch sprich: als liebeskrank geseufzt ihr beiden, *118*
Wie und wodurch ließ denn in solchen Stunden
Amor der Wünsche Zweifel sich entscheiden?«
   Und sie zu mir: »Kein Schmerz kann mehr verwunden, *121*
Als der: im Elend freudenreicher Tage
Zu denken – auch dein Lehrer kanns bekunden!

INFERNO · CANTO V

Ma se a conoscer la prima radice   *124*
del nostro amor tu hai cotanto affetto,
farò come colui che piange e dice.

Noi leggevamo un giorno per diletto   *127*
di Lancialotto, come amor lo strinse:
soli eravamo e senza alcun sospetto.

Per più fiate gli occhi ci sospinse   *130*
quella lettura, e scolorocci il viso:
ma solo un punto fu quel che ci vinse.

Quando leggemmo il disiato riso   *133*
esser baciato da cotanto amante,
questi, che mai da me non fia diviso,

la bocca mi baciò tutto tremante.   *136*
Galeotto fu il libro e chi lo scrisse:
quel giorno più non vi leggemmo avante.»

Mentre che l'uno spirto questo disse,   *139*
l'altro piangeva sì, che di pietade
io venni men così com' io morisse;

e caddi come corpo morto cade.   *142*

82

DIE HÖLLE · V. GESANG

Doch weil so voller Sehnsucht deine Frage,
Was uns zuerst zur Liebe mocht erregen,
So dulde, daß ichs unter Weinen sage:
    Wir lasen eines Tags der Kurzweil wegen,
Welch Liebesnetz den Lanzelot gebunden;
Allein wir zwei und ohne Arg zu hegen.
    Oft hatten unsere Augen sich gefunden
Beim Lesen und wir fühlten uns erbleichen.
Doch eine Stelle hat uns überwunden,
    Als wir gelesen, wie vom Mund, dem weichen,
Ersehntes Lächeln küßt solch hoher Streiter –
Da trieb es, bebend mir den Mund zu reichen,
    Auch den hier, der nun ewig mein Begleiter:
Galeotto war das Buch und ders gedichtet.
An diesem Tage lasen wir nicht weiter . . .«
    Indem der eine Geist mir dies berichtet,
Vergoß der andre soviel Tränen wieder,
Daß ich vor Mitleid hinschwand wie vernichtet
    Und hinfiel so als fiel ein Toter nieder.

124

127

130

133

136

139

142

CANTO SESTO

Al tornar della mente, che si chiuse   *1*
dinanzi alla pietà de' due cognati,
che di tristizia tutto mi confuse,

nuovi tormenti e nuovi tormentati   *4*
mi veggio intorno, come ch'io mi muova
e ch' io mi volga, e come ch' io mi guati.

Io sono al terzo cerchio, della piova   *7*
eterna, maladetta fredda e greve:
regola e qualità mai non l' è nova.

Grandine grossa, e acqua tinta, e neve   *10*
per l' aere tenebroso si riversa:
pute la terra che questo riceve.

Cerbero, fiera crudele e diversa,   *13*
con tre gole caninamente latra
sovra la gente che quivi è sommersa.

Gli occhi ha vermigli, la barba unta ed atra,   *16*
e il ventre largo, e unghiate le mani;
graffia gli spiriti, iscuoia ed isquatra.

Urlar li fa la pioggia come cani;   *19*
dell' un de' lati fanno all' altro schermo;
volgonsi spesso i miseri profani.

Quando ci scorse Cerbero, il gran vermo,   *22*
le bocche aperse e mostrocci le sanne:
non avea membro che tenesse fermo.

E 'l duca mio distese le sue spanne;   *25*
prese la terra, e con piene le pugna
la gittò dentro alle bramose canne.

Qual' è quel cane che abbaiando agugna,   *28*
e si racqueta poi che il pasto morde,
chè solo a divorarlo intende e pugna;

cotai si fecer quelle facce lorde   *31*
dello demonio Cerbero, che introna
l' anime sì, ch' esser vorrebber sorde.

Noi passavam su per l' ombre che adona   *34*
la greve pioggia, e ponevam le piante
sopra lor vanità che par persona.

Elle giacean per terra tutte quante,   *37*
fuor ch' una che a seder si levò, ratto
ch' ella ci vide passarsi davante.

SECHSTER GESANG

Kaum daß mir mein Bewußtsein wiederkehrte,   *1*
Das mir vergangen vor dem Weh der beiden
Verwandten, das mit Trübsal mich beschwerte,
   So sah ich ringsherum nur neue Leiden   *4*
Und Leidende, wohin ich mich bewegen,
Wohin ich mich zu sehen mocht entscheiden.
   Ich bin im dritten Kreis, wo kalter Regen   *7*
Als Fluch herniederfällt in ewiger Dauer,
Des Art und Stoff sich nie zu ändern pflegen.
   Schmutzwasser, Schnee und Hagel, körnigrauher,   *10*
Durchfegen hier die dunkle Luft mit Brausen.
Die Erde stinkt, die aufsaugt solche Schauer.
   Das Untier Zerberus, seltsam, zum Grausen,   *13*
Bellt wie ein Hund voll Wut aus dreien Kehlen
Das Volk an, das hier eingetaucht muß hausen.
   Sein Schwarzbart trieft, sein Aug ist düsteres Schwelen,   *16*
Wampig sein Bauch. Die scharfbeklaute Kralle
Zerkratzt, zerfleischt und schindet schlimm die Seelen.
   Die heulen Hunden gleich im Tropfenfalle.   *19*
Bald diese und bald jene Seite drehen
Vom Regen ab die Elendswichte alle.
   Als Zerberus, der Lindwurm, uns ersehen,   *22*
Reißt er die Mäuler auf und zeigt die Hauer –
Kein Glied am Körper blieb ihm stillestehen.
   Mein Führer aber, frei von jedem Schauer,   *25*
Griff Erde auf und warf die Faust, die volle,
Tief in den Schlund dem gierigen Verdauer.
   Und wie ein Hund nachläßt in Gier und Grolle,   *28*
Gleich ruhig wird, wenn er den Fraß gefangen,
Und nur noch sinnt, wie er ihn schlucken solle,
   So ließ die schmutzigen Fratzen ruhig hangen   *31*
Der Dämon Zerberus, der sonst anschmettert
Die Seelen, daß sie taub zu sein verlangen.
   Wir gingen nun auf Schatten, hingewettert   *34*
Von Regens Wucht, doch unsere Sohlen traten
Nur scheinbar Körper, die wir überklettert.
   So lagen alle fühllos, als wir nahten.   *37*
Nur einer hat sich blitzgeschwind erhoben,
Als er uns sah bei sich vorüberwaten.

INFERNO · CANTO VI

«O tu che se' per questo Inferno tratto»   *40*
mi disse, «riconoscimi, se sai;
tu fosti, prima ch' io disfatto, fatto.»

Ed io a lei: «L' angoscia che tu hai   *43*
forse ti tira fuor della mia mente,
sì che non par ch' io ti vedessi mai.

Ma dimmi chi tu se', che in sì dolente   *46*
loco se' messa ed a sì fatta pena,
che, s' altra è maggio, nulla è sì spiacente.»

Ed egli a me: «La tua città, ch' è piena   *49*
d' invidia sì, che già trabocca il sacco,
seco mi tenne in la vita serena.

Voi cittadini mi chiamaste Ciacco: *52*
per la dannosa colpa della gola,
come tu vedi, alla pioggia mi fiacco.

Ed io, anima trista, non son sola,   *55*
chè tutte queste a simil pena stanno
per simil colpa»; e più non fe' parola.

Io gli risposi: «Ciacco, il tuo affanno   *58*
mi pesa sì, che a lagrimar m' invita;
ma dimmi, se tu sai, a che verranno

li cittadin della città partita;   *61*
s' alcun v' è giusto; e dimmi la cagione
per che l' ha tanta discordia assalita.»

Ed egli a me: «Dopo lunga tencione   *64*
verranno al sangue, e la parte selvaggia
caccerà l' altra con molta offensione.

Poi appresso convien che questa caggia   *67*
infra tre soli, e che l' altra sormonti
con la forza di tal che testè piaggia.

Alte terrà lungo tempo le fronti,   *70*
tenendo l' altra sotto gravi pesi,
come che di ciò pianga e che ne adonti.

Giusti son duo, ma non vi sono intesi.   *73*
Superbia, invidia ed avarizia sono
le tre faville ch' hanno i cori accesi.»

Qui pose fine al lagrimabil suono.   *76*
Ed io a lui: «Ancor vo' che m' insegni,
e che di più parlar mi facci dono.

Farinata e il Tegghiaio, che fur sì degni,   *79*
Iacopo Rusticucci, Arrigo e il Mosca,
e gli altri che a ben far poser gl' ingegni,

DIE HÖLLE · VI. GESANG

»O du, der durch die Hölle wird geschoben«,   40
Rief er, »erkenne mich, will dirs gelingen.
Du kamst zur Welt, bevor ich schied von droben.«

Und ich: »Die Qualen, die du leidest, bringen   43
Vielleicht entstellt dein Bild mir vor die Sinne:
Mir scheint, du bist mir fremd in allen Dingen.

Doch sage mir, wer bist du im Gerinne   46
Des Jammerorts? Mags größere Strafen geben,
Ward ich doch keiner ekelhafteren inne.«

Da rief er: »Deine Stadt, von Neidbestreben   49
So voll, daß schon der Sack will überlaufen,
Umschloß auch mich dereinst im heiteren Leben.

Ihr Bürger wußtet Ciacco mich zu taufen,   52
Und weil ich frönte nur dem gierigen Schlunde,
Durchweichen, wie du siehst, mich diese Traufen.

Doch bin ich nicht allein im Unglücksbunde,   55
Denn alle diese müssen gleiches leiden
Um gleiche Schuld.« Nicht gab er weitere Kunde.

Und ich: »O Ciacco, nicht kann ichs vermeiden,   58
Daß deine Qualen mich zu Tränen rühren.
Doch, weißt dus, sprich, wie sich das Los entscheiden

Der Bürger wird, die Zwist und Streit verführen?   61
Weilt ein Gerechter dort? Kannst du mir sagen,
Aus welchem Grund sie solchen Hader schüren?«

Und er: »Es kommt nach langem Streit zum Schlagen.   64
Die Waldpartei, nachdem viel Blut vergossen,
Wird die der andern ächten und verjagen.

Doch eh drei Sonnenläufe noch verflossen,   67
Wird diese sinken und die andre steigen
Mit Hilfe des, der noch tut unentschlossen.

Hoch wird sie lange Zeit die Stirne zeigen,   70
Die andre halten unter Druck und Banden,
Mag sie erzürnen, mag in Scham sie schweigen.

Zwei sind gerecht nur, aber unverstanden.   73
Stolz, Neid und Habsucht machen allbehende
Dreifachen Brands die Herzen schon zuschanden.«

Hier machte er dem Klagelied ein Ende.   76
Und ich zu ihm: »Noch wünsch ich mehr zu wissen
Und bitte denn um weitere Redespende.

Noch läßt mich Mosca, Farinata missen   79
Dein Wort; Arrigos, Rusticuccis Seelen,
Tegghiaios und der andern, ruhmbeflissen,

84

INFERNO · CANTO VI

dimmi ove sono, e fa' ch' io li conosca: 82
chè gran dislo mi stringe di sapere
se il Ciel gli addolcia o lo Inferno gli attosca.»

E quegli: «Ei son tra le anime più nere: 85
diversa colpa giù li grava al fondo;
se tanto scendi, là i potrai vedere.

Ma quando tu saria nel dolce mondo,   88
pregoti che alla mente altrui mi rechi:
più non ti dico e più non ti rispondo.»

Gli diritti occhi torse allora in biecchi: 91
guardommi un poco, e poi chinò la testa:
cadde con essa a par degli altri ciechi.

E il duca disse a me: «Più non si desta   94
di qua dal suon dell' angelica tromba,
quando verrà la nimica podèsta:

ciascun ritroverà la trista tomba,   97
ripiglierà sua carne e sua figura,
udirà quel che in eterno rimbomba.»

Sì trapassammo per sozza mistura   100
dell' ombre e della pioggia, a passi lenti,
toccando un poco la vita futura.

Per ch' io dissi: «Maestro, esti tormenti   103
cresceranno ei dopo la gran sentenza,
o fien minori, o saran sì cocenti?»

Ed egli a me: «Ritorna a tua scïenza,   106
che vuol, quanto la cosa è più perfetta,
più senta il bene e così la doglienza.

Tutto che questa gente maladetta   109
in vera perfezion giammai non vada,
di là, più che di qua, essere aspetta.»

Noi aggirammo a tondo quella strada,   112
parlando più assai ch' io non ridico;
venimmo al punto dove si digrada:

quivi trovammo Pluto, il gran nimico.   115

85

DIE HÖLLE · VI. GESANG

Wo sind sie? Wolle mir dies nicht verhehlen.   *82*
Gern wüßt ich, ob sie Himmelslust erfahren,
Ob sie im bittern Brand der Hölle schwelen?«

Und jener: »Die sind bei den schwärzeren Scharen,   *85*
Besondere Schuld drückt diese tiefer immer;
Steigst du so tief noch, wirst du sie gewahren.

Doch kehrst du heim zum holden Erdenschimmer,   *88*
Laß nicht den andern Kunde von mir fehlen.
Mehr sage und mehr antwort ich dir nimmer.«

Die graden Augen wurden drauf zu scheelen,   *91*
Er sah mich flüchtig an, das Haupt dann neigend
Hinfiel er zu den andern blinden Seelen.

Mein Führer sprach: »So wird er schlafen schweigend   *94*
Bis des Gerichts Posaunenrufe schallen
Und machtvoll kommt ihr Feind, vom Himmel steigend.

Zur Trauergruft wird jeder wieder wallen,   *97*
Sein Fleisch und Aussehen wird ihm neu gegeben,
Zu hören, was in Ewigkeit wird schallen.« –

Nun ging es langsam fort, wo sich verkleben   *100*
Zu ekelm Wuste Schatten und Regenschauer,
Berührend mancherlei vom Jenseitsleben,

Weshalb ich sprach: »Sag, Meister, ob die Trauer   *103*
Von diesen nach dem großen Spruch sich mehre,
Sich mindre oder gleich verbleib an Dauer?«

Und er: »Ein Wesen, fragst du deine Lehre,   *106*
Kann sich um so vollkommener offenbaren,
Als Lust und Schmerz es fühlt mit größerer Schwere.

Obgleich nun dieser Maledeiten Scharen   *109*
Nie wirkliche Vollkommenheit erlangen:
Sie hoffen einst auf mehr als hier sie waren.«

Drauf sind wir weiterfort im Kreis gegangen,   *112*
Mehr sprechend als ich sagen will in Worten
Bis hin, wo wir auf Stufen abwärtsdrangen:

Plutus, den großen Feind ersahen wir dorten.   *115*

CANTO SETTIMO

«Papè Satàn, papè Satàn aleppe!»   *1*
cominciò Pluto con la voce chioccia;
e quel savio gentil, che tutto seppe,

disse per confortarmi: «Non ti noccia   *4*
la tua paura, chè, poder ch' egli abbia,
non ti torrà lo scender questa roccia».

Poi si rivolse a quella enfiata labbia,   *7*
e disse: «Taci, maladetto lupo;
consuma dentro te con la tua rabbia!

Non è senza cagion l' andare al cupo: *10*
vuolsi nell' alto là dove Michele
fe' la vendetta del superbo strupo.»

Quali dal vento le gonfiate vele   *13*
caggiono avvolte, poi che l' alber fiacca,
tal cadde a terra la fiera crudele.

Così scendemmo nella quarta lacca,   *16*
pigliando più della dolente ripa,
che il mal dell' universo tutto insacca.

Ahi, giustizia di Dio! tante chi stipa   *19*
nuove travaglie e pene quante io viddi?
e perchè nostra colpa sì ne scipa?

Come fa l' onda là sovra Cariddi,   *22*
che si frange con quella in cui s' intoppa,
così convien che qui la gente riddi.

Qui vid' io gente più che altrove troppa,   *25*
e d' una parte e d' altra, con grand' urli
voltando pesi per forza di poppa:

Percotevansi incontro, e poscia pur lì   *28*
si rivolgea ciascun, voltando a retro,
gridando «Perchè tieni?» e «Perchè burli?»

Così tornavan per lo cerchio tetro   *31*
da ogni mano all' opposito punto,
gridandosi anche loro ontoso metro;

poi si volgea ciascun, quando era giunto,   *34*
per lo suo mezzo cerchio all' altra giostra.
Ed io, ch' avea lo cor quasi compunto,

dissi: «Maestro mio, or mi dimostra   *37*
che gente è questa, e se tutti fur cherci
questi chercuti alla sinistra nostra».

SIEBENTER GESANG

»Pape Satan, pape Satan aleppe!«   *1*
Schrie krächzend Pluto, doch des Weisen Stimme,
Dem alles kund, scholl freundlichtröstend: »Schleppe
    Dich nicht mit Furcht; er kann trotz seinem Grimme   *4*
Und großen Macht dich nicht verhindern wollen,
Daß diesen Fels dein Fuß herniederklimme.«
    Gekehrt zur Fratze, die von Zorn geschwollen,   *7*
Rief er sodann: »Schweig, Wolf, vermaledeiter;
Friß und verschlinge dich im eigenen Grollen!
    Nicht unbefugt zur Tiefe gehen wir weiter: *10*
Dort will mans so, wo mit dem Schwert stieß nieder
Den stolzen Schänder Michael der Streiter.«
    Wie windgeschwellte Segel haltlos wieder   *13*
Zusammenklappen, wenn zerknickt die Masten,
So knickten ein des Untiers grause Glieder. –
    Zum vierten Abgrund ging es ohne Rasten,   *16*
Wo vollgepfropft in tieferen Schmerzensgründen
Aus aller Welt endlose Qualen lasten.
    Gerechter Gott! wer könnte Häufung künden   *19*
Von größern Martern, als ich hier gesehen,
Dran wir zugrundegehn kraft unserer Sünden?
    Wie der Charybdis wilde Wogen gehen,   *22*
Zerschellend an der Gegenströmung Toben,
So muß das Volk sich hier im Wirbel drehen.
    Hierunten sah ich Seelen mehr als droben,   *25*
Die mit Geheul, sich in zwei Gruppen teilend,
Durch ihrer Brust Gewalt Lasten herschoben.
    Zusammenstoßen sie und unverweilend   *28*
Macht alles Kehrt, beginnt aufs neu die Reise
Und schreit: »Was hältst du?« – und: »Warum so eilend?«
    So trieben sies in diesem dunkeln Kreise,   *31*
Bis sie von rechts und links zurückgekommen,
Schreiend und lästernd sich in ihrer Weise.
    War halb der Kreis durchstürmt und eingenommen   *34*
Der Gegenpunkt, gings neu zum Wetterennen.
Und ich, davon im Herzen ganz beklommen,
    Ich sprach: »Mein Meister, laß mich nun erkennen,   *37*
Welch Volk dies ist und ob hier links die Scharen
All der Geschorenen geistlich sind zu nennen?«

INFERNO · CANTO VII

Ed egli a me: «Tutti quanti fur guerci   40
sì della mente in la vita primaia,
che con misura nullo spendio fêrci.

Assai la voce lor chiaro l' abbaia,   43
quando vengono ai duo punti del cerchio
ove colpa contraria li dispaia.

Questi fur cherci che non han coperchio   46
piloso al capo, e papi e cardinali,
in cui usa avarizia il suo soperchio.»

Ed io: «Maestro, tra questi cotali   49
dovre' io ben riconoscere alcuni
che furo immondi di cotesti mali».

Ed egli a me: «Vano pensiero aduni: 52
la sconoscente vita che i fe' sozzi,
ad ogni conoscenza or li fa bruni.

In eterno verranno alli duo cozzi;   55
questi risurgeranno del sepulcro
col pugno chiuso, e questi co' crin mozzi.

Mal dare e mal tener lo mondo pulcro   58
ha tolto loro, e posti a questa zuffa:
qual ella sia, parole non ci appulcro.

Or puoi, figliuol, veder la corta buffa   61
de' ben che son commessi alla Fortuna,
per che l' umana gente si rabbuffa;

chè tutto l' oro ch' è sotto la luna   64
e che già fu, di queste anime stanche
non poterebbe farne posar una.»

«Maestro» diss' io lui, «or mi di' anche: 67
questa Fortuna, di che tu mi tocche,
che è, che i ben del mondo ha sì tra branche?»

E quegli a me: «O creature sciocche,   70
quanta ignoranza è quella che vi offende!
Or vo' che tu mia sentenza ne imbocche.

Colui lo cui saper tutto trascende,   73
fece li cieli, e diè lor chi conduce,
sì che ogni parte ad ogni parte splende,

distribuendo egualmente la luce: 76
similemente agli splendor mondani
ordinò general ministra e duce,

che permutasse a tempo li ben vani   79
di gente in gente e d' uno in altro sangue,
oltre la difension de' senni umani:

DIE HÖLLE · VII. GESANG

Und er zu mir: »Hier diese alle waren   40
So blind an Geist in ihrem ersten Leben,
Daß rechtes Maß ihr Aufwand nie erfahren.

Ihr Belfern wird dir gültig Zeugnis geben: 43
Wenn sie im Kreis zum Wendepunkt gekommen,
Trennt sie die Schuld, drin sie sich widerstreben.

Die dort sind geistlich, denen man genommen   46
Den Haarschmuck; Päpste sinds und Kardinäle,
Bei denen Geiz den Gipfelpunkt erklommen.«

Ich sprach: »Ich glaube, Meister, wohl: ich zähle   49
Hier manchen, den ich müßte wiederkennen,
Und der sich unter gleichem Schandmal quäle.«

Doch er zu mir: »Das muß ich Täuschung nennen!   52
Besudelt und entstellt vom Lasterleben,
Wie könnte sie der Blick erkennbar trennen?

Sie müssen stets im Widerstoß erbeben,   55
Bis sich die einen mit geschlossenen Händen,
Die andern haarlos aus der Gruft erheben.

Sie hat beraubt Schlechtsparen und Schlechtspenden   58
Der schönen Welt, zum Zank in diese Gosse
Gestürzt – und nun laß mein Erklären enden!

Drum sieh, mein lieber Sohn, die kurze Posse   61
Der Güter, die Fortunen sind beschieden,
Drob soviel Zwist erwächst dem Menschentrosse!

Denn alles Gold, was unterm Mond hienieden   64
Ist oder war, es könnte nie betauen
Nur eine müde Seele hier mit Frieden.« –

»Meister«, sprach ich zu ihm, »noch laß mich schauen: 67
Wer ist Fortuna, die auf unserer Erde,
Sagst du, die Güter hält in ihren Klauen?«

Und er zu mir: »O blinde Menschheitsherde!   70
Welch Wissensmangel läßt euch doch erkranken –
Beherzige wohl, was ich dir sagen werde.

Er, dessen Weisheit frei von allen Schranken,   73
Er schuf die Himmel und gab ihnen Leitung,
Daß alle Teile allen Klarheit danken

Durch seines Lichts gleichmäßige Verbreitung.   76
So gab dem Erdenglanz des Himmels Hüter
Auch eine Dienerin zur Wegbegleitung.

Die schickt zu ihrer Zeit die eiteln Güter   79
Von Volk zu Volk, von Blut zu Blut, nie dauernd,
Trotz Witz und Einspruch menschlicher Gemüter.

INFERNO · CANTO VII

per che una gente impera ed altra langue,   *82*
seguendo lo giudicio di costei,
che è occulto, come in erba l' angue.

Vostro saper non ha contasto a lei: *85*
questa provvede, giudica e persegue
suo regno, come il loro gli altri Dei.

Le sue permutazion non hanno triegue: *88*
necessità la fa esser veloce;
sì spesso vien chi vicenda consegue.

Quest' è colei ch' è tanto posta in croce   *91*
pur da color che le dovrian dar lode,
dandole biasmo, a torto, e mala voce.

Ma ella s' è beata e ciò non ode: *94*
con l' altre prime creature lieta
volve sua spera, e beata si gode.

Or discendiamo omai a maggior pietà: *97*
già ogni stella cade che saliva
quando mi mossi, e il troppo star si vieta.»

Noi ricidemmo il cerchio all' altra riva   *100*
sovra una fonte che bolle e riversa
per un fossato che da lei deriva.

L' acqua era buia assai più che persa: *103*
e noi, in compagnia dell' onde bige,
entrammo giù per una via diversa.

Una palude fa, che ha nome Stige,   *106*
questo tristo ruscel, quando è disceso
al piè delle maligne piagge grige.

Ed io, che di mirar mi stava inteso,   *109*
vidi genti fangose in quel pantano,
ignude tutte e con sembiante offeso.

Questi si percotean, non pur con mano,   *112*
ma con la testa, col petto e co' piedi,
troncandosi coi denti a brano a brano.

Lo buon Maestro disse: «Figlio, or vedi   *115*
l' anime di color cui vinse l' ira;
ed anco vo' che tu per certo credi

che sotto l' acqua ha gente che sospira,   *118*
e fanno pullular quest' acqua al summo,
come l' occhio ti dice, u' che s' aggira.

Fitti nel limo, dicon: ‹Tristi fummo   *121*
nell' aere dolce che dal sols' allegra,
portando dentro accid oso fummo:

DIE HÖLLE · VII. GESANG

Drum herrscht ein Volk, ein andres schmachtet trauernd, *82*
Wie *sies* bestimmt hat, die indes gelegen
Gleich einer Schlange, unterm Grase lauernd.

All euer Wissen kämpft umsonst dagegen: *85*
Sie sorgt, sie urteilt und beschickt hienieden
Ihr Reich, wie auch die andern Götter pflegen.

In ihrem Wandel weiß sie nichts von Frieden: *88*
Notwendigkeit erhält sie stets im Jagen,
Drum ist ein Wechsel manchem oft beschieden.

Das ist sie, die so oft ans Kreuz geschlagen *91*
Von denen, die sie lobend sollten ehren,
Und sie mit Unrecht schelten und verklagen.

Doch hörts die Selige nicht, sich dran zu kehren. *94*
Mit andern Urgeschöpfen läßt sie eilen
Die rollende Kugel und erfreut sich deren.

Jetzt komm zu größerer Qual hinab die Steilen, *97*
Schon jeder Stern sinkt, der sich aufgeschwungen
Seitdem ich aufbrach, und es frommt kein Weilen.«

So ward zum andern Rand der Kreis durchdrungen *100*
Ob einem Quell, der kochend sein Gefälle
In einen Bach gießt, draus der Quell entsprungen.

Dunkler als Purpur noch war seine Welle; *103*
Und von der trüben Flut begleitet, klommen
Wir abwärts über eine grausige Stelle,

Bis wir zu einem Sumpf, dem Styx, gekommen. *106*
Der rasch den Trauerbach am Fuß des steilen
Bösartigen Abgrunds insich aufgenommen.

Begierig ließ ich rings die Blicke eilen *109*
Und sah im Sumpfe schlammbedeckte nackte,
Von Zorn durchschüttelte Gestalten weilen.

Nicht nur mit Fäusten schlug man sich, man packte *112*
Sich auch mit Kopf, Brust, Füßen wie mit Klauen,
Wobei den Leib stückweis der Zahn zerhackte.

Der Meister sprach: »Mein Sohn, hier kannst du schauen *115*
Die Seelen derer, die der Zorn macht rasen,
Und glaub mirs, wenn ich dir will anvertrauen:

Noch andere liegen unterm ekeln Wrasen *118*
Und seufzen so, daß brodelnd aufwärtsfließen,
Wie dich der Blick belehret, diese Blasen.

Sie sprechen tief im Schlamme: ›Traurig ließen *121*
Die süßen Lüfte uns in Sonnentagen,
Gewohnt, ins Herz des Trübsinns Qualm zu schließen:

INFERNO · CANTO VII

or ci attristiam nella belletta negra».   *124*
Quest' inno si gorgoglian nella strozza,
chè dir nol posson con parola integra.»
   Così girammo della lorda pozza   *127*
grand' arco tra la ripa secca e il mèzzo,
con gli occhi volti a chi del fango ingozza:
   venimmo al piè d' una torre al da sezzo.   *130*

DIE HÖLLE · VII. GESANG

Jetzt müssen wir in schwarzer Suppe klagen.‹   *124*
Solch eine Hymne gurgeln sie im Schlunde,
Die sie mit klarem Wort nicht können sagen.«
    So zwischen dem Morast und festem Grunde   *127*
Den Rundgang wir entlang dem Schmutzteich nahmen,
Den Blick gekehrt auf die mit Schlamm im Munde:
    Zuletzt zu eines Turmes Fuß wir kamen.   *130*

CANTO OTTAVO

Io dico, seguitando, ch' assai prima   *1*
che noi fossimo al piè dell' alta torre,
gli occhi nostri n' andâr suso alla cima

per due fiammette che i' vedemmo porre,   *4*
e un' altra da lungi render cenno,
tanto che appena il potea l' occhio tôrre.

E io mi volsi al mar di tutto il senno: *7*
dissi: «Questo che dice, e che risponde
quell' altro foco? e chi son quei che 'l fenno?»

Ed egli a me: «Su per le sucide onde   *10*
già scorgere puoi quello che s' aspetta,
se il fummo del pantan nol ti nasconde».

Corda non pinse mai da sè saetta   *13*
che sì corresse via per l' aere snella,
com' io vidi una nave piccioletta

venir per l' acqua verso noi in quella,   *16*
sotto il governo d' un sol galeoto,
che gridava: «Or se' giunta, anima fella!»

Flegïàs, Flegïàs, tu gridi a voto»   *19*
disse lo mio signore «a questa volta:
più non ci avrai, che sol passando il loto».

Quale colui che grande inganno ascolta   *22*
che gli sia fatto, e poi se ne rammarca,
fecesi Flegïàs nell' ira accolta.

Lo duca mio discese nella barca,   *25*
e poi mi fece entrare appresso lui;
e sol quand' io fui dentro, parve carca.

Tosto che il duca e io nel legno fui,   *28*
secando se ne va l' antica prora
dell' acqua più che non suol con altrui.

Mentre noi corravam la morta gora,   *31*
dinanzi mi si fece un, pien di fango,
e disse: «Chi se' tu che vieni anzi ora?»

E io a lui: «S' io vegno, non rimango: *34*
ma tu chi se', che sì se' fatto brutto?»
Rispuose: «Vedi che son un che piango».

E io a lui: «Con piangere e con lutto,   *37*
spirito maladetto, ti rimani;
ch' io ti conosco, ancor sie lordo tutto».

ACHTER GESANG

Weiterberichtend sag ich, daß uns lange,   *1*
Eh wir zum Fuß des hohen Turms gekommen,
Die Blicke zog zu seines Daches Hange
    Ein Flämmchenpaar, das wir dort sahen entglommen,   *4*
Und dem fernher ein drittes Antwort kündet,
Daß es der Blick erkannte nur verschwommen.
    Blickend zum Meer, drin alle Weisheit mündet,   *7*
Begann ich: »Welch Gespräch wird hier gepflogen
Von diesen zwein? Und wer hat sie entzündet?« –
    »Schon kannst du sehen auf den schmutzigen Wogen   *10*
Das, was ich zu erwarten im Begriffe«,
Sprach er, »wenn dirs der Sumpfqualm nicht entzogen.«
    Kein abgeschossener Pfeil jemals durchpfiffe   *13*
Die luftige Bahn mit solcher Blitzesschnelle,
Als ich es sah von einem winzigen Schiffe,
    Das grade auf uns zuschoß durch die Welle,   *16*
Ein Mann nur drin, ders lenke und beschütze.
Der schrie: »Bist du, verruchter Geist, zur Stelle?«
    »Phlegias, Phlegias, dein Schreien ist nichts nütze   *19*
Für diesmal«, hört ich meinen Weggenossen;
»Dein sind wir nur zur Überfahrt der Pfütze.«
    Wie jemand merkt, daß ihm ein großer Possen   *22*
Gespielt sei, drob ihn Zorn will schier besiegen,
Hielt Phlegias seine Wut insich verschlossen.
    Mein Führer war ins Boot hinabgestiegen   *25*
Und hieß nach ihm mich nehmen meine Stelle.
Erst als ich drinnen, schien es schwer zu wiegen.
    Kaum daß im Schiff ich saß und mein Geselle,   *28*
Sah ich den alten Kiel vondannen eilen
Und tiefer furchen wohl als sonst die Welle.
    Als wir den toten Graben so zerteilen,   *31*
Taucht ein Beschlammter auf und schreit: »Wer immer
Du seist, du kommst zu frühe, hier zu weilen.«
    Und ich zu ihm: »Ich kam, doch bleib ich nimmer.   *34*
Doch wer bist du, so schmutzig und abscheulich?«
Er sprach: »Du siehst es, einer voll Gewimmer.«
    Und ich: »So sei – verdammt und unerfreulich –   *37*
Weinend und klagend ewig hier gefunden!
Dich kenn ich, schwärzt dich der Morast auch greulich.«

INFERNO · CANTO VIII

Allora stese al legno ambo le mani; 40
per che il maestro accorto lo sospinse,
dicendo: «Via costà con gli altri cani!»

Lo collo poi con le braccia mi cinse; 43
baciommi il volto, e disse: «Alma sdegnosa,
benedetta colei che in te s' incinse!

Quei fu al mondo persona orgogliosa; 46
bontà non è che sua memoria fregi:
così s' è l' ombra sua qui furiosa.

Quanti si tengon or lassù gran regi, 49
che qui staranno come porci in brago,
di sè lasciando orribili dispregi!»

E io: «Maestro, molto sarei vago 52
di vederlo attuffare in questa broda,
prima che noi uscissimo del lago».

Ed egli a me: «Avanti che la proda 55
ti si lasci veder, tu sarai sazio:
di tal disìo converrà che tu goda».

Dopo ciò poco vidi quello strazio 58
far di costui alle fangose genti,
che Dio ancor ne lodo e ne ringrazio.

Tutti gridavano: «A Filippo Argenti!»; 61
e 'l fiorentino spirito bizzarro
in sè medesmo si volvea co' denti.

Quivi il lasciammo, che più non ne narro; 64
ma negli orecchi mi percosse un duolo,
per ch' io avanti intento l' occhio sbarro.

Lo buon maestro disse: «Omai, figliuolo, 67
s' appressa la città c' ha nome Dite,
coi gravi cittadin, col grande stuolo».

E io: «Maestro, già le sue meschite 70
là entro certo nella valle cerno
vermiglie, come se di foco uscite

fossero». Ed ei mi disse: «Il foco eterno 73
ch' entro le affoca, le dimostra rosse,
come tu vedi in questo basso Inferno.»

Noi pur giugnemmo dentro all' alte fosse 76
che vallan quella terra sconsolata:
le mura mi parean che ferro fosse.

Non sanza prima far grande aggirata, 79
venimmo in parte dove il nocchier forte
«Uscite» ci gridò: «qui è l' entrata».

DIE HÖLLE · VIII. GESANG

Da hielt er jede Hand ums Bord gewunden,   *40*
Daß ihn der kluge Meister mußt verjagen.
Rufend: »Weg! troll dich zu den andern Hunden!«

Drauf er, den Arm um meinen Hals geschlagen,   *43*
Mich küssend sprach: »O Seele, glutenvolle,
Gesegnet sei der Schoß, der dich getragen!

Auf Erden lebte dieser Hochmutstolle   *46*
Derart, daß nichts wird seinen Namen loben:
Drum zürnt auch hier sein Schatten noch im Grolle.

Wie viele schilt man große Fürsten droben,   *49*
Die hier im Kot wie Säue werden stehen,
Nachlassend grause Flüche nur dortoben!«

Drauf ich: »Gern, Meister, möcht ich eines sehen,   *52*
Daß er von dieser Tunke kosten müßte,
Bevor ans Land wir aus dem Sumpfe gehen.«

Und er zu mir: »Noch eh die andere Küste   *55*
Uns naht, wirst du es schauen mit Behagen:
Befriedigung fordert billig solch Gelüste.«

Kurz drauf sah ich erbärmlich ihn geschlagen   *58*
Von einer Schar der Kot- und Mistbeschlammten:
Gott will ich ewig Lob und Dank drum sagen!

»Packt den Argenti!« schrien die Zornentflammten.   *61*
Da sah ich selbstzerfleischen sich mit Bissen
Aus Wut den florentinischen Verdammten.

Hier trennten wir uns – mehr nicht lohnt zu wissen;   *64*
Doch drang ans Ohr mir jetzt solch schmerzhaft Brüllen,
Daß ich vorspähend das Auge aufgerissen.

Der gute Meister sprach: »Bald wird enthüllen   *67*
Sich dir ein Ort, mein Sohn; Dis heißt die Stätte,
Die scharenweis bösartige Bürger füllen.« –

»Schon konnt ich, Meister, ihre Minarette«,   *70*
Sprach ich, »im Talgrund voneinander trennen:
Dort glühts, alsob es Feuer insich hätte.«

Und er: »In ihrem Schoß das ewige Brennen   *73*
Macht solche Röte diese Stadt gewinnen;
Bald läßt die untere Hölle dichs erkennen.«

Einlenkten wir in tiefe Grabenrinnen,   *76*
Die jene hoffnungslose Stadt umschlangen.
Mir schienen eisern Mauerwerk und Zinnen.

Nicht ohne einen großen Umweg drangen   *79*
Wir dahin, wo des Fergen barsche Worte
»Steigt aus, hier ist der Eingang!« uns erklangen.

INFERNO · CANTO VIII

Io vidi più di mille in su le porte   *82*
da ciel piovuti, che stizzosamente
dicean: «Chi è costui che, senza morte,

va per lo regno della morta gente?»   *85*
E il savio mio maestro fece segno
di voler lor parlar segretamente.

Allor chiusero un poco il gran disdegno,   *88*
e disser: «Vien tu solo, e quei sen vada,
che sì ardito entrò per questo regno.

Sol si ritorni per la folle strada: *91*
provi, se sa; chè tu qui rimarrai,
che gli hai scorta sì buia contrada.»

Pensa, lettor, se io mi sconfortai   *94*
nel suon delle parole maladette;
ch'io non credetti ritornarci mai.

«O caro duca mio che più di sette   *97*
volte m'hai sicurtà renduta e tratto
d' alto periglio che 'ncontro mi stette,

non mi lasciar» diss'io «così disfatto: *100*
e se 'l passar più oltre c' è negato,
ritroviam l'orme nostre insieme ratto».

E quel signor che lì m'avea menato,   *103*
mi disse: «Non temer; che 'l nostro passo
non ci può tôrre alcun: da tal n' è dato.

Ma qui m'attendi, e lo spirito lasso   *106*
conforta e ciba di speranza buona,
ch'io non ti lascierò nel mondo basso.»

Così sen va, e quivi m'abbandona   *109*
lo dolce padre, ed io rimango in forse;
che 'sì' e ,no' nel capo mi tenciona.

Udir non potei quello che a lor porse;   *112*
ma ei non stette là con essi guari,
che ciascun dentro a prova si ricorse.

Chiuser le porte que' nostri avversari   *115*
nel petto al mio signor, che fuor rimase
e rivolsesi a me con passi rari.

Gli occhi alla terra, e le ciglia avea rase   *118*
d' ogni baldanza, e dicea ne' sospiri:
«Chi m'ha negate le dolenti case!»

E a me disse: «Tu, perch'io m'adiri,   *121*
non sbigottir, ch'io vincerò la prova,
qual ch'alla difension dentro s'aggiri.

DIE HÖLLE · VIII. GESANG

Himmelsverbannter sah ich an der Pforte   *82*
Tausend und mehr, und trotzig schrien die Frechen:
»Wer ists, der in des toten Volkes Orte

Als Unverstorbener wagt dreist einzubrechen?«   *85*
Mein weiser Meister aber gab ein Zeichen,
Er wolle insgeheim mit ihnen sprechen.

Da mocht ihr großer Grimm ein wenig weichen;   *88*
Sie riefen: »Komm allein, doch *den* laß fliehen,
Der vorlaut sich gedrängt zu unsern Reichen.

Allein soll er die Narrenstraße ziehen   *91*
Nach Haus, wenn es ihm glückt; doch du wirst bleiben,
Der ihm ins Nachtgefild Geleit verliehen!«

Ob mich der Mut verließ, muß ichs beschreiben,   *94*
O Leser, bei so schnöder Worte Klange?
Wer würde meine Heimkehr hier betreiben?

»O teurer Führer, der mich, wenn mir bange,   *97*
Schon siebenmal und öfter hat beschwichtet
Und mich entriß dem unheilvollsten Zwange,

Nicht laß mich«, bat ich, »sonst bin ich vernichtet!   *100*
Und ists verwehrt uns, weiter vorzudringen,
Sei schnell auf Rückkehr unser Sinn gerichtet.«

Doch jener Herr, befugt mich herzubringen,   *103*
Versetzte: »Fürchte nichts; denn unsere Reise
Hemmt keiner, läßt uns höhere Macht gelingen.

Drum harre hier und neu mit Hoffnung speise   *106*
Den schwachen Mut, denn nie wird es geschehen,
Daß ich dich lasse hier im tiefen Kreise.«

So geht er hin und läßt mich einsam stehen,   *109*
Der holde Vater, und in Zweifelsbangen
Laß durch den Kopf ich Ja und Nein mir gehen

Nicht konnt ich hören, was dort vorgegangen,   *112*
Doch lang nicht blieb er stehen zu kurzem Worte,
Als alle in die Stadt im Wettlauf sprangen.

Die Widersacher schlugen zu die Pforte   *115*
Dicht vor des Meisters Brust; so ausgeschlossen,
Kam langsam er zurück zu mir am Orte,

Gesenkten Blicks, dem aller Mut entflossen.   *118*
»Wer ists, der mir zu wehren sich gelüste
Des Jammers Haus?« So seufzt er leis-verdrossen.

Und dann zu mir: »Ob ich mich auch entrüste,   *121*
Erschrick nur nicht, denn ich besteh die Proben,
Wie man dadrin sich auch mit Abwehr brüste!

INFERNO · CANTO VIII

Questa lor tracotanza non è nuova,   124
chè già l'usaro a men secreta porta,
la qual senza serrame ancor si trova.
    Sovr' essa vedestù la scritta morta: 127
e già di qua da lei discende l'erta,
passando per li cerchi senza scorta,
    tal che per lui ne fia la terra aperta.» 130

DIE HÖLLE · VIII. GESANG

Alt ist solch Trotz; man sah bereits ihn toben   *124*
An einer weniger-geheimen Pforte,
Vor die seitdem kein Riegel ward geschoben:
    Du sahest über ihr die Todesworte!   *127*
Und diesseits schon den Abhang niederschreitet,
Der keinen Führer braucht durch diese Orte –
    Solcher, der Zutritt uns zur Stadt bereitet.«   *130*

CANTO NONO

Quel color che viltà di fuor mi pinse,   *1*
veggendo il duca mio tornare in volta,
più tosto dentro il suo nuovo ristrinse.

Attento si fermò com' uom che ascolta;   *4*
chè l'occhio nol potea menare a lunga
per l'aere nero e per la nebbia folta.

«Pur a noi converrà vincer la punga»   *7*
cominciò ei, «se non . . . Tal ne s'offerse!
Oh quanto tarda a me ch'altri qui giunga!»

Io vidi ben sì com' ei ricoperse   *10*
lo cominciar con l'altro che poi venne,
che fur parole alle prime diverse;

ma nondimen paura il suo dir dienne,   *13*
perch'io traeva la parola tronca
forse a peggior sentenza che non tenne.

«In questo fondo della trista conca   *16*
discende mai alcun del primo grado,
che sol per pena ha la speranza cionca?»

Questa question fec'io; e quei «Di rado   *19*
incontra» mi rispose» «che di nui
faccia il cammino alcun per quale io vado.

Ver è ch'altra fïata quaggiù fui,   *22*
congiurato da quella Eriton cruda
che richiamava l'ombre a' corpi sui.

Di poco era di me la carne nuda,   *25*
ch'ella mi fece entrar dentro a quel muro,
per trarne un spirto del cerchio di Giuda.

Quell' è il più basso loco e il più oscuro   *28*
e 'l più lontan dal ciel che tutto gira:
ben so il cammin; però ti fa' sicuro.

Questa palude che il gran puzzo spira,   *31*
cinge dintorno la città dolente,
u' non potemo entrare omai sanz'ira.»

E altro disse, ma non l'ho a mente;   *34*
però che l'occhio m'avea tutto tratto
vêr l'alta torre alla cima rovente,

dove in un punto furon dritte ratto   *37*
tre furie infernal di sangue tinte,
che membra femminine aveano e atto,

NEUNTER GESANG

Des Kleinmuts Blässe, die mein Antlitz deckte,   *1*
Als ich den Führer sah so traurig kehren,
Trieb ihn, daß er die eigene Furcht versteckte.
Er horchte aufmerksam, alsob belehren   *4*
Das Ohr ihn sollte, weil nicht in die Weite
Das Auge drang, dem Dunst und Qualm zu wehren.
»Nur uns allein gebührt der Sieg im Streite«,   *7*
Begann er, »wenn nicht . . . darf ich auf ihn pochen?
Wie lang doch währts bis Er an meiner Seite!«
Ich sah wohl, daß er sich nur unterbrochen,   *10*
Um mir den Schlußgedanken zu verdecken,
Denn anders klang, was er zuerst gesprochen.
Gleichwohl ließ mich sein Selbstgespräch erschrecken,   *13*
Denn in dem Satze, den er jäh durchschnitten,
Sah Schlimmres als er selbst mein Argwohn stecken.
»Hat je des Qualenkessels Grund beschritten   *16*
Von denen einer, die im ersten Kreise
Getäuschter Hoffnung Strafe nur erlitten?«
So fragt ich. »Nur sehr selten«, sprach der Weise,   *19*
»Geschahs, daß unsereiner ward erkoren,
Den Weg zu wandern, den ich jetzt durchreise.
Zwar ich ward einmal schon hierherbeschworen: *22*
Durch der Erichtho grausige Zaubereien,
Die Tote weckt, schritt ich zu diesen Toren.
Kaum ließ mein Tod sich Fleisch und Geist entzweien,   *25*
Als sie mich hergesandt zu diesen Mauern,
Um einen Geist Judeccas zu befreien,
Des tiefsten Ortes, dessen finstern Schauern   *28*
Zufernst ums All des Himmels Räume schwingen.
Vertraut ist mir der Weg, drum laß dein Trauern!
Von einem Sumpf, draus ekle Dünste dringen,   *31*
Ist dieser Schmerzenswohnort rings umwunden,
Zu dem nur Zorn uns Einlaß kann erzwingen.«
Was er noch sprach, ist meinem Sinn entschwunden,   *34*
Weil mir der hohe Turm, starr hinzuschauen
Zur Zinnenglut, das Auge hielt gebunden,
Wo plötzlich, steil emporgereckt zum Grauen,   *37*
Drei blutbefleckte Höllenfurien standen,
Glieder und Haltung ganz wie Erdenfrauen,

INFERNO · CANTO IX

e con idre verdissime eran cinte;   40
serpentelli e ceraste avean per crine,
onde le fiere tempie erano avvinte.

E quei, che ben conobbe le meschine   43
della regina dell'eterno pianto,
«Guarda» mi disse «le feroci Erine.

Questa è Megera, dal sinistro canto;   46
quella che piange dal destro, è Aletto;
Tesifone è nel mezzo». E tacque a tanto.

Con l'unghie si fendea ciascuna il petto;   49
batteansi a palme, e gridavan sì alto,
ch'io mi strinsi al poeta per sospetto.

«Venga Medusa: sì 'l farem di smalto»   52
dicevan tutte riguardando in giuso:
«mal non vengiammo in Teseo l'assalto».

«Volgiti indietro e tien lo viso chiuso;   55
chè se il Gorgòn si mostra e tu il vedessi,
nulla sarebbe di tornar mai suso».

Così disse il maestro; ed egli stessi   58
mi volse, e non si tenne alle mie mani,
che con le sue ancor non mi chiudessi.

O voi che avete gl'intelletti sani,   61
mirate la dottrina che s'asconde
sotto il velame delli versi strani.

E già venìa su per le torbid' onde   64
un fracasso d'un suon pien di spavento,
per cui tremavano ambedue le sponde,

non altrimenti fatto che d'un vento   67
impetuoso per gli avversi ardori,
che fier la selva e senza alcun rattento

li rami schianta, abbatte e porta fuori;   70
dinanzi polveroso va superbo,
e fa fuggir le fiere e li pastori.

Gli occhi mi sciolse e disse: «Or drizza il nerbo   73
del viso su per quella schiuma antica,
per indi ove quel fummo è più acerbo».

Come le rane innanzi alla nimica   76
biscia per l'acqua si dileguan tutte,
fin ch'alla terra ciascuna s'abbica;

vid'io più di mille anime distrutte   79
fuggir così dinanzi ad un che al passo
passava Stige con le piante asciutte.

DIE HÖLLE · IX. GESANG

Nur daß die Hüften grüne Hydern banden 40
Und daß, wo Haare sonst das Haupt umspinnen,
Sich Nattern nur und Vipern grausig wanden.

Und er, dem wohlbekannt die Dienerinnen 43
Der Königin niemals-ausgeweinter Zähren,
Er rief: »Sieh da die schrecklichen Erinnen!

Rechts weint Alekto, links siehst du Megären, 46
Dazwischen ist Tisiphone zu schauen.«
Und er verstummte mitten im Erklären.

Die Brust zerriß sich jede mit den Klauen, 49
Und zu der Fäuste Schlagen scholl ihr Brüllen,
Daß ich mich eng am Dichter hielt vor Grauen.

»Er werde Stein! laß uns dein Haupt enthüllen, 52
Medusa«, kreischten sie und stierten nieder,
»An Theseus endlich Rache zu erfüllen!« –

»Dreh dich und drück aufs Auge fest die Lider; 55
Wenn es bei Gorgos Anblick offenstände,
Du kehrtest niemals heim nach oben wieder.«

So rief Vergil, der – daß er selbst mich wände – 58
Sich eilte und zum Schutze des Gesichtes
Auf *meine* Hand noch legte *seine* Hände.

Ihr, deren Geist sich freut gesunden Lichtes, 61
Bedenkt die Lehre, die mit Schleiers Hülle
Den Sinn bedeckt des seltsamen Gedichtes! –

Schon überflog ein dröhnendes Gebrülle 64
Die trüben Wogen so, alsob vor Grausen
Ein jedes Ufer tiefer Schreck erfülle.

Es klang wie Sturmwind, der mit zornigem Brausen 67
Bekämpft die Lüfte, die zuheiß-erglühten,
Der durch die Waldung rast mit wildem Sausen,

Äste knickt, abreißt, mitsichführt im Wüten, 70
Und staubaufwirbelnd stolz durchfegt die Aue,
Daß bang die Herden fliehn und die sie hüten.

Mein Auge gab er frei und sprach: »Nun schaue 73
Dein Sehnerv hin zum abgestandenen Schaume,
Dort, wo am beißendsten der Qualm, der graue.«

Wie Frösche angstvoll aus des Sumpfes Raume 76
Vor ihrer Feindin Schlange jäh zerstieben
Und eng sich kauern an des Ufers Saume,

So sah ich tausend Seelen angstgetrieben, 79
Ja mehr, vor einem fliehn, dem beim Durchschreiten
Des grausen Styx die Sohlen trocken blieben.

INFERNO · CANTO IX

Dal volto rimovea quell' aere grasso,   *82*
menando la sinistra innanzi spesso;
e sol di quell' angoscia parea lasso.

Ben m' accors'io ch'egli era da ciel messo,   *85*
e volsimi al maestro; e quei fe' segno
ch'io stessi cheto e inchinassi ad esso.

Ahi quanto mi parea pien di disdegno!   *88*
Venne alla porta, e con una verghetta
l' aperse che non v'ebbe alcun ritegno.

«O cacciati del ciel, gente dispetta»   *91*
cominciò egli in su l'orribil soglia,
«ond'esta oltracotanza in voi s'alletta?

Perchè ricalcitrate a quella voglia   *94*
a cui non può il fin mai esser mozzo,
e che più volte v'ha cresciuta doglia?

Che giova nelle fata dar di cozzo?   *97*
Cerbero vostro, se ben vi ricorda,
ne porta ancor pelato il mento e il gozzo».

Poi si rivolse per la strada lorda,   *100*
e non fe' motto a noi, ma fe' sembiante
d'uomo cui altra cura stringa e morda,

che quella di colui che gli è davante;   *103*
e noi movemmo i piedi inver la terra,
sicuri appresso le parole sante.

Dentro gli entrammo senza alcuna guerra; *106*
e io, ch'avea di riguardar disìo
la condizion che tal fortezza serra,

Com'io fui dentro, l'occhio intorno invio; *109*
e veggio ad ogni man grande campagna,
piena di duolo e di tormento rio.

Sì come ad Arli, ove Rodano stagna,   *112*
sì come a Pola, presso del Quarnaro
che Italia chiude e suoi termini bagna,

fanno i sepolcri tutto il loco varo;   *115*
così facevan quivi d'ogni parte,
salvo che il modo v' era più amaro;

chè tra gli avelli fiamme erano sparte,   *118*
per le quali eran sì del tutto accesi,
che ferro più non chiede verun' arte.

Tutti li lor coperchi eran sospesi,   *121*
e fuor n'uscivan sì duri lamenti,
che ben parean di miseri e d'offesi.

DIE HÖLLE · IX. GESANG

Die linke Hand bewegte er zuzeiten,   *82*
Daß er den dicken Dunst vom Antlitz bannte,
Denn das nur schien ihm Unmut zu bereiten.

Wohl merkt ich, daß der Himmel ihn entsandte.   *85*
Zum Meister kehrt ich mich, doch auf sein Zeichen
Ich stummen Neigens Ehrfurcht ihm bekannte.

Ha, wie er schien vor Unmut zu erbleichen!   *88*
Er trat ans Tor und schlugs mit einer Rute:
Aufsprangs, denn jedes Hemmnis mußte weichen.

»Himmelsverbannte, ewigen Trotz im Blute«,   *91*
Begann er auf der fürchterlichen Schwelle,
»Was führt euch zu so tollem Übermute?

Was trotzt dem Willen ihr von höchster Stelle,   *94*
Den, an sein Ziel zu kommen, nichts kann hemmen,
Doch der euch oft war neuen Schmerzes Quelle?

Was hilft es, gegen das Geschick sich stemmen?   *97*
Seht euern Zerberus: zu seinem Glücke
Ließ er nur Hals und Kinn sich blutig klemmen!«

Dann kehrte durch den Schlammpfad er zurücke,   *100*
Doch ohnedaß sein Wort an uns erginge,
Nein so, alsob ihn andres quäl und drücke

Als unsere Sorge, die ihm zu geringe. –   *103*
Wir schritten nun zur Stadt, vom heiligen Worte
Gesichert, daß der Eintritt uns gelinge.

Wir gingen ungehindert durch die Pforte.   *106*
Ich aber, zu erkunden voll Verlangen,
Was einschloß dieser Festung äußere Borte,

Ich sah rundum, als ich hineingegangen,   *109*
Und rechts und links war weites Feld zu schauen,
Von Qual und Foltern sonder Zahl umfangen.

Gleichwie bei Arles, wo Rhodans Fluten stauen,   *112*
Gleichwie bei Pola, wo Quarnaros Wellen
Italien schließen, badend seine Auen,

Von Hügelgräbern rings die Felder schwellen,   *115*
So hier auf allen Seiten sie erschienen,
Nur daß hier schmerzlicher die Ruhestellen.

Zahlreiche Flammen sprühten zwischen ihnen   *118*
Und gaben solche Glut den Sarkophagen,
Daß glühender braucht kein Stahl der Kunst zu dienen.

All ihre Deckel standen aufgeschlagen,   *121*
Und drinnen wußten bittere Jammertöne
Von Armen und Verletzten viel zu klagen.

INFERNO · CANTO IX

E io: «Maestro, quai son quelle genti   *124*
che, seppellite dentro da quell'arche,
si fan sentir con li sospir dolenti?«
    Ed egli a me: «Qui son gli eresiarche,   *127*
co'lor seguaci, d'ogni setta, e molto
più che non credi son le tombe carche.
    Simile qui con simile è sepolto,   *130*
e i monimenti son più e men caldi.»
E poi ch'alla man destra si fu volto,
    passammo tra i martìri e gli alti spaldi.   *133*

DIE HÖLLE · IX. GESANG

»O Herr«, sprach ich, »wer sind die Unglückssöhne,   *124*
Die eingesargt in diesen glühenden Zwingern
Solch Wimmern hören lassen und Gestöhne?« –

»Von Ketzern starrt, von höheren und geringern   *127*
Samt ihrem Troß dies Feld; und solcher Arten
Gibts mehr hier als du ahnst von Irrtumsbringern.

Die Gleichen«, schloß er, »sich mit Gleichen paarten,   *130*
Und mehr und minder glühen die Gräber innen.« –
Und rechts sich wendend gings zu neuen Fahrten

Zwischen den Mauern fort und hohen Zinnen.   *133*

CANTO DECIMO

Ora sen va per un secreto calle,   *1*
tra il muro della terra e li martìri,
lo mio maestro, e io dopo le spalle.

«O virtù somma, che per gli empi giri   *4*
mi volvi» cominciai, «come a te piace,
parlami e sodisfammi a' miei desiri:

La gente che per li sepolcri giace,   *7*
potrebbesi veder? Già son levati
tutti i coperchi, e nessun guardia face».

E quelli a me: «Tutti saran serrati,   *10*
quando di Josafàt qui torneranno
coi corpi che lassù hanno lasciati.

Suo cimitero da questa parte hanno   *13*
con Epicuro tutti i suoi seguaci,
che l'anima col corpo morta fanno.

Però alla dimanda che mi faci,   *16*
quinc'entro satisfatto sarà tosto,
e al disìo ancor che tu mi taci».

E io: «Buon duca, non tegno riposto   *19*
a te mio cor, se non per dicer poco;
e tu m'hai non pur mo a ciò disposto».

«O tosco che per la città del foco   *22*
vivo ten vai così parlando onesto,
piacciati di restare in questo loco

La tua loquela ti fa manifesto   *25*
di quella nobil patria natio,
alla qual forse fui troppo molesto.»

Subitamente questo suono uscìo   *28*
d'una dell'arche; però m'accostai,
temendo, un poco più al duca mio.

Ed ei mi disse. «Volgiti: che fai?   *31*
Vedi là Farinata che s'è dritto:
dalla cintola in su tutto il vedrai».

I'avea già il mio viso nel suo fitto;   *34*
ed ei s'ergea col petto e colla fronte,
come avesse lo Inferno in gran dispitto.

E l'animose man del duca e pronte   *37*
mi pinser tra le sepolture a lui,
dicendo: «Le parole tue sien conte».

ZEHNTER GESANG

So ist den engen Paß nun hingeschritten 1
Zwischen den Mauern und den Martern allen
Mein Meister, und ich folge seinen Tritten.

»O höchste Kraft, die durch die sündigen Hallen«, 4
Begann ich, »mir zum Führer ward und Fergen,
Sprich nun und laß Belehrung dir gefallen.

Das Volk, das ringsum diese Gräber bergen, 7
Darf ich es sehn? Sind doch schon abgehoben
Die Deckel und bewacht von keinem Schergen.«

Und er zu mir: »Die Schließung bleibt verschoben 10
Bis heim von Josaphat die Seelen wallen
Mit ihren Körpern, die sie ließen droben.

Hier liegt bestattet Epikur samt allen 13
Nachfolgern, die mit ihm am Wahn gehangen,
Daß mit dem Leib die Seele wird zerfallen.

Drum wird die Frage, die an mich ergangen, 16
Und jene auch, die du bei dir verstohlen
Behieltest, hierdrin schnell Bescheid erlangen.« –

»Mein guter Führer, dir schlägt unverhohlen 19
Mein Herz. Du *wolltest*, daß ich schweigsam bliebe«,
Sprach ich, »und hast mirs jüngst erst anempfohlen.« –

»O Tusker, der zur Stadt voll Glutgestiebe 22
Lebendig eintrat und mit biederer Rede –
Daß etwas hier zu harren dir beliebe!

Zeigt deine Mundart doch, klar wie nicht jede, 25
Daß du in selber edeln Stadt geboren,
Mit der ich wohl zu häufig lag in Fehde.«

Plötzlich aus einem Sarg drang mir zu Ohren 28
Solch Anruf, daß ich mich, als dies geschehen,
An meinen Führer schloß ganz mutverloren.

Und der zu mir: »Was gibts? du mußt dich drehen! 31
Sieh, Farinata hebt sich aus dem Schachte.
Vom Gürtel aufwärts an kannst du ihn sehen.«

Und wie ich ihn schon festen Blicks betrachte, 34
Hebt er mit Brust und Stirne sich zutage,
Alsob die Hölle gänzlich er verachte.

Dann schoben hurtig durch die Sarkophage 37
Mich hin zu ihm des Führers mutige Hände,
Indem er riet: »Sei klar in Wort und Frage.«

INFERNO · CANTO X

Com'io al piè della sua tomba fui,   40
guardommi un poco, e poi, quasi sdegnoso,
mi dimandò: «Chi fur li maggior tui?»

Io ch'era d'ubbidir desideroso,   43
non gliel celai, ma tutto gliel' apersi;
ond'ei levò le ciglia in poco in soso,

poi disse: «Fieramente furo avversi   46
a me e a' miei primi e a mia parte,
sì che per due fïate li dispersi».

«S'ei fur cacciati, ei tornâr d'ogni parte» –   49
rispuos' io lui «l'una e l'altra fïata;
ma i vostri non appreser ben quell' arte.»

Allor surse alla vista scoperchiata   52
un'ombra lungo questa infino al mento:
credo che s'era in ginocchie levata.

Dintorno mi guardò, come talento   55
avesse di veder s'altri era meco;
ma poi che il sospecciar fu tutto spento,

piangendo disse: «Se per questo cieco   58
carcere vai per altezza d'ingegno,
mio figlio ov' è? e perchè non è teco?»

E io a lui: «Da me stesso non vegno: 61
colui ch'attende là, per qui mi mena,
forse cui Guido vostro ebbe a disdegno.»

Le sue parole e 'l modo della pena   64
m' avean di costui già letto il nome;
però fu la risposta così piena.

Di subito drizzato, gridò: «Come?   67
dicesti ‹Egli ebbe›? non viv' egli ancora?
non fiere gli occhi suoi lo dolce lome?»

Quando s'accorse d'alcuna dimora   70
ch'io faceva dinanzi alla risposta,
supin ricadde, e più non parve fuora.

Ma quell'altro magnanimo a cui posta   73
restato m'era, non mutò aspetto,
nè mosse collo, nè piegò sua costa;

E «Se» continuando al primo detto   76
«s'egli han quell'arte» disse «male appresa,
ciò mi tormenta più che questo letto.

Ma non cinquanta volte fia raccesa   79
la faccia della donna che qui regge,
che tu saprai quanto quell' arte pesa.

DIE HÖLLE · X. GESANG

Als ich am Grabesfuß, war mirs, ich fände 40
Im kurz mich prüfenden Blick ein leis Verachten.
»Nenn deine Ahnen!« fragt er mich am Ende.

Und ich, dem Wunsch gehorsam nachzutrachten, 43
Verhehlte nichts, ließ alles ihn erfahren.
Drauf sah ich seine Brauen sich umnachten,

Worauf er sprach: »Furchtbare Gegner waren 46
Sie mir, den Vätern und Parteigenossen,
Und deshalb trieb ich zweimal sie zu Paaren.« –

»Ob auch verjagt, sie kehrten unverdrossen 49
Zweimal zurück«, sprach ich, »zweimal zu siegen.
Doch blieb den euern diese Kunst verschlossen!«

Da war am offenen Grab emporgestiegen 52
Ein Schatten neben jenem bis zum Kinne:
Ich glaub, auf seinen Knieen mocht er liegen.

Er sah um mich herum, in seinem Sinne 55
Gern glaubend, daß mich jemand noch begleite.
Doch als er der zerstörten Hoffnung inne,

Sprach weinend er: »Wenn du dies nachtgeweihte 58
Verlies durchwallst durch hohen Geistes Segen,
Wo ist mein Sohn? Warum nicht dir zur Seite?« –

»Nicht selbst kam ich hierher«, sprach ich dagegen, 61
»Er, der dort harrt, wies mir den Weg, den schweren.
An ihm schien deinem Guido kaum gelegen.«

Die Strafart nämlich wie auch sein Begehren 64
Ließ mich sogleich auf seinen Namen kommen,
Drum konnt ich bündige Antwort ihm bescheren.

Da rief er jäh-aufschnellend, doch beklommen: 67
»Ihm *schien*, sagst du? Ist er nicht mehr am Leben?
Ist ihm die holde Sonne schon verglommen?«

Ihm schiens, da ich nicht Antwort gleich gegeben, 70
Als wollt ich sie bedenklich ihm verschieben,
Drum sank er um, sich niemehr zu erheben.

Der Stolze doch, um den ich stehengeblieben, 73
Steif hielt er Kopf und Rücken um die Wette,
Und Hochmut blieb dem Antlitz eingeschrieben.

Und »Wenn« anknüpfend neu der Rede Kette, 76
»Wenn jene Kunst sie«, sprach er, »schlecht verstünden,
So martert das mich mehr als dieses Bette.

Doch keine fünfzigmal wird sich entzünden 79
Das Angesicht der Königin dieser Nächte,
Bis du, wie schwer *die* Kunst, wirst selbst ergründen.

INFERNO · CANTO X

E se tu mai nel dolce mondo regge,   82
dimmi, perchè quel popolo è sì empio
incontro a'miei in ciascuna sua legge?»

Ond'io a lui: «Lo strazio e il grande scempio   85
che fece l'Arbia colorata in rosso,
tali orazion fa far nel nostro tempio».

Poi ch'ebbe sospirato e 'l capo mosso,   88
«A ciò non fu' io sol» disse, «nè certo
senza cagion con gli altri sarei mosso.

Ma fu' io solo là dove sofferto   91
fu per ciascum di tôrre via Fiorenza,
colui che la difesi a viso aperto.»

«Deh, se riposi mai vostra semenza»   94
prega'io lui, «solvetemi quel nodo
che qui ha inviluppata mia sentenza.

E' par che voi veggiate, se ben odo,   97
dinanzi quel che il tempo seco adduce,
e nel presente tenete altro modo.»

«Noi veggiam, come quei c'ha mala luce,   100
le cose» disse «che ne son lontano;
cotanto ancor ne splende il sommo duce.

Quando s'appressano o son, tutto è vano   103
nostro intelletto; e s'altri non ci apporta,
nulla sapem di vostro stato umano.

Però comprender puoi che tutta morta   106
fia nostra conoscenza da quel punto
che del futuro fia chiusa la porta.»

Allor, come di mia colpa compunto,   109
dissi: «Or direte dunque a quel caduto,
che il suo nato è co' vivi ancor congiunto;

e s'io fui dianzi alla risposta muto,   112
fate i saper che il fei, perchè pensava
già nell' error che m'avete soluto.»

E già il maestro mio mi richiamava;   115
per ch'i' pregai lo spirito più avaccio
che mi dicesse chi con lui istava.

Dissemi: «Qui con più di mille io giaccio: 118
qua dentro è lo secondo Federico,
e 'l Cardinale; e degli altri mi taccio».

Indi s'ascose; e io invèr l'antico   121
poeta volsi i passi, ripensando
a quel parlar che mi parea nimico.

DIE HÖLLE · X. GESANG

So wahr zur holden Welt zurück dichs brächte,   *82*
Sag mir, warum mit jeder Satzungsfrage
Dies Volk so hart sich an den Meinen rächte?«

Drob ich zu ihm: »Unheil und Niederlage,   *85*
Die einst die Arbia färbte rot im Blute,
Bringt solch Gebet im Tempel dort zutage.«

Kopfschüttelnd seufzte er mit trübem Mute: *88*
»Ich ließ mich nicht allein dazu bewegen,
Und tat ichs, waren meine Gründe gute.

Doch ich allein wars, der – als anzuregen   *91*
Einstimmig man gewagt, Florenz zu schleifen –
Offnen Visiers *dem* kühnlich trat entgegen.« –

»Soll euer Stamm nicht heimatlos mehr schweifen,   *94*
So löset«, bat ich ihn, »mir diesen Knoten,
Drin mir verstrickt sind Urteil und Begreifen:

Es scheint, verstand ich richtig, daß ihr Toten   *97*
Voraussehn könnt, was künftige Zeiten bringen.
Doch für die Gegenwart scheints euch verboten.« –

»Weitsichtigen ähnlich sehn wir von den Dingen   *100*
Nur die«, sprach er, »die noch im Fernen liegen:
Soweit läßt unsern Blick der Höchste dringen.

Doch sind sie nah und wirklich, so versiegen   *103*
Die Sinne uns; und gibt uns niemand Kunde,
Bleibt uns der Erdendinge Gang verschwiegen.

Drum kannst du einsehn: zu derselben Stunde,   *106*
Wo sich der Zukunft Tor schließt, geht verloren
Und stirbt all unser Wissen uns im Munde.«

Da fühlt ich mich der Reue Stachel bohren   *109*
Und sprach: »Sagt dem dahingesunkenen Alten,
Daß seinen Sohn der Tod noch nicht erkoren,

Und daß ich den Bescheid zurückgehalten,   *112*
Weil jenem Wahn, von dem dein Wort mich heilte,
Vorhin noch zweifelnd die Gedanken galten.«

Doch schon rief mich mein Meister. Und ich eilte,   *115*
So dringlich als der Wunsch mir aufgestiegen,
Den Geist zu fragen, wer bei ihm hier weilte?

Er sprach: »Mit mehr als tausend muß ich liegen   *118*
Hierdrin, wo auch bei Friedrich wohnt, dem Zweiten,
Der Kardinal. Von andern sei geschwiegen.«

Drauf barg er sich; doch ich beim Rückwärtsschreiten *121*
Zum alten Dichter, prüfte überdenkend
Die Worte, die wohl Unheil prophezeiten.

100

INFERNO · CANTO X

Egli si mosse; e poi, così andando,   *124*
disse: «Perchè se' tu sì smarrito?»
E io gli satisfeci al suo dimando.

«La mente tua conservi quel ch' udito   *127*
hai contra te» mi commandò quel saggio.
«E ora attendi qui» (e drizzò il dito):

«quando sarai dinanzi al dolce raggio   *130*
di quella il cui bell' occhio tutto vede,
da lei saprai di tua vita il viaggio».

Appresso volse a man sinistra il piede: *133*
lasciammo il muro e gimmo invêr lo mezzo
per un sentier ch'ad una valle fiede,

che infin lassù facea spiacer suo lezzo.   *136*

DIE HÖLLE · X. GESANG

Er ging; und dann, den Schritt so weiterlenkend,   *124*
Sprach er zu mir: »Was bist du so beklommen?«
Ich sagte ihm den Grund, gern Antwort schenkend.

»Bewahr im Geist,was Bitteres du vernommen«,   *127*
Sprach er. Dann hob den Finger auf der Weise:
»Und jetzt merk auf! Bist du dorthingekommen

Und weilest in dem holden Strahlenkreise   *130*
Der schönen Augen, die das All umschließen,
Wird klar durch sie dir deine Lebensweise.«

Nun bog er links hinunter. Wir verließen   *133*
Den Mauerwall, verfolgten bis zur Mitte
Den Weg, daran ein Tal sich schließt, und stießen

Hier oben auf Gestank bei jedem Schritte.   *136*

CANTO DECIMOPRIMO

In su l'estremità d'un' alta ripa   *1*
che facevan gran pietre rotte in cerchio,
venimmo sopra più crudele stipa;
  e quivi, per l'orribile soperchio   *4*
del puzzo che il profondo abisso gitta,
ci raccostammo dietro ad un coperchio
  d' un grande avello, ov' io vidi una scritta   *7*
che diceva; «Anastasio papa guardo,
lo qual trasse Fotin dalla via dritta».
  «Lo nostro scender conviene esser tardo,   *10*
sì che s'ausi prima un poco il senso
al tristo fiato; e poi non fia riguardo».
  Così il maestro; ed io «Alcun compenso»   *13*
dissi lui «trova, che il tempo non passi
perduto». Ed egli: «Vedi ch'a ciò penso».
  «Figliuol mio, dentro da cotesti sassi»   *16*
cominciò poi a dir «son tre cerchietti
di grado in grado, come quei che lassi.
  Tutti son pien di spirti maladetti;   *19*
ma perchè poi ti basti pur la vista,
intendi come e perchè son costretti.
  D'ogni malizia, ch'odio in cielo acquista,   *22*
ingiuria è il sine, e ogni fin cotale
o con forza o con frode altrui contrista.
  Ma perchè frode è dell'uom proprio male,   *25*
più spiace a Dio; e però stan di sutto
li frodolenti e più dolor li assale.
  De' violenti il primo cerchio è tutto;   *28*
ma perchè si fa forza a tre persone,
in tre gironi è distinto e costrutto.
  A Dio, a sè, al prossimo si puone   *31*
far forza, dico in loro e in lor cose,
come udirai con aperta ragione.
  Morte per forza e ferute dogliose   *34*
nel prossimo si dànno, e nel suo avere
ruine, incendi e tollette dannose;
  onde omicidi e ciascun che mal fiere,   *37*
guastatori e predon, tutti tormenta
lo giron primo per diverse schiere.

ELFTER GESANG

Ob eines tiefen Ufers höchstem Saume,
Gebaut aus Trümmern, die im Kreis hier liegen,
Gelangten wir zu grausenvollerem Raume

Und mußten hier, weil maßlos aufgestiegen
Der ekle Stank, den dieser Abgrund sandte,
Uns schützend hinter einen Deckel schmiegen

Gewaltigen Sargs, drauf ich die Schrift erkannte:
»Papst Anastasius muß hier drinnen schmachten,
Den einst Photin vom rechten Wege wandte.« –

»Behutsam abzusteigen laß uns trachten,
Bis wir den Stank, wie stark er uns umspinne,
Gewöhnt sind und ihn später nicht mehr achten.«

Der Meister sprachs. Und ich: »Daß nicht verrinne
Nutzlos die Zeit, laß mich Ersatz genießen.«
Und er: »Du siehst, daß ich darauf schon sinne ...

Mein Sohn, die Felsenwände hier umschließen«,
Fing er erklärend an, »drei kleinere Ringe,
Gradweis gestuft wie die, die wir verließen.

Verdammter Geister voll ist jede Schlinge;
Doch daß der Anblick später dir genüge,
Vernimm, wie und warum man sie so zwinge.

Zweck jeder Bosheit, die mit stärkster Rüge
Der Himmel straft, ist: Unrecht zu erzeigen
Dem Nächsten, seis gewaltsam, seis durch Lüge.

Doch weil Betrug dem Menschen nur ist eigen,
Haßt ihn am meisten Gott: im tiefsten Schlunde
Trifft größern Schmerz drum der Betrüger Reigen.

Gewalttat wird bestraft im ersten Runde;
Und weil sie kann dreifacher Art geschehen,
Gibts auch drei Unterkreise hier im Grunde.

An Gott, an sich, am Nächsten kann man sehen
Gewalt verüben – nach Person und Dingen,
Wie du es wirst mit klarem Grund verstehen.

Man kann verletzen und zum Tode bringen
Den Nächsten mit Gewalt, und seinem Gute
Brand, Raub, Nachteil und Schaden sonst erzwingen.

Wer drum verletzt und färbt die Hand im Blute,
Wer raubt, zerstört – im ersten Kreise drüben
Büßt er entsprechend seinem Frevelmute.

INFERNO · CANTO XI

Puote uomo aver in sè man violenta   40
e ne' suoi beni; e però nel secondo
giron convien che sanza pro si penta

    qualunque priva sè del vostro mondo,   43
biscazza e fonde la sua facultade,
e piange là dov' esser dee giocondo.

    Puossi far forza nella deitade,   46
col cor negando e bestemmiando quella,
e spregiando natura e sua bontade;

    e però lo minor giron suggella   49
del segno suo e Soddoma e Caorsa
e chi, spregiando Dio col cor, favella.

    La frode, ond'ogni coscienza è morsa,   52
può l'uomo usare in colui che 'n lui fida,
ed in quei che fidanza non imborsa.

    Questo modo di retro par ch'uccida   55
pur lo vinco d'amor che fa natura;
onde nel cerchio secondo s'annida

    ipocrisia, lusinghe e chi affattura,   58
falsità, ladroneccio e simonia,
ruffian, baratti e simile lordura.

    Per l'altro modo quell' amor s'oblìa   61
che fa natura, e quel ch'è poi aggiunto,
di che la fede spezial si cria;

    onde nel cerchio minor, ov' è il punto   64
dell'universo in su che Dite siede,
qualunque trade in eterno è consunto.»

    E io: «Maestro, assai chiara procede   67
la tua ragione, e assai ben distingue
questro baratro e 'l popol ch'e' possiede.

    Ma dimmi: quei della palude pingue,   70
che mena il vento, e che batte la pioggia,
e che s'incontran con sì aspre lingue,

    perchè non dentro dalla città roggia   73
son ei puniti, se Dio li ha in ira?
e se non li ha, perchè sono a tal foggia?»

    Ed egli a me: «Perchè tanto delira»   76
disse «lo ingegno tuo da quel che suole?
ovver la mente dove altrove mira?

    Non ti rimembra di quelle parole   79
con le quai la tua Etica pertratta
le tre disposizion che 'l ciel non vuole,

103

DIE HÖLLE · XI. GESANG

Am eigenen Leib und Gut kann auch verüben   40
Gewalt der Mensch: drum müssen sich im zweiten
Bezirk reuevoll, doch hoffnungslos betrüben,

Die aus der Welt sich feige selbst befreiten,   43
Ihr Gut durch Spiel vertan und Lotterleben,
Und ihren Lebensmai durch Gram entweihten.

Auch gegen Gott kann mit Gewalt anstreben,   46
Wer ihn lästert und leugnet laut und leise,
Verachtend, was Natur aus Huld gegeben.

Drum wird hier aufgeprägt im engsten Kreise   49
Sodom, Cahors und dem des Brandmals Zeichen,
Der Gott im Herzen schmähte frevelerweise.

Trug, den Gewissensbisse stets erreichen,   52
Kann dem man antun, der uns schenkt Vertrauen;
Und jenem, der uns nicht vertraut, desgleichen.

Die Art kann Liebesfesseln nur zerhauen,   55
Die auf Gebote der Natur sich gründen;
Weshalb im zweiten Kreis ihr Nest sich bauen

Die Heuchler, Schmeichler, Schacherer mit Pfründen.   58
Betrüger, Fälscher, Kuppler, Zauberer, Diebe
Und allerlei Geschmeiß mit derlei Sünden.

Auf andere Art vergißt man nächst *der* Liebe,   61
Die uns ist angeboren, auch der zweiten,
Die zur besondern Treue weckt die Triebe.

Drum, wo der engste Kreis in diesen Weiten,   64
Im Mittelpunkt der Welt, wo Dite waltet,
Wird, wer verrät, verzehrt für Ewigkeiten.«

Und ich: »O Meister, sonnenklar entfaltet   67
Sich dein Bericht und lehrt vortrefflich scheiden
Den Abgrund und das Volk, das drinnen schaltet.

Doch sprich: die da im ekeln Sumpfe leiden,   70
Die Sturmgetriebnen, die in Regenschauern,
Und die sich zankend nahen und scheltend meiden,

Was büßen sie nicht auch in diesen Mauern   73
Der Glutstadt, wenn sie Gottes Zorn will drücken?
Und zürnt Gott nicht, was müssen sie so trauern?«

Und er: »Welch Schwärmen kann dir so entrücken   76
Den Geist? Weilt er vielleicht am andern Orte,
Daß du nicht kannst den Zwiespalt überbrücken?

Wärs möglich, daß die Ethik ihre Worte   79
Von den drei Neigungen umsonst dir schriebe,
Die uns verschließen streng die Himmelspforte,

103

INFERNO · CANTO XI

incontinenza, malizia e la matta   82
bestialitade? e come incontinenza
men Dio offende e men biasimo accatta?

Se tu riguardi ben questa sentenza,   85
e rechiti alla mente chi son quelli
che su di fuor sostengon penitenza,

tu vedrai ben perchè da questi felli   88
sien dipartiti, e perchè men crucciata
la divina vendetta li martelli».

«O sol che sani ogni vista turbata,   91
tu mi contenti sì, quando tu solvi,
che, non men che saper, dubbiar m'aggrata.

Ancora un poco indietro ti rivolvi»   94
diss'io, «là dove di' che usura offende
la divina bontade, e il groppo svolvi.»

«Filosofia» mi disse «a chi la 'ntende,   97
nota non pure in una sola parte,
come natura lo suo corso prende

da divino intelletto e da sua arte;   100
e se tu ben la tua Fisica note,
tu troverai, non dopo molte carte,

che l'arte vostra quella, quanto puote,   103
segue, come il maestro fa il discente;
sì che vostr' arte a Dio quasi è nipote.

Da queste due, se tu ti rechi a mente   106
lo Genesì dal principio, conviene
prender sua vita e avanzar la gente;

e perchè l'usuriere altra via tiene,   109
per sè natura e per la sua seguace
dispregia, poi ch'in altro pon la spene.

Ma seguimi oramai, chè il gir mi piace;   112
chè i Pesci guizzan su per l'orizzonta,
e il Carro tutto sovra il Coro giace,

e il balzo via là oltra si dismonta.»   115

DIE HÖLLE · XI. GESANG

Von Unmaß, Bosheit, tierisch-blindem Triebe?   82
Und wie Gott minder kränk die erstgenannte,
Weil Unmaß eher noch verzeihlich bliebe?

Wenn diese Lehre recht dein Geist erkannte,   85
Und wenn du dich erinnerst, wer die waren,
Die droben, außerhalb, die Strafe bannte,

So siehst du klar, warum von diesen Scharen   88
Sie Gott getrennt und weshalb minderstrenge
Die Hämmer Gottes auf sie niederfahren.« –

»O Sonne, die der trüben Wolken Menge   91
Dem Blick verscheucht«, rief ich; »derart berichtigt,
Freut Wissen ebenso wie Zweifelsenge.

Doch kehr nochmals dahin, wo du bezichtigt   94
Den Wucher, daß er Gott Beleidigungen
Zufügt: der Zweifel sei mir noch beschwichtigt.« –

»Wer in die Weltweisheit recht eingedrungen«,   97
Sprach er, »begreift an mehr als einer Stelle:
Als Gottes Tochter ist Natur entsprungen

Aus Gottes Geist und Kunst als Ursprungsquelle.   100
Und wenn du deine Physik recht beachtet,
So wird dir schon nach wenig Blättern helle,

Daß eure Kunst scharf nachzuahmen trachtet   103
Dem Meister, ihm als Schülerin nachzuschreiten,
Da ihr die Kunst zu Gottes Enkelin machtet.

Durch diese zwei, wenn du die ersten Seiten   106
Der Genesis nachprüfst, soll seinem Leben
Nahrung und Förderung der Mensch bereiten.

Doch andern Pfaden gilt des Wucherers Streben: 109
Er kann Natur und Kunstfleiß nicht verstehen,
Nein, er verschmäht sie, anderm ganz ergeben.

Doch folge nun, ich möchte weitergehen.   112
Die Fische zittern schon im Sternenreigen,
Der Wagen ist ganz in Nordwest zu sehen

Und fern erst winkt der Fels zum Niedersteigen!«   115

CANTO DECIMOSECONDO

Era lo loco ove a scender la riva
venimmo, alpestro, e per quel ch'ivi er'anco,
tal, ch'ogni vista ne sarebbe schiva.

Qual à quella ruina che nel fianco
di qua da Trento l'Adice percosse,
o per tremuoto o per sostegno manco,

che da cima del monte, onde si mosse,
al piano è sì la roccia discoscesa,
ch'alcuna via darebbe a chi su fosse;

cotal di quel burrato era la scesa;
e in su la punta della rotta lacca
l'infamïa di Creti era distesa

che fu concetta nella falsa vacca;
e quando vide noi, sè stesso morse,
sì come quei cui l'ira dentro fiacca,

Lo savio mio invêr lui gridò: «Forse
tu credi che qui sia il duca d'Atene,
che su nel mondo la morte ti porse?

Pàrtiti, bestia; chè questi non viene
ammaestrato dalla tua sorella,
ma vassi per veder le vostre pene.»

Qual è quel toro che si slaccia in quella
c'ha ricevuto già il colpo mortale,
che gir non sa, ma qua e là saltella;

vid'io lo Minotauro far cotale;
e quegli accorto gridò: «Corri al varco:
mentre ch'e in furia, è buon che tu ti cale».

Così prendemmo via giù per lo scarco
di quelle pietre, che spesso moviènsi
sotto i miei piedi per lo nuovo carco.

Io gìa pensando; e quei disse: «Tu pensi
forse in questa rovina, ch' è guardata
da quell'ira bestial ch'io ora spensi.

Or vo' che sappi che l'altra fïata
ch'io discesi quaggiù nel basso Inferno,
questa roccia non era ancor cascata.

Ma certo poco pria, se ben discerno,
che venisse colui che la gran preda
levò a Dite del cerchio superno,

ZWÖLFTER GESANG

Wo wir zur Tiefe lenkten, war die Stätte   *1*
So steinig und durch andres so gestaltet,
Daß jedem Blick davor geschaudert hätte.

Wie bei Trient der Bergrutsch sich entfaltet,   *4*
Der von der Seite in die Etsch sich drückte,
Ob Erdstoß oder Fall ihn losgespaltet,

Sodaß vom Gipfel, wo er talwärts rückte,   *7*
Dem Klettrer nur mit Not zum ebenen Lande
Durch Schutt und Steingeröll ein Abstieg glückte:

So ging es hier hinab am Felsenrande.   *10*
Und an dem Saum vom ausgezackten Schachte
Lag hingestreckt der Kreter Schimpf und Schande,

So die verkappte Kuh ins Dasein brachte.   *13*
Und bissig fiel, kaum daß er uns erblickte,
Sichselbst er an, weil Zornwut ihn entfachte.

Mein Weiser rief: »Ists Wahn, der dich umstrickte,   *16*
Alsob der Herzog von Athen hier stünde,
Der einst auf Erden in den Tod dich schickte?

Fort, Scheusal, fort! Den Weg durch diese Gründe   *19*
Ließ deiner Schwester Arglist ihn nicht wissen;
Er kommt, zu sehen die Strafen eurer Sünde.«

Dem Stiere gleich, der sich vom Seil gerissen   *22*
Beim Todesstreich, nichtmehr vermag zu stehen
Und hin- und herspringt unter zornigen Bissen:

So war der Minotaurus anzusehen.   *25*
Drum rief jetzt der Erfahrene: »Lauf zum Passe!
Solang er tobt, ists gut hinabzugehen.«

So klommen wir bergab die steile Gasse,   *28*
Wobei Gestein oft abwärtsrollen machte
Irdischer Füße ungewohnte Masse.

Nachdenklich klomm ich; und er sprach: »Es dachte   *31*
Dein Sinn wohl des Gerölls, vom Minotauer
Im Zorn bewacht, den ich zum Schweigen brachte?

So wisse: als ich in die Höllenschauer   *34*
Das erstemal bis tief zum Grund gedrungen,
War noch nicht abgekracht die Felsenmauer.

Doch kurz bevor sich Der herabgeschwungen,   *37*
(Soviel ich weiß) der aus der oberen Runde
Dem Dis die große Beute abgerungen,

INFERNO · CANTO XII

da tutte parti l'alta valle feda   40
tremò sì, ch'io pensai che l'universo
sentisse amor, per lo qual è chi creda

più volte il mondo in caos converso;   43
e in quel punto questa vecchia roccia
qui e altrove tal fece riverso.

Ma ficca gli occhi a valle; chè s'approccia   46
la riviera del sangue, in la qual bolle
qual che per violenza in altrui noccia.»

O cieca cupidigia, o ira folle,   49
che sì ci sproni nella vita corta,
e nell'eterna poi sì mal c'immolle!

Io vidi un' ampia fossa in arco torta,   52
come quella che tutto il piano abbraccia,
secondo ch'avea detto la mia scorta;

e tra il piè della ripa ed essa in traccia   55
correan centauri armati di saette,
come solean nel mondo andare a caccia.

Vedendoci calar, ciascun ristette,   58
e della schiera tre si dipartiro
con archi e asticciuole prima elette.

E l'un gridò da lungi: «A qual martiro   61
venite voi che scendete la costa?
Ditel costinci; se non, l'arco tiro.»

Lo mio maestro disse: «La risposta   64
farem noi a Chiron costà di presso:
mal fu la voglia tua sempre sì tosta».

Poi mi tentò e disse: «Quegli è Nesso,   67
che morì per la bella Deianira,
e fe' di sè la vendetta egli stesso;

e quel di mezzo, che al petto si mira,   70
è il gran Chirone, il qual nudrì Achille;
quell'altro è Folo, che fu sì pien d'ira.

Dintorno al fosso vanno a mille a mille,   73
saettando quale anima si svelle
del sangue più che sua colpa sortille.»

Noi ci appressammo a quelle fiere snelle;   76
Chiron prese uno strale, e con la cocca
fece la barba indietro alle mascelle.

Quando s'ebbe scoperta la gran bocca,   79
disse ai compagni: «Siete voi accorti
che quel di retro muove ciò ch'ei tocca?

DIE HÖLLE · XII. GESANG

Da bebte dieses Schauertal im Grunde 40
So stark, als zittere rings im Weltenalle
Ein Liebesdrang, der – wie uns sagt die Kunde –

Schon oft ein Chaos schuf dem Erdenballe, 43
Daß hier und dort ins Wanken auch geraten
Der alte Fels und endlich kam zu Falle.

Doch schau talnieder jetzt, da wir schon nahten 46
Dem Blutstrom, drin du kochen siehst und sieden,
Die durch Gewalt dem Nächsten Schaden taten.« –

O blinde Gier, o Tollwut, die hienieden 49
Uns anhetzt so, daß uns nach kurzem Leben
Solch schlimmes Bad im ewigen wird beschieden!

Ich sah die ganze Ebene hier umgeben 52
In Bogenform von einem breiten Graben,
Wie mein Begleiter mir beschrieb soeben.

Und zwischen Fluß und Felswand sah ich traben 55
Zentauren, pfeilbewehrt, in langen Zeilen,
Wie sie der Jagd gefrönt auf Erden haben.

Bei unserm Anblick hemmten sie ihr Eilen, 58
Und dreie lösten sich vom Trupp mit Bogen
Und vorher sorgsam-ausgewählten Pfeilen.

Und einer schrie von fern: »Die ihr gezogen 61
Bergabwärts kommt, welch Leiden wartet euer?
Sagt mirs von dort, sonst kommt mein Pfeil geflogen!«

Der Meister sprach: »Dem Chiron wert und teuer 64
In deiner Nähe wird man Antwort geben;
Dich riß ins Unheil stets des Jähzorns Feuer.«

Dann, leis berührend mich: »Der hieß im Leben 67
Nessus. Als er einst Dejaniren raubte,
Ließ er sein Blut als Rächer sich erheben.

Und mittenin steht mit gesenktem Haupte 70
Der große Chiron, der Achill erzogen;
Der dort ist Pholus, der so zornig schnaubte.

Wohl tausend kreisen um den Bach im Bogen 73
Und schießen den, der seiner Schuld zum Spotte
Sich höher, als er darf, enthebt den Wogen.«

Wir nahten uns der schnellen Tiermenschrotte. 76
Chiron zum Munde einen Pfeilschaft führte
Und strich zum Kiefer weg des Bartes Zotte,

Worauf er freigelegt sein Breitmaul spürte. 79
»Saht ihr beim Zweiten«, fragte er die Seinen,
»Wie alles sich bewegt, was er berührte?

INFERNO · CANTO XII

Così non soglion fare i piè de' morti».   82
E 'l mio buon duca, che già gli era al petto
dove le duo nature son consorti,

rispuose: «Ben è vivo, e sì soletto   85
mostrargli mi convien la valle buia:
necessità il c'induce e non diletto.

Tal si partì da cantare alleluia,   88
che mi commise quest' officio nuovo:
non è ladron, nè io anima fuia.

Ma per quella virtù per cui io muovo   91
li passi miei per sì selvaggia strada,
danne un de'tuoi, a cui noi siamo a pruovo,

e che ne mostri là dove si guada,   94
e che porti costui in su la groppa;
chè non è spirto che per l'aere vada.»

Chiron si volse in su la destra poppa,   97
e disse a Nesso: «Torna, e sì li guida,
e fa' cansar s'altra schiera v'intoppa».

Or ci movemmo con la scorta fida   100
lungo la proda dell bollor vermiglio,
dove i bolliti facean alte strida.

Io vidi gente sotto infino al ciglio;   103
e 'l gran centauro disse: «Ei son tiranni
che dier nel sangue e nell'aver di piglio.

Quivi si piangon gli spietati danni;   106
quivi è Alessandro, e Dionisio fero,
che fe' Cicilia aver dolorosi anni;

e quella fronte c'ha il pel così nero,   109
è Azzolino; e quell'altro che è biondo,
è Obizzo da Esti, il qual per vero

fu spento dal figliastro su nel mondo.»   112
Allor mi volsi al poeta, e quei disse:
«Questi ti sia or primo, e io secondo».

Poco più oltre il Centauro s'affisse   115
sovr' una gente che infino alla gola
parea che di quel bulicame uscisse.

Mostrocci un'ombra dall'un canto sola,   118
dicendo: «Colui fesse in grembo a Dio
lo cor che 'n su Tamigi ancor si cola».

Poi vidi gente che di fuor del rio   121
tenea la testa e ancor tutto il casso;
e di costoro assai riconobb'io.

107

DIE HÖLLE · XII. GESANG

Das ist sonst nicht der Fall bei Totenbeinen.«   *82*
Mein guter Herr, schon vor der Brust ihm stehend,
Wo die Naturen beide sich vereinen,

   Sprach: »Ja, er lebt! und mir, so einsam gehend,   *85*
Gebührts, zu zeigen ihm die dunkeln Gründe.
Er geht aus Zwang und nicht aus Neugier sehend.

   Es stieg, daß sie mein neues Amt mir künde,   *88*
Ein Weib herab vom Hallelujasange.
Er ist kein Räuber, ich kein Geist der Sünde.

   Doch bei der Kraft, durch die ich hergelange   *91*
Und diese wilde Straße hier durchdringe,
Gib einen uns zum Schutz mit auf dem Gange,

   Daß er uns zeig, wo man die Furt beginge,   *94*
Und dieser hier auf seinem Rücken reite:
Er ist kein Geist, der durch die Luft sich schwingt.«

   Drauf wandte Chiron sich zur rechten Seite,   *97*
Zu Nessus: »Kehrt gemacht! und sei ihr Leiter;
Und naht ein andrer Trupp, dann abseits schreite!« –

   Mit diesem sichern Führer gings nun weiter   *100*
Entlang des Strudels Flut, der scharlachroten,
Draus das Gekreisch erscholl Vermaledeiter.

   Bis an die Brauen versenkt dem Blick sich boten   *103*
Gar viel. Da sprach der mächtige Zentauer:
»Bluthunde sinds und räuberische Despoten.

   Nebst Alexandern muß um Raubgier Trauer   *106*
Der wilde Dionys hier offenbaren:
Er schuf Sizilien Not von langer Dauer.

   Und jene Stirne mit den schwarzen Haaren   *109*
Ist Ezzelin; das Blondhaupt ihm zur Seite
Obizzo, den – willst Wahrheit du erfahren –

   Des Stiefsohns frevele Hand dem Tode weihte.«   *112*
Ich sah den Dichter an, und dieser sagte:
»Der spreche hier zuerst, ich als der zweite.«

   Als stehenzubleiben dem Zentauern behagte   *115*
Nicht lang danach, wo aus dem Sprudelbrande
Ein Volk schon bis zur Gurgel aufwärtsragte,

   Wies er uns einen Geist abseits am Rande: *118*
»Der hat in Gottes Schoß ein Herz durchspalten«,
Sprach er, »noch heut verehrt am Themsestrande.«

   Drauf sah ich andre Brust und Haupt schon halten   *121*
Aus diesem Sud, und ich erkannte *wieder*
Wohl mehr als eine hier von den Gestalten.

INFERNO · CANTO XII

Così a più a più si facea basso   124
quel sangue, sì che cocea pur li piedi;
e quivi fu del fosso il nostro passo.

«Sì come tu da questa parte vedi   127
lo bulicame che sempre si scema»
disse il Centauro, «voglio che tu credi

che da quest'altra a più a più giù prema   130
lo fondo suo, infin ch'el si raggiunge
ove la tirannia convien che gema.

La divina giustizia di qua punge   133
quell' Attila che fu flagello in terra,
e Pirro e Sesto; ed in eterno munge

le lagrime, che col bollor disserra,   136
a Rinier da Corneto, a Rinier Pazzo,
che fecero alle strade tanta guerra».

Poi si rivolse, e ripassossi il guazzo.   139

DIE HÖLLE · XII. GESANG

Und seichter, seichter sank das Blut jetzt nieder,   *124*
Bis es zuletzt den Füßen nur schuf Plage;
Und hier gings leichter durch den Qualensieder.
»Wie diesseits du gesehn, daß ohne Frage   *127*
Die Sprudelwellen immer mehr versiegen«,
Sprach der Zentaur, »so glaub mir, wenn ich sage,
Daß drüben tief und immer tiefer liegen   *130*
Des Flußbetts Gründe, neu sich anzuschließen
Dem Ort, draus der Tyrannen Seufzer stiegen.
Gerechtigkeit läßt Tränen dort vergießen   *133*
Den Attila, des Erdballs Geißelrute,
Pyrrhus und Sextus; zwingt auch, zu zerfließen
Im Tränenschwall, gebeizt vom heißen Blute,   *136*
Rainer von Pazzo und Cornet, die schweren
Landstraßenraub verübt im Frevelmute.«
Drauf wandt er sich, heim durch die Furt zu kehren.   *139*

CANTO DECIMOTERZO

Non era ancor di là Nesso arrivato,　　　　　　*1*
quando noi ci mettemmo per un bosco
che da nessun sentiero era segnato.

Non fronda verde, ma di color fosco;　　　　　　*4*
non rami schietti, ma nodosi e involti;
non pomi v'eran, ma stecchi con tosco.

Non han sì aspri sterpi nè sì folti　　　　　　*7*
quelle fiere selvagge che in odio hanno
tra Cecina e Corneto i luoghi colti.

Quivi le brutte Arpie lor nidi fanno,　　　　　　*10*
che cacciâr delle Strofade i Troiani
con tristo annunzio di futuro danno.

Ali hanno late e colli e visi umani,　　　　　　*13*
piè con artigli e pennuto il gran ventre;
fanno lamenti in su gli alberi strani.

E il buon maestro «Prima che più entre,　　　　　　*16*
sappi che se'nel secondo girone»
mi cominciò a dire, «e sarai, mentre

che tu verrai nell' orribil sabbione:　　　　　　*19*
però riguarda ben, e sì vedrai
cose che torrìen fede al mio sermone.»

Io sentia d'ogni parte tragger guai,　　　　　　*22*
e non vedea persona che il facesse;
per ch'io tutto smarrito m'arrestai.

Io credo ch'ei credette ch'io credesse,　　　　　　*25*
che tante voci uscisser tra que' bronchi
da gente che per noi si nascondesse.

Però disse il maestro: «Se tu tronchi　　　　　　*28*
qualche fraschetta d'una d'este piante,
li pensier c'hai, si faran tutti monchi».

Allor porsi la mano un poco avante,　　　　　　*31*
e colsi un ramicel da un gran pruno;
e il tronco suo gridò: «Perchè mi schiante?»

Da che fu fatto poi di sangue bruno,　　　　　　*34*
ricominciò a gridar: «Perchè mi scerpi?
non hai tu spirto di pietate alcuno?

Uomini fummo, ed or sem fatti sterpi:　　　　　　*37*
ben dovrebb' esser la tua man più pia,
se state fossim' anime di serpi.»

DREIZEHNTER GESANG

Noch war nicht jenseits Nessus am Gestade,   *1*
Als wir eintraten schon in waldige Strecken,
Wo keine Spur sich wies von einem Pfade.
    Nicht Grünlaub war, nur schwarzes zu entdecken,   *4*
Nicht glatte Zweige gabs, nur Knorrgebilde,
Nicht Frucht, nur warzengiftige Dornenhecken.
    Solch Waldgestrüpp flieht selbst das Tier, das wilde,   *7*
Das bei der Cecina, wo Dünste glühen,
Und bei Cornet haust, fern dem Saatgefilde.
    Es nisten hier die scheußlichen Harpyen,   *10*
Die einst, von den Strophaden sie zu scheuchen,
Den Troern prophezeiten Not und Mühen.
    Von Hals und Antlitz Mensch, mit Federbäuchen,   *13*
Gewaltigen Schwingen und bekrallten Zehen,
Wehklagen sie auf seltsamen Gesträuchen.
    »Bevor du eintrittst«, gab mir zu verstehen   *16*
Der Meister, »wisse, daß im zweiten Kreise
Du weilest und solang darin wirst gehen
    Bis uns zum Schreckenssandmeer bringt die Reise.   *19*
Drum habe acht: du siehst des Wunderbaren
Soviel, daß man ihm kaum Vertrauen erweise.«
    Gleich hört ich Seufzer banger Brust entfahren   *22*
Und stand nun, der Verwirrung ganz zum Raube,
Denn nirgend konnt ich Klagende gewahren.
    Ich glaube wohl, er glaubte, daß ich glaube,   *25*
Solch Ächzen könnte aus den Herzen steigen
Von Leuten, die verborgen sich im Laube.
    Drum sprach er: »Brich nur einen von den Zweigen,   *28*
So muß sich deine Meinung, die verworrne,
Im selben Augenblick als irrig zeigen.«
    Da streckt ich etwas meine Hand nach vorne   *31*
Und brach von großem Dornstrauch eine Rute.
»Warum mich knicken?« schrie es aus dem Dorne.
    Als er sich danach färbte rot vom Blute,   *34*
Riefs wiederum: »Warum doch mich so zwicken?
Ist dir denn gar nicht mitleidsvoll zumute?
    Einst Mensch, kannst du mich jetzt als Strauch erblicken.   *37*
Doch deine Hand wär noch zu ungelinde,
Gält es auch Schlangenherzen hier zu knicken.«

INFERNO · CANTO XIII

Come d'un stizzo verde ch'arso sia   40
dall'un de' capi, che dall'altro geme
e cigola per vento che va via,
    sì della scheggia rotta usciva insieme   43
parole e sangue; ond'io lasciai la cima
cadere, e stetti come l'uom che teme.
    «S'egli avesse potuto creder prima»   46
rispose il savio mio, «anima lesa,
ciò c'ha veduto pur con la mia rima,
    non averebbe in te la man distesa;   49
ma la cosa incredibile mi fece
indurlo ad ovra che a me stesso pesa.
    Ma digli chi tu fosti, sì che, in vece   52
d'alcuna ammenda, tua fama rinfreschi
nel mondo su, dove tornar gli lece.»
    E il tronco: «Sì col dolce dir m'adeschi,   55
ch'io non posso tacere, e voi non gravi,
perch'io un poco a ragionar m'inveschi.
    Io son colui che tenni ambo le chiavi   58
del cor di Federigo, e che le volsi,
serrando e disserrando, sì soavi,
    che dal segreto suo quasi ogni uom tolsi: 61
fede portai al glorioso offizio,
tanto ch'io ne perdei li sonni e i polsi.
    La meretrice che mai dall'ospizio   64
di Cesare non torse gli occhi putti,
morte comune e delle corti vizio,
    infiammò contra me gli animi tutti;   67
e gl'infiammati infiammâr sì Augusto,
che i lieti onor tornaro in tristi lutti.
    L' animo mio, per disdegnoso gusto,   70
credendo con morir fuggir disdegno,
ingiusto fece me contra me giusto.
    Per le nuove radici d'esto legno   73
vi giuro che giammai non ruppi fede
al mio signor, che fu d'onor sì degno!
    E se di voi alcun nel mondo riede,   76
conforti la memoria mia che giace
ancor del colpo che invidia le diede.»
    Un poco attese, e poi «Da ch'el si tace»   79
disse il poeta a me, «non perder l'ora;
ma parla, e chiedi a lui, se più ti piace.»

DIE HÖLLE · XIII. GESANG

Und wie ein Jungholz, dessen grüne Rinde 40
Oben entzündet, unten pflegt mit Zischen
Zu schwelen, daß der Dampf den Ausweg finde,

So quoll ein enges Wortundblutvermischen 43
Aus diesem Astbruch, daß ich furchtbezwungen
Dastand und mir das Zweiglein ließ entwischen.

»Wär früher dies zu glauben ihm gelungen, 46
Verletzte Seele«, sprach mein Herr dagegen,
»Was lediglich ihm mein *Gedicht* gesungen,

Nichts hätt vermocht ihn, Hand an dich zu legen. 49
Doch zu der Tat, die mich nun selber reuet,
Bewog ich ihn des Wunderbaren wegen.

Doch sag ihm, wer du warst, und er erneuet 52
Auf Erden deinen Ruhm, den Fehl zu sühnen,
Sobald zum Licht die Rückkehr ihn erfreuet.«

Und drauf der Stamm: »Des Worts mich zu erkühnen, 55
Lockt mich dein Bitten; doch zugut mirs haltet,
Laß ich Erinnerung zu reichlich grünen.

Ich bins, der beide Schlüssel einst verwaltet 58
Zum Herzen Friedrichs, das ich aufgeschlossen
Gleich sanft wie sanft ich beim Verschluß geschaltet,

Daß ich allein sein ganz Vertrauen genossen! 61
Bis ich im hohen Amte Schlaf und Leben
Geopfert, diente ihm ich unverdrossen.

Die Buhlerin, der Welt Verderb, daneben 64
Verpönt als Hofpest, die nicht auszumerzen
Und geile Blicke pflegt zum Thron zu heben,

Entfachte gegen mich so aller Herzen, 67
Bis der entfachte Groll auch ihn entfachte,
Und Glanz und Ehr mir wurden Schmach und Schmerzen.

Da wars mein Geist, der zorndurchlodert dachte, 70
Nur Selbstmord mache meinen Schimpf zerstieben,
Und so mir, dem Gerechten, Unrecht brachte.

Ich schwörs bei dieses Holzes jungen Trieben 73
Euch zu: Nie brach ich meinem Herrn die Eide,
Der selbst der Ehre stets so wert geblieben.

Und wer von euch zur Welt heimkehrt, er scheide 76
Und hebe meinen Ruf, der unterm Schlage
Noch niederliegt, den er empfing vom Neide.«

Der Dichter schwieg zuerst noch. »Seine Klage 79
Verstummt«, sprach er sodann; »drum schnell dich rühre
Und, was du von ihm wissen willst, erfrage.« —

INFERNO · CANTO XIII

Ond'io a lui: «Domanda tu ancora
di quel che credi ch'a me satisfaccia;
ch'io non potrei tanta pietà m'accora!»

Perciò ricominciò: «Se l'uom ti faccia
liberamente ciò che il tuo dir priega,
spirito incarcerato, ancor ti piaccia

di dirne come l'anima si lega
in questi nocchi; e dinne, se tu puoi,
se alcuna mai da tai membra si spiega.»

Allor soffiò lo tronco forte, e poi
si convertì quel vento in cotal voce:
«Brevemente sarà risposto a voi.

Quando si parte l'anima feroce
dal corpo ond'ella stessa s'è disvelta,
Minòs la manda alla settima foce.

Cade in la selva, e non l'è parte scelta;
ma là dove fortuna la balestra,
quivi germoglia come gran di spelta.

Surge in vermena ed in pianta silvestra:
l'Arpiè, pascendo poi delle sue foglie,
fanno dolore, ed al dolor finestra.

Come l'altre, verrem per nostre spoglie,
ma non però che alcuna sen rivesta;
chè non è giusto aver ciò ch'uom si toglie.

Qui le strascineremo, e per la mesta
selva saranno i nostri corpi appesi,
ciascuno al prun dell'ombra sua molesta.»

Noi eravamo ancora al tronco attesi,
credendo ch'altro ne volesse dire,
quando noi fummo d'un romor sorpresi,

similemente a colui che venire
sente il porco e la caccia alla sua posta,
ch'ode le bestie, e le frasche stormire.

Ed ecco duo dalla sinistra costa,
nudi e graffiati, fuggendo sì forte,
che della selva rompièno ogni rosta.

Quel dinanzi: «Ora accorri, accorri, morte!»;
e l'altro, cui pareva tardar troppo,
gridava: «Lano, sì non furo accorte

le gambe tue alle giostre del Toppo»;
e poi che forse gli fallìa la lena,
di sè e d'un cespuglio fece un groppo.

82

85

88

91

94

97

100

103

106

109

112

115

118

121

DIE HÖLLE · XIII. GESANG

»Was du für nützlich hältst, daß ichs erführe«,   *82*
Sprach ich zu ihm, »magst du ihn selber fragen;
Ich könnt es nicht vor Mitleid, das ich spüre.«

Drauf sprach er: »Was du dem hier aufgetragen,   *85*
Gefangener Geist, wird gern Erfüllung finden.
Doch erst beliebe dirs, uns anzusagen:

Wie hält verknüpft mit diesen knorrigen Rinden   *88*
Die Seele sich? Und: darf sie jemals hoffen,
Sag, wenn dus weißt, der Haft sich zu entwinden?«

Da hat ein Rauschen unser Ohr getroffen,   *91*
Worauf des Stammes Rauschen ward zur Stimme:
»Euch Antwort geben will ich kurz und offen.

Wenn sich vom Leib die Seele trennt im Grimme,   *94*
Durch den sich Menschen frevelhaft entleiben,
Schickt sie zum siebenten Schlund Minos, der schlimme:

Sie fällt zum Wald und wird da liegenbleiben,   *97*
Wohin der Zufall grade sie verschlagen,
Um wuchernd wie ein Unkraut aufzutreiben.

Dann wächst der Sproß zum Busch bis Äste ragen.   *100*
Harpyen nähren sich von seinem Laube,
Sie schaffen Plage, doch auch Luft den Plagen.

Auch unser Leib ersteht dereinst vom Staube,   *103*
Doch ohne Recht, daß man darein sich kleide:
Missen soll man, was man verscherzt im Raube.

Hier schleppen wir ihn her. In düsterer Heide   *106*
Wird unser Leib an *dem* Gehölze hangen,
Darin sein Schatten haust mit seinem Leide.«

Noch lauschten wir dem Stamme, voll Verlangen   *109*
Erwartend, weitere Kunde einzutauschen,
Als plötzlich Lärmgeräusche näherdrangen,

Wie auf dem Anstand Jäger sie erlauschen,   *112*
Wenn hinter Sau und Treiber her die Meute
Durchs Dickicht nachstürzt, daß die Zweige rauschen.

Und siehe da, zwei Nackte und Zerbläute   *115*
Stürmten von links heran auf hurtiger Lende,
Daß ihren Weg zerknickt Geäst bestreute.

Der vordere schrie: »Rasch, Tod, rasch her dich wende!« *118*
Dem Zweiten schien er sich zu träg zu zeigen.
»Lano«, rief der, »einst war nicht so behende

Dein Schenkelpaar bei Toppos lustigem Reigen!«   *121*
Und dann, wohl weil der Atem ihm vergangen,
Verflocht er sich mit eines Busches Zweigen.

INFERNO · CANTO XIII

Diretro a loro era la selva piena   *124*
di nere cagne, bramose e correnti
come veltri ch'uscisser di catena.

In quel che s'appiattò miser li denti,   *127*
e quel dilaceraro a brano a brano;
poi sen portâr quelle membra dolenti.

Presemi allor la mia scorta per mano,   *130*
e menommi al cespuglio, che piangea,
per le rotture sanguinenti, invano.

«O Giacomo» dicea «da Sant' Andrea,   *133*
che t'è giovato di me fare schermo?
che colpa ho io della tua vita rea?»

Quando il maestro fu sopr'esso fermo,   *136*
disse: «Chi fusti, che per tante punte
soffi con sangue doloroso sermo?»

Ed elli a noi: «O anime che giunte   *139*
siete a veder lo strazio disonesto
c'ha le mie fronde sì da me disgiunte,

raccoglietele al piè del tristo cesto: *142*
io fui della città che nel Battista
mutò 'l primo padrone; ond'ei per questo

sempre con l'arte sua la farà trista;   *145*
e se non fosse che in sul passo d'Arno
rimane ancor di lui alcuna vista,

quei cittadin che poi la rifondarno   *148*
sovra il cener che d'Attila rimase,
avrebber fatto lavorare indarno.

Io fei giubbetto a me delle mie case.»   *151*

DIE HÖLLE · XIII. GESANG

Dicht hinterdrein schwarmweis dem Wald entsprangen   *124*
Hündinnen, schwarze, die schon gierig schluckten
Wie Rüden, die der Koppel sich entrangen.

Die Hauer schlugen sie in den Geduckten,   *127*
Zerfleischten stückweis ihn und schleppten weiter
Alsbald die Glieder, die noch schmerzlich zuckten. –

Darauf nahm bei der Hand mich mein Begleiter   *130*
Und führte mich zum Strauch hin, der vergebens
Aus seinen Rissen weinte Blut und Eiter.

»Jakob von Sankt Andrea, eiteln Strebens   *133*
Hast du, mit mir zu schirmen dich, gehastet«,
Rief er. »Bin *ich* schuld deines Lasterlebens?«

Sobald der Meister neben ihm gerastet,   *136*
Sprach er: »Wer bist du, der aus soviel Toren
Sich blutvermischten Klageworts entlastet?«

Da rief der Strauch: »O Seelen, auserkoren,   *139*
Mich in dem Anblick meiner Schmach zu grüßen,
Wodurch der Blätterschmuck mir ging verloren;

Ach, sammelt ihn dem Unglücksbaum zu Füßen!   *142*
Die Stadt gebar mich, die anstatt des alten
Patrons den Täufer wählte: bitter büßen

Läßt sie der frühere nun durch schädlich Walten.   *145*
Und wär nicht an des Arno Brückenbogen
Von ihm ein kleines Schaustück noch erhalten,

So hätten ihrer Müh umsonst gepflogen   *148*
Die Bürger, die auf Attilas Ruinen
Dem Neuaufbau der Stadt sich unterzogen.

Zum Galgenkreuz ließ ich mein Haus mir dienen.«   *151*

CANTO DECIMOQUARTO

Poi che la carità del natio loco
mi strinse, raunai le fronde sparte,
e rende' le a colui ch'era già fioco.

Indi venimmo al fine ove si parte
lo secondo giron dal terzo, e dove
si vede di giustizia orribil arte.

A ben manifestar le cose nuove,
dico che arrivammo ad una landa
che dal suo letto ogni pianta rimuove.

La dolorosa selva l'è ghirlanda
intorno, come il fosso tristo ad essa:
quivi fermammo i passi a randa a randa.

Lo spazzo era una rena arida e spessa,
non d'altra foggia fatta che colei
che fu da' piè di Caton già soppressa.

O vendetta di Dio, quanto tu dei
esser temuta da ciascun che legge
ciò che fu manifesto agli occhi miei!

D'anime nude vidi molte gregge,
che piangean tutte assai miseramente
e parea posta lor diversa legge.

Supin giaceva in terra alcuna gente;
alcuna si sedea tutta raccolta,
e altra andava continua-mente.

Quella che giva intorno era più molta;
e quella men che giaceva al tormento,
ma più al duolo avea la lingua sciolta.

Sovra tutto il sabbion, d'un cader lento,
piovean di fuoco dilatate falde,
come di neve in alpe sanza vento.

Quali Alessandro in quelle parti calde
d'Indïa vide sovra lo suo stuolo
fiamme cadere infino a terra salde;

per ch'ei provvide a scalpitar lo suolo
con le sue schiere, acciò che lo vapore
me' si stingueva, mentre ch'era solo;

tale scendeva l'eternale ardore;
onde la rena s'accendea, com'esca
sotto focile, a doppiar lo dolore.

VIERZEHNTER GESANG

Von Liebe angespornt zum Heimatsorte,   *1*
Eilt ich, die losen Blätter auszubreiten
Rings um den Stamm, dem heiser schon die Worte.

Drauf gings zur Grenze, wo sich trennt vom zweiten   *4*
Der dritte Ring, ein Schreckenswerk zu schauen,
Wie die Gerechtigkeit nur kann bereiten.

Getreu zu schildern dieses neue Grauen,   *7*
Sag ich, daß wir erreichten eine Heide,
Die keine Pflanze litt in ihren Auen.

Sie kränzt der Schmerzenswald mit seinem Leide,   *10*
Wie *dem* der düstere Graben dient zum Strande:
Hier dicht am Saume machten halt wir beide.

Dies Feld bestand aus knietief-trockenem Sande,   *13*
Daß es wohl ganz beschaffen wie die Strecken,
Die Catos Fuß betrat im Wüstenlande. –

O göttliche Vergeltung! wie erschrecken   *16*
Und fürchten müssen sich, die lesen werden,
Was meine Augen mußten hier entdecken!

Von nackten Seelen sah ich ganze Herden,   *19*
Die jämmerlich erhoben Klagelieder;
Doch quälten jede andrer Art Beschwerden.

Denn rücklings lag ein Volk am Boden nieder,   *22*
Ein andres hockte starr insich gekauert,
Ein drittes rannte ruhlos hin und wider.

Und solcher, deren Laufschritt endlos dauert,   *25*
Gabs mehr als jener, die in Qualen lagen;
Doch dafür hat sie größerer Schmerz durchschauert.

Aufs Sandfeld sah ich sanften Regen schlagen   *28*
Von großen Feuerflocken, dichthinfegend
Gleich Alpenschneefall an windstillen Tagen.

Wie Alexander in der glühenden Gegend   *31*
Von Indien auf sein Heer sah niederfahren
Brandflocken, noch am Boden feuerhegend,

Drob er ihn vorsichtsvoll von seinen Scharen   *34*
Zerstampfen ließ, da leichter zu erdrücken
Die Flammen noch solang sie einzeln waren –:

So fiel der ewige Brand hier, der voll Tücken   *37*
Den Sand erhitzt wie Zunder unterm Steine,
Daß Doppelschmerzen jeden Leib durchzücken.

INFERNO · CANTO XIV

Senza riposo mai era la tresca   40
delle misere mani, or quindi or quinci
iscotendo da sè l'arsura fresca.

Io cominciai: «Maestro, tu che vinci   43
tutte le cose, fuor che i demon duri
che all'entrar della porta incontro uscînci,

chi è quel grande che non par che curi   46
lo incendio, e giace dispettoso e torto,
sì che la pioggia non par che il maturi?»

E quel medesmo che si fue accorto   49
ch'io dimandava il mio duca di lui,
gridò: «Qual io fui vivo, tal son morto.

Se Giove stanchi il suo fabbro, da cui   52
crucciato prese la folgore acuta
onde l'ultimo dì percosso fui;

o s'egli stanchi gli altri a muta a muta   55
in Mongibello alla fucina negra,
chiamando ‹Buon Vulcano, aiuta, aiuta!›,

sì com'ei fece alla pugna di Flegra,   58
e me saetti con tutta sua forza,
non ne potrebbe aver vendetta allegra!»

Allora il duca mio parlò di forza   61
tanto, ch'io non l'avea sì forte udito:
«O Capaneo, in ciò che non s' ammorza

la tua superbia, se' tu più punito: 64
nullo martiro, fuor che la tua rabbia,
sarebbe al tuo furor dolor compito».

Poi si rivolse a me con miglior labbia,   67
dicendo: «Quel fu l'un de' sette regi
che assiser Tebe; ed ebbe e par ch' egli abbia

Dio in disdegno, e poco par che il pregi;   70
ma, come io dissi a lui, li suoi dispetti
sono al suo petto assai debiti fregi.

Or mi vien dietro, e guarda che non metti   73
ancor li piedi nella rena arsiccia;
ma sempre al bosco li ritieni stretti.»

Tacendo, divenimmo là ove spiccia   76
fuor della selva un piccol flumicello,
lo cui rossore ancor mi raccapriccia.

Quale del Bulicame esce ruscello   79
che parton poi tra lor le pezzatrici,
tal per la rena giù sen giva quello.

114

DIE HÖLLE · XIV. GESANG

Der armen Hände Kreistanz freute keine   40
Erholung, ruhlos löschten sie vom Regen
Hier eine Flocke aus, dort wieder eine.

»Meister«, sprach ich, »dem alles unterlegen   43
Bis auf die Teufel, deren trotziges Trachten
Am Eingangstor dir drohte so verwegen,

Wer ist der Große, der nicht scheint zu achten   46
Der Glut und dreist noch kann den Blick erheben,
Alsob ihn nicht die Brände mürbemachten?«

Da hört ich diesen selbst mir Antwort geben,   49
Weil er mit Recht auf sich bezog die Frage:
»Im Tode blieb ich wie ich war im Leben!

Ob Zeus mit Arbeit seinen Schmied auch plage,   52
Dem er entriß einen der scharfen Blitze,
Der zürnend mich durchbohrt am letzten Tage,

In Mongibellos rußigem Schmiedesitze   55
Sie *alle* plage an den Feuerherden,
›Hilf, hilf, wackrer Vulkan!‹ schreiend in Hitze,

Wie er bei Phlegra tat in Schlachtbeschwerden;   58
Und ob auf mich sein stärkster Blitz geschwungen –
Froh soll er niemals seiner Rache werden!«

Da rief mein Führer mit so kräftigen Lungen,   61
Wie ich sie nie gehört mein Ohr zerreißen:
»O Kapaneus, daß nie dir ward bezwungen

Dein Hochmut, muß als größter Schmerz dich beißen; 64
Denn keine Marter als dein eigenes Wüten
Kann deines Grimms gerechtere Strafe heißen!«

Zu mir sich wendend sprach er mit Begüten: 67
»Von jenen sieben Königen war er einer,
Die Theben zu erobern heiß sich mühten.

Er schmähte Gott und trotzt wohl heut noch seiner. 70
Doch wie ichs ihm gesagt, dient ihm zur Schande
Sein Übermut als Schmuck der Brust wie keiner!

Nun folge mir, doch vorm erhitzten Sande   73
Nimm deinen Fuß in acht, stets Vorsicht zeigen!
Ja, halte dich stets nah am Waldesrande.« –

Wir schritten bis zu einem Bach, im Schweigen,   76
Der blutrot aus dem Walde kam geschossen;
Dies Blut läßt noch mein Haar zu Berge steigen.

Wie Bulicames Sprudel kommt geflossen,   79
Darin gebadet sich die Sünderinnen,
So hat sich der durchs Sandgefild ergossen.

INFERNO · CANTO XIV

Lo fondo suo ed ambo le pendici 82
fatt' eran pietra, e i margini da lato;
per ch'io m'accorsi che il passo era lici.

«Tra tutto l'altro ch'io t'ho dimostrato, 85
poscia che noi entrammo per la porta
lo cui sogliare a nessuno è negato,

cosa non fu dalli tuoi occhi scorta 88
notabile, com'è il presente rio,
che sopra sè tutte fiammelle ammorta.»

Queste parole fur del duca mio: 91
per che il pregai che mi largisse il pasto
di cui largito m'avea il disìo.

«In mezzo mar siede un paese guasto» 94
diss'egli allora, «che s'appella Creta,
sotto il cui rege fu già il mondo casto.

Una montagna v' è che già fu lieta 97
d'acque e di frondi, che si chiamò Ida;
ora è diserta, come cosa vieta.

Rea la scelse giù per cuna fida 100
del suo figliuolo, e per celarlo meglio,
quando piangea, vi facea far le grida.

Dentro dal monte sta dritto un gran veglio, 103
che tien vòlte le spalle invêr Damiata,
e Roma guarda sì come suo speglio.

La sua testa è di fin oro formata, 106
e puro argento son le braccia e il petto,
poi è di rame infino alla forcata;

da indi in giuso è tutto ferro eletto, 109
salvo che il destro piede è terra cotta,
e sta in su quel, più che in su l'altre, eretto.

Ciascuna parte, fuor che l'oro, è rotta 112
d'una fessura che lagrime goccia,
le quali, accolte, foran quella grotta.

Lor corso in questa valle si diroccia: 115
fanno Acheronte, Stige e Flegetonta;
poi sen van giù per questa stretta doccia

infin là ove più non si dismonta: 118
fanno Cocito; e qual sia quello stagno,
tu il vederai; però qui non si conta.»

E io a lui: «Se il presente rigagno 121
si deriva così dal nostro mondo,
perchè ci appar pur a questo vivagno?»

DIE HÖLLE · XIV. GESANG

Sein Bett und jede Böschung waren innen   *82*
Aus Stein gleich der Umfassung an den Seiten,
Daß leicht mirs schien, hier Durchgang zu gewinnen.

»Was ich dir alles wies in diesen Weiten,   *85*
Seit unsere Wandrung durch das Tor geschehen,
Des Schwelle keinem wehrt das Überschreiten,

Es gab für deine Augen nichts zu sehen,   *88*
Dem mehr Verwundrung als dem Bach gebührte,
Weil alle Flämmchen über ihm vergehen.«

So sprach er, der zu diesem Ort mich führte,   *91*
Drauf ich nach jener Speise tat die Bitte,
Wonach er mir bereits die Eßlust schürte.

»Ein wüstes Eiland liegt in Meeresmitte,   *94*
Das Kreta heißt«, sprach er. »Dort hat gewaltet
Ein König, der auf Keuschheit hielt und Sitte.

Dort ragt der Idaberg, der einst entfaltet   *97*
Prächtigen Wald, den mancher Quell erquickte;
Heut ists dort wüst und einsam und veraltet.

Die sichere Wiege für den Sohn erblickte   *100*
Dort Rhea, den Verfolger hintergehend,
Weil sie durch Lärm des Säuglings Schreien erstickte.

Im Berge weilt ein Greis, groß, aufrechtstehend,   *103*
Damiette im Rücken; seine Augen wenden
Nach Rom sich, wie in seinen Spiegel sehend.

Sein Haupt ist reines Gold, die Arme enden   *106*
In Silbererz, draus auch die Brust gerundet;
Aus Kupfer ist der Rumpf bis zu den Lenden,

Von wo hinab sich hartes Eisen kündet.   *109*
Der rechte Fuß nur ist in Ton gehalten,
Drauf schier allein des Körpers Last sich gründet.

Bis auf das Gold ist jeder Teil zerspalten   *112*
Durch einen Riß, draus niederträufeln Tränen,
Die allesamt die Grotte hier gestalten,

Danach talniederziehen in feuchten Strähnen,   *115*
Als Acheron, Styx, Phlegethon sich zeigen,
Dann abwärtsgehen durch dieser Felskluft Gähnen

Bis dort, wo keinem glückt ein Tiefersteigen: *118*
Sie bilden den Kozyt, und welche Lache
Dies ist, erfährst du bald; drum kann ich schweigen.«

Und ich zu ihm: »Wenn Ursprung diesem Bache   *121*
Die Oberwelt verleiht, so gib mir Kunde,
Warum dies Ufer erst ihn sichtbar mache?« –

INFERNO · CANTO XIV

Ed egli a me: «Tu sai che il luogo è tondo,   *124*
e tutto che tu sii venuto molto
pur a sinistra, giù calando al fondo,
    non se'ancor per tutto il cerchio vòlto;   *127*
per che, se cosa n'apparisce nuova,
non dee addur maraviglia al tuo volto».
    E io acor: «Maestro, ove si trova   *130*
Flegetonta e Letè? chè dell' un taci,
e l'altro di' che si fa d'esta piova.»
    «In tutte tue question certo mi piaci»   *133*
rispose; «ma il bollor dell'acqua rossa
dovea ben solver l'una che tu faci.
    Letè vedrai, ma fuor di questa fossa,   *136*
là ove vanno l'anime a lavarsi,
quando la colpa pentuta è rimossa.»
    Poi disse: «Omai è tempo da scostarsi   *139*
dal bosco; fa'che diretro a me vegne:
li margini fan via, che non son arsi,
    e sopra oro ogni vapor si spegne».   *142*

DIE HÖLLE · XIV. GESANG

»Du weißt, der Ort erstreckt sich in die Runde«,   *124*
Sprach er, »und mochtest du auch weit schon schweifen,
Stets linkerhand absteigend zu dem Grunde,

Du konntest noch den Kreis nicht ganz durchstreifen: *127*
Drum, gehst du neuen Wundern jetzt entgegen,
Darf Staunen doch dein Antlitz nicht ergreifen.« –

»Sag mir«, sprach ich, »wo Phlegethon gelegen   *130*
Und Lethe? *Die* verschweigst du; nur beschieden
Hast du mich: *jenen* bilde dieser Regen.« –

»Mit deinen Fragen bin ich zwar zufrieden«,   *133*
Sprach er; »doch Antwort auf die letzten gaben
Dir jene Fluten schon, die blutrot sieden.

Lethe wirst du, doch ferne diesem Graben,   *136*
Dort schauen, wo die Seelen gehen zum Bade,
Wenn reuig sie die Schuld gesühnet haben.«

Dann sprach er: »Zeit ists nun, vom buschigen Pfade   *139*
Zu scheiden. Auf! laß hinter mir dich finden:
Zum brandgeschützten Weg dient das Gestade,

Denn über ihm wird jeder Glutqualm schwinden.«   *142*

CANTO DECIMOQUINTO

Ora cen porta l'un de' duri margini;　　　　　*1*
e 'l fummo del ruscel di sopra aduggia,
sì che dal fuoco salva l'acqua e gli argini.

Quale i Fiamminghi tra Guizzante e Bruggia,　　*4*
temendo il fiotto che vêr lor s' avventa,
fanno lo schermo perchè il mar si fuggia;

e quale i Padovan lungo la Brenta,　　　　　*7*
per difender lor ville e lor castelli,
anzi che Chiarentana il caldo senta;

a tale imagine eran fatti quelli,　　　　　*10*
tutto che nè sì alti nè sì grossi,
qual che si fosse, lo maestro felli.

Già eravam dalla selva rimossi　　　　　　*13*
tanto, ch'io non avrei visto dov' era,
perch'io indietro rivolto mi fossi;

quando incontrammo d'anime una schiera,　　*16*
che venian lungo l'argine, e ciascuna
ci riguardava come suol da sera

guardar un altro sotto nuova luna;　　　　*19*
e sì vêr noi aguzzavan le ciglia,
come 'l vecchio sartor fa nella cruna.

Così adocchiato da cotal famiglia,　　　　*22*
fui conosciuto da un, che mi prese
per lo lembo e gridò: «Qual maraviglia!»

E io, quando il suo braccio a me distese,　*25*
ficcai gli occhi per lo cotto aspetto,
sì che il viso abbruciato non difese

la conoscenza sua al mio intelletto;　　　*28*
e chinando la mano alla sua faccia,
rispuosi: «Siete voi qui, ser Brunetto?»

E quegli: «O figliuol mio, non ti dispiaccia　*31*
se Brunetto Latino un poco teco
ritorna indietro e lascia andar la traccia».

Io dissi a lui: «Quanto posso, ven preco;　*34*
e se volete che con voi m'asseggia,
faròl, se piace a costui, che vo seco».

«O figliuol» disse, «qual di questa greggia　*37*
s'arresta punto, giace poi cent' anni
sanza arrostarsi, quando il fuoco il feggia.

FÜNFZEHNTER GESANG

Nun trägt uns weiter eines der sich böschenden   *1*
Gestade, drob des Wassers dunstiger Bogen
Flut schützt und Damm vorm Brande, dem verlöschenden.
    Ganz wie in Flandern Deiche sind gezogen   *4*
Vor Brügge und Kadsant, daß bei der Flutung
Das Bollwerk brechen soll den Prall der Wogen,
    Wie Padua auch die Brenta nimmt in Hutung,   *7*
Weil man zum Schutz von Stadt und Burg verpflichtet,
Bevor noch Kärnten spürt des Sommers Glutung:
    Dem ähnlich waren diese hier geschichtet,   *10*
Nur daß in gleicher Höhe nicht und Breite
Der Meister sie, wer es auch war, errichtet. –
    Schon wich der Wald zurück in solche Weite,   *13*
Daß mir nicht kenntlich mehr, wo er gelegen,
Selbst wenn ich umgeschaut nach seiner Seite,
    Als eine Seelenschar am Damm entgegen   *16*
Uns kam. Und jeder blickte von den vielen
Spähend nach uns, wie wir wohl abends pflegen
    Beim Neumond uns einander anzuschielen.   *19*
Sie zogen ihre Brauen gleich dem Schneider,
Dem alten, der ins Nadelöhr will zielen.
    So sah der Schwarm die Ankunft unser beider.   *22*
Und wie sie alle gaffen, da entdeckte
Mich einer, griff beim Saum mich meiner Kleider
    Und rief: »Welch Wunder!« – Da sein Arm sich reckte   *25*
Nach mir, sah ich ihm scharf ins ganz verdorrte
Gesicht; und ob manch Brandmal es befleckte:
    Mir trat sein Bild aus der Erinnerung Pforte.   *28*
Da bog ich seinem Haupt die Hand entgegen,
Rief: »Herr Brunetto, Ihr an diesem Orte?«
    Und er: »Mein Sohn, kommt dir nicht ungelegen   *31*
Latins Gesellschaft, gern ein Stückchen dreh ich
Dann um, mich trennend von der andern Wegen.«
    Ich sprach zu ihm: »Von Herzen dies erfleh ich.   *34*
Und soll ich mit euch setzen mich zur Erde,
Geschiehts, wenns *dem* beliebt; denn mit ihm geh ich.« –
    »O Sohn«, sprach er, »wer hier von dieser Herde   *37*
Sich irgend säumt, liegt hundert Jahr im Sande
Gaz regungslos in dieser Glutbeschwerde.

INFERNO · CANTO XV

Però va' oltre; io ti verrò a'panni,   40
e poi rigiugnerò la mia masnada,
che va piangendo i suoi eterni danni.»

Io non osava scender della strada   43
per andar par di lui; ma il capo chino
tenea com'uom che reverente vada.

Ei cominciò: «Qual fortuna o destino   46
anzi l'ultimo dì quaggiù ti mena?
e chi è questi che mostra il cammino?»

«Lassù di sopra in la vita serena»   49
rispos'io lui «mi smarri' in una valle,
avanti che l'età mia fosse piena.

Pur ier mattina le volsi le spalle: 52
questi m'apparve, tornand'io in quella,
e riducemi a ca per questo calle.»

Ed egli a me: «Se tu segui tua stella,   55
non puoi fallire al glorioso porto,
se ben m'accorsi nella vita bella;

e s'io non fossi sì per tempo morto   58
veggendo il cielo a te così benigno,
dato t'avrei all'opera conforto.

Ma quello ingrato popolo maligno   61
che discese di Fiesole ab antico
e tiene ancor del monte e del macigno,

ti si farà, per tuo ben far, nimico: 64
ed è ragion, chè tra li lazzi sorbi
si disconvien fruttare al dolce fico.

Vecchia fama nel mondo li chiama orbi,   67
gente avara, invidiosa e superba:
da'lor costumi fa' che tu ti forbi.

La tua fortuna tanto onor ti serba,   70
che l'una parte e l'altra avranno fame
di te; ma lungi fia dal becco l'erba.

Faccian le bestie fiesolane strame   73
di lor medesme, e non tocchin la pianta,
s'alcuna surge ancor nel lor letame,

in cui riviva la sementa santa   76
di quei Roman che vi rimaser, quando
fu fatto il nido di malizia tanta.»

«Se fosse tutto pieno il mio dimando»   79
rispuos'io lui, «voi non sareste ancora
dell'umana natura posto in bando;

DIE HÖLLE · XV. GESANG

Geh drum voran, dir bleib ich am Gewande   40
Und kehre dann zurück zu meinesgleichen,
Die hingehn dort, beweinend ewige Schande.«

Vom Damme wagt ich nicht hinabzuweichen,   43
Um neben ihm zu gehn; jedoch ich senkte
Beim Gehen das Haupt als meiner Ehrfurcht Zeichen.

Er sprach: »Welch Zufall oder Schicksal lenkte   46
Dich schon vorm letzten Tag in diese Tale?
Und wer ist jener, der dir Führung schenkte?« –

»Dort oben über uns im heitern Strahle«,   49
Sprach ich, »verirrt ich mich im Tal der Schrecken,
Eh halbgefüllt noch meines Lebens Schale.

Erst gestern früh ließ ich die öden Strecken   52
Und sann auf Umkehr, bis dort mein Begleiter
Erschien, mir hier den Durchgang zu entdecken.«

Und er zu mir: »Folg deinem Stern nur weiter,   55
Der sicher dich zum Ruhmeshafen sendet,
Wenn mich nicht trog das Leben schön und heiter.

Und wenn ich nicht schon vor der Zeit geendet,   58
Dir, dem die Sterne sich so günstig scharen,
Hätt ich zum Werk Ermunterung gespendet.

Doch jenes Volk von Schändlich-Undankbaren,   61
Das ehemals von Fiesole gestiegen
Und noch des Felssteins Härte scheint zu wahren,

Wird dich ob deines Rechttuns schroff bekriegen,   64
Und zwar mit Recht, denn nie wird zwischen herben
Spierlingen süße Feigenfrucht sich wiegen.

Des Neides, Stolzes und der Habgier Erben   67
Sind sie; das Sprichwort nennt sie schon die *Blinden* –
Sieh, daß dich ihre Sitten nicht verderben!

Dein Glück will solchen Ruhmeskranz dir winden,   70
Daß jede der Partein dich gern erwürbe;
Nur soll ihr hungrig Maul dies Kraut nicht finden.

Daß doch Fiesoles Viehzeug sich zermürbe   73
Zu Häcksel! Doch die Pflanze nicht benage,
Falls eine zeugt ihr Mist, die nicht verdürbe,

Nein, daraus neu der heilige Same schlage   76
Der Römer, die hier hemmten ihre Schritte,
Als man gebaut dies böse Nest der Plage!« –

»Wenn voll befriedigt worden meine Bitte«,   79
Sprach ich zu ihm, »wärt ihr vom Erdenrunde
Noch nicht verbannt und aus der Menschen Mitte.

INFERNO · CANTO XV

chè in la mente m'è fitta, e or m'accora,   82
la cara e buona imagine paterna
di voi, quando nel mondo ad ora ad ora

m'insegnavate come l'uom s'eterna: 85
e quant'io l'abbia in grado, mentre io vivo,
convien che nella mia lingua si scerna.

Ciò che narrate di mio corso scrivo,   88
e serbolo a chiosar con altro testo
a donna che saprà, se a lei arrivo.

Tanto vogl'io che vi sia manifesto,   91
pur che mia coscienza non mi garra,
che alla Fortuna, come vuol, son presto.

Non è nuova agli orecchi miei tale arra;   94
però giri Fortuna la sua ruota
come le piace, e il villan la sua marra!»

Lo mio maestro allora in su la gota   97
destra si volse indietro, e riguardommi;
poi disse: «Bene ascolta chi la nota».

Nè pertanto di men parlando vommi   100
con ser Brunetto, e dimando chi sono
li suoi compagni più noti e più sommi.

Ed egli a me: «Saper d'alcuno è buono;   103
degli altri fia laudabile tacerci,
chè 'l tempo sarìa corto a tanto suono.

Insomma sappi che tutti fur cherci   106
e letterati grandi e di gran fama,
d' un peccato medesmo al mondo lerci.

Priscian sen va con quella turba grama,   109
e Francesco d'Accorso anche; e vedervi,
se avessi avuto di tal tigna brama,

colui potèi che dal servo de' servi   112
fu trasmutato d'Arno in Bacchiglione,
dove lasciò li mal protesi nervi.

Di più direi; ma il venir e il sermone   115
più lungo esser non può, però ch'io veggio
là surger nuovo fummo del sabbione.

Gente vien, con la quale esser non deggio: 118
sieti raccomandato il mio *Tesoro*,
nel quale io vivo ancora; e più non cheggio.»

Poi si rivolse, e parve di coloro   121
che corrono a Verona il drappo, verde
per la campagna; e parve di costoro

quegli che vince, non colui che perde.   124

DIE HÖLLE · XV. GESANG

Denn wehmutsvoll, doch treu im Herzengrunde   *82*
Wird euer gutes Vaterantlitz leben,
Das teure, da ihr droben Stund um Stunde
   Mich lehrtet, ewigem Ruhme nachzustreben.   *85*
Und wie ich drob an euch voll Dankes hange,
Soll lebenslang mein Wort zu hören geben.

Ich will, was ihr enthüllt von meinem Gange,   *88*
Nebst andern Rätseln für *die* Frau bewahren,
Die mirs erklärt, wenn ich zu ihr gelange.

Soviel indes will ich euch offenbaren: *91*
Solang mich nicht Gewissensbisse zwingen,
Will ich des Schicksals Willkür gern erfahren.

Nicht neu will meinem Ohr solch Angeld klingen;   *94*
Drum soll Fortuna nach Belieben drehen
Ihr Rad und seinen Karst der Bauer schwingen.«

Mein Meister wandte sich, mich anzusehen,   *97*
Zurück nach mir mit seiner rechten Wange
Und sprach: »Gut hörte, wems im Geist bleibt stehen.«

Doch ruhig sprach ich fort auf unserm Gange   *100*
Mit Herrn Brunett und bat, mir die zu nennen,
Die am berühmtesten nach Ruf und Range.

Und er zu mir: »Gut ist es, einige kennen,   *103*
Doch löblich, schweig ich von der andern Herde,
Sonst reichte nicht die Zeit bis wir uns trennen.

Gelehrte sinds, daß kurz dir Nachricht werde,   *106*
Und Priester, deren Namen weithin klangen,
Beschmutzt vom gleichen Laster auf der Erde.

Priszian kommt dort im Unglückstrupp gegangen   *109*
Nebst Franz Accorso, und – wenn ich nicht dächte,
Du trügst nach solchem Auswurf kein Verlangen –

Sähst du auch jenen, den der Knecht der Knechte   *112*
Versetzt vom Arno zum Bacchiglionestrande,
Wo er gebüßt den Mißbrauch am Geschlechte.

Mehr spräch ich, doch ich darf hier nicht am Rande   *115*
Noch redend mitgehn, denn schon seh ich neuen
Dunstqualm sich dort erheben aus dem Sande.

Auch nahet Volk; des Umgang muß ich scheuen.   *118*
Nur mein Tesoro sei dir anempfohlen,
Drin ich noch leb; sonst kann mich nichts erfreuen.«

Dann macht er kehrt, gewaltig auszuholen,   *121*
Alsob er zu Veronas Volk gehöre,
Dem Wettlauf spornt ums grüne Tuch die Sohlen,
   Alsob er hier gewönne, nicht verlöre.   *124*

CANTO DECIMOSESTO

Già era in loco ove s'udìa il rimbombo
dell'acqua che cadea nell' altro giro,
simile a quel che l'arnie fanno rombo;   1

quando tre ombre insieme si partiro,
correndo, d'una torma che passava
sotto la pioggia dell'aspro martìro.   4

Venìan vêr noi, e ciascuna gridava:
«Sostati tu che all'abito ne sembri
essere alcun di nostra terra prava!»   7

Ahimè, che piaghe vidi ne'lor membri,
recenti e vecchie, dalle fiamme incese!
Ancor men duol, pur ch'io me ne rimembri.   10

Alle lor grida il mio dottor s'attese;
volse il viso vêr me, e «Or aspetta»
disse: «a costor si vuole esser cortese;   13

e se non fosse il foco che saetta
la natura del loco, io dicerei
che meglio stesse a tec che a lor la fretta».   16

Ricominciâr, come noi ristemmo, ei
l'antico verso; e quando a noi fur giunti,
fenno un rota di sè tutti e trei,   19

qual sogliono i campion far nudi ed unti,
avvisando lor presa e lor vantaggio,
prima che sien tra lor battuti e punti;   22

e sì rotando, ciascuna il visaggio
drizzava a me, sì che in contrario il collo
faceva a' piè continuo viaggio.   25

E «Se miseria d' esto loco sollo
rende in dispetto noi e nostri preghi»
cominciò l'uno, «e il tinto aspetto e brollo,   28

la fama nostra il tuo animo pieghi,
a dirne chi tu se', che i vivi piedi
così securo per lo Inferno freghi.   31

Questi, l'orme di cui pestar mi vedi,
tutto che nudo e dipelato vada,
fu di grado maggior che tu non credi.   34

Nepote fu della buona Gualdrada:
Guido Guerra ebbe nome, ed in sua vita
fece col senno assai e con la spada.   37

SECHZEHNTER GESANG

Schon war ich dort, wo man des Wassers Lärmen   *1*
Abstürzen hört zum zweiten Kreisgeschosse,
Vergleichbar dem Gesumm von Bienenschwärmen,

   Als sich drei Schatten gleicherzeit vom Trosse   *4*
Der andern lösten, die der Strom der Flammen
Im Laufen peitschte wie aus einer Gosse.

   Sie nahten uns und schrieen allzusammen: *7*
»Steh still! du mußt doch unserer argverderbten
Und bösen Stadt der Kleidung nach entstammen!«

   Weh! was für alt und neue Wunden kerbten   *10*
Den Gliedern ein die Flammen, scharf im Schnitte!
Mich schmerzt noch heut das Los der Heilsenterbten.

   Mein Lehrer hielt bei ihrem Ruf die Schritte,   *13*
Sah mir ins Angesicht und sprach: »Jetzt weile!
Für diese hier geziemt sich edle Sitte.

   Und regnete die Glut nicht Flammenpfeile,   *16*
Wie es des Ortes Art, ich würde sagen,
Dir ziemte besser wohl als ihnen Eile.«

   Kaum standen wir, scholl neu ihr Lied der Klagen;   *19*
Und als sie bei uns, faßten sie zum Drehen
Sich an, gleich einem Rad rundum zu jagen.

   Wie nackte ölgesalbte Ringer stehen   *22*
Und Griff und Blöße trachten zu erringen,
Eh sie mit Stoß und Schlag zum Angriff gehen:

   So sah mir jeder ins Gesicht beim Schwingen,   *25*
Daß ihre Hälse trotz beständigem Recken
Den umgekehrten Weg der Füße gingen.

   »Wenn auch das Elend dieser sandigen Strecken   *28*
Verächtlich uns und unsere Bitten machte«,
Fing einer an, »weil Schorfe uns bedecken,

   Dann unsers alten Ruhms aus Mitleid achte,   *31*
Dann nenne dich und sag, wie du gefunden
Den Weg, der lebend dich zur Hölle brachte.

   Der, dem ich folg wie an den Fuß gebunden,   *34*
War höhern Ranges, als du ahnst, im Leben,
Läuft er auch nackt hier, haarlos und zerschunden.

   Wer wird Gualdradas Enkel nicht erheben,   *37*
Den Guidoguerra, der so oft uns Proben
Von Geist und Schwert als wackerer Held gegeben?

INFERNO · CANTO XVI

L'altro, che appresso a me la rena trita,   40
è Tegghiaio Aldobrandi, la cui voce
nel mondo su dovrìa esser gradita.

E io, che posto son con loro in croce,   43
Iacopo Rusticucci fui, e certo
la fiera moglie più ch' altro mi nuoce.»

S' io fussi stato dal foco coperto,   46
gittato mi sarei tra lor di sotto,
e credo che il dottor l'avrìa sofferto;

ma perch'io mi sarei brusciato e cotto,   49
vinse paura la mia buona voglia,
che di loro abbracciar mi facea ghiotto.

Poi cominciai: «Non dispetto, ma doglia   52
la vostra condizion dentro mi fisse
tanta, che tardi tutta si dispoglia,

tosto che questo mio signor mi disse   55
parole per le quali io mi pensai
che, qual voi siete, tal gente venisse.

Di vostra terra sono; e sempre mai   58
l'ovra di voi e gli onorati nomi
con affezion ritrassi ed ascoltai.

Lascio lo fele, e vo per dolci pomi,   61
promessi a me per lo verace duca;
ma fino al centro pria convien ch'io tomi.»

«Se lungamente l'anima conduca   64
le membra tue» rispose quegli allora,
«e se la fama tua dopo te luca,

cortesia e valor di' se dimora   67
nella nostra città sì come suole,
o se del tutto se n'è gita fuora;

chè Guiglielmo Borsiere, il qual si duole   70
con noi per poco, e va là coi compagni,
assai ne cruccia con le sue parole.»

«La gente nuova e i sùbiti guadagni   73
orgoglio e dismisura han generata,
Fiorenza, in te, sì che tu già ten piagni!»

Così gridai von la faccia levata;   76
e i tre, che ciò inteser per risposta,
guatâr l'un l'altro, come al ver si guata.

«Se l' altre volte sì poco ti costa»   79
risposer tutti «il satisfare altrui,
felice te, che sì parli a tua posta!

DIE HÖLLE · XVI. GESANG

Den hinter mir du siehst im Flugsand toben,   40
Tegghiaio Aldobrandi ists, des Stimme
Gehör verdiente bei den Menschen droben.

Ich, ächzend unter gleichen Kreuzes Grimme,   43
War Jakob Rusticucci, und zuschanden
Ward ich am meisten durch mein Weib, das schlimme.«

Ich hätte, wär vorm Feuer Schutz vorhanden,   46
Zum Sprung in ihren Kreis mich rasch entschieden,
Und glaub, mein Lehrer hätt mirs zugestanden.

Doch weil ich nicht verbrennen mocht und sieden,   49
Ließ Furcht den guten Willen mich verwinden,
Den ich, sie zu umarmen, schwer vermieden.

»Verachtung nicht, nur Schmerz kann ich empfinden«,   52
Begann ich, »für euch martervoll Gequälte,
Und nie wird mir das Mitleid mit euch schwinden.

Daß ich hier Männer träfe, auserwählte,   55
Das mußten schon die Worte offenbaren,
Mit denen mein Gebieter mirs erzählte.

Ich bin aus eurer Stadt und hab seit Jahren   58
Von euch, die hell an Tat und Namen blinken,
Liebes gesprochen nur und auch erfahren.

Den Wermut flieh ich, süßere Früchte winken,   61
Wie mir des Führers Wahrwort prophezeite;
Nur muß mein Pfad zum Weltenkern erst sinken.« –

»Sowahr dein Geist noch lang beweg und leite   64
Den Körper, und noch fern in Erdenlanden«,
Sprach einer, »sich dein Nachruhm hell verbreite,

Sprich, ist noch Mannheit, Edelsinn vorhanden   67
In unserer Stadt, wie einst in alten Tagen,
Ach! oder ist es wahr, daß beide schwanden?

Denn Wilhelm Borsier, der mit uns zu klagen   70
Jüngst herkam und dort geht mit den Genossen,
Kränkt uns mit dem, was wir ihn hören sagen.« –

»Weil Volk und Reichtum jäh ins Kraut geschossen,   73
Hat Stolz und Übermut dich fast vernichtet,
Florenz, daß du schon Tränen drob vergossen!«

So rief ich laut, das Antlitz aufgerichtet.   76
Da sahen die drei, die wohl den Sinn ersehen,
Sich an wie einer, dem sich Wahrheit lichtet.

»Kommt ein Bescheid dir teurer nie zu stehen«,   79
War aller Antwort, »bei so offenen Worten,
Heil dir, läßt du so dreist die Worte gehen!

INFERNO · CANTO XVI

Però, se campi d'esti lochi bui 82
e torni a riveder le belle stelle,
quando ti gioverà dicere ,Io fui',
    fa' che di noi alla gente favelle!» 85
Indi rupper la ruota, ed a fuggirsi
ale sembiâr le gambe loro snelle.

Un amen non sarìa potuto dirsi 88
tosto così, com'ei furon spariti;
per che al maestro parve di partirsi.

Io lo seguiva, e poco eravam iti, 91
che il suon dell'acqua n'era sì vicino,
che per parlar saremmo appena uditi.

Come quel fiume c'ha proprio cammino 94
prima da Monte Veso invêr levante,
dalla sinistra costa d'Appennino,
    che si chiama Acquacheta suso, avante 97
che si divalli giù nel basso letto,
e la Forlì di quel nome è vacante,
    rimbomba là sovra San Benedetto 100
dell' Alpe, per cadere ad una scesa
ove dovrìa per mille esser ricetto;
    così, giò d'una ripa discoscesa, 103
trovammo risonar quell' acqua tinta,
sì che in poc' ora avrìa l'orecchia offesa.

Io aveva una corda intorno cinta, 106
e con essa pensai alcuna volta
prender la lonza alla pelle dipinta.

Poscia che l'ebbi tutta da me sciolta, 109
sì come il duca m'avea comandato,
porsila a lui aggroppata e ravvolta;
    ond' ei si volse invêr lo destro lato, 112
e alquanto di lungi dalla sponda
la gittò giuso in quell' alto burrato.

«E' pur convien che novità risponda» 115
dicea fra me medesmo «al nuovo cenno
che il maestro con l'occhio sì seconda.»

Ahi, quanto cauti gli uomini esser denno 118
presso a color che non veggon pur l'opra,
ma per entro i pensier miran col senno!

Ei disse a me: «Tosto verrà di sopra 121
ciò ch'io attendo e che il tuo pensier sogna;
tosto convien ch'al tuo viso si scopra».

DIE HÖLLE · XVI. GESANG

Drum, wenn entronnen du den dunklen Orten   *82*
Und heimkehrst, wo die schönen Sterne scheinen
Und dichs beglückt, zu sagen: ›ich war dorten‹,

Berichte droben dann von uns den Deinen!«   *85*
Drauf lösten sie sich aus des Rades Schlingen
Und flohen, auf Flügeln schien es, statt auf Beinen.

Kein Amen kann so rasch im Mund verklingen,   *88*
Als in die Ferne diese drei entschwanden,
Daher gefiels dem Meister, daß wir gingen.

Nachschritt ich ihm und bald darauf befanden   *91*
Wir uns so nah des Wassers Donnerklange,
Daß kaum wir unser eigenes Wort verstanden.

Wie jener Fluß im selbstgebahnten Gange   *94*
Als erster ostwärts hoch vom Viso droben
Herfließt am linken Apenninenhange,

Und Acquacheta wird genannt dort oben,   *97*
Eh er talniederstürzt ins tiefe Bette,
Und bei Forli des Namens wird enthoben,

Dann braust ob Benedettos heiliger Stätte,   *100*
Dem Alpengrat entstürzend mit Zerstäuben,
Der Raum genug für tausend Siedler hätte:

So brach, uns bald die Ohren zu betäuben,   *103*
Die trübe Flut sich Bahn durch diese Klüfte,
Die sich umsonst dem scharfen Anprall sträuben.

Nun trug ich einen Strick um meine Hüfte,   *106*
Den bunten Pardel in bedrängten Stunden
Zu fangen, der mich einmal schon verblüffte.

Nachdem ich ihn mir gänzlich abgebunden,   *109*
Wie es der Führer mir als ratsam nannte,
Gab ich ihm den, zu einem Knaul gewunden,

Worauf er sich zur rechten Seite wandte   *112*
Und in geringem Abstand nur vom weiten
Abgrund ihn in die Tiefe niedersandte.

»Ei!« sagt ich mir, »hier muß sich vorbereiten   *115*
Doch etwas Neues auf dies neue Zeichen,
Weil es des Meisters Augen so begleiten.«

O welche Vorsicht man bei seinesgleichen   *118*
Doch braucht, die nicht allein die Tat gewahren,
Nein, mit dem Sinn das Denken auch erreichen!

Er sprach zu mir: »Bald wird nach oben fahren,   *121*
Was meinem Warten, deinem Traum Genüge
Verschafft, bald wird es dir sich offenbaren.«

INFERNO · CANTO XVI

Sempre a quel ver c'ha faccia di menzogna,   *124*
dee l'uom chiuder le labbra fin ch'ei puote,
però che sanza colpa fa vergogna;

ma qui tacer nol posso; e per le note   *127*
di questa Commedìa, lettor, ti giuro,
s'elle non sien di lunga grazia vote,

ch'io vidi per quell'aere grosso e scuro   *130*
venir notando una figura in suso,
maravigliosa ad ogni cor sicuro,

sì come torna colui che va giuso   *133*
talora a solver l'àncora ch'aggrappa
o scoglio od altro che nel mare è chiuso,

che 'n su si stende, e da piè si rattrappa.   *136*

DIE HÖLLE · XVI. GESANG

Der Wahrheit, die das Antlitz trägt der Lüge,   124
Soll möglichst sich des Menschen Mund verschließen,
Weil er dadurch nur schuldlos Schande trüge;
   Doch hier zu schweigen, würde mich verdrießen!   127
Bei der *Komödie* Versen will ich schwören,
O Leser, soll sie Nachruhm je genießen:
   Ich sah etwas die dunkle Stickluft stören,   130
Sah schwimmend ein Gebild sich aufwärtsrecken,
Davor Beherzte selbst den Mut verlören.
   So taucht empor, wer tief im Meeresbecken   133
Den Acker löste, seis von einem Steine,
Sei es von anderm, was die Wogen decken,
   Der sich emporstreckt und nachzieht die Beine.   136

CANTO DECIMOSETTIMO

«Ecco la fiera con la coda aguzza,   *1*
che passa i monti, e rompe i muri e l'armi;
ecco colei che tutto il mondo appuzza!»

Sì cominciò lo mio duca a parlarmi;   *4*
e accennolle che venisse a proda,
vicino al fin de' passeggiati marmi.

E quella sozza imagine di froda   *7*
sen venne, e arrivò la testa e il busto;
ma in su la riva non trasse la coda.

La faccia sua era faccia d'uom giusto,   *10*
tanto benigna avea di fuor la pelle,
e d'un serpente tutto l'altro fusto;

Due branche avea pilose infin l'ascelle;   *13*
lo dosso e il petto ed ambedue le coste
dipinte avea di nodi e di rotelle.

Con più color, sommesse e soprapposte   *16*
non fêr mai drappo Tartari nè Turchi,
nè fur tai tele per Aragne imposte.

Come talvolta stanno a riva i burchi,   *19*
che parte sono in acqua e parte in terra,
e come là tra li Tedeschi lurchi

lo bivero s'assetta a far sua guerra;   *22*
così la fiera pessima si stava
su l'orlo che, di pietra, il sabbion serra.

Nel vano tutta sua coda guizzava,   *25*
torcendo in su la venenosa forca,
che a guisa di scorpion la punta armava.

Lo duca disse: «Or convien che si torca   *28*
la nostra via un poco infino a quella
bestia malvagia che colà si corca».

Però scendemmo alla destra mammella,   *31*
e dieci passi femmo in su lo stremo,
per ben cessar la rena e la fiammella.

E quando noi a lei venuti semo,   *34*
poco più oltre veggio in su la rena
gente seder propinqua al loco scemo.

Quivi il maestro «Acciò che tutta piena   *37*
esperienza d'esto giron porti»
mi disse, «va', e vedi la lor mena.

SIEBZEHNTER GESANG

»Schau dort das Untier mit dem spitzen Schweife,   1
Das Berge, Wehr und Mauern kann durchstechen,
Schau, wie sein Pesthauch alle Welt ergreife!«
     So fing zu mir mein Führer an zu sprechen   4
Und winkte ihm, zu nähern sich dem Rande,
Wo sich die Marmorfliesen unterbrechen.
     Und jenes Greueltrugbild kam zulande,   7
Hob Kopf und Rumpf und legte an die Glieder,
Doch zog es seinen Schweif nicht mit zum Strande.
     Sein Angesicht sah aus so harmlos-bieder,   10
Schien milden Sinn mit Freundlichkeit zu paaren,
Doch Rumpf und Beinwerk glitt als Schlange nieder.
     Zwei Pratzen, bis zur Schulter voll von Haaren,   13
Die Brust, die beiden Flanken und der Rücken
Bemalt mit Schilderei und Schnörkeln waren.
     So scheckigbunt in Grund und Muster schmücken   16
Ihr Wollzeug weder Türken noch Tataren,
Noch mochte solch Geweb Arachnen glücken.
     Gleich Barken, die am Ufer aufgefahren,   19
Halb noch im Wasser, halb schon auf dem Sande,
Und wie beim Fischfang listig sich gebaren
     Die Biber in der deutschen Schlemmer Lande,   22
So kauerte der Tiere schlimmstes droben
Plump auf des Sandmeers steingefaßtem Rande.
     Ins Leere schlug der ganze Schwanz, der oben   25
Mit einer giftigen Gabel war versehen,
Die er gleich dem Skorpionspieß hielt erhoben,
     Der Führer sprach: »Nun heißts ein wenig drehen   28
Auf unserm Pfad, um, wo das Ungeheuer
Sich hingelagert hat, hinabzugehen.«
     Drum ging es rechts hinab das Felsgemäuer,   31
Worauf wir noch zehn Schritt uns weiterwanden,
Den Sand zu meiden und das Funkenfeuer.
     Und als wir darauf beide vor ihm standen,   34
Sah ich im Flugsand etwas ferner Leute,
Die wir gekauert nah dem Abgrund fanden.
     »Daß du vom ganzen Binnenkreise heute   37
Kenntnis erlangst«, sprach er, »so geh und siehe,
Was das Gebaren dieses Volks bedeute!

INFERNO · CANTO XVII

Li tuoi ragionamenti sien là corti: 40
mentre che torni, parlerò con questa,
che ne conceda i suoi omeri forti.»

Così ancor su per la strema testa   43
di quel settimo cerchio, tutto solo
andai, ove sedea la gente mesta.

Per gli occhi fuori scoppiava lor duolo: 46
di qua, di là soccorrìen con le mani,
quando a' vapori, e quando al caldo suolo:

non altrimenti fan ti state i cani,   49
or col ceffo, or co' piè, quando son morsi
o da pulci o da mosche o da tafani.

Poi che nel viso a certi gli occhi porsi,   52
ne' quali il doloroso foco casca,
non ne conobbi alcun; ma io m'accorsi

che dal collo a ciascun pendea una tasca   55
cheavea certo colore e certo segno,
e quindi par che 'l loro occhio si pasca.

E com'io riguardando tra lor vegno,   58
in una borsa gialla vidi azzurro
che d'un leone avea faccia e contegno.

Poi, procedendo di mio sguardo il curro,   61
vidine un' altra, come sangue rossa,
mostrando un' oca bianca più che burro.

E un che d'una scrofa azzurra e grossa   64
segnato avea lo suo sacchetto bianco,
mi disse: «Che fai tu in questa fossa?

Or te ne va'; e perchè se' vivo anco,   67
sappi che il mio vicin Vitaliano
sederà qui dal mio sinistro fianco.

Con questi fiorentin son Padovano;   70
spesse fïate m'intronan gli orecchi,
gridando: ‹Vegna il cavalier sovrano

che recherà la tasca con tre becchi›.»   73
Qui distorse la faccia, e di fuor trasse
la lingua come bue che il naso lecchi.

E io, temendo no 'l più star crucciasse   76
lui che di poco star m'avea ammonito,
torna' mi indietro dall' anime lasse.

Trovai il duca mio ch'era salito   79
già su la groppa del fiero animale,
e disse a me: «Or sie forte ed ardito.

125

DIE HÖLLE · XVII. GESANG

Doch nicht zu lang beim Zwiegespräch verziehe.　*40*
Bis du zurück, besprech ichs mittlerweile,
Daß der uns seine kräftigen Schultern liehe.«
　So schritt ich denn zum allerfernsten Teile　*43*
Ganz einsam hin in diesem siebenten Schlunde,
Wo dieses Elendsvolk saß fern vom Heile.
　Ihr Auge war der Qual beredte Kunde.　*46*
Bald hier bald dort versuchte Händeschlagen
Abwehr vorm Feuer und dem heißen Grunde.
　So kratzen Hunde sich in Sommertagen　*49*
Und lassen Fuß und Schnauze still nicht stehen,
Wenn Flöhe, Fliegen oder Mücken plagen.
　Auf manche ließ ich zwar die Blicke gehen,　*52*
Auf die das Feuer fiel zu großem Leide,
Und kannte niemand; konnte aber sehen,
　Daß alle eine Tasche unterscheide　*55*
Mit farbigen Wappen wie ein Halsgehänge.
Mir schiens, daß sich ihr Auge daran weide.
　Und als ich forschend nahte dem Gedränge,　*58*
Auf eines Beutels Gelbgrund ich erblickte
Ein Löwenbild in bläulichem Gepränge.
　Dann, als ich weiterweg die Augen schickte,　*61*
In einen zweiten blutigroten schaue,
Drauf eine Gans weißer als Butter nickte.
　Doch einer, der als Wappen eine blaue　*64*
Trächtige Sau auf weißem Säckchen führte,
Rief mir: »Was tust du hier im Höhlenbaue?
　Pack dich! da dich der Tod noch nicht berührte!　*67*
Hör: Nachbar Vitalian wird mit mir teilen
Den Platz bald, den er links von mir sich kürte.
　Ich muß hier bei den Florentinern weilen,　*70*
Die mit Gebrüll mich Paduaner schrecken:
›Her möge aller Ritter Ausbund eilen,
　Auf dessen Tasche sich drei Böcklein recken!‹«　*73*
Dann wies die Zunge er aus schiefem Munde
Gleich Rindern, die sich ihre Nase lecken. –
　Aus Furcht, daß längeres Bleiben hier im Grunde　*76*
Den kränke, der mich doch gemahnt zur Eile,
Schied ich von dem erschöpften Geisterbunde.
　Schon sah ich, daß dem Untier mittlerweile　*79*
Aufs breite Kreuz gestiegen mein Begleiter.
Er rief: »Nun Mut gefaßt! denn diese Steile

INFERNO · CANTO XVII

Omai si scende per sì fatte scale: 82
monta dinanzi, ch'io voglio esser mezzo,
sì che la coda non possa far male.»

Qual è colui c'ha sì presso il riprezzo   85
della quartana, c'ha già l'unghie smorte,
e triema tutto, pur guardando il rezzo;

tal divenn' io alle parole pòrte;   88
ma vergogna mi fe' le sue minacce,
che innanzi a buon signor fa servo forte.

Io m'assettai in su quelle spallacce: 91
sì volli dire, ma la voce non venne
com'io credetti: «Fa' che tu m'abbracce!»

Ma esso, ch'altra volta mi sovvenne   94
ad altro forte, tosto ch'io montai,
con le braccia m'avvinse e mi sostenne;

e disse: «Gerion, motivi omai: 97
le rote larghe e lo scender sia poco:
pensa la nuova soma che tu hai.»

Come la navicella esce di loco   100
in dietro in dietro, sì quindi si tolse;
e poi che al tutto si sentì a giuoco,

la' v'era il petto, la coda rivolse;   103
e quella tesa, come anguilla, mosse
e con le branche l'aere a sè raccolse.

Maggior paura non credo che fosse,   106
quando Fetòn abbandonò li freni,
per che il ciel, come pare ancor, si cosse;

nè quando Icaro misero le reni   109
sentì spennar per la scaldata cera,
gridando il padre a lui ‹Mala via tieni!›,

che fu la mia, quando vidi ch'i' era   112
nell'aere d'ogni parte, e vidi spenta
ogni veduta, fuor che della fiera.

Ella sen va notando lenta lenta;   115
rota e discende, ma non me n'accorgo
se non ch' al viso e di sotto mi venta.

Io sentìa già dalla man destra il gorgo   118
far sotto noi un orribile stroscio;
per che con gli occhi in giù la testa sporgo.

Allor fu' io più timido allo scoscio,   121
però ch'io vidi fuochi e senti' pianti;
ond'io tremando tutto mi raccoscio;

126

DIE HÖLLE · XVII. GESANG

Hinunter geht es jetzt auf solcher Leiter.   82
Steig vorne auf, mir wird die Mitte passen,
So bringt der Schwanz dir keinen Schaden weiter.«

Wie einer Schüttelfrost sich fühlt erfassen,   85
Wo blau die Nägel sind und er beim Schauen
Des bloßen Schattens frierend will erblassen,

So packte mich bei dem Geheiß ein Grauen,   88
Doch wußte Scham sein Zuspruch zu entfachen,
Die Knechten Mut gibt, zeigt der Herr Vertrauen.

Drum schwang ich mich aufs Riesenkreuz des Drachen.   91
»Jetzt halte mich umschlungen«, wollt ich sagen,
Nur ließ die Stimme sich nicht dienstbar machen.

Doch der sich schon bewährt in schlimmern Lagen,   94
Sah sich, sobald ich obensaß, bewogen,
Zum Schutze seinen Arm um mich zu schlagen,

Und rief: »Auf Geryon! frisch die Luft durchflogen!   97
Die ungewohnte Last bedenkend, schwebe
Und lande mit gemächlich-sanftem Bogen.«

Alsob ein Boot vom Strand sich langsam hebe,   100
Schob er sich hin, und als er erst erkannte,
Daß hinter ihm es neuen Spielraum gebe:

Dahin, wo erst die Brust gewesen, wandte   103
Sich nun der Schwanz, ihn windend gleich dem Aale,
Und Luft zupaddelnd sich mit jeder Brante.

Es blickte, glaub ich, Phaëton zutale   106
Bestürzter nicht, als ihm entglitt der Zügel,
Wo jetzt noch sind des Himmels Feuermale,

Noch Ikarus, der arme, als der Bügel   109
Aus Wachs zerschmolz am sinkenden Gefieder,
Daß bang der Vater rief: »Falsch lenkt dein Flügel«,

Als ich, wo ringsherum und auf und nieder   112
Nur Luft ich fühle und sonst nichts zu sehen
Vermag, als unter mir des Tieres Glieder.

Und nun schwimmts hin in sachtem-sachtem Gehen,   115
Es kreist und sinkt; doch weiter nichts ich spürte,
Als Luft ins Antlitz und von unten wehen.

Doch bald von rechts herauf mein Ohr berührte   118
Des Wasserfalles fürchterliches Brausen,
Wovon ein Niederspähen mich überführte.

Jetzt gab mir, was dadrunten mochte hausen,   121
Mehr Furcht noch: Flammen lohten, Schreie klangen,
Sodaß ich ganz geduckt mich hielt vor Grausen;

126

INFERNO · CANTO XVII

e vidi poi, chè nol vedea davanti,   *124*
lo scendere e 'l girar per li gran mali
che s'appressavan da diversi canti.

Come 'l falcon ch'è stato assai sull' ali,   *127*
che, sanza veder logoro o uccello,
fa dire al falconiere: «Omè, tu cali!»,

discende lasso onde si move snello,   *130*
per cento rote, e da lungi si pone
dal suo maestro, disdegnoso e fello;

così ne pose al fondo Gerione   *133*
a piè a piè della stagliata rocca;
e discarcate le nostre persone,

si dileguò come da corda cocca.   *136*

DIE HÖLLE · XVII. GESANG

Und *sah* alsdann, was mir zuerst entgangen,   *124*
Das Abwärtskreisen durch die großen Klagen,
Die auf uns her von allen Seiten drangen.
    Gleichwie der Falk – vom Fittich lang getragen,   *127*
Doch weder Federspiel noch Vogel wittert,
Den Falkner »Ach! du sinkst ja« lässet sagen –
    Erschöpft in hundert Kreisen niederzittert   *130*
Dahin, von wo er aufstieg stolzen Zuges,
Und, seinem Meister fern, hinhockt erbittert:
    So trug uns Geryon sanften Niederfluges   *133*
Zum Grund ganz dicht am Fuß der Felsensteile.
Ablud er uns, die Bürde seines Buges,
    Und schoß davon gleich abgeschnelltem Pfeile.   *136*

CANTO DECIMOTTAVO

Luogo è in Inferno, detto Malebolge,   *1*
tutto di pietra di color ferrigno,
come la cerchia che dintorno il volge.

Nel dritto mezzo del campo maligno   *4*
vaneggia un pozzo assai largo e profondo,
di cui suo loco dicerò l'ordigno.

Quel cinghio che rimane, adunque, è tondo   *7*
tra il pozzo e il piè dell'alta ripa dura,
e ha distinto in diece valli il fondo.

Quale, dove per guardia delle mura   *10*
più e più fossi cingon li castelli,
la parte dove son, rende figura;

tale imagine quivi facean quelli;   *13*
e come a tai fortezze dai lor sogli
alla ripa di fuor son ponticelli,

così da imo della roccia scogli   *16*
movìen, che ricidean gli argini e' fossi
infino al pozzo che i tronca e raccogli.

In questo luogo, della schiena scossi   *19*
di Gerion, trovammoci; e il poeta
tenne a sinistra, e io retro mi mossi.

Alla man destra vidi nuova pièta,   *22*
nuovi tormenti e nuovi frustatori,
di che la prima bolgia era repleta.

Nel fondo erano ignudi i peccatori: *25*
dal mezzo in qua ci venìan verso il volto,
di là con noi, ma con passi maggiori,

come i Roman per l'esercito molto,   *28*
l'anno del giubbileo, su per lo ponte
hanno a passar la gente molto colto,

che dall'un lato tutti hanno la fronte   *31*
verso il castello e vanno a Santo Pietro;
dall'altra sponda vanno verso il monte.

Di qua, di là, su per lo sasso tetro   *34*
vidi demon cornuti con gran ferze,
che li battean crudelmente di retro.

Ahi, come facean lor levar le berze   *37*
alle prime percosse! Già nessuno
le seconde aspettava nè le terze.

ACHTZEHNTER GESANG

Ein Ort der Hölle nennt sich Unheilsbuchten,   *1*
Ist ganz aus Steinen und hat eisengraue
Färbung, wie auch der Wall um diese Schluchten.
   Genau inmitten dieser Unheilsaue   *4*
Gähnt tief ein Brunnenschacht mit mächtigem Schlunde;
Ich melde später mehr von seinem Baue.
   Der Raum, der bleibt, macht also eine Runde   *7*
Vom Schacht bis hin, wo hoch die Felsen stehen,
Und teilt sich in zehn Täler tief im Grunde.
   Wie man als Schutzwehr gürtelartig gehen   *10*
Um die Kastelle Graben sieht an Graben:
Genau wie dieses Muster anzusehen
   War auch das Bild, das diese hier ergaben.   *13*
Und wie derartige Burgen von den Türen
Zur äußern Böschung kleine Brücken haben,
   So hier vom Fuß des Felsens Klippen führen,   *16*
Die, wenn sie Damm und Graben rings durchschnitten,
Den Brunnenkranz in Sternenform umschnüren.
   Dort wars, wo wir, von Geryons Kreuz entglitten,   *19*
Uns fanden. Linkswärts dieses Steinverhackes
Schritt der Poet, ich folgte seinen Schritten.
   Rechts sah ich hier neuartigen Gezwackes   *22*
Und neuer Qual sich üben neue Schinder
Als vollen Inhalt dieses ersten Sackes.
   Im Grunde gingen nackte Sündenkinder: *25*
Diesseits der Mitte unserm Blick entgegen,
Jenseitig *mit* uns, doch im Gang geschwinder,
   Wie man in Rom des großen Andrangs wegen,   *28*
Wie ich ihn sah im Jubeljahr entstehen,
Den Strom geregelt auf den Brückenstegen,
   Daß links nur immer darf die Menge gehen: *31*
Wer nach Sankt Peter will, sieht zum Kastelle,
Doch wer zurückkommt, muß zum Berge sehen.
   Und rechts und links in schwarzer Felsenzelle   *34*
Sah ich gehörnte Teufel, und die hieben
Mit langen Geißeln grausam auf die Felle.
   Hei, hat sie da schon eilig angetrieben   *37*
Der erste Schlag, daß lüstern nach dem zweiten
Und dritten nicht ein einziger stehngeblieben.

INFERNO · CANTO XVIII

Mentr'io andava, gli occhi miei in uno   40
furo scontrati, e io sì tosto dissi:
«Già di veder costui non son digiuno».

Perciò a figurarlo i piedi affissi;   43
e il dolce duca meco si ristette,
e assentì ch'alquanto indietro gissi.

E quel frustato celarsi credette   46
bassando il viso; ma poco gli valse;
ch'io dissi: «Tu che l'occhio a terra gette,

se le fazion che porti non son false,   49
Venedico se' tu Caccianimico;
ma che ti mena a sì pungenti salse?»

Ed egli a me: «Mal volentier lo dico;   52
ma sforzami la tua chiara favella,
che mi fa sovvenir del mondo antico.

Io fui colui che la Ghisolabella   55
condussi a far la voglia del Marchese,
come che suoni la sconcia novella.

E non pur io qui piango bolognese;   58
anzi n'è questo loco tanto pieno,
che tante lingue non son ora apprese

a dicer *sipa* tra Savena e Reno;   61
e se di ciò vuoi fede o testimonio,
rècati a mente il nostro avaro seno.»

Così parlando il percosse un demonio   64
della sua scuriada, e disse: «Via,
ruffian: qui non son femmine da conio».

Io mi raggiunsi con la scorta mia;   67
poscia con pochi passi divenimmo
là 've uno scoglio della ripa uscìa.

Assai leggeramente quel salimmo;   70
e vòlti a destra su per la sua scheggia,
da quelle cerchie eterne ci partimmo.

Quandi noi fummo là dov' ei vaneggia   73
di sotto, per dar passo agli sferzati,
lo duca disse: «Attienti, e fa' che feggia

lo viso in te di quest'altri mal nati,   76
a' quali ancor non vedesti la faccia,
però che son con noi insieme andati».

Del vecchio ponte guardavam la traccia   79
che venìa verso noi dall' altra banda,
e che la ferza similmente scaccia.

DIE HÖLLE · XVIII. GESANG

Da zog mein Auge, wie ich so im Schreiten,　　　　40
Ein Schatten auf sich, daß ich plötzlich dachte:
›Den sahest du doch schon in früheren Zeiten?‹

Und als ich stehnblieb, daß ich ihn betrachte,　　　43
Stand auch der holde Führer und erlaubte,
Daß ich umkehrend ein paar Schritte machte.

Doch der Gepeitschte, niederblickend, glaubte,　　　46
Daß, sich zu bergen, diese List ihm tauge.
Umsonst! Ich rief: »Du mit gesenktem Haupte,

Du bist, täuscht eine Maske nicht mein Auge,　　　49
Venedico Caccianimic! Doch sage,
Was tunkte dich in diese salzige Lauge?«

Und er: »Ob mir die Antwort mißbehage,　　　52
Mich lockt die Stimme, die so hell erklungen
Und mir Gedächtnis wachruft alter Tage!

Ich bins, der in Schön-Ghisola gedrungen,　　　55
Bis sie gefügig wurde dem Marchesen,
Ob falsch darum auch zeugen falsche Zungen.

Doch ich als einziger nicht der Bolognesen　　　58
Hier weinen muß. Soviel sind deren drinnen,
Als niemals Sipa-Sprecher sind gewesen

Im Land, wo Savena und Reno rinnen.　　　61
Und scheint dir Bürgschaft und Beweis erloschen,
Brauchst du nur unserer Habsucht nachzusinnen.«

Noch sprach er so, da ward er schon verdroschen　　　64
Von einem Knutenteufel; der schrie: »Weiter,
Du Kuppler, hier gibts Weiber nicht für Groschen!«

Nun schloß ich wieder mich an den Begleiter,　　　67
Drauf wir in kurzem eine Felsenschwelle
Erreicht, wo eine Klippe stand als Leiter.

Wir überklommen mühlos diese Stelle;　　　70
Und rechts uns wendend über ihre Schroffen,
Verließen wir die äußeren Kreise schnelle.

Als wir dort, wo die Schwelle unten offen,　　　73
Um Durchlaß den Gepeitschten zu gestatten,
Riet mir der Führer: »Warte, bis getroffen

Dein Antlitz wird vom Blick der andern Schatten:　　　76
Du sahst von vorn noch nicht die Angesichter
Der Argen, da sie *unsere* Richtung hatten.«

Vom alten Brückenjoch sahn wir die Wichter　　　79
Uns auf der andern Seite nahn, geschlagen
Von Geißeln gleich dem übrigen Gelichter.

INFERNO · CANTO XVIII

E 'l buon maestro, sanza mia dimanda,   82
mi disse: «Guarda quel grande che viene
e per dolor non par lacrima spanda.

Quanto aspetto reale ancor ritiene!   85
Quelli è Giason, che per core e per senno
li Colchi del monton privati fene.

Elli passò per l'isola di Lenno,   88
poi che le ardite femmine spietate
tutti li maschi loro a morte dienno.

Ivi con segni e con parole ornate   91
Isifile ingannò, la giovinetta
che prima l'altre avea tutte ingannate.

Lasciolla quivi gravida soletta: 94
tal colpa a tal martìro lui condanna;
e anche di Medea si fa vendetta.

Con lui sen va chi da tal parte inganna: 97
e questo basti della prima valle
sapere e di color che in sè assanna.»

Già eravam là 've lo stretto calle   100
con l'argine secondo s'incrocicchia,
e fa di quello ad un altr' arco spalle.

Quindi sentimmo gente che si nicchia   103
nell'altra bolgia, e che col muso scuffa,
e sè medesma con le palme picchia.

Le ripe eran grommate d' una muffa,   106
per l'alito di giù che vi si appasta,
che con gli occhi e col naso facea zuffa.

Lo fondo è cupo sì, che non ci basta   109
loco a veder sanza montare al dosso
dell'arco, ove lo scoglio più sovrasta.

Quivi venimmo; e quindi giù nel fosso   112
vidi gente attuffata in uno sterco,
che dagli uman privadi parea mosso.

E mentre ch'io laggiù con l'occhio cerco,   115
vidi un col capo sì di merda lordo,
che non parea s'era laico o cherco.

Quei mi gridò: «Perchè se' tu sì ingordo   118
di riguardar più me che gli altri brutti?»
E io a lui: «Perchè, se ben ricordo,

già t'ho veduto coi capelli asciutti,   121
e se' Alessio Interminei da Lucca:
però t'adocchio più che gli altri tutti».

130

DIE HÖLLE · XVIII. GESANG

Der gute Meister, ohne mein Befragen,   *82*
Begann: »Sieh dort den Großen, der trotz schlimmer
Tortur den Schmerz scheint tränenlos zu tragen.

Wie königlich sein Anblick ist noch immer!   *85*
Jason ists, der mit List und mutigem Wagen
Den Kolchiern stahl des Goldenen Vließes Schimmer.

Die Insel Lemnos sah sein Segel ragen,   *88*
Als die verwegenen Weiber ohne Grauen
Und Mitleid alles Männervolk erschlagen.

Hier sollte seinem Wort und Schmeicheln trauen   *91*
Hypsipyle, daß er in Schmach sie brächte,
Die vorher täuschte alle anderen Frauen.

Einsam zurück hier ließ er die Geschwächte: *94*
So büßt er nun sein heuchlerisches Lügen,
Und auch Medeas Herzleid hier sich rächte.

Mit diesem gehen, die solcherart betrügen;   *97*
Von ihnen und vom ersten Talgelasse,
Das sie zerkrallt, mag dieses dir genügen.«

Schon waren wir, wo mit der engen Gasse   *100*
Der zweite Wall sich kreuzt, um Widerlage
Und Stützpunkt zu verleihen dem nächsten Passe.

Hier hörten wir Geschnaufe und Geklage   *103*
Vom zweiten Sack, wo sich die Sünder mußten
Selbst wehetun mit flacher Hände Schlage.

Ich sah, daß jede Wand voll Schimmelkrusten,   *106*
Und daß vom Dunst der Tiefe dies entstände,
Drob Aug und Nas, was ärger war, nicht wußten.

Der Trichter gähnt so tief, daß kaum sich fände   *109*
Ein Ort zum Einblick, wenn man nicht erklommen
Den Bogen bis zum höchsten Punkt der Wände.

Ich sah im Graben, als wir angekommen,   *112*
Ein Volk getunkt in einem ekeln Breie,
Der menschlichen Kloaken schien entnommen.

Als nun mein Blick hinabforscht durch die Reihe,   *115*
Zeigt sich ein Kopf so kotig, daß es schwierig
Zu sehen, ob es Pfaffe oder Laie.

Der schrie mich an: »Was läßt du so begierig   *118*
Den Blick auf mich als einzigen Schmutzbold gehn?«
Ich sprach: »Weil ich mit Haaren minder-schmierig

Und trocken, irr ich nicht, dich schon gesehen!   *121*
Interminei, einer der Lucchesen
Bist du: drum blieb vor dir ich länger stehen!«

130

INFERNO · CANTO XVIII

Ed egli allor, battendosi la zucca: 124
«Quaggiù m'hanno sommerso le lusinghe
ond'io non ebbi mai la lingua stucca».

Appresso ciò lo duca «Fa' che pinghe»   127
mi disse «un poco il viso più avante,
sì che la faccia ben von gli occhi attinghe

di quella sozza e scapigliata fante   130
che là si graffia con l'unghie merdose,
e or s'accoscia e ora è in piede stante.

Taide è la puttana, che rispose   133
al drudo suo, quando disse ‹Ho io grazie
grandi appo te?›: ‹Anzi meravigliose!›

E quinci sien le nostre viste sazie.»   136

131

DIE HÖLLE · XVIII. GESANG

Da schlug er sich den Kürbis: »Auserlesen   124
Hat mich die Schmeichelsucht zu diesem Drecke,
Denn niemals ist mein Süßmaul still gewesen.«

Drauf sprach zu mir der Führer: »Nunmehr strecke   127
Das Angesicht nach vorn, nur wenig eben,
Damit dein Auge das Gesicht entdecke

Der schmutzigen Dirne, deren Haare kleben,   130
Und deren Haut die kotigen Nägel scheuern,
Die kaum sich setzt, um gleich sich zu erheben.

Thaïs, die Dirne ists, die ihrem Teuern –   133
Als er gefragt: ›Bist du mir nun verpflichtet
Zu Dank?‹ – erwiderte: ›Zum ungeheuern!‹ –

Und hier sei nun auf weitere Schau verzichtet.«   136

CANTO DECIMONONO

O Simon mago, o miseri seguaci,
che le cose di Dio, che di bontate
deono essere spose, voi rapaci

per oro e per argento adulterate;
or convien che per voi suoni la tromba,
però che nella terza bolgia state.

Già eravamo alla seguente tomba
montati, dello scoglio in quella parte
che appunto sovra mezzo il fosso piomba.

O somma sapïenza, quant' è l'arte
che mostri in cielo, in terra e nel mal mondo,
e quanto giusto tua virtù comparte!

Io vidi per le coste e per lo fondo
piena la pietra livida di fori
d'un largo tutti, e ciascun era tondo.

Non mi parean meno ampi nè maggiori
che quei che son nel mio bel San Giovanni,
fatti per luogo de'battezzatori;

l'un delli quali, ancor non è molt'anni,
rupp'io per un che dentro v'annegava:
e questo sia suggel che ogni uomo sganni!

Fuor della bocca a ciascun soperchiava
d'un peccator li piedi e delle gambe
infino al grosso; e l'altro dentro stava.

Le piante erano a tutti accese intrambe;
per che sì forte guizzavan le giunte,
che spezzate averìan ritorte e strambe.

Qual suole il fiammeggiar delle cose unte
muoversi pur su per la strema buccia,
tal era lì dai calcagni alle punte.

«Chi è colui, maestro, che si cruccia,
guizzando, più che gli altri suoi consorti»
diss'io, «e cui più rossa fiamma succia?»

Ed elli a me: «Se tu vuoi ch'io ti porti
laggiù per quella ripa che più giace,
da lui saprai di sè e de' suoi torti».

E io: «Tanto m'è bel, quanto a te piace:
tu se' signore, e sai ch'io non mi parto
dal tuo volere, e sai quel che si tace».

NEUNZEHNTER GESANG

O Simon Magus, und ihr, sein Gelichter, 1
Das Gottes Dinge, die vermählt mit Güte
Sein sollten, o raubgierige Bösewichter,
    Für Gold und Silber, schändlich im Gemüte, 4
Verkuppelt! Laut jetzt die Posaune schalle,
Wie euch der dritte Unheilssack behüte! –
    Schon waren wir zur nächsten Grabeshalle 7
Gestiegen, wo zur Mitte tief im Grunde
Der Felsen stürzt in lotrechtsteilem Falle.
    Kunst höchster Weisheit! Selbst im Höllenschlunde, 10
Nicht nur im Himmel und in Erdenauen
Wird deiner Allgerechtigkeit uns Kunde!
    Ich konnt im Grund und an den Wänden schauen 13
Kreisrunde Löcher, alle gleich an Weite,
In schwärzlichgrauen Fels hineingehauen,
    Die den Taufurnen ähnlich mir an Breite 16
In meinem schönen Sanktjohann erschienen,
Als Priesterstandort an des Beckens Seite.
    Vor Jahren erst zerschlug ich eins von ihnen, 19
Weil drein ein Knäblein fiel und schier erstickte:
Dies mag als Eidschwur allen Zweiflern dienen!
    Aus jedem Loche ragend ich erblickte 22
Der Sünder Füße hier bis zu den Waden;
Der Leib war drin versteckt. Ein Feuer schickte
    Auf alle Sohlen Glut, sie drin zu baden; 25
Drum war so heftig ihrer Knöchel Drehen,
Daß Bast und Strick leicht risse wie ein Faden.
    Wie wir bei ölgetränkten Stoffen sehen, 28
Daß obenhin nur Flammen flackernd rennen,
So flimmerts zwischen Fersen hier und Zehen.
    Ich fragte: »Meister, willst du den mir nennen, 31
Der mehr als andre dort mit zornigem Schlagen
Sich wehrt und dessen Sohlen röter brennen?«
    Und er zu mir: »Soll ich dich abwärtstragen 34
Die Felsenwand auf jenem flachern Steige,
So wird er Schuld und Namen selbst dir sagen.«
    Und ich: »Gut ist, was dir als gut sich zeige. 37
Du bist der Herr und weißt, mein Wille pflichtet
Dem deinen bei, und weißt, was ich verschweige.«

INFERNO · CANTO XIX

Allor venimmo in su l'argine quarto: 40
volgemmo e discendemmo a mano stanca
laggiù nel fondo foracchiato e arto.

Lo buon maestro ancor della sua anca 43
non mi dipuose, sì mi giunse al rotto
di quei che sì piangeva con la zanca.

«O qual che se' che 'l di su tien di sotto, 46
anima trista, come pal commessa»
comincia'io a dir, «se puoi, fa' motto.»

Io stava come il frate che confessa 49
lo perfido assassin, che, poi ch'è fitto,
richiama lui, per che la morte cessa;

ed ei gridò: «Se' tu già costì ritto, 52
se' tu già costì ritto, Bonifazio?
Di parecchi anni mi mentì lo scritto.

Se' tu sì tosto di quell'aver sazio 55
per lo qual non temesti tôrre a inganno
la bella donna, e poi di farne strazio?»

Tal mi fec'io, quai son color che stanno, 58
per non intender ciò ch' è lor risposto,
quasi scornati, e risponder non sanno.

Allor Virgilio disse: «Digli tosto: 61
‹Non son colui, non son colui che credi›».
Ed io rispuosi come a me fu imposto.

Per che lo spirto tutti storse i piedi; 64
poi, sospirando e con voce di pianto,
mi disse: «Dunque che a me richiedi?

Se di saper ch'io sia ti cal cotanto, 67
che tu abbi però la ripa corsa,
sappi ch'io fui vestito del gran manto;

e veramente fui figliuol dell'orsa, 70
cupido sì, per avanzar gli orsatti,
che su l'avere, e qui me misi in borsa.

Di sotto al capo mio son gli altri tratti, 73
che precedetter me simoneggiando,
per le fessure della pietra piatti.

Laggiù cascherò io altresì, quando 76
verrà colui ch'io credea che tu fossi,
allor ch'io feci il subito dimando.

Ma più è il tempo già che i piè mi cossi, 79
e ch'io son stato così sottosopra,
ch' ei non starà piantato coi piè rossi:

DIE HÖLLE · XIX. GESANG

So ward zum vierten Damm der Schritt gerichtet. 40
Wir wandten uns und stiegen links tiefnieder,
Wo Loch an Loch im engen Grund sich schichtet.

Nicht eher lud mich von der Hüfte wieder 43
Der gute Meister bis vorm Grabe dessen,
Der also kläglich schwang die untern Glieder.

»Seele, wer du auch seiest, die Qualen pressen, 46
Kopfabwärts wie ein Rammpfahl eingetrieben,
Sprich«, rief ich, »hast du sprechen nicht vergessen.«

Dem Beichtmönch ähnlich war ich stehngeblieben, 49
Den schnell zurück der Mörder ruft, bewogen
Von Hoffnung, noch den Pfahltod zu verschieben.

»O Bonifaz, kommst du schon hergezogen«, 52
Schrie er, »schon hergezogen zu den Borden?
Die Schrift hat mich um ein paar Jahr belogen.

So schnell bist du der Güter sattgeworden, 55
Drum schamlos du die schöne Frau bestohlen,
Um ihre Seele schändlich dann zu morden?«

Verdutzt bemüht ich mich, den Sinn zu holen 58
Aus diesem Wort, stand sprachlos bei den Fragen,
Als wär, zu spotten meiner, ihm befohlen.

Da sprach Vergil: »Du mußt ihm hurtig sagen: 61
Ich bins nicht, bins nicht, der ich dir erscheine!«
Und ich gab Antwort, wie mir aufgetragen;

Worauf der Geist verkrümmte ganz die Beine. 64
Und dann, indem ihn Angstgeseufz durchzückte,
Sprach weinend er: »Sprich, was dein Wunsch denn meine?

Wenn, wer ich bin, zu wissen dich so drückte, 67
Daß du herniederklettertest die Schären,
Vernimm, daß mich der hehre Mantel schmückte.

Als Bärensprößling für das Wohl der Bären 70
Verstand ich, wie man droben Geld einsackte
Und hier mich selber. Doch laß dir erklären:

Mir unterm Kopf noch ruhn viel Wohlverpackte, 73
Die Simonie schon vor mir angefangen
Und tief im Felsloch stehn als Eingezwackte.

Auch ich einst werde dort hinabgelangen, 76
Wenn jener kommt, auf den ich erst geraten,
Als ich dich hastig fragend angegangen.

Doch mir ward länger schon der Fuß gebraten 79
Und länger mußt ich hier kopfunter stecken,
Als er mit roten Füßen hier wird waten.

INFERNO · CANTO XIX

chè, dopo lui, verrà di più laid' opra   82
di vêr ponente un pastor sanza legge,
tal, che convien che lui e me ricuopra.

Nuovo Giason sarà, di cui si legge   85
ne' ‹Maccabei›; e come a quel fu molle
suo re, così fia lui chi Francia regge.»

Io non so s'io mi fui qui troppo folle,   88
ch'io pur risposi lui a questo metro:
«Deh, or mi di': quanto tesoro volle

nostro Signore in pria da Santo Pietro,   91
ch'ei ponesse le chiavi in sua balìa?
Certo non chiese se non ‹Viemmi retro›.

Nè Pier nè gli altri tolsero a Mattia   94
oro od argento, quando fu sortito
al luogo che perdè l'anima ria.

Però ti sta', chè tu se' ben punito;   97
e guarda ben la mal tolta moneta
ch'esser ti fece contra Carlo ardito.

E se non fosse che ancor lo mi vieta   100
la riverenza delle somme chiavi
che tu tenesti nella vita lieta,

i' userei parole ancor più gravi;   103
chè la vostra avarizia il mondo attrista,
calcando i buoni e sollevando i pravi.

Di voi, pastor, s'accorse il Vangelista,   106
quando colei che siede sovra l'acque,
puttaneggiar co' regi a lui fu vista;

quella che con le sette teste nacque,   109
e dalle diece corna ebbe argomento,
fin che virtute al suo marito piacque.

Fatto v' avete Dio d'oro e d'argento: 112
e che altro è da voi all'idolatre,
se non ch'elli uno, e voi n' orate cento?

Ahi, Costantin, di quanto mal fu matre,   115
non la tua conversion, ma quella dote
che da te prese il primo ricco patre!»

E mentre io gli cantava cotai note,   118
o ira o coscienza che il mordesse,
forte spingava con ambo le piote.

Io credo ben ch'al mio duca piacesse,   121
con sì contenta labbia sempre attese
lo suon delle parole vere espresse.

134

DIE HÖLLE · XIX. GESANG

Denn nach ihm kommt aus West voll böserer Flecken 82
Ein Hirt, mißachtend aller Satzung Banden,
Der mich und den wird unter sich bedecken.

Ein zweiter Jason ists, wie wir ihn fanden 85
Im Makkabäerbuch; denn wie *den* ehrte
Sein Fürst, ehrt ihn der Herr von Frankreichs Landen.«

Ich weiß nicht, ob der Ehrfurcht ich entbehrte, 88
Als ich statt Antwort mich vermaß zu fragen:
»Ei sag mir doch, was unser Herr begehrte

Für Schätze, als er Petrus angetragen 91
Das Schlüsselamt, daß ers verwalte später?
Man hörte nur ›Folge mir nach‹ ihn sagen.

Nicht Petrus noch wer sonst der heiligen Väter 94
Verlangten Gold und Silber, als sie wählten
Durchs Los Matthias für den Erzverräter.

Drum bleibe hier bei den mit Recht Gequälten 97
Und hüte wohl der schlimmgeraubten Güter,
Die gegen Karl den Übermut dir stählten.

Dich schützt die Ehrfurcht christlicher Gemüter, 100
Scheu vor den hehren Schlüsseln, die im Lichte
Des Tages du bewahrtest einst als Hüter,

Sonst ging mit dir ich strenger zu Gerichte. 103
Denn euer Geiz, drob schon die Menschheit weinte,
Erhöht die Schlechten, Gute machts zunichte.

Euch Päpste der Evangelist auch meinte, 106
Als er das Weib gesehen auf Meereswogen,
Das sich in Buhlschaft mit den Königen einte.

Die Siebenköpfige hat Kraft gesogen 109
Aus zehenfachem Horn, solang geachtet
Auf Tugend ihr Gemahl und sie gepflogen.

Aus Gold und Silber euern Gott ihr machtet: 112
Trennt euch von Götzendienern andres heute,
Als daß ihr ein Idol verhundertfachtet?

Ach, Konstantin, wieviel des Unheils streute 115
Nicht deine Taufe, vielmehr jene Schenkung,
Die euern ersten reichen Vater freute!«

Und wie ich vorsang ihm dies Lied – wars Kränkung 118
Vielleicht, wars das Gewissen, das ihn nagte –
Er krümmte jeden Fuß in Schmerzverrenkung.

Wohl glaub ich, daß dem Führer dies behagte. 121
Er hörte, was von Herzen mir gekommen,
Zufriedenen Blicks, weil ich die Wahrheit wagte.

INFERNO · CANTO XIX

Però con ambo le braccia mi prese,   *124*
e poi che tutto su mi s'ebbe al petto,
rimontò per la via onde discese;

nè si stancò d'avermi a sè distretto,   *127*
sì men portò sovra il colmo dell'arco
che dal quarto al quinto argine è tragetto.

Quivi soavemente spuose il carco,   *130*
soave per lo scoglio sconcio ed erto,
che sarebbe alle capre duro varco:

indi un altro vallon mi fu scoperto.   *133*

DIE HÖLLE · XIX. GESANG

Drauf in die Arme hat er mich genommen,   *124*
Und als er dicht an seiner Brust mich spürte,
Erklomm den Weg er, den er hergekommen.

Nicht müde wurde, der mich fest umschnürte,   *127*
Bis wir des Bogens First erreichten wieder,
Der fort vom vierten Damm zum fünften führte.

Hier ließ er seine Bürde sänftlich nieder,   *130*
Die sanft ihm war, obwohl des Felsens Schroffen
So steil, daß sie selbst schwer für Gemsenglieder.

Von dort aus lag ein anderes Tal mir offen.   *133*

CANTO VENTESIMO

Di nuova pena mi convien far versi,   *1*
e dar matera al ventesimo canto
della prima canzon, ch'è de' sommersi.

Io era già disposto tutto quanto   *4*
a riguardar nello scoperto fondo,
che si bagnava d'angoscioso pianto;

e vidi gente per lo vallon tondo   *7*
venir, tacendo e lagrimando, al passo
che fanno le letane in questo mondo.

Come il viso mi scese in lor più basso,   *10*
mirabilmente apparve esser travolto
ciascun tra 'l mento e 'l principio del casso;

chè dalle reni era tornato il volto,   *13*
e indietro venir gli convenìa,
perchè il veder dinanzi era lor tolto.

Forse per forza già di parlasìa   *16*
si travolse così alcun del tutto;
ma io nol vidi, nè credo che sia.

Se Dio ti lasci, lettor, prender frutto   *19*
di tua lezione, or pensa per te stesso
com'io potea tener lo viso asciutto,

quando la nostra imagine da presso   *22*
vidi sì torta, che il pianto degli occhi
le natiche bagnava per lo fesso.

Certo i' piangea, poggiato ad un de' rocchi   *25*
del duro scoglio, sì che la mia scorta
mi disse: «Ancor se' tu degli altri sciocchi?

Qui vive la pietà, quand'è ben morta: *28*
chi è più scellerato che colui
che al giudicio divin passïon porta?

Drizza la testa, drizza, e vedi a cui   *31*
s'aperse agli occhi de' Teban la terra:
per ch'ei gridavan tutti: ‹Dove rui,

Anfiarào? perchè lasci la guerra?›   *34*
E non restò di ruinare a valle
fino a Minòs che ciascheduno afferra.

Mira che ha fatto petto delle spalle: *37*
perchè volle veder troppo davante,
diretro guarda e fa retroso calle.

136

ZWANZIGSTER GESANG

Nun gilts, daß neue Pein die Verskunst meißelt
Und Inhalt wird zum zwanzigsten Gesange
Des ersten Lieds, das die Versunkenen geißelt.

Höchst eifrig sucht ich schon vom schroffen Hange
Hinabzuspähen zum erschlossenen Schlunde,
Der naß von banger Tränen Überschwange,

Und sah Gestalten in des Tales Runde,
Die trägen Schrittes stumm und weinend zogen
Wallfahrern gleich, die sich vereint zum Bunde.

Ich sah, als tiefer meine Blicke flogen,
Daß dieses Volk sich schauderhaft verschraubte
Vom Kinn bis zu des Rumpfes Achselbogen.

Denn nach den Lenden sehn sie mit dem Haupte
Und müssen also rückwärtsgehn für immer,
Weil man des Vorwärtsschauens sie beraubte.

Vielleicht vermag durch seine Kraft ein schlimmer
Starrkrampf so gänzlich jemand zu verqueren;
Doch sah ichs nie und kann es glauben nimmer.

Will Gott dir, Leser, etwas Frucht bescheren
Aus deinem Lesen, selber dann erachte:
Sollt ich der Tränen wohl mich noch erwehren,

Als unser Ebenbild, wie ichs nie dachte,
Ich so verrenkt sah, daß der Augen Weinen
Stets feucht den Einschnitt ihres Kreuzes machte?

Wahrlich, ich weinte, lehnend an den Steinen
Des harten Felsens, bis mein Führer drohte
Und sprach: »Willst du wie andre Toren scheinen?

Hier lebt wohl Mitleid, aber nur das tote.
Denn zeigt nicht der ein schmähliches Gebaren,
Der Mitleid fühlt trotz göttlichem Gebote?

Erheb das Haupt, erhebs, den zu gewahren,
Den Thebens Volk im Boden sah verschwinden,
Daß alle riefen: ›Wohin willst du fahren,

Amphiaraos? dich der Schlacht entwinden?‹
Und der im Sturz nicht eher als im Schachte
Einhielt, wo Minos jeden weiß zu binden.

Sieh! wie er ihm die Brust zum Rücken machte.
Nun muß er rückwärtsgehen und rückwärtssehen,
Weil er zuweit vorauszuschauen gedachte.

INFERNO · CANTO XX

Vedi Tiresia, che mutò sembiante,   40
quando di maschio femmina divenne,
cangiandosi la membra tutte quante;

e prima, poi, ribatter gli convenne   43
li due serpenti avvolti, con la verga,
che riavesse le maschili penne.

Aronta è quei che al ventre gli s'atterga,   46
che ne' monti di Luni, dove ronca
lo Carrarese che di sotto alberga,

ebbe tra i bianchi marmi la spelonca   49
per sua dimora; onde a guardar le stelle
e 'l mar non gli era la veduta tronca.

E quella che ricuopre le mammelle,   52
che tu non vedi, con le treccie sciolte,
e ha di là ogni pilosa pelle,

Manto fu, che cercò per terre molte;   55
poscia si pose là dove nacqu'io;
onde un poco mi piace che m'ascolte.

Poscia che il padre suo di vita uscìo,   58
e venne serva la città di Baco,
questa gran tempo per lo mondo giò.

Suso in Italia bella giace un laco   61
appiè dell'alpe che serra La Magna
sovra Tiralli, c'ha nome Benaco.

Per mille fonti, credo, e più si bagna,   64
tra Garda e Val Camonica, Apennino
dell'acqua che nel detto lago stagna.

Loco è nel mezzo, là dove il trentino   67
pastore, e quel die Brescia, e il veronese
segnar potrìa, se fêsse quel cammino.

Siede Peschiera, bello e forte arnese   70
da fronteggiar Bresciani e Bergamaschi,
ove la riva intorno più discese.

Ivi convien che tutto quanto caschi   73
ciò che in grembo a Benaco star non può,
e fassi fiume giù per verdi paschi.

Tosto che l'acqua a correr mette co,   76
non più Benaco, ma Mencio si schiama
fino a Governo, dove cade in Po.

Non molto ha corso, ch'el trova una lama   79
nella qual si distende e la impaluda,
e suol di state talor esser grama.

137

DIE HÖLLE · XX. GESANG

Sieh dort Tiresias, dem es einst geschehen,　　　　40
Daß alle Glieder er durch Zaubergabe
Zur Weibesform sah plötzlich übergehen.

Er mußte wieder erst mit seinem Stabe　　　　43
Auf die zwei engverschlungenen Schlangen hauen,
Daß er zurück des Bartes Zierde habe.

Rückwärts an seinen Bauch gelehnt zu schauen　　　　46
Ist Aruns. Einst auf Lunis Berggeländen,
Wo die Carrarer Tal und Flur bebauen,

Saß er in einer Grotte Marmorwänden,　　　　49
Daß seine Augen auf die Meeresküste
Und zu den Sternen freien Ausblick fänden.

Und jene dort, verhüllend ihre Brüste,　　　　52
Die du nicht siehst, mit aufgelösten Haaren,
Und abkehrt, was behaart man schauen müßte,

War Manto, die der Länder viel befahren　　　　55
Bis sie im Orte blieb, der mich geboren.
Doch davon möcht ich mehr dir offenbaren.

Als sie den Vater durch den Tod verloren,　　　　58
Und Sklavin schon die Bacchosstadt geworden,
Hat sie sich lange Wanderschaft erkoren.

Ein See heißt in Italiens schönem Norden　　　　61
Benaco; die Tiroleralpen schließen
Deutschland dort ab an seinen Uferborden.

Wohl mehr als tausend Quellen, glaub ich, fließen　　　　64
Von Valdimonica zum Gardapasse,
Die in den See vom Apennin sich gießen.

Auf einem Punkt könnt in der Wassermasse　　　　67
Der Hirt Veronas, Brescias, Trentos segnen,
Wenn sie sich träfen auf dem Weg ins Nasse.

Hier liegt Peschiera, mächtig am verwegnen　　　　70
Brescia und Bergamo die Kraft zu proben,
Wo flachere Gestade rings begegnen.

Hierher muß alles stürzen sich von oben,　　　　73
Was nicht im Schoß Benacos Raum gewinnt,
Und wird zum Fluß, von Auen grünumwoben.

Sobald das Wasser seinen Lauf beginnt,　　　　76
Heißt statt Benaco Mincio seine Welle,
Bis bei Governo es im Po verrinnt.

Nach kurzem Lauf trifft er auf seichtere Stelle,　　　　79
Wo sich sein Bett zu einem Sumpfe weitet,
Der oft im Sommer giftiger Dünste Quelle.

INFERNO · CANTO XX

Quindi passando, la vergine cruda   82
vide terra nel mezzo del pantano,
sanza coltura e d'abitanti nuda.

Lì, per fuggire ogni consorzio umano,   85
ristette von suoi servi a far sue arti,
e visse, e vi lasciò suo corpo vano.

Gli uomini poi che 'ntorno erano sparti,   88
s'accolsero a quel loco, ch'era forte
per lo pantan ch'avea da tutte parti.

Fêr la città sovra quell'ossa morte;   91
e per colei che 'l luogo prima elesse,
Mantua l'appellâr sanz'altra sorte.

Già fur le genti sue dentro più spesse,   94
prima che la mattìa di Casalodi
da Pinamonte inganno ricevesse.

Però t'assenno, che se tu mai odi   97
originar la mia terra altrimenti,
la verità nulla menzogna frodi.»

E io: «Maestro, i tuoi ragionamenti   100
mi son sì certi, e prendon sì mia fede,
che gli altri mi sarìan carboni spenti.

Ma dimmi, della gente che procede,   103
se tu ne vedi alcun degno di nota;
chè solo a ciò la mia mente rifiede.»

Allor mi disse: «Quel che dalla gota   106
porge la barba in su le spalle brune,
fu, quando Grecia fu di maschi vota,

sì che a pena rimaser per le cune,   109
augure, e diede il punto con Calcanta
in Aulide a tagliar la prima fune.

Euripilo ebbe nome; e così 'l canta   112
l'alta mia tragedia in alcun loco:
ben lo sai tu, che la sai tutta quanta.

Quell'altro, che ne' fianchi è così poco,   115
Michele Scotto fu, che veramente
delle magiche frode seppe il gioco.

Vedi Guido Bonatti; vedi Asdente,   118
che avere inteso al cuoio ed allo spago
ora vorrebbe, ma tardi si pente;

vedi le triste che lasciaron l'ago,   121
la spola e il fuso, e fecersi indivine;
fecer malìe con erbe e con imago.

DIE HÖLLE · XX. GESANG

Als hier entlang die grause Jungfrau schreitet,   *82*
Sieht sie den Landstrich mitten im Moraste,
Der unbesiedelt, unbebaut sich breitet.

Hier bleibt sie, flieht die Menschheit, die verhaßte,   *85*
Übt Zauberkünste aus mit den Genossen
Und hauste da bis sie im Tod erblaßte.

Die Menschen dann, die ringsverstreuten, schlossen   *88*
Sich um den Ort, der wie gemacht zur festen
Ansiedlung, weil er rings vom Sumpf umflossen.

Die Stadt erwuchs auf ihren toten Resten   *91*
Und hieß als Omen ohne langes Säumen
Mantua nach der Gründerin am besten.

Mehr Volk fand sich zuvor in ihren Räumen,   *94*
Eh Pinamonte wußte zu betrügen
Den Casalodi, der sichs nicht ließ träumen.

Dies lehr ich dich, falls man mit andern Zügen   *97*
Dir meiner Stadt Entstehung je berichte
Und Wahrheit zu entstellen sucht durch Lügen.«

Und ich: »Nichts macht mir mein Vertrauen zunichte,   *100*
O Meister, *dein* Bericht nur soll mir frommen;
Auf andres ich als leere Spreu verzichte.

Doch sag: von diesen, die jetzt näherkommen,   *103*
Ists jemand wert, daß man von ihm erfahre?
Denn dafür ist mein Sinn nur eingenommen.«

Er sprach: »Dort jener, dem des Bartes Haare   *106*
Vom Kinn bis auf die braunen Schultern liegen,
War Seher, als in Hellas seltene Ware

Das Mannsvolk hieß und kaum sich fand in Wiegen.   *109*
Mit Kalchas wies den Auliern er die Stunde,
Das Tau zu kappen, um ins Meer zu fliegen.

Er hieß Eurypilus, und so hat Kunde   *112*
Mein tragisch Epos auch von ihm gegeben.
Du weißt ja wo, du kennst es aus dem Grunde.

Der hagere hüftenschlanke Mann daneben   *115*
Ist Michel Scotus: *der* verstands, die Schauer
Des Gauklertruges der Magie zu weben.

Schau Veit Bonatti, schau Asdent, der schlauer   *118*
Bei Pechdraht und bei Leder wär geblieben,
Wie er es jetzt zu spät bereut voll Trauer.

Die Ärmsten schau! Statt ihren Flachs zu lieben,   *121*
Spindel und Nadel, wurdens Zauberinnen,
Die Hexerei mit Kraut und Wachsbild trieben.

138

INFERNO · CANTO XX

Ma vienne omai; chè già tiene il confine   *124*
d'amendue gli emisperi, e tocca l'onda
sotto Sibilia, Caino e le spine;
            e già iernotte fu la luna tonda: *127*
ben ten dee ricordar, chè non ti nocque
alcuna volta per la selva fonda.»
            Sì mi parlava, ed andavamo introcque.   *130*

DIE HÖLLE · XX. GESANG

Doch komm nun! Kains Dornenbund ragt binnen   *124*
Der Grenze schon von beiden Hemisphären,
Das Meer jenseit Sevilla zu gewinnen.

Du sahst ihn gestern sich zum Vollmond klären: *127*
Er konnte oft, wie dir wohl unvergessen,
Im Waldesgrunde Nutzen dir gewähren.«

So sprach er und wir gingen unterdessen.   *130*

CANTO VENTESIMOPRIMO

Così di ponte in ponte, altro parlando
che la mia commedia cantar non cura,
venimmo; e tenevamo il colmo, quando   *1*

restammo per veder l'altra fessura
di Malebolge e gli altri pianti vani;
e vidila mirabil-mente oscura.   *4*

Quale nell'arzanà de' Viniziani
bolle l'inverno la tenace pece
a rimpalmare i legni lor non sani;   *7*

chè navicar non ponno, e in quella vece
chi fa suo legno nuovo, e chi ristoppa
le coste a quel che più viaggi fece;   *10*

chi ribatte da proda, e chi da poppa;
altri fa remi, ed altri volge sarte;
chi terzeruolo e artimon rintoppa;   *13*

tal non per foco, ma per divina arte,
bollìa laggiuso una pegola spessa,
che inviscava la ripa d'ogni parte.   *16*

Io vedea lei, ma non vedea in essa
ma'che le bolle che il bollor levava,
e gonfiar tutta, e riseder compressa.   *19*

Mentr'io laggiù fisamente mirava,
lo duca mio, dicendo ‹Guarda, guarda!›,
mi trasse a sè dal loco dov'io stava.   *22*

Allor mi volsi come l'uom cui tarda
di veder quel che gli convien fuggire,
e cui paura sùbita sgagliarda,   *25*

che, per veder, non indugia il partire;
e vidi dietro a noi un diavol nero
correndo su per lo scoglio venire.   *28*

Ahi, quanto egli era nell'aspetto fiero!
e quanto mi parea nell'atto acerbo,
con l'ali aperte e sovra i piè leggiero!   *31*

L'omero suo, ch'era aguto e superbo,
carcava un peccator con ambo l'anche,
e quei tenea de' piè ghermito il nerbo.   *34*

Del nostro ponte disse: «O Malebranche,
ecco un degli anzian di Santa Zita:
mettetel sotto, ch'io torno per anche   *37*

140

EINUNDZWANZIGSTER GESANG

So gings von Steg zu Steg mit manchen Worten,   *1*
Die es nicht lohnt im Liede festzuhalten,
Zum Kulm. Dann ruhten wir und sahn von dorten

Der Unheilsbuchten nächsten Schacht sich spalten   *4*
Als eine eitler Tränen volle Schale.
Und ich sah drin ein seltsam Dunkel walten.

Wie man zur Winterszeit im Arsenale   *7*
Venedigs sieht den zähen Teerbrei kochen,
Zu heilen kranke Schiffe im Spitale,

Denn weil die Schiffahrt ruht, so stehen und pochen   *10*
Am neuen Fahrzeug diese, andere heilen
Die Rippen dem, das oft in See gestochen,

Am Heck und Bugspriet Zimmerer sich beeilen,   *13*
Es wird geflickt an Segel und Gebände,
Hier schnitzt man Ruder, dort dreht man an Seilen:

So – nicht durch Feuer, nein, durch Gottes Hände,   *16*
Kocht da ein Pechbrei, der zähflüssig klickte
Und rings verkleisterte die Uferwände.

Ich sah das Pech, doch drin ich nichts erblickte,   *19*
Als daß es sich im Kochen blasig blähte,
Nach oben quoll und setzend sich verdickte.

Indem ich wie gebannt herniederspähte,   *22*
Zog mich mein Führer, rufend: »Achtung, Achtung!«
Von meinem Platz weg, daß ich zu ihm träte.

Ich wandte mich – wie einer, der Betrachtung   *25*
Gern schenkte dem, was er doch fliehen sollte,
Und dessen Mut vor Furcht sinkt in Umnachtung,

Daß er enteilt, obwohl er schauen wollte –   *28*
Und einen Teufel, schwarz, sah ich erscheinen,
Der überm Fels uns nach im Sturmlauf tollte.

In seinem Antlitz Haß und Grimm sich einen.   *31*
Wie schien sein Aussehen grausam, als er rannte
Mit offenen Flügeln und auf schnellen Beinen.

Es hingen von der Schulter hoher Kante   *34*
Hüftlings herab ihm eines Sünders Glieder,
Die er am Knöchel straffen Griffs umspannte.

»Ihr Brückenbrüder, schaut«, rief er hernieder,   *37*
»Ein Ratsherrlein aus Zita! Her, ihr Tatzen,
Und taucht ihn! Gleich mit andern komm ich wieder

INFERNO · CANTO XXI

a quella terra ch' i' n' ho ben fornita: 40
ogn'uom v' è barattier, fuor che Bonturo:
del «no» per il denar vi si fa «ita».»

Laggiù il buttò, e per lo scoglio duro   43
si volse; e mai non fu mastino sciolto
con tanta fretta a seguitar lo furo.

Quel s'attuffò, e tornò su convolto;   46
ma i dimon che del ponte avean coperchio,
gridâr: «Qui non ha luogo il Santo Volto:

qui si nuota altrimenti che nel Serchio;   49
però, se tu non vuoi de' nostri graffi,
non far sopra la pegola coperchio».

Poi l'addentâr con più di cento raffi,   52
disser: «Coverto convien che qui balli,
sì che, se puoi, nascosamente accaffi».

Non altrimenti i cuochi a' lor vassalli   55
fanno attuffare in mezzo la caldaia
la carne con gli uncin, perchè non galli.

Lo buon maestro «Acciò che non si paia   58
che tu ci sie» mi disse, «giù t'acquatta
dopo uno scheggio, che alcun schermo t' àia;

e per nulla offension che mi sia fatta,   61
non temer tu; ch' i' ho le cose conte,
perchè altra volta fui a tal baratta».

Poscia passò di là dal co del ponte;   64
e com' ei giunse in su la ripa sesta,
mestier gli fu d'aver sicura fronte.

Con quel furor e con quella tempesta   67
ch'escono i cani addosso al poverello,
che di subito chiede ove s'arresta;

usciron quei di sotto al ponticello,   70
e volser contra lui tutti i roncigli;
ma el gridò: «Nessun di voi sia fello!

Innanzi che l'uncin vostro mi pigli,   73
traggasi avanti l'un di voi che m' oda,
e poi d'arroncigliarmi si consigli.»

Tutti gridaron: «Vada Malacoda!»   76
Per che un si mosse – e gli altri stetter fermi –,
e venne a lui dicendo: «Che gli approda?»

«Credi tu, Malacoda, qui vedermi   79
esser venuto» disse 'l mio maestro,
«sicuro già da tutti vostri schermi,

DIE HÖLLE · XXI. GESANG

Aus ihrer Stadt, die davon voll zum Platzen!   *40*
Feil sind sie dort, bis auf Bontur, den Einen;
Aus Nein wird dort ein Ja für wenige Batzen!«

Er warf ihn ab, und auf den Klippensteinen   *43*
Gings rückwärts; und kein Hund, frei von der Kette,
Verfolgte je den Dieb auf rascheren Beinen.

Der sank und hob verkrümmt sich aus dem Fette.   *46*
Doch unterm Brücklein scholl der Teufel Bellen:
»Hier gibts kein heilig Antlitz, das dich rette!

Hier schwimmt sichs anders als in Serchios Wellen!   *49*
Und soll es nicht mit unsern Gabeln hapern,
So wage übers Pech nicht aufzuschnellen;

Nein, such dir was im Trüben zu erkapern,   *52*
Daß dir dein unterirdisch Tänzlein glücke!«
Drauf stieß man ihn mit hundert scharfen Schrapern,

Als wenn der Koch befiehlt, daß niederdrücke   *55*
Der Küchenjunge zu des Kessels Grunde
Vom Kochfleisch die emporgeschwemmten Stücke.

Der gute Meister sprach: »Eh man erkunde   *58*
Dein Hiersein, ducke hinterm Steingesplitter
Dich dort als bestem Schutzwall in der Runde.

Und wie man sich mir feindlich zeig und bitter,   *61*
Befürchte nichts: ich kenne ihre Tücke,
Und hielt schon einmal aus solch Ungewitter.«

Drauf überschritt er bis zum Kopf die Brücke.   *64*
Und als er an des Tales sechstem Hange,
Wars wahrlich not, daß Mut die Stirn ihm schmücke.

Mit selber Wut, mit selbem bissigen Drange   *67*
Wie Hunde los auf einen Bettler fahren,
Sobald er gabenheischend hält im Gange,

So stürzten jäh, die unterm Brücklein waren,   *70*
Hervor mit allen ihren spitzen Zacken.
Er aber rief: »Die Tücke wollt nur sparen!

Bevor mich eure Gabelzinken packen,   *73*
Tret einer vor von euch, der mich vernommen,
Und dann bedenkt, obs ratsam, mich zu zwacken.«

Da riefen alle: »Übelschwanz soll kommen!«   *76*
Und der trat vor (die andern blieben stehen)
Und murrte, nähernd sich: »Was wirds ihm frommen?« –

»Wer, Übelschwanz, ließ straflos es geschehen«,   *79*
So sprach mein Meister, »bei euch einzudringen
Und euerm Widerstand heil zu entgehen,

INFERNO · CANTO XXI

sanza voler divino e fato destro? 82
Lasciane andar, chè nel cielo è voluto
ch'io mostri altrui questo cammin silvestro.»

Allor gli fu l'orgoglio sì caduto, 85
che si lasciò cascar l'uncino ai piedi,
e disse agli altri: «Omai non sia feruto».

E il duca mio a me: «O tu che siedi 88
tra gli scheggion del ponte quatto quatto,
sesuramente omai a me tu riedi».

Per ch'io mi mossi, ed a lui venni ratto; 91
e i diavoli si fecer tutti avanti,
sì ch'io temetti ch'ei tenesser patto:

così vidi io già temer li fanti, 94
ch'uscivan patteggiati di Caprona,
veggendo sè tra nimici cotanti.

Io m'accostai con tutta la persona 97
lungo il mio duca, e non torceva gli occhi
dalla sembianza lor ch'era non buona.

Ei chinavan li raffi e «Vuoi ch'io 'l tocchi» 100
diceva l'un con l'altro «in sul groppone?»
E rispondean: Sì, fa'che gliel' accocchi!»

Ma quel demonio che tenea sermone 103
col duca mio, si volse tutto presto,
e disse: «Posa, posa, Scarmiglione!»

Poi disse a noi: «Più oltre andar per questo 106
iscoglio non si può, però che giace
tutto spezzato al fondo l'arco sesto.

E se l'andare avanti pur vi piace, 109
andatevene su per questa grotta:
presso è un altro scoglio che via face.

Ier, più oltre cinqu'ore che quest' otta, 112
mille dugento con sessantasei
anni compiè che qui la via fu rotta.

Io mando verso là di questi miei 115
a riguardar s'alcun se ne sciorina:
gite con lor, ch'e' non saranno rei.»

«Traiti avanti, Alichino, e Calcabrina» 118
cominciò egli a dire, «e tu, Cagnazzo;
e Barbariccia guidi la decina.

Libicocco vegna oltre e Draghignazzo, 121
Ciriatto sannuto e Graffiacane,
e Farfarello e Rubicante pazzo.

142

DIE HÖLLE · XXI. GESANG

Wenns Gott und Schicksal gnädig nicht verhingen? *82*
Drum laß mich gehen! Im Himmel ists beschlossen,
Ich soll durch diese Wildnis jemand bringen.«

Wie schmählich war der Übermut zerflossen, *85*
Den Haken ließ er fallen furchtdurchschauert.
»Verletzt ihn nicht«, befahl er den Genossen.

Mein Führer drauf zu mir: »Du, der da kauert *88*
Im Brückenschutt, komm wieder vorgekrochen!
Und komm zu *mir*, da nicht Gefahr mehr lauert.«

Gleich lief ich vorwärts, als er so gesprochen, *91*
Doch auf mich zu sah ich die Teufel fahren
Und bangte schon, daß der Vertrag gebrochen.

So sah ich zittern einst die Söldnerscharen, *94*
Die laut Vertrag Capronas Burg verließen,
Als sie von Feinden ganz umzingelt waren.

Ich strebte, ganzen Leibs mich anzuschließen *97*
Dem Führer drum, und mit gespannten Mienen
Sah ich auf sie, die Gutes nicht verhießen.

Schon senkten sie die Spieße, und von ihnen *100*
Raunt einer: »Kratz ich ihn am Schulterblatte?«
Und Antwort scholl: »Ja, such ihn zu bedienen!«

Doch jener Teufel, der gesprochen hatte *103*
Mit meinem Führer, bog sich schnell zurücke
Und sagte: »Ruhe, Ruhe, Wirwaratte!«

Und dann zu uns: »Auf dieser Felsenbrücke *106*
Könnt ihr nicht weiterkommen, weil im Grunde
Der sechste Bogen barst in Trümmerstücke.

Und wollt ihr dennoch fort, geht längs dem Schrunde *109*
Den Damm, bis ihr die Klippe seht sich heben,
Die euch hindurchführt zu der nächsten Runde.

Gestern, fünf Stunden später als soeben, *112*
Wars vor zwölfhundertsechsundsechzig Jahren,
Daß diesen Weg zerstört der Erde Beben.

Dorthin muß just ein Trupp aus meinen Scharen, *115*
Ob keiner aus dem Pech taucht, nachzusehen.
Folgt diesem und ihr werdet nichts befahren.

Auf! Schlapperschwing und Fröstelzeh soll gehen!« *118*
Begann er im Befehl, »auch du, Hundsbolle!
Und Strubbelbart sei Führer dieser zehen!

Antrete Rötelruß und Drachenknolle, *121*
Saubörstel mit den Hauern, Schindewade
Und Flitzibell; auch Funkelfratz, der tolle.

INFERNO · CANTO XXI

Cercate intorno le boglienti pane: 124
costor sien salvi insino all'altro scheggio
che tutto intero va sopra le tane.»

«Omè, maestro, che è quel ch'io veggio?»   127
diss'io. «Deh, sanza scorta andiamci soli,
se tu sa'ir, ch'io per me non la cheggio,

Se tu se' sì accorto come suoli,   130
non vedi tu ch'e' digrignan li denti,
e con le ciglia ne minaccian duoli?»

Ed egli a me: «Non vo' che tu paventi: 133
lasciali digrignar pur a lor senno,
ch'e' fanno ciò per li lessi dolenti.»

Per l'argine sinistro volta dienno;   136
ma prima avea ciascun la lingua stretta
coi denti verso lor duca per cenno;

ed egli avea del cul fatto trombetta.   139

DIE HÖLLE · XXI. GESANG

Liegt auf der Lauer rings am Pechgestade!　　　　124
Doch die laßt heil bis an den Felsen gehen,
Der ob den Gruben dient zum sichern Pfade.« –

»Ach, Meister«, sprach ich, »weh! was muß ich sehen?　127
Kennst du den Weg, laß *die* uns nicht begleiten,
Ich brauch sie nicht, es kann auch so geschehen.

Bist du so umsichtsvoll wie allerzeiten　　　　130
Und siehst nicht, wie sie ihre Zähne blecken,
Die Brauen runzeln und Verrat bereiten?«

Und er zu mir: »Du brauchst nicht zu erschrecken.　133
Laß nach Belieben ihre Zähne blinken,
Es gilt nur denen, die im Pechbrei stecken.«

Dann auf dem Damme schwenkten sie zur Linken;　136
Doch jeder erst die Zunge wies in Eile
Dem Obmann durch die Zähne, ihm zu winken,

Und der posaunte mit dem Hinterteile.　　　　139

CANTO VENTESIMOSECONDO

Io vidi già cavalier muover campo,   *1*
e cominciare stormo, e far lor mostra,
e talvolta partir per loro scampo;
    corridor vidi per la terra vostra,   *4*
o Aretini, e vidi gir gualdane,
fedir torneamenti, e correr giostra,
    quando con trombe e quando con campane,   *7*
con tamburi e con cenni di castella,
e con cose nostrali e con istrane;
    nè già con sì diversa cennamella   *10*
cavalier vidi muover, nè pedoni,
nè nave a segno di terra o di stella.
    Noi andavam con li diece dimoni: *13*
ahi fiera compagnia! ma nella chiesa
co' santi, e in taverna co' ghiottoni.
    Pure alla pegola era la mia intesa,   *16*
per veder della bolgia ogni contegno
e della gente ch'entro v'era incesa.
    Come i dalfini, quando fanno segno   *19*
ai marinar con l'arco della schiena,
che s'argomentin di campar lor legno;
    talor così, ad alleggiar la pena,   *22*
mostrava alcun dei peccatori il dosso,
e nascondeva in men che non balena.
    E come all' orlo dell'acqua d'un fosso   *25*
stanno i ranocchi pur col muso fuori,
sì che celano i piedi e l'altro grosso;
    sì stavan d'ogni parte i peccatori;   *28*
ma come s'appressava Barbariccia,
così si ritraean sotto i bollori.
    Io vidi, ed anco il cor me n'accapriccia,   *31*
uno aspettar così, com' egli incontra
ch'una rana rimane ed altra spiccia.
    E Graffiacan, che gli era più di contra,   *34*
gli arroncigliò le impegolate chiome,
e trassel su, che mi parve una lontra.
    Io sapea già di tutti quanti il nome;   *37*
sì li notai quando furono eletti,
e poi che si chiamaro, attesi come.

ZWEIUNDZWANZIGSTER GESANG

Ich sah schon Reiter aus dem Lager ziehen 1
Und Sturm beginnen oder manövrieren
Und manches Mal zu ihrer Rettung fliehen,
   Streifzügler auch in euern Feldrevieren, 4
O Aretiner, hausen, Posten halten,
Und Ringelstechen sah ich und turnieren,
   Wobei Trompeten, Trommeln, Glocken schallten, 7
Blinklicht von Burgen winkte, oder Zeichen
Man gab, die je im In- und Ausland galten:
   Doch nie ließ manövrieren nach dergleichen 10
Fagott Fußvolk und Reiter ein Trompeter,
Noch Schiffe nach Gestirn und Leuchtturm streichen.
   So führten uns die höllischen Vertreter: 13
Ein schauriges Geleite! Doch in Schenken
Sind Säufer heimisch und in Kirchen Beter. –
   Aufs Pech allein mein Sinnen stand und Denken, 16
Den neuen Unheilssack ganz zu erkunden,
Und was für Volk sie da im Sude schwenken.
   Wie Schiffern wohl Delphine, mit dem runden 19
Rückgrat auftauchend, Warnungszeichen geben,
Zu landen, eh der Sturm sich eingefunden,
   So sah man hier sich manchen Sünder heben, 22
Um nach der Hitze kühlend sich zu laben,
Dann mit dem Rücken blitzschnell niederstreben.
   Und wie am Saum von einem Wassergraben 25
Die Frösche hocken, nur das Maul vorstrecken,
Doch Bauch und Beine wohlverborgen haben,
   So konnt ich Sünder ringsherum entdecken, 28
Um gleich, wenn Strubbelbart kaum nahgekommen,
Sich im Gebrodel wieder zu verstecken.
   Ich sah, und noch macht mirs das Herz beklommen, 31
Einen verziehn, wie oft *ein* Frosch entweichen
Nicht will, wenn längst der andere weggeschwommen.
   Schindwade, ihm zunächst, konnt ihn erreichen 34
Und zog ihn hoch an den verpatzten Haaren,
Daß er mir einem Otter schien zu gleichen.
   Ich hatte aller Namen schon erfahren, 37
Da sie mir gleich beim Abmarsch aufgefallen
Und dann ihr Anruf zeigte, wer sie waren.

INFERNO · CANTO XXII

«O Rubicante, fa'che tu gli metti   40
gli unghioni addosso, sì che tu lo scuoi!»
gridavan tutti insieme i maladetti.

E io: «Maestro mio, fa', se tu puoi,   43
che tu sappi chi è lo sciagurato
venuto a man degli avversari suoi.»

Lo duca mio gli s'accostò allato;   46
domandollo ond'ei fosse, e quei rispuose:
«Io fui del regno di Navarra nato.

Mia madre a servo d'un segnor mi puose,   49
chè m'avea generato d'un ribaldo,
distruggitor di sè e di sue cose.

Poi fui famiglia del buon re Tebaldo;   52
quivi mi misi a far baratteria,
di ch'io rendo ragione in questo caldo.»

E Ciriatto, a cui di bocca uscia   55
d'ogni parte una sanna come a porco,
gli fe' sentir come l'una sdruscia.

Tra male gatte era venuto il sorco;   58
ma Barbariccia il chiuse con le braccia,
e disse: «State in là, mentr'io lo 'nforco!»

E al maestro mio volse la faccia: 61
«Domanda» disse «ancor, se più disii
saper da lui, prima ch'altri il disfaccia.»

Lo duca dunque: «Or di': degli altri rii   64
Conosci tu alcun che sia latino
sotto la pece?» E quegli: «Io mi partii,

poco è, da un che fu di là vicino;   67
così foss'io ancor con lui coperto,
ch'io non temerei unghia nè uncino!»

E Libicocco «Troppo avem sofferto!»   70
disse; e presegli il braccio col ronciglio,
sì che, stracciando, ne portò un lacerto.

Draghignazzo anche i volle dar di piglio   73
giuso alle gambe; onde il decurio loro
si volse intorno intorno can mal piglio.

Quand'elli un poco rappaciati fuoro,   76
a lui, ch' ancor mirava sua ferita,
domandò il duca mio sanza dimoro:

«Chi fu colui da cui mala partita   79
di' che facesti per venire a proda?»
Ed ei rispuose: «Fu frate Gomita,

145

DIE HÖLLE · XXII. GESANG

»Ho Funkelfratz, herbei! setz deine Krallen   40
Ihm ins Genick, das Leder derb zu schinden«,
So scholls von den Vermaledeiten allen.

Und ich: »Mein Meister, such doch auszufinden,   43
Wie der Pechvogel heißt, bist dus imstande,
Der sich in seiner Feinde Hand muß winden.«

Mein Führer trat an ihn heran zum Rande,   46
Ihn fragend, wer er sei. Und der Bepechte
Sprach so: »Ich stamme vom Navarrerlande.

Die Mutter machte mich zum Herrenknechte,   49
Die mich von einem Tunichtgut geboren,
Der sich entleibt und vorher spielte und zechte.

Zu König Thibauts Diener dann erkoren,   52
Des Guten, wußt ich Schliche auszuhecken,
Zu deren Abrechnung ich hier muß schmoren.«

Doch Saubörstel, dem sich zwei Hauer strecken   55
Dem Eber gleich aus seines Maules Spalte,
Ließ ihn, wie scharf der eine ritzte, schmecken.

Auf garstige Katzen da mein Mäuslein prallte.   58
Doch Strubbelbart umschlang ihn mit der Pratze
Und schrie: »Zurück, solange *ich* ihn halte!«

Und meinem Meister zeigend seine Fratze,   61
Sprach er: »Soll er noch mehr dir offenbaren,
So frag ihn, eh man ihn zuschandenkratze.«

Der Führer drauf: »So sprich, ob in den Scharen   64
Latiner sind, die unterm Pech dort kleben,
Und du sie kennst?« – Und dieser: »Hergefahren

Von einem aus der Näh dort komm ich eben.   67
O säß ich noch im Pech bei ihm, nicht bange
Säh ich nach mir sich Spieß und Klaue heben.«

Und Rötelruß rief aus: »Foppst du noch lange!«   70
Und schlug den Arm ihm mit den Gabelspitzen,
Daß er ein Stück gleich mitriß bei dem Fange.

Auch Drachenknoll wollt ihn am Schienbein ritzen,   73
Doch schnell sich wendend ihm der Häuptling wehrte
Und ließ rundum die Augen grimmig blitzen.

Als nun ein wenig Ruhe wiederkehrte,   76
Sprach den, der noch bestierte seine Wunde,
Mein Führer an, der Aufschub nicht begehrte:

»Wer wars, von dem du dich zur Unglücksstunde,   79
Wie du erzählst, fort aus dem Pech erhoben?«
Er sprach: »Gomita heißt der saubere Kunde,

INFERNO · CANTO XXII

quel di Gallura, vasel d'ogni froda,   82
ch'ebbe i nimici di suo donno in mano,
e fe' sì lor, che ciascun se ne loda.

Danar si tolse, e lasciolli di piano,   85
sì com'ei dice; e negli altri offici anche
barattier fu non picciol, ma sovrano.

Usa con esso donno Michel Zanche   88
di Logodoro; e a dir di Sardigna
le lingue lor non si sentono stanche.

Omè, vedete l'altro che digrigna: 91
io direi anche; ma io temo ch'ello
non s'apparecchi a grattarmi la tigna.»

E 'l gran proposto, volto a Farfarello   94
che stralunava gli occhi per fedire,
disse: «Fatti in costà, malvagio uccello!»

«Se voi volete vedere o udire»   97
ricominciò lo spaurato appresso,
«Toschi o Lombardi, io ne farò venire;

ma stien le Malebranche un poco in cesso,   100
sì ch'ei non teman delle lor vendette;
e io, seggendo in questo luogo stesso,

per un ch'io son, ne farò venir sette,   103
quando sufolerò, com' è nostr' uso
di fare allor che fuori alcun si mette.»

Cagnazzo a cotal motto levò il muso,   106
crollando il capo, e disse: «Odi malizia
ch'egli ha pensata per gittarsi giuso!»

Ond'ei, ch'avea lacciuoli a gran divizia,   109
rispuose: «Malizioso son io troppo,
quand'io procuro a' miei maggior tristizia!»

Alichin non si tenne, e di rintoppo   112
agli altri disse a lui: «Se tu ti cali,
io non ti verrò dietro di galoppo,

ma batterò sovra la pece l'ali: 115
lascisi il collo, e sia la ripa scudo
a veder se tu sol più di noi vali».

O tu che leggi, udirai nuovo ludo: 118
ciascun dall'altra costa gli occhi volse;
quel prima, che a ciò far era più crudo.

Lo Navarrese ben suo tempo colse;   121
fermò le piante a terra, e in un punto
saltò e dal proposto lor si sciolse.

DIE HÖLLE · XXII. GESANG

Mönch von Gallura, voll von Trug bis oben,　　　　*82*
Der seines Herren Feinde hielt in Händen,
Doch so, daß sie ihn alle heut noch loben:

　Er sorgte, daß für Geld ›ein Loch sie fänden‹,　　*85*
Wie ers genannt. Vertraut mit Maklerpflichten,
Empfand er, daß Prozente niemals schänden.

　Da auch Don Zanche weilt bei den Bepichten,　　*88*
Hört man die Freunde unaufhörlich schwatzen
Von allerhand Sardinischen Geschichten.

　Weh mir! seht, wie der andere schneidet Fratzen!　　*91*
Mehr spräch ich, doch mir bangt, daß er die Klauen
Aufs neue hebt, den Grind mir zu zerkratzen.«

　Zu Flitzibellen – der, um loszuhauen　　*94*
Die Augen rollte – rief der Obmann schnelle:
»Fort, schlimmer Vogel!« – »Wollt ihr andere schauen«,

　Sprach mutgestärkt aufs neue der Geselle,　　*97*
»Lombarden, Tusker hören oder sehen?
Ich schaffe sie beliebig her zur Stelle,

　Nur darf der Teufelstroß so nah nicht stehen,　　*100*
Weil sie sich fürchten sonst vor dessen Hieben.
Hier sitzend stell ich, ohne fortzugehen,

　Für mich, den einen, euch gleich ihrer sieben!　　*103*
Ein Pfiff zeigt nämlich an, daß sie die Plauze,
Weil rein die Luft ist, können aufwärtsschieben.«

　Hundsbolle hob bei diesem Wort die Schnauze　　*106*
Und rief kopfschüttelnd: »Schurke, voll von Ränken!
Zu tauchen ist der Zweck nur von dem Kauze.«

　Da sprach er, der so überreich an Schwänken:　　*109*
»Wohl bin ich Schurke, meinen Pechgenossen
Durch Bosheit es noch übler einzutränken.«

　Nicht länger litt es Schlapperschwing; verdrossen　　*112*
Rief er im Widerspruch mit allen: »Springe!
Ich komm dir im Galopp nicht nachgeschossen,

　Doch überm Pechsee schlag ich meine Schwinge!　　*115*
Herunter kommt, uns decke der Strand! – Wie sollte
Uns glücken nicht, was dir allein gelinge?«

　O Leser, hör, welch Spaß sich nun entrollte!　　*118*
Strandüber kehrte jeder hin die Blicke
Und der zuerst, ders gar nicht dulden wollte.

　Doch der Navarrer nutzte mit Geschicke　　*121*
Die Zeit: abschnellend sich in einem Satze,
Entfloh dem Anschlag er mit diesem Tricke.

146

INFERNO · CANTO XXII

Di che ciascun di colpa fu compunto,   124
ma quei più, che cagion fu del difetto;
però si mosse e gridò: «Tu se' giunto!»

Ma poco i valse; chè l'ali al sospetto   127
non potero avanzar: quegli andò sotto,
e quei drizzò volando suso, il petto:

non altrimenti l'anitra di botto,   130
quando il falcon s'appressa, giù s'attuffa,
ed ei ritorna su crucciato e rotto.

Irato Calcabrina della buffa,   133
volando dietro gli tenne, invaghito
che quei campasse, per aver la zuffa;

e come 'l barattier fu disparito,   136
così volse gli artigli al suo compagno,
e fu con lui sovra il fosso ghermito;

ma l'altro fu bene sparvier grifagno   139
ad artigliar ben lui, ed amendue
cadder nel mezzo del bogliente stagno.

Lo caldo sghermitor subito fue;   142
ma però di levarsi era neente,
sì avieno inviscate l'ali sue.

Barbariccia, con gli altri suoi dolente,   145
quattro ne fe' volar dall'altra costa
con tutti i raffi, ed assai prestamente

di qua, di là discesero alla posta;   148
porser gli uncini verso gl'impaniati,
ch'eran già cotti dentro dalla crosta;

e noi lasciammo lor così impacciati.   151

DIE HÖLLE · XXII. GESANG

Da zeigte Schuldbewußtsein jede Fratze,   *124*
Zumeist bei dem, der schuld war am Mißlingen,
Nachflog und schrie: »Schon hält dich meine Tatze!«

Doch wenig halfs! Es konnte nicht bezwingen   *127*
Der Flug die Furcht: der saß schon unten wieder
Und jener hob die Brust, sich aufzuschwingen.

Nicht anders taucht die Ente blitzschnell nieder,   *130*
Sobald der Falke naht, der dann vom Teiche
Aufsteigt und zornig schüttelt das Gefieder.

Doch Fröstelzeh, ergrimmt von diesem Streiche,   *133*
Flog nach voll Schadenfreude, daß gelungen
Die Flucht und zum Gezänke nun gereiche.

Und als der Gauner richtig war entsprungen,   *136*
Hob er die Klauen auch auf den Genossen
Und hielt ihn überm Graben engumschlungen.

Doch jener, auch ein Sperber unverdrossen,   *139*
Zerschrammt ihn wacker, bis die Bösewichter
Mitten zum Siedesumpf hinunterschossen.

Zwar war die Hitze rasch des Kampfes Schlichter,   *142*
Doch konnten sie sich nicht sobald erheben,
Weil ihre Flügel jetzt noch überpichter.

Wehklagend mit den Seinen läßt entschweben   *145*
Held Strubbelbart gleich vier zum andern Strande,
Daß sie mit ihren Haken sich bestreben,

Wie dies- und jenseits angelnd sie am Rande   *148*
Die überpappten Teufel wohl erwischten,
Die krustig schon gesotten von dem Brande.

Wir ließen sie, wie sie noch emsig fischten.   *151*

CANTO VENTESIMOTERZO

Taciti, soli e sanza compagnia
n'andavam, l'un dinanzi e l'altro dopo,
come frati minor vanno per via.   1

Volto era in su la favola d'Isopo
lo mio pensier per la presente rissa,
dov' el parlò della rana e del topo;   4

che più non si pareggia ‹mo› e ‹issa›,
che l'un con l'altro fa, se ben s'accoppia
principio e fine con la mente fissa.   7

E come l'un pensier dell'altro scoppia,
così nacque di quello un altro poi,
che la prima paura mi fe' doppia.   10

Io pensava così: «Questi per noi
sono scherniti con danno e con beffa
sì fatta, ch'assai credo che lor nòi.   13

Se l'ira sovra il mal voler s'aggueffa,
ei ne verranno dietro più crudeli
che il cane a quella lievre ch'elli acceffa.»   16

Già mi sentìa tutti arricciar li peli
della paura, e stava indietro intento,
quand'io dissi: «Maestro, se non celi   19

te e me tostamente, i' ho pavento
di Malebranche: noi gli avem già dietro;
io gl'imagino sì, che già li sento.»   22

E quei: «S'i' fossi pi piombato vetro,
l'imagine di fuor tua non trarrei
più tosto a me, che quella dentro impetro.   25

Pur mo veniano i tuoi pensier tra' miei
con simile atto e con simile faccia,
sì che d'intrambi un sol consiglio fei.   28

S'egli è che sì la destra costa giaccia,
che noi possiam nell'altra bolgia scendere,
noi fuggirem l'imaginata caccia.»   31

Già non compiè di tal consiglio rendere,
ch'io li vidi venir con l'ali tese,
non molto lungi, per volerne prendere.   34

Lo duca mio di subito mi prese,
come la madre ch'a romore è desta,
e vede presso a sè le fiamme accese,   37

DREIUNDZWANZIGSTER GESANG

Stillschweigend nun, der eine hinterm andern,   *1*
Und unbegleitet wir des Weges schritten
Wie Minoriten ihre Straße wandern.

Es mußten mir die Teufel, die gestritten,   *4*
Äsopens Fabel ins Gedächtnis bringen,
Wo Frosch und Maus betrogen wird vom Dritten.

Denn jetzt und jetzo ähnlicher nicht klingen   *7*
Als dieses dem, prüft man mit scharfen Sinnen,
Wie Anfang hier und Schluß zusammenhingen.

Und wie Gedanken aus Gedanken rinnen,   *10*
Entsprang aus allen endlich *ein* Gedanke,
Die erste Furcht mir doppelt zu gewinnen.

Ich dachte dieses: Weil wir schuld am Zanke,   *13*
Durch den sie Schimpf und Schaden nur gefunden,
Kommt, glaub ich, großer Ärger aus dem Schwanke.

Denn hat ihr Zorn der Rachsucht sich verbunden,   *16*
Wird hitziger ihre Jagdlust dies erwecken,
Als eine Hasenjagd es tut bei Hunden.

Schon sträubte sich mir jedes Haar vor Schrecken   *19*
Und rückwärtsspähend bat ich: »Laß beschwören
Dich, Meister, daß wir zwei uns schnell verstecken;

Denn hinter uns – und schon vermeint zu hören   *22*
Es meine Furcht – glaub ich, daß näherdringe
Der Grausetatzenschwarm, uns aufzustören.«

Und er: »Wär ich verbleites Glas und finge   *25*
Dein äußeres Bild, nicht schneller könnts erscheinen,
Als ich dein inneres Bild mir nahebringe.

Denn schon traf dein Gedanke auf den meinen,   *28*
Weil gleiche Art und Bildung ihm verliehen,
Daß ich die zwei Entschlüsse schmolz in einen.

Wenn rechts die Ufer so sich abwärtsziehen,   *31*
Daß man den Schritt zur nächsten Talschlucht richtete,
So werden wir der drohenden Jagd entfliehen.«

Kaum daß sein Plan mich völlig noch beschwichtete,   *34*
Sah ich sie kommen mit gespreizten Schwingen,
Als ob uns jeder schon zum Fange sichtete.

Den Führer fühlt ich plötzlich mich umschlingen   *37*
Der Mutter gleich, wenn die vom Lärm erweckte
Schon Flammen sieht, die knisternd sie umringen,

INFERNO · CANTO XXIII

che prende il figlio e fugge e non s'arresta,   *40*
avendo più di lui che di sè cura,
tanto che solo una camicia vesta;

  e giù dal collo della ripa dura   *43*
supin si diede alla pendente roccia,
che l'un dei lati all'altra bolgia tura.

  Non corse mai sì tosto acque per doccia   *46*
a volger ruota di molin terragno,
quand'ella più verso le pale approccia,

  come 'l maestro mio per quel vivagno,   *49*
portandosene me sovra 'l suo petto
come suo figlio, non come compagno.

  A pena fuoro i piè suoi giunti al letto   *52*
del fondo giù, ch'ei furono in sul colle
sovresso noi; ma non gli era sospetto;

  chè l'alta provvedenza, che lor volle   *55*
porre ministri della fossa quinta,
poder di partirs'indi a tutti tolle.

  Laggiù trovammo una gente dipinta,   *58*
che giva intorno assai con lenti passi,
piangendo e nel sembiante stanca e vinta.

  Egli avean cappe con cappucci bassi   *61*
dinanzi agli occhi, fatte della taglia
che per li monaci in Cologna fassi.

  Di fuor dorate son, sì ch'egli abbaglia;   *64*
ma dentro tutte piombo, e gravi tanto,
che Federigo le mettea di paglia.

  Oh in eterno faticoso manto!   *67*
Noi ci volgemmo ancor pur a man manca
con loro insieme, intenti al tristo pianto;

  ma per lo peso quella gente stanca   *70*
venìa sì pian, che noi eravam nuovi
di compagnia ad ogni mover d'anca.

  Per ch'io al duca mio: «Fa' che tu truovi   *73*
alcun ch'al fatto o al nome si conosca,
e gli occhi, sì andando, intorno muovi».

  E un che intese la parola tosca,   *76*
diretro a noi gridò: «Tenete i piedi,
voi che correte sì per l'aura fosca!

  Forse ch'avrai da me quel che tu chiedi».   *79*
Onde il duca si volse e disse: «Aspetta;
e poi secondo il suo passo procedi».

DIE HÖLLE · XXIII. GESANG

Und nach dem Sohn faßt, weil sie mehr erschreckte   40
Für ihn als sich, dann forteilt ohne Säumen
Und selbst mit einem Hemd sich kaum bedeckte:

So ließ er dort, wo schroffe Felsen bäumen,   43
Sich rücklings niedergleiten überm Hange,
Der einführt zu des nächsten Sackes Räumen.

Nie durchs Gerinne schoß in schnellerm Drange   46
Der Bach aufs oberschlächtige Rad der Mühle,
Wo schnellstens er die Schaufeln treibt zum Gange,

Wie hier mein Meister niederglitt vom Bühle,   49
Mich mitsich tragend, eng zur Brust umfangen,
Als ob statt Freund den Sohn er in mir fühle.

Kaum daß zuboden seine Füße drangen   52
Im Talbett, als sie droben schon erschienen
Zu Häupten uns, doch schuf es uns kein Bangen;

Denn hohe Vorsicht läßt sie wohl bedienen   55
Den fünften Graben, aber ein Entweichen
Daraus steht keinem einzigen frei von ihnen.

Drunten sahn wir Betünchte sondergleichen   58
Stillweinend und gebeugt mit müden Schritten
Wie mutgebrochen durch die Runde schleichen.

Sie trugen Kutten, die so zugeschnitten   61
Wie jener Mönche Tracht zu Köln am Rheine,
Die keinen Blick durch die Kapuzen litten.

Von außen sind sie Gold, blendend im Scheine,   64
Von innen Blei und schwer, daß Friedrichs Kragen
Aus Stroh geflochten schienen, wie ich meine.

O Mäntel, schwer in Ewigkeit zu tragen!   67
Wir schritten jetzt mehr linkshin gleich den Schatten
Und folgten ihnen, lauschend ihren Klagen.

Doch schlichen unter ihrer Last die Matten   70
So träg, daß wir bei jedes Fußes Heben
Stets andere Gesellschaft bei uns hatten.

Drum ich: »Schau, Herr, mags hier wohl solche geben,   73
Die sich bekannt nach Tat und Namen fanden?
Und laß rundum beim Gehen die Blicke streben.«

Und einer, der mein tuskisch Wort verstanden,   76
Rief hinter uns daher: »Hemmt eure Schritte,
Die ihr so eilt durch dunkler Lüfte Branden!

Vielleicht kann ich erfüllen deine Bitte.«   79
Drauf wandte sich und sprach der Führer: »Weile
Und regle deinen Tritt nach seinem Tritte.«

INFERNO · CANTO XXIII

Ristetti, e vidi due mostrar gran fretta
dell'animo, col viso, d'esser meco;
ma tardavagli il carco e la via stretta. 82

Quando fuor giunti, assai con l'occhio bieco
mi rimiraron sanza far parola;
poi si volsero in sè, e dicean seco: 85

«Costui par vivo all'atto della gola;
e s'e'son morti, per qual privilegio
vanno scoperti della grave stola?» 88

Poi disser me: «O Tosco, ch'al collegio
degl'ipocriti tristi se' venuto,
dir chi tu se', non avere in dispregio.» 91

E io a loro: «Io fui nato e cresciuto
sovra 'l bel fiume d'Arno alla gran villa,
e son col corpo ch'i'ho sempre avuto. 94

Ma voi chi siete, a cui tanto distilla,
quant'io veggio, dolor giù per le guance?
E che pena è in voi che sì sfavilla?» 97

E l'un rispose a me: «Le cappe rance
son di piombo sì grosse, che li pesi
fan così cigolar le lor bilance. 100

Frati Godenti fummo, e bolognesi;
io Catalano e questi Loderingo
nomati, e da tua terra insieme presi, 103

come suole esser tolto un uom solingo,
per conservar sua pace; e fummo tali,
ch'ancor si pare intorno dal Gardingo.» 106

Io cominciai: «O frati, i vostri mali . . .»,
ma più non dissi; chè all' occhio mi corse
un, crucifisso in terra con tre pali. 109

Quando mi vide, tutto si distorse,
soffiando nella barba coi sospiri:
e il frate Catalan, che a ciò s'accorse, 112

mi disse: «Quel confitto che tu miri,
consigliò i Farisei, che convenia
porre un uom per lo popolo a'martìri. 115

Attraversato e nudo è nella via,
come tu vedi, ed è mestier ch'ei senta
qualunque passa, com'è pesa, pria. 118

E a tal modo il suocero si stenta
in questa fossa, e gli altri dal concilio
che fu per li Giudei mala sementa.» 121

150

DIE HÖLLE · XXIII. GESANG

Ich hielt und schaute zwei voll großer Eile,   *82*
Die mühsam sich uns einzuholen plagten;
Doch hemmte Last und schmale Wegeszeile.
    Und scheu, als ob sie nicht zu sprechen wagten,   *85*
Sah ich die Angekommenen scheel verdrehen
Die Augen, drauf sie leis einander fragten:
    »*Der* lebt; man kann die Kehle atmen sehen.   *88*
Doch sind sie tot: welch Recht verstattet ihnen,
Hier ohne lastenden Talar zu gehen?«
    Drauf laut zu mir: »O Tusker, der erschienen   *91*
Hier in der Heuchler traurigem Verbande,
Laß, wer du seiest, zum Bescheid uns dienen.« –
    »Die große Stadt am schönen Arnostrande   *94*
Erzeugte und erzog mich einst, und nimmer«,
Sprach ich: »entschlüpft ich noch dem Staubgewande.
    Doch wer seid ihr denn, deren Wangen immer,   *97*
Wie ich bemerkt, von Schmerzenstränen starren;
Und welche Pein verleiht euch solchen Schimmer?« –
    »Der gelben Kutten bleigegossene Barren   *100*
Sind also schwer«, sprach eins der armen Wesen,
»Daß unter ihnen muß die Waage knarren.
    Wir waren *Lustige Brüder*, Bolognesen,   *103*
Loderingo der, ich Catalan geheißen;
Und deine Stadt hat uns *zugleich* erlesen,
    Wie man sonst *einen* wählt, der sich befleißen   *106*
Des Friedensamtes soll. Es fühlt noch immer
Gardingo, wie wir Wölfe konnten beißen.«
    Und ich begann: »O Brüder, euer schlimmer . . .«   *109*
Doch da erstarb mein Wort, denn an drei Pfählen
Gekreuzigt sah ich einen mit Gewimmer
    Am Boden krümmen sich und schmerzhaft quälen.   *112*
Und wie er ächzte in den Bart mit Stöhnen,
Fing Bruder Catalan an zu erzählen:
    »Der hier gekreuzigt knirscht in Jammertönen,   *115*
Verhalf einst seinem argen Rat zum Siege:
Ein einziger soll durch Tod das Volk versöhnen!
    Du siehst, daß nackt er überm Wege liege,   *118*
Damit der hinterlistige Pharisäer
Am Fußtritt fühle, was ein jeder wiege.
    So leidet auch in dieser Bucht sein Schwäher   *121*
Und alle vom Synedrium; dort fielen
Des Unheils Saaten einst für die Judäer.«

150

INFERNO · CANTO XXIII

Allor vid'io maravigliar Virgilio   124
sovra colui ch'era disteso in croce
tanto vilmente nell'eterno esilio.

Poscia drizzò al frate cotal voce: 127
«Non vi dispiaccia, se vi lece, dirci,
s' alla man destra giace alcuna foce

onde noi ambedue possiamo uscirci   130
sanza costringer degli angeli neri
che vegnan d'esto fondo a dipartirci.»

Rispuose adunque: «Più che tu non speri,   133
s'appressa un sasso, che dalla gran cerchia
si muove e varca tutt'i vallon feri,

salvo ch'a questo è rotto, e nol coperchia: 136
montar potrete su per la ruina
che giace in costa, e nel fondo soperchia.»

Lo duca stette un poco a testa china;   139
poi disse: «Mal contava la bisogna
colui che i peccator di qua uncina».

E 'l frate: «Io udi' già dire a Bologna   142
del diavol vizi assai, tra'quali udì'
ch'egli è bugiardo e padre di menzogna».

Appresso, il duca a gran passi sen gì,   145
turbato un poco d'ira nel sembiante;
ond'io dagl'incarcati mi partì'

dietro alle poste delle care piante.   148

DIE HÖLLE · XXIII. GESANG

Da sah ich großes Staunen bei Vergilen,　124
Daß einer hier gekreuzigt lag am Orte,
Schmachvoll-verbannt zu ewigen Exilen;
　Worauf er sprach zum Frater diese Worte:　127
»Wenn ihr es dürft, gefall es euch, zu sagen,
Ob rechts sich öffnet eine Felsenpforte,
　Die ungehemmt uns läßt den Ausgang wagen,　130
Da sonst die Schlucht uns in den Notfall brächte,
Daß uns drausfort die schwarzen Engel tragen.«
　Der sprach: »Wohl näher, als dein Hoffen dächte,　133
Zieht sich ein Fels her von der großen Runde,
Der Brücken wölbt ob all der schlimmen Schächte;
　Nur der zerbrach und führt nicht überm Schlunde.　136
Doch durch den Steinschutt könnt ihr aufwärtssteigen,
Der sich am Abhang böscht und staut im Grunde.«
　Der Führer stockte kurz; ich sah ihn neigen　139
Das Haupt. Dann sprach er: »Übel als Berater
Wollt der sich, der die Sünder harkt, uns zeigen.« –
　»Schon in Bologna hört ich«, sprach der Frater,　142
»Von Teufelstücken reden, auch das Wort:
Er sei als Lügner aller Lügen Vater.«
　Drauf ging der Führer großen Schrittes fort,　145
Indem Zornblitze durch die Stirn ihm fuhren.
Drob schied ich von den Bleibeladenen dort,
　Anschließend mich den teuern Sohlenspuren.　148

CANTO VENTESIMOQUARTO

In quella parte del giovinetto anno   *1*
che il sole i crin sotto l'Aquario tempra
e già le notti al mezzo dì sen vanno;

quando la brina in su la terra assempra   *4*
l'imagine di sua sorella bianca,
ma poco dura alla sua penna tempra;

lo villanello, a cui la roba manca,   *7*
si leva e guarda e vede la campagna
biancheggiar tutta, ond'ei si batte l'anca;

ritorna in casa, e qua e là si lagna,   *10*
come 'l tapin che non sa che si faccia;
poi riede, e la speranza ringavagna,

veggendo il mondo aver cangiata faccia   *13*
in poco d'ora, e prende suo vincastro,
e fuor le pecorelle a pascer caccia;

così mi fece sbigottir lo mastro,   *16*
quand'io gli vidi sì turbar la fronte,
e così tosto al mal giunse lo 'mpiastro;

chè, come noi venimmo al guasto ponte,   *19*
lo duca a me si volse con quel piglio
dolce ch'io vidi prima a piè del monte.

Le braccia aperse, dopo alcun consiglio   *22*
eletto seco, riguardando prima
ben la ruina; e diedemi di piglio.

E come quei che adopera ed estima,   *25*
che sempre par che innanzi si provveggia;
così, levando me su vêr la cima

d'un ronchione, avvisava un'altra scheggia,   *28*
dicendo: «Sovra quella poi t'aggrappa;
ma tenta pria s' è tal, ch'ella ti reggia».

Non era via da vestito di cappa,   *31*
chè noi a pena, ei lieve e io sospinto,
potevam su montar di chiappa in chiappa;

e se non fosse che da quel precinto   *34*
più che dall'altro era la costa corta,
non so di lui, ma io sarei ben vinto;

ma perchè Malebolge invêr la porta   *37*
del bassissimo pozzo tutta pende,
lo sito di ciascuna valle porta

VIERUNDZWANZIGSTER GESANG

Zu jener Jahresfrühzeit, wenn im Zeichen   *1*
Des Wassermanns die Sonne wärmt die Locken,
Und schon dem halben Tag die Nächte gleichen,
   Wenn Reif hinmalt aufs Feld mit zarten Flocken   *4*
Des weißen Bruders Bild, obwohl der warme
Lufthauch bald seine Feder bringt zum Stocken,
   Dann steht, weil er um Futter ist im Harme,   *7*
Der Bauer auf und späht, sieht weißbeschlagen
Die Landschaft, stemmt zur Hüfte drob die Arme,
   Geht heim ins Haus, um hier und dort zu klagen,   *10*
Dem Armen gleich, nicht wissend, was nun werde,
Kehrt um und sieht aufs neue Hoffnung tagen,
   Weil er verändert schaut das Bild der Erde   *13*
Seit kurzen Stunden, greift zum Hirtenstecken
Und treibt zur Weide seiner Schäflein Herde –:
   So setzte mich der Meister auch in Schrecken,   *16*
Als seine Stirn mir wies, was ihn bedrücke.
Doch sollte Balsam bald die Wunde decken.
   Denn als wir kamen zur zerstörten Brücke,   *19*
Sah er mich an, von Freundlichkeit umflossen,
Wie jüngst am Bergesfuß zu meinem Glücke.
   Er überlegte kurz und tat entschlossen   *22*
Die Arme auf, als er die felsige Gegend
Gemustert, hob mich hoch und unverdrossen
   Gleich jenem, der sich abmüht überlegend   *25*
Und zeitig prüft, was wohl in Zukunft nütze,
So sah er, mich zur Kuppe hinbewegend,
   Von dem zum nächsten Fels und riet: »Nun schütze   *28*
Vorm Fall dich! Klammere dich an diese Pflöcke,
Doch sieh erst, ob sie fest genug zur Stütze.«
   Das war kein Steig für die Kapuzenröcke,   *31*
Weil *wir* ja kaum (er: leicht, und ich: geschoben)
Aufklimmen konnten über Stöcke und Blöcke.
   Und hätte sich viel flacher nicht erhoben   *34*
Als drüben *hier* die Böschung aus dem Grunde:
Wenn *er* nicht, *ich* erläge solchen Proben.
   Doch weil der Übelbuchten ganze Runde   *37*
Zum tiefsten Brunnenmund stets tiefer schwenkte,
So wirkt die Gliederung von jedem Schlunde,

INFERNO · CANTO XXIV

che l'una costa surge e l'altra scende: 40
noi pur venimmo alfine in su la punta
onde l'ultima pietra si scoscende.

La lena m'era del polmon sì munta 43
quand'io fui su, ch'i' non potea più oltre;
anzi mi assisi nella prima giunta.

«Omai convien che tu così ti spoltre» 46
disse il maestro; «chè, seggendo in piuma,
in fama non si vien, nè sotto coltre;

sanza la qual chi sua vita consuma, 49
cotal vestigio in terra di sè lascia,
qual fummo in aere ed in acqua la schiuma.

E però leva su: vinci l'ambascia 52
con l'animo che vince ogni battaglia,
se col suo grave corpo non s'accascia.

Più lunga scala convien che si saglia; 55
non basta da costoro esser partito:
se tu m'intendi, or fa' sì che ti vaglia.»

Leva' mi allor, mostrandomi fornito 58
meglio di lena ch'io non mi sentìa;
e dissi: «Va', ch'io son forte ed ardito».

Su per lo scoglio prendemmo la via, 61
ch'era ronchioso, stretto e malagevole,
ed erto più assai de quel di pria.

Parlando andava per non parer fievole; 64
onde una voce uscìo dall'altro fosso,
a parole formar disconvenevole.

Non so che disse, ancor che sovra il dosso 67
fossi dell'arco già che varca quivi;
ma chi parlava ad ira parea mosso,

Io era volto in giù, ma gli occhi vivi 70
non poteano ire al fondo per l'oscuro;
per ch'io: «Maestro, fa' che tu arrivi

dall'altro cinghio, e dismontiam lo muro; 73
chè, com'i' odo quinci e non intendo,
così giù veggio e nïente affiguro».

«Altra risposta» disse «non ti rendo, 76
se non lo far; chè la dimanda onesta
si dee seguir con l'opera tacendo.»

Noi discendemmo il ponte dalla testa, 79
dove s'aggiugne con l'ottava ripa;
e poi mi fu la bolgia manifesta;

DIE HÖLLE · XXIV. GESANG

Daß dieser Rand sich hebt, wenn der sich senkte.   *40*
Doch endlich waren wir zur Höh geklommen,
Allwo sich los der letzte Felsblock sprengte.

Nicht weiter konnt ich droben. Ganz benommen   *43*
Von Atemsmangel nach den Hindernissen,
Mußt ich mich setzen, kaum noch angekommen.

»Wohlan! der Mannheit zeig dich nun beflissen«,   *46*
Der Meister sprach, »denn Ruhm wird unter weichen
Deckbetten nicht errungen, noch auf Kissen.

Und wer sein Leben ruhmlos läßt verstreichen   *49*
Der hinterläßt nur Spuren auf der Erde,
Die Rauch in Lüften, Schaum im Meere gleichen.

Und darum auf! Der Schwachheit Meister werde   *52*
Der *Geist,* der doch in jedem Kampf muß siegen,
Sonst zieht ihn bodenwärts des Leibes Beschwerde.

Noch zu erklettern gibt es längere Stiegen!   *55*
Die zu verlassen, gilt noch nichts, mein Guter:
Verstehst du mich, laß dirs am Herzen liegen.«

Aufsprang ich da und tat viel ausgeruhter   *58*
An Lungenkraft, als ich mich wirklich spürte,
Und rief: »Komm! ich bin stark und frohgemuter!«

Am Felsengrat entlang der Weg uns führte.   *61*
Ein enger, steiniger wars und mühsamleitender,
Viel steiler auch als der vorhin berührte.

Kraftheuchelnd, sprach ich als ein hurtig Schreitender,   *64*
Bis eine Stimme scholl vom nächsten Grunde,
Als wär ihr Mund ein mühvoll-wortbereitender.

Nicht weiß ich, was sie sprach, obschon zur Runde   *67*
Des Brückenbogens ich hinaufgegangen;
Doch wer da sprach, tats wohl mit zornigem Munde.

Ich beugte mich hinab, doch nicht durchdrangen   *70*
Irdische Augen diese finstern Schauer.
Drum ich: »Rasch, Meister, laß uns hingelangen

Zum zweiten Kreis und niedergehen die Mauer;   *73*
Denn wie ich höre ohne zu verstehen,
Späh ich hinab und seh doch nichts genauer.« –

»Nicht andre Antwort«, sprach er, »sollst du sehen,   *76*
Als daß ichs tu; denn ehrenwerte Bitten
Erfülle man mit schweigendem Geschehen.«

Vom Brückenkopf zu jenem Punkt wir schritten,   *79*
Der Anschluß läßt zum achten Damm gewinnen,
Wo ungehemmt zur Kluft die Blicke glitten:

INFERNO · CANTO XXIV

    e vidivi entro terribile stipa 82
di serpenti, e di sì diversa mena,
che la memoria il sangue ancor mi scipa.

    Più non si vanti Libia con sua rena; 85
chè se chelidri, iaculi e faree
produce, e cencri con amfisibena,

    nè tante pestilenze, nè sì ree 88
mostrò giammai con tutta l'Etiopia,
nè con ciò che disopra al Mar Rosso èe.

    Tra questa cruda e tristissima copia 91
correvan genti nude e spaventate,
sanza sperar pertugio o elitropia.

    Con serpi le man dietro avean legate; 94
quelle ficcavan per le ren la coda
e 'l capo, ed eran dinanzi aggroppate.

    Ed ecco ad un ch'era da nostra proda, 97
s' avventò un serpente, che 'l trafisse
là dove 'l collo alle spalle s'annoda.

    Nè ‹o› sì tosto mai, nè ‹i› si scrisse, 100
com' el s'accese e arse, e cener tutto
convenne che cascando divenisse;

    e poi che fu a terra sì distrutto, 103
la polver si raccolse per sè stessa,
e in quel medesmo ritornò di butto:

    così per li gran savi confessa 106
che la Fenice more e poi rinasce,
quando al cinquecentesimo anno appressa:

    erba nè biado in sua vita non pasce, 109
ma sol d'incenso lagrime ed amomo;
e nardo e mirra son l'ultime fasce.

    E qual è quei che cade, e non sa como, 112
per forza di demon ch'a terra il tira,
o d'altra oppilazion che lega l'uomo,

    quando si leva, che intorno si mira 115
tutto smarrito dalla grande angoscia
ch'egli ha sofferta, e guardando sospira;

    tal era il peccator levato poscia. 118
O potenza di Dio, quanto se' vera!
chè cotai colpi per vendetta croscia.

    Lo duca il dimandò poi chi elli era: 121
per ch'ei rispuose: «Io piovvi di Toscana,
poco tempo è, in questa gola fera.

DIE HÖLLE · XXIV. GESANG

Und sah in gräßlichstem Gewimmel drinnen 82
Verschiedenartige Schlangen pfauchen und gähnen,
Daß noch mein Blut Erinnerung macht gerinnen.

Nicht mehr berühmt soll Libyens Sand sich wähnen! 85
Denn zeugt er Ringel-, Pfeil- und Wasserschlangen,
Nattern- und Vipernbrut mit giftigen Zähnen:

Nie solche Pestilenzen ihm entsprangen 88
Grausen Gewürms, noch Äthiopiens Gauen,
Jenseit vom Roten Meere angefangen!

Durch solch Gekribbel, wild und voller Grauen, 91
Lief nacktes Volk, dem Hoffnung längst entschwunden,
Ein Schlupfloch oder Heliotrop zu schauen.

Die Hände waren hinters Kreuz gebunden 94
Mit Nattern, die durchs Becken ihrer Lenden,
Vorn Kopf und Schwanz verknotend, sich gewunden.

Da sah ich einen Schlangenkopf sich wenden 97
Auf einen uns zur Seite und die Stelle
Durchbohren, wo am Hals die Schultern enden.

Kein O und I schreibt sich mit solcher Schnelle, 100
Als hier entzündet sich in Flammen lichtet
Und gleich als Asche hinsinkt der Geselle.

Und kaum am Boden lag er so vernichtet, 103
Als sich die Aschenreste neu verbanden
Und sich empor der frühere Körper richtet.

So lebt, wie große Weisen eingestanden, 106
Der Phönix wieder auf, wenn er erleidet
Den Tod, nachdem fünfhundert Jahre schwanden:

An Kraut und Korn hat er sich nie geweidet, 109
An Weihrauchstränen nur und Balsamwürze
Bis er im Myrrhenbett auf Narden scheidet.

Wie einer stürzt, unwissend, wie er stürze, 112
Ob Dämonskraft ihn fällt, den Fuß umstrickend,
Ob Krampf, ob Ohnmacht sein Bewußtsein kürze,

Dann sich erhebt, ringsum die Augen schickend; 115
Von aller Angst, darinnen er verwoben,
Ganz wirre, und mit Seufzern um sich blickend:

So tat der Sünder, als er sich erhoben. 118
O Allmacht Gottes, bist du streng zu schauen,
Daß so dein Rachehammer schlägt von droben!

Drauf bat, ihm seinen Namen zu vertrauen, 121
Vergil. Er sprach: »In diese Unglücksfalle
Schneiten mich unlängst her Toskanas Auen.

154

INFERNO · CANTO XXIV

Vita bestial mi piacque e non umana,   *124*
sì come a mul ch'io fui; son Vanni Fucci
bestia, e Pistoia mi fu degna tana.»

E io al duca: «Digli che non mucci,   *127*
e dimanda qual colpa quaggiù il pinse;
ch'io il vidi uomo di sangue e di crucci».

E il peccator, che intese, non s'infinse,   *130*
ma drizzò verso me l'animo e 'l volto,
e di trista vergogna si dipinse;

poi disse: «Più mi duol che tu m'hai colto   *133*
nella miseria dove tu mi vedi,
che quando fui dell'altra vita tolto.

Io non posso negar quel che tu chiedi: *136*
in giù son messo tanto, perch'io fui
ladro alla sacrestia de'belli arredi;

e falsamente già fu apposto altrui.   *139*
Ma perchè di tal vista tu non godi,
se mai sarai di fuor de'lochi bui,

apri gli orecchi al mio annunzio, e odi.   *142*
Pistoia in pria di Neri si dimagra,
poi Fiorenza rinnova genti e modi.

Tragge Marte vapor di Val di Magra   *145*
ch'è di torbidi nuvoli involuto;
e con tempesta impetuosa ed agra

sopra Campo Picen fia combattuto;   *148*
ond'ei repente spezzerà la nebbia,
sì ch'ogni Bianco ne sarà feruto.

E detto l'ho, perchè doler ti debbia!»   *151*

DIE HÖLLE · XXIV. GESANG

Ein Vieh war ich, kein Mensch, das wissen alle   124
Von Vanni Fucci, den man Bestie nannte.
Pistoja war mir recht zum Maultierstalle.« –
»Laß ihn nicht fort«, ich mich zum Führer wandte.   127
»Frag ihn, durch welche Schuld er hergekommen,
Da ich ihn einst als durstigen Bluthund kannte.«
Und scheu war nicht der Sünder, ders vernommen;   130
Nein, Blick und Antlitz dreist mir zugewandt,
Sprach er, von wilder Scham die Stirn entglommen:
»Das frißt mich mehr, daß du hierhergesendet,   133
In diesem Jammerelend mich zu schauen,
Als daß ich meine Lebensbahn vollendet.
Doch muß ich redestehn und dir vertrauen: 136
Weil aus der Sakristei ich stahl die prächtigen
Gefäße, sitz ich hier im tiefen Grauen;
Und andere wußt ich fälschlich zu verdächtigen.   139
Doch daß dich nicht mein Anblick möge freuen,
Entkommst du diesen Orten je, den nächtigen,
So laß dein Ohr mit dieser Mär betreuen: 142
Pistoja muß sich erst von Schwarzen leeren,
Florenz wird Volk und Sitte dann erneuen.
Saugt Mars, umhüllt von Wolken, wetterschweren,   145
Dunst aus dem Magratal in heißen Tagen,
Dann wird, umbraust von stürmischem Verheeren,
Auf dem Picenerfeld die Schlacht geschlagen.   148
Drauf wird er schnell den Nebeldunst zerfetzen,
Daß alle Weißen Wunden mit sich tragen.
Und dies hab ich gesagt, dich zu verletzen!«   151

CANTO VENTESIMOQUINTO

Al fine delle sue parole il ladro   *1*
le mani alzò con ambedue le fiche,
gridando: «Togli, Iddio, ch'a te le squadro!»

Da indi in qua mi fur le serpi amiche,   *4*
perch'una gli s'avvolse allora al collo,
come dicesse ‹Io non vo' che più diche›;

e un' altra alle braccia, e rilegollo,   *7*
ribadendo sè stessa sì dinanzi,
che non potea con esse dare un crollo.

Ahi, Pistoia, Pistoia, chè non stanzi   *10*
d'incenerarti, sì che più non duri,
poi che in mal far lo seme tuo avanzi?

Per tutti i cerchi dello Inferno oscuri   *13*
non vidi spirto in Dio tanto superbo,
non quel che cadde a Tebe giù da' muri.

El si fuggì, che non parlò più verbo: *16*
e io vidi un Centauro pien di rabbia
venir chiamando: «Ov'è, ov'è l'acerbo?»

Maremma non cred'io che tante n'abbia,   *19*
quante bisce egli avea su per la groppa,
infin dove comincia nostra labbia.

Sopra le spalle, dietro dalla coppa,   *22*
con l'ali aperte gli giacea un draco;
e quello affuoca qualunque s'intoppa.

Lo mio maestro disse: «Questi è Caco,   *25*
che sotto il sasso di monte Aventino
di sangua fece spesse volte laco.

Non va co' suoi fratei per un cammino,   *28*
per lo furto che frodolente fece
del grande armento ch'egli ebbe a vicino;

onde cessâr le sue opere biece   *31*
sotto la mazza d'Ercule, che forse
gliene diè cento, e non sentì le diece.»

Mentre che sì parlava, ed ei trascorse   *34*
e tre spiriti venner sotto noi,
de' quai nè io nè 'l duca mio s'accorse,

se non quando gridâr: «Chi siete voi?»   *37*
Per che nostra novella si ristette,
ed intendemmo pur ad essi poi.

FÜNFUNDZWANZIGSTER GESANG

Auf hob der Dieb am Ende seiner Worte   *1*
Die Fäuste, beide Daumen durchgeschlagen,
Und rief: »Nimm, Gott; dir gelten sie zum Torte!«
  Seitdem sind Schlangen mir kein Mißbehagen;   *4*
Denn eine hielt ihm gleich den Hals umwunden,
Als spräche sie: ›Kein Wort mehr sollst du sagen‹,
  Und eine zweite hielt ihm festgebunden   *7*
Die Arme, vorn sich knotend so zusammen,
Daß er zum kleinsten Ruck nicht Kraft gefunden.
  Pistoja, ach, Pistoja! friß in Flammen   *10*
Dich spurlos auf, da du in sündigem Trachten
Sogar die übertriffst, die von dir stammen!
  Ich sah in aller Höllenkreise Nachten   *13*
Gott höhnen keinen Geist so frech im Grimme,
Kaum den, dem Thebens Mauern Unheil brachten.
  Und er entfloh, verhallt war seine Stimme.   *16*
Doch ein Zentauer kam wütend hergefahren,
Den hört ich schrein: »Wo ist, wo ist der Schlimme?«
  Maremma nährt kaum soviel Schlangenscharen,   *19*
Als ihm bis dahin auf dem Rücken hingen,
Wo sich bei ihm der Mensch will offenbaren.
  Ihm im Genick lag mit gespreizten Schwingen   *22*
Ein Drache, dessen flammenspeiender Rachen
Alle entzündet, die vorübergingen.
  Mein Herr sprach: »Kakus heißt der mit dem Drachen,   *25*
Der unterm Fels des Aventin vergossen
Von Menschenblut gar häufig ganze Lachen.
  Er schreitet seinen Weg fern den Genossen,   *28*
Weil er an Herkuls Rinderschar vollführte,
Als sie vorbeizog, seinen Diebstahlspossen.
  Der hat das Handwerk ihm, wie sichs gebührte,   *31*
Gründlich gelegt, denn – von den hundert Streichen
Der Keule – Kakus keine zehn verspürte.«
  Wie er so sprach und Kakus im Entweichen,   *34*
Kamen drei Geister unter uns im Tiefen,
Die sich mir und dem Führer durch kein Zeichen
  Verraten hätten, wenn sie nicht laut riefen: *37*
»Wer seid ihr dort?« – Wir schwiegen; und nun wandte
Auf die sich unsere Neugier, die dort liefen.

156

INFERNO · CANTO XXV

Io non li conoscea; ma ei seguette,   40
come suol seguitar per alcun caso,
che l'un nomare un altro convenette,

dicendo: «Cianfa dove fia rimaso?»   43
Per ch'io, acciò che 'l duca stesse attento,
mi puosi il dito su dal mento al naso.

Se tu se' or, lettore, a creder lento   46
ciò ch'io dirò, non sarà maraviglia,
chè io che 'l vidi, appena il mi consento.

Com'io tenea levate in lor le ciglia,   49
e un serpente con sei piè si lancia
dinanzi all'uno, e tutto a lui s'appiglia.

Coi piè di mezzo gli avvinse la pancia,   52
e con gli anterior le braccia prese;
poi gli addentò e l'una l'altra guancia;

li diretani alle cosce distese,   55
e misegli la coda tr'ambedue,
e dietro per le ren su la ritese.

Ellera abbarbicata mai non fue   58
ad arbor sì, come l'orribil fiera
per l'altrui membra avvitticchiò le sue.

Poi s'appiccâr, come di calda cera   61
fossero stati, e mischiâr lor colore;
nè l'un nè l'altro già parea quel ch'era,

come procede, innanzi dall'ardore,   64
per lo papiro suso un color bruno,
che non è nero ancora e 'l bianco more.

Gli altri due riguardavano, e ciascuno   67
gridava: «Omè, Agnèl, come ti muti!
vedi che già non se' nè due nè uno».

Già eran li due capi un divenuti,   70
quando n'apparver due figure miste
in una faccia, ov' eran due perduti.

Fêrsi le braccia due di quattro liste;   73
le cosce con le gambe e 'l ventre e 'l casso
divenner membra che non fur mai viste.

Ogni primaio aspetto ivi era casso: 76
due e nessun l'imagine perversa
parea; e tal sen già con lento passo.

Come 'l ramarro sotto la gran fersa   79
de' dì canicular, cangiando siepe,
folgore par, se la via attraversa;

157

DIE HÖLLE · XXV. GESANG

Da traf es sich, obwohl ich keinen kannte,   *40*
Wie sich durch Zufall manches schon entdeckte,
Daß einer da des andern Namen nannte,

Indem er rief: »Wüßt ich, wo Cianfa steckte?«   *43*
Drauf ich, daß aufmerksam mein Führer stände,
Den Finger übers Kinn zur Nase streckte.

Wenn ich bei dir jetzt keinen Glauben fände,   *46*
O Leser, zürn ich nicht. Ich, der es schauen
Gedurft, mich schwer des Glaubens unterwände.

Als ich auf sie gerichtet hielt die Brauen,   *49*
Wirft sich sechsfüßig plötzlich eine Schlange
Auf einen, vorn ihn gänzlich zu umklauen.

Das Mittelfußpaar preßt wie eine Zange   *52*
Den Bauch, die Arme mit den vordern deckend;
Dann schlägt sie ihr Gebiß in jede Wange.

Die Hinterfüße längs den Schenkeln streckend,   *55*
Zwängt sie den Schwanz ihm zwischen beiden Beinen
Hindurch, ihn hinterm Rücken aufwärtsreckend.

Nie sah ich enger sich dem Baum vereinen   *58*
Des Efeus Ranken, als dies Ungeheuer
Die Glieder ringelnd rollte um die seinen.

Dann schmolzen sie, alsob sie Wachs im Feuer   *61*
Gewesen, um die Farben zu vermischen:
Keins war der alte, jeder schien ein neuer.

Wie ein Papier, bevor es brennt, inzwischen   *64*
Beim Sengen schon sich leise bräunt, noch ehe
Das Schwarze kann das Weiße ganz verwischen.

Hinstarrend riefen da die andern: »Wehe,   *67*
Agnel, zu welcher Wandlung du erkoren,
Daß man, ob eines du ob zwei, nicht sehe!«

Schon waren zwei in *ein* Haupt umgeboren,   *70*
Als uns vermischt erschienen zwei Gestalten
In einem Antlitz, worin zwei verloren.

Zwei Arme aus vier Henkeln sich zerspalten;   *73*
Brust, Bauch und Unterschenkel samt der Lende
Zu niegeschauten Gliedern sich entfalten.

Das alte Aussehn fand hier ganz ein Ende: *76*
Zwei und doch keines schien das Schreckgebilde,
Und so entschwand es plump und unbehende.

Gleichwie die Eidechs, wenn auf das Gefilde   *79*
Der Hundsstern brennt, den Weg vom Heckendorne
Zum Zaune kreuzt, als wär ein Blitz die wilde,

INFERNO · CANTO XXV

sì pareva, venendo verso l'epe
degli altri due, un serpentello acceso,
livido e nero come gran di pepe;

e quella parte donde prima è preso
nostro alimento, all'un di lor trafisse;
poi cadde giuso innanzi lui disteso.

Lo trafitto il mirò, ma nulla disse;
anzi coi piè fermati sbadigliava,
pur come sonno o febbre l'assalisse.

Egli il serpente, e quei lui riguardava;
l'un per la piaga, e l'altro per la bocca
fummavan forte, e 'l fummo si scontrava.

Taccia Lucano omai là dove tocca
del misero Sabello e di Nassidio;
e attenda a udir quel ch'or si scocca.

Taccia di Cadmo e d'Aretusa Ovidio;
chè se quello in serpente, e quella in fonte
converte poetando, io non lo invidio;

chè due nature mai a fronte a fronte
non trasmutò, sì ch'ambedue le forme
a cambiar lor matera fosser pronte.

Insieme si rispuosero a tai norme,
che 'l serpente la coda in forca fesse,
e 'l feruto ristrinse insieme l'orme.

Le gambe con le cosce seco stesse
s'appiccâr sì, che in poco la giuntura
non facea segno alcun che si paresse.

Togliea la coda fessa la figura
che si perdeva là, e la sua pelle
si facea molle, e quella di là dura.

Io vidi entrar le braccia per l'ascelle,
e i due piè della fiera, ch'eran corti,
tanto allungar, quanto accorciavan quelle.

Poscia li piè diretro, insieme attorti,
diventaron lo membro che l'uom cela,
e 'l misero del suo n'avea due porti.

Mentre che 'l fummo l'uno e l'altro vela
di color novo, e genera il pel suso
per l'una parte, e dall'altra il dipela,

l'un si levò, e l'altro cadde giuso,
non torcendo però le lucerne empie,
sotto le quai ciascun cambiava muso.

DIE HÖLLE · XXV. GESANG

So kam und fuhr den andern beiden vorne   82
Zum Bauch ein zornig Schlänglein aus den Herden,
Bleifarb und schwärzlich gleich dem Pfefferkorne.

Und durch den Teil, draus wir zuerst im Werden   85
Die Nahrungsstoffe ziehn, stach sie den einen,
Dann fiel sie vor ihm ausgestreckt zur Erden.

Und wortlos starrte mit geschlossenen Beinen   88
Sie der Durchstochene an, blieb gähnend stehen,
Daß er konnt schläfrig oder fieberig scheinen.

Er ließ den Blick zu ihr, sie zu ihm gehen.   91
Sie dampfte aus dem Maul, er aus der Wunde:
So kreuzte sich der beiden Dämpfe Wehen.

Lucan verstumme jetzt mit seiner Kunde   94
Von des Sabellus und Nasidius Leiden
Und horche scharf, was sich begab zur Stunde.

Mit Kadmus, Arethus mag sich bescheiden   97
Ovid! Wenn die zur Quelle, der zur Schlange
Verwandelt wird, nicht will ich ihm es neiden!

Nie tauschte Stirn an Stirn in seinem Sange   100
Zwei Wesen er, daß ineinanderflossen
Die Stoffe ganz im Wechselbildungsdrange.

So wurde eins ins andere umgegossen,   103
Daß sich der Schlangenschweif zur Gabel spaltet
Und sich die Fersen dem Gestochnen schlossen.

Sodann verwuchs, zu einem Glied gestaltet,   106
Schenkel mit Bein, daß dort kein Spalt zu sehen
Mehr war, wo die Verschmelzung hat gewaltet.

Den Spaltschwanz sah zur Form man übergehen,   109
Die dort verschwand; und wie sie hier sich krumpfen
Weichhäutig, muß dort harte Haut entstehen.

Die Arme sah ich in die Schultern schrumpfen,   112
Und strecken sich des Untiers kurze Beine
Solang als jene sich verkürzt zu Stumpfen.

Das Hinterfußpaar schmolz dann im Vereine   115
Zum Gliede, das der Mann pflegt zu verstecken,
Und zweigeteilt dem Ärmsten ward das seine.

Und während Dämpfe diese zwei umlecken,   118
Verfärben sie sich neu, und wo *dem* dichter
Das Haar wird, muß sich jener kahl entdecken.

Der hebt sich, jener fällt, der Augen Lichter   121
Einander zugewendet voller Tücke;
Und so vertauschen beide die Gesichter.

158

INFERNO · CANTO XXV

Quel ch'era dritto, il trasse vêr le tempie,   124
e di troppa materia che in là venne,
uscîr gli orecchi delle gote scempie:

ciò che non corse indietro e si ritenne   127
di quel soverchio, fe' naso alla faccia,
e le labbra ingrossò quanto convenne.

Quel che giacea, il muso innanzi caccia,   130
e gli orecchi ritira per la testa,
come face le corna la lumaccia;

e la lingua, ch'avea unita e presta   133
prima a parlar, si fende, e la forcuta
nell'altro si richiude, e il fummo resta.

L'anima ch'era fiera divenuta,   136
sufolando si fugge per la valle,
e l'altro dietro a lui parlando sputa.

Poscia gli volse le novelle spalle,   139
e disse all'altro: «I' vo' che Buoso corra,
com' ho fatt'io, carpon per questo calle».

Così vid'io la settima zavorra   142
mutare e trasmutare; e qui mi scusi
la novità, se fior la penna abborra.

E avvegna che gli occhi miei confusi   145
fossero alquanto, e l'animo smagato,
non potêr quei fuggirsi tanto chiusi,

ch'io non scorgessi ben Puccio Sciancato;   148
ed era quel che sol de' tre compagni
che venner prima non era mutato;

l'altr' era quel che tu, Gaville, piagni.   151

DIE HÖLLE · XXV. GESANG

Zur Schläfe ziehts der Stehende zurück, 124
Und aus des Stoffes Überflusse schieben
Aus glatter Wange sich die Ohrenstücke.

Was nicht zurücktrat, sondern vorngeblieben, 127
Muß sich als Nase aus dem Antlitz recken,
Und passend wird die Lippe aufgetrieben.

Beim Liegenden seh ich das Maul sich strecken 130
Und in den Kopf zurück die Ohren tauchen
Wie ihre Hörner insichziehn die Schnecken.

Die Zunge, heil erst und zum Wort zu brauchen, 133
Teilt sich, doch schließt der Riß bei der zerspellten
Des andern sich, und aufhört nun das Rauchen.

Die Seele, die als Tier jetzt hat zu gelten, 136
Entwischt mit Pfauchen durch des Tales Lücken,
Und hinterdrein der andre spuckt mit Schelten.

Dann wies er ihr den frischentstandenen Rücken 139
Und sprach zum andern: »Buoso künftig krauche
Statt meiner hier, sich durch dies Loch zu drücken.«

So sah ich in der siebenten Ballastjauche 142
Wandlung und Tausch; entschuldigend mag mir frommen
Die Neuheit, daß mehr Raum die Feder brauche.

Und waren mir die Augen auch verschwommen 145
Ein wenig, daß mein Geist sich kaum ermannte,
Sie konnten doch so heimlich nicht entkommen,

Daß ich Puccio Sciancato nicht erkannte, 148
Und er allein wars, der sich von den dreien
Zuerstgekommenen unverwandelt nannte.

Gavill, du wirst dem andern Tränen weihen. 151

CANTO VENTESIMOSESTO

Godi, Fiorenza, poi che se' sì grande,   *1*
che per mare e per terra batti l'ali,
e per lo Inferno il tuo nome si spande!

Tra li ladron trovai cinque cotali   *4*
tuoi cittadini, onde mi vien vergogna,
e tu in grande onranza non ne sali.

Ma se presso al mattin del ver si sogna,   *7*
tu sentirai di qua da picciol tempo
di quel che Prato, non ch'altri, t'agogna;

e se già fosse, non saria per tempo: *10*
così foss'ei, da che pur esser dee!
chè più mi graverà, com' più m'attempo.

Noi ci partimmo, e su per le scalèe   *13*
che n'avean fatte i borni a scender pria,
rimontò il duca mio, e trasse mee;

e proseguendo la solinga via   *16*
tra le schegge e tra' rocchi dello scoglio,
lo piè sanza la man non si spedia.

Allor mi dolsi, ed ora mi ridoglio,   *19*
quand'io drizzo la mente a ciò ch'io vidi;
e più lo ingegno affreno ch'io non soglio,

perchè non corra che virtù nol guidi;   *22*
sì che, se stella buona o miglior cosa
m'ha dato il ben, ch'io stessi nol m'invidi.

Quante il villan ch'al poggio si riposa,   *25*
nel tempo che colui che il mondo schiara
la faccia sua a noi tien meno ascosa,

come la mosca cede alla zanzara,   *28*
vede lucciole giù per la vallea,
forse colà dove vendemmia ed ara;

di tante fiamme tutta risplendea   *31*
l'ottava bolgia, sì com'io m'accorsi,
tosto che fui là 've il fondo parea;

e qual colui che si vengiò con gli orsi   *34*
vide il carro d'Elia al dipartire,
quando i cavalli al cielo erti levôrsi,

che nol potea sì con gli occhi seguire,   *37*
che vedesse altro che la fiamma sola,
sì come nuvoletta, in su salire;

SECHSUNDZWANZIGSTER GESANG

Freu dich, Florenz, weil du so groß geworden,
Daß du die Flügel schlägst ob Land und Meere
Und fremd dein Name nicht den Höllenhorden! 1

Fünf deiner Bürger traf ich in dem Heere
Der Diebe, drob ich schamesrot muß neigen
Die Stirn; und dir bringts keine große Ehre. 4

Wenn aber Morgenträumen Wahrheit eigen,
Wird sich in kurzer Zeit dir offenbaren,
Was Prato wünscht; von andern ganz zu schweigen. 7

Und nicht verfrüht wärs, wenn dus schon erfahren.
Wärs nur schon da, weils einmal doch muß kommen!
Mehr drückte michs, jemehr ich erst bei Jahren. – 10

Wir gingen fort und auf den Stufen klommen
Wir wieder hoch, drauf wir erst abwärts drangen;
Mein Herr hat helfend mein sich angenommen. 13

Und weiter ward auf ödem Pfad gegangen,
Wo zwischem dem Geröll auf rauhem Stege
Der Fuß oft von den Händen Halt empfangen. 16

Da fühlt ich Schmerz, und heut noch wird er rege,
Entsinn ich des Erschauten mich, und zähme
Noch straffer meinen Geist, als sonst ich pflege, 19

Damit er nicht vom Tugendwege käme
Und ich das Gut, was ich durch Glück empfange,
Wenn nicht durch Beßres, mir nicht wieder nähme. 22

Gleichwie der Landmann, ruhend am Bergeshange –
Wenn sie, die Licht dem Weltall pflegt zu geben,
Ihr Antlitz uns verschleiert minderlange, 25

Wenn statt der Fliegen nur noch Mücken schweben –
Glühwürmchen schwirren sieht im Talesgrunde,
Wo er teils ackert, teils bestellt die Reben: 28

Soviele Flämmchen sah ich in der Runde
Der achten Unheilsbucht das Dunkel klären,
Sobald ich dort, wo Ausblick war zum Schlunde. 31

Gleich jenem, der den Spott gerächt durch Bären
Und das Gespann vor des Elias Wagen
So schnell hinsausen sah zu höheren Sphären, 34

Daß nicht sein Blick vermochte nachzujagen
Und er nur sah, wie hin ein Flämmchen fegte,
Das wie ein Wölkchen ward emporgetragen: 37

INFERNO · CANTO XXVI

tal si movea ciascuna per la gola   40
del fosso, chè nessuna mostra il furto,
ed ogni fiamma un peccatore invola.

Io stava sopra il ponte a veder surto,   43
sì che s'io non avessi un ronchion preso,
caduto sarei giù senza esser urto;

e 'l duca, che mi vide tanto atteso,   46
disse: «Dentro dai fuochi son gli spirti;
ciascun si fascia di quel ch'egli è inceso».

«Maestro mio» rispos'io, «per udirti   49
son io più certo; ma già m'era avviso
che così fosse; e già volea dirti:

‹Chi è in quel fuoco che vien sì diviso   52
di sopra, che par surger della pira
dov' Eteòcle col fratel fu miso?»

Rispuose a me: «Là dentro si martira   55
Ulisse e Diomede, e così insieme
alla vendetta vanno come all'ira.

E dentro dalla lor fiamma si geme   58
l'aguato del caval che fe' la porta
ond' uscì de' Romani il gentil seme;

piangevisi entro l'arte per che morta   61
Deidamìa ancor si duol d'Achille,
e del Palladio pena vi si porta».

«S'ei posson dentro la quelle faville   64
parlar» diss'io, «maestro, assai ten prego
e riprego, che il prego vaglia mille,

che non mi facci dell'attender niego   67
fin che la fiamma cornuta qua vegna;
vedi che del disìo vêr lei mi piego.»

Ed egli a me: «La tua preghiera è degna   70
di molta loda, ed io però l'accetto;
ma fa' che la tua lingua si sostegna.

Lascia parlare a me, ch'io ho concetto   73
ciò che tu vuoi; ch'ei sarebbero schivi,
perchè fur Greci, forse del tuo detto».

Poi che la fiamma fu venuta quivi   76
dove parve al mio duca tempo e loco,
in questa forma lui parlar audivi:

«O voi che siete due dentro ad un foco,   79
s'io meritai di voi, mentre ch'io vissi,
s'io meritai di voi assai o poco,

161

DIE HÖLLE · XXVI. GESANG

So jede Flamme sich im Schlund bewegte;   *40*
Doch keine wollte, was sie barg, vertrauen
Dem Blick, obwohl sie einen Sünder hegte.

Hoch stand ich auf der Brücke, hinzuschauen;   *43*
Und hielt ich mich an keiner Felsenkante,
Auch ohne Stoß wär ich gestürzt ins Grauen.

Der Führer, der wohl merkte, wie ich spannte   *46*
Die Augen, sprach: »Die Flammen bergen Geister,
Und jeden Geist hüllt die, dran er erbrannte.« –

»Was du mir sagst, macht mein Vermuten dreister«,   *49*
Sprach ich, »und was ich glaubte zu erkennen,
Wollt ich schon äußern. Darum frag ich, Meister:

Wen birgt der Brand, dem sich die Spitzen trennen,   *52*
Als wär der Holzstoß dies, in dessen Glühen
Eteokles mußte mit dem Bruder brennen?«

Und er: »Dort muß Ulyß in Qual sich mühen   *55*
Und Diomed. Wie sie der Zorn mitsammen
Einst führte, einigt sie dies Flammensprühen.

Bejammert wird im Kern von ihren Flammen   *58*
Des Pferdes Kriegslist, die das Tor erschlossen
Des edeln Samens, draus die Römer stammen.

Dort werden Tränen um die List vergossen,   *61*
Drob Deidamia den Achill beklagte,
Auch des Palladiums Raub straft die Genossen!« –

»Wenn ihnen nicht die Glut das Wort versagte«,   *64*
Sprach ich, »so bitt ich, Meister, ja ich bitte,
Alsob die Bitte ich für tausend wagte:

Erlaube mir, zu hemmen meine Tritte,   *67*
Bis die gehörnte Flamme hergelange;
Du siehst, wie Sehnsucht hintreibt meine Schritte.« –

»Wert ist dein Wunsch, daß er groß Lob empfange«,   *70*
Sprach er, »drum will ich mich gefügig zeigen;
Doch halte deine Zunge gut im Zwange.

Laß *mir* das Wort, denn schon ward mir zueigen,   *73*
Was du verlangst; du könntest leicht erregen
Den Stolz der Griechen – und sie würden schweigen.«

Als meinem Führer Ort und Zeit gelegen   *76*
Erschien, weil nah genug die Glut gekommen,
Sprach er sie also an auf ihren Wegen:

»O ihr, zuzweit von einem Brand umglommen,   *79*
Mag mein Verdienst auf Erden, mich zu lieben,
Mag mein Verdienst mir viel, mir wenig frommen,

161

INFERNO · CANTO XXVI

quando nel mondo gli alti versi scrissi,   *82*
non vi movete; ma l'un di voi dica,
dove per lui, perduto, a morir gissi».

Lo maggior corno della fiamma antica   *85*
cominciò a crollarsi, mormorando
pur come quella cui vento affatica;

indi, la cima qua e là menando,   *88*
come fosse la lingua che parlasse,
gittò voce di fuori, e disse: «Quando

mi diparti' da Circe, che sottrasse   *91*
me più d'un anno là presso a Gaeta,
prima che sì Enea la nomasse;

ne' dolcezza di figlio, nè la pièta   *94*
del vecchio padre, nè 'l debito amore
lo qual dovea Penelope far lieta,

vincer potero dentro a me l'ardore   *97*
ch'i' ebbi a divenir del mondo esperto,
e degli vizi umani e del valore;

ma misi me per l'alto mare aperto   *100*
sol con un legno e con quella compagna
picciola dalla qual non fui diserto.

L'un lito e l'altro vidi infin la Spagna,   *103*
fin nel Morrocco, e l'isola de' Sardi,
e l'altre che quel mare intorno bagna.

Io e i compagni eravam vecchi e tardi,   *106*
quando venimmo a quella foce stretta
dov' Ercule segnò li suoi riguardi,

acciò che l'uom più oltre non si metta: *109*
dalla man destra mi lasciai Sibilia,
dall'altra già m'avea lasciata Setta.

‹O frati› dissi «che per cento milia   *112*
perigli siete giunti all'occidente,
a questa tanto picciola vigilia

de' vostri sensi ch'è del rimanente,   *115*
non vogliate negar l'esperienza,
diretro al sol, del mondo sanza gente!

Considerate la vostra semenza: *118*
fatti non foste a viver come bruti,
ma per seguir virtute e canoscenza›.

Li miei compagni fec' io sì aguti,   *121*
con questa orazion picciola, al cammino,
ch'a pena, poscia, gli avrei ritenuti;

DIE HÖLLE · XXVI. GESANG

Als dort ich das erhabene Lied geschrieben,   82
Verweilet dann, und einer mag mir sagen,
Wo in den Tod ihn eigene Schuld getrieben.«
    Der alten Flamme größeres Horn, getragen   85
Vom Flackerhauch, begann ein knisternd Regen
Wie Flammen tun, wenn sie im Lufthauch zagen.
    Drauf sah man sich die Spitze schnell bewegen   88
Wie eine Zunge, die gern sprechen wollte,
Und endlich drang die Stimme uns entgegen:
    »Als ich von Kirke schied, nachdem verrollte   91
Ein Jahr und mehr wohl in Gaëta, ehe
Noch diesen Namen ihm Äneas zollte –
    Nicht väterlich, nicht kindlich Sehnsuchtswehe   94
Nach Sohn und Vater, nicht daß Pflicht der Liebe
Mir um Penelope zu Herzen gehe,
    Nichts dämpfte mir die glühenden Wandertriebe,   97
Um Länder, Meer und Menschen zu erkunden,
Daß fremd mir Laster nicht noch Tugend bliebe.
    Mit kleiner Mannschaft, längst als treu befunden, 100
Mit einem Schiff nur gings hinaus die Pfade
Ins offene weite Meer zu fremden Sunden.
    Bis Spanien sah ich Nord- und Südgestade,   103
Die nach Marokko und Sardinien reichen,
Und andres, was sich dort im Meere bade.
    Ich war betagt und müd, mein Volk desgleichen,   106
Als wir erreichten jene Meeresenge,
Wo Herkules gesetzt sein Warnungszeichen,
    Daß drob hinaus es nicht den Menschen dränge.   109
Zur Rechten ich mich von Sevilla trennte,
Zur linken schwanden Ceutas Uferhänge.
    ›O Brüder, bis zum fernen Okzidente   112
Brachten euch‹, sprach ich, ›tausend Abenteuer;
Drum folgt, solang noch irgend in euch brennte
    Der Sinnenkräfte letztes Abendfeuer,   115
Mir ferner nach zu unbewohnten Welten:
Dem Lauf der Sonne folge unser Steuer.
    Bedenkt, aus welcher Saat entkeimt wir gelten!   118
Und strebten wir nach Tugend nicht und Wissen,
So dürfte man mit Recht uns Tiere schelten.‹
    Wie hat die kurze Rede fortgerissen   121
Mein Schiffsvolk, daß ichselbst es andersdenkend
Nichtmehr gemacht: *so* wars der Fahrt beflissen.

162

INFERNO · CANTO XXVI

e volta nostra poppa nel mattino,   124
de' remi facemmo ali al folle volo,
sempre acquistando dal lato mancino.

Tutte le stelle già dell'altro polo   127
vedea la notte, e 'l nostro tanto basso,
che non surgeva fuor del marin suolo.

Cinque volte racceso e tante casso   130
lo lume era di sotto dalla luna,
poi ch'entrati eravam nell'alto passo,

    quando n'apparve una montagna, bruna   133
per la distanza, e parvemi alta tanto,
quanto veduta non avea alcuna.

Noi ci allegrammo, e tosto tornò in pianto;   136
chè della nuova terra un turbo nacque,
e percosse del legno il primo canto.

    Tre volte il fe' girar con tutte l'acque;   139
alla quarta levar la poppa in suso
e la prora ire in giù, com' altrui piacque,

    infin che il mar fu sopra noi richiuso».   142

163

DIE HÖLLE · XXVI. GESANG

Und unsers Schiffes Heck nach Morgen schwenkend,   *124*
Gings tollen Fluges hin, ständig zur Linken,
Die Ruder flügelartig hebend und senkend.

Schon sah des andern Poles Sterne blinken   *127*
Mein Aug, und unser war so tief gekommen,
Daß er zum Meeresspiegel schien zu sinken.

Fünfmal entzündet und fünfmal verglommen   *130*
War schon das untere Licht der Mondesleuchte,
Seit wir die hohe See so kühn durchschwommen:

Da sah ich, aus des fernen Dunstes Feuchte   *133*
Bräunlich auftauchend, einen Berg entragen,
Wie keiner je so hoch und steil mich deuchte.

Wir jauchzten, doch dem Jauchzen folgte Klagen,   *136*
Denn her vom Neuland stob mit mächtigem Prallen
Ein Sturmgebraus, des Schiffes Bug zu schlagen;

Machts dreimal kreiseln mit den Wogen allen,   *139*
Beim vierten Mal das Heck zur Höhe schießen
Und niedergehen den Bug, wie Dem gefallen,

Der über uns sich ließ die Meerflut schließen.«   *142*

CANTO VENTESIMOSETTIMO

Già era dritta in su la fiamma e cheta   *1*
per non dir più, e già da noi sen già,
con la licenza del dolce poetà;

   quando un'altra, che dietro al lei venìa,   *4*
ne fece volger gli occhi alla sua cima
per un confuso suon che fuor n'uscìa.

   Come 'l bue cicilian che mugghiò prima   *7*
col pianto di colui, e ciò fu dritto,
che l'avea temperato con sua lima,

   mugghiava con la voce dell'afflitto,   *10*
sì che, con tutto che fosse di rame,
pur e' pareva dal dolor trafitto;

   così, per non aver via nè forame   *13*
dal principio nel foco, in suo linguaggio
si convertivan le parole grame.

   Ma poscia ch'ebber colto lor viaggio   *16*
su per la punta, dandole quel guizzo
che dato avea la lingua in lor passaggio,

   udimmo dire: «O tu a cui io drizzo   *19*
la voce e che parlavi mo lombardo,
dicendo ‹Istra ten va', più non t'adizzo›;

   perch'io sia giunto forse alquanto tardo,   *22*
non t'incresca restare a parlar meco:
vedi che non incresce a me, e aroo!

   Se tu pur mo in questo mondo cieco   *25*
caduto se' di quella dolce terra
latina ond'io mia colpa tutta reco,

   dimmi se i Romagnuoli han pace o guerra;   *28*
ch'io fui de' monti là intra Urbino
e 'l giogo di che Tever si diserra».

   Io era in giuso ancora attento e chino,   *31*
quando 'l mio duca mi tentò di costa,
dicendo: «Parla tu; questi è latino».

   Ed io, ch'avea già pronta la risposta,   *34*
sanza indugio a parlare incominciai:
«O anima che se' laggiù nascosta,

   Romagna tua non è e non fu mai   *37*
sanza guerra ne' cuor de' suoi tiranni;
ma 'n palese nessuna or vi lasciai.

SIEBENUNDZWANZIGSTER GESANG

Schon stand die Flamme ruhig aufgerichtet   *1*
Und hatte Abschied stumm von uns genommen,
Von ihm beurlaubt, der so süß gedichtet,
    Als eine andre, die ihr nachgekommen,   *4*
Auf sich den Blick zog, weil Geräusch in Fülle
Aus ihrer Spitze herdrang, doch verschwommen.
    Wie des sizilischen Stieres erst Gebrülle   *7*
Vom Bildner kam, das ihm mit Recht gebührte,
Der eingesperrt war in die erzene Hülle,
    Sodaß es immer, wenn er Lärm vollführte,   *10*
So klang, als wär sein dumpfes Angstgedröhne
Die Marter, die das Bildwerk selbst verspürte –:
    So glich der Flammensprache Schmerzgestöhne,   *13*
Solang ihr noch ein Ausweg nicht gelungen,
Des Feuers leiseprasselndem Getöne.
    Doch als sie sich zur Spitze durchgerungen   *16*
Und ihr der Zunge Schwung und tastend Regen
Beim Durchgang mitgeteilt war, kams geklungen:
    »Du, dem ich diese Worte ruf entgegen,   *19*
Du, der soeben auf lombardisch sagte:
›I plag di nimmer, geh scho meinetwegen‹,
    O daß, wenn ich auch spät zu kommen wagte,   *22*
Ein Zwiegespräch nach deinem Sinne stünde,
Das, wie du siehst, mir brennend selbst behagte.
    Bist du erst jüngst in diese blinden Schlünde   *25*
Gestürzt aus der Latiner holdem Lande,
Aus dem sich herschreibt alle meine Sünde,
    Sprich: steht in Frieden oder Kriegsgebrande   *28*
Romagna? Von Urbino bin ich einer,
Dem Bergjoch, nah der Tiber Quellenrande.«
    Ich stand noch hingebeugt und lauschte seiner,   *31*
Da rührte leis mein Führer mir die Seite
Und sagte: »Rede du, der ist Lateiner.«
    Und ich, als der zur Antwort schon bereite,   *34*
Beeilte mich, die Flamme anzureden:
»O Seele, der Verborgenheit geweihte,
    Dein Römerland ist jetzt und war durch jeden   *37*
Zwingherrn im Herzen stets voll Krieg und Streiten;
Doch jetzt verließ ichs nicht in offenen Fehden.

INFERNO · CANTO XXVII

Ravenna sta come stata è molt' anni: 40
l'aguglia da Polenta la si cova,
sì che Cervia ricopre co' suoi vanni.

La terra che fe' già la lunga prova   43
e di Franceschi sanguinoso mucchio,
sotto le branche verdi si rituova.

E 'l Mastin vecchio e il nuovo da Verrucchio,   46
che fecer di Montagna il mal governo,
là dove soglion fan de' denti succhio.

Le città di Lamone e di Santerno   49
conduce il leoncel dal nido bianco,
che muta parte dalla state al verno;

 e quella a cui il Savio bagna il fianco,   52
così com' ella sie' tra il piano e il monte,
tra tirannia si vive e stato franco.

Ora chi se', ti priego che ne conte: 55
non esser duro più ch'altri sia stato,
se il nome tuo nel mondo tegna fronte».

Poscia che il foco alquanto ebbe rugghiato   58
al modo suo, l'aguta punta mosse
di qua, di là, e poi diè cotal fiato:

«S' i' credessi che mia risposta fosse   61
a persona che mai tornasse al mondo,
questa fiamma starìa sanza più scosse;

 ma però che giammai di questo fondo   64
non tornò vivo alcun, s'i' odo il vero,
senza tema d'infamia ti rispondo.

Io fui uom d'arme, e poi fui cordigliero,   67
credendomi, sì cinto, fere ammenda;
e certo il creder mio veniva intero,

 se non fosse il gran prete – a cui mal prenda! –   70
che mi rimise nelle prime colpe;
e come e quare, voglio che m'intenda.

Mentre ch'io forma fui d'ossa e di polpe   73
che la madre mi diè, l'opere mie
non furon leonine, ma di volpe.

Li accorgimenti e le coperte vie   76
io seppi tutte; e sì menai lor arte,
ch'al fine della terra il suono uscìe.

Quand'io mi vidi giunto in quella parte   79
di mia etade ove ciascum dovrebbe
calar le vele e raccoglier le sarte,

DIE HÖLLE · XXVII. GESANG

Es steht Ravenna wie vor alten Zeiten   40
Unter Polentas Adler noch, dem alten,
Daß seine Schwingen sich ob Cervia breiten.

Die Stadt, die lange Prüfung ausgehalten   43
Und dann gehäuft Franzosenleichen streute,
Sieht über sich heut grüne Pranken walten.

Wild hackt Verrucchios alt und junge Meute,   46
Die dem Montagna Schlimmes gab zum Lohne,
Den Zahn, wo sies gewohnt, in ihre Beute.

Die Städte am Santerno und Lamone   49
Regiert der junge Leu aus weißem Neste,
Der Sommers tauscht und Winters die Schablone.

Auch muß vom Savio die umspülte Feste,   52
Wie zwischen Tal und Berg sie liegt, sich fragen,
Ob Tyrannei, ob Freiheit sei das Beste.

Nun bitt ich, wer du seiest, mir zu sagen: 55
Sei spröder nicht, als andre hier im Kreise,
Soll dauernd auf der Welt dein Name ragen.«

Nachdem das Feuer in gewohnter Weise   58
Gemurmelt, ließ es hier- und dorthingehen
Das spitze Haupt und hauchte leise:

»Wärs glaublich, einem Rede hier zu stehen,   61
Der jemals kehrte heim zum Erdenrunde,
So sollte meine Flamme nichtmehr wehen.

Doch da kein Lebender aus unserm Schlunde,   64
Vernahm ich recht, heimkam zu Diesseitsborden,
Geb ich dir ohne Furcht vor Schande Kunde.

Erst Kriegsmann, hofft ich dann, mir könnt im Orden   67
Des heiligen Franz der Strick des Büßers frommen.
Und traun! zur Wahrheit wär mein Wahn geworden,

Wenn nicht der Großpfaff – mags ihm schlecht bekommen!
Aufs neu mich zog in alte Sünde nieder.
Wie und warum sei nun von dir vernommen.

Solange mich noch trugen irdische Glieder   73
Vom Mutterleibe her, ward ich verglichen
Dem Löwen nie, dem Fuchs nur immer wieder.

In listigen Ränken, hinterhaltigen Schlichen   76
War ich geeicht, von niemand zu erreichen:
Das war mein Ruhm in allen Himmelsstrichen.

Doch als ich fühlte mich die Zeit beschleichen,   79
Wo uns das Alter mahnt, jetzt heißt es schwenken,
Die Taue einziehn und die Segel streichen,

165

INFERNO · CANTO XXVII

ciò che pria mi piacea, allor m'increbbe;   82
e pentuto e confesso, mi rendei,
ahi miser lasso!; e giovato sarebbe.

Lo prencipe de' nuovi Farisei,   85
avendo guerra presso a Laterano,
e non con saracin, nè con giudei

chè ciascun suo nimico era cristiano,   88
e nessuno era stato a vincer Acri,
nè mercatante in terra di Soldano;

nè sommo officio, nè ordini sacri   91
guardò in sè, nè in me quel capestro
che solea far li suoi cinti più macri;

ma come Costantin chiese Silvestro   94
dentro Siratti a guarir della lebbre;
così mi chiese questi per maestro

a guarir della sua superba febbre: 97
domandommi consiglio, ed io tacetti,
perchè le sue parole parver ebbre.

E poi mi disse: ‹Tuo cor non sospetti;   100
finor t'assolvo, e tu m'insegna fare,
sì come Penestrino in terra getti.

Lo ciel poss'io serrare e diserrare,   103
come tu sai; però son due le chiavi,
che 'l mio antecessor non ebbe care›.

Allor mi pinser gli argomenti gravi   106
là 've il tacer mi fu avviso il peggio,
e dissi: ‹Padre, da che tu mi lavi

di quel peccato ov'io mo cader deggio,   109
lunga promessa con l'attender corto
ti farà trionfar nell'alto seggio›.

Francesco venne poi, com'io fui morto,   112
per me; ma un de'neri cherubini
gli disse: ‹Non portar; non mi far torto!

Venir se ne dee giù tra'miei meschini,   115
perchè diede il consiglio frodolente,
dal quale in qua stato gli sono a'crini,

ch'assolver non si piò chi non si pente,   118
nè pentére e volere insieme puossi,
per la contradizion che nol consente›.

Oh me dolente! come mi riscossi,   121
quando mi prese, dicendomi: ‹Forse
tu non pensavi ch'io logico fossi›!

DIE HÖLLE · XXVII. GESANG

Da schuf, was einst mich freute, mir Bedenken; 82
Und reuig büßend kam dem Heil ich näher,
Ach weh! mir Ärmstem Rettung fast zu schenken.

Da ließ der Fürst der neuen Pharisäer 85
Zum Krieg sich reizen nah beim Laterane:
Nicht gegen Sarazenen und Hebräer,

Nein, gegen Christen schwang er seine Fahne! 88
Nicht einer war bei Acre in den Reihen
Der Stürmer, keiner Händler beim Sultane.

Nicht machten höchstes Amt und heilige Weihen 91
Noch auch mein Strick ihn in der Ehrfurcht fester,
Der Magerkeit den Trägern soll verleihen:

Nein, wie einst Konstantin berief Silvester 94
Aus dem Sorakt, vom Aussatz ihn zu heilen,
So bat er, daß ich als der Ärzte bester

Ihm Rat im Herrschsuchtsfieber möcht erteilen. 97
Ich schwieg und wußte keinen Rat zu sagen,
Denn eines Trunknen schien sein Wort bisweilen.

Dann sagt er mir: ›Nicht braucht dein Herz zu zagen: 100
Vorweg sprech ich dich los, willst du mich lehren,
Wie ich kann Penestrino niederschlagen.

Den Himmel aufzutun und zu verwehren, 103
Du weißt, brauch ich zwei Schlüssel nur zu heben,
Die jüngst mein Vorfahr wenig hielt in Ehren.‹

Da er so triftige Gründe angegeben 106
Und mirs der schlimmste Rat schien, wenn ich schwiege,
So sagt ich: ›Vater, da du mich soeben

Freisprachst von Schuld, der zwangsweis ich erliege, 109
So höre: Vielversprechen, Wenighalten
Hilft dir auf dem erhabenen Stuhl zum Siege.‹ –

Franziskus wollte seines Amtes walten, 112
Als ich verblichen; doch von seinem Rechte
Ließ nicht der schwarze Cherub. ›*Mich* laß schalten‹,

Rief er, ›denn der muß unter meine Knechte, 115
Weil er den hinterlistigen Rat gegeben.
Seitdem auch halt ich ihn beim Haargeflechte.

Nur wer bereut, dem wird verziehen im Leben; 118
Doch gibts gleichzeitig Reue nicht und Sünde,
Weil sie sich unversöhnlich widerstreben.‹

O wie erschrak bis in die tiefsten Gründe 121
Mein Herz, als er mich griff und sprach: ›Zu wissen
Schienst du wohl nicht, daß Logik ich verstünde!‹

INFERNO · CANTO XXVII

A Minos mi portò; e quelli attorse   124
otto volte la coda al dosso duro;
e poi che per gran rabbia la si morse,
    disse: ‹Questi è de' rei del foco furo›;   127
per ch'io là dove vedi, son perduto,
e, sì vestito, andando mi rancuro.»
    Quand'egli ebbe il suo dir così compiuto   130
la fiamma dolorando si partìo,
torcendo e dibattendo il corno aguto.
    Noi passammo oltre, ed io e il duca mio,   133
su per lo scoglio infino in su l'altr'arco
che coupre il fosso in che si paga il fio
    a quei deche scommettendo acquistan carco.   136

DIE HÖLLE · XXVII. GESANG

Zu Minos hat er mich hinabgerissen,   124
Der achtmal schlug um seinen harten Rücken
Den Schweif und, als er wütend dreingebissen,
Ausrief: ›Den soll die Diebesglut umzücken!‹   127
Drum siehst du mich Verlorenen hergesendet
Und fühle, so gekleidet, Gram mich drücken.«
Nachdem er seine Rede so geendet,   130
Wehklagend ist die Flamme fortgegangen,
Die Spitze flackernd hin- und hergewendet.
Doch wir, ich und mein Führer, aufwärtsdrangen   133
Die Felsenwand bis hin zum nächsten Bogen,
Der jenen Graben deckt, drin Lohn empfangen
Die sich mehr Last durch Teilung zugezogen.   136

CANTO VENTESIMOTTAVO

Chi poria mai pur con parole sciolte   *1*
dicer del sangue e delle piaghe appieno,
ch'i' ora vidi, per narrar più volte?

Ogni lingua per certo verria meno   *4*
per lo nostro sermone e per la mente,
c'hanno a tanto comprender poco seno.

S' el s'aunasse ancor tutta la gente,   *7*
che già in su la fortunata terra
di Puglia fu del suo sangue dolente

per li Troiani e per la lunga guerra   *10*
che dell'anella fe' sì alte spoglie,
come Livio scrive, che non erra;

con quella che sentì di colpi doglie   *13*
per contastare a Roberto Guiscardo,
e l'altra il cui ossame ancor s'accoglie

a Ceperan, là dove fu bugiardo   *16*
ciascun Pugliese, e là da Tagliacozzo,
dove sanz'arme vinse il vecchio Alardo;

e qual forato suo membro, e qual mozzo   *19*
mostrasse, d'aequar sarebbe nulla
il modo della nona bolgia sozzo.

Già veggia, per mezzul perdere o lulla,   *22*
com'io vidi un, così non si pertugia,
rotto dal mento infin dove si trulla:

tra le gambe pendevan le minugia;   *25*
la corata pareva e 'l tristo sacco
che merda fa di quel che si trangugia.

Mentre che tutto in lui veder m'attacco,   *28*
guardommi, e con le man s'aperse il petto,
dicendo: «Or vedi com'io mi dilacco!

Vedi come storpiato è Maometto!   *31*
Dinanzi a me sen va piangendo Alì,
fesso nel volto dal mento al ciuffetto.

E tutti gli altri che tu vedi qui,   *34*
seminator di scandalo e di scisma
fuor vivi, e però son fessi così.

Un diavolo è qua dietro, che n'accisma   *37*
sì crudelmente, al taglio della spada
rimettendo ciascun di questa risma,

ACHTUNDZWANZIGSTER GESANG

Wer kann, spräch er auch frei vom Reimeszwange,   *1*
Anschaulich künden soviel Blut und Wunden,
Als ich hier sah, und spräch er noch so lange?

Machtlos wär jede Zunge hier gebunden,   *4*
Weil unser Wort und Geist umsonst vermeinte,
Zu fassen dies, da sie zu schwach befunden.

Wenn gleich sich das gesamte Volk vereinte,   *7*
Das einst in den verhängnisvollen Landen
Apuliens sein verströmtes Blut beweinte

Durch Troer, und dann langen Krieg bestanden,   *10*
Drob Livius, der nie irret, von der Beute
Zahlloser Ringe spricht, die dort sich fanden,

Nebst jenem Volk, das schwertzerhauen bereute,   *13*
Daß sichs nicht unter Robert Guiskard schmiegte,
Samt jenem, dessen Knochen man noch heute

Bei Ceperan aufliest, wo treulos kriegte   *16*
Ganz Pulien, und auf Tagliacozzos Auen,
Wo waffenlos der Greis Alardo siegte,

Und der ein Glied durchbohrt, und der zerhauen   *19*
Vorwiese – : niemals wär es zu vergleichen
Des neunten Übelsackes wüstem Grauen.

Kein Faß, dem Reifen oder Boden weichen,   *22*
Klafft so vonsammen, als ich dort sah einen
Mit Rissen, die von Kinn bis After reichen.

Die Därme hingen zwischen seinen Beinen;   *25*
Und das Gekröse nebst dem schnöden Sacke,
Der Kot aus Nahrung macht, sah man erscheinen.

Und wie ich scharf ihn mit den Augen packe,   *28*
Beschaut er mich und seine Hände krallten
Die Brust sich auf. »Schau, wie ich mich zerhacke!

Schau, welche Risse Mohamed erhalten«,   *31*
Ruft er; »und weinend geht Ali vor mir,
Vom Kinn zum Scheitel das Gesicht gespalten.

Und die du sonst noch antriffst im Revier,   *34*
Verstreuten Saat zu Trennungsärgernissen;
Drum werden sie auch so zerspalten hier.

Ein Teufel steht dort hinten. Wildbeflissen   *37*
Läßt er uns über seine Klinge springen,
Und wieder wird die Wunde aufgerissen,

168

INFERNO · CANTO XXVIII

quando avem volta la dolente strada;   *40*
però che le ferite son richiuse,
prima ch'altri dinanzi gli rivada.

Ma tu chi se' che 'n su lo scoglio muse,   *43*
forse per indugiar d'ire alla pena
ch'è giudicata in su le tue accuse?»

«Nè morte il giunse ancor, nè colpa il mena»   *46*
rispuose il mio maestro «a tormentarlo;
ma per dar lui esperienza piena,

a me, che morto son, convien menarlo   *49*
per lo Inferno quaggiù di giro in giro;
e questo è ver così, com'io ti parlo».

Più fur di cento, che, quando l'udiro,   *52*
s'arrestaron nel fosso a riguardarmi
per maraviglia, obliando il martiro.

«Or di' a fra Dolcin dunque che s'armi,   *55*
tu che forse vedrai il sole in breve,
s'ello non vuol qui tosto seguitarmi,

sì di vivanda, che stretta di neve   *58*
non rechi la vittoria al Noarese,
ch'altrimenti acquistar non saria lieve».

Poi che l'un piè per girsene sospese,   *61*
Maometto mi disse esta parola;
indi a partirsi in terra lo distese.

Un altro, che forata avea la gola   *64*
e tronco il naso infin sotto le ciglia,
e non avea ma' che un' orecchia sola,

ristato a riguardar per maraviglia   *67*
con gli altri, innanzi agli altri aprì la canna,
ch'era di fuor d'ogni parte vermiglia;

e disse: «O tu, cui colpa non condanna   *70*
e cui io vidi su in terra latina,
se troppa somiglianza von m'inganna,

rimembriti di Pier da Medicina,   *73*
se mai torni a veder lo dolce piano
che da Vercelli a Marcabò dichina.

E fa' sapere a' due miglior da Fano,   *76*
a messer Giudo e anche ad Angiolello,
che se l'antiveder qui non è vano,

gittati saran fuor di lor vasello   *79*
e mazzerati presso alla Cattolica
per tradimento d'un tiranno fello.

DIE HÖLLE · XXVIII. GESANG

Wenn wir den Schmerzensweg zu Ende gingen.   *40*
Denn jede frühere Wunde heilt in Eile,
Eh uns zurück zu ihm die Schritte bringen.

Doch wer bist du, der hergafft von der Steile?   *43*
Hoffst du Aufschub der Strafe zu ergründen,
Die deinem Schuldbekenntnis ward zuteile?« –

»Ihn raffte nicht der Tod, nicht ließen Sünden   *46*
Antreten ihn zur Qual die weite Reise.
Nein, um vollkommenes Wissen ihm zu künden,

Muß ich, der Tote, ihn von Kreis zu Kreise   *49*
Hinabgeleiten zu der Höllenmitte,
Sowahr ich mit dir rede«, sprach der Weise.

Dies hörend, hemmten hundert wohl die Schritte,   *52*
Sich drunten staunend nach mir umzudrehen,
Vergessend, was ihr Leib an Qualen litte.

»Du, der vielleicht bald wird die Sonne sehen,   *55*
Dem Fra Dolcino sag: sollts ihn nicht lüsten,
Mir bald auf diesem Weg hier nachzugehen,

Mag er vorm Schneefall sich mit Vorrat rüsten,   *58*
Daß die Novarrer nicht den Sieg gewinnen,
Mit dem sie sonst nicht so bequem sich brüsten.«

So zu mir sprechend hob, neu zu beginnen   *61*
Sein Wandern, einen Fuß Mohameds Seele;
Ihn niedersetzend ging er dann vonhinnen.

Ein andrer, dem durchstochen war die Kehle,   *64*
Die Nase abgestutzt bis zu den Brauen,
Auch zeigte sichs, daß schon ein Ohr ihm fehle,

Stand staunend mit dem Troß, mich anzuschauen,   *67*
Riß vor den andern auf des Schlundes Röhre,
Die außen blutgerötet war zum Grauen,

Und sprach: »Du ohne Schuld Gekommener höre!   *70*
Ich sah dich schon den Fuß durch Latium lenken,
Falls mich nicht zuviel Ähnlichkeit betöre.

Des Pier da Medicina magst du denken,   *73*
Wenn dir die süßen Ebenen wieder lachen,
Die von Vercell nach Marcabo sich senken,

Um den zwei Besten Fanos kundzumachen,   *76*
Dem Angiolell und Guido, jenen zweien,
Daß man ins Meer sie werfe aus dem Nachen –

Wenn wirklich wahr, was wir hier prophezeien –   *79*
Dort bei Kattolika, als exemplarischen
Handstreich, durch des Tyrannen Heucheleien.

INFERNO · CANTO XXVIII

Tra l'isola di Cipri e di Maiolica   82
non vide mai sì gran fallo Nettuno,
non da pirate, non da gente argolica.

Quel traditor che vede pur con l'uno   85
e tien la terra che tal è qui mecco
vorebbe di veder esser digiuno,

farà venirli a parlamento seco;   88
poi farà sì, ch'al vento di Focara
non farà lor mestier voto nè preco».

E io a lui: «Dimostrami e dichiara,   91
se vuoi ch'io porti su di te novella,
chi è colui dalla veduta amara».

Allor puose la mano alla mascella   94
d'un suo compagno, e la bocca gli aperse,
gridando: «Questi è desso, e non favella.

Questi, scacciato, il dubitar sommerse   97
in Cesare, affermando che il fornito
sempre con danno l'attender sofferse».

Oh quanto mi pareva sbigottito   100
con la lingua tagliata nella strozza
Curio, ch'a dir fu così ardito!

E un ch'avea l'una e l'altra man mozza,   103
levando i moncherin per l'aura fosca,
sì che il sangue facea la faccia sozza,

gridò: «Ricordera' ti anche del Mosca,   106
che dissi – lasso! – ‹Capo ha cosa fatta›,
che fu il mal seme per la gente tosca».

E io gli aggiunsi: «E morte di tua schiatta».   109
per ch'egli, accumulando duol con duolo,
sen giò come persona trista e matta.

Ma io rimasi a riguardar lo stuolo,   112
e vidi cosa, ch' io avrei paura,
sanza più prova, di contarla solo;

se non che coscienza m'assicura,   115
la buona compagnia che l'uom francheggia
sotto l'usbergo del sentirsi pura.

Io vidi certo, ed ancor par ch'io 'l veggia,   118
un busto sanza capo andar sì come
andavan gli altri della trista greggia;

e il capo tronco tenea per le chiome,   121
pèsol con mano, a guisa di lanterna;
e quel mirava noi e dicea: «Oh me!»

DIE HÖLLE · XXVIII. GESANG

Von Zyperns Insel, bis zur Balearischen   82
Sah nie Neptun ein Schandstück so voll Grauen,
Von Korsen nicht noch Griechen, von barbarischen.

Jener Verräter, einäugig zu schauen,   85
Jetzt Herr *der* Stadt, die hier wohl ein Geselle
Gesehen zu haben, nimmer kann verdauen,

Zur Unterredung ruft er sie; und schnelle   88
Verfährt er so, daß nicht Gelübde frommen
Noch Bitten bei Focaras Sturm und Welle.«

Drauf ich: »Wenn ich von dir, erst heimgekommen,   91
Berichten soll, mußt du Bescheid mir geben,
Wen jener Anblick denn macht so beklommen?«

Da griff zum Kiefer einem er, der neben   94
Ihm weilte, riß den Mund ihm auf und sagte:
»Dieser, der hier nicht redet, ist es eben!

Er, der verbannt, die Zweifel einst verjagte   97
In Cäsar, ihm beteuernd, daß ein Zaudern
Dem schade, der *gerüstet* Kampf nicht wagte.«

O weh, wie schien mir da erschreckt zu schaudern   100
Er, dem die Zunge man im Schlund verputzte:
Curio, der sonst so dreist verstand zu plaudern!

Und einer, dem man beide Hände stutzte,   103
Die Stummel in die dunkle Luft erhoben,
Daß Blutgerinnsel sein Gesicht beschmutzte,

Rief aus: »Gedenke auch des Mosca droben,   106
Der ach! einst sprach: ›Was sein muß, muß geschehen!‹
Was Unheil viel die Tusker ließ erproben –«

»Und dein Geschlecht«, ergänzt ich, »untergehen!« 109
Drauf er, dem Schmerz auf Schmerz sich häufte jähe,
Fortging betrübt, wie sinnlos anzusehen.

Doch ich verblieb, daß ich den Troß durchspähe,   112
Und sah, was ich mit Scheu nur würde sagen,
Geschweige denn, daß ich es nochmals sähe,

Wenn mein Gewissen michs nicht ließe wagen,   115
Der Treufreund, der stets Mut ins Herz uns streute,
Wenn wir den Harnisch unserer Reinheit tragen.

Wahrlich! ich sah und glaub, ich sehs noch heute, 118
Daß da ein Rumpf, doch ohne Kopf, hergehe
Im Zuge mit der jammervollen Meute.

Und seinen Kopf den Rumpf ich tragen sehe   121
Am Schopf, daß der Laterne man gedachte;
Und ansah uns der Kopf und sprach: »O wehe!«

INFERNO · CANTO XXVIII

Di sè faceva a sè stesso lucerna,   *124*
ed eran due in uno, e uno in due;
com'esser può, quei sa che sì governa.

Quando diritto al piè del ponte fue,   *127*
levò 'l braccio alto con tutta la testa,
per appressarne le parole sue,

che furo: «Or vedi la pena molesta   *130*
tu che, spirando, vai veggendo i morti:
vedi s'alcuna è grande come questa!

E perchè tu di me novella porti,   *133*
sappi ch'io son Bertram dal Bornio, quelli
che diedi al re giovane i ma' conforti.

Io feci il padre e il figlio in sè ribelli: *136*
Achitofèl non fe' più d'Absalone
e di David co' malvagi punzelli.

Perch'io partii così giunte persone   *139*
partito porto il mio cerebro – lasso! –
dal suo principio, ch'è in questo troncone:

così s'osserva in me lo contrapasso».   *142*

DIE HÖLLE · XXVIII. GESANG

So aus sichselber er die Leuchte machte,   *124*
War eins in zweien, zwei in einem Stücke:
Begreifen kanns nur Er, der dies vollbrachte.
Und als er grade war am Fuß der Brücke,   *127*
Schwang er den Kopf mit seinem Arm nach oben,
Daß er uns näher seine Rede rücke.
Die hieß: »Sieh, welche Pein ich muß erproben!   *130*
Der atmend du die Toten schaust im Graben,
Sieh her, ward größere einem aufgehoben?
Doch daß sie Nachricht droben von mir haben,   *133*
Vernimm: ich bin Bertran de Born, der jeden
Arglistigen Rat erteilt dem Königsknaben.
Ich machte Sohn und Vater sich befehden;   *136*
Mehr tat Ahitophel an Absalonen
Und David nicht mit hetzerischen Reden.
Weil ich so Engverbundene ohne Schonen   *139*
Entzweit, trag ich mein Hirn entzweit, o wehe,
Von seinem Ursprung, der im Rumpf blieb wohnen.
So lehr ich, wie Vergeltungsrecht geschehe!«   *142*

CANTO VENTESIMONONO

La molta gente e le diverse piaghe   *1*
avean le luci mie sì inebriate,
che dello stare a pianger eran vaghe:
    ma Virgilio mi disse: «Chè pur guate?   *4*
perchè la vista tua pur si soffolge
laggiù tra l'ombre triste smozzicate?
    Tu non hai fatto sì all'altre bolge: *7*
pensa, se tu annoverar le credi,
che miglia ventidue la valle volge,
    e già la luna è sotto i nostri piedi: *10*
lo tempo è poco omai che n'è concesso,
e altro è da veder che tu non vedi.»
    «Se tu avessi» rispuos'io appresso   *13*
«atteso alla cagion per ch'io guardava,
forse m'avresti ancor lo star dimesso.»
    Parte sen già, ed io retro gli andava,   *16*
lo duca, già facendo la risposta,
e soggiugnendo: «Dentro a quella cava,
    dov'io teneva or gli occhi sì a posta,   *19*
credo ch'un spirto del mio sangue pianga
la colpa che laggiù cotanto costa».
    Allor disse 'l maestro: «Non si franga   *22*
lo tuo pensier da qui innanzi sovr'ello:
attendi ad altro, ed ei là si rimanga:
    ch'io vidi lui a piè del ponticello   *25*
mostrarti e minacciar forte col dito,
ed udi'-l nominar Geri del Bello
    Tu eri allor sì del tutto impedito   *28*
sovra colui che già tenne Altaforte,
che non guardasti in là; sì fu partito.»
    «O duca mio, la violenta morte   *31*
che non gli è vendicata ancor» diss'io
«per alcun che dell'onta sia consorte,
    fece lui disdegnoso; ond'el sen gìo,   *34*
senza parlarmi, sì com'io estimo:
ed in ciò m'ha el fatto a sè più pio.»
    Così parlammo infino al luogo primo,   *37*
che dello scoglio l'altra valle mostra,
se più lume vi fosse, tutto ad imo.

NEUNUNDZWANZIGSTER GESANG

Die Menge Volks und die verschiedenen Wunden   *1*
Berauschten mir die Augen so mit Grauen,
Daß sie durch Weinen Ruhe gern gefunden.
    Doch sprach Vergil zu mir: »Was soll dein Schauen?   *4*
Was heftet sich dein Auge nur zum Grunde
Aufs Volk der Schatten elend und zerhauen?
    Du säumtest *so* bei keinem andern Schlunde.   *7*
Bedenk, wenn du ans Zählen wolltest gehen:
Dies Tal hält zweiundzwanzig Meilen Runde,
    Und unterm Fuß muß uns der Mond schon stehen!   *10*
Nur wenig Zeit ist uns noch zugeschrieben
Und mehr als hier du siehst gibts noch zu sehen.«
    Ich sprach: »O wüßtest du, was mich getrieben,   *13*
Hinabzuspähn, du hättest meiner Bitte
Vielleicht willfahrt, daß ich noch stehengeblieben.«
    Vondannen ging er schon, als ich, dem Schritte   *16*
Des Führers folgend, also ihm beim Gehen
Bescheid noch gab: »In dieser Höhlen Mitte,
    Zu der so scharf mein Blick hinabgesehen,   *19*
Glaub ich, daß einer meines Blutes beweine
Die Schuld, die hier so teuer kommt zu stehen.«
    Drauf sprach der Meister: »Besser wärs, wenn deine   *22*
Gedanken sich von diesem künftig trennen.
Auf andres merk und denn dort laß alleine.
    Am Fuß des Brückleins mocht ichs wohl erkennen: *25*
Sein Finger wies nach dir mit heftigem Drohen,
Auch hört ich ihn Geri del Bello nennen.
    Doch dich nahm ganz in Anspruch, der im hohen   *28*
Schloß Altaforte als Verteidiger weilte,
Daß du nicht hinsahst bis er dir entflohen.« –
    »O Führer mein! Der Mord, der ihn ereilte   *31*
Und der«, sprach ich, »bisher nicht ward gerochen
Von einem, der mit ihm die Schande teilte,
    Hat ihn ergrimmt. Drum ist er aufgebrochen,   *34*
Glaub ich, verschlossenen Mundes und so schnelle:
Dies läßt mein Herz noch mitleidsvoller pochen.«
    So sprachen wir bis zu der ersten Stelle,   *37*
Wo man vom Fels leicht sähe bis zum Grunde
Des nächsten Tals bei etwas größerer Helle.

INFERNO · CANTO XXIX

Quando noi fummo in su l'ultima chiostra   40
di Malebolge, sì che i suoi conversi
potean parere alla veduta nostra,

lamenti saettaron me diversi,   43
che di pietà ferrati avean gli strali:
ond'io gli orecchi con le man copersi.

Qual dolor fora, se degli spedali   46
di Valdichiana, tra il luglio e'l settembre,
e di Maremma e di Sardigna i mali

fossero in una fossa tutti insembre;   49
tal era quivi; e tal puzzo n'usciva,
qual suol venir delle marcite membre.

Noi discendemmo in su l'ultima riva   52
de lungo scoglio, pur da man sinistra;
e allor fu la mia vista più viva

giù vêr lo fondo, là 've la ministra   55
dell'alto sire, infallibil Giustizia,
punisce i falsador che qui registra.

Non credo ch'a veder maggior tristizia   58
fosse in Egina il popol tutto infermo,
quando fu l'aere sì pien di malizia,

che gli animali, infino al picciol vermo,   61
cascaron tutti – e poi le genti antiche,
secondo che i poeti hanno per fermo,

si ristorâr di seme di formiche –;   64
ch'era a veder per quella oscura valle
languir li spirti per diverse biche.

Qual sovra il ventre e qual sovra le spalle   67
l'un dell'altro giacea, e qual carpone
si trasmutava per lo tristo calle.

Passo passo andavam sanza sermone,   70
guardando ed ascoltando gli ammalati,
che non potean levar le lor persone.

Io vidi due sedere a sè poggiati,   73
com'a scaldar si poggia tegghia a tegghia,
dal capo al piè di schianze macolati;

e non vidi giammai manare stregghia   76
da ragazzo aspettato dal signorso,
nè da colui che mal volentier vegghia,

come ciascun menava spesso il morso   79
dell'unghie sovra sè per la gran rabbia
del pizzicor che non ha più soccorso;

DIE HÖLLE · XXIX. GESANG

Als wir vorm letzten Klosterbau im Schlunde   *40*
Der Unheilsbuchten standen, daß den Orden
Der Konvertiten ganz der Blick erkunde,

   Traf mich solch Wehgeheul von diesen Borden   *43*
Gleich einem Pfeil, durch Mitleid spitz und stählern,
Daß ich das Ohr verschloß den Schmerzakkorden.

   Alsob aus Valdichianos Hospitälern   *46*
Die Seuchen all vereint mit denen wären
Aus der Maremma und Sardiniens Tälern,

   Wie sie im heißen Heu- und Herbstmond gären,   *49*
So schrie es hier, und aufwärts kam gezogen
Ein Stinken wie von eitrigfaulen Schwären.

   Wir schritten nun am langen Felsenbogen   *52*
Zum letzten Knick hernieder, stets zur Linken.
Und freier hier zum Grund die Blicke flogen,

   Wohin Gerechtigkeit nach Gottes Winken –   *55*
Sobald sie irrtumsfrei die Fälscher buchte
Als Seine Helferin – sie läßt versinken.

   Kein größeres Leid Ägina wohl besuchte –   *58*
Als es erfüllt mit Sterbenden und Kranken,
Weil durch die ekle Pestluft, die verruchte,

   Vergiftet die Geschöpfe niedersanken   *61*
Bis aufs Gewürm, worauf dann in den Landen
Der Sage nach, die wir den Dichtern danken,

   Ein neu Geschlecht aus Ämsenbrut entstanden –:   *64*
Als dieses Leid in dunkeln Talgestaden
Wo Geister sich in Gruppen schmachtend wanden.

   Der auf den Bauch und der aufs Kreuz geladen   *67*
Dem Nachbar war, und jener war zu sehen
Vierfüßig-kriechend auf des Elends Pfaden.

   Wir blieben stumm beim sachten Vorwärtsgehen,   *70*
An Kranken hing uns Aug und Ohr erschrocken,
Die ohne Kräfte waren, aufzustehen.

   Zwei sah ich sicheinander-stützend hocken,   *73*
Wie wir zum Wärmen Pfanne an Pfanne schieben,
Vom Kopfe bis zum Fuß wie voller Pocken,

   Und sah den Striegel hastiger nie getrieben   *76*
Von einem Stallknecht, der den Herrn sieht warten,
Noch auch von dem, der ungern wachgeblieben,

   Wie beide mit den Nägeln sich, den harten,   *79*
Wahnsinnig kratzten, juckend sich zu laben,
Und dennoch keine Linderung erscharrten.

INFERNO · CANTO XXIX

e sì traevan giù l'unghie la scabbia,   82
come coltel di scàrdova le scaglie
o d'altro pesce che più larghe l'abbia.

«O tu che con le dita ti dismaglie»   85
cominciò il duca mio all'un di loro,
«e che fai d'esse talvolta tanaglie,

dinne s'alcun latino è tra costoro   88
che son quinc' entro, se l'unghia ti basti
eternalmente a cotesto lavoro.»

«Latin sem noi, che tu vedi sì guasti   91
qui ambedue» rispuose l'un piangendo;
«ma tu chi se', che di noi domandasti?»

E 'l duca disse: «I' son un che discendo   94
con questo vivo giù di balzo in balzo»,
e di mostrar lo 'nferno a lui intendo.»

Allor si ruppe lo comun rincalzo;   97
e tremando ciascuno a me si volse
con altri che l'udiron di rimbalzo.

Lo buon maestro a me tutto s'accolse,   100
dicendo: «Di' a lor ciò che tu vuoli»;
e io incominciai, poscia ch'ei volse:

«Se la vostra memoria non s'imboli   103
nel primo mondo dall'umane menti,
ma s'ella viva sotto molti soli,

ditemi chi voi siete e di che genti: 106
la vostra sconcia e fastidiosa pena
di palesarvi a me non vi spaventi».

«Io fui d'Arezzo, ed Albero da Siena»   109
rispose l'un «mi fe' mettere al fuoco;
ma quel per ch'io mori', qui non mi mena.

Ver è ch'io dissi a lui, parlando a gioco: 112
‹Io mi saprei levar per l'aere a volo›;
e quei, che avea vaghezza e senno poco,

volle ch'io gli mostrassi l'arte, e solo   115
perch'io nol feci Dedalo, mi fece
ardere a tal che l'avea per figliuolo.

Ma nell' ultima bolgia delle diece   118
me per l'alchimia che nel mondo usai,
dannò Minòs, a cui fallar non lece.»

E io dissi al poeta: «Or fu giammai   121
gente sì vana come la sanese?
Certo non la francesca sì d'assai.»

174

DIE HÖLLE · XXIX. GESANG

Es platzten ab die Schorfe unterm Schaben,   82
Alsob an Karpfen man das Messer setzte
Und Fische sonst, die größere Schuppen haben.
    »O du, der mit den Fingern sich zerfetzte«,   85
Mein Führer zu dem einen sprach von jenen,
»Und damit sich kneifzangengleich verletzte,
    Sag uns, ist ein Lateiner unter denen,   88
Die drunten sind? sowahr als du zum Krauen
Die Nägel ewigbrauchbar magst ersehnen.« –
    »Lateiner zwei kannst so zerfleischt du schauen   91
In *uns*«, brach einer winselnd da sein Schweigen.
»Doch wer bist du, der fragt?« – »Durch diese rauhen
    Abhänge«, sprach der Führer, »muß ich steigen   94
Mit dem, der lebt, von Riff zu Riff hernieder;
Und bin gewillt, die Hölle ihm zu zeigen.«
    Da löste sich der Stützpunkt ihrer Glieder   97
Und bebend wandten sich zu mir die Geister
Nebst andern, denen dieses Wort scholl wieder.
    Da trat zu mir und sprach der gute Meister: 100
»Nun magst du beide nach Belieben fragen.«
Und da er es gewollt, begann ich dreister.
    »Soll euer Name, klingend fortgetragen,   103
Erinnerung bei Welt und Menschen wecken
Und leben noch in fernsten Sonnentagen,
    Wollt euern Stamm und Namen mir entdecken.   106
Nicht Scham, daß ekle Not euch übermannte,
Laß euch zurück vor der Enthüllung schrecken.« –
    »Ich stamme aus Arezzo, mich verbrannte   109
Albert von Siena«, so der eine klagte;
»Doch darum nicht der Tod hierher mich sandte.
    Wahr ist's, daß ich zu jenem scherzhaft sagte,   112
Daß ich die Kunst des Fliegens lernte kennen.
Und er, den wenig Witz, doch Neugier plagte,
    Begehrte diese Kunst auch sein zu nennen,   115
Und ließ, da ich ihn nicht zum Dädal machte,
Von dem mich, dem als Sohn er galt, verbrennen.
    Doch hier zur letzten der zehn Schluchten brachte   118
Mich Minos her, der immer wägt untrüglich,
Weil ich auf Alchemie nur droben dachte.«
    Und ich zum Dichter: »Gibts ein Volk, das füglich   121
Gleich den Sanesen Eitelkeit betörte?
Selbst Frankreich kaum, das darin sonst vorzüglich.«

INFERNO · CANTO XXIX

Onde l'altro lebbroso, che m'intese,   *124*
rispuose al detto mio: «Tra' mene Stricca,
che seppe far le temperate spese;

e Niccolò, che la costuma ricca   *127*
del garofano prima discoperse
nell'orto dove tal seme s'appicca;

e tra'ne la brigata in che disperse   *130*
caccia d'Ascian la vigna e la gran fronda,
e l'Abbagliato suo senno proferse.

Ma perchè sappi chi sì ti seconda   *133*
contra i Sanesi, agguzza vêr me l'occhio,
sì che la faccia mia ben ti risponda;

sì vedrai ch'io son l'ombra di Capocchio,   *136*
che falsai li metalli con alchimia;
e te dee ricordar, se ben t'adocchio,

com'io fui di natura buona scimia.»   *139*

DIE HÖLLE · XXIX. GESANG

Der andre Aussatzkranke, der mich hörte,   *124*
Gab drauf zur Antwort mir: »Nimm die Verschwendung
Des Stricca aus, den Sparsamkeit nie störte;

Und Niccolo, der erstmals die Verwendung   *127*
Der Nelkenröstung für das Fleisch erfunden
Im Beet, wo derlei Saat kommt zur Vollendung.

Nimm auch den Klub aus, darin rasch verschwunden   *130*
Caccia d'Ascians Weingut und Forstanwesen
Und man sich Abbagliatos Witz ließ munden.

Doch daß du weißt, wer gegen die Sanesen   *133*
So stark dich unterstützt: heb auf die Brauen
Und such Bescheid vom Antlitz mir zu lesen.

Dann wirst du des Capocchio Schatten schauen,   *136*
Der alchimierend falsches Geld geschaffen;
Und du besinnst dich, darf dem Blick ich trauen,

Auf mich als der Natur geschicktesten Affen.«   *139*

175

CANTO TRENTESIMO

Nel tempo che Junone era crucciata
per Semelè contra 'l sangue tebano,
come mostrò una ed altra fïata,

Atamante divenne tanto insano,
che, veggendo la moglie con due figli
andar carcata da ciascuna mano,

gridò: «Tendiam le reti, sì ch'io pigli
la leonessa e i leoncini al varco»;
e poi distese i dispietati artigli,

prendendo l'un ch'avea nome Learco,
e rotollo, e percosselo ad un sasso;
e quella s'annegò con l'altro carco.

E quando la Fortuna volse in basso
l'altezza de' Troian che tutto ardiva,
sì che insieme col regno il re fu casso,

Ecuba, trista, misera e cattiva,
poscia che vide Polissena morta,
e del suo Polidoro in su la riva

del mar si fu la dolorosa accorta,
forsennata latrò sì come cane:
tanto il dolor le fe' la mente torta.

Ma nè di Tebe furie nè troiane
si vider mai in alcun tanto crude,
non punger bestie, non che membra umane,

quant'io vidi due ombre smorte e nude,
che mordendo correvan di quel modo,
che il porco, quando del porcil si schiude.

L'una giunse a Capocchio, ed in sul nodo
del collo l'assannò, sì che, tirando,
grattar gli fece il ventre al fondo sodo.

E l'Aretin, che rimase tremando,
mi disse: «Quel folletto è Gianni Schicchi,
e va rabbioso altrui così conciando».

«Oh» diss'io lui, «se l'altro non ti ficchi
li denti addosso, non ti sia fatica
a dir chi è, pria che di qui si spicchi.»

Ed egli a me: «Quell' è l'anima antica
di Mirra scellerata, che divenne
al padre, fuor del dritto amore, amica.

DREISSIGSTER GESANG

Zur Zeit, als Juno Haß im Herzen hegte,
Um Semele erzürnt mit Thebens Blute,
Was sie des öftern an den Tag auch legte,

War Athamas in solchem Wahnsinnsmute,
Daß, als sein Weib des Weges kam gegangen
Und ihr in jedem Arm ein Söhnlein ruhte,

Er ausrief: »Spannt die Netze, laßt uns fangen
Die Löwin bei der Rückkehr samt den Jungen!«
Und die erbarmungslosen Tatzen langen

Nach dem Learch, den durch die Luft geschwungen
Am Felsen sie zerschmetterten, indessen
Sie mit dem andern Kind ins Meer gesprungen.

Und als Fortuna Trojas ganz vergessen,
Des stolzen, das den König samt dem Lande
Verlor, weils jeder Tat sich dreist vermessen,

Als Hekuba in trauriger Fesseln Bande,
Die Ärmste! Polyxenen tot erblickte
Und ihren Polydor am Meeresstrande

Dann schmerzerfüllt als Leiche fand – da schickte
Sie durch die Luft Gebell gleich tollem Hunde,
Weil ihr so großer Gram den Geist umstrickte.

Doch Troja selbst noch Theben gab nie Kunde,
Daß einen je solch Wahnsinn könnt erfassen,
Der also grausam Tier und Mensch verwunde,

Als hier ichs in zwei Schatten, nackten blassen,
Gewahrt, die um sich schnappten gleich dem Schweine,
Das eben aus dem Stall wird losgelassen.

Auf den Capocchio platzte rasch der eine,
Biß ins Genick ihm, fort mit ihm dann schlitternd,
Daß ihm den Bauch zerkratzten Sand und Steine.

Der Aretiner, der zurückblieb zitternd,
Sprach: »Gianni Schicchi heißt der Koboldstolle,
Der uns so zusetzt, rasend nach uns witternd.« –

»Oh«, sprach ich, »soll der andre nicht im Grolle
Dein Kreuz zerfleischen, dann mir nicht verhehle,
Wer jener ist, eh er davon sich trolle.«

Und er: »Das ist der Myrrha alte Seele,
Die schändlich einst in Liebesbrunst entglommen
Für ihren Vater bis zum sündigen Fehle.

INFERNO · CANTO XXX

Questa a peccar con esso così venne,   *40*
falsificando sè in ultrui forma,
come l'altro, che là sen va, sostenne,

    per guadagnar la donna della torma,   *43*
falsificare in sè Buoso Donati,
testando e dando al testamento norma.»

E poi che i due rabbiosi fur passati   *46*
sovra cu'io avea l'occhio tenuto,
rivolsilo a guadar gli altri mal nati.

Io vidi un, fatto a guisa di leuto,   *49*
pur ch'egli avesse avuta l'anguinaia
tronca dall'altro che l'uomo ha forcuto.

La grave idropisia, che sì dispaia   *52*
le menbra con l'omor che mal converte,
che 'l viso non risponde alla ventraia,

    faceva a lui tener le labbra aperte,   *55*
come l'etico fa, che per la sete
l'un verso il mento e l'altro in su riverte.

«O voi che sanza alcuna pena siete,   *58*
e non so io perchè, nel mondo gramo»
diss'elli a noi, «guardate e attendete

alla miseria del maestro Adamo!   *61*
Io ebbi vivo assai di quel ch'io volli,
e ora, lasso!, un gocciol d'acqua bramo.

Li ruscelletti che de' verdi colli   *64*
del Casentin discendon giuso in Arno,
faccendo i lor canali freddi e molli,

    sempre mi stanno innanzi, e non indarno;   *67*
chè l'imagine lor vie più m'asciuga
che il male ond'io nel volto mi discarno.

La rigida giustizia che mi fruga,   *70*
tragge cagion del loco ov'io peccai,
a metter più li miei sospiri in fuga.

Ivi è Romena, là dov'io falsai   *73*
la lega suggellata del Battista;
per ch'io il corpo su arso lasciai.

Ma s'io vedessi qui l'anima trista   *76*
di Guido, o d'Alessandro, o di lor frate,
per fonte Branda non darei la vista.

Dentro c'è l'una già, se l'arrabbiate   *79*
ombre che vanno intorno, dicon vero;
ma che mi val, c'ho le membra legate?

DIE HÖLLE · XXX. GESANG

Sie ist bei ihm zum argen Ziel gekommen,   40
Weil sie, ihr Aussehn fälschend, bei ihm ruhte,
Was jener, der dort läuft, auch unternommen,
    Der lüstern auf des Reitstalls beste Stute   43
Nachahmend spielte des Donati Rolle
Und Testament gemacht mit dessen Gute.«
    Als ich gesehen hatte, wie dies tolle   46
Verbrecherpaar fortraste, blieb ich stehen,
Betrachtend andere Schmerz- und Sündenvolle.
    Da sah ich einen, der war anzusehen   49
Wie eine Laute, hätt ihm weggespalten
Ein Schnitt die Gabel, die man braucht zum Gehen.
    Die plumpe Wassersucht – mit dumpfig-alten   52
Blutsäften oft die Glieder so verdrehend,
Daß Bauch und Antlitz seltsam sich verhalten –
    Sie hielt ihm beide Lippen offenstehend,   55
Daß kinnwärts die und die muß aufwärts streben,
Als wärs ein Hektiker, vor Durst vergehend.
    »Die ihr hier straflos dürft den Blick erheben,   58
Und nicht weiß ich, warum – schaut und betrachtet«,
Rief er, »wie Meister Adam läßt erbeben
    Die Qualwelt! Ihn, der alles einst mißachtet,   61
Um alles, was er wollte, zu genießen,
Jetzt ach! nach einem Tröpflein Wasser schmachtet!
    Die Bächlein, die von grünen Hügeln gießen   64
Des Casentin zum Arno ihre Wellen,
Daß die erfrischten Ufer üppig sprießen,
    Noch immer seh ich quellen sie und schwellen;   67
Und nicht umsonst, weil mehr als diese Plagen
Ihr Bild mich dörrt, mein Antlitz zu entstellen.
    Gerechtigkeit, die mich so hart geschlagen,   70
Nutzt quälend aus den Ort, wo mein Verschulden
Herstammt, mir Seufzer heftiger anzujagen.
    Dort liegt Romena, wo den Täufergulden   73
Ich oft verfälscht um eine Bagatelle,
Drob ich den Scheiterhaufen mußt erdulden.
    Doch säh ich Guidos schnöden Geist zur Stelle   76
Und Alessandros samt des Bruders – fragen
Ließ mich *der* Anblick nicht nach Brandas Quelle!
    Drin ist schon einer, wenn hier Wahrheit sagen   79
Die tollen Schatten, rasend durchs Gehege;
Doch was hilft mirs, den lahme Glieder plagen?

177

INFERNO · CANTO XXX

S'io fossi pur di tanto ancor leggiero,   *82*
ch'io potessi in cent'anni andare un'oncia,
io sarei messo già per lo sentiero,

cercando lui tra questa gente sconcia,   *85*
con tutto ch'ella volge undici miglia
e men d'un mezzo di traverso non ci ha.

Io son per lor tra sì fatta famiglia;   *88*
e' m'indussero a batter li fiorini
ch'avevan tre carati di mondiglia.»

E io a lui: «Chi son li due tapini   *91*
che fumman come man bagnate il verno,
giacendo stretti ai tuoi destri confini?

«Qui li trovai, e poi volta non dierno»   *94*
rispuose, «quando piovvi in questo greppo,
e non credo che dieno in sempiterno.

L'una è la falsa che accusò Giuseppo;   *97*
l'altro è il falso Sinon greco da Troia:
per febbre aguta gittan tanto leppo.»

E l'un di lor, che si recò a noia   *100*
forse d'esser nomato sì oscuro,
col pugno gli percosse l'epa croia.

Quella sonò come fosse un tamburo;   *103*
e mastro Adamo gli percosse il volto
col braccio suo, che non parve men duro,

dicendo a lui: «Ancor che mi sia tolto   *106*
lo muover per le membra che son gravi,
ho io il braccio a tal mestiere sciolto».

Ond' ei rispuose: «Quando tu andavi   *109*
al fuoco, non l'avéi tu così presto;
ma sì e più l'avéi, quando coniavi».

E l'idropico: «Tu di' ver di questo;   *112*
ma tu non fosti sì ver testimonio,
là 've del ver fosti a Troia richesto».

«S'io dissi falso, e tu falsasti il conio»   *115*
disse Sinone, «e son qui per un fallo,
e tu per più ch'alcun altro dimonio.»

«Ricorditi, spergiuro, del cavallo»   *118*
rispuose quel ch'avea infiata l'epa;
«e sieti reo che tutto il mondo sallo!»

«E te sia rea la sete onde ti crepa»   *121*
disse il Greco «la lingua, e l'acqua marcia
che 'l ventre innanzi agli occhio sì t'assiepa!»

178

DIE HÖLLE · XXX. GESANG

Wenn ich nur so behende wär und rege, 82
In hundert Jahren einen Zoll zu schleichen,
So wär ich sicher längst schon auf dem Wege,

Guido zu suchen bei den Elendbleichen, 85
Mag dieses Feld nach Länge auch elf Meilen
Und eine halbe in die Breite reichen.

Ich muß um *sie* bei solcher Sippschaft weilen: 88
Sie haben mich verleitet, den Florenen
Nur drei Karat Legierung zu erteilen.«

Und ich zu ihm: »Wie steht es hier mit denen? 91
Im Winter pflegt gewaschene Hand zu rauchen
Wie sie, die eng zu deiner Rechten lehnen.« –

»Hier fand ich sie und sah noch nie sie krauchen«, 94
Sprach er, »seit michs in diesen Spalt ließ schneien,
Und sind dazu wohl ewig nicht zu brauchen.

Des Ehbruchs wollte *die* den Josef zeihen, 97
Der log als Grieche Sinon wohl am meisten
Vor Troja. Fieberdunst stinkt aus den zweien.«

Und einer ihrer, den wohl die so dreisten 100
Beleidigenden Worte kränkten, ballte
Die Faust und schlug ihm auf den Bauch, den feisten.

Der klang als ob ein Paukenton erschallte. 103
Doch Meister Adam hieb ihm in die Fratze
Mit seinem Arm, der wohl nicht sanfter prallte,

Und schrie ihn an: »Wenn ich mich auch vom Platze 106
Nicht regen kann der Bleiesschwere wegen,
So hab ich meinen Arm doch zum Ersatze!« –

»Als du dem Scheiterhaufen gingst entgegen«, 109
Rief Sinon, »hobst du ihn nicht so gewichtig;
Doch sah man ihn beim Prägstock flink sich regen.«

Der Wassersüchtige höhnte: »Das ist richtig! 112
Doch Wahrheit sprachst du nur in diesem Falle;
Vor Troja war dein Zeugnis null und nichtig!«

Der schrie: »Ich fälschte Worte, du Metalle! 115
Und büß ich *ein* Vergehn in dieser Herde,
Büßest du mehr als diese Teufel alle.« –

»Meineidiger, denk des Schwankes mit dem Pferde!« 118
So hört ich den Geschwollenen Antwort geben,
»Dich strafs, daß er bekannt der ganzen Erde!« –

»Dich strafe Durst! Die Zunge soll dir kleben 121
Und platzen«, rief der Grieche; »und die Jauche
Den Wanst dir bis vors Auge dunstend heben.«

INFERNO · CANTO XXX

Allora il monetier: «Così si squarcia   *124*
la bocca tua per dir tuo mal come suole;
chè, s'i'ho sete ed umor mi rinfarcia,

    tu hai l'arsura e 'l capo che ti duole;   *127*
e per leccar lo specchio di Narcisso,
non vorresti a 'nvitar molte parole».

    Ad ascoltarli er'io del tutto fisso,   *130*
quando il maestro mi disse: «Or pur mira:
che per poco è, che teco non mi risso».

    Quand'io 'l senti' a me parlar con ira,   *133*
volsimi verso lui con tal vergogna,
ch'ancor per la memoria mi si gira;

    e quale è quei che suo dannaggio sogna,   *136*
che sognando desidera sognare,
sì che quel ch'è, come non fosse, agogna;

    tal mi fec'io, non possendo parlare,   *139*
che disiava scusarmi e scusava
me tuttavia, e nol mi credea fare.

    «Maggior difetto men vergogna lava»   *142*
disse il maestro, «che 'l tuo non è stato;
però d'ogni tristizia ti disgrava.

    E fa' ragion ch'io ti sia sempre allato,   *145*
se più avvien che Fortuna t'accoglia
ove sien genti in simigliante piato;

    che voler ciò udir è bassa voglia.»   *148*

DIE HÖLLE · XXX. GESANG

Der Münzer drauf: »Verzerr nach altem Brauche   *124*
Dein Maul nur zu gewohnten Unflatwürfen.
Denn dürst ich auch und schwillt mir Naß im Bauche,
So hast du Brand und Kopfschmerz, und zu schlürfen   *127*
Vom Spiegel des Narzissus sehnsuchtsheftig,
Würdest du keiner Einladung bedürfen.« –
Sie anzuhören war ich ganz geschäftig,   *130*
Bis mich der Meister rief: »Das nenn ich schauen!
Nur wenig fehlt, daß ich dich rügte kräftig.«
Erschreckt fuhr ich herum, als ich den rauhen   *133*
Vorwurf vernahm, Schamröte auf den Wangen,
Daß noch Erinnerung runzelt mir die Brauen.
Und dem gleich, der von bösem Traum umfangen   *136*
Fortträumend wünscht, daß ihm der Traum nicht raubte,
Was ihm ja auch in Wahrheit nicht entgangen:
So bangt ich, daß ich mir kein Wort erlaubte,   *139*
Mich zu entschuldigen wünschte, und vollkommen
Entschuldigt war, als ich es noch nicht glaubte.
»Schon mindere Scham hätt größern Fehl genommen   *142*
Von dir, als den, dazu man dich verleitet«,
Der Meister sprach; »drum sei nicht mehr beklommen.
Doch nie vergiß, daß du von *mir* begleitet,   *145*
Führt uns ein Zufall abermals so widrig
Dahin, wo sich ein solch Gesindel streitet:
Denn gern dies hören, ist ein Wunsch, der niedrig.«   *148*

CANTO TRENTESIMOPRIMO

Una medesma lingua pria mi morse,　　　　　　　*1*
sì che mi tinse l'una e l'altra guancia,
e poi la medicina mi riporse:

così od'io che soleva la lancia　　　　　　　*4*
d'Achille e del suo padre esser cagione
prima di trista e poi di buona mancia.

Noi demmo il dosso al misero vallone　　　　　*7*
su per la ripa che 'l cinge dintorno,
attraversando senza alcun sermone.

Quivi era men che notte e men che giorno,　　*10*
sì che il viso m'andava innanzi poco;
ma io sentì' sonare un alto corno,

tanto ch'avrebbe ogni tuon fatto fioco,　　　*13*
che, contra sè la sua via seguitando,
dirizzò gli occhi miei tutti ad un loco.

Dopo la dolorosa rotta, quando　　　　　　　*16*
Garlo Magno perdè la santa gesta,
non sonò sì terribilmente Orlando.

Poco portai in là volta la testa,　　　　　　*19*
che mi parve veder molte alte torri;
ond'io: «Maestro, di', che terra è questa?»

Ed egli a me: «Però che tu trascorri　　　　*22*
per le tenebre troppo dalla lungi,
avvien che poi nel maginar abborri.

Tu vedrai ben, se tu là ti congiungi,　　　　*25*
quanto il senso s'inganna di lontano;
però alquanto più te stesso pungi.»

Poi caramente mi prese per mano,　　　　　　*28*
e disse: «Pria che noi siam più avanti,
acciò che il fatto men ti paia strano,

sappi che non son torri, ma giganti;　　　　*31*
e son nel pozzo intorno dalla ripa
dall'umbilico in giuso tutti quanti».

Come quando la nebbia si dissipa,　　　　　　*34*
lo sguardo a poco a poco raffigura
ciò che cela il vapor che l'aere stipa;

Così forando l'aura grossa e scura,　　　　　*37*
più e più appressando invêr la sponda,
fuggìemi errore e cresce'mi paura;

EINUNDDREISSIGSTER GESANG

Dieselbe Zunge, die mich erst verwundet,   *1*
Daß mir die Scham verfärbte beide Wangen,
Gab dann den Heiltrank mir, dran ich gesundet.

So war der Lanze, die Achill empfangen   *4*
Vom Vater, wie ich las, die Gabe eigen,
Übles durch sie, dann Gutes zu erlangen.

Dem Trauertal den Rücken wendend, steigen   *7*
Wir auf zum Wall, der es mit seiner Schwelle
Umkränzt, durchquerend ihn, gehüllt in Schweigen.

Dort herrschte weder Nacht noch Tageshelle,   *10*
Daß nicht sehr weit mein Auge konnte dringen,
Doch ich vernahm ein schmetternd Horngegelle,

So laut, wie nicht die stärksten Donner klingen,   *13*
Daß, um zu sehen, woher der Lärm entquollen,
Die Augen dem Geräusch entgegengingen.

Nach dem Zusammenbruch, dem grauenvollen,   *16*
Als Karls geweihte Schar erlag dem Schlage,
Hat nicht so furchtbar Rolands Horn geschollen.

Ich hielt das Haupt nicht lang in solcher Lage,   *19*
So glaubt ich hoher Türme viel zu schauen;
Drum ich: »Wie heißt die Stadt dort, Meister, sage?«

Und er zu mir: »Weil du ins Dämmergrauen   *22*
Zuweit vorauszudringen unternommen,
So darfst du deiner Einbildung nicht trauen.

Wohl wirst du einsehn, wenn du hingekommen: *25*
Leicht täuscht Entfernung Menschensinn, den kleinen.
Drum wird dir schnelleres Vorwärtsgehen frommen.«

Liebreich griff seine Hand dann nach der meinen,   *28*
Worauf er sprach: »Bevor wir nähergehen,
Vernimm – dann wird dies minder seltsam scheinen –

Daß wir nicht Türme, sondern Riesen sehen,   *31*
Die, rings am Brunnenrande aufgerichtet,
Vom Nabel abwärts tief im Schachte stehen.«

Als ob der Nebel allgemach sich lichtet,   *34*
Daß immer klarer kann der Blick erschauen,
Was Dunst verhüllte, von der Luft verdichtet,

So drang ich durch des Dunstes dichtes Brauen.   *37*
Und als ich nah und näher kam dem Schlunde,
Verschwand mein Irrtum und es wuchs das Grauen.

INFERNO · CANTO XXXI

però che, come su la cerchia tonda
Montereggion di torri si corona,
così la proda che il pozzo circonda

torreggiavan di mezza la persona
gli orribili giganti, cui minaccia
Giove del cielo ancora, quando tuona;

e io scorgeva già d'alcun la faccia,
le spalle e il petto e del ventre gran parte,
e per le coste giù ambo le braccia.

Natura certo, quando lasciò l'arte
di sì fatti animali, assai fe' bene,
per tôrre tali esecutori a Marte;

e s'ella d'elefanti e di balene
non si pente, chi guarda sottilmente,
più giusta e più discreta la ne tene;

chè dove l'argomento della mente
s'aggiugne al mal volere ed alla possa,
nessun riparo vi può far la gente.

La faccia sua mi parea lunga e grossa
come la pina di San Pietro a Roma,
e a sua proporzione eran l'altr'ossa;

sì che la ripa, ch'era perizoma
dal mezzo in giù, ne mostrava ben tanto
di sopra, che di giugnere alla chioma

tre Frison s'averian dato mal vanto;
però ch'io ne vedea trenta gran palmi
dal luogo in giù, dov'uomo affibbia il manto.

«Rafèl maì amèch zabì et almi»
cominciò a gridar la fiera bocca,
cui non si convenian più dolci salmi;

e 'l duca mio vêr lui: «Anima sciocca,
tienti col corno, e con quel ti disfoga,
quand'ira od altra passion ti tocca!

Cercati . :ollo, e troverai la soga
che 'l tien legato, o anima confusa,
e vedi lui che il gran petto ti doga.»

Poi disse a me: «Elli stesso s'accusa:
questi è Nembrotto, per lo cui mal coto
pur un linguaggio nel mondo non s'usa.

Lasciamlo stare, e non parliamo a voto;
chè così è a lui ciascum linguaggio,
come il suo ad altrui, ch'a nullo è noto.»

DIE HÖLLE · XXXI. GESANG

Denn wie mit hohen Türmen in der Runde   *40*
Montereggiones Mauern sich bekrönen,
So türmte hier auch, halbenleibs im Grunde,

Sich um den Brunnenrand von Riesensöhnen   *43*
Ein ungeschlachter Kreis, zu dessen Schrecken
Noch heute Jovis Himmelsdonner dröhnen.

Des einen Antlitz konnt ich schon entdecken,   *46*
Sah Schultern, Brust, ein großes Stück vom Bauche
Und jeden Arm sich längs den Hüften strecken.

Wie weislich, daß mit ihrem Werdehauche   *49*
Natur nicht mehr erschafft derlei Gestalten,
Daß Mars zu Henkern länger sie mißbrauche.

Ließ mit dem Elefanten sies beim alten   *52*
Und mit dem Wal, muß mans gerechter finden
Bei strenger Prüfung und für weiser halten.

Denn wollte geistige Einsicht sich verbinden   *55*
Mit Körperkraft und Bosheit im Vereine,
So müßte jeder Schutz den Menschen schwinden.

Sein Kopf (so hoch als breit) schien, wie ich meine,   *58*
Sanktpeters Pinienfrucht in Rom zu gleichen,
Und demgemäß die übrigen Gebeine,

Sodaß der Strand, der abwärts von den Weichen   *61*
Als Schurz ihm diente, noch so hoch ließ ragen
Den Oberleib, daß, nur ans Haar zu reichen,

Drei Friesen wenig Lob davongetragen: *64*
Denn sicher maß er seine dreißig Palme
Von dort an, wo sich schließt des Mantels Kragen.

»Rafel mai amech izabi alme«,   *67*
Fing er zu brüllen an aus rauher Kehle,
Die wahrlich nicht gemacht für sanftere Psalme.

Mein Führer drauf zu ihm: »Törichte Seele,   *70*
Bleib nur beim Horne, darauf auszutoben
Die Zorneshitze oder was dir fehle.

Am Halse such; der Riemen hängt ja oben,   *73*
Verwirrte Seele! Deine Finger werden
Ihn finden um die breite Brust geschoben.«

Darauf zu mir: »Er selbst macht sich Beschwerden.   *76*
Der Nimrod ists und schuld hat sein Erfrechen,
Daß mehr als eine Sprache herrscht auf Erden.

Laß ihn nur stehn und uns umsonst nicht sprechen;   *79*
Denn wie *ihm* Menschenwort verständlich nimmer,
Bleibt unklar *uns* sein sinnlos Radebrechen.«

INFERNO · CANTO XXXI

Facemmo adunque più lungo viaggio,　　　　　*82*
volti a sinistra; ed al trar d'un balestro
trovammo l'altro assai più fiero e maggio.

A cinger lui qual che fosse 'l maestro　　　　*85*
non so io dir; ma ei tenea succinto
dinanzi l'altro e dietro il braccio destro

d'una catena che il teneva avvinto　　　　　　*88*
dal collo in giù, sì che in su lo scoperto
si ravvolgea infino al giro quinto.

«Questo superbo voll'essere sperto　　　　　　*91*
di sua potenza contra il sommo Giove»
disse il mio duca; «ond'egli ha cotal merto.

Fialte a nome; e fece le gran prove　　　　　　*94*
quando i giganti fêr paura a' Dei:
le braccia ch'el menò, giammai non move.»

E io a lui: «S'esser puote, io vorrei　　　　　　*97*
che dello smisurato Briarèo
esperienza avesser gli occhi miei».

Ond' ei rispuose: «Tu vedrai Antèo　　　　　　*100*
presso di qui, che parla ed è disciolto,
che ne porrà nel fondo d'ogni reo.

Quel che tu vuoi veder, più là è molto,　　　　*103*
ed è legato e fatto come questo,
salvo che più feroce par nel volto.»

Non fu tremoto già tanto rubesto,　　　　　　*106*
che scotesse una torre così forte,
come Fialte a scuotersi fu presto.

Allor temett'io più che mai la morte,　　　　　*109*
e non v'era mestier più che la dotta,
s'io non avessi visto le ritorte.

Noi procedemmo più avanti allotta,　　　　　　*112*
e venimmo ad Antèo, che ben cinqu'alle,
sanza la testa, uscia fuor della grotta.

«O tu che nella fortunata valle　　　　　　　　*115*
che feve Scipion di gloria reda,
quando Annibàl co' suoi diede le spalle,

recasti già mille leon per preda,　　　　　　　*118*
e che, se fossi stato all'alta guerra
de' tuoi fratelli, ancor par che si creda

ch'avrebber vinto i figli della Terra;　　　　　*121*
mettine giù, e non ten vegna schifo,
dove Cocito la freddura serra.

DIE HÖLLE · XXXI. GESANG

Auf längerm Weg nun ging es linkswärts immer,   82
Bis wir auf Bogenschusses Weite fanden
Schon einen zweiten, mächtiger und grimmer.

Ihn fesseln, welcher Meister hats verstanden?   85
Nicht weiß ichs; doch die beiden Arme hingen –
Vorn linker, hinten rechter – fest in Banden

Durch eine Kette, die ihm hielt in Schlingen   88
Abwärts vom Hals den Leib, soweit er ragte,
In festumschnürenden fünffachen Ringen.

»Der tollkühn seine Kraft zu messen wagte«,   91
Mein Führer sprach, »an Jovis Allmacht droben,
Ephialtes ists, der es seitdem beklagte

Mit dieser Pein! Er gab gewaltige Proben   94
Im Riesenkampf, der bis in Götternähe
Den Schrecken trug. Nie drohend mehr erhoben

Hat er den Arm.« – Und ich zu ihm: »Nun sähe   97
Den ungeheuern Briareus wohl gerne
Mein Aug, wenns möglich wär, daß es geschähe.«

Drauf er: »Zuerst Antäus kennenlerne   100
Hier nebenbei. Er spricht, ist nicht gebunden,
Und hebt uns in die tiefste Qualzisterne.

Mehr hinten erst wird, den du suchst, gefunden,   103
Der diesem gleicht, nur anzuschauen viel grimmer
Und fest wie der vom Eisenband umwunden.«

Nie bebte unterm Stoß die Erde schlimmer,   106
Nie schwankte mehr ein Turm orkanumwittert,
Als sich Ephialtes schüttelte – und nimmer

Hab ich in Todesängsten mehr gezittert;   109
Denn groß genug gewesen wär mein Bangen,
Doch sah ich ja die Fesseln unzersplittert.

Wir sahen bald, als wir vorangegangen,   112
Wie des Antäus Glieder aus dem Bronnen,
Ohne den Kopf, wohl an fünf Ellen drangen.

»Der du im Tal – vom Schicksal reich umsponnen,   115
Wo Scipio hohen Ruhmes Erbschaft freute,
Als Hannibal mit seinem Heer entronnen –

Dir tausend Löwen einst gemacht zur Beute,   118
Und auch, wenn du als Helfer beigesprungen
All deinen Brüdern (mancher meints noch heute)

Den Erdensöhnen hättest Sieg errungen;   121
Setz uns hinab, doch laß nicht Mißmut sehen,
Wo den Kozyt ein Frostkleid hält umschlungen.

INFERNO · CANTO XXXI

Non ci far ire a Tizio nè a Tifo: *124*
questi può dar di quel che qui si brama;
però ti china, e non torcer lo grifo.

Ancor ti può nel mondo render fama;   *127*
ch'ei vive, e lunga vita ancor aspetta,
se innanzi tempo grazia a sè nol chiama.»

Così disse 'l maestro; e quelli in fretta   *130*
le man distese e prese il duca mio,
ond' Ercule sentì già grande stretta.

Virgilio quando prender si sentìo,   *133*
disse a me: «Fatti in qua, sì ch'io ti prenda»;
poi fece sì, che un fascio er' elli ed io.

Qual pare a riguardar la Carisenda   *136*
sotto 'l chinato, quando un nuvol vada
sovr'essa sì che ella incontro penda;

tal parve Antèo a me che stava a bada   *139*
di vederlo chinare, e fu dal ora
ch'io avrei voluto ir per altra strada;

ma lievemente al fondo che divora   *142*
Lucifero con Giuda, ci sposò;
nè, sì chinato, lì fece dimora,

e come albero in nave si levò   *145*

DIE HÖLLE · XXXI. GESANG

Laß nicht zu Tityus und Typhon uns gehen,   124
Denn dieser kann, was man hier wünscht, gewähren;
Drum bücke dich und zeig kein Maulverdrehen.

Der kann mit Ruhm auf Erden dich verklären,   127
Da er noch lebt und hofft auf langes Leben,
Läßt Gnade nicht zu früh die Frist verjähren.«

So sprach der Herr, und jenen sah ich heben   130
Eilig die Hand zu dem, der hier mich führte,
Die Hand, die Herkules gefühlt mit Beben.

Sobald Vergil sich so ergriffen spürte,   133
Rief er: »Komm her, damit ich dich umfange.«
Drauf wie zum Bündel mich sein Arm umschnürte.

Wie Carisenda – steht man unterm Hange   136
Und blickt empor – uns vorkommt, wenn hinfliegen
Die Wolken, doch in umgekehrtem Gange,

Schien mir Antäus, als ich ihn sich biegen,   139
Tief biegen sah mit Staunen; und zur Stunde
Wär gern ich einen andern Pfad gestiegen.

Doch setzte leicht und sanft er uns zum Schlunde   142
Hinab, der Luzifer und Judas faßt;
Und ohne lang gebückt zu stehen im Grunde,

Hob er sich wieder wie im Schiff der Mast.   145

CANTO TRENTESIMOSECONDO

S'io avessi le rime aspre e chiocce,
come si converrebbe al tristo buco
sovra il qual pontan tutte l'altre rocce,

io premerei di mio concetto il suco
più pienamente; ma perch'io non l'abbo,
non sanza tema a dicer mi conduco;

chè non è impresa da pigliare a gabbo
discriver fondo a tutto l'universo,
nè da lingua che chiami mamma e babbo;

ma quelle donne aiutino il mio verso,
ch'aiutaro Anfione a chiuder Tebe,
sì che dal fatto il dir non sia diverso.

O sovra tutte mal creata plebe,
che stai nel luogo onde parlare è duro,
me' foste state qui pecore o zebe!

Come noi fummo giù nel pozzo scuro
sotto i piè del gigante, assai più bassi,
e io mirava ancora all'alto muro,

dicere udimmi: «Guarda come passi:
va' sì, che tu non calchi con le piante
le teste de' fratei miseri lassi!»

Per ch'io mi volsi, e vidimi davante
e sotto i piedi un lago che per gelo
avea di vetro e non d'aqua sembiante.

Non fece al corso suo sì grosso velo
di verno la Danoia in Osterlicchi
nè Tanaì là sotto il freddo cielo,

com' era quivi; che se Tambernicchi
vi fosse su caduto, o Pietrapana;
non avria pur dall' orlo fatto cricchi.

E come a gracidar si sta la rana
col muso fuor dell'acqua, quando sogna
di spigolar sovente la villana;

livide insin là dove appar vergogna
eran l'ombre dolenti nella ghiaccia,
mettendo i denti in nota di cicogna.

Ognuna in giù tenea volta la faccia:
da bocca il freddo, e dagli occhi il cor tristo
tra lor testimonianza si procaccia.

ZWEIUNDDREISSIGSTER GESANG

Fänd ich solch holprigrauhes Versgerölle,   *1*
Wie es dem grausen Abgrund angemessen,
Drauf alle andern Felsen ruhen der Hölle,
    So würd ich wohl aus meinem Stoffe pressen   *4*
Des Saftes mehr; doch da ich es nicht finde,
Kann ich nicht furchtlos mich des Worts vermessen.
    Kein Scherzspiel ists, das leicht sich überwinde,   *7*
Zu singen von des Weltalls tiefstem Grauen;
Kein lallend Zünglein täts von einem Kinde.
    Doch liehen Hilfe meinem Vers *die* Frauen,   *10*
Die dem Amphion Theben halfen gründen,
Wär Wort und Wirklichkeit vereint zu schauen.
    O Volk, vor allem schwerbestraft um Sünden   *13*
Mit diesem Ort voll unsagbarer Trauer,
Könnt ich von dir als Schaf und Geiß doch künden! –
    Als wir im Brunnen stehn voll nächtiger Schauer   *16*
Unter des Riesen Fuß in tiefster Mitte,
Und ich empor noch staune längs der Mauer,
    Hört ich ein Rufen: »Achte deiner Tritte!   *19*
Sieh zu, daß unter deinen groben Beinen
Der armen müden Brüder Haupt nicht litte!«
    Da wandt ich mich; und *vor* und *unter* meinen   *22*
Füßen sah ich sich einen See ausbreiten,
Der Glas vor Frost, nicht Wasser mochte scheinen.
    Nie spann für ihren Lauf in Winterszeiten   *25*
Die Donau Östreichs ein Geweb so dick,
Auch nicht der Don dort unter eisigen Breiten,
    Wie hier es war. Denn fielen Tambernick   *28*
Und Pietrapan darauf im Purzelbaume,
Es machte selbst am Rand nicht einmal »Krick!«
    Und wie der Frosch herausstreckt dicht am Saume   *31*
Des Wassergrabens quakend seine Backen,
Just wenn die Bäuerin Ähren liest im Traume:
    Steckten, frostblau bis dort, wo Scham zu packen   *34*
Uns pflegt, im Eis die Schatten, schmerzvoll-klagend,
Zahnklappernd gleich der Störche Schnabelknacken.
    Den Kopf gesenkt hielt jeder bangverzagend;   *37*
Von Kälte mit dem Mund, der zitternd bebte,
Von Seelenqual mit ihren Blicken sagend.

INFERNO · CANTO XXXII

Quand'io ebbi dintorno alquanto visto,   40
volsimi a' piedi, e vidi due sì stretti,
che 'l pel del capo avieno insieme misto.

«Ditemi, voi che sì stringete i petti»   43
diss'io, «chi siete?» E quei piegaro i colli!
e poi ch'ebber li visi a me eretti,

gli occhi lor, ch'eran pria pur dentro molli,   46
gocciâr su per le labbra, e il gelo strinse
le lagrime tra essi, e riserrolli.

Con legno legno spranga mai non cinse   49
forte così; ond'ei, come due becchi,
cozzaro insieme, tant'ira li vinse.

E un ch'avea perduto ambo gli orecchi   52
per la freddura, pur col viso in giùe,
disse: «Perchè cotanto in noi ti specchi?

Se vuoi saper chi son cotesti due,   55
la valle onde Bisenzio si dichina,
del padre loro Alberto e di lor fue.

D'un corpo usciro; e tutta la Caina   58
potrai cercare, e non troverai ombra
degna più d'esser fitta in gelatina;

non quelli a cui fu rotto il petto e l'ombra   61
con esso un colpo per la man d'Artù;
non Focaccia; non questi che m'ingombra

col capo sì, ch'io non veggio oltre più,   64
e fu nomato Sàssol Mascheroni:
se Tosco se', ben sai omai chi fu.

E perchè non mi metti in più sermoni,   67
sappi ch'io fui il Camiscion dè Pazzi;
e aspetto Carlin che mi scagioni.»

Poscia vid'io mille visi, cagnazzi   70
fatti per freddo; onde mi vien riprezzo,
e verrà sempre, de' gelati guazzi.

E mentre ch'andavamo invèr lo mezzo,   73
al quale ogni gravezza si rauna,
e io tremava nell'eterno rezzo;

se voler fu, o destino, o fortuna,   76
non so; ma, passeggiando tra le teste,
forte percossi il piè nel viso ad una.

Piangendo mi sgridò: «Perchè mi peste?   79
se tu non vieni a crescer la vendetta
di Montaperti, perchè mi moleste?»

DIE HÖLLE · XXXII. GESANG

Mein Auge, das erst durch die Runde strebte,　　　　*40*
Sah dann vorm Fuß mir zwei beisammenliegen
So enge, daß ihr Haar in eins verklebte.

»Sagt mir ihr, die sich Brust-an-Brust so schmiegen«,　　*43*
Sprach ich, »wer seid ihr?« – Und die zwei Genossen
Reckten den Hals, ihr Antlitz hochzubiegen.

Und ihre Augen, innen feucht, ergossen　　　　*46*
Durchs Lid die Tränen, die gleich im Erkalten
Die Augen wieder dicht zusammenschlossen.

Kein Schraubstock hat je Holz-an-Holz gehalten　　*49*
So eng, drob sie, von stetem Zorn beschworen,
Zwei Widdern gleich, stark aneinanderprallten.

Und einer, der im Froste beide Ohren　　　　*52*
Einbüßte, rief – doch ohne aufzusehen:
»Was hast du so zum Spiegel uns erkoren?

Soll ich betreffs der zwei dir Rede stehen?　　　*55*
Mit Vater Albert wohnten im Gelände
Die zwei, wo des Bisentio Fluten gehen.

Ein Leib gebar sie, und dein Auge fände　　　*58*
Von allen, die in Kainas Gallert weinen,
Nicht einen, der mit größerm Recht hier stände!

Nicht den, dem Brust und Schattenbild durch *einen*　　*61*
Speerstoß einst König Artus jäh durchstieß,
Focaccia nicht noch den, des Kopf vor meinen

Sich drängt, daß er mir nimmer Ausblick ließ!　　*64*
Bist Tusker du, brauch ich dir nur zu sagen,
Daß der einst Sassol Mascheroni hieß.

Und ich (daß du mich nicht mehr quälst mit Fragen)　*67*
Bin Camicion, der auf Carlin zu passen
Sich freut, der mich als Lump wird überragen.«

Da sah ich: tausend zogen Hundsgrimassen　　　*70*
Vor Frost, und fühlte Ekel sich mir heben,
Der stets mich wird vor Eisespfützen fassen.

Und als wir uns zur Mitte so begeben,　　　*73*
Wo alles Schwere sucht sich zu vereinen,
Und ewige Nacht mir schuf ein fröstelnd Beben:

Mags Absicht, Schickung oder Zufall scheinen,　　*76*
Wer weiß? Doch wie wir ob den Köpfen schritten,
Traf derb ins Angesicht mein Fuß dem einen.

Weinend schrie der: »Was kränkst du mich mit Tritten?　*79*
Kommst du, verschärfte Pein mir zu erteilen
Um Montapert, daß ich den Stoß erlitten?«

INFERNO · CANTO XXXII

E io: «Maestro mio, or qui m'aspetta,   82
sì ch'io esca d'un dubbio per costui;
poi mi farai, quantunque vorrai, fretta».

Lo duca stette; ed io dissi a colui,   85
che bestemmiava duramente ancora:
«Qual se' tu che così rampogni altrui?»

«Or tu chi se', che vai per l'Antenora   88
percotendo» rispuose «altrui le gote,
sì che, se fossi vivo, troppo fora?»

«Vivo son io, e caro esser ti puote»   91
fu mia risposta, «se domandi fama,
ch'io metta il nome tuo tra l'altre note.»

Ed egli a me: «Del contrario ho io brama: 94
lèvati quinci e non mi dar più lagna;
chè mal sai lusingar per questa lama».

Allor lo presi per la cuticagna,   97
e dissi: «E' converrà che tu ti nomi,
o che capel qui su non ti rimagna!»

Ond'egli a me: «Perchè tu mi dischiomi,   100
nè ti dirò ch'io sia, nè mosterrolti,
se mille fiate in sul capo mi tomi».

Io avea già i capelli in mano avvolti,   103
e tratti gli n'avea più d'una ciocca,
latrando lui con gli occhi in giù raccolti;

quando un altro gridò: «Che hai tu, Bocca?   106
non ti basta sonar von le mascelle,
se tu non latri? qual diavol ti tocca?»

«Omai» diss'io «non vo' che tu favelle,   109
malvagio traditor; chè alla tua onta
io porterò di te vere novelle.»

«Va' via» rispose, «e ciò che tu vuoi, conta;   112
ma non tacer, se tu di qua entro eschi,
di quel ch'ebb'or così la lingua pronta

El piange qui l'argento de'Franceschi: 115
‹Io vidi› potrai dir ‹quel da Duera
la dove i peccatori stanno freschi›.

Se fossi domandato altri chi v'era,   118
tu hai da lato quel di Beccheria,
di cui segò Fiorenza la gorgiera.

Gianni de' Soldanier credo che sia   121
più là con Ganellone e Tebaldello,
ch'aprì Faenza, quando si dormìa.»

DIE HÖLLE · XXXII. GESANG

Und ich: »Mein Meister laß uns hier verweilen, 82
Daß ich durch ihn mir einen Zweifel löse;
Dann laß so rasch du willst uns weitereilen.«

Der Führer hielt; und den, der mit Getöse 85
Fortfluchte, fragt ich: »Wer schreit so elendig?
Wer bist du, der die andern schmäht so böse?« –

»Und du, der Antenor so unverständig 88
Durchfährt«, schrie er, »grob schindend andrer Wangen,
Zu grob sogar, selbst wenn du wärst lebendig?« –

»Noch leb ich, kann noch deinen Dank empfangen«, 91
Sprach ich, »füg ich den Namen, hell an Ehren,
Den deinen zu, falls Nachruhm dein Verlangen.«

Er schrie: »Das Gegenteil ist mein Begehren, 94
Laß mich in Ruh! fort mit dir lästigem Tropfe!
Im Schmeicheln gab dies Loch dir schlechte Lehren.«

Da griff ich ins Genick ihm fest beim Schopfe 97
Und rief: »Zum Namen mußt du dich bequemen,
Sonst bleibt kein einzig Haar dir auf dem Kopfe.« –

»Zerzause dreist mein Haar nur«, rief der Schemen. 100
»Nichts sag ich dir, magst du, mir auszuroden
Den Flausch, auch tausendmal beim Kopf mich nehmen.«

Ich drehte schon die Faust um seine Loden, 103
Die anfing manches Büschel auszureißen;
Er bellte laut, die Augen stets am Boden,

Bis einer rief: »Was, Bocca, soll das heißen? 106
Ists nicht genug, mit Zähnen Takt zu schlagen,
Daß du noch bellst? Welch Teufel mag dich beißen?« –

»Schuftiger Verräter!« rief ich, »mehr zu sagen 109
Nicht brauchst du! Deine Schmach wird aufgeschrieben
Und soll nach oben wahre Kunde tragen.« –

»Lauf hin«, rief er, »und schwatze nach Belieben! 112
Doch kommst du heim, such auch nicht *den* zu schonen,
Ders mit der Zunge so geschickt getrieben.

Er heult um die französischen Dublonen. 115
›Ich sah den von Duera‹, kannst du sagen,
›Dort, wo »auf-Eis-gepackt« die Sünder wohnen.‹

Und sollt man dich nach andern Gästen fragen, 118
So steht der, den sie Beccheria riefen,
Bei dir; ihm schnitt Florenz einst ab den Kragen.

Soldanier, glaub ich, sitzt wohl mehr im Tiefen 121
An Ganellons und Tribaldellos Seiten,
Der Faenza öffnete, als alle schliefen.« –

INFERNO · CANTO XXXII

Noi eravam partiti già da ello, 124
ch'io vidi duo ghiacciati in una buca,
sì che l'un capo all'altro era cappello;

e come il pan per fame si manduca, 127
così il sopran li denti all'altro pose,
là 've il cervel s'aggiugne con la nuca.

Non altrimenti Tideo si rose 130
le tempie a Menalippo per disdegno,
che quei faceva il teschio e l'altre cose.

«O tu che mostri per sì bestial segno 133
odio sovra colui che tu ti mangi,
dimmi il perchè» diss'io; «per tal convegno,

che se tu a ragion di lui ti piangi, 136
sappiendo chi voi siete e la sua pecca,
nel mondo suso ancora io te ne cangi,

se quella con ch'i' parlo non si secca.» 139

DIE HÖLLE · XXXII. GESANG

Wir gingen, und ich sah beim Weiterschreiten 124
In einem Loch vereist sich zweie packen,
Sodaß ein Kopf zum Hute ward dem zweiten.

Denn wie man mag ins Brot vor Hunger hacken, 127
So ich den Obern hier zerbeißen schaute
Den Untern da, wo Hirn sich trifft und Nacken.

Wie Tydeus einst vor Zorn den Zahn einhaute, 130
Als er die Schläfe Menalippos nagte,
So *der* am Schädel und dem sonstigen kaute.

»O du, der so bestialisch sich behagte«, 133
Rief ich, »aus Haß den andern anzufressen,
Sag an, was dich in diese Zornwut jagte?

Ich will, wenn du dazu ein Recht besessen, 136
Und kenn ich erst euch zwei und sein Verbrechen,
Dir droben Dank zu schaffen nicht vergessen,

Wenn die nicht dorrt, die mir verliehen zum Sprechen.« 139

CANTO TRENTESIMOTERZO

La bocca sollevò dal fiero pasto 1
quel peccator, forbendola a' capelli
del capo, ch'elli avea di retro guasto;
poi cominciò: «Tu vuoi ch'io rinnovelli 4
disperato dolor che il cor mi preme
già pur pensando, pria ch'i' ne favelli;
ma se le mie parole esser dien seme 7
che frutti infamia al traditor ch'io rodo,
parlare e lagrimar vedrai insieme.
Io non so chi tu se', nè per che modo 10
venuto se' quaggiù; ma fiorentino
mi sembri veramente quand'io t' odo.
Tu dei saper ch'io fui conte Ugolino, 13
e questi l'arcivescovo Ruggieri:
or ti dirò perchè i son tal vicino.
Che per l'effetto de' suoi ma' pensieri, 16
fidandomi di lui, io fossi preso
e poscia morto, dir non è mestieri;
però quel che non puoi avere inteso, 19
cioè come la morte mia fu cruda,
udirai, e saprai s' e' m'ha offeso.
Breve pertugio dentro dalla muda, 22
la qual per me ha il titol della fame
e in che conviene ancor ch'altri si chiuda,
m'avea mostrato per lo suo forame 25
più lune già, quand'io feci il mal sonno
che del futuro mi squarciò il velame.
Questi pareva a me maestro e donno, 28
cacciando il lupo e i lupicini al monte
per che i Pisan veder Lucca non ponno,
con cagne magre, studiose e conte: 31
Gualandi con Sismondi e con Lanfranchi
s'avea messi dinanzi dalla fronte.
In picciol corso mi pareano stanchi 34
lo padre e i figli, e con l'agute scane
mi parea lor veder fender li fianchi.
Quando fui desto innanzi lo dimane, 37
pianger senti' fra il sonno i miei figliuoli,
ch'eran con meco, e dimandar del pane.

DREIUNDDREISSIGSTER GESANG

Der Sünder hob vom schauderhaften Essen   *1*
Den Mund, ihn rein-sich-wischend an dem Haare
Des Hinterhauptes, das er angefressen.

Dann fing er an: »Du willst, daß ich erfahre   *4*
Aufs neu Verzweiflungspein, mein Herz zu brechen
Beim Denken schon, eh ich sie offenbare?

Doch dient mein Wort zum Samen, draus dem frechen   *7*
Verräter Schande sprießt, den ich hier speise,
Sollst du zugleich mich weinen sehen und sprechen.

Nicht weiß ich, wer du bist, noch wer die Reise   *10*
So tief dich machen ließ; doch wohl erkannte
Mein Ohr bei dir Florenzias Redeweise.

Ich war Graf Ugolino, jener nannte   *13*
Sich Erzbischof Ruggier. Nun laß dir klagen,
Was mich als solchen Nachbar an ihn bannte.

Wie es bewirkt sein heimtückisch Betragen,   *16*
Daß ich, ihm ganz vertrauend, ward gefangen
Und dann getötet, brauch ich nicht zu sagen.

Doch nicht zu Ohren konnte dir gelangen,   *19*
Welch martervolles Sterben mein Verhängnis;
Vernimms und sieh, wie schlimm er sich vergangen.

Ein schmales Luftloch innen im Gefängnis,   *22*
Das man nach mir den Hungerturm geheißen
Und viel noch wird umklammern in Bedrängnis,

Ließ manchen Mond ablesen mich vom weißen   *25*
Gemäuer schon, bis mir ein Traum voll Grauen
Der Zukunft Schleier sollte jäh zerreißen.

Ich sah hier den als Jagdherrn durch die Auen   *28*
Zu *jenem* Berg hinhetzen Wolf samt Jungen,
Der Pisa wehrt, nach Lucca hinzuschauen.

Als Treiber sah ich frisch-vorausgesprungen   *31*
Gualandi schon, Sismondi und Lanfranken
Mit Hunden sehnig, gierig, stark von Lungen.

Nach kurzem Lauf sah ich ermattet schwanken   *34*
Den Vater und die Söhne, sah geschlagen,
Schien mirs, von scharfen Hauern ihre Flanken.

Darauf erwacht, eh es begann zu tagen,   *37*
Hör ich im Schlafe wimmern meine Kleinen,
Die bei mir waren, und nach Brot mich fragen.

INFERNO · CANTO XXXIII

Ben se' crudel, se tu già non ti duoli,   40
pensando ciò che 'l mio cor s'annunziava;
e se non piangi, di che pianger suoli?

Già eran desti, e l'ora s'appressava   43
che il cibo ne soleva esser addotto,
e per suo sogno ciascun dubitava;

E io senti' chiavar l'uscio di sotto   46
all'orribile torre; ond'io guardai
nel viso a' miei figliuoli sanza far motto.

Io non piangeva, sì dentro impetrai;   49
piangevan elli, ed Anselmuccio mio
disse: ‹Tu guardi sì, padre: che hai?›

Perciò non lacrimai, nè rispuos'io   52
tutto quel giorno, nè la notte appresso,
infin che l'altro sol nel mondo uscìo.

Come un poco di raggio si fu messo   55
nel doloroso carcere ed io scorsi
per quattro visi il mio aspetto stesso,

ambo le mani per dolor mi morsi;   58
ed ei, pensando ch'io 'l fessi per voglia
di manicar, di subito levòrsi

e disser: ‹Padre, assai ci fia men doglia   61
se tu mangi di noi: tu ne vestisti
queste misere carni, e tu le spoglia!›

Queta'mi allor per non farli più tristi;   64
lo dì e l'altro stemmo tutti muti:
ahi, dura terra, perchè non t'apristi?

Poscia che fummo al quarto dì venuti,   67
Gaddo mi si gittò disteso a' piedi,
e disse: ‹Padre mio, chè non m'aiuti?›

Quivi morì, e come tu mi vedi,   70
vid'io cascar li tre ad uno ad uno,
tra 'l quinto dì e 'l sesto; ond'io mi diedi,

già cieco, a brancolar sovra ciascuno,   73
e due dì li chiamai, poi che fur morti:
poscia, più che il dolor, potè il digiuno.»

Quand'ebbe detto ciò, con gli occhi torti   76
riprese il teschio misero co' denti,
che furo all' osso, come d'un can, forti.

Ahi, Pisa, vituperio delle genti   79
del bel paese là dove il sì suona,
poi che i vicini a te punir son lenti,

189

DIE HÖLLE · XXXIII. GESANG

Hart wärst du, würde dir nicht schmerzlich scheinen,   *40*
Was mir, bedenkst dus recht, im Herzen schwante;
Und weinst du nicht, wann wirst du jemals weinen?

Sie wurden wach, und jene Stunde mahnte,   *43*
Wo man uns Nahrung sonst gebracht zum Orte,
Als jedem ob des Traumes Unheil ahnte.

Da hört ich, wie vernagelt ward die Pforte   *46*
Des Schreckensturmes drunten. Meinen Kleinen
Stiert ich deshalb ins Antlitz – ohne Worte.

Ich weinte nicht, mein Herz fühlt ich versteinen.   *49*
Sie weinten und mein Anselmuccio fragte:
›Was stierst du, Vater, so? Sprich zu den Deinen!‹

Und dennoch weinte ich da nicht und sagte   *52*
Kein Wort. Und Tag und Nacht blieb ich im Schweigen,
Bisdaß der Welt die neue Sonne tagte.

Als dann ihr blasser Strahl beim Höhersteigen   *55*
In unsern Schreckenskäfig eingedrungen,
Mir vier Gesichter bleich wie meines zu zeigen,

Biß ich mir beide Hände schmerzbezwungen.   *58*
Da meinten sie, ich wolle mich dran weiden
Aus Hungersqual. Sie waren aufgesprungen

Und sprachen: ›Vater, iß von uns, wir leiden   *61*
Dann minder, denn dies Fleisch so voll Beschwerde
Stammt ja von dir – du magst uns sein entkleiden!‹

Still blieb ich, daß ihr Gram nicht größer werde.   *64*
So harrten wir zwei Tage, schweigend immer –
Ach, konntest du nicht bersten, harte Erde?

Als uns erschien des vierten Tages Schimmer,   *67*
Fällt mir zu Füßen Gaddo hin und windet
Sich jammernd: ›Vater, warum hilfst du nimmer?‹

Er starb. Und wie dein Blick mich vor dir findet,   *70*
Sah ich die dreie tot am Boden lasten
Vom fünften Tag zum sechsten. Schon erblindet,

Tapp ich dahin mich, jeden zu betasten,   *73*
Ruf sie zwei Tage, seit ihr Herz gebrochen –
Sodann vermochte mehr als Schmerz das Fasten.«

Und stieren Auges, als er so gesprochen,   *76*
Biß er auf neu den armen Kopf am Rande:
Der brach wie unterm Hundsgebiß ein Knochen. –

Weh Pisa dir! des schönen Landes Schande,   *79*
Worin das Si erklingt mit süßem Tone;
Der Nachbarn Rache kommt zuspät zustande.

INFERNO · CANTO XXXIII

muovansi la Caprara e la Gorgona,   82
e faccian siepe ad Arno in su la foce,
sì ch'egli annieghi in te ogni persona!

Che se il conte Ugolino aveva boce   85
d'aver tradita te delle castella,
non dovei tu i figliuoli porre a tal croce.

Innocenti facea l'età novella,   88
novella Tebe, Uguiccione e il Brigata
e gli altri due che il canto suso appella.

Noi passamm' oltre la 've la gelata   91
ruvidamente un' altra gente fascia,
non volta in giù, ma tutta riversata.

Lo pianto stesso lì pianger non lascia,   94
e il duol, che truova in su gli occhi rintoppo,
si volve in entro a far crescer l'ambascia;

chè le lagrime prime fanno groppo,   97
e sì come visiere di cristallo,
riempion sotto il ciglio tutto il coppo.

E avvegna che sì come d'un callo,   100
per la freddura ciascun sentimento
cessato avesse del mio viso stallo,

già mi parea sentire alquanto vento;   103
per ch'io: «Maestro mio, questo chi muove?
non è quaggiù ogni vapore spento?»

Ed elli a me: «Avaccio sarai dove   106
di ciò ti farà l'occhio la risposta,
veggendo la cagion che 'l fiato piove».

E un de' tristi della fredda crosta   109
gridò a noi: «O anime crudeli,
tanto che data v'è l'ultima posta,

levatemi dal viso i duri veli,   112
sì ch'io sfoghi il dolor che il cor m'impregna,
un poco, pria che il pianto si raggeli».

Per ch'io a lui: «Se vuoi ch'io ti sovvegna,   115
dimmi chi se'; e s'io non ti disbrigo,
al fondo della ghiaccia ir mi convegna».

Rispuose adunque: «I' son frate Alberigo;   118
io son quel delle frutta del mal orto,
che qui riprendo dattero per figo».

«Oh» diss'io lui, «or se' tu ancor morto?»   121
Ed egli a me: «Come il mio corpo stea
nel mondo su, nulla scienza porto.

190

DIE HÖLLE · XXXIII. GESANG

So schwimmt denn her, Kaprara und Gorgone, 82
Verstopft des Arno Mund als Damm vereinigt,
Daß er ersäuft, was lebend in dir wohne!

Hat Ugolino sich auch nicht gereinigt 85
Vom Argwohn, daß er Burgen übergeben:
Was hast du seine Kinder so gepeinigt?

Unschuldig machte doch ihr zartes Leben 88
Uguccion und Brigata samt den beiden,
Die schon mein Lied genannt, du neues Theben! –

Und weiter gings, wo Eis und Frost umkleiden 91
Andre Gestalten, die nicht abwärtskehren
Ihr Haupt, nein, auf dem Rücken liegend leiden.

Das Weinen selbst muß hier dem Weinen wehren, 94
Und weil der Schmerz nicht kann durchs Auge tauen,
Frißt er nach innen sich, die Angst zu mehren.

Eiszapfig sich die ersten Tränen stauen, 97
Daß sie, kristallenen Brillen gleich an Glätte,
Die Augenhöhlen füllen vor den Brauen.

Und wenn mir auch, alsob ich Hornhaut hätte, 100
Der Kälte wegen jegliches Empfinden
Im Angesichte räumte seine Stätte,

So fühlt ich leisen Hauch doch wie von Winden. 103
Drum ich: »Mein Meister, woher dieses Wehen?
Muß jeder Dunst hierunten nicht verschwinden?«

Und er zu mir: »Bald wirst du dorthingehen, 106
Wo sich dein Auge selbst wird Antwort sagen,
Wenn du den Grund wirst dieses Hauches sehen.« –

Drauf hört ich einen solchen Eistropf klagen: 109
»O Seelen, also ruchlos, daß vom Lichte
Zum tiefsten Standplatz euch das Los verschlagen,

Löst mir den harten Schleier vom Gesichte, 112
Daß etwas Luft die Herzensängste trinken,
Bevor sich neu zu Eis das Naß verdichte.«

Drob ich zu jenem: »Soll dir Hilfe winken, 115
Sag, wer du bist. Und glaubst du, Falschheit sinn ich,
Will ich zum tiefsten Grundeis gleich versinken!«

Drauf sprach er: »Bruder Alberigo bin ich, 118
Der seinen Gast mit bösem Obst verdorben;
Und statt der Feigen Datteln hier gewinn ich.« –

»Oh«, rief ich aus, »auch du bist schon gestorben?« 121
Und er: »Wie oben meinem Leib es gehe,
Des hab ich keine Kunde noch erworben.

INFERNO · CANTO XXXIII

Cotal vantaggio ha questa Tolomea,   124
che spesse volte l'anima ci cade,
innanzi ch'Atropòs mossa le dea.

E perchè tu più volentier mi rade   127
le 'nvetriate lacrime del volto,
sappie che tosto che l'anima trade

come fec' io, il corpo suo l' è tolto   130
da un demonio, che poscia il governa
mentre che il tempo suo tutto sia volto.

Ella ruina in sì fatta cisterna;   133
e forse pare ancor lo corpo suso
dell'ombra che di qua dietro mi verna.

Tu il dèi saper, se tu vien pur mo giuso: 136
elli è ser Branca d'Oria, e son più anni
poscia passati ch'el fu sì racchiuso.»

«Io credo» diss'io lui «che tu m'inganni;   139
chè Branca d'Oria non morì unquanche,
e mangia e bee e dorme e veste panni.»

«Nel fosso su» diss'ei «di Malebranche,   142
là dove bollo la tenace pece,
non era giunto ancora Michel Zanche,

che questi lasciò un diavolo in sua vece   145
nel corpo suo, ed un suo prossimano
che il tradimento insieme con lui fece.

Ma distendi oramai in qua la mano;   148
aprimi gli occhi»; ed io non glie l'apersi,
e cortesia fu lui esser villano.

Ahi, Genovesi, uomini diversi   151
d'ogni costume, e pien d'ogni magagna,
perchè non siete voi del mondo spersi?

Chè col peggiore spirto di Romagna   154
trovai di voi un tal, che per sua opra
in anima in Cocito già si bagna,

e in corpo par vivo ancor di sopa.   157

DIE HÖLLE · XXXIII. GESANG

Denn das ist Ptolemäus' Vorzug: ehe   *124*
Die Parzenfinger sich der Schere nahten,
Stürzt oft schon her die Seele in dies Wehe.

Doch daß du, williger zu Liebestaten,   *127*
Mir lösest die verglaste Tränenscheibe,
So wisse: wenn die Seele hat verraten,

Wie ich getan, jagt sie aus ihrem Leibe   *130*
Ein böser Geist, daß *der* drin herrschen lerne
Solang dem Leib noch Lebenszeit verbleibe.

Sie aber platzt in diese Eiszisterne.   *133*
Und so weilt wohl *des* Schattens Leib noch droben,
Der dort durchwintert hinter mir, nicht ferne.

Du weißt es ja, du kommst doch grad von oben: *136*
Herr Branca d'Oria ists, der hier zum Leiden
Vor Jahren in dies Eisloch ward geschoben.« –

»Herr Branca lebt«, sprach ich, »laß dich bescheiden.   *139*
Ich glaube wohl, du hast mich jetzt belogen:
Er ißt, trinkt, schläft und weiß sich noch zu kleiden.«

Er aber sprach: »Noch eh vom Brückenbogen,   *142*
Allwo die Grausetatzen sind zu schauen,
Herr Michel Zanche tief ins Pech geflogen,

War Brancas Leib schon in des Teufels Klauen,   *145*
Wie gleichfalls seiner Anverwandten Glieder,
Die ihm geholfen, den Verrat zu brauen.

Doch nun streck aus die Hand, um mir die Lider   *148*
Zu lösen.« – Aber taub blieb ich der Bitte:
Zum Schelm an ihm zu werden, schien mir bieder. –

O Genueser, Feinde jeder Sitte,   *151*
Zermalmte euch und alle eure Schande
Ein Strafgericht doch unter seinem Tritte!

Traf ich beim schlimmsten aus Romagnas Lande   *154*
Doch eurer einen, dem schon arges Handeln
Die Seele schlug in des Kozytus Bande,

Indes sein Leib noch droben scheint zu wandeln!   *157*

CANTO TRENTESIMOQUARTO

«Vexilla regis prodeunt inferni   *1*
verso di noi: però dinanzi mira»
disse il maestro mio, «se tu il discerni.»
　Come quando una grossa nebbia spira,   *4*
o quando l'emisperio nostro annotta,
par di lungi un molin che il vento gira;
　veder mi parve un tal dificio allotta;   *7*
poi per lo vento mi ristrinsi retro
al duca mio; chè non gli era altra grotta.
　Già era, e con paura il metto in metro,   *10*
là dove l'ombre tutte eran coperte,
e trasparien come festuca in vetro.
　Altre sono a giacere, altre stanno erte,   *13*
quella col capo e quella con le piante;
altra, com'arco, il volto a' piedi inverte.
　Quando noi fummo fatti tanto avante,   *16*
ch'al mio maestro piacque di mostrarmi
la creatura ch'ebbe il bel sembiante,
　dinanzi mi si tolse e fe' restarmi,   *19*
«Ecco Dite» dicendo, «ed ecco il loco,
ove convien che di fortezza t'armi.»
　Com'io divenni allor gelato e fioco,   *22*
nol dimandar, lettor, ch'io non lo scrivo.
però ch'ogni parlar sarebbe poco.
　Io non mori', e non rimasi vivo;   *25*
pensa oggimai per te, s'hai fior d'ingegno,
qual io divenni, d'uno e d'altro privo.
　Lo 'mperador del doloroso regno   *28*
da mezzo il petto uscia fuor della ghiaccia;
e più con un gigante io mi convegno,
　che i giganti non fan con le sue braccia: *31*
vedi oggimai quant'esser dee quel tutto
ch'a così fatta parte sì confaccia.
　S' el fu sì bel, com' egli è ora brutto.   *34*
e contra 'l suo Fattore alzò le ciglia,
ben dee da lui proceder ogni lutto.
　Oh, quanto parve a me gran maraviglia,   *37*
quand'io vidi tre facce alla sua testa!
L'una dinanzi, e quella era vermiglia;

VIERUNDDREISSIGSTER GESANG

»*Vexilla Regis prodeunt!* Die Fahnen   *1*
Des Satans sinds. Um deutlich ihn zu sehen,
Späh scharf voran«, hört ich den Meister mahnen.
    Gleichwie, wenn starke Nebel uns umweben   *4*
Oder der Tag hinstirbt im Abendgrauen,
Von fern Windmühlen aussehn, die sich drehen,
    So schien sich mir ein Bauwerk aufzubauen.   *7*
Und hinterm Führer, mich vorm Wind zu decken,
Verbarg ich mich, da sonst kein Schutz zu schauen.
    Schon war ich dort, mein Lied erzählts mit Schrecken,   *10*
Wo wir kristallisiert im Eise fanden
Die Schatten, wie im Glase Splitter stecken.
    Die lagen flach, und senkrecht *andere* standen,   *13*
Kopfoben oder -unter; mancher bückte
Sich krumm, daß Haupt und Füße sich verbanden.
    Als unser Schritt bis dahin vorwärtsrückte,   *16*
Wo meinem Meister es genehm, zu zeigen
Mir das Geschöpf, das ehemals Schönheit schmückte,
    Ließ er mich vor sich treten, brach sein Schweigen   *19*
Und sprach: »Sieh hier den Dite, sieh die Stätte.
Nun sei ein Panzerkleid von Mut dir eigen!«
    Wie da mir lähmend des Entsetzens Kette   *22*
Das Herz umschnürt: ein Bild davon zu geben,
O Leser, keine Sprache Worte hätte.
    Ich war gestorben nicht und nicht am Leben;   *25*
Drum denk, falls dir nicht Einsicht ganz entweiche,
Den Zustand, zwischen beiden hinzuschweben.
    Der Kaiser in dem wehevollen Reiche   *28*
Hob halberbrust sich aus der Gletscherfliese,
Und *ich* wohl eher einem Riesen gleiche,
    Als daß nur seinem *Arm* gleichkäm ein Riese!   *31*
Nun denk dir, wie das Ganze unermeßlich,
Das solchem Teil entsprechend sich erwiese.
    Wenn er so herrlich einst, wie nunmehr häßlich,   *34*
Und gegen seinen Schöpfer hob die Brauen,
Muß er wohl Quell von allem sein, was gräßlich.
    Oh, wie sein Haupt mich staunen ließ vor Grauen,   *37*
Als ich da drei Gesichter sah entsprossen!
Eins vorn, und das war scharlachrot zu schauen.

INFERNO · CANTO XXXIV

l'altre eran due, che s'aggiugnieno a questa   *40*
sovresso il mezzo di ciascuna spalla,
e sè giugnieno al luogo della cresta;
  e la destra parea tra bianca e gialla;   *43*
la sinistra a veder era tal quali
vegnon di là onde 'l Nilo s'avvalla.
  Sotto ciascuna uscivan due grand'ali,   *46*
quanto si convenia a tanto uccello:
vele di mar non vid'io mai cotali.
  Non avean penne, ma di vispistrello   *49*
era lor modo; e quelle svolazzava,
sì che tre venti si movean da ello:
  quindi Cocito tutto s'aggelava.   *52*
Con sei occhi piangea e per tre menti
gocciava il pianto e sanguinosa bava.
  Da ogni bocca dirompea co' denti   *55*
un peccatore, a guisa di maciulla,
sì che tre ne facea così dolenti.
  A quel dinanzi il mordere era nulla   *58*
verso il graffiar, che talvolta la schiena
rimanea della pelle tutta brulla.
  «Quell'anima lassù c' ha maggior pena»   *61*
disse 'l maestro, «è Giuda Scariotto,
che 'l capo ha dentro e fuor le gambe mena.
  Degli altri due c' hanno il capo di sotto,   *64*
quel che pende dal nero ceffo è Bruto
– vedi come si storce e non fa motto –;
  e l'altro è Cassio, che par sì membruto.   *67*
Ma la notte risurge, e oramai
è da partir, chè tutto avem veduto.»
  Com' a lui piacque, il collo gli avvinghiai;   *70*
ed ei prese di tempo e loco poste;
e quando l'ali fuoro aperte assai,
  appigliò sè alle vellute costo;   *73*
di vello in vello giù discese poscia
tra il folto pelo e le gelate croste.
  Quando noi fummo là dove la coscia   *76*
si volge appunto in sul grosso dell'anche,
lo duca, con fatica e con angoscia,
  volse la testa ov'egli avea le zanche,   *79*
e aggrappossi al pel com' uom che sale,
sì che Inferno i' credea tornar anche.

193

DIE HÖLLE · XXXIV. GESANG

Von den zwei andern, die daran sich schlossen 40
Und grad auf Schultermitte platzgenommen,
Wo sie in einem Kamm zusammenflossen,

Schien mir das rechte weißlichgelb verschwommen, 43
Das linke an die Farbe anzuklingen
Derer, die her vom untern Nilfluß kommen.

Darunter spannten sich sechs mächtge Schwingen, 46
Passend dem Vogel hier im Eisgehäuse:
Nie sah durchs Meer ich solche Segel dringen.

Ganz federlos wie die der Fledermäuse 49
War ihre Form; sie flatterten und gossen
Dreifacher Richtung aus ein Windgesäuse,

Wodurch mit Eis ganz der Kozyt verschlossen. 52
Sechs Augen weinten ihm, daß in sechs Strähnen
Zu dreien Kinnen Blut und Geifer flossen.

Je einen Sünder malmt er mit den Zähnen 55
Jedweden Mauls, als gält es, Flachs zu schleißen,
Daß er gleich dreien entpreßte Schmerzenstränen.

Der vordre achtete für nichts das Beißen, 58
Verglichen mit dem Kratzen, denn am Rücken
Ward oft das Fleisch ihm bloßgelegt beim Reißen.

»Der droben, den die größten Qualen drücken, 61
Ist Judas«, sprach der Meister. »In den Fängen
Steckt ihm der Kopf, und vor die Beine zücken.

Sieh von den andern zweien, die köpflings hängen, 64
Am schwarzen Maul sich Brutus windend drehen,
Und ohnedaß sich Seufzer ihm enträngen,

Nebst Cassius, der so gliederstark zu sehen. — 67
Doch mahnend steigt die Nacht, jetzt umzukehren;
Drum, da wir alles sahen, laß uns gehen!«

Den Hals umschlang ich ihm auf sein Begehren, 70
Und Zeit und Ohr abpassend, wo die breiten
Pelzflügel uns genügend Raum bescheren,

Hing er sich klammernd an die zottigen Seiten, 73
Um büschelweise zwischen rauhen Haaren
Und der gefrorenen Wand hinabzugleiten.

Doch als wir nun soweit hinunter waren, 76
Wo sich im Hüftgelenk die Schenkel drehen,
Konnt ich den Meister, den ganz atemsbaren,

Den Ort von Fuß und Haupt vertauschen sehen. 79
Ins Fell sich krallend, klomm er aufwärts weiter,
Als sollt es wiederum zur Hölle gehen.

INFERNO · CANTO XXXIV

«Attienti ben, chè per cotali scale»   82
disse il maestro ansando com' uom lasso,
«conviensi dipartir da tanto male.»

Poi uscì fuor per lo foro d'un sasso,   85
e puose me in su l'orlo a sedere;
appresso porse a me l'accorto passo.

Io levai gli occhi, e credetti verdere   88
Lucifero com'io l'avea lasciato;
e vidili le gambe in su tenere;

e s'io divenni allora travagliato,   91
la gente grossa il pensi, che non vede
qual è quel punto ch'io avea passato.

«Lèvati su» disse il maestro «in spiede: 94
la via è lunga e il cammino è malvagio,
e già il sole a mezza terza riede.»

Non era camminata di palagio   97
la 'v'eravam, ma natural burella,
ch'avea mal suolo e di lume disagio.

«Prima ch'io dell'abisso mi divella,   100
maestro mio» diss'io quando fui dritto,
«a trarmi d'erro un poco mi favella.

Ov'è la ghiaccia? e questi come è fitto   103
sì sottosopra? e come, in sì poc' ora,
da sera a mane ha fatto il sol tragitto?»

Ed elli a me: «Tu imagini ancora   106
d'esser di là dal centro, ov'io mi presi
al pel del vermo reo che 'l mondo fora.

Di là fosti cotanto quant'io scesi;   109
quand'io mi volsi, tu passasti il punto
al qual si traggon d'ogni parte i pesi;

e se' or sotto l'emisperio giunto,   112
ch'è contrapposto a quel che la gran secca
coverchia, e sotto il cui colmo consunto

fu l'uom che nacque e visse sanza pecca: 115
tu hai i piedi in su picciola spera,
che l'altra faccia fa della Giudecca.

Qui è da man, quando di là è sera;   118
e questi, che ne fe' scala col pelo,
fitto è ancora sì come prim'era.

Da questa parte cadde giù dal cielo;   121
e la terra che pria di qua si sporse,
per paura di lui fe' del mar velo,

DIE HÖLLE · XXXIV. GESANG

»Festklammre dich! denn nur auf solcher Leiter   *82*
Gelingts, daß man dem großen Weh entglitte«,
Sprach keuchend und ermüdet mein Begleiter.

Dann nahm er durch ein Felsloch seine Schritte   *85*
Und ließ mich oben auf dem Rande nieder;
Drauf trat er neben mich mit festem Tritte.

Aufblickend glaubt ich Luzifer *so* wieder   *88*
Zu sehn wie Abschied ich von ihm genommen:
Und sah ihn *aufwärtsstrecken* jetzt die Glieder.

Und wenn ich da bestürzt war und beklommen,   *91*
Einfältige wunderts wohl, die nicht vermuten,
Welch Punkt es war, wo ich hindurchgekommen.

»Auf«, sprach der Meister, »auf, du mußt dich sputen!   *94*
Schlimm ist der Aufstieg, lang der Weg des Tales,
Auch fehlen an halbacht nur noch Minuten.«

Das war kein Estrich eines Fürstensaales: *97*
Wir standen in naturerbauten Klüften,
Holprig der Grund, bar jedes Sonnenstrahles.

»Bevor ich mich entringe diesen Grüften«,   *100*
Sprach ich aufstehend, »laß dich, Meister, bitten,
Mir eines Irrtums Schleier doch zu lüften.

Wo blieb das Eis? Und wie ist *der* geglitten   *103*
Kopfunter so? Und *wie* aus Westens Weiten
Ist schnell nach Ost die Sonne schon geschritten?«

Er sprach: »Du glaubst noch jenseits hinzuschreiten   *106*
Des Mittelpunkts, wo ich am Fell gehangen
Dem weltdurchbohrenden Wurm, hierher zu gleiten.

Jenseits warst du, als ich hinabgegangen.   *109*
Beim Umdrehn aber ward *der* Punkt durchschritten,
Wohin von je die Lasten alle drangen,

Und bist zum andern Halbkreis nun geglitten,   *112*
Dem rückwärts sich des Festlands Massen heben,
Auf dessen Berg *der* Mensch den Tod erlitten,

Der sündlos von Geburt war und im Leben.   *115*
Hier steht dein Fuß auf einem kleinen Runde,
Das Rückwand ist von der Judecca eben.

Hier ist schon Morgen, wenn dort Abendstunde;   *118*
Und der uns schuf die Leiter aus dem Felle,
Steckt fest noch immer wie zuvor im Grunde.

Vom Himmel fiel er diesseits her zur Stelle.   *121*
Und was an Land sich früher hier erhoben,
Barg sich vor ihm erschauernd mit der Welle,

INFERNO · CANTO XXXIV

e venne all'emisperio nostro; e forse   124
per fuggir lui lasciò qui luogo voto
quella che appar di qua, e su ricorse.»

Luogo è laggiù da Belzebù rimoto   127
tanto quanto la tomba si distende,
che non per vista, ma per suono è noto

d'un ruscelletto che quivi discende   130
per la buca d'un sasso ch'elli ha roso,
col corso ch'elli avvolge, e poco pende.

Lo duca e io per quel cammino ascoso   133
intrammo a ritornar nel chiaro mondo;
e sanza cura aver d'alcun riposo,

salimmo su, el primo e io secondo,   136
tanto ch'io vidi delle cose belle
che porta il ciel, per un pertugio tondo,

e quindi uscimmo a riveder le stelle.   139

DIE HÖLLE · XXXIV. GESANG

Ward dann zu eurer Sphäre durchgeschoben,   *124*
Und ließ, vielleicht ihm zu entfliehen, zur Stunde
Die Leere hier und türmte sich nach droben.« –

    Dort unten ist ein Raum, so fern dem Schlunde   *127*
Des Belzebu, als breit sein Grab sich weitet,
Wovon dem Blick nicht, doch dem Ohr gibt Kunde

    Ein kleiner Bach, der dort herniedergleitet   *130*
In einer Schlucht, die er sich grub zum Bade
Gewundenen Laufs, der sänftlich abwärtsleitet.

    Eintrat mit mir zu dem versteckten Pfade,   *133*
Zur Heimkehr in die Lichtwelt, mein Begleiter.
Und ohnedaß ein Wunsch zur Rast uns lade,

    Gings bergempor, er erster und ich zweiter,   *136*
Bis mir durch eine runde Kluft von ferne
Des Himmels Schönheit winkte hell und heiter.

    Und hier beim Austritt sahen wir neu die Sterne.   *139*

PURGATORIO

DER LÄUTERUNGSBERG

CANTO PRIMO

Per correr miglior acqua alza le vele   *1*
omai la navicella del mio ingegno,
che lascia dietro a sè mar sì crudele;
   e canterò di quel secondo regno,   *4*
ove l'umano spirito si purga,
e di salire al ciel diventa degno.
   Ma qui la morta poesì risurga,   *7*
o sante Muse, poi che vostro sono;
e qui Calliopè alquanto surga,
   seguitando il mio canto con quel suono   *10*
di cui le Piche misero sentiro
o colpo tal, che disperâr perdono.
   Dolce color d'oriental zaffiro,   *13*
che s'accoglieva nel sereno aspetto
dell'aere puro infino al primo giro,
   agli occhi miei ricominciò diletto   *16*
tosto ch'io usci'fuor dell'aura morta,
che m'avea contristati gli occhi e il petto.
   Lo bel pianeta che ad amar conforta,   *19*
faceva tutto rider l'oriente,
velando i Pesci ch'erano in sua scorta.
   Io mi volsi a man destra, e puosi mente   *22*
all'altro polo, e vidi quattro stelle
non viste mai fuor ch'alla prima gente.
   Goder pareva il ciel di lor fiammelle: *25*
o settentrional vedovo sito,
poi che privato se' di mirar quelle!
   Com'io da loro sguardo fui partito,   *28*
un poco me volgendo all' altro polo,
là onde il Carro già era sparito,
   vidi presso di me un veglio solo,   *31*
degno di tanta reverenza in vista,
che più non dee a padre alcun figliuolo.
   Lunga la barba e di pel bianco mista   *34*
portava, ai suoi capelli simigliante,
de' quai cadeva al petto doppia lista.

ERSTER GESANG

Nun läßt das Schifflein meines Geistes ragen   *1*
Die Segel, um durch bessere Flut zu dringen,
Fliehend ein Meer, drauf grause Wellen schlagen.
    Und von dem zweiten Reiche will ich singen,   *4*
Wo sich die Seele läutert im Bestreben,
Sich würdig in den Himmel aufzuschwingen.
    Doch mag sich hier der tote Sang beleben,   *7*
O heilige Musen, denen ich mich weihen
Gedurft, hier auch Kalliope sich heben
    Und meinem Liede jenen Klang verleihen,   *10*
Der den unseligen Elstern also dröhnte,
Daß sie verzweifeln mußten am Verzeihen. –
    Indiens Saphir, der herrlichblau-getönte,   *13*
Hatte mit Licht den Himmel rings durchronnen,
Daß Klarheit selbst den fernsten Kreis verschönte,
    Und schenkte meinen Augen neue Wonnen,   *16*
Als ich die Stickluft ließ der Grabeszelle,
Die Brust und Augen mir mit Nacht umsponnen.
    Der schöne Stern, der unserer Liebe Quelle,   *19*
Ließ hell ein Lächeln rings im Ost entstehen,
Daß bald vor ihm den Fischen schwand die Helle.
    Scharf ließ nach rechts zum andern Pol ich gehen   *22*
Den Blick und sah des Viergestirnes Schimmer,
Das seit dem ersten Paar kein Mensch gesehen.
    Der Himmel schien entzückt von dem Geflimmer: *25*
O Norden, als verwaist tief zu beklagen,
Da dieser Anblick dir versagt auf immer!
    Als ich mich seines Anschauens dann entschlagen,   *28*
Mehr spähend nach des andern Poles Breite,
Wo schon verschwunden war der Himmelswagen,
    Sah einen Greis ich, *einsam*, mir zur Seite,   *31*
Von Ansehn solcher Ehrfurcht wertzuhalten,
Wie größre nie ein Sohn dem Vater weihte.
    Ein langer lockiger Bart umfloß den Alten,   *34*
Mit Silberglanz, dem Haupthaar gleich, durchschossen,
Davon zur Brust zwei Wellen niederwallten.

PURGATORIO · CANTO I

Li raggi delle quattro luci sante 37
fregiavan sì la sua faccia di lume,
ch'io'l vedea come il sol fosse davante.

«Chi siete voi, che contro al cieco fiume 40
fuggito avete la pregione eterna?»
diss'ei movendo quelle oneste piume.

«Chi v'ha guidati? o che vi fu lucerna, 43
uscendo fuor della profonda notte
che sempre nera fa la valle inferna?

Son le leggi d' abisso così rotte? 46
o è mutato in ciel nuovo consiglio,
che, dannati, venite alle mie grotte?»

Lo duca mio allor mi diè di piglio, 49
e con parole e con mani e con cenni
reverenti mi fe' le gambe e il ciglio.

Poscia rispuose lui: «Da me non venni; 52
donna scese del ciel, per li cui preghi
della mia compagnia costui sovvenni.

Ma da ch'è tuo voler che più si spieghi 55
di nostra condizion com' ella è vera,
esser non puote il mio che a te si nieghi.

Questi non vide mai l'ultima sera; 58
ma per la sua follia le fu sì presso,
che molto poco tempo a volger era.

Sì come io dissi, fui mandato ad esso 61
per lui campare; e non v'era altra via
che questa per la quale io mi son messo.

Mostrato ho lui tutta la gente ria; 64
e ora intendo mostrar quelli spirti
che purgan sè sotto la tua balìa.

Com' io l' ho tratto, saria lungo a dirti; 67
dell'alto scende virtù che m' aiuta
conducerlo a vederti ed a udirti.

Or ti piaccia gradir la sua venuta: 70
libertà va cercando, ch'è sì cara,
come sa chi per lei vita rifiuta.

Tu 'l sai, che non ti fu per lei amara 73
in Utica la morte, ove lasciasti
la vesta ch'al gran dì sarà sì chiara.

Non son gli editti eterni per noi guasti; 76
chè questi vive, e Minòs me non lega;
ma son del cerchio ove son gli occhi casti

DER LÄUTERUNGSBERG · I. GESANG

Des heiligen Viergestirnes Strahlen gossen   *37*
Ihm übers Haupt so feierliche Helle,
Als hielts ein Sonnendiadem umschlossen.

»Wer seid ihr, die des ewigen Kerkers Schwelle   *40*
Verließen, trotzend finsterm Strom entgegen?«
Klangs aus des Bartes würdiger Silberwelle.

»Wer führte euch? Wer borgte Licht den Wegen   *43*
Aus tiefster Nacht, wo die verlorene Rotte
Mit ewigem Schwarz die Höllenschlünde hegen?

Ward das Gesetz des Abgrunds so zum Spotte,   *46*
Ward neu Beschluß gefaßt im Himmelskreise?
Ihr als Verdammte kommt zu meiner Grotte?«

Darauf berührte mich mein Führer leise   *49*
Und hieß durch Worte mich, durch Hand und Mienen,
Daß Ehrfurcht ich mit Knie und Blick erweise,

Und sprach: »Nicht durch mich selbst bin ich erschienen. *52*
Ein Weib stieg bittend aus des Himmels Sphäre:
Hilfreich als Führer sollt ich dem hier dienen.

Doch weils *dein* Wille, daß ich dir erkläre,   *55*
Wie es in Wahrheit stehe mit uns beiden,
Ists auch *mein* Wille, daß ich dies gewähre.

Der sah noch nicht den letzten Abend scheiden,   *58*
Doch stand er dicht davor irrtumverblendet,
Daß wenig Zeit ihm blieb, ihn zu vermeiden.

Zu seiner Rettung ward ich da gesendet   *61*
Und konnt nur diesem Weg den Vorzug zollen,
Drauf, wie ich sagte, ich mich hergewendet.

Gezeigt hab ich ihm all die Sündenvollen   *64*
Und denke jetzt die Geister ihm zu zeigen,
Die unter Deiner Hut sich läutern sollen.

Der Herkunft lange Mär laß mich verschweigen: *67*
Mich stärkte höhere Kraft, hierherzustreben
Mit ihm, daß Ohr und Augen sich dir neigen.

Nun wolle seinem Hiersein Gnade geben.   *70*
Die Freiheit sucht er, deren Wert in Treue
Geschätzt, der ihr geopfert hat das Leben.

Du weißts, denn ihrethalb ist ohne Reue   *73*
In Utika dein sterblich Kleid entglitten,
Daß leuchtend dichs am großen Tag erfreue.

Kein ewig Recht durch uns ward überschritten: *76*
Der lebt und mich hält Minos nicht im Zwange.
Ich bin vom Kreise, wo mit keuschen Bitten

198

PURGATORIO · CANTO I

di Marzia tua, che 'n vista ancor ti priega,   79
o santo petto, che per tua la tegni:
per lo suo amore adunque a noi ti piega.

Lasciane andar per li tuoi sette regni: 82
grazie riporterò di te a lei,
se d'esser mentovato laggiù degni.»

«Marzïa piacque tanto agli occhi miei,   85
mentre ch' io fui di là» diss' elli allora,
«che quante grazie volse da me, fei.

Or che di là dal mal fiume dimora,   88
più muover non mi può per quella legge
che fatta fu, quando me n'uscii fuora.

Ma se donna del ciel ti move e regge,   91
come tu di', non c'è mestier lusinghe:
bastiti ben che per lei mi richegge.

Va' dunque, e fa' che tu costui ricinghe   94
d'un giunco schietto, e che gli lavi il viso,
sì ch'ogni sucidume quindi stinghe;

chè non si converrìa, l'occhio sorpriso   97
d' alcuna nebbia, andar dinanzi al primo
ministro, ch'è di quei di Paradiso.

Questa isoletta intorno ad imo ad imo,   100
laggiù colà dove la batte l'onda,
porta de' giunchi sovra il molle limo:

null' altra pianta che facesse fronda   103
o indurasse, vi puote aver vita,
però ch'alle percosse non seconda.

Poscia non sia di qua vostra reddìta;   106
lo sol vi mosterrà, che surge omai,
prendere 'l monte a più lieve salita.»

Così sparì; e io su mi levai   109
sanza parlare, e tutto mi ritrassi
al duca mio, e gli occhi a lui drizzai.

Ei cominciò: «Seguisci li miei passi: 112
volgiamci indietro, chè di qua dichina
questa pianura a' suoi termini bassi».

L'alba vinceva l'ora mattutina,   115
che fuggìa innanzi, sì che di lontano
conobbi il tremolar della marina.

Noi andavam per lo solingo piano,   118
com'uom che torna alla perduta strada,
che 'nfino ad essa gli par ire invano.

199

DER LÄUTERUNGSBERG · I. GESANG

Das Auge deiner Marcia fleht so bange,   79
O heilig Herz, daß sie verbleib dein eigen –
Drum ihr zuliebe huldvoll uns empfange.

Durch deine sieben Reiche laß uns steigen!   82
Ich will ihr holde Grüße von dir sagen,
Erlaubst du, drunten nicht von dir zu schweigen.« –

»Mein Auge fand an Marcia solch Behagen«,   85
Sprach er darauf, »als ich noch jenseits weilte,
Daß ich ihr keine Bitte abgeschlagen.

Nun sie des schlimmen Flusses Bann ereilte,   88
Kann sie mir keine Rührung mehr erregen,
Wie es Gesetz ist, seit ich dort enteilte.

Doch sagst du, daß ein Himmelsweib voll Segen   91
Dich schickt und führt, was brauchts da Schmeicheleien?
Genug, wenn du mich anrufst ihretwegen.

Geh denn, mit einem Gürtel ihn zu weihen   94
Aus glattem Schilf, und sein Gesicht zu baden,
Um es von jedem Staubfleck zu befreien.

Nicht ziemt es sich, mit Augen nachtbeladen   97
Zu treten vor den ersten aller Engel,
Die strahlend gehen auf Paradiesespfaden.

Als grüner Kranz umrauscht des Eilands Sprengel,   100
Wo an den sumpfigen Rand die Wellen schlagen,
Ein Schilfgebüsch mit schmiegsam-weichem Stengel.

Denn andere Pflanzen, die da Blätter tragen   103
Und sich verholzen, können hier nicht leben,
Wo es sich schmiegen heißt, wenn Wellen jagen.

Statt dann hierher zurück euch zu begeben,   106
Erklimmt den Berg! Bequemen Weg euch zeigend
Zur Höh, geht dort die Sonne auf soeben.«

Damit entweicht er. Und ich heb mich schweigend   109
Vom Knieen, und zu meinem Führer sende
Den Blick ich, mich ganz nahe zu ihm neigend.

Anhub er: »Sohn, folg meinem Schritt behende.   112
Zurück gehts, wo sich senkt zum Horizonte
Die Ebene bis zu ihrem untern Ende.«

Schon floh, weil heller sich der Ost besonnte,   115
Der Morgendämmer, daß ich bald vom weiten
Des Meeres Flimmerspiel erkennen konnte.

Wir gingen, wo sich öde Strecken breiten,   118
Wie einer umkehrt zum verlorenen Wege
Und bis zu ihm vergebens glaubt zu schreiten.

PURGATORIO · CANTO I

Quando noi fummo la 've la rugiada   *121*
pugna col sole e, per esser in parte
ove adorezza, poco si dirada;
   ambo le mani in su l'erbetta sparte   *124*
soavemente il mio maestro pose:
ond'io, che fui accorto di su' arte,
   porsi vêr lui le guancie lagrimose: *127*
ivi mi fece tutto discoverto
quel color che l'Inferno mi nascose.
   Venimmo poi in sul lito diserto,   *130*
che mai non vide navicar sue acque
uomo che di tornar sia poscia esperto.
   Quivi mi cinse, sì come altrui piacque: *133*
oh maraviglia! chè qual egli scelse
l'umile pianta, cotal si rinacque
   subitamente là onde l'avelse.   *136*

DER LÄUTERUNGSBERG · I. GESANG

Kaum daß wir angelangt, wo frisch und rege   *121*
Der Frühtau mit den Sonnenstrahlen streitet
Und schwerer weicht, wo schattig das Gehege,
   Als hier mein Meister sänftlich ausgebreitet   *124*
Aufs junge Gras die beiden Hände reckte,
Daß ich, von seiner Absicht recht geleitet,
   Mein tränend Antlitz ihm entgegenstreckte,   *127*
Bis er die alte Farbe ihm und Glätte
Zurückgab, die der Höllenqualm noch deckte.

   Drauf kamen wir zur öden Küstenstätte,   *130*
Die niemals sah auf ihrem Wellenkreise
Ein irdisch Boot, das heimgefunden hätte.

   Er gürtete mich dort befohlenerweise: *133*
O Wunder! denn sooft er sich auch bückte
Nach einer schlichten Pflanze, schnell und leise

   Sproß eine neue da, wo er sie pflückte.   *136*

CANTO SECONDO

Già era il sole all'orizzonte giunto,   *1*
lo cui meridian cerchio coverchia
Ierusalèm col suo più alto punto;
   e la notte, che opposita a lui cerchia,   *4*
uscìa di Gange fuor colle bilance,
che le caggion di man, quando soverchia;
   sì che le bianche e le vermiglie guance,   *7*
là dov'io era, della bella Aurora,
per troppa etate divenivan rance.
   Noi eravam lunghesso il mare ancora,   *10*
come gente che pensa a suo cammino,
che va col core, e col corpo dimora;
   ed ecco, qual sul presso del mattino   *13*
per li grossi vapor Marte rosseggia
giù nel ponente sovra il suol marino;
   cotal m'apparve, s'io ancor lo veggia,   *16*
un lume per lo mar venir sì ratto,
che 'l muover suo nessun volar pareggia;
   dal qual com'io un poco ebbi ritratto   *19*
l'occhio per dimandar lo duca mio,
rividil più lucente e maggior fatto.
   Poi d'ogni lato ad esso m'apparìo   *22*
un non sapea che bianco, e di sotto
a poco a poco un altro a lui uscìo.
   Lo mio maestro ancor non fece motto,   *25*
mentre che i primi bianchi apparser ali;
allor che ben conobbe il galeotto,
   gridò: «Fa', fa' che le ginocchia cali!   *28*
Ecco l'angel di Dio: piega le mani:
omai vedrai di sì fatti officiali.
   Vedi che sdegna gli argomenti umani,   *31*
sì che remo non vuol nè altro velo
che l'ali sue, tra liti sì lontani!
   Vedi come le ha dritte verso il cielo,   *34*
trattando l'aere con l'eterne penne,
che non si mutan come mortal pelo.»
   Poi, come più e più verso noi venne   *37*
l'uccel divino, più chiaro appariva;
per che l'occhio da presso nol sostenne,

ZWEITER GESANG

Schon stand der Sonnenball am Horizonte,   *1*
Der mit dem höchsten Punkt im Mittelkreise
Sich durch Jerusalem erstrecken konnte,
  Und jenseits kreisend kam vom Ganges leise   *4*
Die Nacht mit ihrer Waage hergegangen,
Die wachsend ihr entfällt nach alter Weise,
  Daß schon Auroras weiß' und rote Wangen,   *7*
Der schönen, so alsob sie Alter dorrte,
Da wo ich stand, zu welken angefangen.
  Wir weilten so noch an der Meeresborte   *10*
Wie man wohl zweifelt, welchem Weg zu trauen:
Schon eilt der Geist, noch weilt der Leib am Orte.
  Und sieh! wie überrascht vom Morgengrauen   *13*
Durch dichten Nebel Mars in roter Helle
Fern überm Meer im Westen ist zu schauen,
  Dem ähnlich kam jetzt auf der Meereswelle,   *16*
O säh ichs wieder einst! ein Licht geflogen,
Wie nie geflogen ward mit solcher Schnelle.
  Denn als ich kaum das Haupt zurückgebogen   *19*
Ein wenig, um den Führer zu befragen,
Stands größer schon und heller auf den Wogen.
  Ein rätselhaftes Weiß dann sah ich ragen   *22*
Zu beiden Seiten, und die Unterkante
Schien nach und nach ein andres Weiß zu tragen.
  Noch schwieg mein Meister bis das erstgenannte   *25*
Seitliche Weiß sich auswuchs zum Gefieder.
Doch als er dann den Fährmann recht erkannte,
  Rief er: »Geschwind, geschwind! und kniee nieder!   *28*
Sieh Gottes Engel! falte deine Hände!
Bald siehst du mehr dergleichen Diener wieder.
  Sieh, stolz verschmäht er, was der Mensch erfände!   *31*
Kein Ruder braucht er; seine Schwingen tragen
Als Segel ihn zum fernesten Gelände.
  Sieh, wie er himmelaufwärts sie läßt ragen,   *34*
Die Luft durchstreichend; nie wird sein Gefieder
Gleich sterblichem Veränderung beklagen.«
  Und näher kam und heller strahlte wieder   *37*
Der Gottesvogel, daß ich von dem Glanze
Beinah geblendet schlug die Augen nieder,

PURGATORIO · CANTO II

ma chinail giuso; e quei sen venne a riva   40
con un vasello snelletto e leggiero,
tanto che l'acqua nulla ne inghiottiva.

Da poppa stava il celestial nocchiero,   43
tal che parea beato per iscripto;
e più di cento spirti entro sediero.

«In exitu Israel de Aegypto»   46
cantavan tutti insieme ad una voce,
con quanto di quel salmo è poscia scripto.

Poi fece il segno lor di santa croce: 49
ond'ei si gittâr tutti in su la piaggia;
ed el sen gì, come venne, veloce.

La turba che rimase lì, selvaggia   52
parea del loco, rimirando intorno,
come colui che nuove cose assaggia.

Da tutte parti saettava il giorno   55
lo sol, ch'avea colle saette conte
di mezzo il ciel cacciato Capricorno,

quando la nuova gente alzò la fronte   58
vêr noi, dicendo a noi: «Se voi sapete,
mostratene la via di gire al monte».

E Virgilio rispuose: «Voi credete   61
forse che siamo esperti d'esto loco;
ma noi siam peregrin come voi siete.

Dianzi venimmo, innanzi a voi un poco,   64
per altra via, che fu sì aspra e forte,
che lo salire omai ne parrà gioco.»

L'anime, che si fur di me accorte   67
per lo spirare ch' i' era ancor vivo,
maravigliando, diventaro smorte;

e come a messagger che porta olivo,   70
tragge la gente per udir novelle,
e di calcar nessun si mostra schivo;

così al viso mio s'affissâr quelle   73
anime fortunate tutte quante,
quasi obliando d'ire a farsi belle.

Io vidi una di lor trarresi avante   76
per abbracciarmi, con sì grande affetto,
che mosse me a far lo simigliante.

Oh ombre vane, fuor che nell'aspetto!   79
Tre volte dietro a lei le mani avvinsi,
e tante mi tornai con esse al petto.

DER LÄUTERUNGSBERG · II. GESANG

Als er ganz nahe und zum Uferkranze 40
Herflog in so geschwindem leichtem Boote,
Daß keine Spur es ließ im Wellentanze.

Am Steuer stand der himmlische Pilote, 43
(Beseligt wär schon, wer nur von ihm *sänge!*)
Und drinnen saßen mehr als hundert Tote.

»*In exitu Israel*«, schollen die Klänge 46
Des Chors, der anhob einstimmig zu singen
Den Davidspsalm in seiner ganzen Länge.

Nachdem des Kreuzes Zeichen sie empfingen 49
Vom Fährmann, warfen alle sich zur Küste;
Doch er schied wie er kam auf raschen Schwingen.

Die Menge, die zurückblieb, tat als wüßte 52
Sie nichts vom Ort und blickte unentschlossen,
Alsob sie neue Dinge proben müßte.

Rings schleuderte die Sonne unverdrossen 55
Blitzpfeile aus des Himmels Mitte droben,
Daß schon der Steinbock floh vor den Geschossen,

Als die Neuangekommenen zu uns hoben 58
Die Stirn und zu uns sagten: »Zeigt die Pforte
Zum Berg uns, wenn ihr kennt den Weg nach oben.«

Da sprach Vergil: »Ihr glaubt, nach euerm Worte, 61
Daß wir schon heimisch sind auf diesen Wegen;
Doch wir sind Fremde hier gleich euch am Orte.

Wir trafen kurz vor euch auf andern Stegen 64
Hier ein, nach rauhen mühsalsreichen Fahrten,
Daß dieses Steigen hier ein Spiel dagegen.«

Die Seelen, die sogleich bei mir gewahrten 67
Am Atemzug, daß mir noch Leben eigen,
Im Antlitz blasses Staunen offenbarten.

Und wie dem Boten mit des Ölbaums Zweigen 70
Die Menschen neugiervoll entgegendringen
Und keine Scheu vor dem Gedränge zeigen,

So ganz vertieft an meinem Anblick hingen 73
All die beglückten Seelen und vergaßen,
Daß sie, um schön zu werden, *weiter*gingen.

Und eine Seele, zärtlich-übermaßen, 76
Trat vor, die Brust mir innig zu umstricken,
Daß meine Sinne gleichen Wunsch besaßen.

O nichtige Schatten, sichtbar nur den Blicken! 79
Dreimal um sie sich meine Hände schlangen,
Dreimal zur Brust sie leer zurückzuschicken.

PURGATORIO · CANTO II

Di maraviglia, credo, mi dipinsi;   82
per che l'ombra sorrise e si ritrasse,
e io, seguendo lei, oltre mi pinsi.

Soavemente disse ch'io posasse: 85
allor conobbi chi era e 'l pregai
che, per parlarmi, un poco s'arrestasse.

Rispuosemi: «Così com'io t'amai   88
nel mortal corpo, così t'amo sciolta;
però m'arresto; ma tu perchè vai?»

«Casella mio, per tornar altra volta   91
là dove son, fo io questo viaggio»
diss'io; «ma a te com' è tant'ora tolta?»

Ed elli a me: «Nessun m'è fatto oltraggio,   94
se quei che leva e quando e cui gli piace,
più volte m'ha negato esto passaggio;

chè di giusto voler lo suo si face;   97
veramente da tre mesi egli ha tolto
chi ha voluto entrar, con tutta pace.

Ond'io, ch'era ora alla marina vòlto,   100
dove l'acqua di Tevero s'insala,
benignamente fui da lui ricolto

a quella foce; ov'elli ha dritta l'ala,   103
però che sempre quivi si raccoglie
qual verso d'Acheronte non si cala.»

E io: «Se nuova legge non ti toglie   106
memoria o uso all'amoroso canto,
che mi solea quetar tutte mie voglie,

di ciò ti piaccia consolare alquanto   109
l'anima mia, che, con la sua persona
venendo qui, è affannata tanto!»

«*Amor che nella mente mi ragiona*»   112
cominciò egli allor sì dolcemente,
che la dolcezza ancor dentro mi suona.

Lo mio maestro e io e quella gente   115
ch'eran con lui, parevan sì contenti,
come a nessun toccasse altro la mente.

Noi eravam tutti fissi ed attenti   118
alle sue note; ed ecco il veglio onesto,
gridando: «Che è ciò, spiriti lenti?

qual negligenza, quale stare è questo?   121
Correte al monte a spogliarvi lo scoglio
ch'esser non lascia a voi Dio manifesto.»

DER LÄUTERUNGSBERG · II. GESANG

Erstaunen, glaub ich, bleichte mir die Wangen,   *82*
Denn rückwärts sah den Geist ich lächelnd schweben,
Daß mich ihm nachzog törichtes Verlangen.

Sanft bat er mich, zu zügeln mein Bestreben.   *85*
Da kannt ich ihn und flehte, daß er bleibe,
Um freundlich kurze Antwort mir zu geben.

Er sprach: »Wie ich dich liebte einst im Leibe,   *88*
So lieb ich dich, befreit vom irdischen Zwange,
Drum steh ich, aber sag, was *dich* hier treibe?« –

»Casella mein, daß man mich hier empfange   *91*
Ein zweites Mal, mußt ich hierher mich wagen«,
Sprach ich; »doch wo bliebst du indes solange?«

Und er zu mir: »Kein Unrecht heißts beklagen,   *94*
Wenn er, der wen und wann er will hier kürte,
Die Überfahrt mir mehrmals abgeschlagen,

Da er gerechten Willen nur vollführte.   *97*
Und wirklich seit drei Monden nahm in Gnaden
Er jeden auf, wer Lust zur Fahrt verspürte;

Weshalb ich, angelangt an den Gestaden,   *100*
Wo sich der Salzflut mischt des Tibers Welle,
Huldvoll von ihm auch wurde eingeladen

Am Mündungsort, wohin der Flügelschnelle   *103*
Stets eilt, weil dort sich sammelt an den Borden,
Was nicht hinab muß zu des Acheron Quelle.« –

»Wenn dir nicht untreu durch Gesetz geworden«,   *106*
Sprach ich, »Kunst und Gedächtnis all der Lieder,
Die oft mit ihren tröstenden Akkorden

Mich freuten, o so labe freundlich wieder   *109*
Die Seele mein, die her ermüdet reiste
Und unter ihres Leibes Last liegt nieder.« –

»*Die Liebe, welche mit mir spricht im Geiste*«,   *112*
Begann er nun die schmelzendsüße Weise,
Die noch für mich an Süße hat das meiste.

Mein Meister und ichselbst mitsamt dem Kreise,   *115*
Wir fühlten uns die Wonne so beglücken,
Daß ganz dem Sinn entschwand die Umwelt leise,

Und wir lustwandelnd lauschten mit Entzücken   *118*
Dem Lied. – Da hörten wir den würdigen Alten,
Der mahnend rief: »Was darf euch so berücken,

Ihr Geister? Welche Trägheit, welch Erkalten!   *121*
Eilt hin zum Berg, die Hüllen abzustreifen,
Die Gottes Anblick euch noch vorenthalten.«

PURGATORIO · CANTO II

Come quando, cogliendo biada o loglio,   *124*
li colombi adunati alla pastura,
queti, sanza mostrar l'usato orgoglio,
   se cosa appare ond'elli abbian paura,   *127*
subitamente lasciano star l'esca,
perchè assaliti son da maggior cura;
   così vid'io quella masnada fresca   *130*
lasciar lo canto e gire invêr la costa,
com'uom che va, nè sa dove riesca:
   nè la nostra partita fu men tosta.   *133*

DER LÄUTERUNGSBERG · II. GESANG

Wie Tauben emsig trippeln, um die reifen   *124*
Feldkörner oder Trespen aufzupicken,
Einträchtig, ohne keck sich aufzusteifen,
   Jedoch sobald ein Schrecknis zu erblicken,   *127*
Fortschwirren jäh und sich vom Futter trennen,
Weil größere Sorgen sie mit Furcht umstricken –
   So sah ich hier fort vom Gesange rennen   *130*
Die neue Schar und hin zum Abhang eilen
Wie Wanderer hasten, die das Ziel nicht kennen:
   Und wir auch eilten ohne zu verweilen.   *133*

CANTO TERZO

Avvegna che la subitana fuga   *1*
dispergesse color per la campagna,
rivolti al monte ove ragion ne fruga,

io mi ristrinsi alla fida compagna: *4*
e come sare' io sanza lui corso?
ehi m'avrìa tratto su per la montagna?

Ei mi parea da sè stesso rimorso: *7*
o dignitosa coscienza e netta,
come t'è picciol fallo amaro morso!

Quando li piedi suoi lasciâr la fretta,   *10*
che l'onestade ad ogni atto dismaga,
la mente mia, che prima era ristretta,

lo intento rallargò, sì come vaga;   *13*
e diedi il viso mio incontro al poggio,
che inverso il ciel più alto si dislaga.

Lo sol, che dietro fiammeggiava roggio,   *16*
rotto m'era dinanzi alla figura,
ch'avea in me de' suoi raggi l'appoggio.

Io mi volsi dallato con paura   *19*
d'essere abbandonato, quand'io vidi
solo dinanzi a me la terra oscura;

e 'l mio conforto «Perchè pur diffidi?»   *22*
a dir mi comminciò tutto rivolto:
«Non credi tu me teco e ch'io ti guidi?

Vespero è già colà dov'è sepolto   *25*
lo corpo dentro al quale io facea ombra:
Napoli l' ha e da Brandizio è tolto.

Ora, se innanzi a me nulla s'aombra,   *28*
non ti maravigliar più che de' cieli,
che l'uno all'altro raggio non ingombra.

A sofferir tormenti e caldi e geli   *31*
simili corpi la Virtù dispone,
che, come fa, non vuol ch'a noi si sveli.

Matto è chi spera che nostra ragione   *34*
possa trascorrer la infinita via,
che tiene una sustanza in tre persone.

State contenti, umana gente, al *quia*;   *37*
chè se possuto aveste veder tutto,
mestier non era parturir Maria;

DRITTER GESANG

Indessen nun, zu jäher Flucht vereinigt,   *1*
Die andern sich zerstreuten in die Weite
Zum Berg hin, wo Gerechtigkeit uns reinigt,
   Hielt ich mich an des treuen Führers Seite.   *4*
Wie hätt ich ohne ihn auch gehen dürfen?
Den Berg ersteigen ohne sein Geleite?
   Mir wars, er plage sich mit Selbstvorwürfen.   *7*
O reines und empfindliches Gewissen,
Am kleinsten Fehl verletzend sich zu schürfen!

   Als nun sein Fuß sich minderer Hast beflissen,   *10*
Weil Hast und Würde niemals Eintracht zeigen,
Fühlt ich den Geist, dem frühern Bann entrissen,
   Begierig sich zu neuen Zielen neigen.   *13*
Und hin zum Berg mein Angesicht ich wandte,
Den ich als höchsten sah dem Meer entsteigen.

   Die Sonne hinter mir, die rotentbrannte,   *16*
Von vornher ich durch meinen Leib verdeckte,
Des Widerstand die Strahlen an mich bannte.

   Ich kehrte seitwärts mich, weil michs erschreckte,   *19*
Allein zu sein, und mußte staunend spüren,
Daß nur vor *mir* der Schatten sich erstreckte.

   Da sprach mein Trost: »Kann Argwohn dich berühren?«   *22*
Und wandte ganz zu mir sich mit dem Haupte.
»Glaubst du, ich fliehe dich statt dich zu führen?

   Dort schon ist Abend, wo im Grab zerstaubte   *25*
Mein Erdenkleid, das *auch* einmal warf Schatten:
Neapel birgts, das es Brundisium raubte.

   Verdunkl ich also vor mir nicht die Matten,   *28*
So denke dran, daß *eines* Himmels Schimmer
Dem andern sein Durchglänzen muß verstatten.

   Doch bleibt für Schmerzen, Glut und Kälte immer   *31*
Empfänglichkeit in solchen Körpern wohnen
Durch eine Kraft, die sich entschleiert nimmer.

   Ein Tor hofft, daß unendliche Regionen   *34*
Mit irdischem Verstand durchlaufbar wären,
Was Er nur kann, der Eins in drei Personen.

   So ists! Hier, Menschheit, ende dein Erklären!   *37*
Denn läge alles dem Verständnis offen,
So brauchte nicht Maria zu gebären!

PURGATORIO · CANTO III

e disiar vedeste sanza frutto   *40*
tai, che sarebbe lor disìo quetato,
ch'eternalmente è dato lor per lutto:

io dico d'Aristotile e di Plato   *43*
e di molt'altri»; e qui chinò la fronte,
e più non disse, e rimase turbato.

Noi divenimmo intanto a piè del monte: *46*
quivi trovammo la roccia sì erta,
che indarno vi sarien le gambe pronte.

Tra Lerici e Turbìa la più diserta,   *49*
la più rotta ruina è una scala,
verso di quella, agevole ed aperta.

«Or chi sa da qual man la costa cala»   *52*
disse 'l maestro mio, fermando il passo,
«sì che possa salir chi va sanz'ala?»

E mentre ch' e' teneva il viso basso,   *55*
e 'saminava del cammin la mente,
e io mirava suso intorno al sasso,

da man sinistra m'apparì una gente   *58*
d'anime che movieno i piè vêr noi,
e non parea, sì venivan lente!

«Leva» diss'io, «maestro, gli occhi tuoi: *61*
ecco di qua chi ne darà consiglio,
se tu da te medesmo aver nol puoi.»

Guardò allora, e con libero piglio   *64*
rispuose: «Andiamo in là, ch'e' vegnon piano;
e tu ferma la spene, dolce figlio».

Ancora era quel opol di lontano,   *67*
io dico dopo i nostri mille passi,
quanto un buon gittator trarrìa con mano,

quando si strinser tutti ai duri massi   *70*
dell'alta ripa, e stetter fermi e stretti,
come a guardar chi va, dubbiando, stassi.

«O ben finiti, o già spiriti eletti»   *73*
Virgilio incominciò, «per quella pace
ch'io credo che per voi tutti s'aspetti,

ditene dove la montagna giace   *76*
sì che possibil sia l'andare in suso;
chè perder tempo, a chi più sa, più spiace.»

Come le pecorelle escon del chiuso   *79*
a una, a due, a tre, e l'altre stanno
timidette atterrando l'occhio e il muso;

DER LÄUTERUNGSBERG · III. GESANG

Schon manche saht ihr fruchtlos streben, hoffen, 40
Würdig, daß ihre Sehnsucht käm zum Ziele,
Die sie mit ewigen Qualen jetzt betroffen:

So Plato, Aristoteles und viele.« 43
Hier senkte er die Stirn und schwieg beklommen,
Leise Wehmut in seinem Mienenspiele.

Wir waren so zum Bergesfuß gekommen, 46
Doch fanden wir den Fels hier voller Schroffen,
Daß flinke Beine wenig mochten frommen.

Kein Absturz wird so steil und wüst getroffen 49
Von Lerici nach Turbia –: eine Stiege
Wär jeder gegen ihn, bequem und offen.

»Wer weiß nun, wo der Hang sich sanfter schmiege«, 52
Mein Meister sprach, der innehielt im Schreiten,
»Daß man emporkäm, ohnedaß man fliege?«

Und wie er bodenwärts den Blick ließ gleiten, 55
Im Geiste Weg und Mittel überlegend,
Und ich den Fels besah von allen Seiten,

Da lenkte aus dem linken Teil der Gegend 58
Von Seelen eine Schar zu uns die Schritte,
Doch träg sich und kaum merklich fortbewegend.

»Meister, blick auf! Rat wissen unsrer Bitte 61
Vielleicht die«, sprach ich, »die wir dort getroffen,
Falls Rat dein eigener Scharfsinn nicht erstritte.«

Hinschauend sprach er mit dem Blick, so offen: 64
»Schnell hin! denn schleppend kommt ihr Gang vonstatten,
Du aber, lieber Sohn, bleib fest im Hoffen.«

Als noch soweit entfernt von uns die Schatten, 67
Wie gute Schleuderer werfen solche Strecken,
Nachdem wir tausend Schritt durchmessen hatten,

Da drängten alle an die Felsenecken 70
Der Höhe hin, um wie vom Schreck beschworen
Zu stehen gleich Menschen, die in Zweifeln stecken.

»O Geister, frommgestorben, schon erkoren, 73
Bei jenem Frieden«, sprach freundlich-beflissen
Vergil, »der, glaub ich, euch bleibt unverloren,

Sagt uns, wo wir des Berges Steilheit missen, 76
Daß uns emporzukommen möge glücken;
Denn Zeitverlust kränkt mehr, jemehr wir wissen.«

Gleichwie die Schäflein aus der Hürde rücken, 79
Einzeln, zuzweit, zudritt, andre mit Zagen
Noch stehn, zuboden Maul und Augen drücken,

206

PURGATORIO · CANTO III

e ciò che fa la prima, e l'altre fanno,   *82*
addossandosi a lei, s'ella s'arresta,
semplici e quete, e lo 'mperchè non sanno;

sì vid'io movere a venir la testa   *85*
di quella mandria fortunata allotta,
pudica in faccia e nell'andare onesta.

Come color dinanzi vider rotta   *88*
la luce in terra dal mio destro canto,
sì che l'ombra era da me alla grotta,

restaro, e trasser sè indietro alquanto;   *91*
e tutti gli altri che venieno appresso,
non sappiendo il perchè, fenno altrettanto.

«Sanza vostra dimanda io vi confesso   *94*
che questo è corpo uman che voi vedete;
per che il lume del sole in terra è fesso.

Non vi maravigliate, ma credete   *97*
che non sanza virtù che dal ciel vegna
cerchi di soverchiar questa parete.»

Così il maestro; e quella gente degna   *100*
«Tornate» disse; «entrate innanzi dunque»,
coi dossi della man faccendo insegna.

E un di loro incominciò: «Chiunque   *103*
tu se', così andando, volgi il viso:
pon mente se di là mi vedesti unque».

Io mi volsi vêr lui, e guardail fiso: *106*
biondo era e bello e di gentile aspetto,
ma l'un de' cigli un colpo avea diviso.

Quand'io mi fui umilmente disdetto   *109*
d'averlo visto mai, ei disse: «Or vedi»;
e mostrommi una piaga a sommo il petto

Poi sorridendo disse: «I' son Manfredi,   *112*
nepote di Gostanza imperadrice;
ond'io ti prego che quando tu riedi,

vadi a mia bella figlia, genitrice   *115*
dell'onor di Cicilia e d'Aragona,
e dichi a lei il ver, s'altro si dice.

Poscia ch'i' ebbi rotta la persona   *118*
di due punte mortali, io mi rendei,
piangendo, a quei che volentier perdona.

Orribil furon li peccati miei;   *121*
ma la bontà infinita ha sì gran braccia,
che prende ciò che si rivolge a lei.

DER LÄUTERUNGSBERG · III. GESANG

Um nur, was der Leithammel tut, zu wagen:　　　*82*
Steht er, stehn sie, anschmiegend sich solange,
Einfältig, ruhig, nach dem Grund nicht fragen –

So sah ich, wie den Vortrab im Gedrange　　　*85*
Zu uns herschob die hochbeglückte Herde,
Sittsam das Antlitz und gesetzt im Gange.

Doch als zu meiner Rechten auf die Erde　　　*88*
Die Vordern sahen das Licht gebrochen reichen,
Sodaß der Fels von mir beschattet werde,

Da stockten sie, etwas zurückzuweichen.　　　*91*
Und auch die in den letzten Reihen wallten,
Den Grund nicht wissend, taten doch desgleichen.

»Ich wills euch, ungefragt, nicht vorenthalten,　　　*94*
Daß dessen Körper einem Menschen eigen,
Durch den das Licht am Boden wird gespalten.

Ihr sollt deswegen kein Erstaunen zeigen,　　　*97*
Doch glaubt, daß ihm der Himmel Kraft bescherte,
Der ihm erlaubt, die Felswand zu ersteigen.«

Der Meister so. Und jene Schar, die werte,　　　*100*
Begann: »Kehrt um und geht vor uns vonhinnen«,
Indem sie händewinkend uns belehrte.

Und einen aus der Schar hört ich beginnen:　　　*103*
»Wer du auch seist, such gehend herzuschauen,
Ob meiner sich dein Auge kann entsinnen?«

Ich prüfte ihn mit Blicken, mit genauen:　　　*106*
Blond war er, schön, voll Adel in dem feinen
Gesicht, nur eine Braue war zerhauen.

Zu kennen ihn, mußt höflich ich verneinen.　　　*109*
»Sieh her!« sprach er. Ich sah von einer Lanze
Da einen Spalt hoch an der Brust erscheinen.

»Manfred bin ich, von Kaiserin Konstanze　　　*112*
Der Enkel«, sprach er lächelnd. »Ward erkoren
Die freie Heimkehr dir zum Sonnenglanze,

Sag meiner schönen Tochter, die geboren　　　*115*
Siziliens Ruhm und Aragons, ja sage
Die Wahrheit ihr, drang andres ihr zu Ohren.

Zweimal den Leib durchbohrt vom scharfen Schlage,　　　*118*
Hab ich im Tod mich weinend dem ergeben,
Der gern verzeiht der reueheißen Klage.

Sehr sündig war und frevelhaft mein Leben;　　　*121*
Doch weit holt aus der Arm der ewigen Güte,
Der zu sich hinzieht die, die zu ihm streben.

PURGATORIO · CANTO III

Se 'l pastor di Cosenza, che alla caccia   *124*
di me fu messo per Clemente allora,
avesse in Dio ben letta questa faccia,

l'ossa del corpo mio sarieno ancora   *127*
in co del ponte presso a Benevento,
sotto la guardia della grave mora.

Or le bagna la pioggia e move il vento   *130*
di fuor del regno, quasi lungo il Verde,
dov'ei le trasmutò a lume spento.

Per lor maladizion sì non si perde,   *133*
che non possa tornar l'eterno amore,
mentre che la speranza ha fior del verde.

Vero è, che quale in contumacia muore   *136*
di Santa Chiesa, ancor ch'alfin si penta,
star gli convien da questa ripa in fuore,

per ogni tempo ch'egli è stato, trenta,   *139*
in sua presunzion, se tal decreto
più corto per buon preghi non diventa.

Vedi oggimai se tu mi puoi far lieto,   *142*
revelando alla mia buona Gostanza
come m'hai visto, ed anco esta divieto;

chè qui per quei di là molto s'avanza.»   *145*

208

DER LÄUTERUNGSBERG · III. GESANG

Hätte Cosenzas Hirt, der haßerglühte,   *124*
Den Clemens mir hat nachgehetzt, dies eine
Blättlein gelesen doch, fromm im Gemüte,
    So würde meine sterblichen Gebeine   *127*
Der Brückenkopf von Benevent noch hegen
Im stillen Schutz der aufgetürmten Steine.
    Nun peitscht sie Wind und badet sie der Regen,   *130*
Wo er sie ließ bei ausgelöschten Kerzen
Jenseit des Reichs am Verde niederlegen.
    Doch Menschenfluch vermag nicht auszumerzen   *133*
Ewige Liebe, die uns will begnaden,
Wenn noch ein Hoffnungsblümchen sprießt im Herzen.
    Wahr ists, wer hinstirbt, kirchenbannbeladen,   *136*
Ob er zuletzt auf Reue auch gesonnen,
Bleibt außerhalb hier stehn vor den Gestaden,
    Bis wieder dreißigmal *die* Zeit verronnen,   *139*
Die er durchtrotzt, wenn dieser Frist nicht Mindrung
Durch eifrige Gebete wird gewonnen.
    Sieh nun, ob du mich kannst erfreuen mit Lindrung,   *142*
Der trefflichen Konstanze Kunde gebend,
Wie du mich fandest und von dieser Hindrung;
    Denn mächtig fördern hier uns, die noch lebend.«   *145*

CANTO QUARTO

Quando per dilettanze ovver per doglie   *1*
che alcuna virtù nostra comprenda,
l'anima bene ad essa si raccogiie,
   par che a nulla potenza più intenda;   *4*
e questo è contra quello error che crede
che un' anima sovr' altra in noi s' accenda.

   E però, quando s' ode cosa o vede,   *7*
che tenga forte a sè l'anima volta,
vassene il tempo, e l'uom non se n'avvede:
   ch'altra potenza è quella che l'ascolta,   *10*
e altra quella c' ha l'anima intera:
questa è quasi legate e quella è sciolta.

   Di ciò ebb' io esperienza vera,   *13*
udendo quello spirto e ammirando;
chè ben cinquanta gradi salito era
   lo sole, e io non m'era accorto, quando   *16*
venimmo dove quell' anime ad una
gridaro a noi: «Quoi è vostro dimando».

   Maggiore aperta molte volte impruna   *19*
con una forcatella di sue spine
'uom della villa quando l'uva imbruna,
   che non era la calla onde salìne   *22*
lo duca mio, e io appresso, soli,
come da noi la schiera si partìne.

   Vassi in Sanlèo, e discendesi in Noli;   *25*
montasi su in Bismantova e in Caccume
con esso i piè; ma qui convien ch'uom voli;
   dico con l'ali snelle e con le piume   *28*
del gran disio, diretro a quel condotto,
che speranza mi dava e facea lume.

   Noi salivam per entro il sasso rotto,   *31*
e d'ogni lato ne stringea lo stremo,
e piedi e man voleva il suol di sotto.

   Poi che noi fummo in su l'orlo supremo   *34*
dell'alta ripa, alla scoperta piaggia,
«Maestro mio» diss'io, «che via faremo?»

   Ed elli a me: «Nessun tuo passo caggia: *37*
pur su al monte dietro a me acquista,
fin che n'appaia alcuna scorta saggia».

VIERTER GESANG

Wenn eine Seelenkraft, sei es durch Schmerzen,   *1*
Sei es durch Freuden, stark in uns erzittert,
Und man sich dreinversenkt mit ganzem Herzen,
   So wird der Sinn durch andres nicht zersplittert: *4*
Folglich muß seinen Irrtum eingestehen,
Wer in uns mehr als *eine* Seele wittert.
   Denn wenn wir etwas hören oder sehen,   *7*
Was mächtigen Widerhall in uns gefunden,
So wird uns unbemerkt die Zeit vergehen.
   Ists *eine* Kraft nun, die da zählt die Stunden,   *10*
Ists eine *andre*, die uns hält gefangen –
Die ist gehemmt und *jene* ungebunden.
   Zu der Erfahrung konnt ich hier gelangen,   *13*
Als ich gelauscht dem Geist und ihn betrachtet;
Denn fünfzig Grad war schon emporgegangen
   Die Sonne, und von mir ganz unbeachtet,   *16*
Als wir dort, wo uns im Vorüberschweifen
Die Schar zurief: »Hier ist, wonach ihr schmachtet.«
   Mit soviel Dornicht, wie die Forken greifen,   *19*
Mag wohl der Winzer stopfen größere Lücken
Im Zaun zur Herbstzeit, wenn die Trauben reifen,
   Als diese Öffnung, wodurch ich mit Bücken   *22*
Mich hinterm Führer kletternd mußte schmiegen,
Als wir die Seelen hatten schon im Rücken.
   Sanleo wird erklettert, abgestiegen   *25*
Nach Noli, Bismantovas Gipfelschwelle
Zwingt unser Fuß – hier aber heißt es fliegen!
   Mit Flügeln nämlich, wie sie leicht und schnelle   *28*
Mir Sehnsucht gab, um *den* nicht zu verlieren,
Der Führer, Leuchte mir und Hoffnungsquelle.
   Wir klommen in zerklüfteten Revieren   *31*
Und allseits eingekeilt durch Felsenwände,
Den Halt erkämpfend oft auf allen vieren.
   Als wir erreicht des Randes letztes Ende,   *34*
Hochoben auf des Durchbruchs offner Breite,
Sprach ich: »Mein Meister, wer nun weiterfände!«
   Und er: »Nur nicht bergab! Mir nach arbeite   *37*
Dich gipfelaufwärts über Grat und Kanten
Bis uns erscheint ein Kundiger, der uns leite!«

PURGATORIO · CANTO IV

Lo sommo er' alto che vincea la vista,   *40*
e la costa superba più assai,
che da mezzo quadrante a centro lista.

Io era lasso, quando cominciai: *43*
«O dolce padre, volgiti e rimira
com'io rimango sol, se non ristai!»

«Figliuol mio» disse, «infin quivi ti tira»,   *46*
additandomi un balzo poco in sùe,
che da quel lato il poggio tutto gira.

Sì mi spronaron le parole sue,   *49*
ch' io mi sforzai carpando appresso lui,
tanto che il cinghio sotto i piè mi fue.

A seder ci ponemmo ivi amendui   *52*
volti a levante, ond'eravam saliti;
chè suole a riguardar giovare altrui.

Gli occhi prima drizzai a'bassi liti;   *55*
poscia gli alzai al sole, e ammirava
che da sinistra n'eravam feriti.

Ben s'avvide il poeta ch'io stava   *58*
stupido tutto al carro della luce,
ove tra noi e Aquilone intrava.

Ond'elli a me: «Se Castore e Polluce   *61*
fossero in compagnia di quello specchio
che su e giù del suo lume conduce,

tu vedresti il Zodìaco rubecchio   *64*
ancora all' Orse più stretto rotare,
se non uscisse fuor del cammin vecchio.

Come ciò sia, se il vuoi poter pensare,   *67*
dentro raccolto imagina Siòn
con questo monte in su la terra stare

sì, ch'amendue hanno un solo orizzòn   *70*
e diversi emisperi; onde la strada
che mal non seppe carreggiar Fetòn.

vedrai come a costui convien che vada   *73*
dall'un, quando a colui dall'altro fianco.
se l'intelletto tuo ben chiaro bada.»

«Certo, maestro mio» diss'io, «unquanco   *76*
non vid'io chiaro sì com'io discerno,
là dove mio ingegno parea manco,

che il mezzo cerchio del moto superno,   *79*
che si chiama Equatore in alcun' arte
e che sempre riman tra il sole e il verno,

DER LÄUTERUNGSBERG · IV. GESANG

Hoch war der Berg, den Blicke nicht umspannten,   *40*
Und trotziger seine Steilung anzusehen,
Als wie der Mittelstrich des Halbquadranten.

Ich war erschöpft, als ich begann zu flehen: *43*
»O teurer Vater, schau dich um und lasse
Mich nicht allein; nein, bleib ein wenig stehen.« –

»Mein Sohn«, sprach er, »nur noch bis dahin fasse   *46*
Dir Mut«, und wies nach einem Vorsprung droben,
Der wie ein Sims umgab die Felsenmasse.

So spornten seine Worte mich, nach oben   *49*
Mich zu mühseligem Kriechen anzuschicken
Bis ich die Füße auf den Sims gehoben.

Hier setzten wir uns beide, mit den Blicken   *52*
Nach Ost gewandt, woher wir aufgestiegen,
Denn jeden pflegt solch Rückblick zu erquicken.

Zur Tiefe ließ ich erst die Augen fliegen,   *55*
Dann staunend aufwärts zu des Himmels Borden,
Weil ich die Sonne linkerhand sah liegen.

Wohl war der Dichter aufmerksam geworden,   *58*
Als ich betroffen wahrnahm, daß hier gleite
Des Lichtes Wagen zwischen uns und Norden.

Drum er zu mir: »Wenn Kastor im Geleite   *61*
Von Pollux Nachbarn jenes Spiegels wären,
Der aufwärts wirft sein Licht und in die Breite,

Sähst du den Tierkreis rötlich sich verklären   *64*
(Sollt er sich noch im alten Gleise drehen)
Und enger kreisen um die Himmelsbären.

Willst dus begreifen, laß dein Auge gehen   *67*
Durch diesen Berg bis hin auf Zions Flur:
Dann wirst du auf verschiedenem Halbkreis sehen,

Doch unter einem Horizonte nur   *70*
Die beiden. Siehst den Weg dann auch gezogen,
Den Phaëton unwissend schlecht durchfuhr,

Von hier aus linkerhand am Himmelsbogen,   *73*
Von dort zur rechten, wenn du, was ich sagte,
Recht mit Verstand geprüft hast und erwogen.« –

»Gewiß, mein Meister«, sprach ich; »niemals tagte   *76*
Mir schneller, als mit deiner Unterweisung,
Was mein Verstand erst kaum zu fassen wagte.

Denn jenes höchsten Himmels Mittelkreisung,   *79*
Die uns die Weisen als Äquator künden
Und zwischen Glut stets feststeht und Vereisung,

PURGATORIO · CANTO IV

per la ragion che di', quinci si parte   82
verso settentrion, quanto gli Ebrei
vedevan lui verso la calda parte.

Ma se a te piace, volentier saprei   85
quanto avemo ad andar; chè 'l poggio sale
più che salir non posson gli occhi miei.»

Ed elli a me: «Questa montagna è tale,   88
che sempre al cominciar di sotto è grave;
e quant'uom più va su, e men fa male.

Però, quand'ella ti parrà soave,   91
tanto che su andar ti fia leggiero
come a seconda giuso andar per nave,

allor sarai al fin d'esto sentiero.   94
Quivi di riposar l'affanno aspetta:
più non rispondo, e questo so per vero.»

E com'egli ebbe sua parola detta,   97
una voce di presso sonò: «Forse
che di sedere in prima avrai distretta!»

Al suon di lei ciascun di noi si torse,   100
e vedemmo a mancina un gran petrone,
del qual nè io nè ei prima s'accorse.

Là ci traemmo; ed ivi eran persone   103
che si stavano all'ombra dietro al sasso,
come l'uom per negghienza a star si pone;

e un di lor, che mi sembiava lasso,   106
sedeva e abbracciava le ginocchia,
tenendo il viso giù tra esse basso.

«O dolce signor mio» diss'io, «adocchia   109
colui che mostra sè più negligente
che se pigrizia fosse sua serocchia.»

Allor si volse a noi, e puose mente,   112
movendo il viso pur su per la coscia,
e disse: «Or va' tu su, che se' valente!»

Conobbi allor chi era; e quell'angoscia   115
che m'avacciava un poco ancor la lena,
non m'impedì l'andare a lui; e poscia

ch'a lui fui giunto, alzò la testa appena,   118
dicendo: «Hai ben veduto come il sole
dall'omero sinistro il carro mena?»

Gli atti suoi pigri e le corte parole   121
mosson le labbra mie un poco a riso;
poi cominciai: «Belacqua, a me non duole

DER LÄUTERUNGSBERG · IV. GESANG

Entfernt sich aus den mir genannten Gründen   *82*
Nordwärts soweit, als ihn die Judenscharen
Zur heißen Zone hin sich sahen ründen.

Doch wenn es dir gefällt, laß mich erfahren,   *85*
Wie weit der Weg noch; denn ich fühle steigen
Den Berg und kann den Gipfel nicht gewahren.«

Und er zu mir: »Dies ist dem Berge eigen,   *88*
Daß unten er zuerst schwer zu erklimmen,
Um leichter sich, je mehr man steigt, zu zeigen.

Wird drum der Weg dich erst so heiter stimmen,   *91*
Daß er so mühlos wird von dir erklommen,
Als hieß es stromhinab im Boot zu schwimmen,

So bist du an des Weges Ziel gekommen: *94*
Dort wird den Müden süße Rast umfangen!
Mehr sag ich nicht, Wahrheit hast du vernommen.«

Und kaum daß seine Worte noch verklangen,   *97*
Erscholls dicht neben uns: »Doch kanns geschehen,
Daß du vielleicht wirst eher Rast verlangen.«

Uns beide zwang ihr Klang, uns umzudrehen,   *100*
Und sahen ein großes Felsstück linkerseite,
Das weder ich noch er zuvor gesehen.

Hinzogen wir; und dort in ganzer Breite   *103*
Hinter dem Felsblock lag ein Volk im Schatten,
Wie wohl ein Müder sich dem Ausruhen weihte.

Und einer, der mir ganz schien zu ermatten,   *106*
Schlang sitzend sich um beide Knie die Hände,
Die zwischen sich gesenkt das Antlitz hatten.

»O du mein teurer Herr«, sprach ich, »o wende   *109*
Den Blick auf den, der mir will träger scheinen,
Als ob in Faulheit er die Schwester fände.«

Da sah er horchend auf, ob wir ihn meinen,   *112*
Hob leicht das Haupt vom Schenkel nur und lallte:
»Steig selbst hinauf, denn du bist stark von Beinen.«

Da kannt ich ihn; und ob mir auch noch wallte   *115*
Das Blut und mir der Atem war beklommen,
So trat ich doch zu kurzem Aufenthalte

Ihm näher, der, als er mich wahrgenommen,   *118*
Den Kopf kaum hob: »Sahst du den Sonnenwagen«,
Sprach er, »links über deine Schulter kommen?«

Sein sparsam Wort, sein schläfriges Behagen   *121*
Ließ mich ein Lächeln da nicht unterdrücken:
»Belacqua, nicht mehr darf ich dich beklagen«,

PURGATORIO · CANTO IV

di te omai; ma dimmi: perchè assiso   *124*
quiritta se'? Attendi tu iscorta,
o pur lo modo usato t'ha ripriso?»

Ed elli: «Frate, l'andar su che porta?   *127*
chè non mi lascerebbe ire a'martìri
l'uccel di Dio che siede in su la porta.

Prima convien che tanto il ciel m'aggiri   *130*
di fuor da essa, quanto fece in vita,
perch'io indugiai al fine i buon sospiri,

se orazione in prima non m'aita,   *133*
che surga su di cor che in grazia viva:
l'altra che val che 'n ciel non è udita?»

E già il poeta innanzi mi saliva,   *136*
e dicea: «Vienne omai: vedi ch'è tocco
meridian dal sole, e alla riva

cuopre la Notte già col piè Morrocco».   *139*

DER LÄUTERUNGSBERG · IV. GESANG

Sprach ich. »Doch sag, was du mit krummem Rücken   *124*
Hier sitzest? Harrst du eines, der dich führe,
Oder sollt alte Trägheit dich noch schmücken?«

Und er: »Was, Bruder, hilfts, wenn ich mich rühre?   *127*
Nicht eingehen ließ mich zu den Martern oben
Der Vogel Gottes vor der Himmelstüre.

Erst muß umkreisen mich der Himmel droben   *130*
Solang hier drauß wie einst, wo ich im Leben
Die Reueseufzer bis zuletzt verschoben,

Wenn früher nicht Fürbitten aufwärtsschweben   *133*
Aus einem Herzen, das da steht in Gnade . . .
Was helfen, die sich nicht zum Himmel heben?«

Und vor mir klomm der Dichter schon die Pfade   *136*
Und sprach: »Nun komm! Denn sieh, die Sonne funkelt
Im Mittagskreise hoch, und am Gestade

Schon unterm Fuß der Nacht Marokko dunkelt.«   *139*

CANTO QUINTO

Io era già da quell'ombre partito,   *1*
e seguitava l'orme del mio duca,
quando diretro a me, drizzando il dito,
    una gridò: «Ve' che non par che luca   *4*
lo raggio da sinistra a quel di sotto,
e come vivo par che si conduca!»
    Gli occhi rivolsi al suon di questo motto,   *7*
e vidile guardar per maraviglia
pur me, pur me e il lume ch'era rotto.
    «Perchè l'animo tuo tanto s'impiglia»   *10*
disse il maestro, «che l'andare allenti?
che ti fa ciò che quivi si pispiglia?
    Vien dietro a me, e lascia dir le genti: *13*
sta' come torre ferma, che non crolla
giammai la cima per soffiar de' venti;
    chè sempre l'uomo in cui pensier rampolla   *16*
sovra pensier, da sè dilunga il segno,
perchè la foga l'un dell'altro insolla.»
    Che potea io ridir, se non ‹Io vegno›?   *19*
Dissilo, alquanto del color consperso
che fa l'uom di perdon talvolta degno.
    E 'ntanto per la costa di traverso   *22*
venivan genti innanzi a noi un poco,
cantando «*Miserere*» a verso a verso.
    Quando s'accorser ch'io non dava loco   *25*
per lo mio corpo al trapassar de' raggi,
mutâr lor canto in un ‹Oh!› lungo e roco;
    e due di loro, in forma di messaggi,   *28*
corsero incontro a noi e dimandârne:
«Di vostra condizion fatene saggi».
    E 'l mio maestro: «Voi potete andarne   *31*
e ritrarre a color che vi mandaro
che il corpo di costui è vera carne.
    Se per veder la sua ombra restaro,   *34*
com'io avviso, assai è lor risposto:
facciangli onore, ed esser può lor caro.»
    Vapori accesi non vid'io sì tosto   *37*
di prima notte mai fender sereno,
nè, sol calando, nuvole d'agosto,

213

FÜNFTER GESANG

Schon hatt ich mich von jenen Schattenleuten   *1*
Entfernt und folgte meines Führers Schritte,
Als einer mir nachrief mit Fingerdeuten:
    »Sieh doch, mir scheint, daß nicht der Untre litte,   *4*
Daß durch ihn durch linkshin die Strahlen fahren;
Auch tut er ganz nach der Lebendigen Sitte.«
    Den Worten nach, als sie gesprochen waren,   *7*
Mich wendend, sah ich staunend mich anblicken,
Nur mich und das gebrochene Licht die Scharen.
    »Was kann dir denn die Seele so umstricken«,   *10*
Begann der Meister, »daß du säumst im Gehen?
Was kümmert dich das Tuscheln hier und Nicken?
    Mir nach! und laß die Leute redend stehen!   *13*
Du sei ein fester Turm, dem seine Zinnen
Nicht beugen kann des Sturmwinds brausend Wehen.
    Denn der wird nimmermehr das Ziel gewinnen,   *16*
Der von Gedanken sieht sich überschwommen,
Die kraftauflösend durcheinanderrinnen.«
    Was sollt ich sagen als: ich werde kommen?   *19*
Ich sprachs und fühlte schon auf meinen Wangen
Die Glut, die oft mag zur Verzeihung frommen.
    Indes kam quer den Abhang hergegangen   *22*
Ein Haufe Volks, nah vor uns, wo wir gingen,
Die Vers für Vers das *Miserere* sangen.
    Als die bemerkten, daß sich vorm Durchdringen   *25*
Der Sonnenstrahlen meine Glieder wehren,
Da ward ein langes heiseres Oh! ihr Singen.
    Und ihrer zwei gleich Abgesandten kehren   *28*
Im Lauf entgegen uns, bittend zu fragen:
»Wollt über euer Wesen uns belehren.«
    Mein Meister drauf: »Kehrt um, und laßt euch sagen,   *31*
Euch und den andern, die geschickt euch hatten,
Daß dessen Glieder wirklich Fleisch noch tragen.
    Verweilten sie, zu schauen seinen Schatten,   *34*
Wie ichs vermut, mag *der* Bescheid genügen:
Man ehre ihn, denn ihnen kommts zustatten.«
    Nie sah ich abends hoch aus Wolkenzügen   *37*
Sternschnuppen schießen auf geschwinderm Flügel
Noch Blitze im August die Nacht durchpflügen,

PURGATORIO · CANTO V

che color non tornasser suso in meno; 40
e giunti là, con gli altri a noi diêr volta,
come schiera che scorre sanza freno.

«Questa gente che preme a noi è molta, 43
e vegnonti a pregar» disse il poeta;
«però pur va', e in andando ascolta.»

«O anima che vai per esser lieta 46
con quelle membra con le quai nascesti»
venian gridando, «un poco il passo queta!

Guarda se alcun di noi unque vedesti, 49
sì che di lui di là novelle porti:
deh, perchè vai? deh, perchè non t' arresti?

Noi fummi tutti già per forza morti, 52
e peccatori infino all' ultim' ora:
quivi lume del ciel ne fece accorti,

sì che, pentendo e perdonando, fora 55
di vita uscimmo a Dio pacificati,
che del disìo di sè veder n'accora.»

E io: «Perchè ne'vostri visi guati, 58
non riconosco alcun; ma se a voi piace
cosa ch'io possa, spiriti ben nati,

voi dite, e io farò per quella pace 61
che, dietro ai piedi di sì fatta guida,
di mondo in mondo cercar mi si face.»

E uno incominciò: «Ciascun si fida 64
del beneficio tuo sanza giurarlo,
pur che il voler nonpossa non ricida.

Ond'io, che solo innanzi agli altri parlo, 67
ti priego, se mai vedi quel paese
che siede tra Romagna e quel di Carlo,

che tu mi sie de' tuoi prieghi cortese 70
in Fano, sì che ben per me s'adori,
perch'io possa purgar le gravi offese.

Quindi fu'io; ma li profondi fori 73
ond' uscì 'l sangue in sul qual io sedea,
fatti mi furo in grembo agli Antenori,

là dov'io più sicuro esser credea: 76
quel da Esti il fe' far, che m'avea in ira
assai più là che dritto non volea.

Ma s'io fossi fuggito invèr la Mira, 79
quando fui sopraggiunto ad Oriago,
ancor sarei di là dove si spira.

DER LÄUTERUNGSBERG · V. GESANG

Als die bergaufgestürmt, um gleich vom Hügel 40
Mit allen dann zu uns zurückzuschwenken,
Als ob ein Trupp dahersprengt ohne Zügel.

Der Dichter sprach: »Viel sinds, die zu uns lenken, 43
Um dich nun anzuflehen in brünstigem Drange;
Geh nur voran, Gehör im Gehen zu schenken.« –

»O Seele, welche, daß sie Heil erlange, 46
Mit angeborenen Gliedern hier darf gehen«,
Kamen sie rufend; »halt etwas im Gange.

Schau, ob du einen je von uns gesehen, 49
Kunde von ihm nach drüben hinzutragen!
Ach, warum eilst du? Ach, und bleibst nicht stehen?

Uns alle hat Gewalttat einst erschlagen, 52
Der Sünden bis zum Tode uns erfreuend,
Wo wir gewitzigt sahen den Himmel tagen.

So starben wir, verzeihend und bereuend, 55
Mit Gott versöhnt; doch schafft, Ihn zu erschauen,
Uns Sehnsucht nun, dem Herzen Pein erneuend.«

Und ich: »Ob ich euch prüfte im Genauen, 58
Keinen kenn ich. Doch wenn ihr mir erzählet,
Was euch erfreut, Geister voll Gottvertrauen,

Ich tus, sowahr solch Führer mir erwählet, 61
Sowahr in dessen Spuren jenen Frieden
Von-Welt-zu-Welt zu suchen, Kraft mich stählet.«

Und einer sprach: »Daß du es tust danieden, 64
Wir glaubens schwurlos: Güte ist vorhanden,
Wird Hemmnis gutem Wollen nicht beschieden.

Drum hör mich, der wortführend aufgestanden. 67
Kommst du zur Gegend jemals in der Mitte
Von Karlos Reiche und Romagnas Landen,

So schenke freundlich Fürspruch dieser Bitte: 70
Laß Fano fromm für mich die Hände falten,
Daß ich die Läuterung schwerer Schuld erstritte.

Dort stamm ich her. Die tiefen Wundenspalten 73
Jedoch, draus meines Lebens Strom verblutet,
Hab ich in Antenorens Schoß erhalten,

Wo ich Verrat am wenigsten vermutet, 76
Den der von Este wider mich gesponnen.
Sein Haß hat mehr als billig sich gesputet.

Doch wär ich gegen Mira hin entronnen, 79
Als man mich überfiel an Oriacs Tore,
Noch atmen würd ich froh im Licht der Sonnen.

PURGATORIO · CANTO V

Corsi al palude, e le cannucce e il brago   82
m'impigliâr sì, ch'io caddi; e lì vid'io
delle mie vene farsi in terra lago.»

Poi disse un altro: «Deh, se quel disìo   85
si compia che ti tragge all'alto monte,
con buona pïetate aiuta il mio!

Io fui di Montefeltro, io son Buonconte: 88
Giovanna o altri non ha di me cura;
per ch'io vo tra costor con bassa fronte.»

E io a lui: «Qual forza o qual ventura   91
ti traviò sì fuor di Campaldino,
che non si seppe mai tua sepultura?»

«Oh!» rispos' egli, «a piè del Casentino   94
traversa un'acqua c'ha nome l'Archiano,
che sovra l'Ermo nasce in Appennino.

Là 've il vocabol suo diventa vano,   97
arriva'io, forato nella gola,
fuggendo a piede e sanguinando il piano.

Quivi perdei la vista, e la parola   100
nel nome di Maria finii; e quivi
caddi, e rimase la mia carne sola.

Io dirò vero, e tu il ridi' tra i vivi: 103
l'angel di Dio mi prese, e quel d'Inferno
gridava: ‹O tu del ciel, perchè mi privi?

Tu te ne porti di costui l'eterno   106
per una lagrimetta che 'l mi toglie;
ma io farò dell'altro altro governo!›

Ben sai come nell'aere si raccoglie   109
quell'umido vapor che in acqua riede,
tosto che sale dove il freddo il coglie.

Giunse quel mal voler che pur mal chiede   112
con lo intelletto, e mosse il fummo e il vento
per la virtù che sua natura diede.

Indi la valle, come il dì fu spento,   115
da Pratomagno al gran giogo coperse
di nebbia, e il ciel di sopra fece intento,

sì che il pregno aere in acqua si converse: 118
la pioggia cadde, ed a'fossati venne
di lei ciò che la terra non sofferse;

e come a'rivi grandi si convenne,   121
vêr lo fiume real tanto veloce
si ruinò, che nulla la ritenne.

DER LÄUTERUNGSBERG · V. GESANG

Ich lief zum Sumpf, wo ich in Schlamm und Röhre   82
Zu Fall kam, und aus meinen Adern sprangen
Blutbäche, mündend in dem dunkeln Moore.« –

Ein andrer sprach: »Soll je sich dein Verlangen   85
Erfüllen, das zum Berg dich durfte lenken,
Dein Mitleid kürze dann auch mir das Bangen.

Giovanna nicht und niemand sonst will denken   88
Buonconts von Montefeltro, daß ich klagen
Hier muß und meine Stirne trauernd senken.« –

»Welch Zufall«, rief ich aus, »hat dich verschlagen,   91
Welche Gewalt soweit vom Campaldino,
Daß heut noch keiner weiß dein Grab zu sagen?« –

»Oh«, sprach er drauf, »den Fuß des Casentino   94
Durchquert ein Fluß, Archian, der seine Quelle
Hoch ob der Einöd hat im Apennino.

Wo er den Namen tauscht, zu dieser Stelle   97
Floh ich zufuße mit durchstochener Kehle,
Den Grund benetzend mit des Blutes Welle.

Hier lischt mein Augenlicht und ich empfehle   100
Maria mich mit letztem Wort, fall nieder,
Und laß den Leib dort liegen ohne Seele.

Das ist die Wahrheit, sag der Welt sie wieder!   103
Schon griff mich Gottes Engel, da fuhr schnelle
Der höllische her und schrie: ›Weil ihm die Lider

Ein Tränlein netzt, darfst du zur Himmelszelle,   106
Beraubend mich, sein ewig Teil erheben?
So büß das andre an des andern Stelle!‹

Du weißt, daß Dünste, die im Luftmeer schweben,   109
Oft kältere Schichten treffen, und als Regen
Dann wiederum zur Erde niederstreben.

Der Böse, der nur will das Böse pflegen,   112
Paart List mit Scharfsinn, Sturm und Dunst zu wecken,
Was von Natur in seiner Macht gelegen.

Und als die Sonne sank zum Meeresbecken,   115
Sah man von Pratomagno sich die Fläche
Bis hin zum Hochjoch schwarz mit Dunst bedecken,

Daß keine Wolke war, die nicht zerbreche   118
Und Wasser gösse in des Erdreichs Spalten.
Und was der Grund nicht schluckte, wurden Bäche,

Bis diese gleich den größern Flüssen wallten   121
Und zu dem königlichen Strom hernieder
Ihr Wasser stürzten, daß es gab kein Halten.

PURGATORIO · CANTO V

Lo corpo mio gelato in su la foce   *124*
trovò l'Archian rubesto; e quel sospinse
nell'Arno, e sciolse al mio petto la croce
    ch' io fei di me quando il dolor mi vinse: *127*
voltommi per le ripe e per lo fondo;
poi di sua preda mi coperse e cinse.»
    «Deh, quando tu sarai tornato al mondo   *130*
e riposato della lunga via»
seguitò il terzo spirito al secondo,
    «ricorditi di me che son la Pia: *133*
Siena mi fe'; disfecemi Maremma:
salsi colui che innanellata pria,
    disposando, m'avea con ia sua gemma.»   *136*

DER LÄUTERUNGSBERG · V. GESANG

An seiner Mündung fand die starren Glieder 124
Der wütende Archian, der mit dem Funde
Zum Arno stob, das Armkreuz lösend wieder,
  Das ich geschlagen in der Todesstunde; 127
Ließ längs den Ufern mich hinstrudelnd-gleiten
Bis seinen Raub er barg im schlammigen Grunde.« –
  »Ach, bist du heimgekehrt zu Erdenweiten 130
Und ausgeruht vom langen Weg dortoben«,
So schloß ein dritter Geist sich an den zweiten,
  »Gedenke mein. Die Pia hieß ich droben, 133
Der Siena Leben gab, Tod die Maremme.
Er weiß es, der mir, um sich zu verloben,
  Als schon Verlobter schenkte seine Gemme.« 136

CANTO SESTO

Quando si parte il giuoco della zara, *1*
colui che perde si riman dolente,
ripetendo le volte, e tristo impara;

    con l'altro se ne va tutta la gente; *4*
qual va dinanzi, e qual diretro il prende,
e qual da lato gli si reca a mente.

    Ei non s'arresta, e questo e quello intende; *7*
a cui porge la man, più non fa pressa;
e così dalla calca si difende.

    Tal era io in quella turba spessa, *10*
volgendo a loro e qua e là la faccia,
e promettendo mi sciogliea da essa.

    Quivi era l'Aretin che dalle braccia *13*
fiere di Ghin di Tacco ebbe la morte,
e l'altro ch'annegò correndo in caccia.

    Quivi pregava con le mani sporte *16*
Federigo Novello, e quel da Pisa
che fe' parer lo buon Marzucco forte.

    Vidi conte Orso, e l'anima divisa *19*
dal corpo suo per astio e per inveggia,
com'e'dicea, non per colpa commisa;

    Pier dalla Broccia dico; e qui provveggia, *22*
mentr' è di qua, la donna di Brabante,
sì che però non sia di peggior greggia.

    Come libero fui da tutte quante *25*
quell'ombre, che pregâr pur ch'altri preghi,
sì che s'avacci lor divenir sante,

    io cominciai: «E'par che tu mi nieghi, *28*
o luce mia, espresso in alcun testo
che decreto del cielo orazion pieghi;

    e questa gente prega pur di questo: *31*
sarebbe dunque loro speme vana,
o non m'è il detto tuo ben manifesto?»

    Ed egli a me: «La mia scrittura è piana, *34*
e la speranza di costor non falla,
se ben si guarda con la mente sana;

    chè cima di giudizio non s'avvalla, *37*
perchè foco d'amor compia in un punto
ciò che dee satisfar chi qui s'astalla;

SECHSTER GESANG

Wenn man das Zarawürfeln abgeschlossen,　　　　*1*
Bleibt der Verlierer wohl zurück im Harme
Und übt die Würfe neu und lernt verdrossen.

Der andre wird umringt vom ganzen Schwarme:　　*4*
Der drängt sich vor, rückwärts zupft ihn ein zweiter,
Und der macht sich bemerkbar ihm am Arme.

Er, den und jenen hörend, schreitet weiter.　　　*7*
Wem er die Hand gedrückt, den sieht er laufen,
Und wehrt so ab dem Zudrang der Begleiter.

So ging es mir in jenem dichten Haufen,　　　　*10*
Bald rechts bald links hinblickend auf ihr Klagen,
Um durch Versprechungen mich loszukaufen.

Hier war der Aretiner, den erschlagen　　　　　*13*
Ghino di Tacco, rächend so die Seinen,
Und jener, der ertrank im wilden Jagen.

Hier hob die Hand Novello, bittend mit Weinen.　*16*
Ich sah von Pisa den, an dessen Leiche
Marzucco konnte seelengroß erscheinen.

Graf Orso, und die Seele, die vorm Streiche　　*19*
Mißgünstigen Grolls, wie sie gesagt, geschieden,
Nicht daß Verbrechen ihr zur Schuld gereiche:

Pier della Broccia ists. Mag drum hienieden　　*22*
In Vorsicht die Brabanterin nicht ermatten,
Daß einst nicht schlimmere Brut ihr stört den Frieden!

Als ich mich losgemacht von all den Schatten,　*25*
Die nur erflehten, daß ein andrer flehte,
Daß ihre Läuterung schneller geh vonstatten,

Begann ich: »O mein Licht, mir scheint, hier trete　*28*
Ein Widerspruch zutag, da du geschrieben:
Des Himmels Ratschluß wankt nicht vorm Gebete.

Doch dazu seh ich just dies Volk getrieben:　　*31*
Soll demnach nur vergeblich sein ihr Hoffen?
Ist unklar mir vielleicht dein Wort geblieben?«

Und er zu mir: »Das was ich schrieb, liegt offen;　*34*
Und jenen wird die Hoffnung nicht zuschanden,
Wenn man gesunden Geists den Sinn getroffen.

Des Urteils hoher Spruch bleibt doch vorhanden,　*37*
Wenn Liebesglut im Nu auch das bescherte,
Wozu sich alle hier aus Pflicht verbanden.

217

PURGATORIO · CANTO VI

e là dov'io fermai cotesto punto,   *40*
non s'ammendava, per pregar, difetto,
perchè il priego da Dio era disgiunto.

Veramente a così alto sospetto   *43*
non ti fermar, se quella nol ti dice
che lume fia tra 'l vero e lo 'ntelletto.

Non so se intendi; io dico di Beatrice: *46*
tu la vedrai di sopra, in su la vetta
di questo monte, ridere e felice.»

E io: «Signore, andiamo a maggior fretta,   *49*
chè già non m'affatico come dianzi;
e vedi omai che 'l poggio l' ombra getta.»

«Noi anderem con questo giorno innanzi»   *52*
rispuose «quanto più potremo omai;
ma 'l fatto è d' altra forma che non stanzi.

Prima che sie lassù, tornar vedrai   *55*
colui che già si cuopre della costa,
sì che i suoi raggi tu romper non fai.

Ma vedi là un' anima, che, posta   *58*
sola soletta, inverso noi riguarda:
quella ne insegnerà la via più tosta.»

Venimmo a lei: o anima lombarda,   *61*
come ti stavi altera e disdegnosa,
e nel muover degli occhi onesta e tarda!

Ella non ci diceva alcuna cosa;   *64*
ma lasciavane gir, solo sguardando
a guisa di leon quando si posa.

Pur Virgilio si trasse a lei, pregando   *67*
che ne mostrasse la miglior salita;
e quella non rispuose al suo dimando,

ma di nostro paese e della vita   *70*
c'inchiese; e il dolce duca incominciava
«Mantova . . .», e l' ombra tutta in sè romita,

surse vêr lui del loco ove pria stava,   *73*
dicendo: «O mantovano, i' son Sordello
della tua terra»; e l' un l' altro abbracciava.

Ahi, serva Italia, di dolore ostello,   *76*
nave sanza nocchiere in gran tempesta,
non donna di provincie, ma bordello!

Quell' anima gentil fu così presta,   *79*
sol per lo dolce suon della sua terra,
di fare al cittadin suo quivi festa;

DER LÄUTERUNGSBERG · VI. GESANG

Dort aber, wo ich diesen Grundsatz lehrte,   40
Entsühnte niemals ein Gebet die Sünden,
Weil dem Gebete Gott Erhöhung wehrte.

Fürwahr, so tiefe Zweifel zu ergründen,   43
Laß ab, bis *sie* dichs heißt, die zum Gewinne
Der Wahrheit Licht wird deinem Geist entzünden.

Ich weiß nicht, ob du mich verstehst? Im Sinne   46
Liegt Beatrice mir: du wirst sie sehen
Lächelnd und selig auf des Berges Zinne.«

Und ich: »O Herr, dann laß uns schneller gehen,   49
Denn nicht wie sonst macht mir der Anstieg Plage,
Und sieh auch schon den Berg im Schatten stehen.« –

»Wir werden weitergehn mit diesem Tage«,   52
Sprach er, »soweit den Weg wir noch erkennen;
Doch anders als du denkst ist unsere Lage.

Denn eh du oben, wirst du neu-entbrennen   55
Die sehn, die jetzt ins Bergversteck will steigen,
Und ihre Strahlen kannst du nichtmehr trennen.

Doch sieh die Seele dort, die tief im Schweigen   58
Hierherblickt; einsam harrt sie, auf uns achtend.
Sie kann gewiß den nächsten Weg uns zeigen.«

Wir kamen hin. – Wie stolz doch und verachtend   61
Throntest, Lombardengeist, du ohne Regen,
Gemessenen Blicks uns würdevoll betrachtend!

Er rief uns auch kein einzig Wort entgegen,   64
Sah uns gelassen fördern unsere Schritte
Dem Löwen gleich, will er der Ruhe pflegen.

Da trat Vergil zu ihm in kurzem Tritte   67
Und bat, er mög uns freundlich Weisung geben
Zum besten Pfad. Doch stumm blieb er der Bitte,

Ja, fragte *uns* nach Vaterland und Leben.   70
Und als der teure Führer angefangen:
»Mantua . . .« da kam der Schatten, noch soeben

Tiefbrütend, blitzschnell auf ihn zugegangen   73
Und rief: »O Mantuas Sohn, wir sind Landsleute,
Ich bin Sordell!« drauf beide sich umschlangen. –

Weh dir, Italien! Sklavin! Schmerzensbeute!   76
Du Schiff, vom Sturm umbrandet, ohne Steuer,
Nicht Länderfürstin, Dirnenkammer heute!

Wie schnell doch fing die edle Seele Feuer   79
Beim süßen Klange schon aus ihrem Lande,
Den Stadtgenossen feiernd, der ihr teuer!

PURGATORIO · CANTO VI

e ora in te non stanno sanza guerra   82
li vivi tuoi, e l' un l' altro si rode
di quei ch'un muro ed una fossa serra.

Cerca, misera, intorno dalle prode   85
le tue marine, e poi ti guarda in seno,
s' alcuna parte in te di pace gode.

Che val perchè ti racconciasse il freno   88
Giustiniano, se la sella è vota?
Sanz' esso fora la vergogna meno.

Ahi gente che dovresti esser devota   91
e lasciar seder Cesare in la sella,
se bene intendi ciò che Dio ti nota,

guarda com' esta fiera è fatta fella,   94
per non esser corretta dagli sproni,
poi che ponesti mano alla predella!

O Alberto tedesco, che abbandoni   97
costei ch'è fatta indomita e selvaggia,
e dovresti inforcar li suoi arcioni,

giusto giudicio dalle stelle caggia   100
sovra 'l tuo sangue, e sia nuovo e aperto,
tal che il tuo successor temenza n'aggia!

Chè avete tu e il tuo padre sofferto,   103
per cupidigia di costà distretti,
che il giardin dello imperio sia diserto.

Vieni a veder Montecchi e Cappelletti,   106
Monaldi e Filippeschi, uom sanza cura;
color già tristi, e questi con sospetti.

Vien, crudel, cieni, e vedi la pressura   109
de' tuoi gentili, e cura lor magagne;
e vedrai Santafior com'è sicura!

Vieni a veder la tua Roma che piagne   112
vedova e sola, e dì e notte chiama:
«Cesare mio, perchè non m' accompagne?»

Vieni a veder la gente quanto s' ama: 115
e se nulla di noi pietà ti move,
a vergognar ti vien della tua fama!

E se licito m' è, o sommo Giove   118
che fosti in terra per noi crocifisso,
son li giusti occhi tuoi rivolti altrove?

O è preparazion che nell'abisso   121
del tuo consiglio fai, per alcun bene
in tutto dall'accorger nostro scisso?

DER LÄUTERUNGSBERG · VI. GESANG

Und du? – Es stehen die Lebenden im Brande   82
Des Aufruhrs, um sich wechselweis zu morden,
Umschirmt von *einem* Wall und Grabenrande!

Unselige, such an deinen Küstenborden,   85
Schau dir ins Herz: kein Ort ist zu erblicken,
Dem holden Friedens Glück zuteilgeworden!

Was halfs, daß Justinian dir konnte flicken   88
Den Zaum, wo du dich leeren Sattels brüstest?
Die Schmach würd ohne ihn dich minder knicken.

Ha, Volk, das du voll Demut leben müßtest,   91
Den Sattelplatz dem Cäsar einzuräumen,
Wenn du zu deuten Gottes Vorschrift wüßtest!

Siehst du denn nicht des Tieres tückisch Bäumen,   94
Weil es die spitzen Sporen nichtmehr zwingen,
Seit deine Hand plump faßte nach den Zäumen.

O deutscher Albert, laß nicht störrisch springen   97
Die Bestie, die von Zucht sich will entfernen;
Du solltest fest dich in den Sattel schwingen.

Gerechtes Urteil falle aus den Sternen   100
Über dein Blut, weltkund und ohn Erwarten,
Daß Furcht daraus dein Erbe möge lernen!

Du und dein Vater duldeten voll harten   103
Habgierigen Geistes, daß – statt ihn zu retten –
Verwüstet wurde so des Reiches Garten.

Komm, sieh Montecchi an und Cappelletten,   106
Sieh, Pflichtvergessener, die Monaldi beben,
Die Filippeschi sieh in Sorgenketten!

Komm, Harter, komm, sieh deine Edeln leben   109
Bedrückt, laß Hilfe ihrer Not erscheinen,
Und sieh, wie Santafior von Schutz umgeben!

Komm, sieh die Witwe Roma einsam weinen.   112
Nicht Tag noch Nacht, wo sie nicht rufend bliebe:
»Mein Cäsar, willst du nicht dich mir vereinen?«

Komm, sieh mit an, wie heiß dein Volk sich liebe.   115
Und dürfen wir nicht auf dein Mitleid bauen,
So komm, daß dich zur Scham dein Leumund triebe!

Und, höchster Jahwe, darf ich michs getrauen,   118
Du, der für uns gekreuzigt ward auf Erden:
Wohin mag dein gerechtes Auge schauen?

Oder soll uns in Zukunft aus Beschwerden   121
Durch deinen Rat, geheim in seinen Zielen
Und unerforschbar, Heil und Rettung werden?

PURGATORIO · CANTO VI

Chè le città d'Italia tutte piene   *124*
son di tiranni, e un Marcel diventa
ogni villan che parteggiando viene.

Fiorenza mia, ben puoi esser contenta   *127*
di questa digression che non ti tocca,
mercè del popol tuo che si argomenta.

Molti han giustizia in cuor, ma tardi scocca   *130*
per non venir sanza consiglio all' arco;
ma il popol tuo l'ha in sommo della bocca.

Molti rifiutan lo comune incarco;   *133*
ma il popol tuo sollicito risponde
sanza chiamare, e grida: «Io mi sobbarco!»

Or ti fa'lieta, chè tu hai ben onde: *136*
tu ricca, tu con pace, tu con senno:
s'io dico ver, l'effetto nol nasconde.

Atene e Lacedemona, che fenno   *139*
l'antiche leggi e furon sì civili,
fecero al viver bene un piccol cenno

verso di te, che fai tanto sottili   *142*
provvedimenti, ch' a mezzo novembre
non giugne quel che tu d'ottobre fili.

Quante volte, del tempo che rimembre,   *145*
legge, moneta, officio e costume
hai tu mutato, e rinnovato membre!

E se ben ti ricordi e vedi lume,   *148*
vedrai te simigliante a quella interma
che non può trovar posa in su le piume,

ma con dar volta suo dolore scherma.   *151*

DER LÄUTERUNGSBERG · VI. GESANG

Von Zwingherrn strotzt Italien rings, von vielen,   *124*
Wo jeder Bauer zur Partei zu schwören
Sich drängt, um als Marcell sich aufzuspielen!

Dich, mein Florenz, dich braucht nicht zu empören   *127*
Mein Vorwurf, denn dich kann er nicht berühren;
Dank deinem Volk, daß *so* sich läßt betören.

Viel hegen Recht im Herzen, doch wir spüren   *130*
Zuspät den Schuß, weil Vorsicht spannt den Bogen;
Doch dein Volk pflegt es brav im Mund zu führen!

Viel sinds, die Amtsgeschäften sich entzogen,   *133*
Doch dein Volk schreit bereits, eh andere fragen:
»Ich übernehm es!« – Darum laß die Wogen

Verdienter Freude hoch und höher schlagen,   *136*
Da Reichtum, Friede, Weisheit in dir walten!
Ob wahr ich spreche, der Erfolg wirds sagen.

Athen und Lazedämon, die die alten   *139*
Gesetze schrieben und geherrscht besonnen,
Sind gegen dein Gemeinwohl klein zu halten,

Die du manch herrliches Gesetz gesponnen,   *142*
Das, kam es im Oktober glücklich nieder,
Mitte November schon in Nichts zerronnen.

Wie oft, wenn du zurückschaust, hast du wieder   *145*
Gesetz, Gebräuche, Geld und Amt beflissen
Verändert, und erneuert alle Glieder.

Und denkst du nach, sagt klar dir dein Gewissen,   *148*
Daß du der Kranken gleichst, die sich mit Sträuben
Windet und dreht auf schlummerlosem Kissen,

Und fruchtlos sucht die Schmerzen zu betäuben.   *151*

CANTO SETTIMO

Poscia che l' accoglienze oneste e liete
furo iterate tre e quattro volte,
Sordel si trasse e disse: «Voi, chi siete?»   *1*

«Anzi che a questo monte fosser volte
l'anime degne di salire a Dio,
fur l'ossa mie per Ottavian sepolte.   *4*

Io son Virgilio; e per null'altro rio
lo ciel perdei, che per non aver fè»:
così rispuose allora il duca mio.   *7*

Qual è colui che cosa innanzi sè
subita vede, ond'ei si maraviglia,
e crede e non, dicendo: «Ell' è . . . Non è»;   *10*

tal parve quegli, e poi chinò le ciglia,
e umilmente ritornò vêr lui,
e abbracciol là 've il minor s'appiglia.   *13*

«O gloria de' Latin» disse, «per cui
mostrò ciò che potea lingua nostra,
o pregio eterno del loco ond'io fui,   *16*

qual merito o qual grazia mi ti mostra?
S'io son d' udir le tue parole degno,
dimmi se vien d'Inferno e di qual chiostra.»   *19*

«Per tutti i cerchi del dolente regno»
rispuose lui «son io di qua venuto:
virtù del ciel mi mosse, e con lei vegno.   *22*

Non per far, ma per non far ho perduto
di veder l'alto sol che tu disiri,
e che fu tardi da me conosciuto.   *25*

Loco è laggiù non tristo da martìri,
ma di tenebre solo, ove i lamenti
non suonan come guai, ma son sospiri.   *28*

Quivi sto io coi parvoli innocenti,
dai denti morsi della morte avante
che fosser dell' umana colpa esenti;   *31*

quivi sto io con quei che le tre sante
virtù non si vestiro, e sanza vizio
conobber l'altre e seguîr tutte quante.   *34*

Ma se tu sai e puoi, alcuno indizio
da' noi, perchè venir possiam più tosto
là dove Purgatorio ha dritto inizio.»   *37*

SIEBENTER GESANG

Als jene würdig und beglückt zuzweit hier   *1*
Drei- oder viermal sich bewillkommt hatten,
Zog sich Sordell zurück und sprach: »Wer seid ihr?« –
»Bevor zu diesem Berg die Schar der Schatten,   *4*
Die Gott zu schauen würdig ist, sich kehrte,
Ließ Oktavianus mein Gebein bestatten.
Ich bin Vergil. Nur Glaubensmangel wehrte,   *7*
Nicht andere Sünde, mir des Himmels Licht.«
So mit Bescheid mein Führer ihn belehrte.
Wie der, dem plötzlich etwas vorm Gesicht   *10*
Erscheint, daß er muß wundernd um sich schauen,
Bald glaubt, bald zweifelnd sagt: »Es ist . . .! Nein, nicht . . .!«
So schien mir der. Drauf senkte er die Brauen   *13*
Und trat zu ihm, umarmend ihn voll reiner
Ergebenheit, wo Niedre sichs getrauen.
»O Latiums Ruhm«, sprach er, »der klar wie keiner   *16*
Die Vollkraft unserer Sprache konnt erweisen,
O ewiges Kleinod deiner Stadt und meiner,
Dich sehn: muß ichs als Lohn, als Gnade preisen?   *19*
Und darf ich hören dich, so laß mich fragen,
Entstiegst der Hölle du? und welchen Kreisen?« –
»Durch alle Ringe dieses Reiches der Klagen«,   *22*
Gab er ihm Antwort, »bin ich hergekommen;
Durch Himmelskraft, die mit mir geht, getragen.
Nicht Tat, nein, Unterlassung hat benommen   *25*
Der hehren Sonne mich, die *du* wirst schauen.
Zuspät ist ihre Würdigung mir gekommen.
Ein Ort ist drunten, wo zwar Schatten brauen,   *28*
Doch der nicht qualvoll ist: nur leis klingt Weinen
Und Seufzen, doch kein Wehlaut schafft uns Grauen.
Dort bin ich bei den unschuldsvollen Kleinen,   *31*
Zermalmt vom Todeszahn, eh sie hernieden
Von Menschenerbschuld konnten frei erscheinen,
Dort unter jenen, denen nicht beschieden   *34*
Der Tugend heilige Drei, die ohne Sünden
Jedoch die andern kannten und nicht mieden.
Doch kannst und weißt dus, wolle dann uns künden,   *37*
Wie man am kürzesten dorthingelange,
Wo zu dem Läuterungstor die Wege münden.«

PURGATORIO · CANTO VII

Rispuose: «Loco certo non c'è posto: *40*
licito m'è andar suso ed intorno;
per quanto ir posso, a guida mi t'accosto.

Ma vedi già come dichina il giorno,   *43*
e andar su di notte non si puote;
però è buon pensar di bel soggiorno.

Anime sono a destra qua remote: *46*
se mi consenti, io ti merrò ad esse,
e non sanza diletto ti fier note.»

«Com'è ciò?» fu risposto. «Chi volesse   *49*
salir di notte, fora egli impedito
d'altrui? o non sarrìa, chè non potesse?»

E 'l buon Sordello in terra fregò il dito,   *52*
dicendo: «Vedi? sola questa riga
non varcheresti dopo il sol partito;

non però ch'altra cosa desse briga,   *55*
che la notturna tenebra, ad ir suso:
quella col non poder la voglia intriga.

Ben si porìa con lei tornare in giuso   *58*
e passeggiar la costa intorno errando,
mentre che l'orizzonte il dì tien chiuso.»

Allora il mio signor, quasi ammirando,   *61*
«Menane» disse «dunque là 've dici
ch' aver si può diletto dimorando.»

Poco allungati c' eravam di lici,   *64*
quand'io mi accorsi che il monte era scemo,
a guisa che i vallon li sceman quici.

«Colà» disse quell'ombra «n'anderemo,   *67*
dove la costa face di sè grembo;
e quivi il nuovo giorno attenderemo.»

Tra erto e piano era un sentiero schembo   *70*
che ne condusse in fianco della lacca,
là dove più ch' a mezzo muore il lembo.

Oro ed argento fine, cocco e biacca,   *73*
indico, legno lucido e sereno,
fresco smeraldo in l' ora che si fiacca,

dall' erba e dalli fior dentro a quel seno   *76*
posti ciascun sarìa di color vinto,
come dal suo maggiore è vinto il meno.

Non avea pur natura ivi dipinto,   *79*
ma di soavità di mille odori
vi facea un incognito e 'ndistinto.

DER LÄUTERUNGSBERG · VII. GESANG

Er sprach: »Uns hält kein fester Ort im Zwange,   40
Freisteht mir das Umhergehn und das Steigen;
Soweit ich darf, begleit ich euch im Gange.

Doch sieh, der Tag beginnt schon sich zu neigen,   43
Und bergan kann man nicht zu nächtiger Stunde;
Drum sinn ich, traute Herberg euch zu zeigen.

Hier rechts sind Seelen, nahebei im Grunde,   46
Wenn dirs genehm, will ich dahin dich bringen:
Nicht ohne Lust nimmst du von ihnen Kunde.« –

»Wie ist das?« ward erwidert, »wenn wir gingen   49
Bei Nacht empor, so glückt es nicht dem Mute?
Wie, oder ließ ein andrer es mißlingen?«

Mit seinem Finger strich Sordell, der gute,   52
Am Boden hin: »Sieh her! Nicht überspränge
Den Strich dein Fuß mehr, wenn die Sonne ruhte.

Nicht daß was andres sonst zurück dich dränge,   55
Als dunkle Nacht, wenn sie sich rings ergossen,
Daß sie die Kraft dir und den Willen zwänge.

Wohl könnte jeder abwärts unverdrossen,   58
Am Hang auch wandeln, wenn es gut ihm schiene,
Solang der Horizont den Tag verschlossen.«

Da sprach mein Herr mit ganz erstaunter Miene: 61
»So führ uns denn dahin, wo ein Verweilen,
Wie du versprachest, uns zur Freude diene.« –

Wir brauchten allzuweit nicht zu enteilen,   64
Bevor ich sah, daß hier der Berg in Scharten
Gespalten, wie bei uns sich Täler teilen.

»Dorthin«, sprach jener Schatten, »wo im harten   67
Geklüft sich diese sanfte Senkung findet,
Laß gehn uns und den neuen Tag erwarten.«

Ein Querpfad, der nicht flach noch steil sich windet,   70
Führte von seitwärts uns zur tiefern Stätte,
Wo mehr als halb des Randes Böschung schwindet.

Gold, feines Silber, Scharlach, Bleiweißglätte,   73
Indigo, Ebenholz, wie blank es prahle,
Smaragd, so frisch man ihn gebrochen hätte:

Vor Gras und Blumen, wie sie hier im Tale   76
So farbig leuchten, schmählich es verblaßte,
Alsob das Große Kleines überstrahle.

Nicht daß Natur hier Farben nur verpraßte,   79
Nein, auch gemischt aus tausend würzigen Düften
War da was Neues, was kein Sinn erfaßte.

PURGATORIO · CANTO VII

«*Salve, Regina*» in sul verde e in su' fiori   82
quindi seder cantando anime vidi,
che per la valle non parean di fuori.

«Prima che il poco sole omai s'annidi»   85
cominciò il mantovan che ci avea volti,
«tra costor non vogliate ch'io vi guidi.

Di questo balzo meglio gli atti e i volti   88
conoscerete voi di tutti quanti,
che nella lama giù tra essi accolti.

Colui che più sied' alto e fa sembianti   91
d'aver negletto ciò che far dovea
e che non move bocca agli altrui canti;

Ridolfo imperador fu, che potea   94
sanar le piaghe c' hanno Italia morta,
sì che tardi per altri si ricrea.

L'altro che nella vista lui conforta,   97
resse la terra dove l' acqua nasce
che Molta in Albia e Albia in mar ne porta:

Ottàcchero ebbe nome, e nelle fasce   100
fu meglio assai che Vincislao, suo figlio,
barbuto, cui lussuria e ozio pasce.

E quel Nasetto che stretto a consiglio   103
par con colui c' ha sì benigno aspetto,
morì fuggendo e disfiorando il giglio:

guardate là come si batte il petto!   106
L'altro vedete c' ha fatta alla guancia
della sua palma, sospirando, letto.

Padre e suocero son del mal di Francia: 109
sanno la vita sua viziata e lorda,
e quindi viene il duol che sì li lancia.

Quel che par sì membruto e che s'accorda,   112
cantando, con colui del maschio naso,
d'ogni valor portò cinta la corda;

e se re dopo lui fosse rimaso   115
lo giovinetto che retro a lui siede,
bene andava il valor di vaso in vaso;

che non si puote dir dell' altre rede: 118
Jacomo e Federigo hanno i reami;
del retaggio miglior nessun possiede.

Rade volte risurge per li rami   121
l'umana probitate, e questo vuole
quei che la dà, perchè da lui si chiami.

DER LÄUTERUNGSBERG · VII. GESANG

»*Salve Regina*« scholl es in den Lüften.   82
Im Blumenpolster lagernd sangens Seelen,
Die draußen uns verdeckt erst von den Klüften.

»Gleich wird das bißchen Sonnenlicht verschwelen«,   85
Der Führer aus Mantua sprach; »doch noch zu ihnen
Euch hinzubringen, wird sich kaum empfehlen.

Denn besser doch erkennt ihr sie nach Mienen   88
Und Haltung hier von dem erhöhten Hange,
Als wenn sie drunten euch so nah erschienen.

Der dort am höchsten sitzt und dreinsieht bange,   91
Weil er versäumt, wozu ihn Pflicht verbunden,
Auch nicht die Lippen öffnet zum Gesange,

War Kaiser Rudolf, der Italiens Wunden   94
Leicht hätt geheilt, daran es jetzt verendet.
Zuspät nun suchts durch andre zu gesunden.

Der zweite, der ihm scheinbar Tröstung spendet,   97
Gebot im Lande, wo ihr Quellgewässer
Moldau zur Elbe, Elbe meerwärtssendet.

Ottokar ists, in Windeln schon viel besser   100
Als Wenzeslas, der bärtige Sohn, der gegen
Den Vater Lüstling heißt und fauler Fresser.

Die Stumpfnas, die in ernstem Überlegen   103
Den gütigen Nachbar scheint um Rat zu fragen,
Starb flüchtend und den Lilien nicht zum Segen.

Seht ihn zerknirscht nun an die Brust sich schlagen!   106
Den andern schaut, dem auch der Schmerz geht näher,
Der seufzend läßt die Hand die Wange tragen:

Von Frankreichs Pest sind Vater es und Schwäher.   109
Sie kennen sein unflätig Lasterleben,
Und darum nagt der Gram sie um so zäher.

Der dort so gliederstark erscheint und neben   112
Dem Langbenasten singt im gleichen Zuge,
Er war mit jedem Tugendschmuck umgeben.

Und wenn der Jüngling hinter ihm, der kluge,   115
Länger geherrscht hätt nach des Vaters Sterben,
Gut floß die Tugend dann von Krug zu Kruge.

Nicht gilt dasselbe von den andern Erben: 118
Jakob und Friedrich erbten nur die Reiche
Ohne das bessere Erbteil zu erwerben.

Wie selten, daß der Zweig dem Stamme gleiche   121
An Rechtlichkeit! So wills *Er*, der sie schenkte,
Daß man drum bitte, doch sie nicht erschleiche.

PURGATORIO · CANTO VII

Anche al Nasuto vanno mie parole,   *124*
non men ch' all' altro, Pier, che con lui canta,
onde Puglia e Provenza già si dole.

Tant' è del seme suo minor la pianta,   *127*
quanto più che Beatrice e Margherita,
Gostanza di marito ancor si vanta.

Vedete il re della semplice vita   *130*
seder là solo, Arrigo d'Inghilterra:
questi ha ne' rami suoi migliore uscita.

Quel che più basso tra costor s'atterra,   *133*
guardando in suso, è Guiglielmo marchese,
per cui e Alessandria e la sua guerra

fa pianger Monferrato e Canavese.»   *136*

DER LÄUTERUNGSBERG · VII. GESANG

Nicht auf die Langnas sich mein Wort beschränkte,   *124*
Auch Petern gilts, die miteinander singen,
Ob dem schon Pulien und Provence sich kränkte.

Je schlechtern Samen wird die Pflanze bringen,   *127*
Um sovielmehr preist den Gemahl Konstanze,
Als Beatricen und Margret gelingen.

Seht dort den König, abhold äußerm Glanze,   *130*
Gesondert sitzen, Heinrich, Englands Dritten:
Sein Wurzeltrieb erzeugte bessere Pflanze.

Der dort am tiefsten sitzt in aller Mitten   *133*
Und aufwärtsblickt, ist Wilhelm der Marchese,
Den, weil er Alessandria bestritten,

Beweinen Montferrat und Canavese.«   *136*

CANTO OTTAVO

Era già l'ora che volge il disio   *1*
ai navicanti e intenerisce il core
lo dì c' han detto ai dolci amici addio;
      e che lo novo peregrin d'amore   *4*
punge, se ode squilla di lontano,
che paia il giorno pianger che si more;
      quand'io incominciai a render vano   *7*
l'udire e a mirare una dell'alme
surta, che l'ascoltar chiedea con mano.

Ella giunse e levò ambo le palme,   *10*
ficcando gli occhi verso l'oriente,
come dicesse a Dio ‹D'altro non calme›.

«*Te lucis ante*» sì devotamente   *13*
le uscì di bocca e con sì dolci note,
che fece me a me uscir di mente;

      e l'altre poi dolcemente e devote   *16*
seguitâr lei per tutto l'inno intero,
avendo gli occhi alle superne rote.

Aguzza qui, lettor, ben gli occhi al vero;   *19*
chè il velo è ora ben tanto sottile,
certo, che 'l trapassar dentro è leggiero.

Io vidi quello esercito gentile   *22*
tacito poscia riguardare in sue,
quasi aspettando, palido e umìle:

      e vidi uscir dell'alto e scender giùe   *25*
due angeli con due spade affocate,
tronche e private delle punte sue.

Verdi come fogliette pur mo nate   *28*
erano in veste, che da verdi penne
percosse traean dietro e ventilate.

L'un poco sovra noi a star si venne,   *31*
e l'altro scese in l'opposita sponda,
sì che la gente in mezzo si contenne.

Ben discerneva in lor la testa bionda;   *34*
ma nelle facce l'occhio si smarrìa,
come virtù ch'a troppo si confonda.

«Ambo vegnon del grembo di Maria»   *37*
disse Sordello «a guardia della valle,
per lo serpente che verrà via via».

ACHTER GESANG

Schon war die Stunde, die den Schiffern leise   *1*
Das Herz rührt und erweicht im Heimwehtriebe
Am Abschiedstag vom holden Freundeskreise,
   Und die auch in dem Pilgerneuling Liebe   *4*
Wachruft bei eines fernen Glöckleins Klange,
Das scheinbar wehklagt, daß der Tag entstiebe:
   Als ich, schon abgelenkt von dem Gesange,   *7*
Nach einer Seele sah, die sich erhoben
Und Winke gab, daß sie Gehör verlange.
   Die Hände hielt gefaltet sie nach oben,   *10*
Ostwärts den Blick geheftet, als bekunde
Sie so dem Schöpfer: dich nur will ich loben! –
   »*Te lucis ante*« scholls von ihrem Munde   *13*
So süß und mit so andachtsvollem Preise,
Daß ich darob michselbst vergaß zur Stunde.
   Die andern fielen dann in zarter Weise   *16*
Inbrünstig ein, den Hymnus ganz zu singen,
Die Augen richtend auf die obern Kreise.
   Schärf, Leser, hier den Blick, willst du erringen   *19*
Die Wahrheit, denn so fein ließ ich sich weben
Den Schleier, daß du leicht ihn kannst durchdringen. –
   Ich sah die edle Heerschar nun erheben   *22*
Den Blick, gleichsam erwartungsbange schweigend,
Die blassen Mienen demutsvoll-ergeben.
   Und sah im Schweben dann herniedersteigend   *25*
Zwei Engel, deren Schwerter Flammen schossen,
Doch stumpf nur waren, keine Spitze zeigend.
   Grün wie die Blätter, eben erst entsprossen,   *28*
Kam ihr Gewand, bewegt von grünen Schwingen,
Im Hauch der Lüfte flatternd nachgeflossen.
   Dicht über uns sie sanft herniedergingen.   *31*
Auf jedem Talesrand blieb einer stehen,
Daß sie die Seelen zwischen sich empfingen.
   Ich konnte wohl die blonden Scheitel sehen,   *34*
Jedoch vom Antlitz glitt mein Blick geblendet,
Wie Kraft muß an der Überkraft vergehen.
   »Sie beide hat Marias Schoß entsendet   *37*
Zum Schutz des Tales vor der Schlange Tücken,
Die schon«, so sprach Sordell, »hierher sich wendet.«

PURGATORIO · CANTO VIII

Ond'io, che non sapeva per qual calle,   *40*
mi volsi intorno, e stretto m'accostai,
tutto gelato, alle fidate spalle.

E Sordello anco: «Or avvalliamo omai   *43*
tra le grandi ombre, e parleremo ad esse:
grazïoso fia lor vedervi assai.»

Solo tre passi credo ch'io scendesse,   *46*
e fui di sotto, e vidi un che mirava
pur me, come conoscer mi volesse.

Tempo era già che l'aere s'annerava,   *49*
ma non sì che tra gli occhi suoi e i miei
non dichiarisse ciò che pria serrava.

Vêr me si fece, e io vêr lui mi fei: *52*
Giudice Nin gentil, quanto mi piacque,
quando ti vidi non esser tra rei!

Nullo bel salutar tra noi si tacque,   *55*
poi dimandò: «Quant' è che tu venisti
a piè del monte per le lontane acque?»

«Oh!» diss'io lui, «per entro i luoghi tristi   *58*
venni stamane, e sono in prima vita,
ancor che l'altra, sì andando, acquisti.»

E come fu la mia risposta udita,   *61*
Sordello ed egli indietro si raccolse,
come gente di subito smarrita.

L'uno a Virgilio e l'altro a un si volse   *64*
che sedea lì, gridando: «Su, Currado!
vieni a veder che Dio per grazia volse.»

Poi, volto a me: «Per quel singular grado   *67*
che tu dèi a colui che sì nasconde
lo suo primo perchè, che non gli è guado;

quando sarai di là dalle larghe onde,   *70*
di'a Giovanna mia che per me chiami
là dove agl'innocenti si risponde.

Non credo che la sua madre più m'ami,   *73*
poscia che trasmutò le bianche bende,
le quai convien che, misera, ancor brami.

Per lei assai di lieve si comprende,   *76*
quanto in femmina foco d'amor dura,
se l'occhio o 'l tatto spesso non l'accende.

Non le farà sì bella sepultura   *79*
la vipera che i Melanesi accampa,
com' avrìa fatto il gallo di Gallura.»

DER LÄUTERUNGSBERG · VIII. GESANG

Nicht wissend, wo ihr Einfall möchte glücken,   40
Erschrak ich, spähte scheu nach allen Seiten,
Um mich den treuen Schultern anzudrücken.

Sordell fuhr fort: »Nun laßt uns talwärts schreiten   43
Und plaudern dort mit den erhabenen Schatten,
Die freudigen Empfang euch gern bereiten.«

Drei Schritte, glaub ich, gings hinab die Matten,   46
Da war ich unten, und sah forschen einen
Mit Augen, alsob sie erkannt mich hatten.

Schon wuchs die Dämmerung, doch kenntlich scheinen   49
Ließ sie noch in der Nähe die Gesichter
Für seine spähenden Augen und die meinen.

Er nahte mir, ich ihm. (O edler Richter;   52
Wie freute, Nino, michs, dir zu begegnen
Nicht unten beim verlorenen Gelichter!)

Wir säumten nicht, das Wiedersehen zu segnen.   55
»Wie lang ists her, daß du durchs Meer gegangen«,
Fragt er, »zum Bergesfuß, dem weitentlegnen?« –

»Oh«, sprach ich, »mitten durch das Reich voll Bangen 58
Schritt ich heut früh und bin im ersten Leben,
Obwohl ich such das andre zu erlangen.«

Da wich, als ich die Auskunft kaum gegeben,   61
Sordell und er zurück, wie Leute scheinen,
Die vor Bestürzung plötzlich rückwärtsbeben.

Der sah Vergil an, und der andre *einen*,   64
Der dorten saß, und rief: »Auf, Konrad, eile
Und sieh, was Gottes Gnade wirkt den Seinen.«

Sodann zu mir: »Bei dem besondern Heile,   67
Das dem du schuldest, der uns keine Pfade
Auftut, daß man sein Ur-Warum ereile:

Bist du erst auf dem jenseitigen Gestade,   70
Sag meiner Vanna, daß sie für mich flehe,
Wo sich der Unschuld neigt das Ohr der Gnade.

Kaum liebt mich ihre Mutter noch wie ehe,   73
Seit sie das Kopftuch abgelegt, das helle,
Das sie zurückwünscht ach! dereinst im Wehe.

Sie zeigt, wie Liebesglut erlischt so schnelle   76
Oft unter eines Frauenbusens Glätte,
Wird Blick und Hand nicht neuen Brandes Quelle.

Solch schönen Schmuck leiht ihrer Grabmalsstätte   79
Die Viper nicht, die Mailands Banner führen,
Als ihr Galluras Hahn verliehen hätte.«

PURGATORIO · CANTO VIII

Così dicea, segnato della stampa,   82
nel suo aspetto, di quel dritto zelo
che misuratamente in core avvampa.

Gli occhi miei ghiotti andavan pur la cielo,   85
pur là dove le stelle son più tarde,
sì come rota più presso allo stelo.

E il duca mio: «Figliuol, che lassù guarde?»   88
E io a lui: «A quelle tre facelle
di che il polo di qua tutto quanto arde».

Ond 'elli a me: «Le quattro chiare stelle   91
che vedevi staman, son di là basse;
e queste son salite ov' eran quelle.»

Com' ei parlava, e Sordello a sè trasse   94
dicendo: «Vedi là il nostro avversario»;
e drizzò il dito perchè in là guardasse.

Da quella parte onde non ha riparo   97
la picciola vallea, era una biscia,
forse qual diede ad Eva il cibo amaro,

Tra l'erba e i fior venia la mala striscia,   100
volgendo ad or ad or la testa al dosso,
leccando come bestia che si liscia.

Io non vidi, e però dicer non posso,   103
come mosser gli astor celestiali;
ma vidi bene e l'uno e l'altro mosso.

Sentendo fender l'aere alle verdi ali,   106
fuggì 'l serpente, e gli angeli diêr vòlta,
suso alle poste rivolando iguali.

L'ombra che s'era al Giudice raccolta   109
quando chiamò, per tutto quell' assalto
punto non fu da me guardare sciolta.

«Se la lucerna che ti mena in alto,   112
truovi nel tuo abitrio tanta cera,
quant' è mestieri infino al sommo smalto»

cominciò ella; «se novella vera   115
di Val di Magra o di parte vicina
sai, dilla a me che già grande là era.

Chiamato fui Currado Malaspina;   118
non son l'antico, ma di lui discesi:
a' miei portai l'amor che qui raffina.»

«Oh!» diss'io lui, «per li vostri paesi   121
giammai non fui; ma dove si dimora
per tutta Europa, ch'ei non sien palesi?

DER LÄUTERUNGSBERG · VIII. GESANG

So sprach er; und im Antlitz war zu spüren   *82*
Von jenem wahren edeln Zorn die Helle,
Der maßvoll weiß die Herzen anzuschüren.

Fest hing mein Blick an jener Himmelsstelle,   *85*
Wo sich die Sterne träger drehn dortoben,
Dem Rade gleich zunächst der Achsenwelle.

Und drauf mein Führer: »Sohn, was siehst du droben?« *88*
Und ich: »Nach den drei Flämmchen muß ich schauen,
Drob diesseits ganz der Pol ist glutumwoben.«

Und er: »Das du heut sahst beim Morgengrauen,   *91*
Das Viergestirn sank jenseits nieder jähe;
Statt seiner funkeln diese nun im Blauen.«

Noch sprach er, als Sordell in seine Nähe   *94*
Ihn zog: »Schau, unser Feind kommt hergekrochen«,
Rief und hob den Finger, daß er sähe.

Wo frei das Tälchen von den Bergesjochen,   *97*
Kam eine Schlange her, und wohl die gleiche,
Die Even einst die bittere Frucht gebrochen.

Durch Gras und Blumen ging ihr bös Geschleiche;   *100*
Sie hob den Kopf manchmal, züngelnd zum Rücken,
Daß sie ihn katzenartig putz und streiche.

Nicht sah ichs, noch vermöcht ichs auszudrücken,   *103*
Wie sich des Himmels Habichtspaar erhoben;
Nur mochte beider Flug zu sehen mir glücken.

Vernehmend, wie die grünen Schwingen stoben,   *106*
Entwich der Wurm. Die Engel aber schwangen
Im Gleichflug sich zum alten Platz nach oben.

Der Schatten, der zum Richter hingegangen,   *109*
Als der ihn rief, ließ bei dem ganzen Streite
Unabgewandt an mir sein Auge hangen.

»Soll jenes Licht, das aufwärts dein Geleite,   *112*
Ausreichend Öl in deinem Willen schauen,
Bis auf der Höh dein Fuß in Blumen schreite:

Ist dir von Valdimagra und den Gauen   *115*
Umher, wo groß ich war, bekannt das Wahre,
Wohlan«, sprach er, »so magst du mirs vertrauen.

Ein Malaspin, nicht der im grauen Haare,   *118*
Bin ich; als Konrad ihm entstammt. Die Liebe
Zu all den Meinen bring ich hier ins Klare.« –

»Zwar«, sprach ich, »lenkten mich die Wandertriebe   *121*
Noch nicht in euer Land; doch wer mag leben
In ganz Europa wohl, dem fremd es bliebe?

PURGATORIO · CANTO VIII

La fama che la vostra casa onora,   124
grida i signori e grida la contrada,
sì che ne sa chi non vi fu ancora.

E io vi giuro, s' io di sopra vada,   127
che vostra gente onrata non si sfregia
del pregio della borsa e della spada.

Uso e natura sì la privilegia,   130
che, perchè il capo reo lo mondo torca,
sola va dritta e 'l mal cammin dispregia.»

Ed elli: «Or va', chè 'l sol non si ricorca   133
sette volte nel letto che 'l Montone
con tutti e quattro i piè cuopre ed inforca,

che cotesta cortese oppinione   136
ti fia chiavata in mezzo della testa
con maggior chiovi che d'altrui sermone,

se corso di giudicio non s'arresta.»   139

DER LÄUTERUNGSBERG · VIII. GESANG

Der Ruf von euers Hauses Ehrbestreben   *124*
Rühmt Landschaft laut, rühmt Fürsten und Gedinge;
Des kann, wer auch nicht dort war, Zeugnis geben.

Auch schwör ichs euch, sowahr ich aufwärtsdringe: *127*
Daß eure edeln Erben nie vergaßen
Des Ehrenschmucks der Börse und der Klinge.

Zucht und Natur beschenkte sie dermaßen,   *130*
Daß – ob das sündige Haupt die Welt mißleitet –
Sie nur gradausgehn und nie krumme Straßen.«

Und er: »Nun geh. Denn siebenmal nicht gleitet   *133*
Die Sonne hin zu ihrem Schlummerorte,
Den vierfüßig der Widder überschreitet,

So wird solch gute Meinung dir zum Horte   *136*
In Hauptes Mitte festgeheftet werden
Mit Nägeln, stärker als der andern Worte,

Soll nicht des Rechtspruchs Lauf entkräftet werden.« *139*

CANTO NONO

La concubina di Titan antico   *1*
già s'imbiancava al balco d'oriente,
fuor delle braccia del suo dolce amico:
  di gemme la sua fronte era lucente,   *4*
poste in figura del freddo animale
che con la coda percote la gente;
  e la notte dè passi con che sale,   *7*
fatti avea due nel loco ov'eravamo,
e il terzo già chinava in giuso l'ale;
  quand'io, che meco avea di quel d'Adamo,   *10*
vinto dal sonno, in su l'erba inchinai,
là 've già tutti e cinque sedevamo.
  Nell' ora che comincia i tristi lai   *13*
la rondinella presso alla mattina,
forse a memoria de' suoi primi guai,
  e che la mente nostra, peregrina   *16*
più dalla carne e men da' pensier presa
alle sue vision quasi è divina,
  in sogno mi parea veder sospesa   *19*
un' aguglia nel ciel con penne d'oro,
con l'ali aperte ed a calare intesa;
  ed esser mi parea là dove foro   *22*
abbandonati i suoi da Ganimede,
quando fu ratto al sommo consistoro.
  Fra me pensava: «Forse questa fiede   *25*
pur qui per uso, e forse d'altro loco
disdegna di portarne suso in piede.»
  Poi mi parea che, poi rotata un poco,   *28*
terribil come folgor discendesse,
e me rapisse suso infino al foco.
  Ivi parea che ella e io ardesse;   *31*
e sì l' incendio imaginato cosse,
che convenne che il sonno si rompesse.
  Non altrimenti Achille si riscosse,   *34*
gli occhi svegliati rivolgendo in giro
e non sappiendo là dove si fosse,
  quando la madre da Chiron a Schiro   *37*
trafugò lui dormendo in le sue braccia,
là onde poi li Greci il dipartiro;

NEUNTER GESANG

Schon trat die Buhlin des Tithon, des alten,   *1*
Zum östlichen Altan im Silberglanze,
Von süßen Freundes Arm nichtmehr gehalten.

Demanten schmücken ihre Stirn im Kranze,   *4*
Die jenes kalten Tieres Umriß zeigen,
Das Menschen pflegt zu stechen mit dem Schwanze.

Schon hatte auch die Nacht im Aufwärtssteigen   *7*
Zwei Schritt zurückgelegt da, wo wir standen,
Und ließ die Flügel nun des dritten neigen,

Als ich, der noch beschwert mit Adams Banden,   *10*
Vom Schlaf besiegt, ins Gras mich streckte nieder,
Wo wir selbfünf uns nunmehr sitzend fanden.

Zur Stunde wars, wo ihre Klagelieder   *13*
Die Schwalbe anstimmt bei des Tags Beginnen,
Wohl in Erinnerung alten Jammers wieder,

Wo unser Geist auch leichter mag entrinnen   *16*
Dem Fleisch und den Gedankenfesseln allen,
Fast Göttlichkeit im Schauen zu gewinnen:

Da sah im Traum ich an des Himmels Hallen   *19*
Mit Goldgefieder einen Aar erscheinen,
Als wollt er offenen Flügels niederfallen.

Und dorten glaubt ich gar mich, wo die Seinen   *22*
Zurückließ Ganymed, als es ihn jähe
Hochriß, dem höchsten Rat sich zu vereinen.

Ich dachte mir, nur aus Gewohnheit spähe   *25*
Nach Raub er hier, statt daß ihn Beute nähre
Woanders, wo die Klaue sie verschmähe.

Dann schiens, alsob er noch im Kreisen wäre;   *28*
Doch furchtbar wie ein Blitzstrahl schoß er nieder
Und riß empor mich bis zur Feuersphäre.

Dort schiens, ich brennte selbst wie sein Gefieder;   *31*
Und derart die geträumte Glut mich brannte,
Daß mir der Schlummer ward zerrissen wieder.

Bestürzter nicht Achilles einst sich wandte,   *34*
Als augenrollend er vom Schlaf erwachte
Und, wo er sich befände, nicht erkannte,

Da ihn aus Chirons Hut die Mutter sachte   *37*
Im Schlaf nach Scyros trug, von wo ihn wieder
Hinweg die kluge List der Griechen brachte:

PURGATORIO · CANTO IX

che mi scoss'io, sì come dalla faccia 40
mi fuggì il sonno; e diventa' ismorto,
come fa l' uom che, spaventato, agghiaccia.

Da lato m'era solo il mio conforto. 43
e il sole er'alto già più che due ore,
e il viso m'era alla marina torto.

«Non aver tema» disse il mio signore: 46
«fatti sicur, chè noi semo a buon punto:
non stringer, ma rallarga ogni vigore!

Tu se'omai al Purgatorio giunto: 49
vedi là il balzo che il chiude dintorno;
vedi l'entrata là 've par disgiunto.

Dianzi, nell'alba che precede al giorno, 52
quando l'anima tua dentro dormìa
sopra li fiori onde laggiù è adorno,

venne una donna, e disse: ‹Io son Lucia: 55
lasciatemi pigliar costui che dorme;
sì l'agevolerò per la sua via.›

Sordel rimase, e l'altre gentil forme: 58
ella ti tolse, e come il dì fu chiaro,
sen venne suso, e io per le sue orme.

Qui ti posò; e pria mi dimostraro 61
gli occhi suoi belli quell' entrata aperta;
poi ella e il sonno ad una se n'andaro.»

A guisa d'uom che in dubbio si raccerta, 64
e che muta in conforto sua paura,
poi che la verità gli è discoperta,

mi cambia'io; e come sanza cura 67
videmi il duca mio, su per lo balzo
si mosse, ed io diretro invêr l'altura.

Lettor, tu vedi ben com'io innalzo 70
la mia matera; e però con più arte
non ti maravigliar s'io la rincalzo.

Noi ci appressammo, ed eravamo in parte, 73
che là dove pareami prima rotto,
pur come un fesso che muro diparte,

vidi una porta e tre gradi di sotto 76
per gire ad essa, di color diversi,
e un portier ch' ancor non facea motto.

E come l'occhio più e più v'apersi, 79
vidil seder sopra 'l grado soprano,
tal nella faccia, ch'io non lo soffersi;

230

DER LÄUTERUNGSBERG · IX. GESANG

Als ich, da frei vom Schlaf die Augenlider,   40
Mich schüttelte und tödlich fühlt erblassen
Gleich dem ein eisiger Schreck durchrinnt die Glieder.

Nur der mich tröstet war mir dagelassen;   43
Auch stand die Sonne höher schon zwei Stunden
Und vor mir lag das Meer in blauen Massen.

»Sei furchtlos nun und werde stark befunden,   46
Wir sind am Ziel«, klangen des Meisters Worte.
»Entfalte jede Kraft jetzt ungebunden!

Du bist nun angelangt vorm Läuterungsorte: 49
Sieh dort die Felswand, die ihn hält umfangen,
Sieh dort, wo sie zerklafft, die Eingangspforte.

Noch lagest du mit schlummerroten Wangen,   52
Eh daß vorm Tagesnahen das Frühlicht fliehe,
Und schliefst in Blumen, wie sie drunten prangen,

Da kam ein Weib und sprach: ›Ich bin Lucie.   55
Laß diesen mich ergreifen und ihn tragen,
Daß ich Erleichterung seinem Weg verliehe.‹

Sordell blieb mit den Edeln, wo sie lagen.   58
Doch sie – der Tag begann schon aufzubleichen –
Trug dich empor; ich folgte sonder Zagen.

Hier bettete sie dich, doch gab ein Zeichen   61
Ihr schönes Aug mir erst zur offenen Pforte.
Drauf sah ich sie und deinen Schlaf entweichen.«

Dem Manne gleich, dem bei der Wahrheit Worte   64
Der Zweifel flieht, daß er, statt Furcht zu hegen,
Sich mutig das Vertrauen wählt zum Horte,

So tat auch ich. Und ohne ängstlich Regen   67
Mich sehend stieg mein Führer nun am Hange
Hinauf, und ich ihm nach, der Höh entgegen. –

Leser, du siehst wohl, wie ich meinem Sange   70
Aufschwung verleih; drum staune nicht, geselle
Mehr Kraft zur Kunst ich, daß sie Halt empfange. –

Wir nahten uns und waren bald zur Stelle,   73
Daß dort, wo erst ein Spalt sich schien zu zeigen,
Alsob ein Riß ein Mauerwerk zerspelle,

Ein Tor ich sah und drunter zum Ersteigen   76
Drei Stufen, die verschiedene Farbe trugen,
Und einen Torwart, vorerst noch in Schweigen.

Und als ich suchte, schärfer hinzulugen,   79
Da saß er, wo zuhöchst die Stufen enden,
Mit Mienen, die den Blick mir niederschlugen.

PURGATORIO · CANTO IX

e una spada nuda aveva in mano   82
che rifletteva i raggi sì vêr noi,
ch'io dirizzava spesso il viso invano.

«Dite costinci: che volete voi?»   85
cominciò elli a dire. «Ov' è la scorta?
Guardate che il venir su non vi nòi!»

«Donna del ciel, di queste cose accorta»   88
rispuose il mio maestro a lui, «pur dianzi
ne disse: ‹Andate là: quivi è la porta›.»

«Ed ella i passi vostri in bene avanzi»   91
ricominciò il cortese portinaio:
«venite dunque a' nostri gradi innanzi.»

Là ne venimmo, e lo scaglion primaio   94
bianco marmo era sì pulito e terso,
ch'io mi specchìai in esso quale io paio.

Era il secondo tinto più che perso,   97
d'una petrina ruvida e arsiccia,
crepata per lo lungo e per traverso.

Lo terzo, che di sopra s'ammassiccia,   100
porfido mi parea sì fiammeggiante,
come sangue che fuor di vena spiccia.

Sovra questo teneva ambo le piante   103
l'angel di Dio, sedendo in su la soglia,
che mi sembiava pietra di diamante.

Per li tre gradi su di buona voglia   106
mi trasse il duca mio, dicendo: «Chiedi
umilemente che il serrame scioglia.»

Divoto mi gittai a'santi piedi;   109
misericordia chiesi che m'aprisse;
ma pria nel petto tre fiate mi diedi.

Sette *P* nella fronte mi descrisse   112
col punton della spada, e «Fa'che lavi,
quando se' dentro, queste piaghe» disse.

Cenere, o terra che secca si cavi,   115
d'un color fora col suo vestimento;
e di sotto da quel trasse due chiavi.

L'una era d'oro, e l'altra era d'argento: 118
pria con la bianca, e poscia con la gialla
fece alla porta sì, ch'io fui contento.

«Quandunque l'una d'este chiavi falla,   121
che non si volga dritta per la toppa»
diss' elli a noi, «non s' apre questa calla.

231

DER LÄUTERUNGSBERG · IX. GESANG

Und sah ein bloßes Schwert in seinen Händen, 82
Das auf uns Strahlen warf in solchem Grade,
Daß ich den Blick oft seitwärts mußte wenden.

»Von dort sagt, was ihr wollt auf diesem Pfade. 85
Wo ist der Führer?« klangen seine Worte.
»Gebt acht, daß dieser Aufstieg euch nicht schade.« —

»Ein Himmelsweib, wohl kundig dieser Orte«, 88
Gab Antwort ihm mein Meister, »sprach soeben
Zu uns: ›Dort gehet hin, dort winkt die Pforte.‹«

»Und euern Schritten mag sie Förderung geben«, 91
Des Pförtners Stimme klang, freundlich wie keine.
»Kommt denn, auf unsern Stufen hochzustreben.«

Wir traten jetzt dorthin, zum ersten Steine: 94
Weißmarmorn war er und so blankgeschliffen,
Daß er mein Bild auffing im Spiegelscheine.

Schwarzpurpurn schien, ein Bruch aus rauhen Riffen, 97
Der zweite: voller Risse krumm und grader,
Als hätte Feuersglut ihn stark ergriffen.

Der dritte, aufgetürmt als höchste Quader, 100
Schien aus Porphyr und war so scharlachhelle,
Alsob ein Blutstrahl spritze aus der Ader.

Dem Engel diente der zur Ruhestelle 103
Für jeden Fuß; und bis zum tiefsten Kerne
Schien mir demanten, drauf er saß, die Schwelle.

Ich ließ mich über die drei Stufen gerne 106
Vom Führer ziehn. Der sprach: »Mit Demutsgrüßen
Erfleh es, daß er den Verschluß entferne.«

Andächtig sank ich zu den heiligen Füßen, 109
Daß er sich des erbarm, was ich begehrte;
Doch dreimal schlug ich erst die Brust im Büßen.

Da schrieb er sieben P mit seinem Schwerte 112
Mir auf die Stirn und sprach: »Dadrinnen wasche
Die Stirn dir ab, die siebenfach-versehrte.«

Gefärbt wie dürrer Sand, wie trockene Asche 115
War sein Gewand zu sehn. Dann zog er schnelle
Drunter hervor zwei Schlüssel aus der Tasche.

Einer war Gold, der andre silberhelle: 118
Erst sah ich ihn ins Schloß den weißen bringen,
Den gelben dann, daß michs zufriedenstelle.

»Versagt der eine nur, wills nicht gelingen, 121
Ihn umzudrehen frei von Hindernissen«,
Sprach er, »so läßt kein Eintritt sich erzwingen.

PURGATORIO · CANTO IX

Più cara è l'una; ma l'altra vuol troppa   *124*
d'arte e d'ingegno, avanti che diserri,
perch' ell' è quella che nodo digroppa.

Da Pier le tegno; e dissemi ch'io erri   *127*
anzi ad aprir che a tenerla serrata,
pur che la gente a' piedi mi s' atterri.»

Poi pinse l'uscio alla porta sacrata,   *130*
dicendo: «Entrate; ma facciovi accorti
che di fuor torna chi 'ndietro si guata.»

E quando fur ne' cardini distorti   *133*
gli spigoli di quella regge sacra,
che di metallo son sonanti e forti,

non rugghiò sì nè si mostrò sì acra   *136*
Tarpeia, come tolto le fu il buono
Metello, per che poi rimase macra.

Io mi rivolsi attento al primo tuono,   *139*
e «*Te Deum laudamus*» mi parea
udire in voce mista al dolce suono.

Tale imagine appunto mi rendea   *142*
ciò ch'io udiva, qual prender si suole
quando a cantar con organi si stea;

ch'or sì, or no s'intendon le parole.   *145*

232

DER LÄUTERUNGSBERG · IX. GESANG

Kostbarer ist der eine, doch mehr Wissen 124
Und Kunst bedarf es, daß der andere schließe,
Der bei des Knotens Lösung *nie* zu missen.

Mir gab sie Petrus: eher, sprach er, ließe 127
Sich öffnend irren, als beim Eintritt-wehren,
Wenn nicht das Volk Fußfall vor mir verdrieße.«

Aufstieß er dann den Eingang zu dem hehren 130
Portal: »Geht ein! Doch hört vor allen Dingen«,
Sprach er, »wer rückwärtsblickt muß rückwärtskehren!«

Und wie sich nun in ihren Angeln schwingen 133
Am heiligen Tor die Zapfen und die Zungen,
Die, weil sie ganz Metall, starktönend klingen,

Da knarrten sie, wie lauter nicht erklungen 136
Tarpeja, als sie den Metell bezwangen,
Den guten, bis sie ihr den Schatz entrungen.

Aufmerksam lauscht ich, wie zuerst sich schwangen 139
Die Töne, und »*Te Deum*« schiens zu klingen
Von Stimmen da, die lieblich dazu sangen,

Sodaß mir war zumut bei diesen Dingen, 142
Alsob man, wie es manchmal mag geschehen,
Wenn Orgelton sich untermischt dem Singen,

Nur ab und zu die Worte kann verstehen. 145

CANTO DECIMO

Poi fummo dentro al soglio della porta,   *1*
che il malo amor dell'anime disusa,
perchè fa parer dritta la via torta,

sonando la senti' esser richiusa;   *4*
e s' io avessi gli occhi volti ad essa,
qual fora stata al fallo degna scusa?

Noi salivam per una pietra fessa,   *7*
che si moveva d'una e d'altra parte,
sì come l'onda che fugge e s'appressa.

«Qui si conviene usare un poco d'arte»   *10*
cominciò il duca mio «in accostarsi
or quinci, or quindi al lato che si parte».

E ciò fece li nostri passi scarsi,   *13*
tanto che pria lo scemo della luna
rigiunse al letto suo per ricorcarsi,

che noi fossimo fuor di quella cruna;   *16*
ma quando fummo liberi e aperti
su dove il monte indietro si rauna,

io stancato, e ambedue incerti   *19*
di nostra via, restammo in su 'n un piano,
solingo più che strade per diserti.

Dalla sua sponda, ove confina il vano,   *22*
al piè dell' alta ripa che pur sale,
misurrebbe in tre volte un corpo umano;

e quanto l'occhio mio potea trar d'ale,   *25*
or dal sinistro e or dal destro fianco,
questa cornice mi parea cotale.

Lassù non eran mossi i piè nostri anco,   *28*
quand'io conobbi quella ripa intorno,
che dritta di salita aveva manco,

esser di marmo candido e adorno   *31*
d'intagli sì, che non pur Policreto,
ma la natura lì avrebbe scorno.

L'angel che venne in terra col decreto   *34*
della molt' anni lagrimata pace,
che aperse il ciel dal suo lungo divieto,

dinanzi a noi pareva sì verace   *37*
quivi intagliato in un atto soave,
che non sembiava imagine che tace.

ZEHNTER GESANG

Als hinter uns die Pforte lag, die selten
Der Seelen irrige Liebe hält im Gange,
Weil krummen Weg sie läßt als graden gelten,
   Da schloß sie sich, wie ichs vernahm am Klange.
Und blieb ich, um zurückzuschaun, nun stehen,
Gäb es Entschuldigung, die hier verfange?
   Nun galts in einem Spalt emporzugehen,
Der sich abwechselnd wand nach jeder Seite
Gleich Wellen, die wir fliehen und nahen sehen.
   »Hier tut es not, daß etwas Kunst uns leite«,
Begann mein Führer, »um sich anzuschmiegen,
Wo Raum gibt hier und dort des Weges Breite.«
   Daher geschahs, daß wir nur langsam stiegen,
Sodaß die Mondeshälfte schon zur Welle
Hinstrebte, neu in ihrem Bett zu liegen,
   Eh wir erreicht des Nadelöhres Schwelle.
Doch als wir obenstanden auf der Scheide,
Wo rückwärts tritt der Berg an offner Stelle –
   Ermüdet ich, und unbekannt wir beide
Mit unserm Weg – sahn wir ein Flachland, eben
Und öder als ein Pfad in wüster Heide.
   Vom Saum, wo er von freier Luft umgeben,
Maß er drei Manneslängen bis zur Masse
Des Bergs, wo er begann sich steil zu heben.
   Auch sah ich rings, daß diese Art Terrasse
Den Hang, wohin ich auch den Blick ließ dringen,
Nach rechts und links gleichbreit im Kranz umfasse.
   Da fand ich, eh wir droben weitergingen,
Daß marmorn war die Wand, die dem Gelüste
Zum Aufstieg nirgend Hoffnung schien zu bringen,
   Und daß sie, wie ichs nirgend schöner wüßte,
Verziert mit Bildwerk war, daß Polykleten,
Ja selbst Natur die Scham anwandeln müßte!
   Der Engel, der zur Welt des langerflehten
Und langerweinten Friedens Botschaft brachte,
Wonach der Himmel wieder zu betreten,
   War hier so lebenswahr geschnitzt, als lachte
Lieblich sein Mund ob der holdseligen Kunde,
Daß niemand ihn als stummes Bildwerk dachte.

PURGATORIO · CANTO X

Giurato si saria ch' ei dicesse ‹Ave!›;   40
perchè ivi era imaginata quella
ch'ad aprir l'alto amor volse la chiave,

ed avea in atto impressa esta favella   43
‹Ecce ancilla Dei› propriamente
come figura in cera si suggella.

«Non tener pur ad un loco la mente»   46
disse il dolce maestro, che m'avea
da quella parte onde il core ha la gente;

per ch'io mi mossi col viso, e vedea   49
diretro da Maria, da quella costa
onde m'era colui che mi movea,

un'altra storia nella roccia imposta;   52
per ch'io varcai Virgilio e femmi presso,
acciò che fosse agli occhi miei disposta.

Era intagliato lì nel marmo stesso   55
lo carro e' buoi traendo l'arca santa,
per che si teme officio non commesso.

Dinanzi parea gente; e tutta quanta,   58
partita in sette cori, a' due miei sensi
faceva dir l'un ‹No›, l'altro ‹Sì, canta›.

Similemente, al fummo degl' incensi   61
che v'era imaginato, gli occhi e il naso
e al sì e al no discordi fensi.

Lì precedeva al benedetto vaso,   64
trescando alzato, l'umile salmista,
e più e men che re era in quel caso.

Di contra, effigiata ad una vista   67
d'un gran palazzo, Micòl ammirava.
sì come donna dispettosa e trista.

Io mossi i piè del loco dov' io stava,   70
per avvisar da presso un' altra storia
che diretro a Micòl mi biancheggiava.

Quivi era storiata l'alta gloria   73
del roman principato, il cui valore
mosse Gregorio alla sua gran vittoria;

e dico di Traiano imperadore;   76
e una vedovella gli era al freno,
di lagrime atteggiata e di dolore.

Intorno a lui parea calcato e pieno   79
di cavalieri, e l'aguglie nell'oro
sovr' essi in vista al vento si movieno.

234

DER LÄUTERUNGSBERG · X. GESANG

Man schwur, ein Ave flösse ihm vom Munde;   *40*
Denn *Die* war auch zu sehen, die den Riegel
Uns aufgetan zum höchsten Liebesbunde.

Ihr Antlitz schien, als wärs der Worte Spiegel,   *43*
»Ecce ancilla Dei« fromm zu sagen
Und deutlich, wie in Wachs sich prägt ein Siegel.

»Laß nicht nur *einen* Ort dem Geist behagen«,   *46*
Der holde Meister zu mir sprach, der neben
Mir ging, da wo man fühlt des Herzens Schlagen.

Drauf ließ ich meine Blicke weiterstreben   *49*
Und sah, rückwärts Marias, auf der Seite,
Wo meiner Schritte Lenker stand soeben,

Ein anderes Bild, das sich im Fels anreihte;   *52*
Weshalb ich an Vergil vorbeigeschritten,
Genau zu sehn, was man da konterfeite.

Ich sah, in selben Marmor eingeschnitten,   *55*
Das Stiergespann die heilige Lade bringen,
Die unberufene Diener nie gelitten.

Vorn sah man Volk, zum Chor in sieben Ringen   *58*
Geteilt, daß zwei von meinen Sinnen streiten,
Der eine »nein«, der andre »ja, sie singen!«

Auch ob sich schien der Weihrauch zu verbreiten,   *61*
Hier beim Bejahen oder beim Verneinen
Die Augen mit der Nase sich entzweiten.

Dort tanzte vor dem Schrein, dem göttlich-reinen,   *64*
Demütig der Psalmist, das Kleid gehoben,
Als König mehr und minder hier zu scheinen.

Jenseits war dargestellt, wie Michol droben   *67*
Von hohen Schlosses Fenster diesem Tanze
Zusah, im Blicke Spott und Gram verwoben.

Ich trat sodann zurück, im Bilderkranze   *70*
Mich an dem nächsten Kunstwerk zu erbauen,
Das hinter Michol mir erschien im Glanze.

Hier war des Römerfürsten Ruhm zu schauen,   *73*
Der einst Gregor durch makelloses Leben
Zum großen Siege stärkte mit Vertrauen.

Trajan, den Kaiser, mein ich. Und daneben   *76*
Fiel eine Witwe kühn ihm in die Zügel,
Den Tränen und dem Schmerze hingegeben.

Ringsum ein Rittertroß, den Fuß im Bügel;   *79*
Und Adler spreizten über diesem Schwarme
Im goldenen Felde scheinbar ihre Flügel.

PURGATORIO · CANTO X

La miserella intra tutti costoro   82
parea dicer: «Signor, fammi vendetta
del mio figliuol ch'è morto, ond'io m'accoro?»

Ed egli a lei rispondere: «Ora aspetta   85
tanto ch'io torni.» E quella: «Signor mio»,
– come persona in cui dolor s'affretta –

«se tu non torni?» Ed ei: «Chi fia dov'io,   88
la ti farà.» E quella: «L'altrui bene
a te che fia, se il tuo metti in oblio?»

Ond' elli: «Or ti conforta; chè conviene   91
ch' i' solva il mio dovere anzi ch' i' mova:
giustizia vuole e pietà mi ritiene.»

Colui che mai non vide cosa nova   94
produsse esto visibile parlare,
novello a noi perchè qui non si trova.

Mentr'io mi dilettava di guardare   97
le imagini di tante umilitadi
e per lo fabbro loro a veder care,

«Ecco di qua, ma fanno i passi radi»   100
mormorava il poeta, «molte genti:
questi ne 'nvieranno agli alti gradi.»

Gli occhi miei, ch'a mirar eran contenti   103
per veder novitadi onde son vaghi,
volgendosi vêr lui non furon lenti.

Non vo' però, lettor, che tu ti smaghi   106
di buon proponimento per udire
come Dio vuol che 'l debito si paghi.

Non attender la forma del martìre: 109
pensa la succession: pensa che, al peggio,
oltre la gran sentenza nun può ire.

Io cominciai: «Maestro, quel ch'io veggio   112
muovere a noi, non mi sembian persone,
e non so che, sì nel veder vaneggio.»

Ed egli a me: «La grave condizione   115
di lor tormento a terra li rannicchia,
sì che i miei occhi pria n'ebber tencione.

Ma guarda fiso là, e disviticchia   118
col viso quel che vien sotto a quei sassi:
già scorger puoi come ciascun si picchia.»

O superbi cristian, miseri lassi,   121
che, della vista della mente infermi,
fidanza avete ne'retrosi passi,

DER LÄUTERUNGSBERG · X. GESANG

Inmitten dieser Menge schien die Arme 82
Zu sprechen laut: »O Herr, verschaff mir Rache
Für meinen Sohn, ermordet mir zum Harme.«
Und er zu ihr: »Vertage deine Sache 85
Bis ich zurück.« Und sie: »O Herr« – wie einer
Wohl spricht, alsob ihn Kummer eilig mache –
»Und kehrst du nicht?« Und er: »So tuts statt meiner, 88
Der nach mir kommt.« Und sie: »Was kann dir frommen
Die fremde Tat, wenn du vergissest deiner?«
Drauf er: »So sei getrost: ich hab vernommen, 91
Was meine Pflicht, und will nicht eher gehen
Bis Recht und Mitleid ihren Teil bekommen.«
Er, dessen Augen niemals Neues sehen, 94
Weiß diese Zwiesprach sichtbar zu entfalten,
Uns neu, weil solches hier nicht kann entstehen.
Indes ich mit Genuß die Steingestalten 97
Bewundert als demütige Herrlichkeiten,
Die durch den Schöpfer Ruhm und Wert erhalten,
Sprach flüsternd der Poet: »Sieh näherschreiten 100
Schwerfälligen Ganges dort ein Volk in Scharen.
Das wird uns zu den hohen Stufen leiten.«
Mein Auge, immer Neues zu gewahren 103
Begierig, war – als ich das Nahen spürte
Des Volkes – eilig schon dahingefahren.
Den guten Vorsatz, den dein Herz erkürte, 106
Vergiß, o Leser, nicht, hörst du mit Schauer,
Wie Gott die Schuld hier zur Begleichung führte.
Sieh auf der Marter *Form* nicht, doch genauer 109
Ans Ende denk! Denk, Schlimmstes angenommen:
Der große Urteilsspruch schließt ihre Dauer!
Anhub ich: »Meister, was ich da seh kommen, 112
Das halt ich nicht für menschliche Gestalten.
Doch wofür sonst? ich seh es nur verschwommen.«
Und er: »Die Last zwingt, sich gebückt zu halten, 115
Dies Volk, ob es vor Qualen schier verdürbe.
Auch *mir* erst wollte sichs nicht klar entfalten.
Doch blicke scharf, daß Klarheit sich erwürbe 118
Dein Blick ob dieser lastbeladenen Bangen:
Schon kannst du sehn, wie jeder matt und mürbe.«
O stolze Christen! elend, qualumfangen, 121
Mit Schleiern, die des Geistes Blick umweben,
Rückschreitend glaubt ihr vorwärts zu gelangen!

PURGATORIO · CANTO X

non v' accorgete voi che noi siam vermi
nati a formar l'angelica farfalla
che vola alla giustizia sanza schermi?

Di che l'animo vostro in alto galla,
poi siete quasi entomata in difetto,
sì come verme in cui formazion falla?

Come per sostentar solaio o tetto,
per mensola talvolta una figura
si vede giugner le ginocchia al petto,

la qual fa del non ver vera rancura
nascere a chi la vede; così fatti
vid'io color, quando puosi ben cura.

Vero è che più e mono eran contratti,
secondo ch'avien più e meno addosso;
e qual più pazienza avea negli atti,

piangendo parea dicer: ‹Più non posso›.

DER LÄUTERUNGSBERG · X. GESANG

Merkt ihr nicht, daß wir Würmer sind im Leben,   *124*
Draus sich der Himmelsschmetterling entfaltet,
Der zur Gerechtigkeit muß wehrlos schweben?

Was ists, daß euer Haupt so stolz ihr haltet,   *127*
Ihr, die gleich unentwickelten Insekten
Entschlüpft dem Puppenzustand mißgestaltet? –

Wie man an Erkern oder überdeckten   *130*
Portalen Stützen sieht als Karyatiden,
Mit Knieen, krampfhaft bis zur Brust gereckten,

Daß man oft kaum ein Mitleidsach vermieden,   *133*
Ob grundlos auch: so kam der Schwarm gezogen,
Bis ich beim Nahen einzle unterschieden.

Zwar waren mehr und minder sie gebogen,   *136*
Wie mehr und minderschwer die Last zu tragen;
Und der Geduldigste schien selbst bewogen,

»Ich kann nicht mehr!« mit nassem Blick zu sagen.   *139*

CANTO DECIMOPRIMO

«O Padre nostro, che ne'cieli stai,   *1*
non circonscritto, ma per più amore
che ai primi effetti di lassù tu hai,

laudato sia il tuo nome e il tuo valore   *4*
da ogni creatura, com'è degno
di render grazie al tuo dolce vapore.

Vegna vêr noi la pace del tuo regno,   *7*
chè noi ad essa non potem da noi,
s'ella non vien, con tutto nostro ingegno.

Come del suo voler gli angeli tuoi   *10*
fan sacrificio a te, cantando ‹*Osanna*›,
così facciano gli uomini de' suoi.

Da' oggi a noi la cotidiana manna,   *13*
sanza la qual per questo aspro diserto
a retro va chi più di gir s'affanna.

E come noi lo mal ch'avem sofferto   *16*
perdoniamo a ciascuno, e tu perdona
benigno, e non guardar lo nostro merto.

Nostra virtù, che di leggier s'adona,   *19*
non spermentar con l'antico avversaro,
ma libera da lui, che sì la sprona.

Quest' ultima preghiera, Signor caro,   *22*
già non si fa per noi, chè non bisogna,
ma per color che dietro a noi restaro.»

Così a sè e noi buona ramogna   *25*
quell' ombre orando, andavan sotto il pondo,
simile a quel che talvolta si sogna,

disparmente angosciate tutte a tondo   *28*
e lasse su per la prima cornice,
purgando le caligini del mondo.

Se di là sempre ben per noi si dice,   *31*
di qua che dire e far per lor si puote
da quei c' hanno al voler buona radice?

Ben si dee loro atar lavar le note   *34*
che portâr quinci, sì che mondi e lievi
possano uscire alle stellate ruote.

«Deh, se giustizia e pietà vi disgrievi   *37*
tosto, sì che possiate mover l' aïa,
che secondo il disio vostro vi lievi,

ELFTER GESANG

»O Vater unser in den Himmeln droben, 1
Doch unumschränkt, von Liebe nur gehalten,
Die größer zu den Erstlingswerken oben,
   Geheiligt sei dein Name, und dein Walten 4
Gelobt von jeder Kreatur hienieden
Mit Dank für deines holden Odems Schalten!
   Es komme zu uns deines Reiches Frieden, 7
Weil wir aus eigener Kraft ihn nicht erringen:
Kommt er nicht selbst, wird er uns nie beschieden.
   Wie deine Engel beim Hosianna-Singen 10
Den eigenen Willen dir aufopfernd weihen,
So mag die Menschheit auch den ihren bringen.
   Dein täglich Manna woll uns heut verleihen, 13
Da ohne dies trotz nimmermüdem Streben
Wir irrgehn in des Lebens Wüsteneien.
   Vergieb uns unsere Schuld wie wir vergeben 16
All unsern Schuldigern, und sieh in Gnaden
Nicht an, was wir durch Schuld verdient im Leben.
   Und unsere Kraft, die der Versuchung Pfaden 19
So leicht verfällt, erlös von sündigen Trieben,
Daß uns der alte Feind nicht bringe Schaden.
   Die letzte Bitte, Vater, den wir lieben, 22
Sie dienet uns nicht mehr zur Wegesspeise,
Sondern für die, die jenseits uns verblieben.«
   So gingen, sich und uns heilsame Reise 25
Erbittend, jene Schatten unter Bürden,
Wie man sie wohl im Traum fühlt solcherweise,
   Rastlos im Kreise dieser ersten Hürden, 28
Wobei sie Angst und Müh verschieden litten,
Daß sie vom Erdenqualm gereinigt würden. –
   Wenn drüben die so liebreich für uns bitten, 31
Was können hüben für sie tun und sagen,
Die guten Willens sind und frommer Sitten?
   Vom Erdenwust, den sie noch ansich tragen, 34
Helfet sie säubern, daß sie würdig seien,
Zum Sternenkreis den Fittich aufzuschlagen. –
   »O soll euch bald Gerechtigkeit befreien 37
Und Mitleid, daß ihr regen könnt die Schwingen,
Die euerm Wunsch Befriedigung verleihen,

PURGATORIO · CANTO XI

mostrate da qual mano invêr la scala 40
si va più corto; e se c' è più d'un varco,
quel ne insegnate che men erto cala;

chè questi che vien meco, per lo 'ncarco 43
della carne d'Adamo onde si veste,
al montar su, contra sua voglia, è parco.»

Le lor parole che rendero a queste 46
che dette avea colui cu' io seguiva,
non fur da cui venisser manifeste;

ma fu detto: «A man destra per la riva 49
con noi venite, e troverete il passo
possibile a salir persona viva.

E s' io non fossi impedito dal sasso 52
che la cervice mia superba doma,
onde portar convienmi il viso basso,

cotesti, ch'ancor vive e non si noma, 55
guardere'io, per veder s'io 'l conosco,
e per farlo pietoso a questa soma.

Io fui Latino, e nato d'un gran Tosco: 58
Guiglielmo Aldobrandesco fu mio padre:
non so se il nome suo giammai fu vosco.

L'antico sangue e l'opere leggiadre 61
de'miei maggior mi fêr sì arrogante,
che, non pensando alla comune madre,

ogni uomo ebbi in dispetto tanto avante, 64
ch'io ne mori', come i Sanesi sanno
e sallo in Campagnatico ogni fante.

Io sono Omberto; e non pur a me danno 67
superbia fa, chè tutti i miei consorti
ha ella tratti seco nel malanno.

E qui convien ch' io questo peso porti 70
per lei, tanto che a Dio si satisfaccia,
poi ch'io nol fei tra' vivi, qui tra' morti.»

Ascoltand' io chinai in giù la faccia; 73
e un di lor, non questi che parlava,
si torse sotto il peso che li 'mpaccia,

e videmi e conobbemi e chiamava, 76
tenendo gli occhi con fatica fisi
a me che tutto chin con loro andava.

«Oh!» diss'io lui, «non se' tu Oderisi, 79
l'onor d'Agobbio e l'onor di quell' arte
che ‹alluminare› chiamata è in Parisi?»

238

DER LÄUTERUNGSBERG · XI. GESANG

Zeigt uns den nächsten Steig, emporzudringen.   40
Und gibt es ihrer mehr, sagt, wo der eine,
Der mindest-steil uns kann nach oben bringen.

Denn mein Gefährte hier trägt Fleisch und Beine   43
Noch her von Adam, was ihn so beschwerte,
Daß schwach er steigt, wie stark sein Wollen scheine.«

Die Antwort, deren Klang nun den belehrte,   46
Der mir voran die Führung übernommen,
Ließ mich erkennen nicht, wer sie bescherte.

Doch ward gesagt: »Wollt mit uns rechtshin kommen   49
Den Sims entlang, so wird ein Aufstieg ragen,
Wie ihn schon leicht manch Lebender erklommen.

Und müßt ich nicht den wuchtigen Felsblock tragen,   52
Der mir ins Joch den stolzen Nacken spannte,
Daß ich die Blicke muß zubodenschlagen,

Würd den ich, der noch lebt und sich nicht nannte,   55
Betrachten, ob er fühlt mit meinem Grame
Aus Mitleid, und ob ich ihn vordem kannte.

Ich war Lateiner, großen Tuskers Same,   58
Wilhelm Aldobrandesco einst mich zeugte.
Nicht weiß ich, ob euch jemals klang sein Name.

Der Ahnen Ruhm, das Blut, das ungebeugte,   61
Ließ jeden stolz mich höhnen, und vermessen
Mißachten die Allmutter, die uns säugte,

Bis besser mich der Tod belehrte dessen,   64
Wie dies in Campagnatico die Kinder
Erzählen und Siena nicht vergessen.

Umberto bin ich, und es riß nicht minder   67
Jedweden, der sich meines Namens freute,
Mit mir hinab mein Stolz, mein allzeit-blinder.

Drum ward ich dieser Tragelast zur Beute   70
Und büße hier, bis Gott mich freispricht wieder,
Bei Toten, was ich lebend nicht bereute.«

Gesenkter Stirn bog ich mich lauschend nieder.   73
Und einer drauf, nicht der da sprach soeben,
Verrenkte unter seiner Last die Glieder,

Um hin auf mich mühsam den Blick zu heben: 76
Da kannt er mich und rief mich an, der ihren
Rundgang gebückt-verfolgend schritt daneben.

»O«, rief ich, »du bists, Oderis, der zieren   79
Agubbio wird, zieren *die* Kunst wie keiner,
Die in Paris man nennt illuminieren?« –

PURGATORIO · CANTO XI

«Frate» diss' elli, «più ridon le carte   *82*
che pennelleggia Franco bolognese:
l'onore è tutto or suo, e mio in parte.

Ben non sare'io stato sì cortese,   *85*
mentre ch'io vissi, per lo gran disio
dell' eccellenza, ove mio core intese.

Di tal superbia qui si paga il fio;   *88*
e ancor non sarei qui, se non fosse
che, possendo peccar, mi volsi a Dio.

Oh vana gloria dell' umane posse!   *91*
Com' poco verde in su la cima dura,
se non è giunta dall'etati grosse!

Credette Cimabue nella pintura   *94*
tener lo campo, e ora ha Giotto il grido,
sì che la fama di colui è oscura.

Così ha tolto l' uno all'altro Guido   *97*
la gloria della lingua; e forse è nato
chi l' uno e l' altro caccerà del nido.

Non è il mondan romore altro ch'un fiato   *100*
di vento, ch'or vien quinci e or vien quindi,
e muta nome perchè muta lato.

Che voce avrai tu più, se vecchia scindi   *103*
da te la carne, che se fossi morto
anzi che tu lasciassi il ‹pappo› e il ‹dindi›,

pria che passin mill' anni? ch' è più corto   *106*
spazio all' eterno, che un mover di ciglia
al cerchio che più tardi in cielo è torto.

Colui che del cammin sì poco piglia   *109*
dinanzi a me, Toscana sonò tutta;
e ora a pena in Siena sen pispiglia,

ond'era sire quando fu distrutta   *112*
la rabbia fiorentina, che superba
fu a quel tempo sì com' ora è putta.

La vostra nominanza è color d'erba,   *115*
che viene e va, e quei la discolora
per cui ell'esce della terra acerba.»

E io a lui: «Tuo vero dir m'incora   *118*
buona umiltà, e gran tumor m'appiani:
ma chi è quei di cui tu parlavi ora?»

«Quelli è» rispuose «Provenzan Salvani;   *121*
ed è qui perchè fu presuntuoso
a recar Siena tutta alle sue mani.

DER LÄUTERUNGSBERG · XI. GESANG

»Bruder«, sprach er, »die Blätter lachen feiner,   *82*
Die ausgemalt von Franco Bolognesen:
Der Ruhm ist ganz nun sein, und hin ist meiner.

So selbstlos wär ich lebend nicht gewesen,   *85*
Dies zu gestehn, weil ich vor Ruhmsucht brannte,
Als wär nur *mein* Werk trefflich und erlesen.

Und dieser Stolz ists, der hierher mich sandte.   *88*
Und hier nicht einmal dürft ich jetzt schon schreiten,
Wenn ich als Sünder nicht zu Gott mich wandte.

O eitler Ruhm der Menschenfähigkeiten,   *91*
Wie bald doch muß dein Wipfelgrün verfahlen,
Wenn dir nicht folgen kunstverarmtere Zeiten!

Einst wähnte Cimabue wohl im Malen   *94*
Das Feld zu halten, heut hört man nur sagen
Von Giotto, der ihn wußt zu überstrahlen.

So konnt ein Guido auch den andern schlagen   *97*
An Sprachruhm; und vielleicht ist schon geboren,
Der den wie jenen wird vom Neste jagen.

Der Weltruhm weht wie Wind vorbei den Ohren,   *100*
Dem schon, wenn er sich hier- und dorthinwendet,
Der Name mit der Richtung geht verloren.

Was bleibt dir mehr vom Ruhm – ob du geendet   *103*
Als Hochbetagter, ob dein Mund verbleiche
Als lallend Kindlein, dem man Spielzeug spendet –

Nach tausend Jahren? kürzer im Vergleiche   *106*
Zur Ewigkeit, als einer Wimper Zucken
Zum trägsten Sphärenlauf im Sternenreiche!

Der dort vor mir hinschleicht in trägem Rucken,   *109*
Hat ganz Toskana einst erfüllt. Und zage
Nur raunt von ihm heut Siena, das nicht mucken

Gedurft, als *Herr* er, und die Niederlage   *112*
Firenzes Wut erlitt, die einst als Garbe
So üppig stand, als niedrig heutzutage.

Bei euch ist Nachruhm wie des Grases Farbe: *115*
Es kommt und geht und jener läßts erblassen,
Der es erweckt aus rauher Erdennarbe.«

Und ich: »Dein Wahrwort lehrt mich Demut fassen   *118*
Und senken die geblähte Hochmutsfahne;
Doch wer ist der, den du mich sehen lassen?« –

»Salvani«, sprach er, »ists, der Provenzane.   *121*
Und weil er ganz Siena einzufangen
Gedacht, sieht er sich hier mit seinem Wahne.

PURGATORIO · CANTO XI

Ito è così e va senza riposo,   *124*
poi che morì: cotal moneta rende
a satisfar chi è di là tropp' oso.»

E io: «Se quello spirito che attende,   *127*
pria che si penta, l'orlo della vita,
quaggiù dimora e quassù non ascende,

se buona orazïon lui non aita,   *130*
prima che passi tempo quanto visse,
come fu la venuta a lui largita?»

«Quando vivea più glorioso» disse,   *133*
«liberamente nel Campo di Siena,
ogni vergogna deposta, s' affisse;

e lì, per trar l'amico suo di pena   *136*
che sostenea nella pregion di Carlo,
si condusse a tremar per ogni vena.

Più non dirò, e scuro so che parlo;   *139*
ma poco tempo andrà, che i tuoi vicini
faranno sì, che tu potrai chiosario.

Quest' opera gli tolse quei confini.»   *142*

DER LÄUTERUNGSBERG · XI. GESANG

Nun geht er ruhlos wie er stets gegangen,   124
Seitdem er starb: solch Zoll wird hier erhoben
Von jedem, der zu hoch einst wollte langen.«

Und ich: »Wenn jener Geist, der aufgeschoben   127
Die Reue hat bis in die letzten Stunden
Und drunten harrt und nicht gelangt nach oben,

(Falls ihn Gebete früher nicht entbunden)   130
Bis nochmals seine Lebenszeit vergangen:
Wie hat denn *dieser* Eintritt hier gefunden?« –

»Als er gelebt in höchsten Ruhmes Prangen«,   133
Sprach jener, »hat er willig sich begeben
Auf Sienas Markt, frei, ohne schamhaft Bangen.

Und um den Freund der Marter zu entheben   136
Im Kerker Karls, hat er dort so verfahren,
Daß jeder Puls dabei ihm mußte beben.

Mehr sag ich nicht und weiß: die Worte waren   139
Dir dunkel. Doch der Nachbarschaft Beginnen
Wird bald dir die Bedeutung offenbaren.

Dies Werk nahm jene Schranken ihm vonhinnen.«   142

CANTO DECIMOSECONDO

Di pari, come buoi che vanno a giogo,   *1*
m'andava io con quell'anima carca,
fin che il sofferse il dolce pedagogo,
    ma quando disse: «Lascia lui, e varca;   *4*
chè qui è buon con la vela e coi remi,
quantunque può ciascun, pinger sua barca»;
    dritto sì come andar vuolsi, rife'mi   *7*
con la persona, avvegna che i pensieri
mi rimanessero e chinati e scemi.

Io m'era mosso, e seguia volentieri   *10*
del mio maestro i passi, ed ambedue
già mostravam com' eravam leggieri,
    ed el mi disse: «Volgi gli occhi in giùe: *13*
buon ti sarà, per tranquillar la via,
veder lo letto delle piante tue».

Come, perchè di lor memoria sia,   *16*
sovra i sepolti le tombe terragne
portan segnato quel ch'elli eran pria,
    onde lì molte volte se ne piagne   *19*
per la puntura della rimembranza,
che solo ai pii dà delle calcagne;
    sì vid'io lì, ma di miglior sembianza   *22*
secondo l'artificio, figurato
quanto per via di fuor del monte avanza.

Vedea colui che fu nobil creato   *25*
più ch'altra creatura, giù dal cielo
folgoreggiando scender da un lato.

Vedea Briarèo, fitto dal telo   *28*
celestial, giacer dall'altra parte,
grave alla terra per lo mortal gelo.

Vedea Timbrèo, vedea Pallade e Marte.   *31*
armati ancora, intorno al padre loro
mirar le membra de'giganti sparte.

Vedea Nembròt a piè del gran lavoro,   *34*
quasi smarrito, e riguardar le genti
che in Sennaar con lui superbi foro.

O Niobè, con che occhi dolenti   *37*
vedea io te, segnata in su la strada,
tra sette e sette tuoi figliuoli spenti!

ZWÖLFTER GESANG

Gleichmäßig, wie im Joch zwei Stiere gehen,
Ging ich dem schwerbepackten Geist zur Seite,
Solang es ließ des Lehrers Gunst geschehen.
    Doch als er sprach: »Laß ihn und schneller schreite;
Hier ziemts, daß jeder, wie er kann, im Drange
Sein Boot mit Wind und Ruder vorwärtsleite« –
    Da reckt ich nun zu menschenwürdigem Gange
Den Leib empor, doch die Gedanken bogen
Bedrückt sich und verstimmt noch erdwärts lange.
    Und rüstigen Gangs bin gern ich nachgezogen
Des Meisters Schritt, und es bewies im Gehen
Ein jeder schon, daß wir viel leichter wogen,
    Als er mir riet: »Du mußt nach unten sehen.
Wegkürzend wird es dir die Zeit vertreiben,
Siehst du, worauf hier deine Sohlen stehen.«
    Wie man, daß ihr Gedächtnis möge bleiben,
Über der Toten Gruft den Marmorsteinen
Das, was sie waren einst, pflegt einzuschreiben,
    Darob die Trauernden erneut oft weinen,
Geritzt vom Stachel der Erinnerungen,
Der aber Frommen nur ein Sporn mag scheinen:
    So sah ich hier, kunstvoller nur gelungen,
Bildnisverziert den Pfad in ganzer Breite,
Soweit er hält als Sims den Berg umschlungen.
    Sah jenen auf des Felsens einer Seite,
Den höchste Schönheit schmückte, wie in Eile
Blitzähnlich er vom Himmel niederschneite.
    Sah Briareus, durchbohrt vom Donnerkeile,
Die Erde noch bewuchten beim Erschlaffen
Im Todesfrost, dort auf dem andern Teile.
    Sah Thymbräus; sah Pallas, Mars: in Waffen
Die zwei noch, stehen beim Vater und mit Grauen
Auf die verstreuten Riesenglieder gaffen.
    Sah Nimrod vor dem großen Bau dreinschauen
Zerknirscht, die Völker musternd, die betörten,
Die sich gleich ihm erfrecht auf Sennaars Auen.
    O Niobe, mit Augen, schmerzverstörten,
Starrst du gemeißelt hier auf zweimalsieben
Geliebte Kinder, die dir einst gehörten!

1

4

7

10

13

16

19

22

25

28

31

34

37

PURGATORIO · CANTO XII

O Saul, come in su la propria spada 40
quivi parevi morto in Gelboè,
che poi non sentì pioggia nè rugiada!

O folle Aragne, sì vedea io te 43
già mezza aragna, trista in su gli stracci
dell' opera che mal per te si fe'!

O Roboam, già non par che minacci 46
quivi il tuo segno; ma pien di spavento
nel porta un carro, prima che altri il cacci.

Mostrava ancor lo duro pavimento 49
come Almeon a sua madre fe' caro
parer lo sventurato adornamento.

Mostrava come i figli si gittaro 52
sovra Sennacherìb dentro dal tempio,
e come morto lui quivi lasciaro.

Mostrava la ruina e 'l crudo scempio 55
che fe' Tamiri, quando disse a Ciro:
«Sangue sitisti, e io di sangue t' empio».

Mostrava come in rotta si fuggiro 58
gli Assiri, poi che fu morto Oloferne,
e anche le reliquie del martìro.

Vedea Troia in cenere e in caverne: 61
o Ilion, come te basso e vile
mostrava il segno che lì si discerne!

Qual di pennel fu maestro o di stile, 64
che ritraesse l'ombre e i tratti ch'ivi
mirar farìeno ogn' ingegno sottile?

Morti li morti, e i vivi parean vivi: 67
non vide me' di me chi vide il vero
quant'io calcai, fin che chinato givi.

Or superbite; e via col viso altiero, 70
figliuoli d'Eva, e non chinate il volto,
sì che veggiate il vostro mal sentero!

Più era già per noi del monte volto, 73
e del cammin del sole assai più speso,
che non stimava l'animo non sciolto;

quando colui che sempre innanzi atteso 76
andava, cominciò: «Drizza la testa:
non è più tempo da gir sì sospeso.

Vedi colà un angel che s'appresta 79
per venir verso noi; vedì che torna
dal servigio del dì l'ancella sesta.

DER LÄUTERUNGSBERG · XII. GESANG

O Saul, das eigene Schwert ins Herz getrieben,   40
Liegst du entseelt vor mir auf Gilboë,
Dem Tau und Regen fern seitdem geblieben!

O törichte Arachne, die ich seh,   43
Halb Spinne schon, bekümmert auf den Fetzen
Des Werkes, das du spannest dir zum Weh.

O Roboam, nichtmehr schafft hier Entsetzen   46
Dein Bild, nein: fort im Wagen, unterm Drucke
Der Todesangst fliehst du, eh sie dich hetzen.

Sehn ließ er noch, der Boden, hart im Stucke,   49
Wie hoch Alkmäon einst im Blutvergießen
Der Mutter Schuld bezahlt am Unglücksschmucke.

Sehn ließ er, wie die Söhne niederstießen   52
Den Sanherib, als er im Tempel ruhte
Zum Beten, wo sie tot ihn liegenließen.

Sehn ließ er den Ruin, als toll im Mute   55
Tomyris sprach zu Cyrus, zorngetrieben:
»Blut war dein Durst, nun tränk ich dich im Blute.«

Sehn ließ er fliehend Assyriens Heer zerstieben,   58
Als Holofern zuboden ward gehauen,
Und was als Rest vom Blutbad noch geblieben.

Sah Trojas Trümmerschutt in Brand und Grauen: 61
O Ilion, niedrer Ort und ruhmverwaister;
Sehn ließ er hier dein Bild, schmachvoll zu schauen!

Wer dünkte sich des Stifts, des Pinsels Meister,   64
Um Mienenspiel und Schatten zu verweben,
Wie hier es staunen macht die feinsten Geister?

Tot schienen Tote, Lebende zu leben: 67
Deutlich sah ichs, als ich mich gehend bückte,
Wie ders kaum sah, ders einst sich sah begeben.

Hochtragt das Haupt nur, das mit Stolz geschmückte,   70
Ihr Evaskinder! nur den Blick nicht neigen,
Daß er dem falschen Weg euch nicht entrückte! —

Schon war der Sonnenball im Niedersteigen,   73
Und mehr vom Berge hatten wir umgangen,
Als dem vertieften Geist sich mochte zeigen,

Als er, dem stets voraus die Blicke drangen   76
Im Wandern, rief: »Das Haupt empor! Nicht frommen
Wills mehr, daß wir so langsam fortgelangen.

Sieh dort den Engel, der hierher will kommen,   79
Und sieh, die sechste von den Dienerinnen
Geht heim, weil ihr der Tagdienst abgenommen.

PURGATORIO · CANTO XII

Di riverenza il viso e gli atti adorna,					82
sì che i diletti lo 'nviarci in suso;
pensa che questo dì mai non raggiorna.»

Io era ben del suo ammonir uso					85
pur di non perder tempo, sì che in quella
matera non potea parlarmi chiuso.

A noi venìa la creatura bella,					88
biancovestito e nella faccia quale
par tremolando mattutina stella.

Le braccia aperse e indi aperse l'ale:					91
disse: «Venite: qui son presso i gradi,
e agevole-mente omai si sale.

A questo annunzio vengon molto radi:					94
o gente umana, per volar su nata,
perchè a poco vento così cadi?»

Menocci ove la roccia era tagliata:					97
quivi mi battè l'ali per la fronte;
poi mi promise sicura l'andata.

Come a man destra, per salire al monte					100
dove siede la chiesa che soggioga
la ben guidata sopra Rubaconte,

si rompe del montar l'ardita foga					103
per le scalee che si fèro ad etade
ch'era sicuro il quaderno e la doga;

così s'allenta la ripa che cade					106
quivi ben ratta dall'altro girone,
ma quinci e quindi l'alta pietra rade.

Noi volgendo ivi le nostre persone,					109
«Beati pauperes spiritu!» voci
cantaron sì, che nol diria sermone.

Ahi, quanto son diverse quelle foci					112
dalle infernali! chè quivi per canti
s'entra, e laggiù per lamenti feroci.

Già montavam su per li scaglion santi,					115
ed esser mi parea troppo più lieve,
che per lo pian non mi parea davanti,

ond'io: «Maestro, di', qual cosa greve					118
levata s'è da me, che nulla quasi
per me fatica, andando, si riceve?»

Rispuose: «Quando i P che son rimasi					121
ancor nel volto tuo presso che stinti,
saranno, come l'un, del tutto rasi,

243

DER LÄUTERUNGSBERG · XII. GESANG

Mit Ehrfurcht schmücke Antlitz und Beginnen,   82
Daß er uns freundlich weist empor, denn wisse:
Der Tag wird auf Niewiedersehen verrinnen.«

Gewohnt der Mahnung, daß man sich beflisse,   85
Die Zeit zu nützen, prägte sich mir schnelle
Der Rede Sinn ein ohne Hindernisse.

Jetzt nahte uns, umwogt von weißer Welle,   88
Das schöne Wesen. Sein Gesicht umfingen
Lichtstrahlen gleich des Morgensternes Helle.

Auftats die Arme und dann auf die Schwingen   91
Und sagte: »Kommt! hier winken euch die Stufen,
Und mühlos könnt ihr fürder aufwärtsdringen.«

Wie selten folgt man doch so ernstem Rufen!   94
O Mensch, dich läßt ein Windhauch sinkend schauen,
Wo Gottes Hände dich zum Flug erschufen.

Er führte uns zum Fels, wo er zerhauen,   97
Berührte meine Stirn mit seinem Flügel,
Und hieß dann sicherer Wandrung mich vertrauen.

Wie man hoch überm Rubakont den Hügel   100
Rechts auf zur Kirche klimmt, im Angesichte
Der Stadt, darinnen Weisheit führt den Zügel,

Wo Zugang wird zur steilen Felsenschichte   103
Durch Stufen, eingesprengt in jenen Zeiten,
Da noch verläßlich Grundbuch und Gewichte:

So schrägen sich die Lehnen, die zum zweiten   106
Umkreis vom Rand hier sanft talnieder hangen;
Nur streift man steile Wand zu beiden Seiten.

Und als wir uns dorthingewendet, sangen   109
»*Beati pauperes*« viel Stimmen dorten,
Die lieblich wie kein Wort beschreibt erklangen.

Ach, wie ganz anders sind doch hier die Pforten,   112
Als in der Hölle: grüßen hier uns Lieder,
Empfängt uns Wehgeheul an jenen Orten.

Schon gings hinan auf heiligen Stiegen wieder;   115
Und leichter schien mirs hier, berganzukommen,
Als ich im Flachland selbst gerührt die Glieder.

»Welch eine Schwere ward von mir genommen,   118
Sag, Meister«, sprach ich, »daß ich leicht zu gehen
Vermag und nichtmehr Müdigkeit-beklommen?«

Und dieser: »Wenn die *P*, die dir noch stehen   121
Im Angesicht, ob auch schon halbverschwunden,
Getilgt sind, wie schon eins nichtmehr zu sehen,

243

PURGATORIO · CANTO XII

fien li tuoi piè dal buon voler sì vinti,   124
che non pur non fatica sentiranno,
ma fia diletto loro esser su pinti».

Allor fec' io come color che vanno   127
con cosa in capo non da lor saputa,
se non che i cenni altrui sospecciar fanno;

per che la mano ad accertar s'aiuta,   130
e cerca e trova e quell'officio adempie
che non si può fornir per la veduta;

e con le dita della destra scempie   133
trovai pur sei le lettere che incise
quel delle chiavi a me sovra le tempie:

a che guardando il mio duca sorrise.   136

DER LÄUTERUNGSBERG · XII. GESANG

So wird, vom guten Willen überwunden,   *124*
Dein Fuß hinwandeln freudig diese Bahnen:
Ja, was sonst Mühsal, wird als Lust empfunden.«
  Wie jene tun, die, ohnedaß sies ahnen,   *127*
Etwas am Kopfe haben und nicht wissen,
Bisdaß die andern winkend sie gemahnen,
  Wo dann die Hand sich fühlt emporgerissen   *130*
Und sucht und findet, weil der so Gewitzte
Dadurch den Dienst der Augen kann vermissen:
  So ich die Finger meiner Rechten spitzte   *133*
Und fand nur sechs noch von den Lettern stehen,
Die in die Stirn der Schlüsselwart mir ritzte:
  Mein Führer lächelte, als ers gesehen.   *136*

CANTO DECIMOTERZO

Noi eravamo al sommo della scala,
ove secondamente si risega
lo monte che salendo altrui dismala.

Ivi così una cornice lega
dintorno il poggio, come la primaia,
se non che l'arco suo più tosto piega.

Ombra non gli è, nè segno che si paia,
parsi la ripa, e parsi la via schietta
col livido color della petraia.

«Se qui per domandar gente s'aspetta»
ragionava il poeta, «io temo forse
che troppo avrà d'indugio nostra eletta.»

Poi fisamente al sole gli occhi porse;
fece del destro lato al muover centro,
e la sinistra parte di sè torse.

«O dolce lume a cui fidanza i' entro
per lo nuovo cammin, tu ne conduci»
dicea «come condur si vuol quinc'entro.

Tu scaldi il mondo; tu sopr' esso luci:
s'altra ragione in contrario non pronta,
esser den sempre li tuoi raggi duci.»

Quanto di qua per un migliaio si conta,
tanto di là eravam noi già iti
con poco tempo, per la voglia pronta;

e verso noi volar furon sentiti,
non però visti, spiriti parlando
alla mensa d'amor cortesi inviti.

La prima voce, che passò volando,
«*Vinum non habent*» altamente disse,
e dietro a noi l'andò reiterando;

e prima che del tutto non s'udisse
per allungarsi, un'altra «Io sono Oreste»
passò gridando, e anco non s'affisse.

«Oh!» diss'io, «padre, che voci son queste?»
E com'io domandai, ecco la terza
dicendo: «Amate da cui male aveste!»

E 'l buon maestro: «Questo cinghio sferza
la colpa della invidia, e però sono
tratte d'amor le corde della ferza.

DREIZEHNTER GESANG

Der Stufen höchste war von uns erklommen,   *1*
Woselbst der zweite Ring den Berg durchschneidet,
Der jeden reinigt, der zur Höh gekommen.

Auch dort wird er von einem Gurt umkleidet,   *4*
Der gleich dem ersten sich im Vorsprung windet,
Jedoch durch kürzern Bogen unterscheidet.

Kein Schattenriß, kein Bildnis hier sich findet.   *7*
Sowohl die Hänge als die Wege tragen
Graubleiche Farbe rings, die nirgend schwindet.

»Auf Leute warten hier, sie zu befragen,   *10*
Das wird«, sprach der Poet, nachdenklich stehend,
»Zu lange, fürcht ich, unsere Wahl vertagen.«

Dann, mit den Augen fest zur Sonne sehend,   *13*
Nahm er zum Wendepunkt die rechte Seite
Und schwenkte so herum, die linke drehend.

»O holdes Licht, dem trauend ich beschreite   *16*
Den neuen Pfad, führ uns auf diesen Wegen«,
Sprach er, »wie man hierinnen braucht Geleite.

Du wärmst die Welt, schenkst ihr des Lichtes Segen;   *19*
Und zwingt kein andrer Grund zum Gegenteile,
Kommt uns dein Licht als Führer stets gelegen.« –

Soviel man diesseits rechnet eine Meile,   *22*
Soweit schon waren wir vorangekommen
In kurzer Frist durch unseres Willens Eile,

Als auf uns zu ein Flügelschlag vernommen   *25*
Von Geistern ward, die hold, doch ungesehen,
Einluden uns, zum Liebesmahl zu kommen.

Die erste Stimme ließ den Ruf ergehen: *28*
»*Vinum non habent!*« und noch einmal schallte
Sie hinter uns gleichlaut im Weiterwehen.

Und eh sie mir im Fluge ganz verhallte,   *31*
War schon ein zweiter Geistesruf erschollen:
»Ich bin Orest!« Worauf auch die entwallte.

»O Vater, sag, was diese Stimmen sollen?«   *34*
Sprach ich und (fragend noch) kam schon die dritte
Und mahnte: »Liebet, die euch Übles wollen!«

Der Gute sprach: »Des Neides arge Sitte   *37*
Wird hier gegeißelt, und die Schnüre schwingen
Muß Liebe drum in dieses Kreises Mitte.

PURGATORIO · CANTO XIII

Lo fren vuol esser del contrario suono;   40
credo che l'udirai, per mio avviso,
prima che giunghi al passo del perdono.

Ma ficca gli occhi per l'aere ben fiso,   43
e vedrai gente innanzi a noi sedersi,
e ciascun è lungo la grotta assiso.»

Allora più che prima gli occhi apersi;   46
guarda'mi innanzi, e vidi ombre con manti
al color della pietra non diversi.

E poi che fummo un poco più avanti,   49
udia gridar: «Maria, òra per noi!»
gridar Michele e Pietro e tutti i Santi.

Non credo che per terra vada ancoi   52
uomo sì duro, che non fosse punto
per compassion di quel ch'i' vidi poi;

chè quando fui sì presso di lor giunto.   55
che gli atti loro a me venivan certi,
per gli occhi fui di grave dolor munto.

Di vil cilicio mi parean coperti,   58
e l'un sofferia l'altro con la spalla,
e tutti dalla ripa eran sofferti:

così li ciechi a cui la roba falla,   61
stanno a'perdoni a chieder lor bisogna,
e l'uno il capo sovra l'altro avvalla.

perchè in altrui pietà tosto si pogna,   64
non pur per lo sonar delle parole,
ma per la vista, che non meno agogna.

E come agli orbi non approda il sole,   67
così all'ombre quivi, ond'io parl'ora,
luce del ciel di sè largir non vuole;

chè a tutti un fil di ferro il ciglio fora   70
e cuce sì, come a sparvier selvaggio
si fa, però che queto non dimora.

A me pareva, andando, fare oltraggio,   73
vedendo altrui, non essendo veduto:
per ch'io mi volsi al mio consiglio saggio.

Ben sapev'ei che volea dir lo muto;   76
e però non attese mia domanda,
ma disse: «Parla, e sii breve ed arguto!»

Virgilio mi venia da quella banda   79
della cornice onde cader si puote,
perchè da nulla sponda s'inghirlanda;

DER LÄUTERUNGSBERG · XIII. GESANG

Der Zügel will vom Gegenteile klingen: 40
Du hörst ihn, glaub ich, eh im Weiterschreiten
Wir zu der Pforte der Vergebung dringen.

Doch laß die Augen scharf die Luft durchgleiten,   43
Und vor uns wirst du Leute sitzend schauen,
Alle gelagert längs der Felsenseiten.«

Drauf hob ich höher als zuerst die Brauen,   46
Bis Schatten dort ins Auge mir gefallen,
In Mänteln farbig gleich dem Stein, dem grauen.

Als wir dann näher kamen, hört ich schallen   49
Den Ruf: »Maria, bitt für uns!« und flehen
Nach Michael, Petrus und den Heiligen allen.

Wohl glaub ich, daß heut mag auf Erden gehen   52
Kein Mensch so grausam, daß er nicht entglommen
In Mitgefühl bei dem, was ich gesehen.

Denn als ich ihnen jetzt so nahgekommen,   55
Um ihr Verhalten ganz mir zu erklären,
Hielt bittrer Gram die Augen mir umschwommen.

Sie trugen, schiens, ein Bußgewand, das hären,   58
Und sah sie Schulter dicht an Schulter zwängen;
Doch allen mußte Halt der Fels gewähren.

So stehn brotbettelnd, wenn sie Sorgen drängen,   61
Blinde an Gnadenorten, und so pflegen
Zum Nachbar ihre Köpfe hinzuhängen,

Weil sich das Mitleid schneller läßt bewegen   64
Durch solchen Anblick jammervoller Mienen,
Als wenn sich nur die Lippen bittend regen.

Und wie den blinden Bettlern hat auch ihnen,   67
Den Schatten hier, vom Himmelszelt hernieder
Der Sonne Lichtgeschenk umsonst geschienen.

Denn allen bohrt sich Stahldraht durch die Lider   70
Zunähend sie derart, alsob man zähme
Den Falken, sträubt er störrisch sein Gefieder.

Mir schien, daß einem Unrecht gleich es käme,   73
Sehend, doch ungesehen, vorbeizugehen;
Und wandte mich, daß ich Vergil vernähme,

Des Weisheit längst den stummen Wunsch gesehen   76
Und drum, ermunternd mich, noch eh ich fragte,
Mir riet: »Sprich klug, doch laß es kurz geschehen!«

Vergil ging neben mir, wo steilab ragte   79
Der Sims, und leicht ein Sturz war zu befahren,
Weil keine Brustwehr schützend ihn umschragte.

PURGATORIO · CANTO XIII

dall'altra parte m'eran le devote   82
ombre, che per l'orribile costura
premevan sì, che bagnavan le gote.

Volsimi a loro, e «O gente sicura»   85
incominciai «di veder l'alto lume
che 'l disio vostro solo ha in sua cura;

se tosto grazia risolva le schiume   88
di vostra coscienza, sì che chiaro
per essa scenda dalla mente il fiume,

ditemi, chè mi fia grazioso e caro,   91
s'anima è qui tra voi che sia latina;
e forse lei sarà buon, s'io l'apparo.»

«O frate mio, ciascuna è cittadina   94
d'una vera città: ma tu vuo' dire,
che vivesse in Italia peregrina.»

Questo mi parve per risposta udire   97
più innanzi alquanto che là dov'io stava,
ond'io mi feci ancor più là sentire.

Tra l'altre vidi un'ombra che aspettava   100
in vista; e, se volesse alcun dir ‹Come›?,
lo mento a guisa d'orbo in su levava.

«Spirto» diss'io, «che per salir ti dome,   103
se tu se' quelli che mi rispondesti,
fammiti conto o per loco o per nome.»

«I' fui Sanese» rispuose, «e con questi   106
altri rimondo qui la vita ria,
lagrimando a colui, che sè ne presti.

Savia non fui, avvegna che Sapìa   109
fossi chiamata, e fui degli altrui danni
più lieta assai che di ventura mia.

E perchè tu non credi ch'io t'inganni,   112
odi se fui, com'io ti dico, folle,
già discendendo l'arco de' miei anni.

Eran li cittadin miei presso a Colle   115
in campo giunti co' loro avversari,
e io pregava Dio di quel ch'ei volle.

Rotti fur quivi, e volti negli amari   118
passi di fuga; e veggendo la caccia,
letizia presi a tutte altre dispari;

tanto ch'io volsi in su l'ardita faccia,   121
gridando a Dio: ‹Omai più non ti temo!›,
come fe' il merlo per poca bonaccia.

247

DER LÄUTERUNGSBERG · XIII. GESANG

Zur andern Hand hatt ich die Büßerscharen,   *82*
Auf deren Wangen Tränenströme sprangen
Aus grausam-zugenähten Augenpaaren.

»O Seelen«, rief ich, »die ihr nie müßt bangen,   *85*
Daß sich das höchste Licht euch nicht erschlösse,
Das einzig euer Sorgen und Verlangen,

Wenn anders Gnade will, daß euch zerflösse   *88*
Bald des Gewissens Schaum, daß voller, reiner
Sich der Erinnerung Strom hindurch-ergösse,

Sagt mir: weilt aus dem Lande der Lateiner   *91*
Hier eine Seele? *Sie* nur kann gewinnen,
Und *mich* erfreuts, erzählt man mir von einer.« –

»O Bruder mein, alle sind Bürgerinnen   *94*
Der *einen* wahren Stadt; du willst wohl fragen:
Ob sie in Welschland pilgernd mocht beginnen?«

Dies schien erwidernd eine mir zu sagen   *97*
Von einem Platz aus, der mir mehr entlegen;
Drum trat ich näher, Antwort hinzutragen.

Einer der Schatten harrte mir entgegen,   *100*
So schiens; und fragt ihr, wie ers mochte zeigen?
Er hielt das Kinn empor wie Blinde pflegen.

»Geist«, sprach ich, »der sich anstrengt aufzusteigen,   *103*
Wenn du es bist, der Antwort mir gegeben,
Magst du mir Ort und Namen nicht verschweigen.« –

»Ich war Sienesin, und mein sündig Streben«,   *106*
Sprach sie, »büß ich mit allen hier im Kreise,
Zu ihm aufweinend um ein seliges Leben.

Sapia hieß ich: nur war meine Weise   *109*
Nicht weise. Sah ich andre glücksbetrogen,
Stands höher mir als eigenes Glück im Preise.

Und damit du nicht glaubst, daß ich gelogen,   *112*
Hör, wie ich töricht spielte meine Rolle,
Wo sich schon senkte meiner Jahre Bogen.

Als meine Stadtgenossen unweit Colle   *115*
Auf ihre Gegner einst im Felde stießen,
Da bat ich Gott um das, was selbst er wolle.

Man schlug sie so, daß sie sich überließen   *118*
Bitterster Flucht. Und dieses tolle Jagen
Ließ Freude ohnegleichen mich genießen,

Daß ich, zu Gott den Blick dreist aufgeschlagen,   *121*
Ausrief: ›Jetzt fürcht ich dich nichtmehr hienieden‹,
Der Amsel gleich in ersten warmen Tagen.

PURGATORIO · CANTO XIII

Pace volli con Dio in su lo stremo 124
della mia vita; ed ancor non sarebbe
lo mio dover per penitenza scemo,

se ciò non fosse, che a memoria m'ebbe 127
Pier Pettinaio in sue sante orazioni,
a cui di me per caritate increbbe.

Ma tu chi se', che nostre condizioni 130
vai dimandando, e porti gli occhi sciolti,
sì com'io credo, e spirando ragioni?»

«Gli occhi» diss'io «mi fieno ancor qui tolti; 133
ma picciol tempo; chè poca è l'offesa
fatta per esser con invidia volti.

Troppa è più la paura ond'è sospesa 136
l'anima mia del tormento di sotto,
che già lo incarco di laggiù mi pesa.»

Ed ella a me: «Chi t'ha dunque condotto 139
quassù tra noi, se giù ritornar credi?»
E io: «Costui ch'è meco, e non fa motto.

E vivo sono; e però mi richiedi, 142
spirito eletto, se tu vuo' ch'i' mova
di là per te ancor li mortai piedi.»

«Oh, questa è a udir sì cosa nuova» 145
rispuose, «che gran segno è che Dio t'ami;
però col prego tuo talor mi giova.

E cheggioti per quel che tu più brami, 148
se mai calchi la terra di Toscana,
che a' miei propinqui tu ben mi rinfami.

Tu li vedrai tra quella gente vana 151
che spera in Talamone, e perderàgli
più di speranza che a trovar la Diana;

ma più vi perderanno gli ammiragli.» 154

DER LÄUTERUNGSBERG · XIII. GESANG

Am Ende meines Lebens wollt ich Frieden   *124*
Mit Gott. Doch hätte mir bußfertige Reue
Sobald nicht Minderung meiner Schuld beschieden,

   Wenn nicht Pier Pettinagno stets aufs neue   *127*
Mich fromm in sein Gebet geschlossen hätte,
Daß Mitleid seine Liebesglut mir streue.

   Doch wer bist du, der atmend diese Stätte   *130*
Betritt, hier unsern Zustand zu erkunden
Mit Augen, glaub ich, ohne lästige Kette?« –

   »Auch mir«, sprach ich, »wird einst mit Draht verbunden *133*
Das Auge, doch nur kurze Zeit; denn selten
Hat es mit scheelem Blicke Neid empfunden.

   Mehr fürcht ich, daß man anders wird mich schelten: *136*
Schon jetzt fühlt meine Seele bang sich neigen
Der Steinlast, jene Sünde zu entgelten.«

   Und sie zu mir: »Wer half dir aufwärtssteigen   *139*
Zu uns, wenn du glaubst wieder umzukehren?«
Und ich: »Der neben mir hier steht in Schweigen.

   Ich lebe noch, drum kannst du mich belehren,   *142*
Erwählte, soll ich, jenseits angekommen,
Den irdischen Fuß bemühn für dein Begehren« –

   »Oh wie so seltsam klingt, was ich vernommen: *145*
Ein Wink, daß Gott dich rechnet zu den Seinen«,
Sprach sie; »drum laß Gebet mir manchmal frommen.

   Bei dem, was dir das Liebste mag erscheinen,   *148*
Bitt ich, betrittst du jemals Tusciens Bahnen,
Sei meines Rufes Anwalt bei den Meinen.

   Du wirst sie sehen bei jenen Dummerjanen,   *151*
Die sich bei Talamon noch mehr verzählen,
Als sie verzählt sich haben bei Dianen.

   Doch schlimmer noch wirds gehn den Admirälen.«   *154*

CANTO DECIMOQUARTO

«Chi è costui che il nostro monte cerchia,　　　　　*1*
prima che morte gli abbia dato il volo,
e apre gli occhi a sua voglia e coperchia?»
　　«Non so chi sia; ma so ch' e'non è solo:　　　　*4*
domandal tu che più gli t'avvicini,
e dolcemente, sì che parli, acco'lo.»
　　Così due spiriti, l'uno all'altro chini,　　　　　*7*
ragionavan di me ivi a man dritta;
poi fêr li visi, per dirmi, supini;
　　e disse l'uno: «O anima che fitta　　　　　　*10*
nel corpo ancora invêr lo ciel ten vai,
per carità, ne consola e ne ditta
　　onde vieni e chi sei; chè tu ne fai　　　　　　*13*
tanto maravigliar della tua grazia,
quanto vuol cosa che non fu più mai.»
　　E io: «Per mezza Toscana si spazia　　　　　　*16*
un fiumicel che nasce in Falterona,
e cento miglia di corso nol sazia.
　　Di sovr' esso rech'io questa persona:　　　　　*19*
dirvi ch'io sia, saria parlare indarno,
chè il nome mio ancor molto non suona.»
　　«Se ben lo intendimento tuo accarno　　　　　*22*
con lo intelletto» allora mi rispuose
quei che diceva pria, «tu parli d'Arno.»
　　E l'altro disse a lui: «Perchè nascose　　　　　*25*
questi il vocabol di quella riviera,
pur com'uom fa dell'orribili cose?»
　　E l'ombra che di ciò domandata era,　　　　　*28*
si sdebitò così: «Non so; ma degno
ben è che il nome di tal valle pèra;
　　chè dal principio suo, ov' è sì pregno　　　　　*31*
l'alpestro monte ond'è tronco Peloro,
che in pochi luoghi passa oltra quel segno,
　　infin là've si rende per ristoro　　　　　　　*34*
di quel che il ciel della marina asciuga,
ond'hanno i fiumi ciò che va con loro,
　　virtù così per nimica si fuga　　　　　　　　*37*
da tutti, come biscia, o per sventura
del loco, o per mal uso che li fruga;

VIERZEHNTER GESANG

»Wer ist es, der hier unsern Berg umschreitet,   *1*
Eh ihn der Tod beschwingt, und nach Gefallen
Die Augen bald verschließt, bald wieder weitet?« –
»Wers ists, nicht weiß ichs; doch ich seh ihn wallen   *4*
Nicht einsam. Aber du laß deine Fragen,
Da er dir näher, freundlich ihm erschallen.«
So sprachen, die da beieinanderlagen   *7*
Zur Rechten, über mich zwei Geister. Beide
Hoben den Kopf, um etwas mir zu sagen,
Und einer sprach: »O Seele, die im Kleide   *10*
Des Körpers noch schon darf zum Himmel gehen,
Aus Mitleid tröste uns und uns bescheide,
Woher du kommst und wer du bist. Wir sehen   *13*
Mit Staunen solche dir vergönnte Gnade
Als etwas, das noch nie vorher geschehen.«
Und ich: »Quer durch Toskana zieht die Pfade   *16*
Ein Flüßchen, das dem Falteron entgleitet
Und hundert Meilen braucht bis zum Gestade.
Von dorther stammt der Körper, der hier schreitet.   *19*
Unnütz wärs, meinen Namen euch zu sagen,
Weil ihm bisher noch wenig Klang bereitet.« –
»Darf ich die Deutung deiner Worte wagen,   *22*
Meinst du den Arno«, so hielt mir entgegen,
Der vorhin an mich tat die ersten Fragen.
Und zu ihm sprach der andre dann: »Weswegen   *25*
Hat er den Fluß zu nennen ganz verzichtet,
Wie man bei Dingen tut, die Grauen erregen?«
Der Schatten drauf, an den dies Wort gerichtet,   *28*
Gab so Bescheid: »Weiß nicht; doch recht ichs fände,
Wenn solches Flußtals Name würd vernichtet.
Denn vom Beginn der quellenreichen Wände   *31*
Des Alpstocks – wo Palor sich steil im Schusse
Losriß, daß feuchter selten ein Gelände,
Bis dahin – wo er neu ersetzt im Gusse,   *34*
Was schon der Himmel sog aus Meeresmitte,
Davon die Nahrung herstammt jedem Flusse –
Verfolgt die Tugend man auf Schritt und Tritte   *37*
Gleich einer Viper: sei es, daß hier wirke
Des Ortes Fluch, seis Folge böser Sitte.

PURGATORIO · CANTO XIV

ond'hanno sì mutata lor natura   40
gli abitator della misera valle,
che par che Circe li avesse in pastura.

Tra brutti porci, più degni di galle   43
che d'altro cibo fatto in uman uso,
dirizza prima suo povero calle.

Botoli trova poi, venendo giuso,   46
ringhiosi più che non chiede lor possa,
e da lor disdegnosa torce il muso.

Vassi caggendo; e quanto ella più ingrossa,   49
tanto più trova di can farsi lupi
la maladetta e sventurata fossa.

Discesa poi per più pelaghi cupi,   52
trova le volpi, sì piene di froda,
che non temono ingegno che le occùpi.

Nè lascerò di dir perch' altri m'oda;   55
e buon sarà a costui, s'ancor s'ammenta
di ciò che vero spirto mi disnoda.

Io veggio tuo nepote, che diventa   58
cacciator di quei lupi in su la riva
del fiero fiume, e tutti li sgomenta.

Vende la carne loro essendo viva;   61
poscia li ancide come antica belva.
molti di vita, e sè di pregio priva.

Sanguinoso esce della trista selva;   64
lasciala tal, che di qui a mill'anni
nello stato primaio non si rinselva.»

Come all'annunzio de' dogliosi danni   67
si turba il viso di colui che ascolta,
da qual che parte il periglio l'assanni;

così vid'io l'altr' anima, che volta   70
stava ad udir, turbarsi e farsi trista,
poi ch'ebbe la parola a sè raccolta.

Lo dir dell'una e dell'altra la vista   73
mi fe'voglioso di saper lor nomi;
e domanda ne fei con preghi mista;

per che lo spirto che di pria parlòmi,   76
ricominciò: «Tu vuoi ch'io mi deduca
nel fare a te ciò che tu far non vuo' mi:

ma da che Dio in te vuol che traluca   79
tanta sua grazia, non ti sarò scarso;
però sappi ch'io son Guido del Duca.

DER LÄUTERUNGSBERG · XIV. GESANG

Der Völker Lebensart ward im Bezirke 40
Des Tales drob verderbt in solchem Maße,
Als weideten sie auf der Flur der Kirke.

Durch wüste Schweine, die vom Eichelfraße 43
Sich nähren sollten statt von Menschenspeise,
Lenkt er zuerst die wasserarme Straße,

Trifft unten Kläffer dann, die feigerweise 46
Mehr zähnefletschen als sie Kräfte haben,
Und kehrt das Maul verächtlich ab im Kreise.

Er sinkt; und jemehr Flüsse Zuwachs gaben, 49
Jemehr sieht Wölfe rings entstehn aus Hunden
Der unglückselige und verfluchte Graben.

Abstürzend dann zu manchen tiefen Schrunden, 52
Findet er Füchse, trügrisch im Gelüste,
Daß sie der Schlaueste noch nicht überwunden.

Nicht schweig ich, obs auch dieser hören müßte. 55
Was mir der Geist der Wahrheit will enthüllen,
Ist gut für diesen, daß ers später wüßte.

Ich höre schon, wie diese Wölfe brüllen, 58
Seh deinen Neffen schon, wie er sie treibe
Am Unglücksstrand, daß Ängste alle füllen.

Ihr Fleisch verkauft er bei lebendigem Leibe. 61
Dann schlachtet er sie ab gleich altem Viehe,
Daß wenigen Leben, ihm kein Ruhm verbleibe;

Läßt blutbespritzt den Unglückswald – und siehe, 64
Er läßt ihn so, daß ihm in tausend Jahren
Des Laubes Pracht niemehr wie einst gediehe.« –

Wie bei der Botschaft drohender Gefahren 67
Sich dessen Antlitz trübt, der sie vernommen,
Woher auch sei der Angriff zu gewahren,

So stand der andre Schatten schmerzbeklommen: 70
Durch sein Gesicht sah ich Bestürzung gehen,
Als ihm zu Ohren solch Bericht gekommen.

Was ich von dem gehört, von dem gesehen, 73
War so, daß ihren Namen ich begehrte;
Drum gab ichs ihnen höflich zu verstehen.

Worauf der Geist, der mich zuerst belehrte, 76
Begann: »Du willst, daß mir dein Wunsch entreiße,
Was deine Rede mir vorhin verwehrte?

Doch da es Gott gefällt, daß dich durchgleiße 79
Solch Gnadenglanz, so will ich auch nicht kargen:
Vernimm, daß ich Guido del Duca heiße.

PURGATORIO · CANTO XIV

Fu il sangue mio d'invidia sì riarso,   82
che se veduto avessi uom farsi lieto,
visto m'avresti di livore sparso.

Di mia semente cotal paglia mieto: 85
o gente umana, perchè poni il core
là 'v'è mestier di consorto divieto?

Questi è Rinier; questi è il pregio e l'onore   88
della casa da Calboli, ove nullo
fatto s'è reda poi del suo valore.

E non pur lo suo sangue è fatto brullo,   91
tra il Po e il monte e la marina e il Reno,
del ben richiesto al vero e al trastullo;

chè dentro a questi termini è ripieno   94
di venenosi sterpi, sì che tardi
per coltivare omai verebber meno.

Ov'è il buon Lizio ed Arrigo Manardi?   97
Pier Traversaro e Guido di Carpigna?
Oh, Romagnuoli tornati in bastardi!

Quando in Bologna un Fabbro si ralligna?   100
quando in Faenza un Bernardin di Fosco,
verga gentil di picciola gramigna?

Non ti maravigliar s'io piango, Tosco,   103
quando rimembro con Guido da Prata
Ugolin d'Azzo, che vivetter nosco,

Federigo Tignoso e sua brigata,   106
la casa Traversara e gli Anastagi
– e l'una gente e l'altra è diretata –,

le donne e i cavalier, gli affanni e gli agi   109
che ne invogliava amore e cortesia,
là dove i cuor son fatti sì malvagi!

O Brettinoro, chè non fuggi via,   112
poi che gita se n'è la tua famiglia
e molta gente per non esser ria?

Ben fa Bagnacaval, che non rifiglia;   115
e mal fa Castrocaro, e peggio Conio,
che di figliar tai conti più s'impiglia.

Ben faranno i Pagan, da che il demonio   118
lor sen girà; ma non però che puro
giammai rimagna d'essi testimonio.

O Ugolin de'Fantolin, sicuro   121
è il nome tuo; da che più non s'aspetta
chi far lo possa, tralignando, oscuro.

DER LÄUTERUNGSBERG · XIV. GESANG

Mein Blut war so verbrannt vom Neid, dem argen,   82
Daß, wenn sich frohe Menschen sehen ließen,
Dir meine Wangen nicht ihr Gelb verbargen.

Aus meiner Saat muß solches Stroh mir sprießen.   85
O Menschenvolk, du hängst dein Herz ans Leere,
An das, was nicht gemeinsam zu genießen!

Dies hier ist Rinier, dies ist Preis und Ehre   88
Des Hauses Calboli, darinnen keiner,
Der seine Tugenderbschaft heut begehre.

Und nicht nur *sein* Blut ward darin gemeiner   91
Vom Po zum Berg, vom Meer zum Rhenostrande:
Des Lebens wahres Glück versteht nicht einer!

Denn von viel giftigen Sträuchern sind die Lande   94
Durchwuchert dort, und nutzlos wärs gehandelt,
Setzte man jetzt den Boden noch instande.

Die Zeit, wo Lizio und Mainard gewandelt,   97
Carpigna, Traversar: sie ist vergangen.
Zum Bastard ist der Romagnol verschandelt!

Kann heut ein Fabbro in Bologna prangen?   100
Ein Bernard Fosco in Faënza sprießen,
Aus niederm Keim zum Glanze zu gelangen?

Nicht staune, Tusker, daß mir Tränen fließen,   103
Denk ich, was Prata einst und Azzo waren,
(Der Ugolin) den wir den Unsern hießen,

Friedrich Tignosos denk und seiner Scharen;   106
An die erloschenen Geschlechter beide
Der Anastagi denk und Traversaren,

An Frauen und Ritter, als zu Lust und Leide   109
Uns Minnegunst und Ritterpflicht gediehen,
Dort wo kein Herz mehr schlägt, das Bosheit meide.

O Brettinor, warum nicht willst du fliehen,   112
Da deine Edeln dir den Rücken kehren
Samt vielem Volk, sich Bösem zu entziehen?

Recht tut Bagnacaval, sich nicht zu mehren,   115
Und Castrocar tut schlimm, und Conio schlimmer,
Wills nicht der Zeugung solcher Grafen wehren.

Recht werden die Pagani tun: auf immer   118
Muß aber erst ihr Satan weg sein! – Reiner
Wird freilich dadurch auch ihr Leumund nimmer.

O Ugolin de' Fantolin, nur deiner   121
Gedenkt man stolz. Du brauchst auch nicht zu bangen;
Denn weil du kinderlos, entehrt dich keiner.

PURGATORIO · CANTO XIV

Ma va' via, Tosco, omai; ch'or mi diletta   *124*
troppo di pianger più che di parlare:
sì m'ha nostra ragion la mente stretta!»

Noi sapavam che quell'anime care   *127*
ci sentivano andar; però, tacendo,
facevan noi del cammin confidare.

Poi fummo fatti soli procedendo,   *130*
folgore parve quando l'aere fende,
voce che giunse di contra, dicendo:

«Anciderammi qualunque m'apprende»;   *133*
e fuggìo come tuon che si dilegua,
se subito la nuvola scoscende.

Come da lei l'udir nostro ebbe triegua,   *136*
ed ecco l'altra con sì gran fracasso,
che somigliò tonar che tosto segua:

«Io sono Aglauro che divenni sasso!»;   *139*
e allor, per istrignermi al poeta,
in destro feci e non innanzi il passo.

Già era l'aura d'ogni parte queta;   *142*
ed el mi disse: «Quel fu il duro camo
che dovria l'uom tener dentro a sua meta.

Ma voi prendete l'esca, sì che l'amo   *145*
dell'antico avversaro a sè vi tira;
e però poco val freno o richiamo.

Chiamavi il cielo e 'ntorno vi si gira,   *148*
mostrandovi le sue bellezze eterne,
e l'occhio vostro pur a terra mira;

onde vi batte chi tutto discerne.»   *151*

DER LÄUTERUNGSBERG · XIV. GESANG

Doch geh nun, Tusker, denn ich hab Verlangen,   *124*
Zu weinen und das Weitere zu verhehlen;
So hat mir dies Gespräch den Geist befangen.«

Wir merkten, daß am Schritt die teuern Seelen   *127*
Uns fortgehn hörten, was uns, da sie schwiegen,
Bewies, daß wir des Wegs nicht würden fehlen. –

Als wir nun beide einsam weiterstiegen,   *130*
Hört ich, schnell wie ein Blitz in Wolken schwindet,
Uns da entgegen eine Stimme fliegen,

Rufen: »Totschlagen wird mich wer mich findet«,   *133*
Und fliehn, alsob ein Donnerschlag verhalle,
Der sich durch Wolken, sie zerreißend, windet.

Kaum ruhte das Gehör uns von dem Schalle,   *136*
Traf eine zweite krachend so die Ohren,
Alsob der Donner hinterm Blitze knalle:

»Ich bin Aglauros, die zu Stein gefroren!«   *139*
Und als ich mich zum Dichter schmiegen wollte,
Trat ich zurück statt vorwärts, schreckverloren.

Schon war der Luftkreis still und nichts mehr grollte.   *142*
Und er zu mir: »Dies war der Zaum, der harte,
Der in der Bahn euch Menschen halten sollte.

Doch kaum, daß euch des Erzfeinds Köder narrte,   *145*
Seid ihr ihm an die Angel schon gesprungen;
Umsonst, daß Zaum und Rückruf eurer warte.

Euch ruft der Himmel, der um euch geschwungen,   *148*
Zeigt euch, welch ewige Schönheit ihn umkleidet;
Doch stets bleibt erdwärts euer Blick gezwungen.

Drum züchtigt euch, der alles unterscheidet.«   *151*

CANTO DECIMOQUINTO

Quanto tra l'ultimar dell'ora terza
e il principio del dì par della spera
che sempre a guisa di fanciullo scherza,

tanto pareva già invêr la sera
essere al sol del suo corso rimaso:
vespero là, e qui mezza notte era;

e i raggi ne ferian per mezzo il naso,
perchè per noi girato era sì il monte,
che già dritti andavamo invêr l'occaso,

quand'io senti' a me gravar la fronte
allo splendore assai più che di prima,
e stupor m'eran le cose non conte;

ond'io levai le mani invêr la cima
delle mie ciglia, e fecimi il solecchio,
che del soverchio visibile lima.

Come quando dall'acqua o dallo specchio
salta lo raggio all'opposta parte,
salendo su per lo modo parecchio

a quel che scende, e tanto si diparte
dal cader della pietra in igual tratta,
sì come mostra esperienza ed arte;

così mi parve da luce rifratta
ivi dinanzi a me esser percosso;
per che a fuggir la mia vista fu ratta.

«Che è quel, dolce padre, a che non posso
schermar lo viso tanto che mi vaglia»
diss'io, «e pare invêr noi esser mosso?»

«Non ti maravigliar se ancor t'abbaglia
la famiglia del cielo» a me rispuose:
«messo è che vienne a invitar ch'uom saglia.

Tosto sarà che a veder queste cose
non ti fia grave, ma fieti diletto,
quanto natura a sentir ti dispuose.»

Poi giunti fummo all'angel benedetto,
con lieta voce disse: «Intrate quinci
ad un scalèo vie men che gli altri eretto».

Noi montavam, già partiti di linci,
e ‹Beati misericordes!› fue
cantato retro, e ‹Godi tu che vinci!›

1

4

7

10

13

16

19

22

25

28

31

34

37

FÜNFZEHNTER GESANG

Soviel des Wegs am Schluß der dritten Stunde 1
Seit Tagbeginn *der* Sphäre wird beschieden,
Die kindesähnlich spielt in steter Runde,
  Soviel auch hatte bis zum Abendfrieden 4
Scheinbar der Sonne Lauf noch nicht durchschnitten:
Am Berg war Vesper, Mitternacht hernieden.
  Es traf ihr Strahl uns auf der Nase Mitten, 7
Weil wir bereits den Berg so weit umgangen,
Daß wir nun grade gegen Westen schritten.
  Da fühlt ich: lästigere Strahlen drangen 10
Zur Stirne mir, als wie sie sonst zu schauen,
Und ob der Neuheit ward mein Sinn befangen;
  Weshalb ich meine Hände zu den Brauen 13
Erhob, ein Schutzdach für die Augenlider
Vor dieses Lichtes Übermaß zu bauen.
  Als wenn vom Wasser oder Spiegel wieder 16
Der Strahl zurückprallt, um emporzusteigen
Zur Gegenseite gleicherart als nieder
  Er fiel, um sich dann gleichwinklig zu neigen 19
Zur Richtung senkrechtfallender Gewichte,
Wie Beispiel dies und Wissenschaft uns zeigen:
  So schien ich vom zurückgeprallten Lichte 22
Getroffen auch, das da vor mir entglommen;
Drum eilt ich, Schutz zu bieten dem Gesichte.
  »Was, teurer Vater, ists, was mir benommen 25
Die Sehkraft, daß sich mir kein Schutz will zeigen«,
Sprach ich, »und was uns näher scheint zu kommen?« –
  »Nicht staune, mußt du dich geblendet neigen 28
Der Himmeldienerschaft«, er mich belehrte.
»Ein Bote ists; er kommt und lädt zum Steigen.
  Bald wird, was lästig dein Gesicht beschwerte, 31
Als Wonneanblick dir soweit zuteile,
Als dir Natur Empfänglichkeit bescherte.«
  Zum seligen Engel kamen wir derweile, 34
Der fröhlich sprach: »Hier tretet ein, denn innen
Die Treppe gleicht der frühern nicht an Steile.«
  Und als wir stiegen, weiter schon von hinnen, 37
Klangs: »*Beati misericordes*« und: »Weide
Am Sieg dich«, singend hinter uns von drinnen.

PURGATORIO · CANTO XV

Lo mio maestro e io soli amendue'   *40*
suso andavamo; e io pensai, andando,
prode acquistar nelle parole sue;

e dirizza'mi a lui sì domandando: *43*
«Che volle dir lo spirto di Romagna,
e «divieto» e «consorto» menzonando?»

Per ch'egli a me: «Di sua maggior magagna   *46*
conosce il danno; e però non s'ammiri,
se ne riprende, perchè men sen piagna.

Perchè s'appuntano i vostri disiri   *49*
dove per compagnia parte si scema,
invidia move il mantaco a' sospiri.

Ma se l'amor della spera suprema   *52*
torcesse in suso il disiderio vostro,
non vi sarebbe al petto quella tema;

chè per quanti si dice più lì «nostro»,   *55*
tanto possiede più di ben ciascuno,
e più di caritate arde in quel chiostro.»

«Io son d'esser contento più digiuno»   *58*
diss'io, «che se mi fossi pria taciuto;
e più di dubbio nella mente aduno.

Com'esser puote che un ben distributo   *61*
i più posseditor faccia più ricchi
di sè, che se da pochi è posseduto?»

Ed elli a me: «Però che tu rificchi   *64*
la mente pur alle cose terrene,
di vera luce tenebre dispicchi.

Quello infinito ed ineffabil bene   *67*
che lassù è, così corre ad amore,
come a lucido corpo raggio viene.

Tanto si dà, quanto trova d'ardore;   *70*
sì che, quantunque carità si stende,
cresce sovr'essa l'eterno valore;

e quanta gente più lassù s'intende,   *73*
più v'è da bene amare e più vi s'ama,
e come specchio l'uno all'altro rende.

E se la mia ragion non ti disfama,   *76*
vedrai Beatrice, ed ella pienamente
ti torrà questa e ciascun' altra brama.

Procaccia pur che tosto sieno spente,   *79*
come son già le due, le cinque piaghe
che si richiudon per esser dolente.»

DER LÄUTERUNGSBERG · XV. GESANG

Mein Meister nun und ich, allein wir beide,   40
Stiegen empor. Ich hoffe drum, es ließen
Sich gehend schöpfen nützliche Bescheide,
      Und wandte mich an ihn: »Bedenken stießen   43
Mir auf, was wohl Romagnas Geist verstünde
Mit dem, was ›nicht gemeinsam‹ zu genießen?«
      Drob er zu mir: »Von seiner größten Sünde   46
Kennt er den Fluch; drum kanns nicht staunen machen:
Er rügt ihn, daß euch weniger Schmerz entzünde.
      Weil eure Gier nur geizt nach solchen Sachen,   49
Die sich verringern, wenn sie sich entfernen
Von der Gemeinschaft, muß der Neid entfachen
      Euch Seufzer. Doch wenn zu den höchsten Sternen 52
Die Liebe eure Sehnsucht zöge – kennen
Würd nimmer eure Brust solch Bangen lernen.
      Denn umsomehr wir Gutes ›unser‹ nennen,   55
Je mehr wird jedem von dem Gut beschieden,
Und mehr muß Liebe hier im Kloster brennen.« –
      »Noch minder stellt mich dein Bescheid zufrieden«, 58
Sprach ich, »als wenn ich hätte wollen schweigen,
Und stärkere Zweifel bleiben unvermieden.
      Ists möglich, daß ein Gut, nach soviel Zweigen   61
Verteilt, den Vielen größern Reichtum bringe,
Als wenn es einigen Wenigen blieb zueigen?«
      Und er zu mir: »Weil du auf Erdendinge   64
Den Sinn festheftest, bleibt dir unerkennbar
Das Licht und wähnst, daß Dunkel dich umfinge.
      Das Gut, das unerschöpflich und unnennbar   67
Dort oben, eilt der Liebe so entgegen
Wie Licht von hellen Körpern ist untrennbar.
      Soviel gibts Glut als Glut die andern hegen,   70
Sodaß, jemehr die Liebe sich verbreitet
Sie auch der ewigen Kraft pflegt zuzulegen.
      Jemehr sich droben das Verständnis weitet,   73
Jemehr muß Gut und Liebe sich entfalten,
Wie Licht von Spiegel hin zu Spiegel gleitet.
      Und siehst du jetzt noch kein Verständnis walten, 76
Bald siehst du Beatrice: deinem Herzen
Hat sie für alles Stillung aufbehalten.
      Doch sei bedacht nur, dir bald auszumerzen,   79
Wie schon die zwei, auch die fünf andern Wunden,
Die sich nur wieder schließen, wenn sie schmerzen.«

PURGATORIO · CANTO XV

Com'io voleva dicer ‹Tu m'appaghe›,   82
vidimi giunto in su l'altro girone,
sì che tacer mi fêr le luci vaghe.

Ivi mi parve in una visione   85
estatica di subito esser tratto,
e vedere in un tempio più persone;

e una donna, in su l'entrar, con atto   88
dolce di madre dicer: «Figliuol mio,
perchè hai tu così verso noi fatto?

Ecco, dolenti, lo tuo padre e io   91
ti cercavamo.» E come qui si tacque,
ciò che pareva prima, disparìo.

Indi m'apparve un'altra con quell'acque,   94
giù per le gote, che 'l dolor distilla;
quando di gran dispetto in altrui nacque,

e dir: «Se tu se' sire della villa   97
del cui nome ne' Dei fu tanta lite,
e onde ogni scienza disfavilla,

vendica te di quelle braccia ardite   100
che abbracciâr nostra figlia, o Pisistràto!»
E il signor mi parea benigno e mite

risponder lei con viso temperato: 103
«Che farem noi a chi mal ne disira,
se quei che ci ama è per noi condannato?»

Poi vidi genti, accese in foco d'ira,   106
con pietre un giovinetto ancider, forte
gridando a sè pur: «Martira! martira!»

E lui vedea chinarsi, per la morte   109
che l'aggravava già, invêr la terra;
ma degli occhi facea sempre al ciel porte,

orando all'alto sire, in tanta guerra,   112
che perdonasse a'suoi persecutori,
con quello aspetto che pietà diserra.

Quando l'anima mia tornò du fuorï   115
alle cose che son fuor di lei vere,
io riconobbi i miei non falsi errori.

Lo duca mio, che mi potea vedere   118
far sì com'uom che dal sonno si slega,
disse: «Che hai che non ti puoi tenere,

ma se'venuto più che mezza lega,   121
velando gli occhi e con le gambe avvolte,
a guisa di cui vino e sonno piega?»

DER LÄUTERUNGSBERG · XV. GESANG

Schon wollt ich sagen: »Licht hast du gefunden«,   *82*
Da sah ich mich zum andern Kreis gekommen,
Wo Schaulust mir die Lippe hielt gebunden.

Da war es mir, ich sei hinweggenommen   *85*
Plötzlich wie durch Verzückung, und zu sehen
Schien ich in einem Tempel viele Frommen.

Und eine Frau sah ich am Eingang stehen,   *88*
Die sprach sanftmütterlich zu ihrem Knaben:
»Mein Sohn, was ließest du uns das geschehen?

Denn sieh, ich und dein Vater, beide haben   *91*
Mit Schmerzen dich gesucht.« Sie schwieg. Vergangen
Waren die Bilder, die mich erst umgaben.

Drauf sah ich eine zweite, naß die Wangen   *94*
Von Tränen, wie sie nur so schmerzhaft beißen,
Wenn Zorn auf andre hält das Herz umfangen.

Die sprach: »Willst du den Herrn der Stadt dich heißen, *97*
Um deren Namen Götter heftig stritten,
Drin alle Wissenschaften leuchtend gleißen,

So straf die Arme, die auf Marktes Mitten,   *100*
O Pisistrat, dreist unser Kind umfingen!«
Doch milde schien und taub zu sein den Bitten

Der Herr, denn freundlich schien sein Wort zu klingen: *103*
»Wie würde erst, der Leid uns wünscht, gepeinigt,
Wenn wir dem, der uns liebt, Verdammung bringen?«

Drauf sah ich Volk, entflammten Zorns vereinigt,   *106*
Mit Steineswürfen einen Jüngling töten,
Zurufend sich nur immer: »Steinigt! Steinigt!«

Und sah, daß jener, schon in Todesnöten,   *109*
Aufwärts die Augen noch, zubodengleite,
Alsob sie offenes Tor dem Himmel böten,

Erflehend vom höchsten Herrn in solchem Streite   *112*
Verzeihung für das Volk, das haßentbrannte,
Mit einem Ausdruck, den das Mitleid weihte.

Als meine Seele nun zurück sich wandte   *115*
Zu jenen außer ihr noch wahren Dingen,
Ich gleich den doch nicht falschen Wahn erkannte.

Mein Führer merkte, wie ich loszuringen   *118*
Gleichsam vom Schlaf mich mühte eine Weile,
Und sprach: »Kannst du nicht mehr die Füße zwingen?

Was gibts? Schon reichlich eine halbe Meile   *121*
Schwankst taumelnd du mit halbgeschlossenen Lidern.
Hemmt Schlaf dir oder Trunkenheit die Eile?« –

PURGATORIO · CANTO XV

«O dolce padre mio, se tu m'ascolte,   *124*
io ti dirò» diss'io «ciò che m'apparve,
quando le gambe mi furon sì tolte.»

Ed ei: «Se tu avessi cento larve   *127*
sovra la faccia, non mi sarien chiuse
le tue cogitazion, quantunque parve.

Ciò che vedesti, fu perchè non scuse   *130*
d'aprir lo core all'acque della pace
che dall'eterno fonte son diffuse.

Non dimandai ‹Che hai?› per quel che face   *133*
chi guarda pur con l'occhio che non vede,
quando disanimato il corpo giace;

ma dimandai per darti forza al piede: *136*
così frugar conviensi i pigri, lenti
ad usar lor vigilia quando riede.»

Noi andavam per lo vespero, attenti   *139*
oltre quanto potean gli occhi allungarsi
contra i raggi serotini e lucenti;

ed ecco a poco a poco un fummo farsi   *142*
verso di noi come la notte oscuro;
nè da quello era loco da cansarsi:

questo ne tolse gli occhi e l'aere puro.   *145*

DER LÄUTERUNGSBERG · XV. GESANG

»O teurer Vater mein«, mußt ich erwidern,   124
»Ich will dir gern, was mir erschienen, künden,
Als Lähmung mir vorhin lag in den Gliedern.«

Und er: »Wenn dir auch hundert Larven stünden   127
Vorm Angesicht, ich könnte doch von deinen
Gedanken selbst den kleinsten rasch ergründen.

Nur darum sahst du dies, daß sich mit keinen   130
Fasern dein Herz verschlösse den Friedensbächen,
Dem Quell entströmend, dem allewigen reinen.

Ich fragte nicht ›Was gibts?‹ wie solche sprechen,   133
Die nur mit Augen schaun, die nie sich heben
Zum Sehen mehr, wenn sie im Tode brechen;

Ich fragte nur, den Füßen Kraft zu geben,   136
Wie wir die Lässigen anzuspornen pflegen,
Daß sie die Wachezeit zu nutzen streben.«

Achtsam gings fort auf abendlichen Wegen   139
Und sahen, soweit den Augen Kraft verliehen,
Dem letzten Abendsonnenstrahl entgegen.

Sieh, da begann uns mählich zu umziehen   142
Ein Rauch, als käme dunkle Nacht geschwommen,
Daß wir ihm nirgend wußten zu entfliehen:

Der hat uns Blick und reine Luft benommen.   145

CANTO DECIMOSESTO

Buio d'inferno e di notte privata   *1*
d'ogni pianeta, sotto pover cielo.
quant'esser può di nuvol tenebrata,

non fece al viso mio sì grosso velo,   *4*
come quel fummo ch'ivi ci coperse,
nè a sentir di così aspro pelo;

chè l'occhio stare aperto non sofferse: *7*
onde la scorta mia saputa e fida
mi s'accostò, e l'omero m'offerse.

Sì come cieco va retro a sua guida   *10*
per non smarrirsi e per non dar di cozzo
in cosa che il molesti, o forse ancida;

m'andava io per l'aere amaro e sozzo,   *13*
ascoltando il mio duca, che diceva
pur: «Guarda che da me tu non sie mozzo!»

Io sentia voci, e ciascuna pareva   *16*
pregar per pace e per misericordia
l'Agnel di Dio che le peccata leva.

Pure ‹*Agnus Dei*› eran le loro esordia;   *19*
una parola in tutti era ed un modo,
sì che parea tra esse ogni concordia.

«Quei sono spirti, maestro, ch'i' odo?»   *22*
diss'io; ed elli a me: «Tu vero apprendi;
e d'iracundia van solvendo il nodo».

«Or tu chi se', che il nostro fummo fendi,   *25*
e di noi parli pur come se tue
partissi ancor lo tempo per calendi?»

Così per una voce detto fue;   *28*
onde il maestro mio disse: «Rispondi,
e domanda se quinci si va sue».

E io: «O creatura che ti mondi   *31*
per tornar bella a colui che ti fece,
maraviglia udirai, se mi secondi».

«Io ti seguiterò quanto mi lece»   *34*
rispuose; «e se veder fummo non lascia,
l'udir ci terrà giunti in quella vece.»

Allora incominciai: «Con quella fascia   *37*
che la morte dissolve, men vo suso,
e venni qui per la infernale ambascia;

SECHZEHNTER GESANG

Kein Höllendunst noch die vom Lichtgefunkel   *1*
Des allerkleinsten Sterns entblößten Nächte,
Wenn Wolken dunkler färben noch das Dunkel,
   Nichts was mir mehr verschleierte und schwächte   *4*
Die Sehkraft, als uns hier der Rauch umflossen;
Nichts was mir größeres Unbehagen brächte,
   Daß sich die offenen Augen schnell mir schlossen.   *7*
Drum trat heran und bot die Schulterseite
Zur Stütze mir der treueste der Genossen.
   Und wie ein Blinder nachfolgt dem Geleite,   *10*
Nicht fehlzutreten oder anzurennen,
Was Schmerz ihm oder gar den Tod bereite,
   So ging ich durch der Stickluft bitteres Brennen,   *13*
Auf meinen Führer horchend, der zu raten
Nicht abließ: »Achte, daß wir uns nicht trennen!«
   Ich hörte Stimmen, die um Frieden baten   *16*
Und um Erbarmen Gottes Lamm angingen,
Das wegnimmt alle unsere Missetaten.
   Mit »*Agnus Dei*« nur begann ihr Singen.   *19*
Ein Wort, *ein* Klingen war in ihren Chören,
Als schien sie alle Eintracht zu durchdringen.
   »Sprich, Meister, sind das Geister, die wir hören?«   *22*
Fragt ich, und er: »Es ist wie du gesprochen.
Hier gilts, des Zornes Knoten zu zerstören.« –
   »Wer bist du, der du unsern Rauch durchbrochen   *25*
Und von uns sprichst, als wärst du noch am Leben
Und teilst die Zeit noch nach Kalenderwochen?«
   So hört ich eine Stimme sich erheben.   *28*
Drum sprach der Meister: »Antwort gib und lehren
Laß dich, ob wir uns hier bergan begeben.« –
   »Geschöpf, das, um in Schönheit heimzukehren   *31*
Zum Schöpfer, hier sich reinigt«, bat ich; »leite
Uns fort, und Wunder will ich dir bescheren.«
   Und er: »Soweit es mir erlaubt ist, schreite   *34*
Mein Fuß mit euch! Doch hemmt der Rauch das Schauen,
Dann halte das Gehör uns Seit-an-Seite.«
   Drauf hob ich an: »In Fesseln, die durchhauen   *37*
Der Tod erst kann, klimm ich auf diesen Wegen,
Und kam hierher durch Angst und Höllengrauen:

PURGATORIO · CANTO XVI

e se Dio m'ha in sua grazia rinchiuso,   *40*
tanto che vuol ch'io veggia la sua corte
per modo tutto fuor del moderno uso,

non mi celar chi fosti anzi la morte,   *43*
ma dilmi, e dimmi s'io vo bene al varco;
e tue parole fien le nostre scorte».

«Lombardo fui, e fui chiamato Marco;   *46*
del mondo seppi, e quel valore amai
al quale ha or ciascun disteso l'arco.

Per montar su dirittamente vai.»   *49*
Così rispuose, e soggiunse: «Io ti prego
che per me prieghi, quando su sarai».

E io a lui: «Per fede mi ti lego   *52*
di far ciò che mi chiedi; ma io scoppio
dentro ad un dubbio, s'io non me ne spiego.

Prima era scempio, ed ora è fatto doppio   *55*
nella sentenza tua, che mi fa certo,
qui ed altrove, quello ov'io l'accoppio.

Lo mondo è ben così tutto diserto   *58*
d'ogni virtute, come tu mi suone,
e di malizia gravido e coverto;

ma prego che m'additi la cagione,   *61*
sì ch'io la veggia e ch'io la mostri altrui;
chè nel cielo uno, e un quaggiù la pone.»

Alto sospir, che duolo strinse in ‹hui!›,   *64*
mise fuor prima; e poi cominciò: «Frate,
io mondo è cieco, e tu vien ben da lui.

Voi che vivete ogni cagion recate   *67*
pur suso al ciel così come se tutto
movesse seco die necessitate.

Se così fosse, in voi fora distrutto   *70*
libero arbitrio, e non fora giustizia
per ben letizia, e per male aver lutto.

Lo cielo i vostri movimenti inizia,   *73*
non dico tutti; ma, posto ch'io il dica,
iume v'è dato a bene ed a malizia

e libero voler, che se fatica   *76*
nelle prime battaglie col ciel dura,
poi vince tutto, se ben si nutrica.

A maggior forza ed a miglior natura   *79*
liberi soggiacete; e quella cria
la mente in voi, che il ciel non ha in sua cura

258

DER LÄUTERUNGSBERG · XVI. GESANG

Und weil mich Gottes Gnaden so umhegen,   40
Bis, wenn ers will, ich seinen Hof erschaute,
Ganz allem Brauch der neueren Zeit entgegen,
  So sag, wer warst du, eh dich Tod umgraute?   43
Ja sags, und sag: gehts hier zur oberen Kante?
Und laß uns Führung sein dein Wort, das traute.« –
  »Lombarde war ich, der sich Marco nannte,   46
Als Weltmann liebend jene Tugend grade,
Nach der sich längst schon mehr kein Bogen spannte.
  Doch gipfelan gehst du auf richtigem Pfade«,   49
Sprach er und schloß: »Ich bitte dich, daß droben
Bei Gott du für mich bitten magst um Gnade.« –
  »Was du verlangst«, sprach ich, »will ich geloben.   52
Doch muß ich einem Zweifel mich entwinden,
Der mich erstickt, wird er mir nicht behoben.
  Erst einfach, muß ich ihn jetzt doppelt finden,   55
Laß deine Antwort ich auf meine Frage
Mit anderwärts Erlauschtem sich verbinden.
  Wohl ist, wie mir bekräftigt deine Klage,   58
Die Welt an Tugend arm, reich an Beschwerden,
Die ihr die Bosheit macht vom ärgsten Schlage.
  Doch bitt ich, laß die Ursach klar mir werden,   61
Daß ich sie seh und künde allerorten;
Denn *der* sucht sie am Himmel, *der* auf Erden.«
  Ein Seufzer folgte, dann ein »Ach!« den Worten,   64
Ein schmerzliches. Drauf sprach er: »Bruder, wisse,
Blind ist die Welt und du kommst ja von dorten.
  Ihr, die ihr lebt, halst alle Vorkommnisse   67
Dem Himmel auf, alsob der alles immer
In seinem Lauf notwendig mitsichrisse.
  Wärs so, stünds um die Willensfreiheit schlimmer   70
In euch: sie wär zerstört. Und nach dem Rechte
Fänd Gut und Böse Lohn und Strafe nimmer.
  Antrieb zum Handeln geben Sternenmächte.   73
Nicht jeden, sag ich, und wenns alle wären,
So habt ihr Licht fürs Gute und fürs Schlechte
  Nebst freiem Willen, der – wenn mit der Sphären   76
Einfluß im ersten Kampf er standhaft streitet –
Allsieger bleibt, wenn wir ihn richtig nähren.
  Beßre Natur und stärkerer Wille leitet   79
Euch frei als Untertanen, und *die* schenken
Den Geist euch, dem kein Stern Einfluß bereitet.

PURGATORIO · CANTO XVI

Però se il mondo presente disvia,   82
in voi è la cagione, in voi si cheggia;
e io te ne sarò or vera spia.

Esce di mano a lui che la vagheggia   85
prima che sia, a guisa di fanciulla
che piangendo e ridendo pargoleggia,

l'anima semplicetta che sa nulla,   88
salvo che, mossa da lieto fattore,
volentier torna a ciò che la trastulla.

Di picciol bene in pria sente sapore;   91
quivi s'inganna, e dietro ad esso corre,
su guida o fren non torce suo amore.

Onde convenne legge per fren porre;   94
convenne rege aver che discernesse
della vera cittade almen la torre.

Le leggi son; ma chi pon mano ad esse?   97
Nullo; però che il pastor che precede,
ruminar può, ma non ha l'unghie fesse;

per che la gente, che sua guida vede   100
pur a quel ben fedire ond' ell'è ghiotta,
di quel si pasce, e più oltre non chiede.

Ben puoi veder che la mala condotta   103
è la cagion che il mondo ha fatto reo,
e non natura che in voi sia corrotta.

Soleva Roma, che il buon mondo feo,   106
due soli aver, che l'una e l'altra strada
facean vedere, e del mondo e di Deo.

L'un l'altro ha spento, ed è giunta la spada   109
col pasturale, e l'un con l'altro insieme
per viva forza mal convien che vada;

però che, giunti, l'un l'altro non teme: 112
se non mi credi, pon mente alla spiga;
ch'ogni erba si conosce per lo seme.

In sul paese che Adice e Po riga,   115
solea valore e cortesia trovarsi,
prima che Federigo avesse briga:

or può sicuramente indi passarsi   118
per qualunque lasciasse per vergogna
di ragionar coi buoni, o d'appressarsi.

Ben v'èn tre vecchi ancora in cui rampogna   121
l'antica età la nuova, e par lor tardo
che Dio a miglior vita li ripogna:

259

DER LÄUTERUNGSBERG · XVI. GESANG

Sucht drum die Jetztzeit aus dem Gleis zu lenken,   *82*
Seid *ihr* der Grund, weil ihr euch schuldig machtet:
Nun laß dir zeigen scharf, wie dies zu denken.

Aus dessen Hand, der liebend sie betrachtet,   *85*
Bevor sie ward, tritt wie ein Kind ins Leben,
Das launisch-wechselnd lacht und weinend schmachtet,

Die schlichte Seele, die nichts weiß, als eben,   *88*
Daß sie vom heitern Schöpfer ausgegangen,
Und drum nur mag nach Lust und Frohsinn streben.

Ein kleines Gut weckt anfangs ihr Verlangen.   *91*
Dies täuscht sie; doch sie läßt sichs nicht entgehen,
Wenn Zaum und Leitung ihr Gelüst nicht zwangen.

Drum soll sie im Gesetzesbanne stehen: *94*
Ein Fürst muß sein mit Augen so gestaltet,
Daß er mindestens Zions *Türme* sehen.

Gesetze gibts. Wer ist, der sie verwaltet?   *97*
Kein Mensch! Weil euer Hirte und Begleiter
Zwar wiederkäut, doch nicht die Hufe spaltet.

Sieht nun das Volk beständig seinen Leiter   *100*
Nach dem, woran es selbst hängt, gierig schmachten,
Nährts auch sich davon und begehrt nichts weiter.

Die schlechte Führung mußt du drum betrachten   *103*
Als Grund nur, daß die Welt umstrickt von Sünden,
Darfst nicht eure Natur als schlecht erachten.

Einst hatte Rom, Ordnung der Welt zu gründen,   *106*
Zwei Sonnen: eine sollte *unsern* Wegen,
Die andre *Gottes* Wegen Licht entzünden.

Jetzt, wo das Schwert zum Hirtenstab sie legen,   *109*
Löscht eine Sonne aus der andern Brennen;
Drum wandeln beide schlimmem Ziel entgegen,

Weil keins vorm andern furchtsam mehr zu nennen.   *112*
Sieh auf die Ähren, dann wirst du begreifen,
Daß jedes Kraut am Samen zu erkennen.

Sonst war das Land, das Etsch und Po durchstreifen,   *115*
Berühmt durch Tapferkeit und edle Sitten,
Eh Friedrichs Händelsucht begann zu reifen.

Heut wirds von jedem ohne Fahr durchschritten,   *118*
Solang er sich aus Scham nicht sollte scheuen,
Wackre um Freundschaft und Verkehr zu bitten.

Noch gibts drei Greise dort; drin schilt die neuen   *121*
Geschlechter heut der Glanz aus alten Tagen,
Greise, die längst sich auf den Himmel freuen.

PURGATORIO · CANTO XVI

Currado da Palazzo, e'l buon Gherardo,   124
e Guido da Castel, che me'si noma
francescamente il semplice Lombardo.

Di' oggimai che la Chiesa di Roma,   127
per confondere in sè due reggimenti.
cade nel fango, e sè brutta e la soma.»

«O Marco mio» diss'io, «bene argomenti;   130
e or discerno perchè dal retaggio
li figli di Levì furono esenti.

Ma qual Gherardo è quel che tu per saggio   133
di' ch'è rimaso della gente spenta,
in rimprovero del secol selvaggio?»

«O tuo parlar m'inganna, o el mi tenta»   136
rispuose a me, «chè, parlandomi tosco,
par che del buon Gherardo nulla senta.

Per altro soprannome io nol conosco,   139
s'io nol togliessi da sua figlia Gaia.
Dio sia con voi, che più non vegno vosco.

Vedi l'albòr che per lo fummo raia,   142
già biancheggiare, e me convien partirmi
– l'angelo è ivi –, prima ch'i gli paia.»

Così tornò, e più non volle udirmi.   145

260

DER LÄUTERUNGSBERG · XVI. GESANG

Palazzo ists, Gherard, groß im Betragen,   *124*
Und Veit Castell, der richtiger heißen würde
Schlichter Lombard, wie die Franzosen sagen.

Gesteh mir also: weil die Doppelwürde   *127*
Roms Kirche insichfaßt als zu gewichtig,
Fällt sie in Schlamm, beschmutzt sich und die Bürde.« –

»O du mein Marco«, sprach ich, »du denkst richtig.   *130*
Jetzt muß ichs auch bei Levis Stamme loben,
Daß er am Erbe nicht ward anteilspflichtig. ·

Doch welchen Gherard hast du so erhoben,   *133*
Daß er als Denkmal ragt aus alten Tagen
Zum Vorwurf dieser Zeit, der sittlich-groben?« –

»Mich täuschen oder prüfen deine Fragen«,   *136*
Sprach er. »Du, dem Toskanisch lebt im Munde,
Hast nie gehört vom guten Gherard sagen?

Von anderm Beiwort ward mir keine Kunde,   *139*
Höchstens als Gajas Vater, wie ich meine.
Gott mit euch, denn ich kehre um zur Stunde.

Schau, Zwielicht trennt bereits, das weißlichreine,   *142*
Den Rauch; drum heißts, zum Abschied sich bequemen,
Daß ich nicht vor dem Engel dort erscheine.«

So ging er hin und wollt nichts mehr vernehmen.   *145*

CANTO DECIMOSETTIMO

Ricorditi, lettor, se mai nell'alpe   *1*
ti colse nebbia per la qual vedessi
non altrimenti che per pelle talpe,

come, quando i vapori umidi e spessi   *4*
a diradar cominciansi, la spera
del sol debilemente entra per essi;

e fia la tua imagine leggiera   *7*
in giugnere a veder com'io rividi
lo sole in pria, che già nel corcar era.

Sì, pareggiando i miei co' passi fidi   *10*
del mio maestro, usci' fuor di tal nube
ai raggi, morti già nei bassi lidi.

O imaginativa, che ne rube   *13*
tal volta sì di fuor, ch'uom non s'accorge,
perchè dintorno suonin mille tube,

chi move te, se il senso non ti porge?   *16*
Muoveti lume che nel ciel s'informa,
per sè o per voler che giù lo scorge.

Dell'empiezza di lei che mutò forma   *19*
nell'uccel che a cantar più si diletta,
nell'imagine mia apparve l'orma;

e qi fu la mia mente sì ristretta   *22*
dentro da sè, che di fuor non venia
cosa che fosse allor da lei ricetta.

Poi piovve dentro all'alta fantasia   *25*
un, crocifisso, dispettoso e fero
nella sua vista, e cotal si moria:

intorno ad esso era il grande Assuero,   *28*
Ester sua sposa e il giusto Mardocheo,
che fu al dire e al far così intero.

E come questa imagine rompeo   *31*
sè per sè stessa, a guisa d'una bulla
cui manca l'acqua sotto qual si feo,

surse in mia visione una fanciulla   *34*
piangendo forte, e dicea: «O regina,
perchè per ira hai voluto esser nulla?

Ancisa t'hai per non perder Lavina: *37*
or m'hai perduta: io son essa che lutto,
madre, alla tua pria ch'all'altrui ruina.»

SIEBZEHNTER GESANG

Erinnere, Leser, dich, wenn dich umbraute   *1*
Ein Nebelqualm auf einem Alpenpasse,
Daß wie durchs Maulwurfsfell dein Auge schaute,
    Wie dann beginnt die dichte feuchte Masse   *4*
Sich zu zerstreuen bis langsam durch das Rauchen
Der Sonnenball erscheinen kann, der blasse:
    Und nur geringer Mühe wirst du brauchen,   *7*
Dir vorzustellen, wie ich wiederschaute
Zuerst die Sonne, schon im Untertauchen.
    So trat ich gleichen Schrittes wie der traute   *10*
Gefährte aus dem Wolkenflor ins Helle,
Indes den Strand schon Dämmerung umgraute –
    O Phantasie, wie oft entrückst du schnelle   *13*
Uns aus unsselbst, daß man das Ohr nicht wendet,
Was auch aus tausend Tuben uns umgelle.
    Was reizt dich denn, wenn dir der Sinn nichts spendet?   *16*
Dich reizt ein Licht, wirkend vom Himmel nieder,
Selbständig oder weils ein Wille sendet. –
    Vom Frevel jener, die sich im Gefieder   *19*
Des Vogels barg, der immer gern gesungen,
Gab mir Einbildungskraft ein Abbild wieder,
    Das meinen Geist so insich hielt gezwungen,   *22*
Daß sich von außen her von solchem Schilde
Auch nichts den kleinsten Eindruck hätt errungen.
    Dann senkte sich ins hohe Traumgebilde   *25*
Mir ein Gekreuzigter. Zorn sah ich beben
Und Stolz im Blick, und so auch starb der wilde.
    Den großen Ahasver sah ich daneben,   *28*
Esther sein Weib und Mardochai, den frommen,
Der Vorbild stets in Wort und Tat gegeben.
    Und als dies Bild vonselbst insich zerschwommen *31*
Wie eine Blase platzt, wenn sie verzichten
Aufs Wasser muß, draus sie hervorgekommen,
    Sah ich im Traum ein Mägdlein sich aufrichten: *34*
»O Königin«, klang es von der tränenblassen,
»Was mußtest du im Zorn dichselbst vernichten?
    Du gabst dich hin, Lavinien nicht zu lassen,   *37*
Jetzt ließest du mich, Mutter: *dein* Verderben
Muß *vor* des andern Tod mit Schmerz mich fassen.«

PURGATORIO · CANTO XVII

Come si frange il sonno, ove di butto
nuova luce percuote il viso chiuso,
che fratto guizza pria che muoia tutto;

così l'imaginar mio cadde giuso,
tosto che lume il volto mi percosse,
maggiore assai che quel ch'è in nostr'uso.

Io mi volgea per veder ov'io fosse,
quand'una voce disse: «Qui si monta»,
che da ogni altro intento mi rimosse;

e fece la mia voglia tanto pronta
di riguardar chi era che parlava,
che mai non posa, se non si raffronta.

Ma come al sol che nostra vista grava
e per soverchio sua figura vela,
così la mia virtù quivi mancava.

«Questi è divino spirito, che ne la
via da ir su ne drizza sanza prego,
e col suo lume sè medesmo cela.

Sì fa con noi, come l'uom si fa sego;
chè quale aspetta prego e l'uopo vede,
malignamente già si mette al nego.

Or accordiamo a tanto invito il piede:
procacciam di salir pria che s'abbui;
chè poi non si porìa, se 'l dì non riede.»

Così disse il mio duca, e io con lui
volgemmo i nostri passi ad una scala;
e tosto ch'io al primo grado fui,

senti' mi presso quasi un mover d'ala,
e ventarmi nel viso, e dir: «*Beati
pacifici*, che son sanz'ira mala!»

Già eran sovra noi tanto levati
gli ultimi raggi che la notte segue,
che le stelle apparivan da più lati.

«O virtù mia, perchè sì ti dilegue?»
fra me stesso dicea, chè mi sentiva
la possa delle gambe posta in triegue.

Noi eravam dove più non saliva
la scala su, ed eravamo affissi,
pur come nave ch'alla piaggia arriva;

e io attesi un poco s'io udissi
alcuna cosa nel novo girone;
poi mi volsi al maestro mio, e dissi:

40

43

46

49

52

55

58

61

64

67

70

73

76

79

DER LÄUTERUNGSBERG · XVII. GESANG

Gleichwie der Schlummer – bohren sich die herben,　40
Lichtstrahlen durch das Aug, das noch geschlossen –
Bricht und im Brechen zuckt vor seinem Sterben,

So meine Traumgebilde jäh zerflossen,　43
Sobald ins Antlitz mir ein Lichtstrahl zückte,
Greller, als sich ein irdisch Licht ergossen.

Ich sah mich um, wohin michs denn entrückte,　46
Als eine Stimme sprach: »Hier müßt ihr steigen«,
Daß jeden andern Wunsch ich unterdrückte

Und meinen Eifer ließ so stark sich zeigen,　49
Den zu gewahren, den ich hörte sprechen –:
So etwas quält, bis Stirn zu Stirn sich neigen!

Doch wie ins Aug die Sonnenstrahlen stechen,　52
Durch zuviel Glanz vom Anblick abzuschrecken,
So fühlt ich meine Sehkraft hier zerbrechen.

»Den Weg uns ungebeten zu entdecken,　55
Erschien ein Gottgeist, den du nicht gesehen,
Weil seine eigenen Strahlen ihn verstecken.

Was Mensch dem Menschen tut, ist uns geschehen;　58
Denn wer uns bitten läßt, wenn Not erst drohte,
Der denkt schon böslich, uns nicht beizustehen.

Laß unsern Fuß denn folgen dem Gebote:　61
Aufwärtsgestiegen, eh die Nacht gekommen,
Sonst können wirs nichtmehr vorm Morgenrote.«

So sprach mein Führer, und zur Höh genommen　64
Ward nun ein Pfad, den wir auf Stufen gingen.
Und jetzt, als ich die erste kaum erklommen,

Fühlt ich im Antlitz leises Flügelschwingen.　67
»Pacifici beati« hört ichs gleiten
Ans Ohr mir, »Heil, die sündigen Zorn bezwingen.«

Schon standen über uns in solchen Weiten　70
Die letzten Strahlen, die der Nacht sich gatten,
Daß Sterne blitzten von verschiedenen Seiten.

»O meine Kraft, was ließ dich so ermatten?«　73
Fragt ich michselbst und merkte ganz beklommen,
Daß mir den Dienst versagt die Füße hatten.

Zur höchsten Stufe waren wir gekommen,　76
Gehemmt dort stehend, wie die Fahrt beendet
Ein Boot, wenn es am Strand sich festgeschwommen.

Erst lauscht ich kurz, ob ein Geräusch nicht spendet　79
Dem Ohr der neue Kreis, der hier zu sehen;
Dann sprach ich, meinem Meister zugewendet:

262

PURGATORIO · CANTO XVII

«Dolce mio padre, di', quale offensione   82
si purga qui nel giro dove semo?
Se i piè si stanno, non stea tuo sermone.»

Ed elli a me: «L'amor del bene, scemo   85
di suo dover, quiritta si ristora;
qui si ribatte il mal tardato remo.

Ma perchè più aperto intendi ancora,   88
volgi la mente a me, e prenderai
alcun buon frutto di nostra dimora.

Nè Creator, nè creatura mai»   91
cominciò ei, «figliuol, fu sanza amore,
o naturale o d'animo; e tu 'l sai.

Lo naturale è sempre sanza errore;   94
ma l'altro puote errar per malo obbietto,
o per poco, o per troppo di vigore.

Mentre ch'egli è ne' primi ben diretto,   97
e ne' secondi sè stesso misura,
esser non può cagion di mal diletto;

ma quando al mal si torce, o con più cura   100
o con men che non dee corre nel bene,
contra il fattore adovra sua fattura.

Quinci comprender puoi ch'esser convene   103
amor sementa in voi d'ogni virtute,
e d'ogni operazion che merta pene.

Or, perchè mai non può dalla salute   106
amor del suo suggetto volger viso,
dall'odio propro son le cose tute; ·

e perchè intender non si può diviso   109
e per sè stante alcuno esser dal primo,
da quello odiare ogni affetto è deciso.

Resta, se dividendo bene stimo,   112
che il mal che s'ama è del prossimo, ed esso
amor nasce in tre modi in vostro limo.

È chi per esser suo vicin soppresso   115
spera eccellenza, e sol per questo brama
ch'el sia di sua grandezza in basso messo;

è chi podere, grazia, onore e fama   118
teme di perder perch'altri sormonti,
onde s'attrista sì che il contrario ama;

ed è chi per ingiuria par ch'adonti,   121
sì che si fa della vendetta ghiotto;
e tal convien che il male altrui impronti.

263

DER LÄUTERUNGSBERG · XVII. GESANG

»Mein teurer Vater, sprich, welch ein Vergehen   *82*
Läutert der Kreis hier? Äußere dein Vermuten.
Stehn auch die Füße, laß dein Wort nicht stehen.«
Und er zu mir: »Ergänzt wird hier zum Guten   *85*
Liebe, die nahe war, daß sie erkalte:
Wer träg im Rudern war, muß hier sich sputen.
Doch daß sichs deutlicher dir noch entfalte,   *88*
Wende den Geist mir zu, damit dir lohne
Heilsame Frucht aus unserm Aufenthalte.
Du weißt, mein Sohn«, begann er, »nie war *ohne*   *91*
Die Liebe Schöpfer und Geschöpf; ob Liebe
In der Natur, ob in der Neigung wohne.
Die der Natur irrt nie in ihrem Triebe,   *94*
Doch jene irrt: seis, daß verfehlt ihr Streben,
Seis daß zu stark, seis daß zu schwach sie bliebe.
Solang den ersten Gütern sie ergeben   *97*
Und Maß den irdischen weiß anzulegen,
Kann sie nie Sündenantrieb sein im Leben.
Doch sucht sie Böses oder jagt sie wegen   *100*
Des Guten bald zu stark, bald zu verdrossen,
So wirkt dem Schöpfer das Geschöpf entgegen.
Drum muß die Liebe, wie ichs dir erschlossen,   *103*
Jedweder Tugend Keim in euch umfassen
Und jeder bösen Tat, die euch entsprossen.
Und: weil die Liebe nie kann unterlassen,   *106*
Vom eigenen Wohlergehen den Blick zu lenken,
Liegts jedem Wesen fern, sichselbst zu hassen.
Und weil man sich kein Wesen könnte denken   *109*
Getrennt vom Schöpfer, insichselbst zufrieden,
Kann nie auf *ihn* ein Haß ins Herz sich senken.
Drum bleibt, sofern ich richtig unterschieden,   *112*
Des Nächsten Mißgeschick als Freudenwürze,
Die dreifach sprießt in euerm Schlamm hienieden.
Der hofft, wenn Druck des Nachbars Macht verkürze,   *115*
Eigne Erhebung; drum ist sein Begehren,
Daß jener tief von seiner Höhe stürze.
Der fürchtet, daß ihm Macht, Gunst, Ruf und Ehren   *118*
Entgehn, kommt hoch ein andrer, der sich brüstet;
Drum wills sein Gram ins Gegenteil verkehren.
Der glaubt beleidigt sich und ist entrüstet,   *121*
Was ihn so hält mit Rachedurst durchdrungen,
Daß nach des andern Schaden ihn gelüstet.

263

PURGATORIO · CANTO XVII

Questo triforme amor quaggiù di sotto   *124*
si piange: or vo' che tu dell'altro intende,
che corre al ben con ordine corrotto.

Ciascun confusamente un bene apprende   *127*
nel qual si queti l'animo, e disira:
per che di giugner lui ciascun contende.

Se lento amore in lui veder vi tira   *130*
o a lui acquistar, questa cornice,
dopo giusto pentér, ve ne martira.

Altro ben è che non fa l'uom felice;   *133*
non è felicità, non è la buona
essenza, d'ogni ben frutto e radice.

L'amor ch' ad esso troppo s'abbandona,   *136*
di sopra noi si piange per tre cerchi;
ma come tripartito si ragiona,

tacciolo, acciò che tu per te ne cerchi.»   *139*

DER LÄUTERUNGSBERG · XVII. GESANG

Wen diese Liebesdreiheit einst bezwungen,   *124*
Beweint es hier. Laß nun von *der* dich lehren,
Die falschen Weges Gutem nachgerungen.

Verworren fühlen alle und begehren   *127*
Ein Gut, als Seelenfrieden zu benennen;
Drum wird ihr Drang nach solchem Ziel sich kehren.

Treibt Liebe euch zu träg, es zu erkennen   *130*
Und zu erwerben, wird der Kreis hier zwingen
Zur Buße euch nach echter Reue Brennen.

Noch gibts ein Gut, doch kanns uns Glück nicht bringen,
Ist selbst kein Glück, liegt fern dem wahren Heile,
Draus alles Guten Frucht und Wurzeln dringen.

Liebe, die dem nachstrebt in Gier und Eile,   *136*
Wird über uns beweint in dreien Runden.
Doch wie sich dort die Ordnung dreifach teile,

Verschweig ich, da du selbst es sollst erkunden.«   *139*

CANTO DECIMOTTAVO

Posto avea fine al suo ragionamento   *1*
l'alto dottore, ed attento guardava
nella mia vista, s'io parea contento;
    e io, cui nova sete ancor frugava,   *4*
di fuor tacea, e dentro dicea: «Forse
lo troppo dimandar ch'io fo, gli grava».
    Ma quel padre verace che s'accorse   *7*
del timido voler che non s'apriva,
parlando, di parlare ardir mi porse.
    Ond'io: «Maestro, il mio veder s'avviva   *10*
sì nel tuo lume, ch'io discerno chiaro
quanto la tua ragion porti o descriva;
    però ti prego, dolce padre caro,   *13*
che mi dimostri amore, a cui riduci
ogni buono operare e il suo contraro.»
    «Drizza» disse «vêr me l'agute luci   *16*
dello intelletto, e fieti manifesto
l'error dei ciechi che si fanno duci.
    L'animo, ch'è creato ad amar presto,   *19*
ad ogni cosa è mobile che piace,
tosto che dal piacere in atto è desto.
    Vostra apprensiva da esser verace   *22*
tragge intenzione, e dentro a voi lo spiega,
sì che l'animo ad essa volger face;
    e se, rivolto, invêr di lei si piega,   *25*
quel piegare è amor, quell'è natura
che per piacer di nuovo in voi si lega.
    Poi, come il foco movesi in altura   *28*
per la sua forma ch'è nata a salire
là dove più in sua materia dura;
    così l'animo preso entra in disire,   *31*
ch'è moto spiritale, e mai non posa,
fin che la cosa amata il fa gioire.
    Or ti puote apparer quant'è nascosa   *34*
la veritade alla gente ch'avvera
ciascuno amore in sè laudabil cosa,
    però che forse appar la sua matera   *37*
sempr'esser buona; ma non ciascun segno
è buono, ancor che buona sia la cera.»

ACHTZEHNTER GESANG

Nachdem der hohe Lehrer so geendet,
Sah er ins Antlitz mir, wie um zu fragen,
Ob mich befriedigt, was sein Wort gespendet. — 1

Und ich, den neuer Durst begann zu plagen,
Blieb äußerlich zwar stumm, doch sprach ich innen:
»Frag nicht zuviel, leicht machts ihm Unbehagen.« — 4

Doch ward mein schüchternes verschwiegenes Sinnen
Von diesem echten Vater schnell ergründet,
Und sprechend hieß er Sprache mich gewinnen. — 7

Drum ich: »Mein Blick wird, Meister, so entzündet
An deinem Licht, daß ich mir leicht erkläre,
Was deine Schilderung mir schenkt und kündet. — 10

Drum, lieber teurer Vater du, gewähre
Mir Aufschluß von der Liebe, die als Quelle,
Wie du gesagt, Gutes und Böses nähre.« — 13

»Blicke auf mich scharf und verstandeshelle«,
Sprach er; »dann wird der Irrtum dir zerstieben
Der Blinden, die da stehen an Führerstelle. — 16

Die Seele, die geschaffen, schnell zu lieben,
Sucht allem, was sie freut, stark zuzustreben,
Wenn wirklich Lustempfindung sie getrieben. — 19

Die Fassungskraft zieht aus dem wahren Leben
Ein Bild sich ab, das sie in euch entfaltet,
Sodaß die Seele völlig ihm ergeben. — 22

Und wenn zu ihm die Neigung in euch waltet,
Nennt Liebe, nennt Natur sich dieses Neigen,
Die das Gefallen neu in euch gestaltet. — 25

Denn wie das Feuer muß nach oben steigen,
Nach seiner Art erzeugt, dahin zu dringen,
Wo seinem Stoff die längste Dauer eigen, — 28

So fühlt die Seele Sehnsucht sich bezwingen
(Was geistige Regung ist) und ruhet nimmer,
Bis sie das Heißgeliebte darf umschlingen. — 31

Nun kannst du sehn, wie doch der Wahrheit Schimmer
Verhüllt so tief ist jenen, die da meinen,
Ansich sei jede Liebe löblich immer. — 34

Der Stoff kann gut sein, wer will das verneinen?
Doch schützt davor des besten Wachses Masse,
Daß Siegel unschön-abgedruckt erscheinen?« — 37

PURGATORIO · CANTO XVIII

«Le tue parole e il mio seguace ingegno» 40
rispuosi lui, «m'hanno amor discoperto;
ma ciò m'ha fatto di dubbiar più pregno;

chè se amore è di fuori a noi offerto 43
e l'anima non va con altro piede,
se dritta o torta va, non è suo merto.»

Ed elli a me: «Quanto ragion qui vede, 46
dir ti poss'io; da indi in là t'aspetta
pur a Beatrice, ch'opera è di fede.

Ogni forma sustanzial che setta 49
è da materia ed è con lei unita,
specifica virtude ha in sè colletta,

la qual sanza operar non è sentita, 52
nè si dimostra ma' che per effetto,
come per verdi fronde in pianta vita.

Però là onde vegna lo intelletto 55
delle prime notizie, omo non sape,
nè de' primi appetibili l'affetto,

che sono in voi sì come studio in ape 58
di far lo mele; e questa prima voglia
merto di lode o di biasmo non cape.

Or perchè a questa ogn'altra si raccoglia, 61
innata v'è la virtù che consiglia,
e dell'assenso de'tener la soglia.

Quest'è il principio là onde si piglia 64
cagion di meritare in voi, secondo
che buoni e rei amori accoglie e viglia.

Color che ragionando andaro al fondo, 67
s'accorser d'esta innata libertate;
però moralità lasciaro al mondo.

Onde pognam che di necessitate 70
surga ogni amor che dentro a voi s'accende,
di ritenerlo è in voi la podestate.

La nobile virtù Beatrice intende 73
per lo libero arbitrio, e perciò guarda
che l'abbi a mente, s'a parlar ten prende.»

La luna, quasi a mezza notte tarda, 76
facea le stelle a noi parer più rade,
fatta com' un secchione che tutto arda;

e correa contra 'l ciel per quelle strade 79
che il sole infiamma allor che quel da Roma
tra i Sardi e' Corsi il vede quando cade;

266

DER LÄUTERUNGSBERG · XVIII. GESANG

»Dein Wort und mein Verstand, soweit ers fasse«,   40
Sprach ich, »läßt mich enthüllt die Liebe sehen,
Doch nicht so, daß michs neu nicht zweifeln lasse.

Denn macht ein äußerer Eindruck sie entstehen: 43
Ists recht, daß man verantwortlich sie mache,
Wenn sie gekrümmt muß oder grade gehen?«

Und er: »Ich kann nur sagen, wie die wache   46
Vernunft es sieht. Noch besser wirds entfalten
Dir Beatrice, weil dies Glaubenssache.

Jedwede Wesensform, die losgespalten   49
Vom Stoff ist, aber doch mit ihm verbündet,
Hat eine Sonderkraft insich erhalten,

Die lediglich wird an der Tat ergründet,   52
Die erst in Wirkung offenbart ihr Leben,
Wie grünes Laub des Baumes Leben kündet.

Auskunft kann keine Menschenweisheit geben,   55
Woher die Urbegriffe uns entstanden,
Woher der Urtrieb stammt, das Urbestreben.

Wie Honigsammeln als Instinkt vorhanden   58
In Bienen, wird des Wollens Ursprungsquelle,
Ansich nicht gut nicht bös, uns nie zuschanden.

Daß *dem* Trieb jeder andre sich geselle,   61
Ließ die Geburt euch Urteilskraft erringen,
Und die soll hüten des Entschlusses Schwelle.

Sie ist der Urgrund, und aus ihr entspringen   64
Euch Gründe zum Verdienst, ob schlechte Liebe
Ihr meiden wollt und gute an euch bringen.

Die eingeborene Freiheit eurer Triebe   67
Sahn die, die bis zum Grunde konnten blicken,
Und wollten, daß *Moral* der Menschheit bliebe.

Gesetzt, Notwendigkeit mag euch umstricken   70
Zu jeder Liebesglut in euerm Leben;
Macht habt ihr, daß sie sich muß fügsam schicken.

Solch edle Kraft nennt Beatrice eben   73
Die *Willensfreiheit*; drum sei dirs empfohlen,
Sollt ihr Gespräch Erwähnung davon geben.« –

Der Mond, der sich versäumt auf trägen Sohlen   76
Bis Mitternacht, bleichend der Sterne Reigen,
Und aussah wie ein Kessel glühender Kohlen,

Begann denselben Weg hinaufzusteigen,   79
Drauf dann die Sonne flammt, wenn Rom sie gegen
Sardinien sieht und Korsika sich neigen.

PURGATORIO · CANTO XVIII

e quell'ombra gentil per cui si noma   82
Piètola più che villa mantovana,
del mio carcar deposta avea la soma;

per ch'io, che la ragione aperta e piana   85
sovra le mie questioni avea ricolta,
stava com'uom che sonnolento vana.

Ma questa sonnolenza mi fu tolta   88
subitamente da gente che dopo
le nostre spalle a noi era già volta.

E quale Ismeno già vide ed Asopo   91
lungo di sè di notte furia e calca,
pur che i Teban di Bacco avesser uopo;

tale per quel giron suo passo falca,   94
per quel ch'io vidi di color venendo,
cui buon volere e giusto amor cavalca.

Tosto fur sovra a noi, perchè correndo   97
si movea tutta quella turba magna;
e due dinanzi gridavan piangendo:

«Maria corse con fretta alla montagna;   100
e Cesare, per soggiogare Ilerda,
punse Marsilia e poi corse in Ispagna.»

«Ratto, ratto, che 'l tempo non si perda   103
per poco amor» gridavan gli altri appresso:
«che studio di ben far grazia rinverda!»

«O gente in cui fervore aguto adesso   106
ricompie forse negligenza e indugio
da voi per tepidezza in ben far messo,

questi che vive, e certo i' non vi bugio,   109
vuole andar su, pur che il sol ne riluca;
però ne dite ond'è presso il pertugio.»

Parole furon queste del mio duca;   112
e un di quelli spirti disse. «Vieni
diretro a noi, e troverai la buca.

Noi siam di voglia a muoverci sì pieni,   115
che ristar non potem; però perdona,
se villania nostra giustizia tieni.

Io fui abate in San Zeno a Verona   118
sotto lo 'mperio del buon Barbarossa,
di cui dolente ancor Milan ragiona.

E tale ha già l'un piè dentro la fossa,   121
che tosto piangerà quel monastero,
e tristo fia d'averne avuto possa;

DER LÄUTERUNGSBERG · XVIII. GESANG

Und jener edle Schatten, dessentwegen   82
Pietola mehr als Mantua wird erhoben,
Entlud der Last mich, die auf mir gelegen:
    Drob ich, der eine Auskunft durft erproben   85
Auf alle Fragen klar und unverschwommen,
Dastand gleich dem, den Schlafsucht hält umwoben.
    Doch diese Schlafsucht ward mir schnell genommen   88
Durch Leute, welche hinter uns die Pfade
Herliefen, um an uns heranzukommen.
    Wie einst Asopens und Ismens Gestade   91
Zur Nachtzeit sahen das rasende Gestiebe,
Wenn Thebens Volk zum Bacchus rief um Gnade,
    So lief durch diesen Kreis im Wirbeltriebe,   94
Soviel ich sah beim Nahen all der Scharen,
Wen guter Wille spornt und echte Liebe.
    Bald waren sie zu uns herangefahren,   97
Denn ihre Eile konnte nichts besiegen,
Und weinend riefen zwei, die vorne waren:
    »Maria ist in Hast bergauf gestiegen,   100
Und Cäsar schloß, Ilerda zu gewinnen,
Massilien ein, nach Spanien dann zu fliegen.« –
    »Schnell, schnell«, schrien andre, »laßt nicht Zeit verrinnen
Durch Liebesträgheit; neues Grün laßt geben
Der Gnade uns durch heilsames Beginnen.« –
    »O Volk, in dem solch inbrunstheißes Streben   106
Vielleicht der trägen Säumnis tut Genüge,
Die Gutes lau euch üben ließ im Leben,
    Dieser hier lebt – und glaubt, daß ich nicht lüge – 109
Und will empor beim ersten Tagesscheine.
Drum sagt, wo man zum Eingang sich verfüge.«
    So meines Führers Worte. Und der eine   112
Von jenen Geistern sprach: »Folg unserm Tritte,
So findest du die Öffnung im Gesteine.
    Uns spornt der Drang zur Eile so die Schritte,   115
Daß wir nicht rasten können; drum verzeihe,
Scheint unser rechtes Tun unfeine Sitte.
    Zu Zenos Abt schuf mich Veronas Weihe   118
Unter des ›guten‹ Rotbart Herrscherstabe,
Dem heut noch schallen Mailands Weheschreie.
    Und jemand hat schon einen Fuß im Grabe,   121
Der bald weint um dies Kloster angstbeklommen
Und trauert, daß er drin gewaltet habe,

PURGATORIO · CANTO XVIII

perchè suo figlio, mal del corpo intero,   *124*
e della mente peggio, e che mal nacque,
ha posto in luogo di suo pastor vero.»

Io non so se più disse, o s'ei si tacque,   *127*
tant'era già di là da noi trascorso;
ma questo intesi e ritener mi piacque.

E quei che m'era ad ogni uopo soccorso,   *130*
disse: «Volgiti qua: vedine due
venir dando all'accidïa di morso.»

Diretro a tutti dicean: «Prima fue   *133*
morta la gente a cui il mar s'aperse,
che vedesse Giordan le rede sue;

e quella che l'affanno non sofferse   *136*
fino alla fine col figlio d'Anchise,
sè stessa a vita sanza gloria offerse.»

Poi, quando fur da noi tanto divise   *139*
quell'ombre, che veder più non potêrsi,
nuovo pensiero dentro a me si mise,

del qual più altri nacquero e diversi;   *142*
e tanto d'uno in altro vaneggiai,
che gli occhi per vaghezza ricopersi,

e 'l pensamento in sogno trasmutai.   *145*

DER LÄUTERUNGSBERG · XVIII. GESANG

Weil er den Sohn, der leiblich ganz verkommen   *124*
Und geistig schlimmer noch, und schlimmgeboren,
Statt eines rechten Hirten angenommen.«

Ich weiß nicht, schwieg er, sprach er noch – den Ohren   *127*
Verklangs, weil er entlief ins Ungewisse.
Doch hört ich dies und halts gern unverloren.

Da sprach der Helfer meiner Kümmernisse: *130*
»Dreh dich! schau! Zweie nahn, die dem Verderben
Der Trägheit strafend geben scharfe Bisse.«

Die riefen allen hinterdrein: »Erst sterben   *133*
Mußte das Volk, das Durchgang fand im Meere,
Bevor der Jordan schaute seine Erben.

Und jene, die nur halb die Drangsalsschwere   *136*
Mit dem Anchisessohne überwanden,
Zogen ein Dasein vor, bar jeder Ehre.«

Als drauf die Schatten uns soweit entschwanden,   *139*
Daß sie vor meinem Blick in Nichts zerflossen,
War ein Gedanke neu in mir entstanden,

Draus wieder andere, mannigfache schossen.   *142*
Und so von dem zu jenem, mußt ich schwanken,
Bis meine Augen sich behaglich schlossen

Und mir zum Traume wurden die Gedanken.   *145*

CANTO DECIMONONO

Nell'ora che non può il calor diurno   *1*
intepidar più il freddo della luna,
vinto da terra, o talor da Saturno;

   quando i geomanti lor maggior fortuna   *4*
veggiono in oriente, innanzi all'alba,
surger per via che poco le sta bruna;

   mi venne in sogno una femmina balba,   *7*
negli occhi guercia e sovra i piè distorta,
con le man monche e di colore scialba.

Io la mirava; e come il sol conforta   *10*
le fredde membra che la notte aggrava,
così lo sguardo mio le facea scorta

   la lingua, e poscia tutta la drizzava   *13*
in poco d'ora, e lo smarrito volto,
come amor vuol, così le colorava.

   Poi ch'ell'avea il parlar così disciolto,   *16*
cominciava a cantar sì, che con pena
da lei avrei mio intento rivolto.

   «Io son» cantava «io son dolce serena,   *19*
che i marinari in mezzo mar dismago;
tanto son di piacere a sentir piena.

Io volsi Ulisse, del suo cammin vago,   *22*
al canto mio; e qual meco si ausa,
rado sen parte; sì tutto l'appago.»

   Ancor non era sua bocca richiusa,   *25*
quand'una donna apparve santa e presta
lunghesso me per far colei confusa.

   «O Virgilio, o Virgilio, chi è questa?»   *28*
fieramente dicea; ed el venia
con gli occhi fitti pur in quella onesta.

   L'altra prendeva, e dinanzi l'apria,   *31*
fendendo i drappi, e mostravami il ventre:
quel mi svegliò col puzzo che n'uscia.

   Io mossi gli occhi, e il buon Virgilio «Almen tre   *34*
voci t'ho messe» dicea: «surgi e vieni:
troviam la porta per la qual tu entre.»

   Su mi levai, e tutti eran già pieni   *37*
dell'alto dì i giron del sacro monte,
e andavam col sol nuovo alle reni.

NEUNZEHNTER GESANG

Zur Stunde, wo die Tagesglut zu lindern   *1*
Nichtmehr imstande ist des Mondes Frosten,
Weil Erdball oder auch Saturn es hindern,

Wo dann vor Tag der Geomant im Osten   *4*
Erblickt, was ihm als ›größtes Glück‹ soll dienen,
Auf Wegen, die das Morgenrot bald kosten,

War mir ein stammelnd Weib im Traum erschienen,   *7*
An Füßen krumm, schielend das Aug, das fahle,
Verkrüppelt jede Hand und blaß von Mienen.

Ich sah sie an. Und wie am Sonnenstrahle   *10*
Vom Nachtfrost starre Glieder sich beleben,
So löste ihr mein Blick mit einem Male

Die Zunge, schuf den Wuchs ihr schlank und eben   *13*
Nach kurzer Zeit, indes den welken Wangen,
Wie Liebe wünscht, die Farbe ward gegeben.

Und als gelöst das Band der Lippen, sangen   *16*
Sie so, daß ich empfand: vergeblich lehne
Das Ohr sich auf, ihr fest am Mund zu hangen.

»Ich bin«, sang sie, »ich bin die süße Sirene.   *19*
Des Meeres Schiffer lock ich, umzuschwenken,
Daß er nach mir sich, lusterlauschend, sehne.

Ich wußt Ulyß vom Irrpfad abzulenken   *22*
Mit meinem Sang. Wer erst in meinen Banden,
Verläßt mich nie: solch Labsal kann ich schenken.«

Kaum schloß ihr Mund sich, da war aufgestanden   *25*
Ein heilig Weib bei mir und nahgekommen,
Das machte den Gesang sogleich zuschanden.

»Vergil, Vergil«, so rief sie zornentglommen,   *28*
»Wer ist dies?« – Und, das Aug in edelm Brande,
Hat er zur Heiligen schnell den Weg genommen,

Und griff auch schon der andern zum Gewande,   *31*
Zerriß es vorn und ließ den Leib mich sehen.
Da sprengte Mißduft meines Schlafes Bande.

Aufblickend sah Vergil ich bei mir stehen.   *34*
»Schon dreimal rief ich: Komm, steh auf!« sprach leise
Der Gute. – »Komm! zum Eingang laß uns gehen.«

Aufsprang ich schnell und sah, daß alle Kreise   *37*
Des heiligen Bergs die neue Sonne schmücke,
Die hinter uns schon hoch auf ihrer Reise.

PURGATORIO · CANTO XIX

Seguendo lui, portava la mia fronte
come colui che l'ha di pensier carca,
che fa di sè un mezzo arco di ponte,   40

quand'io udi' «Venite; qui si varca»
parlare in modo soave e benigno,
qual no si sente in questa mortal marca.   43

Con l'ali aperte, che parean di cigno,
volseci in su colui che sì parlonne,
tra'due pareti del duro macigno.   46

Mosse le penne poi e ventilonne,
‹Qui lugent› affermando esser beati,
ch'avran di consolar l'anime donne.   49

«Che hai che pur invêr la terra guati?»
la guida mia incominciò a dirmi,
poco amendue dall'angel sormontati.   52

E io: «Con tanta sospeccion fa irmi
novella vision ch'a sè mi piega,
sì ch'io non posso dal pensar partirmi.»   55

«Vedesti» disse «quell'antica strega,
che sola sovra noi omai si piagne;
vedesti come l'uom da lei si slega.   58

Bàstiti; e batti a terra le calcagne:
gli occhi rivolgi al logoro che gira
lo rege eterno con le rote magne.»   61

Quale il falcon, che prima a' piè si mira,
indi si volge al grido e si protende
per lo disìo del pasto che là il tira;   64

tal mi fec'io; e tal, quanto si fende
la roccia per dar via a chi va suso,
n'andai infin dove 'l cerchiar si prende.   67

Com'io nel quinto giro fui dischiuso,
vidi gente per esso che piangea,
giacendo a terra tutta volta in giuso.   70

«Adhaesit pavimento anima mea!»
sentia dir lor con sì alti sospiri,
che la parola a pena s'intendea.   73

«O eletti di Dio li cui soffriri
e giustizia e speranza fa men duri,
drizzate noi verso gli alti saliri.»   76

«Se voi venite dal giacer sicuri,
e volete trovar la via più tosto,
le vostre destre sian sempre di furi.»   79

270

DER LÄUTERUNGSBERG · XIX. GESANG

Ihm folgend, trug ich meine Stirn, als drücke   40
Gedankenlast sie so, daß ich gegangen
Ähnlich dem halben Bogen einer Brücke.

Da riefs: »Kommt! hier ist Einlaß zu erlangen«,   43
In Lauten, die so sanft und gütig schallten,
Wie sie im Reich der Sterblichkeit nie klangen.

Den sanften Sprecher sah ich drauf entfalten   46
Den Schwanenfittich, winkend, daß wir gingen
Den Weg empor durch rauhe Felsenspalten.

Er fächelte uns dann mit seinen Schwingen,   49
Versichernd, daß *qui lugent* selig leben,
Weil ihre Seelen werden Trost erringen.

»Was gibts, was bleibt dein Blick am Boden kleben?«   52
Begann darauf mein Führer mich zu fragen,
Als wir vom Engel kaum uns fortbegeben.

Und ich: »Hinwandeln läßt mich so in Zagen   55
Das neue Traumbild, das mir spukt im Hirne,
Daß ich des Sinnens mich nicht kann entschlagen.« —

»Du sahst«, sprach er, »aus alter Zeit die Dirne,   58
Um ihretwillen sie über uns noch büßen;
Du sahst auch, wie man bietet ihr die Stirne.

Genug sei dirs! Tritt fest auf mit den Füßen!   61
Blick aufwärts, um im mächtigschwingenden Kreise
Des ewigen Königs Federspiel zu grüßen!«

Wie erst der Falk beschaut nach seiner Weise   64
Die Füße, auf den Anruf dann entfaltet
Die Schwingen, wild sich reckend nach der Speise,

So tat ich. Und soweit der Fels sich spaltet,   67
Daß sich der Steiger drin mag aufwärtsschwingen,
Klomm ich, bis wo der Sims sich neu gestaltet.

Und als die fünfte Windung nun erstiegen,   70
Traf ich auf bitterweinend Volk dortoben,
Und sah es mit der Stirn im Staube liegen.

»*Adhaesit pavimento*«, so erhoben   73
Den Ruf sie mit so lauten Seufzerklagen,
Daß kaum ihr Wort vernehmlich zu erproben.

»Ihr Auserwählte Gottes, deren Plagen   76
Gerechtigkeit und Hoffnung mild versüßen,
Zeigt uns, wo die erhabenen Stufen ragen!« —

»Wenn ihr nicht kamet, liegend hier zu büßen,   79
Müßt ihr, stets links vom Fels, euch fortbewegen:
Das kürzt den Weg am schnellsten euern Füßen.«

PURGATORIO · CANTO XIX

Così pregò il poeta, e sì risposto 82
poco dinanzi a noi ne fu; per ch'io
nel parlare avvisai l'altro nascosto,

e volsi gli occhi agli occhi al signor mio; 85
ond'egli m'assentì con lieto cenno
ciò che chiedea la vista del disìo.

Poi ch'io potei di me fare a mio senno, 88
trassimi sovra quella creatura
le cui parole pria notar mi fenno,

dicendo: «Spirto, in cui pianger matura 91
quel sanza il quale a Dio tornar non puossi,
sosta un poco per me tua maggior cura.

Chi fosti e perchè volti avete i dossi 94
al su, mi di', e se vuoi ch'io t'impetri
cosa di là ond'io vivendo mossi.»

Ed elli a me: «Perchè i nostri diretri 97
rivolga il cielo a sè, saprai; ma prima
scias quod ego fui successor Petri.

Intra Siestri e Chiaveri s'adima 100
una fiumana bella, e del suo nome
lo titol del mio sangue fa sua cima.

Un mese e poco più prova' io come 103
pesa il gran manto a chi dal fango il guarda,
che piuma sembran tutte l'altre some.

La mia conversione, oh me!, fu tarda; 106
ma come fatto fui roman pastore,
così scopersi la vita bugiarda.

Vidi che lì non si quetava il core, 109
nè più salir poteasi in quella vita;
per che di questa in me s'accese amore

Fino a quel punto misera e partita 112
da Dio anima fui, del tutto avara:
or, come vedi, qui ne son punita.

Quel ch'avarizia fa, qui si dichiara 115
in purgazion dell'anime converse,
e nulla pena il monte ha più amara.

Sì come l'occhio nostro non s'aderse 118
in alto, fisso alle cose terrene,
così giustizia qui a terra il merse.

Come avarizia spense a ciascun bene 121
lo nostro amore, onde operar perdési,
così giustizia qui stretti ne tene,

271

DER LÄUTERUNGSBERG · XIX. GESANG

So bat der Dichter und so klangs entgegen 82
Unweit von uns. Drum hätt ich gern gesehen
Den Sprechenden, der mir verdeckt gelegen,
 Und ließ zu meinem Herrn die Augen gehen, 85
Der mir gefälligen Winkes gleich bescherte,
Was er als Wunsch mir sah im Antlitz stehen.
 Da ich nun durfte tun, was ich begehrte, 88
Bog ich zu dem Geschöpf mich, das mit Fragen
Mein Augenmerk vorhin schon aufsich kehrte,
 Und sprach: »Dem bald die Tränen Früchte tragen, 91
O Geist, die nottun, um zu Gott zu kommen,
Ein wenig hemme meinethalb die Klagen.
 Wer warst du? und was zeigen diese Frommen 94
Den Rücken? Sprich, soll dich Gebet beglücken
Dortoben, wo ich lebend hergekommen.«
 Und er: »Gleich hörst du, weshalb wir den Rücken 97
Zum Himmel drehn. Doch erst sei dir verkündet,
Daß mich des Papstes Würde durfte schmücken.
 Zwischen Sestri und Chiaveri mündet 100
Ein schöner Fluß zutal, der einst durch *seinen*
Den Namen *meines* Bluts ruhmreich begründet.
 Fünf Wochen zeigten mir: schwer ists für einen, 103
Daß er dem großen Mantel Schmutz erspare,
Daß alle andern Lasten Federn scheinen.
 Spät wars, daß ich das Heil erkannt, das wahre. 106
Doch kaum gesalbt als Hirt der Christenherde,
Sah ich die Lüge rings, die offenbare,
 Sah, daß mein Herz dort nicht befriedigt werde, 109
Und daß die Welt auch höhern Rang nicht spendet;
Drum kehrt ich mich zum Himmel von der Erde.
 Arm war bis dahin und Gott abgewendet 112
Die Seele mir, um sich am Geiz zu weiden:
Nun siehst du hier, mit welchem Lohn dies endet.
 Was Habsucht tut, lernt man hier unterscheiden 115
An Seelen, die bekehrt zur Läuterung streben;
Und bittrer schmeckt auf diesem Berg kein Leiden.
 Wie nie zum Himmelsglanz sich wollte heben 118
Das Auge, das auf Erdentand nur blickte,
So läßts Gerechtigkeit am Staub hier kleben.
 Wie Geiz zu allem Guten uns erstickte 121
Die Liebe, und der Tat Verdienst ließ schwinden,
So die Gerechtigkeit uns hier verstrickte,

PURGATORIO · CANTO XIX

ne' piedi e nelle man legati e presi;   124
e quanto fia piacer del giusto sire,
tanto staremo immobili e distesi.»

Io m'era inginocchiato e volea dire;   127
ma com'io cominciai ed el s'accorse,
solo ascoltando, del mio reverire,

«Qual cagion» disse «in giù così ti torse?»   130
E io a lui: «Per vostra dignitate
mia coscienza dritto mi rimorse.»

«Drizza le gambe; levati su, frate!»   133
rispuose: «non errar: conservo sono
teco e con gli altri ad una potestate.

Se mai quel santo evangelico suono   136
che dice *Neque nubent* intendesti,
ben puoi veder perch'io così ragiono.

Vattene omai: non vo' che più t' arresti;   139
chè la tua stanza mio pianger disagia,
col qual maturo ciò che tu dicesti.

Nepote ho io di là c'ha nome Alagia,   142
buona da sè, pur che la nostra casa
non faccia lei per esemplo malvagia:

e questa sola di là m'è rimasa.»   145

DER LÄUTERUNGSBERG · XIX. GESANG

Um Hand und Fuß zu fesseln und zu binden.   *124*
Bis dem gerechten Herrn uns aufzuheben
Gefällt, sind wir hier starr und steif zu finden.«

   Das Knie gesunken, wollt ich sprechen eben.   *127*
Doch als ich anfing und ihm unbetrogen
Sein Ohr schon meine Ehrfurcht kundgegeben,

   Sprach er: »Was hat dich so ins Knie gebogen?«   *130*
Und ich: »Es hat mich mein Gewissen, deines
So hohen Amtes halb, dazu bewogen.«

   Und er: »Steh, Bruder, ungebeugten Beines!   *133*
Nicht irre dich! Mitknecht bin ich und ehre
Mit dir und allen hier die Herrschaft *Eines!*

   Begriffst du je des Evangeliums Lehre   *136*
Vom *neque nubent,* wird sich dir erklären
Mein Wort, kraft des ich deinem Knieen wehre.

   Nun geh, weil deine Gegenwart die Zähren   *139*
Mir hemmt, die zeitiger im Himmelslichte
Die Reife dem, das du genannt, gewähren.

   Ich hab, Alagia heißt sie, eine Nichte   *142*
Noch dort, die *gut* ist, falls zu schlechtem Treiben
Nicht unsers Hauses Beispiel sie verpflichte;

   Und sie nur durfte jenseits mir verbleiben.«   *145*

CANTO VENTESIMO

Contra miglior voler voler mal pugna;   *1*
onde contra il piacer mio, per piacerli,
trassi dell'acqua non sazia la spugna.

Mossimi; e il duca mio si mosse per li   *4*
luoghi spediti pur lungo la roccia,
come si va per muro stretti ai merli;

chè la gente che fonde a goccia a goccia   *7*
per gli occhi il mal che tutto il mondo occùpa,
dall'altra parte in fuor troppo s'approccia.

Maladetta si tu, antica lupa,   *10*
che più di tutte l'altre bestie hai preda
per la tua fame senza fine cupa!

O ciel, nel cui girar par che si creda   *13*
le condizion di quaggiù trasmutarsi,
quando verrà per cui questa disceda?

Noi andavam co'passi lenti e scarsi,   *16*
e io attento all'ombre ch'io sentia
pietosamente piangere e lagnarsi;

e per ventura udi' «Dolce Maria!»   *19*
dinanzi a noi chiamar così nel pianto,
come fa donna che in parturir sia;

e seguitar: «Povera fosti tanto,   *22*
quanto veder si può per quello ospizio
ove sponesti il tuo portato santo.»

Seguentemente intesi: «O buon Fabrizio,   *25*
con povertà volesti anzi virtute
che gran ricchezza posseder con vizio.»

Queste parole m'eran sì piaciute,   *28*
ch'io mi trassi oltre per aver contezza
di quello spirto onde parean venute.

Esso parlava ancor della larghezza   *31*
che fece Niccolao alle pulcelle
per condurre ad onor lor giovinezza.

«O anima che tanto ben favelle,   *34*
dimmi chi fosti» dissi, «e perchè sola
tu queste degne lode rinnovelle.

Non fia sanza mercè la tua parola,   *37*
s'io ritorno a compiér lo cammin corto
di quella vita ch'al termine vola.»

ZWANZIGSTER GESANG

Schlecht kämpft ein Wille gegen einen bessern,
Drum ließ ich, sein Gefallen zu gewinnen,
Nicht meins, den Schwamm zur Hälfte nur durchwässern.

Ich ging, und auch mein Führer ging vonhinnen,
Entlang dem Felsen stets, wo frei die Schneise,
Wie man auf Mauern geht hart an den Zinnen.

Denn jenes Volk, des Auge tropfenweise
Vom Laster trieft, das stets die Welt kasteite,
Lag allzunah dem äußern Rand vom Kreise. –

Uralte Wölfin du, vermaledeite,
Die du mehr raubst, als andre Tiere rauben,
Du nie von heißer Hungersgier befreite!

O Himmel, dessen Kreislauf, wie wir glauben,
Die Erdendinge wandelt mächtigen Zwanges,
Wann kommt, vor dem umsonst dein Trotz wird schnauben? –

Wir gingen langsam und gemessenen Ganges.
Und ich, der Schatten achtend, hörte flehen
Und weinen sie erbarmungswürdigen Klanges.

Der Zufall ließ mich einiges verstehen.
»Süße Maria!« seufzte da ein Wesen
So schmerzlich wie ein Weib in Kindeswehen.

Und dann: »Du warst zur Armut auserlesen,
Davon die Herberg gibt so schöne Proben,
Drin du von deiner heiligen Last genesen.«

Und endlich: »O Fabricius, hoch zu loben!
Armut im Tugendkleid war dein Verlangen,
Statt Reichtum, der mit Lastern ist verwoben.«

Ich schritt, weil diese Worte lockend klangen
Und mehr versprechend, näher, achtsam-lugend
Zum Geist, von dem sie scheinbar ausgegangen.

Der sprach auch noch von der freigebigen Tugend
Des Nikolaus, der reich die Jungfrauen machte,
Um Ehrbarkeit zu wahren ihrer Jugend.

Ich sprach: »Du, der so schöner Tat gedachte,
Wer warst du, Seele? und aus welchem Grunde
Geschahs, daß nur *dein* Mund hier Lobspruch brachte?

Nicht ohne Lohnentgelt bleibt deine Kunde,
Wenn hinter mir der kurze Weg gelegen
Des Lebens, das da hinfliegt Stund-um-Stunde.«

PURGATORIO · CANTO XX

Ed elli: «Io ti dirò, non per conforto
ch'io attenda di là, ma perchè tanta
grazia in te luce prima che sie morto.

Io fui radice della mala pianta
che la terra cristiana tutta aduggia,
sì che buon frutto rado se ne schianta.

Ma se Doagio, Lilla, Guanto e Bruggia
potesser, tosto ne sarìa vendetta;
e io la cheggio a lui che tutto giuggia.

Chiamato fui di là Ugo Ciapetta:
di me son nati i Filippe e i Luigi
per cui novellamente Francia è retta.

Figliuol fu'io d'un beccaio di Parigi:
quando li regi antichi venner meno
tutto, fuor ch'un renduto in panni bigi,

trova'mi stretto nelle mani il freno
del governo del regno, e tanta possa
di nuovo acquisto, e sì d'amici pieno,

ch'alla corona vedova promossa
la testa di mio figlio fu, dal quale
cominciâr di costor le sacrate ossa.

Mentre che la gran dote provenzale
al sangue mio non tolse la vergogna,
poco valea, ma pur non facea male.

Lì comincio con forza e con menzogna
la sua rapina; e poscia, per ammenda,
Pontì e Normandia prese e Guascogna.

Carlo venne in Italia, e, per ammenda,
vittima fe' di Curradino; e poi
ripinse al ciel Tommaso, per ammenda!

Tempo vegg'io, non molto dopo ancoi,
che tragge un altro Carlo fuor di Francia,
per far conoscer meglio e sè e i suoi,

Sanz'arme n'esce, e solo con la lancia
con la qual giostrò Giuda; e quelle ponta
sì, ch'a Fiorenza fa scoppiar la pancia.

Quindi non terra, ma peccato ed onta
guadagnerà, per sè tanto più grave,
quanto più lieve simil danno conta.

L'altro, che già uscì preso di nave,
veggio vender sua figlia e patteggiarne
come fanno i corsar dell'altre schiave.

40

43

46

49

52

55

58

61

64

67

70

73

76

79

274

DER LÄUTERUNGSBERG · XX. GESANG

Und er: »Ich will dirs sagen; doch nicht wegen 40
Des Trosts, der mich von jenseits läßt genesen,
Nein, weil dir schon *vorm* Tode strahlt solch Segen.

Wurzel des argen Baums bin ich gewesen, 43
Der alles Christenland so sehr beschattet,
Daß selten gute Frucht davon zu lesen.

Doch Rache hätte längst der Herr verstattet, 46
Falls Douay, Lille, Gent, Brügge sich entschließen:
Vom Weltallsherrn erfleh ichs unermattet.

Auf Erden sie mich Hugo Capet hießen. 49
Die Philipps und die Ludwigs, heut Berater
Und Lenker Frankreichs, sah ich mir entsprießen,

Und in Paris ein Fleischer war mein Vater. 52
Als schon der alte Königsstamm zuende,
Bis auf den, der den Graurock trug als Frater,

Fand ich so festgedrückt mir in die Hände 55
Des Reiches Zaum, zumal sich mir verbanden
Durch Neuerwerb und Freundschaft alle Stände,

Daß meinem Sohn von den verwaisten Landen 58
Die Krone fiel aufs Haupt. Aus seinem Blute
All die gesalbten Häupter dann entstanden.

Eh nicht am provenzalischen Heiratsgute 61
Ganz mein Geschlecht verlernte, sich zu schämen,
Wars nicht viel wert, doch frei vom Frevelmute.

Nun ließen sich die Meinen nicht mehr zähmen: 64
Gewalt und List hielt her, daß sie, *zur Buße!*
Ponthieu, Gascogne und Normandie sich nähmen.

Karl kam dann nach Italien; und, *zur Buße!* 67
Ward Konradin geköpft, und für die Sterne
Dann reifgemacht Sankt Thomas, *auch zur Buße!*

Ich seh aus Frankreich schon, und nicht ist ferne 70
Die Zeit, sich einen andern Karl aufraffen,
Daß ihn man und sein Haus erst kennen lerne.

Wehrlos kommt er und führt sonst keine Waffen 73
Als nur des Judas Speer. Den wird er schwingen
Dann so, daß dir, Florenz, die Flanken klaffen.

Das wird kein Land, nur Sündenschuld ihm bringen 76
Und Schmach, was ihn einst umsomehr läßt bangen,
Als er den Schaden hält für ganz geringen.

Den andern, der vom Schiff einst stieg gefangen, 79
Seh ich sein Kind verschachern, wie Korsaren
Die Sklavin, hohes Kaufgeld zu erlangen.

PURGATORIO · CANTO XX

O avarizia, che puoi tu più farne,   82
poscia c'hai il mio sangue a te sì tratto,
che non si cura della propria carne?

Perchè men paia il mal futuro e il fatto,   85
veggio in Alagna entrar lo fiordaliso,
e nel vicario suo Cristo esser catto:

veggiolo un'altra volta esser deriso;   88
veggio rinnovellar l'aceto e 'l fele,
e tra vivi ladroni essere anciso.

Veggio il nuovo Pilato sì crudele,   91
che ciò nol 'sazia; ma sanza decreto
porta nel tempio le cupide vele.

O Segnor mio, quando sarò io lieto   94
a veder la vendetta, che, nascosa,
fa dolce l'ira tua nel tuo secreto?

Ciò ch'io dicea di quell'unica sposa   97
dello Spirito Santo, e che ti fece
verso me volger per alcuna chiosa,

tanto è risposta a tutte nostre prece,   100
quanto il dì dura; ma quand' e' s'annotta,
contrario suon prendemo in quella vece.

Noi repetiam Pigmalïon allotta,   103
cui traditore e ladro e parricida
fece la voglia sua dell'oro ghiotta;

e la miseria dell'avaro Mida,   106
che seguì alla sua domanda ingorda,
per la qual sempre convien che si rida.

Del folle Acam ciascun poi si ricorda   109
come furò le spoglie, sì che l'ira
di Giosuè qui par ch'ancor lo morda.

Indi accusiam col marito Safira: 112
lodiamo i calci ch'ebbe Eliodoro;
ed in infamia tutto il monte gira

Polinestor ch'ancise Polidoro: 115
ultimamente ci si grida: ‹Crasso,
dilci, chè 'l sai: di che sapore è l'oro?›

Talor parla l'un alto e l'altro basso,   118
secondo l'affezion ch'a dir ci sprona
ora a maggiore e ora a minor passo;

però al ben che il dì ci si ragiona,   121
dianzi non er'io sol; ma qui da presso
non alzava la voce altra persona.»

275

DER LÄUTERUNGSBERG · XX. GESANG

O Habgier, kannst du ärger noch verfahren,   *82*
Seit du mein Blut so fingst in deinen Maschen,
Daß es mit Kindern handelt wie mit Waren?

Um alte Schuld und künftige abzuwaschen,   *85*
Seh ich die Lilien nach Alagna dringen,
Christum in seinem Stellvertreter haschen.

Seh ihn zum zweiten Male Spott umringen,   *88*
Seh Essig dann und Galle sich erneuern
Und zwischen neuen Schächern Tod ihm bringen.

Seh auch den grimmen neuen Pilatus steuern,   *91*
Daß ungesättigt er der Satzung lache,
Seeräuberhaft zum Tempel, dem uns teuern.

O Herr, wann seh ich froh, daß deine Rache,   *94*
Verborgen noch nach deinem bessern Meinen,
Aus deines Zornes Langmut auferwache?

Was von der Braut ich sprach – der einzig-einen   *97*
Des Heiligen Geists, und was dich zu der Frage
Bewogen, die ich dir nicht will verneinen –

Dient allen unsern Bitten hier bei Tage   *100*
Als Inhaltsvorschrift. Aber wenn es nachtet,
Ertönt vom Gegenteile unsere Klage.

Dann wird Pygmalion wiederholt betrachtet,   *103*
Der zum Verräter, Freundesmörder, Diebe
Geworden, weil er nur nach Gold geschmachtet,

Und Midas, dem die nimmersatten Triebe   *106*
Der Habsucht soviel Elend eingetragen,
Damit er ein Gespött bis heute bliebe.

Vom Toren Achan weiß man dann zu sagen,   *109*
Der von der Beute stahl, daß alle grollten
Und hier noch Josuas Zorn ihn scheint zu schlagen.

Saphira und ihr Gatte wird gescholten,   *112*
Gelobt die Tritte, die zubodenrissen
Den Heliodor. Mit Schmach wird rings vergolten

Des Polymnestors Mord, der geizbeflissen   *115*
Den Polydor schlug. Endlich ruft es: ›Sage,
O Krassus, wie schmeckt Gold? Du mußt es wissen!‹

So laut und leise pflanzt sich fort die Klage,   *118*
Ganz wie in Gang uns läßt der Eifer kommen,
Bald rasch, bald sanft mit seines Spornes Schlage.

Und nicht nur *ich* wars, der vorhin die frommen   *121*
Beispiele pries; nur in der Näh soeben
Klang keine Stimme, daß du sie vernommen.‹ –

PURGATORIO · CANTO XX

Noi eravam partiti già da esso,   124
e brigavam di soverchiar la strada
tanto quanto al poder n'era permesso,

   quand'io sentì', come cosa che cada,   127
tremar lo monte; onde mi prese un gelo
qual prender suol colui ch'a morte vada:

   certo non si scotea sì forte Delo,   130
pria che Latona in lei facesse 'l nido
a parturir li due occhi del cielo.

   Poi cominciò da tutte parti un grido   133
tal, che 'l maestro invêr di me si feo,
dicendo: «Non dubbiar, mentr'io ti guido.»

   «Gloria in excelsis» tutti «Deo»   136
dicean, per quel ch'io da' vicin compresi,
onde intender lo grido si poteo.

   Noï stavamo immobili e sospesi,   139
come i pastor che prima udîr quel canto,
fin che il tremar cessò, ed el compiési.

   Poi ripigliammo nostro cammin santo,   142
guardando l'ombre che gïacean per terra,
tornate già in su l'usato pianto.

   Nulla ignoranza mai con tanta guerra   145
mi fe' disideroso di sapere,
se la memoria mia in ciò non erra,

   quanta pariemi allor, pensando, avere;   148
nè per la fretta dimandare er'oso,
nè per me lì potea cosa vedere:

   così m'andava timido e pensoso.   151

DER LÄUTERUNGSBERG · XX. GESANG

Wir hatten uns von ihm grad wegbegeben,   *124*
Bemüht, daß unser Fuß bezwungen sähe
Soviel vom Weg, als Kraft war, fortzustreben,

  Als ich den Berg, als ob ein Sturz geschähe,   *127*
Erbeben fühlte, daß ein Frost mich preßte
Gleich einem, der sich sieht in Todesnähe.

  So heftig bebte Delos nicht, das feste,   *130*
Eh, beide Himmelsaugen zu gebären,
Latona dort entwich zum sichern Neste.

  Dann klang ein Schrei aus allen Berges-Sphären,   *133*
Daß zu mir trat der Meister: »Hab kein Bangen«,
Sprach er, »da ich dir Führung will gewähren.«

  Und »*Gloria in excelsis Deo*« klangen   *136*
Die Stimmen, wie von denen ichs verstanden,
Die mir als Nächste dies von allen sangen.

  Wir standen reglos-lauschend wie in Banden –   *139*
Den Hirten gleich, zu deren Ohr gekommen
Erstmals dies Lied – bis Klang und Erdstoß schwanden.

  Dann ward der heilige Weg neu aufgenommen,   *142*
Die Schatten prüfend, die – gewohnte Tränen
Weinend – am Boden lagen furchtbeklommen.

  Nie fühlt ich einen Kampf mit schärfern Zähnen   *145*
Unwissenheit und Wißbegier beginnen,
Trübt mein Gedächtnis nicht ein irrig Wähnen,

  Als damals mirs erschien in meinen Sinnen.   *148*
Und weder wagt ich bei der Hast zu fragen,
Noch konnt ich Auskunft durch michselbst gewinnen:

  So schritt ich denn nachdenklich und mit Zagen.   *151*

CANTO VENTESIMOPRIMO

La sete natural che mai non sazia,   *1*
se non con l'acqua onde la femminetta
sammaritana domandò la grazia,

mi travagliava, e pungeami la fretta   *4*
per la impacciata via retro al mio duca,
e condoleami alla giusta vendetta.

Ed ecco, sì come ne scrive Luca   *7*
che Cristo apparve ai due ch'erano in via,
già surto fuor della sepulcral buca,

ci apparve un'ombra, e dietro a noi venia   *10*
dal piè guardando la turba che giace;
nè ci addemmo di lei; sì parlò pria,

dicendo: «Frati miei, Dio vi dea pace.»   *13*
Noi ci volgemmo subito, e Virgilio
rendéli il cenno ch'a ciò si conface;

poi cominciò: «Nel beato concilio   *16*
ti ponga in pace la verace corte
che me rilega nell'eterno esilio.»

«Come!» diss'elli e parte andavam forte: *19*
«Se voi siete ombre che Dio su non degni,
chi v'ha per la sua scala tanto scorte?»

E 'l dottor mio: «Se tu riguardi a' segni   *22*
che questi porta e che l'angel profila,
ben vedrai che coi buon convien ch'e' regni.

Ma perchè lei che dì e notte fila   *25*
non gli avea tratto ancora la conocchia
che Cloto impone a ciascuno e compila,

l'anima sua, ch'è tua e mia serocchia,   *28*
venendo su, non potea venir sola,
però ch'al nostro modo non adocchia:

ond'io fui tratto fuor dell'ampia gola   *31*
d'Inferno per mostrargli, e mosterrolli
oltre, quanto 'l potrà menar mia scola.

Ma dinne, se tu sai: perchè tai crolli   *34*
diè dianzi il monte? e perchè tutti ad una
parver gridare infino ai suoi piè molli?»

Sì mi diè, dimandando, per la cruna   *37*
del mio dislo, che pur con la speranza
si fece la mia sete men digiuna.

277

EINUNDZWANZIGSTER GESANG

Indes ich so vor Seelendurst geschmachtet,   *1*
Denn nur das Wasser löscht, nach dessen Gnade
Der Wunsch der Samariterin getrachtet,
   Trieb mich dem Führer nach auf engem Pfade   *4*
Die Hast; und Mitleid schmerzte mich zur Stunde
Mit jener Qual, gerecht in vollstem Grade.
   Und sieh, wie uns von Lukas ward die Kunde,   *7*
Daß Christus sich zwei Wandrern anvertraute,
Als er entstiegen schon dem Grabesschlunde,
   So kam ein Schatten hinter uns und schaute   *10*
Zu seinen Füßen auf der Sünder Reihen,
Und erst bemerkt von uns am Stimmenlaute.
   »Mag Frieden euch, ihr Brüder, Gott verleihen«,   *13*
Sprach er. Wir wandten uns und ohne Weile
Ließ gleichen Gruß Vergil ihm angedeihen.
   Drauf hub er an: »Mag dich zum Himmelsheile   *16*
Des wahren Hofes Spruch in Frieden bringen,
Durch welchen ewiger Bann mir ward zuteile.« –
   »Wie?« sprach er, und er lieh dem Fuße Schwingen,   *19*
»Wenn Schatten ihr, unwert vor Gott zu kommen,
Wer ließ auf seinem Steg soweit euch dringen?«
   Mein Lehrer drauf: »Sobald du wahrgenommen   *22*
Des Engels Merkmal, das bei dem sich findet,
So weißt du: herrschen darf er bei den Frommen.
   Doch weil, die Tag und Nacht den Faden windet,   *25*
Ihm seinen Rocken noch nicht leergesponnen,
Den Clotho einem jeden flicht und bindet,
   Hätt *seine* Seele nicht allein begonnen,   *28*
Die unserer Seelen Schwester zwar, zu steigen,
Da sie noch *unsere* Einsicht nicht gewonnen.
   Deswegen ward ich, ihm den Pfad zu zeigen,   *31*
Aus weitem Höllenschlunde herberufen,
Und will ihn zeigen, soweit Kraft mir eigen.
   Doch sag uns, weißt dus: was für Stöße schufen   *34*
Dem Berg vorhin das Beben? Was für Chöre
Erklangen bis zu den umspülten Stufen?«
   So fragend traf er scharf zum Nadelöhre   *37*
Von meinem Wunsch, daß halb mein Durst gelindert,
Und Hoffnung war, daß ich ihn ganz verlöre.

PURGATORIO · CANTO XXI

Quei comincio: «Cosa non è che sanza   *40*
ordine senta la religïone
della montagna, o che sia fuor d'usanza.

Libero è qui da ogni alterazione: *43*
di quel che 'l ciel da sè in sè riceve
esser ci puote, e non d'altro, cagione.

Per che non pioggia, non grando, non neve,   *46*
non rugiada, non brina più su cade
che la scaletta di tre gradi breve:

nuvole spesse non paion, nè rade,   *49*
nè corruscar, nè figlia di Taumante,
che di là cangia sovente contrade.

Secco vapor non surge più avante   *52*
ch'al sommo dei tre gradi ch'io parlai,
dov'ha il vicario di Pietro le piante.

Trema forse più giù poco o assai;   *55*
ma per vento che in terra si nasconda,
non so come, quassù non tremò mai,

Tremaci quando alcuna anima monda   *58*
sentesi, sì che surga o che si mova
per salir su; e tal grido seconda.

Della mondizia sol voler fa prova,   *61*
che tutto libero a mutar convento
l'alma sorprende, e di voler le giova.

Prima vuol ben; ma non lascia il talento   *64*
che divina giustizia, contra voglia,
come fu al peccar, pone al tormento.

E io che son giaciuto a questa doglia   *67*
cinquecento anni e più, pur mo sentii
libera volontà di miglior soglia.

Però sentisti il tremoto, e li pii   *70*
spiriti per lo monte render lode
a quel Segnor, che tosto su li 'nvii.»

Così ne disse; e però ch'el si gode   *73*
tanto del ber, quant' è grande la sete,
non saprei dir quant'ei mi fece prode.

E 'l savio duca: «Omai veggio la rete   *76*
che qui vi piglia e come si scalappia,
per che ci trema e di che congaudete.

Ora chi fosti, piacciati ch'io sappia,   *79*
e perchè tanti cecoli giaciuto
qui se', nelle parole tue mi cappia.»

278

DER LÄUTERUNGSBERG · XXI. GESANG

Und jener sprach: »Nichts stört hier oder hindert   40
Die Ordnung in des Berges heiligen Runden,
Und nichts was dieser Räume Satzung mindert.

Niemals wird je ein Wechsel hier gefunden: 43
Nur was der Himmel selbst als seinesgleichen
Zurücknimmt, wird als Wirkung sich bekunden.

Drum kann kein Regen, kein Hagel niederstreichen;   46
Kein Schnee, Reif, Tau fällt höher hier, als droben
Beim kurzen Treppchen die drei Stufen reichen.

Hier ballt sich keinerlei Gewölk, hier toben   49
Nie Blitze, hier hat nie der Iris schnelle
Launische Brückenkunst die Luft durchwoben.

Auch kann sich trockener Dunst nur bis zur Stelle   52
Zuhöchst der drei genannten Stufen heben,
Die Petri Stellvertreters Sohlenschwelle.

Drunten mags lauter oder leiser beben,   55
Doch hier kann Wind, ob ihn der Erdschoß hehle,
Nicht weiß ich wie, niemals ein Zittern geben.

Hier bebts nur, wenn sich reinfühlt eine Seele   58
Zum Aufstehn oder Aufschwung nach dortoben;
Und zum Geleit jauchzt also jede Kehle.

Der bloße Wille gilt statt aller Proben   61
Als Reinigungsbeweis, wenn von der Scholle
Hinwog die Seele fühlt den Drang nach droben.

Längst drängt sies; doch flößt göttlich Recht ihr volle   64
Erkenntnis ein, daß sie – dem Drang entgegen –
Wie sie gesündigt gern, jetzt büßen solle.

Und ich, der hier in solcher Qual gelegen   67
Fünfhundert Jahr und mehr, empfand erst eben
Nach besserer Stufe freien Willens Regen.

Darum vernahmest du der Erde Beben   70
Und rings am Berg der frommen Geister Sänge
Zum Herrn: und mag er bald sie aufwärtsheben.«

So sprach er. Und je süßer nach der Länge   73
Des Dürstens labt der Trank, fand ich Erquicken,
Wie es beschreiben kann kein Wortgepränge.

»Jetzt seh ich, welche Netze euch umstricken,   76
Wie ihr entschlüpft, warum der Berg muß beben,
Warum ihr Hymnen pflegt emporzuschicken.

Doch sag mir gütig, wer du warst im Leben«,   79
Bat ihn der Weise, »und aus welchem Grunde
Am Staub du manch Jahrhundert mußtest kleben?« –

PURGATORIO · CANTO XXI

«Nel tempo che 'l buon Tito con l'aiuto   82
del sommo rege vendicò le fora
ond' uscì 'l sangue per Giuda venduto.

col nome che più dura e più onora   85
era io di là» rispuose quello spirto,
«famoso assai, ma non con fede ancora.

Tanto fu dolce mio vocale spirto,   88
che, tolosano, a sè mi trasse Roma,
dove mertai le tempie ornar di mirto.

Stazio la gente ancor di là mi noma: 91
cantai di Tebe, e poi del grande Achille;
ma caddi in via con la seconda soma.

Al mio ardor fuor seme le faville,   94
che mi scaldâr, della divina fiamma
onde sono allumati più di mille;

dell'Eneida dico, la qual mamma   97
fummi e fummi nutrice poetando:
sanz'essa non fermai peso die dramma.

E per esser vivuto di là quando   100
visse Virgilio, assentirei un sole
più che non deggio al mio uscir di bando.»

Volser Virgilio a me queste parole   103
con viso che, tacendo, disse ‹Taci›;
ma non può tutto la virtù che vuole;

chè riso e pianto son tanto seguaci   106
alla passion da che ciascun si spicca,
che men seguon voler nei più veraci.

Io pur sorrisi come l'uom ch'ammicca;   109
per che l'ombra si tacque, e riguardommi
negli occhi, ove 'l sembiante più si ficca;

e «Se tanto labore in bene assommi»   112
disse, «perchè la faccia tua testeso
un lampeggiar di riso dimostrommi?»

Or son io d'una parte e d'altra preso;   115
l'una mi fa tacer, l'altra scongiura
ch'io dica; ond'io sospiro, e sono inteso

dal mio maestro, e «Non aver paura»   118
mi dice «di parlar; ma parla e digli
quel ch'e' domanda con cotanta cura.»

Ond'io: «Forse che tu ti maravigli,   121
antico spirto, del rider ch'io tei;
ma più d'ammirazion vo' che ti pigli.

DER LÄUTERUNGSBERG · XXI. GESANG

»Zur Zeit des guten Titus, der die Wunde   82
Durch Gott gerächt, aus der das Blut geflossen,
Das Judas feilbot« – so gab er uns Kunde –

»Trug ich den Namen jenseits, drin beschlossen   85
Ruhm liegt, der dauernd schmückt mit höchstem Preise;
Doch hatt ich noch den Glauben nicht genossen.

So wohllautvoll floß meines Sanges Weise,   88
Daß Rom berufen mich, den Tolosanen,
Mich krönend mit verdientem Myrtenreise.

Noch heute ehrt die Welt des Statius Manen: 91
Thebens Ruhm, dann Achills hab ich verkündet.
Beim zweiten Werk riß michs aus Lebensbahnen.

Mein Glühen ward durch Funken mir begründet,   94
Die mich erwärmt aus jener Götterflamme,
Die wohl schon mehr als Tausende entzündet.

Die Äneide mein ich, die mir Amme   97
Und Mutter war, im Dichten mich zu üben.
Ich wöge ohne sie nur wenige Gramme.

Und mit Vergil gelebt zu haben drüben: 100
Nicht würde michs – wär die Erlösungsstunde
Mir um ein Jahr hinausgerückt – betrüben.«

Da sah Vergil mich an mit ernstem Munde,   103
Und schweigend sprach sein Blick »nun gilt es schweigen.«
Indes nicht immer steht die Kraft im Bunde

Mit unserm Willen: ungehorsam zeigen   106
Lachen und Weinen sich, und nachzugeben
Dem Zwang des Reizes, ist Aufrichtigen eigen.

So lacht ich nur, wie man sich zublickt eben;   109
Weshalb der Schatten schwieg, doch schon zu frühe
Im Aug mir las, wo die Gedanken leben,

Und darauf sagte: »Soll dir soviel Mühe   112
Gedeihn, so sprich, was huschte durch die Wangen
Ein Lächeln dir, alsob ein Blitz dort sprühe?«

Nun fand ich rechts und links mich eingefangen.   115
Hier sollt ich reden, dort die Worte sparen.
Ich seufzte drum, doch gleich verstand solch Bangen

Mein Meister da und sprach: »Was zu erfahren   118
Hier dieser wünscht, von Sehnsucht so entglommen,
Magst du ihm ohne Furcht nur offenbaren.« –

»Antiker Geist, hat wunder dich genommen«,   121
Sprach ich, »was mich zum Lächeln mochte zwingen:
Bald wirst du mehr zum Staunen Grund bekommen.

Questi che guida in alto gli occhi miei,   124
è quel Virgilio, dal qual tu togliesti
forza a cantar degli uomini e di Dei.

Se cagione altra al mio rider credesti,   127
lasciala per non vera, ed esser credi
quelle parole che di lui dicesti.»

Già si chinava ad abbracciar li piedi   130
al mio dottor; ma e' gli disse: «Frate,
non far; chè tu se' ombra e ombra vedi.»

Ed ei surgendo: «Or puoi la quantitate   133
comprender dell'amor ch'a te mi scalda,
quando dismento nostra vanitate,

   trattando l'ombre come cosa salda.»   136

DER LÄUTERUNGSBERG · XXI. GESANG

Denn der mein Auge läßt nach oben dringen,   124
Ist *der* Vergil, durch dessen Kraft du wagtest,
Die Menschen und die Götter zu besingen.

Wenn du nach anderm Grund des Lächelns fragtest,   127
Laß ihn als unwahr gelten. Deine Worte
Nur warens, glaub mir, die du von ihm sagtest.«

Da wollt er gleich die Kniee meinem Horte   130
Umfassen, doch der sprach: »Begieb dich dessen,
Bruder! Schatten bist du und ich am Orte.«

Und er im Aufstehn: »Nun kannst du ermessen,   133
Wie heiß in mir die Liebe müsse walten,
Wenn unserer Nichtigkeit ich so vergessen,

Um Schatten für ein fühlbar Ding zu halten.«   136

CANTO VENTESIMOSECONDO

Già era l'angel retro a noi rimaso,   *1*
l'angel che n'avea volti al sesto giro,
avendomi dal viso un colpo raso;
 e quei c'hanno a giustizia lor disiro,   *4*
detto n'avea beati, e le sue voci
con «*sitiunt*», senz'altro, ciò forniro;
 ed io più lieve che per l'altre foci   *7*
m'andava, sì che sanza alcun labore
seguiva in su gli spiriti veloci;
 quando Virgilio cominciò: «Amore   *10*
acceso da virtù sempre altro accese,
pur che la fiamma sua paresse fore.
 Onde, dall'ora che tra noi discese   *13*
nel limbo dell'Inferno Juvenale,
che la tua affezion mi fe' palese,
 mia benvoglienza inverso te fu quale   *16*
più strinse mai di non vista persona,
sì ch'or mi parran corte queste scale.
 Ma dimmi, e come amico mi perdona   *19*
se troppa sicurtà m'allarga il freno,
e come amico omai meco ragiona:
 come potè trovar dentro al tuo seno   *22*
loco avarizia, tra cotanto senno
di quanto per tua cura fosti pieno?»
 Queste parole Stazio mover fenno   *25*
un poco a riso pria; poscia rispuose:
«Ogni tuo dir d'amor m'è caro cenno.
 Veramente più volte appaion cose   *28*
che dànno a dubitar falsa matera
per le vere ragion che son nascose.
 La tua dimanda tuo creder m'avvera   *31*
esser ch'io fossi avaro in l'altra vita,
forse per quella cerchia dov'io era:
 Or sappi ch'avarizia fu partita   *34*
troppo da me, e questa dismisura
migliaia di lunari hanno punita.
 E se non fosse ch'io drizzai mia cura,   *37*
quand'io intesi là dove tu chiame,
crucciato quasi all'umana natura:

281

ZWEIUNDZWANZIGSTER GESANG

Schon war der Engel hinter uns geblieben,   *1*
Der Engel, der zum sechsten Kreis gelangen
Uns ließ und meiner Stirn ein Mal vertrieben.

Und die da nach Gerechtigkeit hier bangen,   *4*
Pries er »*Beati*«; doch nur »*sitiunt*« riefen
Die Worte, weil den Rest sie übersprangen.

Und ich, viel leichter als in frühern Tiefen,   *7*
Ging also, daß ich nachstieg ohne Mühe
Den schnellen Geistern, die bergaufwärtsliefen.

Da sprach Vergil: »Wo auch durch Tugend glühe   *10*
Die Liebe, Gegenliebe muß sie zünden,
Gesetzt, daß sie nach außen sichtbar sprühe.

Und so – seit zu des Höllenvorhofs Gründen   *13*
Hinabstieg Juvenal, und ich von deinen
Gesinnungen für mich ihn hörte künden –

Fühlt ich für dich Wohlwollen wie für keinen,   *16*
Dem man es mag als Niegesehenen weihen,
Daß mir jetzt kurz wird diese Treppe scheinen.

Doch sag – und wolle mir als Freund verzeihen,   *19*
Wenn so mein Freimut läßt die Zügel schießen,
Und sprich als ob wir alte Freunde seien –

Wie konnte nur sich deine Brust erschließen   *22*
Dem Geiz bei deines Geistes Vollkommenheiten,
Wie sich dich ließ dein edler Fleiß genießen?«

Ein Lächeln sah ich um den Mund erst gleiten,   *25*
Eh Statius sprach: »Mir kann die kleinste Frage
Als Liebesmerkmal Freude nur bereiten.

Wohl bringen Dinge oft uns in die Lage,   *28*
Die fälschlich Anlaß sind, zu zweifeln leise;
Denn selten liegt der wahre Grund zutage.

Du glaubst, (mir dient dein Fragen zum Beweise)   *31*
Daß Habgier mich im andern Leben plagte:
Wohl weil ich mich befand in jenem Kreise.

Vernimm denn, daß ich stets dem Geiz entsagte.   *34*
Sein Gegenteil wars grade, die Verschwendung,
Drob ich vieltausend Monde lang hier klagte.

Und gabst *du* meinem Wandel nicht die Wendung –   *37*
Als ich es las, wo du in zornigen Zeilen
Empört zurufst der menschlichen Verblendung:

PURGATORIO · CANTO XXII

‹Perchè non reggi tu, o sacra fame   40
dell'oro, l'appetito de' mortali?›,
voltando sentirei le giostre grame.

Allor m'accorsi che troppo aprir l'ali   43
potean le mani a spendere, e pente'mi
così di quel come degli altri mali.

Quanti risurgeran coi crini scemi   46
per ignoranza, che di questa pecca
toglie il pentér vivendo e negli estremi!

E sappi che la colpa che rimbecca   49
per dritta opposizione alcun peccato,
con esso insieme qui suo verde secca:

però s'io son fra quella gente stato   52
che piange l'avarizia, per purgarmi,
per lo contrario suo m'è incontrato.»

«Or quando tu cantasti le crude armi   55
della doppia tristizia di Iocasta»
disse il cantor de' buccolici carmi,

«per quello che Cliò teco lì tasta,   58
non par che ti facesse ancor fedele
la fede sanza qual ben far non basta.

Se così è, qual sole o quai candele   61
ti stenebraron, sì che tu drizzasti
poscia diretro al pescator le vele?»

Ed elli a lui: «Tu prima m'inviasti   64
verso Parnaso a ber nelle sue grotte,
e prima, appresso a Dio, m'illuminasti.

Facesti come quei che va di notte,   67
che porta il lume retro a sè non giova,
ma dopo sè fa le persone dotte,

quando dicesti: ‹Secol si rinnova;   70
torna giustizia e primo tempo umano,
e progenïe scende dal ciel nuova›.

Per te poeta fui, per te cristiano: 73
ma perchè veggi me' ciò ch'io disegno,
a colorare stenderò la mano.

Già era il mondo tutto quanto pregno   76
della vera credenza, seminata
per li messaggi dell'eterno regno;

e la parola tua sopra toccata   79
sì consonava a'nuovi predicanti;
ond'io y visitarli presi usata.

282

DER LÄUTERUNGSBERG · XXII. GESANG

›Wohin noch, frevler Golddurst, läßt du eilen   40
Der Menschen Gier?‹ – ich würd im Höllengelände
Lastwälzend heut den bittern Streit noch teilen.

Da sah ich ein, daß man *zuweit* die Hände   43
Auch öffnen kann, bereute drum und glaubte,
Daß Gott mich *der* nebst andrer Schuld entbände.

Wieviel erstehn einst mit gerupftem Haupte,   46
Weil Unkenntnis des Fehls ein Insichgehen
Im Leben wie im Sterben ihnen raubte.

Und wisse: siehst du eine Schuld *hier* stehen,   49
Und *drüben* grad ihr Widerspiel dagegen,
So wirst du beider Laub verwelken sehen.

Drum, wenn ich bei dem geizigen Volk gelegen,   52
Dem weinenden, daß Läutrung mir gelänge,
Geschah mirs nur des Gegenteiles wegen.« –

»Doch als du sangst die grausen Waffengänge,   55
Die ob zwiefachen Leids Jokaste rügte«,
Sagte der Sänger ländlicher Gesänge,

»Schienst du nach dem, wie Klio sich dir fügte,   58
Dem Glauben gläubig wohl noch nicht verpflichtet,
Ihm, ohneden kein Rechttun je genügte.

Ists dem so, welche Sonne hat durchlichtet,   61
Welch Kerze deine Nacht, bis gut dichs deuchte,
Daß du dein Boot dem Fischer nachgerichtet?«

Und er: »Du hast zuerst mich an die feuchte   64
Parnassusflut zum Trinken hingeleitet,
Und warst sodann, nächst Gott, mir eine Leuchte.

Du tatest dem gleich, der im Dunkeln schreitet,   67
Die Fackel hinter sich, die seinem Tritte
Nicht frommt, doch allen Folgern Licht bereitet,

Indem du sprachst: ›Verjüngt wird Welt und Sitte: 70
Gerechtigkeit kehrt heim nach Urzeitsfristen,
Ein neu Geschlecht naht aus des Himmels Mitte.‹

Durch dich ward ich Poet, durch dich zum Christen.   73
Doch daß noch deutlicher das Bild dir werde,
Brauch ich die Hand nach Art des Koloristen.

Vom wahren Glauben voll war ganz die Erde,   76
Den ausgesät, damit Erfolg sie krönte,
Des ewigen Reiches treue Botenherde.

Und dein vorhin erwähnter Ausspruch tönte   79
So sinnverwandt dem neuen Predigertone,
Daß ich, sie aufzusuchen, mich gewöhnte.

PURGATORIO · CANTO XXII

Vennermi poi parendo tanto santi,   82
che quando Domizian li perseguette,
sanza mio lagrimar non fur lor pianti:

e mentre che di là per me si stette,   85
io li sovvenni, e i lor dritti costumi
fêr dispregiare a me tutte altre sette.

E pria ch'io conducessi i Greci a'fiumi   88
di Tebe, poetando, ebb'io battesmo;
ma per paura chiuso cristian fu'mi,

lungamente mostrando paganesmo;   91
e questa tepidezza il quarto cerchio
cerchiar mi fe' più che 'l quarto centesmo.

Tu dunque che levato hai il coperchio   94
che m'ascondeva quanto bene io dico,
mentre che del salire avem soverchio,

dimmi dov'è Terenzio nostro antico,   97
Cecilio, Plauto e Vario, se lo sai:
dimmi se son dannati, e in qual vico.»

«Costoro e Persio e io e altri assai»   100
rispuose il duca mio «siam con quel greco
che le Muse lattâr più ch'altro mai,

nel primo cinghio del carcere cieco: 103
spesse fïate ragioniam del monte
che sempre ha le nutrici nostre seco.

Euripide v'è nosco e Antifonte,   106
Simonide, Agatone e altri piùe
greci che già di lauro ornâr la fronte.

Quivi si veggion delle genti tue   109
Antigonè, Deifilè e Argìa,
e Ismenè si trista come fue.

Vedesi quella che mostrò Langia;   112
evvi la figlia di Tiresia e Teti
e con le suore sue Deidamìa.»

Tacevansi ambedue già li poeti,   115
di nuovo attenti a riguardare intorno,
liberi dal salire e da pareti;

e già le quattro ancelle eran del giorno   118
rimase addietro, e la quinta era al temo,
drizzando pur in su l'ardente corno;

quando il mio duca: «Io credo ch'allo stremo;   121
le destre spalle volger ci convegna,
girando il monte come far solemo.»

DER LÄUTERUNGSBERG · XXII. GESANG

Heiß weint ich mit ob allem Schmerz und Hohne,   82
Mit dem sie Domitian verfolgend jagte,
Sie, die ich würdig hielt der Heiligenkrone,

Daß ihnen ich, solang das Licht mir tagte,   85
Beistand und an den sittlichen Genüssen,
Abhold den andern Sekten, mich behagte.

Und eh die Griechen ich zu Thebens Flüssen   88
In meinem Lied geführt, ließ ich mich taufen.
Doch weil ichs glaubt verheimlichen zu müssen,

Und lang noch heidnisch galt dem großen Haufen,   91
Ließ mehr als vier Jahrhunderte hier oben
Den vierten Kreis *die* Lauheit mich durchlaufen.

Du aber, der den Schleier aufgehoben,   94
Der mir das Heil barg hinter seiner Falte,
Sag mir, solang wir steigen noch nach droben:

Wo ist Plautus, unser Terenz, der alte,   97
Cäcilius, Varius? Hast du ihrer Kunde,
Sag mir, falls sie verdammt, welch Kreis sie halte. –«

»Sie, Persius, ich und mehr noch sind im Bunde«,   100
Mein Führer sprach, »mit jenem Griechengreise,
Dem Musenmilch zumeist geträuft zum Munde,

Dort in des blinden Kerkers erstem Kreise.   103
Vom Berg, wo unsere Nährerinnen thronen,
Sprechen wir oft in uns erfreuender Weise.

Euripides und Antiphon dort wohnen;   106
Simonides und Agathon erscheinen
Nebst andern Griechen, längst mit Lorbeerkronen.

Dort ist zu sehen aus der Schar der Deinen   109
Antigone, Deïphila, Argia;
Ismene auch, die heut noch pflegt zu weinen.

Man siehet, die den Weg wies zur Langia,   112
Dann des Tiresias Tochter, siehet dorten
Thetis, und bei den Schwestern Deidamia.« –

Schon schwieg das Dichterpaar nach diesen Worten,   115
Aufs neue scharf umher die Blicke sendend,
Erlöst vom Aufstieg durch die Felsenpforten.

Vier Mägde, schon den Tagesdienst beendend,   118
Blieben zurück, die fünfte kam gezogen,
Aufwärts die glühende Deichselspitze wendend.

Drauf sprach mein Führer: »Längs zum Außenbogen,   121
Glaub ich, muß man die rechte Schulter kehren
Um diesen Berg, wie wir bisher gepflogen.«

PURGATORIO · CANTO XXII

Così l'usanza fu lì nostra insegna;   124
e prendemmo la via con men sospetto
per l'assentir di quell'anima degna.

Elli givan dinanzi, e io soletto   127
diretro, e ascoltava i lor sermoni,
ch'a poetar mi davano intelletto.

Ma tosto ruppe le dolci ragioni   130
un alber che trovammo in mezza strada,
con pomi a odorar soavi e buoni;

e come abete in alto si digrada   133
di ramo in ramo, così quello in giuso,
cred'io, perchè persona su non vada.

Dal lato onde 'l cammin nostro era chiuso,   136
cadea dell' alta roccia un liquor chiaro,
e si spandeva per le foglie suso.

Li due poeti all' alber s'appressaro;   139
e una voce per entro le fronde
gridò: «Di questo cibo avrete caro.»

Poi disse: «Più pensava Maria onde   142
fosser le nozze orrevoli ed intere,
ch'alla sua bocca, ch'or per voi risponde;

e le romane antiche, per lor bere,   145
contente furon d'acqua; e Daniello
dispregiò cibo ed acquistò sapere.

Lo secol primo, che quant'or fu bello,   148
fe' savorose con fame le ghiande,
e nèttare con sete ogni ruscello.

Mèle e locuste furon le vivande   151
che nudriro il Batista nel diserto;
per ch'egli è glorioso e tanto grande,

quanto per l'Evangelio v'è aperto.»   154

DER LÄUTERUNGSBERG · XXII. GESANG

So ließen wir uns durch Gewohnheit lehren
Und schritten fort, weil wir getroster schienen,
Da es auch nach des würdigen Geists Begehren.

Sie gingen vor, ich folgte einsam ihnen
Und lauschte still für mich, was sie gesprochen,
Daß mirs beim Dichten könnt zum Vorteil dienen.

Doch hat ihr hold Gespräch bald unterbrochen
Ein Baum, der vor uns stand in Wegesmitten
Von Früchten voll, die süß und lieblich rochen.

Wie Tannen *aufwärts* schmaler sind geschnitten,
So wurden abwärts hier die Zweige schmaler:
Ich glaub, damit sie kein Ersteigen litten.

Und wo der Weg verschlossen, sprang aus kahler,
Hoher Felswand ein Sprühquell frisch und helle,
Und war des Laubdachs kühlender Bestrahler.

Die beiden Dichter nahten sich der Stelle,
Und eine Stimme rief aus Laubesmitte:
»An dieser Frucht gebricht es euch gar schnelle.«

Dann riefs: »Maria hat an Schmuck und Sitte
Der Hochzeit wohl gedacht, doch um so lasser
Des eigenen Mundes, daß für euch er bitte.

Und alten Römerinnen schuf das Wasser
Als einziger Labetrunk niemals Verdrießen,
Und Daniel Weisheit fand, weil er kein Prasser.

Es sah zu Zeiten, die die goldenen hießen,
Hunger in Eicheln eine leckere Speise,
Und Durst in jedem Bache Nektar fließen.

Denkt an des Wüstenpredigers strenge Weise:
Heuschrecken mußten ihm das Leben fristen
Und Honig. Dennoch ward ihm Ruhm zum Preise,

Wie uns erklärt ward vom Evangelisten.«

124

127

130

133

136

139

142

145

148

151

154

CANTO VENTESIMOTERZO

Mentre che gli occhi per la fronda verde
ficcava io così come far suole
chi retro agli uccellin sua vita perde,

Io più che padre mi dicea: «Figliuole,
vienne oramai, chè il tempo che c'è imposto,
più utilmente compartir si vuole.»

Io volsi il viso, e 'l passo non men tosto,
appresso ai savi, che parlavan sìe,
che l'andar mi facean di nullo costo.

Ed ecco piangere e cantar s' udìe
«*Labia mea, Domine*» per modo
tal, che diletto e doglia parturìe.

«O dolce padre, che è quel ch' i' odo?»
comincia'io. Ed elli: «Ombre che vanno
forse di lor dover solvendo il nodo».

Sì come i peregrin pensosi fanno,
giugnendo per cammin gente non nota,
che si volgono ad essa e non ristanno;

così diretro a noi, più tosto mota,
venendo e trapassando, ci ammirava
d'anime turba tacita e devota.

Negli occhi era ciascuna oscura e cava,
palida nella faccia, e tanto scema,
che dall' ossa la pelle s'informava:

non credo che così a buccia estrema
Erisitone fosse fatto secco
per digiunar, quando più n'ebbe tema.

Io dicea fra me stesso pensando: «Ecco
la gente che perdè Jerusalemme,
quando Maria nel figlio diè di becco.»

Parean l'occhiaie anella sanza gemme:
chi nel viso degli uomini legge ‹omo›,
ben avria quivi conosciuto l'emme.

Chi crederebbe che l'odor d'un pomo
sì governasse, generando brama,
e quel d'un'acqua, non sappiendo como?

Già era in ammirar che sì gli affama,
per la cagione ancor non manifesta
di lor magrezza e di lor trista squama;

1

4

7

10

13

16

19

22

25

28

31

34

37

DREIUNDZWANZIGSTER GESANG

Indes ich fest noch ließ die Augen hangen 1
Am grünen Laub, wie jener gern mag weilen,
Der seine Zeit verliert mit Vogelfangen,
   Sprach der mir mehr als Vater :»Laß uns eilen, 4
O Sohn. Die Zeit, die man uns heut bescherte,
Verlangt, nutzbringender sie einzuteilen.«
   Gesicht und Gang nicht minder schnell ich kehrte 7
Den Weisen nach, die sich von solchen Dingen
Erzählten, daß mich nicht das Gehen beschwerte.
   Und horch, da hörte Weinen man und Singen! 10
»*Domine, labia mea*« scholl die Weise,
Mit Lust und Leid zutiefst mich zu durchdringen.
   »Was hör ich, teurer Vater?« sprach ich leise. 13
Und er: »Schatten wohl sinds, die von den Lasten
Der Bußpflicht sich losringen hier im Kreise.« –
   Wie Pilger ihres Wegs nachdenklich hasten 16
Und, wenn sich im Begegnen Fremde zeigen,
Nach ihnen wohl sich umdrehn, doch nicht rasten,
   So überholte uns ein ganzer Reigen 19
Andächtig-frommer, eilender Genossen,
Die uns bestaunten in tiefernstem Schweigen.
   Aus dunkler Höhlung kam ihr Blick geschossen. 22
Blaß war ihr Antlitz, das von Fleisch kaum wußte,
Und ihre Knochen prall von Haut umschlossen.
   Nicht glaub ich, daß so gänzlich bis zur Kruste 25
Den Erisichthon Hunger aufgerieben,
Als ihm davor am meisten schaudern mußte.
   »Sieh da, vom Fall Jerusalems wohl blieben 28
Die übrig«, mußt ich da im stillen meinen,
»Als in den Sohn der Mirjam Zähne hieben!«
   Die Augen glichen Ringen, leer an Steinen: 31
Wer ›omo‹ sieht im Menschenantlitz stehen,
Der sähe hier auch leicht das *m* erscheinen.
   Wer glaubte je, kann er das *Wie* nicht sehen, 34
Daß Apfelduft und Wasser wohl entfachte
Solch Luftempfinden, wie es hier geschehen?
   Ich staunte noch, was sie so mager machte, 37
Weil mir nicht kund, welch Unheil sie belade,
Das Magerkeit und Schuppenhäute brachte,

PURGATORIO · CANTO XXIII

ed ecco del profondo della testa
volse a me gli occhi un'ombra, e guardò fiso;
poi gridò forte: «Qual grazia m'è questa?»

Mai non l'avrei riconosciuto al viso;
ma nella voce sua mi fu palese
ciò che l'aspetto in sè avea conquise.

Questa favilla tutta mi raccese
mia conoscenza alla cambiata labbia,
e ravvisai la faccia dì Forese.

«Deh, non contendere all'asciutta scabbia
che mi scolora» pregava «la pelle,
nè a difetto di carne ch'io abbia;

ma dimmi il ver di te, e chi son quelle
due anime che là ti fanno scorta:
non rimaner che tu non mi favelle.»

«La faccia tua ch'io lagrimai già morta,
mi dà di pianger mo non minor doglia»
rispuos'io lui, «veggendola sì torta.

Però mi di', per Dio, che sì vi sfoglia:
non mi far dir mentr'io mi maraviglio;
chè mal può dir chi è pien d'altra voglia.»

Ed elli a me: «Dell'eterno consiglio
cade virtù nell'acqua e nella pianta
rimasa a dietro, ond'io sì m'assottiglio.

Tutta esta gente che piangendo canta,
per seguitar la gola oltra misura,
in fame e 'n sete qui si rifà santa.

Di bere e di mangiar n'accende cura
l'odor ch'esce del pomo e dello sprazzo
che si distende su per la verdura;

e non pur una volta, questo spazzo
girando, si rinfresca nostra pena . . .
Io dico pena e dovrei dir sollazzo,

chè quella voglia all'albero ci mena,
che menò Cristo lieto a dire ‹Elì›,
quando ne liberò con la sua vena.»

E io a lui: «Forese, da quel dì
nel qual mutasti mondo a miglior vita,
cinqu'anni non son volti infino a qui.

Se prima fu la possa in te finita
di peccar più, che sorvenisse l'ora
del buon dolor ch'a Dio ne rimarita,

40

43

46

49

52

55

58

61

64

67

70

73

76

79

286

DER LÄUTERUNGSBERG · XXIII. GESANG

Und sieh, aus eines Hauptes Tiefe grade   40
Stierte mich an mit düsterm Augenlichte
Ein Schatten, der dann ausrief: »Welche Gnade!«

Erkannt hätt ich ihn niemals am Gesichte.   43
Doch seine Stimme ließ mich deutlich lesen,
Was ganz in seinen Zügen ward zunichte.

Denn dieser Funke, wie entstellt gewesen   46
Sein Bildnis auch, entfachte mir geschwinde
Erinnrung an das Antlitz von Foresen.

»Ach, nimm nicht Anstoß an der Schuppenrinde«,   49
Bat er, »drob meiner Haut Verfärbung eigen,
Noch daß ich völlig fleischberaubt mich finde.

Nein, zaudere nicht, mir Wahrheit anzuzeigen: 52
Wer ist das Paar dort, das sich dir vereinte?
Und wie kommst du hierher? O brich dein Schweigen!« –

»Dein Antlitz, das ich längst als tot beweinte«,   55
Versetzt ich, »macht aufs neu mich weinend klagen,
Weil es entstellt ist, wie ich nie vermeinte.

Doch sag um Gott, was hat euch so geschlagen?   58
Nicht *mich* laß sprechen, der erstaunt ich stehe:
Schlecht giebt, wer andres sinnt, Antwort auf Fragen.«

Er sprach: »Vom ewigen Ratschluß kommt solch Wehe.   61
Dies Wasser läßt er eine Kraft durchdringen
Und diesen Baum, durch die ich so vergehe.

All diesen Scharen, die da weinend singen,   64
Soll jene Kraft nach wüstem Schlemmerleben
Durch Durst und Hunger Heiligung hier bringen.

Der Früchte Duft, die dort verlockend schweben,   67
Der muntre Sprudel läßt in uns entbrennen
Nach Speis und Trank solch unbezähmbar Streben,

Daß es, sooft wir diesen Kreis durchrennen,   70
Uns jedesmal aufs neue Qual einflößte . . .
Ich sage *Qual* und sollt es *Wonne* nennen.

Denn hin zum Baum treibt Sehnsucht uns, die größte,   73
Die Christum freudig trieb zum Ruf ›Eli‹,
Als er mit seinem Herzblut uns erlöste.«

Ich sprach :»Forese, seit dem Tage, sieh,   76
Wo Gott die bessere Welt zum Heim dir wählte,
Bis heute noch nicht ein Jahrfünft gedieh.

Wenn nun der Sündentrieb dich nichtmehr quälte   79
Und starb, eh heilsam dir der Schmerz gekommen,
Der reuig uns mit Gott stets neu vermählte,

PURGATORIO · CANTO XXIII

come se' tu quassù venuto ancora?   82
Io ti credea trovar laggiù di sotto,
dove tempo per tempo si ristora.»

    Ond'elli a me: «Sì tosto m'ha condotto   85
a ber lo dolce assenzio de' martìri
le Nella mia: con suo pianger dirotto,

    con suoi preghi devoti e con sospiri   88
tratto m'ha della costa ove s'aspetta,
e liberato m'ha degli altri giri.

    Tant' è a Dio più cara e più diletta   91
la vedovella mia, che molto amai,
quanto in bene operare è più soletta,

    chè la Barbagia di Sardigna assai   94
nelle femmine sue è più pudica,
che la Barbagia dov'io la lasciai.

    O dolce frate, che vuoi tu ch'io dica?   97
Tempo futuro m' è già nel cospetto,
cui non sarà quest'ora molto antica,

    nel qual sarà in pergamo interdetto   100
alle sfacciate donne fiorentine
l'andar mostrando con le poppe il petto.

    Quai barbare fuor mai, quai saracine,   103
cui bisognasse, per farle ir coperte,
o spiritali o altre discipline?

    Ma se le svergognate fosser certe   106
di quel che 'l ciel veloce loro ammanna,
già per urlar avrian le bocche aperte;

    chè se l'antiveder qui non m'inganna,   109
prima fien triste che le guance ɯnpeli
colui che mo si consola con naɯna.

    Deh, frate, or fa' che più non mi ti celi!   112
Vedi che non pur io, ma questa gente
tutta rimira là dove il sol veli.»

    Per ch'io a lui: «Se ti riduci a mente   115
qual fosti meco e qual io teco fui,
ancor fia grave il memorar presente.

    Di quella vita mi volse costui   118
che mi va innanzi, l'altr'ier, quando tonda
vi so mostrò la suora di colui»

    (e il sol mostrai). «Costui per la profonda   121
notte menato m'ha di veri morti,
con questa vera carne che il seconda.

287

DER LÄUTERUNGSBERG · XXIII. GESANG

Wie bist du hier soweit schon aufgeklommen?   82
Daß du noch tiefer weiltest, sollt ich meinen,
Wo Zeit für Zeit wird zum Ersatz genommen.«

Drob er zu mir: »Was mich sobald erscheinen   85
Hier ließ zur süßen Wermutsmarterspeise,
War meine Nella! – Mit maßlosem Weinen,

Mit Bitten und mit Seufzern frommerweise   88
Hat sie dem Strand des Harrens mich entzogen
Und freigemacht all dieser andern Kreise.

Der kleinen Witwe umsomehr gewogen   91
Ist Gott, ihr, die ich liebend durft umfassen,
Als sie der Tugend fast allein gepflogen.

Denn zur Barbagia von *Sardinien* passen   94
Selbst Frauen nicht, so schamlos im Betragen,
Wie zur Barbagia, wo ich sie verlassen.

O lieber Bruder was soll ich dir sagen?   97
Schon sieht mein Auge eine Zukunft grauen,
Die unser Heut nicht zählt zu alten Tagen,

Wo man von Kanzeln her Florenzias Frauen   100
Verbietet, also frech am Tuch zu sparen,
Daß man die Brust kann bis zur Warze schauen.

Mußten bei Sarazenen und Barbaren   103
Wohl jemals Frauen, um verhüllt zu gehen,
Erst kirchliche und andre Zucht erfahren?

Ach, dürften doch die schamlosfrechen sehen,   106
Was ihnen schickt der Himmel unverzüglich,
Schon würd ihr Mund zum Heulen offenstehen.

Denn wenn mein Seherblick hier nicht betrüglich,   109
Beginnt ihr Leid, eh bärtig dessen Wange,
Dem jetzt noch Eipopeia klingt vergnüglich.

Doch, Bruder, sprich und birg dich nicht solange;   112
Du siehst, wie alle herzuschauen beginnen
Gleich mir, weil du die Sonne deckst am Hange.«

Drob ich zu ihm: »Willst du dich recht besinnen,   115
Was du mit mir, was ich mit dir gepflogen,
So wirst du schwerlich Freude dran gewinnen.

Doch hat mich solchem Lebenstand entzogen,   118
Der vor mir geht; kürzlich, als vollrund wieder
Der Bruder jener stand am Himmelsbogen

(Zur Sonne wies ich). Er hat mich hernieder   121
Geführt durch tiefe Nacht der wahrhaft-Toten
Und mit mir diese wahren Fleischesglieder.

287

PURGATORIO · CANTO XXIII

Indi m'han tratto su li suoi conforti,   124
salendo e rigirando la montagna
che drizza voi che il mondo fece torti.

Tanto dice di farmi sua compagna,   127
ch'io sarò là, dove fia Beatrice:
quivi convien che senza lui rimagna.

Virgilio è questi che così mi dice»   130
(e addita'lo); «e quest'altro è quell'ombra
per cui scosse dianzi ogni pendice

lo vostro regno che da sè lo sgombra.»   133

DER LÄUTERUNGSBERG · XXIII. GESANG

Von dort half er, der Zuspruch stets geboten,   *124*
Zum Berge mir mit Steigen und Umkreisen,
Der grade macht, den krumm die Welt geschroten.

Solang, sagt er, will er den Weg mir weisen,   *127*
Bis ich vor Beatricens Antlitz stünde;
Von dortan muß ich ohne ihn dann reisen.

Vergil ists, der so sprach, wie ich dir künde   *130*
(Und auf ihn wies ich). Und dies ist der Schatten,
Um den vorhin erbebten alle Gründe,

Als eure Reiche ihn entlassen hatten.«   *133*

CANTO VENTESIMOQUARTO

Nè il dir l'andar, nè l'andar lui più lento   *1*
facea; ma, ragionando, andavam forte
sì come nave pinta da buon vento.

E l'ombre, che parean cose rimorte,   *4*
per le fosse degli occhi ammirazione
traean di me, di mio vivere accorte.

E io. continuando al mio sermone,   *7*
dissi: «Ella sen va su forse più tarda
che non farebbe, per altrui cagione.

Ma dimmi, se tu sai, dov'è Piccarda;   *10*
dimmi s'io veggio da notar persona
tra questa gente che sì mi riguarda.»

«La mia sorella che tra bella e buona   *13*
non so qual fosse più, triunfa lieta
nell'alto Olimpo già di sua corona.»

Sì disse prima; e poi: «Qui non si vieta   *16*
di nominar ciascun, da ch'è sì munta
nostra sembianza via per la dieta.

Questi» (e mostrò col dito) «è Bonagiunta,   *19*
Bonagiunta da Lucca; e quella faccia
·di là da lui più che l'altre trapunta,

ebbe la Santa Chiesa in le sue braccia: *22*
dal Torso fu, e purga per digiuno
l'anguille di Bolsena e la vernaccia.»

Molti altri mi nomò ad uno ad uno,   *25*
e del nomar parean tutti contenti,
sì ch'io però non vidi un atto bruno,

Vidi per fame a vòto usar li denti   *28*
Ubaldin dalla Pila e Bonifazio,
che pasturò col rocco molte genti.

Vidi messer Marchese, ch'ebbe spazio   *31*
già di bere a Forlì con men secchezza,
e sì fu tal, che non si sentì sazio.

Ma come fa chi guarda e poi s'apprezza   *34*
più d'un che d'altro, fe' io a quel da Lucca
che più parea di me voler contezza.

El mormorava, e non so che ‹Gentucca›   *37*
sentiva io là ov'ei sentia la piaga
della giustizia che sì li pilucca.

VIERUNDZWANZIGSTER GESANG

Nicht hemmte das Gespräch das Gehn, das Gehen   *1*
Nicht das Gespräch; nein plaudernd gings vonstatten
Schnell wie ein Schiff in günstigem Windeswehen.

Und die scheinbar zweimal-verstorbenen Schatten   *4*
Blickten erstaunt aus hohlen Augenringen,
Als sie Beweis von meinem Leben hatten.

Und ich fuhr fort, indem wir weitergingen: *7*
»Des andern halb mag er wohl minder eilen,
Als sonst geschäh, zum Gipfel aufzudringen.

Doch weißt dus, sag, wo mag Piccarda weilen?   *10*
Sag auch, mit wem es sich zu sprechen lohne
Von diesen, deren Blicke sind gleich Pfeilen.« –

»Die Schwester mein (ich weiß nicht, ob die Krone   *13*
Der Schönheit oder Güte mehr sie ehrte)
Strahlt schon gekrönt am hohen Olymposthrone.«

So sprach er erst; und dann: »Nichts, was mir wehrte,   *16*
Zu nennen jeden, weil der Fleischverschlinger,
Der Hunger, unser Aussehn so verzehrte.

Der dort ist Buonagiunt, (er hob den Finger)   *19*
Der Buonagiunt von Lucca; und daneben,
Der mehr als alle im Gesicht geringer:

Die heilige Kirche hielt sein Arm im Leben.   *22*
Er war aus Tours, und fastend mit Verdrießen
Büßt er Bolsenas Aal und Saft der Reben.«

Er zeigte mir und nannte, wie sie hießen,   *25*
Noch viele. Jeder schien sich drob zu freuen,
Da sie Entrüstung nicht erkennen ließen.

Ich sah mit leerem Mund Ubaldin käuen   *28*
Und Bonifaz, der Futter mancher Seele
Unter dem Krummstab pflegte hinzustreuen.

Ich sah Marchesen, der mit feuchtrer Kehle   *31*
Als hier sich wußte zu Forlì zu laben,
Weil, wie er sagte, niemals Durst ihm fehle.

Doch wie man vieles prüft und dann der Gaben   *34*
Beßre sich wählt, macht ichs mit dem Lucchesen,
Der auch mehr Lust schien zum Gespräch zu haben.

Gentucca, glaub ich, murmelte das Wesen   *37*
Von dorther, wo Gerechtigkeit die freche
Genußsucht so zerpflückt hat und zerlesen.

PURGATORIO · CANTO XXIV

«O anima» diss'io «che par sì vaga
di parlar meco, fa'sì ch'io t'intenda,
e te e me col tuo parlare appaga.»

«Femmina è nata, e non porta ancor benda»
cominciò ei, «che ti farà piacere
la mia città, come ch'uom la riprenda.

Tu te n'andrai con questo antivedere:
se nel mio mormorar prendesti errore,
dichiareranti ancor le cose vere.

Ma di' s'io veggio qui colui che fore
trasse le nuove rime, cominciando:
‹Donne ch'avete intelletto d'Amore›.»

E io a lui: «Io mi son un che quando
Amor mi spira, noto, e a quel modo
che ditta dentro, vo significando.»

«O frate, issa vegg'io» diss'elli «il nodo
che il Notaro e Guittone e me ritenne
di qua dal dolce stil novo ch'i' odo.

Io veggio ben come le vostre penne
diretro al dittator sen vanno strette,
che delle nostre certo non avvenne;

e qual più a riguardar oltre si mette,
non vede più dall'uno all'altro stilo»;
e quasi contentato, si tacette.

Come gli augei che vernan lungo il Nilo,
alcuna volta in aere fanno schiera,
poi volan più in fretta e vanno in filo;

così tutta la gente che lì era,
volgendo il viso, raffrettò suo passo,
e per magrezza e per voler leggiera.

E come l'uom che di trottare è lasso,
lascia andar li compagni, e sì passeggia
fin che si sfoghi l'affollar del casso,

sì lasciò trapassar la santa greggia
Forese, e dietro meco sen veniva,
dicendo: «Quando fia ch'io ti riveggia?»

«Non so» rispuos'io lui «quant'io mi viva:
ma già non fia il tornar mio tanto tosto,
ch'io non sia col voler prima alla riva;

però che il loco u'fui a viver posto,
di giorno in giorno più di ben si spolpa,
e a trista ruina par disposto.»

DER LÄUTERUNGSBERG · XXIV. GESANG

»Drängt dichs, daß ein Gespräch dein Schweigen breche,   40
O Geist«, sprach ich, »sag klar denn, was dich quälte,
Daß einer mit dem andern lehrreich spreche.« –

»Es lebt ein Weib, daß sich noch nicht vermählte«,   43
Sprach er; »drob wird dir meine Stadt behagen
Dereinst, wie sehr man sie bis jetzt auch schmälte.

Du magst dies Seherwort nun mit dir tragen;   46
Und wenn mein Murmeln dunkel dir geblieben,
So wird es bald als Wirklichkeit dir tagen.

Doch sprich, seh ich hier jenen, der geschrieben   49
Die neuen Reime, die also beginnen:
›Ihr Frauen, die ihr recht versteht zu lieben‹?«

Ich sprach: »Fühl ich die Liebe mich durchrinnen,   52
Lausch ich der Melodie, zu deren Noten
Den Text ich schreibe, den sie vorspricht innen.« –

»O Bruder«, sprach er, »jetzt seh ich den Knoten,   55
Der den Notar verstrickt, mich und Guittone,
Und uns den neuen süßen Stil verboten.

Was euch der Geist diktiert, in treuer Frone   58
Hin aufs Papier zu werfen, war euch eigen;
Wir aber klebten starr an der Schablone.

Wer beifallbuhlend drob hinaus will steigen,   61
Verkennt den Unterschied der beiden Stile.«
Und wie befriedigt sank er dann in Schweigen.

Wie Vögel, die zur Winterfahrt zum Nile   64
Sich rüsten, vorerst sammeln sich in Haufen,
Dann schnell in Zügen streben hin zum Ziele,

So sah ich, wie sich ohne zu verschnaufen   67
Die Scharen eilends von uns wegbegaben,
Durch Magerkeit und Sehnsucht leicht zum Laufen.

Und wie ein Mensch, der atemlos vom Traben,   70
Die andern vorläßt, langsam nachzugehen,
Bis daß ganz ausgekeucht die Lungen haben,

So ließ es mit der heiligen Schar geschehen   73
Forese, um mit mir ihr nachzustreben
Und sprach: »Wann werden wir uns wiedersehen?« –

»Wer weiß, wie lang bemessen mir mein Leben«,   76
Sprach ich; »doch käm die Rückkehr noch so schnelle,
Mein Wunsch wird früher sich zum Strand begeben.

Denn täglich mehr versiegt der Tugend Quelle   79
Am Orte, wo ich leben muß; und reifen
Seh seinen Sturz ich schon, der ihn zerschelle.« –

290

PURGATORIO · CANTO XXIV

«Or va'» diss'ei; «chè quei che più n'ha colpa,
vegg'io a coda d'una bestia tratto
invêr la valle ove mai non si scolpa.   82

La bestia ad ogni passo va più ratto,
crescendo sempre, fin ch'ella il percuote,
e lascia il corpo vilmente disfatto.   85

Non hanno molto a volger quelle ruote»
(e drizzò gli occhi al ciel), «che ti fia chiaro
ciò che il mio dir più dichiarar non puote.   88

Tu ti rimani omai; chè 'l tempo è caro
in questo regno, sì ch'io perdo troppo
venendo teco sì a paro a paro.»   91

Qual esce alcuna volta di gualoppo
lo cavalier di schiera che cavalchi,
e va per farsi onor del primo intoppo;   94

tal si partì da noi con maggior valchi;
e io rimasi in via con esso i due,
che fuor del mondo sì gran maliscalchi.   97

E quando innanzi a noi entrato fue,
che gli occhi miei si fêro a lui seguaci,
come la mente alle parole sue,   100

parvermi i rami gravidi e vivaci
d'un altro pomo, e non molto lontani,
per esser pure allora volto in làci.   103

Vidi gente sott'esso alzar le mani
e gridar non so che verso le fronde,
quasi bramosi fantolini e vani,   106

che pregano e il pregato non risponde,
ma per fare esser ben la voglia acuta,
tien alto lor disìo e nol nasconde.   109

Poi si partì sì come ricreduta;
e noi venimmo al grande albero adesso,
che tanti prieghi e lagrime rifiuta.   112

«Trapassate oltre sanza farvi presso:
legno è più su che fu morso da Eva,
e questa pianta si levò da esso.»   115

Sì tra le frasche non so chi diceva;
per che Virgilio e Stazio e io, ristretti,
oltre andavam dal lato che si leva.   118

«Ricordivi» dicea «dei maladetti
nei nuvoli formati, che, satolli
Teseo combattêr coi doppi petti;   121

291

DER LÄUTERUNGSBERG · XXIV. GESANG

»Nun geh; den Schuldigen wird die Rache greifen«,   82
Sprach er. »Zum Tal, wo Schuld nichts kann besiegen,
Seh ich an eines Tieres Schwanz ihn schleifen.

Schrittweis scheint rasender das Tier zu fliegen,   85
Zerstampft ihn dann in wilden Zornes Gären,
Und graus-entstellt läßt es den Körper liegen.

Nicht lang wird dieser Räder Umschwung währen,   88
(Zum Himmel sah er) bis dir klar am Ende,
Was dir mein Wort nicht weiter kann erklären.

Nun bleib zurück, die Zeit ist teure Spende   91
In diesem Reich: zuviel müßt ich verlieren,
Wenn ich noch Schritte viel mit dir verschwende.«

Wie manchmal pflegt hervorzugaloppieren   94
Aus nahender Schwadron ein einzler Reiter,
Sich mit des ersten Angriffs Ruhm zu zieren,

So eilte der mit größern Schritten weiter.   97
Und ich ging fürbaß nun, noch treu-verbunden
Mit jenen Großmarschällen als Begleiter.

Und als er unserm Ort so fern entschwunden,   100
Daß ihn mein Blick nicht besser sah im Raume,
Als ich in seinen Worten Sinn gefunden,

Sah ich von einem zweiten Apfelbaume   103
Fruchtschwere Äste winken – als ich eben
Mich umgewandt – nicht fern vom Straßensaume.

Sah Leute unter ihm die Hände heben,   106
Unklare Worte rufend nach den Zweigen,
Wie Kinder töricht-bettelnd aufwärtsstreben,

Wobei sich der Umschwärmte hüllt in Schweigen   109
Und das Begehrte, steigernd ihr Verlangen,
Doch höher hält, um deutlich es zu zeigen.

Bald waren sie enttäuscht zurückgegangen,   112
Indessen wir zum großen Baum gekommen,
Den niemals Bitten noch und Tränen zwangen.

»Geht fort vom Baum, sich nahen wird nicht frommen!   115
Der, davon Eva brach, steht weiter oben,
Und diese Pflanze ward von ihm entnommen.«

So sprach, ich weiß nicht wer, im Laubwerk droben,   118
Darob Vergil und Statius an den Seiten
Der Felswand sich mit mir vorüberschoben.

»Gedenket«, rief es, »der vermaledeiten   121
Zweibrüstigen weinberauschten Wolkenkinder,
Die gegen Theseus wagten frech zu streiten.

291

PURGATORIO · CANTO XXIV

e degli Ebrei, ch'al ber si mostrâr molli,   124
per che no i volle Gedeon compagni,
quando invêr Madiàn dicese i colli.»

Sì, accostati all'un de' due vivagni,   127
passammo, udendo colpe della gola
seguite già da miseri guadagni.

Poi, rallargati per la strada sola,   130
ben mille passi e più ci portâr oltre,
contemplando ciascun sanza parola.

«Che andate pensando sì voi sol tre?»   133
subita voce disse; ond'io mi scossi,
come fan bestie spaventate e poltre.

Drizzai la testa per veder chi fossi;   136
e giammai non si videro in fornace
vetri o metalli sì lucenti e rossi,

com'io vidi un, che dicea: «S'a voi piace   139
montare in su, qui si convien dar volta:
quinci si va chi vuole andar per pace.»

L'aspetto suo m'avea la vista tolta;   142
per ch'io mi volsi dietro a'miei dottori,
com'uom che va secondo ch'elli ascolta.

E quale, annunziatrice degli albòri,   145
l'aura di maggio muovesi ed olezza,
tutta impregnata dall'erba e da'fiori;

tal mi senti'un vento dar per mezza   148
la fronte, e ben senti'mover la piuma,
che fe'sentir d'ambrosia l'orezza.

E senti' dir: «Beati cui alluma   151
tanto di grazia, che l'amor del gusto
nel petto lor troppo disir non fuma,

esuriendo sempre quanto è giusto!»   154

DER LÄUTERUNGSBERG · XXIV. GESANG

Denkt an der Juden gierigen Trunk nicht minder,   *124*
Die Gideon verschmäht zu Kampfgenossen,
Als er gen Midian zog als Überwinder.«

So gingen einer Wand engangeschlossen,   *127*
Wir hin und hörten dort im Felsgehege,
Welch böse Frucht der Gaumenlust entsprossen.

Dann trugen uns auf breitem leerem Wege   *130*
Wohl tausend Schritte oder mehr ins Freie:
Nachdenklich jeder, und kein Laut ward rege.

»Was geht so einsamsinnend denn ihr dreie?«   *133*
Riefs plötzlich da, daß ich von ungefähre
Aufschreckte gleich dem Tier vor einem Schreie.

Ich hob das Haupt, zu sehen, wer da wäre.   *136*
Und niemals sah man, daß im Flammenspiele
Der Schmelzglut Erz und Glas so rot sich kläre,

Als ich hier einen sah, der sprach: »Gefiele   *139*
Der Aufstieg euch, so müßt ihr hier euch drehen:
Der Weg bringt den, der Frieden sucht, zum Ziele.«

Vor seinem Glanz schwand mir die Kraft zum Sehen,   *142*
Drum drängt ich mich an meiner Lehrer Hüften
Gleich dem, der dem Gehör pflegt nachzugehen.

Und wie der Mai sich wiegt in lauen Lüften,   *145*
Den Herolden der nahen Morgenhelle,
Geschwängert reich mit Kraut- und Blumendüften,

So fühlt ich eines Fittichs leise Welle   *148*
Mich fächeln mitten um die Stirne grade,
Und daß Ambrosiaduft sich ihm geselle,

Und hörte sagen: »Selig, wem die Gnade   *151*
So leuchtet, daß er nicht des Gaumens Knecht ist,
Daß Qualm der Gier die Brust nicht überlade,

Und er nur soviel hungert stets als recht ist!«   *154*

CANTO VENTESIMOQUINTO

Ora era onde il salir non volea storpio,   *1*
chè il sole avea il cerchio di merigge
lasciato al Tauro e la notte allo Scorpio;
   per che, come fa l'uom che non s'affigge,   *4*
ma vassi alla via sua, checchè gli appaia,
se di bisogno stimolo il trafigge;
   così entrammo noi per la callaia,   *7*
uno innanzi altro, prendendo la scala
che per artezza i salitor dispaia.

E quale il cicognin che leva l'ala   *10*
per voglia di volare, e non s'attenta
d'abbandonar lo nido e giù la cala;
   tal era io con voglia accesa e spenta   *13*
di dimandar, venendo infino all'atto
che fa colui ch'a dicer s'argomenta.

Non lasciò, per l'andar che fosse ratto,   *16*
lo dolce padre mio, ma disse: «Scocca
l'arco del dir, che infino al ferro hai tratto.»
   Allor sicuramente apri' la bocca,   *19*
e cominciai: «Come si può far magro
là dove l'uopo di nudrir non tocca?»
   «Se t'ammentassi come Meleagro   *22*
si consumò al consumar d'un stizzo,
non fora» disse «questo a te sì agro;
   e se pensassi come al vostro guizzo   *25*
guizza dentro allo specchio vostra image,
ciò che par duro ti parrebbe vizzo.

Ma perchè dentro a tuo voler t'adage,   *28*
ecco qui Stazio; e io lui chiamo e prego,
che sia or sanator delle tue plage.»
   «Se la veduta eterna gli dislego»   *31*
rispose Stazio, «là dove tu sie,
discolpi me non potert'io far niego.»
   Poi cominciò: «Se le parole mie,   *34*
figlio, la mente tua guarda e riceve,
lume ti fiero al come che tu die.

Sangue perfetto, che mai non si beve   *37*
dall'assetate vene e sì rimane
quasi alimento che di mensa leve,

FÜNFUNDZWANZIGSTER GESANG

Zum Aufstieg litt die Stunde mehr kein Säumen,   *1*
Denn Sonne mußte schon den Mittagsbogen
Dem Stier, und Nacht dem Skorpion einräumen.

Drum jenem gleich, der schnell kommt angeflogen,   *4*
Und vorwärtseilt, was auch am Weg erscheine,
Weil er sich fühlt vom Auftrag fortgezogen,

So klommen im zerklüfteten Gesteine   *7*
Wir nacheinander, weil die engen Stiegen
Nicht duldeten, daß sich ein Paar vereine.

Und wie der junge Storch voll Lust zum Fliegen   *10*
Die Schwingen hebt, doch wieder senkt voll Zagen,
Weil er nicht wagt, sich überm Nest zu wiegen,

So stieg und sank in mir die Lust, zu fragen.   *13*
Doch eh ich noch zum Sprechen mich ermannte,
Erriet, was auf dem Herzen ich getragen,

Der holde Vater, der kein Stillstehn kannte,   *16*
Und dennoch zu mir sprach: »Schieß ab den Bogen,
Dran sich der Strang schon bis zum Drücker spannte.«

Ich tat den Mund auf, vom Vertrauen bewogen,   *19*
Und ich begann: »Wie wird denn jemand mager,
Der nie durch Not zur Nahrung wird gezogen?« –

»Wenn du gedächtest, wie sich Meleager,   *22*
Weil sich ein Holz verzehrte, mitverzehrte:
Nicht wärst du«, sprach er, »ein so heftiger Frager.

Und dächtest du, was auch der Spiegel lehrte,   *25*
Zuckt ihr, muß zuckend ers im Bild bekunden,
Leicht sich das Harte dir ins Weiche kehrte.

Doch daß du Einblick bald nach Wunsch gefunden,   *28*
Sieh Statius hier: er wird gern Balsam gießen,
Bitt ich ihn drum, als Arzt in deine Wunden.« –

»Soll ich in deinem Beisein ihm erschließen   *31*
Des Ewigen Werk«, sprach er, »mußt du verzeihen:
Wo du befiehlst, darf mich es nicht verdrießen.«

Dann hob er an: »Soll dir mein Wort gedeihen,   *34*
O Sohn, betrachte dann den Sinn recht weise,
Und helles Licht wird er dem *Wie* verleihen.

Vollkommenes Blut, vom durstigen Aderkreise   *37*
Nicht aufgetrunken, bleibt zurück dann wieder,
Wie man nach Tische aufhebt eine Speise,

PURGATORIO · CANTO XXV

prende nel core a tutte membra umane   40
virtute informativa, come quello
ch'a farsi quelle per le vene vàne.

Ancor digesto, scende ov'è più bello   43
tacer che dire; e quindi poscia geme
sovr'altrui sangue in natural vasello.

Ivi s'accoglie l'uno e l'altro insieme,   46
l'un disposto a patire e l'altro a fare,
per lo perfetto loco onde si preme;

e, giunto lui, comincia ad operare,   49
coagulando prima, e poi avviva
ciò che per sua matera fe' constare.

Anima fatta la virtute attiva   52
qual d'una pianta, in tanto differente,
che questa è in via e quella è già a riva,

tanto ovra poi, che già si move e sente   55
come fungo marino; e indi imprende
ad organar le posse ond'è semente.

Or si spiega, figliuolo, or si distende   58
la virtù ch'è dal cuor del generante,
ove natura a tutte membra intende.

Ma come d'animal divegna fante,   61
non vedi tu ancor; quest'è tal punto,
che più savio di te fe' già errante,

sì che, per sua dottrina, fe' disgiunto   64
dall'anima il possibile intelletto,
perchè da lui non vide organo assunto.

Apri alla verità che viene, il petto,   67
e sappi che sì tosto come al feto
l'articular del cerebro è perfetto,

lo motor primo a lui si volge lieto   70
sovra tant'arte di natura, e spira
spirito novo, di virtù repleto,

che ciò che trova attivo quivi, tira   73
in sua sustanzia, e fassi un'alma sola,
che vive e sente e sè in sè rigira.

E perchè meno ammiri la parola,   76
guarda il calor del sol che si fa vino,
giunto all'omor che della vite cola.

E quando Lachesìs non ha più lino,   79
solvesi dalla carne, ed in virtute
ne porta seco e l'umano e 'l divino:

294

DER LÄUTERUNGSBERG · XXV. GESANG

Empfängt Formkraft für alle Menschenglieder   40
Im Herzen, gleich dem andern Blut im Leibe,
Das gliederbildend strömt die Adern nieder.

Zum Orte sinkts, der ungenannt hier bleibe,   43
Zwiefachgeläutert, bis es sich ergossen
Aufs fremde Blut in ein Gefäß beim Weibe.

Hier werden beide nun in eins geschlossen.   46
Dulden will dies, auf Tat will jenes sinnen
Nach dem vollkommenen Ort, draus sie entflossen.

Dort angelangt, regt sich ein frisch Beginnen.   49
Zuerst gerinnts; dann zeugt es junges Leben
In dem, was es zum Stoffe durft gewinnen.

Die Tatkraft, der nun Seele ward gegeben   52
Ähnlich der Pflanze – nur daß *die* gehalten
Vom Anker schon, und jene noch muß streben –

Läßt sich Bewegung und Gefühl entfalten   55
Dem Seeschwamm gleich, worauf sie anfängt, Glieder
Den ihr entkeimten Kräften zu gestalten.

Jetzt, Sohn, dehnt sich die Kraft erweiternd wieder,   58
Die im Erzeugerherzen sich bereitet,
Drin vorsorglich Natur legt alles nieder.

Doch wie das Tier zum Kinde weiterschreitet,   61
Siehst du noch nicht: es fand in dieser Sphäre
Sich schon ein Weiserer als du mißleitet.

Er lehrte, daß getrennt die Seele wäre   64
Vom möglichen Verstande, weil sein Sinnen
Kein Werkzeug sah, daraus er sichs erkläre.

Öffne dein Herz, die Wahrheit zu gewinnen,   67
Die jetzt erscheint; und wisse – wenn vollendet
Des Hirnes Gliederung im Fötus drinnen –

Daß froh der Urbeweger sich zuwendet   70
Solchem Naturkunstwerk. Sein Hauch entzündet
Ihm einen neuen Geist, dem Kraft er spendet,

Der ansichzieht, was sich dort tätig kündet,   73
Sein selbst zu einer Seele zu verweben,
Die lebt und fühlt und insichselbst sich gründet.

Soll mindern Staunens Grund mein Wort dir geben,   76
Gedenke, wie den edlen Saft des Weines
Die Sonne kelternd kocht im Holz der Reben.

Und wenns der Lachesis gebricht des Leines,   79
Läßt sie den Leib; als Fähigkeit vonhinnen
Mitnehmend Menschliches und Göttlichreines.

PURGATORIO · CANTO XXV

l'altre potenze tutte quante mute;   82
memoria, intelligenza e volontade,
in atto molto più che prima agute.

Sanz'arrestarsi, per sè stessa cade   85
mirabilmente all'una delle rive:
quivi conosce prima le sue strade.

Tosto che luogo lì la circonscrive,   88
la virtù informativa raggia intorno
così e quanto nelle membra vive;

e come l'aere, quand'è ben piorno,   91
per l'altrui raggio che in sè si riflette,
di diversi color diventa adorno;

così l'aere vicin quivi si mette   94
in quella forma che in lui suggella
virtualmente l'alma che ristette;

e simigliante poi alla fiamella,   97
che segue il foco la 'vunque si muta,
segue allo spirto sua forma novella.

Però che quindi ha poscia sua par uta,   100
è chiamata ombra; e quindi organa poi
ciascun sentire infino alla veduta.

Quindi parliamo e quindi ridiam noi;   103
quindi facciam le lagrime e i sospiri
che per lo monte aver sentiti puoi.

Secondo che ci affiggono i disiri   106
e gli altri affetti, l'ombra si figura;
e questa è la cagion di che tu miri.»

E già venuto all'ultima tortura   109
s'era per noi, e volto alla man destra,
ed eravamo attenti ad altra cura.

Quivi la ripa fiamma in fuor balestra,   112
e la cornice spira fiato in suso
che la riflette e via da lei sequestra;

onde ir ne convenia dal lato schiuso   115
ad uno ad uno; e io temea il foco
quinci, e quindi temea cadere in giuso.

Lo duca mio dicea: «Per questo loco   118
si vuol tenere agli occhi stretto il freno,
però ch'errar potrebbesi per poco.»

«Summae Deus clementiae» nel seno   121
al grande ardore allora udi' cantando,
che di volger mi fe' caler non meno;

295

DER LÄUTERUNGSBERG · XXV. GESANG

Gedächtnis, Wille und Verstand gewinnen 82
An Kraft und Schärfe jetzt in höherm Grade,
Indes die andern Kräfte stumm verrinnen.

Und ohne Rast an eines der Gestade 85
Fällt wunderbar vonselbst die Seele nieder:
Und dort erst wird sie kundig ihrer Pfade.

Sobald ein Raum sie hält in Grenzen wieder, 88
So strahlt hervor die Formkraft allerwegen,
Wie sie es tat, als lebend ihre Glieder.

Und wie die Luft, drückt sie ein schwerer Regen, 91
In fremder Strahlen Spiegelschein entglommen,
Ein buntes Farbenkleid pflegt anzulegen,

Wird von der Nachbarluft hier angenommen 94
Die Form auch, die darein die Seele drückte
Durch geistige Bildkraft, wenn sie angekommen.

Und wie dem Brandherd, den man weiterrückte, 97
Die Einzelflamme folgt, pflegt nachzugehen
Dem Geist die Form, mit der er neu sich schmückte.

Weil er daher kann sichtbar vor uns stehen, 100
Heißt Schatten er, und läßt daher erwachen
Werkzeuge allen Sinnen samt dem Sehen.

Daher wir sprechen und daher wir lachen, 103
Daher entstehen die Tränen und die Klagen,
Die längs dem Berg dich achtsam konnten machen.

Ganz nach den Wünschen, drin wir uns behagen, 106
Und durch Gefühle sonst, formt sich der Schatten.
Und dies wird deines Staunens Grund dir sagen.« –

Zur letzten Windung ging indes vonstatten 109
Der Weg, wobei wir uns zur Rechten wandten,
Als wir schon eine neue Sorge hatten:

Sprühflammen schleudern hier die Felsenkanten! 112
Doch wirft ein Wind von untenher die Lohe
Zurück, daß oben nur die Flammen brannten,

Die einzeln wir durchschreiten müssen! Hohe 115
Züngelnde Flammen dort; und hier ist füglich
Gefahr, daß man hinabzustürzen drohe.

Mein Führer sprach: »An diesem Ort muß klüglich 118
Dem Zaum der Vorsicht unser Auge trauen,
Denn Fehltritt kann geschehen unverzüglich.« –

»Summae Deus clementiae!« Tief im Brauen 121
Des großen Feuers hört ich dieses singen,
Drob ichs nicht lassen konnte, hinzuschauen.

PURGATORIO · CANTO XXV

e vidi spirti per la fiamma andando;   *124*
per ch'io guardava a loro e a' miei passi,
compartendo la vista a quando a quando.

Appresso il fine ch'a quell'inno fassi,   *127*
gridavano alto: «*Virum non cognosco*»;
indi ricominciavan l'inno bassi.

Finitolo, anche gridavano: «Al bosco   *130*
si tenne Diana, ed Elice caccionne,
che di Venere avea sentito il tosco.»

Indi al cantar tornavano; indi donne   *133*
gridavano e mariti che fuor casti,
come virtute e matrimonio imponne.

E questo modo credo che lor basti   *136*
per tutto il tempo che il foco gli abbrucia:
con tal cura conviene e con tai pasti
  che la piaga da sezzo si ricucia.   *139*

DER LÄUTERUNGSBERG · XXV. GESANG

Und Geister sah ich, die im Feuer gingen,   124
Drob achtsam bald an *meinem* Wegesgleise
Und bald an *ihrem* meine Augen hingen.

Sobald beendet dieses Loblieds Weise,   127
Scholls: »*Virum non cognosco!*« laut von allen.
Dann wiederholten sie den Hymnus leise.

Zum Schlusse riefen sie: »In Waldeshallen   130
Weilte Diana, und sie trieb vondannen
Helice, die dem Venusgift verfallen.«

Hierauf sie wieder den Gesang begannen.   133
Dann hört ich, wie man Frauen und Gatten preise,
Die nur auf Ehezucht und Tugend sannen.

Zufrieden stellt sie, glaub ich, diese Weise   136
Die ganze Zeit, wo Flammen sie umfließen.
Mit solcher Pflege und bei solcher Speise

Wird endlich sich die letzte Wunde schließen.   139

CANTO VENTESIMOSESTO

Mentre che sì per l'orlo, uno innanzi altro,   *1*
ce n'andavamo, e spesso il buon maestro
diceva: «Guarda: giovi ch'io ti scaltro!»,

feriami il sole in su l'omero destro,   *4*
che già, raggiando, tutto l'occidente
mutava in bianco aspetto di cilestro;

e io facea con l'ombra più rovente   *7*
parer la fiamma; e pur a tanto indizio
vidi molt'ombre, andando, poner mente.

Questa fu la cagion che diede inizio   *10*
loro a parlar di me; e cominciârsi
a dir: «Colui non par corpo fittizio»;

poi verso me, quanto potevan farsi,   *13*
certi si feron, sempre con riguardo
di non uscir dove non fossero arsi.

«O tu che vai, non per esser più tardo,   *16*
ma forse reverente, agli altri dopo,
rispondi a me, che in sete e in foco ardo.

Nè solo a me la tua risposta è uopo;   *19*
chè tutti questi n'hanno maggior sete
che d'acqua fredda Indo o Etiòpo.

Dinne com'è che fai di te parete   *22*
al sol, come se tu non fossi ancora
di morte entrato dentro dalla rete.»

Sì mi parlava un d'essi; e io mi fora   *25*
già manifesto, s'io non fossi atteso
ad altra novità ch'apparse allora;

chè per lo mezzo del cammino acceso   *28*
venne gente col viso incontro a questa,
la qual mi fece a rimirar sospeso.

Lì veggio d'ogni parte farsi presta   *31*
ciascun'ombra, e basciarsi una con una,
senza restar, contente a breve festa:

così per entro loro schiera bruna   *34*
s'ammusa l'una con l'altra formica,
forse ad espiar lor via e lor fortuna.

Tosto che parton l'accoglienza amica,   *37*
prima che il primo passo lì trascorra,
sopragridar ciascuna s'affatica:

SECHSUNDZWANZIGSTER GESANG

Indem wir einer hinterm andern gingen   *1*
Am Rand hin, sprach der gute Meister immer:
»Hab acht! laß dir mein Warnen Nutzen bringen!«
    Rechts traf die Schulter mir der Sonne Schimmer,   *4*
Die strahlend schon den Westen ganz entfachte,
Wandelnd sein Himmelblau in Silberflimmer.
    Ich sah, daß meinen Schatten röter machte   *7*
Der Flamme Schein, und sah, daß nur dies Zeichen
Viel Schattenvolk in ihrem Gehen betrachte.
    Dies mochte denn zum Anlaß auch gereichen,   *10*
Von mir zu reden hier; und sie begannen:
»Der dort scheint keinem Schattenleib zu gleichen.«
    Es traten drauf, soweit sie Raum gewannen,   *13*
Einzle zu mir heran; doch sich zu trennen
Vom Feuer nicht zuweit, sie ängstlich sannen.
    »O du, des Säumnis Trägheit nicht zu nennen,   *16*
Der wohl nur folgt aus Ehrfurcht, mach gelinder
Durch deine Antwort Durst und Feuersbrennen.
    Nicht ich nur, auch die andern sind nicht minder   *19*
Begierig deines Worts: stärker verlangen
Nach kühlem Quell kann kein Äthiop noch Inder.
    Sag uns, woher du hast die Macht empfangen,   *22*
Gegen die Sonne dich als Wand zu heben?
Bist du dem Tod noch nicht ins Netz gegangen?«
    So sprach mich einer an, und Antwort geben   *25*
Wollt ich, als meine Augen auf sich wandte
Ein neues Schauspiel, sich entrollend eben:
    Denn auf des Weges Mitte, der da brannte,   *28*
Kam diesem Volk ein andres jetzt entgegen,
Daß ich den Blick, es zu betrachten, spannte.
    Ich sah sich aufeinanderzu bewegen   *31*
Die Schatten und sich küssen; doch nicht rasten,
Nein, wie im Flug solch kurzer Feier pflegen.
    So auch in braunen Scharen sich betasten   *34*
Ameisen wohl, als gäben ihres Ganges
Und Wohlseins halb sie Auskunft trotz dem Hasten.
    Doch eh beim Schluß des freundlichen Empfanges   *37*
Ein Schwarm vorbei am andern war im Laufe,
So riefen sie wetteifernd lauten Klanges:

PURGATORIO · CANTO XXVI

la nuova gente: «Soddoma e Gomorra!»; 40
e l'altra: «Nella vacca entra Pasife
perchè il torello a sua lussuria corra!»

Poi come grue, ch'alle montagne Rife 43
volasser parte e parte invêr l'arene,
queste de gel, quelle del sole schife;

l'una gente sen va, l'altra sen vene; 46
e tornan lagrimando a' primi canti
e al gridar che più lor si convene.

E raccostârsi a me, come davanti, 49
essi medesmi che m'avean pregato,
attenti ad ascoltar nei lor sembianti.

Io che due volte avea visto lor grato, 52
incominciai: «O anime sicure
d'aver quando che sia di pace stato,

non son rimase acerbe nè mature 55
le membra mie di là, ma son qui meco
col sangue suo e con le sue giunture.

Quinci su vo per non esser più cieco: 58
donna è di sopra che n'acquista grazia
per che il mortal pel vostro mondo reco.

Ma se la vostra maggior voglia sazia 61
tosto divegna, sì che il ciel v'alberghi
ch'è pien d'amore e più ampio si spazia,

ditemi, acciò che ancor carte ne verghi, 64
chi siete voi, e chi è quella turba
che se ne va diretro ai vostri terghi.»

Non altrimenti stupido si turba 67
lo montanaro, e rimirando ammuta,
quando rozzo e salvatico s'inurba,

che ciascun'ombra fece in sua paruta; 70
ma, poi che furon di stupore scarche,
lo qual negli alti cuor tosto s'attuta,

«Beato te, che delle nostre marche» 73
ricominciò colei che pria m'inchiese,
«per morir meglio, esperienza imbarche!

La gente che non vien con noi, offese 76
di ciò per che già Cesar, trionfando,
‹Regina› contra se chiamar s'intese;

però si parton ‹Soddoma› gridando, 79
rimproverando a sè, com'hai udito,
ed aiutan l'arsura vergognando.

DER LÄUTERUNGSBERG · XXVI. GESANG

»Sodom! Gomorra!« hier der neue Haufe; 40
Der andre rief: »Pasiphaë, o Schande,
Ward Kuh, daß ihre Brunst den Stier erkaufe!«

Falls *ein* Schwarm Kraniche zum Wüstensande, 43
Ein andrer den Riphäern zu enteile,
Der vor dem Frost und der vorm Sonnenbrande:

So geht ein Trupp, ein andrer kommt derweile, 46
Und kehrt sich weinend zu den Anfangssängen
Und zu *dem* Ruf, der ihnen mehr zum Heile.

Und wiederum sah ich vor mir sich drängen 49
Dieselben, die mich schon bestürmt mit Flehen,
Und sah ihr Ohr an meinen Lippen hängen.

Ich, der nun zweimal ihren Wunsch gesehen, 52
Begann: »O Seelen, die ihr dürft in Gnaden
Zum Frieden gehn, wann es auch mag geschehen,

Nicht reif noch unreif ward ich dort entladen 55
Der Glieder, nein: vom Tod noch nicht erlesen,
Hab ich noch jeden Blut- und Muskelfaden.

Hier steig ich, meiner Blindheit zu genesen! 58
Weil droben Gnade uns ein Weib bereitet,
Trag ich durch eure Welt mein irdisch Wesen.

Doch bei dem Wunsche, der euch sehnlichst leitet, 61
Daß euch bald jener Himmel mag beglücken,
Der sich zumeist in Liebesfülle weitet,

Sagt mir, mein Pergament damit zu schmücken, 64
Wer seid ihr und wer sind die andern Scharen,
Die dort enteilen hinter euerm Rücken?«

So steht der Älpler staunend, unerfahren, 67
Wenn ihm, der sprachlos wird bei seinem Gaffen,
Die Wunder einer Stadt sich offenbaren,

Wie aller Schatten Aussehn war beschaffen. 70
Doch als des Staunens jeder nun entsagte,
Dem edle Herzen sich gar bald entraffen,

Sprach jener wieder, der zuerst mich fragte: 73
»Heil dir, daß dir Erfahrung hier am Strande
Zum seligern Tod als Ladegut behagte.

Das Volk, das uns verließ, büßt für *die* Schande, 76
Drob hinter Cäsarn her laut ›Königin!‹ riefen
Die Spötter beim Triumphzug durch die Lande.

Drum schrien sie ›Sodom‹, als sie uns entliefen, 79
Wie du gehört, um selbst sich zu erbittern
Und durch die Scham das Brennen zu vertiefen.

PURGATORIO · CANTO XXVI

Nostro peccato fu ermafrodito;   *82*
mè perchè non servammo umana legge,
seguendo come bestie l'appetito,

in obbrobrio di noi, per noi si legge,   *85*
quando partiamci, il nome di colei
che s'imbestiò nelle 'mbestiate schegge.

Or sai nostri atti e di che fummo rei: *88*
se forse a nome vuo' saper chi semo,
tempo non è di dire, e non saprei.

Farotti ben di me volere scemo: *91*
son Guido Guinizelli; e già mi purgo
per ben dolermi prima ch'allo stremo.»

Quali nella tristizia di Licurgo   *94*
si fêr due figli a riveder la madre,
tal mi fec'io, ma non a tanto insurgo,

quand' i' odo nomar sè stesso il padre   *97*
mio e degli altri miei miglior, che mai
rime d'amor usâr dolci e leggiadre;

e senza udire e dir pensoso andai   *100*
lunga fïata rimirando lui,
nè, per lo foco, in là più m'appressai.

Poi che di riguardar pasciuto fui,   *103*
tutto m'offersi pronto al suo servigio
con l'affermar che fa credere altrui.

Ed elli a me: «Tu lasci tal vestigio,   *106*
per quel ch'i' odo, in me e tanto chiaro,
che Letè nol può tôrre nè far bigio.

Ma se le tue parole or ver giuraro,   *109*
dimmi: che è cagion per che dimostri
nel dire e nel guardare avermi caro?»

E io a lui: «Li dolci detti vostri,   *112*
che, quanto durerà l'uso moderno,
faranno cari ancora i loro inchiostri.»

«O frate» disse, «questi ch'io ti scerno   *115*
col dito» (e additò un spirto innanzi)
«fu miglior fabbro del parlar materno.

Versi d'amore e prose di romanzi   *118*
soverchiò tutti; e lascia dir gli stolti,
che quel di Lemosì credon ch'avanzi.

A voce più ch'al ver drizzan li volti,   *121*
e così ferman sua oppinione,
prima ch'arte o ragion per lor s'ascolti.

299

DER LÄUTERUNGSBERG · XXVI. GESANG

Wir aber sündigten als Volk von Zwittern: *82*
Sittenverachtung hat uns so erniedert,
Um eklen Tiergelüsten nachzuwittern.

Drum müssen wir beim Abschied, angewidert   *85*
Von eigner Schmach, *des* Weibes Namen künden,
Das sich vervieht, von Viehgestalt umgliedert.

Nun kennst du unser Tun und unsere Sünden: *88*
Daß ich dich Namen sonst nicht lasse wissen,
Muß Unkenntnis und knappe Zeit begründen.

Ich selbst, nicht sollst du diese Antwort missen,   *91*
Bin Guido Guinizell; doch quält michs linder,
Weil mich vorm Tod die Reue schon gebissen.« –

Wie nach Lykurgens Unglück beide Kinder   *94*
Die Mutter bei dem Wiedersehn umschlungen,
So war mir, nur erkühnt ich des mich minder,

Als hier *des* Vaters Name mir erklungen,   *97*
Der zarter süßer Reime Kunst verstanden,
Dem ich und noch manch Besserer nachgesungen.

Nichts hörend oder sprechend, ganz in Banden   *100*
Des Denkens schritt ich hin, ihn zu beschauen;
Doch ihm zu nahen verbot des Feuers Branden.

Als ich dann satt, an ihm mich zu erbauen,   *103*
Verschwor ich mich, ihm jeden Dienst zu leihen,
Mit der Beteurung, der auch Fremde trauen.

»Du läßt mir soviel Liebes angedeihen«,   *106*
Sprach er zu mir, »daß Lethe nicht zerstören
Die Spuren jemals könnte noch entweihen.

Doch sprich, wenn deine Worte Wahrheit schwören,   *109*
Warum Verehrung du aus Herzensgrunde
In Wort und Blick mich ließest sehen und hören?«

Und ich: »Die Lieder sinds aus euerm Munde   *112*
Die Tinte, die sie hinschrieb, wird man loben
Solang besteht die neue Dichtungskunde.« –

»O Bruder! Der da wandelt weiter oben«,   *115*
Sprach er (und einen Geist wies mir sein Finger),
»Gab in der Sprachkunst bessere Schmiedeproben.

Er hat als Romanzier und Minnesinger   *118*
Besiegt sie alle. Und laß schreien die Toren,
Der Limosiner wäre sein Bezwinger.

Auf Ruf mehr als auf Wahrheit eingeschworen,   *121*
Steht ihre Meinung fest nach der Schablone,
Eh Kunst und Einsicht ihnen kommt zu Ohren.

PURGATORIO · CANTO XXVI

Così fêr molti antichi di Guittone,   *124*
di grido in grido pur lui dando pregio,
fin che l'ha vinto il ver con più persone.

Or se tu hai sì ampio privilegio,   *127*
che licito ti sia l'andare al chiostro
nel quale è Cristo abate del collegio,

fagli per me un dir d'un paternostro,   *130*
quanto bisogna a noi di questo mondo,
dove poter peccar non è più nostro.»

Poi forse per dar loco altrui secondo   *133*
che presso avea, disparve per lo foco,
come per l'acqua il pesce andando al fondo.

Io mi feci al mostrato innanzi un poco,   *136*
e dissi ch'al suo nome il mio desire
apparecchiava grazioso loco.

El cominciò liberamente a dire: *139*
«*Tan m'abellis vostre cortes deman,*
qu'ieu no mepuesc, ni-m voill a vos cobrire.

Ieu sui Arnaut, que plor e vau cantan;   *142*
consiros vei la passada folor,
e vei jausen lo jorn qu' esper, denan.

Ara vos prec per aquella valor   *145*
que vos guida al som de l'escalina,
sovenha vos a temps de ma dolor!»

Poi s'ascose nel fuoco che gli affina.   *148*

DER LÄUTERUNGSBERG · XXVI. GESANG

So priesen viele Alte den Guittone   124
Von Mund zu Mund in vollen Lobakkorden,
Bis Wahrheit ihm samt andern nahm die Krone.

Doch, wenn solch hoher Vorzug dir geworden,   127
Der dir erlaubt, das Kloster zu betreten,
Wo Christus selbst als Abt vorsteht dem Orden,

Magst du für mich ein Vaterunser beten,   130
Soviel in dieser Welt hier einer brauche,
Wo wir der Sünde längst den Rücken drehten.«

Drauf sah ich – um dem Nachbar wohl im Rauche   133
Das Feld zu räumen – in die Glut ihn gleiten,
Alsob ein Fisch zum Grunde niedertauche.

Doch näher trat ich nun zu jenem zweiten,   136
Beteuernd ihm, daß seines Namens wegen
Mein Wunsch ihm Frohwillkommen möcht bereiten.

Da kam sein Freimut freundlich mir entgegen: 139
»Beglückt, weil euer Wunsch so artig tönt,
Ziemt sichs mir nicht, aufs Schweigen mich zu legen.

Ich bin Arnaut, der wandelnd singt und stöhnt.   142
Beugt tief mich Torheit, die mich hielt in Haft,
Hebt Hoffnung auf den Tag mich, der mich krönt.

Deshalb beschwör ich euch bei jener Kraft,   145
Die euch die Stufen hochführt ungepeinigt:
Gedenkt, daß meinem Leid ihr Linderung schafft!«

Dann barg er sich im Feuer, das sie reinigt.   148

CANTO VENTESIMOSETTIMO

Sì come quando i primi raggi vibra
là dove il suo fattore il sangue sparse,
cadendo Ibero sotto l'alta Libra

e l'onde in Gange da nona riarse,
si stava il sole; onde il giorno sen giva,
quando l'angel di Dio lieto ci apparse.

Fuor della fiamma stava in su la riva,
e cantava ‹*Beati mundo corde!*›
in voce assai più che la nostra viva.

Poscia «Più non si va, se pria non morde,
anime sante, il foco; intrate in esso,
e al cantar di là non siate sorde!»

ci disse come noi gli fummo presso:
per ch'io divenni tal, quando lo 'ntesi,
qual' è colui che nella fossa è messo.

In su le man commesse mi protesi,
guardando il foco e imaginando forte
umani corpi già veduti accesi.

Volsersi verso me le buone scorte,
e Virgilio mi disse: «Figliuol mio,
qui può esser tormento, ma non morte.

Ricorditi, ricorditi!... E se io
sovresso Gerion ti guidai salvo,
che farò ora presso più a Dio?

Credi per certo che se dentro all'alvo
di questa fiamma stessi ben mill'anni,
non ti potrebbe far d'un capel calvo;

e se tu forse credi ch'io t'inganni,
fatti vêr lei, e fatti far credenza
con le tue mani al lembo de' tuoi panni.

Pon giù omai, pon giù ogni temenza:
volgiti in qua, e vieni oltre sicuro!»
E io pur fermo e contra coscienza.

Quando mi vide star pur fermo e duro,
turbato un poco, disse: «Or vedi, figlio:
tra Beatrice e te è questo muro.»

Come al nome di Tisbe aperse il ciglio
Piramo in su la morte, e riguardolla,
allor che il gelso diventò vermiglio;

1

4

7

10

13

16

19

22

25

28

31

34

37

SIEBENUNDZWANZIGSTER GESANG

Wie dorthin, wo ihr Schöpfer einst verblutet,   *1*
Die Sonne scheint mit ihrem ersten Strahle,
Wenn Ebro unterm Bild der Wage flutet
   Und schwüler Mittag glüht im Gangestale: *4*
So stand die Sonne, als im Abendbrande
Ein Engel uns erschien mit einem Male.
   Noch außerhalb der Glut stand er am Strande   *7*
Und ließ »*Beati mundo corde!*« klingen
Weit heller, als mans hört im Erdenlande.
   Dann sprach er: »Eher gibts kein Weiterdringen,   *10*
Als euch die Glut biß. Tretet ein mitsammen
Und überhört nicht, was sie jenseits singen!«
   Er sprachs. Wir traten näher an die Flammen.   *13*
Alsob ich das Begrabensein empfände
Lebendigen Leibs fühlt ich mein Herz erklammen.
   Ich bog mich vorwärts ganz und rang die Hände,   *16*
Denn mein Erinnern glaubte neu zu sehen
Zuckende Leiber in der Glut der Brände.
   Die guten Führer triebs, mir beizustehen,   *19*
Und tröstend sprach Vergil: »Mein Sohn, zu Plagen
Kannst du hier wohl, doch nicht zum Tode gehen.
   Bedenk, bedenk! . . .Und wenn ich dich getragen   *22*
Auf Geryon schon, dich schützend vor Gefahren,
Was werd ich, Gott viel näher jetzt, nicht wagen?
   Glaub mirs, es würden dir in tausend Jahren   *25*
Die Flammen hier, wie wild sie dich umschlügen,
Versengen noch nicht eins von deinen Haaren.
   Und glaubst du, daß mein Wort *doch* könne trügen,   *28*
Tritt her! Gewißheit laß die Hand erlangen
Am Kleidessaum. Das muß dir dann genügen.
   Leg ab daher, leg ab so feiges Bangen!   *31*
Komm her! und dreist voran durchs Glutgeranke!« –
Ich, gegen mein Gewissen, stand befangen.
   Und als er sah, ich weiche nicht noch wanke,   *34*
Hört ich ihn »Sieh doch, Sohn«, fast zürnend sagen
»Von *Beatricen* trennt dich diese Schranke.«
   Wie Pyramus, als ihm ans Ohr geschlagen   *37*
Der Name Thisbe, aufsah zu der Teuern,
Als rote Frucht der Maulbeerbaum getragen,

PURGATORIO · CANTO XXVII

così, la mia durezza fatta solla,   40
mi volsi al savio duca, udendo il nome
che nella mente sempre mi rampolla;

    ond'ei crollò la fronte e disse: «Come!   43
volemci star di qua?» Indi sorrise,
come al fanciul si fa ch'è vinto al pome.

    Poi dentro al foco innanzi mi si mise,   46
pregando Stazio che venisse retro,
che pria per lunga strada ci divise.

    Come fui dentro, in un bogliente vetro   49
gittato mi sarei per rinfrescarmi,
tant'er'ivi lo 'ncendio sanza metro.

    Lo dolce padre mio, per confortarmi,   52
pur di Beatrice ragionando andava,
dicendo: «Gli occhi suoi già veder parmi.»

    Guidavaci una voce che cantava   55
di là, e noi, attenti pur a lei,
venimmo fuor là dove si montava.

    «Venite, benedicti Patris mei»   58
sonò dentro a un lume che lì era,
tal, che mi vinse e guardar nol potei.

    «Lo sol sen va» soggiunse, «e vien la sera: 61
non v'arrestate, ma studiate il passo,
mentre che l'occidente non s'annera.»

    Dritta salia la via per entro il sasso   64
verso tal parte, ch'io toglieva i raggi
dinanzi a me del sol ch'era già basso;

    e di pochi scaglion levammo i saggi,   67
che il sol corcar, per l'ombra che si spense,
sentimmo dietro e io e li miei saggi.

    E pria che in tutte le sue parti immense   70
fosse orizzonte fatto d'un aspetto,
e notte avesse tutte sue dispense,

    ciascun di noi d'un grado fece letto;   73
chè la natura del monte ci affranse
la possa del salir più e 'l diletto.

    Quali si fanno ruminando manse   76
le capre, state rapide e proterve
sopra le cime avanti che sien pranse,

    tacite all'ombra, mentre che il sol ferve,   79
guardate dal pastor, che in su la verga
poggiato s'è, e lor poggiato serve;

DER LÄUTERUNGSBERG · XXVII. GESANG

So, meinem harten Eigensinn zu steuern,   *40*
Trat ich zum weisen Meister, als erschollen
Ihr Name, der mich ewig wird befeuern.

Drob sprach kopfschüttelnd er: »Wie nun! Wir wollen   *43*
Hierbleiben?« – Lächelnd wie ob eines Knaben
Sprach ers, besiegt ein Apfel dessen Schmollen.

Als wir uns, er voran, zur Glut begaben,   *46*
Bat er den Statius, hinter mir zu schreiten,
Den wir erst pflegten zwischen uns zu haben.

Dortdrinnen hätt ich mir ein Bad bereiten   *49*
Aus glühendem Glas gemocht, mich zu erquicken:
So mächtig war die Glut hier allerseiten.

Mein teurer Vater sprach, mir Trost zu schicken,   *52*
Von Beatricen nur auf unserm Gange
Und rief: »Schon glaub ihr Aug ich zu erblicken!«

Uns führte eine Stimme mit Gesange   *55*
Von drüben, der wir lauschten auf den Wegen,
Bis wir vortraten, wo man steigt am Hange.

»*Venite benedicti*« scholls entgegen   *58*
Aus einem Licht uns, das mich so geblendet,
Daß ich mein Lid aufs Auge mußte legen.

»Die Sonne sinkt«, fuhrs fort; »der Abend wendet   *61*
Sich her. Nicht rastet! Fördert eure Schritte,
Eh sich der Westen schwärzt, der Licht euch spendet.«

Gradauf der Weg stieg durch der Felsen Mitte   *64*
Derartig, daß die Sonne beim Ermatten
Den Schatten vor mich warf bei jedem Tritte.

Als wenig Stufen wir erklommen hatten,   *67*
Sahn ich und meine Weisen, daß zerronnen
Das Taglicht, weil zerronnen auch mein Schatten.

Drum nahm – eh noch der Horizont begonnen,   *70*
Einförmig zu bekleiden jede Stätte,
Und eh die Nacht den fernsten Saum umsponnen –

Zum Bett sich jeder einer Stufe Glätte: *73*
Nur unsre *Kraft* brach an des Bergs Beschwerde,
Nicht daß zum Aufstieg *Lust* gemangelt hätte.

Wie wiederkäuend eine Ziegenherde,   *76*
Die flink erst über Hügel sprang, im Brüten
Gesättigt ruht im Schatten auf der Erde,

Wenn schon die Höhen mittagsrot erglühten,   *79*
Indes auf seinen Stab sich stützt der treue
Bedächtige Hirt, sie wachsam zu behüten;

PURGATORIO · CANTO XXVII

e quale il mandrian che fuori alberga,   82
lungo il peculio suo queto pernotta,
guardando perchè fiera non los sperga;

tali eravamo tutti e tre allotta,   85
io come capra, ed ei come pastori,
fasciati quinci e quindi d'alta grotta.

Poco parer potea lì del di fori;   88
ma per quel poco vedea io le stelle,
di lor solere e più chiare e maggiori,

Sì ruminando e sì mirando in quelle,   91
mi prese il sonno; il sonno che sovente,
anzi che 'l fatto sia, sa le novelle.

Nell'ora, credo, che dell'oriente   94
prima raggiò nel monte Citerea,
che di foco d'amor par sempre ardente,

giovane e bella in sogno mi parea   97
donna vedere andar per una landa
cogliendo fiori; e cantando dicea:

«Sappia qualunque il mio nome dimanda,   100
ch'io mi son Lia, e vo movendo intorno
le belle mani a farmi una ghirlanda.

Per piacermi allo specchio qui m'adorno;   103
ma mia suora Rachel mai non si smaga
dal suo miraglio, e siede tutto giorno.

Ell'è de' suoi begli occhi veder vaga,   106
com'io dell'adornarmi con le mani;
lei lo vedere, e me l'ovrare appaga.»

E già per gli splendori antelucani,   109
che tanto ai peregrin surgon più grati,
quanto, tornando, albergan men lontani,

le tenebre fuggian da tutti i lati,   112
e il sonno mio con esse; ond'io leva'mi,
veggendo i gran maestri già levati.

«Quel dolce pome che per tanti rami   115
cercando va la cura de' mortali,
oggi porrà in pace le tue fami.»

Virgilio inverso me queste cotali   118
parole uso; e mai non furo strenne
che fosser di piacere a queste iguali

Tanto voler sopra voler mi venne   121
dell'esser su, ch'ad ogni passo poi
al volo mi sentia crescer le penne.

DER LÄUTERUNGSBERG · XXVII. GESANG

Und wie der Schäfer auch bei Nacht die scheue   *82*
Herde pflegt zu bewachen auf den Weiden,
Daß sie kein Raubtier schrecke und zerstreue,

So kam ich hier mir vor mit jenen beiden: *85*
Ich war die Geiß, die Hirten jene waren,
Umringt von Höhen, die Aussicht abzuschneiden.

Ein Streif nur wollte sich mir offenbaren;   *88*
Doch sah ich an dem kleinen Streif die Sterne,
Die seltsamgroßen hier und leuchtendklaren.

So, achtsam und bedachtsam-schauend gerne,   *91*
Befiel mich Schlaf; *der* Schlaf, dem unverborgen
Oft Dinge sind, die ungeschehen und ferne. –

Zu jener Stunde, dünkt mich, wo vom Morgen   *94*
Den Berg Cytherens erster Strahl umzückte,
Die immer scheint zu glühen vor Liebessorgen,

Sah träumend ich ein Weib, das Jugend schmückte   *97*
Und Schönheit, das durch eine Wiese ginge
Und singend spräch, wobei es Blumen pflückte:

»Es wisse jeder, wie mein Name klinge.   *100*
Die Lea bin ich, die ich eifrig pflücke
Mit schönen Händen und mir Kränze schlinge,

Und mich, vorm Spiegel schön zu sehen, hier schmücke.   *103*
Doch Schwester Rahel scheint sich festzusaugen
An ihrem, daß sie täglich sich entzücke.

Sie freut der Anblick ihrer schönen Augen,   *106*
Wie *michs*, reg ich zum Schmuck die Hände schnelle:
Ihr will das Schauen, mir das Schaffen taugen.«

Und schon entwich vorm Glanz der Morgenhelle –   *109*
Den Wandrern umsolieber, als dann wieder
Jenäher ihnen rückt die Herbergstelle –

Die dunkle Nacht; und auch mein Schlaf sank nieder,   *112*
Als ich im Aufstehn sah, wie schon zum Steigen
Die großen Meister rüsteten die Glieder.

»Die süße Frucht, nach der auf soviel Zweigen   *115*
Der Sterblichen Begier sich stets entfachte,
Sie macht noch heute deinen Hunger schweigen.«

Mit diesen Worten mich Vergil bedachte.   *118*
Und keinem Festgeschenk mochts je gelingen,
Daß gleiche Lust es zum Beschenkten machte.

Nun wuchs mir Wunsch-auf-Wunsch, emporzudringen,   *121*
So überstark, daß ich zum Höherfliegen
Schrittweise wachsen fühlte mir die Schwingen. –

PURGATORIO · CANTO XXVII

Come la scala tutta sotto di noi   *124*
fu corsa e fummo in su 'l grado superno,
in me ficcò Virgilio gli occhi suoi,

    e disse: «Il temporal foco e l'eterno   *127*
veduto hai, figlio, e se' venuto in parte
dov'io per me più oltre non discerno.

    Tratto t'ho qui con ingegno e con arte: *130*
lo tuo piacere omai prendi per duce:
fuor se' dell'erte vie, fuor se' dell'arte

    Vedi lo sol che in fronte ti riluce;   *133*
vedi l'erbetta, i fiori e gli arbuscelli,
che qui la terra sol da sè produce.

    Mentre che vegnan lieti gli occhi belli   *136*
che, lagrimando, a te venir mi fenno,
seder ti puoi e puoi andar tra elli.

    Non aspettar mio dir più nè mio cenno: *139*
libero, dritto e sano è tuo arbitrio,
e fallo fora non fare a suo senno:

    per ch'io te sopra te corono e mitrio.»   *142*

DER LÄUTERUNGSBERG · XXVII. GESANG

Als unter uns nun lagen alle Stiegen   *124*
Und wir haltmachten auf dem höchsten Rande,
Ließ fest auf mir Vergil die Augen liegen

Und sprach: »Vom zeitlichen und ewigen Brande   *127*
Sahst du das Glühen, mein Sohn, und darfst nun weilen,
Wo ich nichts zu erkennen mehr imstande.

Mit Geist und Kunst ließ ich hierher dich eilen.   *130*
Eignes Belieben nimm jetzt zum Genossen:
Bist frei der engen Gleise, frei der steilen.

Sieh deine Stirn von Sonnengold umflossen,   *133*
Sieh Gräser, Blumen und Gebüsche stehen,
Die aussichselbst in diesen Triften sprossen.

Bis dich erfreut die schönen Augen sehen,   *136*
Die mich zu dir geschickt mit ihren Zähren,
Kannst du in Blumen ruhn, kannst darauf gehen.

Mein Wink, mein Wort kann nichts mehr dir erklären. *139*
Frei, grade und gesund bist du als Wollender,
Und falsch wärs, solchem Willen nicht gewähren:

Drum bin ich dir ein Kron-und-Mitra-Zollender.«   *142*

CANTO VENTESIMOTTAVO

Vago già di cercar dentro e dintorno   *1*
la divina foresta spessa e viva,
ch'agli occhi temperava il nuovo giorno,

sanza più aspettar, lasciai la riva,   *4*
prendendo la campagna lento lento
su per lo suol che d'ogni parte oliva.

Un'aura dolce, senza mutamento   *7*
avere in sè, mi feria per la fronte
non di più colpo che soave vento;

per cui le fronde, tremolando pronte,   *10*
tutte quante piegavano alla parte
u'la prim'ombra gitta il santo monte;

non però dal loro esser dritto sparte   *13*
tanto, che gli augelletti per le cime
lasciasser d'operare ogni lor arte;

ma con piena letizia l'ôre prime,   *16*
cantando, ricevieno intra le foglie,
che tenevan bordone alle sue rime,

tal, qual di ramo in ramo si raccoglie   *19*
per la pineta in su 'l lito di Chiassi,
quand' Eolo Scirocco fuor discioglie.

Già m'avean trasportato i lenti passi   *22*
dentro alla selva antica tanto, ch'io
non potea rivedere ond'io m'entrassi;

ed ecco più andar mi tolse un rio,   *25*
che invêr sinistra con sue picciole onde
piegava l'erba che in sua riva usciò.

Tutte l'acque che son di qua più monde,   *28*
parrìeno avere in sè mistura alcuna
verso di quella che nulla nasconde;

avvegna che si mova bruna bruna   *31*
sotto l'ombra perpetua, che mai
raggiar non lascia sole ivi nè luna.

Coi piè ristetti, e con gli occhi passai   *34*
di là dal fiumicello, per mirare
la gran varïazion dei freschi mai;

e là m'apparve, sì com'egli appare   *37*
subitamente cosa che disvia
per maraviglia tutto altro pensare,

ACHTUNDZWANZIGSTER GESANG

Begierig schon, zu prüfen auß und innen
Den grünlebendigen waldigen Gottesgarten,
Der Schutz dem Blick vorm Frühlicht ließ gewinnen,

Nahm ich vom Bergrand Abschied ohne Warten,
Hinwandelnd langsam-langsam durchs Gefilde,
Drauf Blumen schwangen ihre Duftstandarten.

Ein Lüftchen süß, das unverändert-milde
Insich verblieb, nicht stärker mir umfegte
Die Stirn, als ob ein sanfter Wind es bilde,

Wodurch das ganze Laub sich zitternd regte
Und dahin, wo vom heiligen Berge droben
Der erste Schatten fiel, die Blätter legte;

Doch ohnedaß sich die so stürmisch hoben,
Daß es die Vöglein abhielt, auf und nieder
Im Wipfelwerk all ihre Kunst zu proben.

Nein, jubelnd grüßten ihre Morgenlieder
Den Frühwind aus dem Laubdach, drin sie hausen,
Und das im Baß ertönte hin und wieder

Gleichwie von Ast zu Aste schwillt das Brausen
Hin durch den Pinienhain an Chiassis Küste,
Wenn Äolus läßt den Scirocco sausen.

Schon brachte mein lustwandelndes Gelüste
So tief zum alten Wald mich, daß zu sehen,
Wo ich hineinging, nicht mein Blick mehr wüßte.

Und sieh, da wehrt ein Bach mein Weitergehen,
Der linkshin beugt mit seinen kleinen Wellen
Die Gräser, die an seinem Saume stehen.

Von allen Wassern, die hernieden quellen,
Schien trüb das reinste gegen diese Feuchte,
Die nichts verbirgt selbst an den tiefsten Stellen,

Obwohl die Flut mich dunkel-dunkel deuchte,
Weil nie durchbricht den immerwährenden Schatten
Der Sonne Schimmer noch des Mondes Leuchte.

Mein Fuß hielt Rast; doch meine Augen hatten
Das Flüßchen überbrückt, froh zu betrachten
Jenseits die frischen maienbunten Matten.

Und mir erschien – wie häufig, eh wirs dachten,
Ein Etwas naht, sodaß vor dem Geschehen
Wir staunend alles Denkens nichtmehr achten –

PURGATORIO · CANTO XXVIII

una donna soletta, che si gìa   40
cantando ed iscegliendo fior da fiore,
ond'era pinta tutta la sua via.

«Deh, bella donna ch'ai raggi d'amore   43
ti scaldi, s'io vo' credere ai sembianti
che soglion esser testimon del core,

vegnati voglia di trarreti avanti»   46
diss'io a lei, «verso questa rivera,
tanto ch'io possa intender che tu canti.

Tu mi fai rimembrar dove e qual era   49
Proserpina nel tempo che perdette
la madre lei, ed ella primavera.»

Come si volge con le piante strette   52
a terra e intra sè donna che balli,
e piede innanzi piede a pena mette;

volsesi in su i vermigli ed in su i gialli   55
fioretti verso me, non altrimenti
che vergine che gli occhi onesti avvalli;

e fece i prieghi miei esser contenti,   58
sì appressando sè, che 'l dolce suono
veniva a me co'suoi intendimenti.

Tosto che fu là dove l'erbe sono   61
bagnate già dall'onde del bel fiume,
di levar gli occhi suoi mi fece dono:

non credo che splendesse tanto lume   64
sotto le ciglia a Venere, trafitta
dal figlio fuor di tutto suo costume.

Ella ridea dall'altra riva dritta,   67
trattando più color con le sue mani,
che l'alta terra sanza seme gitta.

Tre passi ci facea il fiume lontani: 70
ma Ellesponto, là 've passò Serse,
ancora freno a tutti orgogli umani,

più odio da Leandro non sofferse,   73
per mareggiare intra Sesto e Abido,
che quel da me, perch' allor non s'aperse.

«Voi siete nuovi; e forse perch'io rido»   76
cominciò ella «in questo loco eletto
all'umana natura per suo nido,

maravigliando tienvi alcun sospetto: 79
ma luce rende il salmo ‹Delectasti›,
che puote disnebbiar vostro intelletto.

DER LÄUTERUNGSBERG · XXVIII. GESANG

Einsam ein Weib, das mit Gesang im Gehen   40
Sich emsig Blumen aus den Blumen pflückte,
Mit denen ganz bemalt ihr Weg zu sehen.

»O schöne Frau, die Liebe warm durchzückte,   43
Wie du den Zügen nach zu glauben zwingest,
Darein das Herz noch stets sein Zeugnis drückte,

Laß dirs gefallen, daß du nähergingest   46
Zum Ufersaum«, bat ich, »daß meine Ohren
Besser verstehen können, was du singest.

Du hast Proserpina mir herbeschworen   49
Nach Zeit und Ort, wo sie dahin mußt geben
Den Lenz und dann der Mutter ging verloren.«

Wie Tänzerinnen dicht am Boden schweben,   52
Geschlossenen Fußes sich zuweilen schwenkend
Und kaum den einen Fuß vorm andern heben,

So, überm rötlich-gelben Teppich lenkend   55
Der Blumen, kam sie zu mir, anzusehen
Gleich einer Jungfrau, züchtige Augen senkend.

Und sie befriedigte vollauf mein Flehen: 58
Sie sang ihr süßes Lied dicht am Gestade,
Daß jedes Wort mir deutlich zu verstehen.

Sobald sie dort war, wo die grünen Pfade   61
Des Ufers schon der schöne Bach bespritzte,
Erwies sie mir mich anzusehn die Gnade.

Ich glaube nicht, daß gleichen Lichtstrahl blitzte   64
Der Venus Augenstern und sich entfachte,
Als sie ihr Sohn ganz ohne Absicht ritzte.

Sie stand jenseit gradüber mir und lachte,   67
Mehr Farben pflückend aus dem bunten Raume,
Die ungesät hervor dies Hochland brachte.

Drei Schritt ihr ferne nur stand ich am Saume.   70
Doch Hellespont, den Xerxes überbrückte,
(Der allen Menschentrotz noch hält im Zaume)

Mit minderm Haß Leanders Herz bedrückte,   73
Weil Sestos von Abydos schied sein Branden,
Als dieser mich, weil mir kein Nahen glückte.

»Ihr seid«, begann sie, »fremd in diesen Landen;   76
Drum wird mein Lächeln wohl an heiliger Stelle,
Wo einst der Menschheit Wiege hat gestanden,

Für euch des Argwohns und des Staunens Quelle.   79
Doch bringts der *Delectasti*-Psalm zutage,
Und euers Geistes Nacht weicht seiner Helle.

PURGATORIO · CANTO XXVIII

E tu che se' dinanzi e mi pregasti,   82
di' s'altro vuoli udir; ch'io venni presta
ad ogni tua question tanto che basti.»

«L'acqua» diss'io «e il suon della foresta   85
impugna dentro a me novella fede
di cosa ch'io udi' contraria a questa.»

Ond'ella: «Io dicerò come procede   88
per sua cagion ciò ch'ammirar ti face,
e purgherò la nebbia che ti fiede.

Lo sommo ben, che solo esso a sè piace,   91
fece l'uom buono e a bene, e questo loco
diede per arra lui d'eterna pace.

Per sua diffalta qui dimorò poco;   94
per sua diffalta in pianto e in affanno
cambiò onesto riso e dolce gioco.

Perchè il turbar che sotto da sè fanno   97
l'esalazion dell'acqua e della terra,
che quanto posson dietro al calor vanno,

all'uomo non facesse alcuna guerra,   100
questo monte salìo vêr lo ciel tanto,
e libero n'è d'indi ove si serra.

Or perchè in circuito tutto quanto   103
l'aere si volge con la prima vòlta,
se non gli è rotto il cerchio d'alcun canto,

in questa altezza che tutta è disciolta   106
nell'aere vivo, tal moto percuote,
e fa sonar la selva, perch'è folta;

e la percossa pianta tanto puote,   109
che della sua virtute l'aura impregna,
e quella poi girando intorno scuote;

e l'altra terra, secondo ch'è degna   112
per sè e per suo ciel, concepe e figlia
di diverse virtù diverse legna.

Non parebbe di là poi maraviglia,   115
udito questo, quando alcuna pianta
sanza seme palese vi s'appiglia;

e saper dèi che la campagna santa   118
ove tu se', d'ogni semenza è piena,
e frutto ha in sè che di là non si schianta.

L'acqua che vedi non surge di vena   121
che ristori vapor che gel converta,
come fiume ch'acquista e perde lena;

DER LÄUTERUNGSBERG · XXVIII. GESANG

Du, Vorderster, der mich gebeten, sage,   82
Willst du – denn darum kam ich – mehr erlauschen?
Ich will dir gern befriedigen jede Frage.« –

»Das Wasser«, sprach ich, »und des Waldes Rauschen   85
Macht mir den jüngsterworbenen Glauben wanken,
Als gält es, das Erlernte auszutauschen.« –

»Ich will dir deuten, was dich in Gedanken   88
Verwundert«, sprach sie, »bis – von mir beschieden –
Die dich umhüllenden Nebel alle sanken.

Das höchste Gut schuf mitsichselbst-zufrieden   91
Den Menschen gut fürs Gute und erteilte
Zum ewigen Frieden ihm den Ort hienieden.

Durch eigene Schuld nicht lang er hier verweilte,   94
Durch eigene Schuld er bald zum Tränenleben
Sein heitres Lächelspiel zu wandeln eilte.

Damit der Kampf – den unter sich erheben   97
Die Ausdünstungen Wassers und der Erde,
Die, wie sie können, hin zur Wärme streben –

Dem Menschen nicht gedeihe zur Beschwerde,   100
Ist dieser Berg so himmelan gestiegen
Und bleibt am Eingang frei dem dunstigen Herde.

Und weil im Ursprungskreislauf hier noch fliegen   103
Die Lüfte und solang sich rastlos drehen,
Als nichts sie zwingt, aus ihrer Bahn zu biegen,

So rührt auf diesen Höhen, die einsam stehen   106
In der lebendigen Luft, die Schwungkraft leise
Den dichten Wald, und er muß rauschend wehen.

Und Pflanzen, die erregt auf solche Weise,   109
Schwängern mit ihrer Kraft der Lüfte Gleiten,
Und die verstreuen die Kraft dann rings im Kreise.

Und anderer Boden, je nach Würdigkeiten,   112
Empfängt und zeugt wie Art und Luft bedingen
Verschiedenes Holz, reich an Verschiedenheiten.

Nun wird es jenseits nichtmehr seltsam klingen,   115
Wenn man vernimmt, daß Pflanzen eurer Zonen
Oft ohne sichtbaren Samenkern entspringen.

Und wisse, diese heiligen Regionen,   118
Darauf du stehst, sind voll von Samenzellen
Für Früchte, wie sie euerm Fleiß nie lohnen.

Das Wasser, das du siehst, strömt nicht aus Quellen, 121
Die Dunst ernährt und Kälte hält verschlossen
Gleich Flüssen, die bald mehr bald minder schwellen:

PURGATORIO · CANTO XXVIII

ma esce di fontana salda e certa,   124
che tanto dal voler di Dio riprende,
quant'ella versa da due parti aperta.

Da questa parte con virtù discende   127
che toglie altrui memoria del peccato;
dall'altra d'ogni ben fatto la rende.

Quinci Letè; così dall'altro lato   130
Eunoè si chiama; e non adopra,
se quinci e quindi pria non è gustato:

a tutt'altri sapori esto è di sopra.   133
E avvegna ch'assai possa esser sazia
la sete tua, perch'io più non ti scopra,

darotti un corollario ancor per grazia;   136
nè credo che 'l mio dir ti sia men caro,
se oltre promission teco si spazia.

Quelli che anticamente poetaro   139
l'età dell'oro e suo stato felice,
forse in Parnaso esto loro sognaro.

Qui fu innocente l'umana radice;   142
qui primavera sempre e ogni frutto;
nèttare è questo, di che ciascun dice.»

Io mi rivolsi a dietro allora tutto   145
a' miei poeti, e vidi che con riso
udito avevan l'ultimo construtto;

poi alla bella donna torna' il viso.   148

DER LÄUTERUNGSBERG · XXVIII. GESANG

Nein, sicherm, starkem Borne kommts entflossen.   *124*
Und was ihm durch zwei Arme geht verloren,
Wird ihm durch Gottes Willen neu ergossen.

Und jedem Arm ist eine Kraft erkoren: *127*
Sündenerinnerung tilgt hier diese Seite,
Dort wird Erinnerung guter Tat geboren.

Lethe heißt der, und Eunoë der zweite.   *130*
Doch nötig ists, um Wirkung zu bezwecken,
Daß man an jeden Fluß zum Trinken schreite.

Nichts ist wohlschmeckender als sie zu schmecken.   *133*
Und könnte deinem Durst dies auch genügen,
Selbst wenn ich dir nichts Weiteres wollt entdecken,

Treibt michs, noch einen Nachsatz anzufügen,   *136*
Und hoffe drum – kann ich mit mehr dir dienen,
Als ich versprach – es mache dir Vergnügen.

Als Traumbild am Parnaß ist wohl erschienen   *139*
Der Ort den Alten, wenn von goldenen Zeiten
Und Seligkeit zu lesen ist bei ihnen.

Hier sproß dem Menschheitsbaum, dem fluchbefreiten, *142*
Ein ewiger Lenz, hier Früchte jeder Sorte;
Nektar fließt hier, dem alle Lob bereiten.«

Ich wandte ganz zurück mich nach dem Orte   *145*
Von meinen Dichtern, und ihr Lächeln zeigte,
Daß sie vernahmen gut die letzten Worte.

Drauf ich zur schönen Frau mich wieder neigte.   *148*

CANTO VENTESIMONONO

Cantando come donna innamorata,   *1*
continuò col fin di sue parole:
«*Beati quorum tecta sunt peccata!*»

E come ninfe che si givan sole   *4*
per le salvatiche ombre, disiando
qual di veder, qual di fuggir lo sole,

allor si mosse contra il fiume, andando   *7*
su per la riva, e io pari di lei,
picciol passo con picciol seguitando.

Non eran cento tra' suoi passi e' miei,   *10*
quando le ripe igualmente diêr vòlta,
per modo ch'a levante mi rendei.

Nè anco fu così nostra via molta,   *13*
quando la donna tutta a me si torse,
dicendo: «Frate mio, guarda ed ascolta.»

Ed ecco un lustro subito trascorse   *16*
da tutte parti per la gran foresta,
tal che di balenar mi mise in forse;

ma perchè il balenar, come vien, resta,   *19*
e quel, durando, più e più splendeva,
nel mio pensar dicea: «Che cosa è questa?»

E una melodia dolce correva   *22*
per l'aere luminoso; onde buon zelo
mi fe' riprender l'ardimento d'Eva,

che là dove ubbidia la terra e il cielo,   *25*
femmina sola e pur testè formata,
non sofferse di star sotto alcun velo;

sotto il qual se devota fosse stata,   *28*
avrei quelle ineffabili delizie
sentite prima, e più lunga fïata.

Mentr'io m'andava tra tante primizie   *31*
dell'eterno piacer tutto sospeso,
e disioso ancora a più letizie,

dinanzi a noi, tai quale un foco acceso,   *34*
ci si fe' l'aere sotto i verdi rami;
e 'l dolce suon per canti era già inteso.

O sacrosante vergini, se fami,   *37*
freddi, o vigilie mai per voi soffersi,
cagion mi sprona ch'io mercè vi chiami.

NEUNUNDZWANZIGSTER GESANG

Gleich liebeseligem Weib ließ die Kantata 1
Am Schlusse ihrer Worte sie erschallen:
»*Beati, quorum tecta sunt peccata!*«

Wie Nymphen einsam wandeln in Waldeshallen, 4
Diese dem Schatten nach die Schritte leitend,
Jene dahin, wo Sonnenstrahlen fallen,

So ging sie jetzt, am Strand stromaufwärtsschreitend. 7
Und ich auch hatte mich zum Gehen gewendet,
Den kleinen Schritt mit kleinem Schritt begleitend.

Kaum hundert Schritte hatten wir vollendet, 10
Als beide Ufer eine Biegung machten,
Daß mir des Ostens Anblick ward gespendet.

Doch nicht sehr weit uns unsere Füße brachten, 13
Da sprach das Weib, das ganz zu mir sich wandte:
»Jetzt heißts, mein Bruder, hören und betrachten!«

Und sieh, in einem Leuchten hell entbrannte 16
Plötzlich der weite Wald nach allen Seiten,
Alsob der Himmel einen Blitz entsandte.

Doch weil die Blitze, kaum-gesehen, entgleiten, 19
Und dieser Glanz sich immer mehr erhellte,
Sprach ich zu mir: »Was wird sich vorbereiten?«

Und eine süße Melodie durchschwellte 22
Die lichte Luft, daß ich fromm-eifernd grollte,
Weil Eva noch verdiente härtere Schelte,

Daß, wo Gehorsam Erd und Himmel zollte, 25
Ein Weib allein, und kaum zum Sein entsprossen,
Nicht *eines* Schleiers Hülle leiden wollte.

Ich konnt, hielt sie ihn demutsvoll verschlossen, 28
So namenlose Wonnen früher haben
Und hätte sie auch länger schon genossen.

Indem ich unter soviel Erstlingsgaben 31
Der ewigen Wonne schritt, erwartungsbange
Und dürstend, mich glückseliger noch zu laben,

Da strahlt vor uns, alsob sie Feuer fange, 34
Die Luft durchs Waldesgrün, soweit ich sehe,
Und süßer Ton erklingt schon im Gesange. –

O heilige Jungfraun, wenn mich Hungerswehe, 37
Nachtwachen, Frost um euch je leiden ließen,
Jetzt drängt michs, daß ich Lohn dafür erflehe.

PURGATORIO · CANTO XXIX

Or convien ch'Elicona per me versi,   40
e Uranìa m'aiuti col suo coro
forti cose a pensar mettere in versi.

Poco più oltre sette alberi d'oro   43
falsava nel parere il lungo tratto
del mezzo ch'era ancor tra noi e loro;

ma quando fui sì presso di lor fatto,   46
che l'obbietto comun che il senso inganna,
non perdea per distanza alcun suo atto,

la virtù ch'a ragion discorso ammanna,   49
sì com'elli eran candelabri apprese,
e nelle voci del cantare ‹Osanna›.

Di sopra fiammeggiava il bello arnese   52
più chiaro assai che luna per sereno
di mezza notte nel suo mezzo mese.

Io mi rivolsi d'ammirazion pieno   55
al buon Virgilio, ed esso mi rispose
con vista carca di stupor non meno.

Indi rendei l'aspetto all'alte cose,   58
che si moveano incontro a noi sì tardi,
che foran vinte da novelle spose.

La donna mi sgridò? «Perchè pur ardi   61
sì nell'aspetto delle vive iuci,
e ciò che vien diretro a lor non guardi?»

Genti vid'io allor, com'a lor duci,   64
venire appresso, vestite di bianco;
e tal candor di qua giammai non fuci.

L'acqua splendeva dal sinistro fianco,   67
e rendea a me la mia sinistra costa,
s'io riguardava in lei, come specchio anco.

Quand'io dalla mia riva ebbi tal posta,   70
che solo il fiume mi facea distante,
per veder meglio, a'passi diedi sosta,

e vidi le fiammelle andar davante,   73
lasciando dietro a sè l'aere dipinto,
e di tratti pennelli avean sembiante;

sì che lì sopra rimanea distinto   76
di sette liste, tutte in quei colori
onde fa l'arco il sole e Delia il cinto.

Questi ostendali dietro eran maggiori   79
che la mia vista; e, quanto a mio avviso,
dieci passi distavan quei di fuori.

DER LÄUTERUNGSBERG · XXIX. GESANG

Jetzt muß die Quelle Helikons mir fließen
Und mir mit ihrem Chor Urania dienen,
In Verse Schwerzudenkendes zu gießen. –   40

Nicht lang, und sieben goldene Bäume schienen
Mir vorgetäuscht zu werden glanzumglommen
Durch die Entfernung zwischen mir und ihnen.   43

Doch als ich ihnen dann so nahgekommen,
Daß Täuschung sich trotz Formgleichheit vermiede,
Weil durch Entfernung minder sie verschwommen,   46

Da ließ die Einsicht mich, die Unterschiede
Uns lehrt, als sieben Leuchter sie erkennen,
Und ließ »Osanna!« hören mich im Liede.   49

Nach oben stieg der Prachtgeräte Brennen
So hell, daß Lunas mitternächtiges Gluten
In Monatsmitte wäre blaß zu nennen.   52

Ich wandte voll Verwunderns mich zum guten
Vergil, und sah, daß Zeichen nicht geringen
Erstaunens auch auf seinem Antlitz ruhten.   55

Drauf kehrte ich den Blick den hohen Dingen
Noch einmal zu; doch nahten sie so sachte,
Daß junge Bräute schnell dagegen gingen.   58

Da schalt die Frau: »Was ists, was dich entfachte,
Daß der lebendigen Lichter einzig immer,
Und des was nachfolgt nicht dein Auge achte?«   61

Und sieh: gleich ihrem Führer folgt dem Schimmer
Ein dichter Schwarm, und weiße Kleider blinken.
Und solch ein blendend Weiß gabs diesseits nimmer.   64

Das Wasser glitzerte zu meiner Linken
Und ließ mich meine linke Hüfte sehen,
Wenn ich zum Spiegel ließ die Blicke sinken.   67

Als ich am Strand nicht weiter konnte gehen
Und nur das Bächlein hemmte mein Bemühen,
Da blieb ich, besser sehen zu können, stehen;   70

Und sah die Flämmchen uns entgegensprühen,
Die bunt, alsob zum Pinsel Maler greifen,
Den Luftraum ließen hinter sich erglühen,   73

Sodaß er oben von den sieben Streifen
Geteilt blieb in den Farben, draus den Bogen
Sich Sol, und Delia macht den Gürtelreifen.   76

Nach rückwärts diese Banner weiter flogen
Als meine Sehkraft; doch die äußern Gleise
Schienen mir wohl zehn Schritt entfernt zu wogen.   79

PURGATORIO · CANTO XXIX

Sotto così bel ciel com'io diviso,   82
ventiquattro seniori, a due a due,
coronati venian di fiordaliso.

Tutti cantavan: «Benedetta tùe   85
nelle figlie d'Adamo, e benedette
sieno in enterno le bellezze tue.»

Poscia che i fiori e l'altre fresche erbette,   88
a rimpetto di me dall'altra sponda,
liberi fur da quelle genti elette,

sì come luce luce in ciel seconda,   91
vennero appresso lor quattro animali,
coronati ciascun di verde fronda:

ognuno era pennuto di sei ali;   94
le penne piene d'occhi, e gli occhi d'Argo,
se fosser vivi, sarebber cotali.

A descriver lor forme più non spargo   97
rime, lettor; ch'altra spesa mi strigne,
tanto che a questa non posso esser largo.

Ma leggi Ezechiel, che li dipigne   100
come li vide dalla fredda parte
venir con vento, con nube e con igne;

e quali i troverai nelle sue carte,   103
tali eran quivi, salvo ch'alle penne
Giovanni è meco, e da lui si diparte.

Lo spazio dentro a lor quattro contenne   106
un carro, in su due ruote, triunfale,
ch'al collo d'un Grifon tirato venne.

Esso tendea in su l'una e l'altr'ale   109
tra la mezzana e le tre e tre liste,
sì ch'a nulla, fendendo, facea male.

Tanto salivan, che non eran viste: 112
le membra d'oro avea quant'era uccello,
e bianche l'altre, di vermiglio miste.

Non che Roma di carro così bello   115
rallegrasse Affricano, ovvero Augusto,
ma quel del Sol saria pover con ello;

quel del Sol, che, sviando, fu combusto   118
per l'orazion della Terra devota,
quando fu Giove arcanamente giusto.

Tre donne in giro, dalla destra rota,   121
venian danzando: l'una tanto rossa,
ch'a pena fora dentro al foco nota;

311

DER LÄUTERUNGSBERG · XXIX. GESANG

Und unter solchem schönen Himmelskreise 82
Sah ich, bekränzt mit weißen Lilien, ziehen
Paarweis-geordnet, vierundzwanzig Greise.

»Heil dir«, so klangen ihre Melodieen, 85
»Heil dir aus Adams Töchtern, Benedeite;
Ewig sei deiner Schönheit Preis verliehen!«

Kaum daß genüber mir in seiner Breite 88
Der Blumenteppich, der den Ufern eigen,
Vom auserwählten Volke sich befreite,

So kamen, wie sich Stern-auf-Stern zu zeigen 91
Am Himmel pflegt, dahinterher vier Tiere,
Bekränzt ein jegliches mit grünen Zweigen.

Sechs Flügel hatte jedes dieser Viere, 94
Und dichtbesetzt mit Augen jede Schwinge:
Des Argus Augen wären wohl wie ihre.

Ihr Bild zu schildern, Leser, mich nicht zwinge! 97
Mit Reimen wird kein Aufwand jetzt getrieben,
Sonst ist ihr Vorrat später zu geringe.

Doch lies Ezechiel, der sie beschrieben, 100
Wie er sie sah, als kalte Winde wehten,
In Wolken, Wirbelsturm und Feuer stieben.

Wie sie dir läßt sein Buch vor Augen treten, 103
So waren die hier; nur betreffs der Schwingen
Stimmt mir Johannes bei, nicht dem Propheten.

Im Zwischenraum, den diese Vier umfingen, 106
Zog auf zwei Rädern einen Siegeswagen
Ein Greif her, dem am Hals die Gurte hingen.

Der ließ hochauf die beiden Flügel ragen 109
Zwischen dem Mittelstreif und den je-dreien;
Doch ohne einen trennend zu durchschlagen.

Der Blick verfolgte nicht, wie hoch sie seien. 112
Es war der Rumpf des Vogels goldgediegen,
Und Weiß und Rot dem Rest die Farbe leihen.

Nicht Afrikanus noch August bestiegen 115
Je schöneren, von Rom geschenkten Wagen,
Selbst der des Sol als ärmlich müßt erliegen,

Sols Wagen, den, entgleist, der Blitz zerschlagen, 118
Als Zeus auf der demütigen Erde Flehen
Geheimnisvoll gerecht war ihren Klagen.

Drei Frauen sah vorm rechten Rad ich gehen 121
Im Reigentanz. So hochrot glänzte eine,
Daß sie im Feuer wäre nicht zu sehen.

311

PURGATORIO · CANTO XXIX

l'altr'era come se le carni e l'ossa   *124*
fossero state di smeraldo fatte;
la terza parea neve testè mossa.

E or parean dalla bianca tratte,   *127*
or dalla rossa; e dal canto di questa
l'altre togliean l'andare e tarde e ratte.

Dalla sinistra quattro facean festa,   *130*
in porpora vestite, dietro al modo
d'una di lor ch'avea tre occhi in testa.

Appresso tutto il pertrattato nodo   *133*
vidi due vecchi in abito dispàri,
ma pari in atto e onesto e sodo:

l'un si mostrava alcun de'famigliari   *136*
di quel sommo Ippocràte che natura
agli animali fe' ch'ell'ha più cari;

mostrava l'altro la contraria cura   *139*
con una spada lucida e aguta,
tal che di qua dal rio mi fe' paura.

Poi vidi quattro in umile paruta;   *142*
e diretro da tutti un veglio solo
venir, dormendo, con la faccia arguta.

E questi sette col primaio stuolo   *145*
erano abituati; ma di gigli
dintorno al capo non facean brolo,

anzi di rose e d'altri fior vermigli: *148*
giurato avria poco lontano aspetto
che tutti ardesser di sopra da'cigli.

E quando il carro a me fu a rimpetto,   *151*
un tuon s'udì; e quelle genti degne
parvero aver l'andar più interdetto,

fermandosi ivi con le prime insegne.   *154*

DER LÄUTERUNGSBERG · XXIX. GESANG

Die Zweite war, als wären Fleisch und Beine   *124*
Ganz aus Smaragd. Der Dritten wohl gebührte,
Daß man sie frischem Schnee verglich an Reine.

Bald schien es, daß den Tanz die Weiße führte   *127*
Und bald die Rote; und nach *deren* Singen
Der andern Fuß schnell oder sacht sich rührte.

Links sah ich Vier den Festesreigen schlingen   *130*
In Purpurkleidern nach der Einen Sange,
In deren Haupt drei Augen leuchtend gingen.

Nach diesem hierbeschriebenen Festempfange   *133*
Folgten verschiedener Tracht zwei ernste Greise,
Bewußt von Haltung, würdevoll im Gange.

Der eine stammte wohl vom Schülerkreise   *136*
Des Hippokrat, den die Natur belehrte,
Wie ihrer Lieblingsschöpfung dien der Weise.

Aufs Gegenteil bedacht schien mit dem Schwerte   *139*
Der Zweite. Funken schoß der Stahl im Lichte,
Daß ich jenseits des Bachs erschreckt mich kehrte.

Dann sah ich vier Bescheidene und Schlichte.   *142*
Als letzter kam ein einzler Greis gegangen,
Schlafwandelnd, doch mit Geist im Angesichte.

In selber Tracht sah ich die sieben prangen   *145*
Wie jene ersten, doch statt Lilienblüten
Hier rote Rosen jedes Haupt umschlangen

Und andre Blumen, die wie Purpur glühten.   *148*
Drum würde auch wer näher stand nicht zagen,
Zu schwören, daß die Brauen Flammen sprühten.

Und als mir gegenüber hielt der Wagen,   *151*
Erklang ein Donner. Und das Weitergehen
Schien er dem würdigen Volk zu untersagen:

Denn mit den vordern Bannern blieb es stehen.   *154*

CANTO TRENTESIMO

Quando il settentrion del primo cielo,   *1*
che nè occaso mai seppe nè òrto,
nè d'altra nebbia che di colpa velo,
    e che faceva lì ciascuno accorto   *4*
di suo dover, come il più basso face
qual timon gira per venire a porto,
    fermo s'affisse; la gente verace,   *7*
venuta prima tra 'l Grifone ed esso,
al carro volse sè, come a sua pace;
    e un di loro, quasi dal ciel messo,   *10*
«*Veni, sponsa, de Libano*» cantando,
gridò tre volte, e tutti gli altri appresso.
    Quali i beati al novissimo bando   *13*
surgeran presti ognun di sua caverna,
la rivestita voce alleluiando;
    cotali in su la divina basterna   *16*
si levâr cento, *ad vocem tanti senis*,
ministri e messaggier di vita eterna.
    Tutti dicean: «*Benedictus qui venis*»,   *19*
e fior gittando di sopra e dintorno:
«*Manibus o date lilia plenis!*»
    Io vidi già nel cominciar del giorno   *22*
la parte oriental tutta rosata
e l'altro ciel di bel sereno adorno;
    e la faccia del sol nascere ombrata   *25*
sì che, per temperanza di vapori;
l'occhio la sostenea lunga fïata:
    così dentro una nuvola di fiori,   *28*
che dalle mani angeliche saliva
e ricadeva in giù dentro e di fori,
    sopra candido vel cinta d'uliva,   *31*
donna m'apparve, sotto verde manto
vestita di color di fiamma viva.
    E lo spirito mio, che già cotanto   *34*
tempo era stato, che alla sua presenza
non era di stupor, tremando, affranto,
    sanza degli occhi aver più conoscenza,   *37*
per occulta virtù che da lei mosse,
d'antico amor sentì le gran potenza.

DREISSIGSTER GESANG

Des ersten Himmels Siebensternbild droben –   *1*
Das nie gewußt vom Auf- und Untergange
Noch Nebel, außer dem von Schuld gewoben,
   Und das dort jeden wacker hält im Zwange   *4*
Der Pflicht, wie auch das untre tut hienieden,
Daß, wer das Steuer führt, zum Port gelange –
   Still stands. Und das wahrhafte Volk, geschieden   *7*
Von ihm und hinterm Greifen schreitend, wandte
Sich hin zum Wagen als zu seinem Frieden.
   Und einer sang, alsob der Himmel ihn sandte,   *10*
»*Veni, sponsa de Libano!*« lautklingend
Dreimal, drauf auch der Chor zum Sang entbrannte.
   Wie einst, beim jüngsten Ruf sich aufwärtsschwingend,   *13*
Die Seligen ihren Gräbern rasch entschweben,
Dem Herrn im Festkleid Halleluja singend,
   So sah ich auf dem Gotteswagen heben   *16*
Sich hundert wohl *ad vocem tanti senis*
Diener und Boten aus dem ewigen Leben.
   Jedweder rief: »*Benedictus qui venis*«,   *19*
Mit Blumen Weg und Wagen überdeckend,
»*Manibus o date lilia plenis.*« –
   Oft sah ich schon, den jungen Tag erweckend,   *22*
Den Osten angehaucht von Rosengluten,
Und sonst das Himmelsblau sich klar erstreckend,
   Wenn sich der Sonne Haupt hob aus den Fluten,   *25*
Zu mattem Glanz gedämpft von Dunstgeweben,
Daß ungeschwächt die Augen auf ihr ruhten –
   So hier vom Blumenwolkenflor umgeben,   *28*
Aus Engelshand geworfen und im Tanze
Rings niederrieselnd, sah ein Weib ich schweben,
   Im weißen Schleier mit dem Ölblattkranze;   *31*
Das Kleid, vom grünen Mantel halb umwunden,
Erglühend mit lebendigem Feuerglanze.
   Und mein Gemüt – dem soviel Zeit entschwunden,   *34*
Seit es wie einst vor ihrer Nähe bebend
Die wunderbaren Schauer tief empfunden –:
   Eh sie die Augen sehn, fühlt es belebend   *37*
Durch die geheime Kraft, die ihr entflossen,
Die alte Liebe wieder, Wunder webend.

PURGATORIO · CANTO XXX

Tosto che nella vista mi percosse   *40*
l'alta virtù che già m'avea trafitto
prima ch'io fuor di puerizia fosse,

volsimi alla sinistra col rispitto   *43*
col quale il fantolin corre alla mamma,
quando ha paura, o quando egli è afflitto,

per dicere a Virgilio: ‹Men che dramma   *46*
di sangue m'è rimaso che non tremi;
conosco i segni dell'antica fiamma›;

ma Virgilio n'avea lasciati scemi   *49*
di sè, Virgilio, dolcissimo padre,
Virgilio, a cui per mia salute die'mi,

nè quantunque perdeo l'antica madre,   *52*
valse alle guancie nette di rugiada,
che, lagrimando, non tornasser adre.

«Dante, perchè Virgilio se ne vada,   *55*
non pianger anco, non pianger ancora;
chè pianger ti convien per altra spada.»

Quasi ammiraglio che in poppa e in prora   *58*
viene a veder la gente che ministra
per gli altri legni e a ben far l'incuora;

in su la sponda del carro sinistra,   *61*
quando mi volsi al suon del nome mio,
che di necessità qui si registra,

vidi la donna che pria m'apparìo   *64*
velata sotto l'angelica festa,
drizzar gli occhi vêr me di qua dal rio.

Tutto che 'l vel che le scendea di testa,   *67*
cerchiato dalla fronde di Minerva,
non la lasciasse parer manifesta;

regalmente nell'atto ancor proterva   *70*
continuò, come colui che dice
e il più caldo parlar dietro riserva:

«Guardaci ben; ben sem, ben sem Beatrice.   *73*
Come degnasti d'accedere al monte?
non sapéi tu che qui è l'uom felice?»

Gli occhi mi cadder giù nel chiaro fonte;   *76*
ma veggendomi in esso, i trassi all'erba,
tanta vergogna mi gravò la fronte!

Così la madre al figlio par superba,   *79*
com'ella parve a me, perchè d'amaro
sente il sapor della pietade acerba.

314

DER LÄUTERUNGSBERG · XXX. GESANG

Doch wie sich nun ins Auge mir ergossen 40
Die hohe Kraft, die frühe schon dem Knaben
So manchen Schmerzenspfeil ins Herz geschossen,

Wandt ich mich links, wies Kinder ansichhaben, 43
Die gerne sich, wenn ihnen bang zumute
Durch Schmerz, durch Schreck, am Trost der Mutter laben,

Um zu Vergil zu sagen: »Ach im Blute 46
Rinnt kein Atom, das ich nicht fühle beben;
Die Zeichen alter Glut sinds, die nie ruhte!«

Doch hatte sich Vergil schon wegbegeben, 49
Vergil, auf den als Vater ich geschworen,
Vergil, dem ich zum Heile mich ergeben.

Was auch die alte Mutter einst verloren, 52
Es langte nicht, daß ich den Tränen wehrte,
Den taugeklärten Blick neu zu umfloren.

»Dante! ob auch Vergil vonhinnenkehrte, 55
Nicht weinen sollst du, darum noch nicht weinen!
Denn weinen wirst du, wund von anderm Schwerte.«

Gleichwie der Admiral pflegt zu erscheinen 58
Am Bug und Heck, um scharf an Musterungstagen
Zu prüfen, anzufeuern all die Seinen,

So aufrechtstehen am linken Bord im Wagen 61
Sah ich – als ich mich bei dem Namen wandte,
Den ich gezwungen nur hier eingetragen –

Die Frau, die mir noch nicht der weitgespannte 64
Festliche Engelsgruß zu sehen erlaubte,
Wie sie jenseits vom Bach mir Blicke sandte,

Obwohl der Schleier, der ihr floß vom Haupte, 67
Wie auch Minervas Laubkranz in den Haaren
Mir ihres Anblicks Vollgenuß noch raubte.

Königinhaft und streng noch von Gebaren, 70
Sprach sie gleich dem, der, sicher des Gewinnes,
Der Rede herbsten Teil weiß aufzusparen:

»Schau! Beatrice bin ich, ja ich bin es! 73
Geruhtest du, den Berg doch zu ersteigen?
Weißt nicht, daß hier man wohnt beglückten Sinnes?«

Zum klaren Bach mußt ich die Augen neigen. 76
Doch weil ich drin mich sah, blickt ich geschwinde
Aufs Gras, weil schwere Scham der Stirne eigen.

So streng erscheint die Mutter wohl dem Kinde, 79
Wie sie mir schien; denn Bittres muß genießen,
Wer sicher, daß er herbe Liebe finde.

PURGATORIO · CANTO XXX

Ella si tacque, e gli angeli cantaro   82
di subito: «*In te, Domine, speravi*»;
ma oltre ‹*pedes meos*› non passaro.

Sì come neve tra le vive travi   85
per lo dosso d'Italia si congela,
soffiata e stretta dalli venti schiavi;

poi, liquefatta, in sè stessa trapela,   88
pur che la terra che perde ombra spiri,
sì che par foco fonder la candela;

così fui sanza lagrime e sospiri   91
anzi 'l cantar di quei che notan sempre
dietro alle note degli eterni giri;

ma poi che intesi nelle dolci tempre   94
lor compatire a me, più che se detto
avesser ‹Donna, perchè sì lo stempre?›,

lo gel che m'era intorno al cor ristretto,   97
spirito e acqua fêssi, e con angoscia
della bocca e delli occhi uscì del petto.

Ella, pur ferma in su la detta coscia   100
del carro stando, alle sustanzie pie
volse le sue parole così poscia:

«Voi vigilate nell'eterno dìe,   103
sì che notte nè sonno a voi non fura
passo che faccia il secol per sue vie;

onde la mia risposta è con più cura   106
che m'intenda colui che di là piagne,
perchè sia colpa e duol d'una misura.

Non pur per ovra delle rote magne,   109
che drizzan ciascun seme ad alcun fine
secondo che le stelle son compagne,

ma per larghezza di grazie divine,   112
che sì alti vapori hanno a lor piova,
che nostre viste là non van vicine,

questi fu tal nella sua vita nova   115
virtualmente, ch'ogni abito destro
fatto averebbe in lui mirabil prova.

Ma tanto più maligno e più silvestro   118
si fa il terren col mal seme e non colto,
quant'egli ha più del buon vigor terrestro.

Alcun tempo il sostenni col mio volto: 121
mostrando gli occhi giovanetti a lui,
meco il menava in dritta parte volto.

315

DER LÄUTERUNGSBERG · XXX. GESANG

Sie schwieg, worauf die Engel schallen ließen   82
Den Psalm »*In te speravi*«, um ihn hinter
Den Worten »*pedes meos*« zu beschließen.

Wie auf Italiens Rückgrat, wenn im Winter   85
Slavoniens Sturm heult, am lebendigen Stamme
Zu Eis gefriert der Schnee, der – im Gesinter

Auftauend – dann zerfällt zu weichem Schlamme,   88
Weil er nicht kann im wärmern Hauche währen,
Der ihn wie Wachs läßt träufeln an der Flamme:

So stand ich ohne Seufzer, ohne Zähren,   91
Eh jene sangen, die bei ihren Sängen
Stets gehn im Einklang mit den ewigen Sphären.

Doch als ich hörte aus den süßen Klängen,   94
Wie Mitgefühl mit mir sich drein ergossen,
Als sprächs: »Warum ihn, Frau, so grausam drängen?«

Da schmolz das Eis, das starr mein Herz umschlossen,   97
Zu Hauch und Wasser; und im Angstgedehne
Der Brust aus Mund und Augen kams geflossen.

Sie, fest noch stehend an beschriebener Lehne   100
Des Wagens, zu den mitleidig-Bereiten
Sich kehrend, wandte so das Wort an jene:

»Ihr wacht im Tagesglanz der Ewigkeiten,   103
Daß euch berauben weder Schlaf noch Nächte
Um einen Schritt vom Erdenlauf der Zeiten.

Drum ziemts, daß ich die Antwort so bedächte,   106
Daß sie, der drüben weint, sich kann erklären,
Und sich ihm Schuld und Schmerz ins Gleichmaß brächte.

Nicht nur durch Wirkung jener großen Sphären,   109
Die jeden Keim zu seinem Ziele lenken,
Soweit die Sterne ihm Geleit gewähren,

Nein auch aus Gottes gütigen Geschenken,   112
Die überreich so hoch aus Wolken schweben,
Daß sich kein Blick in seinen Quell kann senken,

Floß diesem hier in seinem Kindheitsleben   115
Begabung so, daß alle guten Taten
Ihm hätten wunderbar Erfolg gegeben.

Doch um so üppiger werden böse Saaten   118
Entkeimen und gedeihen in größerer Eile,
Jekräftiger ungepflegtes Feld geraten.

Mein Antlitz hielt ihn aufrecht eine Weile.   121
Als ich ihm wies die Augen jung und helle,
Hab ich ihn gradenwegs geführt zum Heile.

PURGATORIO · CANTO XXX

Sì tosto come in su la soglia fui   *124*
di mia secondo etade e mutai vita,
questi si tolse a me, e diessi altrui.

Quando di carne a spirto era salita,   *127*
e bellezza e virtù cresciuta m'era,
fu'io a lui men cara e men gradita;

e volse i passi suoi per via non veea,   *130*
imagini di ben seguendo false,
che nulla promission rendono intera.

Nè impetrare spirazion mi valse,   *133*
con le quali ed in sogno e altrimenti
lo rivocai; sì poco a lui ne calse!

Tanto giù cadde, che tutti argomenti   *136*
alla salute sua eran già corti,
fuor che mostrargli le perdute genti.

Per questo visitai l'uscio dei morti,   *139*
e a colui che l'ha quassù condotto,
li preghi miei, piangendo, furon porti.

Alto fato di Dio sarebbe rotto,   *142*
se Letè si passasse e tal vivanda
fosse gustata sanza alcuno scotto

di pentimento che lagrime spanda.»   *145*

DER LÄUTERUNGSBERG · XXX. GESANG

Doch als ich an des zweiten Alters Schwelle   124
Das Leben tauschte, mocht ihm nichtsmehr liegen
An mir, und andres fesselte ihn schnelle.

Als ich vom Fleisch zum Geist emporgestiegen,   127
An Schönheit zunahm und Vollkommenheiten,
Schien ich ihm minderlieb und -wert zu wiegen,

Und Irrtumsbahnen sah ich ihn beschreiten,   130
Von Bildern falschen Glückes festgehalten,
Die nie erfüllten, was sie prophezeiten.

Nichts half es, ihm Gesichte zu entfalten,   133
Durch Träume oder andres ihn zu retten
Zurück zu mir: so wenig sie ihm galten!

Er fiel sotief, daß alle Mittel hätten   136
Zu seinem Heil versagt, *eins* ausgenommen:
Ihm zeigen des verlorenen Volkes Stätten!

Drum bin ich vor der Toten Tor gekommen,   139
Und darum sah, der ihn geführt nach oben,
Weinen und bitten mich zu seinem Frommen.

Verletzung wärs von Gottes Ratschluß droben,   142
Durchschritt er Lethes Flut, um zu genießen
Solch eine Speise, eh der Zoll enthoben

Der Reue, die sich weinend muß ergießen.   145

CANTO TRENTESIMOPRIMO

«O tu che se' di là dal fiume sacro»,   *1*
volgendo suo parlare a me per punta,
che pur per taglio m'era paruto acro,

   ricominciò seguendo sanza cunta;   *4*
«di', di' se questo è vero: a tanta accusa
tua confession conviene esser congiunta.»

   Era la mia virtù tanto confusa,   *7*
che la voce si mosse, e pria si spense
che dagli organi suoi fosse dischiusa.

   Poco sofferse; poi disse: «Che pense?   *10*
Rispondi a me, chè le memorie triste
in te non sono ancor dall'acqua offense.»

   Confusione e paura, insieme miste,   *13*
mi pinsero un tal ‹sì› fuor della bocca,
al quale intender fur mestier le viste.

   Come balestro frange, quando scocca   *16*
da troppa tesa, la sua corda e l'arco,
e con men foga l'asta il segno tocca,

   sì scoppia'io sott'esso grave carco,   *19*
fuori sgorgando lagrime e sospiri,
e la voce allentò per lo suo varco.

   Ond'ella a me: «Per entro i miei disiri,   *22*
che ti menavano ad amar lo bene
di là dal qual non è a che s'aspiri,

   quai fossi attraversati o quai catene   *25*
trovasti, per che del passare innanzi
dovessiti così spogliar la spene?

   E quali agevolezzo o quali avanzi   *28*
nella fronte degli altri si mostraro,
per che dovessi lor passeggiare anzi?»

   Dopo la tratta d'un sospiro amaro,   *31*
a pena ebbi la voce che rispuose,
e le labbra a fatica la formaro.

   Piangendo dissi: «Le presenti cose   *34*
col falso lor piacer volser miei passi,
tosto che 'l vostro viso si nascose.»

   Ed ella: «Se tacessi o se negassi   *37*
ciò che confessi, non fora men nota
la colpa tua; dal tal giudice sàssi!

EINUNDDREISSIGSTER GESANG

»O du, jenseit der heiligen Wasserscheide«,   *1*
So auf mich ihrer Rede Spitze lenkend,
Die mir schon scharf geschienen an der Schneide,
    Sprach sie fortfahrend, nicht an Aufschub denkend,   *4*
»Sprich, sprich, ob dieses wahr? Bei solchen Klagen
Mußt du bekennen, reine Wahrheit schenkend.«
    Es war so gänzlich meine Kraft zerschlagen,   *7*
Daß mir die Stimme brach schon im Beginnen,
Eh noch die Lippen sie hinausgetragen.
    Nach kurzem Warten sprach sie: »Welch Besinnen?   *10*
Gib Antwort. Denn dir tilgte die unreine
Erinnerung noch nicht des Wassers Rinnen.«
    Furcht und Verwirrung preßten im Vereine   *13*
Aus meinem Mund ein Ja, daß es erkannte
Ob seines schwachen Tons der Blick alleine.
    Gleichwie die Armbrust, die zustraffgespannte,   *16*
Beim Schusse sprengt den Bogen samt dem Strange,
Daß abgeschwächt der Pfeil zum Ziel sich wandte,
    So quoll, befreit aus allzu-engem Zwange,   *19*
Ein Strom aus mir von Tränen und von Klagen,
Und meine Stimme stockte kraftlos-bange.
    »Die Sehnsucht, die dein Herz nach mir getragen«,   *22*
Sprach sie, »die jenes Gut dich zu erringen
Gelehrt, wie man kein besseres kann erjagen,
    Wo hielt sie je dir Gruben oder Schlingen   *25*
Bereit, daß du so gänzlich sahst entgleiten
Die Hoffnung, vorwärts und empor zu dringen?
    Und welch ein Vorzug, welche Herrlichkeiten   *28*
Schien dir der andern Stirnen denn zu schmücken,
Daß du vor ihnen huldigend mußtest schreiten?«
    Der Stimme wollte keine Antwort glücken;   *31*
Sie brach. Und einige bittre Seufzer flogen,
Eh mirs gelang, mich wortklar auszudrücken.
    Weinend sprach ich: »Mit falscher Lust betrogen   *34*
Hat mich die Gegenwart, ihr nachzufliegen,
Sobald sich euer Anblick mir entzogen.«
    Und sie: »Wenn du geleugnet, ja verschwiegen   *37*
Die Schuld, die du bekannt, – gleich offener Kunde
Säh doch sie solches Richters Auge liegen.

PURGATORIO · CANTO XXXI

Ma quando scoppia della propria gota   40
l'accusa del peccato, in nostra corte
rivolge sè contra il taglio la ruota.

Tuttavia, perchè mo vergogna porte   43
del tuo errore, e perchè altra volta
udendo le sirene sie più forte,

pon giù il seme del piangere, e ascolta: 46
sì udirai come in contraria parte
mover doveati mia carne sepolta.

Mai non t'appresentò natura o arte   49
piacer, quanto le belle membra in ch'io
rinchiusa fui, e sono in terra sparte;

e se 'l sommo piacer sì ti fallìo   52
per la mia morte, qual cosa mortale
dovea poi trarre te nel suo disio?

Ben ti dovevi, per lo primo strale   55
delle cose fallaci, levar suso
diretro a me, che non era più tale.

Non ti dovea gravar le penne in giuso,   58
ad aspettar più colpi, o pargoletta
o altra vanità con sì breve uso.

Nuovo augelletto due o tre aspetta;   61
ma dinanzi dagli occhi dei pennuti
rete si spiega indarno o si saetta.»

Quali i fanciulli, vergognando, muti   64
con gli occhi a terra stannosi, ascoltando,
e sè riconoscendo, e ripentuti,

tal mi stav'io; ed ella disse: «Quando   67
per udir se' dolente, alza la barba,
e prenderai più doglia riguardando.»

Con men di resistenza si dibarba   70
robusto cerro, o vero al nostral vento,
o vero a quel della terra di Iarba,

ch'io non levai al suo comando il mento;   73
e quando per la barba il viso chiese,
ben conobbi il velen dell'argomento.

E come la mia faccia si distese,   76
posarsi quelle prime creature
da loro aspersion l'occhio comprese;

e le mie luci, ancor poco sicure,   79
vider Beatrice volta in su la fiera,
ch'è sola una persona in due nature.

318

DER LÄUTERUNGSBERG · XXXI. GESANG

Doch Selbstvorwurf aus Sünders eignem Munde   40
Wendet die Schneide gleich dem Rad entgegen
Des Schleifsteins hier in unsers Hofes Runde.

Nun, daß du kräftiger deines Irrtums wegen   43
Dich schämst und künftig standhaft bleibst im Wollen,
Wenn dir Sirenenlieder Schlingen legen,

So laß nichtmehr die Saat der Tränen rollen   46
Und hör, wie dich im Gegenteil hätt trösten
Mein eingesargtes Fleisch und spornen sollen.

Weder Natur bot dir, noch Künste flößten   49
Dir größere Lust ein, als die schönen Glieder,
Die mich umhüllt und nun in Staub sich lösten.

Und sank dir so der Wonnen höchste nieder   52
Durch meinen Tod: was hing sich dein Verlangen
Sobald an niedre Erdendinge wieder?

Zeit wars, als du den ersten Pfeil empfangen   55
Vom Erdentrug, zur Höh dich zu entzücken –
Mir nach! die irdischen Dingen längst entgangen.

Nicht durften dir die Flügel erdwärtsdrücken,   58
Mehr Pfeile zu gewärtigen, Eitelkeiten
Und Mägdelein, die flüchtige Reize schmücken.

Gelbschnäbeln kann ein Pfeil Gefahr bereiten   61
Zwei-dreimal, oder daß ins Netz sie gehen.
Die älteren fliehen die Gefahr beizeiten!« –

Wie schamerfüllte Kinder schweigend stehen,   64
Gesenkten Blicks bedacht, wie auszumerzen
Die Schuld, die sie durch Vorwurf eingesehen,

So stand ich. Und sie sprach: »Schmerzt dich im Herzen   67
Sotief mein Wort schon – deinen Bart erhebe,
Und stärker wird dich noch der Anblick schmerzen.«

Ich glaube nicht, daß minder widerstrebe   70
Der Eichbaum, ob ihn knicken unsere Winde,
Ob Jarbas Wind den Todesstoß ihm gebe,

Als ich auf ihr Geheiß das Kinn geschwinde   73
Aufhob; und da sie Bart mein Antlitz nannte,
Das Gift wohl merkte, das im Wort sich finde.

Und als mein Antlitz sich nach oben wandte,   76
Da ruhten auch die Engelsurgestalten
Mit Blumenstreuen, wie mein Blick erkannte.

Und meine Augen, noch im Bann gehalten,   79
Sahn Beatricen nach dem Tiere schauen,
In dem als einem zwei Naturen walten.

PURGATORIO · CANTO XXXI

Sotto 'l suo velo e oltre la rivera   82
vincer pareami più sè stessa antica.
vincer, che l'altre qui, quand'ella c'era.

Di pentér sì mi punse ivi l' ortica,   85
che di tutt' altre cose qual mi torse
più nel suo amor, più mi si fe' nimica.

Tanta riconoscenza il cor mi morse,   88
ch'io caddi vinto; e quale allora femmi,
sàlsi colei che la cagion mi porse.

Poi, quando il cor di fuor virtù rendemmi,   91
la donna ch'io avea trovata sola
sopra me vidi, e dicea: «Tiemmi, tiemmi!»

Tratto m'avea nel fiume infino a gola,   94
e tirandosi me dietro, sen giva
sovresso l'acqua lieve come spola.

Quando fui presso alla beata riva,   97
‹Asperges me› sì dolcemente udissi,
ch'io nol so rimembrar, non ch'io lo scriva.

La bella donna nelle braccia aprissi,   100
abbracciommi la testa, e mi sommerse
ove convenne ch'io l'acqua inghiottissi.

Indi mi tolse, e bagnato m'offerse   103
dentro alla danza delle quattro belle;
e ciascuna del braccio mi coperse.

«Noi sem qui ninfe, e nel ciel semo stelle: 106
pria che Beatrice discendesse al mondo,
fummo ordinate a lei per sue ancelle.

Merrenti agli occhi suoi; ma nel giocondo   109
lume ch'è dentro, aguzzeranno i tuoi
le tre di là, che miran più profondo.»

Così cantando cominciaro; e poi   112
al petto del Grifon seco menârmi,
ove Beatrice volta stava a noi.

Disser: «Fa' che le viste non risparmi: 115
posto t' avem dinanzi agli smeraldi
onde Amor già ti trasse le sue armi.»

Mille disiri più che fiamma caldi   118
strinsermi gli occhi agli occhi rilucenti,
che pur sopra il Grifone stavan saldi.

Come in lo specchio il sol, non altrimenti   121
la doppia fiera dentro vi raggiava,
or con altri, or con altri reggimenti.

319

DER LÄUTERUNGSBERG · XXXI. GESANG

Verschleiert auf des andern Ufers Auen   82
Schien sie ihr früheres Bild zu überstrahlen
Mehr, als sie überstrahlt einst andere Frauen.

Wie brannten mich der Reue Nesselqualen,   85
Daß sich, statt einstiger Lust an nichtigen Scherzen,
Jetzt Haß und Abscheu in das Herz mir stahlen.

Sosehr fraß Selbsterkenntnis mir am Herzen,   88
Daß ich hinfiel besiegt. Und *wie* michs nagte,
Sie weiß es, die verursacht mir die Schmerzen.

Sodann, als neue Kraft dem Herzen tagte,   91
Sah ich, die ich erst einsam traf, gebogen
Auf mich die Frau, die »Fasse, fasse mich« sagte.

Sie hatte bis ans Kinn mich in die Wogen   94
Getaucht und, ohne tiefer sich zu senken,
Leicht wie ein Weberschiff mitsichgezogen.

Als ich sie sah zum seligen Strande lenken,   97
Hört ich »*asperges me*«! Und so süßklingend,
Daß ichs nicht schreiben kann noch wiederdenken.

Die Schöne tat die Arme auf, umschlingend   100
Mein Haupt, es tauchend, bis mein Mund berührte
Das Wasser, mich davon zu trinken zwingend.

Drauf nahm sie mich, und so gebadet führte   103
Sie mich zum Tanz der schönen Vier; und gerne
Mit sanftem Arme jede mich umschnürte.

»Hier sind wir Nymphen und am Himmel Sterne: 106
Erwählt dazu, sie dienend zu umringen,
Eh Beatrice stieg zur Erdenferne.

Vor ihre Augen werden wir dich bringen!   109
Doch für ihr heitres Licht wird dir gespendet
Erst Kraft von jenen Dreien, die tiefer dringen.«

So sangen jene. Und als sie geendet,   112
Ward ich geführt dicht vor die Brust des Greifen,
Wo Beatrice stand, uns zugewendet.

Sie sprachen: »Hier laß frei die Blicke schweifen.   115
Wir stellten dich vor die smaragdnen Funken,
Draus Amors Pfeil dich einstmals sollte streifen.«

Wohl tausend Wünsche trieben, feuertrunken,   118
Die Augen mir zu ihren strahlendreinen,
Die auf dem Greifen ruhten starrversunken.

Wie Sonnenlicht im Spiegel, sollt ich meinen,   121
Ganz so sah ich das Doppeltier darinnen
In zweierlei Gestalt getrennt erscheinen.

319

PURGATORIO · CANTO XXXI

Pensa, lettor, s'io mi maravigliava,   *124*
quando vedea la cosa in sè star queta,
e nell'idolo suo si trasmutava.

Mentre che, piena di stupore e lieta,   *127*
l'anima mia gustava di quel cibo
che, saziando di sè, di sè asseta,

sè dimostrando di più alto tribo   *130*
negli atti, l'altre tre si fêro avanti,
danzando al loro angelico caribo.

«Volgi, Beatrice, volgi gli occhi santi»   *133*
era la sua canzone «al tuo fedele,
che, per vederti, ha mossi passi tanti!

Per grazia fa' noi grazia che disvele   *136*
a lui la bocca tua, sì che discerna
la seconda bellezza che tu cele.»

O isplendor di viva luce eterna,   *139*
chi palido si fece sotto l'ombra
sì di Parnaso, o bevve in sua cisterna,

che non paresse aver la mente ingombra,   *142*
tentando a render te, qual tu paresti
là dove armonizzando il ciel t'adombra,

quando nell'aere aperto ti solvesti?   *145*

DER LÄUTERUNGSBERG · XXXI. GESANG

Denk, Leser, ob ich staunend mußte sinnen,   124
Als ich das Urbild wandellos entdeckte,
Doch Zwiegestalt das Abbild sah gewinnen.

Als meine Seele sich, die froh-erschreckte,   127
Noch labte an der Kost im seligen Drange,
Die sattmacht, daß sie neue Eßlust weckte,

Schwebten die andern Drei, von höchstem Range   130
Dem Wesen nach, hervor, sich zu erfreuen
Am Tanz nach ihrem engelhaften Sange.

»Neig, Beatrice, neige deinem Treuen   133
Die heiligen Augen«, sangs in ihrer Runde,
»Der dich zu schaun sich keinen Schritt ließ reuen.

Aus Gnade gieb uns Gnade! Zieh vom Munde   136
Den Schleier, daß ihm unverhüllt jetzt schnelle
Von deiner zweiten Schönheit werde Kunde.«

O Glanz lebendigen Lichts voll ewiger Helle!   139
Wer ward so bleich in des Parnassus Schatten,
Wer schlürfte tiefgenug aus seiner Quelle,

Daß doch sein Geist nicht schiene zu ermatten,   142
Will er *ganz* schildern deines Anblicks Feier,
Wo dich die Himmel leicht gemalt nur hatten,

Als du in freier Luft gelöst den Schleier?   145

CANTO TRENTESIMOSECONDO

Tanto eran gli occhi miei fissi ed attenti
a disbramarsi la decenne sete,
che gli altri sensi m'eran tutti spenti; 1

ed essi quinci e quindi avean parete
di non caler, così lo santo riso
a sè trae' li con l'antica rete; 4

quando per forza mi fu volto il viso
vêr la sinistra mia da quelle dee,
perch'io udìa da loro un ‹Troppo fiso!›; 7

e la disposizion ch'a veder èe
negli occhi pur testè dal sol percossi,
sanza la vista alquanto esser mi fée. 10

Ma poi che al poco il viso riformossi
– io dico ‹al poco› per rispetto al molto
sensibile onde a forza mi rimossi –. 13

vidi in sul braccio destro esser rivolto
lo glorioso esercito, e tornarsi
col sole e con le sette fiamme al volto. 16

Come sotto gli scudi per salvarsi
volgesi schiera, e sè gira col segno
prima che possa tutta in sè mutarsi; 19

quella milizia del celeste regno
che procedeva, tutta trapassonne
pria che piegasse il carro il primo legno. 22

Indi alle rote si tornâr le donne;
e il Grifon mosse il benedetto carco
sì che però nulla penna crollonne. 25

La bella donna che mi trasse al varco,
e Stazio e io seguitavam la rota
che fe' l'orbita sua con minor arco. 28

Sì passeggiando l'alta selva vòta,
colpa di quella ch'al serpente crese,
temprava i passi un'angelica nota. 31

Forse in tre voli tanto spazio prese
disfrenata saetta, quanto eràmo
rimossi, quando Beatrice scese. 34

Io senti' mormorare a tutti ‹Adamo›;
poi cerchiaro una pianta, dispogliata
di fiori e d'altra fronda in ciascun ramo: 37

ZWEIUNDDREISSIGSTER GESANG

So fest und gierig schlürften meine Augen,   *1*
Damit ihr zehenjähriger Durst sich letze,
Als wollte sonst kein andrer Sinn mir taugen.
   Auch wars, alsob man Wände um mich setze,   *4*
Daß ich nichts weiter säh: so hielt gefangen
Das heilige Lächeln mich im alten Netze,
   Bis mit Gewalt das Angesicht mir zwangen   *7*
Jene göttlichen Frauen hin zur Linken,
Weil mir die Worte »Mäßige dich!« erklangen.
   Und ähnlich wie der Sonne grelles Blinken   *10*
Die Augen trifft zuweilen beim Erwachen,
So fühlt ich anfangs meine Sehkraft sinken.
   Doch als sie mir erstarkte an dem Schwachen,   *13*
(›Schwach‹ sag ich nach dem allzuvielen Lichte,
Davon nur Zwang vermocht mich freizumachen)
   Sah ich, daß sich rechtsschwenkend rückwärtsrichte   *16*
Die hehre Schar, sah sie zur Sonne sehen
Und zu dem Siebenstern mit dem Gesichte.
   Wie unterm Schild, Gefahren zu entgehen,   *19*
Ein Trupp ums Banner schwenkt beim Rückwärtswogen,
Eh sich das Ganze insichselbst kann drehen:
   So kamen ganz an uns vorbeigezogen   *22*
Im Vortrab hier des Himmels Heeresglieder,
Eh noch des Wagens Deichsel umgebogen.
   Die Frauen kehrten zu den Rädern wieder;   *25*
Und also zog der Greif den heiligen Wagen,
Daß sich kein Flaum ihm regte am Gefieder.
   Die Schöne, die mich durch die Furt getragen,   *28*
Statius und ich folgten mit rüstigen Schritten
Am Rade, das den engern Kreis geschlagen,
   Durch hohen Wald –: öde, weil er gelitten   *31*
Durch jene, die vom Wurm sich ließ besiegen –,
Und Engelshymnen gaben Maß den Tritten.
   Ein dreimal-abgeschossener Pfeil kann fliegen   *34*
Soweit wohl, als den Raum durchmaß der Wagen
Bis dort, wo Beatrice ihm entstiegen.
   Im Chor hört ich sie flüsternd »*Adam*« sagen,   *37*
Indem sie alle einen Baum umstanden,
Den ich nicht Blätter sah noch Blüten tragen.

PURGATORIO · CANTO XXXII

la coma sua, che tanto si dilata   40
più quanto più è su, fora dagl' Indi
nei boschi lor per altezza ammirata.

«Beato se', Grifon, che non discindi   43
col becco d'esto legno dolce al gusto,
poscia che mal si torce il ventre quindi.»

Così dintorno all'albore robusto   46
gridaron gli altri; e l'animal binato:
«Sì si conserva il seme d'ogni giusto.»

E volto al temo ch'egli avea tirato,   49
trasselo al piè della vedova frasca,
e quel di lei a lei lasciò legato.

Come le nostre piante, quando casca   52
giù la gran luce mischiata con quella
che raggia dietro alla celeste lasca,

turgide fansi, e poi si rinnovella   55
di suo color ciascuna pria che il sole
giunga li suoi corsier sotto altra stella;

men che di rose e più che di viole   58
colore aprendo, s'innovò la pianta,
che prima avea le ramora sì sole.

Io non lo intesi, nè qui non si canta   61
l'inno che quella gente allor cantaro,
nè la nota soffersi tutta quanta.

S'io potessi ritrar come assonnaro   64
gli occhi spietati, udendo di Siringa,
gli occhi a cui più vegghiar costò sì caro;

come pintor che con esemplo pinga,   67
disegnerei com'io m'addormentai;
ma qual vuol sia che l'assonnar ben finga.

Però trascorro a quando mi svegliai;   70
e dico ch'un splendor mi squarciò il velo
del sonno, e un chiamar ‹Surgi: che fai?›.

Quali a veder dei fioretti del melo   73
che del suo pomo gli angeli fa ghiotti
e perpetue nozze fa nel cielo,

Pietro e Giovanni e Iacopo condotti   76
e vinti, ritornaro alla parola
dalla qual furon maggior sonni rotti;

e videro scemata loro scuola   79
così di Moisè come d'Elia,
e al Maestro suo cangiata stola;

DER LÄUTERUNGSBERG · XXXII. GESANG

Jemehr sich wipfelan die Zweige wanden,   *40*
Jebreiter ward dies Astwerk auch, das nackte:
An Höh ein Wunder selbst in Indiens Landen!

»Heil dir, o Greif, daß nicht dein Schnabel hackte   *43*
Vom Holz hier, das erst Süßes läßt erfahren,
Doch nachher stets den Bauch mit Grimmen packte!«

So riefen um den starken Baum die Scharen.   *46*
Und darauf rief das Tier mit zwei Gestalten:
»*So* muß sich jedes Rechtes Same wahren!«

Die Deichsel, die gelenkt er und gehalten,   *49*
Zog er zum Fuße vom verwaisten Stamme,
Anfügend sie, die davon abgespalten.

Wie unsere Pflanzen – wenn die große Flamme   *52*
Das Licht dem andern mischt, das sich ergossen
Hinter den Fischen – ihre wundersame

Verjüngungskraft bewähren, blühen und sprossen,   *55*
Sich färbend bis ins kleinste Blätterteilchen,
Eh Sol den Stier einholt mit seinen Rossen:

So, nicht ganz Rose, aber mehr als Veilchen   *58*
An Farbe, schien Verjüngung zu durchdringen
Den Baum, der gänzlich kahl vor einem Weilchen.

Ich faßte nicht, auch hört ich niemals singen   *61*
Den Hymnus hier, den jetzt dies Volk gesungen,
Noch hielt ich horchend stand bis zum Verklingen.

Könnt schildern ich, wie Syrinx süß geklungen   *64*
Den Augen, deren Strafe nichts konnt mildern,
Den harten Augen, weil sie Schlaf bezwungen,

Dann, wie ein Maler nach vorhandenen Bildern,   *67*
Beschrieb ich, wie ich einschlief hier ganz sachte:
Doch wer es kann, mag das Entschlummern schildern.

Drum laß ichs und beschreib, wie ich erwachte.   *70*
Ein Glanz durchriß den Schlaf, indem vom Traume
Der Ruf: »Steh auf! Was tust du?« wach mich machte.

Wie – um das Blühen zu sehn vom Apfelbaume,   *73*
Mit dessen Frucht, selbst Engeln ein Verlangen,
Man ständige Hochzeit hält im Himmelsraume –

Petrus, Johann und Jakob einst gegangen,   *76*
Die aus der Ohnmacht bei *dem* Wort erstanden,
Durch das wohl tiefern Schlafes Fesseln sprangen –

Die dann, weil Moses und Elias schwanden,   *79*
Verminderung ihrer Schule wahrgenommen,
Und ihres Meisters Kleid verändert fanden –:

PURGATORIO · CANTO XXXII

tal torna'io, e vidi quella pia 82
sovra me starsi, che conducitrice
fu de'miei passi lungo il fiume pria;

e tutto in dubbio dissi: «Ov' è Beatrice?» 85
Ond'ella: «Vedi lei sotto la fronda
nova sedere in su la sua radice.

Vedi la compagnia che la circonda; 88
gli altri dopo il Grifon sen vanno suso
con più dolce canzone e più profonda.»

E se più fu lo suo parlar diffuso, 91
non so, però che già negli occhi m'era
quella ch'ad altro intender m'avea chiuso

Sola sedeasi in su la terra vera, 94
come guardia lasciata lì del plaustro
che legar vidi alla biforme fiera.

In cerchio le facevan di sè claustro 97
le sette ninfe, con quei lumi in mano
che son sicuri d'Aquilone e d'Austro.

«Qui sarai tu poco tempo silvano; 100
e sarai meco senza fine cive
di quella Roma onde Cristo è romano.

Però in pro del mondo che mal vive 103
al carro tieni or gli occhi, e quel che vedi,
ritornato di là, fa' che tu scrive.»

Così Beatrice; ed io, che tutto ai piedi 106
de' suoi comandamenti era devoto,
la mente e gli occhi ov' ella volle diedi.

Non scese mai con sì veloce moto 109
foco di spessa nube, quando piove
da quel confine che più va remoto,

com'io vidi calar l'uccel di Giove 112
per l'alber giù, rompendo della scorza,
non che dei fiori e delle foglie nove;

e ferì il carro di tutta sua forza; 115
ond'el piegò come nave in fortuna,
vinta dall'onda or da poggia, or da orza.

Poscia vidi avventarsi nella cuna 118
del triunfal veiculo una volpe
che d'ogni pasto buon parea digiuna;

ma, riprendendo lei di laide colpe, 121
la donna mia la volse in tanta futa,
quanto sofferser l'ossa sanza polpe.

DER LÄUTERUNGSBERG · XXXII. GESANG

So fuhr ich auf und ward gewahr der Frommen 82
Zu Häupten mir, die längs dem Uferhange
Wegweisend vorher zu mir war gekommen.
  Und »Wo ist Beatrice?« rief ich bange. 85
Drauf sie: »Am Baum, draus Blätter neu entspringen!
Schau an der Wurzel sie, dir zum Empfange.
  Schau die Gefährtinnen, die sie umringen! 88
Die andern mit dem Greifen ziehen nach oben
Mit süßerem und inhaltsreicherm Singen.«
  Ob sie noch mehr sprach, konnt ich nicht erproben. 91
Denn nichts zu spüren war ich sonst imstande,
Seit meine Augen ich zu *ihr* erhoben.
  Sie hütete, allein, auf nacktem Lande 94
Den Wagen unterm Stamm, dran ich den Zwitter
Ihn sah befestigen mit starkem Bande.
  Der Nymphen Siebenzahl stand wie ein Gitter 97
Um sie mit ihrer Leuchter ewigem Scheine,
Der nie erlischt im Nord- noch Südgewitter.
  »Nur kurz verweilst du hier im Erdenhaine, 100
Um ewig Bürger dann mit mir zu bleiben
Des Roms, drin Christus Römer ist alleine.
  Darum, der Welt zunutz, wo schlimm sies treiben, 103
Lenk hin den Blick zum Wagen, um, ins Leben
Zurückgekehrt, Geschautes aufzuschreiben.«
  So Beatrice. Und ich, ganz ergeben 106
Ihrem Befehl zu Füßen, ließ zur Stelle,
Wie sie befohlen, Blick und Geist sich heben.
  Nie raste je der Blitz mit solcher Schnelle 109
Aus dichten Wolken, wenn sie rauschend gießen
Aus höchster Luft des Regens wilde Welle,
  Als Jovis Vogel ich sah niederschießen 112
Zum Baum, um selbst die Rinde zu zersplittern,
Nicht Blatt und Blüten nur, die im Entsprießen.
  Mit voller Wucht ließ er den Wagen zittern, 115
Daß er sich bog nach eines Schiffes Weise,
Bebt Back- und Steuerbord in Ungewittern.
  Drauf sah ich einen Fuchs, der sohlenleise 118
Zur Lade stürzte von dem Siegeswagen:
Fremd schien dem Tier längst jede gute Speise.
  Doch wußte ihn die Herrin zu verjagen 121
Mit schmutziger Laster Vorwurf eiligst wieder
Soweit, als das Geripp ihn mochte tragen.

PURGATORIO · CANTO XXXII

Poscia, per indi ond'era pria venuta,   124
l'aguglia vidi scender giù nell'arca
del carro e lasciar lei di sè pennuta;

e qual esce di cuor che si rammarca,   127
tal voce uscì del cielo e cotal disse:
«O navicella mia, com' mal se' carca!»

Poi parve a me che la terra s'aprisse   130
tr'ambo le ruote, e vidi uscirne un drago,
che per lo carro su la coda fisse;

e come vespa che ritragge l'ago,   133
a sè traendo la coda maligna,
trasse del fondo, e gissen vago vago.

Quel che rimase, come di gramigna   136
vivace terra, della piuma, offerta
forse con intenzion sana e benigna.

si ricoperse, e funne ricoperta   139
e l'una e l'altra ruota e il temo in tanto,
che più tiene un sospir la bocca aperta.

Trasformato così, il dificio santo   142
mise fuor teste per le parti sue,
tre sovra il temo e una in ciascun canto.

Le prime eran cornute come bue,   145
ma le quattro un sol corno avean per fronte:
simile mostro visto ancor non fue.

Sicura, quasi ròcca in alto monte,   148
seder sovr'esso una puttana sciolta
m'apparve, con le ciglia intorno pronte;

e come perchè non gli fosse tolta,   151
vidi di costa a lei dritto un gigante,
e baciavansi insieme alcuna volta.

Ma perchè l'occhio cupido e vagante   154
a me rivolse, quel feroce drudo
la flagellò dal capo infin le piante;

poi, di sospetto pieno e d'ira crudo,   157
disciolse il mostro e trassel per la selva,
tanto che sol di lei mi fece scudo

alla puttana e alla nuova belva.   160

DER LÄUTERUNGSBERG · XXXII. GESANG

Drauf sah ich, wie den alten Weg hernieder   124
Der Adler nochmals hin zur Arche kehrte
Und diese ganz bedeckte mit Gefieder.

Und wie die Seele seufzt, die gramverzehrte,   127
Schiens, daß vom Himmel eine Stimme spräche:
»Welch böse Last, mein Schifflein, dich beschwerte.«

Dann war mirs: zwischen beiden Rädern bräche   130
Die Erde, draus ein Drache kam gekrochen,
Der durch den Wagen mit dem Schwanze stäche

Und dann wie eine Wespe, die gestochen,   133
Einzög den argen Schwanz. Taumelnd vom Flecke,
Mitnahm er, was er vom Gestell zerbrochen.

Wie saftigem Erdreich wächst die Rasendecke,   136
Hat drauf der Rest mit Federn sich besponnen,
Die wohl geschenkt zu reinem edelm Zwecke.

Und schneller, als dem Mund ein Ach! entronnen,   139
Geschahs, daß jedes Rad in ganzer Breite
Wie auch die Deichsel solch ein Kleid gewonnen.

Also verwandelt streckte das geweihte   142
Gebäude Köpfe vorwärts, ihrer viere:
Drei auf der Deichsel, eins an jeder Seite.

Die ersten drei mit Hörnern wie beim Stiere;   145
Doch wuchs den Vieren eins nur an der Stirne:
Nie gabs ein Tier gleich diesem Greueltiere!

Und kühn wie eine Burg auf hoher Firne   148
Trotzt oben frech ein Weib. Die Augen wendet
Behend nach rechts und links die feile Dirne.

Und, gleichsam ihr zum Schutz und Schirm entsendet,   151
Seh neben ihr ich einen Riesen stehen,
Erwidernd Küsse viel, die sie ihm spendet.

Doch als auf mich sich ihre Augen drehen   154
Lüstern und dreist, läßt grausam dieser Wilde
Von Kopf zu Fuß ihr Geißelhiebe gehen.

Voll Zorn und Argwohn band das Schreckgebilde   157
Der rauhe Buhle los und zogs dann tiefer
Zum Wald hinein, daß dieser bald zum Schilde

Mir vor der Dirne ward und dem Geziefer.   160

CANTO TRENTESIMOTERZO

‹*Deus venerunt gentes*›, alternando   *1*
or tre or quattro dolce salmodia,
le donne incominciaro, e lagrimando;
    e Beatrice sospirosa e pia   *4*
quelle ascoltava sì fatta, che poco
più alla croce si cambiò Maria.
    Ma poi che l'altre vergini diêr loco   *7*
a lei di dir, levata dritta in piè,
rispose colorata come foco:
    «*Modicum, et non videbitis me,*   *10*
et iterum, sorelle mie dilette,
modicum, et vos videbitis me.»
    Poi le si mise innanzi tutte e sette,   *13*
e dopo sè, solo accennando, mosse
me e la donna e 'l savio che ristette.
    Così sen giva, e non credo che fosse   *16*
lo decimo suo passo in terra posto,
quando con gli occhi gli occhi mi percosse;
    e con tranquillo aspetto «Vien più tosto»   *19*
mi disse, «tanto che, s'io parlo teco,
ad ascoltarmi tu sie ben disposto.»
    Sì com'io fui, com'io doveva, seco,   *22*
dissemi: «Frate, perchè non t'attenti
a domandarmi omai venendo meco?»
    Come a color che troppo reverenti   *25*
dinanzi a'suoi maggior parlando sono,
che non traggon la voce viva ai denti,
    avvenne a me, che sanza intero suono   *28*
incominciai: «Madonna, mia bisogna
voi conoscete o ciò ch'ad essa è buono.»
    Ed ella a me: «Da tema e da vergogna   *31*
voglio che tu omai ti disviluppe,
sì che non parli più com'uom che sogna.
    Sappi che 'l vaso che 'l serpente ruppe,   *34*
fu e non è; ma chi n'ha colpa, creda
che vendetta di Dio non teme suppe.
    Non sarà tutto tempo sanza reda   *37*
l'aguglia che lasciò le penne al carro,
per che divenne mostro e poscia preda;

DREIUNDDREISSIGSTER GESANG

»*Deus venerunt gentes*«, also fingen 1
Die Frauen zu drei und vier im Wechselsange
Mit Tränen an den süßen Psalm zu singen.

Und Beatrice lauschte seufzendbange 4
So mitleidsvoll, daß blasser kaum sich zeigen
Maria mochte auf dem Kreuzesgange.

Doch als die andern Jungfrau ihr durch Schweigen 7
Das Wort einräumten, stand sie auf, noch eh
Sie sprach; und Feuerfarbe war ihr eigen:

»*Modicum, et non videbitis me,* 10
Et iterum, ihr Schwestern, meine lieben,
Modicum, et vos videbitis me.«

Dann ließ sie vor sich hergehn alle Sieben, 13
Und folgen, nur auf ihrer Winke einen,
Die Frau, mich, und den Weisen, der geblieben.

So ging sie hin. Und wie mirs wollte scheinen, 16
Sanken kaum erdwärts ihrer Schritte zehen,
Als Blick-in-Blick ihr Auge traf die meinen.

Und ruhigen Ansehns sprach sie: »Schneller gehen 19
Mußt du, daß sich dein Geist kann vorbereiten,
Was ich dir sagen werde, zu verstehen.«

Kaum war ich, wie befohlen, ihr zur Seiten, 22
Sprach sie zu mir: »Was wagst du nicht zu fragen,
O Bruder, da du neben mir darfst schreiten?«

Wie denen, die vor zuviel Ehrfurcht zagen 25
Vor ihren Obern, daß hervorzukommen
Die Stimme zu den Zähnen nicht will wagen,

So ging es mir, der ich, im Ton beklommen, 28
Nun anhub: »Meine Herrin, mein Verlangen
Erkennt Ihr, und auch was dazu mag frommen.«

Und sie zu mir: »Ich will von Scham und Bangen 31
Fortan befreit dich sehen, drum erwache,
Daß du nicht länger sprichst wie schlafbefangen.

Vernimm: der Wagen, den zerstört der Drache, 34
Er *war* und *ist* nicht! Doch der Schuldige deute
Die Hostie nicht als Schutz vor Gottes Rache.

Nicht immer ohne Erben bleibt wie heute 37
Der Adler, der die Federn ließ dem Wagen,
Der erst zum Untier ward und dann zur Beute.

PURGATORIO · CANTO XXXIII

ch'io veggio certamente, e però il narro,   40
a darne tempo già stelle propinque,
sicure d'ogni intoppo e d'ogni sbarro,

    nel quale un cinquecento diece e cinque,   43
messo di Dio, anciderà la fuia
con quel gigante che con lei delinque.

    E forse che la mia narrazion, buia   46
qual Temi e Sfinge, men ti persuade,
perch' a lor modo lo intelletto attuia;

    ma tosto fien li fatti le Naiàde   49
che solveranno questo enigma forte,
sanza danno di pecore o di biade.

    Tu nota, e sì come da me son porte,   52
così queste parole segna ai vivi
del viver ch' è un correre alla morte.

    E aggi a mente, quando tu le scrivi,   55
di non celar qual hai vista la pianta,
ch' è or due volte dirubata quivi.

    Qualunque ruba quella o quella schianta,   58
con bestemmia di fatto offende a Dio,
che solo all'uso suo la creò santa.

    Per morder quella, in pena ed in disìo   61
cinquemili' anni e più l'anima prima
bramò colui che 'l morso in sè punìo.

    Dorme lo 'ngegno tuo, se non istima   64
per singular cagione essere eccelsa
lei tanto e sì travolta nella cima.

    E se stati non fossero acqua d'Elsa   67
li pensier vani intorno alla tua mente,
e il piacer loro un Piramo alla gelsa,

    per tante circostanze solamente   70
la giustizia di Dio nello interdetto
conosceresti all'arbor moralmente.

    Ma perch'io veggio te nello intelletto   73
fatto di pietra, e impietrato, tinto,
sì che t'abbaglia il lume del mio detto,

    voglio anco, e se non scritto, almen dipinto,   76
che 'l te ne porti dentro a te per quello
che si reca il bordon di palma cinto.»

    E io: «Sì come cera da suggello,   79
che la figura impressa non trasmuta,
segnato è or da voi lo mio cervello.

DER LÄUTERUNGSBERG · XXXIII. GESANG

Denn deutlich seh ichs und drum darf ich sagen,   40
Daß nahe Sterne eine Zeit uns spenden,
Die weder weiß von Hemmung noch Vertagen,
    Wo den ›Fünfhundert-Zehn-und-Fünf‹ Gott senden   43
Uns wird, durch den die Dirne und der Riese,
Der mit ihr sündigte, im Tod wird enden.
    Und falls mein Wort sich dunkel dir erwiese   46
Gleich Sphinx und Themis, weil es nachtbeladen
Dem Geist die Überzeugung wehrt, wie diese,
    So werden bald Ereignisse Najaden,   49
Die diesen Rätseln dir die Lösung werben,
Ohne den Herden und dem Korn zu schaden.
    Du merke, was und wie ichs sprach, daß Erben   52
All dieser Worte werden, die dort leben
Ein Leben, das ein Wettlauf ist zum Sterben.
    Und wenn du schreibst, bedenke auch daneben,   55
Zu hehlen nicht, wie du den Baum sahst droben,
Der nun dem Raub ward zweimal preisgegeben.
    Wer Raub und Schändung will an ihm erproben,   58
Kränkt durch Tatlästerung Gott; er will ihn wissen
Für seinen Dienst als heilig aufgehoben.
    Die erste Seele, die hineingebissen,   61
Sich sehnsuchtsvoll fünftausend Jahr verzehrte
Nach dem, der sterbend sie der Schuld entrissen.
    Es schläft dein Geist, wenn er dich nicht belehrte, 64
Daß dieser Baum aus ganz besonderm Grunde
So hoch ist und den Wipfel so verkehrte.
    Und wenn den Geist dir nicht die ungesunde   67
Weltliche Lust mit Elsas Flut befleckte,
Wie einst die Maulbeerfrucht aus Pyrams Wunde,
    Längst dann der Zeichen Fülle dir entdeckte,   70
Was durch Verbot des Baums *sittlich* alleine
Die göttliche Gerechtigkeit bezweckte.
    Doch weil ich seh, es ward dein Geist zum Steine,   73
Der selbst als Stein nicht fleckenlos geblieben,
Daß blind du stehst bei meines Wortes Scheine,
    So nimm, wenn auch gemalt nur statt geschrieben,   76
Mein Wort mir dir, wie wohl bei ihren Fahrten
Am Stab die Pilger Palmenblätter lieben.«
    Und ich: »Wie Siegel stets im Wachs bewahrten   79
Das Bild, das ihm das Petschaft hat gegeben,
So stempelt ihr mein Hirn auf gleiche Arten.

PURGATORIO · CANTO XXXIII

Ma perchè tanto sopra mia veduta   82
vostra parola disiata vola,
che più la perde quanto più s'aiuta?»

«Perchè conoschi» disse «quella scuola   85
c'hai seguitata, e veggi sua dottrina
come può seguitar la mia parola,

e veggi vostra via dalla divina   88
distar cotanto, quanto si discorda
da terra il ciel che più alto festina.»

Ond'io rispuosi lei: «Non mi ricorda   91
ch'io straniassi me giammai da voi,
nè honne coscienza che rimorda.»

«E se tu ricordar non te ne puoi»   94
sorridendo rispuose, «or ti rammenta
come bevesti di Letè ancoi;

e se dal fummo foco s'argomenta,   97
cotesta oblivion chiaro conchiude
colpa nella tua voglia altrove attente.

Veramente oramai saranno nude   100
le mie parole, quanto converrassi
quelle scovrire alla tua vista rude.»

E più corrusco e con più lenti passi   103
teneva il sole il cerchio di merigge,
che qua e là come gli aspetti fassi;

quando s'affisser, sì come s'affigge   106
chi va dinanzi a gente per iscorta,
se trova novitate in sue vestigge,

le sette donne al fin d'un'ombra smorta,   109
qual sotto foglie verdi e rami nigri
sopra suoi freddi rivi l'Alpe porta.

Dinanzi ad esse Eufratès e Tigri   112
veder mi parve uscir d'una fontana,
e, quasi amici, dipartirsi pigri.

«O luce, o gloria della gente umana,   115
che acqua è questa che qui si dispiega
da un principio, e sè da sè lontana?»

Per cotal priego detto mi fu: «Priega   118
Matelda che 'l ti dica»; e qui rispuose,
come fa chi da colpa si dislega,

la bella donna: «Questo e altre cose   121
dette gli son per me, e son sicura
che l'acqua di Letè non gliel nascose.»

DER LÄUTERUNGSBERG · XXXIII. GESANG

Doch warum muß so hoch sich denn erheben   *82*
Euer ersehntes Wort? Nur ferner sehen
Die Augen es, jemehr sie danach streben.«

Sie sprach: »Daß du die Schule kannst verstehen,   *85*
Der du gefolgt, und siehst, wie ihre Weise
Beschaffen, meinem Worte nachzugehen,

Und siehest, wie die Straße eurer Reise   *88*
So fern von Gottes Weg, wie von der Erden
Fern sind des schnellen Himmels höchste Kreise.«

Drauf ich: »Erinnerlich nicht will mirs werden,   *91*
Daß eurer ich mich jemals hätt entzogen;
Auch schuf mir mein Gewissen nie Beschwerden.« –

»Und wenn dir die Erinnerung dran entflogen«,   *94*
Sprach lächelnd sie, »gedenke, daß soeben
Du erst getrunken hast von Lethes Wogen!

Und wie der Rauch ein Feuer anzugeben   *97*
Vermag, hat solch Vergessen mirs beeidet,
Daß schuldvermischt dein mißgelenktes Streben.

Wohl! fortan sei des Redeschmucks entkleidet   *100*
Mein Wort, soweit sichs ziemt; daß minder sauer
Am Sinne sich dein trübes Auge weidet.« –

Und heißer und mit Schritten längerer Dauer   *103*
Hielt schon die Sonne sich im Mittagskreise,
Der stets den Ort vertauscht mit dem Beschauer,

Als stillehielten – ganz nach dessen Weise,   *106*
Der einen Trupp anführt und, wenn zustatten
Ihm etwas kommt, stillhält auf seiner Reise –

Die sieben Frauen in so bleichem Schatten,   *109*
Wie ihn aus grünem Laub und schwarzen Zweigen
Auf kalte Bäche werfen Alpenmatten.

Euphrat und Tigris schienen sich zu zeigen   *112*
Vor ihnen, wachsend wie aus *einer* Quelle,
Dann zögernd scheidend wie es Freunden eigen.

»O du, der Menschheit Ruhm und Sonnenhelle,   *115*
Welch Wasser bricht aus einem Quell zutage
Vor mir, und trennt dann von sichselbst die Welle?«

Auf solche Frage ward Bescheid mir: »Frage   *118*
Matelda um Bescheid.« Und darauf sagte,
Wie in der Abwehr vorwurfsvoller Klage,

Die Schöne: »Dies und was er sonst noch fragte,   *121*
Erklärt ich ihm schon, und bin sicher dessen,
Daß Lethes Wasser es ihm nicht verjagte.«

PURGATORIO · CANTO XXXIII

E Beatrice: «Forse maggior cura,   *124*
che spesse volte la memoria priva,
fatt'ha la mente sua negli occhi oscura.

Ma vedi Eunoè che là deriva: *127*
menalo ad esso; e come tu se' usa,
la tramortita sua virtù ravviva.»

Com'anima gentil che non fa scusa,   *130*
ma fa sua voglia della voglia altrui,
tosto che è per segno fuor dischiusa;

così, poi che da essa preso fui,   *133*
la bella donna mossesi, ed a Stazio
donnescamente disse: «Vien con lui».

S'io avessi, lettor, più lungo spazio   *136*
da scrivere, io pur cantere' in parte
lo dolce ber che mai non m'avria sazio;

ma perchè piene son tutte le carte   *139*
ordite a questa cantica seconda,
non mi lascia più ir lo fren dell'arte.

Io ritornai dalla santissima onda   *142*
rifatto sì, come piante novelle
rinnovellate di novella fronda,

puro e disposto a salire alle stelle.   *145*

DER LÄUTERUNGSBERG · XXXIII. GESANG

Und Beatrice: »Leicht mag ein Vergessen   124
Verschleiernd vor des Geistes Blick sich legen,
Wenn größere Sorgen das Gedächtnis pressen.
　Doch sieh, Eunoë rieselt uns entgegen: 127
Erstorbene Lebenskräfte neu zu wecken,
Führ ihn zu ihr, gewohnten Amts zu pflegen.«
　Wie nie ein edles Herz zurück wird schrecken,   130
Nein, eigenen Wunsch dem fremden Wunsch läßt frommen,
Mag den ihm nur ein leiser Wink entdecken,
　So hat die Schöne meine Hand genommen   133
Und sprach im Gehen zu Statius, in den Zügen
Frauliche Anmut: »Du darfst mit ihm kommen.« –
　Könnt, Leser, ich ob größerm Raum verfügen   136
Zum Schreiben, säng ich mindestens Einzelheiten
Des süßen Tranks, dran nie ich fänd Genügen.
　Doch weil nunmehr beschrieben alle Seiten,   139
Die für das zweite Lied zurückzustellen,
Läßt mich der Zaum der Kunst nicht weiterschreiten.
　Ich schwang empor mich aus den heiligen Wellen,   142
Wie eine junge Pflanze sich im Kerne
Verjüngt fühlt und von jungem Laube schwellen:
　Rein und bereit zum Aufschwung in die Sterne.   145

PARADISO

DAS PARADIES

CANTO PRIMO

La gloria di colui che tutto move,   *1*
per l'universo penetra, e risplende
in una parte più, e meno altrove.

Nel ciel che più della sua luce prende   *4*
fu'io, e vidi cose che ridire
nè sa, nè può chi di lassù discende;

perchè, appressando sè al suo disire,   *7*
nostro intelletto si profonda tanto,
che dietro la memoria non può ire.

Veramente quant'io del regno santo   *10*
nella mia mente potei far tesoro,
sarà ora materia del mio canto.

O buono Apollo, all'ultimo lavoro   *13*
fammi del tuo valor sì fatto vaso,
come dimandi a dar l'amato alloro.

Infino a qui l'un giogo di Parnaso   *16*
assai mi fu; ma or con amendue
m'è uopo entrar nell'aringo rimaso.

Entra nel petto mio, e spira tùe,   *19*
sì come quando Marsïa traesti
della vagina delle membra sue.

O divina virtù, se mi ti presti   *22*
tanto, che l'ombra del beato regno
segnata nel mio capo io manifesti,

venir vedra'mi al tuo diletto legno   *25*
e coronarmi allor di quelle foglie,
che la materia e tu mi farai degno.

Sì rade volte, padre, se ne coglie,   *28*
per trionfare o Cesare o Poeta,
colpa e vergogna dell'umane voglie,

che partorir letizia in su la lieta   *31*
delfica deità dovrìa la fronda
peneia, quando alcun di sè asseta.

Poca favilla gran fiamma seconda: *34*
forse dietro da me con miglior voci
si pregherà perchè Cirra risponda.

ERSTER GESANG

Die Glorie Dessen, der bewegt das Ganze,   *1*
Durchdringt das All; und diesem Teile spendet
Sie Licht in stärkerm, dem in schwächerm Glanze.

Im Himmel, dem das meiste Licht Er sendet,   *4*
War ich und sah, was nicht vermag zu sagen
Noch weiß, wer je von dort sich heimgewendet.

Denn dicht vor seiner Sehnsucht Ziel getragen,   *7*
Sinkt unser Geist so tief, daß nachzulenken,
Gedächtnis keinen Weg weiß einzuschlagen.

Doch was zu sammeln nur vermocht mein Denken   *10*
An Schätzen aus dem heiligen Reich: dem Sange
Soll es als Inhalt mein Gedächtnis schenken.

O gib, guter Apoll, beim letzten Gange,   *13*
Daß deiner Kraft als solch Gefäß ich passe,
Wie der geliebte Lorbeer nur verlange.

Bisher war mir *ein* Gipfel vom Parnasse   *16*
Genug. Doch nun bedarfs, daß ich auf beide
Im letzten Teil des Wettlaufs mich verlasse.

Der Brust gieß jenen Hauch ein, der dem Neide   *19*
Die Strafe gab, als Marsyas du gezogen
Aus seiner Haut gleichwie aus einer Scheide.

O Gotteskraft, bleibst du mir *so* gewogen,   *22*
Daß ich die Hülle darf vom *Schatten* heben
Des seligen Reichs, der meinen Geist umflogen,

Wirst du zu deinem teuern Baum mich streben   *25*
Und mit dem Laube sehen dann mich schmücken,
Worauf mein Stoff und du mir Anrecht geben.

So selten, Vater, pflegen heut zu pflücken   *28*
Poet und Cäsar deinen Schmuck, den hohen,
(Weil Schuld und Schmach den Ehrgeiz niederdrücken)

Daß Freude neu es wecken muß der frohen   *31*
Delphischen Gottheit, sieht sie auch nur *einen*
Nach des Penëus Laub in Sehnsucht lohen.

Ein Brand wird aus dem Funken oft, dem kleinen: *34*
So wird vielleicht in Cirrhas feuchten Gründen
Nach mir ein Besserer um Bescheid erscheinen. –

PARADISO · CANTO I

Surge a' mortali per diverse foci   37
la lucerna del mondo; ma da quella
che quattro cerchi giugne con tre croci,
    con miglior corso e con migliore stella   40
esce congiunta, e la mondana cera
più a suo modo tempera e suggella.
    Fatto avea di là mane e di qua sera   43
tal foce quasi, e tutto era là bianco
quello emisperio, e l'altra parte nera,
    quando Beatrice in sul sinistro fianco   46
vidi rivolta, e riguardar nel sole:
aquila sì non gli s' affisse unquanco.
    E sì come secondo raggio suole   49
uscir del primo e risalire in suso,
pur come peregrin che tornar vuole;
    così dell'atto suo, per gli occhi infuso   52
nell'imagine mia, il mio si fece;
e fissi gli occhi al sole oltre nostr' uso.
    Molto è licito là, che qui non lece   55
alle nostre virtù, mercè del loco
fatto per proprio dell'umana spece.
    Io nol soffersi molto, nè sì poco,   58
ch'io nol vedessi sfavillar dintorno,
qual ferro che bogliente esce del foco;
    e di subito parve giorno a giorno   61
essere aggiunto, come quei che puote
avesse il ciel d' un altro sole adorno.
    Beatrice tutta nell'eterne rote   64
fissa con gli occhi stava; ed io in lei
le luci fissi, di lassù remote.
    Nel suo aspetto tal dentro mi fei,   67
qual si fe' Glauco nel gustar dell'erba
che il fe' consorto in mar degli altri dei.
    Trasumanar significar per verba   70
non si porìa; però l'esemplo basti
a cui esperienza grazia serba.
    S'io era sol di me quel che creasti   73
novellamente, Amor che il ciel governi,
tu 'l sai, che col tuo lume mi levasti.
    Quando la rota che tu sempiterni   76
desiderato, a sè mi fece atteso
con l' armonia che temperi e discerni,

DAS PARADIES · I. GESANG

Dem Sterblichen steigt aus verschiedenen Schlünden   *37*
Des Weltalls Leuchte auf. Doch wo vier Kreise
In dreier Kreuze Durchschnittspunkt sich ründen,

Kommt sie mit besserm Stern, in besserm Gleise   *40*
Vereint hervor und, wie im Wachse grabend,
Beprägt die Erde sie auf reichere Weise.

Fast machte jenseits Morgen, dieseits Abend   *43*
Ein solcher Schlund, und einen Halbkreis sinken
In Nacht, den andern noch am Licht sich labend,

Als Beatricens Augen ich zur Linken   *46*
Gekehrt sah in die Sonne, ungeblendet:
Nie sah so fest ein Adler in ihr Blinken.

Und wie so oft der erste Strahl entsendet   *49*
Den zweiten, der dann wieder aufwärtsreiste
Gleich einem Pilgrim, der sich heimwärtswendet,

So teilte ihr Gebaren meinem Geiste   *52*
Durchs Aug sich mit, daß – was ich sonst vermieden –
Ich fest zur Sonne jetzt erhob das dreiste.

Gar vieles ist dort möglich, was hienieden   *55*
Sich unsrer Kraft verbietet, dank der Stelle,
Die zum Besitz der Menschheit ward beschieden.

Nicht lang, doch lang genug trug ich die Helle,   *58*
Zu sehn, daß rings ein Funkenfeuer zücke,
Alsob dem Ofen glühend Erz entquelle.

Und plötzlich schiens, daß Tag-zu-Tage rücke   *61*
Ganz dicht, alsob den Himmel Jener droben,
Ders kann, mit einer zweiten Sonne schmücke.

Doch Beatrice stand, den Blick erhoben   *64*
Fest zu den ewigen Rädern. Und ich brachte
Die Augen nun zurück zu ihr von oben.

Tiefinnen mich ihr Anblick so entfachte   *67*
Wie Glaukos, als ihn der Genuß vom Kraute
Zum Mitgenoß der Meeresgötter machte.

Das Übermenschsein malt mit keinem Laute   *70*
Die Sprache. Doch wen einst es läßt erproben
Die Gnade, im Vergleich genug hier schaute.

Ward nur mein letzterschaffenes Teil erhoben?   *73*
Liebe, du weißts, die du die Himmel lenkest
Und mich in deinem Lichte trugst nach oben.

Als mich der Kreislauf, den du ewig schwenkest,   *76*
Ersehnter, durch den Einklang angezogen,
Den du, verteilt zum Wohllaut, weiterschenkest,

PARADISO · CANTO I

parvemi tanto allor del cielo acceso 79
dalla fiamma del sol, che pioggia o fiume
lago non fece mai tanto disteso.

La novità del suono e 'l grande lume 82
di lor cagion m'accesero un disìo
mai non sentito di cotanto acume.

Ond'ella, che vedea me sì com'io, 85
a quietarmi l'animo commosso,
pria ch'io a dimandar, la bocca aprìo,

e cominciò: «Tu stesso ti fai grosso 88
col falso imaginar, sì che non vedi
ciò che vedresti, se l'avessi scosso.

Tu non se'in terra sì come tu credi; 91
ma folgore, fuggendo il proprio sito,
non corse come tu ch'ad esso ridi.»

S' io fui del primo dubbio disvestito 94
per le sorrise parolette brevi,
dentro ad un nuovo più fu'irretito;

e dissi: «Già contento requievi 97
di grande ammirazion; ma ora ammiro
com' io trascenda questi corpi lievi.»

Ond'ella, appresso d' un pio sospiro 100
gli occhi drizzò vêr me con quel sembiante
che madre fa sopra figliuol deliro;

e cominciò: «Le cose tutte quante 103
hann'ordine tra loro; e questo è forma
che l' universo a Dio fa simigliante.

Qui veggion l'alte creature l'orma 106
dell'eterno valore, il quale è fine
al quale è fatta la toccata norma.

Nell'ordine ch' io dico sono accline 109
tutte nature, per diverse sorti,
più al principio loro e men vicine;

Onde si muovono a diversi porti 112
per lo gran mar dell'essere, e ciascuna
con istinto a lei dato che la porti.

Questi ne porta il fuoco invêr la luna; 115
questi ne' cor mortali è permotore;
questi la terra in sè stringe e aduna;

nè pur le creature che son fore 118
d' intelligenza, quest' arco saetta,
ma quelle c' hanno intelletto e amore.

DAS PARADIES · I. GESANG

Da schwamm in roter Glut der Himmelsbogen 79
So stark, wie Zufluß oder Regenfluten
Wohl niemals schwellten einem See die Wogen.

Der fremde Klang, das mächtige Sonnenbluten 82
Erhitzten nach dem Grund *so* mein Verlangen,
Wie ich es nie empfand mit schärfern Gluten.

Doch – deren Blicke klarer mich durchdrangen 85
Als ich michselbst – sie stillte das bewegte
Gemüt, eh meine Frage noch ergangen,

Und nahm das Wort: »Dein eigener Irrwahn legte 88
Die Binde dir ums Auge. Klar zu sehen,
Reiße sie ab! die Blindheit dir erregte.

Du glaubst noch auf der Erde Grund zu stehen. 91
Doch seinem Orte ist kein Blitz entschossen
So schnell, als wir ihm jetzt entgegengehen.«

Dies kurze Wörtchen, lächelnd ihr entflossen, 94
Konnte den ersten Zweifel niederstreiten;
Doch schon hielt mich ein zweiter netzumschlossen.

Ich sprach: »Mein großes Staunen ruht beizeiten, 97
Indes ich staunend neues Rätsel finde,
Weil wir durch leichte Körper aufwärtsgleiten.«

Mitleidig seufzte sie; und zärtlichlinde 100
Ließ sie die Augen auf mir ruhen, als hinge
Ein Mutterblick am fieberkranken Kinde.

»Ordnung hält miteinander alle Dinge 103
Verknüpft«, sprach sie, »als *die* Form sich zu künden,
Durch die Gottähnlichkeit die Welt durchdringe.

Die hehren Wesen sehen die Spur drin münden 106
Alleviger Tatkraft, der als Richtschnur eben
Die Ordnung dient in ihren letzten Gründen.

Jedweden Stoff läßt diese Ordnung streben 109
Zum Ursprung und, wie ihm das Los gediehen,
Bald fern, bald nahe seinem Ziele schweben.

Deshalb im großen Lebensmeere ziehen 112
Zu ganz verschiedenen Häfen hin sie alle,
Wie ihnen der Naturantrieb verliehen.

Der trägt das Feuer hoch zur Mondeshalle, 115
Der schafft im Menschenherzen das Getriebe,
Der gibt und hält die Form dem Erdenballe.

Nicht daß auf einsichtslose Dinge bliebe 118
Beschränkt der Bogen; nein, er schießt die Pfeile
Auf die auch, die Vernunft beherrscht und Liebe.

332

PARADISO · CANTO I

La provvidenza, che cotanto assetta,   *121*
del suo lume fa 'l ciel sempre quieto,
nel qual si volge quel c' ha maggior fretta.
E ora lì, com' a sito decreto,   *124*
cen porta la virtù di quella corda
che ciò che scocca drizza in segno lieto.
Vero è che come forma non s'accorda   *127*
molte fïate alla intenzion dell'arte,
perchè a risponder la materia è sorda;
così da questo corso si diparte   *130*
talor la creatura, c' ha podere
di piegar, così pinta, in altra parte,
– e sì come veder si può cadere   *133*
foco di nube –, se l'impeto primo
a terra è torto da falso piacere.
Non dèi più ammirar, se bene stimo,   *136*
lo tuo salir, se non come d' un rivo,
se d' alto monte scende giuso ad imo.
Maraviglia sarebbe in te, se, privo   *139*
d' impedimento, giù ti fossi assiso,
come a terra quiete in fuoco vivo.»
Quinci rivolse invêr lo cielo il viso.   *142*

333

DAS PARADIES · I. GESANG

Vorsehung, die da alles lenkt zum Heile,   *121*
Schenkt durch ihr Licht *dem* Himmel Ruh, darinnen
Ewig der andere kreist mit größter Eile.

So läßt zum vorbestimmten Ort vonhinnen   *124*
Uns beide jenes Bogens Kraft entschweben,
Der alles läßt ein frohes Ziel gewinnen.

Wahr ists, daß oft die Form sich dem Bestreben   *127*
Und Zweck des Künstlers nicht entsprechend füge,
Weil taub der Stoff ist, Antwort ihm zu geben.

So hat oft darin ein Geschöpf Genüge,   *130*
Daß von der Bahn, in die es warf der Bogen,
Sichs später trennt durch eigenmächtige Flüge,

Sobald den ersten Trieb erdwärtsgezogen   *133*
Ein bös Gelüste, wie sichs pflegt zu zeigen,
Wenn aus den Wolken kommt der Blitz geflogen.

Drum, wie ich meine, darf dein Aufwärtssteigen   *136*
Dich mehr nicht wundern, als wenn du das schräge
Felsbett hinab siehst einen Bach sich neigen.

Solch Wunder wärs an dir, wenn du noch träge,   *139*
Wo du von Hemmung frei, lägst drunten nieder,
Alsob ein lebend Feuer am Boden läge.«

Drauf lenkte sie den Blick zum Himmel wieder.   *141*

CANTO SECONDO

O voi che siete in piccioletta barca,   *1*
desiderosi d' ascoltar, seguìti
dietro al mio legno che cantando varca,

   tornate a riveder li vostri liti: *4*
non vi mettete in pelago; chè forse,
perdendo me, rimarreste smarriti.

   L'acqua ch' io prendo, giammai non si corse: *7*
Minerva spira, e conducemi Apollo,
e nove Muse mi dimostran l'Orse.

   Voi altri pocchi che drizzaste il collo   *10*
per tempo al pan degli angeli, del quale
vivesi qui ma non sen vien satollo,

   metter potete ben per l' alto sale   *13*
vostro navigio, servando mio solco
dinanzi all'acqua che ritorna eguale

   Quei gloriosi che passaro a Colco,   *16*
non s' ammiraron come voi farete,
quando Giason vider fatto bifolco.

   La concreata e perpetua sete   *19*
del deiforme regno cen portava
veloci, quasi come il ciel vedete.

   Beatrice in suso, e io in lei guardava;   *22*
e forse in tanto in quanto un quadrel posa
e vola e della noce si dischiava,

   giunto mi vidi ove mirabil cosa   *25*
mi torse il viso a sè; e però quella,
cui non potea mia cura essere ascosa,

   volta vêr me, sì lieta come bella,   *28*
«Drizza la mente in Dio grata» mi disse,
«che n' ha congiunti con la prima stella.»

   Pareva a me che nube ne coprisse   *31*
lucida, spessa, solida e polita,
quasi adamante che lo sol ferisse.

   Per entro sè l' eterna margarita   *34*
ne ricevette, com' acqua recepe
raggio di luce, permanendo unita.

   S' io era corpo, e qui non si concepe   *37*
com' una dimensione altra patìo,
ch' esser convien, se corpo in corpo repe,

ZWEITER GESANG

O ihr – die ihr im kleinen Boot, verleitet   *1*
Von Sehnsucht, mir zu lauschen, nachgezogen
Seid meinem Schiff, das im Gesange gleitet –
    Kehrt um zum Heimatstrand! Laßt nicht die Wogen   *4*
Aufs Meer euch tragen. Die Gefahren wären
Zu groß, verlört ihr mich, vom Weg betrogen.
    Die Flut, von *mir* durchfurcht, trug Schiff und Fähren   *7*
Noch nie. Minerva haucht, Apoll wird leiten,
Und die neun Musen zeigen mir die Bären.
    Ihr andern wenigen, die ihr beizeiten   *10*
Den Hals gereckt nach jener Engelsspeise,
Die Nahrung hier, nie Sättigung will bereiten,
    Ihr wagt ins Salzmeer eher wohl die Reise   *13*
Auf euerm Boot, folgt ihr den Furchenspuren,
Bevor sich glätten meines Kieles Gleise.
    Die Ruhmeshelden, die nach Kolchis fuhren.   *16*
Staunten nicht so, wie ihr bald staunend stehet,
Als sie den Jason pflügen sahen die Fluren. –
    Der anerschaffene Durst, der nie vergehet   *19*
Nach dem gottförmigen Reich, riß uns nach droben
So schnell fast, als den Himmelsschwung ihr sehet.
    Ich sah auf Beatrice, sie nach oben.   *22*
Und schneller als ins Ziel ein Bolz geschlagen,
Und hinschwirrt, und der Drücker wird gehoben,
    Seh ich mich vor ein Wunder schon getragen,   *25*
Das ganz mich fesselt. Doch die Trost mir spendet,
Und der stets offen meine Sorgen lagen,
    So schön als liebreich schon zu mir sich wendet: *28*
»Wir sind dem ersten Stern vereint. Drum richte
Zu Gott das Herz, damit es Dank ihm spendet.«
    Mir schiens, daß eine Wolke, eine dichte,   *31*
Uns einschloß: reingeschliffen, fest und helle,
Wie ein Demant funkelnd im Sonnenlichte.
    Die ewige Perle nahm uns auf so schnelle   *34*
Wie Wasserfluten insichdringen lassen
Das Licht, doch ohne daß es sie zerspelle.
    War ich nun Körper, und ists nicht zu fassen,   *37*
Daß ich in einen fremden eingemündet –
Was doch der Fall, wenn sich zwei Körpermassen

PARADISO · CANTO II

accender ne dovrìa più il disìo   *40*
di veder quella essenza in che si vede
come nostra natura e Dio s'unìo.

Lì si vedrà ciò che tenem per fede,   *43*
non dimostrato, ma fia per sè noto,
a guisa del ver primo che l'uom crede.

Io rispuosi: «Madonna, sì devoto   *46*
com' esser posso più, ringrazio lui,
lo qual dal mortal mondo m' ha remoto.

Ma ditemi: che son li segni bui   *49*
de questo corpo, che laggiuso in terra
fan di Cain favoleggiare altrui?»

Ella sorrise alquanto, e poi «S' egli erra   *52*
l'opinion» mi disse «de' mortali,
dove chiave di senso non diserra,

certo non ti dovrìen punger gli strali   *55*
d'ammirazione omai; poi dietro ai sensi
vedi che la ragione ha corte l'ali:

ma dimmi quel che tu da te ne pensi.»   *58*
E io: «Ciò che n'appar quassù diverso,
credo che 'l fanno i corpi rari e densi.»

Ed ella: «Certo assai vedrai sommerso   *61*
nel falso il creder tuo, se bene ascolti
l' argomentar ch'io gli farò avverso.

La spera ottava vi dimostra molti   *64*
lumi, li quali e nel quale e nel quanto
notar si posson di diversi volti.

Se raro e denso ciò facesser tanto,   *67*
una sola virtù sarebbe in tutti,
più e men distribuita ed altrettanto.

Virtù diverse esser convegnon frutti   *70*
di principii formali, e quei, fuor ch'uno,
seguiterìeno a tua ragion distrutti.

Ancor, se raro fosse di quel bruno   *73*
cagion che tu domandi, od oltre in parte
fora di sua materia sì digiuno

esto pianeta, o sì come comparte   *76*
lo grasso e il magro un corpo, così questo
nel suo volume cangerebbe carte.

Se il primo fosse, fora manifesto   *79*
nell' eclissi del sol, per trasparere
lo lume come in altro raro ingesto.

335

DAS PARADIES · II. GESANG

Durchdringen gegenseits – so war entzündet   40
Mein Wunsch nur mehr, die Wesenheit zu schauen,
Drin Gott und Menschnatur vereint sich kündet.

Dort wird, worauf wir gläubig hier vertrauen,   43
Uns durch sichselber klar, nicht mit Beweisen,
Der ersten Wahrheit gleich, darauf wir bauen.

Ich sprach: »Madonna, ewig soll Ihn preisen   46
Mein Dank, soll Ihm in aller Andacht währen,
Der mich entrückt sterblichen Erdenkreisen.

Doch wollt die dunkeln Flecke mir erklären   49
In diesem Stern, deswegen längst entsprossen
Von Kain drunten sind die alten Mären.«

Sie lächelte, bevor ihr Wort erflossen: 52
»Wenn du sich Menschenirrtum siehst bekunden,
Den nicht der Sinne Schlüssel hat erschlossen,

So wird dich fernerhin nicht mehr verwunden   55
Des Staunens Pfeil. Vernunft hat kurze Schwingen,
Selbst wenn sie mit den Sinnen ist verbunden.

Was aber denkst duselbst bei diesen Dingen?«   58
Und ich: »Was so verschieden scheint hier oben,
Wird wohl des Stoffes Dicht und Dünn bedingen.«

Und sie: »Du wirst mit Irrtum tief verwoben   61
Dein Wähnen sehen, läßt du dirs erklären
Durch Gegengründe, die ich will erproben.

Viel Sterne zeigt die achte dieser Sphären,   64
An Größen ungleich und Beschaffenheiten,
Die drum verschiedenen Anblick auch gewähren.

Wär dies von Dünn- und Dichtheit herzuleiten,   67
So würd in allen *eine* Kraft nur walten,
Mehr, minder oder gleichstark allerzeiten.

Verschiedene Kraft muß sich als Frucht entfalten   70
Von Formursachen. Bis auf *eine* schwände
Dann jede ganz, wenn deine Worte galten.

Und wenn durch Lockerheit das Schwarz entstände,   73
Wonach du fragst, geschähs, daß diese Scheibe
Sich durchunddurch gar arm an Kernstoff fände;

Oder daß der Planet hier – wie im Leibe   76
Sich Fett und Mager durcheinanderschlingen –
In seines Buches Blättern wechselnd bleibe.

Beim ersten würde bald uns Klarheit bringen   79
Die Sonnenfinsternis, weil dann der Schimmer
Hier wie durch *andern* Dünnstoff müßte dringen.

335

PARADISO · CANTO II

Questo non è: però è da vedere   82
dell'altro, e s'egli avvien ch'io l'altro cassi,
falsificato fia lo tuo parere.

S'egli è che questo raro non trapassi,   85
esser conviene un termine da onde
lo suo contrario più passar non lassi;

e indi l'altrui raggio si rifonde   88
così come color torna per vetro
lo qual diretro a sè piombo nasconde.

Or dirai tu ch' ei si dimostra tetro   91
quivi lo raggio più che in altre parti,
per esser lì rifratto più a retro.

Da questa instanza può diliberarti   94
esperienza, se giammai la provi,
ch'esser suol fonte ai rivi di vostr'arti.

Tre specchi prenderai; e i due rimovi   97
da te d' un modo, e l'altro, più rimosso,
tr'ambo li primi gli occhi tuoi ritrovi.

Rivolto ad essi, fa' che dopo il dosso   100
ti stea un lume che i tre specchi accenda,
e torni a te da tutti ripercosso.

Benchè nel quanto tanto non si stenda   103
la vista più lontana, lì vedrai
come convien ch'igualmente risplenda.

Or, come ai colpi delli caldi rai   106
della neve riman nudo il suggetto
e dal colore e dal freddo primai;

così rimaso te nello intelletto   109
voglio informar di luce sì vivace,
che ti tremolerà nel suo aspetto.

Dentro dal ciel della divina pace   112
si gira un corpo, nella cui virtute
l' esser di tutto suo contento giace.

Lo ciel seguente, c' ha tante vedute,   115
quell'esser parte per diverse essenze
da lui distinte e da lui contenute.

Gli altri giron per varie differenze   118
le distinzion che dentro da sè hanno,
dispongono a lor fini e lor semenze.

Questi organi del mondo così vanno,   121
come tu vedi ormai, di grado in grado,
che di su prendono e di sotto fanno.

336

DAS PARADIES · II. GESANG

Dies trifft nicht zu: drum laß uns sehen, ob nimmer   *82*
Das zweite gilt. Kann dies auch nicht bestehen,
So stehts mit deiner Meinung um so schlimmer.

Kann hier nicht durch und durch das Dünne gehen,   *85*
So muß ein Wall sein, der insich geschlossen
Kein Licht durchläßt, nein, nötigt, umzudrehen.

Und dorther kommt der Strahl zurückgeschossen,   *88*
Zurück wie Farbe von des Glases Seite,
Das rückwärts man mit Silberblei vergossen.

Nun wirst du sagen: dunkelfarbiger breite   *91*
Sich hier das Licht aus, als an andern Stellen,
Weil es zurückprallt aus viel größerer Weite.

Doch dieser Einwurf wird in nichts zerschellen,   *94*
Wenn du Erfahrung fragst, die stets erschienen
Als Born, daraus ja eure Künste quellen.

Drei Spiegel nimm, und stell dir zwei von ihnen   *97*
Gleichfern. Den dritten, den entfernter sehe
Dein Auge, laß den zweien als Mitte dienen.

Den Spiegeln zu, doch dir im Rücken, stehe   *100*
Ein Licht *so*, daß es spiegle sich in allen
Und sein Reflex auf dich verdreifacht gehe.

Ist nun das Bild auch kleiner ausgefallen   *103*
Im fernsten, wird an Licht kein Spiegel darben,
Nein, gleichstark wirds von allen rückwärtsprallen.

Und jetzt, wie vor der Sonne Strahlengarben   *106*
Frei wird das Erdreich, wenn der Schnee verschwindet,
Und es verliert des Winters Frost und Farben,

Jetzt, wo kein Irrtum deinen Geist mehr bindet,   *109*
Soll dir Licht leuchten so lebendiger Weise,
Daß funkenstiebend es dein Blick empfindet.

Dort, in des Gottesfriedens Himmelskreise,   *112*
Schwingt sich ein Körper, dessen Kraft und Walten
Des Weltalls Inhalt faßt in sicherm Gleise.

Der nächste Himmel, reich an Lichtgestalten,   *115*
Verteilt das Sein verschiedenen Wesenheiten,
Getrennt von ihm und doch in ihm enthalten.

Die andern Kreise ordnen und bereiten   *118*
Den Kräften allen, die in ihnen leben,
Den Weg, zum Ziel und Samen sie zu leiten.

So siehst du diese Weltenglieder weben,   *121*
Die das, was sie empfangen Grad für Grade
Von oben treu nach abwärts weitergeben.

336

PARADISO · CANTO II

Riguarda bene a me, sì com'io vado   *124*
per questo loco al ver che tu disiri,
sì che poi sappi sol tener lo guado.

Lo moto e la virtù dei santi giri,   *127*
come dal fabbro l'arte del martello,
dai beati motor convien che spiri;

e il ciel cui tanti lumi fanno bello,   *130*
della mente profonda che lui volve,
prende l'imagine e fassene suggello,

E come l'alma dentro a vostra polve   *133*
per differenti membra e conformate
a diverse potenze si risolve;

così l'intelligenza sua bontate   *136*
multiplicata per le stelle spiega,
girando sè sopra sua unitate.

Virtù diversa fa diversa lega   *139*
col prezioso corpo ch'ella avviva,
nel qual, sì come vita in voi, sì lega.

Per la natura lieta onde deriva,   *142*
la virtù mista per lo corpo luce,
come letizia per pupilla viva.

Da essa vien ciò che da luce a luce   *145*
par differente, non da denso e raro:
essa è formal principio, che produce

conforme a sua bontà lo turbo e 'l chiaro.»   *148*

DAS PARADIES · II. GESANG

Merk auf, wie ich durch diesen Punkt zum Pfade   *124*
Der Wahrheit, die du suchst, mich lasse führen,
Daß du allein einst findest ans Gestade.

Der heiligen Kreise Kraft, ihr Drehen und Rühren,   *127*
Das muß – alsob des Hammers Kunst verräte
Den Schmied – seliger Beweger Anhauch schüren.

Der Himmel, der mit Sternenpracht besäte,   *130*
Empfängt vom tiefen Geist, der ihn läßt schweben,
Sein Bild, daß es im Siegel ihn verträte.

Und wie die Seele, noch im Staubesleben,   *133*
Auch Glieder von verschiedener Art und Feinheit
Den Kräften kann und Fähigkeiten geben,

So die Allweisheit ihrer Güte Reinheit   *136*
Verhunderttausendfach durch Sterne kündet
Und dabei kreist um ihre eigene Einheit.

Verschiedene Kraft verschiedenes Bündnis gründet   *139*
Mit dem kostbaren Stern, den sie durchdrungen,
Sich einend ihm, wie Leben euch verbündet.

Gemäß der Frohnatur, der sie entsprungen,   *142*
Wird Mischkraft leuchtend durch den Körper gehen,
Wie sich ein Auge zeigt von Lust bezwungen.

Sie läßt uns Licht von Licht verschieden sehen,   *145*
Nicht Dünn- und Dichtheit ist hierfür die Quelle.
Bildungsurkraft ist sie und läßt entstehen

Nach ihrer Huld das Trübe und das Helle.«   *148*

CANTO TERZO

Quel sol che pria d'amor mi scaldò il petto,   *1*
di bella verità m'avea scoverto,
provando e riprovando, il dolce aspetto;
  e io, per confessar corretto e certo   *4*
me stesso, tanto quanto si convenne,
levai lo capo a profferer più erto.
  Ma visione apparve che ritenne   *7*
a sè me tanto stretto per vedersi,
che di mia confession non mi sovvenne.
  Quali per vetri transparenti e tersi   *10*
ovver per acque nitide e tranquille,
non sì profonde che i fondi sien persi,
  tornan dei nostri visi le postille   *13*
debili sì, che perla in bianca fronte
non vien men tosto alle nostre pupille;
  tali vid'io più facce a parlar pronte: *16*
per ch'io dentro all'error contrario corsi
a quel ch'accese amor tra l'uomo e il fonte.
  Subito sì com'io di lor m'accorsi,   *19*
quelle stimando specchiati sembianti,
per veder di cui fosser gli occhi torsi;
  e nulla vidi, e ritorsili avanti   *22*
dritti nel lume della dolce guida,
che, sorridendo, ardea negli occhi santi,
  «Non ti maravigliar perch'io sorrida»   *25*
mi disse «appresso il tuo pueril coto,
poi sovra il vero ancor lo piè non fida,
  ma ti rivolve, come suole, a vòto: *28*
vere sustanze son ciò che tu vedi,
qui rilegate per manco di vòto.
  Però parla con esse, e odi, e credi;   *31*
chè la verace luce che le appaga,
da sè non lascia lor torcer li piedi.»
  Ed io all' ombra che parea più vaga   *34*
di ragionar, drizza'mi, e cominciai,
quasi com'uom cui troppa voglia smaga:
  «O ben creato spirito che a'rai   *37*
di vita eterna la dolcezza senti
che, non gustata, non s'intende mai,

DRITTER GESANG

Die Sonne, die mir einst die Brust erfüllte   *1*
Mit Liebe, lehrend so und widerlegend,
Der Wahrheit süßes Antlitz mir enthüllte.

Und ich, bekehrt und nichtmehr Zweifel hegend,   *4*
Ich wollte mein Bekenntnis schon beginnen,
Das Haupt soweit sichs ziemt emporbewegend,

Jedoch: ein Schauspiel gabs, das all mein Sinnen   *7*
So ansichzog, genau es zu erfassen,
Daß mein Bekenntnis rasch mir schwand vonhinnen.

Wie uns aus Scheiben, aus durchsichtigblassen,   *10*
Und Wassern, welche rein und ruhig fließen
Und ihren seichten Grund erkennen lassen,

Sich unsere Züge nur so blaß erschließen,   *13*
Daß eher noch auf Stirnen weiß und helle
Sich matte Perlen unterscheiden ließen,

So sah ich wortbereit an dieser Stelle   *16*
Manch Antlitz, das den Gegenwahn mir weckte
Entflammter Liebe zwischen Mensch und Quelle.

Ich wandte schnell mich, als ich sie entdeckte,   *19*
Damit, weil sie mir Spiegelbilder schienen,
Mein Auge sähe, wo ihr Urbild steckte.

Doch sah ich nichts. Und zu den heiligen Mienen   *22*
Der Führerin aufblickend, sah ich leise
Ein lieblichholdes Lächeln glühen in ihnen.

»Ich lächle über deine Knabenweise«,   *25*
Sprach sie zu mir. »Welch kindlicher Gedanke!
Dein Fuß geht um die Wahrheit scheu im Kreise,

Drum tappt ins Leere nachwievor der schwanke.   *28*
Wahre Wesen siehst du! Ihr Schwur bewährte
Die Probe nicht, drum bannt sie diese Schranke.

Doch frage sie und glaube das Erklärte.   *31*
Wahrhaftes Licht beseelt sie, das gestatten
Nie wird ein Weichen von der Wahrheit Fährte.«

Ich sprach den, der am meisten von den Schatten   *34*
Des Worts begierig schien, drauf an entschlossen,
Weil *mir* auch die Begier nicht wollt ermatten.

»O wohlerschaffener Geist, dem sich ergossen   *37*
Des ewigen Lebens strahlendes Entzücken,
Das nie begreift, wer es nicht schon genossen,

338

PARADISO · CANTO III

grazioso mi fia, se mi contenti
del nome tuo e della vostra sorte.»
Ond'ella pronta e con occhi ridenti:

«La nostra carità non serra porte
a giusta voglia, se non come quella
che vuol simile a sè tutta sua corte.

Io fui nel mondo vergine sorella;
e se la mente tua ben si riguarda,
non mi ti celerà l'esser più bella;

ma riconoscerai ch' i'son Piccarda,
che, posta qui con questi altri beati,
beata sono in la spera più tarda.

Li nostri affetti, che solo infiammati
son nel piacer dello Spirito Santo,
letizian del suo ordine formati.

E questa sorte, che par giù cotanto,
però n'è data, perchè fur negletti
li nostri vòti, e vòti in alcun canto.»

Ond'io a lei: «Nei mirabili aspetti
vostri risplende non so che divino,
che vi trasmuta da' primi concetti:

però non fui a rimembrar festino;
ma or m'aiuta ciò che tu mi dici,
sì che raffigurar m'è più latino.

Ma dimmi: voi che siete qui felici,
desiderate voi più alto loco
per più vedere o per più farvi amici?»

Con quelle altr' ombre pria sorrise un poco;
da indi mi rispuose tanto lieta,
ch'arder parea d'amor nel primo foco:

«Frate, la nostra volontà quieta
virtù di carità, che fa volerne
sol quel ch'avemo, e d'altro non ci asseta.

Se disiassimo esser più superne,
foran discordi li nostri desiri
dal voler di colui che qui ne cerne;

che vedrai non capére in questi giri,
s'essere in caritate è qui necesse,
e se la sua natura ben rimiri.

Anzi è formale ad esto beato esse
tenersi dentro alla divina voglia,
per ch'una fansi nostre voglie stesse;

40

43

46

49

52

55

58

61

64

67

70

73

76

79

DAS PARADIES · III. GESANG

Sag deinen Namen mir, mich zu beglücken; 40
Und euer Los auch sei vor mir entsiegelt.«
Ein Lächeln sah ich erst die Augen schmücken,

Dann sprachs: »Gerechtem Wunsche gern entriegelt 43
Sich *unsre* und *die* Liebe, die gesonnen,
Daß sich ihr ganzer Hof ihr-ähnlich spiegelt.

Dortunten war ich eine von den Nonnen. 46
Und prüfst du dein Gedächtnis recht, das treue –
Hält mich auch Glanz verschönend hier umsponnen –

Erkennst du als Piccarda mich aufs neue, 49
Die selig hier verweilt mit andern Frommen,
Daß ich der trägsten Sphäre mich erfreue.

Nur in des Heiligen Geistes Lust entglommen 52
Sind unsere Wünsche, weil er in das Schwingen
Von seiner Harmonie uns aufgenommen.

Uns fiel dies Los, scheinbar von den geringen, 55
Weil unsere Gelübde ohne *Eile*
Und nur zum *Teile* in Erfüllung gingen.« –

»Euch scheint, ich weiß nicht was, von Gottes Heile«, 58
Sprach ich, »im Wunderantlitz zu entbrennen,
Das euerm frühern Bild nicht ward zuteile.

Drum war ich also säumig im Erkennen. 61
Doch seit dein Wort zuhilfe mir gekommen,
Muß ich als wohlbekannt dein Bildnis nennen.

Doch sag: seit Seligkeit euch aufgenommen, 64
Sehnt ihr euch nicht nach andern, *höhern* Orten,
Wo euch mehr Wissen und mehr Freunde frommen?«

Erst lächelnd mit den andern Schatten dorten, 67
Begann so freundlich sie, alsob sie glühte
Vor erster Liebeslust, mit diesen Worten:

»Bruder, hier weiß der Liebe Kraft und Güte 70
Am eigenen Besitz uns froh zu laben,
Und nach nichts anderm dürstet das Gemüte.

Denn strebten wir nach höhern Ortes Gaben, 73
So würde unser Wunsch zuwidergehen
Dem Willen *Des*, der uns hier wollte haben,

Was nie in diesen Kreisen kann geschehen, 76
Wenn Liebe unserm Sein *notwendig* eben,
Und wenn du erst ihr Wesen klar ersehen.

Vielmehr ist wesentlich zum seligen Leben, 79
In Gottes Willen halten sich und fügen,
Daß alle unsere Willen *einen* geben.

PARADISO · CANTO III

sì che come noi sem di soglia in soglia   82
per questo regno, a tutto il regno piace,
com'allo re ch' a suo voler ne invoglia.

E 'n la sua volontate è nostra pace: 85
ell'è quel mare al qual tutto si move
ciò ch'ella cria e che natura face.»

Chiaro mi fu allor com'ogni dove   88
in cielo è Paradiso, etsi la grazia
del sommo ben d'un modo non vi piove,

Ma sì com'egli avvien, s'un cibo sazia   91
e d'un altro rimane ancor la gola,
che quel si chiere e di quel si ringrazia;

così fec'io con atto e con parola,   94
per apprender da lei qual fu la tela
onde non trasse infino a co la spola.

«Perfetta vita e alto merto inciela   97
donna più su» mi disse, «alla cui norma
nel vostro mondo giù se veste e vela,

perchè infino al morir si vegghi e dorma   100
con quello sposo ch'ogni vòto accetta
che caritate a suo piacer conforma.

Dal mondo, per seguirla, giovinetta   103
fuggi' mi, e nel suo abito mi chiusi,
e promisi la via della sua setta.

Uomini poi, a mal più ch' a bene usi,   106
fuor mi rapiron dalla dolce chiostra;
e Dio si sa qual poi mia vita fùsi.

E quest'altro splendor che ti si mostra   109
dalla mia destra parte e che s'accende
di tutto il lume della spera nostra,

ciò ch'io dico di me, di sè intende: 112
sorella fu, e così le fu tolta
di capo l'ombra della sacre bende.

Ma poi che pur al mondo fu rivolta   115
contra suo grado e contra buona usanza,
non fu dal vel del cor giammai disciolta.

Quest'è la luce della gran Costanza,   118
che del secondo vento di Soave
generò il terzo, e l'ultima possanza.»

Così parlommi, e poi cominciò ‹Ave,   121
Maria› cantando; e cantando vanìo
come per acqua cupa cosa grave.

340

DAS PARADIES · III. GESANG

Drum läßt man hier sich seines Ranges genügen, 82
Wie er uns nach des Reiches Wunsch gediehen,
Weil unsers Königs Wunsch uns schafft Vergnügen.

Sein Wille ward zum Frieden uns verliehen: 85
Er ist das Meer, zu dem in mächtigem Schwalle
Naturgebild und Gotterschaffene ziehen.«

Da ward mir klar: in jeder Himmelshalle 88
Ist Paradies, strömt auch der Gnadenregen
Des Höchsten Gutes nicht gleichstark auf alle. –

Doch wie wir uns nach *einer* Speise pflegen, 91
Die uns gesättigt, anderer zuzuwenden,
Dankend für die und bittend jenerwegen,

So ließ ich merken, als ich sie sah enden, 94
Daß ich gern mehr geprüft von den Geweben,
Die sie ihr Weberschiff nicht ließ vollenden.

»Es hoben groß Verdienst und reines Leben 97
Ein Weib zum Himmel«, sprach sie, »deren Lehren
In eurer Welt noch Kleid und Schleier geben,

Um bis zum Tode Tag und Nacht dem hehren 100
Bräutigam zu leben, der alle aus der Liebe
Gelobten Eide annimmt, die ihn ehren.

Ihm folgend, haßt ich früh der Welt Getriebe, 103
Trug sein Gewand als Mädchen, im Bestreben,
Zu wandeln, wie es sein Gesetz vorschriebe.

Da rissen Männer, Bösem mehr ergeben 106
Als Gutem, mich aus meiner trauten Zelle.
Und Gott weiß, wie gewesen dann mein Leben.

Auf jenen andern Glanz – den du so helle 109
Zu meiner Rechten siehst sich froh umwinden
Mit unserer Sphäre ganzer Strahlenquelle –

Muß, was auf mich paßt, auch Anwendung finden. 112
Schwester war sie. Auch ihr riß man verwegen
Vom Haupt den Schatten fort der heiligen Binden.

Doch ward zur Welt sie, ihrem Wunsch entgegen, 115
Auch heimgeführt und gegen gute Sitten:
Ihr Herz zwang nichts, den Schleier abzulegen.

Konstanzia ists, die aus des Lichtes Mitten 118
Dort funkelt, die vom Schwabensturm, dem zweiten,
Genas des mächtigsten, des letzten, dritten.«

So sprach sie; sang alsdann im Weiterschreiten 121
»*Ave Maria*«, und entschwand im Singen,
Wie Lasten wohl in tiefes Wasser gleiten.

PARADISO · CANTO III

La vista mia, che tanto la seguìo   *124*
quanto possibil fu, poi che la perse,
volsesi al segno di maggior disìo,
    e a Beatrice tutta si converse;   *127*
ma quella folgorò nello mio sguardo,
sì che da prima il viso non sofferse;
    e ciò mi fece a domandar più tardo.   *130*

DAS PARADIES · III. GESANG

Mein Auge suchte noch, ihr nachzudringen   *124*
Solang es ging, um, als ich sie verloren,
Zum Ziele größerer Sehnsucht sich zu schwingen,
  Wozu ich Beatricen mir erkoren.   *127*
Doch mir ins Auge blitzte sie so helle,
Daß erst mein Blick dazu nicht schien geboren,
  Und mich zum Fragen machte minderschnelle.   *130*

CANTO QUARTO

Intra due cibi, distanti e moventi   *1*
d'un modo, prima si morrìa di fame,
che liber uomo l'un recasse ai denti:

sì si starebbe un agno intra due brame   *4*
di fieri lupi, igualmente temendo;
sì si starebbe un cane intra due dame.

Per che, s'io mi tacea, me non riprendo,   *7*
dalli miei dubbi d'un modo sospinto,
poi ch'era necessario, nè commendo.

Io mi tacea; ma il mio disir dipinto   *10*
m'era nel viso, e 'l domandar con ello,
più caldo assai che per parlar distinto.

Fe' sì Beatrice qual fe' Danïello,   *13*
Nabuccodonosor levando d'ira,
che l' avea fatto ingiustamente fèllo;

e disse :«Io veggio ben come ti tira   *16*
uno e altro disìo, sì che tua cura
sè stessa lega sì, che fuor non spira.

Tu argomenti: ‹Se il buon voler dura,   *19*
la violenza altrui per qual ragione
di meritar mi scema la misura?›

Ancor di dubitar ti dà cagione   *22*
parer tornarsi l'anime alle stelle
secondo la sentenza di Platone.

Queste son le question che nel tuo velle   *25*
pontano igualemente; e però pria
tratterò quella che più ha di felle.

Dei serafin colui che più indìa,   *28*
Moisè, Samuel e quel Giovanni,
qual prender vuoli, io dico, non Maria,

non hanno in altro cielo i loro scanni,   *31*
che quegli spirti che mo t'appariro,
nè hanno all'esser lor più o meno anni,

ma tutti fanno bello il primo giro,   *34*
e differentemente han dolce vita,
per sentir più e men l'eterno spiro.

Qui si mostraron, non perchè sortita   *37*
sia questa spera lor, ma per far segno
della celestial c'ha men salita.

VIERTER GESANG

Der freie Mensch wird zwischen zweien Speisen, *1*
Gleichfern gleichlockend, hungern und vergehen,
Eh er den Vorzug einer wird erweisen.

So blieb ein Lamm auch zwischen Wölfen stehen, *4*
Und zwischen gleicher Gier vor beiden bange;
So auch ein Jagdhund zwischen zweien Rehen.

Wenn ich daher in gleichem Zweifelsdrange *7*
Hier schwieg, so kann ich mich darum nicht rügen
Noch loben; denn ich handelte im Zwange.

So schwieg ich denn. Doch stand in meinen Zügen *10*
So hell, was ich an Wunsch und Fragen dachte,
Wie sichs nicht klarer ließ in Worte fügen.

Und Beatrice tat, was Daniel machte, *13*
Als er dem Zorn Nebukadnezars wehrte,
Der ihn zu blinder Grausamkeit entfachte,

Und sprach: »Ich sah es wohl, daß dich verzehrte *16*
Ein Doppelwunsch, und daß von beiden Quälern
Einer dem andern stets das Wort erschwerte.

Du denkst: ›Bleibt nur der gute Wille stählern *19*
Und fest, wie kann mir fremder Zwang den Segen
Und wie den Umfang des Verdienstes schmälern?‹

Und ferner fühlst du sich den Zweifel regen, *22*
Ob wirklich wieder sich zum Sternenkreise
Nach Platos Wort die Seelen heimbewegen?

Von diesen Fragen wird, gleichlaut gleichleise, *25*
Dein Wunsch gespornt. Drum wird zunächst sichs lohnen,
Daß ich der einen schärferes Gift dir weise.

Der Seraph, der dem Herrn zunächst darf wohnen, *28*
Moses, Samuel, und von den Sankt Johannen
Die beiden; selbst Maria, sag ich: thronen

In andern Himmeln nicht, als ihn gewannen *31*
Die Geister alle, die dir jetzt erschienen,
Für die sich Tag und Jahr gleichlang hier spannen.

Dem ersten Kreis zur Zier sie alle dienen! *34*
Doch ist verschiedener Art ihr süßes Leben,
Wie Ewiger Hauch verschieden-fühlbar ihnen.

Hier zeigen sie sich, *nicht* weil ihnen eben *37*
Die Sphäre zuerteilt ward, nein: zum Zeichen
Des tiefsten Zustands, drin sie selig schweben.

PARADISO · CANTO IV

Così parlar conviensi all vostro ingegno,   40
però che solo da sensato apprende
ciò che fa poscia d'intelletto degno.

Per questo la Scrittura condescende   43
a vostra facultate, e piedi e mano
attribuisce a Dio, e altro intende;

e Santa Chiesa con aspetto umano   46
Gabriel e Michel vi rappresenta
e l'altro che Tobia rifece sano.

Quel che Timeo dell'anime argomenta,   49
non è simile a ciò che qui si vede,
però che, come dice, par che senta.

Dice che l'alma alla sua stelle riede,   52
credendo quella quindi esser decisa,
quando natura per forma la diede;

e forse sua sentenza è d'altra guisa   55
che la voce non suona; ed esser puote
con intenzion da non esser derisa.

S'egl' intende tornare a queste rote   58
l'onor dell'influenza e il biasmo, forse
in alcun vero suo arco percuote.

Questo principio, male inteso, tòrse   61
già tutto il mondo quasi, sì che Giove,
Mercurio e Marte a nominar trascorse.

L'altra dubitazion che ti commove   64
ha men velen, però che sua malizia
non ti porìa menar da me altrove.

Parere ingiusta la nostra giustizia   67
negli occhi de'mortali è argomento
di fede, e non d'eretica nequizia.

Ma perchè puote vostro accorgimento   70
ben penetrare a questa veritate,
come disiri, ti farò contento.

Se violenza è quando quel che pate   73
niente conferisce a quel che sforza,
non fur quest'alme per essa scusate;

chè volontà, se non vuol, non s'ammorza,   76
ma fa come natura face in foco,
se mille volte violenza il torza.

Per che, s'ella si piega assai o poco,   79
segue la forza; e così queste fêro,
possendo ritornare el santo loco.

343

DAS PARADIES · IV. GESANG

So muß mans deuten Geistern euersgleichen,　　　　*40*
Um eurer Fassungskraft das anzupassen,
Was euch nur Sinneseindruck läßt erreichen.

Drum hat die Schrift sich auch herabgelassen,　　　*43*
Obwohl sie andres meint in ihren Zeilen,
Und gibt Gott Hand und Fuß: nun könnt ihrs fassen!

So mußte menschlich Antlitz auch erteilen　　　　　*46*
Die Kirche Gabrieln und Michaelen
Und dem, der den Tobias konnte heilen.

Doch was Timäus lehrte von den Seelen,　　　　　　*49*
Ist ungleich dem, was man hier schaut, soferne
Dem, was er sagt, sein Glaube nicht mag fehlen.

Er sagt, die Seele kehrt zu ihrem Sterne,　　　　　*52*
Weil er sie glaubt von dort herabgefahren,
Als sie Natur dem Körper gab zum Kerne.

Vielleicht läßt andre Meinung sich gewahren,　　　*55*
Falls man sein mißverstandenes Wort erkläre.
Dann müßte man das Lächeln sich ersparen.

Denn etwas Wahres träf sein Bogen, wäre　　　　　　*58*
Die Meinung so: In Lob und Tadel kehrte
Der Einfluß wieder heim zu seiner Sphäre.

Solch schlechtverstandener Grundbegriff belehrte　　*61*
Einst alle Welt so falsch, daß man die Sterne
Merkur, Mars, Jupiter als Götter ehrte.

Des andern Zweifels Bosheit birgt im Kerne　　　　　*64*
Geringeres Gift: es quält, doch könnts bestricken
Dich nicht, von mir zu wandeln allzuferne.

Scheint unsere Gerechtigkeit den Blicken　　　　　　*67*
Der Menschen ungerecht, so zeigts den *Glauben*,
Und ist mit Ketzerei nicht zu verquicken.

Doch will ich – weil euch Einsicht hier erlauben　　*70*
Und Kraft, in diese Wahrheit einzudringen –
Dir gern auf deinen Wunsch den Schleier rauben.

Heißt *das* Gewalt, wenn andre jemand zwingen,　　　*73*
Der sich als Dulder läßt zu nichts verpflichten,
So folgt, daß jene Seelen Schuld begingen.

Kein Wille, der nicht will, ist zu vernichten,　　 *76*
Nein: wird wie Feuer den Naturtrieb zeigen,
Trotz tausendfachem Druck sich aufzurichten.

Mag er nun wenig oder viel sich neigen,　　　　　　 *79*
Er unterstützt den Zwang, wie die es machten,
Statt rückzufliehen in des Klosters Schweigen.

PARADISO · CANTO IV

Se fosse stato lor volere intero,   82
come tenne Lorenzo in su la grada,
e fece Muzio alla sua man severo,

così le avrìa ripinte per la strada   85
ond'eran tratte, come fuoro sciolte;
ma così salda voglia è troppo rada.

E per queste parole, se ricolte   88
l'hai come dèi, è l'argomento casso
che t'avria fatto noia ancor più volte.

Ma or ti s' attraversa un altro passo   91
dinanzi agli occhi, tal, che per te stesso
non usciresti; pria saresti lasso.

Io t'ho per certo nella mente messo   94
ch'alma beata non porìa mentire,
però ch'è sempre al primo vero appresso:

e poi potesti da Piccarda udire   97
che l'affezion del vel Costanza tenne,
sì ch'ella par qui meco contradire.

Molte fïate già, frate, addivenne,   100
che, per fuggir periglio, contr'a grato
si fe'di quel che far non si convenne;

come Almeone, che, di ciò pregato   103
dal padre suo, la propria madre spense,
per non perder pietà si fe'spietato.

A questo punto, voglio che tu pense   106
che la forza al voler si mischia, e fanno
sì, che scusar non si posson l'offense.

Voglia assoluta non consente al danno,   109
ma consentevi in tanto, in quanto teme,
se si ritrae, cadere in più affanno.

Però quando Piccarda quello espreme,   112
della voglia assoluta intende, ed io
dell'altra; sì che ver diciamo insieme.»

Cotal fu l'ondeggiar del santo rio   115
ch'uscì del fonte ond'ogni ver deriva;
tal puose in pace uno e altro disìo.

«O amanza del primo amante, o diva»   118
diss'io appresso, «il cui parlar m'inonda
e scalda sì, che più e più m'avviva,

non è l'affezion mia tanto profonda,   121
che basti a render voi grazia per grazia;
ma quei che vede e puote a ciò risponda.

344

DAS PARADIES · IV. GESANG

Wenn jenen Willen sie zur Geltung brachten,   82
Der den Laurentius festhielt auf dem Roste
Und seine Hand den Mucius ließ verachten,

Er hätte die Freigewordenen, was es koste,   85
Zurückgejagt, woher man sie entführte:
Doch selten nur solch zäher Wille sproßte!

Und wenn du nun mein Wort, wie sichs gebührte,   88
Bedenkst, ist rasch zerstreut des Zweifels Samen,
Der sonst dich wohl noch öfter schwer berührte.

Doch nun liegt eine Kluft mit anderm Namen   91
Vor deinen Augen, die zu überbrücken,
Wohl deine Kräfte würden bald erlahmen.

Ich ließ dichs fest dir ins Gedächtnis drücken,   94
Daß Unwahrheit die Seligen muß empören,
Weil sie so nah der Urwahrheit Entzücken.

Und konntest dennoch von Piccarda hören,   97
Konstanzia wär dem Schleier treugeblieben?
Da scheint ein Widerspruch mein Wort zu stören.

Furcht vor Gefahr hat manchen schon getrieben,   100
Bruder, zu dem, was er vermeiden sollte,
Und was als Unrecht niemand möchte lieben.

So ward Alkmäon, weils der Vater wollte,   103
Der Mutter Mörder. Raubte hier die Pflichten
Der Liebe, die er dort der Liebe zollte.

Dies ist der Punkt, und den vergiß mitnichten,   106
Daß, wo Gewalt und Wille sich verflechte,
Die Tat als unentschuldbar ist zu richten.

Wille ansich verzeiht niemals das Schlechte!   109
Und nur aus Furcht, daß er noch Schlimmeres leide,
Versäumt er es, daß er dagegen fechte.

Wenn so Piccarda sprach, (dies unterscheide)   112
Meint sie *ansich* den Willen. Doch ich meine
Den andern. Darum sprachen wahr wir beide.«

So floß die Welle mir, die heilige reine,   115
Die zu dem Urquell aller Wahrheit zählte,
Und ungelöster Fragen blieb mir keine.

»O ihr, der ersten Liebe Anvermählte«,   118
Rief ich, »o Göttin, deren Wort als Labe
Und Wärme mich mit neuem Leben stählte,

Nicht alle Inbrunst, die ich weiß und habe,   121
Genügt, um euch mit würdigem Dank zu preisen.
Doch der es sieht und kann, lohn diese Gabe!

PARADISO · CANTO IV

Io veggio ben che giammai non si sazia   *124*
nostro intelletto, se 'l ver non lo illustra
di fuor dal qual nessun vero si spazia.

Posasi in esso come fera in lustra,   *127*
tosto che giunto l'ha; e giugner puollo:
se non, ciascun disìo sarebbe frustra.

Nasce per quello, a guisa di rampollo,   *130*
a piè del vero il dubbio; ed è natura
che al sommo pinge noi di collo in collo.

Questo m'invita, questo m'assicura   *133*
con riverenza, donna, a dimandarvi
d'un'altra verità che m'è oscura.

Io vo'saper se l'uom può satisfarvi   *136*
ai vòti manchi sì con altri beni,
ch'alla vostra statera non sien parvi.»

Beatrice mi guardò con gli occhi pieni   *139*
di faville d'amor, con sì divini,
che, vinta, mia virtù diede le reni,

    e quasi mi perdei con gli occhi chini.   *142*

DAS PARADIES · IV. GESANG

Ich seh es: unser Geist ist nur zu speisen,   124
Strahlt ihm der Wahrheit Licht vom ewigen Gotte.
Ihm fern, kann nirgend Wahres sich erweisen.

Es ruht darin wie Wild in waldiger Grotte,   127
Wenn ers erreicht hat. Und ihm kanns gelingen!
Sonst würde jede Sehnsucht ja zum Spotte.

Die Zweifel drum wie Schößlinge entspringen   130
Am Fuß der Wahrheit. Doch es will uns leiten
Natur, trotz Berg-um-Berg zur Höh zu dringen.

Dies lockt mich, dies weiß Mut mir zu bereiten,   133
Daß ich in Ehrfurcht, Herrin, euch befrage
Nach einer andern Wahrheit Dunkelheiten.

Gern wüßt ich, ob verfehlt Gelübdzusage   136
Ein andres gutes Werk nicht kann vergüten,
Daß es zuleicht nicht laste eurer Wage.«

Da sah mich Beatrice an. Hell sprühten   139
Die Augen, Gottesliebefunken zeigend.
Besiegt entfloh die Kraft mir, als sie glühten,

Und ich verlor mich selbst, die Augen neigend.   142

CANTO QUINTO

«S'io ti fiammeggio nel caldo d'amore   *1*
di là dal modo che'n terra si vede,
sì che degli occhi tuoi vinco il valore,

non ti maravigliar; chè ciò procede   *4*
da perfetto veder, che, come apprende,
così nel bene appreso move il piede.

Io veggio ben sì come già risplende   *7*
nello intelletto tuo l'eterna luce,
che, vista sola, sempre amore accende;

e s'altra cosa vostro amor seduce,   *10*
non è se non di quella alcun vestigio
mal conosciuto che quivi traluce.

Tu vuo' saper se con altro servigio,   *13*
per manco vòto, si può render tanto,
che l'anima sicuri di litigio.»

Sì cominciò Beatrice questo canto;   *16*
e sì com' uom che suo parlar non spezza,
continuò così 'l processo santo:

«Lo maggior don che Dio per sua larghezza   *19*
fêsse creando, ed alla sua bontate
più conformato, e quel ch' ei più apprezza,

fu della volontà la libertate,   *22*
di che le creature intelligenti
e tutte e sole fuoro e son dotate.

Or ti parrà, se tu quinci argomenti,   *25*
l'alto valor del vóto, s'è sì fatto,
che Dio consenta quando tu consenti;

chè nel fermar tra Dio e l'uome il patto   *28*
vittima fassi di questo tesoro,
tal qual io dico; e fassi col suo atto.

Dunque che render puossi per ristoro?   *31*
Se credi bene usar quel c'hai offerto,
di mal toletto vuoi far buon lavoro.

Tu se'omai del maggior punto certo;   *34*
ma perchè Santa Chiese in ciò dispensa,
che par contra lo ver ch'io t'ho scoperto,

convienti ancor sedere un poco a mensa,   *37*
però che il cibo rigido c'hai preso,
riechiede ancora aiuto a tua dispensa.

FÜNFTER GESANG

»Siehst du in Liebesglut entflammt mich stehen,　　　　*1*
Daß deinen Augen ganz die Kraft entgleitet,
Wie nie es mag durch Erdenglanz geschehen,

So staune nicht! Denn dies wird hergeleitet　　　　*4*
Aus tiefem Schaun, das so, wie es ergründet,
In dem ergründeten Gute weiterschreitet.

In deinem Geist ein Strahl sich schon verkündet　　　　*7*
Vom Ewigen Lichte, wie ich wahrgenommen,
Das, nur-*gesehn*, die Liebe schon entzündet.

Und wenn für andres liebend ihr entglommen,　　　　*10*
So ists ein Abglanz nur von jenem Schimmer,
Den euer Sinn erkennt ganz unvollkommen.

Du aber fragst, ob Fehlgelübde nimmer　　　　*13*
Ein andrer Dienst ersetzt, *so* gut ersonnen,
Daß frei die Seele bleib von Einspruch immer?«

Den Sang hat Beatrice so begonnen.　　　　*16*
Und dem gleich, der gern ohne Störung lehret,
Hat sie den heiligen Vortrag fortgesponnen:

»Das höchste Gut, das jemals Gott bescheret,　　　　*19*
Ein seiner Güte und holdseligen Gaben
Vollgültig Pfand, das Erselbst höchlichst ehret,

War Willensfreiheit, die als hocherhaben　　　　*22*
Alljenem, was von ihm Vernunft bekommen,
Sonst keinem, ward und wird ins Herz gegraben.

Erwäg es! und der hohe Wert des frommen　　　　*25*
Gelübdes wird dir klar sein ohne Frage,
Wenn Gott das so-gegebene angenommen.

Man muß beim göttlich-menschlichen Vertrage　　　　*28*
Den Schatz, wie ich ihn pries, zum Opfer bringen,
Daß man durch freie Tat sich sein entschlage.

Welch ein Ersatz nun kann dafür gelingen?　　　　*31*
Willst du dein Opfer gut-verwendet meinen,
So tust du Gutes mit geraubten Dingen.

In diesem Hauptpunkt bist du nun im Reinen.　　　　*34*
Doch weil die Kirche darf Dispens erteilen,
Mags jener Wahrheit widersprechend scheinen.

Drum darfst du eher nicht vom Tische eilen,　　　　*37*
Bis ich die schwere Kost, die du genossen,
Verdaulicher dir machte mittlerweilen.

PARADISO · CANTO V

Apri la mente a quel ch'io ti paleso,   40
e fermalvi entro; chè non fa scienza,
sanza lo ritenere, avere inteso.

Due cose si convegnono all'essenza   43
di questo sacrificio: l'una è quella
di che si fa; l'altra è la convenenza.

Quest'ultima giammai non si cancella   46
se non servata, ed intorno di lei
sì preciso di sopra si favella.

Però necessità fu agli Ebrei   49
Pur l'offerére, ancor che alcuna offerta
si permutasse, come saper dèi.

L'altra, che per materia t'è aperta,   52
puote ben esser tal, che non si falla,
se con altra materia si converta.

Ma non trasmuti carco alla sua spalla   55
per suo arbitrio alcun, sanza la volta
e della chiave bianca e della gialla;

e ogni permutanza creda stolta,   58
se la cosa dimessa in la sorpresa
come il quattro nel sei non è raccolta.

Però qualunque cosa tanto pesa   61
per suo valor, che tragga ogni bilancia,
sodisfar non si può con altra spesa.

Non prendan li mortali il vóto a ciancia: 64
siate fedeli, e a ciò far non bieci.
come Ieptè alla sua prima mancia;

cui più si convenia dicer ‹Mal feci!›,   67
che, servando, far peggio; e così stolto
ritrovar puoi lo gran duca de'Greci,

onde pianse Ifigènia il suo bel volto,   70
e fe'pianger di sè i folli e i savi,
ch'udîr parlar di così fatto cólto.

Siate, Cristiani, a muovervi più gravi: 73
non siate come penna ad ogni vento,
e non crediate ch'ogni acqua vi lavi.

Avete il vecchio e il nuovo Testamento,   76
e il pastor della Chiesa che vi guida:
questo vi basti a vostro salvamento.

Se mala cupidigia altro vi grida,   79
uomini siate, e non pecore matte,
sì che il Giudeo di voi tra voi non rida.

DAS PARADIES · V. GESANG

Merk auf und halt mein Wort im Geist beschlossen!   *40*
Hören allein ist Weisheit noch mitnichten;
Festhalten muß der Geist es unverdrossen.

Zwei Dinge brauchts, solch Opfer zu errichten: *43*
Als erstes ist die Sache selbst zu nennen,
Als zweites, dem Vertrage sich verpflichten.

Nicht eher kannst du dich vom letzten trennen,   *46*
Bis er erfüllt ist. Daher ließ ich oben
Sein Wesen dich so nachdrücklich erkennen.

Drum war bei Juden Vorschrift das Geloben,   *49*
Obwohl sie, wie du weißt, aufs mannigfache
Auch dem Gelobten andres unterschoben.

Des Opfers Gegenstand, also die Sache,   *52*
Darf man vertauscht mit einer andern sehen,
Und ohne daß solch Tausch uns sündig mache.

Jedoch willkürlich darf es nie geschehen!   *55*
Zulässig macht allein den Tausch der Lasten
Des weißen und des gelben Schlüssels Drehen.

Nur soll man sich im Tausch nicht überhasten,   *58*
Daß die Ersatzgelübde stets die alten
So, wie die Sechs die Vier enthält, umfaßten.

Wenn drum Gelübde als so wertvoll galten,   *61*
Daß es die Wage abwärts weiß zu richten,
Kann andre Zahlung nie Ersatz enthalten.

Scherzt bei Gelübden, Sterbliche, mitnichten!   *64*
Seid treu, doch nicht so vorschnell im Versprechen
Wie Jephtha, der des ersten Opfers Pflichten

Mit einem ›Ich tat Unrecht!‹ hätte brechen   *67*
Gesollt, statt Schlimmes tun. Auch der betörte
Feldherr der Griechen ließ sich einst bestechen,

Drob Iphigenia weinend sich empörte,   *70*
Daß sie so schön. Auch »Tor und Weiser« dachte
Des Opfers weinend, wenn er davon hörte.

Langsamer, Christenvolk, zu wandeln trachte!   *73*
Nicht haltlos treib, ein Flaum in Windeseile;
Und daß nicht jedes Wasser wäscht, beachte!

Alt und Neu Testament ward euch zuteile;   *76*
Der Kirche Hirt will euern Führer machen:
Dies ist genug zu euerm Seelenheile.

Will böse Lust zu anderm euch entfachen,   *79*
Seid Menschen, um den Schafen nicht zu gleichen,
Daß nicht die Juden euch daheim verlachen.

PARADISO · CANTO V

Non fate come agnel che lascia il latte
della sua madre e, semplice e lascivo,
seco medesmo a suo piacer combatte.»

Così Beatrice a me, com'io scrivo;
poi si rivolse tutta disïante
a quella parte ove 'l mondo è più vivo.

Lo suo tacere e 'l trasmutar sembiante
puoser silenzio al mio cupido ingegno,
che già nuove questioni avea davante;

e sì come saetta che nel segno
percuote pria che sia la corda queta,
così corremmo nel secondo regno.

Quivi la donna mia vid'io sì lieta,
come nel lume di quel ciel si mise,
che più lucente se ne fe'il pianeta;

e se la stella si cambiò e rise,
qual mi fec'io, che pur di mia natura
trasmutabile son per tutte guise!

Come in peschiera ch'è tranquilla e pura
traggono i pesci a ciò che vien di fuori
per modo che lo stimin lor pastura;

sì vid'io ben più di mille splendori
trarsi vêr noi, ed in ciascun s'udìa:
«Ecco chi crescerà li nostri amori.»

E sì come ciascuno a noi venìa,
vedeasi l'ombra piena di letizia
nel fulgor chiaro che di lei uscìa.

Pensa, lettor, se quel che qui s'inizia
non procedesse, come tu avresti
di più savere angosciosa carizia;

e per te vederai come da questi
m'era in disio d'udir lor condizioni,
sì come agli occhi mi fur manifesti.

«O bene nato a cui veder li troni
del trionfo eternal concede grazia
prima che la milizia s'abbandoni,

del lume che per tutto il ciel si spazia
noi semo accesi; e però, se disii
di noi chiarirti, a tuo piacer di sazia.»

Così da un di quelli spirti pii
detto mi fu; e da Beatrice: «Di', di'
sicuramente, e credi come a dii!»

82

85

88

91

94

97

100

103

106

109

112

115

118

121

348

DAS PARADIES · V. GESANG

Wollt von der süßen Muttermilch nicht weichen,   *82*
Dem blöden Lamme gleich, um nach Belieben
Voll Trotz auf eigene Faust umherzustreichen.«
So Beatrice sprach wie hier geschrieben.   *85*
Dann schoß ihr Aug dahin die Sehnsuchtsflüge,
Wo kräftiger sprießt die Welt an Lebenstrieben.
Ihr Schweigen, die Verwandlung ihrer Züge   *88*
Hielt meinen Wissensdrang zunächst beschworen,
Obwohl ich Fragen hatte zur Genüge.
Und wie der Pfeil sich pflegt ins Ziel zu bohren,   *91*
Eh ausgeschwirrt der Strang, gings aufwärts weiter,
Zum Flug ins zweite Himmelreich erkoren.
Hier sah ich meine Herrin also heiter,   *94*
Als es in jenes Himmels Licht sie brachte,
Daß der Planet gleich schien zum Glanz bereiter.
Und wenn der *Stern* sich wandelte und lachte,   *97*
Wie war mirselbst zumut, den jederweise
Schon die Natur so wandelvoll doch machte!
Wie sich im Teich, der heiter fließt und leise,   *100*
Nach dem, was just hineinfällt, drängend schieben
Die Fische all, vermutend, es wär Speise,
So sah ich tausend Lichtgestalten stieben   *103*
Und mehr zu uns und hörte ihre Stimmen:
»Sieh da, durch den wird wachsen unser Lieben!«
Und wie nun alle nah und näher schwimmen,   *106*
Gibt jeder Schatten kund sein Lustentzücken
In einem Blitz mit funkelndem Erglimmen.
Denk, Leser, würd ich jetzt dir unterdrücken   *109*
Den Schlußbericht: wie quälte die gespannte
Begier dich, im Erzählen fortzurücken.
Und wirst begreifen, wie ichselbst entbrannte   *112*
Vor Lust, mehr vorzudringen auf der Fährte
Nach ihrem Los, seit sie mein Aug erkannte.
»O Sohn des Heils, dem Himmelsgunst gewährte,   *115*
Die Sessel ewigen Sieges zu erschauen,
Bevor des Krieges Dienstzeit ihm verjährte,
Wir sind vom Licht, das alle Himmelsauen   *118*
Durchströmt, entzündet. Sollen wir dir dienen,
So frage, um dich sättigend zu erbauen.«
So sprach ein Seliger, der mir hier erschienen.   *121*
Und Beatrice drauf: »Sprich, sprich! dreist richte
An ihn das Wort und glaub wie Göttern ihnen.« –

348

PARADISO · CANTO V

«Io veggio ben sì come tu t'annidi   124
nel proprio lume, e che dagli occhi 'l traggi,
perch' ei corruscan sì come tu ridi;
    ma non so chi tu se', nè perchè aggi,   127
anima degna, il grado della spera
che si vela ai mortal con altrui raggi.»
    Questo diss'io, diritto alla lumera   130
che pria m'avea parlato; ond'ella fêssi
lucente più assai di quel ch'ell'era.
    Sì come il sol, che si cela elli stessi   133
per troppa luce, come il caldo ha rose
le temperanze di vapori spessi;
    per più letizia sì mi si nascose   136
dentro ai suo raggio la figura santa;
e così chiusa chiusa mi rispuose
    nel modo che il seguente canto canta.   139

DAS PARADIES · V. GESANG

»Ich sehe wohl, wie du im eigenen Lichte   *124*
Ein Nest dir spinnst; auch, wie beim Lächeln immer
Dirs hell im Auge blitzt und Angesichte.

Doch wer du bist, o Würdiger, weiß ich nimmer,   *127*
Noch warum du zu diesem Stern gesendet,
Der sich uns Menschen birgt durch fremden Schimmer?«

So sprach ich, zu dem Lichte hingewendet,   *130*
Das angeredet mich; drob wards umzogen
Von stärkerm Glanz, als ihm bisher gespendet.

Und wie die Sonne – wenn sie aufgesogen   *133*
Durch Glut den Nebeldunst, der rings ergossen –
Sich birgt im Übermaß der Flammenwogen,

So barg sich mir, von höherer Lust umflossen,   *136*
Die heilige Glanzgestalt im Strahlenringe.
Und was sie sprach, dicht-dicht insich verschlossen,

Das ists, was ich im nächsten Sange singe.   *139*

CANTO SESTO

«Poscia che Costantin l'aquila volse
contr'al corso del ciel, ch'ella seguìo
dietro all'antico che Lavina tolse,

    cento e cent'anni e più l'uccel di Dio
nello stremo d'Europa si ritenne,
vicino ai monti de'quai prima uscìo;

    e sotto l'ombra delle sacre penne
governò il mondo lì di mano in mano,
e, sì cangiando, in su la' mia pervenne.

    Cesare fui, e son Giustinïano,
che, per voler del primo amor ch'i'sento,
d'entro le leggi trassi il troppo e 'l vano.

    E prima ch'io all'ovra fossi attento,
una natura in Cristo esser, non piùe,
credeva, e di tal fede era contento;

    ma il benedetto Agapito, che fue
sommo pastore, alla fede sincera
mi dirizzò con le parole sue.

    Io gli credetti; e ciò che in sua fede era,
veggio ora chiaro sì, come tu vedi
ogni contradizione e falsa e vera.

    Tosto che con la Chiesa mossi i piedi,
a Dio per grazia piacque di spirarmi
l'alto lavoro, e tutto in lui mi diedi;

    e al mio Bellisar commendai l'armi,
cui la destra del ciel fu sì congiunta,
che segno fu ch'io dovessi posarmi.

    Or qui alla question prima s'appunta
la mia risposta; ma sua condizione
mi stringe a seguitare alcuna giunta,

    perchè tu veggi con quanta ragione
si move contr' al sacrosanto segno,
e chi'l s'appropria e chi a lui s'oppone.

    Vedi quanta virtù l'ha fatto degno
di riverenza; e cominciò dall'ora
che Pallante morì per dargli regno.

    Tu sai ch'el fece in Alba sua dimora
per trecent'anni e oltre, infino al fine
che i tre a'tre pugnâr per lui ancora;

1

4

7

10

13

16

19

22

25

28

31

34

37

SECHSTER GESANG

»Seit Konstantin den Aar gewendet hatte $\qquad$ *1*
Zurück die Sonnenbahn, die er durchfahren,
Dem Ahnherrn folgend, der Laviniens Gatte,

Sah länger man als seit zweihundert Jahren $\qquad$ *4*
Den Vogel Gottes unfern jener Hügel,
Woher er kam, Europas Grenzen wahren.

Und unterm Schatten seiner heiligen Flügel $\qquad$ *7*
Von Hand zu Hand die Weltherrschaft sich wandte,
Bis wechselnd so in meine kam der Zügel.

Kaiser war ich, der Justinian genannte, $\qquad$ *10*
Der treulich in der ersten Liebe Walten
Hohlheit und Schwulst aus dem Gesetz verbannte.

Doch eh dies Werk ich anfing zu gestalten, $\qquad$ *13*
Lebt ich des Glaubens, und ich wars zufrieden,
Ein Wesen sei in Christo nur enthalten.

Doch hat der Oberhirt mich treu beschieden, $\qquad$ *16*
Der heilige Agapet, daß bald ich ehrte
Den wahren Glauben, den ich erst gemieden.

Ich *glaubte* ihm, und *seh* jetzt, was er lehrte $\qquad$ *19*
So klar wie du am Widerspruch kannst schauen,
Daß *eins* das Rechte sei, *eins* das Verkehrte.

Kaum fing ich an, auf Kirchenwort zu bauen, $\qquad$ *22*
Als zu des großen Werkes Ausgestalten
Mich Gottes Huld berufen und Vertrauen.

Im Heer ließ meinen Belisar ich walten, $\qquad$ *25*
Mit dem des Himmels Rechte so im Bunde,
Daß mirs ein Wink war, tatlos mich zu halten.

Hier wär dem ersten Wunsch genügend Kunde $\qquad$ *28*
Gegeben. Doch der Inhalt deiner Frage
Heischt einen Zusatz noch aus meinem Munde,

Damit du siehst, in welch unwürdige Lage $\qquad$ *31*
Sich *der* bringt, der des Adlers heiliges Zeichen
Zu rauben oder zu bekämpfen wage.

Sieh, welche Kraft ihm Ruhm gab ohnegleichen!«... $\qquad$ *34*
Und nun hat sein Bericht von dort begonnen,
Wo Pallas starb, die Herrschaft ihm zu reichen ...

»Du weißt, daß gut dreihundert Jahr verronnen $\qquad$ *37*
In Alba ihm, bis jene Drei geraten
Mit Dreien in Kampf, der sich um ihn entsponnen.

PARADISO · CANTO VI

e sai ch'el fe'dal mal delle Sabine   40
al dolor di Lucrezia in sette regi,
vincendo intorno le genti vicine.

Sai quel che fe', portato dagli egregi   43
Romani incontro a Brenno, incontro a Pirro,
e contro agli altri principi e collegi;

onde Torquato e Quinzio, che dal cirro   46
negletto fu nomato, i Deci e'Fabi
ebber la fama che volontier mirro.

Esso atterrò l'orgoglio degli Aràbi,   49
che diretro ad Annibale passaro
l'alpestre rocce, di che, Po, tu labi.

Sott'esso giovanetti trionfaro   52
Scipione e Pompeo; ed a quel colle
sotto il qual tu nascesti, parve amaro.

Poi presso al tempo che tutto il ciel volle   55
redur lo mondo a suo modo sereno,
Cesare per voler di Roma il tolle.

E quel che fe'da Varo infino al Reno,   58
Isara vide ed Era, e vide Senna
e ogni valle onde Rodano è pieno.

Quel che fe' poi ch'egli uscì di Ravenna   61
e saltò Rubicon, fu di tal volo,
che nol seguiteria lingua nè penna.

Invêr la Spagna rivolse lo stuolo;   64
poi vêr Durazzo, e Farsaglia percosse
sì, ch'al Nil caldo sì sentì del duolo.

Antandro e Simoenta, onde si mosse,   67
rivide, e là dov'Ettore si cuba;
e mal per Tolommeo poi si riscosse.

Da indi scese folgorando a Iuba;   70
poi si rivolse nel vostro occidente,
dove sentia la pompeana tuba.

Di quel che fe'col baiulo seguente,   73
Bruto con Cassio nello Inferno latra,
e Modena e Perugia fu dolente.

Piangene ancor la trista Cleopatra,   76
che, fuggendogli innanzi, dal colubro
la morte prese subitana e atra.

Con costui corse infino al lito rubro;   79
con costui puose il mondo in tanta pace,
che fu serrato a Jano il suo delubro.

DAS PARADIES · VI. GESANG

Weißt vom Sabinerraub an seine Taten   *40*
Bis zu Lukretias Schmerz durch jene Sieben,
Die unterworfen alle Nachbarstaaten.

Weißt, wie er Brennus, Pyrrhus hat vertrieben,   *43*
Und gegen Städtebund und Fürstenscharen
In Römerhänden stets im Sieg verblieben,

Drob Quinktius, so genannt von lockigen Haaren,   *46*
Torquatus, Decier, Fabier Ruhm gefunden,
Den Ruhm, dem ewigen Duft ich möchte wahren.

Arabiens Hochmut ward dann überwunden,   *49*
Als Hannibal die Alpen überbrückte,
Draus du, o Po, entströmst den Felsenschrunden.

Er wars, der Scipio und Pompejus schmückte,   *52*
Die Jünglinge, mit Sieg. Und bitter grollte
Dein Heimathügel, als ihn Herzleid drückte.

Als dann die Zeit sich bald erfüllen sollte,   *55*
Daß sich die Welt erfreu der Friedenskrone,
Ergriff ihn Cäsar, weil es Rom so wollte.

Was er von Varus tat bis Rhein, sah Saône,   *58*
Isere, Loire und Seine, und was im Sprunge
Aus jedem Tal noch abstürzt in die Rhone.

Wie aus Ravenna dann im stolzen Schwunge   *61*
Der Aar den Rubikon wußt zu durchschreiten,
Das schildert keine Feder, keine Zunge.

Zurück nach Spanien galts das Heer zu leiten.   *64*
Durazzo wankte, Pharsalus sank nieder:
Der heiße Nil empfand da bittere Zeiten.

Er sah Antandros und den Simoïs wieder,   *67*
Von wo er kam. Sah Hektors Grab und reckte
Zum Leid des Ptolemäus sein Gefieder,

Worauf er zornigen Blitzens Juba schreckte,   *70*
Dann westwärtsflog unaufgehaltenen Jagens,
Wo des Pompejus Horn das Echo weckte.

Was dann der nächste tat, beheult voll Zagens   *73*
Cassius und Brutus hinterm Höllengatter;
Perugium und Modena beklagens.

Kleopatra auch weinte, vorm Geflatter   *76*
Des Römeradlers fliehend, bis die Bange
Schnell düstern Tod erkor vom Stich der Natter.

Das Rote Meer gab Halt dem Siegesgange.   *79*
Hier schloß der Aar des Janustempels Pforten,
Daß tiefen Frieden alle Welt erlange.

PARADISO · CANTO VI

Ma ciò che il segno che parlar mi face
fatto avea prima, e poi era fatturo
per lo regno mortal ch'a lui soggiace,

diventa apparenza poco e scuro,
se in mano al terzo Cesare si mira
con occhio chiaro e con affetto puro;

chè la viva giustizia che mi spira,
gli concedette, in mano al quel ch'i'dico,
gloria di far vendetta alla sua ira.

Or qui t'ammira in ciò ch'io ti replìco:
poscia con Tito a far vendetta corse
della vendetta del peccato antico.

E quando il dente longobardo morse
la Santa Chiesa, sotto alle sue ali
Carlo Magno vincendo la soccorse.

Omai puoi giudicar di quei cotali
ch'io accusai di sopra, e di lor falli,
che son cagion di tutti vostri mali.

L'uno al pubblico segno i gigli gialli
oppone, e l'altro appropria quello a parte,
sì ch'è forte a veder chi più si falli.

Faccian li Ghibellin, faccian lor arte
sott'altro segno; chè mal segue quello
sempre chi la giustizia e lui diparte;

e non l'abbatta esto Carlo novello
coi Guelfi suoi, ma tema degli artigli
ch'a più alto leon trasser lo vello.

Molte fïate già pianser li figli
per la colpa del padre; e non si creda
che Dio trasmuti l'arme per suoi gigli.

Questa picciola stella si correda
de'buoni spirti che son stati attivi,
perchè onore e fama gli succeda;

e quando li disiri poggian quivi,
sì disviando, pur convien che i raggi
del vero amore in su poggin men vivi.

Ma nel commensurar dei nostri gaggi
col merto è parte di nostra letizia,
perchè non li vedem minor nè maggi.

Quindi addolcisce la viva giustizia
in noi l'affetto, sì che non si puote
torcer giammai ad alcuna nequizia.

82

85

88

91

94

97

100

103

106

109

112

115

118

121

DAS PARADIES · VI. GESANG

Doch was er alles, den ich pries mit Worten,   82
Vorher und nachher tat als Siegeszeichen,
Das Gott erhob zur Herrschaft allerorten,

Es scheint gering und muß an Glanz verbleichen,   85
Wenn wirs mit dem, was damit leisten sollte
Sein dritter Cäsar, scharf und kühl vergleichen.

Denn die Gerechtigkeit des Himmels wollte,   88
Die mich begeistert, daß sich *darauf* gründe
Sein Ruhm, daß ihrem Zorn er Rache zollte.

Nun staune, was ich ferner dir verkünde: 91
Der Aar zog aus mit Titus, voll Erboßen
Sich rächend an der Rache alter Sünde.

Und als der Langobardenzahn gestoßen   94
Die heilige Kirche, ward, von seinen Schwingen
Bedeckt, ihr Sieg und Schutz durch Karl den Großen.

Nun wird dir selbst ein Urteil wohl gelingen   97
Für *die*, die ich verklagt um ihr Vergehen,
Draus euers Unglücks Wurzeln all entspringen.

Der läßt die Goldlilien entgegenwehen   100
Dem Reichsaar; *der* will der Partei ihn reichen,
Sodaß, wer ärger sündigt, schwer zu sehen.

Wählt, Ghibellinen, wählt ein ander Zeichen   103
Für eure Kunst! Nicht folgt dem Aar in Treuen,
Wer damit sucht vom Rechte abzuweichen.

Auch stürzt der junge Karl ihn nicht! Doch scheuen   106
Mit seinen Guelfen mag er nur die Klauen,
Die schon das Fell zerzausten stärkerm Leuen.

Schon oft schuf Vaterschuld den Söhnen Grauen.   109
Auch glaub er nicht, Gott ließ sein Wappen fahren,
Um an den Lilien Karls sich zu erbauen. –

Der kleine Stern hier sammelt jene Scharen   112
Von wackern Geistern, denen Ruhmesleben
Und Ehrverlangen Lebensinhalt waren.

Und wenn so falschgelenkt die Wünsche streben,   115
Muß wahre Liebe selbst in diesen Reichen
Mit schwächerm Strahlenglanz sich aufwärtsheben.

Doch wenn den Lohn wir am Verdienst vergleichen,   118
Wird teilweis unsere Lust dadurch erhoben,
Weil sie an Größe nicht einander weichen.

Lebendige Gerechtigkeit hier oben   121
Versüßt drum das Verlangen, das wir nähren,
Und etwas Böses kann es nie erproben.

PARADISO · CANTO VI

Diverse voci fanno doci note;   *124*
così diversi scanni in nostra vita
rendon dolce armonia tra queste rote.

E dentro la presente margarita   *127*
luce la luce di Romeo, di cui
fu l'ovra grande e bella mal gradita;

ma i Provenzai che fecer contra lui   *130*
non hanno riso; e però mal cammina
qual si fa danno del ben fare altrui.

Quattro figlie ebbe, e ciascuna regina,   *133*
Ramondo Berlinghieri; e ciò gli fece
Romeo, persona umìle e peregrina;

e poi il mosser le parole biece   *136*
a dimandar ragione a questo giusto,
che gli assegnò sette e cinque per diece.

Indi partissi povero e vetusto;   *139*
e se 'l mondo sapesse il cuor ch'egli ebbe
medicando sua vita a frusto a frusto,

assai lo loda e più lo loderebbe.»   *142*

DAS PARADIES · VI. GESANG

Verschiedene Stimmen süßen Klang gewähren;   *124*
Verschiedene Stufen unsers Lebens bilden
Die süße Harmonie in diesen Sphären.

Und hier in dieser Perle Glanzgefilden   *127*
Kannst du Romeos leuchtend Licht betrachten:
Schlecht lohnte großes edles Werk den Milden.

Doch lange nicht die Provenzalen lachten,   *130*
Die feindlich ihm! Noch mußten stets verlieren,
Die fremd Verdienst als eignen Schaden achten.

Raimund Berengars Töchtern – allen vieren   *133*
Verhalf dazu der Mann, der schlicht verblieben,
Daß sie ihr Haupt mit Kronen durften zieren.

Und Neiderklatsch hat jenen *doch* getrieben,   *136*
Rechnung von dem Gerechten zu erheben,
Der ihm statt zehn erlegte fünfundsieben.

Fortzog der Greis, dem Elend preisgegeben.   *139*
Zwar lobt die Welt ihn: aber wenn sie wüßte,
Mit welchem Herzen stückweis er sein Leben

Erbettelt – sie noch mehr ihn loben müßte!«   *142*

CANTO SETTIMO

«Osanna, sanctus Deus sabaòth,   *1*
superillustrans claritate tua
felices ignes horum malachòth!»

Così, volgendosi alla nota sua,   *4*
fu viso a me cantare essa sustanza,
sopra la qual doppio lume s'addua;

  ed essa e l'altre mossero a sua danza;   *7*
e quasi velocissime faville,
mi si velâr di sùbita distanza.

  Io dubitava, e dicea «Dille, dille!»   *10*
fra me: ‹dille› dicea, alla mia donna
che mi disseta con le dolci stille.

  Ma quella reverenza che s'indonna   *13*
di tutto me pur per Be e per Ice,
mi richinava come l'uom ch'assonna.

  Poco sofferse me cotal Beatrice,   *16*
e cominciò, raggiandomi d'un riso
tal, che nel foco farìa l'uom felice.

  «Secondo mio infallibile avviso,   *19*
come giusta vendetta giustamente
punita fosse, t'ha in pensier miso;

  ma io ti solverò tosto la mente;   *22*
e tu ascolta, chè le mie parole
di gran sentenza ti faran presente.

  Per non soffrire alla virtù che vuole   *25*
freno a suo prode, quell'uom che non nacque,
dannando sè, dannò tutta sua prole;

  onde l'umana specie inferma giacque   *28*
giù per secoli molti in grande errore,
fin ch'al verbo di Dio di scender piacque

  u' la natura, che dal suo fattore   *31*
s'era allungata, unìo a sè in persona
con l'atto sol del suo Eterno Amore.

  Or drizza il viso a quel ch'or si ragiona.   *34*
Questa natura al sua fattore unita,
qual fu creata, fu sincera e buona;

  ma per sè stessa fu ella sbandita   *37*
di Paradiso, però che si torse
da via di verità e da sua vita.

SIEBENTER GESANG

»*Osanna, sanctus Deus Sabaoth,*   *1*
Superillustrans tua claritate
Felices ignes horum malachoth!«
   So sah ich, wie – von seinem Glanzornate   *4*
Zwiefach mit Licht umstrahlt – sich unterm Singen
Dies Wesen seiner Kreisung wieder nahte,
   Um mit den andern sich im Tanz zu schwingen,   *7*
Bis sie im rasendschnellen Funkenkreise,
Verschleiert durch die Ferne, mir vergingen.
   Ich zweifelte und sprach zu mir noch leise: *10*
»Sag, sag, ja sag der Herrin dein Verlangen,
Die süß dein Dürsten löscht und holderweise.«
   Doch jene Ehrfurcht, die mich ganz mit Bangen   *13*
Beim Klang von B . . . und . . . ice schon durchflutet,
Beugte mein Haupt, als wär ich schlafbefangen.
   Lang ließ mich Beatrice nicht entmutet,   *16*
Nein: sprach *so* lächelnd, daß es selig machte
Den selbst, der schon von Flammen wär umglutet:
   »Nach meiner irrtumsfreien Einsicht dachte   *19*
Dein Sinn, ob rechtlich-strafbar sei die Rache,
Die, was sie tat, doch nur gerecht vollbrachte.
   Doch merke auf, weil ich in dieser Sache,   *22*
Wenn ich dein wirres Denken bring ins rechte,
Dir großen Wahrspruch zum Geschenke mache.
   Gekränkt, daß ihn heilsamer Zaum umflechte,   *25*
Hat sich der Ungeborne, ders mißkannte,
Verdammt samt allem folgenden Geschlechte,
   Darob die Welt, die irrtums-übermannte,   *28*
Kränkelnd vielhundertjahrlang hingeschlichen,
Bis Gottes Wort sich gnädig erdwärtswandte,
   Daß dort sichs der Natur, die abgewichen   *31*
Von ihrem Schöpfer, in Person verbünde
Nur durch der *Liebe* Tat, der Ewiglichen.
   Nun blicke scharf auf das, was ich dir künde!   *34*
Diese Natur, vereint dem Schöpfer eben,
War so, wie sie geschaffen, rein von Sünde.
   Doch hat das Paradies dahingegeben   *37*
Sie selbst für dieses Erdenseins Beschwerden,
Weil sie nicht schritt, wo Wahrheit ist und Leben.

PARADISO · CANTO VII

La pena dunque che la croce porse,   *40*
s'alla natura assunta si mísura,
nulla giammai sì giustamente morse;

e così nulla fu di tanta ingiura,   *43*
guardando alla persona che sofferse,
in che era contratta tal natura.

Però d'un atto uscîr cose diverse;   *46*
ch'a Dio ed ai Giudei piacque una morte:
per lei tremò la terra e 'l ciel s'aperse.

Non ti dee oramai parer più forte,   *49*
quando si dice che giusta vendetta
poscia vengiata fu da giusta corte.

Ma io veggi' or la tua mente ristretta   *52*
di pensier in pensier dentro ad un nodo
del qual con gran disìo solver s'aspetta.

Tu dici: ‹Ben discerno ciò ch' i' odo;   *55*
ma perchè Dio volesse, m'è occulto,
a nostra redenzion pur questo modo›.

Questo decreto, frate, sta sepulto   *58*
agli occhi di ciascuno, il cui ingegno
nella fiamma d'amor non è adulto.

Veramente, però ch'a questo segno   *61*
molto si mira e poco si discerne,
dirò perchè tal modo fu più degno.

La divina bontà, che da sè sperne   *64*
ogni livore, ardendo in sè, sfavilla,
sì che dispiega le bellezze eterne.

Ciò che da lei sanza mezzo distilla   *67*
non ha poi fine; perchè non si move
la sua imprenta, quand'ella sigilla.

Ciò che da essa sanza mezzo piove,   *70*
libero è tutto, perchè non soggiace
alla virtute delle cose nuove.

Più l'è conforme, e però più le piace;   *73*
chè l'ardor santo ch'ogni cosa raggia,
nella più simigliante è più vivace.

Di tutte queste cose s'avvantaggia   *76*
l'umana creatura; e s' una manca,
di sua nobilità convien che caggia.

Solo il peccato è quel che la disfranca   *79*
e falla dissimile al sommo bene,
per che del lume suo poco s'imbianca;

355

DAS PARADIES · VII. GESANG

Soll drum die Kreuzespein gemessen werden   40
Und nach dem angenommenen Leib erwogen,
War sie gerecht, wie keine sonst auf Erden.

Und keine ungerechtre ward vollzogen,   43
Sieht man auf *den*, der dort verlor sein Leben,
Als er Gemeinschaft mit dem Fleisch gepflogen.

So hat Verschiedenes *eine* Tat ergeben: 46
Gott und den Juden war *ein* Tod willkommen,
Tat auf den Himmel, ließ die Erde beben.

Jetzt macht dich kaum ein Zweifel noch beklommen,   49
Sagt man, daß später ward gerechte Rache
Von dem gerechten Richterhof genommen.

Doch seh ich deinen Geist von einer Sache   52
Verknotet jetzt mit Fragen über Fragen,
Daß froh ihn die ersehnte Lösung mache.

Du sprichst: ›Wohl faß ich, was ich hörte sagen.   55
Doch warum Gott, daß wir Erlösung haben,
Den Weg nur ging? seh ich mir noch nicht tagen.‹

Ein solcher Ratschluß, Bruder, bleibt begraben   58
Vor aller Augen, denen zum Erkennen
Die Liebesflammen keine Reife gaben.

Doch höre – weil nach *dem* Ziel so viel rennen,   61
Und wenig nur erreicht all ihr Bemühen –
Weshalb *die* Art die würdigste zu nennen.

Du siehst insich selbstlos und neidlos glühen   64
Die Güte Gottes, daß sich draus ergossen
All ihrer Schönheit unvergänglich Blühen.

Das nun, was unvermittelt ihr entflossen,   67
Ist ewig, weil *ihr* Siegel so gesegnet,
Daß im Gepräg ein Wandel ausgeschlossen.

Was unvermittelt von ihr niederregnet,   70
Ist völlig frei, braucht nicht Verfall zu scheuen,
Der neuerschaffenen Dingen sonst begegnet.

Jemehr ihrs gleicht, jemehr wird sie es freuen,   73
Weil Gottes Strahlen, die das All durchschneiden,
Dem Ähnlichsten den hellsten Schimmer streuen.

Die Menschnatur darf im Besitz sich weiden   76
All dieser Gaben; aber fehlt ihr eine,
Muß sie sich ihres Adels wohl entkleiden.

Unfrei macht sie die Sünde, sie alleine,   79
Und macht unähnlich sie dem Höchsten Gute,
Weil sie zuwenig glänzt in seinem Scheine.

355

PARADISO · CANTO VII

e in sua dignità mai non rivene,   82
se non riempie dove colpa vòta,
contra mal dilettar, con giuste pene.

Vostra natura, quando peccò tota   85
nel seme suo, da queste dignitadi,
come da Paradiso, fu remota;

nè ricovrar potiensi, se tu badi   88
ben sottilmente, per alcuna via,
sanza passar per un di questi guadi:

o che Dio solo per sua cortesia   91
dimesso avesse; o che l'uom per sè isso
avesse satisfatto a sua follia.

Ficca mo l'occhi per entro l'abisso   94
dell'eterno consiglio, quanto puoi
al mio parlar distrettamente fisso.

Non potea l'uomo ne'termini suoi   97
mai sodisfar, per non poter ir giuso
con umiltate obbedïendo poi,

quanto disobbediendo intese ir suso;   100
e questa è la ragion per che l' uom fue
da poter sodisfar per sè dischiuso.

Dunque a Dio convenìa con le vie sue   103
riparar l'uomo a sua intera vita,
dico con l'una, ovver con ambedue.

Ma perchè l'ovra è tanto più gradita   106
dall'operante, quanto più appresenta
della bontà del cuore ond' è uscita,

la divina bontà, che il mondo imprenta,   109
di proceder per tutte le sue vie
a rilevarvi suso fu contenta.

Nè tra l'ultima notte e 'l primo die   112
sì alto o sì magnifico processo,
o per l'una o per l'altra, fu o fie;

chè più largo fu Dio a dar sè stesso   115
a far l'uom sufficiente a rilevarsi,
chè s'elli avesse sol da sè dimesso;

e tutti gli altri modi erano scarsi   118
alla giustizia, se 'l figliuol di Dio
non fosse umilïato ad incarnarsi.

Or per impierti bene ogni disìo,   121
ritorno a dichiarare in alcun loco,
perchè tu veggi lì così com'io.

DAS PARADIES · VII. GESANG

Und eher niemals wieder auf ihr ruhte   82
Solch eine Würde, bis sie sich entsündigt
Durch Strafen, wie sie ziemen bösem Blute.

Als euer Stamm sich frevelnd selbst entmündigt   85
Im Samen, wurden diese Würdigkeiten
Ihm mit dem Paradies zugleich gekündigt,

Und ließen niemals sich zurückerstreiten,   88
Wenn du es scharf erwägst, auf andern Pfaden,
Als eine der zwei Furten zu durchschreiten:

Entweder daß Gott selbst aus freien Gnaden   91
Verziehen, oder daß der Mensch selbsteigen
Aussich gesühnt hätt seiner Torheit Schaden.

Jetzt gilts, den Blick zum Abgrund hinzuneigen,   94
Drin Gottes Ratschluß ruht, und die Gedanken
Anschließend meinem Redegang zu zeigen.

Es konnte nie der Mensch in seinen Schranken   97
Genugtun. Denn *sotief* ließ ihn nie streben
Die Demut, durch Gehorsam spät zu danken,

Als er im Ungehorsam sich zu *heben*   100
Versucht. Und deshalb muß sich ohne Frage
Der Selbstgenugtuung der Mensch begeben.

Drum konnte Gott vollkommene Lebenslage   103
Auf Seinen Wegen ihm allein erneuen:
Auf einem oder beiden, wie ich sage.

Doch weil die Gabe, die aus einem treuen   106
Gütigen Herzen fließt, durch solch Bestreben
Des Spenders pflegt viel inniger zu erfreuen,

Schritt Gottes Huld, die ihr Gepräg gegeben   109
Der Welt, auf *allen* ihren Wegen: immer
Bedacht, von euerm Fall euch zu erheben.

Und zwischen letzter Nacht und erstem Schimmer   112
Des Tags sah man Erhabneres gedeihen
Auf beider Wege keinem – sieht es nimmer.

Denn freigebiger war Gott, sichselbst zu weihen,   115
Daß Kraft der Mensch gewönne, zu genesen,
Als aus sichselbst ihm schlechthin zu verzeihen.

Dürftig wär der Gerechtigkeit gewesen   118
All andrer Weg, wenn Gottes Sohn hernieden
Sich nicht das Fleisch in Demut hätt erlesen.

Nun, daß ich jeden Wunsch dir stell zufrieden,   121
Muß ich erläutern dir noch *eine* Stelle,
Daß du sie siehst gleich mir so klar-entschieden.

PARADISO · CANTO VII

Tu dici: ‹Io veggio l'acqua, io veggio il foco,   *124*
l'aere, la terra e tutte lor misture
venire a corruzione e durar poco;

e queste cose pur fur creature: *127*
per che, se ciò ch'è detto, è stato vero,
esser dovrìen da corruzion sicure.›

Gli angeli, frate, e il paese sincero   *130*
nel qual tu se' dir si posson creati,
sì come sono, in loro essere intero;

ma gli elementi che tu hai nomati   *133*
e quelle cose che di lor si fanno
da creata virtù sono informati.

Creata fu la materia ch'egli hanno;   *136*
creata fu la virtù informante
in queste stelle che'ntorno a lor vanno.

L'anima di ogni bruto e delle piante   *139*
di complession potenzïata tira
lo raggio e 'l moto delle luci sante.

Ma vostra vita sanza mezzo spira   *142*
la somma beninanza, e la innamora
di sè, sì che poi sempre la disira.

E quinci puoi argomentare ancora   *145*
vostra resurrezion, se tu ripensi
come l'umana carne fèssi allora

che li primi parenti intrambo fênsi.»   *148*

DAS PARADIES · VII. GESANG

Du sagst: ›Ich sehe Luft- und Wasserwelle,   *124*
Seh Glut und Staub, und wie sichs mischt auf Erden;
Und sehs nach kurzer Zeit vergehen mit Schnelle:

Was mußte alldies erst erschaffen werden,   *127*
Wenn es, soll ich dein Wort nicht unwahr schelten,
Doch fühlt des Alters und Vergehens Beschwerden?‹

Die Engel, Bruder, und die klaren Welten,   *130*
Darin du weilest, können, wie sie walten
Nach ihrem Wesen, als erschaffen gelten.

Die Elemente und die Mischgestalten,   *133*
Die du genannt und die hervor draus gehen,
Sich nur aus schon-geschaffener Kraft entfalten.

Geschaffen ward der Stoff, draus sie bestehen.   *136*
Geschaffen ward die Bildungskraft dem Kranze
Der Sterne alle, die sich um sie drehen.

Und drehen die heiligen Leuchten sich im Tanze,   *139*
Entlocken sie – wie Art und Kraft durchweben
Den Stoff – die Seelen ihm für Tier und Pflanze.

Doch euch unmittelbar haucht ein das Leben   *142*
Die Höchste Huld; und ihrer Liebe Wehen
Zieht euch zu ihr in stetem Sehnsuchtsstreben.

Und hieraus kannst du euer Auferstehen   *145*
Dir folgern, willst du in den Sinn dir rufen,
Wie Menschenfleischesbildung einst geschehen,

Als Gottes Hände die Ureltern schufen.«   *148*

CANTO OTTAVO

Solea creder lo mondo in suo periclo   *1*
che la bella Ciprigna il folle amore
raggiasse volta nel terzo epiciclo;
    per che non pur a lei faceano onore   *4*
di sacrificio e di votivo grido
le genti antiche nell'antico errore,
    ma Dïone onoravano e Cupido,   *7*
questa per madre sua, questo per figlio,
e dicean ch'el sedette in grembo a Dido;
    e da costei, ond'io principio piglio,   *10*
pigliavano il vocabol della stella
che il sol vagheggia or da coppa, or da ciglio.
    Io non m'accorsi del salire in ella;   *13*
ma d'esservi entro mi fe' assai fede
la donna mia, ch'io vidi far più bella.
    E come in fiamma favilla si vede,   *16*
e come in voce voce si discerne,
quando una è ferma, e altra va e riede;
    vid'io in essa luce altre lucerne   *19*
moversi in giro più e men correnti,
all modo, credo, di lor viste interne.
    Di fredda nube non disceser venti,   *22*
o visibili o non, tanto festini,
che non paressero impediti e lenti,
    a chi avesse quei lumi divini   *25*
veduti a noi venir, lasciando il giro
pria cominciato in gli alti Serafini
    E dentro a quei che più innanzi apparìro,   *28*
sonava ‹Osanna› sì, che unque poi
di riudir non fui sanza disiro.
    Indi si fece l'un più presso a noi,   *31*
e solo incominciò: «Tutti sem presti
al tuo piacer, perchè di noi ti gioi.
    Noi ci volgiam coi Principi celesti   *34*
d'un giro e d'un girare e d'una sete,
ai quali tu del mondo già dicesti:
    ‹Voi che intendendo il terzo ciel movete›;   *37*
e sem sì pien d'amor, che, per piacerti
non fia men dolce un poco di quïete.»

ACHTER GESANG

Lang hat die Welt geglaubt schädlicherweise,   *1*
Es strahle Liebestollheit aus die hehre
Zypris, wandelnd im dritten Nebenkreise.

Darum erwies denn *ihr* allein nicht Ehre   *4*
Mit Weihgelübden, Sang und Opfergaben
Der alten Völker alte Irrtumslehre,

Nein, ihrer Mutter auch und ihrem Knaben,   *7*
Dionen und Kupido. Und sie sangen,
Er soll in Didos Schoß gesessen haben.

Und nun nach ihr, mit der ich angefangen,   *10*
Hieß dieser Stern, der bald *vorm* Sonnenlichte,
Bald *hinter* ihm in Liebesglut gegangen. –

Nicht merkt ich, daß zu ihm mein Flug sich richte,   *13*
Doch daß ich *in ihm* sei, ließ bald mich sehen
Die Herrin mit stets schönerm Angesichte.

Wie Funken man im Feuer sieht entstehen,   *16*
In Stimmen Stimmen höret laut und leise,
Wenn diese weilen, jene nahen und gehen,

Sah ich im Licht hier andre Lichter Kreise   *19*
Beschreiben, langsam bald und bald geschwinde:
Mir scheint, nach ihres ewigen Anschauns Weise.

Nie schickten kalte Wolken schnellere Winde,   *22*
Ob sichtbar oder unsichtbar sie seien,
Daß sie nicht langsam schienen und gelinde

Dem, der zu uns die Gotteslichterreihen   *25*
Hereilen sah, abbrechend ihren Reigen,
Dem hohe Seraphim Urantrieb leihen.

Und aus der Nächsten Mitte hört ich steigen   *28*
So süß Hosianna, daß (seit ichs vernommen)
Der Wunsch, es neu zu hören, nicht will schweigen.

Und einer ihrer war uns nahgekommen   *31*
Und sprach: »Damit dir Freude wird zum Lohne,
Sind dir willfährig gern hier alle Frommen.

Ein Kreis, ein Schwung, ein Durst hält nah dem Throne   *34*
Der Himmelsfürsten uns, für die entbrennend
Du einst auf Erden sangest die Kanzone:

›*Die ihr den dritten Himmel lenkt erkennend!*‹   *37*
Und sind so liebevoll, daß dir zuliebe
Wir etwas rasten, es Erquickung nennend.«

PARADISO · CANTO VIII

Poscia che gli occhi miei si furo offerti   40
alla mia donna reverenti, ed essa
fatti gli avea di sè contenti e certi,

rivolsersi alla luce che promessa   43
tanto s'avea, e «Deh, chi siete?» fue
la voce mia di grande affetto impressa.

E quanta e quale vid'io lei far piùe   46
per allegrezza nova che s'accrebbe,
quand'io parlai, all' allegrezze sue!

Così fatta, mi disse: «Il mondo m'ebbe   49
giù poco tempo; e se più fosse stato,
molto sarà di mal, che non sarebbe.

La mia letizia mi ti tien celato,   52
che mi raggia dintorno e mi nasconde,
quasi animal di sua seta fasciato.

Assai m'amasti, ed avesti ben onde;   55
chè s'io fossi giù stato, io di mostrava
di mio amor più oltre che le fronde.

Quella sinistra riva che si lava   58
di Rodano poi ch'è misto con Sorga,
per suo signore a tempo m'aspettava,

e quel corno d'Ausonia che s'imborga   61
di Bari, di Gaeta e di Catona,
da ove Tronto e Verde in mare sgorga.

Fulgeami già in fronte la corona   64
di quella terra che'l Danubio riga,
poi che le ripe tedesche abbandona.

E la bella Trinacria, che caliga   67
tra Pachino e Peloro, sopra 'l golfo
che riceve da Euro maggior briga,

non per Tifeo ma per nascente solfo,   70
attesi avrebbe li suoi regi ancora,
nati per me di Carlo e di Ridolfo!

se mala signoria, che sempre accora   73
li popoli suggetti, non avesse
mosso Palermo a gridar: ‹Mora! Mora!›

E se mio frato questo antivedesse,   76
l'avara povertà di Catalogna
già fuggirìa, perchè non gli offendesse;

chè veramente provveder bisogna   79
per lui, o per altrui, sì ch'a sua barca
carcata più d'incarco non si pogna.

DAS PARADIES · VIII. GESANG

Nachdem ich aufgeblickt im Ehrfurchtstriebe   40
Zur Herrin und beruhigt wahrgenommen,
Daß sie zustimmend mir gewogen bliebe,

Wandt ich zum Lichte mich, das solch Willkommen   43
Mir froh verhieß. Und »Sag, wer seid ihr?« fragte
Mein Mund in Tönen inbrunstvoll entglommen.

Und oh welch *neue* Wonne überragte   46
Die alte Wonne aus den Flammenherden
Der Seligkeit, indem ich dieses sagte!

Und so umschimmert sprachs: »Drunten auf Erden   49
War kurz mein Sein. Wärs minderschnell verronnen,
Gäbs weniger Übel, die nun kommen werden.

Unkenntlich bin ich dir, weil meine Wonnen   52
Mich bergen so in ihrem Strahlenbunde,
Wie sich das Tier in Seide eingesponnen.

Du liebtest sehr mich und mit gutem Grunde.   55
Gern hätt ich dir gezeigt bei längerm Leben
Von meiner Liebe mehr als Laub zur Stunde.

Wo sich die Fluren links der Rhone heben,   58
Nachdem sie mit der Sorgue sich verbündet,
Dort wollte man mir einst die Herrschaft geben.

So auch Ausoniens Horn, wo festgegründet   61
Gaeta trotzen, Bari und Crotone,
Von wo ins Meer Tronto mit Verde mündet.

Mir glänzte auf der Stirn bereits die Krone   64
Des Landes, das benetzt von Donauwogen,
Sobald sie fern der deutschen Uferzone.

Trinakrien auch, das schöne – rauchumzogen   67
Zwischen Pachino und Pelor am Damme
Des Golfs, wenn rauh ihn der Südost umflogen,

Nicht durch Typhöus, nein, durch Schwefelflamme –   70
Es hätte noch erwartet Königssprossen,
Gezeugt von mir aus Karls und Rudolfs Stamme,

Wenn nicht die Mißwirtschaft das Volk verdrossen,   73
Das mit dem Rufe ›Auf zum Mord!‹ sich rächte,
Worauf dann in Palermo Blut geflossen.

Und säh mein Bruder dies voraus: er dächte,   76
Die geizige Ärmlichkeit der Katalanen
Schon jetzt zu meiden, eh es Schaden brächte.

Denn wahrlich, nötig wär es, ihn zu mahnen,   79
Daß er die schon so starkbeladene Barke
Nicht überfrachte, um sich Weg zu bahnen.

PARADISO · CANTO VIII

La sua natura, che di larga parca   82
discese, avrìa mestier di tal milizia,
che non curasse di mettere in arca.»

«Però ch'io credo che l'alta letizia   85
che 'l tuo parlar m'infonde, signor mio,
la 've ogni ben si termina e s'inizia

per te si veggia come la vegg'io,   88
grata m'è più; e anco questo ho caro,
perchè il discerni rimirando in Dio.

Fatto m'hai lieto, e così mi fa'chiaro;   91
poi che, parlando, a dubitar m'hai mosso,
com'esser può di dolce seme amaro.»

Questo io a lui; ed egli a me: «S'io posso   94
mostrarti un vero, a quel che tu domandi
terra'il viso come tieni 'l dosso.

Lo ben che tutto il regno che tu scandi   97
volge e contenta, fa esser virtute
sua provvidenza in questi corpi grandi.

E non pur le nature provvedute   100
sono in la mente ch'è da sè perfetta,
ma esse insieme con la lor salute;

per che quantunque quest'arco saetta,   103
disposto cade a provveduto fine,
sì come cosa in suo segno diretta.

Se ciò non fosse, il ciel che tu cammine,   106
producerebbe sì li suoi effetti,
che non sarebbero arti, ma ruine;

e ciò esser non può se gl'intelletti   109
che muovon queste stelle non son machi,
e manco il primo, che non gli ha perfetti.

Vuoi tu che questo ver più ti s'imbianchi?»   112
E io: «Non già; perchè impossibil veggio
che la natura, in quel ch'è uopo, stanchi.»

Ond'egli ancora: «Or di': sarebbe il peggio   115
per l'uomo in terra, s'e'non fosse cive?»
«Sì» rispos'io: «e qui ragion non cheggio.»

«E può egli esser, se giù non si vive   118
diversamente per diversi offici?
No, se il maestro vostro ben vi scrive.»

Sì venne deducendo infino a quici;   121
poscia conchiuse: «Dunque esser diverse
convien dei vostri effetti le radici:

DAS PARADIES · VIII. GESANG

Er, karger Sprößling aus freigebigem Marke,   82
Bedürfte Diener, die nicht ewig sinnen,
Wie ihre Habgier Gold zusammenharke.« –
»O Herr, daß du die Wonnelust tiefinnen   85
In mir, die du mit deinem Wort entfachtest,
Wo alles Heil muß enden und beginnen,
    Daß ihrer du, wie ich sie sehe, achtest,   88
Mehrt ihren Wert, und steigert ihr Genießen
Jemehr, indem du Gott darin betrachtest.
    Du gabst mir Freude, laß auch Licht mir fließen!   91
Drum bitt ich, daß du mir dem Zweifel wehrest,
Wie Bittres kann aus edlem Samen sprießen.«
    So ich; drauf er: »Wenn Wahrheit du begehrest,   94
Mußt du ihr erst ins Auge schauen lernen,
Da du bis jetzt ihr noch den Rücken kehrest.
    Das Gut, das stillt und umschwingt diese Fernen,   97
Darin du aufsteigst, läßt als Kraft bestehen
Seine Vorsicht in diesen großen Sternen.
    Und nicht die Wesen nur sind vorgesehen   100
In seinem Geist vollkommen und erwogen,
Vielmehr mit ihnen auch ihr Wohlergehen.
    Drum, was auch immer abschnellt dieser Bogen,   103
Ist vorgesehenem Zweck nur zu erkaufen
Und kommt gleich einem Pfeil ins Ziel geflogen.
    Wär dieses nicht, so wär, den du durchlaufen,   106
Der Himmel hier kein Schöpfer oder Pfleger
Kunstvoller Bildung, nein: ein Trümmerhaufen.
    Dies kann nicht sein! Sonst wären auch die Heger   109
Und Lenker der Gestirne unvollkommen,
Und unvollkommen ihr Schöpfer und Beweger.
    Soll dir noch mehr Licht für dies Wahre frommen?«   112
Und ich: »Mit nichten! Der Natur bleibt immer
Der Trieb zum nötigen Schaffen unbenommen.«
    Drauf wieder er: »So sage, wärs nicht schlimmer,   115
Wenn nicht die Menschen drunten Bürger blieben?« –
»Ja!« sprach ich, »und hier brauch ich Gründe nimmer.« –
    »Und bliebt ihrs, wenn in Ämtern und Betrieben   118
Verschiednen nicht verschiedne Pflichten sprießen?
Doch nicht, wenn euer Meister recht geschrieben.«
    So folgernd bis hierher, hört ich ihn schließen: 121
»Drum muß auch ganz verschiedene Wurzeln haben
All euer Handeln. Einen Solon ließen

360

PARADISO · CANTO VIII

per che un nasce Solone e altro Serse,   *124*
altro Melchisedèch e altro quello
che, volando per l'aere, il figlio perse.

La circular natura, ch'è suggello   *127*
alla cera mortal, fa ben sua arte,
ma non distingue l'un dall'altro ostello.

Quinci addivien ch'Esaù si diparte   *130*
per seme da Iacob, e vien Quirino
da sì vil padre, che si rende a Marte.

Natura generata il suo cammino   *133*
simil farebbe sempre ai generanti,
se non vincesse il provveder divino.

Or quel che t'era dietro, t'è davanti: *136*
ma perchè sappi che di te mi giova,
un corollario voglio che t'ammanti.

Sempre natura, se fortuna trova   *139*
discorde a sè, come ogni altra semente
fuor di sua region, fa mala prova.

E se il mondo laggiù ponesse mente   *142*
al fondamente che natura pone,
seguendo lui, avrìa buona la gente.

Ma voi torcete alla religïone   *145*
tal che fia nato a cingersi la spada;
e fate re di tal ch'è da sermone:

onde la traccia vostra è fuor di strada.»   *148*

DAS PARADIES · VIII. GESANG

Und Xerxes sie entstehn mit andern Gaben,   *124*
Als Melchisedek oder den Erfinder,
Der fliegend einst verloren seinen Knaben.

Die kreisende Natur prägt auf die Kinder   *127*
Der Welt wie Wachs ihr Siegel kunstvoll-eigen,
Bevorzugt Stand und Haus nicht mehr noch minder.

Drum Esau schon und Jakob Feindschaft zeigen   *130*
Im Keim. Und den Quirinos Mutter säugte,
Hieß Marssohn, niedern Vater zu verschweigen.

Stets käme die Natur als nur-erzeugte   *133*
Mit den Erzeugern gleichen Wegs gestiegen,
Wenn Gottes Vorsicht sie im Sieg nicht beugte.

Was hinten lag, siehst du nun vor dir liegen.   *136*
Doch daß du wissest, wie ich dein mich freute,
Sollst du zum Kleide noch den Mantel kriegen.

Fällt feindlichem Geschick Natur zur Beute,   *139*
So wird sie jedem Samen gleich zuschanden,
Den man auf ungeeignet Feld verstreute.

Und hätte drunten stets die Welt verstanden,   *142*
Der von Natur gegebenen Bodensphäre
Zu folgen, wär bald besseres Volk vorhanden.

Ihr aber wollt, daß sich als Mönch erkläre,   *145*
Der nur zum Schwertumgürten ward geboren,
Und macht zum König, der gut Prediger wäre:

Drum ging die rechte Wegspur euch verloren.«   *148*

361

CANTO NONO

Da poi che Carlo tuo, bella Clemenza,
m'ebbe chiarito, mi narrò gl'inganni
che ricever dovea la sua semenza;   *1*

ma disse: «Taci, e lascia volger gli anni»;
sì ch'io non posso dir se non che pianto
giusto verrà diretro ai vostri danni.   *4*

E già la vita di quel lume santo
rivolta s'era al sol che la riempie,
come quel ben ch'ad ogni cosa è tanto.   *7*

Ahi, anime ingannate e fatture empie,
che da sì fatto ben torcete i cori,
drizzando in vanità la vostre tempie!   *10*

Ed ecco un altro di quelli splendori
vêr me si fece, e 'l suo voler piacermi
significava nel chiarir di fori.   *13*

Gli occhi di Beatrice, ch'eran fermi
sovra me, come pria, di caro assenso
al mio disìo certificato fêrmi.   *16*

«Deh, metti al mio voler tosto compenso,
beato spirto» dissi, «e fammi prova
ch'io possa in te rifletter quel ch'io penso.»   *19*

Onde la luce che m'era ancor nuova,
del suo profondo ond'ella pria cantava,
seguette come a cui di ben far giova: *22*

«In quella parte della terra prava
italica che siede tra Rialto
e le fontane di Brenta e di Piava,   *25*

si leva un colle, e non surge molt'alto,
là onde scese già una facella
che fece alla contrada un grande assalto.   *28*

D'una radice nacqui e io ed ella:
Cunizza fui chiamata, e qui refulgo
perchè mi vinse il lume d'esta stella.   *31*

Ma lietamente a me medesma indulgo
la cagion di mia sorte, e non mi noia,
che parrìa forse forte al vostro vulgo.   *34*

Di questa luculenta e cara gioia
del nostro cielo che più m'è propinqua,
grande fama rimase; e pria che moia,   *37*

362

NEUNTER GESANG

Schöne Klemenza, als dein Karl im Wahren   *1*
Mich so belehrt, sprach er vom ränkevollen
Betrug, der euerm Stamm wird widerfahren.
   Doch sprach er: »Schweig, und laß die Jahre rollen.«   *4*
Drum darf ich dies allein hinzu noch fügen,
Daß euch gerechte Tränen rächen sollen. –
   Schon war das heilige Licht in Sehnsuchtsflügen   *7*
Gekehrt zur Sonne, die ihm Inhalt spendet
Mit jenem Schatz, der allem gibt Genügen.
   Weh euch, ihr Seelen, ruchlos und verblendet,   *10*
Nach eiteln Dingen eure Stirn zu neigen,
Indem von solchem Gut das Herz ihr wendet!
   Und sieh: ein andres aus dem lichten Reigen   *13*
Kam auf mich zu, diensteifrig sein Verlangen
Durch helleres Leuchten liebreich mir zu zeigen.
   Den Blick an mir ließ Beatrice hangen,   *16*
Kündend auch jetzt mit innigem Versenken,
Daß ich nicht um Gewährung dürfe bangen.
   »Möchtest du bald mir Wunscherfüllung schenken,   *19*
O Geist«, sprach ich. »Auch den Beweis nicht scheue,
Wie sich rückspiegeln kann in dir mein Denken.«
   Worauf das Licht, das mir bisher noch neue,   *22*
Aus seiner Tiefe, draus es erst gesungen,
Fortfuhr, alsob sichs guter Tat erfreue:
   »In des verderbten Welschlands Niederungen,   *25*
Die sich erstrecken vom Rialto droben
Bis hin, wo Brenta und Piav entsprungen,
   Wölbt sich ein Hügel, nicht sehr hoch erhoben,   *28*
Von dem einst eine Fackel ausgegangen,
Um durch die Gegend schreckensvoll zu toben.
   Aus einer Wurzel sie und ich entsprangen.   *31*
Cunizza war ich; und in diesem Sterne
Glänz ich, weil seine Gluten mich bezwangen.
   Doch ich verzeih die Ursach selbst mir gerne   *34*
Von meinem Los, auch grämts nicht meine Seele,
Ob schwerlich euer Pöbel Einsicht lerne.
   Dies teuerste der funkelnden Juwele,   *37*
Mein Nachbar hier am Himmel, wird verstreuen
Noch großen Ruhm; und bis der Glanz ihm fehle,

PARADISO · CANTO IX

questo centesim' anno ancor s'incinqua: 40
vedi se far si dee l'uomo eccellente,
sì ch'altra vita la prima relinqua!

E ciò non pensa la turba presente   43
che Tagliamento e Adice richiude;
nè, per esser battuta, ancor si pente.

Ma tosta fia che Padova al palude   46
cangerà l'acqua che Vicenza bagna,
per esser al dover le genti crude.

E dove Sile e Cagnan s'accompagna;   49
tal segnoreggia e va con la test' alta,
che già per lui carpir si fa la ragna.

Piangerà Feltro ancora la diffalta   52
dell'empio suo pastor, che sarà sconcia
sì, che per simil non s'entrò in Malta.

Troppo sarebbe larga la bigoncia   55
che ricevesse il sangue ferrarese,
e stanco chi 'l pesasse a oncia a oncia,

che donerà questo prete cortese,   58
per mostrarsi di parte; e cotai doni
conformi fieno al viver del paese.

Su sono specchi – voi dicete Troni –   61
onde refulge a noi Dio giudicante;
sì che questi parlar ne paion buoni.»

Qui si tacette; e fecemi sembiante   64
che fosse ad altro volta, per la rota
in che si mise com'era davante.

L'altra letizia, che m'era già nota   67
per cara cosa, mi si fece in vista
qual fin balascio in che lo sol percuota.

Per letiziar lassù fulgor s'acquista,   70
sì come riso qui; ma giù s'abbuia
l'ombra di fuor come la mente è trista.

«Dio vede tutto, e tuo voler s'inluia»   73
diss'io, «beato spirto, sì che nulla
voglia di sè a te puot' esser fuia.

Dunque la voce tua, che il ciel trastulla   76
sempre col canto di quei fuochi pii
che di sei ali fannosi cuculla,

perchè non satisface a' miei disii?   79
Già non attenderei io tua domanda,
s'io m'intuassi come tu t'immii.»

363

DAS PARADIES · IX. GESANG

Muß dies Jahrhundert fünfmal sich erneuen.   40
Sieh, trefflich muß der Mensch sein ohne Frage,
Soll zweites Sein ihn nach dem ersten freuen.

Doch dies bedenkt das Pack nicht heutzutage,   43
Das Tagliamento hält und Etsch umschlossen,
Noch fühlt es Reue trotz erhaltenem Schlage.

Doch bald kommt Paduas Blut zum Sumpf geflossen   46
Und rötet um Vicenza seine Wellen;
Denn alle Pflichten hält dies Volk für Possen.

Und wo Cagnan und Sile sich gesellen,   49
Seh ich noch herrschen stolzen Hauptes *einen*,
Zu dessen Fang sie schon die Netze stellen.

Auch Feltro wird ob der Untat weinen   52
Des Pfaffen lange, eh es sein vergäße,
Weil Malta keinen schlimmern sah erscheinen.

Kein Faß auf Erden soviel Raum besäße,   55
Um alles Blut Ferraras aufzuspeichern,
Und müde würd, wer Lot für Lot es mäße.

Doch läßt sich andre ›gütigst‹ dran bereichern   58
Der Pfaff, und nennt Parteifreund sich zum Hohne:
Solch Huldgeschenk ist Brauch bei diesen Schleichern.

Aus Himmelsspiegeln (ihr benennt sie Throne),   61
Wird Gott im Abglanz richtend niedersehen,
Sodaß sich diese Rede wohl verlohne.«

Sie schwieg hierauf und gab mir zu verstehen,   64
Daß sie auf andres achte; denn sie wandte
Sich wieder in des Sternes Schwung und Drehen.

Der andre, mir als Kleinod schon bekannte   67
Wonnige Glanz, ließ sehen mich ein Prangen
Gleich dem Rubin, drin voll die Sonne brannte.

Durch Freude kann man droben Glanz erlangen,   70
Wie Lächeln hier. Doch unten fühlt umgrauen
Der Geist sich mehr, jemehr er grambefangen.

»Alles sieht Gott; in ihm versinkt dein Schauen,   73
Glückseliger Geist«, sprach ich. »Wem wollts gelingen,
Wünsche zu bergen dir, statt zu vertrauen?

Warum will deine Stimme, deren Singen   76
Den Himmel freut mitsamt den andern Frommen,
Die sich ihr Lichtkleid machen aus sechs Schwingen,

Den Wunsch nicht löschen, der in mir entglommen?   79
Könnt ich dein Innres wie du meins entdecken,
Nicht ließ ichs erst zu einer Frage kommen.« –

PARADISO · CANTO IX

«La maggior valle in che l'acqua si spanda»   82
incominciaro allor le sue parole,
«fuor di quel mar che la terra inghirlanda,

tra discordanti liti, contra il sole   85
tanto sen va, che fa meridiano
là dove l'orizzonte pria far suole.

Di quella valle fu'io littorano   88
tra Ebro e Macra, che, per cammin corto,
parte lo Genovese dal Toscano.

Ad un occaso quasi e ad un orto   91
Buggea siede e la terra ond'io fui,
che fe' del sangue suo già caldo il porto.

Folco mi disse quella gente a cui   94
fu noto il nome mio; e questo cielo
di me s'imprenta, com'io fe' di lui;

chè più non arse la figlia di Belo,   97
noiando e a Sicheo e a Creusa,
di me, infin che si convenne al pelo;

nè quella Rodopeia che delusa   100
fu da Demofoonte, nè Alcide
quando Iole nel core ebbe rinchiusa.

Non però qui si pente, ma si ride,   103
non della colpa, ch'a mente non torna,
ma del valor ch'ordinò e provvide.

Qui si rimira nell'arte che adorna   106
con tanto affetto, e discernesi il bene
per che al mondo di su quel di giù torna.

Ma perchè le tue voglie tutte piene   109
ten porti che son nate in questa spera,
procedere ancor oltre mi conviene.

Tu vuoi saper chi è in questa lumera,   112
che qui appresso me così scintilla,
come raggio di sole in acqua mera.

Or sappi che là entro si tranquilla   115
Raab; e a nostr' ordine congiunta,
di lei nel sommo grado si sigilla.

Da questo cielo, in cui l'ombra s'appunta   118
che 'l vostro mondo face, pria ch'altr'alma
del triunfo di Cristo fu assunta.

Ben si convenne lei lasciar per palma,   121
in alcun cielo, dell'alta vittoria
che s'acquistò con l'una e l'altra palma,

364

DAS PARADIES · IX. GESANG

»Das mächtigste von allen Wasserbecken 82
Nächst dem, das um den Erdball schlingt die Wogen«,
So hört ich ihn der Stimme Klang erwecken,

»Ist zwischen Feindesküsten hingezogen 85
So weit nach Osten, daß an Westens Rande
Gesichtskreis wird, was östlich Mittagsbogen.

Ich lebte dort im Tal, zwischen dem Strande 88
Macras und Ebros, welche Genua trennen
Nach kurzem Laufe vom Toskanerlande.

Fast gleichen Untergang und Aufgang kennen 91
Buggea und der Ort, der mich geboren,
Des Hafen einst im Blute mußt entbrennen.

Der Name Folko klang vertraut den Ohren 94
Des Volkes; und wie *er* mir Einfluß zollte,
Ist dieser Himmel meinem jetzt erkoren.

Denn mehr als ich, solang mein Haar es wollte, 97
Trug nicht des Belus Tochter Glutverlangen,
Daß ihr Sichäus und Krëusa grollte,

Nicht, die Demophoon einst hintergangen, 100
Die Rhodopäerin; auch vom Alciden
Ward Jole glutherziger nicht umfangen.

Doch lächelt man hier reuelos, in Frieden; 103
Nicht ob der Schuld, die ganz dem Geist entgleitet,
Nein ob der Kraft, die ordnend so entschieden.

Hier wird die Kunst bestaunt, die Schmuck bereitet 106
So liebreich; und der Güte wird man inne,
Die auf zur obern Welt die untere leitet.

Doch daß nun ganz Befriedigung gewinne 109
Dein Wünschen, das nach dieser Sphäre zielte,
Tuts not, daß ich den Faden weiterspinne.

Du wüßtest gern, wen dieses Licht enthielte, 112
Das neben mir sich so mit Glanz umschmückte,
Alsob im Silberquell die Sonne spielte.

So wisse, Rahab ists, die stillvergnügte, 115
Auf welche unser Kreis sein Glanzgeblitze,
Seit sie darinnen weilt, als Siegel drückte.

Zum Himmel, drin der Erde Schattenspitze 118
Verläuft, vor andern Seelen zu gelangen,
Gab Christi Siegeszug ihn ihr zum Sitze.

Wohl ziemt es ihr, im Himmel hier zu prangen, 121
Daß sie des hohen Sieges Palmzweig trüge,
Den eine und die andre Hand errangen.

PARADISO · CANTO IX

perch'ella favorò la prima gloria   *124*
di Josuè in su la Terra Santa,
che poco tocca al Papa la memoria.

La tua città, che di colui è pianta   *127*
che pria volse le spalle al suo Fattore
e di cui è la invidia tanto pianta,

produce e spande il maladetto fiore   *130*
c'ha disviate le pecore e gli agni,
però che fatto ha lupo del pastore.

Per questo l'Evangelio e i Dottor magni   *133*
son derelitti, e solo ai Decretali
si studia, sì che pare ai lor vivagni.

A questo intende il papa e i cardinali: *136*
non vanno i lor pensieri a Nazzarette,
là dove Gabriello aperse l'ali.

Ma Vaticano e l'altre parti elette   *139*
di Roma, che son state cimiterio
alla milizia che Pietro seguette,

tosto libere fien dell'adulterio.»   *142*

365

DAS PARADIES · IX. GESANG

Hat sie begünstigt doch die ersten Flüge   *124*
Des Ruhms von Josua in Heiligen Landen,
Die gern der Papst sich aus dem Sinne schlüge.

Und deine Stadt – die ja durch *den* entstanden,   *127*
Den Gott zuerst gestraft für sein Verschulden,
In dem sich auch des Urneids Wurzeln fanden –

Zeugt und verstreut die giftigen Liliengulden,   *130*
Die Schaf und Lamm verlockt von ihren Triften,
Weil sie den Wolf statt ihres Hirten dulden.

Des Evangeliums und der Väter Schriften   *133*
Denkt man nicht mehr, jedoch der Dekretalen:
Die Ränder zeigen es, die eingeknifften.

Damit weiß Papst und Kardinal zu prahlen!   *136*
Nicht denken sie an Nazareth, ob dorten
Auch Gabriel die Schwingen ließ erstrahlen.

Jedoch der Vatikan nebst andern Orten   *139*
Von Rom, die heilig sind, weil dort gebettet
Die Heerschar ruht, die folgsam Petri Worten,

Sie werden bald vom Ehebruch errettet.«   *142*

365

CANTO DECIMO

Guardando nel suo Figlio con l'Amore
che l'uno e l'altro eternalmente spira,
lo primo ed ineffabile Valore,   *1*

quanto per mente o per loco si gira,
con tanto ordine fe', ch'esser non puote
sanza gustar di lui chi ciò rimira.   *4*

Leva dunque, lettore, all'alte rote
meco lo vista, dritto a quella parte
dove l'un moto e l'altro si percuote;   *7*

e lì comincia a vagheggiar nell'arte
di quel maestro che dentro a sè l'ama,
tanto che mai da lei l'occhio non parte.   *10*

Vedi come da indi si dirama
l'obliquo cerchio che i pianeti porta,
per sodisfare al mondo che li chiama: *13*

e se la strada lor non fosse torta,
molta virtù nel ciel sarebbe invano,
e quasi ogni potenza quaggiù morta;   *16*

e se dal dritto più o men lontano
fosse il partire, assai sarebbe manco
e giù e su dell'ordine mondano.   *19*

Or ti riman, lettor, sopra il tuo banco,
dietro pensando a ciò che si preliba,
s'esser vuoi lieto assai prima che stanco.   *22*

Messo t'ho innanzi: omai per te ti ciba;
chè a sè torce tutta la mia cura
quella materia ond'io son fatto scriba.   *25*

Lo ministro maggior della natura,
che del valor del cielo il mondo imprenta
e col suo lume il tempo ne misura,   *28*

con quella parte che su si rammenta
congiunto, si girava per le spire
in che più tosto ognora s'appresenta;   *31*

e io era con lui, ma del salire
non m'accors'io, se non com'uom s'accorge,
anzi il primo pensier, del suo venire.   *34*

È Beatrice quella che sì scorge
di bene in meglio sì subitamente,
che l'atto suo per tempo non si sporge.   *37*

ZEHNTER GESANG

Betrachtend ihren Sohn mit jener Liebe, 1
Die Sie und Er in Ewigkeit enthauchen,
Schuf Urkraft, unnennbar im Schöpfertriebe,

Was uns im Geist und Raum pflegt aufzutauchen 4
So ordnungsreich, daß dank- und lusterhoben
Sich fühlt, wer nur sein Auge will gebrauchen.

Heb, Leser, denn zum hohen Rundtanz droben 7
Mit mir den Blick und sieh, dorthin-gewendet,
Durch einen Punkt zwei Schwingungen geschoben.

Und froh beginn zu schauen, wie kunstvollendet 10
Des Meisters Werk ist, daß zu dessen Preise
Sein Antlitz ihm ein ewiges Lächeln spendet.

Sieh, wie von dorten aus im schrägen Gleise 13
Ein Kreis abzweigt, drin die Planeten ziehen,
Dienstbar dem Erdenruf nach ihrer Weise.

Denn wäre Schrägheit nicht der Bahn verliehen, 16
So wäre viele Himmelskraft verschwendet,
Und Leben würde jede Keimkraft fliehen.

Wär minder oder mehr sie abgewendet 19
Vom graden Weg: nicht drunten oder droben
Hieße die Weltenordnung dann *vollendet*.

Jetzt, Leser, bleib auf deiner Bank. Die Proben, 22
Die ich dir vorgeschmeckt, mit Fleiß betrachte;
Und du fühlst Lust, eh dir die Kraft zerstoben.

Ich trug dir auf, iß selbst nun das Gebrachte! 25
Denn all mein Sorgen muß ich jetzt entfalten
Für jenen Stoff, der mich zum Schreiber machte.

Die größte Dienerin der Naturgewalten, 28
Die Himmelskraft aufprägt dem Erdenrunde
Und deren Licht als Zeitenuhr wir halten,

Bewegte mit erwähntem Teil im Bunde 31
Sich rastlos drehend im Spiralenreigen,
Drin früher sie erscheint zu jeder Stunde.

Und ich war in ihr! Doch ich merkte vom Steigen 34
Sowenig, als wenn ein Gedanke schreitet
Ins Hirn, der auch nicht pflegt sich anzuzeigen.

Ists Beatrice doch, die also leitet 37
Vom Guten hin zum Bessern blitzesschnelle,
Sodaß ganz zeitlos sich ihr Tun bereitet.

PARADISO · CANTO X

Quant'esser convenìa da sè lucente
quel ch'era dentro al sol dov'io entra'mi,
non per color, ma per lume parvente! 40

Perch'io lo ingegno, l'arte e l'uso chiami,
sì nol direi che mai s'imaginasse;
ma creder puossi, e di veder si brami. 43

E se le fantasie nostre son basse
a tanta altezza, non è maraviglia;
chè sovra il sol non fu occhio ch'andasse. 46

Tal era quivi la quarta famiglia
dell'alto padre, che sempre la sazia,
mostrando come spira e come figlia. 49

E Beatrice incominciò: «Ringrazia,
ringrazia il Sol degli angeli, ch'a questo
sensibil t'ha levato per sua grazia!» 52

Cuor di mortal non fu mai sì digesto
a devozione ed a rendersi a Dio
con tutto il suo gradir cotanto presto, 55

come a quelle parole mi fec'io;
e sì tutto il mio amore in lui si mise,
che Beatrice eclissò nell'oblìo. 58

Non le dispiacque, ma sì se ne rise,
che lo splendor degli occhi suoi ridenti
mia mente unita in più cose divise. 61

Io vidi più fulgor vivi e vincenti
far di noi centro e di sè far corona,
più dolci in voci che in vista lucenti: 64

così cinger la figlia di Latona
vedem talvolta, quando l'aere è pregno
sì, che ritenga il fil che fa la zona. 67

Nella corte del cielo, ond'io rivegno,
si trovan molte gioie care e belle
tanto, che non si posson trar del regno; 70

e il canto di quei lumi era di quelle;
chi non s'impenna sì che lassù voli,
dal muto aspetti quindi le novelle. 73

Poi, sì cantando, quegli ardenti soli
si fur girati intorno a noi tre volte,
come stelle vicine ai fermi poli, 76

donne mi parver, non da ballo sciolte,
ma che s'arrestin tacite, ascoltando,
fin che le nuove note hanno ricolte; 79

DAS PARADIES · X. GESANG

Wie leuchtend mußte sein aus eigener Quelle,
Was ich beim Eintritt in das Sonnenprangen
Gewahrte; nicht durch Farbe, nur durch Helle. 40

Nicht Geist, Kunst, Übung würden mir verfangen,
Daß hier greifbare Schilderung gelänge.
Nur glauben kann mans und zu schauen verlangen! 43

Und wenn sich Fantasie sohoch nicht schwänge,
So dürft ihr darum kein Erstaunen zeigen:
Wo ist ein Auge, das die Sonne zwänge? 46

So strahlte hier der vierte Dienerreigen
Des Hohen Vaters, der ihn sättigt droben;
Zeigend, wie Geist- und Sohnesschaft ihm eigen. 49

Und Beatrice: »Nun heißts dankend loben!
Danken, daß dich der Engelssonne Güte
Zu dieser sichtbaren Sonne aufgehoben.« 52

Kein sterblich Herz je Andacht so durchglühte,
Wenn es sich Gott mit tiefstem Dankbekunden
Und allem Wollen hinzugeben mühte, 55

Als ich bei diesen Worten mich befunden,
Und also liebend mich in Ihn versenkte,
Daß Beatrice meinem Sinn entschwunden. 58

Doch zürnte sie nicht. Nein, ein Lächeln schenkte
Ihr Blick mir, daß sie mit dem schimmerfeuchten
Auf weitres den gefangenen Geist mir lenkte. 61

Ich sah ein Siegesheer lebendiger Leuchten
Sich um uns drehn in einer Strahlenkrone,
Die süßern Klangs als hell an Licht mich deuchten. 64

So sieht man oft die Tochter der Latone
Sich gürten, wenn die Luft so dunstbeschweret,
Daß fest das Band hält ihrer Gürtelzone. 67

Der Himmelshof, daraus ich heimgekehret,
Ist von Juwelen voll und kostbaren Dingen,
Daß ihre Ausfuhr aus dem Reich verwehret. 70

Und hierzu zählte jener Lichter Singen.
Wer keine Flügel hat, die aufwärtsdrängen,
Dem soll von dort ein Stummer Nachricht bringen. 73

Nachdem die glühenden Sonnen mit Gesängen
Dreimal um uns gekreist, alsob im Gleise
Dicht um den festen Pol sich Sterne schwängen, 76

Schienen sie mir wie Frauen, die im Kreise
Des Tanzes abseitsstehen und lauschend sinnen,
Bis sie vertraut sind mit der neuen Weise. 79

PARADISO · CANTO X

e dentro all'un senti' cominciar: «Quando   82
lo raggio della grazia, onde s'accende
verace amore, e che poi cresce, amando,

multiplicato in te tanto risplende,   85
che ti conduce su per quella scala
u' sanza risalir nessun discende;

qual ti negasse il vin della sua fiala   88
per la tua sete, in libertà non fora,
se non com'acqua ch'al mar non si cala.

Tu vuo' saper di quai piante s'infiora   91
questa ghirlanda, che 'ntorno vagheggia
la bella donna ch'al ciel t'avvalora.

Io fui degli agni della santa greggia   94
che Domenico mena per cammino
u' ben s'impingua, se non si vaneggia.

Questi che m'è a destra più vicino,   97
frate e maestro fummi; ed esso Alberto
fu di Colonia, e io Thomas d'Aquino.

Se sì di tutti gli altri esser vuo'certo,   100
diretro al mio parlar ten vien col viso
girando su per lo beato serto.

Quell'altro fiammeggiare esce del riso   103
di Grazïan, che l'uno e l'altro foro
aiutò sì, che piace in Paradiso.

L'altro, ch'appresso adorna il nostro coro,   106
quel Pietro fu che con la poverella
offerse a Santa Chiesa suo tesoro.

La quinta luce, ch'è tra noi più bella,   109
spira di tale amor, che tutto il mondo
laggiù ne gola di saper novella:

entro v'è l'alta mente u'sì profondo   112
saver fu messo, che se il vero è vero,
a veder tanto non surse il secondo.

Appresso vedi il lume di quel cero   115
che giuso, in carne, più addentro vide
l'angelica natura e 'l ministero.

Nell'altra piccioletta luce ride   118
quell'avvocato dei tempi cristiani
dal cui latino Augustin si provvide.

Or se tu l'occhio della mente trani   121
di luce in luce dietro alle mie lode,
già dell'ottava con sete rimani.

368

DAS PARADIES · X. GESANG

Und einen hört ich drinnen jetzt beginnen: *82*
»Weil jener Gnadenstrahl – der, wahre Liebe
Entzündend, Liebeswachstum läßt gewinnen –

In dir vervielfacht strahlt im Glanzgestiebe,   *85*
Zur Leiter führend dich, wo man die Sprossen
Nur absteigt, daß es neu uns aufwärtstriebe,

So wär, der seinen Weinkrug jetzt verschlossen   *88*
Hielt deinem Durst, so unfrei wohl zu nennen
Wie Wasser, das ins Meer nicht wär geflossen.

Du möchtest gern des Kranzes Blumen kennen,   *91*
Die *sie* umlächeln, die dich von der Erde
Aufhob und für die Sternwelt ließ entbrennen.

Ich war der Lämmer eins der heiligen Herde,   *94*
Die mit Dominikus so fürbaß streben,
Daß, wer nicht abirrt, fett beim Weiden werde.

Der mir zum rechten Nachbar hier gegeben,   *97*
Bruder und Meister mir, ist Albert der Weise
Von Köln. Thomas d'Aquin hieß *ich* im Leben.

Drängt dichs auch nach der andern Ruhm und Preise,   *100*
So folge mit dem Auge meinen Worten,
Daß prüfend es den seligen Kranz durchkreise.

Des Gratians Lächeln nährt die Flammen dorten,   *103*
Der so sich weihte doppeltem Gerichte,
Daß ihm das Paradies auftat die Pforten.

Nächst ihm schmückt Petrus unsern Chor im Lichte,   *106*
Der gleich der Witwe, fromm im Herzensgrunde,
Der Kirche seinen Schatz gab im Verzichte.

Das fünfte, schönste Licht in unserm Bunde   *109*
Haucht solche Liebe, daß noch heut nicht missen
Die ganze Erde möcht von ihm die Kunde.

Es birgt den hohen Geist, sotief an Wissen,   *112*
Daß, wenn die Wahrheit wahr, niemals ein zweiter
Im Schauen ward sohoch emporgerissen.

Und jener Kerzenglanz, der sein Begleiter,   *115*
Hat tief durchdacht der Engel Amt und Leben
Im Fleische schon als göttlich Eingeweihter.

Im andern kleinen Lichte lacht daneben   *118*
Der Anwalt, der fürs Christentum geschrieben,
Was unserm Augustin viel Stoff gegeben.

Wenn nun dein Geistesblick im Schritt geblieben   *121*
Von Licht-zu-Licht mit meinen Lobesworten,
Hat Durst dich wohl zum achten schon getrieben.

368

PARADISO · CANTO X

Per vedere ogni ben dentro vi gode   *124*
l'anima santa che il mondo fallace
fa manifesto a chi di lei ben ode.

Lo corpo ond'ella fu cacciata, giace   *127*
giuso in Cieldauro; ed essa da martìro
e da esilio venne a questa pace.

Vedi oltre fiammeggiar l'ardente spiro   *130*
d'Isidoro, di Beda e di Riccardo
che a considerar fu più che viro.

Questo onde a me ritorna il tuo riguardo,   *133*
è il lume d'uno spirto, che in pensieri
gravi a morir gli parve venir tardo:

essa è la luce eterna di Sigieri,   *136*
che, leggendo nel vico degli strami,
sillogizzò invidïosi veri.»

Indi come orologio, che ne chiami   *139*
nell'ora che la sposa di Dio surge
a mattinar lo sposo perchè l'ami,

che l'una parte l'altra tira ed urge,   *142*
tin tin sonando con sì dolce nota,
che il ben disposto spirto d'amor turge;

così vid'io la gloriosa rota   *145*
muoversi e render voce a voce in tempra
ed in dolcezza, ch'esser non può nota

se non colà dove gioir s'insempra.   *148*

369

DAS PARADIES · X. GESANG

Im Anschaun alles Heiles freut sich dorten   *124*
Die heilige Seele, die den Trug hienieden,
Wer offenen Sinnes lauscht, verschließt die Pforten.

Der Leib, von dem Gewalttat sie geschieden,   *127*
Ruht in Cield'or. Sie selbst ging aus Torturen
Und Kerkerhaft hier ein zu diesem Frieden.

Sieh Isidors und Bedas Flammenspuren;   *130*
Dort Richards, des Betrachters, der aus hehren
Mysterien zog, was Menschen nie erfuhren.

Und eh zu mir nun deine Blicke kehren,   *133*
Sich jenes Grüblers Licht, der es verargte
Dem Tod, er wollte sein zuspät begehren:

Sigerius ists, das ewige Licht. Er kargte   *136*
Mit Schlüssen nicht und gab scharfsinnige Kunde
Mißliebiger Wahrheit einst am Garbenmarkte.« –

Dann, wie ein Uhrwerk, das uns weckt zur Stunde,   *139*
Wenn aufsteht Gottes Braut zur Morgenhelle,
Den Bräutigam bittend neu zum Liebesbunde,

Wie dort dies Zahnrad jenes treibt zur Schnelle,   *142*
Bis ein Tingting ertönt mit süßem Klingen,
Daß andachtsvoll der Geist in Liebe schwelle:

So sah ich das ruhmreiche Rad sich schwingen,   *145*
Und hörte Stimmen gegen Stimmen tauschen
So süßen Einklangs, wie sie dort nur singen,

Wo solche Wonnen ewig nicht verrauschen.   *148*

CANTO DECIMOPRIMO

O insensata cura dei mortali,
quanto son difettivi sillogismi
quei che ti fanno in basso batter l'ali!   *1*

Chi dietro a iura, e chi ad aforismi
sen giva, e chi seguendo sacerdozio,
e chi regnar per forza o per sofismi,   *4*

e chi rubare, e chi civil negozio
chi, nel diletto della carne involto,
s'affaticava, e chi si dava all'ozio;   *7*

quand'io, da tutte queste cose sciolto,
con Beatrice m'era suso in cielo
cotanto gloriosamente accolto.   *10*

Poi che ciascuno fu tornato ne lo
punto del cerchio in che avanti s'era,
fermossi come a candellier candelo.   *13*

E io senti' dentro a quella lumiera
che pria m'avea parlato, sorridendo
incominciar, facendosi più mera: *16*

«Così com'io del suo raggio risplendo,
sì, riguardando nella luce eterna,
li tuoi pensieri onde cagioni apprendo.   *19*

Tu dubbi, e hai voler che si ricerna
in sì aperta e in sì distesa lingua
lo dicer mio, ch'al tuo sentir si sterna,   *22*

ove dinanzi dissi: ‹U' ben s'impingua›,
e là u' dissi: ‹Non surse il secondo›;
e qui è uopo che ben si distingua.   *25*

La provvidenza, che governa il mondo
con quel consiglio nel quale ogni aspetto
creato è vinto pria che vada al fondo,   *28*

però che andasse vêr lo suo Diletto
la sposa di colui ch'ad alte grida
disposò lei col sangue benedetto,   *31*

in sè sicura ed anco a lui più fida,
due prencipi ordinò in suo favore,
che quinci e quindi le fosser per guida.   *34*

L'un fu tutto serafico in ardore;
l'altro per sapienza in terra fue
di cherubica luce uno splendore.   *37*

ELFTER GESANG

O dieser Sterblichen wahnwitziges Sorgen!   *1*
Wie mangelhaft bist du in deinem Denken,
Um Bleilast deinem Flügelschlag zu borgen.
   Der hofft im Recht, *der* in der Heilkunst Tränken   *4*
Erfolg; als Priester *der*. Und im Bestreben,
Zu herrschen, greift *der* zu Gewalt und Ränken.
   Dem soll der Raub Gewinn, *dem* Handel geben.   *7*
Der *eine* ringt, von Sinnenlust umschlungen,
Der *andre* sinkt, verführt durch müßiges Leben:
   Indessen *ich*, all diesem Wust entrungen,   *10*
Mit Beatricen droben ward empfangen,
Von Himmelslust und -seligkeit umklungen. –
   Als sich nun alle wieder rückwärtsschwangen,   *13*
Im Kreise harrend auf der alten Stelle
Gleich Kerzen, die in hohen Leuchten prangen,
   Da hört ich, daß die Stimme wieder quelle   *16*
Aus jenem Lichte, das vorhin begonnen.
Und lächelnd sprach sie in vermehrter Helle:
   »Wie ich an Seinem Strahle bin entbronnen,   *19*
Hab ich im Aufblick zu dem ewigen Lichte
Kenntnis von deines Denkens Quell gewonnen.
   Du zweifelst und verlangst, ich soll in schlichte   *22*
Und klare Worte meine Rede kleiden,
Daß ich nach deiner Fassungskraft berichte,
   Was ich vorhin gesagt von: ›Fett beim Weiden‹,   *25*
Und dann: ›Kein zweiter ward sohoch gerissen.‹
Und hier tuts not, genau zu unterscheiden.
   Vorsehung, welche mit so tiefem Wissen   *28*
Die Welt regiert, daß keinem Auge frommen
Der Einblick mag zu solchen Finsternissen,
   Sie gab, damit die Braut mag sicherer kommen   *31*
Zum Bräutigam, der mit seinem Blut so teuer
Und lautem Wehruf sie zur Eh genommen,
   Vorsehung gab der Braut, sichrer und teurer   *34*
Zu leiten sie, zwei fürstliche Genossen
Für rechts und links zum Führer mit und Steuer.
   Einer von Seraphsinbrunst war umflossen;   *37*
Dem andern, glänzend gleich den Cherubinen,
War aller Erdenweisheit Schatz erschlossen.

PARADISO · CANTO XI

Dell'un dirò, però che d'amendue
si dice l'un pregiando, qual ch'uom prende,
perchè ad un fine fur l'opere sue.

40

Intra Tupino e l'acqua che discende
del colle eletto del beato Ubaldo,
fertile costa d'alto monte pende,

43

onde Perugia sente freddo e caldo
da Porta Sole; e diretro le piange
per grave giogo Nocera con Gualdo.

46

Di questa costa, là dov'ella frange
più sua rattezza, nacque al mondo un sole,
come fa questo talvolta di Gange.

49

Però chi d'esso loco fa parole
non dica Ascesi, chè direbbe corto,
ma Oriente, se proprio dir vuole.

52

Non era ancor molto lontan dall'orto,
ch'el cominciò a far sentir la terra
della sua gran virtute alcun conforto;

55

chè per tal donna, giovinetto, in guerra
del padre corse, a cui, com'alla morte,
la porta del piacer nessun diserra;

58

e dinanzi alla sua spirital corte,
et coram patre le si fece unito;
poscia di dì in dì l'amò più forte.

61

Questa, privata del primo marito,
millecent'anni e più dispetta e scura
fino a costui si stette sanza invito;

64

nè valse udir che la trovò sicura
con Amiclate, al suon della sua voce,
colui ch'a tutto il mondo fe' paura;

67

nè valse esser costante, nè feroce,
sì che, dove Maria rimase giuso,
ella con Cristo pianse in su la croce.

70

Ma perch'io non proceda troppo chiuso,
Francesco e Povertà per questi amanti
prendi oramai nel mio parlar diffuso.

73

La lor concordia e i lor lieti sembianti
amore e maraviglia e dolce sguardo
faceano esser cagion di pensier santi;

76

tanto che il venerabile Bernardo
si scalzò prima, e dietro a tanta pace
corse, e correndo, gli parve esser tardo.

79

371

DAS PARADIES · XI. GESANG

Von einem red ich. Aber wer von ihnen 40
Den einen preist, preist jeden, weil sie beide
Mit ihren Werken *einem* Ziele dienen.

Bei Chiassos und Tupinos Wasserscheide, 43
Unfern des seligen Ubaldos Hügel,
Hängt ein Geländ, fruchtreich, in grünem Kleide,

Das Frost und Glut durch Porta Soles Flügel 46
Perugia schickt. Hinten im Joch des Zwanges
Knirscht Gualdo samt Nocera in den Zügel.

Dorther, wo sanfter wird der Sturz des Hanges, 49
Ließ eine Sonne Gott der Welt entbrennen,
Wie unsere manchmal aufsteigt aus dem Ganges.

Ascesi sollte diesen Ort nicht nennen, 52
Wer von ihm spricht, weil es zu dürftig wäre:
Man sollt vielmehr als *Morgenland* ihn kennen.

Kaumdaß ihr junges Licht den Himmel kläre, 55
Beginnt auch schon die Erdenwelt zu spüren
Zu ihrem Trost die Kraft der neuen Sphäre.

Noch jung, muß Krieg er mit dem Vater führen 58
Um eine Braut, der man zu öffnen pflegte
So unwillkommen wie dem Tod die Türen,

Bis er vorm geistlichen Gerichte legte 61
Und *coram patre* ihre Hand in seine,
Und täglich heißere Liebe für sie hegte.

Elfhundert Jahr saß trüb sie und alleine, 64
Verachtet seit dem Tod des ersten Gatten,
Bis *dieser* kam, daß er sich ihr vereine.

Umsonst, daß sie mit Amyklet im Schatten 67
Der Hütte unerschreckt sah *den* erscheinen,
Vor dessen Stimme Furcht die Völker hatten.

Umsonst wars, Mut mit Festigkeit zu einen, 70
Um, wo Maria unten stehngeblieben,
Mit Christo droben an dem Kreuz zu weinen.

Doch um nicht länger Dunkelheit zu lieben, 73
Vernimm, daß ich mit diesem Liebespaare
Franziskus und die Armut dir beschrieben.

Der Eintracht Anblick und die wunderbare 76
Verzückung, drin ihr Liebesglück beruhte,
Schuf heilige Gedanken rings fürs Wahre,

Daß Bernhard, der ehrwürdige, sich entschuhte 79
Als erster, solchem Frieden nachzuwallen:
Im Lauf noch wähnend, daß er sich nicht spute.

PARADISO · CANTO XI

Oh ignota ricchezza, oh ben ferace!   82
scalzasi Egidio, scalzasi Silvestro
dietro allo sposo; sì la sposa piace.

Indi sen va quel padre e quel maestro   85
con la sua donna e can quella famiglia
che già legava l'umile capestro.

Nè gli gravò viltà di cor le ciglia   88
per esser fi' di Pietro Bernardone,
nè per parer dispetto a maraviglia;

ma regalmente sua dura intenzione   91
ad Innocenzio aperse, e da lui ebbe
primo sigillo a sua religïone.

Poi che la gente poverella crebbe   94
dietro a costui, la cui mirabil vita
meglio in gloria del ciel si canterebbe,

di seconda corona redimita   97
fu per Onorio dall'Eterno Spiro
la santa voglia d'esto archimandrita.

E poi che per la sete del martìro,   100
nella presenza del Soldan superba
predicò Cristo e gli altri che 'l seguiro,

e per trovare a conversione acerba   103
troppo la gente, per non stare indarno,
redissi al frutto dell'italica erba;

nel crudo sasso intra Tevero ed Arno   106
da Cristo prese l'ultimo sigillo,
che le sue membra due anni portarno.

Quando a colui ch'a tanto ben sortillo,   109
piacque di trarlo suso alla mercede
ch'el meritò nel suo farsi pusillo,

ai frati suoi, sì com'a giuste rede,   112
raccomandò la donna sua più cara,
e commandò che l'amassero a fede;

e del suo grembo l'anima preclara   115
mover si volle, tornando al suo regno,
ed al suo corpo non volle altra bara.

Pensa oramai qual fu colui che degno   118
collega fu a mantener la barca
di Pietro in alto mar per dritto segno:

e questi fu il nostro patriarca;   121
per che, qual segue lui com'el comanda,
discerner puoi che buone merce carca.

372

DAS PARADIES · XI. GESANG

O neuer Reichtum! o du Schatz vor allen! 82
Barfuß Egidius folgt, barfuß Silvester
Dem Bräutigam, weil so gut die Braut gefallen.

So gingen alle hin mit ihrer Schwester, 85
Der Gattin ihres Meisters und Patrones,
Umschnürt bereits vom Strick der Demut fester.

Nicht daß, als Sprößling Peter Bernardones, 88
Den Blick er kleinmutsvoll zu senken dachte,
Noch weil der Armut Bild er und des Hohnes,

Nein: königsstolz sein hart Verlangen brachte 91
Bei Innozenz er vor, der zum Empfänger
Ihn seines ersten Ordenssiegels machte.

Dann, als die Schar der ärmlichen Anhänger 94
Anwuchs und dem nachlief, des Wunderleben
Zum Lob des Himmels würdiger pries ein Sänger,

Hat Gott es dem Honorius eingegeben, 97
Daß mit dem zweiten Kronenreif er lohne
Des Oberhirten heiliges Bestreben.

Und als er, dürstend nach der Marterkrone, 100
Samt seinen Jüngern sprach von Christi Lehren
Und Wandel vor des Sultans stolzem Throne,

Doch unreif noch das Volk fand zum Bekehren, 103
Nahm er, um müßig nicht zu sein, sich wieder
Italiens Frucht an, ihr Gedeihen zu mehren.

Zwischen Tiber und Arno, wo hernieder 106
Felsklippen schaun, nahm Christi letztes Siegel
Er an; und zwei Jahre trugens seine Glieder.

Als Gott vorm Heilserlesenen dann den Riegel 109
Des Himmels auftat, ihm *den* Lohn zu werben,
Den er verdient als steter Demut Spiegel,

Empfahl den Brüdern er als echten Erben 112
Die Herrin sein, daß Liebe man ihr wahre,
Wie er sie liebte, lebend und im Sterben.

Und daß allein aus *ihrem* Schoße fahre 115
Die lichte Seele heim zu ihrem Reiche,
Verbot dem Leib er jede andre Bahre.

Nun denke, wie ihm *der* an Würde gleiche, 118
Daß als Genoß er, Sturmes unbeschadet,
Mit Petri Schifflein nie vom Ziele weiche.

Ja, *so* war unser Patriarch begnadet! 121
Drum wissen auch die dem Befehl Getreuen,
Wie man, du siehst es, gute Schiffsfracht ladet.

372

PARADISO · CANTO XI

Ma il suo peculio di nuova vivanda   *124*
è fatto ghiotto, sì ch'esser non puote
che per diversi salti non si spanda;

e quanto le sue pecore remote   *127*
e vagabonde più da esso vanno,
più tornano all'ovil di latte vòte.

Ben son di quelle che temono il danno   *130*
e stringonsi al pastor; ma son sì poche,
che le cappe fornisce poco panno.

Or se le mie parole non son fioche,   *133*
se la tua audïenza è stata attenta,
se ciò ch'ho detto alla mente rivoche,

in parte fia la tua voglia contenta;   *136*
perchè vedrai la pianta onde si scheggia,
e vedrai il corregger che argomenta,

‹U' ben s'impingua, se non si vanneggia›.»   *139*

DAS PARADIES · XI. GESANG

Doch seine Herde lüstets jetzt nach *neuen*   124
Grasplätzen, wo da wachsen fettere Kräuter.
Drum ists kein Wunder, daß sie sich zerstreuen.

Und wie die Schäflein immer ungescheuter   127
Und von ihm ferner hier- und dorthintappen,
Je leerer kommt zum Stalle heim ihr Euter.

Wohl halten einige noch, aus Furcht vor Schlappen,   130
Zum Hirten. Doch weil sie sich nicht vermehrten,
So reicht schon wenig Tuch für ihre Kappen.

Wenn meine Worte nicht des Klangs entbehrten,   133
Wenn du aufmerktest ohne abzuschweifen,
Wenn sich dein Geist zurückruft, was sie lehrten,

Wird deinem Wunsch zum Teil Befriedigung reifen.   136
Du siehst den Baum absplittern durch Beschwerde
Und wirst die Warnung in dem Wort begreifen:

Daß, wer nicht abirrt, fett beim Weiden werde.«   139

CANTO DECIMOSECONDO

Sì tosto come l'ultima parola
la benedetta fiamma per dir tolse,
a rotar cominciò la santa mola;

e nel suo giro tutta non si volse
prima ch'un'altra di cerchio la chiuse,
e moto a moto, e canto a canto colse;

canto che tanto vince nostre Muse,
nostre Sirene in quelle dolci tube,
quanto primo splendor quel ch'ei refuse.

Come si volgon per tenera nube
due archi paralleli e concolori,
quando Giunone a sua ancella iube,

nascendo di quel d'entro quel di fuori,
a guisa del parlar di quella vaga
ch'amor consunse come sol vapori;

e fanno qui la gente esser presaga,
per lo patto che Dio con Noè pose,
del mondo che giammai più non si allaga;

così di quelle sempiterne rose
volgiensi circa noi le due ghirlande,
e sì l'estrema all'intima rispose.

Poi che il tripudio e l'altra festa grande
sì del cantare e sì del fiammeggiarsi
luce con luce gaudiose e blande

insieme a punto e a voler quetârsi,
pur come gli occhi ch'al piacer che i move
conviene insieme chiudere e levarsi;

del cor dell'una delle luci nove
si mosse voce, che l'ago alla stella
parer mi fece in volgermi al suo dove;

e cominciò: «L'amor che mi fa bella
mi tragge a ragionar dell'altro duca
per cui del mio sì ben ci si favella.

Degno è che, dove l'un, l'altro s'induca;
sì che com'elli ad una militaro,
così la gloria loro insieme luca.

L'esercito di Cristo, che sì caro
costò a riarmar, dietro alla insegna
si movea tardo, sospeccioso e raro,

ZWÖLFTER GESANG

Und als das letzte Wort noch im Verklingen,   *1*
Gehaucht aus benedeitem Flammenmunde,
Begann das heilige Mühlenrad zu schwingen.
    Und eh der ganze Kreis vollbracht die Runde,   *4*
Umflocht ein zweiter schon im Ringe jenen
Mit Schwung-in-Schwung und Sang-in-Sang im Bunde:
    Mit Sang, der unsere Musen und Sirenen   *7*
Durch süße Flöten so weiß zu besiegen
Wie Glanz den Abglanz, der Licht muß entlehnen. –
    Wie sich durch zarte Wolkenflöre schmiegen   *10*
Gleichfarbig, gleichgewölbt die Doppelbogen,
Drauf Juno ihre Botin läßt entfliegen,
    Wie Außenkreis vom innern wird gezogen   *13*
Gleich jener, deren Stimme Liebesgluten
Zerstört, wie Dunst vom Licht wird aufgesogen,
    Wonach der Mensch vom Herrgott will vermuten,   *16*
Er sei den Bund mit Noa eingegangen,
Daß nichts die Welt mehr solle überfluten:
    So auch sich hier die ewigen Rosen schlangen   *19*
Im Kreis um uns mit ihren Doppelkränzen;
So glich der äußere dem, den er umfangen.
    Und als nach ihren festlich-hehren Tänzen,   *22*
Nach all dem Jubelsang und wonnevollen
Liebreichen wechselseitigen Sichbeglänzen
    Ein Stillstand eintrat durch ein einzig Wollen,   *25*
Wie Augen sich, die unser Wille bannte,
Gemeinsam schließen oder öffnen sollen,
    Da klang aus einem Licht, das neu entbrannte,   *28*
Mir eine Stimme, daß ich, wie nach Norden
Die Nadel umschwingt, mich zu dieser wandte.
    Die sprach: »Liebe, durch die verschönt ich worden,   *31*
Treibt mich, vom *andern* Herzog zu bekennen,
Da man den Gründer pries von *meinem* Orden.
    Wer *den* nennt, muß mit Recht den andern nennen.   *34*
Weil sie in einem Heer gestritten hatten,
Soll auch ihr Ruhm vereinten Glanzes brennen.
    Das Kriegsheer Christi, das neu auszustatten   *37*
Soviel gekostet, folgte pflichtvergessen
Der Fahne, spärlich und leicht zu ermatten,

PARADISO · CANTO XII

quando lo imperador che sempre regna,   40
provvide alla milizia ch'era in forse,
per sola grazia, non per esser degna;

e com'è detto, a sua sposa soccorse   43
con due campioni, al cui fare, al cui dire
lo popol disviato si raccorse.

In quella parte ove surge ad aprire   46
Zefiro dolce le novelle fronde
di che si vede Europa rivestire,

non molto lungi al percuoter dell'onde;   49
dietro alle quali, per la lunga foga,
lo sol talvolta ad ogni uom si nasconde.

siede la fortunata Calaroga,   52
sotto la protezion del grande scudo
in che soggiace il leone e soggioga.

Dentro vi nacque l'amoroso drudo   55
della Fede cristiana, il santo atleta
benigno a' suoi ed a' nemici crudo;

e come fu creata, fu repleta   58
sì la sua mente di viva virtute,
che, nella madre, lei fece profeta.

Poi che le sponsalizie fur compiute   61
al sacro fonte intra lui e la Fede,
u' sì dotâr di mutua salute,

la donna che per lui l'assenso diede,   64
vide nel sonno il mirabile frutto
ch'uscir dovea di lui e delle rede.

E perchè fosse, qual era, in costrutto,   67
quinci si mosse spirito a nomarlo
del possessivo di cui era tutto.

Domenico fu detto; e io ne parlo   70
sì come dell'agricola che Cristo
elesse all'orto suo per aiutarlo.

Ben parve messo e famigliar di Cristo;   73
chè il primo amor che in lui fu manifesto,
fu al primo consiglio che diè Cristo.

Spesse fiate fu tacito e desto   76
trovato in terra dalla sua nutrice,
come dicesse: ‹Io son venuto a questo›.

Oh padre suo veramente Felice!   79
oh madre sua veramente Giovanna,
se, interpretata, val come si dice!

375

DAS PARADIES · XII. GESANG

Bis der Monarch, der Macht hat unermessen,　　　　*40*
Hilfreich die Heerschar schützte vor Gefahren,
Aus Gnade nur, nicht daß sie würdig dessen,

Und, wie gesagt, um seine Braut zu wahren,　　　　*43*
Zwei Kämpen schickte, tat- und worterkoren,
Zu sammeln wieder die zerstreuten Scharen.

Im Lande, wo der Zephir wird geboren,　　　　*46*
Der sanften Hauchs das junge Laub macht sprießen,
Mit dem man sich Europa sieht befloren,

Unfern dem Strand, auf den die Wogen schießen,　　　　*49*
Dahinter oft die Sonne sich entrückte
Dem Blick, in Ruh den langen Lauf zu schließen,

Dort zeigt sich Callaroga, das beglückte,　　　　*52*
Im Schutz des Löwen, der im großen Schilde
Der Sieger ist und auch der Unterdrückte.

Dem Christenglauben schenkte dies Gefilde　　　　*55*
Den Liebhaber, den heiligen Athleten:
Furchtbar den Feinden, doch den Seinen milde.

Und seinen Geist, eh er die Welt betreten,　　　　*58*
Ließ Gott schon solche Lebenskraft durchdringen,
Daß er im Mutterleib ward zum Propheten.

Denn als am heiligen Bronnen sie begingen　　　　*61*
Sein Fest, um Christi Braut ihm anzutrauen,
Wo er und sie als Mitgift Heil empfingen,

Da sah im Traumbild eine von den Frauen,　　　　*64*
Die Patin war, welch Wunderfrucht hier sprieße:
Für ihn und seine Erben anzubauen.

Und daß der Name schon erkennen ließe　　　　*67*
Sein Wesen ganz, hauchte von hier ein Zeichen,
Daß er nach dem, dem er gehöre, hieße.

Dominikus hieß er, den ich vergleichen　　　　*70*
Dem Gärtner darf, der auf den Wink von Christus
Zum Garten kam, um Hilfe ihm zu reichen.

Sein Knecht und Bote war er: fing von Christus　　　　*73*
Doch seine Liebe an, sie zu bekunden
Beim ersten Rate, der erging von Christus.

Wie oft hat wach am Boden ihn gefunden　　　　*76*
Und schweigend seine Amme, die ihn nährte,
Als spräch er: ›Dazu fühl ich mich verbunden‹.

O Vater! der als Felix sich bewährte,　　　　*79*
O Mutter! die in Wahrheit hieß Johanna,
Wenn man des Namens rechten Sinn erklärte.

PARADISO · CANTO XII

Non per lo mondo, per cui mo s'affanna
diretro ad Ostiense ed a Taddeo,
ma per amor della verace manna   82

in picciol tempo gran dottor si feo,
tal che si mise a circuir la vigna
che tosto imbianca, se il vignaio è reo;   85

e alla sedia che fu già benigna
più ai poveri giusti, non per lei,
ma per colui che siede, che traligna,   88

non dispensare o due o tre per sei,
non la fortuna di prima vacante,
non decimas, quæ sunt pauperum Dei,   91

addimandò; ma contro al mondo errante
licenza di combatter per lo seme
del qual ti fascian ventiquattro piante.   94

Poi con dottrina e con volere insieme
con l'officio apostolico si mosse,
quasi torrente ch'alta vena preme,   97

e negli sterpi eretici percosse
l'impeto suo, più vivamente quivi
dove le resistenze eran più grosse.   100

Di lui si fecer poi diversi rivi,
onde l'orto cattolico si riga,
sì che i suoi arbuscelli stan più vivi.   103

Se tal fu l'una rota della biga
in che la Santa Chiesa si difese
e vinse in campo la sua civil briga,   106

ben ti dovrebbe assai esser palese
l'eccellenza dell'altra, di cui Tomma
dinanzi al mio venir fu sì cortese.   109

Ma l'orbita che fe'la parte somma
di sua circonferenza, è derelitta,
sì ch'è la muffa dov'era la gromma.   112

La sua famiglia, che si mosse dritta
coi piedi alle sue orme, è tanto volta,
che quel dinanzi a quel diretro gitta;   115

e tosto si vedrà della ricolta
della mala coltura, quando il loglio
si lagnerà che l'arca gli sia tolta.   118

Ben dico, chi cercasse a foglio a foglio
nostro volume, ancor troverìa carta
u' leggerebbe: ‹Io mi son quel ch'io soglio›;   121

DAS PARADIES · XII. GESANG

Nicht für die Welt, sich mühend mit Hosianna 82
Als des Ostiensis und Thaddäus Mehrer,
Nein, nur aus Liebe zum wahrhaften Manna

Ward er in kurzer Zeit solch großer Lehrer, 85
Daß er begann den Weinberg zu umhegen,
Für den ein träger Winzer ein Verheerer.

Vom Stuhl, einst würdiger Armut Heil und Segen, 88
(Nicht *er* hat Schuld, nein, des Besitzers Sünden
Sind schuld, daß Mitleid geht auf andern Wegen)

Vom Stuhl erbat er nicht Dispens und Pfründen, 91
Nicht Zehnten, sie der Armut abzuringen,
Noch wollt er Zweiunddrei als Sechs verkünden,

Sein Wunsch war nur, den Irrwahn zu bezwingen, 94
Der Welt die Kraft des Samens zu erhalten,
Draus vierundzwanzig Pflanzen dich umringen.

Er drang, kraft apostolischer Gewalten, 97
Voran mit Willensmut und Glaubenslehre,
Und stob, ein Wassersturz aus hohen Spalten,

Aufs Ketzerdorngestrüpp mit ganzer Schwere; 100
Und dort am schwersten, wo es seinem Zorne
Sich setzte am hartnäckigsten zur Wehre.

Der Bäche viel entsprangen seinem Borne, 103
Daß frischbewässert jetzt die Sträucher ragen,
Seit der katholische Garten frei vom Dorne.

War solcherart dies *eine* Rad am Wagen, 106
Auf dem die Heilige Kirche stand im Streite,
Als sie den Feind im Bürgerkrieg geschlagen,

So wirst du deutlich sehn, wie auch das *zweite* 109
Vortrefflich war, dem, eh ich hier gestanden,
So liebesreichen Lobspruch Thomas weihte.

Doch ist im Gleis, drin einst die Räder fanden 112
Die tiefste Furche, keiner heut zu sehen;
Und Schimmel wächst, wo Weinstein einst vorhanden.

Seine Gefolgschaft, deren Fuß beim Gehen 115
In seine Spur trat, zeigt jetzt solch Gebaren,
Daß stets der Vordere fühlt des Nachmanns Zehen.

Doch läßt den schlechten Anbau bald gewahren 118
Die Ernte, wenn der Lolch kommt untern Besen
Und jammert, daß er nicht wird eingefahren.

Zwar sage ich, wer Blatt für Blatt wollt lesen 121
In unserm Buch, wird manche Seite spüren
Mit dem Vermerk: ›Ich blieb, was ich gewesen.‹

PARADISO · CANTO XII

ma non fia da Casal, nè d'Acquasparta,   124
là onde vegnon tali alla scrittura,
ch'uno la fugge e altro la coarta.

Io son la vita di Bonaventura   127
da Bagnoregio, che ne' grandi offici
sempre pospuosi la sinistra cura.

Illuminato e Augustin son quici,   130
che fuor de' primi scalzi poverelli
che nel capestro a Dio si fêro amici.

Ugo da San Vittore è qui con elli   133
e Pietro Mangiadore e Pietro Ispano,
lo qual giù luce in dodici libelli;

Natàn profeta e 'l metropolitano   136
Crisostomo e Anselmo e quel Donato
ch'alla prim'arte degnò por la mano;

Rabano è qui; e lucemi da lato   139
il calavrese abate Gioacchino,
di spirito profetico dotato.

Ad inveggiar cotanto paladino   142
mi mosse la infiammata cortesia
di fra Tommaso e 'l discreto latino;

e mosse meco questo compagnia.»   145

377

DAS PARADIES · XII. GESANG

Doch von Casal und Acquasparta rühren 124
Die nicht her, weil von dort zur Schrift nur streben,
Die sie bald lockern und bald enger schnüren.

Bonaventur von Bagnoregios Leben 127
Bin ich, und sah: in hohen Ämtern schicke
Sichs nicht, geringern Sorgen stattzugeben.

Illuminat und Augustin erblicke! 130
Als erste Barfuß-Armen einst erschienen,
Wurden sie Gottes Freunde unterm Stricke.

Hugo von Sanvittore weilt bei ihnen 133
Nebst Pier Comestor und Pier, dem Hispanen,
Dem heut zwölf Bücher noch als Nachglanz dienen.

Den Seher Nathan, Metropolitanen 136
Chrysostomus, Anselm sieh und Donaten,
Der seiner ersten Kunst brach siegreich Bahnen;

Raban auch und Kalabriens Prälaten 139
Joachim, leuchtend hier an meiner Seite,
Der mit Prophetengabe reichberaten.

Daß solchem Paladin mein Lob ich weihte, 142
Dazu trieb mich des Bruders Thomas Weise,
Der liebentzündet sinnige Worte reihte,

Trieb *mich* dazu und diese hier im Kreise.« 145

377

CANTO DECIMOTERZO

Imagini chi bene intender cupe   *1*
quel ch'i'or vidi – e ritegna l'image,
mentre ch'io dico, come ferma rupe –,
  quindici stelle che 'n diverse plage   *4*
lo cielo avvivan di tanto sereno,
che soperchia dell'aere ogni compage;
  imagini quel Carro a cui il seno   *7*
basta del nostro cielo e notte e giorno,
sì ch'al volger del temo non vien meno;
  imagini la bocca di quel corno   *10*
che si comincia in punta dello stelo
a cui la prima rota va dintorno,
  aver fatto di sè due segni in cielo,   *13*
qual fece la figliuola die Minoi
allora che sentì di morte il gelo;
  e l'un nell'altro aver li raggi suoi,   *16*
e amendue girarsi per maniera,
che l'uno andasse al prima e l'altro al poi;
  e avrà quasi l'ombra della vera   *19*
costellazione e della doppia danza
che circulava il punto dov'io era;
  poi ch'è tanto di là da nostra usanza,   *22*
quanto di là dal muover della Chiana
si muove il ciel che tutti gli altri avanza.
  Lì si cantò non Bacco, non Peana,   *25*
ma tre Persone in divina natura,
ed in una persona essa e l'umana.
  Compiè il cantare e il volger sua misura;   *28*
e attesersi a noi quei santi lumi,
felicitando sè di cura in cura.
  Ruppe il silenzio ne' concordi numi   *31*
poscia la luce in che mirabil vita
del poverel di Dio narrata fumi,
  e disse: «Quando l'una paglia è trita,   *34*
quando la sua semenza è già riposta,
a batter l'altra dolce amor m'invita.
  Tu credi che nel petto onde la costa   *37*
si trasse per formar la bella guancia
il cui palato a tutto il mondo costa,

378

DREIZEHNTER GESANG

Es denke sich – wer deutlich wünscht zu schauen,   1
Was ich jetzt sah (und während ichs beschreibe,
Steht das Gedachte fest wie felsgehauen) –
    Von vielen Seiten her die Himmelsscheibe   4
Durch fünfzehn Sterne so belebt mit Schimmer,
Daß er die trübsten Dünste selbst vertreibe –
    Denke den Wagen sich, der hinfährt immer   7
Bei Tag und Nacht an unsers Himmels Grunde,
Daß er beim Deichselwenden schwindet nimmer –
    Denke das Horn sich, wo es mit dem Munde   10
Der Achse letzten Punkt pflegt zu erreichen,
Um den das erste Rad beschreibt die Runde –
    Denke geformt sie aus zwei Himmelszeichen,   13
Wie eins als Stern des Minos Tochter schenkte,
Als sie der Frost des Todes ließ erbleichen –
    Und denk, daß eins sein Licht ins andre senkte,   16
Und beide derart drehten ihre Runden,
Daß dieses sich zuerst, dann jenes schwenkte –:
    Und nur ein Schattenbild hat er gefunden   19
Vom wahren Sternbild und dem Doppelreigen,
Der, wo ich stand, die Stelle hielt umwunden.
    Denn was wir kennen, muß vor ihm sich neigen,   22
Wie vor des allerschnellsten Himmels Rollen
Sich der Chiana Wellen träge zeigen.
    Bacchos besang man hier nicht noch Apollen;   25
Nein, in der Gottnatur den *drei* Personen
Und Gott und Mensch als *einer* Hymnen schollen.
    Als Tanz und Sang die heiligen Lichterkronen   28
Beschlossen, sah ich sie zu mir sich neigen,
Beglückt, mit neuem Liebesdienst zu lohnen.
    Da brach aufs neu das eintrachtsvolle Schweigen   31
Das Licht, dem es gefiel, das Wunderleben
Der Gottesarmen mir vorhin zu zeigen,
    Und sagte: »Ward ein Bund gedroschen eben,   34
Ist eingeheimst das Korn für Trog und Krippe,
Läßt süße Liebe neu zum Drusch mich streben.
    Du glaubst: in *jene* Brust – aus deren Rippe   37
Das schöne Weib entstand, das, zur Unehre
Sichselbst, die Welt verdarb mit gieriger Lippe,

PARADISO · CANTO XIII

ed in quel che, forato dalla lancia,
e poscia e prima tanto satisfece,
che d'ogni colpa vince la bilancia,

quantunque alla natura umana lece
aver di lume, tutto fosse infuso
da quel valor che l'uno e l'altro fece;

e però ammiri ciò ch'io dissi suso,
quando narrai che non ebbe il secondo
lo ben che nella quinta luce è chiuso.

Or apri gli occhi a quel ch'io ti rispondo;
e vedrai il tuo credere e 'l mio dire
nel vero farsi come centro in tondo.

Ciò che non more e ciò che può morire
non è se non splendor di quella Idea
che partorisce, amando, il nostro Sire;

chè quella viva Luce che sì mea
dal suo Lucente, che non si disuna
da lui nè dall'Amor che a lor s'intrea,

per sua bontate il suo raggiare aduna,
quasi specchiato, in nove sussistenze,
eternalmente rimanendosi una.

Quindi discende all'ultime potenze
giù d'atto in atto, tanto divenendo;
che più non fa che brievi contingenze;

e queste contingenze essere intendo
le cose generate, che produce
con seme e sanza seme il ciel movendo.

La cera di costoro e chi la duce
non sta d'un modo; e però sotto il segno
ideale poi più e men traluce;

ond'egli avvien ch'un medesimo legno,
secondo specie, meglio e peggio frutta;
e voi nascete con diverso ingegno.

Se fosse a punto la cera dedutta
e fosse il cielo in sua virtù suprema,
la luce del suggel parrebbe tutta;

ma la natura la dà sempre scema,
similemente operando all'artista,
c' ha l'abito dell'arte e man che trema.

Però, se il Caldo Amor la Chiara Vista
della Prima Virtù dispone e segna,
tutta la perfezion quivi s'acquista.

DAS PARADIES · XIII. GESANG

Sowie in *jene*, die, durchbohrt vom Speere,   *40*
Vorher und nachher tat soviel Genüge,
Daß sie aufwiegt all andrer Sünden Schwere –
    Sei soviel Licht, als irgend nur vertrüge   *43*
Die Menschnatur, von jener Kraft ergossen,
Die einst erschaffen dieser Zwei Gefüge –
    Und staunst, weil mir vorhin das Wort entflossen: *46*
Daß keinen zweiten ich vergleichbar preise
Dem Gute, das vom fünften Licht umschlossen.
    Prüfst du nun scharfen Blicks, was ich dir weise,   *49*
Wirst du dein Wort und meinen Glauben sehen
Im Wahren stehn dem Zentrum gleich im Kreise.
    Was niemals stirbt und sterbend muß vergehen,   *52*
Ist nur ein Abglanz, dem Urbild entflossen,
Das unser Herr in Liebe läßt entstehen.
    Denn das Lebendige Licht, derart ergossen   *55*
Aus Seinem Licht, ist und bleibt im Vereine
Mit Ihm und Liebe fest zur Drei geschlossen,
    Faßt gütig jeden Strahl zu *einem* Scheine,   *58*
Gleichsam gespiegelt, in neun Wesenheiten,
Und bleibt in Ewigkeit doch das All-Eine!
    Von dort sinkts zu den letzten Möglichkeiten,   *61*
Von Tat-zu-Tat kraftärmer anzusehen,
Um endlich nur Zufälliges zu bereiten.
    Und als Zufälligkeit sind zu verstehen   *64*
Erzeugte Dinge, wie sie mag gestalten
Mit oder ohne Saat des Himmels Drehen.
    Ihr Wachs jedoch und ders beprägt, verhalten   *67*
Sich ungleich oft; weshalb bald mehr erhaben,
Bald minder sich das Urbild muß entfalten.
    Drum kann dieselbe Baumesart uns laben   *70*
Mit edeln Früchten oder minderfeinen;
Drum schenkt Geburt euch auch verschiedene Gaben.
    Wärs mit dem Wachs bis auf *den* Punkt im Reinen,   *73*
Wär stets der Himmel im kraftvollsten Leben,
So würde voll des Siegels Glanz erscheinen.
    Nur wird Natur es immer dürftig geben,   *76*
Dem Künstler ähnlich, der zwar kunsterfahren,
Dem aber, wenn er schafft, die Hände beben.
    Doch wo die Liebesglut ihr Bild dem klaren   *79*
Erschauen der Urkraft aufprägt, da muß Großes
Und nur Vollkommenstes sich offenbaren.

PARADISO · CANTO XIII

Così fu fatta già la terra degna 82
di tutta l'animal perfezïone;
così fu fatta la Vergine pregna;

sì ch'io commendo tua oppinïone, 85
che l'umana natura mai non fue
nè fia qual fu in quelle due persone.

Or s'io non procedesse avanti piùe, 88
‹Dunque, come costui fu senza pare?›
comincerebber le parole tue.

Ma perchè paia ben ciò che non pare, 91
pensa chi era, e la cagion che 'l mosse,
quando fu detto ‹Chiedi›, a domandare.

Non ho parlato sì, che tu non posse 94
ben veder ch'el fu re, che chiese senno
acciò che re sufficïente fosse;

non per sapere il numero in che ènno 97
li motor di quassù, o se necesse
con contingente mai necesse fenno;

non si est dare primum motum esse, 100
o se del mezzo cerchio far si puote
triangol sì, ch'un retto non avesse.

Onde se ciò ch'io dissi e questo note, 103
regal prudenza è quel vedere impari
in che lo stral di mia intenzion percuote;

e se al ‹surse› drizzi gli occhi chiari, 106
vedrai aver solamente rispetto
ai regi, che son molti e i buon son rari.

Con questa distinzion prendi il mio detto; 109
e così puote star con quel che credi
del primo padre e del nostro Diletto.

E questo ti sia sempre piombo ai piedi, 112
per farti muover lento, com'uom lasso,
e al sì e al no che tu non vedi;

chè quegli è tra gli stolti bene abbasso, 115
che senza distinzion afferma e niega,
nell'un così come nell'altro passo;

perch'egl'incontra che più volte piega 118
l'oppinion corrento in falsa parte,
e poi l'affetto lo intelletto lega.

Vie più che indarno da riva si parte, 121
perchè non torna tal qual ei si muove,
chi pesca per lo vero e non ha l'arte.

380

DAS PARADIES · XIII. GESANG

So wurde der Natur des Erdenkloßes   82
Dereinst die tierische Vollendung eigen,
So ward die Frucht erzeugt des Jungfraunschoßes.

Ich muß darum zu deiner Ansicht neigen: 85
Nie wird vollkommner, und in keinem Sinne,
Als hier in Beiden, Menschnatur sich zeigen.

Doch hielt ich hier in meinem Vortrag inne —:   88
›Wie kann nun jener unvergleichbar ragen?‹
Ich wär gewiß, daß so dein Wort beginne.

Damit, was noch nicht tagt, dir möge tagen,   91
Bedenk: wer war er? und was trieb zum Flehen
Ihn an, als er ›Verlange!‹ hörte sagen.

Ich sprach nicht so, daß du nicht könntest sehen,   94
Daß er als *König* Weisheit wollt erstreben,
Um als vollkommener König dazustehen.

Nicht um zu wissen, wieviel *droben* schweben   97
An Sternbewegern. Nicht, ob das *necesse*,
Verknüpft mit Zufall, kann *necesse* geben.

Nicht, *si est dare primum motum esse,*   100
Noch, ob im Halbkreis kann ein Dreieck stehen,
Wo nicht ein Winkel neunzig Grade messe.

Erwägst du, was ich sprach, so wirst du sehen,   103
Daß ich als Ziel die Königsweisheit meine,
Wohin ich ließ den Pfeil der Absicht gehen.

Nun bringt mein Wort ›*so hoch*‹ dirs gleich ins reine, 106
Daß ich von *Königen* sprach an jenem Orte —
Davon gibts viel, doch gute beinah keine.

Mit diesem Unterschied nimm meine Worte,   109
Dann kanns mit deinem Glauben sich vereinen
Vom ersten Ahn und unserm Freudenhorte.

Und dies sei immer Blei dir an den Beinen,   112
Langsam zu nahen wie mit müdem Tritte
Dem Ja und Nein, wo sie nicht klar dir scheinen:

Denn jener steht wohl in der Toren Mitte   115
Am tiefsten, der da ohne jede Sichtung
Ja sagt und Nein bei dem und jenem Schritte.

Die Durchschnittsmeinung rennt in falsche Richtung   118
Doch gar zu oft, wo bessere Einsicht immer
Der Leidenschaft anheimfällt zur Vernichtung.

Wer Wahrheit fischen will, erhoffe nimmer,   121
Daß ohne Kunst er sich erfolgreich preise;
Nein ärmer kehrt zum Strande heim der Schwimmer.

PARADISO · CANTO XIII

E di ciò sono al mondo aperte prove   *124*
Parmenide, Melisso, Brisso e molti,
li quali andavano, e non sapean dove.

Sì fe' Sabellio e Arrio e quegli stolti   *127*
che furon come spade alle Scritture
in render torti li diritti volti.

Non sien le genti ancor troppo sicure   *130*
a giudicar, sì come quei che stima
le biade in campo pria che sian mature;

ch'i'ho veduto tutto il verno prima   *133*
il prun mostrarsi rigido e feroce,
poscia portar la rosa in su la cima;

e legno vidi già dritto e veloce   *136*
correr lo mar per tutto suo cammino,
perire alfine all' entrar della foce.

Non creda donna Berta e ser Martino,   *139*
per vedere un furare, altro offerére,
vederli dentro al consiglio divino;

chè quel può surgere, e quel può cadere.»   *142*

DAS PARADIES · XIII. GESANG

Des sind auf Erden sprechende Beweise,   *124*
Parmenides, Meliss', Bryson und viele,
Die nicht gewußt, wohin sie bringt die Reise.
    Sabell und Arius auch, die – weit vom Ziele –   *127*
Wie Schwerter töricht durch die Schriften streifen,
Zerstörend ihr Gesicht im eiteln Spiele.
    Die Menge soll sich hüten, vorzugreifen   *130*
Im Urteil, jenem gleich, der überschlagen
Die Ähren will im Felde, eh sie reifen.
    Sah ich doch oft in langen Wintertagen   *133*
Den Dornbusch tot und stachelspitzig stehen,
Der später Rosen auf dem Haupt getragen.
    Und sah ein Schiff schon stolz und *munter* gehen   *136*
Auf allen Wegen durch des Meeres Grauen,
Und an der Hafeneinfahrt – *unter*gehen.
    Drum soll nicht Grete oder Hans drauf bauen,   *139*
Wenn sie *den* stehlen, *jenen* opfern sehen,
Daß sie nun Gottes Urteil schon durchschauen:
    Denn der kann fallen, jener kann erstehen.«   *142*

CANTO DECIMOQUARTO

Dal centro al cerchio, e sì dal cerchio al centro,   *1*
movesi l'acqua in un ritondo vaso,
secondo ch'è percossa fuori o dentro.

Nella mia mente fe' subito caso   *4*
questo ch'io dico, sì come si tacque
la gloriosa vita di Tommaso,

per la similitudine che nacque   *7*
del suo parlare e di quel di Beatrice,
a cui sì cominciar dopo lui piacque:

«A costui fa mestieri, e nol vi dice   *10*
nè con la voce nè pensando ancora,
d'un altro vero andare alla radice.

Ditegli se la luce onde s'infiora   *13*
vostra sustanza rimarrà con voi
eternalmente sì com' ell' è ora;

e se rimane, dite come, poi   *16*
che sarete visibili rifatti,
esser potrà ch'al veder non vi nòi.»

Come, da più letizia pinti e tratti,   *19*
alla fïata quei che vanno a rota,
levan la voce e rallegrano gli atti,

così, all' orazion pronta e devota,   *22*
li santi cerchi mostrâr nova gioia
nel torneare e nella mira nota.

Qual si lamenta perchè qui si moia   *25*
per viver colassù, non vide quive
lo refrigerio dell'eterna ploia.

Quell'Uno e Due e Tre che sempre vive,   *28*
e regna sempre in Tre e Due e Uno,
non circonscritto, e tutto circonscrive,

tre volte era cantato da ciascuno   *31*
di quegli spirti con tal melodia,
ch'ad ogni merto sarìa giusto muno,

E io udi' nella luce più dia   *34*
del minor cerchio una voce modesta,
forse qual fu dall'angelo a Maria,

risponder: «Quanto fia lunga la festa   *37*
di Paradiso, tanto il nostro amore
si raggerà dintorno cotal vesta.

VIERZEHNTER GESANG

Von innen her zum Rand, vom Rand nach innen   *1*
Bewegt das Wasser sich in runder Schale
Dem Anstoß nach von draußen oder drinnen.
   Vor meiner Seele trat mit einem Male   *4*
Dies Gleichnis mir – als das glorreiche Leben
Des heiligen Thomas schwieg im Himmelsstrahle –
   Ob dieser Ähnlichkeit: daß *der* soeben   *7*
Beschloß und jetzt es Beatricens Munde
Gefiel, im Rückprall gleichsam, anzuheben:
   »Dem hier ists nötig, ob er auch nicht Kunde   *10*
In Worten gab, ja noch nicht einmal *dachte*,
Daß er noch andrer Wahrheit dringt zum Grunde.
   Sagt ihm, ob dieses Licht, dies gottentfachte,   *13*
Das euch gleich Blütenpracht umhüllt, bestehen
Wohl bleibt wie jetzt und nicht verschwindet sachte.
   Und *dauert* es, so sagt, wie kanns geschehen,   *16*
Wenn ihr euch wieder sichtbar werdet zeigen,
Daß es nicht schadet eurer Kraft zum Sehen?«
   Wie oft erhöhte Lust beim Festesreigen   *19*
Fortreißt die Tanzenden, aus deren Mitte
Beim schnellern Drehen dann laute Jauchzer steigen,
   So boten bei der raschen frommen Bitte   *22*
Die heiligen Kreise neue Festgenüsse
Durch wunderbaren Sang zum Reigenschritte.
   Wer sich beklagt, daß man hier sterben müsse,   *25*
Um dort zu leben, hat noch nie empfunden,
Wie labend hier des ewigen Taues Ergüsse.
   Der Eins und Zwei und Drei bleibt unumwunden,   *28*
Lebend stets herrscht in Einem, Zweien und Dreien,
Der all-das-All umfaßt, selbst-ungebunden,
   Ihm sangen dreimal diese Geisterreihen   *31*
So süß –: es würden solche Melodien
Wohl Überlohn jedem Verdienste weihen.
   Und aus dem engsten Kreise, dem verliehen   *34*
Göttlichstes Licht, klang Stimmenlaut so milde,
Wie einst der Engel wohl gegrüßt Marieen:
   »Solang dies Fest im Paradiesgefilde   *37*
Uns freut, wird unsere Liebe sich umzweigen
Mit solchem lichtausstrahlenden Gebilde.

PARADISO · CANTO XIV

La sua chiarezza seguita l'ardore,
l'ardor la visione, e quella è tanta
quant' ha di grazia sovra sua valore.

Come la carne gloriosa e santa
fia rivestita, la nostra persona
più grata fia per esser tutta quanta:

per che s'accrescerà ciò che ne dona
di gratuito lume il sommo bene,
lume, ch'a lui veder ne condiziona;

onde la vision crescer conviene;
crescer l'ardor che di quella s'accende,
crescer lo raggio che da esso viene.

Ma sì come carbon che fiamma rende
e per vivo candor quella soverchia,
sì che la sua parvenza si difende,

così questo fulgor che già ne cerchia,
fia vinto in apparenza dalla carne
che tuttodì la terra ricoperchia;

nè potrà tanta luce affaticarne
chè gli organi del corpo saran forti
a tutto ciò che potrà dilettarne.»

Tanto mi parver subiti ed accorti
e l'uno e l'altro coro a dicer ‹Amme!›,
che ben mostrâr disio de' corpi morti;

forse non pur per lor, ma per le mamme,
per li padri e per gli altri che fur cari
anzi che fosser sempiterne fiamme.

Ed ecco intorno, di chiarezza pari,
nascere un lustro sopra quel che v'era,
a guisa d'orizzonte che rischiari.

E sì come al salir di prima sera
comincian per lo ciel nuove parvenze,
sì che la vista pare e non par vera,

parvemi lì novelle sussistenze
cominciare a vedere, e fare un giro
di fuor dall'altre due circonferenze.

Oh vero sfavillar del Santo Spiro!
come si fece subito e candente
agli occhi miei che, vinti, non soffriro!

Ma Beatrice sì bella e ridente
mi si mostrò, che tra quelle vedute
si vuol lasciar che non seguîr la mente.

40

43

46

49

52

55

58

61

64

67

70

73

76

79

383

DAS PARADIES · XIV. GESANG

Sein Glanz muß sich der Glut entsprechend zeigen, 40
Die Glut dem Schaun; und dies ist so erhaben
Als Gnade eigene Kraft läßt übersteigen.

Wenn wir erst mit dem Fleisch uns neu umgaben 43
Als glorreich-heiligem Kleid, wird unser Wesen,
Weil es vollkommner, uns noch reicher laben.

Drum werden wir vermehrten Lichts genesen, 46
Das unverdient das Höchste Gut wird bringen
Licht, das uns, Ihn zu schauen, wird Kraft erlesen.

Dann muß ein Wachstum auch das *Schauen* durchdringen, 49
Wachstum die *Gluten*, die das Schauen gebaren,
Wachstum die *Strahlen*, die der Glut entspringen.

Doch wie die Kohle, draus die Flammen fahren, 52
Sie an lebendiger Leuchtkraft überwindet,
Sodaß sie ihren Eigenglanz kann wahren,

So wird den Blitz, der uns umkränzt und bindet, 55
Einst unsers Fleisches Glanz siegreich zerstreuen,
Das heut sich noch bedeckt mit Erde findet,

Daß wir so großes Licht als Last nicht scheuen, 58
Weil Kraft des Leibes Glieder wird durchfließen,
Alles zu tragen, was uns kann erfreuen.«

Rasch riefen »Amen!« die zwei Chöre, und ließen 61
Den Wunsch mich sehn durch dies bereite Amen,
Sich ihren toten Körpern anzuschließen;

Vielleicht nicht nur für sich, nein auch im Namen 64
Von Eltern, Freunden und wer ihnen teuer,
Eh sie hierher als ewige Flammen kamen.

Und sieh, den frühern Glanz umschlang ein neuer, 67
Dem ersten gleich an Pracht, alsob am blauen
Osthimmel hell der Morgen strahlt im Feuer.

Und ähnlich wie beim ersten Abendgrauen 70
Am Himmel neue Lichter schon erglänzen:
Das Auge glaubt und glaubt sie nicht zu schauen,

So schiens, daß plötzlich hier mit andern Tänzen 73
Ein dritter Ring neuartiger Wesen kreiste,
Die beiden andern gürtend zu umkränzen.

O wahres Funkensprühen vom Heiligen Geiste! 76
Geblendet schloß sich mir vor solchem Lichte
Das Auge, weil urplötzlich alles gleißte.

Doch so mit schönheitlachendem Gesichte 79
Wies Beatrice sich, daß mirs entschwunden
Nebst anderm, weil die Kraft fehlt zum Berichte. —

PARADISO · CANTO XIV

Quindi ripreser gli occhi miei virtute 82
a rilevarsi; e vidimi traslato
sol con mia donna in più alta salute.

Ben m'accors'io ch'io era più levato, 85
per l'affocato riso della stella,
che mi parea più roggio che l'usato.

Con tutto il core e con quella favella 88
ch'è una in tutti, a Dio feci olocausto
qual conveniasi alla grazia novella.

E non er'anco del mio petto esausto 91
l'ardor del sacrifizio, ch'io conobbi
esso litare stato accetto e fausto;

chè con tanto lucore e tanto robbi 94
m'apparvero splendor dentro a due raggi,
ch'io dissi: «O Eliòs che sì gli addobbi!»

Come distinta da minori e maggi 97
lumi binacheggia tra' poli del mondo
Galassia sì, che fa dubbiar ben saggi;

sì costellati facean nel profondo 100
Marte que' rai il venerabil segno
che fan giunture di quadranti in tondo.

Qui vince la memoria mia lo 'ngegno; 103
chè quella croce lampeggiava Cristo,
sì ch'io non so trovare esemplo degno:

ma chi prende sua croce e segue Cristo, 106
ancor mi scuserà di quel ch'io lasso,
vedendo in quell'albòr balenar Cristo.

Di corno in corno e tra la cima e il basso 109
si movean lumi, scintillando forte
nel congiungersi insieme e nel trapasso:

così si veggion qui diritte e torte, 112
veloci e tarde, rinnovando vista,
le minuzie dei corpi, lunghe e corte,

moversi per lo raggio onde si lista 115
talvolta l'ombra che per sua difesa
la gente con ingegno e arte acquista.

E come giga e arpa, in tempra tesa, 118
di molte corde, fa dolce tintinno
a tal da cui la nota non è intesa;

così da'lumi che lì m'apparinno, 121
s'accogliea per la croce una melode
che mi rapiva, sanza intender l'inno.

384

DAS PARADIES · XIV. GESANG

Als sich die Sehkraft mir zurückgefunden,   82
Sah ich mit meiner Herrin schon nach oben
Zu höherm Heil entrückt mich in Sekunden.

Wohl spürt ich, daß ich höher ward gehoben,   85
Am neuen Stern, der mir in lichter Reine
Entgegenlachte, glühendrotumwoben.

Herzinnig in der Sprache, die als eine   88
In allen lebt, bracht ich zu Dank verbunden
Gott Opfer dar vorm neuen Gnadenscheine.

Und noch bevor in meiner Brust geschwunden   91
Des Opfers Glut, sah ich, der tiefbeglückte,
Daß es den freundlichsten Empfang gefunden.

Denn Lichter strahlten mir, so glanzumzückte,   94
So rot im Innern zweier Feuerstreifen,
Daß ich: »O Helios«, rief, »der *so* sie schmückte!«

Wie wir von Pol zu Pole sehen schweifen   97
Unsre mit Sternen groß und klein besäte
Milchstraße, die selbst Weise kaum begreifen,

So sterngeflochten hier mein Blick erspähte   100
Durch die Quadranten, die den Kreis verbinden,
Im Mars das benedeite Kreuzgeräte.

Hier muß den Geist Gedächtnis überwinden: 103
Denn lodernd sah am Kreuz ich ragen Christus,
Daß es kein würdig Gleichnis könnte finden.

Doch wer sein Kreuz hat nachgetragen Christus,   106
Entschuldigt gerne, was ich hier verschwiegen,
Wird ihm so glanzumblitzt einst tagen Christus.

Von Arm zu Arm, vom Fuß zum Gipfel stiegen   109
Lichtfunken; und durch ihres Tanzes Wogen
Schien beim Begegnen hellere Glut zu fliegen.

So sieht man hier, bald grade, bald gebogen,   112
Eilig und träg, stets wechselnd im Verbande,
Kleine Staubteilchen, kurz- und langgezogen,

Im Sonnenstrahle wirbeln, der am Rande   115
Den Schatten säumt, den sich – daß Schutz ihm eigen –
Der Mensch erfand mit sinnigem Kunstverstande.

Und wie in guter Stimmung Harfen und Geigen   118
Mit vielen Saiten süß im Einklang gehen
Auch dem, dem fremd die Melodien sich zeigen,

So aus den Lichtern, die ich hier gesehen,   121
Erscholl am Kreuz Gesang, der mich berauschte –
Konnt ich der Hymne Text auch nicht verstehen.

PARADISO · CANTO XIV

Ben m'accors'io ch'elli era d'alte lode,   *124*
però che a me venia ‹Risurgi› e ‹Vinci›,
com'a colui che non intende e ode.

Io m'inamorava tanto quinci,   *127*
che infino a lì non fu alcuna cosa
che mi legasse con sì dolci vinci.

Forse la mia parole par tropp' osa,   *130*
posponendo il piacer degli occhi belli
ne' quai mirando il mio disio ha posa;

ma chi s'avvede che i vivi suggelli   *133*
d'ogni bellezza più fanno più suso,
e ch'io non m'era lì rivolto a quelli,

escusar puommi di quel ch'io m'accuso   *136*
per escusarmi, e vedermi dir vero;
chè il piacer santo non è qui dischiuso,

perchè si fa, montando, più sincero.   *139*

DAS PARADIES · XIV. GESANG

Wohl merkt ich, daß man hohes Lob hier tauschte,   *124*
Weil »*Risurgi*« und »*Vinci*« mir erklungen,
Gleich dem, der nicht versteht, was er erlauschte.

Da fühlt ich mich von Liebe so durchdrungen,   *127*
Daß wohl bis dahin nichts mir konnte taugen,
Was mit so süßen Banden mich umschlungen.

Vielleicht sprech ich zu kühn, weil es die Augen   *130*
Hintanzusetzen scheint, die schönen Bronnen,
Draus all mein Sehnen Stillung pflegt zu saugen.

Doch wer bedenkt, daß die lebendigen Sonnen,   *133*
Je mehr man steigt, je größere Schönheit tragen,
Und ich zurück nicht sah zu jenen Wonnen,

Kann mich entschuldigen, will ich mich verklagen,   *136*
Mich zu entschuldigen; und wird wahr mich nennen.
Denn hier auch muß mir heilige Wonne tagen,

Weil sie im Aufstieg lauterer wird entbrennen.   *139*

CANTO DECIMOQUINTO

Benigna volontade in che si liqua   *1*
sempre l'amor che drittamente spira,
come cupidità fa nell'iniqua,
  silenzio puose a quella dolce lira,   *4*
e fece quïetar le sante corde
che la destra del cielo allenta e tira.
  Come saranno a' giusti prieghi sorde   *7*
quelle sustanze, che, per darmi voglia
ch'io le pregassi, a tacer fur concorde?
  Ben è che sanza termine si doglia   *10*
chi per amor di cosa che non duri
eternalmente, quell'amor si spoglia.
  Quale per li seren tranquilli e puri   *13*
discorre ad ora ad or subito foco,
movendo gli occhi che stavan sicuri,
  e pare stella che tramuti loco;   *16*
se non che dalla parte onde s'accende,
nulla sen perde, ed esso dura poco;
  tale, dal corno che 'n destro si stende,   *19*
al piè di quella croce corse un astro
della costellazion che lì risplende;
  nè si partì la gemma dal suo nastro,   *22*
ma per la lista radial trascorse,
che parve foco dietro ad alabastro.
  Sì pia l'ombra d'Anchise si porse,   *25*
se fede merta nostra maggior musa,
quando in Elisio del figlio s'accorse.
  «O sanguis meus, o superinfusa   *28*
gratia Dei, sicut tibi, cui
bis unquam cœli janua reclusa?»
  Così quel lume: ond'io m'attesi a lui;   *31*
poscia rivolsi alla mia donna il viso,
e quinci e quindi stupefatto fui;
  chè dentro agli occhi suoi ardea un riso   *34*
tal, ch'io pensai co' miei toccar lo fondo
della mia grazia e del mio Paradiso.
  Indi, a udire ed a veder giocondo,   *37*
giunse lo spirto al suo principio cose
ch'io non intesi, sì parlò profondo;

FÜNFZEHNTER GESANG

Gutherziger Wille – den die *echte* Liebe   *1*
Als schönste Offenbarung pflegt zu zeigen,
Wie Gier ein Merkmal ist für schlechte Triebe –
  Gebot dem Klang der süßen Lyra Schweigen   *4*
Und Halt dem Schwirren ihrer heiligen Saiten,
Die Himmelshand lockert und spannt zum Reigen.
  Wie sollten taub sein jene Wesenheiten   *7*
Gerechter Bitte, die einmütig schwiegen,
Um selbst zur Bitte Mut mir zu bereiten?
  Endloser Klage muß mit Recht erliegen,   *10*
Wer solche Liebe nicht weiß zu bewahren
Dingen zulieb, die mit der Zeit verfliegen.
  Gleichwie in Nächten, stillen, sternenklaren,   *13*
Ein Leuchten zuckt von Zeit zu Zeit mit Schnelle,
Daß überrascht ihm nach die Augen fahren,
  Als hätte dort ein Stern vertauscht die Stelle;   *16*
Nur daß an jenem Ort, wo es entbrannte,
Gar keiner fehlt, und bald erlischt die Helle,
  So ward das Kreuz vom Arm, der rechts sich spannte,   *19*
Bis an den Fuß von einem Blitz durchschnitten
Aus jenem Sternbild, das dort Glanz entsandte.
  Doch das Juwel war nicht der Schnur entglitten: *22*
Nein, längs der Leisten war sein Lauf zu schauen,
Gedämpft wie Licht in Alabasters Mitten.
  So liebreich neigte auf Elysiums Auen   *25*
Anchises sich dem Gatten der Krëusa,
Wenn unserer größten Muse zu vertrauen.
  »*O sanguis meus, o superinfusa*   *28*
Gratia Dei, coeli ianua
Cui usquam sicut tibi bis reclusa?«
  So jenes Licht; drob ich zu ihm erst sah   *31*
Und dann den Blick zu meiner Herrin führte –
Und mich erfaßte Staunen hier wie da,
  Weil ihre Augen solch ein Lächeln schürte,   *34*
Daß Gnade meinem Blick schien aufzugehen,
Der schier des Paradieses Grund berührte.
  Lieblich zu hören, wunderhold zu sehen,   *37*
Sprach anschließend der Geist von seltenen Dingen,
Die ich, weil sie so tief, nicht konnt verstehen.

PARADISO · CANTO XV

nè per elezion mi si nascose,   40
ma per necessità; chè il suo concetto
al segno dei mortal si soprapposa.

e quando l'arco dell'ardente affetto   43
fu sì sfocato, che il parlar discese
invèr lo segno del nostro intelletto,

la prima cosa che per me s'intese,   46
«Benedetto sie Tu» fu «Trino e Uno,
che nel mio seme se'tanto cortese!»

E seguìo: «Grado e lontano digiuno,   49
tratto leggendo nel magno volume
u'non si muta mai bianco nè bruno,

solvuto hai, figlio, dentro a questo lume   52
in ch'io ti parlo, mercè di colei
ch'all'alto volo ti vestì le piume.

Tu credi che a me tuo pensier mei   55
da quel ch'è primo, così come raia
dall'un, se si conosce, il cinque e il sei;

e però ch'io mi sia e perch'io paia   58
più gaudioso a te, non mi domandi,
che alcun altro in questa turba gaia.

Tu credi il vero; chè minori e grandi   61
di questa vita miran nello speglio
in che, prima che pensi, il pensier pandi.

Ma perchè il sacro amore in che io veglio   64
con perpetua vista e che m'asseta
di dolce disiar, s'adempia meglio,

la voce tua sicura, balda e lieta   67
suoni la volontà, suoni il disìo
a che la mia risposta è già decreta!»

Io mi volsi a Beatrice, e quella udìo   70
pria ch'io parlassi, ed arrisemi un cenno
che fece crescer l'ali al voler mio.

Poi cominciai così: «L'affetto e il senno,   73
come la prima equalità v'apparse,
d'un peso per ciascun di voi si fenno;

però che il sol che v'allumò e arse   76
col caldo e con la luce, è sì iguali,
che tutte simiglianze sono scarse.

Ma voglia ed argomento nei mortali,   79
per la cagion ch'a voi è manifesta,
diversamente son pennuti in ali;

387

DAS PARADIES · XV. GESANG

Nicht Absicht war es, daß sie mir entgingen,   *40*
Nein, ganz natürlich: denn es überflogen
Menschliche Fassung seines Denkens Schwingen.

Doch als erst seiner heißen Liebe Bogen   *43*
Soweit entspannt war, um sich anzupassen
Den Grenzen, welche unserm Geist gezogen,

Da war das erste, was ich konnte fassen: *46*
»Gesegnet sei, der dreifach ist der Eine,
Der meinen Sproß hat Gnade fühlen lassen!«

Und dann: »Was ich in Sehnsucht, heiß wie keine,   *49*
Erhofft, seit ich im großen Buch gelesen,
Drin Schwarz und Weiß auch das ist, was es scheine,

Dessen bin ich durch dich, o Sohn, genesen   *52*
In diesem Stern, darin ich mich verkünde.
Dank ihr! die Fittich deinem Flug gewesen.

Du glaubst: vom Urgedanken her ergründe   *55*
Dein Denken ich, alsob – gesetzt, man kenne
Die Einheit – draus die Fünf und Sechs entstünde.

Und fragtest drum mich nicht, wie ich mich nenne,   *58*
Noch warum freudiger als irgendeine
Der frohen Schar just meine Flamme brenne.

Du glaubest recht, weil Große sowie Kleine   *61*
Aus diesem Leben hier im Spiegel sehen,
Wie drin dein Denken, ungedacht, erscheine.

Doch daß mir größere Freude läßt geschehen   *64*
Die heilige Liebe, drin ich schauend wache,
Die süßen Sehnsuchtsdurst mir läßt entstehen,

Laß deine Stimme, was sie kund mir mache,   *67*
Freudig, bestimmt und unerschrocken sagen,
Drauf meine Antwort schon beschlossene Sache.«

Zu Beatricen wandt ich mich, zu fragen;   *70*
Doch winkte sie mit lächelndem Gesichte,
Ich solle dreist die scheuen Flügel schlagen.

Drauf hub ich an: »Bei euch im ewigen Lichte,   *73*
Seit ihr die erste Gleichheit habt ergründet,
Stehn Einsicht und Verstand im Gleichgewichte.

Denn jene Sonne, die euch Licht entzündet   *76*
Und wärmt, weiß sie ins Gleiche *so* zu bringen,
Wie kein Vergleich der Ähnlichkeit es kündet.

Doch Wunsch und Kraft, wie Menschen sie erringen,   *79*
Sie sind aus dem euch wohlbekannten Grunde
Zum Flug versehn mit ungleichmäßigen Schwingen.

PARADISO · CANTO XV

ond'io, che son mortal, mi sento in questa   82
disagguaglianza, e però non ringrazio
se non col core alla paterna festa.

Ben supplico io a te, vivo topazio   85
che questa gioia preziosa ingemmi,
perchè mi facci del tuo nome sazio.»

«O fronda mia in che io compiacemmi   88
pur aspettando, io fui la tua radice.»
Cotal principio, rispondendo, femmi;

poscia mi disse: «Quel dal cui si dice   91
tua cognazione e che cent'anni e piùe
girato ha il monte in la prima cornice,

mio figlio fu e tuo bisavo fue: 94
ben si convien che la lunga fatica
tu gli raccorci con l'opere tue.

Fiorenza dentro dalla cerchia antica,   97
ond'ella toglie ancora e terza e nona,
si stava in pace, sobria e pudica.

Non avea catenella, non corona,   100
non donne contigiate, non cintura
che fosse a veder più che la persona.

Non faceva, nascendo, ancor paura   103
la figlia al padre; chè il tempo e la dote
non fuggian quinci e quindi la misura.

Non avea case di famiglia vote;   106
non v'era giunto ancor Sardanapalo
a mostrar ciò che 'n camera si puote.

Non era vinto ancora Montemalo   109
dal vostro Uccellatoio, che, com'è vinto
nel montar su, così sarà nel calo.

Bellincion Berti vid'io andar cinto   112
di cuoio e d' osso, e venir dallo specchio
la donna sua sanza il viso dipinto;

e vidi quel de' Nerli e quel del Vecchio   115
esser contenti alla pelle scoverta,
e le sue donne al fuso ed al pennecchio.

Oh fortunate! ciascuna era certa   118
della sua sepoltura, ed ancor nulla
era per Francia nel letto diserta.

L'una vegghiava a studio della culla,   121
e consolando usava l'idioma
che pria li padri e le madri trastulla;

388

DAS PARADIES · XV. GESANG

Mit solchem Zwiespalt im unlösbaren Bunde
Dank ich als Sterblicher nur mit der Seele
Dir für die Vatergunst, nicht mit dem Munde.

Recht bitt ich dich, o hellstes der Juwele,
Das hier verschönt dies funkelnde Geschmeide:
Nicht länger deinen Namen mir verhehle!« –

»O du mein Laub, das mir schon Herzensweide
Gab im Erwarten, siehe deinen Samen
In mir«, so fing er an mit dem Bescheide.

Dann fuhr er fort: »Nach dem du trägst den Namen,
Und der schon hundert Jahr dazu erlesen,
Zu kreisen in des Berges erstem Rahmen:

Mein Sohn und dein Urgroßahn ists gewesen.
Wohl ziemt sichs, daß du ihn von langer Reise
Durch deine Werke lässest bald genesen.

Florenz, in seinem alten Mauerkreise,
Von wo es heut noch abhört Terz und Nonen,
Lebte in friedlich-mäßiger, keuscher Weise.

Nicht gab es Kettchen schon, nicht gab es Kronen,
Nicht aufgeputzte Frauen, nicht Gürtelspangen,
Die sehenswerter noch als die Personen.

Nicht schuf die Tochter schon dem Vater Bangen
Bei der Geburt, daß sie zu früh ein schlimmer
Mitgiftbegieriger Freier möcht verlangen.

Nicht Häuser gabs, leer an Bewohnern immer,
Nicht durfte ein Sardanapal sich zeigen,
Mit Prunk zu überladen jedes Zimmer.

Nicht mußte schon sich Montemalo neigen
Euerm Uccellatojo, der im Sinken
Ihn einst besiegen wird wie jetzt im Steigen.

Bellincion Bertis Schwertgurt sah ich blinken
Von Bein und Leder; und vom Spiegel kommen
Sein Eheweib, das Antlitz frei von Schminken.

Nerli und Vecchio hat zum Wams genommen
Schmuckloses Fell; und spinnend um die Wette
Saßen beim Rocken ihre Frauen, die frommen.

O Glückliche! Gewiß der Gräberstätte
War jede; keine, die da Frankreich brachte
So weit, daß sie allein geschlafen hätte.

Die eine sorglich an der Wiege wachte
Und schöpfte aus der Kindersprache Wonnen,
Was fröhlich Väter einst und Mütter machte.

82

85

88

91

94

97

100

103

106

109

112

115

118

121

388

PARADISO · CANTO XV

l'altra, traendo alla rócca la chioma,   124
favoleggiava con la sua famiglia
di Troiani, di Fiesole e di Roma.

Sarìa tenuta allor tal maraviglia   127
una Cianghella, un Lapo Salterello,
qual or sarìa Cincinnato e Corniglia.

A così riposato, a così bello   130
viver di cittadini, a così fida
cittadinanza, a così dolce ostello

Maria mi diè, chiamata in alte grida;   133
e nell'antico vostro Battisteo
insieme fui cristiano e Cacciaguida.

Moronto fu mio frate ed Eliseo: 136
mia donna venne a me di val di Pado;
e quindi il soprannome tuo si feo.

Poi seguitai lo 'mperador Currado;   139
ed ei mi cinse della sua milizia,
tanto per bene ovrar gli venni in grado.

Dietro gli andai incontro alla nequizia   142
di quella legge il cui popolo usurpa,
per colpa dei pastor, vostra giustizia.

Quivi fu'io da quella gente turpa   145
disviluppato dal mondo fallace,
il cui amor molte anime deturpa;

e venni dal martìro a questa pace.»   148

DAS PARADIES · XV. GESANG

Vom Rocken hat die andre Garn gesponnen,   124
Indem sie in der Kinder Mitte Mären
Von Troja, Rom und Fiesole begonnen.

Cianghella müßt als Wunder man erklären   127
Nebst Salterello damals, wie es heute
Cornelia und Cincinnatus wären.

Mit solchem Frieden, solcher Bürgersleute   130
Gemeinschaft, solchem süßen Heimatherde
Und solchem biedern Bürgertum erfreute

Maria mich, gerufen in Beschwerde.   133
Ich ward getauft an euerm alten Steine,
Daß ich ein Christ und Cacciaguida werde.

Moront und Eliseo hießen meine   136
Brüder. Mein Weib kam her vom Po-Gestade.
Ihr Name ward als Zuname der deine.

Mit Kaiser Konrad zog ich Kriegespfade,   139
Der mich gegürtet mit dem Ritterdegen
Als eine durch Verdienst erworbene Gnade.

Ihm nach zog ich, dem Schandgesetz entgegen   142
Von jenem Volk, das sich durch Schuld des Hirten
Anmaßt, den Rechtsanspruch euch zu verlegen.

Dort ward ich von dem Volk, dem wahnverwirrten,   145
Aus eurer trügerischen Welt geschieden,
Durch deren Lust viel Seelen schon verirrten,

Und ging durch Heldentod hier ein zum Frieden.«   148

CANTO DECIMOSESTO

O poca nostra nobiltà di sangue,　　　　　　　　*I*
se gloriar di te la gente fai
quaggiù, dove l'affetto nostro langue,

　mirabil cosa non mi sarà mai;　　　　　　　　*4*
chè là dove appetito non si torce,
dico nel cielo, io me ne gloriai.

　Ben se'tu manto che tosto raccorce;　　　　　　*7*
sì che, se non s'appon di dìe in dìe,
lo tempo va dintorno con le force.

　Dal ‹voi›, che prima Roma sofferìe,　　　　　　*I0*
in che la sua famiglia men persevra,
ricominciaron le parole mie;

　onde Beatrice, ch'era un poco scevra,　　　　　*I3*
ridendo, parve quella che tossìo
al primo fallo scritto di Ginevra.

　Io cominciai: «Voi siete il padre mio;　　　　　*I6*
voi mi date a parlar tutta baldezza;
voi mi levate sì, ch'io son più ch'io.

　Per tanti rivi s'empie d'allegrezza　　　　　　*I9*
la mente mia, che di sè fa letizia
perchè può sostener che non si spezza.

　Ditemi dunque, cara mia primizia,　　　　　　*22*
quai fur li vostri antichi, e quai fur gli anni
che si segnaro in vostra puerizia.

　Ditemi dell'ovil di San Giovanni　　　　　　　*25*
quanto era allora, e chi eran le genti
tra esso degne di più alti scanni.»

　Come s'avviva allo spirar dei venti　　　　　　*28*
carbone in fiamma, così vid'io quella
luce risplendere a' miei blandimenti;

　e come agli occhi miei si fe' più bella,　　　　　*3I*
così con voce più dolce e soave,
ma non con questa moderna favella,

　dissemi: «Da quel dì che fu detto ‹Ave›　　　　*34*
al parto in che mia madre, ch'è or santa,
s'alleviò di me ond'era grave,

　al suo Leon cinquecento cinquanta　　　　　　*37*
e trenta fiate venne questo foco
a rinfiammarsi sotto la sua pianta.

SECHZEHNTER GESANG

O unser bißchen Adeltum des Blutes! 1
Wenn du so ruhmesstolz machst unsereinen
Hienieden, wo wir so hinfälligen Mutes,
  So soll mirs wunderbar nichtmehr erscheinen. 4
Denn dort, wo unser Wunsch den Irrtum meidet,
Im Himmel sag ich, rühmt ich mich des meinen.
  Du bist ein Mantel, der an Schrumpfung leidet! 7
Den, weiß man täglich ihm nichts anzupassen,
Die Zeit mit ihrer Schere rings beschneidet. –
  Mit *Ihr*, das Rom zuerst hat zugelassen, 10
(Heut wird sein Brauch dort minderstreng getrieben)
Begann ich wieder fragend Mut zu fassen;
  Drob Beatrice, die seitab verblieben, 13
Lächelnd *der* glich, die sich beim ersten Fehle
Ginevras räusperte, wie uns beschrieben.
  »Ihr seid«, begann ich, »meine Vaterseele. 16
Ihr gebt mir Kühnheit, alles vorzubringen.
Ihr hebt mich über mich, daß ich nichts hehle.
  Aus soviel Bächen fühlt mit Lust durchdringen 19
Mein Geist sich, daß er jauchzt in ihrer Welle,
Weshalb er standhält ohne zu zerspringen.
  Sagt mir denn, meines Ursprungs teure Quelle, 22
Von euern Ahnen; welche Zeit an Jahren
Man schrieb, als ihr noch auf der Kindheit Schwelle.
  Laßt mich vom Schlafstall Sankt Johanns erfahren, 25
Wie groß er war; und welche Bürgersleute
Der obern Sitze wert und teilhaft waren.«
  Wie sich der Kohlen Glut noch stets erneute, 28
Sobald belebt sie wird vom Windeshauche,
So hier mein Schmeichelwort dies Licht erfreute.
  Und daß nicht nur mein *Blick* in Schönheit tauche, 31
Jetzt auch die *Stimme* drang aus süßerm Munde,
In Lauten, wie sie heut nicht mehr im Brauche:
  »Seitdem das Ave klang bis zu der Stunde, 34
Wo meiner sich entbürdet unter Qualen
Die Mutter, heilig jetzt im Engelsbunde,
  Trat zu fünfhundertdreiundfünfzig Malen 37
Schon dieses Feuer in des Löwen Zeichen,
Neu unter dessen Fuße zu erstrahlen.

PARADISO · CANTO XVI

Gli antichi miei e io nacqui nel loco   40
dove si truova pria l'ultimo sesto
dal quel che corre il vostro annual gioco.

Basti de' miei maggiori udirne questo;   43
chi ei si furo, e onde venner quivi,
più è tacer che ragionare onesto.

Tutti color ch'a quel tempo eran ivi   46
da poter arme tra Marte e il Battista,
erano il quinto di quei che son vivi;

ma la cittadinanza, ch'è or mista   49
di Campi, di Certaldo e di Figghine,
pura vediesi nell'ultimo artista.

Oh quanto fora meglio esser vicine   52
quelle genti ch'io dico, ed al Galluzzo
e a Trespiano aver vostro confine,

che averle dentro a sostener lo puzzo   55
del villan d'Aguglion, di quel da Signa,
che già per barattare ha l'occhio aguzzo!

Se la gente ch'al mondo più traligna,   58
non fosse stata a Cesare noverca,
ma come madre a suo figliuol benigna;

tal fatto è fiorentino e cambia e merca,   61
che si sarebbe vòlto a Simifonti,
là dove andava l'avolo alla cerca.

Sariasi Montemurlo ancor dei Conti;   64
sariansi i Cerchi nel piovier d'Acone,
e forse in Valdigrieve i Buondelmonti.

Sempre la confusion delle persone   67
principio fu del mal della cittade,
come del corpo il cibo che s'appone;

e cieco toro più avaccio cade   70
che 'l cieco agnello; e molte volte taglia
più e meglio una che le cinque spade.

Se tu riguardi Luni e Urbisaglia   73
come son ite, e come se ne vanno
diretro ad esse Chiusi e Sinigaglia,

udir come le schiatte si disfanno,   76
non ti parrà nuova cosa nè forte,
poscia che la cittadi termine hanno.

Le vostre cose tutte hanno lor morte   79
sì come voi; ma celasi in alcuna
che dura molto, e le vite son corte.

DAS PARADIES · XVI. GESANG

Wie meine Väter war auch ich desgleichen   *40*
Ans Licht im letzten Stadtsechsteil gekommen,
Bis wohin eure Jahresrennen reichen.

Soviel mag dir von meinen Ahnen frommen.   *43*
Woher sie kamen und als was entsprossen,
Wird würdiger verschwiegen als vernommen.

Was waffenfähig einst und eingeschlossen   *46*
Von Mars bis Täufer: es betrug die Beute
Ein Fünftel kaum der heutigen Heergenossen.

Doch war die Bürgerschaft, vermengelt heute   *49*
Mit Campi und Certaldo und Figghinen,
Noch rein bis auf die letzten Handwerksleute.

O wäret Nachbarn ihr geblieben *ihnen!*   *52*
Galluzzo würde besser dazu taugen
Und auch Trespian, zu Grenzen euch zu dienen,

Statt nun den Stank im Weichbild einzusaugen   *55*
Von Aguglions und Signas Bauernherden,
Die schon auf Schacher spähen mit Gauneraugen.

Wenn nicht das Volk, das schändlichste auf Erden,   *58*
Stiefmütterlich gehandelt am Cäsaren
Statt liebe Sohnesmutter ihm zu werden,

Hätt sich, wer heut noch feilscht mit Geld und Waren,   *61*
Verflüchtigt aus Florenz nach Simifonti,
Wo bettelnd schon sein Ahn das Land durchfahren.

Noch wäre Montemurli Sitz der Conti,   *64*
Die Cerchi säßen im Aconer Sprengel,
Und wohl im Grevetal die Buondelmonti.

Stets war des Unheils Grund solch Volksgemengel!   *67*
Wie für den Körper gieriges Speisenschlingen
Ist das für jede Stadt ihr böser Engel.

Zu Fall wird blinden Stier man leichter bringen,   *70*
Als blindes Lamm; und oft wird besser schneiden,
Und mehr auch, *eine* statt fünf Schwertesklingen.

An Luni denk, an Urbisaglia! beiden   *73*
Gings schlimm; auch Chiusi wird es kaum verwinden,
Und Sinigaglia liegt schon im Verscheiden!

Drum wirst dus weder neu noch seltsam finden,   *76*
Zu hören, daß Geschlechter untergehen,
Wo ganze Städte nachundnach verschwinden.

Was Mensch und Menschenwerk, kann nicht bestehen.   *79*
Und zögert oft der Tod, zu überraschen:
Spät scheints, denn ihr müßt selber schnell verwehen.

391

PARADISO · CANTO XVI

E come il volger del ciel della luna 82
cuopre e discuopre i liti sanza posa,
così fa di Fiorenza la Fortuna;

per che non dee parer mirabil cosa 85
ciò ch'io dirò degli alti Fiorentini
onde la fama nel tempo è nascosa.

Io vidi gli Ughi, e vidi i Catellini, 88
Filippi, Greci, Ormanni e Alberichi,
già nel calare, illustri cittadini;

e vidi così grandi come antichi, 91
con quel della Sannella, quel dell'Arca,
e Soldanieri e Ardinghi e Bostichi.

Sopra la porta ch'al presente è carca 94
di nuova fellonia di tanto peso,
che tosto fia iattura della barca,

erano i Ravignani, ond'è disceso 97
il conte Guido e qualunque del nome
dell'alto Bellincione ha poscia preso.

Quel della Pressa sapeva già come 100
regger si vuole; ed avea Galigaio
dorata in casa sua già l'elsa e 'l pome.

Grand'era già la colonna del Vaio, 103
Sacchetti, Giuochi, Fifanti e Barucci ·
e Galli e quei ch'arrossan per lo staio.

Lo ceppo di che nacquero i Calfucci, 106
era già grande; e già eran tratti
alle curule Sizii e Arrigucci.

Oh quali io vidi quei che son disfatti 109
per lor superbia! E le palle dell'oro
fiorian Fiorenza in tutt'i suoi gran fatti.

Così facean li padri di coloro 112
che, sempre che la vostra chiesa vaca,
si fanno grassi stando a consistoro.

L'oltracotata schiatta che s'indraca 115
dietro a chi fugge, ed a chi mostra il dente
ovver le borsa, come agnel si placa,

già venìa su, ma di picciola gente; 118
sì che non piacque ad Ubertin Donato
che poi il suocero il fe' lor parente.

Già era il Caponsacco nel mercato 121
disceso giù da Fiesole; e già era
buon cittadino Giuda e Infangato.

DAS PARADIES · XVI. GESANG

Und wie der Mondesumlauf überwaschen 82
Und trocknen läßt im Wechselspiel die Küste,
Spielt mit Florenz das Glück Versteck und Haschen.

Drum staune nicht, daß ich zu melden wüßte 85
Ob längstvergessener edler Florentiner,
Von deren Ruhm man heut noch singen müßte.

Ich hab Ormannen, Ugher, Catelliner, 88
Filipper, Greker, Alberichs gesehen,
Im Sturze noch der Stadt ruhmvolle Diener.

Und sah, die gleich an Ruhm und Alter stehen 91
Mit jenen von Sannella und von Arke,
Ardinghi, Bostichi, Soldanier vergehen.

An jenem Tor, das neuerdings so starke 94
Verräterei bedrückt, daß bald verspüren
Den Schiffbruch wird die überladene Barke,

Stand Ravignanis Stammhaus. Daraus rühren 97
Graf Guido her und die der Bellincione
Berühmten alten Namen sonst noch führen.

Schon wußte, wie es sich zu herrschen lohne, 100
Der Pressa. Schon war Galigajos Degen
Mit Gold beknauft – daheim! aus Furcht vorm Hohne.

Groß waren schon der Pelzpfahl allerwegen, 103
Sacchetti, Giuochi, Fifanti und Barucci,
Auch Galli und – die Scham vorm Kornmaß hegen.

Der Stamm, aus dem entsprossen die Calfucci, 106
War groß schon; und zu den kurulischen Stühlen
Hob man die Sizi schon und Arrigucci.

O wie sah *die* ich keck ihr Mütchen kühlen, 109
Die bald gestürzt! Die goldenen Kugeln ließen
Florenz sich stolz bei jeder Großtat fühlen.

Ruhm sah ich auch den Vätern *jener* sprießen, 112
Die heut beim Tod sich mästen des Prälaten
Und Wein im Konsistorium lassen fließen.

Die Sippschaft – die entsproßt aus Drachensaaten 115
Dem Fliehenden scheint, doch sanft wird gleich dem Lamme,
Zeigt man die Zähne oder die Dukaten –

Kam schon empor; doch aus ganz niederm Stamme: 118
Drob wars dem Ubertin Donat zuwider,
Daß zu *den* Vettern ihn der Schwäher verdamme.

Schon stieg zum Markt der Caponsacco nieder 121
Von Fiesole. Und Giuda galt im Orte
Samt Infangat als Bürger schon treubieder.

392

PARADISO · CANTO XVI

Io dirò cosa incredibile e vera: 124
nel picciol cerchio s'entrava per porta
che si nomava da quei della Pera.

Ciascun che della bella insegna porta   127
del gran barone il cui nome e il cui pregio
la festa di Tommaso riconforta,

da esso ebbe milizia e privilegio;   130
avvegna che con popol si rauni
oggi colui che la fascia col fregio.

Già eran Gualterotti ed Importuni;   133
e ancor sarìa Borgo più quïeto,
se di nuovi vicin fosser digiuni.

La casa di che nasque il vostro fleto,   136
per lo giusto disdegno che v'ha morti
e puose fine al vostro viver lieto,

era onorata essa e suoi consorti: 139
o Buondelmonte, quanto mal fuggisti
le nozze sue per gli altrui conforti!

Molti sarebber lieti che son tristi,   142
se Dio t'avesse conceduto ad Ema,
la prima volta ch'a città venisti.

Ma convenìasi a quella pietra scema   145
che guarda il ponte, che Fiorenza fêsse
vittima nella sua pace postrema.

Con queste genti e con altre con esse   148
vid'io Fiorenza in sì fatto riposo,
che non avea cagione onde piangesse:

con queste genti vid'io glorioso   151
e giusto il popol suo, tanto che il giglio
non era ad asta mai posto a ritroso,

nè per divisïon fatto vermiglio.»   154

DAS PARADIES · XVI. GESANG

Unglaublich aber wahr sind folgende Worte: *124*
Die in den kleinern Stadtteil führt – bis heute
Bildet der Pera Denkmal diese Pforte!

Alles was sich des schönen Wappens freute   *127*
Des großen Freiherrn – dessen Ruhm und Namen
Beim Thomasfest alljährlich sich erneute –

Diplom und Ritterschlag von ihm bekamen,   *130*
Obwohl jetzt huldigt niederm Volksgebaren,
Der um sein Wappen zog den goldenen Rahmen.

Die Gualtarotti und Importuni waren   *133*
Schon da; und Friede wär in Borgos Mauern,
Wenn sie von neuen Nachbarn nichts erfahren.

Das Haus, das Ursprung ward von euerm Trauern   *136*
Ob des gerechten Zorns, der euch erschlagen
Und euer heitres Leben nicht ließ dauern,

Sich und den Seinen sah den Ruhm es tagen: *139*
O Buondelmonte! nicht zu deinem Frommen
Ließ falscher Rat der Heirat dich entsagen.

Wie viele lebten froh, die jetzt beklommen,   *142*
Wärst du durch Gott im Emafluß verschieden,
Als du zum erstenmal zur Stadt gekommen.

Doch wars dem Torso wohl bestimmt dortnieden,   *145*
Dem Brückenwächter, zum Altar zu dienen,
Drauf opfern sollt Florenz den letzten Frieden.

Mit diesen und andern Bürgern außer ihnen   *148*
Sah ich Florenz in solchem Friedensglanze,
Daß nie ein Grund zum Weinen war erschienen.

Mit diesen Bürgern sah im Ruhmeskranze   *151*
Das Volk ich so gerecht, daß man die Blüte
Der Lilie nie verkehrt trug auf der Lanze,

Noch daß sie rot im Bürgerzwist erglühte.«   *154*

CANTO DECIMOSETTIMO

Qual venne a Climenè, per accertarsi
di ciò ch'avea incontro a sè udito
quei ch'ancor fa li padri a' figli scarsi;

tale era io, e tale era sentito
e da Beatrice e dalla santa lampa
che pria per me avea mutato sito.

Per che mia donna «Manda fuor la vampa
del tuo disìo» mi disse, «sì ch'ell'esca
segnata bene della interna stampa;

non perchè nostra conoscenza cresca
per tuo parlare, ma perchè t'ausi
a dir la sete, sì che l'uom ti mesca.»

«O cara piota mia che sì t'insusi,
che, come veggion le terrene menti
non capére in triangolo due ottusi,

così vedi le cose contingenti
anzi che sieno in sè, mirando il punto
a cui tutti li tempi son presenti,

mentre ch'io era a Virgilio congiunto
su per lo monte che l'anime cura
e discendendo nel mondo defunto,

dette mi fur di mia vita futura
parole gravi; avvegna ch'io mi senta
ben tetragono ai colpi di ventura.

Per che la voglia mia sarìa contenta
d'intender qual fortuna mi s'appressa;
chè saetta previsa vien più lenta.»

Così diss'io a quella luce stessa
che pria m'avea parlato e come volle
Beatrice, fu la mia voglia confessa.

Nè per ambage, in che la gente folle
già s'inviscava pria che fosse anciso
l'agnel di Dio che le peccata tolle,

ma per chiare parole e con preciso
latin rispose quello amor paterno,
chiuso e parvente del suo proprio riso:

«La contingenza, che fuor del quaderno
della vostra matera non si stende,
tutta è dipinta nel cospetto eterno:

SIEBZEHNTER GESANG

Wie jener zu Klymenen trat, dem argen   *1*
Verdachte sicher auf die Spur zu kommen,
Sodaß seitdem mit Worten Väter kargen,

So war mir; und so ward ich auch vernommen   *4*
Von Beatrice und dem heiligen Lichte,
Das erst den Ort gewechselt mir zum Frommen.

Drum sprach die Herrin: »Dreist zu mir nun richte   *7*
Den heißen Wunsch; doch komm uns drin die reine
Innere Prägung deutlich zu Gesichte.

Nicht daß kenntnisbereichernd uns erscheine   *10*
Dein Wort, nein: deinen Durst uns unverdrossen
Zu melden, daß man lösche ihn im Weine.« –

»O du mein teurer Stamm, so hochentsprossen,   *13*
Daß – wie wir Menschen klar am Dreieck sehen:
Zwei stumpfe Winkel hält es nie umschlossen –

Du so Ereignisse, eh sie geschehen,   *16*
Im Anschaun jenes Punktes kannst erkunden,
Drin gegenwärtig alle Zeiten stehen.

Indes ich aufstieg, mit Vergil verbunden,   *19*
Den Berg, der Heilung will den Seelen geben,
Und ich zur Todeswelt den Weg gefunden,

Hört ich manch Drohwort für mein Zukunftsleben.   *22*
Und fühl ich mich auch quadertrotzig stehen –
Genug, vor Schicksalsschlägen nicht zu beben,

Wär doch Genüge meinem Wunsch geschehen,   *25*
Wüßt ich, vor welchem Los ich müßt erbangen:
Der Pfeil fliegt träger, den wir vorher sehen.«

So ich zum Licht, das redend mich empfangen   *28*
Vorhin; so war gebeichtet auch vollkommen,
Gehorsam Beatricen, mein Verlangen.

Nicht unklar noch orakelhaft-verschwommen,   *31*
Wie es die blinde Menschheit einst berückte,
Eh Gottes Lamm die Sünde weggenommen,

Nein: bündigen Wortes, unzweideutig drückte   *34*
Sich Vaterliebe aus, die mit Behagen
Sich teils im Lächeln barg, teils damit schmückte.

»Zufall, der nie im Buch wird überragen   *37*
Die Blätter, draus sich euer Sein bereitet,
Liegt ganz vorm ewigen Antlitz aufgeschlagen.

PARADISO · CANTO XVII

necessità però quindi non prende,   40
se non come dal viso in che si specchia
nave che per corrente giù discende.

Da indi sì come viene ad orecchia   43
dolce armonia da organo, mi vene
a vista il tempo che ti s'apparecchia.

qual si partì Ippolito d'Atene   46
per la spietata e perfida noverca,
tal di Fiorenza partir ti convene.

Questo si vuole, e questo già si cerca, 49
e tosto verrà fatto a chi ciò pensa
là dove Cristo tuttodì si merca.

La colpa seguirà la parte offensa   52
in grido, come suol; ma la vendetta
fia testimonio al ver che la dispensa.

Tu lascerai ogni cosa diletta   55
più caramente, e questo è quello strale
che l'arco dello esilio pria saetta.

Tu proverai sì come sa di sale   58
lo pane altrui, e com'è duro calle
lo scendere e 'l salir per l'altrui scale.

E quel che più ti graverà le spalle   61
sarà la compagnia malvagia e scempia
con la qual tu cadrai in questa valle;

che tutta ingrata, tutta matta ed empia 64
si farà contr'a te; ma, poco appresso,
ella, non tu, n'avrà rossa la tempia.

Di sua bestialitate il suo processo   67
farà la prova; sì che a te fia bello
averti fatta parte per te stesso.

Lo primo tuo rifugio e 'l primo ostello 70
sarà la cortesia del gran Lombardo
che 'n su la scala porta il santo uccello;

che in te avrà sì benigno riguardo,   73
che del fare e del chieder, tra voi due,
fia primo quel che, tra gli altri, è più tardo.

Con lui vedrai colui che impresso fue,   76
nascendo, sì da questa stella forte,
che notabili fier l'opere sue.

Non se ne son le genti ancora accorte   79
per la novella età, chè pur nove anni
son queste rote intorno di lui torte;

395

DAS PARADIES · XVII. GESANG

Doch wird ein Zwang daraus nicht hergeleitet,
Sowenig als vom Auge, drin sichs spiegelt,
Dem Schiff, das mit dem Strom zutalegleitet.

Wie sich das Ohr dem Orgelklang entriegelt,
So wird, was für die Zukunft dir gediehen,
Von dorther meinem Blicke klar entsiegelt.

Wie Hippolyt Athen einst mußte fliehen
Vor seiner zweiten Mutter listigen Ränken,
So mußt du aus Florenz vondannenziehen.

Das wünscht und strebt man dir schon einzutränken,
Und der wirds *dort* erreichen mittlerweile,
Wo Christus täglich steht vor Schacherbänken.

Schuldgeben wird zwar dem gekränkten Teile,
Wie üblich, Volkesstimme; doch die Rache
Zeugt für die Wahrheit laut und folgt in Eile.

Alles, was dich erfreu und hold dir lache,
Mußt du verlassen: *der* Pfeil wird entdecken
Zuerst dir, wie solch Bannfluch elend mache.

Wie fremdes Brot doch salzig pflegt zu schmecken,
Erfährst du; und wie über fremde Stiegen
Das Aufundab muß bittern Kummer wecken.

Doch wirds am tiefsten deine Schultern biegen,
Mit jener Schar, des Bosheit ist Bedürfen
Und Torheit Brauch, in *einer* Kluft zu liegen.

Wohl zeigt sie sich an Denkart und Entwürfen
Dir undankbar und ruchlos. Bald indessen
Wird *sie*, nicht du! die Stirn sich blutig schürfen.

Und hast du ihre Roheit erst ermessen,
So siehst du, wie es dir nur konnte nützen,
Partei dirselbst zu sein anstatt sonstwessen! –

Mit erstem Obdach wird dich unterstützen
Die Großmut des Lombarden, der im Schilde
Die Leiter führt, die Adlerflügel schützen.

Sein Auge ruht auf dir mit gütiger Milde,
Daß unter euch beim Geben und Begehren
Als erstes gilt, was sonst das letzte bilde.

Dort wirst du *ihn* sehn, dem von diesem hehren
Gestirn schon durch Geburt ward Kraft gegeben
Zu Taten, an Bedeutung reich und Ehren.

Noch konnten auf das Kind sich nicht erheben
Der Völker Augen, weil um seine Krone
Neun Jahr lang erst die ewigen Kreise schweben.

40

43

46

49

52

55

58

61

64

67

70

73

76

79

PARADISO · CANTO XVII

ma pria che il Guasco l'alto Arrigo inganni, 82
parran faville della sua virtute
in non curar d'argento nè d'affanni.

Le sue magnificenze conosciute 85
saranno ancora, sì che i suoi nimici
non ne potran tener le lingue mute.

A lui t'aspetta ed a'suoi benefici: 88
per lui fia trasmutata molta gente,
cambiando condizion ricchi e mendici;

e portera'ne scritto nella mente 91
di lui, ma nol dirai»; e disse cose
incredibili a quei che fien presente.

Poi giunse: «Figlio, queste son le chiose 94
di quel che ti fu detto; ecco le insidie
che dietro a pochi giri son nascose.

Non vo' però ch'a'tuoi vicini invidie 97
poscia che s'infutura la tua vita
vie più là che 'l punir di lor perfidie.»

Poi che, tacendo, si mostrò spedita 100
l'anima santa di metter la trama
in quella tela ch'io le porsi ordita,

io cominciai come colui che brama, 103
dubitando, consiglio da persona
che vede e vuol dirittamente ed ama:

«Ben veggio, padre mio, sì come sprona 106
lo tempo verso me, per colpo darmi
tal, ch'è più grave a chi più s'abbandona;

per che di provvedenza è buon ch'io m'armi, 109
sì che, se 'l loco m'è tolto più caro,
io non perdessi gli altri per miei carmi.

Giù per lo mondo sanza fine amaro, 112
e per lo monte del cui bel cacume
gli occhi della mia donna mi levaro,

e poscia per lo ciel di lume in lume 115
ho io appreso quel che, s'io ridico,
a molti fia sapor di forte agrume;

e s'io al vero son timido amico, 118
temo di perder viver tra coloro
che questo tempo chiameranno antico.»

La luce in che ridea il mio tesoro 121
ch'io trovai lì, si fe'prima corrusca,
quale a raggio di sole specchio d'oro;

396

DAS PARADIES · XVII. GESANG

Doch eh den hohen Heinrich der Gaskone   *82*
Betrügt, wird Funken seine Tugend sprühen,
Die nicht nach Mühsal fragt und goldenem Lohne.

So ruhmreich wird der Herrliche erblühen,   *85*
Daß ihn und seine Taten totzuschweigen
Selbst seine Feinde sich umsonst bemühen.

Harre auf ihn, er wird sich hilfreich zeigen.   *88*
Wandel wird vielem Volk durch ihn geschehen:
Die Reichen fallen und die Armen steigen.

Und laß von ihm dir dies geschrieben stehen   *91*
Im Geist, doch schweig . . .« Und nun ward mir erschlossen,
Was dem unglaublich selbst, der es wird sehen.

Dann schloß er: »Dies sind zum Bericht die Glossen,   *94*
Mein Sohn. Die Schlingen sieh, die noch erscheinen,
Wenn weniger Jahre Kreislauf erst verflossen.

Jedoch beneide deiner Nachbarn keinen!   *97*
Denn längere Zukunft bleibt dir zugewendet,
Als bis des Treubruchs Strafe sie beweinen.«

Als dann gezeigt durch Schweigen, daß vollendet   *100*
Die heilige Seele des Gewebes Rollen,
Zu dem ich nur das Rahmenwerk gespendet,

Begann ich dem gleich, der im Zweifelvollen   *103*
Nach dem sich umtut, mit ihm Rat zu pflegen,
Der Rechtes sieht und liebt und nur mag wollen:

»Wohl seh ich, Vater, schon sich herbewegen   *106*
Den Tag, der mir mit hartem Stoß will dienen,
Der schwerer den trifft, der nicht trotzt dagegen.

Drum heißt es wappnen sich mit Schild und Schienen,   *109*
Damit, muß ich den liebsten Ort schon missen,
Mir nicht noch andre rauben die Terzinen.

Drunten in endlosbittern Finsternissen,   *112*
Am Berg, von dessen schönem Gipfelkreise
Der Herrin Auge mich emporgerissen;

Von Licht-zu-Licht dann auf der Himmelsreise   *115*
Vernahm ich viel, das – wenn ichs weitersage –
Manchem zustark gepfeffert scheint als Speise.

Doch wenn als Wahrheitsfreund ich furchtsam zage,   *118*
So fürcht ich nicht bei jenen fortzuleben,
Die alte Zeit einst nennen diese Tage.«

Das Licht, das lächelnd mein Juwel umgeben,   *121*
Das ich dort fand, entsprühte so, als ließe
Die Sonne auf Goldspiegel Strahlen schweben.

PARADISO · CANTO XVII

indi rispose: «Conscienza fusca   *124*
o della propria o della altrui vergogna
pur sentirà la tua parola brusca.

Ma nondimen, rimossa ogni menzogna,   *127*
tutta tua vision fa'manifesta;
e lascia pur grattar dov'è la rogna.

Chè se la voce tua sarà molesta   *130*
nel primo gusto, vital nutrimento
lascerà poi, quando sarà digesta.

Questo tuo grido farà come vento,   *133*
che le più alte cime più percuote;
e ciò non fa d'onor poco argomento.

Però ti son mostrate in queste rote,   *136*
nel monte e nella valle dolorosa
pur l'anime che son di fama note;

chè l'animo di quel ch'ode non posa,   *139*
nè ferma fede per esemplo ch'àia
la sua radice incognita e nascosa.

nè per altro argomento che non paia.»   *142*

DAS PARADIES · XVII. GESANG

Dann sprachs: »Wer im Gewissen frei nicht hieße   *124*
Von Schuld, mag eigene oder fremde drücken,
Wird finden, daß dein Wort zu ätzend fließe.

Doch ohne es entstellend auszuschmücken,   *127*
Künde nur ganz dein Bild, das traumerschaute;
Und laß sich kratzen, wen der Grind mag jücken!

Denn wem da auch vor deiner Stimme graute   *130*
Beim ersten Kosten – lebenskräftige Speise
Wird sie für jeden sein, der sie verdaute.

Dein Ruf wird brausen, eine Sturmwindsweise,   *133*
Die meistens macht die höchsten Wipfel schwingen;
Und das dient dir zu nicht geringem Preise.

Man zeigte deshalb dir in diesen Ringen,   *136*
Am Berge und im Tal schmerzvoller Zähren,
Nur Seelen, die berühmten Namens klingen.

Denn Glauben und Befriedigung wird gewähren   *139*
Des Hörers Geist *kein* Beispiel, das entsprossen
Aus Wurzeln dunkler und verborgener Sphären,

Noch sonst Beweise, die kein Licht umflossen.«   *142*

CANTO DECIMOTTAVO

Già si godeva solo del suo verbo   1
quello specchio beato, ed io gustava
lo mio, temprando col dolce l'acerbo;

    e quella donna ch'a Dio mi menava   4
disse: «Muta pensier: pensa ch'io sono
presso a colui ch'ogni torto disgrava».

    Io mi rivolsi all'amoroso suono   7
del mio conforto, e quale io allor vidi
negli occhi santi amor, qui l'abbandono;

    non perch'io pur del mio parlar diffidi,   10
ma per la mente, che non può reddire
sopra sè tanto, s'altri non la guidi.

    Tanto poss'io di quel punto ridire,   13
che, rimirando lei, lo mio affetto
libero fu da ogni altro disire,

    fin che il piacere eterno, che diretto   16
raggiava in Beatrice, dal bel viso
mi contentava col secondo aspetto.

    Vincendo me col lume d'un sorriso,   19
ella mi disse: «Volgiti ed ascolta;
chè non pur ne'miei occhi è Paradiso».

    Come si vede qui alcuna volta   22
l'affetto nella vista, s'ello è tanto,
che da lui sia tutta l'anima tolta;

    così nel fiammeggiar del fulgor santo   25
a ch'io mi volsi, conobbi la voglia
in lui di ragionarmi ancora alquanto.

    El cominciò: «In questa quinta soglia   28
dell'albero che vive della cima,
e frutta sempre, e mai non perde foglia,

    spiriti son beati che giù, prima   31
che venissero al ciel, fur di gran voce,
sì ch'ogni Musa ne sarebbe opima.

    Però mira ne'corni della croce: 34
quello ch'io nomerò, lì farà l'atto
che fa in nube il suo fuoco veloce.»

    Io vidi per la croce un lume tratto   37
dal nomar Giosuè, com' el si feo;
nè mi fu noto il dir prima che il fatto.

ACHTZEHNTER GESANG

Schon wieder still sich seines Sinnens freute   *1*
Der selige Spiegel. Ich genoß das meine,
Indem ich süßes mir ins bittere streute.

Da sprach, die mich zu Gott geführt, die Reine: *4*
»An andres denke! denk: wie nahe steh ich
Dem, der das Unrecht tilgt, wie hart es scheine.«

Bei meines Trostes liebem Klange dreh ich   *7*
Sofort mich um. Doch *wie* so schön ich schaute
Die heiligen Augen *jetzt*, das übergeh ich.

Nicht daß ich meinem Wort allein mißtraute,   *10*
Nein: weil soweiten Rückweg einzuschlagen,
Meinem Gedächtnis ohne Führung graute.

Soviel kann ich hiervon nur wiedersagen: *13*
Als ich *sie* einzig anzuschauen bedachte,
Konnt ich mit keinem andern Wunsch mich tragen,

Solang die Ewige Lust – die gradwegs lachte   *16*
Auf Beatricens Antlitz, glanzumsponnen –
Im Widerschein mich überselig machte.

Besiegend mich mit ihres Lächelns Sonnen,   *19*
Sprach sie: »Schau um und höre! denn dir spendet
Nicht nur mein *Auge* Paradieseswonnen!«

Wie oft ein äußeres Zeichen sichtbar sendet   *22*
Der Wunsch, der ganz der Seele bringt Genügen,
Daß er im Antlitz als ein Abglanz endet,

So sah ich in den heiligen Flammenzügen,   *25*
Umwendend mich zum hellern Glutgeblitze,
Den Wunsch, noch einige Worte anzufügen.

Da sprachs: »In dieses Baumes fünftem Sitze,   *28*
Der stets voll Frucht, dem Blätter nie entstoben,
Der Nahrung saugt aus seines Wipfels Spitze,

Sind selige Geister, die, eh sie enthoben   *31*
Zum Himmel, ruhmvoll schon bei Lebenszeiten,
Sodaß es jede Muse zwingt zum Loben.

Drum schau, wo sich des Kreuzes Arme breiten: *34*
Aufleuchten wird, wen ich dir werde nennen,
Als sähst du einen Blitz durch Wolken gleiten.« –

Ich sah ein Leuchten übers Kreuz hinrennen,   *37*
Sobald er ließ den Ruf »Josua« ergehen:
Nicht ließ vorm Wort sich mir die Tat erkennen.

PARADISO · CANTO XVIII

Ed al nome dell'alto Maccabeo   40
vidi moversi un altro roteando;
e letizia era ferza del paleo.

Così per Carlo Magno o per Orlando   43
due ne seguì lo mio attento sguardo,
com'occhio segue suo falcon volando.

Poscia trasse Guiglielmo e Rinoardo,   46
e il duca Gottifredi la mia vista
per quella croce, e Ruberto Guiscardo.

Indi, tra l'altre luci mota e mista,   49
mostrommi l'alma che m'avea parlato
qual era tra'cantor del cielo artista.

Io mi rivolsi dal mio destro lato,   52
per vedere in Beatrice il mio dovere
o per parlare o per atto segnato;

e vidi le sue luci tanto mere,   55
tanto gioconde, che la sua sembianza
vinceva gli altri e l'ultimo solere.

E come, per sentir più dilettanza   58
bene operando, l'uom di giorno in giorno
s'accorge che la sua virtute avanza;

sì m'accors'io che il mio girare intorno   61
col cielo insieme avea cresciuto l'arco,
veggendo quel miracol più adorno.

E qual è il trasmutare in picciol varco,   64
di tempo in bianca donna, quando il volto
suo si discarchi di vergogna il carco,

tal fu negli occhi miei quando fui volto   67
per lo candor della temprata stella
sesta, che dentro a sè m'avea ricolto.

Io vidi in quella giovial facella   70
lo sfavillar dell'amor che lì era,
segnare agli occhi miei nostra favella;

e come augelli surti di rivera,   73
quasi congratulando a lor pasture,
fanno di sè or tonda, or altra schiera;

sì dentro ai lumi sante creature   76
volitando cantavano, e faciensi
or D, or I, or L in sue figure.

Prima, cantando, a sua nota moviensi;   79
poi, diventando l'un di questi segni,
un poco s'arrestavano, e taciensi.

DAS PARADIES · XVIII. GESANG

Und konnte den hohen Makkabäer sehen   40
Als kreisend Licht; und Wonne trieb im Schoße
Der Glut als Peitsche dieses Kreisels Drehen.

So Roland dann erschien und Karl der Große.   43
Ich folgte ihrem Flug mit Spähermienen
Gleichwie das Auge folgt des Falken Stoße.

Wilhelm und Rinoard am Kreuz erschienen.   46
Auch Herzog Gottfried schwang sich im Gepränge,
Und Robert Guiskard blitzte hinter ihnen.

Sich mischend in der andern Lichtgedränge   49
Wies mir die Seele, deren Wort geendet:
Auch sie sei Künstlerin himmlischer Gesänge.

Ich hatte mich zur Rechten umgewendet,   52
Ob Beatrice mir vielleicht ein Zeichen,
Vielleicht ein Wort zu meiner Weisung spendet.

Und sah am Augenglanz der Schönheitsreichen,   55
Daß nichts an klarem wonnigem Entzücken,
Von einst bis hier zuletzt, ihr zu vergleichen.

Und wie, jemehr ihm gute Taten glücken,   58
Der Mensch sich freuet, weil es ihm gelungen,
Im Tugendwege täglich vorzurücken,

So sah ich, während ich mich umgeschwungen,   61
Daß größerer Himmelsbogen mich umfangen,
An meines Wunderbilds Verschönerungen.

Und wie in kurzem zarter Jungfrau Wangen   64
Sich wieder weißlich färben, wenn der Frommen
Der Schamesröte Merkmal ist vergangen,

So war sie meinen Augen vorgekommen   67
Im Silberlicht des milderen Planeten,
Des sechsten, der mich nunmehr aufgenommen.

Als sich der Liebe Funken wirbelnd drehten   70
Im Jovisfackelbrand, konnt ich gewahren,
Daß sie sich ordneten zu Alphabeten.

Und wie vom Ufer Vögel aufwärtsfahren,   73
Gleichsam zur Weide Mahlzeitwunsch sich bringend,
Sich bald zu Gruppen, bald auch anders scharen,

So sangen heilige Wesen, froh sich schwingend   76
Im Lichtglanz, und sich anmutvoll beim Fliegen
Zu einem *D* und *I* und *L* verschlingend.

Erst sah ich sie zu ihrem Sang sich wiegen.   79
Und dann, geformt zu einem jener Zeichen,
Hielten sie etwas an, indem sie schwiegen.

PARADISO · CANTO XVIII

O Diva Pegasea che gl'ingegni   82
fai gloriosi e rendili longevi,
ed essi teco le cittadi e i regni,

illustrami di te sì, ch'io rilevi   85
le lor figure com'io l'ho concette:
paia tua possa in questi versi brevi!

Mostrârsi dunque in cinque volte sette   88
vocali e consonanti; e io notai
le parti sì, come mi parver dette.

‹DILIGITE IUSTITIAM› primai   91
fur verbo e nome di tutto il dipinto;
‹QUI IUDICATIS TERRAM› fur sezzai.

Poscia nell'M del vocabol quinto   94
rimasero ordinate, sì che Giove
pareva argento lì d'oro distinto.

E vidi scendere altre luci dove   97
era il colmo dell'emme, e lì quetarsi
cantando, credo, il ben ch'a sè le muove.

Poi, come nel percuoter dei ciocchi arsi   100
surgono innumerabili faville,
onde gli stolti sogliono agurarsi,

resurger parver quindi più di mille   103
luci e salir, qual assai e qual poco,
sì come il sol che le accende sortille;

e quïetata ciascuna in suo loco,   106
la testa e 'l collo d'un'aguglia vidi
rappresentare a quel distinto foco.

Quei che dipinge lì, non ha chi 'l guidi;   109
ma esso guida, e da lui si rammenta
quella virtù ch'è forma per li nidi.

L'altra beatitudo, che contenta   112
pareva in prima d'ingigliarsi all'emme,
con poco moto seguitò la imprenta.

O dolce stella, quali e quante gemme   115
mi dimostraro che nostra giustizia
effetto sia del ciel che tu ingemme!

Per ch'io prego la mente in che s'inizia   118
tuo moto e tua virtute, che rimiri
ond'esce il fummo che 'l tuo raggio vizia;

sì ch'un'altra fïata omai s'adiri   121
del comperare e vender dentro al templo,
che si murò di segni e di martìri.

400

DAS PARADIES · XVIII. GESANG

O heilige Pegasäa, die erbleichen   82
Den Ruhm nicht läßt den Geistern, und mit ihnen
Den Städten Dauer giebt und Königreichen,

    Laß deine Klarheit mir zur Leuchte dienen!   85
Und daß ich mag die Formen richtig malen,
Gieb Kraft dem knappen Versmaß der Terzinen.

    Ich sah nun fünfmalsieben an Vokalen   88
Und Konsonanten, die sich niederließen;
Und merkte Art und Ort der Initialen.

    DILIGITE JUSTITIAM: also hießen   91
Das erste Haupt- und Zeitwort für das Ganze.
QUI JUDICATIS TERRAM sah ichs schließen.

    Beim fünften Wort verharrten sie im Glanze   94
Des *M*. Und Jupiter schien mir gediehen
Zum Silberschild mit goldener Schrift im Kranze.

    Und andre Lichter sah ich niederziehen   97
Aufs Haupt des *M*, dort rastend Dem zu weihen
Ein Lied, dem *so* Anziehungskraft verliehen.

    Und dann, wie zahllos stieben Funkenreihen,   100
Wenn man zwei glühende Scheite schlägt zusammen,
Draus Toren pflegen sich zu prophezeien,

    So stiegen dort empor wohl tausend Flammen   103
Und flogen mehr und minderhoch in Schnelle,
Wie es die Sonne fügt, der sie entstammen.

    Und wie nun jede stand an ihrer Stelle,   106
Sah ich als Adlerhaupt und -hals gestaltet
Die Flammen auf des Hintergrundes Helle.

    Ihn leitet nichts, der droben malt und waltet,   109
Nein, leitet selbst; und Ihm nur ist entsprossen
Die Bildkraft, die den Nestern Form entfaltet.

    Die andre selige Schar, zum *M* ergossen,   112
Beglückt, sich dort in Lilienform zu einen,
Hat dann das Bild vollendet und beschlossen.

    O süßer Stern! mit wieviel Edelsteinen   115
Zeigst du: vom Himmel, den verschönt dein Schimmer,
Kann uns Gerechtigkeit allein erscheinen.

    So bitt ich denn den Geist, der dir noch immer   118
Kraft und Bewegung leiht, sich umzuschauen,
Welch Rauch dein Licht umdüstert täglich schlimmer,

    Daß wiederum sein Zorn schafft denen Grauen,   121
Die Kaufs und Verkaufs pflegen in dem Tempel,
Den Wunden einst und Martern halfen bauen.

PARADISO · CANTO XVIII

O milizia del ciel cu'io contemplo,
adora per color che sono in terra
tutti sviati dietro al malo esemplo.

Già si solea con le spade far guerra;
ma or si fa togliendo or qui, or quivi
lo pan che 'l pio padre a nessun serra.

Ma tu, che sol per cancellare scrivi,
pensa che Pietro e Paulo, che moriro
per la vigna che guasti, ancor son vivi.

Ben puoi tu dire: «I'ho fermo il disiro
sì a colui che volle viver solo
e che per salti fu tratto a martìro,

ch'io non conosco il Pescator nè Polo».

DAS PARADIES · XVIII. GESANG

O Himmelskriegsschar! die wie Gottes Stempel   *124*
Vorm Blick mir steht, bitte für die verkehrte
Menschheit, die irreführt ein bös Exempel.

Einst war Kriegsführung üblich mit dem Schwerte,   *127*
Die heut durch Brotentziehung wird getrieben,
Das keinem noch ein frommer Vater wehrte.

Doch du, der um zu streichen nur geschrieben,   *130*
Merk: für den Weinberg, dran du dich vergangen,
Starb Paul und Petrus, die *doch* leben blieben.

Du sagst mit Recht: »Nach *dem* zielt mein Verlangen, *133*
Der einsam leben wollte, täglich frischer,
Dem sie durch Tanz das Martertum erzwangen,

   Daß ich nicht Paulum kenne noch den Fischer!«   *136*

CANTO DECIMONONO

Parea dinanzi a me con l'ali aperte
la bella image, che nel dolce frui
liete facevan l'anime conserte.   *1*

Parea ciascuna rubinetto in cui
raggio di sole ardesse sì acceso,
che ne' miei occhi rifrangesse lui.   *4*

E quel che mi convien ritrar testeso.
non portò voce mai, nè scrisse inchiostro,
nè fu per fantasia giammai compreso;   *7*

ch'io vidi e anche udi'parlar lo rostro,
e sonar nella voce e ‹io› e ‹mio›,
quand'era nel concetto ‹noi› e ‹nostro›.   *10*

E cominciò: «Per esser giusto e pio
son io qui esaltato a quella gloria
che non si lascia vincere a disìo;   *13*

ed in terra lasciai la mia memoria
sì fatta, che le genti lì malvage
commendan lei, ma non seguon la storia».   *16*

Così un sol calor di molte brage
si fa sentir, come di molti amori
usciva solo un suon di quella image.   *19*

Ond'io appresso: «O perpetui fiori
dell'eterna letizia, che pur uno
parer mi fate tutt'i vostri odori,   *22*

solvetemi, spirando, il gran digiuno
che lungamente m'ha tenuto in fame,
non trovandogli in terra cibo alcuno.   *25*

Ben so io che se in cielo altro reame
la divina giustizia fa suo specchio,
che 'l vostro non l'apprende con velame.   *28*

Sapete come attento io m'apparecchio
ad ascoltar; sapete quale è quello
dubbio che m'è digiun cotanto vecchio.»   *31*

Quasi falcone ch'esce del cappello,
muove la testa e coll'ali si plaude,
voglia mostrando e faccendosi bello,   *34*

vid'io farsi quel segno, che di laude
della divina grazia era contesto,
con canti, quai si sa chi lassù gaude.   *37*

NEUNZEHNTER GESANG

Vor mir erschien mit ausgespreizten Schwingen 1
Das schöne Bild, das freudiges Genießen
Die engverflochtenen Seelen ließ durchdringen.

Kleinen Rubinen glichen alle, und ließen, 4
Weil sie im hellsten Sonnenlicht entbronnen,
Den Blitzpfeil mir zurück ins Auge schießen.

Und was ich nun soll schildern, ist entronnen 7
Noch keiner Feder und noch nie von Zungen.
Auch keine Fantasie hats je ersonnen.

Denn reden sah ich, hörte, wie erklungen 10
Der Schnabel, dem ein Ich und Mein entschwebte,
Wo Wir und Unser wär vom Sinn bedungen.

Dann sprach er: »Weil gerecht und fromm ich lebte, 13
Ward ich zu dieser Herrlichkeit erhoben,
Die niemals je der bloße Wunsch erstrebte.

Drum ist mein Angedenken nicht zerstoben 16
Auf Erden. Nur beherzigen nicht die Schlimmen
Meine Geschichte, ob sie mich auch loben.«

Wie man aus vieler Kohlen Glut *ein* Glimmen 19
Nur fühlt, hört ich von all den Liebesgluten
Aus jenem Bild nur *eine* aller Stimmen.

Drauf ich: »O Blumen ihr des Ewiggguten, 22
Die ihr aus Kelchen mir, die nie verblaßten,
All-eure Düfte laßt als *einen* fluten,

Stillt mir durch euern Hauch das große Fasten, 25
Das lange Zeit mich hungernd hingehalten,
Weil keine Erdenspeisen dafür paßten.

Ich weiß, wenn göttliches gerechtes Walten 28
Sich in dem andern Himmelsreiche spiegelt,
Will es auch euch sich schleierlos entfalten.

Ihr wißt, wie achtsam euerm Wort entriegelt 31
Mein Ohr bleibt. Wißt, welch zweifelvoller Glaube
Mir alte Gier nach Sättigung aufgewiegelt.«

Gleichwie der Falke, löst man ihm die Haube, 34
Die Flügel freudig schlägt, den Kopf erhoben,
Und, sich schön-machend, Lust bezeigt zum Raube,

So sah dies Bild ich handeln, das gewoben 37
Aus Hymnen, Gottes Huld zu offenbaren,
Wie sie nur kennt, wer jauchzen darf dortoben.

PARADISO · CANTO XIX

Poi cominciò: «Colui che volse il sesto
all'estremo del mondo, e dentro ad esso
distinse tanto occulto e manifesto   *40*

non potè suo valor sì fare impresso
in tutto l'universo, che il suo verbo
non rimanesse in infinito eccesso;   *43*

e ciò fa certo che il primo superbo,
che fu la somma d'ogni creatura,
per non aspettar lume, cadde acerbo   *46*

e quinci appar ch'ogni minor natura
è corto recettacolo a quel bene
che non ha fine, e sè con sè misura.   *49*

Dunque vostra veduta che conviene
essere alcun dei raggi della mente
di che tutte le cose son ripiene,   *52*

non può da sua natura esser possente
tanto, che suo principio non discerna
molto di là da quel che l'è parvente.   *55*

Però nella giustizia sempiterna
la vista che riceve il vostro mondo,
com'occhio per lo mare, entro s'interna,   *58*

che, ben che dalla proda veggia il fondo,
in pelago nol vede; e nondimeno
ègli, ma cela lui l'esser profondo.   *61*

Lume non è se non vien dal sereno
che non si turba mai; anzi è tenèbra,
o ombra della carne, o suo veleno.   *64*

Assai t'è mo aperta la latebra
che t'ascondeva la giustizia viva,
di che facéi question cotanto crebra: *67*

chè tu dicevi: ‹Un uom nasce alla riva
dell'Indo, e quivi non è chi ragioni
di Cristo, nè chi legga, nè chi scriva;   *70*

e tutti suoi voleri ed atti buoni
sono, quanto ragione umana vede,
sanza peccato in vita o in sermoni.   *73*

Muore non battezzato e sanza fede:
ov'è questa giustizia che 'l condanna?
ov'è la colpa sua, se ei non crede?›   *76*

Or tu chi se', che vuoi sedere a scranna
per giudicar da lungi mille miglia
con la veduta corta d'una spanna?   *79*

403

DAS PARADIES · XIX. GESANG

Darauf beganns: »Der um die Welt gefahren   40
Mit seinem Zirkel und, was unverständlich
Und dunkel drinnen, schied vom offenen, klaren,

Er konnte seine Kraft nicht also kenntlich   43
Aufs Weltall prägen, daß sein Wort nicht immer
Unendlich überragte noch, was endlich.

Dies lehrt der erste Stolze uns; denn schlimmer   46
Als er, der Schöpfung Krone, fiel doch keiner,
Weil er nicht harrte auf des Lichtes Schimmer.

Draus folgt, daß jegliche Natur, die kleiner,   49
Zu dürftig als Gefäß ist, einzuschließen
Endloses Gut, das nur ein Selbstmaß seiner.

Drum ist auch euer Blick – in den erfließen   52
Ein Strahl nur kann von jenes Geistes Brennen,
Den alle Dinge, voll von ihm, genießen –

Seiner Natur nach nicht so stark zu nennen,   55
Daß nicht sein Ursprung weiterab sich kehre,
Als eurer Einsicht möglich zu erkennen.

Drum muß der Menschenblick, der erdenschwere,   58
Der ewige Gerechtigkeit will fassen,
Sich so verlieren wie der Blick im Meere:

Am Ufer mag sich Grund erblicken lassen,   61
Auf See nichtmehr, wo er doch auch vorhanden;
Nur bergen ihn die tiefen Wassermassen.

Was nicht des Himmels schattenlosen Landen   64
Entstammt, ist *kein* Licht, sind nur Dämmerungen,
Aus Fleischesblindheit oder Gift entstanden.

Jetzt ist das Licht wohl ins Versteck gedrungen,   67
Drin dir sich die Gerechtigkeit verloren,
Die lebende, drob fragend du gerungen,

Indem du sprachst: ›Am Indus wird geboren   70
Ein Mensch, dem niemand spricht von Christus dorten,
Dem Schrift und Wort nie kommt vor Aug und Ohren.

Doch Tun und Denken zeigt ihn allerorten,   73
Soweit der Mensch erkennt, als unverdorben,
Und gut und lasterfrei in Werk und Worten.

Wenn er als Heide ungetauft gestorben,   76
Wo ist Gerechtigkeit, die ihn vernichte?
Wo Schuld, daß er den Glauben nicht erworben?‹

Und wer bist du, zu thronen im Gerichte,   79
Daß er auf tausend Meilen Recht verkünde
Mit spannenkurzer Sehkraft im Gesichte?

403

PARADISO · CANTO XIX

Certo a colui che meco s'assottiglia,   82
se la Scrittura sopra voi non fosse,
da dubitar sarebbe a maraviglia.

Oh terreni animali, oh menti grosse!   85
La prima volontà, ch'è per sè buona,
da sè, ch'è sommo ben, mai non si mosse.

Cotanto è giusto quanto a lei consuona;   88
nullo creato bene a sè la tira,
ma essa, radïando, lui cagiona.»

Quale sovresso il nido si rigira,   91
poi che ha pasciuti la cicogna i figli,
e come quel ch'è pasto la rimira;

cotal si fece, e sì levai li cigli,   94
la benedetta imagine, che l'ali
movea sospinta da tanti consigli.

Roteando cantava, e dicea: «Quali   97
son le mie note a te, che non le 'ntendi,
tal è il giudizio eterno a voi mortali».

Poi si quetaro quei lucenti incendi   100
dello Spirito Santo ancor nel segno
che fe'i Romani al mondo reverendi,

esso ricominciò: «A questo regno   103
non salì mai chi non credette in Cristo,
nè pria, nè poi ch'el si chiavasse al legno.

Ma, vedi, molti gridan ‹Cristo, Cristo!›,   106
che saranno in giudizio assai men prope
a lui che tal che non conosce Cristo;

e tai Cristiani dannerà l'Etïòpe,   109
quando si partiranno i due collegi,
l'uno in eterno ricco e l'altro inope.

Che poràn dir li Persi ai vostri regi,   112
come vedranno quel volume aperto
nel qual si scrivon tutt'i suoi dispregi?

Lì si vedrà tra l'opere d'Alberto   115
quella che tosto moverà la penna,
per che 'l regno di Praga fia diserto.

Lì si vedrà il duol che sopra Senna   118
induce, falseggiando la moneta,
quel che morrà di colpo di cotenna.

Lì si vedrà la superbia ch'asseta   121
che fa lo Scotto e l'Inghilese folle,
sì che non può soffrir dentro a sua meta.

404

DAS PARADIES · XIX. GESANG

Ja, wer mit mir will grübeln über Gründe,
Dem würde bald vor Zweifeln bang zumute,
Wenn über euch die Heilige Schrift nicht stünde.
   O Erdentiere! Geister, träg im Blute!
Güte ansich ist der Urwille eben,
Der niemals wich vonsich, dem Höchsten Gute.
   Gerechtsein heißt: *Einklang* mit ihm erstreben.
Erschaffenes zieht ihn an in keiner Weise.
Nein, Er, ausstrahlend, ruft es erst ins Leben.«
   Wie überm Nest die Störchin zieht im Kreise,
Nachdem sie wohlverpflegt hat ihre Jungen,
Und wie ihr nachblickt dann, was satt an Speise,
   So hat das heilige Bild sich aufgeschwungen,
Durch hundert Willen *Eins* im Flügelschlagen,
Und so war auch mein Blick ihm nachgedrungen.
   Und kreisend sang es und ich hört es sagen:
»Wie unfaßbar mein Lied ist dem Verstande,
So wenig wird euch Gottes Ratschluß tagen.«
   Dann, als es stille ward im Flammenbrande
Des Heiligen Geistes, noch in jenem Zeichen,
Dem Ehrfurcht Rom verdankt in jedem Lande,
   Begann es wiederum: »Zu diesen Reichen
Stieg keiner auf, der nicht geglaubt an Christus,
Nicht eh noch seit Er mußt am Kreuz erbleichen.
   Doch siehe! viele rufen: ›Christus! Christus!‹
Die einst Ihm ferner stehn, wenn er wird richten,
Als mancher wohl, der nimmer kannte Christus.
   Sie wird mit seinem Strafurteil vernichten
Der Neger selbst, wenn einst die Trennung tagen
Den Ewigreichen wird und armen Wichten.
   Was können Perser euern Königen sagen,
Wenn sie in jenem Buche sehen die Daten
Von allen ihren Sünden eingetragen?
   Dort wird man sehen nebst Albrechts andern Taten
Die Tat, die ich alsbald verzeichnet wähne,
Wodurch zur Wüste Prags Gebiet mißraten.
   Dort wird man sehen den Schmerz, den an der Seine
Durch Münzverfälschung *der* dem Lande brachte,
Der sterben wird am Stoß der Borstenmähne.
   Dort wird man sehen den Stolz, der Durst entfachte
Und Tollheit in dem Schotten und dem Britten,
Bis seiner Schranken keiner mehr gedachte.

82

85

88

91

94

97

100

103

106

109

112

115

118

121

PARADISO · CANTO XIX

Vedrassi la lussuria e il viver molle   *124*
di quel di Spagna e di quel di Buemme,
che mai valor non conobbe nè volle.

Vedrassi al Ciotto di Ierusalemme   *127*
segnata con un' I la sua bontate,
quando il contrario segnerà un'M.

Vedrassi l'avarizia e la viltate   *130*
di quel che guarda l'isola del foco,
dove Anchise finì la lunga etate;

e a dare ad intender quanto è poco,   *133*
la sua scrittura fien lettere mozze,
che noteranno molto in parvo loco.

E parranno a ciascun l'opere sozze   *136*
del barba e del fratel, che tanto egregia
nazione e due corone han fatte bozze.

E quel di Portogallo e di Norvegia   *139*
lì si conosceranno, e quel di Rascia
che male ha visto il conio di Vinegia.

Oh beata Ungaria se non si lascia   *142*
più malmenare! E beata Navarra
se s'armasse del monte che la fascia!

E creder dee ciascun che già, per arra   *145*
di questo, Nicosìa e Famagosta
per la lor bestia si lamenti e garra,

che dal fianco dell'altre non si scosta.»   *148*

DAS PARADIES · XIX. GESANG

Man sieht die Wollust und die weichen Sitten,   *124*
Drin Spanier sich und Böhme übernahmen,
Die Tugend nie gekannt noch wohlgelitten.

Man sieht bei dem Jerusalemer Lahmen   *127*
Mit einem *J* bezeichnet seine Güte;
Doch wird ein *M* das Gegenteil umrahmen.

Man sieht, wie feig und geizig im Gemüte   *130*
Der Hüter von den Kraterinselstaaten,
Wo lang das Alter des Anchises blühte.

Und wie gering sein Preis, wird man erraten,   *133*
Weil man von ihm mit abgekürzten Zeichen
In engen Raum drängt viele schlechte Taten.

Und jeder liest auch von den schlimmen Streichen,   *136*
Die zugefügt dem Blute hochgepriesen
Bruder und Ohm, und zweien Königreichen.

Und wird den Norweg dort und Portugiesen   *139*
Erkennen und den Raszier, der im schlechten
Gepräg Venedig schlimmen Dank erwiesen.

O glücklich Ungarn, läßt du länger knechten   *142*
Dich nicht! Navarra Heil, das nicht mehr zittert,
Will es im Schutze seines Bergsaums fechten.

Und jeder glaube, Nicosia wittert   *145*
Samt Famagost den Vorgeschmack schon lange
Vom Zorn, der ob der Bestie sie erbittert,

Die mit den andern zieht am gleichen Strange.«   *148*

CANTO VENTESIMO

Quando colui che tutto 'l mondo alluma   *1*
dell'emisperio nostro sì discende,
che 'l giorno d'ogni parte si consuma,

lo ciel, che sol di lui prima s'accende,   *4*
subitamente si rifà parvente
per molte luci in che una risplende;

e quest'atto del ciel mi venne a mente,   *7*
come il segno del mondo e de'suoi duci
nel benedetto rostro fu tacente;

però che tutte quelle vive luci,   *10*
vie più lucendo, cominciaron canti
da mia memoria labili e caduci.

O dolce amor che di riso t'ammanti,   *13*
quanto parevi ardente in quei flailli
ch'avieno spirto sol di pensier santi!

Poscia che i cari e lucidi lapilli   *16*
ond'io vidi ingemmato il sesto lume
puoser silenzio agli angelici squilli,

udir mi parve un mormorar di fiume,   *19*
che scende chiaro giù di pietra in pietra,
mostrando l'ubertà del suo cacume.

E come suono collo della cetra   *22*
prende sua forma, e sì come al pertugio
della sampogna vento che penètra;

così, rimosso d'aspettare indugio,   *25*
quel mormorar dell'aguglia salissi
su per lo collo, come fosse bugio.

Fecesi voce quivi, e quindi uscissi   *28*
per lo suo becco in forma di parole,
quali aspettava il core ov'io le scrissi.

«La parte in me che vede, e pate il sole   *31*
nell'aguglie mortali» incominciommi,
«or fisamente riguardar si vuole,

perchè de'fochi ond'io figura fommi,   *34*
quelli onde l'occhio in testa mi scintilla,
e'di tutti lor gradi son li sommi.

Colui che luce in mezzo per pupilla,   *37*
fu il cantor dello Spirito Santo
che l'arca traslatò di villa in villa:

ZWANZIGSTER GESANG

Wenn jene, die dem Weltall Helle spendet,   *1*
Von unserer Erdenhälfte abwärtsschreitet,
Sodaß der Tag auf allen Seiten endet,

Dann wird, dem sie allein erst Licht bereitet,   *4*
Der Himmel schnell viel *neue* Lichter zeigen,
Durch die der Widerschein des *Einen* gleitet.

Ich dachte an dies Bild vom Sternenreigen,   *7*
Sobald der Weltherrschaft Panier geschlossen
Den heiligen Schnabel hielt zu tiefem Schweigen,

Weil allen Lichtern Hymnen jetzt entflossen,   *10*
Die keine Kraft für das Gedächtnis rettet,
Und hellere Flammen sich um sie ergossen.

O Liebe! süß in Lächeln eingebettet.   *13*
Wie heiß schien jede Flöte im Vereine
Mit heiliger Gedanken Hauch verkettet.

Nachdem die teuern leuchtenden Gesteine,   *16*
Die ich hier sah das sechste Licht erhellen,
In Ruh gewiegt der Engelsglocken Reine,

War mirs, ich hörte eines Flusses Wellen   *19*
Hinplätschern klar von Klippen her zu Klippen,
Vom Reichtum zeugend ihrer Bergesquellen.

Und wie auf des Gitarrenhalses Rippen   *22*
Der Ton sich bildet, oder an Schalmeien,
Wo durch die Öffnung tritt der Hauch der Lippen,

So hört ich, alsob hohl die Räume seien,   *25*
Im Adlerhals dies Murmeln aufwärtsdringen
Und ohne Zwischenpause sich befreien,

Um deutlich dann mit Stimmenlaut zu klingen   *28*
In Worten, die mein Herz längst zu erfahren
Gehofft, sie als Gewinn mit heimzubringen.

»Den Teil an mir«, so klangs, »der sonst bei Aaren   *31*
Vermag den Blitz der Sonne auszuhalten,
Geziemt es jetzt, aufmerksam zu gewahren.

Denn von den Feuern all, die mich gestalten,   *34*
Stehn die als höchste auch nach ihrem Grade,
Die meines Auges Funkelglanz entfalten.

Im Stern des Auges leuchtet reich an Gnade   *37*
Des heiligen Geistes Sänger, der da führte
Von Ort zu Orte einst die Bundeslade:

PARADISO · CANTO XX

ora conosce il merto del suo canto,   *40*
in quanto effetto fu del suo consiglio,
per lo remunerar ch'è altrettanto.

Dei cinque che mi fan cerchio per ciglio,   *43*
colui che più al becco mi s'accosta,
la vedovella consolò del figlio:

ora conosce quanto caro costa   *46*
non seguir Cristo, per l'esperienza
di questa dolce vita e dell'opposta.

E quel che segue in la circonferenza   *49*
di che ragiono per l'arco superno,
morte indugiò per vera penitenza:

ora conosce che il giudizio eterno   *52*
non si trasmuta, quando degno preco
fa crastino laggiù dell'odïerno.

L'altro che segue, con le leggi e meco,   *55*
sotto buona intenzion che fe' mal frutto,
per cedere al pastor si fece greco:

ora conosce come il mal dedutto   *58*
dal suo bene operar non gli è nocivo,
avvegna che sia il mondo indi distrutto.

E quel che vedi nell'arco declivo,   *61*
Guiglielmo fu, cui quella terra plora
che piange Carlo e Federigo vivo:

ora conosce come s'innamora   *64*
lo ciel del giusto rege, ed al sembiante
del suo fulgore il fa vedere ancora.

Chi crederebbe giù, nel mondo errante,   *67*
che Rifeo troiano in questo tondo
fosse la quinta delle luci sante?

Ora conosce assai di quel che il mondo   *70*
veder non può della divina grazia,
ben che sua vista non discerna il fondo.»

Quale allodetta che in aere si spazia   *73*
prima cantando, e poi tace, contenta
dell'ultima dolcezza che la sazia,

tal mi sembiò l'imago della imprenta   *76*
dell'eterno piacere, al cui disìo
ciascuna cosa, quale ell'è, diventa.

E avvegna ch'io fossi al dubbiar mio   *79*
lì quasi vetro allo color che il veste,
tempo aspettar tacendo non patìo;

407

DAS PARADIES · XX. GESANG

Jetzt weiß er, wenn er einst die Saiten rührte,   40
Soweit Begeisterung ließ den Sang erheben,
Wie Lohn entsprechend dem Verdienst gebührte.

Der von den Fünf, die meine Braue weben,   43
Und dicht am Schnabel glänzt auf seinem Platze,
Hat Trost der Witwe für den Sohn gegeben:

Jetzt weiß er, wie man schwer es büßt am Schatze,   46
Folgt man nicht Christus, seit er mußte proben
Vom süßen Leben und vom Gegensatze.

Und der auf dem erwähnten Kreis nach oben   49
Ihm folgt im Bogen, hat – weil er bereute
Aufrichtigen Sinnes – seinen Tod verschoben:

Jetzt weiß er, daß dem Wechsel nicht zur Beute   52
Des Ewigen Richtspruch fällt, wenn frommes Flehen
Dort unten auch zum Morgen macht das Heute.

Des Nächsten Tat, auf *Gutes* abgesehen,   55
Ward schlimm. Er wollt mit mir und den Gesetzen
Als Grieche nicht dem Papst im Wege stehen:

Jetzt weiß er, daß ihn selber nicht verletzen   58
Die Schäden, die entkeimt dem besten Streben,
Ob sie die Welt zerrissen auch in Fetzen.

Und den du siehst am Boden abwärtsschweben,   61
War Wilhelm. Wie sie seinen Tod beweinen,
Tun sies um Karl und Friedrich, weil sie leben:

Jetzt weiß er, wie der Himmel gut es meinen   64
Mit Fürsten kann, ziehn sie gerechte Bahnen.
Sein Glanz beweists und läßt noch froh ihn scheinen.

Wer von euch blinder Menschheit möchte ahnen,   67
Daß an der heiligen Lichter fünfter Stelle
Erglänzen des Trojaners Ripheus Manen?

Jetzt weiß er hier in Gottes Gnadenhelle   70
Soviel von dem, darein kein Blick gedrungen,
Obwohl auch er nicht späht zum Grund der Quelle.« –

Wie sich die Lerche singend aufgeschwungen,   73
Satt und befriedigt dann ihr Lied gemieden,
Nachdem der letzte süße Schall verklungen,

So schien das Bild mit dem Gepräg zufrieden   76
Der Ewigen Wonne, welche nach Belieben
Ein jedes Ding formt, wie es ist hienieden.

Ob mir ein Zweifel ins Gesicht geschrieben   79
Wie Farbe hinterm Glase mochte stehen,
Konnt schweigend er die Frage nicht verschieben,

PARADISO · CANTO XX

ma della bocca «Che cose son queste?»   82
mi pinse con la forza del suo peso:
per ch'io di corruscar vidi gran feste.

Poi appresso, con l'occhio più acceso,   85
lo benedetto segno mi rispuose,
per non tenermi in ammirar sospeso:

«Io veggio che tu credi queste cose   88
perch'io le dico, ma non vedi come:
sì che, se son credute, sono ascose.

Fai come quei che la cosa per nome   91
apprende ben, ma la sua quiditate
veder non può, se altri non la prome.

Regnum coelorum violenza pate   94
da caldo amore e da viva speranza,
che vince la divina volontate;

non a guisa che l'uomo all'uom sobranza,   97
ma vince lei perchè vuole esser vinta;
e, vinta, vince con sua beninanza.

La prima vita del ciglio e la quinta   100
ti fa maravigliar, perchè ne vedi
la region degli angeli dipinta.

Dei corpi suoi non uscîr come credi,   103
gentili, ma cristiani, in ferma fede,
quel de' passuri e quel de' passi piedi.

Chè l'una dello Inferno, u' non si riede   106
giammai a buon voler, tornò all'ossa;
e ciò di viva spene fu mercede;

di viva spene, che mise la possa   109
ne'preghi fatti a Dio per suscitarla,
sì che potesse sua voglia esser mossa.

L'anima gloriosa onde si parla,   112
tornata nella carne, in che fu poco,
credette in lui che poteva aiutarla,

e, credendo, s'accese in tanto foco   115
di vero amor, ch'alla morte seconda
fu degna di venire a questo gioco.

L'altra, per grazia che da sì profonda   118
fontana stilla, che mai creatura
non pinse l'occhio infino alla prim'onda,

tutto suo amor laggiù puose a drittura;   121
per che, di grazia in grazia, Dio gli aperse
l'occhio alla nostra redenzion futura:

DAS PARADIES · XX. GESANG

Doch mir den Ausruf: »Wie kann das geschehen?«   *82*
Mit seines Druckes Wucht vom Munde locken;
Drob rings ein großer Freudenglanz zu sehen.

Hierauf, im Auge hellere Flammenflocken,   *85*
Gab Antwort mir das benedeite Zeichen,
Daß nicht mein Herz mehr staunend sei erschrocken:

»Ich seh, du glaubst die Dinge, weil dergleichen   *88*
Ich dir gesagt; doch lernst das *Wie* nie kennen,
Daß sie, obwohl geglaubt, kein Licht dir reichen.

Dem gleichst du, der die Dinge kann benennen,   *91*
Nur ihrem Wesen nach nicht unterscheiden,
Lehrt man ihn eines nicht vom andern trennen.

Regnum coelorum kann Gewalt erleiden,   *94*
Wenn Hoffnung es und Liebesglut bekriegen,
Wo Gottes Wille wird besiegt von beiden.

Doch ists nach Menschenart kein Unterliegen.   *97*
Gott *will* besiegt sein, daher sein Ergeben.
Er will durch Güte als Besiegter siegen.

Der Braue erstes und ihr fünftes Leben   *100*
Erstaunt dich, weil du schmücken siehst die beiden
Das Reich der Engel. Doch sie starben eben

Als Christen, nicht wie du gewähnt als Heiden.   *103*
Der glaubte an das Leid, *als* es betroffen
Die Füße, *der* an ihre *künftige* Leiden.

Denn aus der Hölle kam, die sonst nie offen   *106*
Der Besserung steht, *der eine* neu ins Leben
Zum Lohn allein für sein lebendiges Hoffen,

Lebendiges Hoffen: es sei Gott gegeben,   *109*
Kraft des Gebetes ihn aus Todesbanden
Zur völligen Willensfreiheit zu erheben.

So war, von dem ich sprach, im Fleisch erstanden   *112*
Für kurze Zeit der Geist des ruhmreich Frommen,
Glaubend an den, wo alle Hilfe fanden,

Und glaubend, wahrer Liebe voll entglommen,   *115*
So stark, ward an des zweiten Todes Schwelle
Gewürdigt er, zu diesem Fest zu kommen.

Der andere warf – durch Gnade jener Quelle,   *118*
Zu deren Tiefen noch hinabgeschossen
Kein irdisches Auge bis zur ersten Welle –

Aufs Rechttun all sein Lieben unverdrossen,   *121*
Bis Gott sein Aug, von Gnade zu Gnade steigend,
Unsrer Zukunftserlösung aufgeschlossen.

PARADISO · CANTO XX

ond'ei credette in quella, e non sofferse 124
da indi il puzzo più del paganesmo;
e riprendìene le genti perverse.

Quelle tre donne gli fur per battesmo 127
che tu vedesti dalla destra rota,
dinanzi al battezzar più d'un millesmo.

O predestinazion, quanto remota 130
è la radice tua da quegli aspetti
che la prima cagion non veggion tota!

E voi mortali tenetevi stretti 133
a giudicar; chè noi, che Dio vedemo,
non conosciamo ancor tutti gli eletti;

ed ènne dolce così fatto scemo, 136
perchè il ben nostro in questo ben s'affina,
che quel che vuole Iddio, e noi volemo.»

Così da quella imagine divina, 139
per farmi chiara la mia corta vista,
data mi fu soava medicina.

E come a buon cantor buon citarista 142
fa seguitar lo guizzo della corda,
in che più di piacer lo canto acquista,

sì, mentre che parlò, sì mi ricorda 145
ch'io vidi le due luci benedette,
pur come batter d'occhi si concorda,

con le parole muover le fiammette. 148

DAS PARADIES · XX. GESANG

Drum glaubte er daran und trug nun schweigend 124
Nicht fernerhin den Stank der Heidenscharen,
Nein: rügte sie, den Irrwahn ihnen zeigend.

Jene drei Frauen ihm Taufvertreter waren, 127
Die du am rechten Rade sahest stehen,
Eh man getauft vor mehr als tausend Jahren.

O Gnadenwahl! in welche Tiefen gehen 130
Doch deine Wurzeln vor den Angesichtern,
Die völlig nie den ersten Grund ersehen.

Und ihr, Sterbliche, macht euch nicht zu Richtern, 133
Da wir sogar, die Gott erschauen im Vollen,
Nicht kennen, die er hier erkor zu Lichtern.

Und Süße weiß solch Mangel uns zu zollen, 136
Weil unser Heil sich steigert in *dem* Heile,
Alles was Gott will, selber auch zu wollen.«

So ward – daß nicht die Blindheit länger weile 139
Auf meinem Auge – von den Gottgeweihten
Die süßeste Arznei mir hold zuteile.

Und wie ein guter Harfner im Begleiten 142
Des guten Sängers Lied weiß zu beleben,
Dem Sange höhern Wohllaut zu bereiten,

So, als der Adler sprach, gedacht ich eben, 145
Daß die zwei benedeiten Lichter dorten,
Wie Augen sich im Gleichschlag senken und heben,

Auch ihre Flämmlein regten bei den Worten. 148

CANTO VENTESIMOPRIMO

Già eran gli occhi miei rifissi al volto
della mia donna, e l'animo con essi,
e da ogni altro intento s'era tolto.

E quella non ridea; ma «S'io ridessi»
mi cominciò, «tu ti faresti quale
fu Semelè, quando di cener fèssi;

chè la bellezza mia, che per le scale
dell'eterno palazzo più s'accende,
com'hai veduto, quanto più si sale,

se non si temperasse, tanto splende,
che il tuo mortal podere al suo fulgore
sarebbe fronda che trono scoscende.

Noi sem levati al settimo splendore,
che sotto 'l petto del Leone ardente
raggia mo misto giù del suo valore.

Ficca diretro agli occhi tuoi la mente,
e fa' di quelli specchi alla figura
che in questo specchio ti sarà parvente.»

Chi sapesse qual era la pastura
del viso mio nell'aspetto beato,
quand'io mi trasmutai ad altra cura,

conoscerebbe quanto m'era a grato
ubbidire alla mia celeste scorta,
contrapesando l'un con l'altro lato.

Dentro al cristallo che 'l vocabol porta,
cerchiando il mondo, del suo chiaro duce
sotto cui giacque ogni malizia morta,

di color d'oro in che raggio traluce
vid'io uno scaleo eretto in suso
tanto, che non seguiva la mia luce.

Vidi anche per li gradi scender giuso
tanti splendor, ch'io pensai ch'ogni lume
che par nel ciel quindi fosse diffuso.

E come per lo natural costume
le pole insieme, al cominciar del giorno,
si muovono a scaldar le fredde piume;

poi altre vanno via sanza ritorno,
altre rivolgon sè onde son mosse,
e altre roteando fan soggiorno;

EINUNDZWANZIGSTER GESANG

An meiner Herrin Antlitz neugebunden   *1*
Hing schon mein Blick und was die Seele dachte,
Und jeder andere Wunsch war mir entschwunden.
   Doch lächelte sie nicht, nein: »Wenn ich lachte«,   *4*
Sprach sie zu mir, »so würd es dich verzehren
Gleich Semelen, die Glut zur Asche machte.
   Denn meine Schönheit – die sich pflegt zu mehren   *7*
Im ewigen Palast, jemehr wir steigen,
Wie du dich konntest stufenweis belehren –
   Sie würde ungedämpft solch Feuer zeigen,   *10*
Daß deine Erdenkraft alsbald zerstoben
Gleich schwachem Laub an blitzversengten Zweigen.
   Wir sind zum siebenten Glanzgestirn enthoben,   *13*
Das – von des Löwensternbilds Brust umgeben –
Herniederstrahlt, mit dessen Kraft verwoben.
   Den Augen nach laß deinen Geist sich heben   *16*
Und mache sie zu Spiegeln der Gestalten,
Die jetzt durch diesen Spiegel werden schweben.«
   Wers wüßte, wie ihr Anblick zu entfalten   *19*
Mir stets verstand die höchste Augenweide,
Als andrer Sorge nun die Blicke galten,
   Der säh die Lust, Gehorsam dem Bescheide   *22*
Der himmlischen Gefährtin zu erzeigen,
Wenn er erwogen die Gefühle beide.
   In dem Kristall, der durch die Welt im Reigen   *25*
Dahinträgt seines teuern Führers Namen,
Zu dessen Zeit die Bosheit mußte schweigen,
   Sah eine goldene Leiter ich im Rahmen   *28*
Des Lichtes stehn sohoch, daß mir verschlossen
Ihr Ende, und mein Aug ich fühlt erlahmen.
   Auch sah ich niedersteigen auf den Sprossen   *31*
Soviel an Glanz, alsob die Pracht ich sähe
Des ganzen Sternenhimmels hier ergossen.
   Und wie nach angeborenem Trieb die Krähe   *34*
Beim Morgengrauen umherstreift scharenweise,
Ihr kalt Gefieder wärmend in Sonnennähe,
   Ein Schwarm dann ohne Rückkehr macht die Reise,   *37*
Ein Schwarm zum Ausgangsort kommt heimgezogen,
Ein Schwarm auch wohl verbleibt und zieht im Kreise:

PARADISO · CANTO XXI

tal modo parve a me che quivi fosse
in quello sfavillar che 'nsieme venne,
sì come in certo grado si percosse.

E quel che presso più ci si ritenne,
si fe'sì chiaro, ch'io dicea pensando:
«Io veggio ben l'amor che tu m'accenne».

Ma quella ond'io aspetto il come e 'l quando
del dire e del tacer, si sta; ond'io
contra il disìo fo ben ch'io non dimando.

Per ch'ella, che vedea il tacer mio
nel veder di colui che tutto vede,
mi disse: «Solvi il tuo caldo disìo».

E io incominciai: «La mia mercede
non mi fa degno della tua risposta;
ma per colei che il chieder mi concede,

vita beata che ti stai nascosta
dentro alla tua letizia, fammi nota
la cagion che sì presso mi t'ha posta;

e di'perchè si tace in questa rota
la dolce sinfonia di Paradiso
che giù per l'altre suona sì devota».

«Tu hai l'udir mortal sì come il viso»
rispose a me; «onde qui non si canta
per quel che Beatrice non ha riso.

Giù per li gradi della scala santa
discesi tanto, sol per farti festa
col dire e con la luce che m'ammanta.

Nè più amor mi fece esser più presta;
chè più e tanto amor quinci su ferve,
sì come il fiammeggiar ti manifesta;

ma l'alta carità, che ci fa serve
pronte all consiglio che il mondo governa,
sorteggia qui, sì come tu osserve.»

«Io veggio ben» diss'io, «sacra lucerna,
come libero amore in questa corte
basta a seguir la provvidenza eterna;

ma quest'è quel ch'a cerner mi par forte,
perchè predestinata fosti sola
a questo officio tra le tue consorte.»

Nè venni prima all'ultima parola,
che del suo mezzo fece il lume centro,
girando sè come veloce mola;

40

43

46

49

52

55

58

61

64

67

70

73

76

79

411

DAS PARADIES · XXI. GESANG

So schienen diese Funken mir bewogen,   40
Sobald zu einer Sprosse sies getrieben,
Zu der sie scharenweise hergeflogen.

Und jener, der zunächst uns stehngeblieben,   43
Sprühte hellauf. Drob so zu mir begann ich:
»Wohl seh ich, daß du mir bezeigst dein Lieben.

Doch sie, die tonst mir sagte, wie und wann ich   46
Spräch oder schwiege, schweigt. Drum wird mirs frommen,
Ich frage nicht trotz meinem Wunsch.« – So sann ich.

Drob sprach sie, die mein Schweigen wahrgenommen   49
Im Anschauen Des, der alles noch erschaute:
»Laß nur den heißen Wunsch zu Worte kommen!«

Und ich begann: »Auf mein Verdienst wohl baute   52
Nur schwach ich, daß du Antwort mir erteilest,
Wenn ich nicht ihr, die mirs erlaubt, vertraute,

Du seliges Leben, das versteckt du weilest   55
In deiner Wonne. Darum gib mir Kunde,
Weshalb du so in meine Nähe eilest,

Und weshalb stumm nun sind in euerm Bunde   58
Die süßen Paradiesessinfonieen,
Die mich erbaut im untern Sternenrunde.« –

»Dir ist nur irdisch Aug und Ohr verliehen«,   61
Sprach er. »Die Lieder schwiegen drum, die süßen,
Wie *Sie* ihr Lächeln mußte dir entziehen.

Ich stieg bis zu der heiligen Leiter Füßen   64
Hinab, genugzutun dem Doppeltriebe:
Mit Wort und Licht dich festlich zu begrüßen.

Nicht machte mich eilfertiger größre Liebe.   67
Denn Liebe, gleich und größer, glüht nach oben,
Wie dir es offenbart dies Glutgestiebe.

Nein, hohe Liebe, die uns hat erhoben   70
Zu willigen Dienern für den Herrn der Welten,
Läßt uns, du siehsts, hier unser Amt erproben.« –

»O heiliges Licht, nun seh ich klar wie selten«,   73
Sprach ich, »wie hohe Liebe die Befehle
Ewiger Vorsehung läßt gehorsam gelten.

Doch kann ich eines, was ich dir nicht hehle,   76
Schwer fassen: daß aus diesem Glanzgewühle
Just *du* zum Dienst bist die erwählte Seele.«

Und eh ich mir entschlüpft das Schlußwort fühle,   79
Hat schon das Licht um seinen Kern begonnen
Als Achse sich zu drehen gleich schneller Mühle.

PARADISO · CANTO XXI

poi rispuose l'amor che v'era dentro: 82
«Luce divina sopra me s'appunta,
penetrando per questa in ch'io m'inventro,

la cui virtù, col mio veder congiunta,   85
mi leva sopra me tanto, ch'io veggio
la somma essenza della quale è munta.

Quinci vien l'allegrezza ond'io fiammeggio,   88
perchè alla vista mia, quant'ella è chiara,
la chiarità della fiamma pareggio.

Ma quell'alma nel ciel che più si schiara,   91
quel Serafin che in Dio più l'occhio ha fisso,
alla domanda tua non satisfàra;

però che sì s'inoltra nell' abisso   94
dell' eterno statuto quel che chiedi,
che da ogni creata vista è scisso.

Ed al mondo mortal, quando tu riedi,   97
questo rapporta, sì che non presumma
a tanto segno più mover li piedi.

La mente, che qui luce, in terra fumma;   100
onde riguarda come può laggiùe
quel che non puote perchè il ciel l'assumma».

Sì mi prescrisser le parole sue,   103
ch'io lasciai la questione, e mi ritrassi
a domandarla umilmente chi fue.

«Tra due liti d'Italia surgon sassi,   106
e non molto distanti alla tua patria,
tanto, che i troni assai suonan più bassi,

e fanno un gibbo che si chiama Catria,   109
di sotto al quale è consecrato un ermo,
che suole esser disposto a sola latria.»

Così ricominciommi il terzo sermo;   112
e poi, continuando, disse: «Quivi
al servigio di Dio mi fei sì fermo,

che pur con cibi di liquor d'ulivi   115
lievemente passava caldi e geli,
contento ne' pensier contemplativi.

Render solea quel chiostro a questi cieli   118
fertilemente; ed ora è fatto vano,
sì che tosto convien che si riveli.

In quel loco fu'io Pietro Damiano   121
e Pietro Peccator; fui nella casa
di Nostra Donna in sul lito Adriano.

412

DAS PARADIES · XXI. GESANG

Dann sprach die Liebe, die darin entbronnen: 82
»Ein Blitz vom Gottlicht ist in mich gedrungen,
Das Licht durchdringend, das mich hält umsponnen,

Und stärkt mein Schauen, das mich aufgeschwungen 85
So hoch, daß ich die Wesenheit, die Eine,
Und Höchste schaue, draus dies Licht entsprungen.

Und darum sprüh ich so im Freudenscheine. 88
Denn wie mir die Erleuchtung wächst im Klaren,
So klarer wird auch meine Glut an Reine.

Doch selbst der klarste Geist der Engelscharen, 91
Der Gott mit schärfern Augen darf betrachten,
Der Seraph nicht kann deinem Wunsch willfahren.

Denn in des ewigen Rates tiefsten Schachten 94
Verbirgt sich das, was Antwort könnte schenken;
Und ewig wirds erschaffenen Augen nachten.

Und künde, wirst du heim zu Menschen lenken, 97
Daß nach so hohem Ziele mit Beschwerden
Den Fuß zu heben, keiner mehr soll denken.

Der Geist, hellflammend hier, giebt Rauch auf Erden. 100
Drum sieh, ob das ihm drunten könnte tagen,
Was selbst im Himmel ihm nicht klar kann werden.«

So sah ich *sein* Wort meinem Schranken schlagen, 103
Daß ich das Forschen ließ, um ihn bescheiden
Und demutvoll, wer er wohl sei, zu fragen.

»Es ragen mitten von Italiens beiden 106
Gestaden, unfern deinen Heimatauen,
Felsen sohoch, daß sie die Donner meiden,

Und einen Kulm, genannt Catria, bauen. 109
Darunter liegt die Einsiedelei im Grunde,
Geweiht, sich still in Andacht zu beschauen.«

So wurde mir von ihm die dritte Kunde. 112
Fortfahrend sprach er dann: »Hier ohne Wanken
Ward ich so treu und stark im Gottesbunde,

Daß Frost und Glut ich ohne zu erkranken, 115
Nur bei olivenölgetränkter Speise,
Gelitten in beschaulichen Gedanken.

Sonst sproßte reichlich Frucht im Klosterkreise 118
Für diese Himmel; doch daß es zu Rande
Nun geht – bald bringt die Zeit dafür Beweise.

Petrus Damianus hieß ich dort im Lande, 121
Auch Sünder Petrus; und in Sanktmarieen
Hab ich gleichfalls gelebt am Adriastrande.

PARADISO · CANTO XXI

Poca vita mortal m'era rimasa,   *124*
quando fui chiesto e tratto a quel cappello
che pur di male in peggio si travasa.

Venne Cefàs e venne il gran vasello   *127*
dello Spirito Santo, magri e scalzi,
prendendo il cibo da qualunque ostello:

or voglion quinci e quindi chi i rincalzi,   *130*
li moderni pastori, e chi li meni,
tanto son gravi, e chi di dietro gli alzi.

Cuopron de' manti loro i palafreni,   *133*
sì che due bestie van sott'una pelle:
o pazïenza che tanto sostieni!»

A questa voce vid'io più fiammelle   *136*
di grado in grado scendere e girarsi,
e ogni giro le facea più belle.

Dintorno a questa vennero e fermàrsi,   *139*
e fêro un grido di sì alto suono,
che non potrebbe qui assimigliarsi:

nè io lo intesi; sì mi vinse il tuono.   *142*

DAS PARADIES · XXI. GESANG

Zu Ende war mein Leben fast gediehen,   *124*
Als man mich rief und zwang zu jenem Hute,
Der jetzt nach Schlechten Schlechtern wird verliehen.

Kephas ging darbend einst, der unbeschuhte;   *127*
So ging auch das Gefäß vom Heiligen Geiste.
Beide trotz Herbergskost bei frohem Mute.

Heut will der Hirt, daß man ihm Hilfe leiste   *130*
Von rechts und links. Selbst rückwärts soll man halten
Und stützen ihn: so reitet schwer der Feiste!

Den Gaul selbst hüllt er mit des Mantels Falten, *133*
Daß unter *einem* Fell zwei Bestien gehen:
Wie lang, o Langmut, läßt du sie noch schalten?«

In schnellem Wirbel, als dies Wort geschehen,   *136*
Stiegen noch Flämmchen mehr herab die Speichen,
Wachsend an Farbenpracht bei jedem Drehen.

Dann hielten sie um ihn im Kranzeszeichen   *139*
Und ließen einen Schrei so laut ertönen,
Daß Klänge ihm von hier nicht mochten gleichen,
    Noch daß ich ihn verstand, betäubt vom Dröhnen. *142*

413

CANTO VENTESIMOSECONDO

Oppresso di stupore, alla mia guida   *1*
mi volsi, come parvol che ricorre
sempre colà dove più si confida;
   e quella, come madre che soccorre   *4*
subito al figlio palido ed anelo
con la sua voce che il suol ben disporre,
   mi disse: «Non sai che tu se'in cielo?   *7*
e non sai tu che il cielo è tutto santo,
e ciò che ci si fa vien da buon zelo?
   Come t'avrebbe trasmutato il canto,   *10*
e io ridendo, mo pensar lo puoi,
poscia che il grido t'ha mosso cotanto;
   nel qual, se inteso avessi i prieghi suoi,   *13*
già ti sarebbe nota la vendetta
che tu vedrai innanzi che tu muoi.
   La spada di quassù non taglia in fretta   *16*
nè tardo, ma'ch'al parer di colui
che disiando o temendo l'aspetta.
   Ma rivolgiti omai inverso altrui;   *19*
ch'assai illustri spiriti vedrai,
se, com'io dico, l'aspetto redui.»
   Com'a lei piacque, gli occhi dirizzai;   *22*
e vidi cento sperule che insieme
più s'abbellivan con mutui rai.
   Io stava come quei che in sè repreme   *25*
la punta del disìo, e non s'attenta
di domandar, sì del troppo si teme.
   E la maggiore e la più luculenta   *28*
di quelle margarite innanzi fèssi,
per far di sè la mia voglia contenta.
   Poi dentro a lei udi': «Se tu vedessi   *31*
com'io la carità che tra noi arde,
li tuoi concetti sarebbero espressi.
   Ma perchè tu, aspettando, non tarde   *34*
all'alto fine, io ti farò risposta
pur al pensier di che sì ti riguarde.
   Quel monte a cui Casino è nella costa,   *37*
fu frequentato già in su la cima
della gente ingannata e mal disposta.

ZWEIUNDZWANZIGSTER GESANG

Besiegt vom Schrecken wandt ich mich und schaute   *1*
Zu meiner Führerin gleich einem Kinde,
Das seiner Zuflucht nie umsonst vertraute.

Und sie – wie eine Mutter, die geschwinde   *4*
Beispringt dem Söhnlein, dem erschöpften bleichen,
Daß es sich durch ihr Wort beruhigt finde –

Sprach: »Weißt du nicht, daß du in Himmelsreichen?   *7*
Und weißt nicht, daß er Heiliges nur umfange?
Und was geschieht, nur guter Absicht Zeichen?

Wie du verwandelt worden beim Gesange   *10*
Und durch mein Lächeln wärst, kannst du jetzt sehen,
Da dich der Schrei erschüttert schon so bange.

Könntest du seine Bitten drin verstehen,   *13*
Im voraus sähest du die Rache tagen,
Die noch *vor* deinem Tode wird geschehen.

Das Schwert von droben pflegt nicht schnell zu schlagen   *16*
Noch langsam auch. Dies mag wohl jener meinen,
Der darauf harrt in Hoffnung oder Zagen.

Doch laß nun andres dir vorm Blick erscheinen: *19*
Und sehn wirst du erlauchter Geister viele,
Folgest du meinen Augen mit den deinen.«

Wie ihrs gefiel, wandt ich den Blick zum Ziele,   *22*
Und sah an hundert Sphärlein hellen Prangens,
Verschönend sich im bunten Wechselspiele.

Ich stand wie wer den Stachel des Verlangens   *25*
Zurückdrängt, Zweifelfragen gern noch löste,
Doch als zuviel sie unterdrückt voll Bangens.

Und die am stärksten leuchtende und größte   *28*
Der Perlen trat hervor aus ihren Scharen,
Daß sie den Wissensdrang nach ihr mir tröste.

»Könntest du«, sprachs in ihr, »gleich mir gewahren   *31*
Das unter uns entflammte Liebeswalten,
Du würdest all dein Denken offenbaren.

Doch soll kein Aufschub dir den Drang erkalten   *34*
Zum hohen Ziel. Bescheid deshalb empfange
Auf deinen Wunsch, den du geheimgehalten.

Das Berghaupt, wo Cassino liegt am Hange,   *37*
War droben vielbesucht in alten Tagen
Von Volk, das Trug und Bosheit übte lange.

PARADISO · CANTO XXII

E quel son io, che su vi portai prima   40
lo nome di colui che in terra addusse
la verità che tanto ci sublima;

e tanta grazia sovra me rilusse,   43
ch'io ritrassi le ville circostanti
dall'empio colto che il mondo sedusse.

Questi altri fuochi tutti contemplanti   46
uomini furo, accesi di quel caldo
che fa nascere i fiori e i frutti santi.

Qui è Maccario, qui è Romoaldo,   49
qui son li frati miei, che dentro ai chiostri
fermâr li piedi e tennero il cuor saldo.»

E io a lui: «L'affetto che dimostri   52
meco parlando, e la buona sembianza
ch'io veggio e noto in tutti gli ardor vostri,

così m'ha dilatata mia fidanza,   55
come il sol fa la rosa, quando aperta
tanto divien, quant'ell'ha di possanza.

Però ti prego, e tu, padre, m'accerta   58
s'io posso prender tanta grazia, ch'io
ti veggia con imagine scoverta.»

Ond'egli: «Frate, il tuo alto disìo   61
s'adempierà in su l'ultima spera,
dove s'adempion tutti gli altri e il mio.

Ivi è perfetta, matura ed intera   64
ciascuna disianza; in quella sola
è ogni parte là dove sempr'era,

perchè non è in loco, e non s'impola;   67
e nostra scala infino ad essa varca;
onde così dal viso ti s'invola.

Infin lassù la vide il patriarca   70
Iacob porgere la superna parte,
quando gli apparve d'angeli sì carca.

Ma, per salirla, mo nessun diparte   73
da terra i piedi, e la regola mia
rimasa è per danno delle carte.

Le mura che soleano esser badia,   76
fatte sono spelonche, e le cocolle
sacca son piene di farina ria.

Ma grave usura tanto non si tolle   79
contra 'l piacer di Dio, quanto quel frutto
che fa il cor de'monaci sì folle;

DAS PARADIES · XXII. GESANG

Und ich bins, der zuerst hinaufgetragen   40
Den Namen Dessen, der zur Erde brachte
Die Wahrheit, die uns hier sohoch läßt ragen.

Und also hell die Gnade mich entfachte,   43
Daß ich ringsum die Orte konnt entheben
Dem Götzendienst, der blind die Menschheit machte.

Die andern Feuer übten all im Leben   46
Beschaulichkeit, *die* Inbrust zu entfalten,
Die heilige Früchte kann nach Blüten geben.

Hier sieh Macarius, hier sieh Romuald walten,   49
Hier meine Brüder, die in Klöstern waren,
Die Füße still und fest das Herz zu halten.«

Und ich zu ihm: »Die Huld, die ich erfahren   52
Aus deinem Worte, und das gütige Schauen,
Das eure Flammen all mir offenbaren,

Es hat so ganz erweitert mein Vertrauen,   55
Wie sich die Rose öffnet im Gefilde
Den Sonnenstrahlen, die sie sanft durchlauen.

Darum erhöre, Vater, mir voll Milde   58
Den Wunsch – ich weiß, ich bitte um nichts Kleines –
Zu schauen dich im unverhüllten Bilde.«

Drauf er: »Bruder, solch hoch Begehr wie deines   61
Erfüllt sich in der letzten aller Sphären,
Wo jedes Wünschen sich erfüllt und meines.

Dort wird man jeden Wunsch als reif erklären   64
Und voll-erhört. Dort stehn in ihr befohlen
Die Teile, wo sie sind und ewig währen,

Weil sie ortsunabhängig, frei von Polen.   67
Soweit auch unsre Leitersprossen reichen:
Drum kann dein Auge sie nicht überholen.

Soweit sah Jakob sie als Gnadenzeichen,   70
Der Patriarch, bis zu den letzten Enden,
Als er so voller Engel sah die Speichen.

Heut will kein Fuß sich mehr vom Boden wenden,   73
Sie zu erklimmen. Und statt zu gedeihen
Blieb meine Regel zum Papierverschwenden.

Die Mauern, die uns dienten zu Abteien,   76
Sind Räuberhöhlen heut. Und die Kapuzen
Nur zum verdorbenen Mehl die Säcke leihen.

Doch selbst der schwerste Wucher kann nicht trutzen   79
So gegen Gottes Willen wie die Früchte,
Die herzbetörte Mönche gierig nutzen.

PARADISO · CANTO XXII

chè quantunque la Chiesa guarda, tutto   *82*
è della gente che per Dio domanda;
non di parenti, nè d'altro più brutto.

La carne de'mortali è tanto blanda,   *85*
che giù non basta buon cominciamento
dal nascer della quercia al far la ghianda.

Pier cominciò sanz' oro e sanz'argento,   *88*
e io con orazioni e con digiuno,
e Francesco umilmente il suo convento,

E se guardi il principio di ciascuno,   *91*
poscia riguardi là dov'è trascorso,
tu vederai del bianco fatto bruno.

Veramente Giordan volto retrorso   *94*
più fu, e 'l mar fuggir, quando Dio volse,
mirabile a veder, che qui il soccorso.»

Così mi disse, e indi si ricolse   *97*
al suo collegio, e 'l collegio si strinse;
poi, come turbo, tutto in su s'avvolse.

La dolce donna dietro a lor mi pinse   *100*
con un sol cenno su per quella scala,
sì sua virtù la mia natura vinse;

nè mai quaggiù, dove si monta e cala   *103*
naturalmente, fu sì ratto moto,
ch'agguagliar si potesse alla mia ala.

S'io torni mai, lettore, a quel devoto   *106*
trionfo per lo quale io piango spesso
le mie peccata e 'l petto mi percuoto;

tu non avresti in tanto tratto e messo   *109*
nel foco il dito, in quant'io vidi il segno
che segue il Tauro, e fui dentro da esso.

O gloriose stelle, o lume pregno   *112*
di gran virtù dal quale io riconosco
tutto, qual che si sia, il mio ingegno,

con voi nasceva e s'ascondeva vosco   *115*
quegli ch'è padre d'ogni mortal vita,
quand'io senti' da prima l'aere tosco;

e poi, quando mi fu grazia largita   *118*
d'entrar nell'alta rota che vi gira,
la vostra region mi fu sortita.

A voi devotamente ora sospira   *121*
l'anima mia, per acquistar virtute
al passo forte che a sè la tira.

DAS PARADIES · XXII. GESANG

Nicht Vettern oder schlimmerem Gezüchte   *82*
Gehört das Kirchengut: man soll es sparen
Dem Volke, daß zu ihm es bittend flüchte.

Sterbliches Fleisch ist schwach und unerfahren,   *85*
Daß guter Anfang kein Beweis, der schlagend,
Ob Eichelsaat einst Eichen läßt gewahren.

Petrus fing an, nicht Gold und Silber tragend,   *88*
Und ich mit Fasten und inbrünstigem Flehen,
Und Franz schuf seinen Orden still-entsagend.

Und prüfest du von jedem das Entstehen,   *91*
Erwägst dann, wo und wie es sollte enden,
So wirst du Weiß in Schwarz verwandelt sehen.

Doch der den Jordan einst sich rückwärtswenden,   *94*
Und fliehen ließ das Meer: – Gott läßt geschehen
Leicht größere Wunder, als hier Hilfe senden.«

So sprach er und ich sah zurück ihn gehen   *97*
Zur Schar, und ihn umschloß die Schar. Dann schossen
Alle empor wie Wirbelwindeswehen.

Die Holde trieb mich ihnen nach die Sprossen   *100*
Durch bloßen Wink, der mir wohl mochte zeigen,
Wie ihre Kraft mein Wesen ganz umschlossen.

Hier unten, wo nur Fallen oder Steigen   *103*
Natürlich ist, war keinem Flügelschlage
Wie meinem jemals solche Schnelle eigen.

Sowahr ich, Leser, einst zu kommen wage   *106*
Zum frommen Sieg, drob oft mir Tränen rinnen
Und ich brustschlagend meine Sünden klage:

So schnell nicht *in* das Feuer und *vonhinnen*   *109*
Tust du den Finger, als ich *sah* das Zeichen,
Das hinterm Stier folgt – und auch schon war drinnen.

O Sterne, ruhmreich! o Licht, ohnegleichen   *112*
Voll Kraft, der ich verdank, was ich durch Funken
Des Geists, wieviel es sei, je konnt erreichen!

Mit euch stieg auf, mit euch ist hingesunken   *115*
Die Mutter, die da gibt all irdisch Leben,
Als ich zuerst Toskanerluft getrunken.

Und als mir dann die Gnade ward gegeben,   *118*
In die erhabene Schwingung einzutauchen,
Durft ich zu euerm Lichtbezirk mich heben.

Zu euch vernehmt andächtige Seufzer hauchen   *121*
Die Seele mein, daß sie mit Kraft sich rüste,
Die ich zu schwerem Schritte muß gebrauchen.

PARADISO · CANTO XXII

«Tu sei sì presso all'ultima salute»
cominciò Beatrice, «che tu déi
aver le luci tue chiare ed acute.   *124*

E però, prima che tu più t'inlei,
rimira in giù, e vedi quanto mondo
sotto li piedi già esser ti fei,   *127*

sì che il tuo cor, quantunque può, giocondo
s'appresenti alla turba trionfante
che lieta vien per questo etera tondo.»   *130*

Col viso ritornai per tutte quante
le sette spere, e vidi questo globo
tal, ch'io sorrisi del suo vil sembiante;   *133*

e quel consiglio per migliore approbo
che l'ha per meno; e chi ad altro pensa,
chiamar si puote veramente probo.   *136*

Vidi la figlia di Latona incensa
sanza quell'ombra che mi fu cagione
per che già la credetti rara e densa.   *139*

L'aspetto del tuo nato, Iperione,
quivi sostenni; e vidi com si move
circa e vicino a lui, Maia e Dione.   *142*

Quindi m'apparve il temperar di Giove
tra il padre e il figlio; e quindi mi fu chiaro
il varïar che fanno di lor dove.   *145*

E tutti e sette mi si dimostraro
quanto son grandi, e quanto son veloci,
e come sono in distante riparo.   *148*

L'aiuola che ci fa tanto feroci,
volgendom'io con gli eterni Gemelli,
tutta m'apparve da'colli alle foci.   *151*

Poscia rivolsi gli occhi agli occhi belli.   *154*

417

DAS PARADIES · XXII. GESANG

»Du bist so nah des Heiles letzter Küste«,   124
Fing Beatrice an, »daß ich gern helle
Und scharf jetzt deine Augenlichter wüßte.

   Drum, eh du höhersteigst, blick einmal schnelle   127
Hinab und sieh, wieviel du überflogen
Vom Erdball, der nun deines Fußes Schwelle,

   Damit dein Herz, nach Kräften lustbewogen,   130
Sich zeigt dem siegesjauchzenden Verklären,
Das durch den Himmelskreis kommt froh gezogen.«

   Ich wandte abwärts durch die sieben Sphären   133
Den Blick: und unserm dürftigen Erdenkreise
Konnt ich ein Mitleidslächeln nur gewähren.

   Und diese Ansicht ich als beste preise: 136
Wer unsern Erdball werthält des Verzichtes,
Und andres höher schätzt, ist wahrhaft weise.

   Ich sah Latonens Tochter vollen Lichtes   139
Und ohne die bewußte Schattenzone,
Die erst mich raten ließ auf Dünn und Dichtes.

   Den Anblick trug ich hier von deinem Sohne,   142
Hyperion, und ich sah dann ungeblendet
Ihn eng umkreisen Maja und Dione.

   Sah Jupiter, wie er sein Zwielicht spendet   145
Zwischen Vater und Sohn; und durfte lernen,
Wie stellungwechselnd ihre Bahn sich wendet.

   Und ich bemaß an all den sieben Sternen,   148
Wie groß sie sind und wie sie rasend fliegen,
Und wie sie wandeln in ungleichen Fernen.

   Die Tenne, drauf wir uns so wild bekriegen: 151
Mich schwingend in den ewigen Zwillingssöhnen,
Sah ich sie ganz von Berg bis Meerflut liegen.

   Dann sah mein Aug zurück zum Aug, dem schönen.   154

CANTO VENTESIMOTERZO

Come l'augello intra l'amate fronde,   *1*
posato al nido de' suoi dolci nati
la notte che le cose ci nasconde,

    che, per veder gli aspetti disiati   *4*
e per trovar lo cibo onde li pasca,
in che i gravi labor gli sono aggrati,

    previene il tempo in su l'aperta frasca,   *7*
e con ardente affetto il sole aspetta
fiso guardando, pur che l'alba nasca;

    così la donna mia istava eretta   *10*
e attenta, rivolta invêr la plaga
sotto la quale il sol mostra men fretta;

    sì che, veggendola io sospesa e vaga,   *13*
fecimi quale quei che, disiando,
altro vorrìa, e sperando s'appaga.

    Ma poco fu tra uno e altro quando,   *16*
del mio attender, dico, e del vedere
lo ciel venir più e più rischiarando;

    e Beatrice disse: «Ecco le schiere   *19*
del trionfo di Cristo e tutto il frutto
ricolto del girar di queste spere».

    Parìemi che il suo viso ardesse tutto,   *22*
e gli occhi avea di letizia sì pieni,
che passar men convien sanza costrutto.

    Quale nei plenilunii sereni   *25*
Trivïa ride tra le ninfe eterne,
che dipingono il ciel per tutti i seni;

    vid'io sovra migliaia di lucerne   *28*
un sol che tutte quante l'accendea,
come fa il nostro le viste superne;

    e per la viva luce trasparea   *31*
la lucente sustanzia tanto chiara
nel viso mio, che non la sostenea.

    Oh Beatrice, dolce guida e cara!   *34*
Ella mi disse: «Quel che ti sobranza,
è virtù da cui nulla si ripara.

    Quivi è la sapienza e la possanza   *37*
ch'aprì le strade tra il cielo e la terra,
onde fu già sì lunga disianza.»

DREIUNDZWANZIGSTER GESANG

Dem Vogel gleich im trauten Laubverstecke,   *1*
Im Neste schlafend mit den holden Kleinen,
Wenn alles hüllt die Nacht in ihre Decke,
    Der – sich am Anblick zu erfreuen der Seinen,   *4*
Die er mit neuer Atzung muß versorgen,
Ein saurer Dienst, der süß ihm will erscheinen,
    Und länger nicht die Sehnsucht hält verborgen –   *7*
Auf offenem Aste auslugt nach der Quelle
Des Lichts, und so vorauseilt schon dem Morgen:
    So stand jetzt meine Herrin, in die Helle   *10*
Des Himmels *dahin* ihre Augen hebend,
Wo unsere Sonne eilt mit mindrer Schnelle.
    Als ich sie sah, so in Erwartung schwebend,   *13*
Glich dem ich, der nach anderm trägt Verlangen
Und jetzt sich tröstet, neuer Hoffnung lebend.
    Doch als nur kurze Zeit indes vergangen,   *16*
Ich meine zwischen Wünschen und Gewähren,
Sah ich den Himmel hell und heller prangen.
    »Sieh hier«, sprach Beatrice, »sich verklären   *19*
Christi Triumph in den vereinten Scharen,
Als Frucht voll Wucht vom Kreislauf dieser Sphären!«
    Ihr ganz Gesicht schien Glut. Die Augen waren   *22*
Von Wonne so erfüllt: nicht Worte brächten
Ein Bild davon. Drum will ich Worte sparen.
    Wie Trivia lacht in heitern Vollmondnächten   *25*
Im Kranz der ewigen Nymphen, ausgesendet,
Dem Himmel Schmuck zu leihen mit ihren Prächten,
    So sah ich tausend Leuchten überblendet   *28*
Von *einer* Sonne, die hier *allen* Schimmer,
Wie *unsere* rings den Himmelsaugen, spendet.
    Und durchs lebendige Licht warf im Geflimmer   *31*
Die Leuchtende Substanz mir Flammengrüße
Ins Auge so, daß ich sie aushielt nimmer.
    »O Beatrice, Leiterin, teure, süße . . .!«   *34*
Sie sprach zu mir: »Kraft ists, die dich bezwungen,
So stark, daß jeder Widerstand es büße.«
    Hier ists der Weisheit und der Macht gelungen,   *37*
Bahn zwischen Erd und Himmel zu bereiten,
Wonach solang die Sehnsucht hat gerungen.«

PARADISO · CANTO XXIII

Come foco di nube si disserra   40
per dilatarsi sì che non vi cape,
e fuor di sua natura in giù s'atterra;

la mente mia così, tra quelle dape   43
fatta più grande, di sè stessa uscìo;
e che si fêsse rimembrar non sape.

«Apri gli occhi e riguarda qual son io: 46
tu hai vedute cose, che possente
se'fatto a sostener lo riso mio.»

Io era come quei che si risente   49
di visione oblita, e che s'ingegna
indarno di redurlasi alla mente,

quando io udi' questa proferta, degna   52
di tanto grado, che mai non si stingue
del libro che il preterito rassegna.

Se mo sonasser tutte quelle lingue   55
che Polinnia con le suore fêro
del latte lor dolcissimo più pingue,

per aiutarmi, al millesmo del vero   58
non si verrìa, cantando il santo riso,
e quanto il santo aspetto facea mero:

e così, figurando il Paradiso,   61
convien saltar lo sacrato poema,
come chi trova suo cammin reciso,

Ma chi pensasse il ponderoso tema   64
e l'omero mortal che se ne carca,
nol biasmerebbe se sott'esso trema.

Non è pileggio da piccola barca   67
quel che fendendo va l'ardita prora,
nè da nocchier ch'a sè medesmo parca.

«Perchè la faccia mia sì t'innamora,   70
che tu non ti rivolgi al bel giardino
che sotto i raggi di Cristo s'infiora?

Quivi è la rosa in che il Verbo divino   73
carne si fece; quivi son li gigli
al cui odor si prese il buon cammino.»

Così Beatrice; ed io, ch'a'suoi consigli   76
tutto era pronto, ancora mi rendei
alla battaglia dei debili cigli.

Come a raggio di sol che puro mei   79
per fratta nube, già prato di fiori
vider, coperti d'ombra, gli occhi miei;

419

DAS PARADIES · XXIII. GESANG

Wie Glut sich losreißt aus des Himmels Weiten,   40
Im Zickzack sprengt, was sie zu eng umsponnen,
Um erdwärts gegen ihre Art zu gleiten,
    So durfte sich bei dieses Festmahls Wonnen   43
Vergrößert aus sichselbst mein Geist erraffen.
Und seines Tuns hat er sich nie entsonnen.
    »Öffne die Augen! Schau, wie ich beschaffen!   46
Dinge sahst du, die Kraft dir eingetragen,
Vor meinem Lächeln nichtmehr zu erschlaffen.«
    Mir war gleich dem, der plötzlich wieder tagen   49
Vergessenes Traumbild fühlt und nun vergebens
Versucht, Erinnerungswege einzuschlagen,
    Als ich *den* Ruf vernahm, der Dankbestrebens   52
So wert ist, daß er, nimmer zu verjähren,
Im Buch der Überlieferung steh zeitlebens.
    Wenn hilfsbereit mir alle Zungen wären,   55
Die Polyhymnia nebst den Gespielen
Mit süßevollster Milch gewußt zu nähren,
    Sie würden von den Reizen all, den vielen,   58
Vom heiligen Lächeln, das ihr Antlitz schmückte,
Mit ihrem Sang kein Tausendstel erzielen.
    So muß der Weihgesang, der sich entzückte   61
Am Paradies, auch manches überspringen
Als hindernd, daß der Weg dem Wandrer glückte.
    Doch wer des Stoffes Wucht wägt, der zu zwingen,   64
Und daß die Schulter sterblich, die ihm fronet,
Der rügt es nicht, sieht er sie zitternd ringen.
    Hier hilft kein kleiner Kahn, der nicht gewohnet   67
Solch Wasser, das mein kühner Kiel trotz Mühen
Durchfurcht; hier frommt kein Fährmann, der sich schonet.
    »Macht dich mein Antlitz so in Liebe glühen,   70
Daß keinen Blick dem schönen Garten spendet
Dein Aug, den Christi Sonne läßt erblühen?
    Hier ist die Rose, drin, von Gott gesendet,   73
Sein Wort zum Fleisch ward; hier die Lilien, deren
Gedüft uns hin zum rechten Weg gewendet.«
    So Beatrice. Und ich, ihren Lehren   76
Gehorsam, habe wiederum begonnen,
Zum Kampf die schwachen Augen hinzukehren.
    Wie ich auf Blumenwiesen schon sich sonnen   79
Den Himmel sah aus wolkenfreier Stelle,
Indes mein Aug im Schatten Schutz gewonnen,

419

PARADISO · CANTO XXIII

vid'io così più turbe di splendori
fulgorati di su di raggi ardenti,
sanza veder principio di fulgori.

O benigna virtù che sì gl'imprenti,
su t'esaltasti, per largirmi loco
agli occhi lì che non t'eran possenti.

Il nome del bel fior ch'io sempre invoco
e mane e sera, tutto mi ristrinse
l'animo ad avvisar lo maggior foco;

e come ambo le luci mi dipinse
il quale e 'l quanto della viva stella
che lassù vince come quaggiù vinse

per entro il cielo scese una facella,
formata in cerchio a guisa di corona,
e cinsela e girossi intorno ad ella.

Qualunque melodia più dolce suona
quaggiù e più a sè l'anima tira,
parrebbe nube che squarciata tona,

comparata al sonar di quella lira
onde si coronava il bel zaffiro
del quale il ciel più chiaro s'inzaffira.

«Io sono amore angelico che giro
l'alta letizia che spira del ventre
che fu albergo del nostro disiro;

e girerommi, donna del ciel, mentre
che siguirai tuo Figlio, e farai dia
più la spera suprema, perchè gli entre.»

Così la circulata melodìa
si sigillava: e tutti gli altri lumi
facean sonar lo nome di Maria.

Lo real manto di tutti i volumi
del mondo, che più ferve e più s'avviva
nell'alito di Dio e ne' costumi,

avea sopra di noi l'interna riva
tanto distante, che la sua parvenza,
là dov'io era, ancor non m'appariva:

però non ebber gli occhi miei potenza
di seguitar la coronata fiamma
che si levò appresso sua semenza.

E come 'l fantolin che vêr la mamma
tende le braccia, poi che 'l latte prese,
per l'animo che infin di fuor s'infiamma;

DAS PARADIES · XXIII. GESANG

So sah ich vieler Glanzgestalten Helle,   82
Auf die Blitzstrahlen glühend niedergingen,
Ohne zu sehn des Lichtes Ursprungsquelle.

O gütige Kraft, die du sie kannst durchdringen,   85
Du hobst sohoch dich, weil dies Blitzgeflimmer
Die schwachen Augen müßte sonst bezwingen.

Der schönen Blume Namen, den ich immer   88
Anrufe früh und spät, zog kraftbezwungen
Den Geist mir zu des größten Feuers Schimmer.

Und als in beide Augen mir gedrungen   91
Des Sternes Kraft und Größe, dem im Glanze
Droben der Sieg und drunten stets gelungen,

Stieg her vom Himmel eine wie zum Kranze   94
Gewundene Fackel, diesen Stern zu krönen
Und zu umgürten dann mit ihrem Tanze.

Was hier auch säuseln mag in sanften Tönen,   97
Daß sich die Seele süßgefesselt schaute:
Es wär ein wolkensprengend Donnerdröhnen,

Verglichen mit der Leier süßem Laute,   100
Dem schönen Saphir eine Krone webend,
Daß blauer noch der Saphirhimmel blaute.

»Die Engelsliebe bin ich, treu-umschwebend   103
Die hohe Wonne, die dein Schoß zu nähren
Vermocht, einst Herberg unserer Sehnsucht gebend.

Auch wird mein Kreisen, Himmelskönigin, währen   106
Bis du dich deinem Sohne nachgeschwungen,
Vergöttlichend die höchste aller Sphären.«

So ward besiegelt, was der Kreis gesungen   109
Zuletzt. Und aus den andern Lichtgestalten
Ist dann *Marias* Name rings erklungen.

Der Königsmantel, der mit seinen Falten   112
Die Welten einhüllt und im höchsten Grade
Vollkommenes Sein und Gotteshauch erhalten,

Hielt über uns sein inneres Gestade   115
Sohoch, daß meine Augen nicht bekamen
Dort, wo ich weilte, seines Anblicks Gnade.

Drum fühlt ich ihre Sehkraft bald erlahmen,   118
Um der gekrönten Flamme nachzustreben,
Die aufwärts sich erhob zu ihrem Samen.

Und wie das Kind zur Mutter pflegt zu heben   121
Die Ärmchen, wenn die Milch ihm lieblich schmeckte,
Die innere Liebe dankbar kundzugeben,

420

PARADISO · CANTO XXIII

ciascun di quei candori in su si stese 124
con la sua fiamma, sì che la'lto affetto
ch'egli avieno a Maria mi fu palese.

Indi rimaser lì nel mio cospetto, 127
‹Regina cœli› cantando sì dolce,
che mai da me non si partì il diletto.

Oh quanta è l'ubertà che si soffolce 130
in quell'arche ricchissime, che foro
a seminar quaggiù buone bobolce!

Quivi si vive e gode del tesoro 133
che s'acquistò piangendo nell'esilio
di Babilòn, dove si lasciò l'oro.

Quivi trionfa, sotto l'alto Filio 136
di Dio e di Maria, di sua vittoria,
e coll'antico e col novo concilio,

colui che tien le chiavi di tal gloria. 139

DAS PARADIES · XXIII. GESANG

So jedes dieser Lichter aufwärtsreckte   *124*
Sein flammend Haupt, daß ich, wie zu Marieen
Sie hohe Inbrunst hegten, wohl entdeckte.

Und ohne meinem Blick sich zu entziehen,   *127*
Sangen ›*Regina coeli*‹ diese Feuer
In unvergeßlich-wonnigen Melodieen.

O welche Fülle häufen in der Scheuer   *130*
Reichsten Behältern *hier* an, die hienieden
Als Ackerer waren wackere Samenstreuer!

Hier lebt man im Genuß vom Schatz zufrieden,   *133*
Den man in Erdenbabels Bann und Frone
Weinend erwarb, wo man das Gold gemieden.

Hier jauchzt frohlockend unterm hohen Sohne   *136*
Gottes und der Maria mit dem alten
Und neuen Bund in seiner Siegeskrone,

Der solcher Glorie Schlüssel hat erhalten.   *139*

CANTO VENTESIMOQUARTO

«O sodalizio eletto alla gran cena 1
del benedetto Agnello, il qual vi ciba
sì, che la vostra voglia è sempre piena,

se per grazia di Dio questi preliba 4
di quel che cade della vostra mensa,
anzi che morte tempo gli prescriba,

ponete mente all'affezïone immensa, 7
e roratelo alquanto: voi bevete
sempre del fonte onde vien quel ch'ei pensa.»

Così Beatrice; e quelle anime liete 10
si fêro spere sopra fissi poli,
fiammando volte a guisa di comete.

E come cerchi in tempra d'orïuoli 13
si giran sì, che il primo a chi pon mente
quieto pare, e l'ultimo che voli;

così quelle carole, differente- 16
mente danzando, della sua ricchezza
mi si facean stimar, veloci e lente.

Di quella ch'io notai di più carezza, 19
vid'io uscire un foco sì felice,
che nullo vi lasciò di più chiarezza;

e tre fïate intorno di Beatrice 22
si volse con un canto tanto divo,
che la mia fantasia nol mi ridice:

però salta la penna e non lo scrivo; 25
chè l'imagine nostra a cotai pieghe,
non che il parlare, è color troppo vivo.

«O santa suora mia che sì ne prieghe 28
devota, per lo tuo ardente affetto
da quella bella spera mi disleghe.»

Poscia, fermato, il foco benedetto 31
alla mia donna dirizzò lo spiro,
che favellò così com'i'ho detto.

Ed ella: «O luce eterna del gran viro 34
a cui nostro Signor lasciò le chiavi,
ch'e' portò giù, di questo gaudio miro,

tenta costui di punti lievi e gravi, 37
come ti piace, intorno della fede,
per la qual tu su per lo mare andavi.

VIERUNDZWANZIGSTER GESANG

»O Bruderschaft, zum großen Mahl erlesen 1
Des heiligen Lammes, das so reich euch speiste,
Daß eurer Sehnsucht ewig ihr genesen!

Wenn Gott erlaubt, daß dieser sich erdreiste, 4
Eh er dem Tod verfiel, von euern Tischen
Die Brosämlein zu kosten schon im Geiste,

So prüft sein Sehnsuchtsglühn. Laßt ihn erfrischen 7
Ein Tröpflein aus dem Kelch, drin euch zum steten
Genuß die Wonnen, die er wünscht, sich mischen.«

So Beatrice. Und die Seelen drehten 10
Sich froh gleich Sphären um die feste Base,
Wobei sie heftig flammten gleich Kometen.

Wie Räder kreisen hinterm Uhrenglase, 13
Wo der Beschauer denkt, es hätt gemieden
Den Gang das erste, und das letzte rase:

So schwang der Reigen sich im Tanz verschieden- 16
artig, daß seinen Reichtum ich erkannte,
Wie er mit Schnell und Langsam war zufrieden.

Aus jenem Kreis, der mich als schönster bannte, 19
Sah ich ein Feuer nahn und so froh strahlen,
Daß keines übrigblieb, das heller brannte.

Um Beatricen schwangs zu dreien Malen 22
Sich mit so göttlichsüßen Melodieen:
Zu schildern sie versuchen, hieße prahlen.

Drum unterdrückts die Feder. Worte liehen 25
Niemals so zarten Schmelz für diese Falte.
Selbst Fantasie muß hier den kürzern ziehen.

»O heilige Schwester mein, dein Bitten schallte 28
So fromm und zeugte so von glühendem Lieben,
Daß ich vom schönen Tanz gern fern mich halte.«

So lauteten, wie ich sie hier geschrieben, 31
Die zu der Herrin hingehauchten Worte,
Nachdem das heilige Feuer stehengeblieben.

»O ewiges Licht, das du von unserm Horte«, 34
Sprach sie, »empfingst die Schlüssel, die der Hehre
Dann erdwärtstrug von diesem wonnigen Orte;

Gib Fragen diesem, leichte oder schwere, 37
Wie dirs gefällt, ob er wird anbetroffen
Im Glauben, der dich hintrug auf dem Meere.

PARADISO · CANTO XXIV

S'elli ama bene e bene spera e crede,   40
non t'è occulto, perchè il viso hai quivi
dov'ogni cosa dipinta si vede;
   ma perchè questo regno ha fatto civi   43
per la verace fede, a gloriarla,
di lei parlare è buon ch'a lui arrivi.»
   Sì come il baccellier s'arma e non parla   46
fin che il maestro la question propone,
per approvarla, e non per terminarla;
   così m'armava io d'ogni ragione   49
mentre ch'ella dicea, per esser presto
a tal querente ed a tal professione.
   «Di', buon cristiano, fàtti manifesto: 52
fede che è?» Ond'io levai la fronte
in quella luce onde spirava questo:
   poi mi volsi a Beatrice, ed essa pronte   55
sembianze femmi, perchè io spandessi
l'acqua di fuor del mio interno fonte.
   «La grazia che mi dà ch'io mi confessi»   58
comincia'io «dall'alto primopilo,
faccia li miei concetti bene espressi.»
   E seguitai: «Come il verace stilo   61
ne scrisse, padre, del tuo caro frate,
che mise teco Roman nel buon filo,
   fede è sustanza di cose sperate   64
ed argomento delle non parventi;
e questa pare a me sua quiditate.»
   Allora udi': «Dirittamente senti,   67
se bene intendi perchè la ripuose
tra le sustanze, e poi tra gli argomenti».
   E io appresso: «Le profonde cose   70
che mi largiscon qui la lor parvenza,
agli occhi di laggiù son sì ascose,
   che l'esser loro v'è in sola credenza,   73
sopra la qual si fonda l'alta spene;
e però di sustanza prende intenza.
   E da questa credenza ci convene   76
sillogizzar sanza avere altra vista:
però intenza di argomento tene.»
   Allora udi': «Se quantunque s'acquista   79
giù per dottrina fosse così inteso,
non gli avrìa loco ingegno di sofista».

423

DAS PARADIES · XXIV. GESANG

Ob recht sein Lieben, recht sein Glauben und Hoffen,   *40*
Du weißt es, weil du hinschaust, wo vollkommen
Sich alle Dinge spiegeln klar und offen.

Doch weil dies Reich nur Bürger aufgenommen   *43*
Durch den wahrhaften Glauben, mag zum Preise
Des Glaubens hier zu sprechen diesem frommen.«

So wappnet sich der Baccalaureus leise,   *46*
Bevor die Frage fällt von Meisters Munde,
(Nicht zur Entscheidung, nein nur zum Beweise)

Wie ich mich wappnete mit jedem Grunde,   *49*
Indes sie sprach, um rühmlich zu bestehen
Vor solchem Prüfer und mit solcher Kunde.

»Sprich, guter Christ, laß dein Bekenntnis sehen: *52*
Was ist der Glaube?« – Und zum Lichte schnelle,
Als es gesprochen, ließ den Blick ich gehen;

Und dann zu Beatricen, deren helle   *55*
Augen mir winkten, vor ihm auszugießen
All das Gewässer meiner innern Quelle.

»Läßt Gnade mein Bekenntnis mich erschließen«,   *58*
Begann ich, »vor dem hohen Erstlingsstreiter,
Laß sie auch all mein Denken klar erfließen!

Wie es mit wahrem Griffel«, sprach ich weiter,   *61*
»Dein teurer Bruder, Vater, schon getroffen,
Den Rom gleich dir gehabt zum rechten Leiter,

Ist Glaube Wesenheit des, was wir hoffen,   *64*
Und der Beweis von dem, was wir nicht sehen.
Und darin liegt vor mir sein Wesen offen.« –

»Recht denkst du«, hört ich drauf sein Wort ergehen,   *67*
»Sofern du auch den Grund erkennst, weswegen
Stoff und Beweis bei ihm geschieden stehen.« –

»Die tiefen Dinge«, hielt ich ihm entgegen,   *70*
»Die hier mir willig ihren Anblick leihen,
Sind unsern Augen drunten so entlegen,

Daß dort im Glauben nur liegt ihr Gedeihen,   *73*
Worauf wir unsere hohe Hoffnung bauen.
Dem Stoffbegriff ist er drum anzureihen.

Und weil wir ohne jedes sonstige Schauen   *76*
Aus diesem Glauben sollen Schlüsse ziehen,
Daher muß man ihm als Beweisgrund trauen.« –

»Wenn alles, was durch Lehren ist gediehen«,   *79*
Vernahm ich jetzt, »ihr unten *so* verstündet,
So hätt es kein Sophistenwitz verschrieen.«

423

PARADISO · CANTO XXIV

Così spirò da quello amore acceso;   82
indi soggiunse: «Assai bene è trascorsa
d'esta moneta già la lega e 'l peso:
      ma dimmi se tu l'hai nella tua borsa».   85
Ond'io: «Sì, ho, sì lucida e sì tonda,
che nel suo conio nulla mi s'inforsa».

Appresso uscì della luce profonda   88
che lì splendeva: «Questa cara gioia
sopra la quale ogni virtù sì fonda,
      onde ti venne?» Ed io: «La larga ploia   91
dello Spirito Santo ch'è diffusa
in su le vecchie e in su le nuove cuoia,
      è sillogismo che la m'ha conchiusa   94
acutamente sì, che, inverso d'ella,
ogni dimostrazion mi pare ottusa».

Io udi' poi: «L'antica e la novella   97
proposizion che così ti conchiude,
perchè l'hai tu per divina favella?»

E io: «La prova che il ver mi dischiude   100
son l'opere seguite, a che natura
non scaldò ferro mai, nè battè incude».

Risposto fummi: «Di': chi t'assicura   103
che quell'opere fosser? Quel medesmo
che vuol provarsi, non altri, il ti giura.»

«Se il mondo si rivolse al cristianesmo»   106
diss'io «senza miracoli, quest'uno
è tal, che gli altri non sono il centesmo;
      chè tu intrasti povero e digiuno   109
in campo a seminar la buona pianta,
che fu già vite ed ora è fatta pruno.»

Finito questo, l'alta corte santa   112
risonò per le spere un ‹Dio laudamo!›
nella melode che lassù si canta.

E quel baron che sì di ramo in ramo,   115
esaminando, già tratto m'avea,
che all'ultime fronde appressavamo,
      ricominciò: «La grazia che donnea   118
con la tua mente, la bocca t'aperse
infino a qui com'aprir si dovea,
      sì ch'io approvo ciò che fuori emerse;   121
ma or convene espremer quel che credi,
e onde alla credenza tua s'offerse.»

DAS PARADIES · XXIV. GESANG

Dies hauchte jene Flamme liebentzündet,　　　　82
Und fügte bei: »Wie ich die Münze wäge,
So hast du sie nach Korn und Schrot ergründet.

Doch hast du sie im Beutel?« – Ich, nicht träge,　　85
Sprach rasch: »Jawohl, ich hab die blanke runde;
Und niemals ward ich irre am Gepräge.«

Drauf scholl es aus des Lichtes tiefstem Munde,　　88
Das dort geglänzt: »Dies Kleinod, drauf allwegen
Jedwede Jugend baut als festem Grunde,

Wo kam dirs her?« – Und ich: »Der reiche Regen,　　91
Vom Heiligen Geist ergossen, dessen Feuchte
Die alt und neuen Pergamente hegen,

Galt zwingend als Vernunftschluß mir und scheuchte　94
Die andern fort ganz ohne Vorbehalte,
Daß jeder mich als lahm und irrig deuchte.«

Dann hört ich: »Warum glaubst du, daß die alte　　97
Und neue Schrift, draus dir solch Schluß erblühte,
In Wahrheit Gottes Worte denn enthalte?«

Und ich: »Die Werke, draus mir Wahrheit sprühte,　　100
Beweisens, wozu die Natur entzündet
Kein Feuer noch beim Amboß selbst sich mühte.«

Und er: »Sag, worauf sich dein Glaube gründet　　103
An diese Werke? Nur, was selbst entbehrte
Beweises noch, sonst gibts nichts, was sie kündet.« –

»Wenn ohne Wunder sich die Welt bekehrte　　106
Zu Christus«, sprach ich, »stehen die andern Taten
Der *einen* nach im Hundertstel am Werte.

Denn arm und darbend gingst du, um die Saaten　　109
Ins Feld zu legen für die gute Pflanze,
Die Weinstock einst und jetzt zum Dorn mißraten.«

So schloß ich. Und da klangs vom heiligen Kranze　　112
Des hohen Hofs: »Laß uns, oh Gott, dich loben«,
In Tönen, die man dort nur hört im Glanze.

Und jener Freiherr, der mich so nach oben　　115
Von Zweig zu Zweige prüfend höherführte,
Wo schon die letzten Blätter sich verwoben,

Fuhr fort: »Die buhlend deinen Geist berührte,　　118
Die Gnade hat bis hierher dir erschlossen
Den Mund, wie solch Erschließen ihm gebührte,

Daß ich gebilligt hab, was ihm entflossen.　　121
Doch *was* du glaubst, vertraue mir nur offen;
Und auch, *woher* dein Glaube sich ergossen.« –

PARADISO · CANTO XXIV

«O santo padre e spirito che ved   *124*
ciò che credesti sì, che tu vincesti
vêr lo sepolcro più giovani piedi,»

comincia'io, «tu vuoi ch'io manifesti   *127*
la forma qui del pronto creder mio,
e anco la cagion di lui chiedesti.

E io rispondo: Io credo in uno Iddio   *130*
solo ed eterno, che tutto 'l ciel move,
non moto, con amore e con disìo.

E a tal creder non ho io pur prove   *133*
fisice e metafisice, ma dàlmi
anche la verità che quinci piove

per Moisè, per Profeti e per Salmi,   *136*
per l'Evangelio, e per Voi che scriveste,
poi che l'Ardente Spirto vi fece almi.

E credo in tre persone eterne; e queste   *139*
credo una essenza sì una e sì trina,
che soffera congiunto sono ed este.

Della profonda condizion divina   *142*
ch'io tocco mo, la mente mi sigilla
più volte l'evangelica dottrina.

Quest'è il principio; quest'è la favilla   *145*
che si dilata in fiamma poi vivace,
e come stella in cielo, in me scintilla.»

Come il signor ch'ascolta quel che i piace,   *148*
da indi abbraccia il servo, gratulando
per la novella, tosto ch'el si tace;

così benedicendomi cantando,   *151*
tre volte cinse me, sì com'io tacqui,
l'apostolico lume, al cui comando

io avea detto; sì nel dir gli piacqui.   *154*

DAS PARADIES · XXIV. GESANG

»O Vater, schauend hier, was du voll Hoffen   *124*
So fest geglaubt, daß du vorm Grabesschlunde
Sogar die jüngern Füße übertroffen,

O seliger Geist«, sprach ich, »aus meinem Munde   *127*
Soll meines Glaubens Inhalt klar dir scheinen
Und das, was festgeprägt ihm liegt zugrunde.

Wohlan: Ich glaub an Gott den Ewig-Einen,   *130*
Der unbewegt die Himmel kann bewegen
Aus Liebessehnsucht, seiner selbstlos-reinen.

Und diesen Glauben mir nicht nur belegen   *133*
Physik und Metaphysik, nein: vertreten
Kann ihn die Wahrheit auch, die hier als Regen

Auf Moses strömt, auf Psalmen und Propheten,   *136*
Aufs Evangelium und was ihr geschrieben,
Als Geistesflammen adelnd euch durchwehten.

Ich glaub an drei Personen, die stets blieben   *139*
Und ewig bleiben Eins, doch dreigestaltig,
Daß niemals *est* und *sunt* ihr Bild verschieben.

Und *den* Begriff so göttlich-tiefinhaltig   *142*
Besiegelt, wie gesagt, mir im Gemüte
Des Evangeliums Lehre mannigfaltig.

Dies ist der Ursprung; dies ist, was mir sprühte   *145*
Als Funke, der lebendig mich durchglommen
Und dann in mir als Himmelsleitstern glühte.«

Gleichwie der Herr, der Frohbotschaft vernommen,   *148*
Den Diener, wenn er schweigt, im Freudendrange
Umarmt, der Botschaft halb, die ihm willkommen,

So dreimal schwang um mich wie zum Empfange   *151*
Sich des Apostels Licht, als ich geendet,
Und segnete mein Reden im Gesange,

Weil es solch Wohlgefallen ihm gespendet.   *154*

CANTO VENTESIMOQUINTO

Se mai continga che il poema sacro   *1*
al quale ha posto mano e cielo e terra,
sì che m'ha fatto per più anni macro,

vinca la crudeltà che fuor mi serra   *4*
del bello ovile ov'io dormi'agnello,
nimico ai lupi che gli danno guerra,

con altra voce omai, con altro vello   *7*
ritornerò poeta, ed in sul fonte
del mio battesmo prenderò il cappello;

però che nella fede che fa conte   *10*
l'anime a Dio, quivi entra'io, e poi
Pietro per lei sì mi girò la fronte.

Indi si mosse un lume verso noi   *13*
di quella spera ond'uscì la primizia
che lasciò Cristo de' vicari suoi.

E la mia donna, piena di letizia,   *16*
mi disse: «Mira, mira: ecco il barone
per cui laggiù si visita Galizia!»

Sì come quando il colombo si pone   *19*
presso al compagno, e l'uno all'altro pande,
girando e mormorando, l'affezione;

così vid'io l'uno dall'altro grande   *22*
principe glorioso essere accolto,
laudando il cibo che lassù li prande.

Ma poi che il gratular si fu assolto,   *25*
tacito coram me ciascun s'affisse,
ignito sì, che vinceva il mio volto.

Ridendo allora Beatrice disse: *28*
«Inclita vita per cui la larghezza
della nostra basilica si scrisse,

fa' risonar la spene in quest'altezza: *31*
tu sai, che tante fiate la figuri,
quante Gesù ai tre fe' più chiarezza».

«Leva la testa, e fa' che t'assicuri;   *34*
chè ciò che vien quassù del mortal mondo,
convien ch'ai nostri raggi si maturi.»

Questo conforto del foco secondo   *37*
mi venne; ond'io levai gli occhi a' monti
che gl'incurvaron pria col troppo pondo.

FÜNFUNDZWANZIGSTER GESANG

Wenn je den Haß mein heilig Lied erweichte,　　　*1*
Dran Erd und Himmel mitschrieb, daß die Bürde
Seit Jahren mir zur Magerkeit gereichte,

Und ich zum schönen Pferche kehren würde,　　　*4*
Wo ich als Lamm schlief, eh man mich verbannte,
Die Wölfe hassend, die ein Feind der Hürde:

Verändert Haar und Stimme, heim sich wandte　　　*7*
Der Dichter dann, den Lorbeer zu empfangen
An jenem Taufquell, wo man Christ mich nannte,

Weil dort ich einst zum Glauben eingegangen,　　　*10*
Der uns mit Gott vermählt und dessentwegen
Sankt Peters Flammen dann mein Haupt umschlangen.

Nun trat ein Licht uns aus der Schar entgegen,　　　*13*
Draus vorhin *der* kam, den zuerst von allen
Christus des Stellvertreteramts ließ pflegen.

Und meine Herrin sprach voll Wohlgefallen　　　*16*
Zu mir: »Sieh, sieh! Das ist des Freiherrn Leben,
Um den sie drunten nach Gallicien wallen.«

Alsob der Täuberich liebevoll sich neben　　　*19*
Die Taube setzt und beide mit Umkreisen
Und Gurren ihrer Neigung Kunde geben,

So sah ich dort einander Huld erweisen　　　*22*
Die Fürsten, die zwei großen ruhmreich-frommen,
Die Nahrung preisend, die sie droben speisen.

Doch als ihr Festgruß an sein Ziel gekommen,　　　*25*
Hielt schweigend vor mir an das Paar im Schweben,
So feurig, daß die Sehkraft mirs benommen.

Lächelnd sprach Beatrice: »Ruhmreich Leben,　　　*28*
Das unsers Tempels Überfluß gekrönet
Und in beredten Worten kundgegeben,

Gib, daß die Hoffnung diesen Höhen tönet.　　　*31*
Du weißt, du ließest sovielmal sie schauen,
Als Jesus vor den Dreien sich verschönet.« –

»Erheb das Haupt und habe nur Vertrauen!　　　*34*
Erst reifen muß in unsern Lichtgloriolen,
Was hierheraufkommt aus des Todes Auen.«

Als so das zweite Licht mir Trost empfohlen,　　　*37*
Sich meine Augen zu den Bergen fanden,
Vor deren Wucht sie sich gesenkt verstohlen.

PARADISO · CANTO XXV

«Poi che per grazia vuol che tu t'affronti   *40*
lo nostro imperadore anzi la morte
nell'aula più segreta co'suoi conti,

sì che, veduto il ver di questa corte,   *43*
la spene che laggiù bene innamora,
in te ed in altrui di ciò conforte;

di' quel ch'ell'è; di' come se ne 'nfiora   *46*
la mente tua, e di'onde a te venne.»
Così seguì 'l secondo lume ancora.

E quella pia che guidò le penne   *49*
delle mie ali a così alto volo,
alla risposta così mi prevenne:

«La chiesa militante alcun figliuolo   *52*
non ha con più speranza, com'è scritto
nel sol che raggia tutto nostro stuolo:

però gli è conceduto che d'Egitto   *55*
venga in Ierusalemme per vedere,
anzi che il militar gli sia prescritto.

Gli altri due punti, che non per sapere   *58*
son domandati, ma perch'e' rapporti
quanto questa virtù t'è in piacere,

a lui lasc'io, chè non gli saran forti   *61*
nè di iattanza; ed egli a ciò risponda,
e la grazia di Dio ciò gli comporti.»

Come discente ch'a dottor seconda   *64*
pronto e libente in quel ch'egli è esperto,
perchè la sua bontà si disasconda,

«Spene» diss'io «è uno attender certo   *67*
della gloria futura, il qual produce
grazia divina e precedente merto.

Da molte stelle mi vien questa luce;   *70*
ma quei la distillò nel mio cor pria
che fu sommo cantor del sommo duce.

‹Sperino in te' nella sua teodìa   *73*
dice ‹color che sanno il nome tuo›;
e chi nol sa, s'egli ha la fede mia?

Tu mi stillasti, con lo stillar suo,   *76*
nell'epistola poi; sì ch'io son pieno,
ed in altrui vostra pioggia repluo.»

Mentr'io diceva, dentro al vivo seno   *79*
di quello incendio tremolava un lampo
subito e spesso a guisa di baleno.

DAS PARADIES · XXV. GESANG

»Weil unsers Kaisers Huld dir zugestanden,   *40*
Daß du vorm Tode schon Verkehr darfst pflegen
Hier im geheimsten Hof mit seinen Granden,

Sodaß, trat dessen Wahrheit dir entgegen,   *43*
Die Hoffnung, die von je euch drunten blühte,
In dir und andern stärkt der Liebe Segen,

Sag, was sie ist, wie sie dir im Gemüte   *46*
Entsproßte und woher sie dir gekommen?«
So schloß das zweite Licht, das glanzumsprühte.

Da ward mir von der Führerin, der frommen,   *49*
Die kühnen Flugs mein Schwingenpaar geleitet,
Die Antwort aus dem Munde schon genommen.

»*Mehr hofft* kein Sohn der Kirche, die da streitet,   *52*
Als er, wie dieser Sonne Schrift bewähret,
Die ihren Glanz auf unsere Heerschar breitet.

Drum ward er in Ägypten frei erkläret,   *55*
Damit Jerusalem ihm sollte tagen,
Noch eh des Krieges Dienstzeit ihm verjähret.

Die andern beiden Punkte deiner Fragen –   *58*
Nicht um zu wissen, nein, drunten zu lehren,
Wie sehr dir diese Tugend schafft Behagen –

Erlaß ich ihm, weil sie ihn nicht beschweren   *61*
Noch auch zum Prahlen bei der Antwort reizen.
Nun mag ihm Gottes Gnade Rat bescheren.«

Wie der Scholar vorm Lehrer ohne Spreizen   *64*
Gern zeigt die Ernte aus der Weisheit Garten,
Um nicht mit seiner Tüchtigkeit zu geizen,

Sprach ich: »Hoffnung ist sicheres Erwarten   *67*
Zukünftigen Heils, aus Gnaden uns entsprungen
Von Gott und dem Verdienst, drin wir verharrten.

Von Sternen viel hat mich dies Licht durchdrungen.   *70*
Doch machte mir zuerst das Herz entbrennen,
Was Höchsten Lenkers höchster Sänger gesungen.

›Dein hoffen die, so deinen Namen kennen!‹   *73*
Das wars, wie ich sein Gotteslied erfasse.
Wer meines Glaubens weiß es nicht zu nennen?

Du hast benetzet mich mit seinem Nasse   *76*
Im Briefe dann, sodaß ich voll vom Segen
Auf andre euern Regen rieseln lasse.«

Indem ich sprach, sah ich sichs lebhaft regen   *79*
Im Licht, als ob im Wetterleuchtgesprühe
Sich Blitze zuckend durch die Nacht bewegen.

PARADISO · CANTO XXV

Indi spirò: «L'amore ond'io avvampo   82
ancor vêr la virtù che mi seguette
infin la palma ed all'uscir del campo,

vuol ch'io respiri a te che ti dilette   85
di lei; ed èmmi a grato che tu diche
quello che la speranza ti promette».

E io: «Le nuove e le scritture antiche   88
pongono il segno, ed esso lo mi addita,
dell'anime che Dio s'ha fatte amiche.

Dice Isaia che ciascuna vestita   91
nella sua terra fia di doppia vesta,
e la sua terra è questa dolce vita.

E 'l tuo fratello assai vie più digesta,   94
là dove tratta delle bianche stole,
questa revelazion ci manifesta.»

E prima, appresso al fin d'este parole,   97
«Sperent in te» di sopra noi s'udì;
a che rispuoser tutte le carole;

poscia tra esse un lume si chiarì,   100
sì che se il Cancro avesse un tal cristallo,
l'inverno avrebbe un mese d'un sol dì.

E come surge e va ed entra in ballo   103
vergine lieta, sol per fare onore
alla novizia, e non per alcun fallo,

così vid'io lo chiarato splendore   106
venire a' due che si volgeano a nota
qual conveniasi al loro ardente amore.

Misesi lì nel canto e nella rota;   109
e la mia donna in lor tenne l'aspetto,
pur come sposa tacita ed immota.

«Questi è colui che giacque sopra 'l petto   112
del nostro pellicano; e questi fue
d'in su la croce al grande ufficio eletto.»

La donna mia così; nè però piùe   115
mosser la vista sua di stare attenta
poscia che prima le parole sue.

Qual è colui ch'adocchia e s'argomenta   118
di vedere eclissar lo sole un poco,
che, per veder, non vedente diventa,

tal mi fec'io a quell'ultimo foco,   121
mentre che detto fu: «Perchè t'abbagli
per veder cosa che qui non ha loco?

428

DAS PARADIES · XXV. GESANG

Dann klangs: »Die Liebe, drin ich heut noch glühe 82
Für jene Tugend, die zum Palmenzweige
Mich führte bis ich schied vom Feld der Mühe,

Heißt mich, daß dein Gefühl für sie noch steige, 85
Dich weiter fragen. Und mich sollt es freuen,
Sprächst du, welch Endziel dir die Hoffnung zeige.«

Und ich: »Die alten Schriften und die neuen 88
Weisen solch Ziel (und so versteh ichs eben)
Den Seelen, die mit Gott verknüpft in Treuen.

Auch spricht Jesajas: jeder wird gegeben 91
Dereinst ein Doppelkleid in ihrem Lande.
Und dies ihr Land ist dieses süße Leben.

Dein Bruder wird noch klarer dem Verstande, 94
Läßt er sein Licht auf diesen Vorgang fallen,
Wo er vom Schneeweiß spricht der Lichtgewande.«

Und gleich, als noch die Worte im Verhallen, 97
Scholl es: »*Sperent in te!*« vom höchsten Kranz,
Und Antwort rief es aus den Reigen allen.

Dann wuchs ein Licht bei ihnen so im Glanz, 100
Daß, wenn dem Krebse dies Kristall zueigen,
So würd ein Wintermond zum Tage ganz.

Und wie sich froh erhebt und in den Reigen 103
Ein Mägdlein tritt, zu Ehren und zum Frommen
Der Braut, und nicht um Eitelkeit zu zeigen,

So sah ich den erhöhten Lichtglanz kommen 106
Zu jenen Zwein im gleichgeschwungenen Gleise
Gemäß der Liebe, drinnen sie entglommen.

Dort schloß er sich dem Lied an und dem Kreise. 109
Doch Beatrice, ohne sich zu regen,
Sah stumm auf sie in bräutlichholder Weise.

»Der ists, der unserm Pelikan gelegen 112
An seiner Brust. Der ists, den man ernannte
Vom Kreuz hernieder, großen Amts zu pflegen.«

So meine Herrin. Und ihr Antlitz wandte 115
Zuvor nicht fester hin sich zu den beiden,
Als jetzt, nachdem ihr Wort mir dies bekannte.

Wie man bei Sonnenfinsternis entscheiden 118
Zu können glaubt, wann sie beginnt am Rande,
Wo unser Sehen muß beim Sehen leiden,

So ging es mir beim letzten Funkelbrande 121
Bis ich vernahm: »Was blendest mit Beschwerde
Du dich, zu schaun, was nie hier kam zustande?

PARADISO · CANTO XXV

In terra è terra il mio corpo, e saràgli   124
tanto con gli altri, che 'l numero nostro
con l'eterno proposito s'agguagli.

Con le due stole nel beato chiostro   127
son le due luci sole che saliro:
e questo apporterai nel mondo vostro.»

A questa voce l'infiammato giro   130
si quietò con esso il dolce mischio
che si facea del suon del trino spiro,

sì come, per cessar fatica e rischio,   133
li remi, pria nell'acqua ripercossi,
tutti si posano al sonar d'un fischio.

Ahi quanto nella mente mi commossi,   136
quando mi volsi per veder Beatrice,
per non poter vedere, bench'io fossi

presso di lei e nel mondo felice!   139

DAS PARADIES · XXV. GESANG

Es ist mein Körper auf der Erde Erde 124
Solang bis unsere Anzahl nach Gefallen
Vom Ewigen Ratsbeschluß vollzählig werde.

Es durften zu den seligen Klosterhallen 127
Im Doppelkleid nur *die* zwei Lichter steigen.
Und melde dies auf eurer Erde allen.«

Bei diesem Wort stand still der Funkelreigen. 130
Und auch der Sang, drin ineinandergriffen
Holdseliger Hauche drei, erstarb in Schweigen,

Alsob wir Ruder bei des Führers Pfiffen, 133
Die erst das Wasser schlugen, rastend schauen,
Hemmt Wagnis oder Müh das Weiterschiffen.

Ach, wie durchfuhr den Geist mir jähes Grauen, 136
Als ich nach Beatricen wollte sehen
Und sah sie nicht, obgleich ich in den Auen

Der seligen Welt dicht bei ihr durfte stehen. 139

CANTO VENTESIMOSESTO

Mentr'io dubbiava per lo viso spento,   *1*
della fulgida fiamma che lo spense
uscì un spiro che mi fece attento,

dicendo: «Intanto che tu ti risense   *4*
della vista che hai in me consunta,
ben è che ragionando la compense.

Comincia dunque; e di'ove s'appunta   *7*
l'anima tua, e fa' ragion che sia
la vista in te smarrita e non defunta;

perchè la donna che per questa dia   *10*
region ti conduce, ha nello sguardo
la virtù ch'ebbe la man d'Anania.»

Io dissi: «Al suo piacere e tosto e tardo   *13*
vegna rimedio agli occhi, che fur porte
quand'ella entrò col foco ond'io sempr'ardo.

Lo ben che fa contenta questa corte,   *16*
alfa ed o è di quanta scrittura
mi legge Amore, o lievemente o forte.»

Quella medesma voce che paura   *19*
tolta m'avea del sùbito abbarbaglio,
di ragionare ancor mi mise in cura;

e disse: «Certo a più angusto vaglio   *22*
ti conviene schiarar: dicer convienti
chi drizzò l'arco tuo a tal berzaglio».

E io: «Per filosofici argomenti   *25*
e per autorità che quinci scende,
cotale amor convien che in me s'imprenti.

Chè il bene, in quanto ben, come s'intende,   *28*
così accende amore, e tanto maggio,
quanto più di bontate in sè comprende.

Dunque all'essenza ov'è tanto avvantaggio,   *31*
che ciascun ben che fuor di lei si trova
altro non è ch'un lume di suo raggio,

più che in altra convien che si mova   *34*
la mente, amando, di ciascun che cerne
lo vero in che si fonda questa prova.

Tal vero allo intelletto mio sterne   *37*
colui che mi dimostra il primo amore
di tutte le sustanzie sempiterne.

SECHSUNDZWANZIGSTER GESANG

Indes ich meiner Blindheit zweifelnd dachte,　　　　*1*
Ging aus der Flammenglut, die mich geblendet,
Ein Hauch hervor, der aufmerksam mich machte,

Und sprach: »Bis du dir fühlst zurückgesendet　　　*4*
Die Kraft des Auges, die mein Glanz verzehrte,
Sei Sprache dir als Trostersatz gespendet.

Beginn denn, sprich, wohin dein Geist sich kehrte.　*7*
Doch hör erst, was ich dir als wahr verpfände:
Du hast verwehrte Sehkraft, nicht versehrte.

Der Herrin Auge, die dich ins Gelände　　　　　　*10*
Des Ewigen führte durch den Sternenäther,
Stärkt gleiche Kraft wie Ananias Hände.« –

»Sie heil mein Auge früher oder später«,　　　　　*13*
Sprach ich; »wars *ihrer* Glut doch einst die Pforte:
Mein Herz ist heut noch dieser Glut Verräter.

Das Gut, das Frieden spendet diesem Orte,　　　　*16*
Ist aller Schriften A und O, draus Kunde
Mir Liebe gibt mit laut und leisem Worte.«

Dieselbe Stimme, die mit gutem Grunde　　　　　*19*
Der Furcht vor der Erblindung mich enthoben,
Gab Sorge, mehr zu reden, meinem Munde

Und sprach: »Fürwahr, ein engeres Sieb erproben　*22*
Muß deine Meinung noch. Du mußt verkünden,
Wer deinen Bogen zielen ließ nach oben.«

Und ich: »Die Weltweisheit mit ihren Gründen,　　*25*
Die Bürgschaft, die von hier herabgesandt ist,
Muß solche Liebe dauernd mir entzünden.

Denn alles Gut, wenn es als Gut erkannt ist,　　*28*
Entfacht jegrößere Liebesflammen immer,
Jemehr an Güte es insich entbrannt ist.

Dem Wesen drum, *so hehr* wie andres nimmer,　　*31*
Daß alles, außer Ihm an sonstigem Guten
Vorhandne, Seines Lichts nur ist ein Schimmer,

Dem kehrt sich jeder Geist in Liebesgluten　　　*34*
Viel inniger zu, der ohne Wank begründet
Die Wahrheit sieht, drauf die Beweise ruhten.

Und solcher Wahrheit Licht hat mir entzündet　　*37*
Der mich der Liebe Anfang ließ erfahren
Und sie als Urtrieb aller Wesen kündet,

PARADISO · CANTO XXVI

Sternel la voce del verace autore,   40
che dice a Moisè, di sè parlando:
«Io di farò vedere ogni valore».

Sternilmi tu ancora, cominciando   43
l'alto preconio che grida l'arcano
di qui laggiù sovra ogni altro bando.»

E io udi': «Per intelletto umano   46
e per autoritadi a lui concorde
de' tuoi amori a Dio guarda il sovrano.

Ma di' ancor se tu senti altre corde   49
tirarti verso lui, sì che tu suone
con quanti denti questo amor di morde.»

Non fu latente la santa intenzione   52
dell'aguglia di Cristo, anzi m'accorsi
dove volea menar mia professione.

Però ricominciai: «Tutti quei morsi   55
che posson far lo cuor volgere a Dio,
alla mia caritate son concorsi;

chè l'essere del mondo e l'esser mio,   58
la morte ch'ei sostenne perch'io viva,
e quel che spera ogni fedel com'io,

con la predetta conoscenza viva,   61
tratto m'hanno del mar dell'amor torto,
e del diritto m'han posto alla riva.

Le fronde onde s'infronda tutto l'orto   64
dell'ortolano eterno, am'io cotanto,
quanto da lui a lor di bene è pôrto.»

Sì com'io tacqui, un dolcissimo canto   67
risonò per lo cielo, e la mia donna
dicea con gli altri: «Santo, Santo, Santo!»

E come a lume acuto si dissonna   70
per lo spirto visivo che ricorre
allo splendor che va di gonna in gonna,

e lo svegliato ciò che vede, abborre,   73
sì nescia è la sùbita vigilia
fin che la stimativa nol soccorre;

così degli occhi miei ogni quisquilia   76
fugò Beatrice col raggio de' suoi,
che rifulgea da più di mille milia.

Onde me' che dinanzi vidi poi;   79
e quasi stupefatto, domandai
d'un quarto lume ch'io vidi con noi.

DAS PARADIES · XXVI. GESANG

Entzündet *Gottes* Stimme mir, des wahren,   40
Als er zu Moses sprach, gedenkend seiner:
›Ich will dir alles Gute offenbaren‹,

Entzündest du auch mir im Anfang deiner   43
Erhabenen Botschaft, wo du machst entbrennen
Für dies Geheimnis alle Welt wie keiner.«

Und ich vernahm: »Nach menschlichem Erkennen   46
Und kraft gleichlautender göttlicher Kunde
Kann deine Liebe nie von Gott sich trennen.

Doch sage – wenn du dich zu Ihm im Grunde   49
Noch fühlst durch andere Fäden hingerissen –
Mit wieviel Zähnen Liebe dich verwunde.«

Ich merkte wohl, wie Christi Aar beflissen   52
In heiliger Absicht war, um meine Beichte
Auf *eine* Stelle hingelenkt zu wissen.

Drum sprach ich: »Jeder Biß, der mich erreichte   55
Und hin zu Gott ein Herz vermag zu drehen,
Auch meins für Liebe stets nur mehr erweichte.

Denn dieser Welt Bestehn und mein Bestehen,   58
Der Tod, den Er erlitt, daß ich soll leben,
Und was gleich mir die Gläubigen hoffend sehen,

Samt obiger lebendiger Kenntnis eben,   61
Konnten mich falscher Liebe Meer entrücken
Und auf den Strand der echten Liebe heben.

Der Laubschmuck, der den Garten pflegt zu schmücken   64
Des ewigen Gärtners, muß zur Liebe zwingen
Mich gleicherweis wie Er ihm schenkt Entzücken.«

Kaum schwieg ich, scholl im Himmel süßes Singen,   67
Und meine Herrin ließ mit all den Chören
Ein »Heilig, Heilig, Heilig!« laut erklingen.

Und wie ein Licht uns kann im Schlafe stören,   70
Weil sich der Sehnerv zu den Strahlen wendet,
Die Haut für Haut zum Widerstand empören,

Und man, erwacht, erschrockene Blicke sendet,   73
(So unbewußt ist plötzliches Erwachen,
Bevor die Urteilskraft uns Hilfe spendet)

So sank mir jeder Dunst vom Aug, dem schwachen,   76
Vor Beatricens Blick, der rings verstreute
Durch tausend Meilen wohl ein Blitzentfachen,

Sodaß mich schärferes Sehen als sonst erfreute.   79
Und als ein viertes Licht sein Glühen ergossen
Vor uns, fragt ich erschreckt, was dies bedeute.

PARADISO · CANTO XXVI

E la mia donna: «Dentro da que' rai
vagheggia il suo fattor l'anima prima
che la prima virtù creasse mai».

82

Como la fronda che flette la cima
nel transito del vento, e poi si leva
per la propria virtù che la sublima,

85

fec'io in tanto in quanto ella diceva,
stupendo; e poi mi rifece sicuro
un disìo di parlare ond'io ardeva.

88

E cominciai: «O pomo che maturo
solo prodotto fosti, o padre antico,
a cui ciascuna sposa è figlia e nuro,

91

devoto quanto posso a te supplìco
perchè mi parli: tu vedi mia voglia,
e, per udirti tosto, non la dico».

94

Talvolta un animal coverto broglia
sì che l'affetto convien che si paia
per lo seguir che face a lui la 'nvoglia;

97

e similmente l'anima primaia
mi facea trasparer per la coverta
quant'ella a compiacermi venìa gaia.

100

Indi spirò: «Sanz'essermi proferta
da te, la voglia tua discerno meglio
che tu qualunque cosa t'è più certa;

103

perch'io la veggio nel verace speglio
che fa di sè pareglio all'altre cose,
e nulla face lui di sè pareglio.

106

Tu vuoli udir quant'è che Dio mi puose
nello eccelso giardino ove costei
a così lunga scala ti dispuose,

109

e quanto fu diletto agli occhi miei,
e la propria cagion del gran disdegno,
e l'idioma ch'usai e che fei.

112

Or, figliuol mio, non il gustar del legno
fu per sè la cagion di tanto esilio,
ma solamente il trapassar del segno.

115

Quindi onde mosse tua donna Virgilio,
quattromila trecento e due volumi
di sol disiderai questo concilio;

118

e vidi lui tornare a tutti i lumi
della sua strada novecento trenta
fïate, mentre ch'io in terra fu' mi.

121

DAS PARADIES · XXVI. GESANG

Und meine Herrin: »Von dem Strahl umschlossen,　　　*82*
Blickt liebend hin zum Schöpfer das erste Leben,
Das jemals aus der Ersten Kraft erflossen.«
　　Wie Blätter, einem Windstoß preisgegeben,　　　*85*
Beugen das Haupt und, wenn der Wind vergangen,
Durch eigene Schnellkraft wieder sich erheben,
　　So hielt ihr Wort mit Staunen mich gefangen.　　　*88*
Doch als sie schwieg, wuchs wieder mein Vertrauen
In Rededranges brennendem Verlangen.
　　Und ich begann: »O Frucht, einzig zu schauen　　　*91*
Als reif-erschaffen, o du alter Ahne,
Dem Schnur und Tochter alle Erdenfrauen,
　　Vergib, daß ich dich fromm zur Zwiesprach mahne.　　　*94*
Und schneller dich zu hören, laß mich eilen
Zum Schluß: du siehst ja, was ich wünschend plane.«
　　Ein Tier regt unter Decken sich bisweilen,　　　*97*
Daß sein Empfinden sich muß offenbaren,
Weil es sich weiß der Hülle mitzuteilen:
　　So ließ der Seelenerstling mich gewahren　　　*100*
Ganz deutlich auch durch stärkeres Entbrennen,
Wie sehr es ihn erfreu, mir zu willfahren.
　　Dann sprach er: »Ohne deinen Wunsch zu nennen,　　　*103*
Verschließt mir dein Verlangen doch kein Riegel.
Und besser als du selbst kann ichs erkennen,
　　Weil ich es seh in dem wahrhaften Spiegel,　　　*106*
Der sich zum Abbild macht von allen Dingen,
Wo Ihm doch selbst kein Ding aufdrückt sein Siegel.
　　Du wüßtest gern die Jahre, die vergingen,　　　*109*
Seit Gott mir Eden schenkte, das erlauchte,
Wo *sie* zum langen Flug dir schuf die Schwingen,
　　Wie lang mein Aug in Edens Luft sich tauchte,　　　*112*
Dann: was den großen Zorn in Wahrheit weckte,
Und: welche Sprache ich ersann und brauchte.
　　Nun denn, mein Sohn: nicht daß vom Baum ich schmeckte,
War Grund an sich, der mich solang verbannte,
Nein, nur weil ich des Grenzbruchs mich erkeckte.
　　Ich sah, indem nach hier mein Wunsch entbrannte,　　　*118*
Viertausenddreihundertzwei Jahre kreisen,
Wo deine Herrin den Vergil entsandte.
　　Und sah von Stern zu Stern die Sonne reisen,　　　*121*
Solang ich mich auf Erden noch befunden,
Neunhundertdreißigmal in ihren Gleisen.

PARADISO · CANTO XXVI

La lingua ch'io parlai fu tutta spenta   124
innanzi che all'ovra inconsummabile
fosse la gente di Nembròt attenta;
    chè nullo effetto mai razïonabile,   127
per lo piacere uman che rinnovella
seguendo il cielo, sempre fu durabile.
    Opera naturale è ch'uom favella;   130
ma, così o così, natura lascia
poi fare a voi secondo che v'abbella.
    Pria ch'io scendessi all'infernale ambascia,   133
I s'appellava in terra il sommo bene
onde vien la letizia che mi fascia;
    EL si chiamò da poi; e ciò conviene,   136
chè l'uso de' mortali è come fronda
in ramo, che sen va e altra viene.
    Nel monte che si leva più dall'onda,   139
fu'io, con vita pura e disonesta,
dalla prim'ora a quella che seconda,
    come 'l sol muta quadra, l'ora sesta.»   142

DAS PARADIES · XXVI. GESANG

Die Sprache, die ich sprach, war längst verschwunden,   *124*
Eh für das Riesenwerk, das unvollendliche,
Der Nimrodvölker Kräfte sich verbunden.

Denn Menschenwerke dauern nicht, sind endliche,   *127*
Weil neuerungssüchtig ist der Menschen Walten.
So wills der Sterneinfluß, der unabwendliche.

Die Sprache habt ihr von Natur erhalten.   *130*
Doch auszudrücken euch mit sinnigem Klange,
So oder so, läßt frei Natur euch schalten.

Bevor ich stieg zur Angst im Höllenzwange,   *133*
Ward I genannt das Höchste Gut danieden,
Draus herrührt meiner Wonne Gürtelspange.

El hieß es dann – so habt ihr euch entschieden.   *136*
Denn wie das Laub am Zweige tauscht die Stelle,
Eins geht, eins kommt, kennt Menschenbrauch nicht Frieden.

Den Berg, den höchsten ob der Meereswelle,   *139*
Bewohnt ich schuldlos und mit Schuld im Bunde
Von erster bis zu der, die nachfolgt schnelle

Bei Sols Quadrantentausch der sechsten Stunde.«   *142*

CANTO VENTESIMOSETTIMO

«Al Padre, al Figlio, allo Spirito Santo»
cominciò «gloria!» tutto il Paradiso,
sì che m'inebriava il dolce canto.

Ciò ch'io vedeva mi sembiava un riso
dell'universo; per che mia ebbrezza
entrava per l'udire e per lo viso.

Oh gioia! oh ineffabile allegrezza!
oh vita integra d'amore e di pace!
oh sanza brama sicura ricchezza!

Dinanzi agli occhi miei le quattro face
stavano accese, e quella che pria venne,
incominciò a farsi più vivace,

e tal nella sembianza sua divenne,
qual diverrebbe Giove, s'egli e Marte
fossero augelli e cambiassersi penne.

La provvidenza, che quivi comparte
vice ed officio, nel beato coro
silenzio posto avea da ogni parte,

quando io udi': «Se io mi trascoloro,
non ti maravigliar; chè dicend'io,
vedrai trascolorar tutti costoro.

Quegli ch'usurpa in terra il luogo mio,
il luogo mio, il luogo mio, che vaca
nella presenza del Figliuol di Dio,

fatto ha del cimiterio mio cloaca
del sangue e della puzza; onde il perverso
che cadde di quassù, laggiù si placa.»

Di quel color che per lo sole avverso
nube dipinge da sera e da mane,
vid'io allora tutto il ciel cosperso.

E come donna onesta che permane
di sè sicura, e per l'altrui fallanza,
pur ascoltando, timida si fane;

così Beatrice trasmutò sembianza;
e tale eclissi credo che in ciel fue,
quando patì la suprema possanza.

Poi procedetter le parole sue
con voce tanto da sè trasmutata,
che la sembianza non si mutò piùe:

SIEBENUNDZWANZIGSTER GESANG

Dem Vater, Sohn und Heiligen Geist erdröhnte
Vom ganzen Paradies ein Gloriasingen,
Daß ich berauscht ward, weil so süß es tönte. *1*

Ein Weltallslächeln schien mich zu umringen,
Als ich die Wonnen wie in Rauschberückung
Durch Ohr und Auge fühlte mich durchdringen. *4*

O Wonne! O unsägliche Entzückung!
O friedenreich-vollkommenes Liebesleben!
O wunschlos-sichern Reichtums Vollbeglückung! *7*

Vor meinen Augen standen glutumgeben
Die Fackeln alle vier. Doch heller wieder
Sah ichs im erstgekommenen Licht sich heben. *10*

Und *so* wohl strahlte Jupiter hiernieder,
Wenn er und Mars, zu Vögeln rasch geworden,
Vertauschen könnten auch ihr Lichtgefieder. *13*

Vorsehung, die hier läßt im seligen Orden
Den Dienst nach Ämtern und Beruf geschehen,
Gebot jetzt Schweigen rings den Dankakkorden, *16*

Als ich vernahm: »Siehst du mich zornrot stehen,
So staune nicht. Beim Hören meines Tones
Wirst du hier alle bald erröten sehen. *19*

Der sich auf Erden anmaßt meines Thrones,
Sich meinen Thron macht, meinen Thron zur Beute,
Der leer vorm Antlitz steht des Gottessohnes, *22*

Macht meine Grabstatt zur Kloake heute
Von Blut und Stank; daß jener, der zum Schlunde
Von hier gestürzt, der Schurke, längst sich freute.« *25*

Und wie zur Morgen- oder Abendstunde
Der Sonne gegenüber Wolken prangen,
Sah ich den Himmel rot im tiefsten Grunde. *28*

Und wie ein züchtig Weib, das sich umfangen
Von eigener Tugend fühlt, um fremd Vergehen
Beim Hören schon empfindet Schreck und Bangen, *31*

Sah ich verwandelt Beatricen stehen.
So, als die Höchste Macht in Qualen stöhnte,
War, glaub ich, die Verfinsterung anzusehen. *34*

Dann fuhr er redend fort. Doch wie jetzt tönte
Die *Stimme* anders ganz, als sie begonnen,
Sah auch sein *Antlitz* aus, das unversöhnte. *37*

PARADISO · CANTO XXVII

«Non fu la Sposa di Cristo allevata 40
del sangue mio, di Lin, di quel di Cleto,
per essere ad acquisto d'oro usata;

ma per acquisto d'esto viver lieto, 43
e Sisto e Pio e Calisto e Urbano
sparser lo sangue dopo molto fleto.

Non fu nostra intenzion ch'a destra mano 46
dei nostri successor parte sedesse,
parte dall'altra, del popol cristiano;

nè che le chiavi che mi fur concesse, 49
divenisser signaculo in vessillo,
che contra i battezzati combattesse;

nè ch'io fossi figura di sigillo 52
a privilegi venduti e mendaci,
ond'io sovente arrosso e disfavillo.

In vesta di pastor lupi rapaci 55
si veggion di quassù per tutti i paschi:
o difesa di Dio, perchè pur giaci?

Del sangue nostro Caorsini e Guaschi 58
s'apparecchian di bere: o buon principio,
a che vil fine convien che tu caschi!

Ma l'alta provvidenza, che con Scipio 61
difesa a Roma la gloria del mondo,
soccorrà tosto, sì com'io concipio.

E tu, figliuol, che per lo mortal pondo 64
ancor giù tornerai, apri la bocca,
e non asconder quel ch'io non ascondo.»

Sì come di vapor gelati fiocca 67
in giuso l'aere nostro, quando il corno
della Capra del ciel col sol si tocca,

in su vid'io così l'etera adorno 70
farsi e fioccar di vapor triunfanti
che fatto avean con noi quivi soggiorno.

Lo viso mio seguiva i suoi sembianti 73
e seguì in fin che il mezzo, per lo molto,
gli tolse il trapassar del più avanti.

Onde la donna, che mi vide assolto 76
dell'attendere in su, mi disse: «Adima
il viso, e guarda come tu se'volto».

Dall'ora ch'io avea guardato prima 79
io vidi mosso me per tutto l'arco
che fa dal mezzo al fine il primo clima;

DAS PARADIES · XXVII. GESANG

»Nicht ist für Christi Braut mein Blut verronnen,   *40*
Noch hat des Linus, Cletus Blut sie nähren
Gewollt, daß schnödes Gold man draus gewonnen.

Nein, daß sie hier des seligen Lebens wären,   *43*
Gab Sixtus, Pius, Calixt, Urban den Knechten
Das Blut dahin in martervollen Zähren.

Nicht war es unsere Absicht, daß zur Rechten   *46*
Von unsern Folgern nur ein Teil erschiene
Des Christenvolks, ein andrer links gleich Schlechten,

Noch daß der Schlüsselbund, der mir verliehne,   *49*
Auf einem Banner, das in Glaubensnöte
Die Gläubigen führt, als Kriegeszeichen diene,

Noch daß mein Bild ich für die Siegel böte   *52*
Käuflicher und verlogener Ablaßbriefe,
Drob ich zornfunkensprühend oft erröte!

Raubgierig schleichen sieht man aus der Tiefe   *55*
Wölfe in Hirtenkleidern auf die Weiden –
O daß doch Gottes Schutz nicht länger schliefe!

Der Baske und Cahorse, diese beiden,   *58*
Sind lüstern schon nach unserm Blut. Welch Ende
Voll Schmach muß! ach ein guter Anfang leiden.

Doch hohe Vorsicht, die für Rom behende   *61*
Die Weltmacht sichern ließ in Scipios Siegen:
Ich sehe, daß sie bald uns Hilfe sende!

Und du, mein Sohn, den Erdenlast die Stiegen   *64*
Hinabziehn wird, sprich dreist von meinem Zorne.
Und nicht verschweige, was *ich* nicht verschwiegen!«

Wie Flocken aus der Luft gefrorenem Borne   *67*
Herniederscheinen, wenn zur Sonne rückte
Die Himmelsziege mit dem Doppelhorne,

Sah ich, wie droben sich der Äther schmückte,   *70*
Und, die bei uns geweilt, sich aufwärtshoben
Als Flammenflocken, die der Sieg entzückte.

Und ich war ihrem Wirbeltanz nach oben   *73*
Soweit mit meinem Blicke nachgedrungen
Bis sie mir im Unendlichen zerstoben;

Worauf die Frau, die mich sah losgerungen   *76*
Vom Aufwärtsschauen, sprach: »Laß abwärtsgleiten
Den Blick und sieh, wie du dich umgeschwungen!«

Vom ersten Niederblick bis jetzt zum zweiten   *79*
Ließ dieser Flug des ersten Klimas Bogen
Vom Mittel- bis zum Endpunkt mich durchschreiten;

435

PARADISO · CANTO XXVII

sì ch'io vedea di là da Gade il varco   82
folle d'Ulisse, e di qua presso il lito
nel qual si fece Europa dolce carco.

E più mi fora discoverto il sito   85
di questa aiuola; ma il sol procedea
sotto i miei piedi un segno e più partito.

La mente innamorata, che donnea   88
con la mia donna sempre, di ridure
ad essa gli occhi, più che mai, ardea;

e se natura o arte fe' pasture   91
da pigliare occhi, per aver la mente,
in carne umana o nelle sue pinture,

tutte adunate, parrebber nïente   94
vêr lo piacer divin che mi rifulse,
quando mi volsi al suo viso ridente;

e la virtù che lo sguardo m'indulse,   97
del bel nido di Leda mi divelse,
e nel ciel velocissimo m'impulse.

Le parti sue vicissime ed eccelse   100
sì uniformi son, ch'io non so dire
qual Beatrice per loco mi scelse.

Ma ella, che vedea il mio disire,   103
incominciò, ridendo tanto lieta,
che Dio parea nel suo volto gioire:

«La natura del mondo che quïeta   106
il mezzo e tutto l'altro intorno muove,
quinci comincia come da sua meta.

E questo cielo non ha altro dove   109
che la mente divina, in che s'accende
l'amor che il volge e la virtù ch'ei piove.

Luce ed amor d'un cerchio lui comprende,   112
sì come questo gli altri; e quel precinto
colui che 'l cinge solamente intende.

Non è suo moto per altro distinto;   115
ma gli altri son misurati da questo,
sì come dieci da mezzo e da quinto.

E come il tempo tegna in cotal testa   118
le sue radici e negli altri le fronde,
omai a te può esser manifesto.

o cupidigia che i mortali affonde   121
sì sotto te, che nessuno ha podere
di trarre gli occhi fuor delle tue onde!

DAS PARADIES · XXVII. GESANG

Daß ich von Gades jenseit sah die Wogen,   *82*
Die toll Ulyß durchflog, hier das Gestade,
Wo süß als Last Europa hingezogen.

 Und mehr hätt ich entdeckt auf meinem Pfade *85*
Von unserer Tenne; aber mir zu Füßen
Schritt fort die Sonne um ein Zeichen grade.

 Mein Geist, der immer-neu mit meiner süßen *88*
Gefährtin liebend buhlt, war voll Verlangen
Entbrannt, sie wieder schauend zu begrüßen.

 Wie weit Natur und Kunst auch je gegangen, *91*
In Fleischesreiz und Farbenmeisterstücken
Die Seele durch die Augenlust zu fangen:

 Alldiesem könnte keine Schilderung glücken *94*
Der Götterlust, die strahlend mich durchdrungen,
Als mir ihr lächelnd Antlitz schuf Entzücken.

 Und jene Kraft, die mir ihr Blick errungen, *97*
Ließ Ledas schönem Neste mich enteilen,
Daß ich zum schnellsten Himmel ward entschwungen.

 In seinen nächsten wie auch fernsten Teilen *100*
Ist er so gleich, daß ich nicht könnte nennen
Den Ort, wo Beatrice mich ließ weilen.

 Doch sie, die meine Sehnsucht sah entbrennen, *103*
Begann mit also lächelfrohen Sinnen,
Als ließ sich Gottes Freude drin erkennen:

 »Natur des Weltalls, die voll Ruhe drinnen *106*
Die Mitte hält, und alles sich läßt drehen,
Sie muß von hier als Ausgangspunkt beginnen.

 Und sonst kein Wo läßt dieser Himmel sehen, *109*
Als Gottes Geist, dran Liebe sich entzündet,
Die ihn beschwingt, und Kraft, die ihn läßt wehen.

 Liebe und Licht umkreisen ihn verbündet, *112*
Wie er die andern. Und jedwede Regung
Bewirkt nur der, der ihn so wohl geründet.

 Nichts andres dient zum Maß ihm der Bewegung; *115*
Vielmehr gibt er das Maß den andern Sphären,
Wie Halb und Fünftel dient zur Zehnzerlegung.

 Und wie in *dem* Topf sich die Wurzeln nähren *118*
Des Zeitenbaums, und seine Blätter leben
Im *andern*, kannst du dir nun selbst erklären.

 O Gier, wie tiefhinab tauchst du das Streben *121*
Der Menschen, daß aus deinem Wogenrollen
Die Augen keiner mehr kann aufwärtsheben.

PARADISO · CANTO XXVII

Ben fiorisce negli uomini il volere;   124
ma la pioggia continua converte
in bozzacchioni le susine vere.

Fede ed innocenza son reperte   127
solo nei parvoletti; poi ciascuna
pria fugge che le guance sian coperte.

Tale, balbuzïendo ancor, digiuna,   130
che poi divora, con la lingua sciolta,
qualunque cibo per qualunque luna;

e tal, balbuzïendo, ama ed ascolta   133
la madre sua, che, con loquela intera,
disia poi di vederla sepolta.

Così si fa la pelle bianca, nera,   136
nel primo aspetto della bella figlia
di quei ch'apporta mane e lascia sera.

Tu, perchè non ti facci maraviglia,   139
pensa che 'n terra non è chi governi;
onde sì svia l'umana famiglia.

Ma prima che gennaio tutto si sverni   142
per la centesma ch'è laggiù negletta,
ruggeran sì questi cerchi superni,

che la fortuna che tanto s'aspetta,   145
le poppe volgerà u' son le prore,
sì che la classe correrà diretta;

e vero frutto verrà dopo 'i fiore.»   148

DAS PARADIES · XXVII. GESANG

Wohl blühet in den Menschen noch das Wollen.   *124*
Doch strömt der Regen aller End und Ecken,
Macht er aus echten Pflaumen Hutzelknollen.

  Unschuld und Glaube sich allein erstrecken   *127*
Auf Kinder noch. Doch beides schwindet leise,
Bevor die Wangen sich mit Flaum bedecken.

  Ein lallend Kind hält an der Fastenweise.   *130*
Gelöster Zunge siehst du es sich laben
In jedem Jahresmond an jeder Speise.

  Und wer die Mutter pflegte liebzuhaben   *133*
Als lallend Kind: wenn er der Sprache mächtig,
Dann wünscht er, säh ich sie doch erst begraben.

  So dunkelt schnell die Haut, erst weiß und prächtig,   *136*
Der schönen Tochter jener, die am Morgen
Uns Helle bringt und spät macht alles nächtig.

  Doch staune nicht, der Grund ist nicht verborgen: *139*
Es fehlt euch, der auf Erden herrsche weise;
Drum macht der falsche Weg der Menschheit Sorgen.

  Doch eh der Januar ganz sich löst vom Eise,   *142*
Weil drunten ihr das Hundertstel mißachtet,
Werden so dröhnen diese höchsten Kreise,

  Daß das Geschick, das ihr solang erschmachtet,   *145*
Das Heck wird in des Schnabels Richtung lenken,
Sodaß die Flotte graden Laufes trachtet,

    Und echte Frucht wird nach der Blüte schenken.«   *148*

CANTO VENTESIMOTTAVO

Poscia che contro alla vita presente   *1*
dei miseri mortali aperse il vero
quella che imparadisa la mia mente;
   come in lo specchio fiamma di doppiero   *4*
vede colui che se n'alluma dietro,
prima che l'abbia in vista o in pensiero,
   e sè rivolve, per veder se 'l vetro   *7*
gli dice il vero, e vede ch'el s'accorda
con esso come nota con suo metro;
   così la mia memoria si ricorda   *10*
ch'io feci, riguardando nei belli occhi
onde a pigliarmi fece Amor la corda.
   E com'io mi rivolsi, e furon tocchi   *13*
li miei da ciò che pare in quel volume,
quandunque nel suo giro ben s'adocchi
   un punto vidi che raggiava lume   *16*
acuto sì, che il viso ch'egli affoca,
chiuder conviensi per lo forte acume;
   e quale stella par quinci più poca,   *19*
parrebbe luna, locata con esso
come stella con stella si collòca.
   Forse cotanto, quanto pare appresso   *22*
alo cinger la luce che 'l dipigne,
quando il vapor che 'l porta, più è spesso,
   distante intorno al punto un cerchio d'igne   *25*
si girava sì ratto, ch'avrìa vinto
quel moto che più tosto il mondo cigne;
   e questo era d'un altro circumcinto,   *28*
e quel dal terzo, e 'l terzo poi dal quarto,
dal quinto il quarto, e poi dal sesto il quinto.
   Sovra seguiva il settimo sì sparto   *31*
già di larghezza, che 'l messo di Iuno
intero a contenerlo sarebbe arto.
   Cosi l'ottavo e il nono; e ciascheduno   *34*
più tardo si movea secondo ch'era
in numero distante più dall'uno;
   e quello avea la fiamma più sincera   *37*
cui men distava la favilla pura,
credo, però che più di lei s'invera.

ACHTUNDZWANZIGSTER GESANG

So wies vom heutigen Leben mir geschäftig   *1*
Jene am Menschenleid der Wahrheit Schimmer,
Die meinen Geist schuf paradieseskräftig.

Und dem gleich, der im Spiegel Kerzenflimmer   *4*
Gewahr wird, den man hinter ihm entzündet,
Eh er ihn sah und dessen dachte nimmer,

Und umschaut dann, ob sich ihm Wahrheit kündet,   *7*
Und sieht, daß Bild und Abbild sich verflochten
Im Glas wie Wort und Weise sich verbündet:

So weiß ichs wohl, daß *meine* Augen mochten   *10*
Betrachten *ihre* schönen, draus die Schlingen
Mir Amor wob, die einst mich unterjochten.

Rückschauend sah ich mir ins Auge dringen,   *13*
Was *der* in diesem Buch wohl stets erkannte,
Dem aufmerksam umher die Blicke gingen:

Ich sah ein Pünktchen, drin ein Lichtkern brannte,   *16*
Der jedes Auge ob des allzugrellen
Blitzscharfen Leuchtens siegreich übermannte.

Ließ neben ihn der kleinste Stern sich stellen,   *19*
Groß wie ein Mond erschien er dem Gesichte,
Wenn Sterne neben Sterne sich gesellen.

Im gleichen Abstand wohl, als wenn dem Lichte   *22*
Ein Hof als Gürtel dient, wenn er umrungen
Von Dünsten ist der allerstärksten Dichte,

Hielt diesen Punkt ein Feuerkreis umschlungen,   *25*
Der in der Drehung rasendschnellem Wogen
Den schnellsten Himmel hätte leicht bezwungen.

Und diesen hielt ein zweiter Kreis umzogen,   *28*
Um den ein dritter sich, ein vierter reihte,
Um den der fünfte dann und sechste flogen.

Dann kam der siebente von solcher Weite,   *31*
Daß Junos Botin, voll als Kreis beschrieben,
Ihn zu umspannen wär zu klein an Breite.

Der acht und neunte folgte so den sieben,   *34*
Doch stets die größern mit geringerer Schnelle
Jeferner sie der Eins beim Zählen blieben.

Und *dessen* Flamme war von reinster Helle,   *37*
Der minderfern dem lauteren Funkenreigen,
Weil, glaub ich, *mehr* ihn tränkt der Wahrheit Quelle.

PARADISO · CANTO XXVIII

La donna mia, che mi vedea in cura   40
forte sospeso, disse: «Da quel punto
dipende il cielo e tutta la natura.

Mira quel cerchio che più gli è congiunto;   43
e sappi che il suo muovere è sì tosto
per l'affocato amore ond'egli è punto.»

E io a lei: «Se il mondo fosse posto   46
con l'ordine ch'io veggio in quelle rote,
sazio m'avrebbe ciò che m'è proposto;

ma nel mondo sensibile si puote   49
veder le volte tanto più divine,
quant'elle son dal centro più remote.

Onde, se il mio disìo dee aver fine   52
in questo miro e angelico templo
che solo amore e luce ha per confine,

udir convienmi ancor come l'esemplo   55
e l'esemplare non vanno d'un modo;
ch'io per me indarno ciò contemplo.»

«Se li tuoi diti non sono a tal nodo   58
sufficïenti, non è maraviglia,
tanto, per non tentare, è fatto sodo.»

Così la donna mia; poi disse: «Piglia   61
quel ch'io ti dicerò, se vuoi saziarti;
ed intorno da esso t'assottiglia.

Li cerchi corporai sono ampi e arti   64
secondo il più e 'l men della virtute
che si distende per tutte lor parti.

Maggior bontà vuol far maggior salute;   67
maggior salute maggior corpo cape,
s'egli ha le parti igualmente compiute.

Dunque costui che tutto quanto rape   70
l'altro universo seco, corrisponde
al cerchio che più ama e che più sape.

Per che, se tu alla virtù circonde   73
la tua misura, non alla parvenza
delle sustanze che t'appaion tonde,

tu vederai mirabil conseguenza   76
di maggio a più e di minore a meno,
in ciascun cielo, a sua intelligenza.»

Come rimane splendido e sereno   79
l'emisperio dell'aere, quando soffia
Borea da quella guancia ond'è più leno,

DAS PARADIES · XXVIII. GESANG

Und meine Herrin, die mich sah in Schweigen 40
Und Sorge, sprach: »An diesen Punkt gebunden
Natur und Himmel sich abhängig zeigen.

Schau *den* Kreis, der ihn hält zunächst umwunden; 43
Und wisse, daß er durch die glühende Liebe,
Die ihn so stachelt, schnellsten Schwung gefunden.«

Und ich zu ihr: »Wenn gleiche Ordnung triebe 46
Die Welt, drin hier ich seh die Kreise gehen,
Nichts am Gehörten mir zu wünschen bliebe.

Doch in der Welt der Sinne kann man sehen 49
Um soviel göttlicher die Kreise schwingen,
Je ferner sie vom Mittelpunkt sich drehen.

Soll daher an sein Ziel mein Sehnen dringen 52
In diesem wunderprächtigen Engelstempel,
Drum Liebe nur und Licht die Grenze schlingen,

So muß ich hören noch, warum sich Stempel 55
Und Prägstock, Ab- und Urbild widerstreiten.
Allein kann ich nicht lösen dies Exempel.« –

»Kein Wunder ists, wenn hier auf Schwierigkeiten 58
Dein Finger stößt, weil niemand daran dachte,
Dem Knoten längst die Lösung zu bereiten.«

So meine Herrin. Und dann sprach sie: »Achte 61
Auf meine Rede. Und soll sie als Speise
Dich sättigen, recht mit Scharfsinn sie betrachte.

Weit sind und eng die körperlichen Kreise, 64
Ganz wie die Kraft durch alle ihre Teile
Hinströmt in stärkrer oder schwächerer Weise.

Die größte Güte wird zum großen Heile, 67
Und größern Raum hält größeres Heil umschrieben;
Gesetzt, daß gleiche Kraft in jedem weile.

Von dem all-andres Weltsystem getrieben 70
Im Schwung wird, *er* entspricht dem Kreis deswegen,
Der größer ist an Wissen und an Lieben.

Drum, willst du an die *Kraft* den Maßstab legen, 73
Nicht an den äußern Umfang der geschwinden
Substanzen, die als Kreis vor dir sich regen,

So wirst du wunderbaren Einklang finden, 76
Wie sich gemäß dem Geist in allen Kreisen
Minder-mit-Klein und Groß-mit-Mehr verbinden.«

Wie klaren Glanz des Himmels Räume weisen, 79
Wenn Boreas aus der uns holdern Wange
Den mildern Lufthauch bläst, den frühlingsleisen,

439

PARADISO · CANTO XXVIII

per che si purga e risolve la roffia 82
che pria turbava, sì che 'l ciel ne ride
con le bellezze d'ogni sua parroffia;

così fec'io, poi che mi provvide 85
la donna mia del suo risponder chiaro,
e come stella in cielo il ver si vide.

E poi che le parole sue restaro, 88
non altrimenti ferro disfavilla
che bolle, come i cerchi sfavillaro.

Lo incendio lor seguiva ogni scintilla; 91
ed eran tante, che 'l numero loro
più che 'l doppiar degli scacchi s'immilla.

Io sentiva osannar di coro in coro 94
al punto fisso che li tiene all'ubi,
e terrà sempre, nel qual sempre foro.

E quella, che vedeva i pensier dubi 97
nella mia mente, disse: «I cerchi primi
t'hanno mostrato i Serafi e i Cherubi.

Così veloci seguono i suoi vimi, 100
per simigliarsi al punto quanto ponno;
e posson quanto a veder son sublimi.

Quegli altri amor che dintorno gli vonno, 103
si chiaman Troni del divino aspetto,
per che il primo ternaro terminonno.

E dèi saper che tutti hanno diletto, 106
quanto la sua veduta si profonda
nel vero in che si queta ogni intelletto.

Quinci si può veder come si fonda 109
l'esser beato nell'atto che vede,
non in quel ch'ama, che poscia seconda:

e del vedere è misura mercede, 112
che grazia partorisce e buona voglia;
così di grado in grado si procede.

L'altro ternaro, che così germoglia 115
in questa primavera sempiterna,
che notturno Ariete non dispoglia,

perpetuale-mente ‹Osanna› sverna 118
con tre melode, che suonano in tree
ordini di letizia onde s'interna.

In essa gerarchia son le tre dee: 121
prima Dominazioni, e poi Virtudi;
l'ordine terzo di Podestadi èe.

DAS PARADIES · XXVIII. GESANG

Sodaß der Nebel weicht dem warmen Zwange,   82
Und Himmelsblau uns läßt das Herz aufgehen,
Alsob drauf aller Engel Lächeln prange:

So ward mir, als mit Antwort mich versehen   85
Die Herrin. Und ich sah durch ihre Güte
Wahrheit wie einen Stern am Himmel stehen.

Und dann, als ihre Worte schwiegen, sprühte   88
Ein Funkentanz aus jedem Kreis wie Eisen,
Wenn unterm Hammer ächzt das weißgeglühte.

Und alle Funken folgten ihren Kreisen,   91
Um sich noch tausendfacher zu entfalten,
Als Schachbrettzahlenspiele dies bewiesen;

Worauf von Chor zu Chor Hosiannas schallten   94
Dem festen Punkt, der sie in Schwung und Drehen
Stets hielt, noch hält, und ewig so wird halten.

Und sie, die Zweifel sah in mir entstehen,   97
Begann: »Du hast in den zwei ersten Reigen
Die Cherubim und Seraphim gesehen,

Die, jenem Punkt sich möglichstgleich zu zeigen,   100
So hurtig ihrem Bande nach sich schwingen:
Und möglich ists, jemehr sie schauend steigen.

Die andern Wonnen, die darum sich schlingen,   103
Heißt man des göttlichen Antlitzes Throne,
Die so der ersten Dreiheit Abschluß bringen.

Soviel wird jedem Seligkeit zum Lohne,   106
(Dies wisse!) als er tief zur Wahrheit schreitet,
Daß drin sein Geist beglückt und wunschlos wohne.

Draus kann man sehn, daß sich den Grund bereitet   109
Das Seligsein im Akt des Schauens eben
Und nicht in Liebe, die ihn erst begleitet.

Dem *Schauen* will Verdienst den Maßstab geben,   112
Erzeugt durch guten Willen und durch Gnade.
So muß es sich von Grad zu Grad erheben.

Die andere Dreiheit, die im lauen Bade   115
Himmlischer Lenzluft blüht mit ewigem Flore,
Daß nie mit Nachtfrost ihm der Widder schade,

Läßt aus dreifach-verschlungenem Freudenchore   118
Ein ewig Lenzhosianna säuselnd rinnen
Dreifacher Melodie vor Gottes Ohre.

In dieser Priesterschaft sind drei Göttinnen: 121
Herrschaften siehst du erst, dann Kräfte glänzen;
Die Mächte sind als dritte Ordnung drinnen.

PARADISO · CANTO XXVIII

Poscia ne' due penultimi tripudi
Principati ed Arcangeli si girano;
l'ultimo è tutto d'Angelici Ludi.

124

Questi ordini di su tutti rimirano,
e di giù vincon sì, che verso Dio
tutti tirati sono e tutti tirano.

127

E Dionisio con tanto disìo
a contemplar questi ordini si mise,
che li nomò e distinse com'io;

130

ma Gregorio da lui poi si divise;
onde, sì tosto come l'occhio aperse
in questo ciel, di sè medesmo rise.

133

E se tanto secreto ver proferse
mortale in terra, non voglio ch'ammiri;
chè chi 'l vide quassù gliel discoperse

136

con altro assai del ver di questi giri.»

139

DAS PARADIES · XXVIII. GESANG

Dann kreisen in den zwei vorletzten Kränzen   *124*
Als Fürstentümer und Erzengel Schwebende;
Der letzte dient zu Engelspiel und -tänzen.

Sie alle sind mit Blicken Aufwärtsstrebende;   *127*
Nach unten siegend, daß zu Gottes Frieden
Alle gehoben sind und auch sind Hebende.

Schon Dionys, der brünstig rang hienieden,   *130*
Daß er all diese Ordnungen betrachte,
Hat sie wie ich genannt und unterschieden.

Doch anders dann Gregor als jener dachte;   *133*
Was ihn, sobald er durft den Blick erschließen
Im Himmel hier, sich selbst belächeln machte.

Und ließ solch ein Geheimnis euch genießen   *136*
Ein Sterblicher auf Erden, staune nimmer:
Denn wer es droben sah, ließ ihm es fließen

Mit Wahrheit mehr aus dieser Kreise Schimmer.«   *139*

CANTO VENTESIMONONO

Quando ambedue li figli di Latona,　　　　　　　1
coperti del Montone e della Libra,
fanno dell'orizzonte insieme zona,

quant'è dal punto che il cenit i 'nlibra　　　　4
infin che l'uno e l'altro da quel cinto,
cambiando l'emisperio, si dilibra;

tanto, col volto di riso dipinto,　　　　　　　7
si tacque Beatrice, riguardando
fisso nel punto che m'avea vinto:

poi cominciò: «Io dico, e non domando,　　　10
quel che tu vuoli udir, perch'io l'ho visto
dove s'appunta ogni ubi ed ogni quando.

Non per avere a sè bi bene acquisto,　　　　13
ch'esser non può, ma perchè suo splendore
potesse, risplendendo, dir ‹Subsisto›,

in sua eternità, di tempo fuore,　　　　　　16
fuor d'ogni altro comprender, come i piacque,
s'aperse in nuovi amor l'eterno amore.

Nè prima quasi torpente si giacque;　　　　19
che nè prima nè poscia procedette
lo discorrer di Dio sovra quest'acque.

Forma e matera, congiunte e purette,　　　　22
usciro ad esser che non avea fallo,
come d'arco tricordo tre saette:

e come in vetro, in ambra od in cristallo　　25
raggio risplende sì, che dal venire
all'esser tutto non è intervallo;

così il triforme effetto del suo sire　　　　28
nell'esser suo raggiò insieme tutto,
sanza distinzïon nell'esordire.

Concreato fu ordine e costrutto　　　　　　31
alle sustanze, e quelle furon cima
nel mondo in che puro atto fu produtto;

pura potenza tenne la parte ima;　　　　　34
nel mezzo strinse potenza con atto
tal vime, che giammai non si divima.

Ieronimo vi scrisse lungo tratto　　　　　　37
di secoli degli angeli creati
anzi che l'altro mondo fosse fatto;

NEUNUNDZWANZIGSTER GESANG

Solang Latonas Tochter mit dem Sohne,   *1*
Bedeckt vom Widder die, der von der Wage,
Am Himmelsrand einnimmt die gleiche Zone,
   Wenn der Zenit sie hält in ebener Lage   *4*
Bis sie sich lösen aus dem Gleichgewichte,
Daß jeder einem andern Halbkreis tage,
   Solang, ein Lächeln hold im Angesichte,   *7*
Schwieg Beatrice, fest den Blick gewendet
Zum Punkt, der mich bezwang mit seinem Lichte.
   Dann sprach sie: »Ungefragt sei dir gespendet,   *10*
Was du begehrst. Denn dorther sah ichs tagen,
Wo jedes Wo und Wie sich trifft und endet.
   Nicht um vermehrtes Gut davonzutragen –   *13*
Unmöglich wärs! – nein, daß im Glutgestiebe
Ihr Abglanz nur ›Ich bin‹ vermag zu sagen,
   Erschloß in ihrer Ewigkeit, im Triebe   *16*
Eignen Gefallens, Raum und Zeit entgegen,
In neuer Liebe sich die Ewige Liebe.
   Nicht daß sie erst untätig dagelegen.   *19*
Denn kein Vorher noch Nachher war vorhanden,
Eh Gott sich wollt auf diesen Wassern regen.
   Gestalt und Stoff, gemischt und lauter, fanden,   *22*
Alsob dreifacher Strang drei Pfeile schösse,
Die Wege, in der Daseinswelt zu landen,
   Alsob in Bernstein, Glas, Kristall sich gösse   *25*
Ein Lichtblitz; daß kein Auge vom Entzünden
Bis zum Durchflammtsein merkt, ob Zeit verflösse:
   So ließ der Herr dreifache Wirkung münden   *28*
In Fülle aus sichselbst, daß im Entspringen
Nicht Anfang oder Ende zu ergründen.
   Ordnung ward miterschaffen allen Dingen   *31*
Und eingeprägt. Als Weltengipfel standen
All jene, die das reine *Tun* empfingen.
   Die nur die reine *Möglichkeit* empfanden,   *34*
Verblieben drunten, aber mitten innen,
Die Tun und Möglichkeit in eins verbanden.
   Hieronymus läßt freilich vom Beginnen   *37*
Der Engelschöpfung bis zu der der Welten
Verschiedene Jahrhunderte verrinnen.

PARADISO · CANTO XXIX

ma questo vero è scritto in molti lati
dagli scrittor dello Spirito Santo;
e tu te n'avvedrai, se bene agguati.

E anche la ragione il vede alquanto,
che non concederebbe che i motori
sanza sua perfezion fosser cotanto.

Or sai tu dove e quando questi amori
furon creati e come; sì che spenti
nel tuo dislo già sono tre ardori.

Nè giugnerìesi, numerando, al venti
sì tosto, come degli angeli parte
turbò il suggetto de'vostri elementi.

L'altra rimase; e cominciò quest'arte
che tu discerni, con tanto diletto,
che mai da circuir non si diparte.

Principio del cader fu il maladetto
superbir di colui che tu vedesti
da tutti i pesi del mondo costretto.

Quelli che vedi qui, furon modesti
a riconoscer sè dalla bontate
che gli avea fatti a tanto intender presti;

per che le viste lor furo esaltate
con grazia illuminante e con lor merto,
sì c'hanno piena e ferma volontate.

E non voglio che dubbi, ma sie certo
che ricever la grazia è meritorio
secondo che l'affetto l'è aperto.

Omai dintorno a questo consistorio
puoi contemplare assai, se le parole
mie son ricolte, sanz'altro aiutorio.

Ma perchè in terra per le vostre scuole
si legge che l'angelica natura
è tal, che 'ntende e si ricorda e vuole,

ancor dirò, perchè tu veggi pura
la verità che laggiù si confonde,
equivocando in sì fatta lettura.

Queste sustanze, poi che fur gioconde
della faccia di Dio, non volser viso
da essa da cui nulla si nasconde;

però non hanno vedere interciso
da nuovo obbietto, e però non bisogna
rimemorar per concetto diviso.

DAS PARADIES · XXIX. GESANG

Die Schreiber Heiligen Geists jedoch erhellten   *40*
Die Wahrheit uns, bezeugt in viel Kapiteln;
Und hast du acht, läßt du sie völlig gelten.

Schon die Vernunft kann teilweis dies ermitteln: *43*
Denn Weltbeweger in des Nichtstuns Banden
Solang zu sehn, darf sie mit Recht bekritteln.

Nun weißt du, wo und wann und wie entstanden   *46*
Die Liebesgeister hier, sodaß drei Flammen
Von deinem Wunsch bereits die Löschung fanden.

Doch zählt man zwanzig nicht so rasch zusammen,   *49*
Als *ein* Teil dieser Engel schon gesonnen,
Zu lockern euers Grundbaus Schloß und Krammen.

Der andre blieb, und hat die Kunst begonnen,   *52*
Die du hier sahst, wozu ihn Lust entzückte,
Daß er sich nie getrennt vom Tanz der Wonnen.

Anstoß zum Falle gab der gottentrückte   *55*
Verworfene Hochmut *des*, den du sahst leiden,
Wo ihn des ganzen Erdballs Wucht bedrückte.

Die du hier siehest, fühlten sich bescheiden   *58*
Zum Werkzeug jener Güte festverpflichtet,
Die Kraft gibt, sich an solchem Schauen zu weiden.

Drum wurden sie zum Anschaun mehr durchlichtet   *61*
Vom Glanz durch ihr Verdienst und Gottesgnade,
Daß ihre Willensstärke nichts vernichtet.

Drum hoffe (und kein Zweifel dich belade),   *64*
Daß es Verdienst ist, Gnade zu erlangen,
Jenachdem Neigung offenhält die Pfade.

Wenn meine Worte dir zu Herzen drangen,   *67*
Wirst du begreifen jetzt der Engel Leben,
Auch ohne fremde Hilfe zu empfangen.

Doch weil man euch noch sieht am Wahne kleben,   *70*
Der Engeln pflegt in eurer Schulen Sprengel
Gedächtnis, Willen und Vernunft zu geben,

So hör noch dies von der Natur der Engel,   *73*
Damit du Wahrheit siehst, die Mißverstehen
Gehüllt in doppelsinniges Wortgemengel.

Sie, deren Augen Gottes Antlitz sehen,   *76*
Dem nichts verhüllt ist, werden von dem Schimmer
Niewieder die entzückten Blicke drehen.

Drum stört ihr Schauen etwas Neues nimmer.   *79*
Und frei von der Erinnerung Gängelbande,
Bleibt unzerspalten ganz ihr Denken immer.

PARADISO · CANTO XXIX

Sì che laggiù, non dormendo, si sogna,
credendo e non credendo dicer vero;
ma nell'uno è più colpa e più vergogna.   82

Voi non andate giù per un sentiero
filosofando; tanto vi trasporta
l'amor dell'apparenza e il suo pensiero.   85

E ancor questo quassù si comporta
con men disdegno, che quando è posposta
la divina scrittura, o quando è torta.   88

Non vi si pensa quanto sangue costa
seminarla nel mondo, e quanto piace
chi umilmente con essa s'accosta.   91

Per apparer ciascun s'ingegna e face
sue invenzioni; e quelle son trascorse
dai predicanti, e'l Vangelio si tace.   94

Un dice che la luna si ritorse
nella passion di Cristo e s'interpuose;
per che il lume del sol giù non si porse: 97

e mente; chè la luce si nascose
da sè; però agl'Ispani e agl'Indi
come a'Giudei tale eclissi rispuose.   100

Non ha Fiorenza tanti Lapi e Bindi,
quante sì fatte favole per anno
in pergamo si gridan quinci e quindi;   103

sì che le pecorelle, che non sanno,
tornan dal pasco pasciute di vento,
e non le scusa non veder lo danno.   106

Non disse Cristo al suo primo convento:
‹Andate, e predicate al mondo ciance›;
ma diede lor verace fondamento: 109

e quel tanto sonò nelle sue guance,
sì ch'a pugnar, per accender la fede,
dell'Evangelio fêro scudo e lance.   112

Ora si va con motti e con iscede
a predicare, e pur che ben si rida,
gonfia il cappuccio, e più non si richiede.   115

Ma tale uccel nel becchetto s'annida,
che se il vulgo il vedesse, vederebbe
la perdonanza di ch'el si confida;   118

per cui tanta stoltizia in terra crebbe,
che, sanza prova d'alcun testimonio,
ad ogni promission si correrebbe.   121

DAS PARADIES · XXIX. GESANG

So träumt wohl ohne Schlaf im Erdenlande,   *82*
Wer glaubt und nicht glaubt, was sein Mund verbreitet.
Doch liegt im Letzten größere Schuld und Schande.

Nicht *eine* Straße drunten ihr beschreitet,   *85*
Wenn ihr philosophiert. Ihr irrt im Groben,
Von Klügelei und Lust am Schein verleitet.

Und dies erweckt noch mindern Zorn hier oben,   *88*
Als wenn die heilige Schrift, dem Sinn zum Possen,
Verdreht wird oder gar beiseitgeschoben.

Dabei denkt niemand, wieviel Blut geflossen   *91*
Beim Säen dort; noch, wie in Gnaden steigen,
Die sich in Demut an sie angeschlossen.

Abstechen will man; darum sucht zu zeigen   *94*
Der Pfaff, was er spitzfindig ausgeheckt hat.
Und dabei muß das Evangelium schweigen.

Der sagt, daß rückwärts sich der Mond versteckt hat   *97*
Bei Christi Tod und vor die Sonne stellte,
Sodaß kein Lichtstrahl sich zur Welt erstreckt hat,

Und lügt! Sie barg sich selbst am Himmelszelte,   *100*
Weil Finsternis dem Spanier auch und Inder,
Und nicht allein dem Juden sich gesellte.

Lapi und Bindi zählt Florenz weit minder,   *103*
Als derlei Fabelkram, den hier alljährlich
Von Kanzeln niederschreien der Torheit Kinder,

Daß heim vom Feld, mit Wind genährt nur spärlich,   *106*
Die blöden Schäflein ziehn. Von solchem Schunde
Nichtssehn, ist als Entschuldigungsgrund gefährlich!

Christus sprach nicht zum ersten Jüngerbunde: *109*
Geht hin in alle Welt und predigt Possen!
Nein, Wahrheit gab er hin zum sichern Grunde.

Und die ist so aus ihrem Mund erflossen,   *112*
Daß Schild und Lanze sie als Glaubensstreiter
Im Evangelium hielten festumschlossen.

Heut ist ein Possenheld und Witzverbreiter   *115*
Der Prediger: wird ein Lachen aufgeschlagen,
Bläht sich die Kutte; und man will nichts weiter.

Den Vogel, der ihm nistet unterm Kragen,   *118*
Sieht nicht der Pöbel. Säh er ihn, er nähme
Den Ablaß nicht, zu dem Vertrauen sie tragen.

Die Dummheit auch so geil ins Kraut nicht käme,   *121*
Daß jeglicher Verheißung, die gar keine
Beweiskraft stützt, zu traun man sich nicht schäme.

PARADISO · CANTO XXIX

Di questo ingrassa il porco sant'Antonio,   *124*
e altri ancor che sono assai più porci,
pagando di moneta sanza conio.

Ma perchè siam digressi assai, ritorci   *127*
gli occhi oramai verso la dritta strada,
sì che la via col tempo si raccorci.

Questa natura sì oltre s'ingrada   *130*
in numero, che mai non fu loquela
nè concetto mortal che tanto vada.

E se tu guardi quel che si rivela   *133*
per Danïel, vedrai che 'n sue migliaia
determinato numero si cela.

La prima luce che tutta la raia   *136*
per tanti modi in essa si recepe,
quanti son gli splendori a che s'appaia;

onde, però che all'atto che concepe   *139*
segue l'affetto, d'amor la dolcezza
diversamente in essa ferve e tepe.

Vedi l'eccelso omai e la larghezza   *142*
dell'eterno valor, poscia che tanti
speculi fatti s'ha in che si spezza,

uno manendo in sè come davanti.»   *145*

DAS PARADIES · XXIX. GESANG

Dies dient zur Fettmast dem Sankt-Antonsschweine.   *124*
Und andre, die noch schlimmer sind als Säue,
Die bringen Falschgeld unter die Gemeine.

Doch da wir abgeschweift sind, laß aufs neue   *127*
Gradaus uns schaun und nicht die Zeit verpassen,
Daß wegverkürzend bald das Ziel dich freue.

Natur der Engel wächst zu solchen Massen   *130*
Der Anzahl nach, daß Maß und Sprache fehlen
Und sterbliche Gedanken, dies zu fassen:

Und du erkennst im Wort von Danielen,   *133*
Daß er zehntausendmalzehntausend kündet,
Um die bestimmte Zahl nur zu verhehlen.

Das Erste Licht, das alle sie entzündet,   *136*
Ist so verschieden darin aufgegangen
Als Lichter sind, mit denen sichs verbündet.

Drum, weil der Freude Maß nach dem Empfangen   *139*
Sich richtet, muß die Süßigkeit der Liebe
Mehr oder minder heißen Grad erlangen.

Sieh nun die Hoheit und freigebigen Triebe   *142*
Der Ewigen Kraft, die Spiegel sich erlesen
Soviel, daß sie millionfach drin zerstiebe

Und Einsinsich bleibt, wie sie stets gewesen.«   *145*

CANTO TRENTESIMO

Forse se'milia miglia di lontano
ci ferve l'ora sesta, e questo mondo
china già l'ombra quasi al letto piano,

quando il mezzo del cielo, a noi profondo,
comincia a farsi tal, che alcuna stella
perde il parere infino a questo fondo;

e come vien la chiarissima ancella
del sol più oltre, così 'l ciel si chiude
di vista in vista infino alla più bella.

Non altrimenti il triunfo che lude
sempre dintorno al punto che mi vinse,
parendo inchiuso da quel ch'egli 'nchiude,

a poco a poco al mio veder si stinse;
per che tornar con gli occhi a Beatrice
nulla vedere ed amor mi costrinse.

Se quanto infino a qui di lei si dice
fosse conchiuso tutto in una loda,
poco sarebbe a fornir questa vice.

La bellezza ch'io vidi si trasmoda
non pur di là da noi, ma certo io credo
che solo il suo fattor tutta la goda.

Da questo passo vinto mi concedo
più che giammai da punto di suo tema,
soprato fosse comico o tragedo;

chè, come sole in viso che più trema,
così lo rimembrar del dolce riso
la mente mia da sè medesma scema.

Dal primo giorno ch'io vidi 'l suo viso
in questa vita, infino a questa vista,
non m'è il seguire al mio cantar preciso;

ma or convien che il mio seguir desista
più dietro a sua bellezza, poetando,
come all'ultimo suo ciascuno artista.

Cotal, qual io la lascio a maggior bando
che quel della mia tuba, che deduce
l'ardua sua matera terminando,

con atto e voce di spedito duce
ricominciò: «Noi semo usciti fore
del maggior corpo al ciel ch'è pura luce:

1

4

7

10

13

16

19

22

25

28

31

34

37

DREISSIGSTER GESANG

Wenn fern von uns wohl an sechstausend Meilen   *1*
Die sechste Stunde glüht, wenn ihren Schatten
Die Erde fast zum ebenen Grund läßt eilen,
    Wenn sich des Himmels Mitte uns im satten   *4*
Geleucht vertieft, daß manchen Sternes Flimmer
Bis zu uns herzuscheinen muß ermatten;
    Und wie der Sonne hellste Dienerin immer   *7*
Noch steigt, bis sich vorm Licht, das rings ergossen,
Zuschließt des letzten Himmelsauges Schimmer:
    So war auch der Triumph – der unverdrossen   *10*
Den Punkt, der mich bezwang, im Spiel umfangen,
Umschließend das, was scheinbar Ihn umschlossen –
    Allmählich ganz vorm Auge mir vergangen;   *13*
Weshalb den Blick zu Beatricens Zügen
Des Schauspiels Schluß und Liebe wieder zwangen.
    Wenn sich in *einen* Lobspruch ließe fügen,   *16*
Was ich im Sang bisher ihr huldigend streute:
Zu dürftig wär es, diesmal zu genügen.
    Denn wie sich ihre Schönheit *jetzt* erneute,   *19*
War überirdisch, daß – ich sag es offen –
Wohl nur ihr Schöpfer ganz sich ihrer freute!
    Hier, ich gestehs, seh ich mich übertroffen.   *22*
Mehr als ein Komiker, als ein Tragöde
Sich überwältigt sieht von seinen Stoffen.
    Die Sonne macht ein schwaches Auge blöde: *25*
Gedenk ich, wie so süß ihr Lächeln taute,
So läßt im Stich mich das Gedächtnis schnöde.
    Vom ersten Tag, wo ich ihr Antlitz schaute   *28*
In diesem Dasein bis zum Anblick eben,
Mein Lied ihr nachzufolgen sich getraute.
    Doch ferner ihrer Schönheit nachzustreben,   *31*
Entsag ich im Gedicht, wie nachzudringen
Dem Letzten sich der Künstler muß begeben.
    So – wie ich sie anheimgeb stärkerm Klingen,   *34*
Als meiner Tuba Klang, die ich drauf richte,
Das wuchtige Werk zu Ende jetzt zu bringen –
    So, mit erprobten Führers Angesichte   *37*
Und Ton, begann sie: »Wir sind nun entronnen
Vom größten Raum zum Reich voll reinstem Lichte,

PARADISO · CANTO XXX

luce intellettual, piena d'amore;   40
amor di vero ben, pien di letizia;
letizia che trascende ogni dolzore.

Qui vederai l'una e l'altra milizia   43
di Paradiso, e l'una in quegli aspetti
che tu vedrai all'ultima giustizia.»

Come subito lampo che discetti   46
gli spiriti visivi, sì che priva
dell'atto l'occhio di più forti obbietti,

così mi circonfulse luce viva,   49
e lasciommi fasciato di tal velo
del suo fulgor, che nulla m'appariva.

«Sempre l'amor che queta questo cielo,   52
accoglie in sè con sì fatta salute,
per far disposto a sua fiamma il candelo.»

Non fur più tosto dentro a me venute   55
queste parole brevi, ch'io compresi
me sormontar di sopra a mia virtute;

e di novella vista mi raccesi,   58
tale, che nulla luce è tanto mera,
che gli occhi miei non si fosser difesi.

E vidi lume in forma di rivera   61
fulvido di fulgore, intra due rive
dipinte di mirabil primavera.

Di tal fiumana uscian faville vive,   64
e d'ogni parte si mettean nei fiori,
quasi rubin che oro circonscrive;

poi, come inebriate dagli odori,   67
riprofondavan sè nel miro gurge;
e s'una entrava, un'altra n'uscìa fuori.

«L'alto disìo che mo t'infiamma e urge   70
d'aver notizia di ciò che tu véi,
tanto mi piace più, quanto più turge.

Ma di quest'acqua convien che tu béi,   73
prima che tanta sete in te si sazii.»
Così mi disse il sol degli occhi miei.

Anche soggiunse: «Il fiume e li topazii   76
ch'entrano ed escono, è il rider dell'erbe
son di lor vero ombriferi prefazii.

Non che da sè sien queste ccse acerbe;   79
ma è difetto dalla parte tua,
che non hai viste ancor tanto superbe.»

DAS PARADIES · XXX. GESANG

Licht der Erkenntnis: Liebe hälts umsponnen,   40
Liebe zum wahren Gut: voll von Entzücken,
Entzücken: süßeres träuft kein Himmelsbronnen!

Bald siehst du die zwei Heere näherrücken   43
Vom Paradies, und eines so umkleidet,
Wie sie beim letzten Urteilsspruch sich schmücken.« –

Gleichwie ein unverhoffter Blitz durchschneidet   46
Des Auges Kraft, daß es, in Bann gehalten,
Den stärksten Eindruck nichtmehr unterscheidet,

So überschwemmten lebenden Lichts Gewalten   49
Mich lodernd, daß mir schwand nach allen Seiten
Der Ausblick durch des Strahlenschleiers Falten.

»Liebe, die Frieden schenkt den Himmelsweiten,   52
Will jeden solches Grußes hier empfangen,
Um für ihr Glühen die Kerze zu bereiten.«

Die kurzen Worte kaum ans Ohr mir klangen,   55
Als über mich hinaus, wie mich es deuchte,
Sich alle meine Seelenkräfte schwangen.

Auch fühlt ich, daß mir Sehkraft neu durchleuchte   58
Die Augen so, daß sie kein Licht, und glänze
Sein Feuer noch so stark, zubodenscheuchte.

Und blitzewerfend sah ich Wellentänze   61
In einem Glanzstrom. Und die Ufer schienen
Vom Lenz geflochtene Wunderfarbenkränze.

Lebendige Funken schnellten hoch zu ihnen   64
Vom Strom; worauf zum Blütenflor die Funken
Sich senkten wie in Gold gefaßt Rubinen.

Die tauchten wie vom Blütendufte trunken.   67
Aufs neue unter in die Wunderwellen:
Und dieser stieg, wenn jener kaum versunken.

»Dein hehrer Wunsch, es möcht sich dir erhellen   70
Die Kenntnis dessen, was du hier siehst blinken,
Freut mich jemehr, jemehr ich seh ihn schwellen.

Doch mußt du erst von diesem Wasser trinken«,   73
So sprach sie, meiner Augen Licht und Leben,
»Bevor dem Dürsten Sättigung darf winken.«

Und fügte bei: »Der Strom, das Senken, Heben   76
All der Topase, dieser Blumen Lachen
Will nur der Wahrheit Schattenvorspiel geben.

Nicht daß die Dinge sich undeutbar machen.   79
Du trägst den Mangel zum alleinigen Teile:
Sohoch zu sehn mißglückt dem Blick, dem schwachen.«

PARADISO · CANTO XXX

Non è fantin che sì subito rua
col volto verso il latte, se si svegli
molto tardato dall'usanza sua, 82

come fec'io, per far migliori spegli
ancor degli occhi, chinandomi all'onda
che si deriva perchè vi s'immegli. 85

E sì come di lei bevve la gronda
delle palpebre mie, così mi parve
di sua lunghezza divenuta tonda. 88

Poi, come gente stata sotto larve,
che pare altro che prima, se si sveste
la sembianza non sua in che disparve; 91

così mi si cambiaro in maggior feste
li fiori e le faville, sì ch'io vidi
ambo le corti del ciel manifeste. 94

O isplendor di Dio per cu'io vidi
l'alto triunfo del regno verace,
dammi virtù a dir com'io il vidi. 97

Lume è lassù, che visibile face
lo creatore a quella creatura
che solo in lui vedere ha la sua pace. 100

E'si distende in circular figura,
in tanto che la sua circonferenza
sarebbe al sol troppo larga cintura. 103

Fassi di raggio tutta sua parvenza
reflesso al sommo del mobile primo,
che prende quindi vivere e potenza. 106

E come clivo in acqua di suo imo
si specchia, quasi per vedersi adorno,
quando è nel verde e ne'fioretti opimo; 109

sì, soprastando al lume intorno intorno,
vidi specchiarsi in più di mille soglie
quanto di noi lassù fatto ha ritorno. 112

E se l'infimo grado in sè raccoglie
sì grande lume, quant'è la larghezza
di questa rosa nell'estreme foglie! 115

La vista mia nell'ampio e nell'altezza
non si smarriva, ma tutto prendeva
il quanto e il quale di quell'allegrezza. 118

Presso e lontano, lì, nè pon nè leva;
chè, dove Dio sanza mezzo governa,
la legge natural nulla rileva. 121

DAS PARADIES · XXX. GESANG

Nie wandte sein Gesicht in größerer Eile   *82*
Der Säugling zu den Brüsten, die ihn nähren,
Erwacht er spät nach der gewohnten Weile,

Als ich die Augen beugte – sie zu klären   *85*
Zu hellern Spiegeln – auf dies Wasser nieder,
Das hier entströmt, um Besserung zu gewähren.

Und kaum noch trank davon der Saum der Lider,   *88*
Da sieh! was mir zuerst als Fluß erschienen,
Sah ich zu einem See gerundet wieder.

Sodann, wie Menschen, die Gesicht und Mienen   *91*
Verlarvten, sich verändert offenbaren,
Wenn sie der Masken sich nichtmehr bedienen,

So hier zum größern Fest verwandelt waren   *94*
Die Funken und die Blumen, daß ich schaute
Des Himmelshofes beide Heeresscharen.

O Gottesglanz, darin den Sieg ich schaute   *97*
Des wahren Reichs, gib Kraft dem Unterwinden,
Daß ich ihn schildern kann, *wie* ich ihn schaute.

Droben ist Licht, davor die Hüllen schwinden,   *100*
Daß sich der Schöpfer dem Geschöpf verkläre,
Das Ihn anschauend nur kann Frieden finden.

Und dieses dehnt sich in der Form der Sphäre   *103*
Soweit, daß es der Sonne Raum könnt geben
Und dennoch ihr zuweit als Gürtel wäre.

Nur Strahlen sinds, die ganz sein Bildnis weben,   *106*
Die, auf des erstbewegten Himmels Bogen
Zurückgestrahlt, ihm Kraft verleihen und Leben.

Und wie ein Berg sich spiegelt in den Wogen,   *109*
Erfreut, daß er vom Fuße bis nach oben
Lieblich von Gras- und Blütenschmuck umzogen,

So sah ich rings-rings, überm Licht erhoben,   *112*
Sich spiegeln *das* auf tausendfacher Schwelle,
Was je von uns heimwanderte nach droben.

Zeigt schon die tiefste Stufe solche Helle   *115*
Von solcher Pracht: wie weit mag sich verbreiten
Der Rose allerfernste Blätterzelle?

Mein Blick verlor sich nicht in diesen Weiten   *118*
Und Höhen, nein: er durfte ganz durchdringen
Das Was und Wieviel dieser Seligkeiten.

Hier werden Nah und Fern zum hohlen Klingen: *121*
Wo Gott unmittelbar der Herrschaft waltet,
Kann das Naturgesetz nichtsmehr vollbringen.

PARADISO · CANTO XXX

Nel giallo della rosa sempiterna,   *124*
che si dilata e digrada e redole
odor di lode al sol che sempre verna,

qual è colui che tace e dicer vole,   *127*
mi trasse Beatrice, e disse: «Mira
quanto è il convento delle bianche stole!

Vedi nostra città quanto ella gira: *130*
vedi li nostri scanni sì ripieni,
che poca gento omai ci si disira.

In quel gran seggio a che tu gli occhi tieni   *133*
per la corona che già v'è su posta,
prima che tu a queste nozze ceni,

sederà l'alma che fia giù agosta,   *136*
dell'alto Arrigo, ch'a drizzare Italia
verrà in prima ch'ella sia disposta.

La cieca cupidigia che v'ammalia   *139*
simili fatti v'ha al fantolino
che muor per fame e caccia via la balia.

E fia prefetto nel fòro divino   *142*
allora tal, che palese e coverto
non anderà con lui per un cammino.

Ma poco poi sarà da Dio sofferto   *145*
nel santo officio; ch'el sarà detruso
là dove Simon mago è per suo merto;

e farà quel d'Anagna intrar più giuso.»   *148*

DAS PARADIES · XXX. GESANG

Ins Gelb der ewigen Rose, die sich faltet   *124*
Zu Stufen, dehnt, und Düfte haucht zum Preise
Der Sonne, die hier ewigen Lenz gestaltet,

    Zog mich, der schwieg und doch gern fragte leise,   *127*
Schon Beatrice hin und sprach: »Betrachte
Die zahllos weißen Kleider hier im Kreise.

    Sieh unsere Stadt und ihres Umfangs achte.   *130*
Sieh, wie besetzt die Stufen unseres Saales,
Daß kaum ein Gast noch Platz dem andern machte.

    Auf jenem Hochsitz, drauf schon lichten Strahles   *133*
Die Krone ruht, dahin dein Blick sich neiget,
Wird, eh du Gast bist dieses Hochzeitsmahles,

    Die Seele, die bei euch der Reif umzweiget,   *136*
Des hohen Heinrichs thronen, der gesendet
Zum Heil Italiens, eh es reif sich zeiget.

    Die blinde Habgier macht euch ganz verblendet,   *139*
Daß ihr dem Kinde gleicht, das nah am Sterben
Schon ist und doch sich von der Amme wendet.

    Und Einer wird den Vorsitz dann erwerben   *142*
In Gottes Forum, und auf anderen Wegen,
Versteckt und offen, ihm das Spiel verderben.

    Doch bald wird Gott aus heiligem Amt ihn fegen   *145*
Zu jener Tiefe hin, wo seine Tücken
Verbüßend Simon Magus ist gelegen,

    Und wird den von Anagni tiefer drücken.«   *148*

CANTO TRENTESIMOPRIMO

In forma dunque di candida rosa 1
mi si mostrava la milizia santa
che nel suo sangue Cristo fece sposa;
    ma l'altra, che volando vede e canta 4
la gloria di colui che la innamora,
e la bontà che la fece cotanta,
    sì come schiera d'api, che s'infiora 7
una fiata e una si ritorna
là dove suo laboro s'insapora,
    nel gran fior discendeva che s'adorna 10
di tante foglie, e quindi risaliva
là dove il suo amor sempre soggiorna.
    Le facce tutte avean di fiamma viva, 13
e l'ali d'oro, e l'altro tanto bianco,
che nulla neve a quel termine arriva.
    Quando scendean nel fior, di banco in banco 16
porgevan della pace e dell'ardore
ch'elli acquistavan ventilando il fianco.
    Nè lo interporsi tra il disopra e il fiore 19
di tanta plenitudine volante
impediva la vista e lo splendore;
    chè la luce divina è penetrante 22
per l'universo secondo ch'è degno,
sì che nulla le puote essere ostante.
    Questo sicuro e gaudioso regno, 25
frequente in gente antica ed in novella,
viso ed amore avea tutto ad un segno.
    Oh trina luce che in unica stella 28
scintillando a lor vista, sì gli appaga!
Guarda quaggiuso alla nostra procella!
    Se i barbari, venendo da tal plaga 31
che ciascun giorno d'Elice si cuopra,
rotante col suo figlio ond' ell'è vaga,
    vedendo Roma e l'ardua sua opra. 34
stupefacìensi, quando Laterano
alle cose mortali andò di sopra;
    io che al divino dall'umano, 37
all'eterno dal tempo era venuto,
e di Fiorenza 'n popol giusto e sano,

450

EINUNDDREISSIGSTER GESANG

So denn zu einer weißen Rose schaute   *1*
Mein Blick die heilige Heeresschar sich schmiegen,
Die Christus sich als Braut im Blut antraute.

Doch jene, die da schaut und singt im Fliegen   *4*
Die Glorie Des, der Liebe weckt in ihnen,
Sowie die Huld, durch die sie so gestiegen,

Sie senkte sich – gleich wie ein Schwarm von Bienen   *7*
Sich taucht in Blüten, um dann zu entweichen,
Daß sie im Stock dem Honigwerke dienen –

Tief in den Riesenkelch, der ohnegleichen   *10*
An Blättern reich; und flog dann aufwärts wieder
Zu ihrer Liebe ewigen Bereichen.

Lebendige Glut im Antlitz, ihr Gefieder   *13*
Goldschimmernd, alles andre weiß und blendend,
Wie reinerer Schnee nie fiel vom Himmel nieder:

So schwirrten sie, zum Blumenkelch sich wendend,   *16*
Und was sie flankenfächelnd eingesogen
An Glut und Frieden, allen Sitzen spendend.

Und ob sie zahllos auf- und niederflogen   *19*
Im Raume oberhalb der Blumenzellen,
Mir ward kein Blick, dem Bild kein Glanz entzogen.

Denn Gottes Licht durchdringt und will erhellen   *22*
Das Weltenall nach seinen Würdigkeiten,
Sodaß sich nichts ihm kann entgegenstellen.

Dies sichere Reich des Friedens, dessen Weiten   *25*
Bewohnt von alten Völkern sind und neuen,
Zwingt Blick und Liebe, auf *ein* Ziel zu gleiten.

O dreifach Licht, das funkelnd zu erfreuen   *28*
Aus *einem* Stern vermag die seligen Scharen,
Schau doch herab auf unseres Sturmes Dräuen! –

Wenn aus dem Norden kamen die Barbaren,   *31*
Wo Helice, von Zärtlichkeit bewogen,
Täglich beim lieben Sohn ist zu gewahren,

Und von Roms Wunderwerken angezogen   *34*
Erstaunten, als – was Menschen je erschufen –
Vom Lateran noch wurde überflogen:

Wie staunte *ich* erst, als die Himmelsstufen   *37*
Ich sah, entrückt dem irdischen Geschlechte,
Zum Ewigen vom Zeitlichen berufen,

PARADISO · CANTO XXXI

di che stupor dovea esser compiuto!   40
Certo tra esso e 'l gaudio mi facea
libito non udire e starmi muto.

E quasi peregrin che si ricrea   43
nel tempio del suo voto riguardando,
e spera già ridir com'ello stea,

sì per la viva luce passeggiando   46
menava io gli occhi per li gradi,
mo su, mo giù, e mo recirculando.

Vedea di carità visi suadi,   49
d'altrui lume fregiati e di suo riso,
e atti ornati di tutte onestadi.

La forma general di Paradiso   52
già tutta mio sguardo avea compresa,
in nulla parte ancor fermato fiso;

e volgeami con voglia riaccesa   55
per domandar la mia donna di cose
di che la mente mia era sospesa.

Uno intendea, ed altro mi rispuose: 58
credea veder Beatrice, e vidi un sene
vestito con le genti gloriose.

Diffuso era per gli occhi e per le gene   61
di benigna letizia, in atto pio,
quale a tenero padre si convene.

Ed «Ella ov'è?» di subito diss'io.   64
Ond'egli: «A terminar lo tuo disiro
mosse Beatrice me del loco mio;

e se riguardi su nel terzo giro   67
dal sommo grado, tu la rivedrai
nel trono che i suoi merti le sortiro».

Sanza risponder gli occhi su levai,   70
e vidi lei che si facea corona,
reflettendo da sè gli eterni rai.

Da quella region che più su tona,   73
occhio mortale alcun tanto non dista,
qualunque in mare più giù s'abbandona,

quanto lì da Beatrice la mia vista;   76
ma nulla mi facea, chè sua effige
non discendeva a me per mezzo mista.

«O donna in cui la mia speranza vige,   79
e che soffristi per la mia salute
in Inferno lasciar le tue vestige;

451

DAS PARADIES · XXXI. GESANG

Und statt Florenz Wahrhafte sah und Echte! 40
Ja zwischen Lust und Staunen mußt ich stehen,
Hielt Schweigen und Nichtshören für das Rechte.

Und wie ein Pilger, des Gelübd geschehen, 43
Im Tempel staunt und hoffnungsvoll der Kunde
Sich freut, zu melden *wie* er ihn gesehen,

So ließ ich zum lebendigen Flammengrunde 46
Die Augen gehn, zu jeder Stufe lugend,
Dann auf und ab und endlich durch die Runde.

Gesichter, holdverschönt mit Himmelsjugend, 49
Mit eigenem Lächeln und mit fremdem Scheine,
Lockten zur Liebe da, geschmückt mit Tugend.

Des Paradieses Form, die allgemeine, 52
Hatte mein Blick im ganzen aufgefangen,
Doch sah ich noch von Einzelheiten keine;

Und wandte mich, neuflammend im Verlangen, 55
Von meiner Herrin Dinge zu erfragen,
Die meinen Geist zu starken Zweifeln zwangen.

Eins meint ich, und ein *andres* sollt es sagen: 58
Bei Beatricen nicht, bei einem Greise
Stand ich und sah der Seligen Kleid ihn tragen.

Wohlwollen zeigte der und liebe Weise, 61
An Haltung fromm, sein Auge gütig-helle,
Wie wohl ein Vater steht im Kindeskreise.

Und: »Wo ist sie geblieben?« rief ich schnelle. 64
Drauf er: »Daß deinem Wunsch Gehör ich leihe,
Rief Beatrice mich von meiner Stelle.

Und schaut zum höchsten Rang in dritter Reihe 67
Dein Blick, siehst du sie auf *den* Thron erhoben,
Wo ihren Tugenden ward Lohn und Weihe.«

Und wortlos wanderte mein Blick nach oben, 70
Und sah ums Haupt ihr eine Gloriole
Vom Widerschein des ewigen Lichts gewoben.

Nie von des Donnerhimmels höchstem Pole 73
Ein sterblich Auge stand auf fernern Wegen,
Auch wenn es taucht zur tiefsten Meeressohle,

Als Beatrice hier dem Blick entlegen. 76
Doch tat es nichts; denn klar trat meiner Lieben
Bildnis und unvermittelt mir entgegen.

»O Frau, in der mein Hoffen Frucht getrieben, 79
Die mir zum Heile wollt zur Hölle gehen,
Duldend, daß ihre Spuren dort verblieben,

PARADISO · CANTO XXXI

di tante cose quant' i'ho vedute,   82
dal tuo podere e dalla tua bontate
riconosco la grazia e la virtute.

Tu m'hai di servo tratto a libertate   85
per tutte quelle vie, per tutti i modi,
che di ciò fare avéi la potestate.

La tua magnificenza in me custodi,   88
sì che l'anima mia che fatta hai sana,
piacente a te dal corpo si disnodi.»

Così orai; ed ella, sì lontana   91
come parea, sorrise e riguardommi;
poi si tornò all'eterna fontana.

E il santo sene «Acciò che tu assommi   94
perfettamente» disse «il tuo cammino,
a che priego ed amor santo mandommi,

vola con gli occhi per questo giardino;   97
chè veder lui t'acconcerà lo sguardo
più al montar per lo raggio divino.

E la regina del cielo, ond' i'ardo   100
tutto d'amor, ne farà ogni grazia;
però ch'io sono il suo fedel, Bernardo.»

Qual è colui che forse di Croazia   103
viene a veder la Veronica nostra,
che per l'antica fama non si sazia,

ma dice nel pensier, fin che si mostra: 106
«Signor mio Gesù Cristo, Dio verace,
or fu sì fatta la sembianza vostra?»;

tal era io mirando la vivace   109
carità di colui, che in questo mondo,
contemplando, gustò di quella pace.

«Figliuol di grazia, questo esser giocondo»   112
cominciò egli, «non ti sarà noto,
tenendo gli occhi pur quaggiù al fondo;

ma guarda i cerchi fino al più remoto,   115
tanto che veggi seder la regina
cui questo regno è suddito e devoto.»

Io levai gli occhi; e come da mattina   118
la parte oriental dell' orizzonte
soverchia quella dove il sol declina,

così, quasi di valle andando a monte   121
con gli occhi, vidi parte nello stremo
vincer di lume tutta l'altra fronte.

452

DAS PARADIES · XXXI. GESANG

Von soviel Dingen all, die ich gesehen,   82
Ists deiner Macht und Güte zu verdanken,
Daß dadurch Kraft und Gnade mir geschehen.

Du zogst zur Freiheit mich aus Knechtesschranken   85
Mit allen Mitteln und auf allen Pfaden,
Die dies bewirken konnten ohne Wanken.

Bewahr in mir den Schatz all deiner Gnaden,   88
Daß, wohlgefällig dir, sich ihrer Glieder
Die Seele, die du heiltest, kann entladen!«

So mein Gebet. Und sie sah zu mir nieder   91
Vom fernsten Sitz, ein Lächeln mir zu spenden.
Dann sah sie auf zur Ewigen Quelle wieder.

Da sprach der heilige Greis: »Daß sich vollenden   94
Dein Weg kann bis zum Ziele, wozu Bitte
Und heilige Liebe mich den Fuß ließ wenden,

Flieg mit den Augen durch des Gartens Mitte!   97
Denn ihn betrachtend wächst dein Blick, dein scheuer,
Daß durch den Gottesstrahl er höherglitte.

Die Himmelskönigin, der in Liebe teuer   100
Mein Herz erglüht, wird Gnade niedertauen
Auf dich, weil ich ihr Bernhard bin, ihr treuer.«

Wenn einer, etwa aus Kroatiens Gauen,   103
Herkommt, um zur Veronika zu gehen,
Und kann am alten Ruhm nicht satt sich schauen,

Nein, zu sich spricht, bleibt er vorm Tuche stehen: 106
»Mein Jesuschrist, wahrhaftiger Gott, hernieden
Hat also, Herr, dein Antlitz ausgesehen –?«

So war mir, als zu sehn mir *der* beschieden,   109
Der drunten in lebendigem Liebesweben
Vorsinnend kostete schon jenen Frieden.

»O Sohn der Gnade, dieses Wonneleben«,   112
Begann er, »wird sich nie dir deutlich weisen,
Wenn deine Augen nur zuboden streben.

Nein, lasse sie bis zu den fernsten Kreisen   115
Und aufwärts bis zum Thron der Königin klimmen,
Die dieses Reiches Untertanen preisen.«

Ich hob die Augen. Und wie im Entglimmen   118
Des Morgens Gluten sich im Osten wiegen,
Indessen noch im Westen Schatten schwimmen,

Sah ich, gleichsam von Tal zu Berg gestiegen,   121
Ein Licht im höchsten Rande funkelnd tagen
Und jeden andern Teil an Glanz besiegen.

PARADISO · CANTO XXXI

E come quivi ove s'aspetta il temo   *124*
che mal guidò Fetonte, più s'infiamma,
e quinci e quindi il lume si fa scemo,
    così quella pacifica oriafiamma   *127*
nel mezzo s'avvivava, e d'ogni parte
per igual modo allentava la fiamma.
    E a quel mezzo con le penne sparte   *130*
vidi più di mille angeli festanti,
ciascun distinto e di fulgore e d'arte.
    Vidi quivi ai lor giochi ed ai lor canti   *133*
ridere una bellezza che letizia
era negli occhi a tutti gli altri santi.
    E s'io avessi in dir tanta divizia,   *136*
quanta ad imaginar, non ardirei
lo minimo tentar di sua delizia.
    Bernardo, come vide gli occhi miei   *139*
nel caldo suo calor fissi ed attenti,
li suoi con tanto affetto volse a lei,
    che i miei di rimirar fe' più ardenti.   *142*

DAS PARADIES · XXXI. GESANG

Und wie dort, wo man wartet auf den Wagen,   *124*
Den Phaëton schlecht gelenkt, anwächst die Flamme,
Um rechts und links das Licht zu überragen,

So glühte jene Friedensoriflamme   *127*
Kräftig im Kerne, und die Ränder gingen
Gleichmäßig auf in milderem Geflamme.

Und jener Mitte nun, mit offenen Schwingen,   *130*
Sah ich wohl tausende von Engelkränzen,
An Glanz und Kunst verschieden, Huldigung bringen.

Sah ihren Liedern dort und ihren Tänzen   *133*
Zulächeln eine Schönheit, die ließ Wonnen
Im Auge aller andern Heiligen glänzen.

Und flösse reich auch meiner Sprache Bronnen,   *136*
So reich wie die Gedächtniskraft: nie schriebe
Mein Vers den kleinsten Reiz, der sie umsponnen.

Als Bernhard sah, daß mir das Auge bliebe   *139*
Zu seiner heißen Glut starr hingezogen,
Hob seines er zu ihr mit solcher Liebe,

Daß meines heißer ward zum Schaun bewogen.   *142*

CANTO TRENTESIMOSECONDO

Affetto al suo piacer, quel contemplante   *1*
libero officio di dottore assunse,
e cominciò queste parole sante:

«La piaga che Maria richiuse ed unse,   *4*
quella ch'è tanto bella da' suoi piedi,
è colei che l'aperse e che la punse.

Nell' ordine che fanno i terzi sedi,   *7*
siede Rachèl di sotto da costei
con Beatrice, sì come tu vedi.

Sara, Rebecca, Iudìt e colei   *10*
che fu bisava al cantor che, per doglia
del fallo, disse ‹Miserere mei›,

puoi tu veder così di soglia in soglia   *13*
giù digradar, com'io ch'a proprio nome
vo per la rosa giù di foglia in foglia.

E dal settimo grado in giù, sì come   *16*
infino ad esso, succedono Ebree,
dirimendo del fior tutte le chiome;

perchè, secondo lo sguardo che fée   *19*
la fede in Cristo, queste sono il muro
a che si parton le sacre scalee.

Da questa parte, onde 'l fiore è maturo   *22*
di tutte le sue foglie, sono assisi
quei che credettero in Cristo venturo;

dall'altra parte, onde sono intercisi   *25*
di vòti i semicirculi, si stanno
quei ch'a Cristo venuto ebber li visi.

E come quinci il glorioso scanno   *28*
della donna del cielo e gli altri scanni
di sotto lui cotanta cerna fanno,

così, di contra, quel del gran Giovanni,   *31*
che, sempre santo, il diserto e il martiro
sofferse, e poi l'Inferno da due anni;

e sotto lui così cerner sortiro   *34*
Francesco, Benedetto ed Augustino,
e altri fin quaggiù di giro in giro.

Or mira l'alto provveder divino: *37*
che l'uno e l'altro aspetto della fede
igualmente empierà questo giardino.

ZWEIUNDDREISSIGSTER GESANG

Und der Beschauliche, von seinen Wonnen   *1*
Entzückt, das Lehramt aufzunehmen eilte,
Und hat mit heiligen Worten so begonnen:
  »Die Wunde, die Maria schloß und heilte,   *4*
Verschärft hat sie die Schöne und geschlagen,
Der man zu Füßen ihr den Platz erteilte.
  Im Range, wo die dritten Sitze ragen,   *7*
Weilt unter dieser Rahel. Und daneben
Siehst du das Antlitz Beatricens tagen.
  Sara, Rebekka, Judith und das Leben   *10*
Der Ahnfrau jenes Sängers, der die Sünde
Bereuend ›*Miserere*‹ rief mit Beben,
  Kannst du erschaun, wenn gradweis durch die Gründe   *13*
Der Rose deine Blicke mit mir eilen,
Wie ich dir Blatt für Blatt die Namen künde.
  Und abwärts von der Ränge siebentem weilen,   *16*
Wie auch bis da hinauf, Hebräerfrauen,
Die alle Locken dieser Blume teilen.
  Denn jenachdem ihr Glaube einst im Schauen   *19*
Entbrannt für Christo, dürfen die Entbrannten
Sich rechts und links der heiligen Stufen stauen
  Als Mauer. Hier, wo sich zur Reife wandten   *22*
Schon alle Blüten, sitzen die Bewährten,
Die Christum als den Kommenden erkannten.
  Dort, wo im Halbkreis späteren Gefährten   *25*
Noch Raum blieb, sitzen die zu jenen zählten,
Die dem gekommenen Christus sich erklärten.
  Und wie der Ruhmesthron der Gottvermählten   *28*
Samt dem, was drunter sich an Sitzen breite,
Hier bis zum Kelchgrund scheidet die Erwählten,
  So teilt Johann der Große jene Seite,   *31*
Der, heilig stets, zwei Jahr litt Höllenschwüle,
Eh er der Marter sich und Wüste weihte.
  Und unter ihm trennt so die heiligen Stühle   *34*
Franz, Benedikt, und Augustin im Bunde
Mit andern bis zum untersten Asyle.
  Nun sieh, wie Gott mit vorsichtshehrem Grunde   *37*
Hier abteilt die und jene Glaubensweise,
Daß sich gleichmäßig füllt des Gartens Runde.

PARADISO · CANTO XXXII

E sappi che dal grado in giù che fiede   *40*
a mezzo il tratto le due discrezioni,
per nullo proprio merito si siede,

ma per l'altrui, con certe condizioni;   *43*
chè tutti questi son spiriti assolti
prima ch'avesser vere elezioni.

Ben te ne puoi accorger per li volti   *46*
e anco per le voci puerili,
se tu li guardi bene e se li ascolti.

Or dubbi tu, e dubitando sili;   *49*
ma io dissolverò 'l forte legame
in che ti stringon li pensier sottili.

Dentro all'ampiezza di questo reame   *52*
casual punto non puote aver sito,
se non come tristizia, o sete, o fame

chè per eterna legge è stabilito   *55*
quantunque vedi, sì che giustamente
ci si risponde dall'anello al dito.

E però questa festinata gente   *58*
a vera vita non è sine causa
intra sè qui più o meno eccellente.

Lo rege per cui questo regno pausa   *61*
in tanto amore ed in tanto diletto,
che nulla volontà è di più ausa,

le menti tutte nel suo lieto aspetto   *64*
creando, a suo piacer di grazia dota
diversamente; e qui basti l'effetto.

E ciò espresso e chiaro vi si nota   *67*
nella Scrittura Santa in quei gemelli
che nella madre ebber l'ira commota.

Però, secondo il color dei capelli   *70*
di cotal grazia, l'altissimo lume
degnamente convien che s'incapelli.

Dunque, sanza mercè di lor costume,   *73*
locati son per gradi differenti,
sol differendo nel primiero acume.

Bastavasi ne' secoli recenti   *76*
con l'innocenza, per aver salute,
solamente la fede dei parenti.

Poi che le prime etadi fur compiute,   *79*
convenne ai maschi alle innocenti penne
per circoncidere acquistar virtute.

DAS PARADIES · XXXII. GESANG

Und wisse auch, daß abwärts von dem Kreise,   *40*
Der quer durchschneidet die zwei Trennungsseiten,
Kein Sitz wird eigenem Verdienst zum Preise,

    Nein, fremdem nur, fest an Verbindlichkeiten.   *43*
Denn Geister sinds, die alle heimgegangen,
Eh sie zur wahren Wahl selbst konnten schreiten.

    Dies zeigen ihre Mienen schon und Wangen;   *46*
Die Kinderstimmchen auch, die ihnen eigen,
Wenn du sie hörst und schauest unbefangen.

    Nun zweifelst du, um zweifelnd stillzuschweigen.   *49*
Doch will ich dich befrein von der Erblindung,
Die lästig sich dem Grübelgeist will zeigen.

    In dieses Reiches schrankenloser Windung   *52*
Herrscht Zufall nicht, ob groß er ob geringer;
Auch Gram nicht, Hunger nicht, noch Durstempfindung.

    Denn ewiges Gesetz ist der Bedinger   *55*
Für alles was du siehst. Und wie mans wendet,
Entspricht der Ring auch immer hier dem Finger.

    Drum ist dies Volk, das *vor* der Zeit gesendet   *58*
Zum wahren Sein, nicht ohne Ursach grade
Mehr oder minder unter sich vollendet.

    Der König, der sein Reich mit solcher Gnade   *61*
Beglückt an Frieden, Liebe und Vergnügen,
Daß es ein Grenzstein jedem Sehnsuchtspfade,

    Er schafft nach seines heitern Anblicks Zügen   *64*
Die Geister und beschenkt sie nach Belieben
Mit seiner Huld. Die Tat muß dir genügen.

    Auch klar und unzweideutig hats geschrieben   *67*
Die Heilige Schrift von jenen Zwillingssöhnen,
Die schon im Mutterleib der Zorn getrieben.

    Denn jenachdem die Gnade will verschönen   *70*
Ein Haupt mit Blondhaar oder dem des Raben,
Wird sie das höchste Licht auch würdig krönen.

    Drum, ohne eigenen Tuns Verdienst zu haben,   *73*
Sind sie gestuft hier nach verschiedenen Seiten,
Verschieden nur nach ersten Sehkraftsgaben.

    Es ward für Kindlein in den frühesten Zeiten,   *76*
Nebst eigener Unschuld, nötig nur befunden
Der Eltern Glaube, sie zum Heil zu leiten.

    Dann ward, sobald die erste Zeit entschwunden,   *79*
An die Beschneidung – kräftiger zu gestalten
Der Unschuld Flug – das Seelenheil gebunden.

PARADISO · CANTO XXXII

Ma poi che il tempo della grazia venne,
sanza battesmo perfetto di Cristo,
tale innocenza laggiù si ritenne.   *82*

Riguarda omai nella faccia ch'a Cristo
più si somiglia; chè la sua chiarezza
sola ti può disporre a veder Cristo.»   *85*

Io vidi sopra lei tanta allegrezza
piover, portata nelle menti sante,
create a trasvolar per quella altezza,   *88*

che quantunque io avea visto davante,
di tanta ammirazion non mi sospese,
nè mi mostrò di Dio tanto sembiante.   *91*

E quell' amor che primo lì discese,
cantando ‹Ave Maria, gratia plena›,
dinanzi a lei le sue ali distese.   *94*

Rispuose alla divina cantilena
da tutte parti la beata corte,
sì ch'ogni vista sen fe' più serena.   *97*

«O santo padre che per me comporte
l'esser quaggiù, lasciando il dolce loco
ne qual tu siedi per eterna sorte,   *100*

qual è quell'angel che non tanto gioco
guarda negli occhi la nostra regina,
innamorato sì che par di foco?»   *103*

Così ricorsi ancora alla dottrina
di colui ch'abbelliva di Maria,
come del sole stella mattutina.   *106*

Ed elli a me: «Baldezza e leggiadria,
quanta esser può in angelo ed in alma,
tutta è in lui; e sì volem che sia,   *109*

perch'elli è quelli che portò la palma
giuso a Maria, quando 'l Figliuol di Dio
carcar si volle della nostra salma.   *112*

Ma vieni omai con gli occhi, sì com' io
andrò parlando; e nota i gran patrici
di questo imperio giustissimo e pio.   *115*

Quei due de seggon lassù più felici
per esser propinquissimi ad Augusta,
son d'esta rosa quasi due radici.   *118*

Colui che da sinistra le s'aggiusta,
è 'l padre per lo cui ardito gusto
l'umana specie tanto amaro gusta.   *121*

DAS PARADIES · XXXII. GESANG

Jedoch seitdem der Gnade Zeiten walten,   *82*
Ward ohne die vollkommene Taufe Christi
Dort unten solche Unschuld festgehalten.

Jetzt blicke nach dem Antlitz, das dem Christi   *85*
Am meisten gleicht. Denn Kraft allein kann bringen
Dir *seine* Klarheit für den Anblick Christi.«

Da sah ich solchen Wonneregen dringen   *88*
Auf Sie, getragen von den heiligen Scharen,
Geschaffen, sich durch solche Höhe zu schwingen,

Daß alles, was bisher ich schauend erfahren,   *91*
Mich so mit Staunen nie erfüllte wieder,
Noch solche Gottesahnung ließ gewahren.

Und jene Liebe, die zuerst stieg nieder,   *94*
»*Ave Maria, gratia plena*!« singend,
Erschloß vor jener weitauf ihr Gefieder.

Erwiderung gab, allseitig froh-erklingend,   *97*
Der selige Hof dem Gotteslied, mit Frieden
Und Freude jedes Antlitz hell durchdringend.

»O heiliger Vater, der für mich gemieden,   *100*
So tief hier weilend, jene holde Stelle,
Die dir zum Sitz das ewige Los beschieden,

Wer ist der Engel, der so jubelhelle   *103*
Hinschaut zu unserer Königin Angesichte,
So liebend, daß er gleicht der Feuerquelle?«

So wandt ich wieder mich zum Unterrichte   *106*
Von dem, der sich verschönte an Marieen
Gleichwie der Morgenstern am Sonnenlichte.

Und er: »Mut ist und Schönheit ihm verliehen,   *109*
Wie es nur Engeln mag und Seelen frommen.
Und so ists ihm, zur Freude uns, gediehen;

Weil *er* ja zu Marieen einst gekommen   *112*
Mit seinem Palmenzweig, als unsere Bürde
Auf seine Schulter Gottes Sohn genommen.

Doch folge meinem Wort nun durch die Hürde   *115*
Mit deinem Blick; und sieh im frommen weisen
Gerechten Reich der hohen Patrizier Würde.

Die zwei – die seligsten in diesen Kreisen,   *118*
Weil sie zunächst der Kaiserlichgeweihten –
Sind als der Rose Wurzelpaar zu preisen.

Der Vater ist es, der ihr links zur Seiten,   *121*
Durch dessen kühne Gaumenlust erhalten
Der Menschheit blieben soviel Bitterkeiten.

PARADISO · CANTO XXXII

Dal destro vedi quel padre vetusto
di Santa Chiesa a cui Cristo le chiavi
arccomandò di questo fior venusto.

124

E quei che vide tutt'i tempi gravi,
pria che morisse; della bella sposa
che s' acquistò con la lancia e coi chiavi,

127

siede lungh' esso; e lungo l'altro posa
quel duca sotto cui visse di manna
la gente ingrata, mobile e ritrosa.

130

Di contro a Pietro vedi sedere Anna,
tanto contenta di mirar sua figlia,
che non muove occhi per cantare ‹Osanna›.

133

E contro al maggior padre di famiglia
siede Lucia, che mosse la tua donna,
quando chinavi a ruinar le ciglia.

136

Ma perchè il tempo fugge che t'assonna,
qui farem punto, come buon sartore,
che, com'egli ha del panno, fa la gonna;

139

e drizzeremo gli occhi al primo amore,
sì che, guardando verso lui, penetri,
quant'è possibil, per lo suo fulgore.

142

Veramente nè forse tu t'arretri
movendo l'ali tue, credendo oltrarti,
orando grazia convien che s'impetri;

145

grazia da quella che può aiutarti;
e tu mi seguirai con l'affezione,
sì che dal dicer mio lo cor non parti.»

148

E cominciò questa santa orazïone:

151

DAS PARADIES · XXXII. GESANG

Der heiligen Kirche Vater sieh, den alten,   *124*
Zur Rechten ihr, den Christus hier im Glanze
Der schönen Blume Schlüssel ließ verwalten.

Und er, der noch *vor* seinem Tod die ganze   *127*
Passion der Braut, der holden, profezeite,
Die einst gefreit durch Nägel ward und Lanze,

Sitzt bei ihm. Und dem andern ruht zur Seite   *130*
Der Führer, der das Volk gespeist mit Manna,
Das danklos-störrische, wankelmutbereite.

Dem Petrus gegenüber siehst du Anna: *133*
Verzückt blickt sie auf ihre Tochter nieder,
Daß sie, kein Auge wendend, singt Hosianna.

Dem größten Stammhaupt sitzt genüber wieder   *136*
Lucia, die die Herrin dir gesendet,
Als du, dem Sturze nah, gesenkt die Lider.

Doch laß uns schließen, weil dein Traum bald endet, *139*
Und sehen dem Schneider gleich, was übrigbliebe
An Stoff, den er zu seinem Rock verwendet,

Und laß den Blick uns auf die Erste Liebe   *142*
Hinrichten, daß du schauend in sie dringest,
Soweit ihr Glanz es dir nicht hintertriebe.

Doch wahrlich, daß du dich nicht rückwärts bringest, *145*
Glaubst flügelschlagend du emporzuschweben,
Ziemts, daß du Gnade durch Gebet erringest;

Gnade von jener, die dir hilft im Streben.   *148*
Folgt deine Inbrunst mir mit gleichem Schritte,
Wird meinem Wort dein Herz Geleite geben.«

Und so begann er diese heilige Bitte: *151*

CANTO TRENTESIMOTERZO

«Vergine madre, figlia del tuo Figlio,   *1*
umile e alta più che creatura,
termine fisso d'eterno consiglio,

tu se'colei che l'umana natura   *4*
nobilitasti sì, che il suo fattore
non disdegnò di farsi sua fattura.

Nel ventre tuo si raccese l'amore   *7*
per lo cui caldo nell' eterna pace
così è germinato questo fiore.

Qui se' a noi meridïana face   *10*
di caritate; e giuso, intra i mortali,
se' di speranza fontana vivace.

Donna, se' tanto grande e tanto vali,   *13*
che qual vuol grazia ed a te non ricorre,
sua disianza vuol volar sanz' ali.

La tua benignità non pur soccorre   *16*
a chi domanda, ma molte fiate
liberamente al domandar precorre.

In te misericordia, in te pietate,   *19*
in te magnificenza, in te s'aduna
quantunque in creatura è di bontate!

Or questi, che dall'infima lacuna   *22*
dell'universo infin qui ha vedute
le vite spiritali ad una ad una,

supplica a te, per grazia, di virtute   *25*
tanto, che possa con gli occhi levarsi
più alto verso l'ultima salute.

E io che mai per mio beder non arsi   *28*
più ch'io fo per lo suo, tutti miei preghi
ti porgo, e priego che non sieno scarsi,

perchè tu ogni nube gli disleghi   *31*
di sua mortalità coi prieghi tuoi,
sì che il sommo piacer gli si dispieghi.

Ancor ti priego, regina che puoi   *34*
ciò che tu vuoli, che conservi sani,
dopo tanto veder, gli affetti suoi.

Vinca tua guardia i movimenti umani: *37*
vedi Beatrice con quanti beati
per li miei prieghi ti chiudon le mani!»

DREIUNDDREISSIGSTER GESANG

»Jungfrau und Mutter, Tochter deines Sohnes,   *1*
Demütigstes und hehrstes aller Wesen,
Vorauserkorenes Ziel des ewigen Thrones,
    Du bists, durch deren Adel einst genesen   *4*
Die Menschheit, weil ihr Schöpfer nicht verschmähte,
Sich selber zum Geschöpfe zu erlesen.
    Es ward dein Schoß zum flammenden Geräte   *7*
Der Liebe, deren Glut im ewigen Frieden
Die Blume hier entfaltete und säte.
    Als Mittagsliebesfackel uns beschieden   *10*
Hieroben, sieht aus dir den Quell entspringen
Lebendiger Hoffnung alle Welt dortnieden.
    Herrin, so groß und mächtig im Vollbringen,   *13*
Daß Gnade wünschen und zu dir nicht kommen,
Ein Fliegen hieße dem, der ohne Schwingen.
    Nicht nur dem Beter will zu Hilfe kommen   *16*
Dein Mitleid, nein: freundwillig im Gemüte
Bist du den Bitten oft zuvorgekommen.
    In dir lebt Mitgefühl, in dir lebt Güte,   *19*
In dir Großmut, in dir vereint sich milde,
Was je an Adel ein Geschöpf durchglühte. –
    Nun dieser – der vom tiefsten Qualgefilde   *22*
Des Weltalls bis hieroben Los und Leben
Gesehn hat, Grad-für-Grad, der Geistergilde –
    Er fleht um Gnade dich, ihm Kraft zu geben,   *25*
Sodaß es seinen Augen mag gelingen,
Sich bis zum letzten Heile hinzuheben.
    Und ich –: nie mocht mich heißres Schauen bezwingen *28*
Für mich, als jetzt für ihn! Drum laß erneuen
Mein Flehn mich und nicht ungehört verklingen;
    Damit sich alle Wolken ihm zerstreuen   *31*
Von seiner Sterblichkeit vor deinem Flehen,
Und höchsten Heils Entfaltung ihn mag freuen.
    Noch bitt ich, Königin, *dich*, der dir geschehen   *34*
Dein Wille muß, gesund ihm zu erhalten
Die Neigungen fortan nach solchem Sehen.
    Dein Schutz besieg in ihm all-irdisches Walten!   *37*
Sieh Beatricen samt den seligen Scharen
Für mein Gebet zu dir die Hände falten!« –

458

PARADISO · CANTO XXXIII

Gli occhi da Dio diletti e venerati,   40
fissi nell'orator, ne dimostraro
quanto i devoti prieghi le son grati;

indi all'eterno lume si drizzaro,   43
nel qual non si de' creder che s'invii
per creatura l'occhio tanto chiaro.

E io ch'al fine di tutti i disii   46
m'appropinquava, sì com'io dovea,
l'ardor del desiderio in me finii.

Bernardo m'accennava e sorridea,   49
perch'io guardassi suso; ma io era
già per me stesso tal qual ei volea;

chè la mia vista, venendo sincera,   52
e più e più entrava per lo raggio
dell'alta luce che da sè è vera.

Da quinci innanzi il mio veder fu maggio   55
che'l parlar nostro, ch'a tal vista cede;
e cede la memoria a tanto oltraggio.

Qual è colui che somnïando vede,   58
che dopo il sogno la passione impressa
rimane, e l'altro alla mente non riede;

cotal son io, chè quasi tutta cessa   61
mia visione, ed ancor mi distilla
nel core il dolce che nacque da essa:

così la neve al sol si disigilla;   64
così al vento nelle foglie levi
si perdea la sentenza di Sibilla.

O somma luce, che tanto ti levi   67
da' concetti mortali, alla mia mente
ripresta un poco di quel che parevi,

e fa' la lingua mia tanto possente,   70
ch'una favilla sol della tua gloria
possa lasciare alla futura gente;

chè, per tornare alquanto a mia memoria   73
e per sonare un poco in questi versi,
più si conceperà di tua vittoria.

Io credo, per l'acume ch'io soffersi   76
del vivo raggio, ch'io sarei smarrito,
se gli occhi miei da lui fossero avèrsi.

E' mi ricorda ch'io fui più ardito   79
per questo a sostener, tanto ch'i' giunsi
l'aspetto mio col valore infinito.

DAS PARADIES · XXXIII. GESANG

Die gottgeliebten heiligen Augen waren   40
Gewißheit uns, als sie am Beter hingen,
Daß frommen Bitten gern sie mag willfahren,

Worauf sie hoch zum Ewigen Lichte gingen.   43
Und glaube man, daß in Sein leuchtend Prangen
Erschaffene Augen niemals könnten dringen.

Und ich, bald von der Sehnsucht Ziel empfangen,   46
Das allen Wünschen stets Erfüllung zollte,
Sah, wie sichs ziemt, gelöscht mein Glutverlangen.

Bernhardus winkte lächelnd mir, ich sollte   49
Nach oben sehn. Doch ich war längst gesonnen,
Vorzubereiten mich, wie er es wollte.

Denn meine Augen, die an Kraft gewonnen,   52
Vertieften sich ins hehre Licht und tranken
Dies Licht, drin Wahrheit in sichselbst entbronnen.

Von jetztan überflog mein Schauen die Schranken   55
Menschlichen Worts. Denn solchem Schauen erliegen,
Wie solchem Überschwange die Gedanken.

Wie uns im Traume Bilder wohl umwiegen,   58
Daß nach dem Traum erregt bleibt das Empfinden,
Indes die Bilder selbst dem Sinn verfliegen,

So geht es mir. Fast gänzlich sah ich schwinden   61
Mein Traumgesicht; doch kann sich seiner Fülle
Von Süßigkeit niemehr mein Herz entwinden.

So taut vorm Sonnenlicht des Winters Hülle,   64
So mußt auf losen Blättern auch entschweifen
Im Windeshauch der Ausspruch der Sibylle.

O höchstes Licht! sohoch ob dem Begreifen   67
Der Sterblichen: dem Geist laß nur ganz blassen
Nachglanz von dem, wie du erschienest, reifen.

Und solche Kraft laß meine Zunge fassen,   70
Künftigem Geschlecht nur eines Funkens Brennen
Von deiner Herrlichkeit zu hinterlassen.

Denn das nur rückerinnernd mein zu nennen,   73
Das winzige, was dies Lied vermag zu sagen:
Es ließe mehr von deinem Sieg erkennen!

Ich glaube, vor dem Stich, den ich ertragen   76
Aus dem lebendigen Strahl, wär ich vergangen,
Wollt ich die Augen vor ihm niederschlagen.

Und ich erinnere mich, daß ich vom langen   79
Ertragen kühner ward, bis ich begehrte,
Im Blick die unbegrenzte Kraft zu fangen.

PARADISO · CANTO XXXIII

Oh abbondante grazia ond'io presunsi   *82*
ficcar lo viso per la luce eterna,
tanto che la veduta vi consunsi!

Nel suo profondo vidi che s'interna,   *85*
legato con amore in un volume,
ciò che per l'universo si squaderna;

sustanze e accidenti, e lor costume,   *88*
quasi conflati insieme, per tal modo
che ciò ch'io dico è un semplice lume.

La forma universal di questo nodo   *91*
credo ch'io vidi, perchè più di largo,
dicendo questo, mi sento ch'io godo.

Un punto solo m'è maggior letargo   *94*
che venticinque secoli alla 'mpresa
che fe' Nettuno ammirar l'ombra d'Argo.

Così la mente mia, tutta sospesa,   *97*
mirava fissa, immobile ed attenta,
e sempre di mirar faciesi accesa.

A quella luce cotal si diventa,   *100*
che volgersi da lei per altro aspetto
è impossibil che mai si consenta;

però che il ben, ch'è del volere obbietto,   *103*
tutto s'accoglie in lei, e fuor di quella
è difettivo ciò che lì è perfetto.

Omai sarà più corta mia favella,   *106*
pur a quel ch'io ricordo, che d'un fante
che bagni ancor la lingua alla mammella.

Non perchè più ch'un semplice sembiante   *109*
fosse nel vivo lume ch'io mirava;
che tal è sempre qual s'era davante;

ma per la vista che s'avvalorava   *112*
in me guardando, una sola parvenza,
mutandom'io, a me si travagliava.

Nella profonda e chiara sussistenza   *115*
dell'alto lume parvermi tre giri
di tre colori e d'una continenza;

e l'un dall'altro, come Iri da Iri,   *118*
parea reflesso, e'l terzo parea foco
che quinci e quindi igualmente si spiri.

Oh quanto è corto il dire e come fioco   *121*
al mio concetto! e questo, a quel ch'io vidi,
è tanto, che non basta a dicer ‹poco›.

DAS PARADIES · XXXIII. GESANG

O Gnadenmeer, das mich mit Mut bewehrte,   *82*
Zu blicken tief ins Licht, ins ewigreine,
Bis meine Sehkraft sich darin verzehrte!
    In seiner Tiefe sah ich im Vereine,   *85*
Zu *einem* Band gebunden durch die Liebe,
Was sonst im Weltenbuch zerstreut erscheine:
    Wesen, Zufälligkeit und ihr Getriebe   *88*
Gleichsam verschmolzen in so fester Bindung,
Daß, was ich spräche, blasser Schein nur bliebe.
    Die Grundform zwar von dieses Knotens Windung   *91*
Glaubt ich zu sehn. Denn während jetzt ich dessen
Gedenk, erhöht sich meine Lustempfindung.
    Da gab *ein* Augenblick mir mehr Vergessen,   *94*
Als dritthalbtausend Jahr dem Argo-Schatten,
Den staunend sah Neptun sein Reich durchmessen.
    So spähte scharf und ohne zu ermatten,   *97*
Reglos mein Geist, daß ihn das Schauen beschwichte,
Ihn, den im Schauen Beglückten, doch nicht Satten.
    Beschaffen wird man so in diesem Lichte,   *100*
Daß man unmöglich weg von ihm sich wende
Nach anderm Anblick, und auf dies verzichte.
    Denn dieses Gut, als Willensziel und -ende,   *103*
Eint sich ihm ganz. Und *in* ihm ist vollkommen,
Was *außer* ihm nur mangelhafte Spende.
    Doch stammelnd wird mein Wort jetzt und verschwommen
Für *das* sogar, was ich behielt: dem Kinde
Vergleichbar, das der Brust noch nicht entnommen.
    Nicht daß mehr als ein einfach Bild sich finde   *109*
Dort im lebendigen Licht, als ich mich kehrte
Zum wandellosen – nein! Nur weil die Binde
    Vom Auge fiel, das seine Sehkraft mehrte,   *112*
Schiens, daß sich eine Wandlung dieses Glanzes
Mir, dem nun Selbstverwandelten, bescherte.
    Ich drang zum tiefen klaren Licht als Ganzes,   *115*
Und sah gleichgroß drei Kreise hell gezogen.
Doch anders war die Farbe jedes Kranzes.
    Wie Iris Iris, spiegelte ein Bogen   *118*
Den andern. Und der dritte, überschwänglich
An Glut, schien aus den zweien gleichstark zu wogen.
    Oh wie ist schwach mein Wort und wie verfänglich   *121*
Für mein Verstehn! und dies, das Bildnis sehend,
Ist so, daß noch zuviel sagt ›unzulänglich‹.

460

PARADISO · CANTO XXXIII

O luce eterna, che sola in te sidi, 124
sola t'intendi, e da te intelletta
ed intendente te ami e arridi!

Quella circulazion che sì concetta 127
pareva in te come lume reflesso,
dagli occhi miei alquanto circunspetta,

dentro da sè del suo colore stesso 130
mi parve pinta della nostra effige;
per che il mio viso in lei tutto era messo.

Qual è il geomètra che tutto s'affige 133
per misurar lo cerchio, e non ritrova,
pensando, quel principio ond'elli indige;

tal era io a quella vista nova: 136
veder voleva come si convenne
l'imago al cerchio, e come vi s'indova;

ma non eran da ciò le proprie penne: 139
se non che la mia mente fu percossa
da un fulgore in che sua voglia venne.

All'alta fantasia qui mancò possa; 142
ma già volgeva il mio disio e 'l velle,
sì come ruota ch'igualmente è mossa,

l'amor che move il sole e l'altre stelle. 145

DAS PARADIES · XXXIII. GESANG

O ewiges Licht! ruhvoll in dir bestehend;　　　　*124*
Nur dir verständlich und, von dir verstanden
Verstehend, lächelst du dir, Liebe wehend!

Die Rundung, die mir schien in dir vorhanden,　　*127*
Alsob ein rückgestrahltes Licht sie schenkte,
Hielt mein umspannend Auge kurz in Banden,

Bis unser Ebenbild sie auf sich lenkte,　　　　*130*
Das plötzlich farbentreu erschien tiefinnen,
Sodaß mein Blick sich ganz dareinversenkte.

Dem Geometer gleich, der tief in Sinnen　　　　*133*
Das Maß des Kreises sucht betörter Meinung,
Und grübelnd nicht den Grundsatz kann gewinnen,

So stand ich bei der plötzlichen Erscheinung:　　*136*
Ich wollte, wie sich Kreis und Bild bedingen,
Erkennen, und die Bild- und Kreisvereinung.

Doch dazu reichten nicht die eigenen Schwingen,　*139*
Wenn nicht ein Blitzstrahl meinen Geist durchdrungen,
Um darin die Erfüllung ihm zu bringen.

Hier ward der Flug der Fantasie bezwungen:　　*142*
Doch lenkte mir schon Wunsch und Willen gerne,
Gleichmäßig wie ein Rad wird umgeschwungen,

Die Liebe, die auch Sonne schwingt und Sterne.　*145*

NACHWORT UND ANMERKUNGEN

UMRISS DER ZEIT, DES LEBENS
UND DER WERKE DANTES

Dante ist ein Vorname, und zwar eine Abkürzung von
Durante. Der Familienname des Dichters lautet *Alighieri* (auch
Alaghieri) und leitet sich her vom Sippennamen der Gattin des
Cacciaguida, eines Ahnherrn des Dichters von der väterlichen
Seite. Dante Alighieri wurde zwischen dem 18. Mai und dem
17. Juni (im Zeichen der Zwillinge) des Jahres 1265 zu *Florenz*
geboren; vielleicht ist der Tag der heiligen Lucia, der 30. Mai,
sein genauer Geburtstag. Der Vater starb schon vor 1283; er
war eine zweite Ehe eingegangen, denn des Dichters Mutter
Bella scheint schon sehr früh verstorben zu sein. Mit Gemma
aus dem angesehenen Hause der Donati wurde der Knabe
Dante, nach der Sitte der Zeit, bereits im Jahre 1277 verlobt;
die Vermählung fand im Jahre 1291 statt. Vier Kinder ent-
sprossen der Ehe. Die Gattin folgte Dante nicht ins Exil,
während die Söhne nach dem damals geltenden Recht mit dem
13. Lebensjahre gleichfalls in die Verbannung gehen mußten.

*

Die *Politik* der italienischen Stadt-Parteien wurde ein mit-
entscheidender Faktor in Dantes Leben. Die mittelalterlichen
Kämpfe zwischen Kaiser- und Papsttum hatten in den italie-
nischen Städten und Landschaften zu jenen Spaltungen ge-
führt, die lange nach den Namen der einander befehdenden
deutschen Dynastien »Ghibellinen« (d. h. Waiblinger, also
Staufen-Anhänger, Parteigänger des Kaisers) und »Guelfen«
(d. h. Welfen, nach der mit dem Hohenstaufen-Hause rivali-
sierenden Familie, der u. a. der Sachsen-Herzog Heinrich der
Löwe und Kaiser Otto IV. entstammten) genannt wurden. Mit
dem Untergang der Staufenherrschaft in Italien verloren die
Ghibellinen (ursprünglich allein die »Weißen« genannt) einen
großen Teil ihrer Macht und ihres Einflusses. Aber auch die
Guelfen spalteten sich: es kam zu der »schwarzen« und der
»weißen« Richtung. Die schwarzen Guelfen waren papst-
freundlich und fanden die Unterstützung der französischen
Dynastien in Neapel und Sizilien, wie auch der Könige von
Frankreich. Die weißen Guelfen, die, wie in mehreren italie-
nischen Städten, so auch in Florenz die Macht verloren hatten,
gerieten allmählich in mehr oder minder sympathisierende
Nähe zu den Ghibellinen. Dante war weißer Guelfe; in Florenz

III

NACHWORT

hatte er es bis zu dem seit den demokratischen Umwälzungen in der ersten Hälfte des 13. Jahrhunderts höchsten Amte, zum Prior, gebracht; die Prioren führten jeweils zwei Monate die Geschäfte des Stadtstaates. In den oft mit grausamer Leidenschaft ausgefochtenen Kämpfen der Parteien hat Dante als Politiker selbst seine Stimme zu Schreckensurteilen gegeben. Als eine der stets zu erwartenden Schwankungen in den Machtverhältnissen der Parteien und Sippen-Verbände ihm im Jahre 1302 eine öffentliche Anklage eintrug, wurde er zu einer binnen drei Tagen zu zahlenden Geldbuße von 5000 Florentiner Gulden und zur Verbannung auf zwei Jahre verurteilt. Da er die Summe nicht aufbringen wollte (oder konnte), weil er sich für unschuldig hielt, mußte er zeitlebens in der Verbannung verbleiben: auf seine Rückkehr nach Florenz war der Feuertod gesetzt. Eine spätere Möglichkeit, sich mit den heimatstädtischen Behörden durch eine Art von Selbstkritik und Buße auszusöhnen, nutzte sein Stolz nicht aus. Er verbrachte die Jahre bis zu seinem Tode am 14. September 1321, der ihn in Ravenna ereilte, in vielen italienischen Landschaften und Gemeinden. Nach der Meinung der französischen Dante-Forscher soll er auch in Frankreich gewesen sein und die Hohe Schule von Paris kennengelernt haben; es ist nicht unwahrscheinlich. Zur früh einsetzenden Legendenbildung um sein Leben gehört auch ein Bericht, daß Dante in England gewesen sei. Anscheinend hat die Annäherung der weißen Guelfengruppen an die Ghibellinen auch Dante ergriffen. Zeitlebens bekämpfte er die weltlichen Machtansprüche des Papsttums und sah die republikanische Freiheit unter französischem Einfluß schwer gefährdet. Ebendiese in früherer Staufenzeit durch die schwäbischen Kaiser bedrohten Stadtfreiheiten erschienen ihm nunmehr unter der Oberhoheit des Römischen Kaisers und Deutschen Königs am besten gesichert. Dantes lateinisch geschriebenes Buch »*Über die Monarchie*« legt von seiner Auffassung über die kaiserliche Gewalt Zeugnis ab. In Pisa, im Gefolge des deutschen Kaisers Heinrich VII., hat ihn sein erster Biograph, der damals noch knabenjunge Boccaccio, gesehen. Boccaccio schildert Dante als einen Mann mit dunklem Barte, den raunende Distanz umgab. Obwohl in späterer Zeit Florenz die Gebeine seines größten Bürgers in den Mauern der Stadt beisetzen wollte, blieb es bei der geschichtlichen Gerechtigkeit des Dante-Grabes in Ravenna.

*

LEBEN UND WERKE DANTES

Für die innere Entwicklung Dantes blieb entscheidend seine Begegnung mit *Beatrice*, der Tochter des Florentiners Folco Portinari, wohl eines Nachbarn der Alighieri. Dante und Beatrice waren gleichaltrig, neun Jahre, als sie einander zum ersten Mal sahen. Beatrice wurde früh vermählt mit Simone de Bardi; sie starb mit 24 Jahren. Die Gedichte der Liebe Dantes zu Beatrice hat der Autor selbst später mit einem verbindenden Text der Schilderung und Deutung versehen: das so entstandene Werk ist das italienisch abgefaßte Buch »*Das neue Leben*« (»Vita nuova«). Mit diesem Werk erreichte die mittelalterliche Liebeslyrik ihre Höhe und dadurch insofern auch ihren Abschluß, als sie nunmehr entschieden in eine Subjektivität einmündete, die zwar noch den unpersönlichen Lebens- und Werteordnungen des klassischen katholisch-christlichen Zeitraumes verpflichtet war, daneben aber sich des subjektiv-phänomenalen Charakters aller Lebensbegegnungen und -entscheidungen bewußt wurde. Ohne Kenntnis des »Neuen Lebens« gibt es kein rechtes Verständnis für die »*Göttliche Komödie*«. Stilistisch vollendet Dante mit der Lyrik seiner Jugend den »süßen neuen Stil«, den »dolce stil nuovo«, den die älteren Dichter Guido Guinizelli und Guido Cavalcanti aus Vorformen der sizilianischen Dichtergemeinschaft am Hofe des Staufenkaisers Friedrich II. entwickelt hatten. Daß in der »Komödie« Beatrice auftritt als Verkörperung der Theologie, sowie der göttlichen Gnade und zugleich der emporziehenden Liebesmacht überhaupt, wird von modernen Menschen oft als schwierige Allegorie empfunden; für Dante und seine Zeitgenossen handelte es sich dabei keineswegs um eine Gleich-Setzung, sondern um eine jederzeit als möglich empfundene Identität und Entsprechung des Irdisch-Zeitlichen mit dem Göttlich-Ewigen.

*

Dante war einer der gebildetsten Männer seiner Zeit. Der Gang seiner Studien ist im einzelnen nicht mehr zu erkennen. Er selbst bezeugt seinen Dank für den Lehrer Brunetto Latini, den Verfasser des französisch geschriebenen enzyklopädischen Werkes »Li Livres dou Tresor«, des »Schatzbuches«; der Autor hatte davon auch eine kürzere italienische Fassung »Tesoretto« angefertigt. Dante war mit dem scholastischen System des *Thomas von Aquino* (1225–1274) vertraut; es diente ihm als Grundlage seiner Weltschau. Durch das Medium der

NACHWORT

mittelalterlichen Scholastik kannte Dante die Philosophie des Griechen *Aristoteles* (384–322), der dem lateinischen Mittelalter vornehmlich durch arabische Überlieferung und Spiegelung lebendig geblieben war. Der aus Stageira (daher oft der »Stagirit« genannt) stammende Denker war für Dante wie eigentlich für alle Gelehrten jener Zeit *der* Philosoph schlechthin. Für Dantes wissenschaftliche Anschauungen sollte das italienisch geschriebene »*Gastmahl*« (»Convivio«) das alles umfangende Kompendium werden. In 15 Teilen, die sich jeweils um eine weitgespannte und kommentierte Kanzone schichten sollten, war eine Summa geplant; nur vier Kapitel hat der Dichter geschrieben. Die Arbeit an der »Komödie« verlangte eben doch seine volle geistige und darstellende Kraft. Als eine freilich sehr wichtige Nebenarbeit muß man Dantes lateinisch geschriebene Abhandlung »*Über die Volkssprache*« (»De vulgari eloquentia«) ansehen. Hier verteidigt Dante im Versuch einer Poetik, der unvollendet geblieben ist, die Versdichtung in der italienischen Volkssprache. Es ist unbedingt anzunehmen, daß Dante niemals sowohl zum Begründer der italienischen Literatur überhaupt wie zum Scheitelpunkt höchster Weltdichtung zwischen Mittelalter und Frührenaissance geworden wäre, wenn er die ursprüngliche Absicht einer Abfassung der »Komödie« in lateinischen Versen durchgeführt hätte.

Die Entscheidung für die (italienische) Volkssprache als des rechten Mittels einer lebendigen Dichtung bedeutete bei Dante keineswegs einen Bruch mit den lateinischen Überlieferungen. Als Leitbild einer vernünftigen Lebensform und -führung diente ihm wie seinen besten Zeitgenossen die hohe Zeit der goldenen römischen Klassik, deren Mittelpunkt Publius *Vergilius* Maro war. Der römische Dichter stammte aus Mantua, wo er im Jahre 70 v. Chr. geboren wurde. Sein Hauptwerk ist das Hexameter-Epos »Aenëis« in zwölf Gesängen; die erste Hälfte des Werkes ist der »Odyssee«, die zweite der »Ilias« des Homer nachgeformt. Gleichwohl bestehen zwischen dem Hauptwerk der griechischen Frühe und dem Epos des Vergil viele innerliche Unterschiede. Mit einer summarischen Vereinfachung möchte man sagen, daß im Werke des Homer das griechische Weltverhältnis einer Schöpfung aus unbekümmert ästhetischer Beziehung zum Seinsgrunde, im Werke des Vergil der römische Grundzug strenger Rechtlichkeit aus Bewahrung und Ehrfurcht eine Verklärung erfuhr. Wie Aristo-

LEBEN UND WERKE DANTES

teles das Urbild des Philosophen war, so galt Vergil dem Mittelalter als *der* Meister aller Dichtung. Daß der Römer als Führer Dantes erkoren wurde, hängt damit zusammen, daß ihm Vergil als Verkörperung der menschlichen Lebensvernunft galt, mit deren Hilfe ein Vordringen fast bis in die unmittelbaren Bereiche der christlichen Erlöstheit möglich war. Außerdem deutete das Mittelalter Vergils vierte Ekloge aus seinen »Ländlichen Gedichten« als eine Vorverkündigung der Erscheinung Christi; vielen Geistesregungen des Mittelalters erschien Vergil als ein gleichsam vor der Ankunft Christi eingeweihter religiöser Geist, anderen Traditionen als ein großer, positiver Magier. Vergil starb im Jahre 19 v. Chr. in Brindisi; er wurde bei Neapel begraben.

Das kosmographische Weltbild Dantes hier im einzelnen zu erklären, würde die Aufgabe dieser Ausgabe erheblich übersteigen. Das mittelalterliche System des Kosmos geht zurück auf den spätantiken Astronomen *Ptolomäus*, einen Ägypter aus dem zweiten nachchristlichen Jahrhundert. Nach dieser Deutung des Weltalls bildet die Erde den Mittelpunkt, um den alle Planeten und Fixsterne kreisen. Den außerirdischen Sternen gehören jeweils eigene Sphären an; Sonne und Mond galten als Gestirne mit besonderen Sphären. Das mathematische System des Ptolomäus ist ungemein kompliziert, weil die Schwierigkeiten der astronomischen Berechnung bei einem falschen Grund-Ansatz natürlich zu vielen Hilfstheorien führen mußten. Dabei war schon im Altertum lange vor Ptolomäus neben dessen geozentrischer Auffassung auch die Erkenntnis von der Mittelpunktsstellung der Sonne in unserem Planetensystem erlangt, aber nicht als herrschende Lehre durchgesetzt worden. In den Anmerkungen dieses Buches werden die astronomischen Zeit- und Raum-Aussagen, die Dante jeweils mit den Mitteln der ptolomäischen Konstruktion vorträgt, gemäß dem uns geläufigen kopernikanischen System wiedergegeben, ohne den entsprechenden rechnerischen Prozeß in seiner schwierigen Durchführung detailliert nachzuzeichnen.

E. L.

ANMERKUNGEN

DAS NEUE LEBEN

Incipit vita nova: Es beginnt das neue Leben.

Schon zum neunten mal: Dantes Zeitangaben beziehen sich auf das sog. »ptolomäische« Weltsystem, das seit dem späten Altertum bis zum »kopernikanischen« Weltsystem fast allgemein in Europa gültig war. Nach der Meinung des Griechen Ptolomaios war die Erde der Mittelpunkt des Kosmos; neun gewaltige, ineinander steckende »Schalen« bildeten die Wölbung oberhalb der Erde – es waren die neun Himmelssphären. Die ersten sieben Sphären wurden nach den Planeten benannt; als die erste galt die des Mondes. Der vierte Himmel (auch der »Himmel des Lichtes« genannt) war die Sphäre der Sonne, die damals als ein Planet angesehen wurde. Der achte Himmel ist der Fixstern-Himmel. Der neunte Himmel war der »Kristallhimmel«, auch das »primum mobile«, das erste Bewegende, genannt; der zehnte war das Empyreum, »was so viel sagen will wie ›Feuerhimmel‹«, wie Dante selbst in seinem philosophisch-dichterischen Werk »Das Gastmahl« (Il convivio) ausführt. Das Empyreum ist im Gegensatz zum rasend kreisenden Kristallhimmel unbeweglich, die in ewigem Frieden verharrende Wohnstatt Gottes und der Heiligen.

Ecce deus fortior . . .: Siehe den Gott, stärker als ich, der kommt und mich beherrschen wird.

Apparuit iam . . .: Nun erschien eure Seligkeit.

Heu miser! quia . . .: Weh mir Armen! weil ich nun oft behindert sein werde.

Ego dominus tuus: Ich bin dein Herr.

Vide cor tuum: Siehe dein Herz.

Den ersten meiner Freunde: der Dichter Guido Cavalcanti († um 1300), der nach und mit Guido Guinizelli (um 1260) als Begründer des neuen poetischen Stils (dolce stil' nuovo) anzusehen ist. Guido Cavalcantis Antwort-Sonett lautet (in Federns Übertragung):

> Mich dünkt, du durftest allen Wert erkunden
> Und allen Scherz, der Menschen ganzes Gut,
> Als du den Herrscher sahst, in Schlaf versenket,
> Der da als Herr die Welt der Ehre lenket.
>
> Denn er weilt dort, wo alle Pein geschwunden,
> In frommen Seelen lenket er den Mut,
> Er naht uns süß im Schlaf, und er entführet
> Das Herz uns, ohne daß uns Leid berühret.

ANMERKUNGEN

Auch Euer Herz entführt' er, als er sah,
Daß Eure Herrin nach dem Tod verlangte,
Er nährte sie damit, weil ihm drum bangte.

Und als er klagend ging von dannen, da
War auch der süße Schlaf bereits vollendet,
Sein Gegenteil hat ihn von Euch gewendet.

Serventese: eine lyrische Form der provenzalischen Dichtung, »ein
Lob- oder Rügegedicht in öffentlichen oder eigenen Sachen, jedoch
mit Ausschluß der Liebesangelegenheiten« (Diez: Poesie der
Troubadours). In der frühen italienischen Poesie aber auch eine
Form des Lobgedichtes zu Ehren der Frauen.
Fili mi, tempus . . .: Mein Sohn, es ist Zeit, daß unsere Verstellungen
enden.
Ego tamquam centrum . . .: Ich bin wie der Mittelpunkt des Kreises, zu
dem sich alle Teile des Umfangs in gleicher Weise verhalten; du aber
bist nicht so.
Ballade: gemeint ist die »ballata«, eine im Gegensatz zur Canzone
volkstümlichere, liedhafte und stets mit Musik begleitete Form des
Tanzliedes. In der lateinisch geschriebenen Abhandlung »Über die
Beredsamkeit in der Volkssprache« schreibt Dante selbst: »Die
Canzonen erzielen durch sich selbst die ganze Wirkung die sie er-
zielen sollen, was die Balladen nicht tun (sie bedürfen der Spielleute,
für die sie verfaßt sind); daraus folgt denn, daß die Canzonen für
edler zu erachten sind als die Balladen.«
Nomina sunt . . .: Die Namen folgern aus den Dingen. (Eine der
Thesen der scholastischen Erkenntnis-Lehren).
O Frauen, die . . .: Dante selbst schätzte seine damals bald schon
berühmt gewordene Canzone sehr hoch; im 24. Gesang des »Läu-
terungsberges« der Göttlichen Komödie ruft die Seele des Dichters
Buonagiunta Orbicciani (aus Lucca) Dante so an: (zitiert nach
Zoozmanns Übersetzung):

Doch sprich, seh ich hier jenen, der geschrieben
Die neuen Reime, die also beginnen:
›Ihr Frauen, die ihr recht versteht zu lieben‹?

Es sagt's der Weise: gemeint ist der Dichter Guido Guinizelli, der in
seiner Canzone ›Al cor gentil ripara sempre amore . . .‹ (nach
Voßlers Übersetzung: ›In edlem Herzen nur wohnt immer Liebe, so
wie in Waldesgrün der Vogel wohnt‹) das große Motiv der Liebes-
dichtung der italienischen Frührenaissance formuliert hatte.
Der Erzeuger solchen Wunders: falls Beatrice die Tochter des Messer
Folco di Ricovero Portinari war, so starb dieser Portinari, ein Edel-
mann aus der Ghibellinenpartei, am 31. Dezember 1289.
Ein junges und liebliches Weib, das an meinem Bette saß: Dantes Stief-
schwester Gaetana.

ANMERKUNGEN

Die Herrin jenes ersten meiner Freunde: Giovanna, von Cavalcanti geliebt.

Ego vox clamantis . . .: Ich bin die Stimme des Rufenden in der Wüste, bereitet vor den Weg des Herrn! (die lat. Übersetzung von der Stelle Jesaja Kap. 40, V. 3), die in den Evangelien als ein bekräftigender Ausspruch des Johannes des Täufers zitiert wird.)

Substanz, Akzidens: Begriffe der Philosophie des Griechen Aristoteles, der für das systematische Denken des Mittelalters *der* Philosoph überhaupt war. Die Akzidentien sind die verschiedenen Formen des Seins, der Substanzen, der Dinge.

Sprache von Oc: gemeint ist die Redeweise der Provenzalen, während die Sprache von Si die italienische Sprache ist; die Sprache von Oil wäre somit die nordfranzösische. Oc, Si und Oil: Ja.

Hundertfünfzig Jahre: etwas irrige Zeitangabe Dantes, weil der erste Liebesdichter der Provence, Graf Wilhelm IX. von Poitiers, 1071 geboren wurde und um 1127 starb.

Quomodo sedet . . .: die lat. Übersetzung von Vers 1, Kap. 1 der Klagelieder des Jeremias, nach Luthers Verdeutschung: ›Wie liegt die Stadt so wüste, die voll Volks war! Sie ist wie eine Witwe, die eine Fürstin unter den Heiden . . .‹

Ich sage, daß nach der Kalenderrechnung . . .: Beziehung auf verschiedene Zeitrechnungen; es ergibt sich, daß Beatrice im Jahre 1290 gestorben ist.

Die vollkommene Zahl: gemeint ist die Zehn.

Jener meiner Freunde: Cavalcanti, der also auf Dantes Planung bei der Abfassung der Vita Nuova Einfluß hatte. Übrigens wollte Dante zunächst die Göttliche Komödie in lateinischer Sprache schreiben.

Jenes benedeite Bild . . .: das Schweißtuch der heiligen Veronica. Die Peterskirche zu Rom bewahrt es und zeigt es Gläubigen und Wallfahrern alljährlich dreimal: Mitte Januar, in der Karwoche und am Tage Christi Himmelfahrt.

Sphäre, die am größten kreiset: der Kristallhimmel.

Eine wunderbare Vision . . .: wahrscheinlich Andeutung, daß Dante sich zum Plan seiner Göttlichen Komödie entschlossen hatte.

Qui est per . . .: der in alle Ewigkeit zu preisen ist.

DIE GÖTTLICHE KOMÖDIE

Die Hölle

1. Gesang:

1 *Lebens Mitte:* das 35. Jahr. Dante setzt seine Vision in das Jahr 1300; er war damals 35 Jahre alt.

17 *Auf Bergesschultern den Planeten:* die Sonne, nach mittelalterlicher Sternkunde ein Planet, dem die vierte Himmelssphäre zugehört.

X

ANMERKUNGEN

30 Zum tiefern Fuß: also abwärtssteigend.

32 Pardelluchs: allegorisch für Sinnenlust, vielleicht zugleich auch das guelfische Florenz andeutend.

38 Vom gleichen Sternenbilde umkränzt: nach mittelalterlicher Lehre hat Gott die Welt im Frühling geschaffen, da die Sonne im Zeichen des Widders steht.

45 Löwe: allegorisch für die Herrschsucht, auch für den Stolz, politisch ist die damalige französische Dynastie mit gemeint.

49 Wölfin: allegorisch für die Habgier, politisch vielleicht für die römische Kurie (eine Wölfin ist das Symbol Roms).

67 Nicht Mensch, Mensch war ich: Vergil.

74 Anchisessohn: Aeneas, der Held von Vergils »Aeneis«, der sich nach Ilions (auch Trojas) Zerstörung retten konnte.

102 der Jagdhund: wahrscheinlich ganz allgemein auf einen fürstlichen oder sonstwie hohen Erretter Italiens bezogen, auf den Dante hofft und dem er, als einem vollkommenen Herrn, beispielhafte Tugenden zuschreibt. Einige beziehen die Stelle auch auf den Scaliger-Fürsten Can grande von Verona, der Dante Schutz gewährt hatte.

107 Turnus u. a.: Figuren aus der »Aeneis«. Turnus und Camilla auf der Seite der Gegner des Aeneas, Euryalus und Nisus fielen im Kampfe für Aeneas.

2. Gesang:

13 Des Silvius Vater: Aeneas, der mit Lavinia den Silvius zeugte.

28 das Gefäß ... das auserwählt: der Apostel Paulus, der in einer verzückten Schau in den dritten Himmel versetzt wurde.

53 ein selig Weib: Beatrice.

78 Des Himmels, der sich dreht: des Mondhimmels Sphäre.

94 Es klagt ein edles Weib: die Jungfrau Maria.

97 Lucia: eine sizilische Heilige, oft von Augenleidenden angerufen. Sie bedeutet allegorisch die erleuchtende Gnade. Dantes Schutzpatronin.

102 Rahel: Gattin des Jakob, Tochter Labans (A. T.). Allegorisch bedeutet sie das der Betrachtung gewidmete Leben, die »vita contemplativa«.

3. Gesang:

37 Rotte jener Feigen: während des Aufruhrs Lucifers wider Gott warteten mehrere Engel den Ausgang der Ereignisse ab, ohne sich zu entscheiden.

59 den, der durch Entsagen: vermutlich ist Papst Coelestin V. gemeint, der nach einem Pontifikat von 5 Monaten freiwillig abdankte. Ihm folgte Papst Bonifatius VIII.

71 an einem großen Strom: der Acheron, der die Unterwelt umgibt.

ANMERKUNGEN

83 altersbleichen Greise: der Fährmann Charon, der antiken Mythologie entnommen.
95 Wo eins ist das Vollbringen und Verlangen: die Gottheit.

4. Gesang:

53 den gewaltigen Herrscher: Jesus Christus. Gemeint ist die Höllenfahrt Christi, von der auch im christlichen Glaubensbekenntnis gesprochen wird.
87 der allen . . . vorangeht: Homer, der griechische epische Dichter, dem »Ilias« und »Odyssee« zugeschrieben werden.
89 Horaz: römischer Dichter aus der Zeit des Kaisers Augustus.
90 Ovid: römischer Dichter aus der Zeit des Augustus.
90 Lukan: römischer Dichter, Autor des historischen Epos »Pharsalia«.
106 Schlosses Schwelle . . .: vermutlich allegorisch den Ruhm oder die Weisheit bezeichnend. Die sieben hohen Mauerringe bedeuten entweder die sieben Teile der mittelalterlichen Gliederung der Philosophie oder die sieben Haupttugenden, der Bach vermutlich die Kunst der Überredung.
122 Elektra, Hektor, Aeneas, usw.: Gestalten der antiken Sage und
129 Geschichte; *Saladin:* Sultan (1137–1193), wegen seines Sinnes für Gerechtigkeit auch in der christlichen Welt berühmt.
131 Meister aller Weisen: Aristoteles.
135 Sokrates . . . Heraklit: griechische Philosophen.
139 Tullius: Tullius Cicero, römischer Redner und Philosoph, 106–43 v. Chr.
139 Linus, Orpheus: mythische Dichter der Griechen.
140 Dioskorid: griechischer Arzt, 1. Jahrhundert n. Chr.
141 Seneka: römischer Dichter und Philosoph, um 5 v. Chr. – 65 n. Chr.
142 Galen: griechischer Arzt, 2. Jahrhundert n. Chr.
142 Euklid: der griechische Begründer der elementaren Geometrie, 3. Jahrhundert v. Chr.
143 Hippokrat: griechischer Arzt, 5. Jahrhundert n. Chr.
143 Ptolomäus: Astronom und Geograph, der das nach ihm benannte »ptolomäische« Weltsystem lehrte; 2. Jahrhundert n. Chr.
143 Avicenna, Averroes: arabische Philosophen, dank deren kommentierender und übersetzender Arbeit die Philosophie des Aristoteles dem Mittelalter bekannt blieb; der griechischen Sprache war man damals innerhalb der Christenheit nur in den gelehrten Kreisen des byzantinischen Reiches mächtig. (Avicenna: 980–1037), (Averroes: 1126–1198).

5. Gesang:

4 Minos: Richter der Unterwelt, antiker Mythologie entlehnt; bei Dante dämonisiert.

ANMERKUNGEN

54 Kaiserin vielsprachigem Völkerbunde: assyrische Königin Semiramis, Gattin des Königs Ninus, nach dessen Tode in Gemeinschaft mit ihrem Sohne lebend.

61 Die andre, untreu des Sichäus Schatten: Dido, die Königin Karthagos. Verliebte sich nach dem Tode des Gatten in Aeneas; von diesem verlassen, wählte sie den Freitod.

64 Kleopatra: Geliebte des Caesar und des Marcus Antonius; sie tötete sich, als nach der Schlacht von Actium (30. v. Chr.) Octavianus Augustus Herr des Römischen Reiches wurde.

64 Die Ursach schlimmer Zeiten, Helenen: Helena, Gattin des Königs Menelaos. Ihre Entführung durch den trojanischen Königssohn Paris wurde die Ursache für den zehnjährigen Krieg um Troja.

65 Achill: er war mit Polyxena, einer Tochter des Priamos (Königs von Troja) verlobt; Paris tötete ihn jedoch vor der Hochzeit.

67 Tristan: Held berühmter mittelalterlicher Versromane; seine Liebe zu Isot (Isolde) macht den Hauptinhalt der Romane aus.

79 Und als das Paar so nahe: hier beginnt die berühmte Episode der Liebe zwischen Francesca von Rimini und Paolo, Bruder ihres Gatten Gianciotto Malatesta.

107 Kaïna: tiefgelegener Ort der Hölle, in welchem die Brudermörder gestraft werden.

128 Lanzelot: gemeint ist der mittelalterliche Roman über den Lanzelot vom Meere, einen Ritter aus der Tafelrunde des Königs Artus.

137 Galeotto: Kuppler zwischen Lanzelot und der Königin Ginevra.

6. Gesang:

13 Das Untier Zerberus: der dreiköpfige Höllenhund der antiken Mythologie.

38 Nur einer hat sich blitzgeschwind erhoben: der Florentiner Ciacco.

64 Es kommt nach langem Streit: hier Vorverkündigung der politischen Zukunft. Waldpartei: die »Weißen« (Ghibellinen); Gegner: die »Schwarzen« (Guelfen). Mit Hilfe des: Papst Bonifatius VIII.

73 Zwei sind gerecht: der eine wahrscheinlich Dante selbst, der andere nicht mit Sicherheit zu erschließen.

79 Mosca usw.: Persönlichkeiten aus der jüngsten Vergangenheit und Gegenwart Dantes.

95 des Gerichts Posaunenrufe: am Jüngsten Tage.

106 deine Lehre: die Philosophie des Aristoteles.

115 Plutus: Gott des Reichtums nach antiker Mythologie; bei Dante deshalb der Wächter der Geizigen und der Verschwender; »den großen Feind« nennt ihn der Dichter, weil um des Goldes und Geldes willen unzählige Verbrechen geschehen.

XIII

ANMERKUNGEN

7. Gesang:

1 »*Pape Satan . . .*: keiner bestimmten Sprache angehöriger, von Dante erfundener Schreckens- und Schmähruf höllischer Wut.

11 *Dort will man's so . . .*: Michael als einer der sieben Erzengel stieß Lucifer bei dem Aufruhr der abtrünnigen Engel nieder.

22 *Wie der Charybdis:* gefährlicher Meeresstrudel, den Homer in der »Odyssee« erwähnt.

98 *Schon jeder Stern sinkt:* somit ist es bereits nach Mitternacht.

106 *Styx:* unterweltlicher Fluß der antiken Mythologie.

8. Gesang:

19 *Phlegias:* hatte (nach antiker mythologischer Überlieferung) den Apollon-Tempel zu Delphi niedergebrannt, weil seine Tochter von dem Gotte verführt worden war. Seine Tat geschah aus Zorn, weshalb er dem Kreise der Zornmütigen gesellt ist.

27 *Erst als ich drinnen:* Dante als noch Lebendiger hat körperliche Schwere im Gegensatz zu der Schwerelosigkeit der Geister.

61 *Argenti:* Philipp Argenti aus Florenz, verfeindet (warum: unbekannt) mit Dante.

68 *Dis:* nach antiker Mythologie ein Name für den Herrscher der Unterwelt Pluto, bei Dante Name der unterweltlichen Teufelsstadt.

127 *die Todesworte:* die Aufschrift am Höllentor, die eingangs des dritten Gesanges (der Hölle) wörtlich von Dante aufgeführt wird.

9. Gesang:

9 *Er an meiner Seite:* der Engel, der dann die Pforten öffnet.

23 *Erichtho:* thessalische Zauberin, die nach der »*Pharsalia*« des römischen Dichters Lucan einen Toten aus der Unterwelt heraufbeschwor, um dem Pompejus das Ergebnis der Schlacht von Pharsalos zu verkündigen; Pompejus unterlag (48 v. Chr.) hier gegen Caesar.

27 *Judecca:* nach Judas Ischariot so genannter Höllenkreis, in welchem die Verräter an ihren Wohltätern bestraft werden.

44 *Königin niemals ausgeweinter Zähren:* Proserpina, gewaltsam von dem Herrscher der Unterwelt nach antiker Mythologie zur Gattin gemacht.

46 *Alekto, Megära, Tisiphone:* die antiken Erinnyen.

53 *Medusa:* auch Gorgo genannt, nach antiker Mythologie von dem Heros Theseus jeden versteinernd, der sie anschaut. Theseus wollte Proserpina befreien; sein Gefährte fiel dem Cerberus zum Opfer, er selbst blieb verschont und konnte von Herakles gerettet werden.

62 *Bedenkt die Lehre:* einige Ausleger sehen in dem Medusenhaupt

XIV

ANMERKUNGEN

eine Symbolisierung der weltlichen Lüste, andere der Neigung zu Zweifeln.

115 Hügelgräber: noch heute sind die antiken Grabstätten bei Arles an der Rhone-Mündung zu sehen.

130 Die Gleichen sich mit Gleichen paarten: die Anhänger der Sekten sind untereinander.

10. Gesang:

11 Josaphat: ein Tal bei Jerusalem, dort werden sich am Jüngsten Tag die Seelen der Toten versammeln.

13 Epikur: griechischer Philosoph (341–270 v. Chr.), der die Lust als das allein erstrebenswerte Lebensziel erklärte. Epikur wurde schon bald mißverstanden als Verkünder niedriger Sinnenlüste; in Wahrheit vertrat er eine sehr geistige Ausgeglichenheit der menschlichen Wünsche.

22 Tusker: Bewohner Toskanas, also der Landschaft, die von Florenz gekrönt wird.

32 Farinata: Führer der Ghibellinen anfangs des 13. Jahrhunderts.

53 Ein Schatten neben jenem: der Vater des Dichters Guido Cavalcanti. Es ist strittig, was Dante mit der Wendung meint, daß der Dichter sich nicht viel um Vergil gekümmert habe.

80 Königin dieser Nächte: des vollen Mondes; im Italienischen ist Luna (der Mond) weiblichen Geschlechts. Proserpina wurde oft der Mondgöttin gleichgesetzt.

86 Arbia: an diesem Fluß liegt Montaperti, wo es zu einem Kampf zwischen Ghibellinen und Guelfen kam.

119 Friedrich der Zweite: der hohenstaufische Kaiser.

120 der Kardinal: Ottaviano degli Ubaldini († 1273), ein Ghibelline, soll das Dasein der Seele abgestritten haben.

131 Der schönen Augen: Beatrices.

11. Gesang:

8 Papst Anastasius (II): galt im Mittelalter als Ketzer, der von dem byzantinischen Diakon Photin zur Duldung häretischer Ansichten gebracht worden sei.

50 Sodom: nach biblischer Überlieferung die von Gott ausgetilgte Stadt der »sodomitischen« (gleichgeschlechtlich frevelnden) Sünder.

50 Cahors: Stadt in Südfrankreich, seinerzeit Zentrum eines oft wucherisch betriebenen Geldverleih-Geschäfts. Nach mittelalterlicher Sittenlehre war Wucher eine Sünde wider die Natur.

65 Dite: Name Satans.

79 die Ethik: gemeint ist die des Aristoteles.

101 deine Physik: wiederum die des Aristoteles.

107 Genesis: biblischer Bericht von der Welterschaffung; im beson-

XV

ANMERKUNGEN

deren die Eingangskapitel des 1. Buches Moses' des Alten Testaments.

113 Die Fische zittern . . .: hier und in den folgenden Versen ist der 9. April, morgens ungefähr gegen 5 Uhr (nach der mittelalterlichen Sternenkunde) zu verstehen.

12. Gesang:

12 der Kreter Schimpf: der halb tierisch, halb stierhaft gestaltete Minotaurus, nach antiker Mythologie aus einer Verbindung der kretischen Königin (Gattin des Minos) Pasiphae mit einem Stier entstanden.

17 der Herzog von Athen: Thesus, der im Labyrinth zu Kreta den Minotaurus tötete, weil er so die Menschenopfer beenden wollte, die alljährlich als Tribut von den Athenern nach Kreta abgesandt werden mußten.

20 deiner Schwester Arglist: der Ariadne, die dem Theseus einen Faden gab, mittels dessen der Heros wieder aus dem Labyrinth herausfinden konnte.

37 bevor sich Der herabgeschwungen: Christus nach seinem Kreuzestode in der Höllenfahrt.

56 Zentauren: nach antiker Mythologie zwiegestaltete Wesen – ein menschlicher Oberkörper auf einem Roßleib.

64 Chiron: der berühmteste Zentaur, Erzieher mehrerer antiker Heroen.

68 Nessus: ein Zentaur, der von Herakles getötet wurde und sterbend ein Gewand der Dejaneira, der Gattin des Herakles, mit seinem Blute tränkte. Angeblich sollte dieses Gewand jeden in Liebe zu Dejaneira berücken, dem sie es gab. Als sie einmal meinte, Anlaß zur Eifersucht zu haben, schickte sie dem Herakles das Gewand. Damit bekleidet, verbrannte dem Heros alsbald die Haut; um den Qualen ein Ende zu bereiten, bestieg Herakles den Scheiterhaufen zum Freitode.

72 Pholus, der so zornig schnaubte: anläßlich der Hochzeit der Hippodameia mit Peirithoos näherte sich Pholus der Braut gewaltsam. Es kam zum Kampfe. (Die Besiegung der Zentauren ist übrigens im Apollon-Giebel des Zeus-Tempels zu Olympia dargestellt.)

106 Alexander: wahrscheinlich Alexander, tyrannischer Diktator von Pherai in Thessalien.

107 Dionys: wahrscheinlich der antike Diktator von Syrakus (407–367 v. Chr.)

110 Ezzelin: einer der Statthalter Kaiser Friedrichs II., zugleich des Kaisers Schwiegersohn.

111 Obizzo: von Este, eifriger Guelfe.

119 in Gottes Schoß: in einer Kirche zu Viterbo tötete Guido von Monforte aus Rache Heinrich von Cornwall, den Bruder des englischen Königs Eduard I., im Jahre 1722.

ANMERKUNGEN

135 Pyrrhus: König von Epirus (319–272 v. Chr.), von den Römern besiegt.

135 Sextus: entweder der Sohn des römischen Feldherrn Pompejus (Magnus) und als Seeräuber berüchtigt – oder der sagenhafte römische König Sextus Tarquinius.

13. Gesang:

10 Harpyen: nach antiker Mythologie Fabelwesen, die der Menschen Speise besudeln. Als Aeneas und die Seinen auf der Suche nach einer neuen Heimat auf den Strophaden gelandet waren, wollten die Harpyen die Fremden von den Inseln ablenken und prophezeiten, daß die Troer erst dann eine Heimstatt finden würden, wenn sie ihre Tische essen. Der Doppelsinn bewahrheitete sich, als später die Troer die Speisen auf Brot legten, das somit zum »Tisch« geworden war.

48 mein Gedicht: in der »Aeneis« wird berichtet, daß Sträucher, die von den Troern in Thrazien zum Schmuck eines Altars ausgerissen wurden, zu bluten begannen.

58 Ich bins, der beide Schlüssel: Petrus de Vinea (Pier delle Vigne), der Logothet (Kanzler) Kaiser Friedrichs II; »beide Schlüssel«: wahrscheinlich der Liebe und des Hasses.

118 Der vordere: Lano aus Siena, bekannter Verschwender, der in der Schlacht bei Toppo (1287) fiel.

133 Jakob von Sankt Andrea: maßloser Verschwender.

139 Da rief der Strauch: unbekannter florentinischer Selbstmörder. Der alte Patron war der Kriegsgott Mars, der christliche Johannes der Täufer. Eine kleine Statue des Mars muß noch länger erhalten geblieben sein.

14. Gesang:

14 die Strecken, die Catos Fuß betrat: nach dem Bericht des Dichters Lucan (in dessen »Pharsalia«) betrat Cato (der sog. »Uticensis) als erster die libysche Wüste.

31 Wie Alexander: Alexander der Große während des Feldzuges in Indien.

52 Schmied des Zeus: Vulcan (röm.), bzw. Hephaistos (griech.)

58 Phlegra: hier (in Thessalien) kämpfte Zeus wider die Giganten.

63 Kapaneus: einer der sieben Könige, die gegen Theben kämpften. Er forderte in seinem Frevelmut selbst Zeus heraus. Der Gott tötete ihn durch einen Blitzstrahl.

79 Bulicames Sprudel: schwefelhaltiger Thermalsprudel bei Viterbo. Es war den Dirnen verboten, unmittelbar in den von vornehmen Gästen besuchten Quellen zu baden. Sie leiteten das Wasser deshalb in ihre Häuser.

96 König, der auf Keuschheit hielt: Saturn, Herrscher während des »goldenen« Zeitalters der Menschheit.

ANMERKUNGEN

100 Wiege für den Sohn: den eben geborenen Zeus, den Rhea vor Saturn verbergen mußte. Denn es war prophezeit worden, daß Zeus dem Saturn die Herrschaft rauben werde.

103 Im Berge weilt ein Greis: symbolische Gestalt, verschieden gedeutet; vgl. Altes Testament, Buch Daniel II, Vers 31. ff. Die Gestalt kann das Römische Imperium bedeuten – aber auch die einander folgenden, dabei sich verschlechternden Weltalter.

116 Acheron, Styx, Phlegethon, Kozyt: unterweltliche Ströme, auf antike mythologische Überlieferungen zurückgehend.

131 Lethe: im Altertum der Strom des Vergessens. Für das christliche Gefühl kann es diesen Strom für die Verdammten schon deshalb nicht geben, weil sie ja stets ihrer Sünden eingedenk bleiben sollen.

15. Gesang:

12 Der Meister: entweder die Gottheit, oder auch (nach Gottes Willen) ein Teufel.

30 Herr Brunetto: Brunetto Latini, der Lehrer Dantes, Verfasser einer Art von Nachschlagewerk des mittelalterlichen Wissens, »Tesoro«, Schatz des Wissens, genannt.

42 beweinend ewige Schande: die sodomitische Sünde (gleichgeschlechtliche Liebe).

62 von Fiesole gestiegen: die Vorfahren der Florentiner sollen von Fiesole aus gekommen sein.

89 für die Frau: Beatrice.

109 Priszian: entweder der antike Grammatiker aus Caesarea, 6. Jahrh., oder ein 1294 erwähnter Professor dieses Namens aus Bologna, Zeitgenosse des Francesco d'Accorso, eines florentinischen Rechtslehrers.

112 der Knecht der Knechte: servus servorum Dei, formeller Titel des Papstes. Der Bacchiglione fließt durch Vicenza. Gemeint ist der Bischof Andrea dei Mozzi († 1296).

122 Veronas Volk: am ersten Fastensonntag wurde in Verona der »palio«, ein volkstümliches Fest mit einem Wettlauf veranstaltet; dabei markierte ein grünes Tuch das Ziel.

16. Gesang:

8 argverderbten Und bösen Stadt: Florenz.

37 Gualdradas Enkel usw.: florentiner Bürger.

107 Den bunten Pardel: vgl. Erläuterungen zu Gesang 1.

17. Gesang:

18 Arachne: eine Weberin aus Lydien, die stolz auf ihre Kunst die Göttin Minerva herausforderte. Sie wurde zur Strafe in eine Spinne verwandelt.

XVIII

ANMERKUNGEN

23 der Tiere schlimmstes: Geryon, nach antiker mythologischer Überlieferung ein Riese mit drei Leibern. Dantes Beschreibung folgt jedoch einer Schilderung der Heuschrecken aus der Offenbarung Johannis', Kap. 9, Vers 7 ff.

88 Und als ich forschend nahte: hier folgen Beschreibungen von Wappen berühmter Familien aus der Zeit Dantes.

106 Phaëton: ein Sohn des Sonnengottes. Als er des Vaters Wagen einmal zu lenken begehrte, mußte der Gott ihm willfahren. Phaëton stürzte ab.

109 Ikarus: Sohn des Daidalos. Er stürzte ab, als er die Flügel des Vaters einmal tragen wollte.

18. Gesang:

29 Jubeljahr: das erste »Heilige Jahr« 1300.

30 Brückenstegen: zur Engelsburg.

33 zum Berge: der Monte Giordano.

55 Schön-Ghisola: die Schwester des Venedico Caccianimic; der Marchese ist Azzo VIII. von Este.

60 Sipa-Sprecher: »sipa« ist die bolognesische Bejahungsform für »si« = »ja«.

61 Savena und Reno: umgeben das Gebiet der Stadt Bologna.

86 Jason: der Anführer der Heroen, die auf dem Schiffe Argo (daher Argonauten) nach Kolchis fuhren, um dort das Goldene Vließ an sich zu bringen. In Lemnos hatten die Frauen in einer Nacht alle Männer getötet – lediglich Hypsipyle hatte ihren Vater Thoas geschont. Jason verführte Hypsipyle, und später Medea, die Tochter des Kolcher-Königs.

122 Interminei: Alessio Interminei (aus Lucca), Anführer der »Weißen« in Florenz, dort 1301 verbannt, eifriger Schmeichler der Massen.

133 Thaïs: Dirne aus der Komödie »Der Eunuch« des römischen Lustspielautors Terenz.

19. Gesang:

1 Simon Magus: in der Apostelgeschichte (VIII, 18 ff.) wird erzählt, wie der samaritische Zauberer Simon von den Aposteln Petrus und Johannes Geistesgaben für Geld erkaufen wollte; daher der Begriff der »Simonie«, des Erwerbs geistlicher Ämter durch geldliche Mittel.

17 Sanktjohann: die Kirche San Giovanni in Florenz.

52 Bonifaz: Papst Bonifatius VIII., der 1303 (also 3 Jahre nach dem Jahre der Vision Dantes, 1300,) starb. Papst Nikolaus III. hält Dante für seinen Nachfolger Bonifaz, da er den Frager ja nicht sehen kann. Bonifaz soll, jedenfalls nach Dantes Meinung, Papst Cölestin V. zum Verzicht auf das Papstamt mit

XIX

ANMERKUNGEN

trügerischen Mitteln verführt haben; »die schöne Frau« symbolisiert also die Kirche.

70 Bärensprößling: aus dem Adelshause der römischen Familie Orsini stammend; gemeint ist Papst Nikolaus III. aus dem Hause Orsini.

83 Ein Hirt, mißachtend...: Papst Clemens V. war vor seiner Wahl zum Papst französischer Erzbischof von Bourdeaux; er residierte in Avignon, weil ihm eine Übersiedlung nach Rom unmöglich gemacht wurde.

85 Ein zweiter Jason: er kaufte sich das Hohepriesteramt von dem König Antiochus Epiphanes von Syrien.

96 Matthias: die Apostel wählten ihn anstatt des ausgeschiedenen Verräters Judas Ischariot durch das Los, wie die Apostelgeschichte erzählt (I, 15 ff.).

99 Karl: Karl I. von Anjou; Nikolaus III. wollte eine Nichte mit einem Neffen Karls verheiraten, wurde jedoch hoffärtig abgewiesen.

101 Scheu vor den hehren Schlüsseln: des Papsttums.

107 das Weib... auf Meereswogen: Anspielung auf die Offenbarung des Johannes (Kapitel 17), worin die große Dirne entweder unmittelbar das heidnische Rom oder allgemein eine christenfeindliche Weltstadt symbolisiert.

115 Konstantin: Dante glaubte, wie man es allgemein im Mittelalter tat, an die sogenannte »Schenkung« des Kaisers Konstantin, in der dem Papste das Gebiet der Stadt Rom für alle Zeiten zum Eigentum gemacht worden sein sollte. Diese »Schenkung« ist erst später als eine Fälschung erkannt worden.

20. Gesang:

34 Amphiaraos: einer der sieben Fürsten, die Theben zu erobern suchten. Er sah voraus, daß er in diesem Kampfe fallen werde, und wollte sich dem Zuge entziehen.

40 Tiresias: der berühmte griechische Seher aus der Oidipus-Sage, aber auch sonst mehrfach in antiken Sagen erwähnt.

47 Aruns: ein etruskischer Zauberer aus der Zeit Julius Caesars.

55 Manto: eine Tochter des Tiresias; nach dem Tode des Vaters floh sie von Theben nach Italien, wo sie die Stadt Mantua, Vergils Geburtsort, gründete.

62 Benaco: heute der Gardasee.

95 Pinamonte... Casalodi: als die Grafen von Casalodi, Herren über Mantua, den Pinamonte dei Bonacolti um Hilfe anriefen, wurden sie von diesem (1272) vertrieben.

110 Kalchas und Eurypilus: Seher, die beim Griechenheere zu Aulis waren, als man zum Kriege gegen Troja aufbrach.

116 Michel Scotus: Astrolog schottischer Herkunft am Hofe Kaiser Friedrichs II.

118 Veit Bonatti: Astrologe aus Forli; *Asdent:* ein Schuster aus

ANMERKUNGEN

Parma, der Wahrsagerei betrieb; die *Ärmsten (121):* ganz allgemein Hexen.

124 Kains Dornenbund: so deutete man volkstümlich die Mondflecken, gemeint ist die Uhrzeit 6,30 in der Frühe.

21. Gesang:

38 Ratsherrlein aus Zita: nicht genau Benannter aus Lucca; die hl. Zita ist Schutzpatronin dieser Stadt.

41 Bontur: ironisch gemeint, weil Bonturo Dati als bestechlicher Ämterverkäufer in Lucca allgemein bekannt war.

48 heilig Antlitz: in Lucca befand (und befindet) sich ein altes byzantinisches Kruzifix aus Holz.

49 Serchio: Fluß bei Lucca.

76 Übelschwanz: dieser und die anderen Teufelnamen sind von Dante mit humoristischer Pointe erfunden.

95 Caprona: ein Kastell, dessen pisanische Besatzung von den siegreichen Florentinern und Lucchesen freien Abzug erhielt.

112 Gestern, fünf Stunden später . . .: das Erdbeben bei Christi Tode; gemeint ist als Uhrzeit entweder 7 Uhr oder 10 Uhr morgens – diese Angaben Dantes werden verschieden gedeutet.

22. Gesang:

48 Ich stamme vom Navarrerlande: nicht genau bekannter Spanier; wohl ein gewisser Ciampolo, Günstling des Königs Thibaut II. von Navarra, 1253–1270.

81 Gomita: ein Mönch, der die Feinde des Nino (Ugolino) Visconti, Herrn von Gallura, gegen Geld freiließ; Gomita war Kanzler bzw. engster Vertrauter des Nino.

88 Don Zanche: Michele Zanche, König Enzios, eines Sohnes Kaiser Friedrichs II., Gouverneur; er heiratete nach Enzios Tode dessen Witwe Adelasia.

90 Sardinischen Geschichten: Michele Zanche war u. a. Herr von Logodoro auf Sardinien.

23. Gesang:

3 Minoriten: »mindere« Brüder, gemeint sind die Franziskaner.

5 Aesop: griechischer Fabeldichter.

25 verbleites Glas: Spiegel.

65 Friedrichs Kragen: Kaiser Friedrich II. soll gewisse Hochverräter in bleierne Mäntel gesteckt haben und ließ sie dann verbrennen.

103 Lustige Brüder: Bezeichnung eines Ritter- und Mönchsordens, dem es vom Papste Urban IV. erlaubt gewesen sein soll, das Gelübde der Armut auszulassen.

104 Loderingo . . . Catalan: beide stammten aus Bologna; Florenz wählte sie gemeinsam zum Amte des Podesta.

XXI

ANMERKUNGEN

108 Gardingo: ein Stadtteil von Florenz, nahe dem Priorenpalast.

115 Der hier gekreuzigt knirscht: Kaiphas, der in versteckter Weise für den Kreuzestod Christi stimmte.

121 Sein Schwäher und alle vom Synedrium: Annas, der Schwiegervater des Kaiphas; das Synedrium (Sanhedrin) ist der Hohe Rat der Juden.

24. Gesang:

1 Zu jener Jahresfrühzeit: zwischen Januar und Februar.

93 Ein Schlupfloch: um darin zu entweichen.

93 Heliotrop: ein Edelstein, der nach der Sage unsichtbar machen soll.

125 Vanni Fucci: ein Anhänger der Partei der Schwarzen; er soll mit anderen Komplizen an einem Diebstahl des Domschatzes von Pistoja beteiligt gewesen sein.

148 Picenerfeld: ein Territorium bei Pistoja.

151 Und dies hab ich gesagt . . .: Dante war Anhänger der Weißen.

25. Gesang:

15 den, dem Thebens Mauern . . .: der Riese Kapaneus.

19 Maremma: eine Sumpflandschaft in Toscana.

25 Kakus: in der antiken Mythologie kein Zentaur; er war ein Sohn des Vulcan; wurde von Herakles getötet.

43 Cianfa: aus dem vornehmen florentinischen Hause der Donati, ein berüchtigter Dieb. Aus Florenz stammen auch die anderen drei Diebe: Agnel(lo) Brunelleschi, Buoso degli Abati und Puccio dei Galigai (genannt Sciancato).

80 Hundsstern: Sirius.

95 Sabellus und Nasidius: zwei Krieger aus dem Heere des Cato Uticensis, die in der libyschen Wüste umkamen; der Dichter Lucan berichtet davon in seiner »Pharsalia«.

97 Kadmus, Arethus(a): von deren Verwandlung der römische Dichter Ovid in seinen »Metamorphosen« erzählt.

151 Gavill(e): ein kleiner Ort, an dessen Bewohnern sich die Cavalcanti für die dort erfolgte Ermordung des Francesco Cavalcanti – »dem andern«, der den Buoso gebissen hat – rächten.

26. Gesang:

9 Prato: ein kleiner Ort bei Florenz, der von der größeren Stadt bedrückt wurde; Dante meint wohl allgemein die Feinde von Florenz.

34 jenem, der den Spott gerächt: der Prophet Elisa, der (nach »Könige« II, 2, V. 23 ff.) seinen Verspottern fluchte, worauf zwei Bären erschienen und zwei der Spötter töteten. Elisa sah seinen Lehrer Elias auf feurigem Wagen gen Himmel fahren.

XXII

ANMERKUNGEN

54 Eteokles: sein Bruder war Polyneikes; beide waren Söhne des Königs Oidipous; nach dem Tode des Vaters bekämpften sie einander wegen der Vorherrschaft in Theben; daher der öfters in der »Komödie« angespielte »Zug der Sieben (Helden) gegen Theben«.

55 Ulyß . . . Diomed(es): die griechischen Helden aus den homerischen Epen.

59 Des Pferdes Kriegslist: das trojanische Pferd aus Holz, in dessen hohlem Leibe sich mehrere Griechenhelden verborgen hielten, als die ahnungslosen Troer das vermeintlich den Göttern als Opfer zugedachte Pferd in ihre Stadt zogen.

62 Deidamia: die Mutter des Achilleus; sie hoffte, ihren Sohn vom Zuge der Griechen gegen Troja fernhalten zu können; Achill fiel im zehnten Jahre des Krieges.

63 Palladium: eine Statue der Athene in Troja; solange sich das Werk in der Stadt befand, war sie uneinnehmbar; Odysseus (Ulysses) und Diomedes raubten die Statue mit List.

91 Kirke: eine Nymphe, bei der sich Odysseus, nach Homers Schilderung, einige Zeit aufhalten mußte. Die hier von Dante dem Odysseus in den Mund gelegte Erzählung kommt mit diesen Motiven nicht bei Homer vor; es gibt aber Spuren einer solchen Sage bereits im Altertum.

96 Penelope: die in Ithaka auf die Rückkehr ihres Gatten Odysseus wartende Königin.

108 Wo Herkules gesetzt . . .: die Meerenge von Gibraltar, die sog. »Säulen des Herkules«.

27. Gesang:

7 des sizilischen Stieres erst Gebrülle: Phalaris, Tyrann von Agrigent, hatte von dem athenischen Ingenieur und Broncegießer Perilaos einen ehernen Stier mit hohlem Inneren formen lassen. Zum Tode Verurteilte konnte man darin verbrennen lassen; die Schmerzensrufe schienen wie Stiergebrüll zu klingen. Der Konstrukteur war das erste Opfer.

19 »Du, dem ich diese Worte . . .: es spricht Guido von Montefeltro, ein in jenen Tagen prominenter Politiker und Kriegsmann; er stammte aus der Romagna.

41 Polentas Adler: die Familie der Polenta führte einen Adler im Wappen.

42 Cervia: südlich von Ravenna.

43 Die Stadt, die lange Prüfung . . .: Forlì, von Montefeltro aus französischer Belagerung entsetzt.

45 grüne Pranken: die Familie Ordelaffi führte im Wappen einen grünen Löwen auf goldenem Grunde.

46 Verrucchios alt' und junge Meute: Malatesta da Verrucchio und sein Sohn Malatestino herrschten über Rimini.

XXIII

ANMERKUNGEN

47 Montagna: ein Ghibellinenführer, von den Verrucchios beseitigt.

50 der junge Leu: Mainardi Pagani, mit dem Wappen eines blauen Löwen auf weißem Grunde, der bedenkenlos die Partei wechselte.

52 die umspülte Feste: die Stadt Cesena, in ihren kommunalen Freiheiten von Galasso da Montefeltro bedrängt.

70 Großpfaff: Papst Bonifatius VIII.

89 bei Acre: als die Sarazenen die Stadt den Christen wieder durch Sturm entrissen, war unter den Angreifern kein Colonna, wie auch nicht einer von ihnen etwa mit den Mohammedanern (den verbotenen) Handel trieb.

94 Konstantin berief Silvester: Kaiser Konstantin der Große, der den Einsiedler Silvester vom Berge Sorakte holen ließ, um von der ihn heimsuchenden Lepra durch eine wundertätige Hand geheilt zu werden; es handelt sich um eine Legende.

102 Penestrino: die Stadt Palestrina.

105 mein Vorfahr: Papst Coelestin V., der ohne zureichenden Grund der Papstwürde entsagte.

28. Gesang:

10 Troer: sie mußten sich mit den Bewohnern Apuliens bei der Landung kriegerisch auseinandersetzen.

10 langen Krieg: der zweite Punische Krieg zwischen Rom und Karthago (218–202); in der Schlacht bei Cannae fielen so viele Römer, daß der siegreiche Hannibal mehrere Scheffel voller abgezogener Ringe als Beute sammeln konnte.

14 Robert Guiskard: der Normannenherzog fiel 1060 in Apulien ein.

16 Ceperan(o): hier ließen die Apulier 1266 Karl I. von Anjou nach Benevent durchziehen, wo er den Hohenstaufen Manfred besiegte.

17 auf Tagliacozzos Auen: der greise Alard de Valery war Rat im Heere Karls I. von Anjou, der bei Tagliacozzo 1268 »den letzten Staufen« Konradin besiegte.

31 Mohamed, Ali: der Gründer des Islam und sein Schwiegersohn, beide galten dem Christen Dante als Ketzer und sektiererische Spalter einer religiösen Einheit.

56 Fra Dolcino: Gründer einer frühchristlich-kommunistischen Sekte, der sog. »Apostelbrüder«, die auf Veranlassung des Papstes Clemens V. von den Novarrern (Novaresen) in ihrem Zufluchtsort belagert wurden; nach ihrer Kapitulation 1307 wurde Fra Dolcino verbrannt.

73 Pier da Medicina: ein Stifter von Zwietracht.

77 Angiolell und Guido: Angiolello da Carignano und Guido del Cassero aus Fano wurden von dem einäugigen Malatestino Malatesta verräterisch zu einer Unterredung gelockt und bei Kattolika ertränkt.

XXIV

ANMERKUNGEN

90 Focaras Sturm: der Berg Focara zwischen Kattolika und Pesaro.
97 Er, der verbannt: der römische Volkstribun Curio, Anhänger Caesars.
106 Mosca: Mosca dei Lamberti, florentinischer Zwietracht-Stifter.
134 Bertran de Born: der französische Troubadour, der den Sohn des englischen Königs Heinrich II. zum Aufruhr wider den Vater anstachelte.
137 Ahitophel: riet dem Absalon, Sohne Davids, zum Morde des Vaters.

29. Gesang:

10 unterm Fuß ... der Mond: es ist mittags 13,30 Uhr.
20 einer meines Blutes: Geri del Bello, ein Sohn des Bruders von Dantes Großvater Bello, vermutlich verräterischer Mörder und selbst durch Blutrache umgebracht.
29 Altaforte: Bertran de Born war Herr auf Altaforte (Autafort).
64 Ämsenbrut: nach antiker Sage wurden auf Aigina durch eine Pest alle Menschen vernichtet bis auf den Sohn der Nymphe Aigina, der Zeus bat, die Ameisen auf der Insel in Menschen zu verwandeln.
109 »Ich stamme aus Arezzo: Griffolino d'Arezzo, der auf Grund einer Anzeige des Albert von Siena als Alchimist verbrannt wurde. Albert soll der Sohn oder Günstling des Bischofs Bonfiglio von Siena gewesen sein.
126 Stricca (und die in dem gleichen Zusammenhang Genannten): Vergeuder aus Siena, wo es sogar einen Klub von Verschwendern gab.
136 Capocchio: wohl ein Florentiner, der als Alchimist verbrannt wurde.

30. Gesang:

1 Zur Zeit, als Juno ...: Wegen der Liebe des Zeus zu Semele, Tochter des Königs Kadmos von Theben, haßte Juno, die Gemahlin des Zeus, die Stadt. Athamas, ein Schwager der Semele, wurde in Wahnsinn gestürzt und zerschmetterte seinen jungen Sohn Learchos; seine Gattin Ino warf sich mit dem anderen Knaben ins Meer.
13 als Fortuna Trojas ganz vergessen: Hekuba war die Gattin des trojanischen Königs Priamus; Polyxena: eine ihrer Töchter, Polydor: ihr jüngster Sohn – alle getötet beim Untergang der Stadt.
32 Gianni Schicchi: aus dem Hause Cavalcanti; er fingierte den sterbenden Buoso Donati und setzte in dessen Namen ein Testament auf, darin er sich selber und seinen Freund Simone Donati (der ein Sohn oder Bruder Buosos war) reichlich ausstattete.

XXV

ANMERKUNGEN

37 Myrrha: nahte sich ihrem Vater im Dunkel der Nacht, damit er sie für eine fremde Frau erachtete.

60 Meister Adam(o): fälschte für die Herren Guidi di Romena florentinische Münzen – die »Täufergulden«. Guido, Alessandro und deren Bruder waren seine Auftraggeber; Adamo wurde 1281 verbrannt – daher seine Sehnsucht nach der kühlenden Quelle Branda in Romena bzw. vielleicht auch in Siena.

89 Florenen: sie mußten 24karatiges Feingold haben.

97 Des Ehbruchs wollte die den Josef zeihen: die Gattin des ägyptischen Großen Potiphar.

98 Sinon: dieser Grieche überredete die Trojaner, das hölzerne Pferd in ihre Stadt zu ziehen, weil es angeblich ein den Göttern geweihtes Heiligtum sei. Daher einige Verse später die Wendung vom »Schwanke mit dem Pferde«.

128 Narzissus: liebte nur sich selbst, nachdem er sein Spiegelbild im Wasser erblickt hatte. Die Nymphe Echo warb vergebens um ihn.

31. Gesang:

16 Nach dem Zusammenbruch: in der Schlacht bei Roncevall.

45 Jovis Himmelsdonner: die Blitze und Donner des Zeus, lat.: Jupiter.

59 Sanktpeters Pinienfrucht: ein großer, bronzener Pinienzapfen, ehemals vor der Peterskirche, heute in den vatikanischen Gärten, jedoch erheblich kleiner als zu Dantes Zeiten.

77 Nimrod: der babylonische Sagenfürst, der durch den Turmbau jene in der Bibel berichtete Strafe herbeiführte, wonach die Sprache der Menschen in eine Vielfalt verwirrt wurde.

93 Ephialtes, Briareus und Antäus: Giganten und Riesen der antiken Mythologie.

115 im Tal, vom Schicksal reich umsponnen: bei Zama besiegte Scipio Africanus endgültig den karthagischen Feldherrn Hannibal (202 v. Chr.).

123 Kozyt: der Eisfluß in der höllischen Unterwelt.

124 Tityus und Typhon: Giganten.

125 dieser kann, was man hier wünscht, gewähren: Antäus. Herkules bekam die gewaltige Kraft des Riesen stets von neuem zu spüren, weil sich Antäus, ein Sohn der Göttin Erde, bei jedem Fall zu Boden neugestärkt wieder erhob. Herkules mußte ihn deshalb emporhalten und so ersticken.

136 Carisenda: ein Turm zu Bologna, dessen Schiefe unter einem bestimmten Blickwinkel so erscheint, als ob der Turm auf den Beschauer falle.

ANMERKUNGEN

32. Gesang:

10 die Frauen: gemeint sind die Musen, die mit ihrem Gesang sogar die Steine herbeilockten.

28 Tambernick: vermutlich ein Berg in Slovenien.

29 Pietrapan: das Massiv Pania der Apuanischen Alpen.

55 betreffs der zwei: Alessandro und Napoleone degli Alberti, Söhne des Alberto di Mangona; *Bisentio (57):* ein Fluß in Toskana. Die beiden versöhnten sich verräterisch und nur zum Schein; sie töteten einander.

59 Kaïna: die Hölle der Verwandtenmörder.

62 König Artus: der sagenhafte Fürst der keltischen Heldenepen. Er tötete mit einem Lanzenstoß seinen Sohn Mordrek, der dem Vater nach Leben und Thron trachtete.

63 Focaccia: hatte Verwandte verraten und entweder seinen Vater oder seinen Vetter ermordet.

66 Sassol Mascheroni: ein Florentiner, der seinen Neffen getötet hatte, um den zu beerben.

68 Camicion: aus dem Hause dei Pazzi, tötete einen Verwandten; Carlin(o) dei Pazzi, ein Hochverräter aus Geldgier.

79 Weinend schrie der: Bocca degli Abati aus Florenz, der verräterisch dem florentinischen Fahnenträger in der Schlacht bei Montapert(i) die Hand abschlug; es entstand Verwirrung, und das Treffen wurde für die Florentiner zur Niederlage, 1260.

88 Antenor: ein trojanischer Fürst, der zur Rückgabe der geraubten Helena an die Griechen riet, damit ein Krieg vermieden werde. Im Mittelalter gab es eine Version, nach der Antenor die Stadt Troja an die Griechen heimlich verraten hätte – daher der Name Atenor(a) für den Strafort der Vaterlands-Verräter.

114 Der's mit der Zunge so geschickt getrieben: Buoso da Duera, angeblich von den Franzosen bestochen, ließ Karl I. von Anjou unangefochten durch das Gebiet um Parma ziehen, das er schützen sollte.

119 Beccheria ff.: Verräter an ihren Gemeinwesen.

130 Tydeus, Menalippos: Tydeus, einer der Sieben von Theben, wurde von Menalippos tödlich verwundet; es gelang ihm aber noch, seinen Gegner zu töten, wütend benagte er die Leiche des Feindes.

33. Gesang:

13 Graf Ugolino: Führer einer guelfischen Parteigruppe. Er wurde bezichtigt, gegen Geld einige feste Plätze der Pisaner ausgeliefert zu haben. Sein Tod in dem nach ihm später benannten Hungerturm (1289) ist seit Dantes Schilderung mehrfach in der Literatur und Malerei behandelt worden. Der Bischof hieß Ruggiero degli Ubaldini.

XXVII

ANMERKUNGEN

32 Gualandi, Sismondi und Lanfranken: Vornehme Häuser aus Pisa, mit dem Erzbischof befreundet.

80 Si: »ja«.

82 Kaprara und Gorgona: zwei Inseln vor der Arno-Mündung.

90 du neues Theben: Theben war in der antiken Sage der Ort vieler blutiger Untaten.

118 Alberigo: Alberigo dei Manfredi ließ Verwandte ermorden; »tragt die Früchte auf!« war das Losungswort für die gedungenen Mörder.

124 Ptolomäa: jener Höllenort, in welchem diejenigen gestraft werden, die beim Mahle Verwandte töteten oder töten ließen – nach Makk. I, 16, Vers 11–16, wo der jüdische Ptolomäus beim Festmahle seinen Schwiegervater und seine beiden Schwäger ermordete. Nach anderer Auslegung heißt der Ort nach dem Ägypterkönig gleichen Namens, der Pompejus, als der bei ihm Asyl nachsuchte, töten ließ.

137 Branca d'Oria: tötete beim Gastmahl seinen Schwiegervater Michele Zanche; vgl. »Hölle«, Gesang 22.

154 beim schlimmsten aus Romagnas Lande: Alberigo dei Manfredi aus Faenza.

34. Gesang:

1 Vexilla Regis prodeunt!: so lauten die Eingangsverse eines Karfreitagshymnus des Venantius Fortunatus (um 535). Während Dante selbst diese berühmten Worte in der erweiterten Veränderung »vexilla regis prodeunt inferni usw.« gibt, hat Zoozmanns Übersetzung diese Variierung nicht erkennbar gemacht, sondern fährt nach den drei ersten Worten mit dem verdeutschenden Hinweis fort.

18 das Geschöpf, das ehmals Schönheit schmückte: der Satan war als der Lichtträger (Lucifer) der schönste aller Erzengel.

38 drei Gesichter: sie entsprechen im teuflischen Widerspiel der dreieinigen Gottheit. Das rote Gesicht deutet auf den Haß, das weiße auf die Ohnmacht, das schwarze auf die Unwissenheit hin – im Gegensatz zur Liebe, Allmacht und Weisheit Gottes.

62 Judas: Judas Ischariot gilt für Dante als Verräter Christi als ebenso großer und deshalb gleich zu bestrafender Übeltäter, wie die Caesar-Verräter Brutus und Cassius.

96 es fehlen an halbacht: gemeint ist die morgendliche Zeit.

114 Auf dessen Berg der Mensch den Tod erlitten: Jerusalem mit der Kreuzigungsstätte Christi.

117 Judecca: Höllenort, nach Judas benannt.

128 Belzebu: eigentlich »Fliegengott«, gemeint war ursprünglich der niedrige Dämon der Schmeißfliegen, die sich auf das Aas setzen.

139 Sterne: jeder der drei Teile der Göttlichen Komödie schließt mit dem Worte »stelle« = Sterne.

ANMERKUNGEN

Der Läuterungsberg

1. Gesang:

9 Kalliope: die antike Muse der epischen Dichtung; die Töchter des thessalischen Königs Piëros wurden von den neun Musen in Elstern verwandelt, weil sie sich mit den Göttinnen in einen Wettkampf einzulassen gewagt hatten.

13 Indiens Saphir: die Venus, im Osten das Sternbild Fische überstrahlend.

23 des Viergestirnes Schimmer: das Kreuz im Südpolhimmel. Nach mittelalterlicher Auffassung hatten lediglich Adam und Eva, auf der südlichen Hemisphäre wohnend, das Kreuz des Südens erblickt. Allegorisch meint das Kreuz des Südens die vier Kardinaltugenden Klugheit, Gerechtigkeit, Mäßigung, Tapferkeit (Stärke des Herzens).

31 Sah einen Greis ich: Cato, der nach dem Sturz der römischen Republik in Utica Selbstmord beging (46 v. Chr.).

79 Marcia: Gattin des Cato Uticensis.

2. Gesang:

3 Jerusalem: für Dante lagen Jerusalem und der Läuterungsberg antipodisch auf demselben Meridian, ebenso der Ganges und der Ebro. Die astronomisch-geographischen Angaben meinen die Zeit von 6 Uhr in der Frühe.

43 der himmlische Pilote: ein Engel.

46 »In exitu Israel«: der Anfang des Psalmes 114 (»Da Israel hinauszog . . .«).

91 Casella: Freund Dantes, Dichter und Komponist.

101 Wo sich der Salzflut mischt . . .: die Tibermündung, wo sich nach mittelalterlichem Glauben die Geister derjenigen Toten versammeln, die der Seligkeit teilhaftig werden sollen; die Verdammten versammeln sich am Acheron.

112 »Die Liebe, welche mit mir . . .«: Anfang einer Canzone Dantes aus dem Teil III des »Gastmahls« (Convivio).

3. Gesang:

27 Neapel birgts . . .: in Brundisium starb Vergil; er wurde in Neapel beigesetzt.

50 Von Lerici nach Turbia: die Steilküste am ligurischen Meer (Riviera).

112 »Manfred bin ich . . .«: der Sohn Kaiser Friedrichs II. Seine Tochter hieß Konstanze, wie die Großmutter. Sie gebar den König Friedrich von Sizilien und den König Jakob von Aragon. Cosenzas Hirt war Bartolommeo Pignatelli, Kardinalerzbischof von Cosenza, von Papst Clemens IV. veranlaßt, die

XXIX

ANMERKUNGEN

Gebeine des bei Benevent gefallenen Manfred außerhalb des Königreiches Neapel in ungeweihter Erde zu verstreuen – am Verde-Fluß, wohl der heutige Garigliano.

4. Gesang:

25 Sanleo: Bergdorf bei Urbino; *Noli*, ebenfalls bei Urbino; *Bismantova:* felsiger Berg in der Nähe von Modena.

42 Mittelstrich des Halbquadranten: mehr als 45 Grad Steigung.

61 Kastor im Geleite Von Pollux: das Sternbild der Zwillinge; die astronomischen Angaben meinen die Zeit des Juni.

72 Phaëton: Sohn des griechischen Sonnengottes Helios; er erbat sich vom Vater für ein Mal die Lenkung des Sonnenwagens; Ph. stürzte verbrannt ab.

123 Belacqua: Instrumentenbauer, galt in ganz Florenz als träge.

5. Gesang:

24 das Miserere: der »Buß-Psalm« Davids, Nr. 51: »Erbarme dich . . .«

64 Und einer sprach: Jacopo del Cassero, aus Fano; guelfisch gesonnen; unterstützte die Florentiner gegen die Aretiner; war als Bürgermeister von Bologna in Feindschaft geraten mit Azzo von Este, der Mörder gegen ihn dingte und ihn, während er sich auf einer Reise von Venedig nach Padua befand, bei Oriaco (1298) niederstechen ließ. Karlos ist Karl II. von Anjou.

75 Antenorens Schoß: die Ländereien um Padua galten als Gründung des Trojaners Antenor.

85 Ein andrer: Buonconte von Montefeltro, ein Sohn des im 27. Gesang der »Hölle« erwähnten Guido von M.; er fiel in der Schlacht von Campaldino (1289) auf der Seite der Ghibellinen von Arezzo gegen die Guelfen von Florenz. Selbst Giovanna, die Gattin des Buonconte, scheint sich nicht um den Verbleib der Leiche gekümmert zu haben.

116 Pratomagno: ein Gebirgszug im Apennin.

132 ein dritter Geist: Pia dei Tolomei, von ihrem Gatten Nello da Pannocchieschi aus unbekannten Gründen in den Maremmen nahe bei Pietra ermordet (1295); »seine Gemme«: gemeint ist der mit einem Edelstein besetzte Ehering.

6. Gesang:

1 Zarawürfeln: ein Spiel zu Zweien.

13 der Aretiner: Benincasa da Laterina, Jurist und Richter, wurde von dem aus adligem Hause stammenden Straßenräuber Ghino di Tacco erschlagen, weil er zwei Angehörige Ghinos zum Tode verurteilt hatte.

ANMERKUNGEN

15 Und jener, der ertrank: Guccio (bzw. Ciacco) dei Tarlati verfolgte die mit ihm verfeindeten Bostoli (aus Arezzo) und ertrank dabei im Arno.

16 Novello: Federico Novello, aus gleicher Veranlassung ebenfalls ermordet.

17 von Pisa den: Farinata; nach anderer Überlieferung Gano degli Scornigiani, von Pisaner Bürgern getötet; sein Vater Marzucco verzieh den Mördern.

19 Graf Orso: wahrscheinlich degli Alberti aus Prato, von seinem Vetter ermordet.

19 die Seele: Pier della Broccia, Arzt und später Kämmerer König Philipps III. (des Kühnen) von Frankreich, gehenkt (1278); »die Brabanterin« ist Maria, Gattin Philipps III, noch zu ihren Lebzeiten von Dante gewarnt – sie starb 1321.

62 Lombardengeist: der Dichter Sordello, aus Guito bei Mantua, dichtete in provenzalischer Sprache, lebte etwa 1210 bis 1270.

88 Justinian: der oströmische Kaiser (482–565), »flickte den Zaum« durch seine Festlegung des Rechts – aber der Sattel stand leer, d. h. es fehlte Italien der Herrscher.

94 des Tieres tückisch Bäumen: Italien ist gemeint, zerrüttet von inneren Kämpfen.

97 O deutscher Albert: Albrecht von Habsburg, Sohn Rudolfs von Habsburg; beide kümmerten sich nicht um das Geschick Italiens.

102 dein Erbe: Heinrich VII. von Luxemburg, auf dessen Eingreifen Dante große Hoffnungen setzte.

106 Montecchi usw.: Beispiele für die ständigen Bruderkämpfe in Italien.

111 wie Santafior von Schutz umgeben: ironisch gemeint, denn die Stadt, in der Maremma gelegen, wurde von ihren Gegnern schwer bedrängt.

118 höchster Jahwe: Zoozmann wagte es nicht, wie übrigens auch andere Übersetzer, die Stelle »o sommo Giove« genau wiederzugeben: also »höchster Jupiter« als Anrede für Christus! In der Tat beginnt hier eine renaissancehafte Gleichsetzung als ästhetische Formel, wie sie später in der napoleonisch bartlosen Erscheinung Christi in Michelangelos Fresko vom Jüngsten Gericht der Capella Sistina vollendet wird.

126 Marcell: vermutlich Caius Claudius Marcellus, Anhänger des Pompeius und somit Gegner Caesars, daher auch Feind des Kaisertums.

135 die Wogen Verdienter Freude: ironisch gemeint.

7. Gesang:

6 Oktavianus: der Adoptivsohn Julius Caesars, der Kaiser Augustus, ließ die Gebeine des Vergil bestatten.

35 Der Tugend heilige Drei: die drei (theologischen) Tugenden,

ANMERKUNGEN

nach den schon genannten »Kardinaltugenden«, sind Glaube, Hoffnung, Liebe.

82 *»Salve Regina«:* (lat.) »Gegrüßet seist du, Königin!«, Lied bei der abendlichen Vesper.

94 *Kaiser Rudolf:* Rudolf von Habsburg.

96 *durch andre:* Dante meint Heinrich VII.

100 *Ottokar:* der Gegner Rudolfs, König Ottokar II. von Böhmen.

101 *Wenzeslas:* Ottokars II. Sohn.

103 *Die Stumpfnas:* König Philipp III. von Frankreich; starb auf dem Rückzug nach verlorenem Krieg wider Peter III. von Aragon in Perpignan (1285) – »den Lilien«, dem Wappen Frankreichs, »nicht zum Segen.«

107 *Den andern schaut:* König Heinrich von Navarra, Schwiegervater Philipps des Schönen von Frankreich (»Von Frankreichs Pest«); Philipps des Schönen Vater war Philipp III.

112 *Der dort so gliederstark erscheint:* König Peter III. von Aragon, Schwiegersohn Manfreds.

115 *der Jüngling hinter ihm:* Peters erstgeborener Sohn Alfons III., der nach sechsjähriger Regierung kinderlos starb.

119 *Jakob und Friedrich:* der erste ist Jakob II. von Aragon, beherrschte nach Alfons' III. Tode Aragon und Sizilien; er gab Sizilien infolge Heirat wieder ab, das an König Friedrich II. (nicht mit dem hohenstaufischen Kaiser Friedrich II. zu verwechseln!) fiel.

126 *Pulien und Provence:* nach Dantes Urteil (das umstritten ist), trauerten diese Nachfolgeländer, weil sie nicht die würdigen Erben ihres Vaters gewesen wären.

128 *Konstanze:* die Witwe Peters III. erinnert sich eines besseren Gatten, als die Töchter Beatrice und Margret des Grafen Raimund von der Provence.

131 *Heinrich, Englands Dritten:* Sohn des Johann Ohne Land; Heinrichs III. Sohn Eduard I. befreite seinen Vater aus der Gefangennahme durch Leicester; außerdem kodifizierte Eduard I. das Recht.

134 *Wilhelm der Marchese:* Wilhelm VII., Graf von Montferrat, im Kampfe gegen die Stadt Alessandria unterliegend und gefangengehalten; Montferrat und Canavese bildeten zusammen die Grafschaft Montferrat.

8. Gesang:

13 *»Te lucis ante«:* (lat.) so beginnt die dem Ambrosius von Mailand zugeschriebene Abendhymne mit ihrem Gebet um Gottes Frieden und Schutz in der Nacht – »Dich (rufen wir) vor dem (Scheiden des) Lichts an!«

37 *Marias Schoß:* der höchste Himmelskreis, das Empyreum, der Sitz Mariae.

38 *der Schlange Tücken:* allegorisch für die Versuchung.

XXXII

ANMERKUNGEN

53 Nino: Nino Visconti, Richter in Pisa, wohl mit Dante persönlich bekannt.

65 Konrad: Corrado Malaspina, Sohn des Federigo Malaspina I. von Villafranca; bei den Grafen Malaspina fand Dante nach seiner Verbannung erste Zuflucht.

71 Vanna: Ninos einzige Tochter.

74 das Kopftuch ... das helle: im Mittelalter trugen vielerorts die Witwen weiße bzw. helle Kopftücher.

80 Die Viper: die Schlange im Wappen der Visconti von Mailand; Vanna war nach Ninos Tode die Gattin des Galeazzo Visconti, der arm in der Verbannung starb.

81 Galluras Hahn: Wappen der Visconti von Pisa, also Wappen Ninos.

115 Valdimagra: Landschaft in der Provinz Lucca.

118 Ein Malaspin: wiederum der oben schon kurz erwähnte Konrad (Corrado) Malaspina.

133 Denn siebenmal nicht gleitet ...: Prophezeiung Konrad Malaspinas, daß Dante am eigenen Leibe die Hochherzigkeit der Malaspina kennenlernen werde, bevor noch sieben Jahre vergangen sind; 1306 erfolgte die Verbannung.

9. Gesang:

1 die Buhlin des Tithon: Aurora (die Morgenröte), Gattin des Tithon, des »alten« – denn die Göttin hatte für den von ihr geliebten Königssohn wohl Unsterblichkeit erbeten, aber bei ihrem Flehen zu Zeus vergessen, auch Alterslosigkeit zu erlangen. Die Anfangsverse dieses Gesanges sind sehr unterschiedlich gedeutet worden. Vermutlich meint Dante, daß auf dem Läuterungsberge seit drei Stunden Nacht herrsche, während auf der dem Berge abgekehrten Erdhälfte, im europäischen Abendlande, der Tag anbreche.

14 Die Schwalbe: Prokne, die mit des Tages Anfang ihre Verwandlung beklagt, weil sie ihren Sohn Itys getötet hatte, um sich so an ihrem Gemahl zu rächen; Ovid erzählt davon in Buch XI der »Metamorphosen«.

20 einen Aar: in Adlersgestalt entführte Zeus (Jupiter) den Knaben Ganymed.

34 Achilles: den jungen Heros suchte seine Mutter Thetis vor den Kriegern zu verbergen, die ihn für ihren Zug gegen Troja suchten; der Held befand sich früher in der Hut seines Erziehers Chiron, eines Kentauren; die kluge List bestand darin, daß Odysseus den Mädchen, unter denen sich verkleidet Achilleus befand, u. a. auch Waffen zeigte – der Jüngling griff sogleich danach.

55 Lucia: vgl. »Hölle«, Gesang 2.

94 (die) Steine: der weißmarmorne, der schwarzpurpurne und der scharlachhelle bedeuten allegorisch die Stufen der Beichte: die

XXXIII

ANMERKUNGEN

Reue (durch Selbsterkenntnis), das Bekenntnis und die Wiedergutmachung. Demanten ist die Schwelle, weil das Erlösungswerk Jesu Christi unvergänglich ist.

112 sieben P.: die sieben Todsünden (peccata, lat.).

117 zwei Schlüssel: Symbole für die Heilsmacht der Kirche; der eine erschließt dem Sünder die Buße, der andere die Reinigung.

137 Metell: der römische Volkstribun Caecilius Metellus hütete den römischen Staatsschatz auf dem Capitol; nach Caesars Einmarsch in Rom wurde dem Metellus der Schatz gewaltsam genommen.

140 »Te Deum«: der ambrosianische Lobgesang beginnt mit »Te Deum laudamus«: dich, Gott, loben wir.

10. Gesang:

32 Polykleten: die lateinische Namensform für den griechischen Bildhauer Polykleitos aus der Mitte des 5. vorchristlichen Jahrhunderts.

44 »Ecce ancilla Dei«: (Lat.) »Sieh hier die Magd des Herrn«, die Worte der Jungfrau Mariae nach der Verkündigungsbotschaft des Engels.

56 die heilige Lade: die Bundeslade der Hebräer; als Oza, unberufen, die Bundeslade anfaßte, traf ihn ein Blitz; vgl. 2 Buch Samuel, Kap. 6.

65 der Psalmist: der jüdische König David; er tanzte eines Königs unwürdig so wild, daß seine Gattin Michol (Mikal), die Tochter König Sauls, sich darüber verächtlich abwandte.

76 Trajan: der römische Kaiser regierte von 98 bis 117.

11. Gesang:

1 O Vater unser . . .: die ersten acht Terzinen sind eine poetische Paraphrase über das Vaterunser-Gebet.

58 Ich war Lateiner . . .: Umberto Aldobrandesco, Sohn des Wilhelm A., Grafen von Santafiore; Umberto wurde 1259 im Schlosse Campagnatico zu Siena ermordet.

78 ihren Rundgang gebückt-verfolgend: Dante weiß, daß ihm ähnliche Buße wie den Hochfahrenden einst zuteil wird; er nimmt sie in seiner Haltung schon vorweg.

79 Oderis: Oderisi, ein Miniaturmaler, stammte aus Agubbio. Der italienische Künstler-Biograph der Renaissance, Vasari, stellte den Maler Franco aus Bologna, vielleicht ein Schüler Oderisis, über diesen.

94 Cimabue: Giovanni Cimabue († um 1300), Begründer der italienischen Malerei der Früh-Renaissance; sein Schüler war

96 Giotto: Giotto di Bondone, 1266–1337, der berühmteste Maler der italienischen Früh-Renaissance; auf einem seiner Fresken befindet sich ein eindrucksvolles Bildnis des jungen Dante.

XXXIV

ANMERKUNGEN

97 ein Guido auch den andern: die italienischen Dichter Guido
Guinizelli und Guido Cavalcanti vgl. »Hölle«,
10. Gesang. Über Guinizelli vgl. »Läuterungsberg«, 26. Gesang.
98 vielleicht ist schon geboren, Der . . .: Dante meint sich selbst.
109 Der dort vor mir hinschleicht . . .: Provenzano Salvani, ghibelli-
nischer Führer aus Siena, unterlag gegen die florentinischen
Guelfen in der Schlacht bei Montaperti (1260). Im Jahre 1269
fiel er. Auf Dantes Verwundern, einen Hochmütigen offenbar
mit abgekürzter Bußzeit so bald nach dessen Tode anzutreffen,
erfährt er, daß Salvani einstmals sich für einen Freund öffent-
lich gedemütigt hatte, um für jenen das hohe Lösegeld, das
Karl I. von Anjou nach der Schlacht von Tagliacozzo gefor-
dert hatte, aufzutreiben.
140 der Nachbarschaft Beginnen wird bald . . .: Dante wird hier dunkel
darauf hingelenkt, daß auch er selbst bald nach dem Jahre 1300,
dem Jahre seiner Vision, die Demütigungen kennenlernen
werde – als Verbannter.

12. Gesang:

25 jenen . . . Den höchste Schönheit schmückte: Lucifer, der schönste
aller Erzengel, infolge seines Aufruhrs vom Himmel hinab-
gestürzt.
28 Briareus: der hundertarmige Riese, vom Donnerkeile des Zeus
getroffen.
31 Thymbräus: anderer Name für den griechischen Gott Apollon.
31 Pallas, Mars: Pallas Athene, die Tochter des Zeus; Mars, der
Kriegsgott.
34 Nimrod: sagenhafter König Babylons, der den großen Turm
auf der Ebene von Sennaar zu errichten befahl.
37 Niobe: sie hatte wegen ihrer sieben Söhne und sieben Töchter
die Göttin Leto, Mutter des Apollon und der Artemis, ver-
spottet; Apollon und Artemis töteten daraufhin alle vierzehn
Niobiden.
40 Saul: altisraelischer König, in der Schlacht von Gilboe gegen
die Philister besiegt, tötete sich selbst (2. Samuel, 1,21 ff.).
43 Arachne: von Athene in die Spinne verwandelt, weil sie sich
größerer Kunstfertigkeit als die Göttin gerühmt hatte.
46 Roboam: auch Rehabeam, bedrohte das Volk nach dem Tode
Salomons mit noch stärkeren Zwangsmitteln, als sie sein
Vater benutzt hatte.
50 Alkmäon: tötete nach sagenhafter Überlieferung seine Mutter,
weil diese ihren Gemahl gegen die Aushändigung eines Schmuk-
kes verriet; damit er am Zuge der Sieben gegen Theben teil-
nehme; der Vater Alkmäons fiel.
53 Sanherib: assyrischer König, von den eigenen Söhnen im Tem-
pel getötet. Vergleiche 2 Könige, 19,13 ff. u. 35 ff.

XXXV

ANMERKUNGEN

56 Tomyris: skythische Königin; deren Sohn hatte der Perser-
könig Cyrus getötet; nach der Niederlage des Cyrus ließ T.
dem toten König das Haupt abschlagen und in einen Wein-
schlauch stecken.

59 Holofern: der Feldherr der Assyrer; von ihm und seiner Er-
mordung durch Judith berichtet das Buch Judith; Hebbel hat
den Stoff für sein Erstlings-Drama verwendet.

80 die sechste von den Dienerinnen: die sechste Hore (personifizierte
Tagesstunde) verläßt den Sonnenwagen – es ist genau Mit-
tagszeit.

100 Rubakont: eine Brücke in Florenz – »darinnen Weisheit führt
den Zügel« ist ironisch gemeint.

110 »Beati pauperes«: (lat.) »Selig sind die Armen...«, die erste
der acht Seligpreisungen Jesu während seiner Bergpredigt
(Matth. 5,3).

116 leichter schien mirs hier...: der Anstieg mutet Dante leichter an,
weil er schon teilhaft vorwegnehmend seinen stärksten Fehler,
Hochmut, gebüßt habe.

13. Gesang:

29 »Vinum non habent!«: (lat.) »sie haben keinen Wein«, Worte
Marias in der Hochzeit zu Kanaa, die sie an ihren Sohn Jesus
richtet.

33 Orest: opferte sich für seinen Freund Pylades.

36 »Liebet, die euch Übles wollen!«: bezieht sich auf die Christi-
Worte Matth. 5, 44.

106 »Ich war Sienesin...«: Sapia, aus der sienesischen Familie der
Salvani; zu Unrecht habe man sie »Sapia« = die Weise, ge-
tauft, meint ihr Geist; Wortspiel mit sapere = wissen, und
sapiens = weise.

115 Colle: bei Colle di Valdelsa fiel Provenzano Salvani (1269).

123 der Amsel gleich: die allzu früh schon auf Frühling vertraut, nicht
wissend, daß schöne Sonnentage im frühen Jahr häufig täu-
schen.

127 Pier Pettinagno: ein gewisser Peter (der Kammacher), Mitglied
des »dritten Ordens« (Tertiarier) der Franziskaner, galt in
Siena schon zu Lebzeiten wie ein Heiliger.

134 selten hat es mit scheelem Blicke Neid empfunden: auch Goethe sagte
von sich, daß man ihn nicht auf dem Neidpfade angetroffen
habe.

152 Talamon: Sapia spielt darauf an, daß die Ihrigen gehofft hatten,
in Talamon einen günstigen Seehafen zu erstellen – aber der
Plan mißglückte, das Hafengebiet verschlammte, die bereits
für die Flotte vorgesehenen Admirale erkrankten am Sumpf-
fieber; ebenso war es eine Fehlspekulation, die sog.

153 Diana: = Quelle bei Siena gewinnbringend für ganz Siena
zu erschließen.

ANMERKUNGEN

14. Gesang:

10 Und einer sprach: Guido del Duca, ein Ghibelline aus der Provinz Romagna, lebte in der ersten Hälfte des 13. Jahrhunderts.

17 Falteron: Gebirgszug, dem der Arno entspringt.

32 Palor: auch Peloro, Name für einen südlichen Bergzug des Apennin.

42 Kirke: die Zauberin aus der »Odyssee« des Homer; sie verwandelte die Gefährten des Odysseus in niedere Tiere.

43 wüste Schweine: die Bewohner des oberen Arno-Tales, des Casentino.

46 Kläffer: die Bewohner von Arezzo, die Aretiner.

50 Wölfe: die Florentiner.

53 Füchse: die Pisaner.

59 Seh deinen Neffen schon: Guido verkündet dem Rinier aus Forli, dem ihm benachbarten Geist, daß Rinieris Neffe Fulcieri als einer der Führer der »Schwarzen«, als Podestà von Florenz, wider die »Weißen« schrecklich vorgehen werde (1302).

88 Rinier von Calboli: Podestà zu Parma während der guelfischen Herrschaft in der Stadt.

97 Die Zeit wo: Überblick über gesellschaftliche und politische Zustände in und um Florenz sowie in der Romagna – über die einzelnen Namen braucht hier nicht detailliert berichtet zu werden.

132 eine Stimme fliegen, Rufen: »Totschlagen . . .«; die Stimme Kains, des Mörders Abels. (Vergleiche 1. Mosis, 4, 14).

139 Aglauros: Hermes verwandelte A., die Tochter des Kekrops, in einen Stein, weil sie ihre Schwester Herse wegen der Liebe des Hermes zu jener beneidete. (Vgl. Ovid, Metamorphosen, Buch II).

15. Gesang:

1 Soviel des Wegs . . .: die Angaben meinen den Frühling, in dem der Tag gegen 6 Uhr früh anhebt; die wandernden Dichter selbst sind jetzt etwa um 3 Uhr nachmittags unterwegs.

38 »Beati misericordes«: (lat.) »Selig sind die Barmherzigen . . .«, die fünfte Seligpreisung der Bergpredigt.

44 Romagnas Geist: Guido del Duca.

88 eine Frau: Maria, die während dreier Tage ihren Sohn Jesus sucht, der unterdes im Tempel weilt. (Vgl. Lukas 2, 48).

94 eine zweite, naß die Wangen: die Gattin des athenischen Alleinherrschers Pisistratus, der etwa von 605 bis 527 v. Chr. lebte.

107 einen Jüngling töten: der Heilige Stephanus, nach den zu Bethlehem getöteten Kindern der erste Märtyrer der frühen christlichen Kirche. (Vgl. Apostelgeschichte 7, 58).

16. Gesang:

19 »Agnus Dei«: (lat.) »Lamm Gottes«, Bezeichnung für Jesus Christus.

ANMERKUNGEN

46 »*Lombarde war ich . . .:* über diesen Lombarden oder Venezianer Marco, einen Hofmann des 13. Jahrhunderts, ist nichts Genaueres bekannt.

9 8 euer Hirte: der Papst. Nach dem 2. Buche Mosis sollten die Juden nur diejenigen (reinen) Tiere essen, deren Klauen gespalten sind und die wiederkäuen. Allegorisch ist unter dem »Wiederkäuen« auch die anhaltende Meditation über die Heilige Schrift gemeint, während ebenfalls nach allegorischer Auslegung die gespaltenen Klauen auf das Vermögen der Unterscheidung zwischen Gut und Böse deuten.

107 Zwei Sonnen (Roms): der Kaiser und der Papst.

117 Friedrichs Händelsucht: die Streitigkeiten Kaiser Friedrichs II. mit den Päpsten.

121 drei Greise: Palazzo, auch Graf Currado III. von Brescia; Gherard(o) da Camino; Veit Castell, auch Guido da Castel.

131 Levis Stamme: aus dem Levi-Stamme entnahmen die Juden einstmals ihre Priester.

140 Gajas Vater: die Tochter des Gherard war eine gewisse Gaja; vielleicht war sie von ungewöhnlicher Schönheit oder von ungewöhnlich ausschweifendem Lebenswandel, wodurch sie den Zeitgenossen so sehr auffiel, daß man über der Tochter fast den Vater vergaß.

17. Gesang:

3 wie durchs Maulwurfsfell: die Lidspalte des südeuropäischen Maulwurfs ist etwas verwachsen, so daß er wie durch die Haut zu sehen scheint.

19 Vom Frevel jener: Prokne rächte an ihrem Gatten, daß der ihre Schwester geschändet hatte. Vgl. Dantes Anspielung im 9. Gesang des »Läuterungsberges«; bereits im Altertum verwechselte man die Verwandlungen der beiden Schwestern Prokne und Philomele; hier, im 17. Gesang, schließt sich Dante wohl der Version an, wonach Prokne in eine Nachtigall verwandelt wurde.

26 ein Gekreuzigter: Haman, der Feind der Esther; vgl. Buch Esther 5 ff.; der »große Ahasver« ist der Perserkönig Assuerus, der mit Esther vermählt war; der fromme Jude Mardochai war der Oheim der Esther.

34 ein Mägdlein: Lavinia, Tochter des Latinerkönigs Latinus, der sie gegen den Willen der Mutter Amata dem Aeneas zur Frau gegeben; Amata hatte sie dem Rutulerkönig Turnus versprochen – auf das Gerücht hin, Turnus sei von Aeneas getötet worden, erhängte sie sich; die Vorgänge berichtet Vergil in seiner »Aeneis«.

47 Als eine Stimme sprach: eines Engels.

68 »Pacifici beati«: (lat.) »Selig sind die Friedfertigen«, die siebente der Seligpreisungen in Jesu Bergpredigt.

ANMERKUNGEN

18. Gesang:

76 Der Mond, der sich versäumt . . .: die geographisch-astronomischen Angaben meinen den Spätherbst.

83 Pietola: hier wurde Vergil geboren; deshalb wird es noch mehr als das nahe gelegene Mantua erhoben.

91 Asopens und Ismens Gestade: zwei kleine Flüsse in Böotien; in Theben, dem Hauptort Böotiens, wurden die Bacchus-Mysterien besonders stark begangen; nach einer antiken Überlieferung soll Dionysos (Bacchus) von Asien kommend als erste Stadt seinen Geburtsort Theben aufgesucht haben.

118 Zu Zenos Abt . . .: über Gherardo II. († 1187), Abt von St. Zeno bei Verona, ist man nicht näher unterrichtet. Unter dem »guten« Rotbart ist ironisch Kaiser Friedrich I. Barbarossa zu verstehen, dessen Kämpfe gegen Mailand besonders erbittert geführt wurden: die Stadt wurde 1162 zerstört.

121 Und jemand hat schon . . .: Alberto della Scala († 1301) grämt sich bald darüber, daß er seinen natürlichen Sohn Giuseppe zum Abt von St. Zeno eingesetzt habe.

133 »Erst sterben mußte das Volk . . .«: ein Teil der Juden war nach dem Auszug aus Ägypten kleinmütig geworden und scheute das Rote Meer; dieser Teil sah das Gelobte Land am Jordan nicht.

136 Und jene, die nur halb . . .: in Sizilien verließ ein Teil der Gefolgsmänner den Haupttrupp um Aeneas; den Zaghaften war nicht der Ruhm der Gründung eines neuen Gemeinwesens durch Aeneas beschieden.

19. Gesang:

1 Zur Stunde . . .: Dante meint die Morgenfrühe; Träume in diesen Stunden galten als Wahrträume.

4 der Geomant: Wahrsager aus der Stellung der Sterne bzw. aus der Zuordnung von Erdpunkten zueinander; das »größte Glück« soll die Stunde sein, da sich im Osten die Sternbilder Wassermann und Fische zeigen.

7 ein stammelnd Weib: allegorisch für Habsucht, Völlerei und Wollust – die betörende und verwirrende Sirene.

22 Ulyss: Odysseus.

26 Ein heilig Weib: vielleicht Lucia, sicherlich auch allegorisch als Klugheit zu verstehen.

50 'qui lugent': (lat.) selig sind diejenigen, ›welche trauern‹: die zweite der Seligpreisungen.

58 »aus alter Zeit die Dirne«: allegorisch für irdische Güter oder für die Sinnlichkeit.

73 »Adhaesit pavimento (anima)«: (lat.) Meine Seele klebt am Boden, Anfang des 119. Psalms.

100 Zwischen Sestri und Chiaveri . . .: die Lavagna mündet zwischen

ANMERKUNGEN

beiden Städten zutale; es spricht Papst Hadrian V., weltlichen Namens Ottobuono Fieschi, aus dem Hause der Grafen von Lavagna; H. starb im Jahre 1276 nach einmonatigem Pontifikat.

137 neque nubent: (lat.), laut Matth. 22, 3 wird nach der Auferstehung weder gefreit noch geheiratet; ebenso erlischt nach der Auferstehung, wie auch im Himmel, jede, so auch die päpstliche Würde.

142 Alagia: über diese Nichte des Papstes Hadrian V. ist nichts Näheres bekannt; sie war die Gattin des Moroello Malaspina.

20. Gesang:

10 Uralte Wölfin: ebenso allegorisch, wie die Wölfin im 1. Gesange der »Hölle« – also Geiz, Habsucht.

25 Fabricius: römischer Konsul und Feldherr; König Pyrrhus suchte ihn zu bestechen, ebenso die Samniter.

32 Nikolaus: der heilige N. war Bischof von Mira (Kleinasien) und hatte heimlicherweise drei unbegüterten jungen Mädchen Geld zukommen lassen, damit sie für eine Eheschließung ausgestattet werden konnten und nicht, wie ihr Vater wollte, durch schlechten Wandel zu Geld kamen.

43/74 Wurzel des argen Baums . . . : Hugo Capet, König von Frankreich (987–996), von Dante nicht ganz genau für den Stammherrn des Capetinger-Hauses gehalten, denn der war Hugos Vater, der Graf von Paris, † 956. Legendär ist die Meinung, daß dieser ältere Hugo Capet ein *Fleischer* gewesen wäre. Außerdem verwechselt Dante den letzten Merowinger Childerich III., der von dem fränkischen Hausmayor ins Kloster geschickt wurde, mit dem letzten Karolinger, Karl von Lothringen, der von Hugo Capet in Haft gehalten wurde und 991 starb. Hugo Capets Sohn war Robert, bereits zu Lebzeiten des Vaters gekrönt. Mit der *provencalischen Heirat* Karls I., Bruder des Königs Ludwig IX., hat nach Dantes Ansicht die unersättliche Habgier der französischen Könige begonnen. »*zur Buße!*« ist natürlich ironisch gemeint. *Konradin* ist der in Neapel hingerichtete »letzte Hohenstaufe«. *Karl* von Anjou galt als Anstifter der Ermordung des hl. *Thomas* von Aquino, der während einer Reise nach Lyon (1274) im Alter von erst 47 Jahren gestorben war – nach unbewiesener Behauptung durch Gift. Der »*andere Karl*« ist Karl von Valois, der im Auftrage Papst *Bonifatius'* VIII. nach Italien ging und trüglich (mit ›*des Judas Speer*‹) in Florenz ›Frieden‹ stiftete unter Zerschlagung der Partei der Weißen, zu der auch Dante gehörte.

79 Den andern: Karl II. von Anjou (1243–1309), ein Sohn Karls I. von Anjou, unterlag in der Seeschlacht im Golfe von Neapel (1284) gegen Peter von Aragon; er soll seine noch sehr junge

ANMERKUNGEN

Tochter um materieller Vorteile willen an den alten Azzo VIII.
von Este »verschachert«, haben.

86 *die Lilien nach Alagna:* die Lilien zieren das Wappen der fran-
zösischen Könige; als die Beauftragten König Philipps des
Schönen in Alagna eintrafen, verhandelten sie erst gar nicht
mit dem Papste Bonifatius VIII., sondern verhafteten ihn, 1303.
Dante nennt Philipp den Schönen »*den grimmen neuen Pilatus*«,

91 der »seeräuberhaft«, also ohne rechtliche Grundlage, den
»*Tempel*«, den Orden der Tempelritter aufgelöst habe.

97 *Was von der Braut ich sprach:* die Heilige Gottesmutter Maria als
Braut des Heiligen Geistes.

103 *Pygmalion:* König von Tyrus, tötete Sichäus, den Gatten seiner
Schwester Dido, der Königin von Karthago, um sich der
Schätze des Sichäus zu bemächtigen.

106 *Midas:* König von Phrygien, der alles, was er berührte, in Gold
verwandelte, wie es seine Habsucht gewünscht hatte – aber
auch jegliche Speise.

109 *Achan:* hatte, laut Josua 7, 1 ff., Teile aus der Beute von Jericho
an sich zu bringen versucht; auf Josuas Befehl wurde er ge-
steinigt.

112 *Saphira und ihr Gatte:* S. und Ananias suchten den hl. Petrus zu
betrügen; als sie der Apostel befragte, stürzten sie tot zu Boden,
Apostelgeschichte 5, 1 ff.

114 *Heliodor:* als H. versuchte, den jüdischen Tempelschatz zu
rauben, wurde er von einem himmlischen Ritter, dessen Pferd
ihn niedertrat, gehindert; vgl. 2 Makk. 3, 25–26.

115 *Polymnestor:* P. tötete den Polydor, Sohn des Königs Priamus
von Troja, um die Schätze Trojas, die ihm Polydor anvertraut
hatte, zu behalten.

117 *Krassus:* römischer Politiker und Heerführer, reichster Bankier
seiner Zeit, mit Pompejus und Caesar Mitglied des sog.
»Triumvirats«.

127 *Als ich den Berg . . . erbeben fühlte:* nach der Lösung einer Seele;
Delos war die Geburtsinsel des Apollon und der Artemis – die
Insel schwamm vor der Niederkunft der Latona (Leto) auf dem
Meere; die Göttin gab der Insel aus Dankbarkeit nunmehr
einen festen Platz.

136 »*Gloria in excelsis Deo*«: (lat.) »Ehre sei Gott in der Höhe«: das
Engelslied bei der Verkündigung der Geburt Christi, von den
Hirten auf dem Felde erstmalig gehört.

21. Gesang:

3 *Der Wunsch der Samariterin:* Jesus verhieß dem samaritanischen
Weibe am Brunnen ein Wasser, nach dessen Genuß sie nimmer-
mehr dürsten werde, vgl. Johannes 4, 14; hier allegorisch auch
für den Durst nach Wissen angedeutet.

XLI

ANMERKUNGEN

7 *wie uns von Lukas ward die Kunde:* in Kap. 24 schildert der Evangelist den Gang der beiden Jünger nach Emmaus.

25 *die Tag und Nacht den Faden windet:* Clotho, eine der drei Parzen; sie bemißt die Lebensdauer.

50 *Iris schnelle launische Brückenkunst:* der Regenbogen.

82 *Titus:* Sohn des römischen Kaisers Vespasian; T. erstürmte Jerusalem und rächte so die Wunden Christi an den Juden.

85 *Trug ich den Namen jenseits . . .:* der römische epische Dichter Papinius Statius (ca. 45–96 n. Chr.), Verfasser eines unvollendeten Epos über Achilles sowie eines Epos über den thebanischen Sagenzyklus »Thebaïs«. St. wurde übrigens in Neapel geboren; Dante verwechselt hier den Geburtsort Toulouse eines Rhetors namens Statius. Der Dichter Statius wurde im Mittelalter hoch geschätzt. Eine Dichterkrönung des St. ist historisch nicht erwiesen. St. war vielleicht schon Christ.

22. Gesang:

3 *ein Mal:* das fünfte P.

5 *»Beati . . . sitiunt«:* (lat.) »Selig (sind, die nach Gerechtigkeit) dürsten«, Dante läßt den vollständigen Wortlaut der vierten Seligpreisung aus. Vgl. Matth. 5, 6.

14 *Juvenal:* der römische Dichter, berühmt als leidenschaftlicher Satiriker, etwa 47–130 n. Chr.

55 *die grausen Waffengänge . . .:* Vergil, der Verfasser der (ländlichen) Bucolica-Gesänge, spielt hier auf die »Thebaïs« des Statius an; Jokaste ertrug zwiefaches Leid: infolge des Zwistes ihrer beiden Söhne untereinander.

58 *Klio:* die Muse der Geschichtsschreibung.

63 *dein Boot dem Fischer nachgerichtet:* sich zum Christentum bekehrt, denn Petrus war ja ein Fischer, und Statius, der heimlich Christ geworden war – unter der Verfolgung des Domitian

65 verbarg er das (und büßt deshalb auf dem Läuterungsberg) – hat insofern sein Boot dem Fischer nachgerichtet.
Parnassusflut: das Gebirge Parnassus galt als Sitz der Musen.

70 *›Verjüngt wird Welt und Sitte . . .‹:* hier wird eine Stelle aus der vierten Ecloge Vergils zitiert; das Gedicht genoß im Mittelalter höchsten Ruhm, weil man darin eine Prophezeiung des Erscheinens des Weltenheilandes sah. Vergil galt u. a. gerade als Dichter dieser Ecloge als ein ahnungsvoller, »adventistischer« Vorläufer bzw. Seher der christlichen Weltzeit.

97 *Plautus:* römischer Komödiendichter (254–184 v. Chr.)

97 *Terenz:* ebenfalls römischer Komödiendichter (192–159 v. Chr.).

98/107 *Cäcilius:* röm. Dramatiker († 167 v. Chr.); *Varius:* röm. Dramatiker, mit Vergil befreundet; *Persius:* röm. Satiriker (34–62); *Griechengreis:* Homer; *unsere Nährerinnen:* die Musen; *Euripides:* griechischer Tragiker (480–406 v. Chr.); *Antiphon:*

XLII

ANMERKUNGEN

griech. Tragiker, 4 Jhdt. v. Chr.; *Simonides:* griech. Hymniker (559–469 v. Chr.).

110 Antigone . . . Deidamia: Gestalten der antiken Sagen und Mythen.

140 eine Stimme rief . . . : die Stimme des Baumes des Lebens.

142 Schmuck und Sitte der Hochzeit: die Hochzeit zu Kana.

147 Daniel: er weigerte sich, an der reichen Tafel des Perserkönigs mit zu schlemmen; zum Lohne ward ihm die Gabe der Traumdeutung. Vgl. Buch Daniel, Kap. 1.

151 des Wüstenpredigers: Johannes der Täufer; von ihm berichten die Evangelisten Matthäus und Lukas.

23. Gesang:

11 »Domine, labia me«: (lat.) »Herr, öffne meine Lippen«, Psalm 51, 17.

26 Erisichthon: wurde von der Göttin Ceres aus Strafe dafür, daß er in einem ihr geweihten Haine Bäume fällen ließ, mit unauslöschlichem Hunger bestraft; schließlich benagte er seine eigenen Glieder.

28 Fall Jerusalems: während der Belagerung der Stadt durch die römischen Truppen unter Titus herrschte eine solche Hungersnot, daß Maria (Mirjam), Tochter eines gewissen Eleazar, ihr eigenes Kind tötete, um davon zu essen.

32 ›omo‹: (ital.) »Mensch«; das m erscheint infolge der Auszehrung durch den Hunger besonders deutlich.

48 Forese: Forese Donati, mit dem Dante durch seine Gattin verschwägert war; Forese war ein Bruder des Corso Donati, des Führers der »Schwarzen«.

74 ›Eli‹: der aramäische Ausruf Jesu Christi am Kreuze – Eli, Eli, lama (lema) sabachthani (auch: asabthani) = Mein Gott, warum hast du mich verlassen!; vgl. Matth. 27, 46.

87 Nella: die Gattin des Forese Donati.

94 Barbagia von Sardinien: an die Barbarei der in Sardinien lebenden Stämme wurde nach einem Bericht des hl. Gregor allgemein im Mittelalter geglaubt; besonders die Frauen galten als sittenlos. Dante will nun sagen, daß die sardinische Barbarei noch übertroffen werde von derjenigen in Florenz, wie die weiteren Verse dann ausführen.

122 Nacht der wahrhaft-Toten: die Verdammten der Hölle sind die wahrhaft-Toten.

24. Gesang:

10 Piccarda: die Schwester Foreses, von Dante im »Paradies«, 3. Gesang, gepriesen.

15 Olymposthrone: im Paradies.

19 Buonagiunt(a): B. Orbisiani aus Lucca, ein Dichter, von Dante in

XLIII

ANMERKUNGEN

der Schrift »Über die Volkssprache« abfällig beurteilt, weil er sich noch in Abhängigkeit vom älteren Stile der Toskanen und Provenzalen befunden hätte.

21 *Der mehr als alle im Gesicht geringer:* Papst Martin IV., amtierend von 1281–1285, war als Feinschmecker bekannt.

28 *Ubaldin:* Ubaldin della Pila; Bonifaz: B. dei Fieschi, Erzbischof von Ravenna; Marchesen: der M. degli Argogliosi – alles Gourmets, die nun für ihre Gelüste büßen müssen.

35 *mit dem Lucchesen:* wiederum Buonagiunta aus Lucca.

37 *Gentucca:* vermutlich eine mit Dante befreundete Dame, die dem Dichter zwischen 1314 und 1316 Asyl gewährte.

51 ›*Ihr Frauen, die ihr recht versteht zu lieben*‹: Dantes seinerzeit schon vielgepriesene Kanzone aus dem »Neuen Leben«: »Donne ch'avete intelletto d'Amore«; siehe S. 24 der vorliegenden Ausgabe der Werke Dantes.

56 *den Notar verstrickt . . .:* Dante zeichnet hier den eigenen poetischen Stil (»dolce stile nuovo«) im Gegensatz zu dem verschnörkelten der früheren Poeten: darunter der Notar Giacomo da Lentino aus dem Dichterkreis um Kaiser Friedrich II. und Guittone del Viva aus Arezzo.

81 *seinen Sturz:* den des Corso Donati, der von Katalaniern getötet wurde, als er zu Pferde zu flüchten versuchte.

113 *zum großen Baum:* wiederum der Lebensbaum.

122 *Wolkenkinder:* nach antiker Mythologie waren die Kentauren Söhne der Wolken; von Theseus erschlagen, als sie sich bei der Hochzeit des Peirithoos an den Frauen zu vergreifen trachteten.

124 *der Juden gieriger Trunk:* als Gideon im Kampfe gegen die Midianiter sah, wie manche seiner Krieger gierig sich zum Wasser beugten, schied er diese von jenen Maßvollen aus, die mit gehöhlten Händen getrunken hatten; vgl. Richter, Kap. 7.

139 *Als ich hier einen sah:* einen Engel.

25. Gesang:

1 *die Stunde:* es ist zwei Uhr nachmittags, die Wanderer müssen eilen.

22 *Meleager:* bei der Geburt des Heros hatten Schicksalsgöttinnen der Mutter einen Holzspan gegeben mit der Weisung, daß der Sohn so lange das Leben haben werde, als dieser Span nicht verglimme. Nachdem Meleager jedoch die Brüder seiner Mutter im Kampfe getötet hatte, ließ sie den Span verbrennen.

63 *ein Weiserer als du:* Averroes, der arabische Philosoph.

79 *Lachesis:* eine der drei Parzen.

121 *»Summa Deus clementiae!«:* (lat.) »Gott der höchsten Milde«; Beginn des Frühliedes zum Samstag.

128 *»Virum non cognosco!:* (lat.) »Ich weiß um keinen Mann!«, Worte Mariae auf die Verkündigungs-Botschaft des Engels.

XLIV

ANMERKUNGEN

131 *Diana:* die Göttin trieb die Nymphe Helice aus ihrem Gefolge, weil diese sich von Jupiter verführen ließ.

26. Gesang:

40 *Sodom, Gomorrha:* nach dem biblischen Bericht galten diese beiden Städte als Orte der ausschweifenden Unzucht teils mit dem eigenen, teils mit dem anderen Geschlecht.

41 *Pasiphaë:* die Tochter eines kretischen Königs; sie ließ sich von einem Stier begatten und gebar den Minotauros, ein Wesen von menschlichem Körper mit einem Stierhaupt.

44 *zu Riphäern zu:* nach Norden; das sog. riphäische Gebirge wurden von griechischen Geographen unbestimmt irgendwo in die nördliche Richtung verlegt.

59 *Weil droben Gnade uns ein Weib bereitet:* Maria.

77 *Drob hinter Cäsarn her laut ›Königin!‹ riefen:* bei einem Triumphe sollen die hinter Caesar ziehenden Soldaten übermütig ihren Feldherrn mit einer Anspielung auf das Gerücht verspottet haben, wonach Caesar als junger Mann zu dem bithynischen König Nikomedes homosexuelle Beziehungen unterhalten habe. – Übrigens waren spöttische Zurufe und Verse den mit ihrem Feldherrn triumphierenden Truppen anläßlich des Festes allgemein in Rom erlaubt.

94 *Lykurgens Unglück:* der König Lykurgos von Nemea wollte Hypsipyle töten lassen, weil sie das ihr zur Hut anvertraute Kind des Fürsten nicht sorgfältig genug bewacht hatte, so daß der Säugling von einem Schlangenbiß getötet wurde. Als H. zur Richtstätte geführt wurde, begegneten ihr ihre Zwillingssöhne und befreiten sie.

107 *Lethe:* der mythische Fluß, der alles vergessen macht.

115 *Der da wandelt . . .:* der provencalische Lyriker Arnaut Daniel († um 1200).

120 *Der Limosiner:* Giraut de Borneilh aus Limoges in Südfrankreich, † um 1220.

124 *Guittone:* Dichter der alten toskanischen Schule, bereits im 24. Gesang des »Läuterungsberges« erwähnt.

142 *»Ich bin Arnaut . . .«:* diese acht Verszeilen sind im Original in provencalischer Sprache gedichtet. Das Provencalische kann keineswegs den Toskanern als ein Dialekt gegolten haben; es war eine zwar verwandte, aber doch eigenständige Sprache. Deshalb hat Stefan George in seiner Nachdichtung einzelner Episoden der »Göttlichen Komödie« diese acht Zeilen in holländischer Sprache wiedergegeben; sie lauten so:

> Zoozeer verheugt my 't hoflyke in Uw vraag
> Dat weigrend ik noch wil noch kan U plagen,
> Ik ben Arnaut die ween en zingend klaag.

XLV

ANMERKUNGEN

> Ik die aldoor verleden waan betracht
> En vreugdvol hoop dat straks myn morgen daag'
> Doch U bezweer ik door die zelve macht
> Die tot den hoogsten trede U stygen doet:
> Gedenk te rechter uur my en myn klacht!

27. Gesang:

8 Beati mundo corde!«: (lat.) »Selig die reinen Herzens sind!«, die sechste der Seligpreisungen.

37 Pyramus ... Thisbe: Ovid erzählt im 4. Buch seiner »Metamorphosen«, wie sich Pyramus, getäuscht von dem blutbefleckten Schleier seiner geliebten Thisbe, erstach – er glaubte, sie sei von einem Löwen zerrissen worden. Als dann Thisbe zurückkehrte, öffnete der sterbende Pyramus noch einmal die Augen; Thisbe gab sich auch den Tod. – Deshalb trägt der Maulbeerbaum erst rote, danach schwarze Farbe.

58 »Venite benedicti«: (lat.) »Kommt ihr Gesegneten (meines Vaters)«, die Worte Christi beim Jüngsten Gericht nach Matth. 25, 34.

95 Cythere: anderer Name für Venus, die Göttin der Liebe.

101 Lea: Tochter Labans, erste Frau Jakobs; im Mittelalter verkörperte sie symbolisch das tätige Leben.

104 Rahel: die jüngere Tochter Labans und Jakobs eigentliche Lieblingsfrau, symbolisch als Verkörperung des schauenden Lebens zu verstehen

142 ein Kron- und Mitra-Zollender: Abschiedsworte Vergils – durch die Schmückung mit Krone und Mitra anerkennt nunmehr Vergil, daß Dante in einen höheren Rang eingehe: als Christ in die Seligkeit.

28. Gesang:

11 Und dahin, wo ... die Blätter legte: der Wind weht nach Osten.

20 Chiassi: bei Ravenna gelegen; dort zieht sich ein langer Pinienhain die Küste hin.

21 Aeolus: Gott des Windes.

25 da wehrt ein Bach: der Fluß Lethe, der alles vergessen macht; in der christlichen Umdeutung der antiken Überlieferung löscht Lethe jedoch nur das Bewußtsein der Sünden und ihrer Folgen aus.

40 Einsam ein Weib: Matelda, wahrscheinlich eine Freundin Beatrices; vielleicht ist sie identisch mit jener jungen Dame, die nach Dantes Erzählung den jugendlichen Dichter zu jener Gesellschaft führte, in der sich auch Beatrice befand. Sie entspricht allegorisch etwa der Lea – wie Beatrice späterhin der Rahel. Matelda verkörpert die tätige Christenliebe; innerhalb der Komposition der »Göttlichen Komödie« leitet sie über von Vergil zu Beatrice.

ANMERKUNGEN

49 *Proserpina:* Dante fühlt sich durch Mateldas Erscheinen an die jugendliche Proserpina (Persephone, griech.) erinnert, die Blumen pflückend von dem Gotte der Unterwelt geraubt wurde, zum Leid der Mutter Ceres (Demeter, griech.).

65 *Der Venus Augenstern:* versehentlich traf Amor (Eros) seine Mutter Venus mit einer Pfeilspitze; die Göttin entbrannte daraufhin in Liebe zu Adonis.

71 *Hellespont ...:* der Perserkönig Xerxes überschritt den H. (heute Bosporus bzw. Dardanellen) zu seinem Kriege gegen Hellas. Der H. trennte die beiden Städte Sestos von Abydos; Leander durchschwamm mehrmals die Wasserstraße, um zu seiner Geliebten Hero zu gelangen – bei einem Sturm ertrank er.

80 *Delectasti-Psalm:* (lat.) »Du erfreust (mich, o Herr)«, Psalm 91, 5.

130 *Eunoë:* während Lethe das Gedächtnis an die Sünden auslöscht, erweckt der Eunoë-Fluß die Erinnerung an gute Taten. *139* *Parnaß:* der Berg der Musen.

29. Gesang:

3 *»Beati, quorum tecta sunt peccata!«:* (lat.) »Glück diejenigen, deren Sünden vergeben sind!«, Psalm 32.

37 *O heilige Jungfraun:* Anrufung an die Musen.

40 *die Quelle Helikons:* der Helikon ist ein Berg in Böotien, dem die begeisternden Quellen Aganippe und Hypokrene entspringen.

41 *Urania:* die Muse der Sternenkunde.

51 *Osanna:* der althebräische Jubelruf, auch Hosianna.

53 *Luna:* die Mondgöttin.

78 *Sol:* der Sonnengott; *Delia:* der Regenbogen.

84 *vierundzwanzig Greise:* der hl. Hieronymus hatte das Alte Testament in 24 Bücher eingeteilt.

92 *vier Tiere:* die 4 Evangelisten.

96 *des Argus Augen:* Jo, die Geliebte des Jupiter, wurde von der Göttin Juno in eine Kuh verwandelt; den vieläugigen Wächter Argus beauftragte Juno mit der ständigen Beobachtung der Jo. Merkur tötete den Argus; seither sind dessen Augen im entfächerten Pfauenschweif zu sehen.

100 *Ezechiel:* der Prophet schildert das hier von Dante Beschriebene im 1. Kapitel, ab Vers 4 ff; außerdem erwähnt der Dichter

105 *Johannes:* als den Verfasser der »Offenbarung«, vgl. 4. Kap. V. 6 ff.

107 *Siegeswagen:* versinnbildlicht die Kirche.

108 *Greif:* Symbol für Christus, weil sich in Christus die göttliche und die menschliche Natur trafen und vollkommen durchdrangen. In den antiken Mythen war der Greif ein Mischwesen, halb Löwe, halb Adler.

113 *Es war der Rumpf ...:* der Adlerteil, das Göttliche, ist »goldge-

XLVII

ANMERKUNGEN

diegen«, während der Löwenteil, das Menschliche, die Farben von Fleisch und Blut zeigt.

115 Nicht Afrikanus noch August: die römischen Triumphatoren Scipio Afrikanus und Augustus verfügten nicht über einen mit der Kirche vergleichbaren Siegeswagen; auch der Sonnengott Sol nicht, der einmal von Sols Sohn Phaëton gelenkt entgleiste und sich dabei der Erde näherte, die unter dem Andrang der Hitze klagte.

121 Drei Frauen ...: Gleichnisse für die theologischen Tugenden – hochrot die Liebe, smaragdgrün die Hoffnung, schneeweiß der Glaube.

130 Vier den Festesreigen schlingen: die 4 Kardinaltugenden.

131 nach der Einen Sange ...: die Klugheit ist dreiäugig, weil sie Vergangenheit, Gegenwart und Zukunft überblickt.

134 zwei ernste Greise: Lukas, der Evangelist; Paulus. Lukas war Arzt, also »vom Schülerkreise des Hippokrat«, des griechischen Arztes.

142 vier Bescheidene: die Apostel Petrus, Johannes, Jakobus und Judas Thaddäus.

143 ein einzler Greis: verkörpert die Offenbarung des Johannes.

145 die sieben prangen: die 7 Bücher des Neuen Testamentes, mit Rosen bekränzt, weil im NT die Liebe die allbeherrschende Macht ist.

30. Gesang:

1 Des ersten Himmels Siebensternbild droben: die 7 Leuchter in einer Funktion wie das Leitbild des aus 7 Sternen bestehenden Großen Bären, das im Sommer wie im Winter am (nördlichen, dem einzigen Dante bekannten) Nachthimmel leuchtet.

11 »Veni, sponsa de Libano!«: (lat.) »Komm, meine Braut vom Libanon!«, vgl. Hoheslied 4, 8.

17 ad vocem tanti senis: (lat.) auf die Stimme eines solchen Greises.

19 »Benedictus qui venis«: (lat.) »Gesegnet, der da kommt«, so riefen die Juden Christus beim Einzug in Jerusalem zu; vgl. Matth. 21, 9.

21 »Manibus o date lilia plenis«: (lat.) »Schenkt Lilien aus vollen Händen«, so begrüßt in der »Aenëis« der Schatten des Anchises, des Vaters des Aeneas, den Neffen des Kaisers Augustus, den Marcellus.

30 sah ein Weib ich schweben: Beatrice.

52 Was auch die alte Mutter einst verloren: Eva verlor das Paradies – obwohl sich Dante nunmehr doch im irdischen Paradies befindet, überkommt ihn der Schmerz um das Entschwinden des Vergil.

55 »Dante! ... gezwungen nur hier eingetragen: nur an dieser einen Stelle nennt der Dichter seinen eigenen Namen.

ANMERKUNGEN

68 *Minervas Laubkranz:* ein Olivenkranz; Oliven war der Minerva (Athene) heilig.

83 Den Psalm »*In te speravi* ... *pedes meos*«: die Engel singen den 31. Psalm: »Herr, auf dich hoffe ich ...« bis zu »(auf einen weiten Plan hast du gestellt) meine Füße«.

85 *Italiens Rückgrat:* der Apennin.

124 *des zweiten Alters Schwelle:* das zweite Lebensalter beginnt mit dem 25. Lebensjahre; Beatrice starb mit 25 Jahren.

31. Gesang:

68 *deinen Bart erhebe:* nach einer Überlieferung, von der auch Boccaccio in seiner Biographie Dantes berichtet, sei Dante in späteren Jahren bärtig gewesen.

72 *Jarbas Wind:* Jarba, König von Lybien, in der »Aenëis« als ein Rivale des Aeneas in der Neigung zu der Königin Dido von Karthago. Dante meint also Südwestwind aus Afrika.

75 *Das Gift wohl merkte:* denn Beatrice hatte auf Dantes gereifte Jahre mit ihrer Wendung »deinen Bart erhebe« angespielt.

80 *nach dem Tiere schauen* ...: der Christus symbolisch darstellende Greif.

98 »*asperges me!*«: (lat.) »Besprenge mich (mit Ysop und ich werde rein)«, der Psalm 50 wird bei der Austeilung des Weihwassers vor der Messe gesungen.

104 *Tanz der schönen Vier:* wiederum die Kardinaltugenden.

111 *Kraft von jenen Dreien:* von den theologischen Tugenden.

32. Gesang:

2 *zehenjähriger Durst:* so lange lechzte Dante nach dem erneuten Anblick Beatrices.

31 *öde, weil er gelitten* ...: durch Eva, die sich von der Schlange verführen ließ.

38 *einen Baum:* den Baum der Erkenntnis.

57 *Eh Sol den Stier einholt:* ehe die Sonne im Zeichen des Stieres steht, d. h. im Frühling.

64 *Syrinx:* mittels dieses Hirten-Instrumentes schläferte Merkur den Argus ein, der die in eine Kuh verwandelte Jo bewachte.

73 *das Blühen zu sehn vom Apfelbaume* ...: die Verklärung Christi ist gemeint, von der die Jünger Petrus, Johannes und Jakob auf dem Berge Tabor eine erste Vision hatten; vgl. Matth. 17, 8.

79 *Moses und Elias:* sie waren zugegen bei der Verklärung Christi.

102 *Des Roms, drin Christus Römer ist:* das Paradies.

112 *Jovis Vogel:* der Adler des Jupiter, auch der Adler des heidnischen Kaiser-Roms – er stürzt sich auf den Baum, der hier die Kirche bedeutet: Anspielung auf die Christenverfolgungen.

118 *einen Fuchs:* Irrlehre.

125 *Der Adler nochmals:* wiederum der römische Kaiser-Adler,

XLIX

ANMERKUNGEN

diesmal wohl die Herrschaft Kaiser Konstantins bedeutend, der das Christentum als Staatsreligion anerkannte.

129 »*Welch böse Last* . . .: der Sage nach soll anläßlich der (als eine Fälschung erkannten) »Schenkung Konstantins« – wodurch der Papst die Stadt Rom und das umliegende Gebiet als souveräner weltlicher Fürst erhalten habe – eine Stimme vom Himmel gerufen haben: ›Heute ist Gift in meine Kirche gegossen worden!‹; Dante gibt das mit anderen Worten wieder.

131 *ein Drache:* Satan, bzw. der Antichrist, der sich der Kirche bemächtigt und sie entarten läßt, so daß sie sich in das von der Offenbarung des Johannes vorverkündete Tier verwandelt.

142 *Also verwandelt* . . .: siehe Offenbarung Johannis, 17, 1–18. Die sieben Köpfe sind die sieben Todsünden Hochmut, Zorn, Geiz, Neid, Wollust, Trägheit und Völlerei; die drei zuerst genannten Laster gehen wider Gott und Mensch, daher haben deren Häupter zwei Hörner.

149 *frech ein Weib:* Dante vergleicht die Entartung der römischen Kurie zu seiner Zeit mit der von der Offenbarung Johannis vorverkündigten großen Buhlerin.

152 *einen Riesen:* Philipp der Schöne von Frankreich, der den Papst im Exil hielt.

33. Gesang:

1 *Deus venerunt gentes:* (lat.) Anfang des 79. Psalms: Gott, es sind Heiden in dein Erbe gefallen . . .

10 »*Modicum, et non* . . .: (lat.) »Eine kleine Weile, und ihr werdet mich nicht sehen. Und wiederum eine kleine Weile, und ihr werdet mich sehen«: Worte Christi beim Abendmahle, Joh. 16, 16.

35 *Er war und ist nicht!:* Für Dante waren die Päpste Bonifatius VIII. und Clemens V. nicht rechtmäßig.

43 »*Fünfhundert-Zehn-und-Fünf*«: wenn man die lateinischen Buchstaben, mit denen man diese Zahl schreibt – D X V –, umstellt, dann entsteht das Wort D V X: »Führer«. An wen Dante hier gedacht hat, ist noch immer umstritten.

47 *Sphinx und Themis:* weissagende Gestalten der antiken Mythe.

49 *Najaden:* in mittelalterlichen Abschriften des Ovid stand an einer Stelle, die von König Oedipus berichtet, statt »Lajades« – denn Oedipus war ein Sohn des Königs Laius, also ein Lajade – »Najades«. Der Sinn der etwas dunklen Worte Beatrices meint, daß die Erfüllung der Prophezeiung so ausfallen werde, wie die Wirkung der Rätsel-Lösung durch Oedipus. Das Rätsel der Sphinx hatte Oedipus erklärt: am Morgen auf vier, am Mittag auf zwei und am Abend auf drei Beinen bewege sich der Mensch (der Greis stützt sich am Stabe). Daraufhin stürzte sich die Sphinx in einen Abgrund und schadete nicht mehr den Herden und dem Korn.

L

ANMERKUNGEN

68 *Elsas Flut:* die Elsa ist ein kleiner Nebenfluß des Arno; er überzog hineingeworfene Dinge mit einer trübenden dunklen Schicht. Dante erinnert hier noch einmal an die Pyramus-und-Thisbe-Sage.

140 *das zweite Lied:* der zweite Teil der Göttlichen Komödie, also der »Läuterungsberg«.

145 *Sterne:* jeder Teil der Göttlichen Komödie endet mit dem Worte »stelle« = Sterne.

Das Paradies

1. Gesang:

4 *Im Himmel, dem das meiste Licht . . .:* das Empyreum, Sitz der Gottheit.

13 *Apoll:* hier als der Musenführer angerufen.

13 *beim letzten Gange:* beim dritten Teil der Komödie.

16 *ein Gipfel vom Parnasse:* der Berg hatte zwei Gipfel. Der Helikon galt als Wohnstatt der Musen, Cirrha galt als derjenige des Apollo.

20 *Marsyas:* der Satyr M. wagte es, Apollo zum Wettkampf herauszufordern; als er unterlegen war, wurde er zur Strafe noch geschunden.

25 *zu deinem teuern Baum:* der Lorbeerbaum.

32 *Delphischen Gottheit:* Apollo (nach seinem Heiligtum in Delphi hier so genannt).

33 *des Penëus Laub* ist ebenfalls der Lorbeer.

38 *Des Weltalls Leuchte:* die Sonne; die astronomischen Angaben meinen die Zeit des beginnenden Frühlings. Die Stelle wird übrigens verschieden ausgelegt; einige Interpreten erblicken darin Hinweise auf moral-theologische Feststellungen.

56 *Stelle, Die zum Besitz der Menschheit . . .:* das irdische Paradies.

68 *Glaukos:* er wurde nach dem Genuß eines Wunderkrautes in einen Meergott verwandelt, nach Ovids Metamorphosen Buch XIII.

73 *mein letzterschaffenes Teil:* die Seele, der Geist, erst nach der Erschaffung des Leibes von Gott gebildet.

79 *in roter Glut:* die Sphäre der Blitze ist der des Mondes benachbart.

122 *Schenkt durch ihr Licht dem Himmel Ruh . . .:* das Empyreum ist unbewegt; je weiter die Himmelssphären von ihm entfernt sind, um so größer ist deren kreisende Geschwindigkeit.

2. Gesang:

1 *im kleinen Boot:* nur mit geringen Kenntnissen bzw. Erkenntnissen ausgestattet.

LI

ANMERKUNGEN

8 *Minerva:* entspricht der griechischen Athene, ist wie diese die Göttin der Weisheit.

9 *die Bären:* die Sternbilder des großen und des kleinen Bären.

16 *Die Ruhmeshelden, die nach Kolchis . . .:* die Argonauten unter Führung des Helden Jason drangen nach Kolchis vor, um dort d. Goldene Vließ zu suchen u. zu entführen; Jason pflügte zum Staunen der Argonauten ein Feld mit feuerschnaubenden Stieren.

29 *dem ersten Stern vereint:* dem Mond.

34 *Die ewige Perle:* Umschreibung für den Mond.

49 *die dunkeln Flecke:* die Mondflecke deutete man als eine Menschenfigur, die den Brudermörder Kain darstelle.

64 *die achte dieser Sphären:* der Fixsternhimmel.

89 *des Glases Seite, Das rückwärts . . .:* der Spiegel.

115 *Der nächste Himmel:* der Fixsternhimmel.

129 *seliger Beweger Anhauch:* der Engel als bewegende Intelligenzen.

3. Gesang:

29 *Ihr Schwur bewährte Die Probe nicht:* gebrochene Gelübde.

46 *eine von den Nonnen:* Piccarda Donati, Tochter des Simone D, Schwester des Forese und des Corso D.; aus dem Clarissenkloster entführte sie wider ihren Willen der Bruder Corso, der sie einem florentinischen Aristokraten aus politischen Gründen verheiratete.

84 *unsers Königs Wunsch:* Gottes Wunsch.

97 *»Es hoben groß Verdienst . . .:* die hl. Clara (1194–1253) gründete d. Orden d. weiblichen Anhängerschaft d. hl. Franciscus v. Assisi.

109 *Auf jenen andern Glanz . . .:* Konstanzia, die Gattin des hohenstaufischen Kaisers Heinrich VI. und Mutter Kaiser Friedrichs II. Dante nennt in Vers 119 Kaiser Heinrich VI. den »zweiten Schwabensturm« – der erste war für die Norditalier jener Zeit Kaiser Friedrich I. Barbarossa; der »dritte«, »mächtigste« Schwabensturm in Vers 120 bezieht sich somit auf Kaiser Friedrich II. (Mit »vento«, »Sturm«, eigentlich aber schlicht »Wind«, meint Dante wohl die Heftigkeit des Vordringens, zugleich aber auch die Vergänglichkeit der Macht.)

122 *»Ave Maria«:* (lat.) Gegrüßet seiest du, Maria – die Anfangsworte des Engelsgrußes an Maria.

4. Gesang:

13 *Daniel:* er erriet den Traum Nebukadnezars und mäßigte so den Zorn des assyrischen Herrschers.

24 *Nach Platos Wort:* nach der Lehre des griechischen Philosophen, wie sie u. a. in der Schrift »Timaios« dargelegt wird.

47 *Gabriel, Michael:* Erzengel; »der den Tobias konnte heilen« ist der dritte Erzengel Raphael.

83 *Laurentius:* ein Märtyrer, den man auf glühendem Roste gefoltert hat.

84 *Mucius:* M. Scaevola, der seine Hand in die Flammen hielt, um

ANMERKUNGEN

sie dafür zu bestrafen, daß sie den Todesstoß wider den Etrus-
kerfürsten Porsenna verfehlt hatte.

101 Bruder: so redet Beatrice als Selige nunmehr Dante an.

103 Alkmäon: A's Vater Amphiaraos verlangte, daß A die Mutter
Eriphyle töten solle, weil sie den Aufenthalt des Gatten ver-
raten hatte. Amphiaraos fand den Tod mit den Sieben vor
Theben.

5. Gesang:

35 Dispens: Befreiung.

57 Des weißen und des gelben Schlüssels Drehen: Anspielung auf das
Schlüssel-Symbol der Papstmacht; der weiße (silberne) Schlüs-
sel bezeichnet die priesterliche Weisheit, der gelbe (goldene) die
göttliche Macht.

66 Jephtha: einer der althebräischen Richter und Feldherrn; er
gelobte nach einem Siege, das erste Wesen, das ihm bei der
Heimkehr begegne, zu opfern; es war seine einzige Tochter
(Richter, XI, 30 ff.)

68 der betörte Feldherr der Griechen: Agamemnon, der sich einver-
standen erklärte, seine Tochter Iphigenie der zürnenden Göt-
tin Diana zu opfern, weil nach einer Weissagung nur so der
Wind in Aulis aufkomme, der die Griechenflotte nach langem
tatenlosem Warten endlich gegen Troja segeln lassen werde.

71 »Tor und Weiser«: gemeint ist »alle Menschen«.

93 ins zweite Himmelreich: die Sphäre des Planeten Merkur.

117 des Krieges Dienstzeit: umschreibend für das Menschenleben auf
der Erde.

121 ein Seliger: der oströmische (byzantinische) Kaiser Justinian,
geb. 482, gest. 565.

6. Gesang:

1 Seit Konstantin den Aar . . .: der römische Kaiser Konstantin
hatte Byzanz zur zweiten, neuen Hauptstadt des Römerreiches
gemacht; so hatte er den Aar (Symbol des Imperiums) wieder
nach Osten, zum Ursprung der Römermacht, gewendet, denn
der heroisch-mythische Ahnherr Aeneas war ja von Troja aus
nach Italien gekommen, dort hatte er Lavinia, die Tochter des
Latiner-Königs, geehelicht. Zwischen der Regierung des Kon-
stantin und der des Justinian liegen rund 200 Jahre.

12 Hohlheit und Schwulst . . .: Justinian hatte die juristische Fest-
legung der überlieferten Gesetze veranlaßt und dabei auch
einige neue erlassen; so entstand das unter seiner Initiative
redigierte Corpus juris.

15 Ein Wesen sei in Christo . . .: bezieht sich auf die Lehre der sog.
Monophysiten; gegen deren Auffassung hatte der Papst
Agapet, der 536 als Gesandter in Konstantinopel weilte, ge-

LIII

ANMERKUNGEN

kämpft und Justinian zur Annahme der Lehre von zwei Naturen in Christus bewogen.

25 *Belisar:* Feldherr Justinians, Besieger der Ostgoten.

36 *Pallas:* ein Gefährte des Aeneas, der beim Kampfe gegen den Italerfürst Turnus gefallen war.

Vom Bericht des Vergil in der »Aenëis« über die Erwerbung Latiums durch Aeneas an wird also hier die Geschichte des Römischen Reiches vorgetragen. Eine Reihe berühmter Ereignisse des Imperiums wird aufgezählt:

38/39 der Kampf der *drei Horatier* gegen die *drei Kuriatier*, der die Vorherrschaft Roms über die Nachbargemeinden entschied;

40 ebenso sagenhaft ist der *Raub der Sabinerinnen*, durch den sich die männliche Jugend des aufstrebenden Rom Bräute verschaffte;

41 auch der Sage gehört die Vergewaltigung der *Lukretia* durch Sestus Tarquinius, die zur Vertreibung des letzten (siebenten) altrömischen Königs Tarquinius Superbus führte.

Ins Licht der Geschichte führen die nachfolgenden Erwähnungen:

43 *Brennus* war ein Gallier-Führer;

43 *Pyrrhus*, König von Epirus, unterlag gegen Rom trotz anfänglicher Erfolge;

46 *Quinktius*, der von Amts wegen zum Diktator auf Zeit ernannt worden war, hieß wegen seines krausen Haares *Cincinnatus*;

47 *Torquatus* besiegte die Gallier;

47 die *Decier* und die *Fabier* waren ruhmreiche altrömische Geschlechter;

52 *Scipio Africanus* besiegte endgültig Hannibal;

52 *Pompejus* war lange Zeit der einzige namhafte Konkurrent Caesars.

58 Vom Flusse *Var* (Varus) und den anderen Strömen wird der Ruhm des Julius Caesar verkündet;

62 den *Rubikon* überschritt Caesar, als er mit dem Senat in Rom gebrochen hatte;

65 in *Durazzo* wurde Caesar von Pompejanern belagert;

65 bei *Pharsalus* besiegte Caesar entscheidend den Pompejus;

66 in *Ägypten* weilte Caesar;

67 vom Flusse *Antandros* aus war Aeneas nach dem Untergang Trojas in See gestochen;

67 der *Simois* fließt in der Ebene um Troja;

69 den ägyptischen König *Ptolomäus* entthronte Caesar;

70 dann siegte er über den König *Juba* von Mauretanien;

73 »*des Pompejus Horn*« war der Rest der pompejanischen Partei, den Caesar bei Munda in Spanien besiegte;

74 *Cassius* und *Brutus* haben Caesar ermordet;

75 bei *Perugium* besiegte Augustus den Lucius, den Bruder des Marcus Antonius, bei *Modena* diesen selbst;

ANMERKUNGEN

76 Kleopatra, die Königin *Ägyptens,* wurde eine Beute des Augustus – sie entleibte sich;

80 die Siege des Augustus befriedeten den damals bekannten Erdkreis, so daß der *Janus-Tempel* geschlossen werden konnte, der sonst wegen der ständigen Kriege immer offengestanden hatte;

87 der *dritte Caesar* war der Kaiser Tiberius, während dessen Regierungszeit Jesus gekreuzigt worden war;

92 Titus, Sohn des Kaisers Vespasian, führte den vernichtenden Feldzug gegen das aufständische Judäa und zerstörte Jerusalem;

94 der *Langobardenzahn* war der König Desiderius, wider den Papst Hadrian I. den Frankenkönig Karl zur Hilfe rief – im Jahre 773 war Karl, juristisch gesehen, noch nicht Kaiser;

100 die *Goldlilien* aus dem Wappen Karls II. von Anjou dienten als Wahrzeichen der Guelfen, die mit den kaiserlichen Ghibellinen stritten.

112 Der kleine Stern: Merkur.

128 Romeos leuchtend Licht: Romeo (bzw. Romieu) de Villeneuve, Graf de Provence (etwa 1170–1250) war Minister bei Raimund Berengar IV. de Provence; nach dessen Tode war er Vormund der jüngsten Tochter Berengars; uneigennützig soll er Berengar wie dessen Töchtern gedient haben, aber Undank von Neidern stürzte ihn im Alter ins Elend.

7. Gesang:

1 Osanna . . . malachoth!«: (lat.) Hosianna dir, dem heiligen Gotte der Heerscharen, der du mit deiner Klarheit die seligen Feuer dieser Reiche überstrahlst.

26 der Ungeborne: Adam.

40 die Kreuzespein: die Jesus erlitten hat.

8. Gesang:

2 die hehre Zypris: Venus, die Göttin der Insel Cypern;

8 ihre Mutter war die Göttin *Dione: Kupido* war ihr Sohn.

9 Dido: die Königin von Karthago.

31 einer ihrer war uns nahgekommen: Karl Martell, ältester Sohn Karls II. v. Anjou.

37 »Die ihr den dritten Himmel . . .«: Anfang einer schon zu Lebzeiten Dantes weitberühmten Kanzone aus dem »Gastmahl« des Dichters.

49 »Drunten auf Erden War kurz mein Sein . . .: Karl Martell wurde 1271 geboren, 1290 zum König von Ungarn gekrönt, traf wahrscheinlich anläßlich eines Besuches 1294 in Florenz mit Dante zusammen, starb 1295.

58 die Fluren links der Rhone: die Provence.

LV

ANMERKUNGEN

61 Ausoniens Horn: die südlichen Länder Italiens.

67 Trinakrien: Sizilien.

70 Typhöus: ein Gigant, der nach antiker Mythologie nach dem Aufruhr der Giganten wider Zeus unter dem Aetna begraben wurde.

72 aus Karls und Rudolfs Stamme: Karl II. von Anjou, Rudolf von Habsburg.

74 ›Auf zum Mord!‹: die sizilianische Vesper, der Aufstand von Ostern 1282, wodurch die Herrschaft der Franzosen in Sizilien gebrochen wurde.

76 mein Bruder: Robert (1309 gekrönt), hatte katalanische Beamte zur Eintreibung der Gelder nach Neapel mitgebracht.

123 Solon: der athenische Staatsmann, 7. Jahrh. v. Chr., wegen seiner Gerechtigkeit berühmt.

124 Xerxes: persischer König, von den Griechen in der Seeschlacht von Salamis 480 v. Chr. besiegt.

125 Melchisedek: König von Salem, galt als eine Vorläufergestalt Christi, vgl. Genesis XIV, 18 ff.

125 den Erfinder: die sagenhafte Gestalt des Griechen Daedalus, der sich und seinem Sohne Flügel erfand – Ikaros stürzte jedoch ab.

130 Esau schon und Jakob: sie waren Zwillinge, jedoch sehr verschieden geartet; vgl. Genesis XXV, 21 ff.

131 Quirinos Mutter: Romulus, der sagenhafte Gründer der Stadt Rom, galt als ein Sohn der von einem Unbekannten vergewaltigten Rea Silvia; später gab man den Kriegsgott Mars als seinen Erzeuger aus; Romulus führte den Beinamen Quirinus.

145 daß sich als Mönch erkläre: Karl Martell spielt auf seinen Bruder Ludwig an, der für die Nachfolge auf dem Throne ersehen war, dann jedoch Bischof von Toulouse wurde, und auf seinen Bruder Robert, der ihm besser zum Geistlichen als zum Regenten geeignet erschien.

9. Gesang:

1 Schöne Klemenza: die Gattin Karl Martells.

13 ein andres aus dem lichten Reigen: Cunizza, die Schwester des tyrannischen Ezzelino III. da Romano, eines Parteigängers Kaiser Friedrichs II.

28 ein Hügel ... von dem einst eine Fackel: der Berg (colle) di Romano, wo das Stammschloß Ezzelins stand.

38 Mein Nachbar hier im Himmel: der Troubadour Folco von Marseille, der 1295 Zisterzienser-Mönch wurde; im Jahre 1305 wurde Folco Bischof von Marseille.

43 das Pack ... Das Tagliamento ...: die Bewohner der Mark Treviso.

46 Paduas Blut: wohl Anspielung auf eine Niederlage der Paduaner im Jahre 1314, die ihnen Cangrande della Scala beibrachte.

ANMERKUNGEN

49 Cagnan und Sile: zwei Flüsse, die sich bei Treviso vereinigen. In Treviso wurde Riccardo da Camino, Herr von T., 1312 von Verschwörern ermordet.

52 Feltro: der Bischof Alessandro Novello hatte ghibellinische Flüchtlinge an ihre Feinde ausgeliefert; in Malta, einem Gefängnis am Bolsena-See, wurden Geistliche eingekerkert; der Bischof soll mit Sandsäcken erschlagen worden sein, als der Bruder Riccardos da Camino Ferrara eroberte.

61 Throne: Bezeichnung eines Ranges der Engel.

82 »Das mächtigste von allen Wasserbecken . . .: das Mittelmeer galt im Mittelalter als das größte Meer nächst dem den Erdkreis umfangenden Ozean.

88 Ich lebte dort . . .: Folco von Marseille entwirft ein Bild von der Lage seiner Heimat; Marseilles Hafen war einmal vom Blute der Erschlagenen gefärbt, als Brutus im Jahre 49. v. Chr. die Stadt belagerte.

98 des Belus Tochter: die Königin Dido von Karthago, ihr Gatte war Sichäus, Krëusa war die Gattin des Aeneas.

100 die Demophoon einst . . .: die nach dem Berge Rhodope die Rhodopäerin genannte Tochter Phyllis des thrazischen Königs Siton erhängte sich, weil sie wähnte, von Demophoon, dem Sohne des attischen Königs Theseus, betrogen worden zu sein.

101 vom Alciden Ward Jole . . .: der Alcide ist Herkules (Herakles), der Jole, die Tochter des Königs Eurytus von Thessalien, liebte; des Herkules Gattin Dejanira entbrannte vor Eifersucht und schickte dem Gatten das mit dem Blut des Zentauren Nessus getränkte Hemd, das ihn verbrannte.

115 Rahab: eine Buhlerin aus Jericho, die dem Josua zum Sieg über die Stadt verhalf; deshalb ward sie nach Christi Höllenfahrt als die erste der Sünderinnen in den Himmel erhoben; vgl. Buch Josua II und Hebräer Kap. 11, 31 ff.

127 deine Stadt – die ja durch den entstanden . . .: Florenz wird hier als eine Gründung des Satans gebrandmarkt.

134 Dekretalen: die Sammlung der päpstlichen Rechts-Entscheidungen.

142 Ehebruch: die Abirrung der geistlichen Führung von ihrer wahren Aufgabe.

10. Gesang:

9 Durch einen Punkt zwei Schwingungen: die geographisch-astronomischen Linien der Tag-und-Nacht-Gleiche.

16 Schrägheit: der Tierkreis.

28 Die größte Dienerin . . .: die Sonne.

67 die Tochter der Latone: der Mond, nach antiker Mythologie als Luna personifiziert.

82 Und einen hört ich drinnen . . .: den hl. Thomas von Aquino aus

LVII

ANMERKUNGEN

dem Dominikaner-Orden; er war ein Schüler des Albertus Magnus (des Weisen); Thomas lebte von 1225 bis 1274, er war wohl der größte der Scholastiker.

103 Gratian: lebte um 1150, besonders um die beiden Rechte, des bürgerlichen und des kanonischen, bemüht.

106 Petrus: gemeint ist Petrus Lombardus, Bischof von Paris, gest. 1164; er widmete der Kirche sein vierbändiges Werk »Sententiarum«, eine enzyklopädische Darstellung der Glaubenslehren.

109 Das fünfte, schönste Licht: König Salomo.

115 jener Kerzenglanz: Dionysius Areopagita, erster Bischof von Athen nach seiner Bekehrung durch Paulus; starb in Paris den Märtyrertod. Er soll der Verfasser der im Mittelalter weitverbreiteten Schrift »Über die Rangordnung der Engel« gewesen sein.

119 Der Anwalt, der fürs Christentum geschrieben: Paulus Orosius, ein Zeitgenosse des hl. Augustinus, dem er seine »Geschichte wider die Heiden« zugeeignet hat.

123 zum achten (Licht): Severinus Boëthius, Kanzler des Ostgoten-Königs Theodorichs des Großen, Verfasser der Schrift »Über die Tröstung der Philosophie«; er wurde später eingekerkert und hingerichtet (525). Dem späteren Mittelalter galt er als heimlicher Christ, er wurde in San Pietro in Cield'or beigesetzt.

130 Isidor: Bischof von Sevilla, gest. 636, Verfasser eines berühmten enzyklopädischen Werkes.

130 Beda: Beda »Venerabilis«, der »bewundernswürdige«, von Northumberland, gest. 735, bedeutendster englischer Kleriker seiner Zeit.

131 Richard: R. der Betrachter, »Magnus Contemplator«, lebte in dem berühmten Kloster von St. Victor bei Paris.

134 jenes Grüblers Licht: Sigerius von Brabant, gest. 1282, lehrte an der Pariser Sorbonne – »*am Garbenmarkte*«. Man hat u.a. auch aus dieser Stelle auf einen Aufenthalt Dantes in Paris geschlossen.

11. Gesang:

32 Bräutigam: gemeint ist Christus.

35 zwei fürstliche Genossen: der hl. Franziskus von Assisi und der hl. Dominikus.

40 Von einem red ich . . . : hier folgt zunächst eine Darstellung der Herkunft und der äußeren Lebensumstände des Franziskus;

52 Ascesi: ältere Namensform für Assisi.

58 Krieg . . . Um eine Braut: um seine Liebe zur Armut in Christo mußte Franziskus zunächst mit seinem eigenen, reichen Vater kämpfen.

62 coram patre: in Anwesenheit des Vaters; Franziskus war auf

ANMERKUNGEN

Betreiben seines Vaters vor das geistliche Gericht des Bischofs
von Assisi gestellt worden.

67 Amyklet: ein Fischer, der, ohne zu erschrecken, in seine ärmliche Hütte Caesar eintreten sah.

79 Bernhard: der erste Anhänger des hl. Franziskus.

83 Egidius, Silvester: andere Anhänger des Franziskus.

88 Peter Bernardone: der Vater des Franziskus.

92 Innozenz: Papst Innozenz III., der die Ordensregel der Fratres
Minores, der »minderen (geringen) Brüder«, wie sich die Gemeinschaft des Franziskus nannte, bestätigte und dadurch
rechtlich anerkannte.

97 Honorius: Honorius III. bestätigte erneut die Rechtmäßigkeit
der Ordensregel.

102 vor des Sultans stolzem Throne: Franziskus unternahm 1219 bei
Malek el Kamel von Ägypten einen Bekehrungsversuch.

117 Verbot dem Leib er . . .: Franziskus hatte angeordnet, daß der
Körper nackt auf die Erde gebettet werde.

118 wie ihm der an Würde . . .: der hl. Dominikus, drei Zeilen später
auch als Patriarch angesprochen.

137 Du siehst den Baum absplittern: Dante weist hin auf die Verweltlichung des Dominikaner-Ordens und die Trübung der alten,
reinen Ordensregel.

12. Gesang:

12 Drauf Juno ihre Botin . . .: Iris, der Regenbogen.

14 Gleich jener, deren Stimme Liebesgluten zerstört: die Nymphe Echo
hatte sich in Liebe zu Narziß derart verzehrt, daß von ihr nur
noch der Hauch der nachklingenden Stimme übriggeblieben
war.

17 Bund mit Noa: nach biblischer Überlieferung hatte Gott dem
Noa versprochen, nach dessen Rettung aus der Sintflut nicht
mehr die Erde mit neuer Zerstörung zu bedrohen; zum Zeichen der Versöhnung erhob sich der Regenbogen.

28 Da klang aus einem Licht . . .: es spricht der hl. Bonaventura,
seinerzeit (1221–1274) als »Doctor Seraphicus« gefeiert, geboren in *Bagnoregio* bei Orvieto, Ordensgeneral der Franziskaner.

32 vom andern Herzog: Dominikus.

46 Im Lande, wo der Zephir wird geboren: Beschreibung Spaniens und
der Geburtsstätte des hl. Dominikus; *Callarogas* Stadtwappen
zeigt einmal den Löwen über, das andere mal unter der Stadtburg.

60 Daß er im Mutterleib ward zum Propheten: Jacobus de Voragine
erzählt in der »Goldenen Legende« (Legenda aurea), daß die
Mutter des hl. Dominikus vor ihrer Niederkunft geträumt
habe, daß sie ein schwarz-weiß-geschecktes Hündchen gebä-

LIX

ANMERKUNGEN

ren werde; im Mittelalter war oft die wortspielmäßige Ableitung der »Dominikaner« als »domini canes« = Hunde des Herrn üblich.

61 am heiligen Bronnen: am Taufstein.

71/73/75 Christus: dreimal der Name als Schlußwort einer Zeile; in der Göttlichen Komödie wird auf den Namen Christi nicht gereimt, um dessen Einzigartigkeit und Einmaligkeit hervorzuheben.

79 Felix: der »Glückliche«
   Johanna: man deutete den hebräischen Namen als die »Gottbegnadete«.

83 Ostiensis: der Bischof Enrico di Susa von Ostia war ein berühmter Autor des kanonischen Rechts, gest. 1271.

83 Thaddäus: Taddeo d'Alderotto, berühmter florentinischer Arzt, gest. 1295.

93 Zwei und drei als Sechs: nicht einen größeren Wert für einen geringeren Preis einhandeln.

96 vierundzwanzig Pflanzen: die 24 Heiligen, die Dante umgeben.

117 Daß stets der Vordere fühlt . . .: wahrscheinlich meint Dante, daß die Irrung und Verweltlichung innerhalb des Ordens die gerade Richtung des Voranstrebens durcheinandergebracht haben.

119 Lolch: ein Wiesen- und Weidenkraut.

124 Casal: Bruder Ubertino aus Casale übertrieb die Strenge der Ordensregel; *Acquasparta:* Bruder Matteo aus A. war lässig in der Beachtung der Regel.

130 Illuminat: einer der ersten Anhänger des hl. Franziskus; *Augustin:* ebenso.

133 Hugo von Sanvittore: Mystiker;

134 Pier Comestor: französischer Theologe;

134 Pier, dem Hispanen: Theologe, berühmt als Verfasser seiner »Summulae logicae«, später Papst Johann XXI., gest. 1277;

136 Nathan: ein Prophet, der David wegen seiner Beziehungen zu Bathseba tadelte (II. Samuel, 12);

137 Chrysostomus: Johannes Chr., Patriarch von Konstantinopel, gest. 407;

137 Anselm: A. von Canterbury, berühmter Scholastiker (1033–1109);

137 Donaten: Aelius Donatus, 4. Jahrh., schrieb eine grundlegende lateinische Grammatik (die Gr. galt als die erste der sog. sieben freien Künste der mittelalterlichen Lehrordnung);

139 Raban: Rabanus Maurus, Abt von Fulda, Erzbischof von Mainz, 776–856;

140 Joachim: Abt von Fiori (Floris) in Kalabrien, gest. 1202, Verfasser von Weissagungen und Kommentator der Apokalypse.

LX

ANMERKUNGEN

13. Gesang:

1 Es denke sich . . .: in den fünf einleitenden Terzinen dieses Gesanges vergleicht Dante die 24 Heiligen mit den 15 Sternen erster Größe (der mittelalterlichen Astronomie), den 7 Sternen des Wagens (Großer Bär) und, den beiden äußersten Sternen des kleinen Wagens.

14 Wie eins als Stern: nach ihrem Tode verwandelte Bakchus den Kranz der von Theseus verlassenen Ariadne in das Sternzeichen der »Nördlichen Krone«.

24 Chiana: ein Fluß im Sumpfgebiet bei Arezzo.

59 neun Wesenheiten: die neun Himmelsbereiche.

95 er als König: der jüdische König Salomo bat Gott nicht um abstrakte höhere Kenntnisse, sondern um Lebensweisheit, damit er sein Volk gut regieren könne (vgl. I Könige 3,5 ff.).

98 necesse: die Notwendigkeit.

100 si est dare primum motum esse: ob es eine uranfängliche Bewegung gebe.

125 Parmenides: griechischer Philosoph, 5. Jahrh. v. Chr., Begründer der (eleatischen) Schule der Seins-Erforschung; *Meliß* (Melissos): späterer eleatischer Philosoph; *Bryson:* griechischer Philosoph, wähnte die Quadratur des Kreises gefunden zu haben.

127 Sabell: (Sabellius), als Ketzer ausgegeben, gest. etwa 265, wich in seiner Lehre von der göttlichen Dreieinigkeit von den maßgebenden Anschauungen seiner Zeit ab; *Arius:* Gründer der nach ihm benannten Sekte der Arianer, gest. 336, unterschied zwischen den Wesenheiten Gottes, des Vaters, und Christi, den er nicht als göttlich ansah.

14. Gesang:

36 Wie einst der Engel wohl gegrüßt . . .: als er die göttliche Botschaft der Maria übermittelte.

43 Wenn wir erst mit dem Fleisch . . .: nach der Auferstehung am Jüngsten Tag.

86 Am neuen Stern: der Mars, der rötlich schimmert.

96 Helios: Name des griechischen Sonnengottes.

125 Risurgi . . . Vinci: (lat.) Du erstehst und siegst! Wohl zum Preise Christi gesungen.

15. Gesang:

25 Elysium: in der antiken Mythologie der jenseitige Ort der von aller Drangsal des Lebens und des Todes Befreiten.

26 Anchises: der Vater des Aeneas, der Krëusas Gatte war.

27 unserer größten Muse: der des Vergil.

28ff. »O sanguis meus . . . reclusa?«: (lat.), nach Zoozmanns Übertragung:

LXI

ANMERKUNGEN

> »O du mein Blut, o daß sich dir ergossen
> Die Gnade Gottes hat, und dir die Pforten
> Des Himmels zweimal werden aufgeschlossen.«

31 So jenes Licht: es sprach und spricht weiterhin Cacciaguida, der Ururgroßvater Dantes.

57 draus die Fünf und Sechs entstünde: wie sich die Zahlen aus der Einheit herleiten, so das Denken aus dem (göttlichen) Urdenken.

91 »Nach dem du trägst den Namen: Cacciaguidas Sohn Alighiero; der trug diesen Namen nach C's Gattin Alighiera.

98 Terz und Nonen: Tagesstunden, durch Glockenläuten angezeigt.

107 Sardanapal: assyrischer König um 650 v. Chr., beispielhaft für luxuriöse Ausschweifung.

109 Montemalo: Berg bei Rom; *Uccellatojo:* Berg bei Florenz.

112 Bellincion Berti: florentinischer Edelmann;

115 Nerli und Vecchio: vornehme Familien in Florenz.

119 keine, die da Frankreich brachte so weit . . .: seit der Verbindung mit Frankreich gingen ständig führende florentinische Persönlichkeiten ins Ausland.

125 Mären von Troja, Rom und Fiesole: Sagen brachten diese drei Städte in Zusammenhänge.

127 Cianghella: hoffärtige florentinische Witwe von ausschweifendem Lebenswandel, gest. etwa 1330.

128 Salterello: Zeitgenosse Dantes, Rechtsanwalt, als eitler Dandy verschrien.

129 Cornelia und Cincinnatus: Namen als Beispiele altrömischer Sittenreinheit.

132f. erfreute Maria mich: die heilige Maria ward von C's Mutter bei ihrer Entbindung angefleht.

134 an euerm alten Steine: das Taufbecken von San Giovanni in Florenz.

139 Kaiser Konrad: Konrad III. hatte nicht die Kaiserwürde; Dante verleiht sie ihm in Vers 139 des 15. Gesanges irrtümlicherweise. König Konrad regierte von 1137 bis 1152; C. machte mit dem König den Kreuzzug von 1147 mit.

142 dem Schandgesetz entgegen: dem Islam.

148 Heldentod: C. starb als Märtyrer im Heiligen Lande.

16. Gesang:

10 Mit Ihr, das Rom zuerst . . .: zu Dantes Zeit glaubte man, daß die Römer anstatt des herkömmlichen Du den Julius Caesar zuerst mit Ihr angeredet hätten, als der so Geehrte die Fülle der Macht in Händen hielt.

14f. beim ersten Fehle Ginevras: das Kammerfräulein hustete, als sie die versteckte Liebeserklärung Lanzelots an Ginevra sehr wohl mitangehört und verstanden hatte; es handelt sich um denselben mittelalterlichen Liebesroman, der Paolo und Francesca zum Verhängnis geworden war – vgl. Hölle, 5. Gesang.

ANMERKUNGEN

25 Schafstall Sankt Johanns: die Gemeinde Florenz.
34 »Seitdem das Ave klang . . .«: die nunmehr folgenden Angaben
    sind so zu verstehen, daß Cacciaguida anfangs 1091 geboren
    wurde.
41 Stadtsechsteil: das Viertel Porta San Piero, die Via de' Speziali.
47 Von Mars bis Täufer: die Grenze der Stadt wurde von einer
    Marsstatue auf dem Ponte Vecchio und dem Baptisterium San
    Giovanni bezeichnet.
50 Campi, Certaldo, Figghinen: gemeint sind Familien, die aus diesen
    Nachbarorten von Florenz zugezogen waren.
53f. Galluzzo, Trespian: Dörfer südlich und nördlich von Florenz.
56 Aguglion, Signa: Zeitgenossen Dantes, politische Gegner des
    Dichters.
64ff. Conti, Cerchi, Buondelmonti: bekannte florentinische Familien
    zur Zeit Dantes.
88 Ich hab Ormannen usw.: prominente Familien jener Zeit, deren
    Geschicke hier nicht im einzelnen aufgeführt werden müssen.
152f. daß man die Blüte Der Lilie nie verkehrt trug . . .: das Zeichen
    von Florenz war die Lilie; als die Gemeinschaft der Bürger
    noch gerecht und kraftvoll bestand, wurde das Zeichen nicht
    als Folge einer Niederlage durch den Sand geschleift.

17. Gesang:

1 Wie jener zu Klymenen trat: Phaëton, der Sohn der Klymene,
    fragte seine Mutter, wer in Wahrheit sein Vater sei – denn
    seine Gefährten wollten nicht glauben, daß es der Sonnengott
    gewesen sei. Als Phaëton den Sonnenwagen lenkte, verbrannte
    er.
46 Wie Hippolyt: H. war ein Sohn des Theseus; seine Stiefmutter
    Phädra wollte den Jüngling verführen, er floh deshalb aus
    Athen.
50 Und der wirds dort erreichen: Papst Bonifatius VIII., der in der
    Kurie mit Karl von Valois über Florenz verhandelte.
71 Großmut des Lombarden: Bartolommeo della Scala, Beherrscher
    von Verona.
76 Dort wirst du ihn sehn: den Can Grande, den jüngsten Bruder
    Bartolommeos, der von 1312 bis 1329 in Verona regierte.
82 Doch eh den hohen Heinrich der Gaskone . . .: Papst Clemens V.,
    ein gebürtiger Gascogner, forderte Heinrich VII. zu dessen
    Römerzug (1310–1313) auf, intrigierte aber tatsächlich gegen
    den deutschen Fürsten.

18. Gesang:

28 »In dieses Baumes fünftem Sitze . . .: in der fünften Sphäre des
    Himmels der des Mars.
38 Josua: folgte als Führer der Juden auf Moses.

LXIII

ANMERKUNGEN

40 den hohen Makkabäer: Judas Makkabäus, jüdischer Vorkämpfer gegen die Herrschaft des Antiochus Epiphanes von Syrien (I. Makk, 3 ff.).

43 Roland: Paladin Karls des Großen, in der Schlacht bei Roncevalles gefallen. *Wilhelm* (Guilleaume d' Orange) und *Rinoard* sind gleichfalls Helden aus der zum Teil sagenhaften Überlieferung der Taten Karls des Großen.

47 Herzog Gottfried: G. von Bouillon führte den ersten Kreuzzug, er starb im Jahre 1100.

48 Robert Guiskard: Sohn des Normannenherzogs Tankred, Mitbegründer des Normannenreiches in Sizilien, gest. 1085.

67 Silberlicht des milderen Planeten: der sechste Planet ist der silbern strahlende Jupiter – daher später »*Jovisfackelbrand*«.

82 Pegasäa: Beiname der Musen, nach dem beflügelten Roß Pegasus.

91 Diligite justitiam, qui judicatis terram: (lat.) »Liebet die Gerechtigkeit, die ihr auf der Erde herrschet.«

98 Aufs Haupt des M: auf der Erde, nunmehr nach »terram« »mondo« (lat. mundus), »Erde«.

128 Brotentziehung: die päpstliche Exkommunikation, der Ausschluß von der Teilnahme am Abendmahl.

130 Doch du, der um zu streichen . . . .: Papst Johann XXII. (1316–1334) galt als geldgierig und verhängte häufig den Kirchenbann, um ihn dann gegen Geldbuße wieder zu löschen.

133 »Nach dem zielt mein Verlangen . . .: ironisches Spiel mit der Bedeutung des Papstnamens, der eigentlich auf Johannes den Täufer zurückweist (der durch Herodes den Märtyrertod erlitt), sodann aber auch auf die Goldmünzen der Stadt Florenz, die das Bild des Johannes aufgeprägt zeigten; so giert Johann XXII. nach dem Gelde, daß er sich um Petrus und Paulus, seine hohen geistlichen Ahnen, nicht kümmert.

19. Gesang:

12 Wo Wir und Unser . . .: der Adler spricht in der Einzahl, obwohl er ein Kollektiv ist, denn Dante sah die kaiserliche Weltmonarchie als die alles umfangende Einheit weltlicher Machtform an.

der erste Stolze: Luzifer.

112 Was können Perser euern Königen sagen: allgemein gemeint für die heidnischen Fürsten.

115 Albrecht: Anspielung auf den Einfall Kaiser Albrechts I. in Böhmen im Jahre 1304.

119 Münzverfälschung: König Philipp der Schöne von Frankreich scheute nicht vor schlechter Münzprägung zurück, um seine Kassen aufzufüllen; er starb 1314 auf der Eberjagd.

122 Tollheit in dem Schotten und dem Briten: Dante meint die lang-

LXIV

ANMERKUNGEN

wierigen Kämpfe, die Eduard I. von England und Robert von Schottland entfesselt hatten.

125 Drin Spanier sich und Böhme übernahmen: König Ferdinand IV. von Kastilien (1295–1312) und Wenzel von Böhmen.

127 bei dem Jerusalemer Lahmen: Karl II. von Anjou, König von Neapel, führte auch den Titel eines Königs von Jerusalem; man nannte ihn »ciotto«, den Lahmen; für seine guten Taten würde der Buchstabe I (J) genügen, hingegen müßten seine übeln Taten mit einem M, also tausend (mille), bezeichnet werden.

131 Der Hüter von den Kraterinselstaaten: Friedrich II. von Aragon, auch König von Sizilien (1272–1337); man müßte in Kurzschrift schreiben, wollte man der Geschwindigkeit und Menge seiner Übeltaten folgen;

132 Anchises, der Vater des Aeneas, starb zu Trapani.

138 Bruder und Ohm: der Bruder Friedrichs I. von Aragon war Jakob II., König von Aragonien: Friedrichs Ohm war Jakob, König von Majorka und Minorka.

139 den Norweg: Haakon VII., König von Norwegen (1299–1319) kämpfte fortgesetzt mit den Dänen.

139 Portugiesen: König Dionys (Diniz) von Portugal (1279–1325) galt zu seiner Zeit als habgierig.

140 Raszier: Serbien hieß auch das Land der Raszier; König Stephan II. (gest. 1321) ließ Münzen prägen, die äußerlich denjenigen von Venedig sehr ähnlich waren – nur waren sie dem Gehalt nach weit schlechter.

142 O glücklich Ungarn: im Jahre 1310 fanden lange währende Thronstreitigkeiten ihr Ende; Karl Robert, Sohn Karl Martells aus dem Hause Anjou, wurde als König anerkannt.

143 Navarra: durch Heirat an Frankreich gefallen; erst 1327 wieder frei; der Adler warnt vor der Bindung an Frankreich.

145f. Nicosia samt Famagost: Städte auf der Insel Zypern.

147 ob der Bestie: Heinrich II. von Lusignan wurde 1300 König von Zypern; Heinrich war wegen Grausamkeit und Ausschweifung berüchtigt.

148 am gleichen Strange: auch viele andere Fürsten gleichen dem Heinrich von Zypern.

20. Gesang:

17 das sechste Licht: der Jupiterhimmel.

38 Des heiligen Geistes Sänger: König David, er brachte die Bundeslade der Juden nach Jerusalem.

43 Der von den Fünf, die . . . : Kaiser Trajan (vgl. Läuterungsberg, 10. Gesang); auf Fürbitte des hl. Gregor durfte er nach einem von der Legende berichteten Aufenthalt von 500 Jahren aus der Vorhölle wieder in leiblicher Gestalt zur Erde zurückkehren; er wurde nunmehr Christ.

LXV

ANMERKUNGEN

49 Und der . . . Ihm folgt: König Hiskia von Juda war auf den Tod erkrankt; Gott erhörte seine Bitten und schenkte ihm noch fünfzehn Lebensjahre, damit er tätig bereuen und sühnen könne.

55 Des Nächsten Tat: Konstantin der Große, der die Residenz des Reiches nach Byzanz (Konstantinopel) verlegte, hatte mit der im Mittelalter als rechtsgültig geglaubten sog. »konstantinischen Schenkung« statt Gutes nur Schlimmes angerichtet, denn auf dieser Schenkung beruhte der weltliche Herrschaftsanspruch der Kurie.

62 Wilhelm: Wilhelm II., der Gute, von Neapel und Sizilien (1166–1189).

63 Karl: Karl II., der Lahme, vgl. Himmel, 19. Gesang.

63 Friedrich: der Sohn Peters von Aragonien.

69 Ripheus: von Vergil als der Gerechteste aller Trojaner gefeiert; R. galt für Dante dadurch als ein innerlicher Christ und kann, wie auch Trajan, an der ewigen Seligkeit teilhaben.

94 Regnum coelorum: das Himmelreich.

127 Jene drei Frauen: Glaube, Liebe, Hoffnung; Dante hatte sie am Siegeswagen der Kirche im Läuterungsberg, 29.Gesang, gesehen.

21. Gesang:

6 Semele: sie war die Mutter des Bakchus; als sie Jupiter zwingend bat, ihr in seiner göttlichen Gestalt zu erscheinen, verbrannte sie.

13 zum siebenten Glanzgestirn: zum Saturnhimmel.

25 In dem Kristall: in dem Stern.

43 Und jener, der zunächst uns . . .: Petrus Damiani (gest. 1072), er hatte das Camaldulenser-Kloster Santa Croce o Fonte Avellana gegründet.

109 Catria: die Bergkuppe Catria liegt inmitten des Zentral-Apennins.

125 zu jenem Hute: zur Kardinalswürde.

127 Kephas: der hl. Petrus.

128 das Gefäß vom Heiligen Geiste: der Apostel Paulus.

22. Gesang:

14 Im voraus sähest du die Rache tagen: nicht exakt erklärbare Anspielung; manche Erklärer sehen hier den Hinweis auf die Gefangennahme des Papstes Bonifatius VIII. in Anagni, andere die Exilierung der Kurie in Avignon.

28 Und die am stärksten leuchtende . . .: der hl. Benedikt von Nursia (480–543), Gründer des Benediktiner-Ordens. Er zerstörte einen alten Apollo-Tempel auf dem Monte Cassino und errichtete darauf das in jenen Tagen größte abendländische Kloster.

ANMERKUNGEN

49 Macarius . . . Romuald: der hl. M. von Alexandria, gest. 404, Einsiedler in der Wüste; der hl. Romuald, gest. 1027, Gründer des Camaldulenser-Ordens.

62 in der letzten aller Sphären: im Empyreum.

110f. das Zeichen, Das hinterm Stier folgt: das Sternbild Zwillinge, von Dante als das Zeichen seines Genius gefeiert.

139 Latonens Tochter: Luna, der Mond.

143 Hyperion: der göttliche Erzeuger des Sonnengottes Helios;

144 Maja: die Mutter des Merkur; *Dione:* Mutter der Venus.

146 Zwischen Vater und Sohn: Jupiter leuchtet zwischen Saturn und Mars.

23. Gesang:

25 Trivia: Beiname der Mondgöttin Luna.

29 Von einer Sonne: Christus.

56 Polyhymnia: Muse der lyrischen Dichtung.

73 die Rose: Maria.

74 die Lilien: die Apostel.

101 dem schönen Saphir: der heiligen Maria.

128 ›Regina coeli‹: (lat.) ›Königin des Himmels‹.

24. Gesang:

20 Sah ich ein Feuer nahn: der hl. Petrus, der Apostel.

34 von unserm Horte . . .: Petrus empfing von Jesus die Schlüssel-gewalt, Matth. XVI, 19.

46 Baccalaureus: der erste akademische Grad, den im Mittelalter der junge Student erwerben konnte. Der Baccalaureus darf wohl Lehrsätze verteidigen, aber noch nicht entscheiden.

81 Sophistenwitz: die Sophisten galten zur Zeit des Sokrates als nicht recht ehrenwerte Männer, teils weil sie Honorar für ihre Belehrungen forderten (was damals als banausisch angesehen wurde), teils weil sie in das Philosophieren einen auch ethisch fragwürdigen Relativismus hineingetragen hatten.

141 est und sunt: Gott ist Einheit und Mehrheit zugleich, so daß die singulare (est) und die plurale (sunt) Verbform gleichermaßen gelten, ohne die Aussage über das Wesen der Gottheit zu verschieben.

25. Gesang:

17 des Freiherrn Leben: der Apostel Jakobus, Bruder des Evangeli-sten Johannes; seine Grabstätte ist in Santiago de Compostela in der spanischen Provinz Galicia.

33 Als Jesus vor den Dreien . . .: die Apostel Petrus, Jakobus und Johannes galten als von besonderem Vertrauen ausgezeichnet; Dante würdigte sie, im Sinne des Mittelalters, als Verkör-perungen oder Symbole der drei christlichen Tugende Glaube, Hoffnung und Liebe.

ANMERKUNGEN

40 unsers Kaisers Huld: Gottes.

55 in Ägypten frei erkläret: wie die Juden von Ägypten aufbrachen zum verheißenen Gelobten Lande, so verhält sich bildlich gesprochen die Erde zum Paradiese.

72 Höchsten Lenkers höchster Sänger: der König David als Psalmendichter.

91 Jesajas: der althebräische Prophet J. verhieß »Zwiespältiges«, worunter Seligkeit der Seele und des (wiedererstandenen) Leibes verstanden wurde; vgl. Jesajas 61, 7.

98 »Sperent in te!«: »Dein (o Gott,) hoffen die, (so deinen Namen kennen!«); die Anfangsworte des vorhin gesungenen Psalms nunmehr wiederholt in lateinischer Sprache.

101 wenn dem Krebse ...: in der Zeit vom 21. Dez. bis 21. Januar geht das Sternbild Krebs nicht unter; gesellte sich ein so strahlender Stern wie das Licht des hl. Johannes hinzu, dann würde die Nacht auf Erden zum Tage gemacht werden.

112 der unserm Pelikan gelegen ...: nach mittelalterlicher Allegorie war der Pelikan ein Symbol Christi; an Christi Brust ruhte der Lieblingsjünger Johannes.

129 Im Doppelkleid nur die zwei Lichter: mit Seele und Leib gelangten lediglich Christus und Maria »zu den seligen Klosterhallen« des Himmels.

132 Holdseliger Hauche drei: wiederum die Apostel Petrus, Jakobus und Johannes.

26. Gesang:

12 gleiche Kraft wie Ananias: der Jünger A. aus Damaskus gab mit Gottes Willen dem vom Lichte Gottes geblendeten Paulus durch Handauflegen die Sehkraft wieder; Apostelgesch. IX, 7ff.

80 ein viertes Licht: Adam.

93 Schnur: älteres Wort für Schwiegertochter.

119 Viertausenddreihundertzwei Jahre: Adam weilte 4302 Jahre in der Vorhölle, auf Erden lebte er 930 Jahre; von Adams Erschaffung bis zum Tode Christi (dem Zeitpunkt der Erlösung) waren also 5232 Jahre verstrichen; vom Tode Christi bis zum Zeitpunkt der Vision Dantes verstrichen 1266 Jahre; somit errechnete sich Dante ein Gesamtalter der Welt von 6498 Jahren. Diese Zahlen gehen auf alttestamentarische Angaben sowie auf Errechnungen des Eusebius von Caesarea zurück.

125 das Riesenwerk: der Turmbau zu Babel, an dem die »Nimrodvölker« vergeblich werkten.

134 J: kabbalistisch, Urname der Gottheit als Zeichen auch der Eins; El ist der althebräische Name.

139 den Berg, den höchsten: das irdische Paradies auf der Spitze des Läuterungsberges; Adam weilte sechs Stunden im irdischen Paradiese.

LXVIII

ANMERKUNGEN

27. Gesang:

19 »*Siehst du mich zornrot . . .:* der hl. Petrus spricht.

41 *Linus, Cletus:* nach der frühchristlichen Legende die beiden ersten Nachfolger des hl. Petrus, Märtyrer; *Sixtus, Pius, Calixt, Urban:* andere frühchristliche Päpste und Märtyrer.

58 *Der Baske und Cahorse:* Papst Clemens V. (schon mehrmals erwähnt) stammte aus der Gascogne; Papst Johann XXII. stammte aus Cahors, ebenfalls schon erwähnt.

62 *in Scipios Siegen:* Scipio Africanus besiegte Hannibal.

68f. *wenn zur Sonne rückte Die Himmelsziege . . .:* Sternbild Widder, gemeint ist der Winteranfang.

79 *Vom ersten Niederblick . . .:* Dante steht auf dem Meridian von Gades beim zweiten Überblick auf »unsere Tenne« (die Menschenerde); der erste Überblick war auf dem Meridian von Jerusalem (Paradies, 22. Gesang); die astronomischen Angaben wollen besagen, daß Dante sich sechs Stunden in der achten Himmelssphäre aufgehalten habe;

82f. »*die Wogen, Die toll Ulyß durchflog«:* den Atlantischen Ozean jenseits der Straße von Gibraltar;

84 »*Wo süß als Last Europa . . .«:* am Strande Phöniziens hatte Jupiter in Gestalt eines Stieres Europa entführt.

98 *Ledas schönem Neste:* Sternzeichen Zwillinge, nämlich Kastor und Pollux, die beiden Söhne der Leda.

99 *zum schnellsten Himmel:* der Kristallhimmel, auch »primum mobile«, die erste Bewegungskraft genannt.

118 *Und wie in dem Topf . . .:* den Kristallhimmel umfängt das Empyreum; die einzelnen Himmelssphären stecken wie hohle Schalen ineinander.

143 *Weil drunten ihr das Hundertstel mißachtet:* zu Dantes Zeit war der Julianische Kalender gültig – er hatte Verschiebungen in der Zeitrechnung zur Folge, jährlich etwa 13 Minuten: in Jahrtausenden würde der Frühlingsanfang mit dem 1. Januar zusammenfallen. Die Angabe ist jedoch rhetorisch-allgemein zu verstehen: Dante weissagt das Erscheinen eines Welten-Erretters, jedoch werde es noch sehr lange auf sich warten lassen.

28. Gesang:

25 *ein Feuerkreis:* in Feuerkreisen zeigen sich Dante die 9 Engelchöre, die sich nach mittelalterlicher Rangordnung so aufteilen: Cherubim, Seraphim, Throne, Herrschaften, Kräfte, Mächte, Fürstentümer, Erzengel, Engel.

32 *Junos Botin:* Iris, der Regenbogen.

80 *Wenn Boreas .. .:* Boreas ist der Nordwind, von Nordosten her klärt er den Himmel.

93 *Schachbrettzahlenspiele:* es gibt eine indische Sage, wonach ein Fürst dem Erfinder des Schachspiels eine Belohnung nach dessen Wunsche versprochen habe; der Erfinder bat um ein Wei-

LXIX

ANMERKUNGEN

zenkorn für das erste Quadrat der Spielfläche, dann um 2 für das zweite, 4 für das dritte, 8 für das vierte, 16 für das fünfte usw. – im Endergebnis hätten die Weizenkörner der ganzen Erde nicht ausgereicht.

130 Dionys: Dionysos Areopagita erhielt Kunde von der Engel-Ordnung durch den hl. Paulus als dessen Schüler; Papst *Gregor* der Große hielt eine etwas veränderte Rangordnung der Engel für die richtige.

29. Gesang:

1 Solang Latonas Tochter ...: Diana, der Mond, und Apollo, die Sonne, stehen einander diametral gegenüber – bei der starken Kreisungsgeschwindigkeit des Kristallhimmels will das hier besagen, daß Beatrice nur einen Augenblick lang im Anschauen Gottes vertieft war.

37 Hieronymus: er übertrug die Schriften des Alten und des Neuen Testamentes in die für die römisch-katholische Kirche noch heute maßgebliche lateinische Sprachform, die sog. »Vulgata«; er starb im Jahre 420.

40 Die Schreiber Heiligen Geists: die Autoren der Bibel, die für den Glauben des Mittelalters (und eigentlich, orthodox gesehen, noch heute für jeden Bekenner einer der christlichen Konfessionen) nicht private Meinungen vortrugen, sondern inspiriert waren.

103 Lapi und Bindi: als Allerweltsnamen gemeint, wie man im Deutschen Hinz und Kunz sagt.

124 Fettmast dem Sankt-Antonsschweine: der Eremit Antonius von Ägypten (251–356) wurde oft mit einem Schwein dargestellt, weil ihn der Teufel in Gestalt eines Schweines versucht habe; die Stelle zielt auf einen Mißbrauch der Mönche von Sankt Antonio, die auf Kosten der Bürger ihre Schweine mästeten und dafür mit Ablaßscheinen zahlten. Mit denen, die »noch schlimmer sind als Säue«, sind die Anhänger solcher entarteten Orden gemeint.

133 Im Wort von Danielen: der Prophet Daniel umschrieb die Zahl der Engel, die in Wahrheit genau feststeht, ungenau, weil sie menschlichem Fassungsvermögen unbegreiflich wäre; vgl. Dan. VII, 10.

30. Gesang:

1 Wenn fern von uns ...: die Angabe meint eine Stunde vor Sonnenaufgang.

7 der Sonne hellste Dienerin: die Morgenröte, Aurora.

35 Tuba: mittelalterliches Musikinstrument, der Posaune ähnlich.

117 Der Rose allerfernste Blätterzelle: das Innerste der Himmelsrose – also die Gottheit selbst.

ANMERKUNGEN

137 *des hohen Heinrichs:* Kaiser Heinrich VII. (aus dem Hause Luxemburg), Kaiser von 1308 bis 1313.

142 *Einer wird den Vorsitz . . .:* Papst Clemens V. (Papst von 1305 bis 1314), heimlicher Feind Heinrichs VII.; er starb acht Monate später als der Kaiser.

147 *Simon Magus:* Simon, ein Zauberer von Samaria, wollte mittels Geld die apostolische Gabe des Heiligen Geistes von Petrus erlangen; daher der Ausdruck »Simonie« für den Kauf geistlicher Ämter; vgl. Apostelgesch. VIII, 9.

148 *den von Anagni:* Papst Bonifatius VIII., der als Simonist in der Hölle ist – vgl. »Hölle«, 19. Gesang.

31. Gesang:

32 *Helice:* eine Nymphe, die Jupiter in das Sternzeichen Großer Bär verwandelt hatte; ihr Sohn ist der Stern Arktur.

36 *Lateran:* wohl stellvertretend als einer der Hügel Roms für Roms Weltherrschaft überhaupt.

59f. *bei einem Greise Stand ich:* denn Beatrice war mit den letzten Worten des voraufgegangenen Gesanges verschwunden, Dante erblickt den hl. Bernhard von Clairvaux (1091–1153). Der Heilige war berühmt als religiöser Schriftsteller und Marien-Verehrer.

104 *um zur Veronika zu gehen:* gemeint ist die Reliquie des sog. »Schweißtuches der Veronika«, in dem sich Jesus auf seinem Kreuzesgange das Antlitz trocknete und das seither seine Züge trägt; das Tuch wurde in Sankt Peter zu Rom bewahrt und verehrt; der Vorgang ist legendär; der Name »Veronika« ist zusammengesetzt aus dem (lat.) vera = wahr und dem (griech.) »ikon« = Bild. Auf die zahlreiche Pilgerschaft zu dieser Reliquie im Jahre 1300 spielt auch Dantes »Vita nuova« an.

127 *Friedensoriflamme:* der hellste Kern der Himmelsrose, Maria.

32. Gesang:

4 *»Die Wunde, die Maria schloß . . .:* die Erbsünde.

5 *die Schöne:* Eva.

10f. *Sara, Rebekka, Judith . . . Ahnfrau:* auserwählte Frauen aus dem Alten Testament; die Ahnfrau ist Ruth, die Urgroßmutter Davids.

12 *›Miserere‹:* (lat.) ›Erbarme (dich meiner)‹, Psalm 50.

31 *Johann der Große:* Johannes der Täufer.

68 *von jenen Zwillingssöhnen:* Esau und Jakob (bereits erwähnt), Söhne Isaaks.

94 *jene Liebe:* der Erzengel Gabriel.

95 *»Ave Maria, gratia plena!«:* (lat.) »Gegrüßet seiest du, Maria, voll der Gnade!«, der Anfang des Engels-Grußes in der Verkündigungsbotschaft.

ANMERKUNGEN

118 Die zwei: Adam und Petrus; Adam, »der Vater«, sitzt links, weil das Alte Testament im Verhältnis zum Neuen T. geringeren Ranges ist; deshalb sitzt Petrus als »der heiligen Kirche Vater« zur Rechten.

127 er, der noch vor seinem Tod . . .: der hl. Johannes, Evangelist und Verfasser der Geheimen Offenbarung des Neuen Testaments;

129 »durch Nägel ward und Lanze« die christliche Kirche als Braut durch Jesu Kreuzestod gefreit.

131 Der Führer, der das Volk: Moses.

133 Anna: Gattin des Joachim, Mutter der Maria.

137 Lucia: die Heilige, die Beatrice zur Rettung Dantes ausgesandt hatte.

142 die Erste Liebe: die Gottheit selbst.

33. Gesang:

95 Argo-Schatten: auf dem Schiffe Argo durchquerten Jason und die Seinen das Meer, um nach Kolchis zu gelangen; dort befand sich das Goldene Vließ, das die Argonauten in ihren Besitz brachten. Im Mittelalter rechnete man das Jahr 1223 v. Chr. als das Ende der Argonauten-Fahrt; Neptun, der Meeresgott, sah voller Staunen die Seefahrt der Heroen.

116 gleichgroß drei Kreise: die göttliche Dreieinigkeit des Vaters, des Sohnes und des Heiligen Geistes.

Genehmigte Lizenzausgabe für
Weltbild Verlag GmbH, Augsburg 1994
© by Der Tempel Verlag GmbH, Darmstadt
Umschlaggestaltung: Adolf Bachmann, Reischach
Umschlagbild: Archiv für Kunst und Geschichte, Berlin
Gesamtherstellung: Mohndruck
Graphische Betriebe GmbH, Gütersloh
Printed in Germany
ISBN 3-89350-846-5